《新集藏經音義隨函録》研究

增訂本　上册

鄭賢章　著

上海教育出版社

國家社會科學基金重大項目（16ZDA171）成果：歷代漢文佛典文字彙編、考釋及研究（一）

湖南師範大學中國語言文學一流學科資助項目

鄭賢章，1972年生，湖南南縣人，湖南師範大學文學院教授、博士生導師、教育部“長江學者獎勵計劃”特聘教授（2019）、教育部“長江學者獎勵計劃”青年學者（2016）、湖南省121人才工程第一層次人選、《古漢語研究》執行主編、國家社科基金重大項目首席專家、中國近代漢字研究會副會長、中國文字學會常務理事、中國訓詁學會常務理事、中國語言學會理事。

主要從事近代漢字、佛經語言、古代語文辭書、漢語詞彙研究。已出版《〈龍龕手鏡〉研究》《〈新集藏經音義隨函録〉研究》《〈郭迻經音〉研究》《漢文佛典疑難俗字彙釋與研究》等專著，在《中國語文》《古漢語研究》《語文研究》《語言科學》《漢語學報》《語言研究》《敦煌研究》等發表論文70餘篇，主持國家社科基金重大招標項目1項、一般項目2項及霍英東教育基金項目等省部級課題5項，獲中國社會科學院青年語言學家獎二等獎、北京大學王力語言學獎二等獎、教育部人文社會科學優秀成果二等獎、湖南省社會科學優秀成果獎、湖南省高等學校省級教學優秀成果一等獎等。

目　　録

上　篇

中　篇

下　篇

上　篇

第一章　緒　　論

一、可洪與《隨函録》

可洪，五代後晉僧人，出生在漢中一帶。關於可洪的生平事迹，文獻極少記載。綜合起來有如下幾種：

宋・鄭樵《通志・藝文略・釋家音義》："《藏經音義隨函》三十卷，僧可洪撰。"

宋・志磐《佛祖統紀》卷 43："四年，敕國忌，宰臣百僚詣寺行香飯僧，永以爲式。漢中沙門可洪，進大藏經音義四百八十卷。"（T49，p391c①）

宋・志磐《佛祖統紀》卷 52："晉天福沙門可洪進大藏經音義四百八十卷。"（T49，p454c）

元・脱脱《宋史・藝文志》："可洪《藏經音義隨函》三十卷。"

比丘明復《中國佛學人名辭典》："可洪（五代），比丘，秦人，住長安石羊寺。初習儒業，能文。既佛，博通經籍，時講説，座下恒盈百衆。有《新集藏經音義隨函録》三十卷。"除此之外，其生平履歷皆不詳。

可洪《隨函録》，正文三十册（卷），書前有《前序》及《序内文字音切》，書尾附有自撰的《後序》《施册入藏疏文》《慶册疏文》及希悟的《贊經音序》。

可洪撰寫此書前後花了十年時間（後唐明宗長興二年〈公元 931 年〉至後晉高祖帝天福五年〈公元 940 年〉），先撰寫草本，然後修改並謄寫定稿，隨後將之入藏。

《前序》云："洪幸依龍藏，披攬衆經，於經律論傳七例之中録出難字二十五卷，除其雙書翼從，及以注正説文，於中同號别章，名殊體一，凡具音切者總一十二萬二百二十二字。首尾十載，綴撰方周，用紙九百張，寫成十五册，目曰《藏經音義隨函録》焉。"（ZD59-547a②）《慶册疏文》云："右從長興二年十月七日起首看經，兼録草本，至清泰二年十二月三日罷卷，又從清泰三年六月二十三日下手謄寫入册，至天福五年六月二十日絶筆。"（ZD60-610b）"依開元目録見入藏大小乘經律論傳七目，惣一千七十六部，五千四十八卷，四百八十帙，所撰諸經音義共一十五册。"（ZD59-548a）

據此可知，該書訓釋文字以《開元釋教録》所收佛典爲序，始於《大般若經》，終於《比丘尼傳》，共計 1 076 部，5 048 卷，以千字文編次，始"天"終"英"，共 480 帙。收字所依"經律論傳七例"指的是大乘經、大乘論、大乘律、小乘經、小乘律、小乘論、賢聖集。具體部、卷、帙分布情況如下：

大乘經音 515 部，2 173 卷，203 帙；大乘論音 97 部，518 卷，50 帙；大乘律音 26 部，54

① 我們在這裏使用的是《大正新修大藏經》（前 85 册），新文豐公司影印。"49"表示册數，"p"表示頁碼，a、b、c 表欄數，以下皆同，不再出注。

② 我們在這裏使用的是《中華大藏經》第 59、60 册所收《新集藏經音義隨函録》。"ZD"代表《中華大藏經》，"59"指册數，"-"後的"547"指頁碼，a、b、c 表欄數，以下皆同，不再出注。

卷,5 帙;小乘經音 240 部,618 卷,48 帙;小乘律音 54 部,446 卷,48(45)帙;小乘論音 36 部,698 卷,72 帙;賢聖集音 108 部,541 卷,57 帙。

總計 1 076 部,5 048 卷,483 帙。統計的結果在"帙數"上與前面提到的不一致。"483 帙"是可洪謄寫時標注數目訛誤所致,千字文從"天"至"英",衹有 480 帙,根據《新集藏經音義隨函録》每卷帙數統計也是 480 帙:

第一卷 69 帙(天地玄黄,宇宙洪荒,日月盈昃,辰宿列張,寒來暑往,秋收冬藏,閏餘成歲,律吕調陽,雲騰致雨,露結爲霜,金生麗水,玉出崐岡,劍號巨闕,珠稱夜光,果珍李柰,菜重芥薑,海鹹河淡,鱗)

第二卷 21 帙(潛羽翔,龍師火帝,鳥官人皇,始製文字,乃服衣裳,推位)

第三卷 20 帙(讓國,有虞陶唐,吊民伐罪,周發殷湯,坐朝問道,垂拱)

第四卷 18 帙(平章,愛育黎首,臣伏戎羌,遐邇壹體,率賓歸王)

第五卷 15 帙(鳴鳳在樹,白駒食場,化被草木,賴及萬)

第六卷 16 帙(方,蓋此身髮,四大五常,恭惟鞠養,豈敢毀)

第七卷 11 帙(傷,女慕貞潔,男効才良,知過)

第八卷 19 帙(必改,得能莫忘,罔談彼短,靡恃己長,信使可覆,器)

第九卷 13 帙(欲難量,墨悲絲染,詩讚羔羊,景行)

第十卷 21 帙(維賢,尅念作聖,德建名立,形端表正,空谷傳聲,虚堂習)

第十一卷 31 帙(聽,禍因惡積,福緣善慶,尺璧非寶,寸陰是競,資父事君,曰嚴與敬,孝當竭力,忠則)

第十二卷 22 帙(盡命,臨深履薄,夙興温凊,似蘭斯馨,如松之盛,川流不息)

第十三卷 15 帙(淵澄取暎,容止若思,言辭安定,篤初誠)

第十四卷 15 帙(美,慎終宜令,榮業所基,籍甚無竟,學優)

第十五卷 15 帙(登仕,攝職從政,存以甘棠,去而益詠,樂)

第十六卷 16 帙(殊貴賤,禮别尊卑,上和下睦,夫唱婦隨,外)

第十七卷 10 帙(受傅訓,入奉母儀,諸姑伯)

第十八卷 23 帙(叔,猶子比兒,孔懷兄弟,同氣連枝,交友投分,切磨箴規,仁慈)

第十九卷 34 帙(隱惻,造次弗離,節義廉退,顛沛匪虧,性静情逸,心動神疲,守真志滿,逐物意移,堅持雅操)

第二十卷 19 帙(好爵自縻,都邑華夏,東西二京,背邙面洛,浮渭據)

第二十一卷 8 帙(涇,宫殿盤鬱,樓觀飛)

第二十二卷 9 帙(驚,圖寫禽獸,畫彩仙靈)

第二十三卷 9 帙(丙舍傍啓,甲帳對楹,肆)

第二十四卷 9 帙(筵設席,皷瑟吹笙,陞階)

第二十五卷 4 帙(納陛,弁轉)

第二十六卷 4 帙(疑星,右通)

第二十七卷 5 帙(廣内,左達承)

第二十八卷 3 帙(明,既集)

第二十九卷 3 帙(墳典,亦)

第三十卷 3 帙(聚群英)

根據我們的考察,錯誤出在《新集藏經音義隨函録》"小乘律音"所標帙數。"小乘律音"從"登"到"比"字實際上衹有 45 帙(登仕攝職從政存以甘棠去而益詠樂殊貴賤禮别尊卑上和下睦夫唱婦隨外受傅訓入奉母儀諸姑伯叔猶子比),可洪標爲 48 帙,誤。

關於《隨函録》的卷册,有不同的説法。《前序》言"録出難字二十五卷,……寫成十五册",正文出現的是 30 册,《通志》《宋史》言"三十卷",《佛祖統紀》言"四百八十卷"。我們認爲《隨函録》本爲"十五册"。《前序》言"録出難字二十五卷",這可能是撰寫初稿時的分法,由於正文中經文也要言"卷",同時也可能發現玄應《一切經音義》體制上正好是 25 卷。"後攬應師所製,鄙與符同。"[①]爲了規範起見,避免混淆,後改"卷"爲"册",重新編排壓縮爲十五册,又本分上下兩部分,定稿入藏時除掉"上""下",作三十册。十五册,分上下,在文中還有殘留的痕迹。"賢聖集音義第七之八,此册有三帙,十四下"(ZD60-489a),可見"十四册"是分了上下兩部分,如此其他幾册也當分了上下兩部分。定稿入藏時除掉了"上""下"之分,作三十册,"十四下"一語蓋删除時不慎殘留下來的。《通志》《宋史》以"册"爲"卷",作三十卷,《佛祖統紀》誤以"帙"爲"卷",把"四百八十帙"當作了"四百八十卷"。從性質上來説,該書是一部對佛典中出現的難字進行形體辨析、讀音標示、意義闡釋的書,與玄應《一切經音義》、慧琳《一切經音義》一樣都屬於佛經音義類書。

二、編纂緣由

可洪編寫該書的原因有二:一是感慨當時"藏經文字謬誤頗繁",一是對諸家經音義無法苟同。《前序》云:"然藏經文字謬誤頗繁,以要言之,不過三(四)種:或有巧於潤色,考義定文;或有妄益偏傍,率情用字;或有此方無體,假借成形;或有書寫筆訛,減增畫點。筆訛則真俗並失,用乖則句味兼差。令討義者廢口於天書,俾誦文者躑躅於鳥跡。此皆筆受者肆其胸臆,謄流者弄厥槧毫,遂令坦路變爲丘墟,瓦礫渾其珠玉。吁哉!取捨兩端,實難措筆,只欲依文唤也,又反義焉;只欲就義呼之,復違字矣。"(ZD59-546b)佛經在筆受與謄抄過程中出現了大量文字上的錯誤,嚴重影響了人們的閲讀與理解,對這些字進行訓釋與糾正就顯得很有必要。《後序》云:"竊見藏經音决作者實多,而無遠慮之耽,但暢一隅之要。或有單收一字,不顯經名,首尾交加,前後失次(江西謙大德經音是也。只略得傳記中《陁羅尼集》及《道地經》兩帙中字勘會,頗甚訛舛,故知前後亦爾);或有署其卷目,亦不雙彰,唯摽誤錯之形,餘則都無一二(西川厚大師經音是也。從《十誦律》借得此本校勘,兼有未詳之字並不載卷中,此實不可也,洪則並箸册内,遇不錯處則正之);或有統括真俗,類例偏傍,但號經音,不聲來處(即郭迻及諸僧所撰者也)。"(ZD60-607b)在可洪之前,至少有如下佛經音義類書:1.北齊・道慧《一切經音》。2.隋・智騫《衆經音》。3.唐・玄應《一切經音義》二十五卷。4.唐・窺基《法華經音訓》一卷。5.唐・慧苑《新譯大方廣佛華嚴經音義》二卷。6.唐・雲公《大般涅槃經音義》二卷。7.唐・慧琳《一切經音義》一百卷。8.郭迻《新定一切經類音》八卷。9.西川厚大師經音、江西謙大德經音、南嶽經音、浙西韻、峨嵋經音、樓藏經音隨函録、

① 見《隨函録・後序》。

廣濟藏隨函。由於種種原因,諸音義各有闕失。有鑒於此,可洪發願要編寫一部理想的佛經音義書,以供人們研讀佛典之用。

三、《隨函録》的研究現狀

《隨函録》内容極其豐富,於文字、音韻、訓詁、古籍整理都具有重要的參考價值(詳見下文),然而該書長期以來並没有引起學術界應有的重視,相對於玄應《一切經音義》、慧琳《一切經音義》、行均《龍龕手鏡》等佛經音義書或字典的比較全面深入的研究來説,可洪《隨函録》的研究就顯得十分薄弱。究其緣由,蓋因該書長期存於海外,中土久佚,歷代文獻也罕有記載,加之重見天日的時間還短,導致其在人們心目中的地位遠不及玄應《一切經音義》、慧琳《一切經音義》。黎養正《重校一切經音義序》云:"琳書即兼攬玄應、慧苑、窺基、雲公四家音訓,復親承不空三藏指定梵文音義。上通秦渭(漢),近挹隋唐,乃至西土方言、人文地理,亦皆不遺不溢,囊括群有,理事無疑,信乎無美而弗備也。……《可洪音義》三十卷,音備而音(義)疏。"(T54, p932c—933a)黎養正对《慧琳音義》極盡讚美之辭,而以"音備而音(義)疏"來評價《可洪音義》,在其心目中,孰輕孰重,一目了然。這一不甚公允的評價影響了後來的研究者。迄今爲止,衹有以下幾種比較重要的論著[①]:

1. 許端容《可洪〈新集藏經音義隨函録〉音系研究》(臺灣中國文化大學博士論文)(1989)
2. 許端容《可洪〈新集藏經音義隨函録〉敦煌寫卷考》(1991)
3. 儲泰松《〈可洪音義〉研究》(復旦大學博士後出站報告)(2002)
4. 徐珍珍《〈新集藏經音義隨函録〉俗字研究》(臺灣逢甲大學碩士論文)(1997)
5. 高田時雄《可洪〈隨函録〉と行瑫〈隨函音疏〉》(1994)
6. 韓小荆《〈可洪音義〉研究—以文字爲中心》(浙江大學博士學位論文)(2007)
7. 鄭賢章《可洪〈隨函録〉俗字彙釋與研究》(復旦大學博士後出站報告)(2007)
8. 鄭賢章《〈可洪音義〉俗字札記》(《漢字研究》2005 年第 1 輯)、《漢語疑難俗字例釋》(主要是利用可洪《隨函録》考釋疑難俗字)(《語言研究》2006 年第 4 期)、《可洪〈隨函録〉與漢文佛經校勘》(《古籍整理研究學刊》2006 年第 5 期)、《以可洪〈隨函録〉考漢語俗字若干例》(《古漢語研究》2006 年第 1 期)、《以可洪〈隨函録〉考漢語俗字(續)》(《古漢語研究》2007 年第 1 期)、《可洪〈隨函録〉與漢語俗字研究》(《湖南師範大學學報》2007 年第 1 期)

上述論著的研究主要集中在這樣幾個方面:一是音韻研究,許端容是最早研究可洪《隨函録》音韻的,而《隨函録》音韻研究最全面最深入最有成就的是儲泰松;二是版本、引書、編次體例等方面的研究,許端容、高田時雄、徐珍珍、儲泰松、支配勇在其論著中都有一些介紹;三是俗文字的研究,這主要是徐珍珍、韓小荆與筆者的論文,儲泰松雖以《〈可洪音義〉研究》爲題,實際研究的是其中的音韻,並没有去研究俗文字。由於我們將以可洪《隨函録》的

---

① 自 2007 年以來,有關《可洪音義》研究的成果又有不少。如:鄭賢章《新集藏經音義隨函録》同形字研究繫列論文(2018、2019、2020)、韓小荆《可洪音義研究—以引書考爲中心》(2019)、李圭甲《劃分與其他正字同形的異體字與誤字之界——以〈可洪音義〉所見字形爲主》(2016)、黄仁瑄《可洪〈新集藏經音義隨函録〉引許慎〈説文〉舉例》(2011)、申龍《〈新集藏經音義隨函録〉聯綿詞研究》(2009)、趙陽《黑水城出土〈新集藏經音義隨函録〉探微》(2016)、許佳《可洪〈新集藏經音義隨函録〉引經書研究》(2013)等。

文字作研究對象,因此有必要在此將徐珍珍論文與韓小荆論文研究的主要内容介紹一下。

徐珍珍論文分四章:第一章介紹了可洪的生平與《隨函録》的版本流傳;第二章主要介紹了《隨函録》的編次與體例;第三章結合一定的字條論述了可洪俗字的概念、俗字産生的原因以及俗字的判斷;第四章介紹了《隨函録》的研究價值,指出《隨函録》的研究一是能幫助人們去研讀佛經,二是在文獻上有助存佚、校勘;三是於文字上,能夠瞭解當時書寫情形。徐珍珍的研究存在的主要問題是没有窮盡性地歸納與整理可洪《隨函録》的俗字,進而揭示出唐五代俗字的大致面貌,没有利用可洪《隨函録》所收録的俗字去探索俗字的源流演變,也没有充分地研究可洪《隨函録》與《一切經音義》《龍龕手鏡》、漢文佛典的關係,尤其是没有充分利用可洪《隨函録》去考釋歷代字典中的疑難俗字。與筆者博士後論文《可洪〈隨函録〉俗字彙釋與研究》幾乎同時撰寫完成的韓小荆博士論文《〈可洪音義〉研究——以文字爲中心》對可洪俗字方面作了比較全面的研究。該文分上、中、下三篇。上篇就《可洪音義》的價值、體例、可洪對《玄應音義》的繼承與批判、《可洪音義》存在的問題進行了研究。中篇則考釋了部分《可洪音義》中的俗字。下篇爲未完稿的《〈可洪音義〉異體字表》。基於以上介紹,我們認爲可洪《隨函録》的研究總體上還不深入,遠没有發揮其應有的學術價值,其可供研究的領域還很多。我們在前人的基礎上,將以《隨函録》俗字爲重點,並對其他相關的問題作一次比較全面深入的研究。

四、《隨函録》的研究價值

佛教在西漢末年從印度經中亞傳入中國,經魏晉南北朝的急劇發展,至隋唐已相當昌盛。它的傳入對中國文化影響深遠,這中間包括對漢語的影響。佛教的傳播離不開佛經的翻譯。佛經的翻譯始終得到人們的高度重視。唐・智昇《開元釋教録》卷1:"自後漢孝明皇帝永平十年歲次丁卯,至大唐神武皇帝開元十八年庚午之歲,凡六百六十四載,中間傳譯緇素總一百七十六人,所出大小二乘三藏聖教,及聖賢集傳並及失譯,總二千二百七十八部,都合七千四十六卷,其見行闕本並該前數。"(T55, p477a)這些佛經一經譯出即輾轉傳抄,廣爲流布。傳抄翻經主要有官抄、民抄,由此産生了以抄寫佛經爲職業的寫經生。由於當時文字書寫上缺乏統一的規範,加之寫經生水平參差不齊,書寫態度也千差萬别,隨意草率者甚多,"文字謬誤頗繁",俗訛字大量涌現,書寫訛誤成爲同時期漢語俗字産生的一個主要途徑。與此同時,以辨析訓釋佛經文字音義爲内容的佛經音義類書雨後春筍般出現。在可洪《隨函録》之前即有玄應音義、慧苑音義、窺基經音、雲公經音、慧琳音義、江西經音、西川經音、郭迻經音、南嶽經音等,不一而足。可洪《隨函録》規模巨大,注釋簡要精當,可謂後出轉精,不僅訓釋了許多以前没有訓釋的佛經文字,而且糾正了諸家音義在文字考釋上的不少謬誤,同時還比較完整地保存了當時所見的寫本佛經文字,對漢語俗文字、音韻、訓詁、古籍整理都具有重要的價值。

1. 文字學上的價值

《隨函録》在文字學上的價值顯而易見,尤其是對漢語俗文字的研究具有重要的作用。《隨函録》在收録寫本佛經俗别字上有幾大特點:一是數量巨大。根據我們在整理《隨函録》

俗字譜時的初步估計,其除去重復的俗字數以萬計。二是一字多形。許多漢字在《隨函録》中擁有幾個甚至幾十個不同的形體,例如"惱"字,在《隨函録》中至少有 32 種不同的俗體,"惡"字也至少有 28 種寫法①。三是一形多字。《隨函録》同形字現象十分普遍,許多單個形體兼表幾個不同的字。如"耕",代表了"脉""耕"兩字②,"綾"則代表了"綏""接"兩字③。本書"《隨函録》同形字研究"一章對此進行了專門研究,可參。四是俗字類型豐富。根據我們的考察,目前在漢語俗字研究中已知的所有俗字類型在《隨函録》中幾乎都有④。增加意符,如"丁"俗作"肛"(ZD60-228a);改换意符,如"瓔"俗作"鑍"(ZD59-1056b);改换聲符,如"膖"俗作"脖"(ZD60-164b);形體類化,如"扶"俗作"扶"(ZD60-71c);形體同形,如"胞"本爲"脆",俗爲"胞"字(ZD59-829b);形體簡省,如"拯"俗作"拯"(ZD60-336a);形體增繁,如"捷"俗作"捷"(ZD60-336a);形體變易,如"軌"作"軏"(ZD59-968);構件移位,如"娶"俗作"娵"(ZD60-318c);合文,如"悆"爲"人悉"之合(ZD60-334c);全體創造,如"歸"俗作"皈"(ZD60-17);避諱,如"世"俗作"廿"(ZD59-855b)。在所有的類型中,以形體訛誤、形體類化、形體同形産生的俗字最多。就漢語俗字研究而言,《隨函録》的價值超過了慧琳《一切經音義》、玄應《一切經音義》。它對於考釋漢語疑難俗字、探究俗字源流演變、了解俗字産生緣由、整理唐五代俗文字譜,從而進行漢語俗字史的研究都具有重要的價值。對此,本書後面幾章有詳細討論,兹不贅述。

2. 音韻學上的價值

《隨函録》語音材料特別丰富,據儲泰松統計,《隨函録》共有訓釋條目 120 222 條,除去重復,共有反切 19 188 條,直音 4 584 條。讀音與《廣韻》《集韻》相同的有 18 324 條,占總反切數的 95.5%,相異的 864 條,占總反切數的 4.5%。不僅如此,《隨函録》中還有爲數不少描述方言差異的材料。这些對於漢語音韻學的研究,對於漢語方言史的研究,尤其對建構唐五代音系具有重要的作用。儲泰松在《〈可洪音義〉研究》中對此進行了全面而深入的研究。兹將其主要觀點轉述如下:(1)可洪音義所反映的語音體系,大體反映了雅言、通語、方音三個層次,三者之間既有聯繫,又有區别。(2)音義反映的五代時期通語特徵是:聲母 39 紐,主要特徵是:輕唇與重唇、舌頭與舌上兩分,非敷合一,從邪有別,精莊章分立,禪船無别,喻紐三四等有别;韻類分 42 部,陽聲 15 類、陰聲 12 類、入聲 15 類。魚虞與模有别,梗攝分爲庚耕與清青兩部,閉口八音分爲覃談、咸銜、鹽添嚴凡三部,梗曾兩攝入聲分爲陌麥、昔錫、職德三部。(3)音義反映了一些方言特徵。(4)從可洪音義反映的音系來看,它既反映出晚唐五代通語音系的普遍特徵,又揭示出西北方音諸多語音現象。《隨函録》語音研究不僅對研究漢語語音本身具有重要價值,而且對於我們研究漢語俗文字也具有一定的作用。如:《集韻・唐韻》:"膀,脹也,鋪郎切。"《集韻・宕韻》:"脺,脹也。滂謗切。"按:《集韻》"膀""脺"訓"脹",來源不明。可洪可爲我們解答這個問題。《隨函録》卷 20《佛阿毘曇經》下卷:"膀脹,上普謗反,下知亮反,正作脺脹字也,諸經作胮脹,上匹江反,如晉絳以北人謂

① 請參本書"《隨函録》常用俗字形體演變研究"一章。

② 請参本書下篇"耕"字條。

③ 請参本書中篇"綾"字條。

④ 張涌泉在《漢語俗字研究》(46-105)中列舉了 13 種類型的俗字,我們這裏参考他的説法,名稱上略有改變。

脺爲滂也，或作胖脹，上匹絳反，如晉絳以北人謂胖爲膖也。又蒲光反，膀胱，尿脬也，非用也。”（ZD60-82b）根據《隨函録》，“膀”“膖”意義爲“脹”，即“膖”字。《集韻》“膀”音“鋪郎切”，似乎與“膖”讀音不同。其實這是方言之間存在的差異所致。“脺（膖）”，根據可洪所述，晉絳以北的人讀爲“滂”，滂母唐韻，這與“鋪郎切”音正同。“晉絳”指今山西省侯馬市。由此可見，當時“膀（膖）”字在山西省侯馬市以北的讀音與其他地方不同。《集韻》“膀”讀“鋪郎切”可能來源於晉絳以北的方音。

3. 詞彙、訓詁學上的價值

在訓詁、詞彙方面，《隨函録》也具有重要價值。《隨函録》作爲一部對佛典中出現的難字進行形體辨析、讀音標示、意義闡釋的書，存有大量的訓詁資料，對於閱讀佛經、解釋佛經詞語具有直接功效。

[翔隨]

《佛説薩羅國經》卷 1：“孔雀、鸚鵡、翔隨、鸕鶿飜飛相逐，皆在池中。”（T14，p793a）

按：“翔隨”在文中爲何義呢？從上下文看應該指一種動物。《隨函録》卷 10《薩羅國王經》卷 1：“鴹隨，上居謁反，下祥爲反，上正作羯，或云羯毗，……唐言好聲鳥也，……上又音羊，傳寫之悮也。”（ZD59-895b）《隨函録》“鴹隨”即《佛説薩羅國經》中的“翔隨”，其中“鴹”對應的即“翔”字。《隨函録》以“鴹”爲“羯”字，而今佛經卻作“翔”字，孰是孰非呢？我們以爲《隨函録》所論是。

慧琳《一切經音義》卷 44 所録玄應《德光太子經》音義：“羯隨，或作羯毗，或作迦毗，或作加毗，皆一物也，此云好聲鳥也，經文從鳥作鴹，非也。”（T54，p602a）根據《一切經音義》，“羯隨”在玄應所見寫本中也訛爲“鴹隨”。

“鴹隨”同“羯隨”，是一種鳥，叫聲很好聽。“羯隨”可見於其他佛經。梁・僧祐《釋迦譜》卷 5：“今海邊有鳥名曰羯隨，其音哀亮。”（T50，p78a）西晉・竺法護譯《佛説文殊師利現寶藏經》卷 2：“羯隨鳴振寶響，其聲勝於梵天。”（T14，p465b）

綜上所述，“鴹隨”爲“羯隨”無疑。今《佛説薩羅國》何以會訛作“翔隨”呢？“鴹”本可爲“翔”字。《漢書・禮樂志》：“聲氣遠條鳳鳥鴹，神夕奄虞蓋孔享。”顏師古注：“鴹，古翔字。”傳抄的人不知“鴹隨”乃“羯隨”，誤以爲這裏的“鴹”也是“翔”，致使“翔隨”一語意義不明。

[專愚]

後秦・鳩摩羅什譯《禪秘要法經》卷 2：“有一比丘，聰明多智，讀誦三藏，自恃憍慢，散亂放逸，有從學者，不肯教授，專愚貢高，不修正念，命終之後，墮黑闇地獄。”（T15，p258c）

按：《漢語大詞典・寸部》：“專愚，謂用心專一而至不通情事。《後漢書・朱穆傳》：‘及壯耽學，鋭意講誦，或時思至，不自知亡失衣冠，顛隊（墜）阬岸。其父常以爲專愚，幾不知數馬足。’”

《漢語大詞典》對“專愚”的解釋放於上述佛經中文意不達。佛經中“專愚”一詞不是此義。《隨函録》卷 6《六度集經》卷 2：“專愚，上之緣反，獨也，自是曰專愚。”（ZD59-763c）根據《隨函録》，“專愚”即“自是”，也就是自以爲是的意思。可洪之訓，放於文中，文意通達。佛經還有用例。

吴康・康僧會譯《六度集經》卷 6：“其一龜王，專愚自由，不從真言，菩薩盡心濟其從者

令得免難。"(T03, p34a)

釋道世撰《法苑珠林》卷 68:"爲人專愚不教人故,爲人瘖啞謗毀人故,爲人聾盲不聽法故……"(T53, p805b)

西晉・竺法護譯《佛説四輩經》卷 1:"末世毒然之時,四輩弟子,若出家若居家修道,皆狂醉衆色,不復承用佛經法,專愚自用。便使吾道薄淡,令世人謗訕吾道。"(T17, p705b)

以上經文中的"專愚"也都是可洪所訓之義。

[批箭]

宋・佛陀什共竺道生等譯《彌沙塞部和醯五分律》卷 25:"過去世時有一射師名拘和離,有人從學射法,六年教之語言,應作如是捉弓如是批箭,而未教放法。弟子後時念言,我六年中學捉弓批箭,而未一放,今試放之。便放箭射一大樹,徹過入地。"(T22, p165b)

按:"批箭"爲何義呢? 玄應《一切經音義》卷 15《五分律》卷 25 音義:"錍箭,普啼反。《方言》:'箭廣長而薄廉者謂之錍。'"玄應將"批箭"改成了"錍箭"。對此,可洪進行了批駁。《隨函録》卷 16《彌沙塞部和醯五分律》卷 25:"批箭,上普迷反,推也,轉也,又宜作扯,將此、側買二反,拉也,取也。《經音義》以錍字替之。錍,箭名也。今詳律意,但令拈掇取與不令放也,亦不是箭名也,請細意詳之也。"(ZD60-26a)

根據律文,"批箭"不當是"錍箭",而應爲拉取、掇取箭的意思。由於"批"本無此義,可洪以爲宜作"扯"。"扯"與"批"形體近似,"扯"有拉扯之義。可洪之説可從。在《隨函録》中,可洪還訓釋了不少聯綿詞、音譯詞,這對於漢語聯綿詞、外來詞的整理研究具有重要意義。

[鷿鷈、匾匿、睥睇、牑牒、遍匿、匾㔸、𠤷匿]

《隨函録》卷 6《六度集經》卷 2:"鷿鷈,上卑典反,下他兮反,薄貌也,正作匾匿也。"(ZD59-763c)

《隨函録》卷 14《佛本行集經》卷 28:"睥睇,上卑典反,下他兮反。"(ZD59-1082c)

《隨函録》卷 7《稱讚大乘功德經》卷 1:"牑牒,上卑典反,下他兮反,正作𠤷匿。"(ZD59-775c)

《隨函録》卷 17《根本説一切有部毗奈耶頌》卷 1:"遍匿,上卑典反,下他兮反,正作匾㔸。"(ZD60-61b)

按:隋・闍那崛多譯《佛本行集經》卷 26:"或鼻匾匿,或腹如甕,足如覆鉢,身體皮乾,猶如曝脯。"(T03,p777a)"匾匿"一詞,通常用來形容鼻子長得扁平。"匾匿"爲聯綿詞,形體不定,在《隨函録》中就録有"鷿鷈""匾匿""睥睇""牑牒""遍匿""匾㔸""𠤷匿"等不同寫法。"匾匿"爲通常的寫法,所以可洪以之爲正。

[笓笆、枇杷、鞞把、琵琶]

《隨函録》卷 7《陁羅尼集經》卷 12:"笓笆,上蒲脂反,下蒲巴反,正作琵琶。"(ZD59-804b)

《隨函録》卷 14《佛本行集經》卷 26:"枇杷,上蒲脂反,下蒲巴反。"(ZD59-1074c)

《隨函録》卷 17《鼻奈耶律經》卷 5:"鞞把,正作琵琶也,上又毗兮反,非。"(ZD60-73b)

按:隋・闍那崛多譯《佛本行集經》卷 16:"見諸宫人如是睡卧,或執銅鈸笙瑟笳簫琴筑琵琶竽笛螺貝,口出白沫,鼻涕涎流。"(T03, p728c)"琵琶"是一種彈撥樂器。"琵琶"爲聯綿詞,形體不定,在《隨函録》中就録有"鞞把""枇杷""琵笆"等不同寫法。"琵琶"爲通常的寫法,所以可洪以之爲正。

[礕礰、霹靂、檘歷、擗歷、躃礰、礕歷、辟礰]

《隨函録》卷 12《長阿含經》卷 12:"礕礰,上普擊反,下魯擊反,正作霹靂也。"(ZD59-983b)

《隨函録》卷 12《增一阿含經》卷 26:"檘歷,上普擊反,正作霹靂。"(ZD59-1002c)

《隨函録》卷 19《阿毗達摩大毗婆沙論》卷 31:"擗歷,上普擊反,正作霹靂。"(ZD60-111b)

《隨函録》卷 23《諸經要集》卷 15:"躃礰,上普擊反,下六擊反,正作霹靂也。"(ZD60-304c)

《隨函録》卷 5《普曜經》卷 3:"礕歷,上普擊反,正作霹靂。"(ZD59-700b)

《隨函録》卷 12《長阿含經》卷 3:"辟礰,音歷,正作霹靂。"(ZD59-981a)

按:西晉・竺法護譯《修行道地經》卷 3:"不懅巨象水火之患雷電霹靂。"(T15, p198a)"霹靂"爲聯綿詞,形體不定,在《隨函録》中就録有"礕礰""檘歷""擗歷""躃礰""礕歷""辟礰"等不同寫法。"霹靂"爲通常的寫法,所以可洪以之爲正。

[福羅、匐羅、富羅]

《隨函録》卷 15《摩訶僧祇律》卷 31:"福羅,上音副,正言布羅,此云短靿靴也,又方伏反。"(ZD59-1112b)

《隨函録》卷 15《十誦律》卷 9:"匐羅,上芳冨反,短靿靴也,正作副也,或作冨,方副反,《僧祇律》作福,音副,又僕、蔔二音,非也。"(ZD59-1117c)

《隨函録》卷 16《四分律》卷 40:"富羅,上方副反,短靿靴也。"(ZD60-35c)

按:"富羅",本爲梵文"Pula"的音譯,漢文的意思是短靿靴。丁福保《佛學大辭典》:"富羅,(物名)Pula,又曰福羅,布羅,腹羅。莊飾之短靴也。《玄應音義》十五曰:'福羅,正言布羅。此譯云短靿靴也。'同十六曰:'腹羅或作福羅,或云富羅,正言布羅,此云短靿靴也。'《寄歸傳》一曰:'富羅勿進香台。'"由於"福羅"是音譯詞,用字不定,又作"布羅""腹羅""福羅""匐羅""鞴囉"①。

此外,《隨函録》訓釋的字義、詞義有不少是歷代字韻書中没有的,還有不少是首見於此。其保存的這些訓詁資料對於研究歷代字韻書中的字義、詞義大有裨益。限於篇幅,不再贅述。

總之,《隨函録》在漢語詞彙、訓詁研究方面具有重要價值,可進行專題研究。

4. 文獻學上的價值

《隨函録》在文獻學上也具有很高的價值。它對於校勘漢文佛典、考訂佛經真僞卷次、輯録亡佚文獻都具有重要的作用。

漢文佛經浩如煙海,流傳甚廣,版本衆多,與此同時佛經文字訛誤也甚多,可洪當年就深感"藏經文字謬誤頗繁"。《隨函録》對於佛典的校勘有特殊的作用:一則因爲它所保存的

① 鄭賢章:《龍龕手鏡研究》,湖南師範大學出版社 2004 年,第 329 頁。

文字是當時所見的寫本文字，能比較真實地反映佛經原有面貌；二則因爲它對於當時所見的版本異文有比較多的揭示與判斷，可以使我們比較好地去認識和鑒别今天的佛經異文。可洪在《隨函録》中常常通過不同版本佛經之間的對勘，對存在的文字上的差異進行深入細緻的辨别，有的擇善而從，有的自立新説，爲今後的佛典整理提供了豐富的具有重要價值的資料。

［端𢈔、端瘟］

唐・釋靖邁《古今譯經圖紀》卷 1："無端𢈔持經（一卷）。"（T55, p353a）"𢈔"，宋本作"瘟"，元、明本作"底"。

按：高麗本《古今譯經圖紀》"端𢈔"，宋本作"端瘟"，元、明本作"端底"，孰是孰非呢？《隨函録》卷 24《古今譯經圖紀》卷 1："端𢈔，丁禮反，正作底、疧二形也。諸録並作底、疧二字。"（ZD60-337a）《隨函録》"端𢈔"即元、明本《古今譯經圖紀》中的"端底"，其中"𢈔"即"底"字之訛，其他版本《古今譯經圖紀》作"無端𢈔持經"或"無端瘟持經"皆誤。《大唐内典録》卷 2："無端底持經一卷。"（T55, p231c）《大周刊定衆經目録》卷 11："無端底持經一卷（舊録云無端底總持經）。"（T55, p439b）《開元釋教録》卷 2："無端底持經一卷（舊録云無端底總持經第二出）。"（T55, p491c）諸録並作"無端底持經"，與《隨函録》所論同。

［衹人］

東晉・帛尸梨蜜多羅譯《佛説灌頂經》卷 8："注池魅鬼、廁中咒術魅鬼、遮道魅鬼、遮蟲魅鬼、不臣屬鬼、衹人頭鬼、帳中魅鬼……"（T21, p520b）

按：高麗本《佛説灌頂經》"衹人頭鬼"，宋、元、明本作"舐人頭鬼"。我们以爲作"舐人頭鬼"是。《隨函録》卷 6《大灌頂經》（《佛説灌頂經》）卷 8："䑛人，上時紙反，正作䑛、𦧇、舐三形。"（ZD59-752a）寫本《佛説灌頂經》"䑛人"，可洪認爲應該作"舐人"，與今宋、元、明本相同。從佛經文意看，當以"舐人"爲是。

更多例子請參本書第二章"《隨函録》與漢文佛典的校勘"。

可洪在《隨函録》中還對一些佛經的真僞、卷册數目、名稱進行了辨析。如：

"《十誦律》第五十八卷：尾題云六十，《西川經音》以此卷爲六十一，並非也。應和尚《經音義》亦以此卷爲五十八，《經音義》五十八頭是此藏五十五卷，從扙鑽𤗼豆刀匣須鑰等字是也，《經音義》五十八尾，從到矴捉瑱等字是也，《西川經音》從卅八直至部終並槎一卷，失次也，此藏卅九直至六十一而失次，此乃古來傳寫謬錯，或書人更易名題，遂致失次耳。十誦者，誦誦有卷次，卷卷有誦次，讀者麁心而致此失焉。"（ZD59-1127b）

"《十誦律》第五十九卷：此下三卷是律序，此是上卷，《經音義》以此卷爲五十五，仍不載。"（ZD59-1128a）

"《十誦律》第六十卷：律序卷中，《經音義》以此卷爲五十六、五十七，非也，此藏只是一卷。"（ZD59-1128a）

"《十誦律》第六十一卷：律序卷下，《經音義》以此卷爲五十七，非也。"（ZD59-1128b）

按：可洪認爲《十誦律》正文本衹有 58 卷，59 到 61 卷是律序，原本分爲上中下卷。玄應《經音義》、《西川經音》都有失次之處。智昇撰《開元釋教録》卷 13："《十誦律》六十一卷六帙。前五十八卷，姚秦三藏弗若多羅等共羅什譯，後毘尼序三卷，東晉三藏卑摩羅叉續譯。"（T55, p618b）可洪之説與《開元釋教録》相符。

又如：

“《大金色孔雀王咒經》一卷：此經不合録，而是正經，或是録人遺漏也，今拾遺編入，以將替目録中有七里結界場法者，彼是僞經，詐云羅什譯。”(ZD59-798a)

“《孔雀王咒經》一卷：未詳撰者，初有七里結界文者是也，下方藏不入此經，以僞妄訛故耳，右此經目録云姚秦三藏鳩摩羅什譯。洪詳閲此經，乃是無知庸輩抄諸經鬼神、天龍八部、佛、菩薩、羅漢諸天名號，亦略孔雀經及真言兼雜咒撰成一卷，而妄引羅什爲譯主，其經實不是梵本正翻，亦不是佛所説也。如經云東方檀殿軍頭廣百步口開谷山十十五五合依吞，此文有五行，出《廣弘明集・笑道論》。又云東方薄鳩深山沙羅佉收汝惡鬼項著枷，此文亦五行。又云清脩菩薩入身求魔，淨藏菩薩折髓求魔，火光菩薩把火求魔，月光菩薩放光求魔，持地菩薩掘土求魔云云，自此已前，並是彼人胷襟亂道，自此後是法花經序品中内八部龍神名也。又從此後南方定光佛，北方七寶堂，西方無量壽，東方藥師瑠璃光，上有八菩薩，下有四天王云云。又云韋提希子阿闍世王，山神王乃至仙人鬼大幻持咒王等皆當擁護某甲之身云云，如上凡鄙言詞，尚不出君子之口，豈況大覺聖人乎？且如阿闍世王是人的王，彼乃略來鬼神部内置之，豈不謬乎？蓋撰録者麁心太甚，點撿不精，但相承傳行，不察真僞矣。吁！去聖遥遠，將復呈誰，若不委述繁詞，何以顯其真贗也。延祚寺藏不入此本，但略彼經中文字於册内耳。”(ZD59-798b)

按：智昇撰《開元釋教録》卷12：“《孔雀王咒經》一卷(亦名大金色孔雀王經并結界場法具)，姚秦三藏鳩摩羅什譯(第四譯)。”(T55，p599a)可洪認爲《開元録》中標明姚秦三藏鳩摩羅什所譯的《孔雀王咒經》是僞經。理由是經文中“凡鄙言詞”甚多，這些言語“尚不出君子之口，豈況大覺聖人”，並且經文内容上也有不合情理之處。如阿闍世王本是人的王，而在經文中置於鬼神部内。可洪以爲《大金色孔雀王咒經》纔是正經，録人遺漏了，今當拾遺編入。

此外，《隨函録》在輯録亡佚文獻上也具有十分重要的價值。

可洪在《隨函録》中引用了大量的今已亡佚的文獻，如《西川經音》《江西經音》《郭迻經音》《南嶽經音》《長筠韻》、陸絃《字林》等。通過《隨函録》中的隻言片語，我們可以窺測到這些典籍的某些特徵。這些亡佚的文獻有的具有很高的價值，以《郭迻經音》爲例，雖然可洪批評其“或有統括真俗，類列偏傍，但號經音，不聲來處”，但可洪在《隨函録》中仍舊大量引用其説，估計近400次，這中間有的是以之爲批駁的對象，有的則是引其文以備一説。《郭迻經音》在我們的俗字考釋中發揮了非常重要的作用，詳情請參見中篇有關條目。

第二章　《隨函録》與漢文佛典的校勘

一、校勘漢文佛經

漢文佛經浩如煙海，版本衆多，不同版本間行文用字有許多不同，可洪當年就深感"藏經文字謬誤頗繁"。文字的差異直接影響人們對佛經的閲讀，更有甚者還會導致理解上的訛誤。據我們所見，到目前爲止，學術界在佛經文獻的校勘與整理上還比較欠缺，已有的工作也主要集中在給出幾種不同版本的異文，形成一個校勘記，還没有大規模地對異文的是是非非作出判斷。《隨函録》對於佛經的校勘有特殊的作用：一則因爲它所保存的文字是當時所見的寫本文字，能比較真實地反映佛經原有面貌；二則因爲它對於當時所見的版本異文有比較多的揭示與判斷，可以使我們比較好地去認識和鑒別今天的佛經異文。

［盲聵］

西晉·竺法護譯《正法華經》卷2："今我諸子，闇蔽閉塞，一切盲瞶，無有耳目。"(T09, p77a)

按："盲瞶"一詞，宋、明本作"盲聵"，孰是孰非呢？我們以爲作"盲聵"是，而《大正新修大藏經》所據高麗本作"盲瞶"不對，"瞶"爲"聵"字之誤。《隨函録》卷5《正法華經》卷2："盲䁤，五怪反，聾也。正作聵。"(ZD59-706a)《正法華經》"盲瞶"，《隨函録》作"盲䁤"。依《隨函録》所述，應作"盲聵"。根據佛經文意，也應該是"盲聵"。在"一切盲聵，無有耳目"一句中，"盲"對應"目"，"聵"對應"耳"，一個表眼瞎，一個表耳聾。《大正新修大藏經》作"盲瞶"，"瞶"乃"聵"字之形訛，構件"目"與"耳"近似易混。《龍龕手鏡·目部》："瞶，……又俗，五怪反，正作聵。"根據《龍龕手鏡》，"聵"在俗寫中確實可以訛作"瞶"。

［蚊虻蚑蜂］

西晉·竺法護譯《阿差末菩薩經》卷4："以此天耳咸悉得聞，所聽了了，無一蔽礙，及復察聞地獄餓鬼畜生音聲，麼麼小蟲蚊虻蚊蜂毻拂音聲，皆得聞之。"(T13, p600b)

按：《大正新修大藏經》"麼麼小蟲蚊虻蚊蜂"一句中，有兩個"蚊"字，意義費解。我們認爲"蚊蜂"應爲"蚑蜂"，"蚊虻蚊蜂"應爲"蚊虻蚑蜂"。《隨函録》卷3《阿差末經》卷4："蚑蜂，上巨支反，下芳逢反。"(ZD59-645b)根據《隨函録》，"蚊蜂"，可洪所見《阿差末經》卷4正作"蚑蜂"。此外，"蚊虻蚑蜂"一語在佛經中習見，亦可爲證。如：

"其中清潔，無有蚑蜂蚊虻蠅蚤。"(後漢·竺大力共康孟詳譯《修行本起經》卷2；T03, p469b)

"又作師子虎狼蛇虺毒蟲蚊虻蚑蜂百足之蟲。"(《修行道地經》卷2；T15, p194c)

"其池清淨，無有蚑蜂蚊虻蠅蚤。"(吴·支謙譯《佛説孛經抄》卷1；T17, p729a)

"諸天龍神及與非人所見嬈者，并餘毒蟲蟒蛇虎狼蚊虻蚑蜂。"(西晉·竺法護譯《佛説無希望經》卷1；T17, p781b)

［昆琉璃鬘］

元魏·毘目智仙共般若流支譯《聖善住意天子所問經》卷1："金葉銀莖，勝藏羅網，毘

琉璃鬒,彼蓮華中有化菩薩。"(T12, p119b)

按:《大正新修大藏經》"毘琉璃鬒"一語,宋、元、明、宫、聖本等也都如此,然而根據可洪《隨函録》,我們發現"毘琉璃鬒"有誤,其中"鬒"當爲"鬘"字之訛。

《隨函録》卷 2《聖善住意天子所問經》:"璃𩭿,莫奸反。"(ZD59-614c)"𩭿",《隨函録》音"莫奸反",與"鬘"音同,實際上即"鬘"字之訛。

我們通過檢索《大藏經》,發現佛經中衹有《聖善住意天子所問經》作"琉璃鬒",其他佛經都作"琉璃鬘",如:

"玻胝迦幔,吠琉璃鬘,赤真珠幔,杵藏珠鬘。"(《父子合集經》卷 5; T11, p934a)

"百萬億解脱妙寶,百萬億琉璃鬘網,周匝垂下,百萬億赤色寶鬘。"(東晉・佛馱跋陀羅譯《大方廣佛華嚴經》卷 13; T09, p479b)

"所謂須曼那鬘、金鬘銀鬘、毘琉璃鬘、頗梨鬘、車磲鬘、馬瑙鬘、象瑙鬘、日光寶鬘、雜七寶鬘。"(宋・智嚴譯《佛説廣博嚴淨不退轉輪經》卷 4; T09, p274a)

"或散華香,或散華鬘,或以金鬘,或以銀鬘,或以琉璃鬘,或以玻璃鬘,或以馬瑙鬘,或以毘盧旃鬘,或以曼陀羅華、摩訶曼陀羅華、曼殊沙華、摩訶曼殊沙華,或以所作之華而散佛上。"(《不退轉法輪經》卷 3; T09, p243b)

根據可洪《隨函録》與其他佛經,我們認爲《聖善住意天子所問經》作"琉璃鬒"有誤,應爲"琉璃鬘"。

[自懅怕擯]

西晉・竺法護譯《普曜經》卷 6:"波旬已見縛束,勇猛巧言,自懅怕擯。"(T03, p520a)

按:《大正新修大藏經》"自懅怕擯"一語,宋、元、明本作"自據拍臏",孰是孰非,亦或皆有誤呢?《隨函録》卷 5《普曜經》卷 6:"掐臏,上普白反,下毗忍反,上誤。"(ZD59-701a)《隨函録》"掐"音"普白反",此即"拍"字之誤,兩字音同。《廣韻・陌韻》:"拍,普伯切。"根據《隨函録》,經文應作"拍臏",宋、元、明本不誤,而高麗本作"怕擯"誤也。此外,根據經文,高麗本作"自懅"是,而宋、元、明本作"自據"誤。綜上所述,正確的説法應是"自懅拍臏"。"拍臏"常用來表達焦急、憂傷、痛苦之貌。如:

"愁憂懷惱,拍臏椎胸而以鬱怫。"(西晉・竺法護譯《所欲致患經》卷 1; T17, p540a)

"還顧相視,共淚出者,或手相搏,拍臏拍頭。"(西晉・竺法護譯《佛説方等般泥洹經》卷 1; T12, p913c)

[捻握]

西晉・竺法護譯《普曜經》卷 6:"十一以手覆面,十二迭相捻握,十三正住佯聽。"(T03, p519b)

按:《大正新修大藏經》"捻握"一詞,宋、元、明本作"捻挃",孰是孰非呢?《隨函録》卷 5《普曜經》卷 6:"捻挃,上奴協反,下知日反。"(ZD59-701a)根據《隨函録》可知可洪當時所見經文是作"捻挃"的,這與宋、元、明本一致。我們認爲作"捻挃"是。"捻挃"一詞佛經中習見,而"捻握"不見於其他佛經。

"但與彼女人手拳相加,或相捻挃。"(東晉・瞿曇僧伽提婆譯《增壹阿含經》卷 25; T02, p687a)

"或與女人共相捻挃,或手拳相加。"(東晉・瞿曇僧伽提婆譯《增壹阿含經》卷 25;

T02, p688a)

“時鉢吉蹄女見阿難,踴躍歡喜,前抱阿難,坐著床上,牽掣衣裳,捻抳阿難。”(姚秦・竺佛念譯《鼻奈耶》卷 3; T24, p863c)

“捉諸婦女,抱鳴捻抳身體。”(姚秦・竺佛念譯《鼻奈耶》卷 3; T24, p861b)

“時女前抱阿難,坐著床上,牽制衣掌,捻抳阿難。”(梁・僧旻、寶唱等集《經律異相》卷 15; T53, p80b)

根據佛經,“捻抳”的意義爲捏掐撞擊。“握”與“抳”形體近似,“握”蓋爲“抳”字之訛。

[汁勒栴檀]

西晉・竺法護譯《佛説方等般泥洹經》卷 2:“有赤栴檀、紅栴檀、汁勒栴檀、蜜香、黑妙音(香),有曼陀勒花、大曼陀勒花。”(T12, p925b)

按:《大正新修大藏經》“汁勒栴檀”一語,宋、元、明、宫本作“污勒栴檀”,孰是孰非呢?我們認爲作“污勒”是,《大正新修大藏經》“汁勒”的“汁”字乃“汙(污)”字之誤。《隨函録》卷 4《方等般泥洹經》下卷:“汙勒,上音烏,檀木名也,别藏作汗,音干,非。”(ZD59-691c)根據《隨函録》,可知可洪當時所見經文是作“汙勒”的,“汙勒”即“污勒”,與宋、元、明、宫本一致。此外,佛經别處亦作“污勒”,如:

“世界純以污勒迦莎羅栴檀。”(西晉・安法欽譯《佛説道神足無極變化經》卷 4; T17, p814a)

“作味栴檀、污勒栴檀樹、蜜香、黑妙香。”(西晉・竺法護譯《佛説方等般泥洹經》卷 1; T12, p919b)

[始棄]

《法鏡經》卷 1:“聞如是,一時衆佑游於聞物國勝氏之樹給孤獨聚園,與大衆除饉千二百五十人俱,及五百開士。慈氏、敬首、始棄、窺音,開士之上首者也。”(T12, p15b)

按:《大正新修大藏經》底本高麗本《法鏡經》“始棄”,宋、元、明、宫本《法鏡經》作“殆棄”,孰是孰非呢? 可洪所見寫本《法鏡經》作“殆棄”。

《隨函録》卷 2《法鏡經》:“殆棄,上徒改反。”(ZD59-610a)根據《隨函録》,宋、元、明、宫本《法鏡經》作“殆棄”是。其他佛經也可以證明。“殆棄”是“開士之上首者”,其他佛經稱爲“殆棄菩薩”。如:

“佛復告慧見菩薩、敬首菩薩、除憂菩薩、虞界菩薩、去蓋菩薩、窺音菩薩、殆棄菩薩、衆首菩薩、辯音菩薩、慈氏菩薩,汝等行請十方無央數佛國諸一生補處,無所從生法忍。”(吴・支謙譯《佛説無量門微密持經》卷 1; T19, p680b)

《法鏡經》提到的“慈氏、敬首、始棄、窺音”,《佛説無量門微密持經》皆稱爲菩薩。

[菩薩棄]

《拔陂菩薩經》:“具菩薩棄,已被人鎧,雖多怨嫉,欲勝一切。”(T13, p921a)

按:高麗本《拔陂菩薩經》“菩薩棄”,宋、元、明本作“菩薩乘”。高麗本《拔陂菩薩經》“被人鎧”,宫、聖本作“被人鐙”。孰是孰非呢? 可洪《隨函録》有明確的説明。

《隨函録》卷 3《拔陂菩薩經》:“菩薩棄,市陵反,正作乘。”(ZD59-643c)《隨函録》卷 3《拔陂菩薩經》:“人鐙,苦改反,正作鎧。”(ZD59-643c)

根據《隨函録》,可洪所見《拔陂菩薩經》作“菩薩棄”,與高麗本一致,他明確指出應該作

“菩薩乘”纔對。又可洪所見《拔陂菩薩經》作“人鐙”,與宫、聖本一致,他明確指出應該作“人鎧”纔對。根據佛經文意,應該如可洪所論。“菩薩乘”是佛教術語,佛教無“菩薩棄”之説。丁福保《佛學大辭典》:“菩薩乘,(術語)五乘之一。修六度之行,圓滿二利,而到佛果之乘教也。”“其十六子具菩薩乘,一一開化六十江河沙等人。”(西晉・竺法護譯《正法華經》卷4; T09, p92a)顯然,“菩薩棄”爲“菩薩乘”之訛,“棄”與“乘”兩字形體近似。至於“被人鐙”,於意不通,顯然是“被人鎧”之訛,“鐙”與“鎧”兩字形體亦近似。

[嗇口]

西晉・竺法護譯《正法華經》卷3:“遊諸郡縣,恒多思想,周旋汲汲,慕係嗇口,征營馳邁,栽自供活。”(T09, p81c)

按:高麗本《正法華經》“嗇口”,宋、元、明、宫本作“饉口”。無論“嗇口”還是“饉口”都令人費解。《隨函録》對此有明確的論述。

《隨函録》卷5《正法華經》卷3:“啬口,上音胡,粥也,正作餬,或作壼。又音色,非。”(ZD59-707a)

可洪所見《正法華經》作“啬口”,如果衹從字形上看,“啬”的確是“嗇”字,但可洪認爲這裏的“啬”音“色”不對,應該音“胡”。這給了我們另外一種啟發,“啬”是不是“壼”字之訛呢?可洪指出“啬”或作“壼”,可見他是這樣認爲的。“啬”與“壼”形體比較接近。如果“啬”是“壼”之訛的話,“壼口”於意義也不達,“壼口”應爲“餬口”,“壼”爲“餬”字之借。可洪言“啬(壼)”正作“餬”,不是説“啬(壼)”與“餬”爲異體,而是在表明“啬(壼)”爲假借字,正體應該是“餬”。“慕係壼(餬)口”於意通達。其他佛經也有類似的説法。“所欲往至詣,乞欲係餬口。”(西晉・竺法護譯《佛五百弟子自説本起經》卷1; T04, p192c)“乞欲係餬口”與“慕係壼(餬)口”意義相同。

[懼家竭財]

西晉・釋法炬譯《佛説優填王經》卷1:“稚得長大,勤苦難論,到子成人,懼家竭財膝行肘步,因媒表情致彼爲妻。”(T12, p71b)

按:高麗本《佛説優填王經》“懼家竭財”爲何義?費解。宋、元、明、宫本《佛説優填王經》作“擢家竭財”,孰是孰非呢?《隨函録》卷2《優填王經》:“櫂家,宅角反。”(ZD59-613a)

根據可洪《隨函録》,“懼家竭財”應作“櫂家竭財”。“櫂”爲何義?“櫂”,《隨函録》音“宅角反”,實際上即“擢”字之俗。“櫂”本没有“宅角反”一音。《廣韻・覺韻》:“擢,直角切,拔也,抽也,出也。”《隨函録》“櫂”音“宅角反”,與“擢”讀音相同,形體上,構件“木”與“扌”在俗寫中近似易混。由此看來,宋、元、明、宫本《佛説優填王經》“擢家竭財”是對的,意義是耗盡家産錢財,高麗本誤作成了“懼”,致使意義不通,訛誤的緣由大概是因“擢”與“懼”形體近似。

二、校正《一切經音義》

玄應《一切經音義》與慧琳《一切經音義》是佛經音義書中最著名的兩種,歷來爲人們所重視。玄應、慧琳在給佛經作音義注釋時,有一個缺陷,當他們認爲佛經原文中某個字某個詞有問題時,他們就徑直將原字原詞用自己認爲正確的字詞替换,其中有的替换對了,有的卻替换錯了,錯誤的替换往往會貽誤後代。可洪《隨函録》在這一點上要比玄應、慧琳謹慎,不管原文對錯與否，先將原文照録，自己有不同的意見也衹是在注釋中體現。這樣做的好處就是尊重了佛經原本面貌，對我們校正佛經與《一切經音義》的錯誤提供了寶貴的資料。上面我們已經就可洪《隨函録》與佛經校理的問題舉例進行了説明，下面就可洪《隨函録》與《一切經音義》的校理亦舉例加以論述。

［遅其］

西晉・釋法炬譯《佛説優填王經》卷 1：“又親之養子，懷妊生育，稚得長大，勤苦難論。”(T12, p71b)

按：慧琳《一切經音義》卷 16 所録玄應《佛説優填王經》音義：“遅其，除致反。案，遅，欲其疾也。遅，猶望也。經文作幼稚之稚，非也。”(T54, p409a)

玄應認爲經文“稚”字用得不對，於是用“遅”字替之。可洪對此進行了評判。《隨函録》卷 2《優填王經》卷 1：“稚得，上直利反，幼也，晚也。應和尚以遅替之，非。”(ZD59-613a)可洪《隨函録》與今存《佛説優填王經》都作“稚得”，從文義看，“稚得長大”即幼兒得以長大的意思，並没有不通之處，玄應所言有誤。另外玄應將“稚得”改爲“遅其”，“其”字改得也不對，應該用“得”字。

［樹柧柭］

慧琳《一切經音義》卷 16 所録玄應《佛説胞胎經》音義：“樹柧柭，古胡反。《説文》從角從瓜，音寡華反。”(T54, p406c)

按：《一切經音義》“樹柧柭”，今高麗本《佛説胞胎經》作“澍柧枝”，宋、元、明、宫本《佛説胞胎經》作“樹柧枝”。“譬如天雨從空中墮，流澍(宋、元、明、宫本作樹)柧枝，使轉茂盛。”(西晉・竺法護譯《佛説胞胎經》卷 1; T11, p887b)

《隨函録》卷 2《胞胎經》卷 1：“流澍，音注。柧枝，上古胡反。”(ZD59-611a)可洪所見寫本《佛説胞胎經》作“流澍柧枝”。根據《隨函録》與今存《佛説胞胎經》，我們可以斷定《一切經音義》“樹柧柭”中的“柭”當是“枝”字之誤。至於另外一字“樹”是否有誤，我們認爲先要搞清楚“柧枝”是什麽意思。

慧琳《一切經音義》卷 46：“柧枝，古胡反。案，柧猶枝本也。”(T54, p614b)

“譬如空地有樹名舍摩梨，柧枝廣大，衆鳥集宿。”(後秦・鳩摩羅什譯《大智度論》卷 27; T25, p263b)

根據慧琳《一切經音義》與《大智度論》，“柧枝”可能是指樹的枝幹。“流澍柧枝”指雨水灌注(這裏應是滋潤)樹的枝幹，佛經中多見“流澍”一詞。

“請龍王于某處地中降大風雨，流澍漂溺。”(《金剛薩埵説頻那夜迦天成就儀軌經》卷 2; T21, p314a)

“于自宫中建金剛界灌頂道場，請雨。其時甘澤流澍，王臣欣慶。”(《三寶感應要略録》卷 1; T51, p834a)

從《隨函録》、佛經來看，“樹”也應該作“澍”纔是。總之，玄應《一切經音義》“樹柧柭”有誤，應爲“澍柧枝”。

根據可洪《隨函録》，可以在很大程度上校正佛典文字上的訛誤，我們在上面衹是舉例分析了十二個例子，旨在説明可洪《隨函録》對佛典的校勘是具有獨特作用的，同時也意在抛磚引玉，引起佛教文獻整理者對該文獻的重視。

第三章　《隨函録》與《龍龕手鏡》研究

一、《龍龕手鏡》引《隨函》考

《龍龕手鏡》一書乃遼代釋行均所撰，成書時間大概在遼聖宗統和十五年（宋太宗至道三年，公元 997 年）前，衹比《隨函録》成書的時間（公元 940 年）晚半個多世紀。該書共收 26 430 餘字，注文 163 170 餘字，連注總共有 189 610 餘字。部首按平上去入四聲排列，各部所收之字也依四聲排列。其於每字下詳列正體、俗體、通俗體、古體、籀文、今字、或體、變體或者誤體，並作了音義注釋。該書收了大量的寫本佛經中的俗字，收了大量佛經音義書中的字形、字音、字義，對佛經中的大量俗字進行了辨析，給出了它們的音、義，是爲幫助人們研讀佛經而編撰的一部字典。考察《龍龕手鏡》與《隨函録》的關係，首先得從《龍龕手鏡》所引《隨函》入手。《龍龕手鏡》注文中提到《隨函》31 次、《江西隨函》13 次、《西川隨函》2 次。《西川隨函》，高田時雄（1994）以爲即可洪《隨函録》中提到的《西川經音》，又名《川音》《厚大師音》《西川音》《西川厚大師經音》等。《江西隨函》，儲泰松（2002）以爲即可洪《隨函録》中提到的《江西音》，又名《江西音義》《江西篇》《江西韻》《江西經音》等。至於《隨函》，路復興（1986）認爲《隨函》是通名，並非指可洪《隨函録》，徐珍珍（1997）認爲《龍龕手鏡》可能引用過可洪《隨函録》。爲了更好地了解《龍龕手鏡》與《隨函録》的關係，我們對《龍龕手鏡》注文中提到的 31 次《隨函》逐一進行了考察，兹説明如下：

［傢］《龍龕手鏡・人部》（26）：“傢，《隨函》音加。”

按：《隨函録》無“傢”字。

［僛］《龍龕手鏡・人部》（28）：“僛，《隨函》音欺，方也。”

按：《隨函録》無“僛”字，衹有其異體“僛”。《隨函録》卷 28：“蒙倛，丘其反，方相也，正作䫏、僛二形。”（ZD60-508b）“僛”即“僛”字。無“音欺”一語。

［嵝］《龍龕手鏡・山部》（75）：“嵝，香嚴、《隨函》同藪，蘇走反。”

按：《隨函録》有“嵝”字。《隨函録》卷 7：“堬嵝，上託侯反，下蘇走反，正作偷藪。”（ZD59-799b）與《龍龕手鏡》所引相同。

［帀］《龍龕手鏡・巾部》（139）：“帀，《隨函》云合作印字。”

按：《隨函録》有“帀”字。《隨函録》卷 8：“法帀，因進反，正作印。”（ZD59-844a）與《龍龕手鏡》所引相同。

［鮾］《龍龕手鏡・魚部》（168）：“鮾，《隨函》云合作鰠，蘇刀反，魚名。又俗音彖。”

按：“鮾”亦見於可洪《隨函録》。《隨函録》卷 11《決定藏論》卷 3：“鮭鮾，上古攜反，下他盍反，比目魚，正作鰈、魼二形，又去居反。《爾雅》云：‘東方有比目魚焉，不比不行，其名謂之鰈。’”（ZD59-970b）無《龍龕手鏡》所引之語。

［䵍］《龍龕手鏡・黄部》（182）：“䵍，《隨函》云合作輝字。又俗尺善反。”

按:《隨函録》有"韗"字。《隨函録》卷 29:"韗螢,上許願反,法也,謂刑法也,……正作韗、韗二形。又音運,持也。"(ZD60-541a)無《龍龕手鏡》所引之語。

[涫]《龍龕手鏡・水部》(237):"涫,《隨函》云合作淴,音烏没反,水出聲。"

按:《隨函録》無"涫"字。

[熭]《龍龕手鏡・火部》(240):"熭,《隨函》云誤,合作焴,音回。"

按:"熭",可見於可洪《隨函録》,乃"熭"字之訛。《隨函録》卷 14:"炎出爲熭,上音焰,下宜作熭。"(ZD59-1092c)無《龍龕手鏡》所引之語。

[塂]《龍龕手鏡・土部》(250):"塂,《隨函》云合作塊。"

按:《隨函録》無"塂"字。

[蕃]《龍龕手鏡・草部》(256):"蕃,《隨函》云合作蛬,音渠容反,蟋蟀也。"

按:《隨函録》無"蕃"字,有"蛬"字,與之相近。《隨函録》卷 28:"飛蛬,巨恭反,又音拱。"(ZD60-507c)無《龍龕手鏡》所引之語。

[菆]《龍龕手鏡・草部》(260):"菆,《隨函》音聚。"

按:《隨函録》無"菆"字,有"藂""聚",與之相近。《隨函録》卷 3:"藂落,上音聚,悮,又在紅反。"(ZD59-656a)《隨函録》卷 15:"火聚,音聚。"(ZD59-1111b)

[葈]《龍龕手鏡・草部》(260):"葈,《隨函》云合作枲,息里反。"

按:《隨函録》有"葈"字。《隨函録》卷 15:"麻葈,心里反。"(ZD60-95b)無《龍龕手鏡》所引之語。

[嶓]《龍龕手鏡・口部》(269):"嶓(嶓),《隨函》合作蟠,音盤。"

按:《隨函録》有"嶓(嶓)"字。《隨函録》卷 20:"嶓龍,上音槃,正作蟠。"(ZD60-153c)與《龍龕手鏡》所引相同。

[噔]《龍龕手鏡・口部》(269):"噔,俗,丑陵、徒鐙二反,又《隨函》音正。"

按:《隨函録》無"噔"字。

[嗣]《龍龕手鏡・口部》(270):"嗣,《經音義》作䜣,音兜,《隨函》云廚字上聲呼之。"

按:《隨函録》有"嗣"字。《隨函録》卷 23:"竭嗣,直朱反。"(ZD60-288c)無《龍龕手鏡》所引之語。

[齰]《龍龕手鏡・齒部》(312):"齰,《隨函》音繒。"

按:《隨函録》無"齰"字。

[齭]《龍龕手鏡・齒部》(312):"齭,《隨函》云合作齰,在詣反。"

按:《隨函録》無"齭"字。

[毦]《龍龕手鏡・耳部》(314):"毦,《隨函》而容反,毛飾也,郭迻'俗,妨非、千芮二反'。"

按:《隨函録》有"毦"字。《隨函録》卷 11:"花毦,而容反,花皃也。"(ZD59-963b)與《龍龕手鏡》所引相同。

[翃、䎁、竕]《龍龕手鏡・古部》(339):"翃、䎁,《隨函》云誤,合作竕,方蹬反,束棺下之。"

按:《隨函録》有"翃"字。《隨函録》卷 28:"翃而瘗,上方鄧反,束棺下之也,正作竕、翃二形。"(ZD60-496b)與《龍龕手鏡》所引相同。

[㮃]《龍龕手鏡・木部》(381):"㮃,《隨函》音宛,於遠反,爲衣入裏也。"

按:《隨函録》無"櫘"字。

[綀]《龍龕手鏡·糸部》(401):"綀,《隨函》云合作毯字。"

按:《隨函録》有"綀"字。《隨函録》卷18:"綀罽,上他敢反,正作緂、毯二形也,下居例反。"(ZD60-95a)與《龍龕手鏡》所引相同。

[緍]《龍龕手鏡·糸部》(402):"緍,《隨函》云誤,合作僭,子念反。在《弘明集》第一卷。"

按:《隨函録》無"緍"字。

[腢]《龍龕手鏡·月部》(412):"腢,《玉篇》虚講反,肥也,《隨函》又音古侯反。"

按:《隨函録》有"腢"字,與"腢"形體稍異。《隨函録》卷16:"腢中,上古侯反,淚也,奇腢,脊腢也,俗。"(ZD60-42b)與《龍龕手鏡》所引相同。

[睷]《龍龕手鏡·目部》(419):"睷,乹、健二音,出香嚴、《隨函》。"

按:《隨函録》有"睷"字。《隨函録》卷23:"睷拏,上居言、居偃、居健三反,正作腱也,下女加反,上又應和尚作巨言反,《川音》音健,未詳何出,郭氏未詳。"(ZD60-294b)《隨函録》引《川音》"睷"音"健",與《龍龕手鏡》所注一音相同。

[蹪]《龍龕手鏡·足部》(463):"蹪,《隨函》音帝,須蹪,天名。"

按:《隨函録》無"蹪"字,與之相關的是"蹩(蹩)""蹛"。《隨函録》卷4:"須蹩(蹩),帶、滯二音,正作蹛也,郭氏音武,非。"(ZD59-672c)無《龍龕手鏡》所引之語。

[痽]《龍龕手鏡·疒部》(470):"痽,《隨函》云合作厜,姊危反,山巔皃,在《僧伽羅刹經》。又俗,他猥反。"

按:《隨函録》有"痽"字。《隨函録》卷21:"三痽,宜作厜、嫢,二同,姊危反。厜㕒,山巔皃也,尖也。嫢,盈姿之皃也。《江西音》作之芮反,非也,郭氏音作直類反,亦非也,今宜取厜。"(ZD60-217c)與《龍龕手鏡》所引相同。

[遆]《龍龕手鏡·辵部》(491):"遆,俗,《隨函》音弟,又音提。"

按:《隨函録》有"遆"字。《隨函録》卷24:"遆二,上徒帝反。"(ZD60-314c)無《龍龕手鏡》所引之語。

[逹]《龍龕手鏡·辵部》(494):"逹,《隨函》音達。"

按:《隨函録》有"逹"字。《隨函録》卷23:"沸逹,音達。"(ZD60-282b)與《龍龕手鏡》所引相同。

[䚾、徚]《龍龕手鏡·彳部》(498):"䚾、徚,《隨函》音引,可以䚾塗炭也,上又俗,失忍反。"

按:《隨函録》無"䚾""徚"字。

[殉、殉]《龍龕手鏡·歹部》(514):"殉、殉,《隨函》云誤,合作殄,音朽,枯也。又俗,鉤、苟二音。"

按:《隨函録》有"殉",乃"狗"字。《隨函録》卷25:"殉腸,上古口反,正作狗也,下直羊反,肚也。《雜阿含經》云:'貪樂沈没,如狗肚藏、亂草蕴,此世、他世絞結纏鎖,亦復如是。'《川音》以殄字替之,非也,又云此是《阿毘曇婆沙論》第五十四中字,彼經被改爲狗,義是殄,音朽,據此則彼論不錯卻言不是,豈非謬乎? 應和尚未詳。"(ZD60-380c)《隨函録》引《川音》之論與《龍龕手鏡》同。

［䙀］《龍龕手鏡·雜部》:"䙀,……《隨函》合作栔,音契,刻也,在《道地經》。"

按:《隨函録》有"䙀"字。《隨函録》卷21:"㯳蒣,上魚起反,草盛皃也,正作薿、㰳二形也。又魚力反。下子老反,水中草也,正作藻也。……麻谷作槃藻,非也,《川音》作䙀,以栔替之,音挈,亦非也。"(ZD60-208c)《隨函録》引《川音》之論與《龍龕手鏡》同。

根據以上考證,我們發現《龍龕手鏡》所引31處《隨函》,有9處與可洪《隨函録》完全相同,比例還是相當高的,有22處部分或完全不同,這22處中有2處與《隨函録》所引《川音》完全相同。因此,我們以爲《龍龕手鏡》所引《隨函》有部分可能是可洪《隨函録》,同時也有部分另有所指,其中至少包含了《川音》,也就是《西川隨函》。又根據蔣妙琴(1987)對《龍龕手鏡》所引新藏、舊藏之統計,全部264條中,《龍龕手鏡》與可洪《隨函録》論述相同相近之處有64條。此外,《龍龕手鏡》許多在其他文獻中找不到印證的俗字,可以在《隨函録》中找到。由此可見可洪《隨函録》當是行均撰寫《龍龕手鏡》所依據的主要文獻之一。

二、考釋《龍龕手鏡》疑難俗字

《龍龕手鏡》作爲一部字書,在我國字書編撰史上具有獨特的地位。《龍龕手鏡》收有大量的俗字,這些俗字大都不見於其前的字韻書。後代的一些字書,如《改併五音類聚四聲篇海》《字彙》《字彙補》所增收的俗字也多源於《龍龕手鏡》。《龍龕手鏡》中的俗字,後代字書或多或少有辨識,其中《漢語大字典》《中華字海》考識較多,張涌泉《漢語俗字叢考》對許多《龍龕手鏡》俗字進行了考證,拙著《龍龕手鏡研究》也考釋了近1 000個俗字。但由於《龍龕手鏡》收的疑難俗字衆多,書中仍有爲數不少的俗字還没有被考釋或考釋有錯誤。《隨函録》與《龍龕手鏡》關係密切,正因爲如此,其對考釋《龍龕手鏡》疑難俗字具有特殊的功效。很多以前無從考證的俗字,利用《隨函録》可以迎刃而解。現舉幾例加以説明。

［迧］

《龍龕手鏡·辵部》(490):"迧,音申。"《中華字海·辶部》(634):"迧,義未詳。"

按:"迧"見於《隨函録》,乃"逞"字之俗體。《隨函録》卷30《廣弘明集》卷30:"陵迧,丑領反,疾也,正作逞、騁。"(ZD60-598b)唐·道宣撰《廣弘明集》卷30:"神理速不疾,道會無陵逞。"(T52, p350c)《隨函録》"陵迧"即經文中的"陵逞",其中"迧"即"逞"字。《龍龕手鏡》"迧"音"申",又會是何字呢?我們以爲《龍龕手鏡》"迧"即《隨函録》"迧",何以會音"申"?此蓋是其俗讀,"迧"形體上從"电",而"申"的俗體也有作"电"的①。"迧",故俗可讀爲"申(电)"。

［浢］②

《龍龕手鏡·水部》(232):"浢,莫梗反。"《中華字海·氵部》(551):"浢,義未詳。見《龍龕手鏡》。"

按:《龍龕手鏡》"浢"音"莫梗反",乃"猛"字之俗。《隨函録》中有明證。《隨函録》卷30《廣弘明集》卷18:"浢浪,上莫杏反,正作猛也。"(ZD60-570a)唐·道宣撰《廣弘明集》卷18:

① 《隨函録》卷4《十住經》卷1:"皆电,音申,展也。"(ZD59-673a)

② 此字我們最先在《漢語疑難俗字列釋》一文中考釋過,見《語言研究》2006年第4期,第87頁。

“誠知孟浪之言不足以會理。”(T52, p228b)《隨函録》“𣴎浪”即經文中的“孟浪”,“𣴎”似乎即“孟”字。其實“孟浪”本爲聯綿詞,又可以作“猛浪”,意義相同,都是鹵莽、冒昧之義。釋道世撰《法苑珠林》卷 39:“彼客致詞,極非猛浪,何有虛也。”(T53, p595b)釋遁倫集撰《瑜伽論記》卷 39:“即有可壞虛妄過者,豈猛浪疏失者哉!”(T42, p761a)《隨函録》蓋以“𣴎浪”同“猛浪”,故言“𣴎”同“猛”,《龍龕手鏡》注音亦合“猛”的讀音。其實説“𣴎”爲“孟”之俗也未嘗不可,但由於《隨函録》已定“𣴎”爲“猛”字,姑且從之。“猛(孟)”是由於受下字“浪”的影響類化换從“氵”旁而作“𣴎”的。

[噢、噢]

《龍龕手鏡・水部》(267):“噢(噢),俗,呵朋反。”《中華字海・氵部》(426):“噢,義未詳。見《字彙補》。”《字彙補・口部》:“噢,呵名切,音欣,義未詳。”

按:“噢(噢)”,見於《隨函録》及佛經,乃譯音字,本無實際意義。《隨函録》卷 3《大集月藏經》卷 5:“毗噢(噢),呵朋反,經自出。”(ZD59-634b)《大方等大集經》卷 53:“悉多婆毘噢(呵朋反)伽摩,跋屍夜毘噢伽摩,除尼毘噢伽摩,阿舍尼毘噢伽摩,婆呵毘噢伽摩。”(T13, p357a)根據《隨函録》及佛經,“噢(噢)”衹是個譯音字,經文自切“呵朋反”。又《隨函録》卷 9《出生菩提心經》卷 1:“尼噢[①],蛕蠅反。”(ZD59-886c)“噢(噢)”作爲咒語中的譯音字,與去掉口旁的“興”字在讀音上是有區别的,帶口旁的須轉舌呼之,“口”旁衹是“彈舌音之標記”。桐鄉沈善登述《報恩論》:“佛家諸咒,其字多著口旁,緣華書無其字,衹能以數字合音代之。著口旁者,須讀作彈舌音之標記,猶儒書之發音加圈耳,并非其字有圈也。”(T62, p749b)“所有口邊字者,皆須彈舌而言之。側注平上去入者,依四聲而紐之。所注二合者,兩字相和,一時急呼,是爲二合也。”(T19, p389b)我們也曾在《龍龕手鏡研究》(67)中詳細論述過,可參。字書中比較早的比較多的收録這些字的是《龍龕手鏡》,後來的字書多是從《龍龕手鏡》中轉抄這些字的,由於輾轉相抄,許多形體、讀音都發生了訛誤。“噢(噢)”,《龍龕手鏡》、佛經音“呵朋反”,《字彙補》改爲“呵名切”,並直音“欣”。“呵名切”與“欣”讀音本不相同,可能是吴任臣方音-n、-ng 不分所致。鄧福禄《字典考正》(103)對“噢”字也有論述,不過對“噢”在字書的讀音没有考辨。

[𧢱、𧢱]

《龍龕手鏡・彐部》(368):“𧢱,音非。”《中華字海・彐部》(659):“𧢱,義未詳。”

按:拙著《龍龕手鏡研究》(298)曾對“𧢱”進行過考釋,認爲是“飛”字。今讀《隨函録》,發現該書能給我們提供更有利的證據。《隨函録》卷 4《漸備一切智德經》卷 2:“蜎𧢱,上於玄反,下方微反。”(ZD59-670c)西晉・竺法護譯《漸備一切智德經》卷 2:“以淨天眼,普見天人蜎飛蠕動蚑行之類,所行禍福善惡所趣。”(T10, p469c)《隨函録》“蜎𧢱”即經文中的“蜎飛”,“𧢱”即“飛”,而“𧢱”與“𧢱”音同且形體極其近似,亦當“飛”字之變體。

[硾、礶][②]

《龍龕手鏡・石部》(440):“礶、硾,二俗,音鍾。”《中華字海・石部》(1029)言“礶”“硾”同“磫”。張涌泉《漢語俗字叢考》(736):“《龍龕》的‘硾’‘礶’與‘磫’字讀音不盡相同,未必

① 鄧福禄等《字典考正》引作“噢噢”,不妥。湖北人民出版社 2007 年,第 104 頁。

② 此字我們曾在《〈可洪音義〉俗字札記》一文中論述過,見《漢字研究》2005 年第 1 輯,第 297 頁。

也是'磫'的俗字。根據其直音,這兩個字很可能就是'鍾'的俗字。'石'旁、'金'旁意義上有相通之處,古字常可换用。"

按:"䃏""硾"乃"磫"字,《中華字海》所論是,而《漢語俗字叢考》所言不妥。《龍龕手鏡》"䃏""硾"音"鍾",與"磫"不同音,這是爲何呢?"䃏"可見於《隨函録》。《隨函録》能告訴我們爲什麽"䃏""硾"會音"鍾"。《隨函録》卷 10《大智度論》卷 33:"䃏磲,上子容反,下其俱反,青礪石也。……正作磫礭,上又郭氏音鍾。"(ZD59-914c)根據《隨函録》,"䃏"確實與"磫"同,音"鍾"乃郭氏所注。"䃏"音"鍾"是其俗讀,郭氏以"䃏"在字形上從"鍾"得聲,故俗讀爲"鍾"。字的俗讀是我們在考證俗字、辨别字音時應該特别給予關注的一種現象。本書中篇還有大量的相關條目,可以參考。

三、糾正《龍龕手鏡》之誤

《龍龕手鏡》作爲一部字書,本身存在許多不妥之處,拙著《龍龕手鏡研究》曾對其在注音、釋義、引文、辨字等方面的闕失進行過研究。前面我們説了,《隨函録》與《龍龕手鏡》有著密切的關係,利用《隨函録》亦可校正《龍龕手鏡》存在的一些錯誤。

[鮗]《龍龕手鏡・魚部》(166):"鮗,音焭。"《中華字海・魚部》(1710):"鮗,義未詳。"

按:"鮗",見於《隨函録》,乃"焰(燄)"字之訛。《隨函録》卷 9《金剛頂瑜伽中略出唸誦經》卷 3:"光鮗,羊贍反,正作焰、燄二形也,郭氏音焭,非也。"(ZD59-877a)《金剛頂瑜伽中略出唸誦經》卷 3:"我今敬禮金剛威德、金剛日最勝光摩訶光焰、金剛輝、摩訶威德、金剛光。"(T18, p242a)《隨函録》"光鮗"即《金剛頂瑜伽中略出唸誦經》中的"光焰"。其中"鮗"即"焰"字。從形體上看,"焰"或作"燄","鮗"蓋源於"燄"字之訛,構件"臽"因與"魚"近似而誤爲"魚"。《龍龕手鏡》"鮗"音"焭",與《隨函録》所引郭氏注音相同。《龍龕手鏡》"鮗"的讀音蓋本於郭氏音。由於"鮗"是個俗字,郭氏有可能不明其爲"燄"字之訛,據文義誤以爲是"焭"字,故讀爲"焭"也。《文選・左思〈蜀都賦〉》:"火井沈焭於幽泉,高爓飛煽於天垂。"李善注引《廣雅》:"焭,光也。"《龍龕手鏡》"鮗"的注音蓋本於郭迻。當然也有可能郭氏、《龍龕手鏡》"鮗"音"焭"另有所指。因爲郭氏給字注音,並不標明出處,"或有統括真俗,類列偏傍,但號經音,不聲來處(即郭迻及諸僧所撰者也)"(ZD60-607b),所以郭氏、《龍龕手鏡》音"焭"的"鮗"不一定就是《金剛頂瑜伽中略出唸誦經》中"光鮗"之"鮗"。

[桹檔]《龍龕手鏡・魚部》(376):"桹檔,上音郎,下音當,木名也。"

按:"桹檔",見於《隨函録》,乃"鏁頭"之義。《隨函録》卷 14《分别善惡所起經》卷 1:"桹檔,上勒堂反,下得郎反,鏁頭。"(ZD59-1093c)慧琳《一切經音義》卷 57:"桹檔,上朗當反,下黨郎反。"(T54, p685c)又《隨函録》卷 9《德光太子經》卷 1:"根檔,上音郎,正作桹,下都郎反。"(ZD59-890b)西晉・竺法護譯《德光太子經》卷 1:"不斷諸習,當遇苦毒,痛癢不安,恩愛爲根檔、杻械,諸受難捨。"(T03, p417a)

慧琳《一切經音義》卷 44 所録玄應《德光太子經》卷 1 音義:"鋃鐺,洛當反,下都堂反。"(T54, p602b)《隨函録》及佛經"桹檔"即《一切經音義》"鋃鐺",是一種拘繫罪犯的刑具。依經文可知,"鋃鐺"是受下文"杻械"的影響换旁從"木"而作"桹檔"的。《後漢書・崔寔傳》:"獻帝初,鈞與袁紹俱起兵山東,董卓以是收烈付郿獄,錮之,鋃鐺鐵鎖。"《龍龕手鏡》以"桹檔”爲木名，乃望形生義，誤。

四、印證《龍龕手鏡》部分説解

《龍龕手鏡》收有許多特殊俗字，形體甚是奇異，於其他典籍難以尋覓，體現在大型字典中，許多字的編寫就衹有《龍龕手鏡》一書爲證。通過對《隨函録》的研究，我們發現《龍龕手鏡》很大一部分罕見俗字，可以得到《隨函録》印證。《隨函録》成書時間比《龍龕手鏡》要早，從舉證時間看，其價值顯然高於《龍龕手鏡》。

[瓍]《龍龕手鏡・玉部》(432)：“瓍，俗；珊，正，素安反，珊瑚，寶樹也。”

按：《隨函録》有“瓍”字，正是“珊”字之俗，可印證《龍龕手鏡》之説。《隨函録》卷1《摩訶般若波羅蜜經》卷40：“瓍瑚，上桑干反，下户吾反。”(ZD59-576c)“瓍瑚”即“珊瑚”，其中“瓍”即“珊”字之俗。

[脷]《龍龕手鏡・月部》(405)：“脷，俗；腡，今，蘇干反，肪肪也。”

按：《隨函録》有此字，正是“腡”字，可印證《龍龕手鏡》之説。《隨函録》卷2《大寶積經》卷109：“脂脷，桑安反，脂也，又《經音義》作肪腡。”(ZD59-602b)

[毦]《龍龕手鏡・毛部》(134)：“毦，俗；氍，正，其俱反。”

按：《隨函録》有“毦”，正是“氍”字，可印證《龍龕手鏡》之説。《隨函録》卷5《正法華經》卷2：“毦毹，上巨俱反，下所俱反，織毛褥也，正作氍毹。”(ZD59-705b)

[腦、腮]《龍龕手鏡・月部》(410)：“臙、腦、腮，俗；腦，今；腦，正，奴好反，頭中髓也。”

按：《隨函録》有“腦”“腮”，正是“腦”字，可印證《龍龕手鏡》之説。《隨函録》卷23《經律異相》卷3：“腦(腦)髓，上奴老反，正作腦。”(ZD60-264a)《隨函録》卷3《菩薩念佛三昧經》卷4：“髓腮，音惱，又作腮，正作腦。”(ZD59-641b)

[磢]《龍龕手鏡・石部》(444)：“磢，音隻，正作蹠，履踐也。”

按：《隨函録》有“磢”，正是“蹠”字，可印證《龍龕手鏡》之説。《隨函録》卷29《廣弘明集》卷14：“桀磢，上其列反，下之石反。”(ZD60-562b)

[躰]《龍龕手鏡・身部》(161)：“躰，俗，音令，正作聆。”

按：《隨函録》有“躰”，正是“聆”字，可印證《龍龕手鏡》之説。《隨函録》卷29《廣弘明集》卷13：“佇躰，上直與反，下力丁反。”(ZD60-561b)唐・釋道宣撰《廣弘明集》卷13：“正爾整拂藤蒲，採汲花水，端襟儼思，佇聆警錫也。”(T52, p185a)“佇躰”即“佇聆”，其中“躰”即“聆”字之俗。

[雿]《龍龕手鏡・雨部》(307)：“雿，俗，烏鳥反，正作窈。”

按：《隨函録》有“雿”，正是“窈”字，可印證《龍龕手鏡》之説。《隨函録》卷22《舊雜譬喻經》下卷：“雿冥，上於了反。”(ZD60-235a)

上面我們舉出的是《隨函録》印證《龍龕手鏡》字形方面的例子，其實《隨函録》對《龍龕手鏡》引文、釋義、讀音等都有印證之功效。如：

[偂]《龍龕手鏡・人部》(27)：“偂，《玉篇》煎、剪二音，又俗音前，又舊藏作偷，在《灌頂經》，神名也。”

按：“偂”，今《玉篇》無直音爲“煎”。《隨函録》卷25《一切經音義》卷4：“迦偂，昨先反，

《陁隣尼鉢經》作迦前，郭氏亦音前，《玉篇》音煎，非也，應和尚未詳，蓋俗字耳。"(ZD60-354c)《隨函録》所引《玉篇》"音煎"與《龍龕手鏡》所引同。

[躶]《龍龕手鏡・身部》(161)："躶，郎果反，赤躰也。又俗，音胡瓦反。"

按：《隨函録》卷22《四諦論》下卷："躶形，上胡瓦反，正作裸也，又郎果反。"(ZD60-178a)《龍龕手鏡》"躶"音"郎果反""胡瓦反"，與《隨函録》相同。

[柈]《龍龕手鏡・木部》(376)："柈，俗，音盤。"

按：《隨函録》卷2《大方廣三藏經》下卷："漆柈，上青悉反，下音盤。"(ZD59-605c)與《龍龕手鏡》同。

[噞]《龍龕手鏡・口部》(271)："噞，魚撿反，噞喁，魚口上下皃也。"

按：《隨函録》卷5《普曜經》卷4："喁喁，愚容反，魚口上下皃。"(ZD59-700b)《龍龕手鏡》"魚口上下皃也"與《隨函録》釋義相同。

第四章　《隨函録》與《一切經音義》研究

一、《隨函録》與《一切經音義》之淵源

《隨函録》與玄應《一切經音義》、慧琳《一切經音義》關係十分密切，尤其是玄應《一切經音義》，文中頻繁稱引。根據我們初步統計，文中明確提到應師 8 次、應和尚 439 次、應和尚經音義 3 次、應和尚音義 32 次、應和尚經音 14 次，除此之外，文中還大量引用音義、經音義，這中間實際上也有相當一部分指的就是玄應《一切經音義》。更有甚者，可洪還專門在《隨函録》第 25 卷用一卷的篇幅對玄應《一切經音義》中的文字進行訓釋，可見可洪十分重視玄應《一切經音義》，不僅以之爲主要的參考文獻，還以之爲訓釋、研究的對象。至於慧琳《一切經音義》，文中没有提到過。不過，文中大量引用的音義、經音義，經我們比勘，與慧琳《一切經音義》有同有異，可能也有一部分指該書。

《隨函録》無論是編排方式還是訓解體例，都與《一切經音義》很相似。不過，有一點特別值得一提，《隨函録》與慧琳《一切經音義》、玄應《一切經音義》在體例上也有一方面差異較大：《隨函録》中的標目字往往是直接從寫本佛經抄録過來的[①]，保存了佛經原有文字的寫法，自己的看法在注文中表明，而玄應《一切經音義》、慧琳《一切經音義》則與之不同，它們的標目字往往不是寫本佛經原有寫法，寫本佛經原有寫法有時見於注文中。如：

慧琳《一切經音義》卷 90《高僧傳》卷 7："清確，苦角反。《古今正字》：'確，堅也。從石，隺聲。'隺音涸，傳文從寉作礭，俗字，非也。"(T54, p878b)

《隨函録》卷 27《高僧傳》卷 7："清礭，苦角反。"(ZD60-452b)

按："傳文從寉作礭，俗字"一語説明慧琳所見寫本《高僧傳》本作"礭"，慧琳認爲"礭"是"俗字，非也"，應該作"確"，於是以"確"爲標目字。可洪則不同，直接用寫本"礭"作標目字。

《隨函録》與《一切經音義》在標目字選取上的不同，反映了他們對待寫本佛經用字的態度有異。可洪忠實原文，很好地保存了寫本佛經文字，相對而言，慧琳、玄應較爲主觀，保存的寫本佛經文字要少許多。下面這個例子較好地體現了兩者的優劣。

慧琳《一切經音義》卷 81《集神州三寶感通録》卷 1："葛藟，下倫委反。郭璞注《爾雅》云：'藟，藤類也。'《文字典説》：'葛，蔓也。'録作蘽，非。"(T54, p830a)

《隨函録》卷 26《東夏三寶感通録》(即《集神州三寶感通録》)上卷："葛蘽，下音壘。"(ZD60-422b)

按："録作蘽"一語説明慧琳所見寫本《集神州三寶感通録》本作"蘽"，慧琳認爲"蘽"不

---

① 這與可洪撰寫本書的方式有關，他先是"披攬衆經，於經律論傳七例之中録出難字"，然後纔撰寫説解，録出的難字應該是當時寫本佛經中的文字。

妥,應該作"藟",於是以"藟"爲標目字。慧琳這一看法其實是錯誤的。

唐·釋道宣撰《集神州三寶感通録》卷1:"大業末歲,群盜互陣,寺在三爵臺西葛屨山上,四鄉來投,築城固守。"(T52, p410a)寫本《集神州三寶感通録》"葛䕎"即今刻本經文中的"葛屨",其中"䕎"即"屨"字。"屨"是受上字"葛"的影響類化增旁從"艸",並改換聲旁而成"䕎"的。詳細考證見本書中篇"䕎"字條。由此可見,慧琳之説有誤,相對而言,可洪謹慎得多,直接用寫本"䕎"作標目字,用音注對"䕎"字間接辨析。

此外,同是對佛經中的難字進行訓釋,《隨函録》並非完全重復《一切經音義》的條目,而是對《一切經音義》没有收録的字條進行了大量的補録,即使相同的字條也往往提出了自己新的説法。兹以《普曜經》爲例予以説明。

慧琳《一切經音義》卷28所録玄應《普曜經》音義共41條,而《隨函録》卷5所撰《普曜經》音義則有389條,在數量上大大超過《一切經音義》。《隨函録》389條中有28條是《一切經音義》釋過的,即便如此,内容上也有所不同。比較如下:

[迄今]

《一切經音義》①卷28:"迄今,虚訖反。《爾雅》:'迄,至也。'"(T54, p493a)

《隨函録》卷5:"迄今,上許乞反。"(ZD59-698c)

按:兩者注音用字不同,詳略也不同。

[愚戇]

《一切經音義》卷28:"愚戇,都降反。《説文》:'愚,癡也。'戇亦愚也。"(T54, p493a)

《隨函録》卷5:"愚贛,竹絳反,愚也,正作戅、戇二形也,又音貢,悮。"(ZD59-698c)

按:"贛"爲"戇"之通假字,《隨函録》標目字蓋寫本用字,而《一切經音義》已用本字作標目字。

[盪滌]

《一切經音義》卷28:"盪滌,徒朗反,下庭的反。盪滌,灑器物也。《説文》:'滌,灑也。'"(T54, p493a)

《隨函録》卷5:"蕩滌,上堂朗反,下亭的反。"(ZD59-698c)

按:兩者注音用字不同,詳略也不同。

[苑囿]

《一切經音義》卷28:"苑囿,古文作圝,同,于救反,《字林》園有垣也,亦禁苑也。"(T54, p493a)

《隨函録》卷5:"菀圃,上於遠反,下卜古反。"(ZD59-698c)

按:"菀"即"苑"之俗訛字。《隨函録》標目字蓋寫本用字,而《一切經音義》用的是正字。

[鏺樹]

《一切經音義》卷28:"鏺樹,普末反,國名也,依字,兩刃有木柄,可以刈草也。"(T54, p493a)

《隨函録》卷5:"鏺樹,上布末反,國名也。"(ZD59-698c)

① 我們這裏依據的慧琳《一切經音義》,主要以《大正藏》(第54册)的版本爲主,個别條目參照了《中華大藏經》(第58册、59册)的版本。

按:“鏺”即“鏺”字。注釋用字不同,詳略也有異。

[帑藏]

《一切經音義》卷 28:“帑藏,湯朗反,《周成難字》音蕩。《説文》:‘帑,金幣所藏府也。’”(T54, p493a)

《隨函録》卷 5:“帑蔵,上他朗反。”(ZD59-698c)

按:“藏”即“蔵”字。注釋用字不同,詳略也有異。

[髀踵]

《一切經音義》卷 28:“髀踵,蒲米反,下古文踵字,今作歱(踵),同,之勇反,《説文》足跟也,《廣雅》歱(踵)亦跟也。”(T54, p493a)

《隨函録》卷 5:“脾踵,上步米反,下之隴反。”(ZD59-699a)

按:此“脾”同“髀”。《隨函録》標目字蓋寫本用字,而《一切經音義》已用本字作標目字。

[篋笥]

《一切經音義》卷 28:“篋笥,胥吏反,《説文》盛衣器也,亦盛食器也,圓曰簞,方曰笥。”(T54, p493a)

《隨函録》卷 5:“篋笥,上苦叶反,下司寺反。”(ZD59-699a)

按:注釋用字不同,詳略也有異。

[鶩鴈]

《一切經音義》卷 28:“鶩鴈,音木。……鶩即鴨也。”(T54, p493a)

《隨函録》卷 5:“鶩鴈,上莫卜反。”(ZD59-699b)

按:注釋用字不同,詳略也有異。

[芬葩]

《一切經音義》卷 28:“芬葩,普花反。《説文》‘芬,芳也’,‘葩,花也’,取其盛皃也。”(T54, p493a)

《隨函録》:“芬芭,普巴反。”(ZD59-699b)

按:“芭”即“葩”之俗訛字。《隨函録》標目字蓋寫本用字,而《一切經音義》用的是正字。

[鵁鶄]

《一切經音義》卷 28:“鵁鶄,群飛如雌雞,似梟,高足也。”(T54, p493a)

《隨函録》卷 5:“鵁鶄,上音交,下音精。”(ZD59-700a)

按:“鵁鶄”一詞,《一切經音義》無音注,《隨函録》補之。

[齩骨]

《一切經音義》卷 28:“齩骨,又作咬,同,五狡反。《廣雅》:‘咬,齧也。’經文作嚛,火屋反,《説文》食辛也。嚛非字義。”(T54, p493a)

《隨函録》卷 5:“咬骨,上五巧反,正作齩,又古包、烏交二反,非。”(ZD59-700a)

按:《一切經音義》所見寫本作“嚛”,與《隨函録》所録寫本字“咬”不同,蓋兩者所依據的佛經版本不同。

[喁喁]

《一切經音義》卷 28:“喁喁,魚凶反,《説文》衆口上見也。《淮南子》曰:‘群生莫不喁喁然仰其德也。’”(T54, p493a)

《隨函録》卷 5:“喁喁,愚容反,魚口上下皃。”(ZD59-700b)

按:《一切經音義》引《説文》“衆口上見也”乃“魚口上見也”之訛。《説文·口部》:“喁,魚口上見也。”

[不嚏]

《一切經音義》卷 28:“不嚏,丁計反,《蒼頡篇》云噴鼻也,經文作哂,非也。”(T54, p493b)

《隨函録》卷 5:“不呬,許器反,鼻息也,噴嚏也,正作齂、呬二形也,應師以嚏字代之。嚏,丁計反,亦鼻氣也。”(ZD59-700b)

按:兩者所見寫本用字有差異,《一切經音義》所見作“哂”,而《隨函録》所録作“呬”;認識上也不同,《一切經音義》以“哂”爲“嚏”,而《隨函録》以“呬”爲“呬”。

[珠璣]

《一切經音義》卷 28:“珠璣,居衣反,《説文》珠之不圓者也,或小小珠也,元從玉,幾聲也。”(T54, p493b)

《隨函録》卷 5:“珠璣,居衣反。”(ZD59-700c)

按:“璣”即“璣”字之俗。兩者注音用字相同,説解詳略不同。

[蒺蔾]

《一切經音義》卷 28:“蒺蔾,上自栗反,下力尸反。《爾雅》:‘薋,蒺蔾。’即布地蔓生子有三角者。經文作鏃鍖,未見所出。鍖音基,鎡鍖,鋤也,非今所用。”(T54, p493b)

《隨函録》卷 5:“鏃鑗,上秦悉反,下力脂反,《經音義》作鏃鍖,以蒺蔾代之。”(ZD59-701a)

按:《一切經音義》所見寫本作“鏃鍖”,與《隨函録》所引《經音義》相同,《隨函録》所見寫本作“鏃鑗”,蓋兩者所依據的佛經版本不同。

[誾誾]

《一切經音義》卷 28:“誾誾,古文訔,同,魚巾反。《説文》:‘誾誾,和悦而爭也。’《禮記》:‘誾誾,和敬之皃也。’經又作狺字,與狋同,音牛佳、牛巾二反,犬聲,狺非字義,又作唁,宜箭反,非此用也。”(T54, p493b)

《隨函録》卷 5:“訚,魚巾反,和也,聲也,正作誾、狺、唁等三也,又苦狗反,郭氏作古后反,並非。”(ZD59-701a)

按:兩者所見寫本用字有差異,《一切經音義》所見作狺,而《隨函録》所録作訚。

[嫈嫇]

《一切經音義》卷 28:“嫈嫇,乙莖、莫莖反,《字林》心態也,亦細視也,經作瞾瞑,非體也。”(T54, p493b)

《隨函録》卷 5:“嫈嫇,上爲耕反,下莫瓶反,好皃也。《音義》云:‘嫈嫇,細視也。’”(ZD59-701a)

按:《隨函録》引《音義》云:“嫈嫇,細視也。”與玄應《一切經音義》同,此蓋其所本。

[跳蹀]

《一切經音義》卷 28:“跳蹀,徒篋反。跳,踴也。蹀,蹙也,聲蹀躡也。蹙音牒。”(T54, p493b)

《隨函録》卷 5:“跳蹀,上徒聊反,下徒協反。”(ZD59-701a)

按:注釋用字不同,詳略也有異。

[頩頭]

《一切經音義》卷 28:“頩頭,普米反,《説文》傾頭也,《蒼頡篇》頭不正也。”(T54, p493b)

《隨函録》卷 5:“俾頭,上普禮反,傾頭也,正作頩,又卑婢反,非。”(ZD59-701a)

按:“俾”乃“頩”之通假字。《隨函録》標目字蓋寫本用字,而《一切經音義》已用本字作標目字。

[恢廓]

《一切經音義》卷 28:“恢廓,又作裓,同,苦迴反。《字林》‘恢,大也’,‘廓,空也’。”(T54, p493b)

《隨函録》卷 5:“恢廓,上苦迴反,下苦郭反。”(ZD59-701a)

按:《隨函録》“恢”注音與《一切經音義》相同,没有釋義,多了“廓”的注音。

[柏臏]

《一切經音義》卷 28:“柏臏,又作髕,同,扶忍反,《説文》‘膝骨曰髕也’。”(T54, p493b)

《隨函録》卷 5:“掐臏,上普白反,下毗忍反,上悮。”(ZD59-701a)

按:“掐”“柏”即“拍”字之訛,《隨函録》没有釋義。

[虎兕]

《一切經音義》:“虎兕,又作兕、﨎二形,同,音似,又音余姊反。《爾雅》:‘兕似牛。’郭璞曰:‘一角,青色,重千斤也。’”(T54, p493b)

《隨函録》卷 5:“虎兕,徐姊反,狀如牛,蒼黑色,有一角,重千斤。”(ZD59-701a)

按:兩者詳略有異。

[和埴]

《一切經音義》卷 28:“和埴,時力反,黏土曰埴。”(T54, p493b)

《隨函録》卷 5:“和埴,音食。”(ZD59-701b)

按:兩者注釋用字不同,詳略也有異。

[栽櫱]

《一切經音義》卷 28:“栽櫱,古文枿、不、巘三形,同,吾割反,《爾雅》:‘櫱,載也,餘也。’謂木有殘餘,載出名曰枿也。”(T54, p493b)

《隨函録》卷 5:“灾櫱,上子才反,下魚列反,臣僕庶櫱之事,謂賤子也,猶樹之有櫱生也,又伐木餘也,《經音義》作栽櫱,五割反。”(ZD59-701b)

按:《隨函録》云:“《經音義》作栽櫱。”今玄應《一切經音義》正如此。

[氾流]

《一切經音義》卷 28:“氾流,古文泛,同,孚劒反。氾氾,浮皃也。”(T54, p493b)

《隨函録》卷 5:“氾流,上芳梵反,又音似。”(ZD59-701b)

按:兩者注釋用字不同,詳略也有異。

[屯蹇]

《一切經音義》卷 28:“屯蹇,陟倫反。《説文》‘屯,難也’,‘蹇,掛礙也’。”(T54, p493b)

《隨函録》卷 5:"屯蹇,上竹倫反,下局輦反。屯蹇,難也,正作屯蹇。"(ZD59-701c)

按:兩者注釋用字不同,側重點也不相同。

[礼貺]

《一切經音義》卷 28:"礼貺,許誑反。《爾雅》:'貺,賜也。'郭璞曰:'謂賜與也。'"(T54, p493c)

《隨函録》卷 5:"礼貺,音況。"(ZD59-701c)

按:兩者注釋用字不同,詳略也不同。

通過上面的分析比較,我們可以看出:一是《隨函録》訓釋一般比較簡略,較少引證,而《一切經音義》則比較詳細;二是《隨函録》標目字常爲寫本用字,而《一切經音義》往往是辨正後的文字;三是《隨函録》雖與《一切經音義》有些條目相同,但説解上絶大部分不是簡單重復。

二、糾補《一切經音義》闕失

糾正諸家佛經音義的錯誤,彌補其不足,本就是可洪撰寫《隨函録》的動因之一。"竊見藏經音決作者實多,而無遠慮之耽,但暢一隅之要。"玄應或慧琳《一切經音義》當然也在校訂之列。

[彌觔]

慧琳《一切經音義》卷 57《佛説分别善惡所起經》:"彌觔,疑字錯,未詳,所以未音之。"(T54, p685c)

按:《隨函録》卷 14《分别善惡所起經》:"彌觔,音斤。"(ZD59-1093c)"觔"字,慧琳"疑字錯",没有訓釋,可洪以"音斤"補之。根據其音,"觔"即"筋"字之俗。《佛説分别善惡所起經》卷 1:"或免缺彌筋蹇吃重言,或瘖啞不能言語。"(T17, p518b)"彌觔"即此"彌筋",其中"觔"即"筋"字。據《隨函録》,可補慧琳《一切經音義》"彌觔"訓釋不備之憾。

[垣林]

玄應《一切經音義》卷 3《小品般若經》卷 1:"垣林,宇煩反。垣,四周牆也。《釋名》:'垣,援也。'"(ZD56-860c)

按:《隨函録》卷 2《小品般若經》卷 4:"園林,應和尚音義作垣林,于元反,牆也,彼悮。"(ZD59-583a)"園林",玄應作"垣林",可洪以之爲誤。可洪之説是。今佛經作"園林"。《小品般若經》卷 4:"若見放牛羊者,若見疆界,若見園林,見如是相故,當知此中必有城邑聚落。"(T08, p554b)"園"與"林"語義相配,而"垣"與"林"不符。玄應改"園林"爲"垣林",不妥。當據可洪正之。

[躵]

《龍龕手鏡・身部》(161):"躵,俗,一桓、於阮、烏卧三反。"慧琳《一切經音義》卷 75《道地經》卷 1 音義:"或躵,此字諸字書並無,此字准義合是剜字,烏桓反,從身作者未詳。"(T54, p792b)

按:慧琳以"躵"爲"剜"字,誤。"躵"其實是"踠"字,我們曾對此詳細考證過①。《隨函

① 鄭賢章:《龍龕手鏡研究》,湖南師範大學出版社 2004 年,第 204 頁。

録》也可爲我們的立論提供佐證。《隨函録》卷 21《道地經》卷 4:“或躵,於遠、烏活二反,正作踠、腕二形也。踠,體屈也。腕,乖也,不媚也。悮。”(ZD60-209c)

［拍煞］

玄應《一切經音義》卷 13《栴檀樹經》:“拍煞,普格反。《廣雅》:‘拍,擊也。’《釋名》:‘拍,搏也。’以手搏其上也。今謂拍其上而死也。經文作摽,非也。”(ZD56-1009b)

按:《隨函録》卷 23《經律異相》卷 44:“摽煞,上普招反,擊也,正作摽也。又《栴檀樹經》音義,應和尚以拍字替之,普百反,非也,悮。”(ZD60-281a)《隨函録》卷 14《栴檀樹經》卷 44:“標(摽)殺,上匹遥反,擊也,應和尚以拍字替之,非也。”(ZD59-1101c)對於“摽殺”一詞,可洪兩次指出玄應改“摽”爲“拍”有誤。《佛説栴檀樹經》卷 44:“窮人住在樹邊,樹跢地,枝摽殺窮人。”(T17, p750c)根據佛經,可洪之説是。“摽”本就有“擊”“掉落”之義,“摽殺”根本無須改作“拍煞”。

［半粒］

慧琳《一切經音義》卷 17 所録玄應《慧上菩薩問大善權經》音義:“半粒,音立。《通俗文》:‘穀曰粒,豆曰皂。’皂音逼急反。經文作廩,非也。”(T54, p412a)

按:根據《一切經音義》所論,佛經原本作“半廩”,玄應認爲有誤,於是用“半粒”替之。這裏的問題是到底應爲“半廩”,還是應爲“半粒”,抑或其他呢? 可洪《隨函録》可以幫助我們解決這個問題。

《隨函録》卷 2《慧上菩薩問大善權經》:“半稟,兵錦反,粟也,謂減半所賜之粟施佛也。應和尚音義作廩,以粒替之,非。”

可洪在《隨函録》中明確提出玄應用“粒”替代“廩”是錯誤的。《慧上菩薩問大善權經》卷 2:“五百馬師自減半廩以用供佛,捐五百馬穀供五百比丘。”(T12, p165a)其實,玄應當時所見寫本《慧上菩薩問大善權經》本作“半廩”,今《大正新修大藏經》底本高麗本《慧上菩薩問大善權經》作“半廩”,宋、元、宫本《慧上菩薩問大善權經》作“半稟”。“半廩”“半稟”即“半稟”,意義一樣,指的是把糧食減少一半。《後漢書・劉虞傳》:“而牢稟逋懸,皆畔還本國。”李賢注:“稟,食也。言軍糧不續也。”《管子・輕重甲》:“請使州有一掌(稟),里有積五窌。”郭沫若等集校引王引之曰:“稟,古廩字也。廩與窌皆所以藏穀。”“稟”本就是“廩”的古字。

值得注意的是,《隨函録》對《一切經音義》的校訂,亦一家之言,並不都是正確的。如:

［生杏］

《隨函録》卷 20《隨相論》卷 1:“生杏,户耿反,菓名也,《經音義》作査,應和尚以樝替之,側加反,彼悮。”(ZD60-152c)

按:玄應《一切經音義》卷 18《隨相論》:“生樝,側家反,榠樝也,似烏勃,形大如椀,味澀酢,不可多噉。《論》文作査,非體也。”(ZD57-39c)正如可洪所言,玄應所見寫本佛經本作“査(查)”,玄應以其“非體”,用“樝”替之。可洪對此有不同的看法,認爲應該作“杏”纔是。到底孰是孰非呢?《隨相論》卷 1:“味有七種,謂甜苦辛酢醎澁灰汁味。澁者如生査等。”(T32, p166a)今佛經用字與玄應所見寫本佛經相同。其實“査(查)”即“樝”字,木名,實味澀酢,與經文文意正合。明・李時珍《本草綱目・果二・樝子》:“樝子乃木瓜之酢澀者,小於木瓜,色微黄,蒂核皆粗,核中之子小圓也。”可洪作“杏”倒與經意不符,我們以爲可洪所見“杏”字也當爲“査”字之訛。

第五章 《隨函録》與大型字典的完善

《漢語大字典》《中華字海》及《異體字字典》是目前收録漢字最多的三部字典，那些多於其他字書的字其實絶大多數是俗字，如何處理這些俗字就成了檢驗字典質量高低的一項重要指標。字典編纂時，人們對俗字研究的範圍還比較狹窄，主要是爲漢字字形的簡化服務和爲古籍的校勘服務，對俗字的彙集與考釋工作還做得不夠，這使得《漢語大字典》《中華字海》在處理俗字上存在不少問題。近幾年來，隨著漢語俗文字研究的深入開展，一大批大型字書存有的問題得以解決，不過令人略感遺憾的是，無論是大型字典的編撰者還是今天研究俗文字的學者都没有對可洪《隨函録》予以重視。其實研究這部書的俗字對於大型字典的修訂與完善具有不可替代的作用。

一、考辨大型字典中的疑難俗字

在歷代字書中都存在一些疑難未識的俗字，《漢語大字典》《中華字海》等大型現代字典在編撰時已對其中一些俗字進行了考辨，由於種種原因，還有大量的俗字没有識讀。近幾年來，隨着漢語俗字研究的深入，人們在漢語俗文字考釋上已經取得了很大成績，儘管如此，大型字典中還是存有大量疑難俗字，對剩下的疑難俗字要進行識讀已經相當困難了，原因是常見的可以利用的俗文字考釋資料在上述著作中都比較充分地利用了。不過，令我們感到驚喜的是通過對可洪《隨函録》的研究，這些問題有許多是可以得到解決的，可洪《隨函録》對於大型字典剩餘的、還没有被識别的疑難俗字的考釋具有獨特的甚至是不可替代的作用。

［晵］

《龍龕手鏡・日部》(425)："晵，音貪。"《漢語大字典》失收。《中華字海・日部》(842)："晵，義未詳。見《龍龕》。"

按："晵"音"貪"，即"貪"字。《隨函録》卷 2《佛遺日摩尼寶經》："無晵，他含反，正作貪。貪、瞋、癡，三毒也。"(ZD59-617a)可洪明確指出"晵"即"貪"的俗字①。此蓋《龍龕手鏡》所本。

［緸］

《中華字海・糸部》(1325)："緸，義未詳。見《龍龕》。"《龍龕手鏡・糸部》(398)："緸，俗，音迦。"

按："緸"乃佛經譯音字，本無實際意義。《隨函録》卷 3《大方等大集經》卷 22："阿緸，音

---

① 鄧福禄《字典考正》第 205 頁考析了"晵"字。鄧書此條中有兩處校勘錯誤，順便校正一下。"元本作晵"與"加目旁爲晵"中的"晵"，皆當爲"晵"字之訛。

迦,《寶星經》作三慕賀塞迦囉。"(ZD59-624b)《隨函録》卷3《大方等大集經》卷22:"散𨓈,音迦,《寶星經》作僧塞迦羅。"(ZD59-624b)根據《隨函録》,我們可知"𨓈"音"迦"實際上是一個譯音用字,爲翻譯佛經時新造,無實際意義。①

[鈝]②

《龍龕手鏡·金部》(16):"鈝,音杵。"《中華字海·金部》(1108):"鈝,義未詳,見《龍龕》。"

按:"鈝",見於《隨函録》,乃"杵"字。《隨函録》卷8《正法念處經》卷13:"鐵鈝,尺與反。"(ZD59-1064b)元魏·瞿曇般若流支譯《正法念處經》卷13:"復有勝者,所謂彼處,閻魔羅人,熱焰鐵杵極勢搗築,遍身破壞,體無完處,如米豆許,遍身是瘡。"(T17, p72a)《隨函録》"鐵鈝"即《正法念處經》的"鐵杵",其中"鈝"即"杵"字。又《隨函録》卷20《分別功德論》卷4:"剛鈝,昌與反,正作杵。"(ZD60-178a)《分別功德論》卷5:"密跡知佛意,即以金剛杵擬之,墮大石山,塞其龍淵。"(T25, p51c)《隨函録》"剛鈝"即《分別功德論》的"剛杵",其中"鈝"亦"杵"字。"鈝"即"杵"的換形旁俗字,由於"鐵杵"或"金剛杵"爲金屬所製,"杵"受其影響,類化改從金旁而作"鈝"。

[𤸱、𤺄]③

《漢語大字典·疒部》:"𤺄,病也。《字彙補·疒部》:'𤺄,病也。'"

按:字書收"𤺄"字,最早的是《龍龕手鏡》。《龍龕手鏡·疒部》:"𤺄,俗,音極。"根據《龍龕手鏡》,"𤺄"是一個俗字,正體是何字呢?《字彙補》"𤺄"意義是"病",很明顯是從"𤺄"形體猜測的,至於是什麽"病"就不得而知了。其實"𤺄"即"極"之增旁俗字,意義爲"疲憊""疲極"。書寫者大概把身體疲憊也當成了一種病,故將"極"寫成了從"疒"旁的"𤺄"。《隨函録》卷16《四分律》卷20:"疲𤸱,巨力反。"(ZD60-32b)"𤸱"音"巨力反",與"極"音同,今對應佛經作"極"。姚秦·佛陀耶舍共竺佛念等譯《四分律》卷21:"病比丘不堪避生草菜,疲極。"(T22, p709b)《隨函録》"疲𤸱"即經文中的"疲極",其中"𤸱"即"極"字。《龍龕手鏡》"𤺄"與"𤸱"音同,形體近似,"𤸱"爲"𤺄"之省,都應爲"極"字之俗。

附:"𤸱",《漢語大字典·疒部》據《改併五音類聚四聲篇海》所引《搜真玉鏡》立義爲"疾""氣急",我們認爲此"𤸱"亦"極"字之俗,所謂"疾""氣急"即疲憊之病,疲憊不堪時出粗氣謂氣急。形體演變如下:極→疲+極→類化→𤺄→聲旁簡省→𤸱。

二、糾正大型字典俗字考辨上的錯誤

有些字韻書中的疑難俗字,大型字典進行了考釋,然而經過我們對可洪《隨函録》的研究,發現其考辨錯了。大型字典作爲工具書,其影響力較大,存有的錯誤得不到糾正的話會導致以訛傳訛,貽誤後世。可洪《隨函録》可幫助我們糾正不少大型字典在俗字考辨上的

① 鄧福禄《字典考正》第205頁考析了"𨓈"字。鄧書此條中有兩處校勘錯誤,順便校正一下。此條所引"《可洪音義》卷2"皆爲"《可洪音義》卷3"之誤,所引"《大方等大集經》第二十一卷"皆爲"《大方等大集經》第二十二卷"之誤。

② 此字我們曾在《〈可洪音義〉俗字札記》一文中論述過,見《漢字研究》2005年第1輯,第296頁。

③ 此條我們曾在《漢語疑難俗字例釋》一文中論述過,見《語言研究》2006年第4期,第88頁。

錯誤。

［幰、愖、惃、愢］①

《龍龕手鏡·心部》(58)："惃(愢),音户。"《中華字海·忄部》(605)："愢,同怙。見朝鮮本《龍龕》。"

按："幰",大型字典失收,見於《隨函録》,乃"扈"字,《龍龕手鏡》"惃(愢)"亦"扈"字之俗。《隨函録》卷12《長阿含經》卷4："虜幰,上音魯,下音户。"(ZD59-981b)後秦·佛陀耶舍共竺佛念譯《長阿含經》卷4："爾時阿難長跪叉手,前白佛言：'闡怒比丘虜愢自用,佛滅度後,當如之何?'"(T01, p26a)"虜愢",宋、元、明、聖本作"虜扈"。"虜幰""虜愢"皆宋、元、明、聖本《長阿含經》中的"虜扈",其中"幰""愢"即"扈"字。"虜扈"又是何義？唐·澄觀撰《大方廣佛華嚴經疏》卷48："一妄計人我起於身見,二内具煩惱外遇惡緣,我心隆盛,三内外既具滅善心事,不喜他善,四縱恣三業無惡不爲,五事雖不廣惡心遍布,六惡心相續晝夜不斷,七覆諱過失不欲人知,八虜扈抵突不畏惡道,九無慚無愧不懼凡聖,十撥無因果作一闡提。"(T35, p868a)唐·澄觀述《大方廣佛華嚴經隨疏演義鈔》卷78："但八言虜扈者,亦云跋扈,皆不尊敬貌。"(T36, p610c)釋璟興撰《無量壽經連義述文贊》卷3："有説魯扈是强直自用之志,……又作虜扈,謂縱横行也。"(T37, p167c)從上述"虜扈"的用例來看,"虜扈"與"魯扈""跋扈"意義相近,爲驕横自大之義。由於其意義上與心理有關,故俗將"扈"增"忄"旁作"愢",而"愢"因構件"忄"與"巾"近似而訛作"幰"。因此,《龍龕手鏡》"惃(愢)"音"户",也應是"扈"字,《中華字海》以之爲"怙",不妥。

［鬍、髩］

《龍龕手鏡·镸部》(89)："鬍、髩(髻),丁念反。"《漢語大字典·長部》(1686)引《龍龕手鑒·長部》："鬍,同'髻'。"《中華字海》亦如此。

按：《漢語大字典》在"鬍"字下收有兩音,一音"丁兼切",出自《廣韻·添部》;一音"癡廉切",出自《集韻·鹽韻》。《龍龕手鏡》"髩(髻)""鬍"音"丁念反",爲去聲,《漢語大字典》未收此音,根據《漢語大字典》,我們並不能知道音"丁念反"的"髩(髻)""鬍"的意義,反倒會使人們誤以爲《龍龕手鏡》"髩(髻)""鬍"即音"丁兼切"或"癡廉切"的"髻"字。其實,《龍龕手鏡》"髩(髻)""鬍"乃"店"的俗字。我們曾在《龍龕手鏡研究》中考證過②,可洪《隨函録》中有確證。可洪《隨函録》卷15《摩訶僧祇律》卷3："鬍肆,上丁念反,正作店。"(ZD59-1104b)可洪《隨函録》卷15《摩訶僧祇律》卷32："鬍(鬍)肆,上丁念反,正作店。"(ZD59-1112c)可洪明確指出"鬍"音"丁念反",其正體是"店"。"店"是受"肆"從"镸"的影響類化而成"鬍"的。《龍龕手鏡·镸部》"鬍""髩(髻)"實非《漢語大字典》中的音義。據此,《漢語大字典》《中華字海》"鬍""髩(髻)"下應添加"同店"的解釋。

三、爲大型字典俗字補充新音新義

《漢語大字典》有不少字的音或義還不全面,在某種程度上影響了其權威性。可洪《隨

① 此條我們曾在《以可洪〈隨函録〉考漢語俗字(續)》一文中論述過,見《古漢語研究》2007年第1期,第63頁。

② 鄭賢章:《龍龕手鏡研究》,湖南師範大學出版社2004年,第37頁。

函録》作爲一種還没有被開掘的俗文字資料,可爲大型字典中的許多字補充新的音義。

［釴］

《漢語大字典・金部》(1735)"釴"音"與職切",意義一爲"姓",一爲"附耳在唇外的方鼎"。我們這裏要講的"釴"乃"杙"字之俗。《隨函録》卷 2《慧上菩薩問大善權經》卷下:"鐵釴(釴),羊力反,橜也,正作杙。"(ZD59-615c)對應《慧上菩薩問大善權經》卷 2 正作"鐵釴"(T12, p164a)。"杙"蓋是受上字"鐵"從"金"的影響類化而成"釴"的。大型字典在"釴"字下應增添"同杙"的音義説解。

［銿］

《漢語大字典・金部》(1753)"銿"有兩音兩義,分别與"鍾""鏞"同。我們這裏要講的"銿"乃"筩"字之俗。《隨函録》卷 16《四分律》卷 15:"針銿,上之林反,下徒東反,正作筩。"(ZD60-31b)可洪明確提出"銿"爲"筩"的俗字。"筩"受上字"針"的影響類化從"金"而作"銿",對應的刻本佛經作"針筒"(T22, p672a),"筒"與"筩"同。大型字典今後的修訂就可以根據《隨函録》在"銿"字下增添"同筩"的音義説解。

［堺］

《漢語大字典・土部》(195)"堺"同"界"。我們講的是作爲"境"俗字的"堺"。《隨函録》卷 18《阿毘曇毗婆沙》卷 56:"界堺,音景,正作境也,正作境界,書寫人誤作界堺而顛倒也。"(ZD60-106a)對應刻本佛經作"境界"(T28, p388b)。根據《隨函録》,"堺"當爲"境"字之誤。訛誤的原因是字形類化。"境"受上字"界"的影響類化而成從"界"的"堺"。這樣一來,大型字典在"堺"字下就應該增加"同境"的音義。

四、爲大型字典俗字提供例證

現代漢字字典與古代字書相比有一個顯著的進步,就是儘量爲所收的字舉證。有没有例證是很不一樣的,傳統的字書不太注意爲所收的字舉證,正因爲如此,本來爲字書編寫者認識的字由於不給例證,衹是簡單地給出音義甚至衹給出讀音,傳到今天就難以爲人們所識了,這是與編撰者的初衷相悖的。王力先生在《理想的字典》中指出:"無論如何困難,對於每一個近代常用的字義,是必須舉例的。這種責任,要放在後來人的身上了。"給字典中保存的俗文字舉證是十分困難的,它难以像給一般詞語舉例那樣借助電腦建立語料庫,通過檢索語料實現。現存的俗文字大都爲後世罕用的字,目前還無法實現電腦的檢索,衹能依靠我們手工從浩如煙海的文獻中尋覓。可洪《隨函録》所收録的要解釋的字都是作者所看到的保存於當時的寫本漢文佛典中的字,可靠性高。《隨函録》能爲大型字典收録的許多罕見俗字舉證。

［寔］

《漢語大字典・宀部》(401)引《字彙補・宀部》:"寔,音義與實同。"我們在《隨函録》中找到了確鑿的證據。《隨函録》卷 3《大方等大集經》卷 10:"真寔,音實。"(ZD59-620b)《隨函録》卷 17《僧祇比丘戒本》:"不寔,市日反,正作實。"(ZD60-44b)

［淍］

《漢語大字典・水部》(734)引《龍龕手鏡・水部》:"淍"同"淵"。我們在《隨函録》中找到了確鑿的證據。《隨函録》卷 22《法句喻經》卷 1:"之潤,烏玄反,深也,水,正作淵。"(ZD60-245b)晉·法炬共法立譯《法句譬喻經》卷 1:"夫執信誠諦可度生死之淵。"(T04, p580a)《隨函録》"之潤"即《法句譬喻經》中的"之淵",其中"潤"即"淵"字之訛。

[扡]

《漢語大字典》失收。《中華字海》(334)引《龍龕手鏡·手部》:"扡"同"拖"。我們在《隨函録》中找到了確鑿的證據。《隨函録》卷 23《經律異相》卷 34:"扡掣,上託何反,下昌世、昌列二反,正作拖掣。"(ZD60-277a)梁·僧旻、寶唱等集《經律異相》卷 34:"諸飛鳥走狩爭食其肉,或就土中拖掣屍出。"(T53, p185c)《隨函録》"扡掣"即《經律異相》中的"拖掣",其中"扡"即"拖"字。

就目前對可洪《隨函録》的研究,我們發現其可爲大型字典大量的俗字提供例證,限於篇幅,我們在這裏衹舉了數例加以説明,希望引起大型字典編撰者、俗文字研究者對該書在舉證上的重視。

五、增補大型字典漏收的俗字

第二版《漢語大字典》收字六萬多,《中華字海》收字八萬多,中國臺灣《異體字字典》收字十萬多,但漏收的字還有許多,根據我們初步估計,可洪《隨函録》可以爲大型字典增補的俗字數以百計,限於篇幅,兹舉數例説明。

[䯩]

《漢語大字典》《中華字海》等失收。《隨函録》卷 3《大方等大集經》卷 24:"髓䯩,上息委反,下奴老反。"(ZD59-626a)對應的高麗本《大方等大集經》作"皮膚、肌肉、筋骨、髓腦"(T13, p164b)。根據《隨函録》、佛經,"䯩"乃"腦"的俗字。"腦(腦)"蓋是受上字"髓"的影響,類化换旁從"骨"而作"䯩"的。

[峎]

《漢語大字典》《中華字海》等失收。《隨函録》卷 13《正法念處經》卷 13:"嶮峎,音岸。"(ZD59-1064b)元魏·瞿曇般若流支譯《正法念處經》卷 13:"彼人更復見第二色大黑闇聚,轉復驚恐。多饒師子虎豹熊羆及蛇蟒等,極生怖畏。大高山上,欲墮嶮岸。屎污床敷,畏墮彼山。"(T17, p75c)《隨函録》"嶮峎"即《正法念處經》中的"嶮岸",其中"峎"即"岸"之俗。"岸"蓋是受上字"嶮"的影響類化從"山"而作"峎"的。

[䜩、愆]

《漢語大字典》《中華字海》等皆失收。《隨函録》卷 30《廣弘明集》卷 27:"䜩缺,上丘乹反。"(ZD60-588a)唐·道宣撰《廣弘明集》卷 27:"我本發心誓度一切,故諸天龍擁護無惱,而我愆(諐)缺情志不恒,惟知負恩但增慚愧。"(T52, p314c)《隨函録》"䜩缺"即經文中的"愆(諐)缺","䜩""愆"即"諐"字之訛。

六、有助了解大型字典俗字産生的緣由

大型字典收有大量俗字,其表現形態十分複雜,我們不能滿足於簡單地考證某字即某

字,而應進一步闡明其産生的原因,這樣纔能更好地把握該俗字形、音、義各方面的情況。《隨函録》在這方面能起一定的作用。如:

［菟、葂］

《龍龕手鏡・草部》(261):"葂,舊藏作菟。"

按:《龍龕手鏡》"葂"舊藏作"菟",兩字互爲異文,"葂"即"菟"字。"葂"同"菟"到底是什麽意思呢?《龍龕手鏡・草部》(263):"菟,他故反,菟絲,草名也。""葂"同"菟",意義是"草名"嗎?《隨函録》卷 12《成唯識論》第 1 卷:"葂角,他故反。"(ZD59-975a)對應佛經作"兔角"。《成唯識論》卷 1:"若有作用如手足等應是無常,若無作用如兔角等。"(T31, p1c)法潤大師法雲編《翻譯名義集》卷 5:"太虚水月,並喻體空;兔角龜毛,皆況名假。"(T54, p1140a25)佛經中,"兔角"又作"菟角"。《大般涅盤經集解》卷 66:"無故不同菟角者,言菟角是永無。"(T37, p588b)

根據《隨函録》、佛經,"兔角"可作"菟角""葂角"。"葂"同"菟",乃"兔"字,意義爲兔子。"兔""菟""葂"三者從形體上分析是什麽關係呢?我們認爲"兔"作"菟",乃假借爲之,"菟"本無兔子之義,而"葂"乃"菟"的繁化訛誤字。形體演變如下:兔→假借→菟→聲旁繁化、訛誤→葂。

［瘬、瘙］

《漢語大字典・疒部》(1126)引《龍龕手鏡・疒部》:"瘬,俗,正做脹。"

按:"脹"何以會俗寫作"瘬"呢?可洪《隨函録》卷 14《罵意經》卷 1:"瘙瘬,上普江反,下知亮反。"(ZD59-1093a)對應高麗本《佛説罵意經》卷 1 作"膖脹壞爛"(T17, p534c)。"瘙瘬"即"膖脹","瘙"即"膖",而"瘬"即"脹"。"膖脹"在佛經中指人的身體腫脹,語義常與病有關,故改從"疒"旁作"瘙瘬"。"瘙"字,大型字典失收。

總之,我們在上面衹是舉例討論了《隨函録》在大型字典的完善方面具有的價值,但這足以説明《隨函録》對今後大型字典的編撰或修訂具有重要作用,可以説它是將來大型字典編修時必參之典。

第六章　《隨函録》同形字研究

一、《隨函録》同形字辨析形式

關於"同形字",裘錫圭(1988: 208)最早明确定義這一概念,他認爲:"不同的字如果字形相同,就是同形字。"此後,有關同形字的内涵、範圍與類型,衆説紛紜,意見不盡相同。有廣義的同形字,有狹義的同形字。有造字層面的同形字,有用字層面的同形字。陳偉武(1999: 158):"同形字是文字體系中以形體爲紐帶的類聚,文字的形體演變、書寫方式和書寫錯誤都會造成異字同形的現象。"

《隨函録》對同形字現象給予了關注,收集了大量因俗寫而産生的同形字,是同形字研究的語料寶庫。《隨函録》中的同形字都屬於用字層面的,大部分因書寫形體訛誤所致,也有因書寫時發生構件更换、構件增减或形體類化所致。《隨函録》對同形字的辨析常以"又音"的形式表明。《隨函録》一書言及"又音"3 129 次,這中間大部分反映的是一字多音的問題,但也有"又音"反映的不是一字多音,而是一形多字,這一形實際上代表了兩个或兩个以上不同的字,與辨析同形字有關。如:

[眡—眠]

《隨函録》卷 1《大般若經》第 30 帙:"睡眡,莫田反,正作眠也,以廟諱民故,省民爲氏也,又匙、視二音,非。"(ZD59-553c)

按:"眡"本讀匙、視二音。《廣韻・至韻》"眡"音"常利切",與"視"音義皆同。經文中"眡"乃"眠"字,避廟諱所致。"眡"一形實際上代表了兩個不同的字。可洪用"又音"並以言"非"將其區分開來,使讀者明白前後所指異趣。

[枰—棚]

《隨函録》卷 8《成具光明定意經》卷 1:"枰閣,上蒲庚、蒲登二反,棧也,閣也,正作棚也,又平、病二音,非也。"(ZD59-820a)

按:"枰"本讀平、病二音。《廣韻・映韻》:"枰,皮命切,獨坐板牀,一曰投博局,又音平。"經文中"枰"乃"棚"字之俗。"枰"一形實際上代表了兩個不同的字。

[婬—婬]

《隨函録》卷 8《觀普賢菩薩行法經》卷 1:"盜婬,羊林反,又五莖、苦莖、户經三反,非。"(ZD59-824b)

按:"婬"本讀五莖、苦莖、户經三反。《説文・女部》:"婬,長好也。"此其本義。經文中"婬"乃"婬"字之訛。宋・曇無蜜多譯《佛説觀普賢菩薩行法經》卷 1:"身者殺盜婬,心者念諸不善,造十惡業及五無間。"(T09, p392c)《隨函録》"盜婬"即《佛説觀普賢菩薩行法經》中的"盜婬",其中"婬"即"婬"字。"婬"一形實際上代表了兩個不同的字。

［揌—揔］

《隨函録》卷 8《十住斷結經》卷 2:“揌攝,上子孔反,普也,正作惣也,又思來反,非也。”(ZD59-825b)

按:“揌”本讀思來反。《廣韻・咍韻》:“揌,擡揌,蘇來切。”經文中“揌”乃“惣(總)”字。姚秦・竺佛念譯《最勝問菩薩十住除垢斷結經》卷 2:“不聽心識馳騁衆想,不念其惡不傳人非,護一切意,總攝牢固不興其意。”(T10, p976a)《隨函録》“揌攝”即《最勝問菩薩十住除垢斷結經》中的“總攝”,其中“揌”即“總”字。“總”或作“揔”,“揌”乃“揔”之訛。“揌”一形實際上代表了兩個不同的字。

［閛—棚］

《隨函録》卷 8《十住斷結經》卷 3:“閛閣,上步盲反,棧也,閣也,正作棚也,又音砰,非。”(ZD59-825c)

按:“閛”本讀砰。《廣韻・耕韻》:“閛,門扉聲,普耕切。”經文中的“閛”乃“棚”字。姚秦・竺佛念譯《最勝問菩薩十住除垢斷結經》卷 3:“其地柔軟,如天細衣,猶兜術天。被服、飲食、宫殿、室宅、園觀、浴池、交路、棚閣,巍巍殊妙。”(T10, p983c)《隨函録》“閛閣”即《最勝問菩薩十住除垢斷結經》中的“棚閣”,其中“閛”即“棚”字。“閛”一形實際上代表了兩個不同的字。

［娵—娶］

《隨函録》卷 24《出三藏記集》卷 12:“娵婦,上七句反,正作娶也,又子于反,非也。”(ZD60-318c)

按:“娵”本讀“子于反”。《廣韻・虞韻》子于切:“娵,娵觜,星名。”釋僧祐《出三藏記集》卷 12:“取婦設福咒願文第二十五(出僧祇律)。”(T10, p983c)《隨函録》“娵婦”即《出三藏記集》中的“取婦”,而“取婦”即“娶婦”。從形體上看,“娵”乃“娶”構件移位所致。“娵”一形實際上代表了兩個不同的字。

當然,《隨函録》中的同形字也有没有辨析的,需要仔細考察纔知曉。如:

［膿—體］

《隨函録》卷 21《佛本行讚》卷 2:“肌膿皺,上音飢,中音體,下阻瘦反。”(ZD60-186c)

按:宋・釋寶雲譯《佛本行經》卷 2:“頭如絲雪霧,皮緩肌體皺,戰如水中枝,身僂如張弓。”(T04, p64c)《隨函録》“肌膿”即《佛本行經》中的“肌體”,其中“膿”即“體”字也。“體”蓋是受上字“肌”從“月”的影響,類化换旁從“月”而作“膿”的。《中華字海・月部》(921):“膿,同胮,見《龍龕》。”“膿”在字書中本同“胮”,而在《隨函録》中乃“體”字,兩者恰巧同形。“膿”一體實際上代表了兩個不同的字。

二、《隨函録》中的漢字構件混同現象

《隨函録》收集的是寫本佛經中的文字,文字手寫極容易導致構件上的訛誤、混同。“忄”與“巾”,“禾”與“礻”,“扌”與“木”,“衤”與“礻”,“艹”與“竹”,“耳”與“目”,“日”與“月”,“目”與“月”,“犬”與“扌”,“冫”與“氵”,“穴”與“宀”,“宀”與“冖”,“色”與“包”,“分”與“介”,“广”與“疒”,“食”與“金”,“全”與“令”,“鳥”與“曷”,“票”與“栗”,“且”與“旦”,“聿”與“建”,

“咼”與“禺”，“爪”與“介”，“豕”與“彖”，“亻”與“彳”，“牛”與“扌”等，都有可能因形體近似在手寫中互混，並有可能造成不同的字形體相同。這些構件有的常用作形旁，如“忄”“巾”“扌”“木”“耳”“金”“山”等，有的常用作聲旁，如“色”“包”“分”“曷”“票”“栗”等。

“扌”與“木”，“礻”與“衤”，“忄”與“巾”，“禾”與“衤”混同所致同形現象，我們曾考察過①，兹選取另外幾組論述如下：

1.“犭”與“扌”混同

[猨—援]《隨函録》卷10《大智度論》卷19：“無猨，于願反，正作援。”(ZD59-911c)

按：“猨”本同“猿”字。《隨函録》“猨”乃“援”字之訛，因構件“扌”與“犭”形體近似俗寫易誤所致。“猨”一形兼表兩個不同的字。

2.“金”與“食”混同

[餀—鎧]《隨函録》卷1《大般若經》第55帙：“德餀，苦改反，甲别名也，正作鎧也，又五恨反，非也，悮。”(ZD59-564c)

按：“餀”本讀五恨反。《隨函録》中“餀”音“苦改反”，義爲“甲名”，乃“鎧”字之訛，因構件“金”與“食”形體近似俗寫易誤所致。“餀”一形兼表兩個不同的字。

3.“竹”與“艹”混同

“竹”與“艹”混同在俗寫中十分普遍，從隸書開始，兩者就可相混，草寫中更爲普遍。

[苔—笞]《隨函録》卷2《法鏡經》：“搒苔，上蒲盲反，下丑之反，打也，正作榜笞也。”(ZD59-610b)

按：“苔”，《廣韻》音“徒哀切”，本爲植物名。《隨函録》中“苔”音“丑之反”，義爲“打”，乃“笞”字之訛，因構件“竹”與“艹”形體近似俗寫易誤所致。“苔”一形兼表兩個不同的字。

4.“曷”與“鳥”混同

[鴭—蝎]《隨函録》卷2《優填王經》：“毒鴭，許謁反，蝽蝲也，正作蠍，諸經或作蝎也，又徒冬反，鳥名也，非。”(ZD59-613a)

按：《龍龕手鏡・虫部》(222)：“鴭，徒紅反，鳥蟲名也。”此“鴭”本有音義。《隨函録》中“鴭”音“許謁反”，乃“蝎”字之訛，因構件“曷”與“鳥”形體近似俗寫易誤所致。“鴭”一形兼表兩個不同的字。

5.“穴”與“宀”混同

[宄—究]《隨函録》卷3《大哀經》：“宄盡，上居右反，窮也，又音軌，悮。”(ZD59-637b)

按：“宄”，《廣韻》音“居洧切”，本指内盜。《隨函録》中“宄”音“居右反”，乃“究”字之訛，因構件“穴”與“宀”形體近似俗寫易誤所致。“宄”一形兼表兩個不同的字。

① 鄭賢章：《龍龕手鏡研究》，湖南師範大學出版社2004年，第25頁。

6. “栗”與“票”混同

[慓—慄]《隨函録》卷3《寶星陀羅尼經》:“戰慓,力日反,正作慄。”(ZD59-651c)

按:“慓”,《廣韻》音“匹妙切”,本爲急疾之義。《隨函録》中“慓”音“力日反”,乃“慄”字之訛,因構件“栗”與“票”形體近似俗寫易誤所致。“慓”一形兼表兩個不同的字。

7. “旦”與“且”混同

[坥—坦]《隨函録》卷4《大方廣佛華嚴經》卷5:“或坥,音坦,平也,又蛆、覷二音,悮。”(ZD59-659c)

按:“坥”,《廣韻》音“七餘切”。《隨函録》中“坥”音“坦”,乃“坦”字之訛,因構件“旦”與“且”形體近似俗寫易誤所致。“坥”一形兼表兩個不同的字。

8. “疌”與“建”混同

[揵—捷]《隨函録》卷5《悲華經》卷6:“揵疾,上自葉反,正作捷也。”(ZD59-719a)

按:“揵”,《廣韻》音“居偃切”。《隨函録》中“揵”音“自葉反”,乃“捷”字之訛,因構件“疌”與“建”形體近似俗寫易誤所致。“揵”一形兼表兩個不同的字。

9. “全”與“令”混同

[痠—痊]《隨函録》卷6《月燈三昧經》卷1:“痠愈,上七全反,下餘主反。”(ZD59-758a)

按:“痠”,《龍龕手鏡·疒部》(471)音“零”,意義爲“病”。《隨函録》中“痠”音“七全反”,乃“痊”字之訛,因構件“全”與“令”形體近似俗寫易誤所致。“痠”一形兼表兩個不同的字。

10. “月”與“日”混同

[昉—肪]《隨函録》卷11《瑜伽師地經》卷68:“昉膏,方、房二音,脂也,在腰肉。”(ZD59-942b)

按:“昉”,《廣韻》音“分網切”,意義爲開始。《隨函録》中“昉”讀“方、房二音”,乃“肪”字之訛。構件“月”與“日”形體近似俗寫易誤。“昉”一形兼表兩個不同的字。

11. “疒”與“广”混同

[廔—瘻]《隨函録》卷12《中阿含經》卷25:“背廔,力主反,正作僂,又力朱反,廔拘曲脊也,正作瘻也。”(ZD59-992c)

按:《龍龕手鏡·广部》(298):“廲廔,上郎奚反,下郎侯反,綺窗也。”《隨函録》“廔”讀“力朱反”,乃“瘻”字之訛,構件“疒”與“广”形體近似俗寫易誤。“廔”一形兼表兩個不同的字。

12. “咼”與“禺”混同

[喁—喎]《隨函録》卷13《正法念處經》卷10:“口喁,苦媧反,正作咼、喎二形,又音顒,誤。”(ZD59-1063b)

按:“喁”,《廣韻》音“魚容切”。《説文·口部》:“喁,魚口上見也。”《隨函録》中“喁”讀

"苦媧反",乃"喎"字之訛,構件"咼"與"禺"形體近似俗寫易誤。"喁"一形兼表兩個不同的字。

13. "目"與"月"混同

［胂—眒］《隨函録》卷 28《弘明集》卷 2:"一胂,音申,舒引也,正作眒、叟二形,又尸忍、尸刀(刃)二反,又丑人反,申也。"(ZD60-525b)

按:《龍龕手鏡・月部》(408):"胂,音申,胸也。"《隨函録》中"胂"讀"申",意義爲"舒引",乃"眒"字之訛。構件"目"與"月"形體近似俗寫易誤。《弘明集》卷 2:"既往積劫無數無邊,皆一眒一閲以及今耳。"(T52, p14c)《隨函録》"一胂"即《弘明集》中的"一眒",其中"胂"即"眒"字之訛。"眒"一形兼表兩個不同的字。

14. "色"與"包"混同

［脃—胞］《隨函録》卷 8《菩薩瓔珞經》卷 2:"脃胎,上布交反,正作胞。"(ZD59-829b)

按:"脃"本"脆"字。《隨函録》中"脃"讀"布交反",乃"胞"字之訛,構件"包"與"色"形體近似俗寫易誤。"脃"一形兼表兩個不同的字。

15. "分"與"介"混同

［芬—芥］《隨函録》卷 2《佛遺日摩尼寶經》卷 1:"芬子,上古敗反,菜名也,正作芥。"(ZD59-616c)

按:"芬",《廣韻》音"撫文切",義爲香氣。《隨函録》中"芬"讀"古敗反",乃"芥"字之訛,構件"分"與"介"形體近似俗寫易誤。"芬"一形兼表兩個不同的字。

16. "爪"與"介"混同

［扴—抓］《隨函録》卷 18《阿毘曇毘婆沙》卷 5:"扴齒,上側巧反,正作爪、抓二形。"(ZD60-99c)

按:"扴",《廣韻》音"古黠切"。《説文・手部》:"扴,括也。"《隨函録》中"扴"讀"側巧反",乃"抓"字之訛,構件"爪"與"介"形體近似俗寫易誤。"扴"一形兼表兩個不同的字。

17. "豖"與"彖"混同

［喙—啄］《隨函録》卷 19《阿毘達磨俱舍釋論》卷 8:"喙食,上音卓,正作啄也,又許穢反,悮。"(ZD60-130)

按:"喙",《廣韻》音"許穢切",義爲嘴。《隨函録》中"喙"讀"卓",乃"啄"字之訛,構件"豖"與"彖"形體近似俗寫易誤。"喙"一形兼表兩個不同的字。

18. "彳"與"亻"混同

［佊—彼］《隨函録》卷 10《大智度論》卷 78:"佊圻,上悲美反,下五案反。"(ZD59-920c)

按:"佊",《廣韻》甫委切,意義爲歪邪。根據《隨函録》,"佊圻"即"彼岸",其中"佊"即"彼"字之訛。構件"彳"與"亻"形體近似俗寫易誤。"佊"一形兼表兩個不同的字。

19. “扌”與“牛”混同

[牱—拘]《隨函録》卷 7《佛説老女經》卷 1:“牱留,上音俱,佛名。”(ZD59-771b)

按:“牱留”即“拘留”,其中“牱”即“拘”字之訛①。構件“扌”與“牛”形體近似俗寫易誤。“牱”一形兼表兩個不同的字。

在《隨函録》中,混同的構件遠不止以上幾組,可參本書中篇相關條目。

三、《隨函録》同形字産生緣由

同形字的産生有多方面的原因,如字形的演變、簡化、訛變、構件的更换及文字類化等。漢字的數量巨大,而構成漢字的構件有限,書寫時如果不加注意就有可能出現文字同形的現象。在《隨函録》中,文字形體上的訛誤是産生同形字的最主要的原因。此外,構件更换、構件增減、形體類化等也可以導致同形字的産生。

1. 形體訛誤

上面我們提到的構件混同,實際上絶大部分都是因俗寫时形體訛誤所致。

[搊—獨]《隨函録》卷 11《中論》卷 3:“不搊,徒木反,正作獨也,又丑卓、楚角二反,非也。”(ZD59-949c)“搊”本讀“丑卓、楚角二反”,戳、刺之義。《隨函録》中“搊”音“徒木反”,乃“獨”字之訛,因構件“犬”與“扌”形體近似俗寫易誤所致。“搊”一形兼表兩個不同的字。

[貢—責]《隨函録》卷 29《廣弘明集》卷 13:“貢在,上阻革反,譴也,呵也,正作責,《辯正(論)》作責也,又古弄反,上非也。”(ZD60-559a)唐・道宣撰《廣弘明集》卷 13:“子生於賴鄉葬於槐里,詳乎秦佚之吊,責在遁天之形。”(T52, p177a)《隨函録》“貢在”即經文中的“責在”,其中“貢”即“責”字之訛。“貢”一形兼表兩個不同的字。

[砰—碎]《隨函録》卷 21《佛本行讚》卷 1:“杵砰,蘇對反,正作碎、砕二形也,又音抨,非也。”(ZD60-186b)宋・釋寶雲譯《佛本行經》卷 1:“佛諦執金剛,慧杵碎塵勞。”(T04, p61b)《隨函録》“杵砰”即《佛本行經》的“杵碎”,其中“砰”即“碎”字之訛也。“砰”一形兼表兩個不同的字。

[肙—負]《隨函録》卷 16《四分律》卷 54:“肙債,上扶久反,受貨不償曰負也,正作負也,下阻革反,負財也,又側懈反,上又許至反,悁。”(ZD60-42a)姚秦・佛陀耶舍共竺佛念等譯《四分律》卷 53:“如奴負債久病在獄行大曠野。”(T22, p964b)《隨函録》“肙債”即《四分律》中的“負債”,其中“肙”即“負”字之訛。“肙”一形兼表兩個不同的字。

[建—逮]《新集藏經音義隨函録》卷 6:“王建,徒愛反,及也,正作逮,又居建反,非也。”(K62, p462b)“王建”之“建”,即“逮”字,可洪音“徒愛反”。《六度集經》卷 1:“王逮臣民,相率受戒,子孝臣忠,天神榮衛,國豐民康,四境服德,靡不稱善。”(T03, p4a)“王建”即“王逮”,其中“建”即“逮”字。構件“隸”與“聿”近似。“建”,可洪言“居建反”,此“建”本有讀音。《廣韵・願韵》居萬切:“建,立也,樹也,至也。”“建”在可洪注釋中爲同形字,實際上代表了“建”“逮”兩個不同的字。

① 詳細考證見本書中篇“牱”字條。

2. 構件更换

《隨函録》中有因更换構件而導致文字同形的現象。漢字中,意義相關用作形旁的構件與讀音相同相近用作聲旁的構件不少,它們之間的更换有可能導致文字之間的同形。如:

[膒—傴]《隨函録》卷 4《漸備一切智德經》卷 2:"背膒,於禹反,不伸也,又烏侯反,非也。"(ZD59-710c)

按:"膒",《集韻》音"烏侯切"。《隨函録》中"膒"音"於禹反",乃"傴"字。"膒"乃"傴"换形旁所致,"月(肉)"與"亻"意義相關。

[鉼—耕]《隨函録》卷 13《治禪病秘要法》上卷:"以鉼,古莖反,犁地也,正作耕、畊二形,又音餅,非也。"(ZD59-1044b)

按:"鉼",《廣韻》音"必郢切"。《隨函録》中"鉼"音"古莖反",乃"耕"字。宋・沮渠京聲譯《治禪病秘要法》上卷:"無量鐵犁,狀如劍樹,以耕其舌。"(T15, p336b)《隨函録》"以鉼"即"以耕"。經文文意是用鐵犁來耕其舌頭。受此影響,"耕"改從"金"旁而作"鉼"。

[鐐—燎]《隨函録》卷 3《大哀經》卷 1:"錠鐐,上徒丁反,下力堯反,大燭也,正作庭燎也。"(ZD59-647a)

按:"鐐",《廣韻》音"落蕭切"。《爾雅・釋器》:"白金謂之銀,其美者謂之鐐。"《隨函録》中"鐐"音"力堯反",乃"燎"字。西晉・竺法護譯《大哀經》卷 1:"垂諸貫珠豎衆幢幡,而然錠鐐。"(T13, p409c)受"庭"作"錠"字的影響,"燎"也改從"金"旁而作"鐐"。

3. 構件增減

《隨函録》中也有因增減構件而導致文字同形的現象。如:

[愵—弱]《隨函録》卷 4《漸備一切智德經》卷 2:"劣愵,而斫反,劣也,正作弱也。"(ZD59-671a)

按:"愵",《廣韻》音"奴歷切"。《隨函録》中"愵"音"而斫反",乃"弱"字,因增構件"忄"所致①。"愵"一形兼表兩個不同的字。

[綣—卷]《隨函録》卷 18《毘尼母經》卷 5:"綣縮,上居兗反,正作卷、捲二形,又去願反,非用也。"(ZD60-84a)

按:"綣",《廣韻》音"去願切"。《隨函録》中"綣"音"居兗反",乃"卷"字。《毘尼母經》卷 5:"染竟欲曬衣時著平地。當四角莫令綣縮。"(T24, p826a)義淨譯《根本説一切有部毘奈耶雜事》卷 4:"佛言:'應須闊作,於内安氈以線絡之,勿令卷縮。'"(T24, p224a)"綣縮"即"卷縮"。受"縮"的影響,"卷"增"糹"旁而作"綣"。

4. 形體類化

《隨函録》中也有因文字類化導致的同形現象。如:

[咄—吐]《隨函録》卷 22《舊雜譬喻經》卷 1:"咄出,上他古反,正作吐也,又都骨、都括二反,非。"(ZD60-234b)

按:《舊雜譬喻經》卷 1:"作術吐出一壺,壺中有女人,與于屏處作家室,梵志遂得卧。

---

① 詳細論述見本書中篇"愵"字條。

女人則復作術,吐出一壺。”(T04, p514a)《隨函録》“咄出”即《舊雜譬喻經》的“吐出”,其中“咄”即“吐”字之訛。“吐”蓋是受下字“出”的影響類化换旁從“出”而作“咄”的①。“咄”在字書中本音“丁骨切”,意義爲“叱”,而在《隨函録》中乃“吐”字之俗,兩者恰巧同形。“咄”一體實際上代表了兩個不同的字。

[鋋—綖]《新集藏經音義隨函録》卷12:“針鋋囊,上之林反,中相箭反,下乃郎反,中又音禪,悮。”(K62, p684b)

按:“針鋋囊”之“鋋”,即“綖”字,可洪音“相箭反”。《中阿含經》卷8:“未曾用針縫衣,未曾持針綖(宋、元、明本)囊。”(T01, p475b)“針鋋囊”即“針綖囊”,其中“鋋”即“綖”。“綖”蓋受上字“針”的影響類化换旁而作“鋋”。

“鋋”,可洪言“又音禪”,此“鋋”本有讀音。《廣韻·仙韻》市連切:“鋋,小矛。”“鋋”在可洪注釋中爲同形字,實際上代表了“鋋”“綖”兩個不同的字。

同形字的産生一般是書寫者偶然書寫訛誤所致,書寫者將一個字寫成了某個形體時,往往没有意識到這個形體實際上已代表了另外的字,早已有自己的讀音與意義。不過,錯訛字與同形字是有區别的。所謂錯訛字是指一個字錯誤地寫成了另外的形體,但這兩個形體都指同一個字。如“印”訛作“[illegible]”(《偏類碑别字·印字》引《唐新使院石幢記》),“[illegible]”這個形體無其他所指,“印”“[illegible]”爲同一個字。同形字則不同,一個字寫成了另外一個形體,而這另外一個形體恰好與另外一個字同形,這樣一來這個另外的形體就表達了兩個不同的字。如“逮”訛作“建”,而“建”這個形體恰好爲另外一個字。在這裏“建”是“逮”的訛誤字,同時又是同形字,表達了“建”“逮”兩個不同的字,上面的“[illegible]”則衹能是“印”的訛誤字,不能爲同形字。

此外,還要説明的是同形字與假借字不同。同形字與假借字雖都是一個字形記録幾個不同的詞,但形似而質異。同形字記録的幾個詞,語音上没有必然的聯繫,即使有時候相同,也純屬巧合。假借字則不同,其記録的兩個詞之間讀音必須相同或相近。同形字的産生具有很大的偶然性,是書寫者無意識行爲,書寫者在書寫時並没有意識到某個字這樣書寫會與另外一個字同形,而假借字的産生有可能是書寫者的無意識行爲,但更多的恐怕是有意爲之,有時候書寫者書寫某字時因某種原因有意識地用另外一個與該字讀音相同或相近而意義没有關聯的字替代。不過,同形字與假借字理論上容易區别,但在實際中容易混淆,需仔細明辨。

同形字的存在,如不加辨析,會影響人們對文本的閲讀與理解。漢文佛典由於數量巨大、版本衆多,書寫差異較大。可洪利用“又音”將其所見佛經中一個形體表兩個字的情況予以揭示,並通過加“悮”“非”等按語表明自己的態度,客觀上起到了幫助人們正確認讀佛經的目的。

同形字的研究對文字研究、訓詁研究、文獻整理以及字典編撰具有重要的作用,應引起我們的重視。

---

① 詳細論述見本書中篇“咄”字條。

第七章　《隨函録》類化字研究

《隨函録》收有大量的類化字。人們在書寫某字時，受到上下文用字、前後語境、自身形體構件或其他因素的心理暗示，使得該字在形體上變得與相關用字部分一致，這就是文字學上所指的類化，由此産生的字即類化字。類化字産生的原因不是漢字本身形體演變所致，而是受到書寫者心理的影響。類化字的研究具有多方面的價值。近幾年來，隨著漢語俗字研究的深入，越來越多的存於大型字典中的疑難俗字被識别。考釋疑難俗字不僅要把正體辨别出來，而且要儘可能地弄清楚這種由正到俗的形體上的變化以及産生這種變化的緣由。俗字産生的途徑有很多，類化是其中很重要的一條。《隨函録》收録的是寫本漢文佛經中的俗字，類化現象十分普遍，通過研究，我們可以從中窺探出當時以抄寫經書爲生的“抄經生”們的書寫習慣與書寫心態。

一、《隨函録》類化字的類型

《隨函録》類化字的表現形態豐富多樣，大致可以歸納爲如下 5 種類型：

1. 受上下文用字影響的類化字

文字在書寫時比較容易受上下文用字影響而類化。這類類化字主要是通過增加構件、改换構件或者調整自身構件位置而産生的，在《隨函録》中最爲普遍。

［盾—矠］

“盾”類化作“矠”。《隨函録》卷 24《開元釋教録》卷 7：“矛矠，上目求反，下食尹反。”(ZD60-345a)唐・智昇撰《開元釋教録》卷 7：“傳録俱宣，所撰而自相矛盾，何也?”(T55，p550b)“矛矠”即“矛盾”，其中“矠”即“盾”字。又《隨函録》卷 24《開元釋教録》卷 10：“矛矠，食尹反，障箭排也，正作楯也，亦單作盾也。《山海經》曰：‘羿與鑿齒戰於疇華之野，羿持弓矢，鑿齒持楯自障。’”(ZD60-347a)唐・智昇撰《開元釋教録》卷 10：“豈可前後俱有，中間獨無，自爲矛盾。”(T55，p578b)“矛矠”即“矛盾”，其中“矠”亦“盾”字。“盾”受上字“矛”的影響類化增“矛”旁而寫成了“矠”。

［闔—濶(㵞)］

“闔”類化作“濶(㵞)”。《隨函録》卷 30《廣弘明集》卷 30：“濶(㵞)堂，上胡臘反，正作闔。”(ZD60-598a)唐・道宣撰《廣弘明集》卷 30：“法鼓進三勸，激切清訓流。悽愴願弘濟，闔堂皆同舟。”(T52，p350a)“濶(㵞)堂”即經文中的“闔堂”，其中“㵞”即“闔”字。“闔堂”之“闔”爲全部、整個的意思，與“水”無關，爲什麼會寫作“濶(㵞)”呢？我們以爲“闔”是受上字“濟”的影響類化增“氵”旁而作“濶(㵞)”的。

［薩—蓓］

“薩”類化作“蓓”。《隨函録》卷 2《小品般若經》卷 8：“菩蓓，下音薩。”(ZD59-583c)“蓓”

即“薩”字之俗。“薩”是受了上字“菩”的影響類化改易構件而作“蔷”的。

［葦—箽］

“葦”類化作“箽”。《隨函録》卷 2《大寶積經》卷 68：“籚箽，上郎胡反，下爲鬼反。”(ZD59-598b)“箽”即“葦”字之俗。“葦”是受了上字“籚”的影響類化换旁從“竹”而作“箽”的。

［染—㤿］

“染”類化作“㤿”。《隨函録》卷 30《廣弘明集》卷 28：“悦㤿，下音染。”(ZD60-591b)唐·道宣撰《廣弘明集》卷 28：“悦染絲歌，聞勝法善音，昏然欲睡，聽鄭衛淫靡，聳身側耳。”(T52, p330c)“悦㤿”即“悦染”，其中“㤿”即“染”字之訛。“染”受上字“悦”的影響類化改旁從“忄”而寫成了“㤿”。

［咷—號］

“咷”類化作“䟿”。《隨函録》卷 29《廣弘明集》卷 17：“號䟿，上户高反，下徒刀反，正作咷也。”(ZD60-567c)“䟿”即“咷”字之俗。“咷”受上字“號”的影響類化换旁從“号”而寫成了“䟿”。

［思—恖］

“思”類化作“恖”。《隨函録》卷 1《大般若經》第 13 帙：“恖惟，上息慈反，念也，正作思也。”(ZD59-553a)“恖”即“思”字之俗。“思”受下字“惟”字類化，移動構件位置由上下結構變成左右結構而作“恖”。

［痛—瘜］

“痛”類化作“瘜”。《隨函録》卷 8《菩薩瓔珞經》卷 12：“瘜想，上他弄反。”(ZD59-830b)《菩薩瓔珞經》卷 12：“痛想行識，無著無縛。”(T02, p209a)《隨函録》“瘜想”即“痛想”，其中“瘜”即“痛”字。受下字“想”的影響，“痛”類化增“心”旁而成“瘜”。

［餌—鉺］

“餌”類化作“鉺”。《隨函録》卷 12《雜阿含經》卷 49：“鉤鉺，而志反，正作餌。”(ZD59-1012c)《隨函録》卷 3《大方廣佛花嚴經》：“鉤鉺，人志反，正作餌。”(ZD59-658a)“鉺”字是受上字“鉤”的影響，類化從“金”旁而成。值得注意的是，“餌”换從“金”旁在字形上是缺乏理據的。“餌”是食物，换從“金”旁既不能表音也不能表義，是一種純粹的形體類化。

“盾”類化作“楯”，“闔”類化作“濶(澖)”，“痛”類化作“瘜”，形體上增加了偏旁；“薩”類化作“蔷”，“染”類化作“㤿”，“咷”類化作“䟿”，“餌”類化作“鉺”，形體上改易了構件；“思”類化作“恖”，形體上則移動了構件位置。

2. 受上下文語境影響的類化字

人們在書寫時，受文本語境的影響，有時候會通過改易某字的構件或爲某字新增構件來實現凸顯意義和適配語境。

［燥—殝］

“燥”類化作“殝”。《隨函録》卷 19《阿毘達磨順正理論》卷 32：“枯殝，蘇早反。”(ZD60-140c)唐·玄奘譯《阿毘達磨順正理論》卷 32：“一，彼時人身形枯燥，命終未久，白骨便現。二，彼時人饑饉所逼，聚集白骨，煎汁飲之。”(T29, p526b)“枯殝”即“枯燥”，其中“殝”即

“燥”字。從形體上看,“燥”是受了“命終”“白骨”等詞語構成的語境的影響换旁從“歹”而作“殜”的。“歹”作偏旁常與死亡有關,如“歿”“殯”就表此語義。

［捲—綣］

“捲”類化作“綣”。《隨函録》卷 16《四分律》卷 51:“作綣,丘員反,屈木爲之,正作捲。”(ZD60-39c)姚秦·佛陀耶舍共竺佛念等譯《四分律》卷 50:“時彼上座老病羸頓經行時倒地。佛言,聽繩索系兩頭,循索行。捉索行手軟破手。佛言,聽作捲(應爲棬,以下同),若竹筒,以繩穿筒,手捉循行,經行時疲極,聽兩頭安床。”(T22, p938b)“作綣”即“作捲”,其中“綣”即“捲”字。根據經文,“作捲,若竹筒”的大概意思是製作類似竹筒的圓圈形的東西。受前後語境中有繩索的影響,“捲”類化换形旁從“糹”且换聲旁爲“卷”而作“綣”。

［躓—輊］

“躓”類化作“輊”。《隨函録》卷 21《出曜經》卷 4:“頓輊,音致。”(ZD60-194c)姚秦·竺佛念譯《出曜經》卷 6:“時有一人乘車載寶,無價明月雜寶無數,車重頓躓失,伴在後進不見伴退。”(T04, p642a)“頓輊”即“頓躓”,其中“輊”即“躓”字。“頓躓”的意義是“顛仆”“行路顛蹶”。從上面的例子來看,“躓”蓋是受上文在語義上與車有關的影響類化换旁從“車”而作“輊”的。

［姤—拆］

“拆”類化作“姤”。《隨函録》卷 16《根本毗奈耶雜事》卷 2:“姤裂,上丑格反。”(ZD60-6c)唐·義淨奉譯《根本説一切有部毘奈耶雜事》卷 2:“時彼母腹,遂便拆裂,出青蓮花,中有孩兒,儀貌端正。”(T24, p212c)《隨函録》“姤裂”即《根本説一切有部毘奈耶雜事》中的“拆裂”,其中“姤”即“拆”字。“拆”爲什麼會作“姤”呢? 經文的意思是母腹拆裂,“拆”蓋受其影響類化换旁從“女”而作“姤”的。

3. 受語義常配字影響的類化字

某些字在表達某種語義時常會同另外一些字相關聯。如人們在説“外甥”的時候,常常會在心裏想到“舅舅”,如果在書寫時也得到這種心理暗示的話,就有可能致使相關字在形體上的類化。

［外—䑛］

“外”類化作“䑛”,“甥”類化作“𦥢”。《隨函録》卷 14《佛本行集經》卷 54:“䑛𦥢,外生二音。”(ZD59-1087a)隋·闍那崛多譯《佛本行集經》卷 54:“此之童兒,是汝甥甥,今將相付,汝等必須教此童兒。”(T03, p904c)“䑛𦥢”即“甥甥”,其中“䑛”即“甥(外)”字,而“𦥢”即“甥”字。“外(甥)”何以會寫作“䑛”,“甥”何以會寫作“𦥢”呢? 我們以爲“甥(外)”“甥(生)”是受了與之語義相關的“舅”的影響類化從“臼”而分别作“䑛”“𦥢”的。

4. 受自身構件影響的類化字

人們在書寫時,有時候會受字内部的某個構件的影響,將另外的一個構件也寫成了相同的樣式。

［願—頋］

“願”類化作“頋”。《隨函録》卷 3《大方廣佛花嚴經》卷 20:“悲頋,魚勸反,欲也,每也,念也,思也,誤。”(ZD59-655a)根據《隨函録》,“頋”音“魚勸反”,意義爲“欲也,每也,念也,思也”,我們認爲“頋”即“願”字之誤。《廣韻·願韻》:“願,欲也,每也,念也,思也,魚怨切。”“頋”與“願”音義皆同。“願”是構件“原”受自身構件“頁”的影響,類化改易爲“頁”而作“頋”的。

[浮—孵]

“浮”類化作“孵”。《隨函録》卷8《五千五百佛名經》卷4:“孵多,上音浮。”(ZD59-841c)“孵”音“浮”,即“浮”字。《五千五百佛名神咒除障滅罪經》卷4對應之處作“浮多鳩盤茶幹闥婆泥呵嚧”(T14, p337c)。“孵多”即“浮多”,其中“孵”即“浮”字。“孵”字産生的原因是内部類化。受“浮”内部構件“孚”的影響,書寫者將構件“氵”也寫作了“孚”。

[碧—珸]

“碧”類化作“珸”。《隨函録》卷28《辯正論》卷7:“珸澗,上彼力反。”(ZD60-512a)唐·法琳撰《辯正論》卷7:“地居形勝,山號膏腴,門枕危峰,簷臨碧澗。”(T52, p545b)“珸澗”即經文中的“碧澗”,其中“珸”即“碧”字之訛。“珸”字産生的原因是内部類化。“碧”字構件“白”受自身構件“王”的影響,類化改易爲“王”而作“珸”。

[贇—贇]

“贇”類化作“贇”。《隨函録》卷24《開皇三寶録》(《歷代三寶紀》)卷3:“帝贇,於倫反,正作贇。”(ZD60-324c)《歷代三寶紀》卷3:“(戊戌)宣帝贇(武帝子,稱宣政元)。”“帝贇”即“帝贇”,其中“贇”即“贇”字。“贇”字産生的原因也是内部類化。受“贇”構件“武”的影響,書寫者將構件“文”亦寫作了“武”。

[韓—韓]

“韓”類化作“韓”。《隨函録》卷28《弘明集》卷3:“弊韓,上毗祭反,下音寒,正作韓,人姓也,本國名,後因國爲氏。”(ZD60-525c)梁·釋僧祐撰《弘明集》卷3:“晉惠棄禮,故有弊韓之困。”(T52, p16c)“弊韓”即經文中的“弊韓”,其中“韓”即“韓”字之俗。“韓”俗作“韓”,是一個字形體内部類化的結果。受“韓”構件“韋”的影響,書寫者將構件“卓”亦寫作了“韋”。

5. 受漢字表意特性影響的類化字

漢字是一種表意文字,但有些漢字從形體上看不出所要表達的意義,書寫者有時候就會受到“漢字表意特性”暗示,人爲地替這些字增加一個義符以彰顯意義。

[尼—珉]

“尼”類化作“珉”。《隨函録》卷22《雜寶藏經》卷4:“摩珇(珉),音尼。”(ZD60-228a)元魏·吉迦夜共曇曜譯《雜寶藏經》卷5:“命終得生三十三天摩尼焰宫殿中。”(T04, p472c)“摩珉”即“摩尼”,其中“珉”即“尼”字也。由於“摩尼”是一種珠寶,而“摩尼”從形體上看不表意,於是俗將“尼”類化增“玉”旁而作“珉”,以彰其義。

二、類化字的研究價值

類化字的研究具有多方面的價值,對疑難俗字考釋、古籍整理、同形字的辨析都有重要作用。近幾年來,隨著漢語俗字研究的深入,越來越多的存於大型字典中的疑難俗字被識别。考釋疑難俗字不僅要把正體辨别出來,而且要儘可能地弄清楚這種由正到俗的形體上的變化以及這種變化的緣由。俗字産生的途徑有很多,類化是其中很重要的一條。通過對《隨函録》類化字的研究,我們識别了不少疑難俗字,並得以了解它們産生的原因。

[習—㒆、㒆]

《龍龕手鏡·人部》(39):"㒆(㒆),俗,音習。"《中華字海·補遺》(1761):"㒆,義未詳。見《龍龕》。"

"㒆(㒆)",見於《隨函録》,乃"習"字。《隨函録》卷9《弘道廣顯三昧經》卷2:"狎㒆,音習。"(ZD59-856b)西晉·竺法護譯《佛説弘道廣顯三昧經》卷3:"復有二事。何等爲二?無其智慧,而欲行權,與諸墮著,望見衆生,樂相狎習。"(T15, p496c)"狎㒆"即"狎習",其中"㒆"即"習"字。鄧福禄《字典考正》(13)以爲"習"是受"伊"的影響類化增"亻"而作"㒆"的。我们認爲"狎習"指親近熟習,與人有關,受此語義影響,"習"類化增旁從"亻"旁而作"㒆(㒆)"。

同形字的産生有許多原因,如字形的演變、簡化、訛變與字元的更换等。字的類化也有可能産生同形字。研究類化字,將有助於同形字的辨析。

[戟—銱]

"銱",見於《隨函録》,可爲"戟"字之俗。《隨函録》卷20《鞞婆沙論》卷4:"鉾銱,居逆反,正作戟也,又他吊反,非用也。"(ZD60-173b)符秦·僧伽跋澄譯《鞞婆沙論》卷4:"於是魔波旬及十八億魔作醜陋面牙齒,恐怖聲極惡音聲,執持種種鉾戟,滿三十六由延往詣道樹所。"(T28, p446b)《隨函録》"鉾銱"即《鞞婆沙論》中的"鉾戟",其中"銱"即"戟"字。"戟"蓋受上字"鉾"的影響類化换旁從"金"而作"銱"的。《玉篇·金部》:"銱,徒吊切,燒器也。""銱"在字書中本音"徒吊切",意義爲"燒器",而在《隨函録》中乃"戟"字之俗,兩者恰巧同形。"銱"一體實際上代表了兩個不同的字。

[鏐—謬]

"鏐",見於《隨函録》,可爲"謬"字之俗。《隨函録》卷20《成實論》卷1:"錯鏐,美幼反,誤也,詐也,差也,欺也,正作謬也,又音聊,悮。"(ZD60-158a)"謬"蓋是受上字"錯"的影響類化换旁從"金"而作"鏐"的。

更多例子見於本書中篇俗字彙釋相關字條,請參。

第八章 《隨函録》常用俗字形體演變研究

我們在前面曾説過，《隨函録》不僅收的俗字多，而且俗字表現形體十分豐富，不少漢字具有幾個甚至幾十個不同的俗體，這些俗體有的在形體上有關聯，有的則没有，有的同時存在使用，有的則分屬不同歷史時期。弄清它們的來龍去脈，探究其源流演變，是研究俗字的一個很重要的方面。由於《隨函録》所收俗别體數量大，它對於我們弄清一個字的不同俗别體之間在形體上的關聯能起到十分重要的作用。兹以"惡""惱"爲例加以説明。

一、惡

"惡"字在《隨函録》除了本有形體外，還另有至少 27 種不同的寫法。

1. 蒠

《隨函録》卷 1《摩訶般若波羅蜜經》卷 15："諸蒠，烏各反。"(ZD59-575b)

2. 忠

《隨函録》卷 1《摩訶般若波羅蜜經》卷 20："忠蟲，上烏各反，下除中反。"(ZD59-575c)

3. 悪

《隨函録》卷 2《小品般若經》卷 10："悪魔，上烏各反。"(ZD59-583c)

4. 悪

《隨函録》卷 2《小品般若經》卷 7："悪賤，上烏故反。"(ZD59-583c)

5. 僫

《隨函録》卷 2《法鏡經》下卷："多悪，烏各反，不善也，或作僫、悪二形，並非。"(ZD59-610a)

6. 恵

《隨函録》卷 3《大方等大集經》卷 1："善恵，烏各反。"(ZD59-619a)

7. 悳

《隨函録》卷 3《大方等大集經》卷 20："悳心，上烏各反。"(ZD59-622b)

8. 僫

《隨函録》卷 3《寶女所問經》卷 20："僫猒，上於故反，下於焰反。"(ZD59-650a)

9. 僫

《隨函録》卷 3《寶女所問經》卷 20："僫猒，上烏故反，下於焰反，正作悪饜。"(ZD59-650a)

10. 惪

《隨函録》卷 4《度世品經》卷 5："憎惪，烏故反，正作惡。"(ZD59-677b)

11. 惡

《隨函録》卷 6《勝思惟梵天經》卷 1:“聞惡,烏各反,正作惡。”(ZD59-734c)

12. 慲

《隨函録》卷 6《大淨法門經》卷 1:“慲難,上烏故反,下奴歎反。”(ZD59-759a)

13. 惡

《隨函録》卷 10《大智度論》卷 21:“作惡,烏各反。”(ZD59-912c)

14. 惡

《隨函録》卷 10《大智度論》卷 21:“惡染,上烏故反,正作惡。”(ZD59-912c)

15. 悪

《隨函録》卷 10《大智度論》卷 21:“不悪,烏各、烏故二反。”(ZD59-912c)

16. 蕜

《隨函録》卷 13《長阿含十報法經》下卷:“餘蕜,烏各反;蕜欲,同上。”(ZD59-1032b)

17. 徳

《隨函録》卷 13《長阿含十報法經》上卷:“不徳,烏故反。”(ZD59-1032b)

18. 德

《隨函録》卷 13《放牛經》一卷:“吐德,上他故反,下烏故反,正作惡。”(ZD59-1042a)

19. 漶

《隨函録》卷 14《正法念處經》卷 58:“猒漶,烏故反,嫌漶也。”(ZD59-1072a)

20. 悪

《隨函録》卷 15《摩訶僧衹律》卷 29:“悪意,上烏各反,正作惡。”(ZD59-1111b)

21. 惚

《隨函録》卷 16《四分律》卷 41:“惚賤,上烏故反。”(ZD60-36c)

22. 悋

《隨函録》卷 16《四分律》卷 53:“悋汙,上烏故反,下烏卧反。”(ZD60-40c)

23. 葸

《隨函録》卷 22《佛使比丘迦旃延説法没盡偈百二十章》:“恚葸,烏故反。”(ZD60-225c)

24. 偲

《隨函録》卷 22《坐禪三昧經》上卷:“偲聞,上烏故反,嫌也。”(ZD60-224b)

25. 惡

《隨函録》卷 22《法句譬喻經》卷 3:“惡聞,上烏故反,嫌也。”(ZD60-247b)

26. 悪

《隨函録》卷 5《正法華經》卷 10:“憎悪,烏故反,正作惡。”(ZD59-710a)

27. 蕜

《隨函録》卷 2《法鏡經》下卷:“多悪,烏各反,不善也,或作偲、蕜二形,並非。”(ZD59-610a)

“惡”在《隨函録》中的不少形體就筆者所見衹在《隨函録》等佛教文獻中存有,中土文獻暫不見。如“悋”“惚”“悪”等,大型字典皆未收,而“漶”“慲”“蕜”“蕜”等,大型字典也都抄自《龍龕手鏡》。“惡”的這些異體,從形體上看,大致可以分爲 5 種類型:從“艸”旁的,如“蕜”

“蕜”“恵”“悳”“恵”；從“忄”旁的，如“悏”“惗”“慁”“憓”；從“亻”旁的，如“偲”“僡”“偲”“僫”；從“彳”旁的，如“德”“德”；從“氵”旁的，如“潓”；其他類型，如“忠”“悪”“悪”“恵”“悪”“惡”“惡”“惡”“悪”“悪”“惡”。“惡”的異體如此紛繁複雜，彼此之間是否有關聯？

《説文・心部》：“惡，過也，從心，亞聲。”“惡”寫成“忠”“悪”“悪”“恵”“悪”“惡”“惡”“惡”“悪”“悪”“惡”，當是構件“亞”被訛寫所致。《金石文字辨異・藥韻》“惡”字引隋《龍藏寺碑》作“悪”，“悪”與之相近。《龍龕手鏡・心部》(68)“惡”下有俗體“惡”，“悪”“悪”“惡”“惡”“悪”與之相近。《偏類碑别字・心部》“惡”字引北涼《沮渠安周碑》作“恵”，“悪”與之相近。

“惡”寫成從“艸”旁的“蕙”“蕜”“恵”“悳”“恵”，也是構件“亞”被訛寫所致，與意義無涉。《漢簡文字類編・心部》收有“蕙”字，《隸辨・鐸韻》“惡”引《楊君石門頌》作“悪”。“蕙”“悪”本爲小篆“惡”隸定形體中的兩種。構件“䒑”與“亠”近似，而“䒑”很容易被人當作“艹”並由此寫成“艹”，如《隸辨・鐸韻》“莫”引《羊竇道碑》作“莫”，可資比勘。

“惡”無論是表“罪過”“兇惡”之義還是表“厭惡”“畏懼”之義，語義都是指向人，故俗增“亻”旁而作“僫”。《龍龕手鏡・人部》(37)：“偲、僫，二俗，烏各、烏故二反，正作惡。”由於構件“惡”可作“悪”“悪”“恵”“惡”等，“僫”亦相應地可作“偲”“僡”“偲”“僫”等。由於構件“亻”與“彳”在俗寫中常互混，故“偲”又寫成了“德”，“僡”又寫成了“德”。

“惡”表“憎恨”“畏懼”之義，語義與人的心理有關，故俗增“忄”旁而作“㤹”。由於構件“惡”可作“悪”“恵”“忠”等，“㤹”亦相應地可作“慁”“憓”“惗”等。“悏”則是“惗”進一步省訛所致。

至於“潓”，在《龍龕手鏡・水部》(234)是“污”字，而在《隨函録》中是“惡”字。“惡”作“潓”，從形體上不好解釋，我們懷疑“潓”可能是“偲”訛誤所致，構件“亻”草寫與“氵”近似。

綜上所述，《隨函録》“惡”的 27 個異體形體關係可歸納如下：

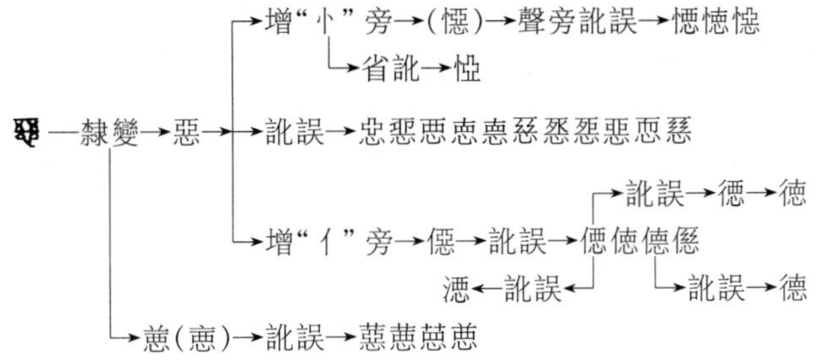

二、惱

“惱”字是佛經中使用頻率很高的一個字，這與佛教記載的内容有關。“惱”在《隨函録》除了本有形體外，還另有至少 31 種不同的寫法。

1. 惚

《隨函録》卷 1《大般若經》第 1 帙：“惚觴，尺玉反，正作觸也，又音傷，悞。”(ZD59-549b)

2. 惺

《隨函録》卷 1《大般若經》第 56 帙：“煩惺，音惱。”(ZD59-565c)

3. 瘜

《隨函録》卷 1《放光般若經》卷 5：“癡瘜，音惱。”(ZD59-571a)

4. 惚

《隨函録》卷 2《文殊師利佛土嚴淨經》下卷："愁惚，音惱。"(ZD59-609b)

5. 惶

《隨函録》卷 3《大方等大集經》卷 13："苦惶，音惱。"(ZD59-621b)

6. 惱

《隨函録》卷 3《大乘大集地藏十輪經》卷 1："煩惱，音惱。"(ZD59-636a)

7. 瘛

《隨函録》卷 4《度世品經》卷 4："苦腮，音惱，之瘛，同上。"(ZD59-676c)

8. 瘛

《隨函録》卷 4《如來興顯經》卷 2："諸瘛，音惱。"(ZD59-674a)

9. 熜

《隨函録》卷 5《悲華經》卷 10："熱熜，奴老反，正作惱。"(ZD59-720a)

10. 瘤

《隨函録》卷 6《六度集經》卷 2："瘤痛，奴老反，出郭迻音也。"(ZD59-764a)

11. 惺

《隨函録》卷 10《菩薩地持經》卷 1："他惺，奴老反，嬈也，亦作嫐。"(ZD59-897a)

12. 揔

《隨函録》卷 9《蘇婆呼童子經》卷 1："揔亂，上奴老反，正作惱、惚。"(ZD59-873c)

13. 惱

《隨函録》卷 10《十地經論》卷 6："煩惱，音惱。"(ZD59-925b)

14. 惱

《隨函録》卷 10《十地經論》卷 6："惱染，上奴老反，下而陜反。"(ZD59-925b)

15. 惶

《隨函録》卷 12《長阿含經》卷 1："憂惶，音惱。"(ZD59-980b)

16. 慮

《隨函録》卷 13《佛般泥洹經》下卷："間慮，奴老反，煩慮、苦慮之慮，正作惱也。"(ZD59-1018c)

17. 惿

《隨函録》卷 13《四諦經》卷 1："熱惿，奴老反。"(ZD59-1032c)

18. 惚

《隨函録》卷 30《廣弘明集》卷 28："懊惚，上烏老反，下奴老反。"(ZD60-590a)

19. 澁

《隨函録》卷 13《四諦經》卷 1："熱澁，音惱，又所立反，非也。"(ZD59-1033a)

20. 浩

《隨函録》卷 13《四諦經》卷 1："熱浩，音惱。"(ZD59-1032c)

21. 垥

《隨函録》卷 22《惟日雜難經》卷 1："人垥，音惱。"(ZD60-225b)

22. 惚

《隨函録》卷 13《雜阿含經》卷 1："色惚，音惱。"(ZD59-1045c)

23. 㛴

《隨函録》卷13《雜阿含經》卷1:"色偬,音惱;色㛴,同上。"(ZD59-1045c)

24. 妐

《隨函録》卷13《雜阿含經》卷1:"痒妐,音惱。"(ZD59-1045c)

25. 𤸷

《隨函録》卷13《佛母般泥洹經》卷1:"意𤸷,音惱。"(ZD59-1043a)

26. 瘛

《隨函録》卷14《陰持入經》卷1:"无瘛,音惱,愁皃。"(ZD59-1090b)

27. 嫋

《隨函録》卷14《摩達國王經》卷1:"嫋耶,上奴老反,正作惱。"(ZD59-1099a)

28. 㥏

《隨函録》卷15《摩訶僧祇律》卷32:"憂㥏,音惱。"(ZD59-1113a)

29. 惚

《隨函録》卷19《阿毘達磨俱舍釋論》卷11:"逼惚,音惱。"(ZD60-131b)

30. 㤻

《隨函録》卷20《阿毘曇心論》卷1:"煩㤻,音惱。"(ZD60-149c)

31. 㥢

《隨函録》卷22《那先比丘經》上卷1:"苦㥢,奴老反,正作惱。"(ZD60-230c)

"惱"在《隨函録》中至少有"㛮""惾""瘛""悜""㤻""疤""㾃""熜""痐""悾""愡""㥢""懰""澁""㥺""悾""㾁""慥""悩""浾""垪""偬""㛴""妐""𤸷""惚""瘛""嫋""㥏""惚""㤻"等31個異體,如此豐富,恐怕没有哪部文獻可與之媲美,即使目前收字最多的漢字字典——中國臺灣《異體字字典》"惱"字下也祇收了26個異體。《隨函録》"惱"字異體中有許多不見於大型字書,如"㥏""㾁""疤""悩""慥""悜"等,《隨函録》在俗文字研究方面的價值由此可見一斑。

"惱"的這些異體,從形體上看,大致可以分爲9種類型:從"忄"旁的,如"㥢""㤻""惚""㥏""懰""㥺""悾""慥""悩""㛮""惾""惚""悜""㤻""悾";從"疒"旁的,如"瘛""疤""㾃""痐""瘛""𤸷";從"女"旁的,如"嫋""㛴""妐";從"亻"旁的,如"偬";從"土"旁的,如"垪";從"氵"旁的,如"浾""澁";從"火"旁的,如"熜";從"广"旁的,如"㾁";其他類型,如"愡"。

"惱",本字作"㛴"。《説文·女部》:"㛴,有所恨也,從女,𡿺聲。""惱"爲"㛴"的後起之字,蓋因"㛴"語義上與心理活動有關,故换從"忄"而作"惱"。"惱"産生後得以通行,"㛴"反而罕用。

從形體上看,"㥢""㤻""惚""㥏""懰""㥺""悾""慥""悩""㛮""惾""惚""悜""㤻""悾"等字乃"惱"字訛誤所致,"嫋""㛴""妐"等字則源於"㛴"字之訛。構件"𡿺"形體變化多端,其底下部分常寫作"山""止""心""正"或"心"等,其上部分則多寫爲"勿""刀""匆"或"勹"等,如"㤻""惚""悾""悾""㤻""惚""㛮""惾"等字皆是如此。不過像"悩""慥""㥺""懰""嫋""㛴""妐"等字,除了形體訛誤外,還存在形體類化。如"嫋"字,受"㛴"内部構件"巛"的影響,書寫者將構件"囟"也寫作了"巛"。

“惱”表“煩惱”之義,佛教認爲“煩惱”是一種心病,故俗换旁從“疒”而作“瘤”[①],而“瘛”“痣”“㾖”“瘖”“瘛”“瘥”皆“瘤”字之訛。“廜”形體上從“广”,“广”當爲“疒”之訛。

“悩(惱)”表“煩惱”之義,語義指向人,故俗又换旁從“亻”而作“㑋”[②]。“惚(惱)”在佛經裏常用於“熱惱”一詞中,受“熱”語義上的影響,俗换旁從“火”而作“熜”。也許是“熱”語義又常與流汗相關,“惉(惱)”又换旁從“氵”而作“澁”“浍”。

此外,由於構件“土”與“忄”草寫近似,故“惉(惱)”又可訛作“埅”[③]。“惣”與“惚(惱)”近似,蓋其之訛。

綜上所述,“惱”的31個異體的形體關係可歸納如下:

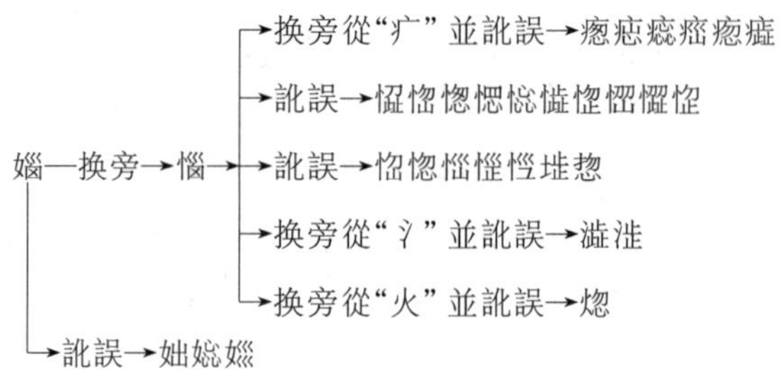

研究漢語俗字不僅要考釋疑難俗字,而且要對常用漢字在形體方面的傳承演變加以研究。《龍龕手鏡》以收集佛經疑難俗字著稱,而《隨函録》不僅收録了大量佛典疑難俗字,而且也收録了數量衆多的普通俗字。許多常用字在《隨函録》中擁有數個甚至數十個不同的形體,這爲我們考察唐五代俗字存在的狀況,進行俗字斷代研究,提供了十分豐富的資料。

---

① “惱”俗作“瘤”,見拙著《龍龕手鏡研究》,湖南師範大學出版社2004年,第347頁。

② 詳細考證見本書中篇“㑋”字條。

③ 詳細考證見本書中篇“埅”字條。

中　篇

《隨函録》俗字彙釋

1. 本書俗字彙釋主要包括以下幾個方面：

(1) 疑難俗字考釋，這些俗字至今未被識讀。

(2) 對前輩時賢辨識過的仍有疑問的俗字進行重考。

(3) 對歷代字書中已識讀但無例證、書證的俗字進行補證。

(4) 對歷代字書漏收的部分罕見俗字進行補録並考釋。

(5) 對因訛誤造成的同形字進行辨析。

(6) 對因文字類化造成的類化俗字進行辨析。

(7) 本書有部分字實際上不是俗字，鑒於尚存疑問，故亦酌情録而考之。

2. 本書俗字考釋努力遵循的原則：

在前人的基礎上力求每一條考釋有一點新的發現，或有些新的證據，或有某種新的證明方法。我們用來參照的著作主要有《康熙字典》《中華大字典》《漢語大字典》《中華字海》《異體字字典》《漢語俗字叢考》《敦煌俗字研究》《漢語俗字研究》《龍龕手鏡研究》《字典考正》等。

3. 書中所列部首及次序主要依《漢語大字典》的部首與次序，部首設置上略有增減，一個條目内有多個字形的，以首個字形作爲歸部依據，其他形體不再在正文中重出，衹在索引中出現。

4. 本書上篇已經詳細考釋過的字，中篇不再論述，衹存條目。

5. 本書所有考釋過的字，均編入書後俗字部首索引。

一部

0001 □、0002 □、0003 □、0004 □

按:"□""□""□""□"等字,大型字典失收,見於《隨函録》,皆"丐"字之訛。

《隨函録》卷 22《法句喻經》卷 1:"乞□,音蓋,求也,正作丐、匄二形。"(ZD60-245a)晉·法炬共法立譯《法句譬喻經》卷 1:"吾爲道士,乞丐自居,不得駡詈,唯望一食耳。"(T04, p578b)"乞□"即"乞丐",其中"□"即"丐"字之訛。

《隨函録》卷 22《法句喻經》卷 3:"乞□,音蓋,正作丐也。乞□,同上。"(ZD60-246c)晉·法炬共法立譯《法句譬喻經》卷 3:"時有長老梵志夫婦二人,於此村中,共行乞丐。"(T04, p592c)晉·法炬共法立譯《法句譬喻經》卷 3:"今者何故復行乞丐?"(T04, p592c)"乞□""乞□"即經文中的"乞丐",其中"□""□"即"丐"字之訛。

《隨函録》卷 22《法句喻經》卷 4:"乞□,音蓋,正作丐也。"(ZD60-248b)晉·法炬共法立譯《法句譬喻經》卷 4:"乞丐原恕,願還治國。"(T04, p607c)"乞□"即"乞丐",其中"□"亦"丐"字之訛。

"丐"字在《隨函録》中還有衆多異體,見下篇"丐"字條。

0005 □

按:"□",大型字典失收,見於《隨函録》,乃"孑"字之訛。

《隨函録》卷 22《雜寶藏經》卷 3:"單□,居列反,獨也,正孑也。"(ZD60-228a)元魏·吉迦夜共曇曜譯《雜寶藏經》卷 3:"貧窮無財失國主,單己苦厄無所依。"(T04, p462b)"單己",宋、元本作"單孑",《一切經音義》也作"單孑"。唐·慧琳《一切經音義》卷 75《雜寶藏經》卷 3 音義:"單孑,堅壹反,孑猶獨也。"(T54, p797b)"單□"即宋、元本《雜寶藏經》中的"單孑",其中"□"即"孑"字之訛。

0006 □、0007 □、0008 □

按:"□""□""□",大型字典失收,見於《隨函録》與佛經,即"牙"字之訛。

《隨函録》卷 21《佛本行讚》卷 5:"六□,音牙。"(ZD60-189a)宋·釋寶雲譯《佛本行經》卷 5:"曾爲白象王,如日甚姝好,六牙甚可愛,弈弈有光明。"(T04, p89c)"六□"即經文中的"六牙",其中"□"即"牙"字之訛。

《隨函録》卷 21《佛本行讚》卷 1:"□長,上五加反,正作□、牙二形。"(ZD60-185c)宋·釋寶雲譯《佛本行經》卷 1:"頭如戴火焰,牙長眼正赤。"(T04, p56c)"□長"即"牙長",其中"□"亦"牙"字之訛。

《隨函録》卷 10《十地經論》卷 3:"□生,上五家反,正作牙。"(ZD59-924c)後魏·菩提流支譯《十地經論》卷 3:"於三界地復有芽生,所謂名色共生。"(T26, p168b)"芽",宋、宫、知本作"牙"。"□生"即宋、宫、知本《十地經論》中的"牙生",其中"□"亦"牙"字之訛。

"牙"字在《隨函録》中還有衆多異體,見下篇"牙"字條。

0009 ⿹丂口

按:“⿹丂口”,大型字典失收,見於《隨函録》,即“孑”字。《隨函録》卷29《廣弘明集》卷2:“屈⿹丂口,上倶勿反,下丁兮反。”(ZD60-545c)《廣弘明集》卷2:“赫連屈局追敗之,道俗少長咸見坑戮。”(T52, p102a)“局”,宋、元、明本作“弖”。“赫連屈局”即“赫連屈孑”,又作“赫連屈丐”“赫連勃勃”。從字形看,“⿹丂口”蓋爲“孑”字。《魏書》卷83:“屈孑,本名勃勃,太宗改其名曰屈孑,屈孑者,卑下也。”“⿹丂口”可洪音“丁兮反”,蓋以爲“氐”。我們(2007:81)曾以“⿹丂口”爲“局”,今改之。

0010 𫝉

《中華字海·一部》(6):“𫝉,同伴。”

按:“𫝉”,見於《隨函録》,乃“扶”字之俗。《隨函録》卷17《鼻奈耶律》卷2:“侍扶,房無反,《川音》作𫝉,非也。”(ZD60-71c)《隨函録》卷15《摩訶僧祇律》卷35:“遥𫝉,音扶,河名也,自前並作遥扶那。”(ZD59-1114b)東晉·佛陀跋陀羅共法顯譯《摩訶僧祇律》卷35:“沙祇國有懸注水,僧伽施國有石蜜水,摩偷羅國有遥扶那水。”(T22, p508c)

“遥𫝉”即經文中的“遥扶”,其中“𫝉”即“扶”字。“𫝉”字産生的原因是内部類化,受“扶”構件“夫”的影響,書寫者將構件“扌”亦寫作了“夫”。形體演變是:扶→内部類化→𫝉。

0011 ⿱亠幸

按:“⿱亠幸”,見於《隨函録》,乃“牽”字之訛。《隨函録》卷20《婆須蜜論》卷8:“⿱亠幸速,上音牽,下音連,並悮。”(ZD60-155b)符秦·僧伽跋澄等譯《尊婆須蜜菩薩所集論》卷8:“又世尊言:‘彼身惡行、口意惡行各相牽速。’云何行相牽速?”(T28, p783a)“牽速”,宋、元、明本作“牽連”。“⿱亠幸速”即“牽速”,其中“⿱亠幸”即“牽”字之訛。此外,根據《隨函録》,“速”字當爲“連”字之訛,“⿱亠幸速”即“牽連”。宋、元、明本《尊婆須蜜菩薩所集論》作“牽連”,是。

0012 ⿱⺊⿱冖⿺乚三

按:“⿱⺊⿱冖⿺乚三”,大型字典失收,見於《隨函録》,乃“瘧”字。《隨函録》卷20《成實論》卷20:“⿱⺊⿱冖⿺乚三病,上魚約反,正作瘧。”(ZD60-162a)姚秦·鳩摩羅什譯《成實論》卷16:“如人瘧病,雖不發時,亦不名爲差。”(T32, p372c)“⿱⺊⿱冖⿺乚三病”即“瘧病”,其中“⿱⺊⿱冖⿺乚三”從形體看乃“虐”,經文中通“瘧”。

0013 ⿰其十

按:“⿰其十”,大型字典失收,見於《隨函録》,乃“斯”字之訛。《隨函録》卷12《增一阿含經》卷26:“⿰其十陁含,上一音斯。”(ZD59-1002b)東晉·瞿曇僧伽提婆譯《增一阿含經》卷26:“爾時斯陀含比丘當思惟此五盛陰時,便成阿那含果。”(T02, p690a)“⿰其十陁含”即“斯陀含”,“⿰其十”即“斯”字之訛。

0014 ⿱⿰圭刀凶

按:“⿱⿰圭刀凶”,大型字典失收,見於《隨函録》,乃“鬶”字之訛。《隨函録》卷20《鞞婆沙論》

卷 3:"鱣魚𠷎,上知連反,下五結反,正作齧。"(ZD60-173a)符秦・僧伽跋澄譯《鞞婆沙論》卷 3:"若受惡慧,如鱣魚齧,失搔摩銜,非斧不離。"(T28, p434c)"魚𠷎"即"魚齧",其中"𠷎"即"齧"字之訛。

0015 𨐨

按:"𨐨",大型字典失收,見於《隨函録》,乃"辯"字之訛。《隨函録》卷 11《百論》卷 1:"帋𨐨,上音紙,下步莧反,正作辯。"(ZD59-952c)唐・玄奘譯《百論》卷 1:"此中四紙辯名字無可傳譯。"(T30, p173c)"帋𨐨"即"紙辯",其中"𨐨"即"辯"字之訛。"辯"字在《隨函録》中還有衆多異體,見下篇"辯"字條。

丨部

0016 𠕋

按:"𠕋",大型字典失收,見於《隨函録》,乃"删(刪)"字。《隨函録》卷 2《勝天王般若》卷 1:"𠕋兜,上先安反,正作删。"(ZD59-586a)陳・月婆首那譯《勝天王般若波羅蜜經》卷 1:"夜摩諸天須夜摩王爲上首,兜率陀天删兜率陀王爲上首。"(T08, p687b)"𠕋兜"即"删兜",其中"𠕋"即"删"字,而"删"與"刪"同。

0017 𧚍

按:"𧚍",大型字典失收,見於《隨函録》,乃"囊"字之訛。《隨函録》卷 9《七佛所説咒經》卷 4:"帝𧚍,奴郎反,正作囊也,《陁羅尼集》作橐,音託,並悮。"(ZD59-880a)《七佛八菩薩所説大陀羅尼神咒經》卷 4:"拂至兜(一)波羅帝囊拂至兜(二)烏晝拂至兜(三)莎呵(四)。"(T21, p561b)"帝𧚍"即"帝囊",其中"𧚍"即"囊"字之訛。

0018 𩧄

按:"𩧄"字,大型字典失收,見於《隨函録》,乃"驥"字之訛。《隨函録》卷 24《開皇三寶録》(《歷代三寶紀》)卷 5:"俊𩧄,音冀。"(ZD60-325b)《歷代三寶紀》卷 5:"然市死馬之骨,以要駿驥,置九九之術,用俟賢才。"(T49, p59a)"俊𩧄"即"駿驥",其中"𩧄"即"驥"字之訛。

丿部

0019 𠩽、0020 永、0021 𠩽

按:"𠩽",大型字典失收,見於《隨函録》,乃"乖"字之訛。《隨函録》卷 21《佛所行讚》卷 4:"神𠩽,音乖。"(ZD60-184a)北涼・曇無讖譯《佛所行讚》卷 4:"命終形神乖,親戚悉別離。"(T04, p38c)"神𠩽"即"神乖",其中"𠩽"即"乖"字之訛。

"乖"又可以作"□""永"。

《隨函録》卷21《佛所行讚》卷2:"自□,音乖。"(ZD60-182a)北涼・曇無讖譯《佛所行讚》卷2:"世間本自乖,暫會恩愛纏。"(T04, p11c)"自□"即"自乖",其中"□"即"乖"字之訛。又《隨函録》卷21《佛所行讚》卷2:"永理,上古懷反,正作乖。"(ZD60-182c)北涼・曇無讖譯《佛所行讚》卷2:"如人隨路行,中道暫相逢,須臾各分析,乖理本自然。"(T04, p17b)"永理"即"乖理",其中"永"亦"乖"字之訛。

"乖"字在《隨函録》中還有衆多異體,見下篇"乖"字條。

0022 □、0023 □

按:"□",大型字典失收,見於《隨函録》,乃"亦"字之訛。《隨函録》卷13《七處三觀經》卷1:"□腐,音父,正作腐。"(ZD59-1045a)後漢・安世高譯《七處三觀經》卷1:"已漬,壁亦腐,椽亦腐,柞亦腐。"(T02, p875c)"□腐"即"亦腐",其中"□"即"亦"字之訛。

又《隨函録》卷13《七處三觀經》卷1:"笮□,上阻革反,屋棧板也,下音亦。"(ZD59-1045a)後漢・安世高譯《七處三觀經》卷1:"若使雨來,柞亦漬,椽亦漬,壁亦漬。"(T02, p875c)"笮□"即"柞亦",其中"□"即"亦"字之訛。

0024 □

按:"□",大型字典失收,見於《隨函録》,乃"羽"字之訛。《隨函録》卷21《佛所行讚》卷4:"載□葆,上都代反,中于矩反,下音保,上正作戴羽也,羽保以纛。"(ZD60-183c)北涼・曇無讖譯《佛所行讚》卷4:"堂堂儀雅容,束身視地行,應戴羽寶蓋,手攬飛龍轡。"(T04, p38a)"載□"即"戴羽",其中"□"即"羽"字之訛。

0025 □、0026 □

按:"□""□",見於《隨函録》,乃"永"字之訛。《隨函録》卷4《如來興顯經》卷4:"□无,上于丙反,正作永。"(ZD59-674b)西晉・竺法護譯《佛説如來興顯經》卷3:"所説度世,遊入於斯,永無住者,是如來音,普入一切衆生之界。"(T10, p611a)"□无"即"永無",其中"□"即"永"字。

《隨函録》卷5《等集衆德三昧經》上卷:"□脱,上于丙反,正作永。"(ZD59-731c)西晉・竺法護譯《等集衆德三昧經》卷2:"何謂爲戒皆能永脱一切塵勞?何謂塵勞罪福所連?"(T12, p981c)"□脱"即"永脱",其中"□"即"永"字。"□"與"□"形體近似,皆"永"字之訛。

0027 □

按:"□",大型字典失收,見於《隨函録》,乃"悸"字之訛。《隨函録》卷7《佛説月光童子經》卷1:"怖□,巨季反,心動也,氣不定也,正作悸、痵。"(ZD59-772c)西晉・竺法護譯《佛説月光童子經》卷1:"群神怖悸,逃走遁藏。"(T14, p816a)《隨函録》"怖□"即《佛説月光童子經》中的"怖悸",其中"□"即"悸"字之訛。

0028 ⿰川真

按：“⿰川真”，大型字典失收，見於《隨函録》，乃“慎”字之訛。《隨函録》卷21《佛所行讚》卷5：“⿰川真莫，上音慎，謹慎也。”(ZD60-184c)北涼・曇無讖譯《佛所行讚》卷5：“汝今欲從我，所聞所知者，於我存亡際，慎莫生憂悲。”(T04, p44c)“⿰川真莫”即“慎莫”，其中“⿰川真”即“慎”字之訛。構件“忄”與“川”近似，“順”或作“愼”，可資比勘。

0029 ⿰月复

按：“⿰月复”，大型字典失收，見於《隨函録》，乃“履”字之訛。《隨函録》卷20《分別功德論》卷4：“⿰月复蓰，上力机反，下所綺反，正作履屣字也，誤。”(ZD60-177b)《分別功德論》卷5：“難陀金色，阿難銀色，衣服光曜，金鏤履屣，執琉璃鉢，入城乞食。”(T25, p47a)《隨函録》“⿰月复蓰”即《分別功德論》的“履屣”，其中“⿰月复”即“履”字之訛。又《隨函録》卷20《分別功德論》卷4：“足⿰月复，音履。”(ZD60-177b)《分別功德論》卷5：“身著金縷織成服飾，足履金薄妙屣。”(T25, p47c)《隨函録》“足⿰月复”即《分別功德論》的“足履”，其中“⿰月复”亦“履”字之訛。

丶部

0030 ⿰高區

按：“⿰高區”，大型字典失收，見於《隨函録》，即“驅”。《隨函録》卷30《廣弘明集》卷28：“長⿰高區，豈俱反，正作駈。”(ZD60-589a)唐・道宣撰《廣弘明集》卷28：“朕心長驅魏趙，掃平燕伐。”(T52, p322a)《隨函録》“長⿰高區”即經文中的“長驅”，其中“⿰高區”即“驅”字之訛。

乙部

0031 ⿱丆夕

按：“⿱丆夕”字，大型字典失收，見於《隨函録》，乃“丐”字之訛。《隨函録》卷2《道行般若經》卷4：“乞⿱丆夕，音蓋，求也，正作丐、匃二形。”(ZD59-581a)“⿱丆夕”與“歹”形體近似，皆“丐”字之訛。請參“歹”字條。

0032 ⿰玄乚、0033 ⿰玄乀

按：“⿰玄乚”“⿰玄乀”，大型字典失收，見於《隨函録》，乃“幻”字之訛。《隨函録》卷20《尊婆須蜜菩薩所集論》卷6：“无⿰玄乚，户辨反，相誑惑也，正作㓜、幻、𠫤三形。”(ZD60-155a)符秦・僧伽跋澄等譯《尊婆須蜜菩薩所集論》卷6：“無姦詐，無幻惑，性質朴，是謂已威儀。”(T28, p765b)《隨函録》“无⿰玄乚”即《尊婆須蜜菩薩所集論》中的“無幻”，其中“⿰玄乚”即“幻”字之訛。

又《隨函録》卷 20《尊婆須蜜菩薩所集論》卷 6:“如⿰玄乚,户辦反。”(ZD60-155a)符秦・僧伽跋澄等譯《尊婆須蜜菩薩所集論》卷 6:“識法如幻者,彼如幻師,無衆生謂有衆生想。”(T28, p768a)《隨函録》“如⿰玄乚”即《尊婆須蜜菩薩所集論》中的“如幻”,其中“⿰玄乚”亦“幻”字之訛。

0034 ⿰永乚、0035 ⿰扌乚

按:“⿰永乚”“⿰扌乚”,大型字典失收,見於《隨函録》,乃“永”字之訛。《隨函録》卷 21《佛所行讚》卷 1:“⿰扌乚離,上爲丙反,下力義反。”(ZD60-181b)北凉・曇無讖譯《佛所行讚》卷 1:“大王今如是,應生歡喜心,以心歡喜故,永離於疑惑。”(T04, p2b)《隨函録》“⿰扌乚離”即《佛所行讚》的“永離”,其中“⿰扌乚”即“永”字之訛。

又《隨函録》卷 21《佛本行讚》卷 6:“⿰永乚不,上爲丙反。”(ZD60-190b)宋・釋寶雲譯《佛本行經》卷 6:“汝爲惡船師,將導入洄澓,長終始迴旋,永不知出路。”(T04, p102a)《隨函録》“⿰永乚不”即《佛本行經》的“永不”,其中“⿰永乚”即“永”字之訛。

0036 ⿰止丁、0037 ⿰正丁、0038 ⿰正乚

按:“⿰止丁”“⿰正丁”“⿰正乚”,大型字典失收,見於《隨函録》,即“丐”字。《隨函録》卷 2《無量清淨平等覺經》卷 2:“乞⿰止丁,音蓋。”(ZD59-606c)《隨函録》卷 6《佛説如來智印經》卷 1:“乞⿰正丁,音蓋。”(ZD59-748c)《隨函録》卷 13《四十二章經》卷 1:“乞⿰正乚,蓋、割二音,求也。”(ZD59-1054a)《龍龕手鏡・乙部》(541):“乢、乢,二音蓋。”“乢”“乢”即“丐”字[①]。“⿰止丁”“⿰正丁”“⿰正乚”與“乢”“乢”形體近似,皆“丐”字之訛。

0039 ⿱丞木

按:“⿱丞木”字,大型字典失收,見於《隨函録》,即“舉”字。《隨函録》卷 25《新譯大方廣佛花嚴經音義》:“必⿱丞木⿱丞木,下二同,居與反,正作舉,草書作⿱丞木。”(ZD60-400c)唐・慧琳《一切經音義》卷 21 所録慧苑《新譯大方廣佛花嚴經音義》卷 12:“驚駭:駭,閑揩反。《廣雅》曰:‘駭,起也。’夫驚者其心必舉,舉起已故驚也。”(T54, p438c)《隨函録》“必⿱丞木⿱丞木”即此“必舉舉”,其中“⿱丞木”即“舉”字。《字彙補・乙部》:“⿱乛木,古文舉字。”“⿱丞木”與“⿱乛木”近似。據《隨函録》,“⿱丞木”乃“舉”草書所致。

0040 ⿺辶丞

按:“⿺辶丞”,大型字典失收,見於《隨函録》,乃“低”字之訛。《隨函録》卷 21《佛所行讚》卷 2:“安⿺辶丞,音低。”(ZD60-182c)北凉・曇無讖譯《佛所行讚》卷 2:“婆私晝牟尼,及與安低疊,山林修梵行,父亦歸本國。”(T04, p18b)《隨函録》“安⿺辶丞”即《佛所行讚》中的“安低”,其中“⿺辶丞”即“低”字之訛。

0041 ⿰台乚、0042 ⿰台乚

按:“⿰台乚”本“始”字,在《隨函録》中乃“乱”字之訛。《隨函録》卷 8《觀佛三昧海經》

① 鄭賢章:《龍龕手鏡研究》,湖南師範大學出版社 2004 年,第 372 頁。

卷7:“乿意,上郎唤反,不理也,煩也,正作乱、亂、敿三形也。”(ZD59-848c)《佛説觀佛三昧海經》卷7:“國土無有毁禁亂意不善之名。”(T15, p682b)“乿意”即“亂意”,其中“乿”即“乱(亂)”字之訛。

又《隨函録》卷8《觀佛三昧海經》卷7:“⿰言乚行,上盧唤反,正作乱。”(ZD59-848c)《佛説觀佛三昧海經》卷7:“爾時彼穴有五羅刹,化作女龍,與毒龍通,龍復降雹,羅刹亂行。”(T15, p679b)“⿰言乚行”即“亂行”,其中“⿰言乚”亦“乱(亂)”字之訛。

0043 ⿰童乳、0044 ⿰重乳

《隨函録》卷13《治禪病秘要法》上卷:“乳⿰童乳,都弄反,乳汁也。”(ZD59-1044a)

按:根據《隨函録》給出的讀音與意義,我們認爲“⿰童乳”即“湩”字。《龍龕手鏡·水部》(233):“湩,都弄反,乳汁也。”“⿰童乳”與“湩”音義皆同。《治禪病秘要法》卷1:“白蓮華上有天童子,手擎乳湩。”(T15, p333c)《隨函録》“乳⿰童乳”,佛經對應之處作“乳湩”,“⿰童乳”即“湩”字。

《隨函録》卷8《摩訶摩耶經》:“乳⿰重乳,都弄反,乳汁也,正作湩也,又竹用、都捧二反。”(ZD59-822c)《隨函録》“乳⿰重乳”,佛經對應之處有版本作“乳湩”,“⿰重乳”亦“湩”字。

“湩”或作“潼”。“⿰童乳”“⿰重乳”蓋“潼(湩)”受上字“乳”的影響,類化從“乳”而成。需要指出的是“潼(湩)”類化時是將整個上字“乳”作爲自己的構件,而不是將上字“乳”的某一部分作爲構件。形體演變是:潼(湩)→乳+潼(湩)→類化→⿰童乳、⿰重乳。

0045 ⿲辛刂辛

按:“⿲辛刂辛”“⿰辡乚”字,大型字典失收,見於《隨函録》,即“辧”字。《隨函録》卷5《悲華經》卷10:“拘⿲辛刂辛,上九愚反,下步莧反,正作⿰辡乚也,鬼名拘⿰辡乚荼,亦云鳩槃荼鬼。”(ZD59-720a)北凉·曇無讖譯《悲華經》卷10:“諸天魔梵、沙門、婆羅門、夜叉、羅刹、龍、乾闥婆、阿修羅、迦樓羅、緊那羅、摩睺羅伽、拘辧荼、餓鬼、毘舍遮人及非人有瞋恚心者,聞是經已,即得清淨柔軟歡喜。”(T03, p233b)“拘⿲辛刂辛”即“拘辧”,其中“⿲辛刂辛”即“辧”字。從形體看,“⿲辛刂辛”乃“辯”,而“辯”與“辧”同。清·桂馥《説文解字義證》:“辯,字或作辧。”

十部

0046 ⿰古用、0047 ⿰古明

《龍龕手鏡·古部》(339):“⿰古朋、⿰古用,《隨函》云:‘誤,合作塴,方蹬反,束棺下之。’”

按:《隨函録》及《續高僧傳》中也有“⿰古朋”字。唐·釋道宣撰《續高僧傳》卷27:“雖明窆葬行者猶希,故掩骼埋胔⿰古朋而瘞也。”(T50, p685b)《隨函録》卷28《續高僧傳》卷27:“⿰古明(⿰古朋)而瘞,上方鄧反,束棺下之也,正作塴、堋二形。下於例反,埋也。”(ZD60-496b)此即《龍龕手鏡》所本。

厂部

0048 [illegible]

按:"[illegible]",大型字典失收,見於《隨函録》,即"廟"字。《隨函録》卷 29《廣弘明集》卷 6:"郊[illegible],音廟,正作庿。"(ZD60-552a)唐・道宣撰《廣弘明集》卷 6:"郊廟之事,多委有司。"(T52, p127c)"郊[illegible]"即經文中的"郊廟",其中"[illegible]"即"廟"字。"廟"或作"庿"①,"[illegible]"即"庿"字之訛。

卜部

0049 [illegible]

按:"[illegible]",大型字典失收,見於《隨函録》,乃"足"字之訛。《隨函録》卷 19《阿毘達磨大毘婆沙論》卷 17:"類[illegible],將玉反,正作足。"(ZD60-110b)唐・玄奘譯《阿毘達磨大毘婆沙論》卷 17:"問:《品類足論》復云何通? 如説云何非心爲因法,乃至廣説?"(T27, p86b)"類[illegible]"即經文中的"類足",其中"[illegible]"即"足"字之訛。

0050 [illegible]

按:"[illegible]",見於《隨函録》,乃"虐"字之訛。《隨函録》卷 13《佛説般泥洹經》上卷:"[illegible]心,上魚約反,酷[illegible]也,毒也,正作虐也。"(ZD59-1019a)《般泥洹經》卷 1:"若欲在官及居位者,不可有貪心,不可侈心,不可憍心,不可虐心,不可快心。去此五者,後無咎悔。"(T01, p178a)"[illegible]心"即《般泥洹經》中的"虐心",其中"[illegible]"即"虐"字之訛。

冂部

0051 [illegible]

按:"[illegible]"字,大型字典失收,見於《隨函録》,乃"曰"字之訛。《隨函録》卷 24《大周刊定録》卷 2:"古品[illegible],音越。"(ZD60-338c)"[illegible]"音"越",與"曰"音同。唐・明佺《大周刊定衆經目録》卷 2:"《古品曰遺日説般若經》一卷。"(T55, p381b)"古品[illegible]"即此"古品曰",其中"[illegible]"即"曰"字之訛。此外,《龍龕手鏡・囗部》(176):"[illegible]、[illegible],于厥反。""[illegible]""[illegible]",我們在《龍龕手鏡研究》(176)中識爲"曰"字,《隨函録》"[illegible]"與它們讀音相同,形體上也近似,可相互爲證。

0052 [illegible]

按:"[illegible]"字,大型字典失收,見於《隨函録》,乃"月"字。《隨函録》卷 24《大周刊定録》

---

① 《説文・广部》:"廟",古文作"庿"。

卷 2:"寶⿵冂出,音月。"(ZD60-338c)唐・明佺《大周刊定衆經目録》卷 2:"右梁武帝世大同三年優禪尼國沙門真諦於寶月寺譯,出《長房録》,與晉世法護譯者少異。"(T55, p382a)《隨函録》"寶⿵冂出"即此"寶月",其中"⿵冂出"即"月"字。形體上,"月"或作"𠥱","⿵冂出"蓋"𠥱"字之變。

0053 ⿵冂容

按:"⿵冂容"字,大型字典失收,見於《隨函録》,即"容"字之訛。《隨函録》卷 25《新譯大方廣佛花嚴經音義》:"含⿵冂容,余封反,正作容,稟受也。書人悞作冂而就裏作容也。"(ZD60-404a)唐・慧琳《一切經音義》卷 23 所録慧苑《新譯大方廣佛花嚴經音義》卷 68:"居士名鞞瑟胝羅,此翻爲纏裹也,或曰包攝,謂現廣大身可以含容國土也。胝字上聲呼之。"(T54, p453b)"含⿵冂容"即此"含容",其中"⿵冂容"即"容"字之訛。

人(亻)部

0054 ⿱人心

按:"⿱人心",大型字典失收,見於《隨函録》,即"企"字之訛。《隨函録》卷 29《廣弘明集》卷 8:"虚⿱人心,丘至反。"(ZD60-554c)唐・道宣撰《廣弘明集》卷 8:"怖以地獄,則使怯者寒心,誘以天堂,則令愚者虚企。"(T52, p141c)《隨函録》"虚⿱人心"即經文中的"虚企",其中"⿱人心"即"企"字之訛。構件"止"因與"心"草寫近似而誤成了"心"。

"⿱人心"《隨函録》音"丘至反",屬於去聲至韻溪母,而"企"《廣韻》音"去智切",屬於去聲寘韻溪母,兩者似乎韻有不同。其實"至""寘"兩韻在《廣韻》中就列爲同用。《隨函録》"至""寘"亦可相混。《隨函録》卷 9《一切功德莊嚴王經》:"目企,去至反。"(ZD59-889c)這裏的"企"音"去至反",就屬於去聲至韻溪母,與"⿱人心"音同。

0055 伕

按:我們在這裏要講的"伕"乃"扶"字。《隨函録》卷 11《大莊嚴論經》卷 2:"還伕,房無反,伕,持也,正作扶,又《玉篇》作方鳩反,郭氏音伏,並非也。"(ZD59-959b)後秦・鳩摩羅什譯《大莊嚴論經》卷 2:"如人因地跌,還扶而得起。"(T04, p263b)《隨函録》"還伕"即《大莊嚴論經》中的"還扶",其中"伕"即"扶"字。"扶"在經文中乃攙扶之義,與人有關,俗故换從"亻"旁而作"伕"。

0056 ⿰亻色

按:"⿰亻色",大型字典失收,見於《隨函録》,乃"危"字之訛。《隨函録》卷 5《大悲分陁利經》卷 7:"⿰亻色脆,上牛爲反,下七歲反。"(ZD59-716b)《大悲分陁利經》卷 7:"此是我善知識,能勸我危脆身令爲堅固。"(T03, p280c)《隨函録》"⿰亻色脆"即《大悲分陁利經》中的"危脆",其中"⿰亻色"即"危"字之訛。

《隨函録》卷 5《悲華經》卷 7:"⿰亻色脆,上牛垂反,下七歲反。"(ZD59-719b)北涼・曇無讖譯《悲華經》卷 6:"爾時衆生專共修集斷常二見,堅著五陰危脆之身,於五欲中深生貪著,常起忿恚怨賊之心欲害衆生。”(T03, p206c)《隨函録》“⿰亻色脆”即《悲華經》中的“危脆”,其中“⿰亻色”亦“危”字之訛。

0057 ⿰亻肙、0058 ⿰亻肙

按:“⿰亻肙”“⿰亻肙”,大型字典失收,見於《隨函録》及佛典,爲“涓”字。《隨函録》卷 24《出三藏記集》卷 7:“⿰亻肙滯,上宜作狷,音絹,褊急也,如《大智度論》作狂狷,應和尚云:‘狂者,進也,取於善道;狷者,守節無爲也。’此序意謂羽化之流不達覺海也。”(ZD60-313a)梁・釋僧祐《出三藏記集》卷 7:“神偉莫美於淩虚,而同之⿰亻肙滯。至德莫大乎真人,而比之朽種。高妙莫大乎世雄,而喻之幻夢。”(T55, p47a)“⿰亻肙”,宋、元、明本作“涓”。後漢・支婁迦讖譯《道行般若經》卷 1 所附道安《道行般若經序》作“同之⿰亻肙滯”(T08, p425a)。

“⿰亻肙”爲何字?《隨函録》以爲是“狷”字,而宋、元、明本《出三藏記集》卷 7 爲“涓”字。推敲佛典文意,我們以爲把“⿰亻肙(⿰亻肙)”當作“涓”較爲合理。集文中“神偉”“至德”“高妙”相關,“淩虚”“真人”“世雄”相關,而“⿰亻肙滯”則與“朽種”“幻夢”相關,據此我們以爲“⿰亻肙滯”意義與佛經中的“涓滴”“涓埃”差不多,用以比喻微小的事物。“涓”作“⿰亻肙(⿰亻肙)”,是因構件“氵”草寫與“亻”近似所致,“渾”俗作“惲”[①],可資比勘。

0059 侕

《集韻・之韻》:“侕,衆多貌,人之切。”

按:我們在這裏要講的“侕”乃“仰”字之訛。《隨函録》卷 16《四分律》卷 52:“侕視,上魚兩反,正作仰。”(ZD60-40c)姚秦・佛陀耶舍共竺佛念等譯《四分律》卷 51:“時彼長者隨從世尊作是念,今此音聲,爲從地出,爲從上來,仰視空中,遥見天曼陀羅華乃至分陀利華及天伎樂住在空中。”(T22, p947b)《隨函録》“侕視”即《四分律》中的“仰視”,其中“侕”即“仰”字之訛。

又《隨函録》卷 21《佛所行讚》卷 4:“感侕,魚兩反,正作仰。”(ZD60-183c)北涼・曇無讖譯《佛所行讚》卷 4:“思惟十功德,十種煩惱滅,甦息作已作,深感仰尊顔。”(T04, p34b)《隨函録》“感侕”即《佛所行讚》的“感仰”,其中“侕”亦“仰”字之訛。

又《隨函録》卷 12《中阿含經》卷 17:“渴侕,牛兩反,正作仰,或作卬也。”(ZD59-991b)東晉・瞿曇僧伽提婆譯《中阿含經》卷 17:“作是念已,便爲尊者婆咎説法,勸發渴仰,成就歡喜,無量方便爲彼説法。”(T01, p536a)《隨函録》“渴侕”即《中阿含經》的“渴仰”,其中“侕”亦“仰”字之訛。

0060 ⿰亻⿺辶王、0061 俇、0062 ⿰月⿺辶王、0063 ⿰月匡、0064 ⿰𧾷⿺辶王、0065 ⿰𧾷匡

按:我們在這裏要講的“俇”“⿰𧾷匡”“⿰月匡”乃“匡”的增旁俗字,意義爲曲脛、跛足。

《隨函録》卷 15《摩訶僧祇律》卷 12:“⿰𧾷⿺辶王脚,上去王反,曲戾也,俗。”(ZD59-1106c)東晉・佛陀跋陀羅共法顯譯《摩訶僧祇律》卷 12:“相貌者,下中上。下者,若言汝是瞎眼、曲脊、跛脚臂。”(T22, p326a)“跛”,宋、元、明、宫本作“⿰𧾷匡”。《隨函録》“⿰𧾷⿺辶王脚”即《摩訶僧祇

① 請參本書中篇“惲”字條。

律》中的“跛脚”，不過“⿰𧾷王”不是“跛”字，祇是意義相同而已。

《隨函録》卷15《摩訶僧祇律》卷19：“徍脚，上丘狂反，曲也，戾也，正作𨂊、軭、框三形也。”(ZD59-1108c)東晉・佛陀跋陀羅共法顯譯《摩訶僧祇律》卷19：“汝曲脊、跛蹇、眼瞎、侹脚、搕(榼)頭、鋸齒，身不具足。”(T22，p378b)“侹”，元、明本作“踁”。

《隨函録》卷15《摩訶僧祇律》卷24：“⿰⺼王脚，上丘王反。”(ZD59-1110b)東晉・佛陀跋陀羅共法顯譯《摩訶僧祇律》卷24：“身分不端正者，眼瞎、僂脊、跛脚、脽脚、齵齒、瓠盧頭。”(T22，p421c)“脽”，宋、元、明、宫、聖本作“匡”。《隨函録》“⿰⺼王脚”即宋、元、明、宫、聖本《摩訶僧祇律》中的“匡脚”，其中“⿰⺼王”即“匡”字。而高麗本《摩訶僧祇律》“脽”乃“⿰⺼王”之訛。

根據佛經，“⿰𧾷王脚”“徍脚”“⿰⺼王脚”意義相同，即跛脚的意思。根據《隨函録》，“⿰𧾷王”音“去王反”，意義爲“曲戾”，這與“匡”音義同。“踁”“侹”“脛”皆應爲“匡”增旁所致。《荀子・正論》：“譬之，是猶傴巫，跛匡，大自以爲有知也。”楊倞注：“匡，讀爲尪，廢疾之人。”“跛匡”同義連文，“匡”即跛義。楊倞注《荀子》以其爲“尪”字之借。《隨函録》以“徍”爲“𨂊”“軭”“框”三字，不妥。

拙著《龍龕手鏡研究》(152)對“侹”“脛”有過論述，不過意義上有别，可參看。

0066 ⿰亻⿱⺈巳

按：“⿰亻⿱⺈巳”，見於《隨函録》，乃“危”字之訛。《隨函録》卷6《大薩遮尼乾子所説經》卷3：“⿰亻⿱⺈巳脆，上魚垂反，下此芮反。”(ZD59-744a)元魏・菩提留支譯《大薩遮尼乾子所説經》卷2：“當知此身甚爲危脆，如焰，如響，如影，如電，如水中月，如鏡中像，如水聚沫，如水上泡。”(T09，p328c)《隨函録》“⿰亻⿱⺈巳脆”即《大薩遮尼乾子所説經》中的“危脆”，其中“⿰亻⿱⺈巳”即“危”字之訛。

0067 俀

按：我們在這裏要講的“俀”乃“係”字之訛。《隨函録》卷21《出曜經》卷4：“俀意，上音計，連縛也。”(ZD60-194b)姚秦・竺佛念譯《出曜經》卷5：“在閑静處思惟止觀，係意不亂。”(T04，p636a)“俀意”即《出曜經》的“係意”，其中“俀”即“係”字之訛。

0068 ⿰亻臽

按：“⿰亻臽”，見於《隨函録》，乃“掐”字之訛。《隨函録》卷20《立世阿毘曇論》卷8：“⿰亻臽嚙，上苦洽反，下五結反，正作掐齧。”(ZD60-164a)陳・真諦譯《佛説立世阿毘曇論》卷8：“復於嶮路，作諸機阱，陷殺衆生，或以爪齒，搯嚙蚤虱。”(T32，p209b)“⿰亻臽嚙”即《佛説立世阿毘曇論》中的“搯嚙”，據《隨函録》，“⿰亻臽”“搯”皆“掐”字之訛。

0069 ⿰亻麦

《龍龕手鏡・人部》(36)：“⿰亻麦，俗；倰，正，音鐙，倰僜，又盧登反，長皃。”

按：我們在這裏要講的“⿰亻麦”乃“陵”字之訛。《隨函録》卷13《生經》卷1：“⿰亻麦侮，上力登反，下文府反。”(ZD59-1058a)西晉・竺法護譯《生經》卷1：“群臣忿怨，俱進諫曰：‘王尊位高,宜與國臣耆舊參議,偏信乞士,遂令悠慢陵侮群職,鄰國聞之,將爲所嗤,以致寇難。'”(T03, p77b)“倰侮”即《生經》中的“陵侮”,其中“倰”即“陵”字。從形體上看,“陵”俗作“⿰阝麦”,構件“夌”俗常寫作“麦”。“陵(⿰阝麦)”蓋受下字“侮”的影響類化從“亻”而作“倰”。

0070 ⿰亻丞、0071 ⿰亻亟

按:“⿰亻丞”“⿰亻亟”,見於《隨函録》,乃“低”字之訛。《隨函録》卷 3《大方等大集經》卷 9:“⿰亻丞語,上丁兮反,正作低。”(ZD59-620b)北涼・曇無讖於姑臧譯《大方等大集經》卷 8:“所謂遠離六十四種惡口之業,麤語、濁語、非時語、妄語、漏語、大語、高語、輕語、破語、不了語、散語、低語、仰語、錯語……”(T13, p51b)“⿰亻丞語”即《大方等大集經》中的“低語”,其中“⿰亻丞”即“低”之訛。

《隨函録》卷 11《大莊嚴論經》卷 8:“⿰亻亟仰,上都兮反,下五郎反,垂舉皃也,正作低昂也。”(ZD59-962b)後秦・鳩摩羅什譯《大莊嚴論經》卷 9:“我今如在秤,低昂墮死處。”(T04, p307a)“⿰亻亟仰”即《大莊嚴論經》中的“低昂”,其中“⿰亻亟”爲“低”字之訛。

0072 ⿰亻劫①

《龍龕手鏡・人部》(38):“⿰亻劫,俗,音劫。”《字彙・人部》:“⿰亻劫,與劫同,見釋典。”《中華字海・人部》(77):“⿰亻劫,同劫,見《字彙》。”

按:由於字書沒有給出例證,“⿰亻劫”同“劫”意義爲何,我們從字書中並不能了解。《隨函録》有此字。《隨函録》卷 5《阿惟越致遮經》中卷:“⿰亻劫賓,上居業反,諸經皆作劫賓那。”(ZD59-729b)西晉・竺法護譯《佛説阿惟越致遮經》卷 2:“于時無數百千比丘,舍利弗、目犍連、須菩提、阿難律、離越、劫賓奴等從坐起,叉手而立。”(T09, p214c)《隨函録》“⿰亻劫賓”即“劫賓”,其中“⿰亻劫”對應的是“劫”字。“⿰亻劫”用同“劫”,衹是一個譯音用字,本身並無實際意義。

0073 ⿰亻戚

按:“⿰亻戚”,大型字典失收,見於《隨函録》,乃“慼”字。《隨函録》卷 21《賢愚經》卷 13:“邑⿰亻戚,倉歷反。”(ZD60-205a)元魏・慧覺等譯《賢愚經》卷 8:“大施聞此,願不從心,甚懷悒慼。”(T04, p406b)《隨函録》“邑⿰亻戚”即《賢愚經》的“悒慼”,其中“⿰亻戚”乃“戚”,與“慼”同。

0074 ⿰亻房

按:“⿰亻房”,見於《隨函録》,乃“仿”字。《隨函録》卷 12《長阿含經》卷 6:“⿰亻房佯,上房,下羊。”(ZD59-981c)後秦・佛陀耶舍共竺佛念譯《長阿含經》卷 6:“爾時世尊於靜室出,在講堂上彷徉經行。時婆悉吒見佛經行,即尋速疾詣婆羅墮。”(T01, p36c)《隨函録》“⿰亻房佯”即《長阿含經》中的“彷徉”。“彷徉”又作“仿佯”,從形體上看,“⿰亻房”當爲“仿”换聲旁或者聲旁繁化所致。據《隨函録》,“⿰亻房”音“房”,韓小荆以“⿰亻房佯”之“⿰亻房”爲“傍”字②,不妥。

---

① 此條我們曾在《漢語疑難俗字例釋》一文中考釋過,見《語言研究》2006 年第 4 期,第 87 頁。

② 韓小荆:《〈可洪音義〉研究》,浙江大學 2007 年博士論文,第 193 頁。

0075 侤

《中華字海・人部》(79):"侤,同企。見玄應《一切經音義》。"

按:"侤"乃譯音字,本無實際意義,乃譯音字"佡(佡)"之訛。《隨函録》卷 6《大灌頂經》卷 2:"目佡(佡),去智反,《經音義》作侤,非也。"(ZD59-749c)東晉・帛尸梨蜜多羅譯《佛説灌頂經》卷 1:"神名闍羅尼鬱佡目佡。"(T21, p496a)"佡",元、明本作"企"。從形體上看,《經音義》"侤"蓋"佡(佡)"字之訛,不過,"佡(佡)"本爲譯音字,無實際意義,衹是音與"企"同罷了。因此,《中華字海》從玄應《一切經音義》以"侤"爲"企"字,不妥。

0076 偑

《漢語大字典・人部》(82)引《廣韻》:"偑,方戎切,地名。"

按:我們要論述的是作爲"佩"俗字的"偑"。《隨函録》卷 3《無言菩薩經》下卷:"懷偑,蒲昧反,正作佩,佩帶也。"(ZD59-650c)根據《隨函録》,"偑"音"蒲昧反",乃"佩"字之訛。又《隨函録》卷 8《觀佛三昧海經》卷 4:"項偑,上户講反,下步妹反,帶也,正作佩。"(ZD59-847c)"偑"亦"佩"之訛。

0077 倱

《漢語大字典・人部》:"倱,人姓。"

按:我們這裏要講的"倱"乃"渾"字之訛。《隨函録》卷 29《弘明集》卷 6:"倱爲,上魂、混二音,清濁不分也,正作渾也,又五昆反,非。"(ZD60-530a)梁・釋僧祐撰《弘明集》卷 5:"内外誠異,渾爲一體。"(T52, p34a)《隨函録》"倱爲"即經文中的"渾爲",其中"倱"即"渾"字之訛。構件"氵"草寫與"亻"近似。這樣一來,大型字典"倱"字下可增添"同渾"的説解。

0078 㝇

《中華字海・亻部》(80):"㝇,同停。"

按:我們這裏要講的"㝇"乃"淳"字。《隨函録》卷 26《大唐西域記》卷 8:"㝇(㝇)質,上市倫反,正作淳也。"(ZD60-411c)唐・玄奘《大唐西域記》卷 8:"有一沙門宿心淳質,乃感夢見往婆羅門而告曰……"(T51, p916a)《隨函録》"㝇質"即經文中的"淳質",其中"㝇"即"淳"字。"淳"可能是因爲其意義爲人的質樸、敦厚,故换旁從"亻"作"㝇(㝇)"。當然也有可能是構件"氵"草寫與"亻"近似所致,請參本書"倱"字條。

0079 㒼

《龍龕手鏡・人部》(29):"㒼,俗,傘,古文,音散,蓋也。"

按:我們在這裏要講的"㒼"乃"繭"字。《隨函録》卷 15《摩訶僧祇律》卷 9:"著㒼,古典反,正作繭、蠒二形。持㒼,同上。"(ZD59-1106a)東晉・佛陀跋陀羅共法顯譯《摩訶僧祇律》卷 9:"即語言:'湯已熱可著繭。'主人欲嗤弄比丘故問言:'尊者,湯實熱可著不?'答言:'實熱可與。'主人即持繭。"(T22, p308a)《隨函録》"著㒼""持㒼"分别爲《摩訶僧祇律》中的"著繭""持繭",其中"㒼"即"繭"字之訛。"㒼"同"㒼"。

0080 ⿰亻舀、0081 ⿰亻出、0082 ⿰亻䍃、0083 ⿰彳出、0084 ⿰亻函、0085 ⿺乏夾

按:“⿰亻舀”“⿰亻䍃”“⿰亻函”,大型字典失收,見於《隨函録》或佛經。《隨函録》卷23《經律異相》卷 49:“⿰亻䍃煞,上苦洽反,爪傷物也,正作掐,亦作⿰亻舀。”(ZD60-282c)梁・僧旻、寶唱等集《經律異相》卷 49:“復次火燒大鐵臼以杵擣之,經歷百年彼以罪緣而命不盡,以臼擣殺蚤虱及⿰亻函殺故也。”(T53, p260b)“⿰亻函”,宋、元、明、宫本作“搯”。“⿰亻䍃煞”“⿰亻函殺”,宋、元、明、宫本《經律異相》作“搯殺”。依《隨函録》,“⿰亻舀”“⿰亻䍃”“⿰亻函”“搯”皆“掐”字。

又《隨函録》卷 20《三法度論》下卷:“⿰彳出殺,上苦洽反,⿰彳出撚爪傷也,正作掐也,下所八反。《經律異相》作⿰亻出,《川音》作⿺乏夾,厚大師以煠字替之,仕洽反,非也。”(ZD60-156c)依《隨函録》,“⿰彳出”“⿰亻出”“⿺乏夾”亦“掐”字。

值得一提的是,《隨函録》“⿰彳出殺”,今《三法度論》作“殗殺”。東晉・瞿曇僧伽提婆譯《三法度論》卷 3:“復次火燒大鐵臼,以杵擣百年,彼以罪緣故命不盡,彼於此間以臼擣殺蚤虱及殗殺故。”(T25, p27c)從經文文義看,當依《隨函録》作“掐殺”爲是。“掐殺”與上文“擣殺”意義相關。

0086 偲

《玉篇・人部》:“偲,思主切,姓也。”

按:我們在這裏要講的“偲”乃“頃”字之訛。《隨函録》卷 21《百喻經》卷 4:“至偲,苦穎反,正作頃,《玉篇》音思,非也。”(ZD60-219b)蕭齊・求那毘地譯《百喻經》卷 4:“醫未至頃,便取服之,腹脹欲死,不能自勝。”(T04, p555b)“至偲”即《百喻經》中的“至頃”,其中“偲”即“頃”字。

此外,“偲”,《隨函録》言“《玉篇》音思”,此處恐有誤。“偲”没有“思”的讀音。今《玉篇・人部》:“偲,思主切,姓也。”“《玉篇》音思”可能爲“《玉篇》音思主反”之誤。

0087 ⿰亻皃、0088 ⿰豸艮

按:“⿰亻皃”“⿰豸艮”,見於《隨函録》,乃“貌”字之訛。《隨函録》卷 21《修行道地經》卷 3:“⿰豸艮絶,上音皃,悶也,《川音》作⿰亻皃,以佷字替之,非也,俗。”(ZD60-213c)《龍龕手鏡・人部》(34):“⿰亻皃,俗,音皃。”根據《龍龕手鏡》及《隨函録》,“⿰豸艮”“⿰亻皃”音“皃”,與“貌”同音,即“貌”字。西晉・竺法護譯《修行道地經》卷 3:“於斯迷怖懅,亦有而悲涕,或愕無所難,又有執兵仗,愁憒躄地者,邈絶不自知。”(T15, p197b)“邈絶”,《一切經音義》作“貌絶”,意義爲“悶絶”。唐・慧琳《一切經音義》卷 75:“貌絶,上音皃。貌絶,經意貌悶無所知。”(T54, p794a)唐・慧琳《一切經音義》卷 73:“悁,借音貌。貌,悶也。”(T54, p779c)根據《隨函録》及《一切經音義》,“⿰豸艮絶”即“貌絶”,其中“⿰豸艮”亦“貌”字。今《修行道地經》作“邈絶”,其義與“貌絶”近似。

0089 ⿰亻曷

按:“⿰亻曷”,大型字典失收,見於《隨函録》,乃“偈”字之訛。《隨函録》卷 21《佛所行讚》卷 4:“説⿰亻曷,音偈。”(ZD60-183b)北涼・曇無讖譯《佛所行讚》卷 4:“如來知彼念,而爲説偈

言。"(T04, p31a)《隨函録》"説偈"即《佛所行讚》的"説偈",其中"偈"即"偈"字之訛。形體上,"渴"作"渴"①,可資比勘。

0090 ⿰亻𡿺、0091 ⿰亻歮②

《龍龕手鏡・人部》(31):"⿰亻𡿺、⿰亻歮,二俗,音惱。"《中華字海・亻部》(84)言"⿰亻𡿺"同"惱"。

《漢語俗字叢考》(59):"我們在前面説過,《龍龕》有以正字爲俗字注音的通例,但更多的情況是注音字僅起注音的作用,而與被注音字的正字無關。……本條'⿰亻𡿺''⿰亻歮'二字原書注音'惱',這個'惱'可能也僅起注音的作用,他們的正字應是'⿰亻惱'。……《字海・補遺》人部引《篇海》,謂'⿰亻歮'同'⿰亻惱'(1761A),是也。'⿰亻𡿺'即'⿰亻歮'的變體,《字海》以爲同'惱',非是。"

按:我們認爲《中華字海》所論並没有錯,"⿰亻𡿺""⿰亻歮"音"惱",即"惱"字之俗。《隨函録》卷13《雜阿含經》:"色⿰亻𡿺,音惱。"(ZD59-1045c)《雜阿含經》卷1:"何等爲色惱如至誠知?"(T02, p499a)"色⿰亻𡿺"即經文中的"色惱",其中"⿰亻𡿺"即"惱"字。

由此可見,《龍龕手鏡》"⿰亻𡿺""⿰亻歮"當爲"⿰亻𡿺(惱)"字。"惱"表"煩惱",乃人之情緒,故俗改"忄"旁爲"人"旁。《叢考》所論不妥。

此外,"⿰亻歮"又可爲"澀"字。《隨函録》卷21《道地經》卷1:"寒⿰亻歮,所立反。"(ZD60-209a)後漢・安世高譯《道地經》卷1:"復一風起名成風,令病者青血肪膏大小便生熟熱寒澀令幹從處卻。"(T15, p233b)唐・慧琳《一切經音義》卷75《道地經》卷1音義:"塞澀,參戢反,《説文》'不滑也',從水從四止,上二止倒書,下二止正書,是澀字之意也,會意字。經文從人三止(⿰亻歮),非也,不成字,書人之誤也。"(T54, p792a)"澀",慧琳所見《道地經》亦作"⿰亻歮"。《隨函録》"寒⿰亻歮"即《道地經》中的"寒澀",其中"⿰亻歮"即"澀"字之訛。

0092 ⿰彳胡

按:"⿰彳胡",大型字典失收,見於《隨函録》,乃"湖"字之訛,在佛經中爲譯音字,無實際意義。《隨函録》卷9《七佛所説咒經》卷1:"⿰彳胡利,上《經音義》作湖,户孤反,《陁羅尼集》作傾,户結反。"(ZD59-878c)《七佛八菩薩所説大陀羅尼神咒經》卷1:"湖利,酩躝力彌,希利彌富旦濘。"(T21, p542b)"湖",宋、元、明、甲本作"⿰彳胡"。"⿰彳胡利"即《七佛八菩薩所説大陀羅尼神咒經》中的"湖利"。其中"⿰彳胡"即"湖"字之訛,當然也有可能是"傾"字之訛,暫依《經音義》、佛經作"湖"。

0093 ⿰舍巨

按:"⿰舍巨",大型字典失收,見於《隨函録》,即"鉅"字之訛。《隨函録》卷29《廣弘明集》卷12:"⿰舍巨鹿,上音巨,正作鉅。"(ZD60-558b)唐・道宣撰《廣弘明集》卷12:"鉅鹿人張角,自稱黄天部師,有三十六將,皆著黄布巾。"(T52, p171b)"⿰舍巨鹿"即經文中的"鉅鹿",其中"⿰舍巨"即"鉅"字之訛。構件"舍"因與"金"近似而誤寫成了"金"。"舒"俗作"舒"③,可資比勘。

---

① 見本書中篇"渴"字條。

② 此字我們曾在《可洪〈隨函録〉與漢語俗字研究》一文中論述過,見《湖南師範大學學報》2007年第1期,第107頁。

③ 《隨函録》卷9《菩薩萬行首楞嚴經》卷2:"舒縮,上音書,申也,正作舒。"(ZD59-866b)

0094 ⿰亻⿱⺈吉

按："⿰亻⿱⺈吉"，大型字典失收，見於《隨函録》，即"儋"字之訛。《隨函録》卷28《續高僧傳》卷21："⿰亻⿱⺈吉食，上都甘反，負也，正作擔、儋二形。"(ZD60-485b)唐·釋道宣撰《續高僧傳》卷21："午後擔食送彼獄囚，往還所經識者開路。"(T50, p608b)"⿰亻⿱⺈吉食"即經文中的"擔食"，其中"⿰亻⿱⺈吉"即"擔"字。"擔"或作"儋"，從形體上看，"⿰亻⿱⺈吉"蓋源於"儋"字之訛。

0095 ⿰亻飢、0096 ⿰亻飢

《龍龕手鏡·人部》(24)："⿰亻飢(⿰亻飢)，俗，音飢。"《中華字海·人部》(88)："⿰亻飢，同飢。見《龍龕》。"無例證。

按："⿰亻飢"，可見於《隨函録》，在佛經中衹是一個譯音字，本無實際意義。《隨函録》卷12《增一阿含經》卷17："拘飢，居梨反，鳥名，拘飢羅也，見別本作⿰亻飢字也，二本並經中自有切腳也。《經音義》以翅字替之，音施。翅，諸經作吉梨、吉氏二反也。"(ZD59-1001a)根據《隨函録》，"拘飢"，有版本作"拘⿰亻飢"。"⿰亻飢"對應的即"飢"字。《隨函録》卷25《一切經音義》卷11："⿰亻飢䳼，上音飢，下音梨，都是飢字切腳也，見兩[①]本作狗飢，一本作拘飢，並經文作居梨反，鳥名，拘⿰亻飢羅也。䳼字是⿰亻飢字韻也，應和尚以拘翅字替之，非也。"(ZD60-367b)"⿰亻飢"，在佛經中衹是一個譯音字，本無實際意義，鄧福禄《字典考正》(10)認爲"不能簡單地説'⿰亻飢'即'飢'字"，是。

0097 ⿰亻習、0098 ⿰亻習

《龍龕手鏡·人部》(39)："⿰亻習，俗，音習。"《中華字海·補遺》(1761)："⿰亻習，義未詳。見《龍龕》。"

按："⿰亻習(⿰亻習)"，見於《隨函録》，乃"習"字。詳細考證見本書上篇第七章"⿰亻習(⿰亻習)"字條。

0099 ⿺廴⿰白壬、0100 ⿺廴⿰豕壬

按："⿺廴⿰白壬""⿺廴⿰豕壬"，大型字典失收，見於《隨函録》，皆"挺"字之訛。《隨函録》卷23《陁羅尼雜集》卷3："⿺廴⿰白壬特，上徒頂反，正作挺。"(ZD60-284c)《陁羅尼雜集》卷3："即得見我大功德天，威顏相貌光明挺特。"(T21, p592b)"⿺廴⿰白壬特"即《陁羅尼雜集》中的"挺特"，其中"⿺廴⿰白壬"即"挺"字之訛。《隨函録》卷23《陁羅尼雜集》卷3："奇⿺廴⿰豕壬，特頂反，正作挺。"(ZD60-284c)《陁羅尼雜集》卷3："三界奇挺人無等雙，移山住流手轉日月。"(T21, p591c)"奇⿺廴⿰豕壬"即《陁羅尼雜集》中的"奇挺"，從字形看，"⿺廴⿰豕壬"即"庭"，經文中通"挺"。

0101 ⿰亻巢

《廣韻·巧韻》："⿰亻巢，⿰亻巢⿰亻巢，長貌。士絞切。"

按：我們在這裏要講的"⿰亻巢"乃"勦"字。《隨函録》卷15《十誦律》卷34："⿰亻巢健，上仕交

---

① 鄧福禄《字典考正》録作"南"字，誤。湖北人民出版社2007年，第9頁。

反，輕揵也，正作勦也，又仕巧反，長皃也，非用。"(ZD59-1122c)後秦・弗若多羅譯《十誦律》卷 34："六群比丘勦健多力不念護戒，即便入舍强捉曳出。"(T23, p245b)《隨函録》"僺健"即《十誦律》中的"勦健"，其中"僺"即"勦"字。"勦"蓋受下字"健"的影響類化换旁從"亻"而作"僺"。

0102 𠌯

《龍龕手鏡・人部》(26)："𠌯，商、的二音。"

按："𠌯"音"商"，在佛經中爲譯音字。《隨函録》卷 13《别譯阿含經》卷 14："𠌯那，上尸羊反，前卷中作'商那'，糞掃納衣是也。"(ZD59-1016c)《别譯雜阿含經》卷 6："佛告迦葉：'汝能受我𠌯那納衣不？'迦葉答言：'我能受之。'"(T02, p418c)鄧福禄《字典考正》(12)以音"商"的"𠌯"爲佛經中的譯音字，是。此外，"𠌯"在《隨函録》中又可爲"僪(讁)"字。《隨函録》卷 25《一切經音義》："作𠌯(𠌯)，音擿。"(ZD60-373b)玄應《一切經音義》卷 14《四分律》卷 18 音義："罰讁，扶發反。……讁，《説文》都革反，罰也。……律文作僪，非也。"《隨函録》"作𠌯"即《一切經音義》"作僪"，"𠌯"即"僪"，而"僪"是"讁"字的换形旁俗字。《龍龕手鏡》"𠌯"音的，蓋亦僪(讁)字，俗以"僪"形體上從"商"故讀爲"商(的)"。

0103 𠍊、0104 𠍊、0105 𠍊

《龍龕手鏡・人部》(25)："𠍊(𠍊)，俗，音兜。"

按："𠍊"，見於《隨函録》，乃"倪"字之訛。《隨函録》卷 6《大灌頂經》卷 3："𠍊提，上五禮反，《經義》作倪提，郭氏作丁侯反。"(ZD59-750a)東晉・帛尸梨蜜多羅譯《佛説灌頂經》卷 2："神名倪提烮和毶，字妙善生，此神主護某眼。"(T21, p499c)《隨函録》"𠍊提"即《佛説灌頂經》中的"倪提"，其中"𠍊"即"倪"字之訛。"𠍊"，《隨函録》引郭氏音"丁侯反"，《龍龕手鏡》"𠍊"的讀音與此同。"𠍊"音"兜"，蓋爲俗讀，俗以形體上從"兜"，故讀爲"兜"。

0106 𠑊

按："𠑊"，大型字典失收，見於《隨函録》，即"愆"字之訛。《隨函録》卷 28《破邪論》上卷："之𠑊，丘乾反。"(ZD60-514a)唐・法琳撰《破邪論》卷 1："若三皇五帝必是大聖，孔丘豈容隱而不説，便有匿聖之愆。"(T52, p477a)《隨函録》"之𠑊"即經文中的"之愆"，其中"𠑊"即"愆"字。"愆"俗可作"㥶"①，"𠑊"與"㥶"形體近似，構件"心"因草體與"止"近似而成了"止"。

0107 𠍤、0108 𠑲、0109 㒔

《龍龕手鏡・人部》(39)："𠍤，俗，音燭。"《中華字海・補遺・亻部》(1761)："𠍤，義未詳。見《龍龕》。"

按："𠍤"，見於《隨函録》，乃"𠑲"字。《隨函録》卷 23《經律異相》卷 50："𠍤儒，上市玉反，矬短也。"(ZD60-284a)梁・僧旻、寶唱等集《經律異相》卷 50："五十曰𠑲儒，獄鬼石岬人

① 《龍龕手鏡・人部》："愆"，俗作"㥶"。中華書局 1985 年，第 22 頁。

頭,此人生時慢心,使父母師長倚,令其兒生言不恭敬。"(T53, p268a)《隨函録》"偊儒"即經文中的"⿰亻屬儒",其中"偊"即"⿰亻屬"。《龍龕手鏡·人部》(37):"儞,獨、蜀二音,儞倲,短醜皃。"《隨函録》"偊"音"市玉反",意義爲"矬短",與音"蜀"的"儞"音同,意義也近似。"偊"即"儞"字之俗。《龍龕手鏡》"偊"音"燭",蓋爲俗讀。俗以"偊(⿰亻屬)"形體上從"属(屬)"得聲,故讀爲"属(與燭音同)"。鄧福禄《字典考正》(13)以"偊"爲"倲"或"儞"之俗,近是。

此外,《經律異相》"五十曰⿰亻屬儒,獄鬼石岬人頭"一語,《大方廣佛華嚴經海印道場十重行願常徧禮懺儀》卷11作"五十曰⿰忄屬懦,獄鬼以石壓人頭"(X74, p198a),其中"⿰忄屬懦"即"⿰亻屬儒"。

0110 ⿰亻貳、0111 ⿰亻貮

《中華字海·人部》(89):"⿰亻貮,同貳。"《龍龕手鏡·人部》(34):"⿰亻貮,俗,女利反,正作膩。"

按:《隨函録》卷14《四願經》卷1:"借⿰亻貳,上子昔反,下他得反,從人求物也,正作貣也,郭氏及《玉篇》作女利反,非。"(ZD59-1091a)吴·支謙譯《佛説四願經》卷1:"盜竊欺人,負債不償,借貸不歸,死後當爲奴婢牛馬。"(T17, p537a)"借⿰亻貳"即《佛説四願經》中的"借貸",其中"⿰亻貳"即"貸"字之訛,可洪以爲"貣",誤。此外,郭氏及《玉篇》"⿰亻貳(⿰亻貮)"音"女利反",即"膩"字,此與《龍龕手鏡》所論同。

0112 ⿰亻毹

按:"⿰亻毹",大型字典失收,見於《隨函録》,乃"毹"字。《隨函録》卷20《解脱道論》卷7:"氍⿰亻毹,上其俱反,下所俱、所愁二反。"(ZD60-167b)梁·僧伽婆羅譯《解脱道論》卷7:"如是花香塗身,衣服莊嚴,眠坐隱囊,枕褥氍毹毾㲪床帳卧具等,種種飲食住止供養。"(T32, p434a)《隨函録》卷20:"氍氀,上其俱反,下生俱反,織毛褥也,下又所求反。"(ZD60-162b)"⿰亻毹"音"所俱、所愁二反",與"氀"音同,形體上,"⿰亻毹"乃"氀"之訛。"氍毹"與"氍氀"義同。

0113 ⿰亻鄭

按:"⿰亻鄭",大型字典失收,見於《隨函録》,即"擲"字。《隨函録》卷26《東夏三寶感通録》下卷:"⿰亻鄭鉢,上持隻反,正作擲。"(ZD60-425b)唐·釋道宣撰《集神州三寶感通録》卷3:"擲鉢空中,極目乃滅。"(T52, p432a)《隨函録》"⿰亻鄭鉢"即經文中的"擲鉢",其中"⿰亻鄭"即"擲"字。

0114 ⿰亻鳥、0115 ⿱⿰亻鳥

按:"⿰亻鳥""⿱⿰亻鳥",大型字典失收,見於《隨函録》,乃"鵂"之訛。《隨函録》卷21《出曜經》卷1:"鵄⿰亻鳥,上赤脂反,下許牛反,正作鵄鵂字。"(ZD60-193a)姚秦·竺佛念譯《出曜經》卷1:"有似炙鴿蛆蟲唼唼,臭穢難近,烏鵲狐狗老鷲鵄鵂噉死人屍。"(T04, p612b)"鵄⿰亻鳥"即《出曜經》的"鵄鵂",其中"⿰亻鳥"即"鵂"字之訛。

《隨函録》卷21《出曜經》卷9:"鵄⿱⿰亻鳥,上失之反,下許牛反,正作鵂。"(ZD60-196c)姚

秦・竺佛念譯《出曜經》卷 13:"或事山鳥禿梟鴟鵂,或事獐鹿雞狗蛇蚖。"(T04, p682b)"鵄⿱休鳥"即《出曜經》的"鴟鵂",其中"⿱休鳥"亦"鵂"字之訛。

0116 ⿱人鹵

按:"⿱人鹵"字,大型字典失收,見於《隨函録》,即"鹵"字。《隨函録》卷 5《悲華經》卷 7:"監⿱人鹵,上羊廉反,下郎古反,正作鹽鹵也。上又宜作鹼,音減。"(ZD59-719b)北涼・曇無讖譯《悲華經》卷 6:"娑婆世界,其地多有鹹苦、鹽鹵、土沙、礫石、山陵、堆阜、溪穀、溝壑。"(T03, p207a)《隨函録》"監⿱人鹵"即"鹽鹵",其中"⿱人鹵"即"鹵"字。

0117 ⿰亻感

按:"慼(⿰亻感)",見於《隨函録》,乃"慼"字。《隨函録》卷 21《修行道地經》卷 2:"憂慼,倉歷反。"(ZD60-213a)西晉・竺法護譯《修行道地經》卷 2:"得小利入大用歡喜,忘失小小而甚憂慼。"(T15, p192c)"憂慼"即《修行道地經》中的"憂慼",其中"慼"即"慼"字。從形體上看,"慼"蓋"慼"的增旁俗體。

此外,《隨函録》卷 21《修行道地經》卷 2:"親⿰亻慼,七歷反。"(ZD59-821b)"⿰亻慼(⿰亻感)"乃"慼",經文中通"戚"。

八(丷)部

0118 ⿰半半[①]

按:"⿰半半",大型字典失收,見於《隨函録》,即"粄"字。《隨函録》卷 28《辯正論》卷 2:"蜜⿰半半,博管反,屑米餅也,正作粄、料、飰三形也。"(ZD60-502c)唐・法琳撰《辯正論》卷 2:"備列珍奇,廣班綾綵,多用蒸魚、鹿脯、黄白蜜粄、清酒、雜果、鹽豉、油米等。"(T52, p500a)《隨函録》"蜜⿰半半"即經文中的"蜜粄",其中"⿰半半"即"粄"字。

又《隨函録》卷 20《解脱道論》卷 2:"痲⿰半半,布滿反,米粉餅有豆,考關西呼豆摩子,山東呼爲豆⿰半半子也,鄜延呼爲胡餻也,作粄、料、飰三形也。"(ZD60-165c)梁・僧伽婆羅譯《解脱道論》卷 2:"不飲乳酪,不食麻粹,不觸肴肉,不住屋中,不安缽器。"(T32, p405c)"麻粹",宋、元、明、宫本作"麻料"。《隨函録》"痲⿰半半"即宋、元、明、宫本作《解脱道論》中的"麻料",其中"⿰半半"即"料"字之訛。

"粄"或作"料""飰"。《廣韻・緩韻》:"料,粄同。"《中華字海・米部》(1292):"粄,同飰。見《集韻》。""⿰半半"字産生的原因是内部類化,受"料"或"飰"構件"半"的影響,書寫者將構件"米"或"食"亦寫作了"半"。

0119 ⿰牜角、0120 ⿰牜畓、0121 犕

按:"⿰牜畓",大型字典失收,見於《隨函録》,乃"犛"字之訛。《隨函録》卷 21《僧伽羅刹所

① 此條我們曾在《漢語疑難俗字例釋》一文中考釋過,見《語言研究》2006 年第 4 期,第 86 頁。

集經》卷 4:“犛牛,上莫交反,牛名也,正作貓、犛二形也,自前皆作貓也。《川音》作犕,音備,《江西音》作犓,奄、觸三(二)音,並非也。”(ZD60-217c)符秦・僧伽跋澄等譯《僧伽羅刹所集經》卷 2:“著師子皮,著象皮,著犛牛皮。”(T04, p135b)《隨函録》“犛牛”即《僧伽羅刹所集經》中的“犛牛”,其中“犛”即“犛”字之訛。“犛”或作“犛”①,“犛”蓋“犛”之訛。“犕”音“備”,蓋爲“犕”。“犓”音“奄、觸二音”,蓋爲“犓”。

0122 䫐、0123 頭

按:“䫐”,大型字典失收,見於《隨函録》,乃“願”字之訛。《隨函録》卷 1《大般若經》第 43 帙:“所䫐,魚勸反,欲也,念也,正作願、顔二形也。”(ZD59-558c)《廣韻・願韻》:“願,欲也,每也,念也,思也,魚怨切。”“䫐”與“願”音義相同。“䫐”即“願”字。《隨函録》卷 3《大方廣佛花嚴經》卷 20:“悲頭,魚勸反,欲也,每也,念也,思也,誤。”(ZD59-655a)《大方廣佛花嚴經》卷 27:“以悲願力,勤行種種難行苦行,普斷一切衆生煩惱。”(T10, p784c)《隨函録》“悲頭”即《大方廣佛花嚴經》中的“悲願”,其中“頭”即“願”字。“頭”字産生的原因是内部類化,受“願”構件“頁”的影響,書寫者將構件“原”亦寫作了“頁”。

“䫐”與“頭”形體近似,很顯然“䫐”乃“頭”進一步訛誤所致。形體演變如下:願→内部類化→頭→訛誤→䫐。

勹部

0124 句、0125 匃

按:我們這裏要講的“句”“匃”乃“匄(丐)”字。《隨函録》卷 2《鬱伽羅越問菩薩行經》卷 1:“乞匃,音蓋。”(ZD59-612a)《隨函録》卷 13《佛説義足經》:“行句,蓋、割二音。”(ZD59-1061a)吴・支謙譯《佛説義足經》:“悉斷四飯本,哀世故行丐。”(T04, p187a)《隨函録》“行句”即《佛説義足經》中的“行丐”,其中“句”即“丐”字。從形體上看,“丐”或作“匄”,“匄”“匃”皆源於“匄”字之訛。“丐”字在《隨函録》中還有衆多異體,見下篇“丐”字條。

0126 ⿰勺勺

按:“⿰勺勺”,大型字典失收,見於《隨函録》,乃“卵”字之訛。《隨函録》卷 21《賢愚經》卷 8:“二⿰勺勺,郎管反,鳥駘也,正作卵也。《大智度論》云:‘毗舍佉母卅二卵,卵生卅二男,皆爲勇士。’是也。又字體似昫,音瞿,脯名也,非用。《經律異相》云:‘梨者彌第七兒婦生卵。’是也。誤。”(ZD60-203b)元魏・慧覺等譯《賢愚經》卷 7:“復經少時,兒婦懷妊,日月已滿,生三十二卵,其一卵中,出一男兒。”(T04, p400c)《隨函録》“二⿰勺勺”即《賢愚經》的“二卵”,其中“⿰勺勺”即“卵”字之訛。

0127 ⿰身可

按:“⿰身可”,大型字典失收,見於《隨函録》,即“㓃”字。《隨函録》卷 7《不空罥索神变真

① 見《龍龕手鏡・牛部》“犛”字條,中華書局 1985 年,第 114 頁。

言經》卷 27:"曲⿰身句,居雄反,正作躹。"(ZD59-788a)唐·菩提流志譯《不空罥索神變真言經》卷 27:"大然頂藥叉王,面極瞋怒,身紫黑色,首髮赤豎,曲躬長跪,二手當胸,握持曲刀鉞斧。"(T20, p378b)《隨函録》"曲⿰身句"即此"曲躬"。"曲躬"一詞,文獻中多見。漢·王符《潛夫論·本政》:"而欲使志義之士匍匐曲躬以事己,毀顏諂諛以求親,然後乃保持之。"《北史·郭祚傳》:"於時領軍于忠恃寵驕恣,崔光之徒,曲躬承接。"《隨函録》以"⿰身句"爲"躹"字,從形體上看,是。"⿰身句"本爲"躹"字,在佛經中乃"躬"字之借。

几部

0128 ⿱耂几

《龍龕手鏡·老部》(338):"⿱耂几,俗;耈,正,常句反,老人行皃也。"

按:我們這裏要講的"⿱耂几"乃"虐"字之訛。《隨函録》卷 29《廣弘明集》卷 11:"⿱耂几政,上魚約反,酷也,正作虐也。郭迻音樹,非也。"(ZD60-556c)唐·道宣撰《廣弘明集》卷 11:"若言帝王無佛則大治年長,有佛則虐政祚短者,案堯舜獨治不及子孫,夏殷周秦王政數改,蕭牆内起逆亂相尋,爾時無佛何因運短?"(T52, p161c)《隨函録》"⿱耂几政"即經文中的"虐政",其中"⿱耂几"即"虐"字之訛。另外,"⿱耂几"郭迻音"樹",與《龍龕手鏡》音"常句反"同,即"耈"字。這樣一來,大型字典"⿱耂几"字下可增添"同虐"的説解。

0129 ⿺几夾

按:"⿺几夾",大型字典失收,見於《隨函録》,乃"狹(陜)"字之訛。《隨函録》卷 11《瑜伽師地論》卷 14:"⿺几夾劣,上户夾反,下作陿、狹。"(ZD59-934b)唐·玄奘譯《瑜伽師地論》卷 14:"又有七種魔惑品力:一憎嫉聖教,二現行能往惡趣惡行,……六慳垢弊心,積集衆具,七智慧陜劣,愚癡增廣。"(T30, p354b)《隨函録》"⿺几夾劣"即《瑜伽師地論》中的"陜劣",其中"⿺几夾"即"陜"字。"陜"與"狹"同。

亠部

0130 ⿱亠巿

《中華字海·亠部》(133):"⿱亠巿,同亦。"

按:我們這裏要講的"⿱亠巿"乃"來"字之異體。《隨函録》卷 30《廣弘明集》卷 24:"⿱亠巿儀,上音來,至也,及也,正作來。篆書作⿱亠㣇也。"(ZD60-582c)唐·道宣撰《廣弘明集》卷 24:"是以不遠瀟湘來儀汚陸,植杖龍泉仍爲精舍。"(T52, p279c)《隨函録》"⿱亠巿儀"即經文中的"來儀",其中"⿱亠巿"即"來"字。"來"篆書作"朿","⿱亠巿""⿱亠㣇"可能皆其楷定形體。

0131 ⿱亠至

按:"⿱亠至",大型字典失收,見於《隨函録》,乃"臺"字。《隨函録》卷 13《波斯匿王太后崩塵土坌身經》卷 1:"⿳亠口至閣,上徒來反。"(ZD59-1038a)西晉・法炬譯《佛説波斯匿王太后崩塵土坌身經》卷 1:"譬如大土阜藁積薪積以火往燒,大叢林若臺閣舍,此亦如是。"(T02, p545c24)《隨函録》"⿳亠口至閣"即《佛説波斯匿王太后崩塵土坌身經》中的"臺閣",其中"⿳亠口至"即"臺"字。"臺"或作"臺","⿳亠口至"蓋是受"臺""臺"交互影響所致。

冫部

0132 净

按:"净",見於《隨函録》,乃"淨"字之訛。《隨函録》卷 2《聖善住意天子所問經》上卷:"割净,今作淨,古文作瀞,同,疾性反,淨潔無穢也。栢梯經云自割淨身肉。"(ZD59-614c)元魏・毘目智仙共般若流支譯《聖善住意天子所問經》卷 1:"世尊於往昔,一鳥來歸依,自割淨身肉,彎彎秤稱之。"(T12, p118a)《隨函録》"割净"即《聖善住意天子所問經》中的"割淨",其中"净"即"淨"字。

0133 ⿰冫莤

按:"⿰冫莤"見於《隨函録》,乃"滿"字之訛。《隨函録》卷 2《慧上菩薩問大善權經》卷 2:"未⿰冫莤,莫管反,盈也,正作滿也,郭氏音囙,非。"(ZD59-615c)西晉・竺法護譯《慧上菩薩問大善權經》卷 2:"此諸學志德本未滿,設吾今歎迦葉如來道之功德,毁諸異學族姓子等,便當愕住必不俱行。"(T12, p162a)《隨函録》"未⿰冫莤"即《慧上菩薩問大善權經》中的"未滿",其中"⿰冫莤"即"滿"字之訛。"⿰冫莤",郭氏音"囙",蓋以"⿰冫莤"爲"洇"字。

0134 ⿰冫⿰丬或、0135 减

按:"⿰冫⿰丬或""减",大型字典失收,見於《隨函録》,乃"藏"字之訛。《隨函録》卷 4《等目菩薩所問三昧經》卷 1:"去⿰冫⿰丬或,自浪反,正作藏、臟二形也,出《經音義》。"(ZD59-675a)西晉・竺法護譯《等目菩薩所問三昧經》卷 1:"五名過去藏之清淨,六名照明慧藏。"(T10, p576c)《隨函録》"去⿰冫⿰丬或"即《等目菩薩所問三昧經》中的"去藏",其中"⿰冫⿰丬或"即"藏"字之訛。《隨函録》卷 4《等目菩薩所問三昧經》卷 1:"之减,同上。"(ZD59-675a)西晉・竺法護譯《等目菩薩所問三昧經》卷 1:"爲達衆生所入,爲致無疑之藏,爲入法界要行。"(T10, p576c)"之减"即"之藏",其中"减"亦"藏"字之訛。

冖部

0136 ⿱冖文

按:"⿱冖文",見於《隨函録》,乃"罔"字。《隨函録》卷 4《等目菩薩所問三昧經》上卷:"⿱冖文制,上音網,無也,正作冈。"(ZD59-675a)西晉・竺法護譯《等目菩薩所問三昧經》卷 2:"九者無惑法説,能普法雨,罔制諸情,於行無行,於普智行,使立佛道。"(T10, p581a)《隨函録》

"⿱冖天制"即《等目菩薩所問三昧經》中的"罔制"，其中"⿱冖天"即"罔"字之訛。

0137 冤

按："冤"，大型字典失收，見於《隨函録》，即"冕"字。《隨函録》卷 29《弘明集》卷 7："衮冤，上古本反，龍衮，天子衣也。……下音免，冠也。"(ZD60-532b)梁・釋僧祐撰《弘明集》卷 7："達者尚復以形骸爲逆旅，衮冕豈足論哉。"(T52, p43b)"衮冤"即"衮冕"，其中"冤"即"冕"字之訛。

又《隨函録》卷 26《大慈恩寺法師傳》卷 8："冠冤，上音官，下音免。"(ZD60-438b)《大唐大慈恩寺三藏法師傳》卷 8："玄奘法師者，寔真如之冠冕也。"(T50, p267a)"冠冤"即"冠冕"，其中"冤"亦即"冕"字之訛。形體上看，"冤"與"冕"的異體"寃"①近似。

卩部

0138 却、0139 邙

按："却""邙"乃"印"字之訛。《隨函録》卷 24《古今譯經圖紀》卷 4："西却，因信反，悞。"(ZD60-337b)"却"音"因信反"，與"印"音同。唐・釋靖邁《古今譯經圖紀》卷 4："沙門波羅末陀，此言真諦，亦云拘那羅陀，此曰親依，西印度優禪尼國人。"(T55, p364c)《隨函録》"西却"即此文中的"西印"，其中"却"即"印"字之訛。

又《隨函録》卷 24《古今譯經圖紀》卷 4："南邙，一進反，又亡、忙二音，非也。"(ZD60-337c)唐・釋靖邁《古今譯經圖紀》卷 4："優婆塞瞿曇般若留，此云智希，南印度波羅奈城人。"(T55, p365a)《隨函録》"南邙"即此文中的"南印"，其中"邙"亦"印"字之訛。"邙"，可洪又音"亡、忙二音"，别爲他字，即"邙"。

"印"字在《隨函録》中還有衆多異體，見下篇"印"字條。

0140 ⿰阝含、0141 ⿰阝合

按："⿰阝含"，見於《隨函録》，即"陰"之訛。《隨函録》卷 30《廣弘明集》卷 27："⿰阝含牆，上於今反，下自羊反。"(ZD60-587c)唐・道宣撰《廣弘明集》卷 27："冥津殊復曉，高聽亦能卑。陰牆雖兩密，幽夜有四知。"(T52, p311c)《隨函録》"⿰阝含牆"即經文中的"陰牆"，其中"⿰阝含"即"陰"字之訛。又《隨函録》卷 16《根本毗奈耶雜事》卷 34："⿰阝含乾，上於禁反。"(ZD60-16c)《根本説一切有部毘奈耶雜事》卷 34："即取新衣陰乾故衣日曝，又轉乾衣日曝濕者陰乾。"(T24, p377a)《隨函録》"⿰阝含乾"即經文中的"陰乾"，其中"⿰阝含"亦"陰"字之訛。

附：《中華字海・阝部》："⿰阝合，音 jiē，義未詳。見《篇海》。"此"⿰阝合"與上述"⿰阝含"不同，根據其讀音，是不是"階"字之訛呢？存疑。

0142 ⿰阝印

按："⿰阝印"，大型字典失收，見於《隨函録》，乃"御"字。《隨函録》卷 4《大般涅槃經》

① 見本書下篇"冕"字條。

卷 18:“⿰阝卸者,上牛去反,正作御。”(ZD59-684a)北涼・曇無讖譯《大般涅槃經》卷 18:“如御馬者凡有四種:一者觸毛,二者觸皮,三者觸肉,四者觸骨。隨其所觸稱御者意,如來亦爾。”(T12, p469b)《隨函録》“⿰阝卸者”即《大般涅槃經》中的“御者”,其中“⿰阝卸”即“御”字。

0143 ⿰阝旁

按:“⿰阝旁”字,見於《隨函録》,乃“牓”字之訛。《隨函録》卷 24《大唐内典録》卷 8:“籤⿰阝旁,上七廉反。”(ZD60-335c)唐・釋氏撰《大唐内典録》卷 10:“帙軸籤牓,標顯名目,須便抽撿,絶於紛亂。”(T55, p302b)《隨函録》“籤⿰阝旁”即此文中的“籤牓”,其中“⿰阝旁”即“牓”字之訛。此外,大型字典中收有“⿰阝旁”字,與我們論述的“⿰阝旁”不同。

0144 ⿰阝⿱耳斤、0145 ⿰阝聶、0146 ⿰阝⿱耳氺

《龍龕手鏡・阜部》(298):“⿰阝⿱耳氺,俗,而涉反,又新經作隔字。”

按:《漢語俗字叢考》(132)“⿰阝聶”字條認爲“⿰阝聶”“⿰阝⿱耳氺”皆爲“隔”字之誤,此論是。《龍龕手鏡》言“⿰阝⿱耳氺”又“新經作隔字”,即表明了佛經中“⿰阝⿱耳氺”“隔”互爲異文的情況。問題是《龍龕手鏡》“⿰阝⿱耳氺”音“而涉反”,顯然與“隔”的讀音不同,這又是怎麽回事呢?《漢語俗字叢考》(131)“⿰阝聶”字條中也對此感到疑惑,並言“俟再考”。我們從《隨函録》中發現了“⿰阝⿱耳氺(⿰阝聶)”爲什麽讀“而涉反”。

《隨函録》卷 24《出三藏記集》卷 15:“悠⿰阝⿱耳斤,上余修反,下古厄反,正作隔也。《川音》云同攝,非也。郭氏音垂,又而涉反,並非也。”(ZD60-321a)“悠⿰阝⿱耳斤”,對應刻本佛經作“悠⿰阝聶”或“悠隔”。梁・釋僧祐《出三藏記集》卷 15:“雖晨祈云同,夕歸悠⿰阝聶,即我師友之眷,良可悲矣,是以慨焉。”(T55, p109c)“悠⿰阝聶”,宋、元、明本作“悠隔”。《隨函録》“悠⿰阝⿱耳斤”即宋、元、明本《出三藏記集》中的“悠隔”,其中“⿰阝⿱耳斤”即“隔”字。

又《隨函録》卷 6《六度集經》卷 6:“⿰阝⿱耳斤以,上古厄反,礙也,正作隔也。又郭氏作而涉反,又音垂,並非。”(ZD59-766c)吴・康僧會譯《六度集經》卷 6:“其國王城去山不遠,隔以小水。”(T03, p32b)“⿰阝⿱耳斤以”即《六度集經》中的“隔以”,其中“⿰阝⿱耳斤”即“隔”字。

根據《隨函録》,“⿰阝⿱耳斤(⿰阝聶)”本音“古厄反”,是郭氏注了“而涉反”一音。“⿰阝⿱耳斤(⿰阝聶)”爲什麽能注音爲“而涉反”呢?我們認爲由於“⿰阝⿱耳斤(⿰阝聶)”從“聶”得聲,而從“聶”得聲的“囁”“讘”“顳”(見《廣韻・叶韻》而涉切)皆可讀“而涉反”,故俗亦以“而涉反”讀“⿰阝⿱耳斤(⿰阝聶)”字。“⿰阝⿱耳斤(⿰阝聶)”音“而涉反”當爲其俗讀。

此外,“⿰阝⿱耳斤”還可以是“躡”字。《隨函録》卷 24《大唐内典録》卷 2:“跨⿰阝⿱耳斤(⿰阝聶),上苦化反,下女輒反,正作躡。《長房録》作跨躡也。下又郭氏音垂,又而涉反,並非也。”(T55, p227b)唐・釋氏撰《大唐内典録》卷 2:“跨躡閩越,都邑斗牛,封授諸侯,建立年號。”(T55, p227b)《隨函録》“跨⿰阝⿱耳斤(⿰阝聶)”即此文中的“跨躡”,其中“⿰阝⿱耳斤(⿰阝聶)”即“躡”字之訛。非也。”

刀(⺈、刂)部

0147 ⿰弓刂

按:“⿰弓刂”,大型字典失收,見於《隨函録》,即“别”字之訛。

《隨函録》卷29《廣弘明集》卷13:“刋亐,上音别,下音号,《辯正論》作别号。”(ZD60-561b)唐・道宣撰《廣弘明集》卷13:“故有男官女官之兩名,係師嗣師之别號。”(T52, p185b)《隨函録》“刋亐”即經文中的“别號”,其中“刋”即“别”字之訛。

0148 ⿰工刀

按:“⿰工刀”,大型字典失收,見於《隨函録》,乃“丐”字之訛。《隨函録》卷22《阿育王傳》卷3:“乞⿰工刀,音蓋,求也,正作丐、匄二形也。”(ZD60-238c)西晉・安法欽譯《阿育王傳》卷3:“諸有老病死亡憂苦乞丐之徒,約敕國界使遠道側。”(T50, p108b)《隨函録》“乞⿰工刀”即《阿育王傳》中的“乞丐”,其中“⿰工刀”即“丐”字之訛。

0149 ⿰幺刂、0150 ⿰糸刂

按:“⿰幺刂”“⿰糸刂”,見於《隨函録》,皆“幻”字之訛。《隨函録》卷21《修行道地經》卷1:“⿰幺刂蛊,上胡辨反,下公五反,正作幻蛊也。”(ZD60-211c)西晉・竺法護譯《修行道地經》卷1:“正使合會此上諸醫及幻蠱道并巫咒説,不能使差令不終亡。”(T15, p185b)《隨函録》“⿰幺刂蛊”即《修行道地經》中的“幻蠱”,其中“⿰幺刂”即“幻”字之訛。

又《隨函録》卷5《大悲分陁利經》卷5:“⿰糸刂僞,上户辨反,正作幻也。”(ZD59-716a)《大悲分陁利經》卷5:“有無量阿僧祇求大乘菩薩不諂曲不幻僞端直者,令彼菩薩以一句音得八萬四千法門。”(T03, p269b)《隨函録》“⿰糸刂僞”即《大悲分陁利經》中的“幻僞”,其中“⿰糸刂”即“幻”字之訛。

又《隨函録》卷6《入楞伽經》卷10:“空⿰糸刂,音幻。”(ZD59-741c)元魏・菩提留支譯《入楞伽經》卷10:“無體亦無生,如空幻無垢。”(T16, p580a)《隨函録》“空⿰糸刂”即《入楞伽經》中的“空幻”,其中“⿰糸刂”亦“幻”字之訛。

0151 ⿺乚臽

按:“⿺乚臽”,大型字典失收,見於《隨函録》,乃“函”字之訛。《隨函録》卷22《雜寶藏經》卷1:“⿺乚臽裏,上胡緘反,下力耳反,正作函裏。”(ZD60-227b)元魏・吉迦夜共曇曜譯《雜寶藏經》卷1:“取千葉蓮華,盛著檻裏,擲於河中。”(T04, p452c)“檻”,宋、元、明本作“函”。《隨函録》“⿺乚臽裏”即宋、元、明本《雜寶藏經》中的“函裏”,其中“⿺乚臽”即“函”字之訛。

0152 ⿰旲刂

按:“⿰旲刂”字,大型字典失收,見於《隨函録》,乃“剗”字。《隨函録》卷24《出三藏記集》卷7:“⿰旲刂削,上音剗,初眼反。”(ZD60-313b)梁・釋僧祐《出三藏記集》卷7:“叔蘭爲譯言,少事約⿰旲刂削復重事。”(T55, p48a)據《隨函録》,“⿰旲刂”音“剗”,可洪即把“⿰旲刂”當作了“剗”。《龍龕手鏡・刀部》(97):“刬,俗;剗,正,初簡反,削也,與鏟亦同。”形體上,“⿰旲刂”與“剗”的俗體“刬”近似。

0153 ⿺乚危

按:“⿺乚危”,見於《隨函録》,乃“俛”字之訛。《隨函録》卷22《阿育王傳》卷6:“⿺乚危仰,上

音免,正作俛。"(ZD60-239b)西晉・安法欽譯《阿育王傳》卷6:"不欲吐之,俛仰而言。"(T05, p123a)《隨函録》"⿱危乚仰"即經文中的"俛仰",其中"⿱危乚"即"俛"字之訛。

0154 ⿰希刂

《中華字海・刂部》(53):"⿰希刂,同郄。見《龍龕》。"

按:《龍龕手鏡・刀部》(96):"⿰希刂,舊藏作郗,音丑脂反。""⿰希刂"在《龍龕手鏡》音"丑脂反",屬徹母脂韻平聲,乃"郗"字之訛,"郄"在《廣韻》中音"綺戟切",屬溪母陌韻入聲,與"⿰希刂"音不同,《中華字海》以"⿰希刂"爲"郄"字,誤。"⿰希刂"同"郗",《隨函録》中也有確證。《隨函録》卷30《廣弘明集》卷18:"⿰希刂超,上丑夷反,正作郗。"(ZD60-570a)唐・道宣撰《廣弘明集》卷18:"且王導周顗宰輔之冠蓋,王濛謝尚人倫之羽儀,次則郗超王謐劉璆謝客等。"(T52, p231a)《隨函録》"⿰希刂超"即經文中的"郗超",其中"⿰希刂"即"郗"字之訛。"⿰希刂"同"郗"在《廣弘明集》中是指姓氏。

0155 ⿰采刂

按:"⿰采刂",見於《隨函録》,乃"彩"字之訛。《隨函録》卷29《廣弘明集》卷13:"瑞⿰采刂,音采,正作彩也。"(ZD60-560a)唐・道宣撰《廣弘明集》卷13:"神光導於湘水,瑞彩發於檀溪。"(T52, p181b)《隨函録》"瑞⿰采刂"即經文中的"瑞彩",其中"⿰采刂"即"彩"字之訛。

0156 ⿰来刂

《中華字海・刂部》(53):"⿰来刂,同剺,見《龍龕》。"

按:我們這裏要講的"⿰来刂"乃"刺"字之訛。《隨函録》卷26《大慈恩寺法師傳》卷4:"⿰来刂那,上來割反,正作刺。"(ZD60-434c)《大唐大慈恩寺三藏法師傳》卷4:"自此東南行九百餘里,至羯羅拏蘇伐刺那國(東印度境)。"(T50, p240c)《隨函録》"⿰来刂那"即經文中的"刺那",其中"⿰来刂"即"刺"字之訛。

又《隨函録》卷26《大慈恩寺法師傳》卷4:"⿰来刂闍,上來割反。"(ZD60-435a)《大唐大慈恩寺三藏法師傳》卷4:"而自性一種以三法爲體,謂薩埵刺闍答摩。"(T50, p245b)《隨函録》"⿰来刂闍"即經文中的"刺闍",其中"⿰来刂"亦"刺"字之訛。構件"朿"與"来"近似而誤寫成了"来","賴"俗作"頼"①,可資比勘。

0157 ⿰豖刂

按:"⿰豖刂",大型字典失收,見於《隨函録》,乃"刹"字。《隨函録》卷14《佛大僧大經》卷1:"立⿰豖刂,初鎋反,柱也,塔中柱曰⿰豖刂也,正作刹也,又音塔,《經律異相》作塔,上方經亦作塔。"(ZD59-1096b)根據《隨函録》,"⿰豖刂"乃"刹"字。《中華字海・刂部》(54):"⿰豕刂,同'刹',字見隋《諸葛子恒造像》。""⿰豖刂"與"⿰豕刂"形體近似。今對應佛經作"塔"。宋・沮渠京聲譯《佛説佛大僧大經》卷1:"殯葬其弟,四輩立塔。"(T14, p828c)

① 見本書中篇"頼"字條。

0158 ⿰夹刂

按:“⿰夹刂”,大型字典失收,見於《隨函録》,乃“刺”字之訛。《隨函録》卷 6《大薩遮尼乾子所説經》卷 3:“怨⿰夹刂,七賜反。”(ZD59-744a)元魏 · 菩提留支譯《大薩遮尼乾子所説經》卷 3:“彼轉輪王,如是七寶具足成就,遍行大地無有敵對,無有怨刺,無有諸惱,無諸刀仗。”(T09, p330b)《隨函録》“怨⿰夹刂”即《大薩遮尼乾子所説經》中的“怨刺”,其中“⿰夹刂”即“刺”字之訛。

又《隨函録》卷 6《大薩遮尼乾子所説經》卷 3:“釣⿰夹刂,上多叫反,下七亦反。”(ZD59-744a)元魏 · 菩提留支譯《大薩遮尼乾子所説經》卷 2:“汝今所治國内無諸屠獵、羅網河獄、焚燒山澤、放鷹走狗、鉤刺魚鱉、彈射禽獸、作諸坑陷、毒箭機撥行殺害不?”(T09, p328a)《隨函録》“釣⿰夹刂”即《大薩遮尼乾子所説經》中的“鉤刺”,其中“⿰夹刂”亦“刺”字之訛。

0159 ⿰垂夬

按:“⿰垂夬”,見於《隨函録》,乃“缺”字之訛。《隨函録》卷 22《迦葉結集經》卷 1:“不⿰垂夬,苦決反,《川音》作⿰缶刂,非。”(ZD60-249b)後漢 · 安世高譯《迦葉結集經》卷 1:“願尊者大迦葉歡悦,我不缺戒,亦無邪見,亦不壞業,亦不失行,亦不犯衆。”(T49, p5c)《隨函録》“不⿰垂夬”即《迦葉結集經》中的“不缺”,其中“⿰垂夬”即“缺”字之訛。據《隨函録》,“⿰垂夬”,《川音》作“⿰缶刂”,“⿰缶刂”亦當爲“缺”字,形體上蓋源於“⿰垂夬”字之變。

0160 ⿰食刂

按:“⿰食刂”,大型字典失收,見於《隨函録》,乃“創”字之訛。《隨函録》卷 21《百喻經》卷 2:“鞭⿰食刂,上卑連反,下音瘡,悮。”(ZD60-218c)蕭齊 · 求那毘地譯《百喻經》卷 2:“治鞭瘡喻。”(T04, p547a13)《隨函録》“鞭⿰食刂”即《百喻經》中的“鞭瘡”。在表創傷一義時,“創”與“瘡”同。《隨函録》卷 21《百喻經》卷 2:“鞭創,上卑連反,下楚床反,上悮。”(ZD60-218b)從形體上看,“⿰食刂”蓋源於“創”字之訛。

又《隨函録》卷 20《舍利弗阿毘曇論》卷 14:“癲⿰食刂,音瘡,正作創。”(ZD60-170a)“⿰食刂”亦“創”字之訛。

0161 ⿰⿱口冊刂

按:“⿰⿱口冊刂”,大型字典失收,見於《隨函録》,乃“嗣”字之訛。《隨函録》卷 6《大方等無相大雲經》卷 6:“王⿰⿱口冊刂,音寺。”(ZD59-747b)《大方等無想經》卷 6:“爾時諸臣即奉此女,以繼王嗣。”(T12, p1107a)《隨函録》“王⿰⿱口冊刂”即《大方等無想經》中的“王嗣”,其中“⿰⿱口冊刂”即“嗣”字之訛。

0162 ⿰美刂

按:“⿰美刂”,大型字典失收,見於《隨函録》,乃“刺”字。《隨函録》卷 14《佛本行集經》卷 39:“復⿰美刂,七賜反。”(ZD59-1084c)隋 · 闍那崛多譯《佛本行集經》卷 39:“諸漏已盡無復刺,如是體者名爲龍。"(T03, p834c)《隨函録》"復⿰美刂"即《佛本行集經》中的"復刺",其中"⿰美刂"即"刺"字。

又《隨函録》卷 14《佛本行集經》卷 44:"蕀⿰美刂,上居力反,下七賜反。"(ZD59-1085b)"⿰美刂"音"七賜反",亦"刺"字。

0163 ⿰屑刂

按:"⿰屑刂",大型字典失收,見於《隨函録》,乃"刷"字之訛。《隨函録》卷 22《阿育王傳》卷 6:"⿰屑刂創,上所刮反,正作刷、㕞二形,下音瘡。《阿育王經》云:'箭刷瘡上。'又郭氏音削,非用也。"(ZD60-239b)西晉·安法欽譯《阿育王傳》卷 6:"父母以鏵削瘡,極令血出,而爲著藥。"(T50, p124b)"鏵削瘡",明本作"葦刷瘡",宫本作"葦刷刷瘡"。《隨函録》"⿰屑刂創"即明本《阿育王傳》中的"刷瘡",其中"⿰屑刂"即"刷"字之訛。郭氏以"⿰屑刂"音削,蓋以"⿰屑刂"爲"削"。根據文意,當依《隨函録》把"⿰屑刂"當作"刷"爲優。

0164 ⿰耳刂、0165 須、0166 ⿰豸貴、0167 ⿱蔽耳、0168 ⿱蒯耳

按:《隨函録》卷 25《新譯大方廣佛花嚴經音義》:"又(作)聻⿰豸貴,下二同,五怪反,正作⿰耳刂、須也。"(ZD60-401c)唐·慧琳《一切經音義》卷 22 所録慧苑《新譯大方廣佛花嚴經音義》卷 27:"聾聵:聵,五怪反。韋昭注《國語》曰:'耳不别五音之和謂之聾,從生即聾謂之聵(聵)。'字又作⿱蔽耳、⿰豸貴二形也。"(T54, p444b)《隨函録》"又(作)聻⿰豸貴"即此"又作⿱蔽耳⿰豸貴"。又唐·慧琳《一切經音義》卷 20《大方廣佛華嚴經》卷 6:"聾聵……今作須,又作⿱蒯耳,同,牛快反。"(T54, p431b)綜合《隨函録》《一切經音義》《新譯大方廣佛花嚴經音義》,"⿰豸貴""⿰耳刂""⿱蒯耳""須""⿱蔽耳"皆"聵"字。從形體上分析,"⿱蔽耳"從蔽從耳,當爲"聵"的新造會意俗字。"⿱蒯耳"從耳蒯聲,當爲"聵"的换聲旁俗字。"⿰豸貴""須"當爲"聵"之形訛。至於"⿰耳刂",則是"⿱蒯耳"之訛。"⿰耳刂""⿰豸貴""⿱蔽耳"等字,大型字典失收,而"須"在大型字典裏也没有同"聵"的説解,當一並補上。

0169 ⿰蒼刂

按:"⿰蒼刂",大型字典失收,見於《隨函録》,乃"槍"字。《隨函録》卷 15《摩訶僧祇律》卷 4:"利⿰蒼刂,七羊反。郭氏音作⿰蒼刂,同上。"(ZD59-1104b)東晉·佛陀跋陀羅共法顯譯《摩訶僧祇律》卷 4:"當道中作坑,安種種利槍,以草土覆上,令彼墮死。"(T22, p256a)《隨函録》"利⿰蒼刂"即《摩訶僧祇律》中的"利槍",其中"⿰蒼刂"即"槍"字。從形體上看,"槍"蓋受上字"利"的影響,類化换旁從"刂"且聲旁繁化爲"蒼"而作"⿰蒼刂"。

0170 製

按:"製",大型字典失收,見於《隨函録》,乃"掣"字之訛。《隨函録》卷 21《佛本行讚》卷 7:"製裂,上尺世反,正作掣。"(ZD60-190c)宋·釋寶雲譯《佛本行經》卷 7:"諸男女長幼,懷悲毒狂亂,或掣裂衣裳,痛感口自嚙,或自搣頭髮,爬㼊壞面目。"(T04, p111a27)《隨函録》"製裂"即《佛本行經》的"掣裂",其中"製"即"掣"字之訛。

力部

0171 ⿱加力

按:“⿱加力”,大型字典失收,見於《隨函録》,即“努”字之訛。《隨函録》卷 26《大慈恩寺法師傳》卷 10:“⿱加力力,上奴古反,正作努。”(ZD60-440a)《大唐大慈恩寺三藏法師傳》卷 10:“經部甚大每懼不終,努力人加勤懇勿辭勞苦。”(T50, p276b)《隨函録》“⿱加力力”即經文中的“努力”,其中“⿱加力”即“努”字之訛。不過,也有可能“⿱加力”是“努”的新構會意字,從加從力,表努力。

0172 ⿰皮力

《改併五音類聚四聲篇海・力部》(510):“⿰皮力,竹甚切,用力也。”

按:我們這裏要講的“⿰皮力”乃“疲”字。《隨函録》卷 23《經律異相》卷 4:“⿰皮力卧,上音皮,正作疲也,《普曜經》作疲極。”(ZD60-264a)梁・僧旻、寶唱等集《經律異相》卷 4:“城中男女悉皆寢極,孔雀衆鳥莫不疲卧。”(T53, p16b)《隨函録》“⿰皮力卧”即經文中的“疲卧”,其中“⿰皮力”即“疲”字。“疲”表疲憊、没有力氣,“⿰皮力”蓋“疲”的换形旁俗字。

0173 ⿰力更、0174 ⿺更力①

《改併五音類聚四聲篇海・力部》(511):“⿰力更古杏反。”《中華字海・力部》(195):“⿰力更,同⿺更力。字見《篇海》。”《中華字海・力部》(195):“⿺更力,義未詳。見《字彙補》。”

按:“⿰力更”,乃“梗”字,亦可見於《隨函録》。《隨函録》卷 17《五分羯磨》卷 1:“⿰力更槩,上古杏反,正作梗,下古代反,大略也。”(ZD60-55b)《彌沙塞羯磨本》卷 1:“隨身所用事物繁雜,文准梗概豈盡資緣。”(T22, p223b)《隨函録》“⿰力更槩”即《彌沙塞羯磨本》中的“梗概”,其中“⿰力更”即“梗”字。

0175 ⿰骨力

按:我們在這裏要講的“⿰骨力”乃“肋”字。《隨函録》卷 12《雜阿含經》卷 19:“脅⿰骨力,上許劫反,下來得反。”(ZD59-1008c)宋・求那跋陀羅譯《雜阿含經》卷 19:“或從脅肋探其内藏而取食之。”(T02, p135c)《隨函録》“脅⿰骨力”即《雜阿含經》中的“脅肋”,其中“⿰骨力”即“肋”字。

0176 ⿰㡀力

按:“⿰㡀力”,大型字典失收,見於《隨函録》,乃“蔽”字。《隨函録》卷 5《等集衆德三昧經》中卷:“⿰㡀力法,上毗祭反,惡也,困也,正作敝也,上方作蔽,亦悮。”(ZD59-731c)西晉・竺法護譯《等集衆德三昧經》卷 2:“不覺魔事,爲罪所蓋,纏綿蔽法,志性怯弱。”(T12, p981c)《隨函録》“⿰㡀力法”即《等集衆德三昧經》中的“蔽法”。從形體看,“⿰㡀力”即“蔽”,可洪以爲正當作“敝”。“蔽”通“敝”也。

---

① 此條我們曾在《漢語疑難俗字例釋》一文中考釋過,見《語言研究》2006 年第 4 期,第 88 頁。

厶部

0177 ⿰牟贊、0178 ⿰牟賛

按:“⿰牟贊”,大型字典失收,見於《隨函録》,乃“⿰牟賛”字之訛。《隨函録》卷 19《阿毘達磨大毘婆沙論》卷 130:“鉾⿰牟贊,七亂反,又倉官反,擲矛剌人也。”(ZD60-120c)唐・玄奘譯《阿毘達磨大毘婆沙論》卷 130:“答:‘假如有人於日初分被百鉾穳,日中分時亦百鉾穳,於日後分亦百鉾穳。如是日日受三百鉾,乃至盡壽。’”(T27, p678a)《隨函録》“鉾⿰牟贊”即《阿毘達磨大毘婆沙論》中的“鉾穳”,其中“⿰牟贊”即“穳”字。

又《隨函録》卷 11《瑜伽師地論》卷 94:“百鉾,音牟。⿰牟贊剌,上倉官反,遥擲槍剌人也,下七亦反。”(ZD59-944c)唐・玄奘譯《瑜伽師地論》卷 94:“是故苾芻,當觀識食,如三百鉾之所鑽剌。”(T30, p839c)《隨函録》“⿰牟贊剌”即《阿毘達磨大毘婆沙論》中的“鑽剌”,其中“⿰牟贊”即“鑽”字,而佛經中“鑽”可與“穳”同。兩處“穳”字蓋都是受上字“鉾”的影響類化换旁從“牟(牟)”而作“⿰牟贊”的①。需要指出的是,“⿰牟賛”類化時將上字“鉾”的聲旁作爲自己的構件。形體演變是:穳→鉾+穳→類化→⿰牟贊(⿰牟賛)。

又部

0179 ⿵冂又

按:“⿵冂又”,大型字典失收,見於《隨函録》,乃“罔”字之訛。《隨函録》卷 21《賢愚經》卷 7:“⿵冂又塞,上音内。”(ZD60-203a)元魏・慧覺等譯《賢愚經》卷 6:“阿難聞此,悲慟迷荒,悶惱惘塞,不能自持。”(T04, p387c)《隨函録》“⿵冂又塞”即《賢愚經》的“惘塞”,其中“⿵冂又”對應的即“惘”字。表“恍惚”“失意”之義時,“惘”與“罔”同。唐・慧琳《一切經音義》卷 28:“罔然,无往反,謂不稱適也。……亦惶遽之皃也,經文從心作惘,近字也。”(T54, p497b)從形體上看,“⿵冂又”應源於“罔”字之訛,“罔”或作“⿵冂亡”②,“⿵冂又”與“⿵冂亡”形體近似。此外,《隨函録》“⿵冂又”音“内”,傳抄有誤,可能是音“冈(网)”之訛。

廴部

0180 ⿺廴疋

按:“⿺廴疋”,見於《隨函録》,乃“疋(匹)”字之訛。《隨函録》卷 13《大樓炭經》卷 5:“千⿺廴疋,普吉反,正作匹。”(ZD59-1030b)西晉・法立共法炬譯《大樓炭經》卷 5:“禦者即受天帝

---

① 韓小荆《可洪音義研究》以“⿰牟贊”爲“穳”的異構俗字,浙江大學 2007 年博士論文,第 196 頁。

② 見泠玉龍主編《中華字海・丿部》“⿵冂亡”字條,中國友誼出版公司 1994 年,第 17 頁。

釋教,迴千疋馬車避去。"(T01, p301a)《隨函録》"千[illegible]"即《大樓炭經》中的"千疋",其中"[illegible]"即"疋(匹)"字之訛。

工部

0181 [illegible]

按:"[illegible]",大型字典失收,見於《隨函録》,乃"責"字之俗。《隨函録》卷 12《長阿含經》卷 11:"[illegible]數,上阻格反,下色禹反。"(ZD59-983a)後秦・佛陀耶舍共竺佛念譯《長阿含經》卷 11:"頭摩子以偈責數曰:'野干稱師子,自謂爲獸王……'"(T01, p69a)《隨函録》"[illegible]數"即《長阿含經》中的"責數","[illegible]"即"責"字之俗。

土部

0182 㘯

《集韻・藥韻》:"㘯,職略切。"

按:我們這裏要講的"㘯"乃"均"字之訛。《隨函録》卷 23《經律異相》卷 22:"㘯提,上居旬反,正作均也。"(ZD60-270c)梁・僧旻、寶唱等集《經律異相》卷 22:"我有一子,字曰均提,年既孩幼,不任使令,比前長大當用相與。"(T53, p118c)《隨函録》"㘯提"即經文中的"均提",其中"㘯"即"均"字之訛。《龍龕手鏡・土部》(246):"㘯,舊藏作均。"《龍龕手鏡》"㘯"亦"均"字之訛。

0183 [illegible]

《改併五音類聚四聲篇海・土部》(320):"[illegible],音圯。"《中華字海・土部》:"[illegible],圯的訛字。字見《篇海》。"

按:"[illegible]",可見於《隨函録》,乃"圮"字之訛。《隨函録》卷 27《大唐西域求法高僧傳》上卷:"[illegible]磔,上皮美反,下張格反。"(ZD60-443a)"[illegible]"音"皮美反",與"圮"音同。唐・義淨《大唐西域求法高僧傳》卷 1:"一作已後縱人踐蹋,動經一二十載曾不圮磔。"(T51, p5c)"圮磔"爲破碎、分裂之義。《隨函録》"[illegible]磔"即經文中的"圮磔",其中"[illegible]"即"圮"字之訛。據《隨函録》,《篇海》"[illegible]音圯"當爲"[illegible]音圮"。《中華字海》據《篇海》誤音爲説,恐謬。

0184 坧

《集韻・昔韻》:"坧,之召切。"

按:我們在這裏要講的"坧"乃"垢"字之訛。《隨函録》卷 6《相續解脱地波羅蜜了義經》卷 1:"智[illegible],正作垢,古口反,塵膩著物也。"(ZD59-740a)宋・求那跋陀羅譯《相續解脱地波羅蜜了義經》卷 1:"戒清淨、見清淨、心清淨、語清淨、智清淨、垢清淨、清淨施,是七種名檀波羅蜜淨。”(T16，p716c)《隨函録》“智⿰火石(垢)”即《相續解脱地波羅蜜了義經》中的“智(清淨)垢”，其中“⿰火石(垢)”即“垢”字之訛。

0185 ⿰土灰、0186 埮

按：“⿰土灰”，大型字典失收，見於《隨函録》，乃“灰”字。《隨函録》卷15《摩訶僧祇律》卷16：“⿰土灰⿰土瓦(瓨)，上火迴反，正作灰也。律云：‘語取右(石)⿰土灰瓨，誤持麨瓨。’是也。《經音義》作埮，以墭字替之，非也，下音降。”(ZD59-1108a)東晉·佛陀跋陀羅共法顯譯《摩訶僧祇律》卷16：“如是語‘取石灰瓶’，誤持麨瓶。語‘取屑末瓶’，誤持鹽瓶。”(T22，p358b)《隨函録》“⿰土灰⿰土瓦”即《摩訶僧祇律》中的“灰瓶”，其中“⿰土灰”即“灰”字。在寫本經文中，由於“瓶”寫成了“⿰土瓦”，“灰”受其影響也類化增“土”旁而作“⿰土灰”。“⿰土灰”“埮”，玄應以爲是“墭”。根據經義，我們贊同可洪之説，“⿰土灰”“埮”應爲“灰”。“石灰瓶”即裝石灰的瓶子，今越南常出土石灰瓶①。石灰與面粉、米粉顔色形狀近似，容易相混，經文中比丘要另一比丘拿“石灰瓶”，結果誤拿了“麨瓶”。

0187 ⿰土希、0188 ⿰土帍、0189 ⿰土虒、0190 ⿰土虎

《中華字海·土部》(230)：“⿰土虎，同墲。字見《集韻》。”

按：我們這裏要講的“⿰土虎”乃“褫”字之訛。《隨函録》卷26《東夏三寶感通録》中卷：“⿰土希脱，上直爾反，參皃也，落也，毁也，正作⿰金虒、褫(褫)、陊、陁四形。”(ZD60-424b)唐·釋道宣撰《集神州三寶感通録》卷2：“二十二宋衛軍臨川康王，在荆州城内築堂三間，供養經像。堂壁上多畫菩薩圖相。及衡陽文王代，鎮廢爲明齋，悉加泥治。乾輒⿰土虎脱，畫狀鮮淨，再塗猶爾。”(T52，p418b)《隨函録》“⿰土希脱”即經文中的“⿰土虎脱”，其中“⿰土希”即“⿰土虎”字。“⿰土希”“⿰土虎”，慧琳所見《集神州三寶感通録》作“⿰土帍”，慧琳以“⿰土帍”爲“褫”字之誤。唐·慧琳《一切經音義》卷81《集神州三寶感通録》卷2音義：“褫脱，上池爾反。《蒼頡篇》云：‘褫脱，撤衣也。’……録文從土作⿰土帍，非也。”(T54，p830c)“⿰土希”“⿰土虎”“⿰土帍”意義爲“落”“毁”時當如《隨函録》《一切經音義》所論，與“陁”“陊”“褫”同。《龍龕手鏡·阜部》(297)：“陊，池爾反，山崩，落也。”《龍龕手鏡·阜部》(295)：“陁，……又丈爾反，毁，落也。”《廣韻·紙韻》：“褫，奪衣。”引申爲毁壞、脱落。北魏·酈道元《水經注·清水》：“清水又東逕故石梁下，梁跨水上，橋石崩褫，餘基尚存。”《新唐書·隱逸傳·陸龜蒙》：“借人書，篇秩壞舛，必爲輯褫刊正。”上面所引《集神州三寶感通録》“⿰土虎脱”，宋本作“褫脱”，元本作“陊脱”，此亦可證“⿰土虎”與“褫”“陊”同。從形體上看，“⿰土希”“⿰土虎”“⿰土帍”應該源於“褫”字之訛。“褫”在經文中是指泥土脱落，故改换形旁爲“土”，而聲旁“虒”則訛成了“希”“虎”或“帍”。

附：《篇海類編·土部》(623)：“⿰土虒，丈幾切，讀如治，落也。”此“⿰土虒”和“⿰土希”“⿰土虎”“⿰土帍”一樣也當與“褫”同。“⿰土虒”音“丈幾切”，澄母旨韻，而“褫”“陊”音“池爾反”，澄母紙韻，兩者讀音似乎不同。其實在明代，“旨”“紙”兩韻已經混同。

“褫”在《隨函録》中還有衆多異體，可參下篇“褫”字條。

---

① 見覃柳姿《被遺忘的越南文化符號》，《百色學院學報》2015年第2期。

0191 [illegible]

按:"[illegible]",大型字典失收,見於《隨函録》,乃"垍(堆)"字。《隨函録》卷23《經律異相》卷15:"糞[illegible],上方問反,下都迴反。"(ZD60-268a)梁・僧旻、寶唱等集《經律異相》卷15:"或時無作,止宿糞堆。"(T53, p76c)《隨函録》"糞[illegible]"即經文中的"糞堆",其中"[illegible]"即"堆"字。"堆"或作"垍","[illegible]"蓋源於"垍"之訛。

0192 坶

《龍龕手鏡・土部》:"坶,音梅,《玉篇》野也。"

按:我們在這裏要講的"坶"乃"煤"字。《隨函録》卷15《摩訶僧祇律》卷34:"[illegible]坶,上徒來反,下莫迴反。"(ZD59-1113c)東晉・佛陀跋陀羅共法顯譯《摩訶僧祇律》卷34:"應掃屋間炱煤蟲網。"(T22①, p503b)《隨函録》"[illegible]坶"即《摩訶僧祇律》中的"炱煤",其中"坶"爲"煤"字。

0193 [illegible]、0194 [illegible]

《龍龕手鏡・土部》(248):"[illegible],誤,舊藏作蟻,在《三法度論》。"《中華字海・土部》(232):"[illegible],'蟻'的訛字。字見《龍龕》。"

按:"[illegible]"字見於《隨函録》,乃"坻"字之訛。《隨函録》卷11《大莊嚴論經》卷7:"毗[illegible],丁兮、直尼二反,正作坻。"(ZD59-962a)後秦・鳩摩羅什譯《大莊嚴論經》卷8:"能令聞者悲感垂淚,婆須之龍吐大惡毒,夜叉惡鬼遍滿舍宅,吉毘坻陀羅根本厭道。"(T04, p298a)《隨函録》"毗[illegible]"即《大莊嚴論經》中的"毘坻",其中"[illegible]"爲"坻"字之訛。

又《隨函録》卷10《優婆塞戒經》卷4:"阿坘,丁兮反,又遲、紙、底三音。阿[illegible],同上。"(ZD59-900b)北涼・曇無讖譯《優婆塞戒經》卷4:"是阿坻耶久已過去不在今日,世人相傳次第不滅。"(T24, p1057c)《隨函録》"阿[illegible]"即《優婆塞戒經》中的"阿坻",其中"[illegible]"亦"坻"字之訛。從形體上看,"[illegible]"與"[illegible]"近似。

0195 [illegible]

按:"[illegible]",見於《隨函録》,乃"坏"字。《隨函録》卷2《大寶積經》卷112:"[illegible]舡,上普杯反,未燒瓦也,正作杯(坏),下常專反。"(ZD59-603a)《大寶積經》卷112:"譬如有乘杯船欲渡恒河,以何精進乘此船渡?"(T11, p638a)"杯船",元、明本作"坏船"。《隨函録》"[illegible]舡"即《大寶積經》中的"坏船",其中"[illegible]"即"坏"字。從形體上看,"[illegible]"蓋"坏"聲旁繁化所致。

0196 [illegible]

按:"[illegible]",大型字典失收,見於《隨函録》,乃"涯"字。《隨函録》卷21《出曜經》卷5:"[illegible]限,上五佳反,際也,邊也,正作涯、厓二形也。"(ZD60-195a)姚秦・竺佛念譯《出曜經》卷7:"智人問曰:'此象先時力爲多少?'衆人報曰:'此象戰鬥力無涯限。'"(T04, p646a)《隨函

① 鄧福禄《字典考正》第28頁已考"坶"字,不過其將"T22"引作"T23"。

録》"⿱山圭限"即《出曜經》的"涯限",其中"⿱山圭"即"涯"字。

0197 ⿰土录、0198 ⿰土象、0199 ⿰王录、0200 ⿰扌录

按:"⿰扌录""⿰王录",大型字典失收,見於《隨函録》,即"埭"字之訛。

《隨函録》卷 27《高僧傳》卷 10:"土⿰王录,音代,堰也,正作埭、⿰土录二形也,又或作塚,知勇反。"(ZD60-456b)《隨函録》卷 27《高僧傳》卷 10:"賃⿰扌录,上皮證反,下音代,正作凭⿰土录也,下又音禄,非也。"(ZD60-456b)梁·釋慧皎撰《高僧傳》卷 10:"常在廣陵白土⿰土象賃⿰土象,謳唱引笮以自欣暢。"(T50, p390a)《隨函録》"土⿰王录"即經文中的"土⿰土象","賃⿰扌录"即經文中的"賃⿰土象",其中"⿰王录""⿰扌录"即"⿰土象"字,而"⿰土象"乃"埭"字之訛,有佛經異文可證。梁·釋慧皎撰《高僧傳》卷 10:"在徐州江北廣陵白土⿰土象上,計其謫亦竟也,屋中人便作書曰:'因君與之。'"(T50, p390a)"土⿰土象",宋、元、明、宮本《高僧傳》作"土埭","⿰土象"即"埭"字之訛。此外,《龍龕手鏡·土部》(250):"埭,正,⿰土录,或作,音代,以土遏水。""⿰土录"亦見於《隨函録》。《隨函録》卷 27《高僧傳》卷 10:"土⿰土录,音代。"(ZD60-456b)"⿰土录"音"代",即"埭"字。

0201 ⿰土⿱山止

《龍龕手鏡·土部》(250):"⿰土⿱山止,音惱。"《中華字海·土部》(230):"⿰土⿱山止,義未詳。"《漢語俗字叢考》(184):"此字疑爲'堖(腦)'的俗字。"

按:《漢語俗字叢考》以"⿰土⿱山止"爲"腦"字,不妥。"⿰土⿱山止"音"惱",乃"惱"字之訛。《龍龕》多以正字爲俗字注音,所收俗字多來源於佛典。根據這些特點,我們發現"⿰土⿱山止"可見於《隨函録》。《隨函録》卷 22《惟日雜難經》卷 1:"人⿰土⿱山止,音惱。"(ZD60-225b)吴·支謙譯《惟日雜難經》卷 1:"與人苦,益人惱,亂人意,增人罪。"(T17, p606c)《隨函録》"人⿰土⿱山止"對應的就是《惟日雜難經》中的"人惱",其中"⿰土⿱山止"即"惱"字之訛。

0202 ⿰土虒

按:我們在這裏要講的"⿰土虒"乃"搋"字之訛。《隨函録》卷 19《阿毘達磨大毘婆沙論》卷 14:"扇⿰土虒,丑皆反,正作搋。"(ZD60-109c)唐·玄奘譯《阿毘達磨大毘婆沙論》卷 14:"已盡所有險惡趣坑者,顯已盡人中扇搋半擇迦無形二形。"(T27, p67a)《隨函録》"扇⿰土虒"即《阿毘達磨大毘婆沙論》中的"扇搋",其中"⿰土虒"即"搋"字之訛。

0203 ⿰土受

按:"⿰土受",大型字典失收,見於《隨函録》,乃"持"字。《隨函録》卷 14《無垢優婆夷問經》卷 1:"受⿰土受,直之反,正作持也。持,守也,執也。"(ZD59-1097a)後魏·瞿曇般若流支譯《無垢優婆夷問經》卷 1:"既入房已,次復入禪,修四梵行,不離三歸,受持五戒,常恒如是,我不懈怠,不放逸行。"(T14, p950c)《隨函録》"受⿰土受"即《無垢優婆夷問經》中的"受持"。從形體上看,"持"蓋受上字"受"的影響,類化從"受"且構件"扌"訛誤成"土"而作"⿰土受"。

0204 ⿰土害

按:"⿰土害",大型字典失收,見於《隨函録》,乃"窖"字。《隨函録》卷 12《增一阿含經》

卷 35:"八[⿰土⿱宀告],古孝反,正作窖。"(ZD59-1003c)東晉・瞿曇僧伽提婆譯《增一阿含經》卷 35:"又復家中有八窖珍寶,昨日求之而不知處。"(T02, p744c)《隨函録》"八[⿰土⿱宀告]"即《增一阿含經》中的"八窖","[⿰土⿱宀告]"即"窖"字。"窖"或作"[⿰土窖]"①。"[⿰土⿱宀告]"蓋源於"[⿰土窖]"字之訛。

0205 埠、0206 [⿱𠂤木]、0207 [⿱阜木]②

《改併五音類聚四聲篇海・木部》(383):"[⿱阜木],音父。"《中華字海・木部》(762):"[⿱阜木],音fù,義未詳。見《篇海》。"

按:《篇海》"[⿱阜木]"與"阜"音同,即"阜"字。《隨函録》卷 14《業報差别經》卷 1:"塠埠,上都迴反,下音婦。"(ZD59-1090a)隋・法智譯《佛爲首迦長者説業報差别經》卷 1:"五者兩舌業故,感外大地,高下不平,峻崖嶮穀,株杌槎菜。"(T01, p894b20)"峻崖嶮穀,株杌槎菜",宋、元、明本作"山陵塠阜,株杭丘坑"。《隨函録》"塠埠"即宋、元、明本《佛爲首迦長者説業報差别經》中的"塠阜",其中"埠"即"阜"字之訛。《隨函録》卷 17《鼻奈耶律》卷 7:"堆埠,上都迴反,下扶久反。"(ZD60-74a)姚秦・竺佛念譯《鼻奈耶》卷 7:"或依樹下宿,或住阜邊宿,或依池水宿。"(T24, p881c)"住阜",宋、元、明、宫本作"堆阜"。《隨函録》"堆埠"即宋、元、明、宫本《鼻奈耶》中的"堆阜",其中"埠"即"阜"字。

又《隨函録》卷 4《羅摩伽經》中卷:"堆埠,上都迴反,下扶久反。"(ZD59-678b)西秦・聖堅譯《佛説羅摩伽經》卷 2:"瓦礫荆棘,丘陵堆阜,毒蛇師子,虎狼虺蝮,一切毒害。"(T10, p863c)《隨函録》"堆埠"即《佛説羅摩伽經》中的"堆阜",其中"埠"即"阜"字。"阜"蓋受上字"堆"的影響類化增旁從"土"而作"埠"。

《篇海》"[⿱阜木]"與"埠"讀音相同,形體也近似,當爲同一字。

此外,"[⿱𠂤木]"見於《隨函録》,又可爲"堆(垍)"。《隨函録》卷 5《悲華經》卷 7:"[⿱𠂤木][⿱𠂤木],上都回反,下音婦。"(ZD59-719b)北涼・曇無讖譯《悲華經》卷 6:"娑婆世界,其地多有鹹苦、鹽鹵、土沙、礫石、山陵、堆阜、溪穀、溝壑。"(T03, p207a)《隨函録》"[⿱𠂤木][⿱𠂤木]"即"堆阜",其中"[⿱𠂤木]"即"堆(垍)"字。《隨函録》卷 14《正法念處經》卷 10:"屎[⿱𠂤木],上尸旨反,下都迴反。"(ZD59-1063b)元魏・般若流支譯《正法念處經》卷 10:"譬如屎堆,人雖未到,已聞其臭。"(T17, p55a24)《隨函録》"屎[⿱𠂤木]"即《正法念處經》中的"屎堆",其中"[⿱𠂤木]"即"堆(垍)"字。"[⿱𠂤木]"與"[⿱阜木]"形體近似。

0208 [⿰土冓]、0209 塂

《中華字海・土部》(236):"塂,jiǎng,丘陵。"

按:我們在這裏要講的"[⿰土冓](塂)"乃"溝"字之訛。《隨函録》卷 21《出曜經》卷 3:"没[⿰土冓],古侯反,正作溝。"(ZD60-194b)姚秦・竺佛念譯《出曜經》卷 4:"愚者喪財貨,亦非自爲己,愚者貪財貨,自没溝爲獄。"(T04, p631b)《隨函録》"没[⿰土冓]"即《出曜經》的"没溝",其中"[⿰土冓]"即"溝"字。又《隨函録》卷 17《鼻奈耶律》卷 3:"尻[⿰土冓],上苦高反,下古侯反。"(ZD60-72a)姚秦・竺佛念譯《鼻奈耶》卷 3:"他兩曲肘弄者,及屈膝間、兩掖間、臍兩邊,及岐間、尻

---

① 見本書中篇"[⿰土窖]"字條。

② 此條我們在《以可洪〈隨函録〉考漢語俗字(續)》一文中考释過,見《古漢語研究》2007 年第 1 期,第 67 頁。

溝間、兩肩上項間。”(T24, p860c)《隨函録》“尻⿰土冓”即《鼻奈耶》中的“尻溝”,其中“⿰土冓”亦“溝”字。“溝”蓋因其意義常與土有關,故换旁從“土”而作“⿰土冓(⿰土冓)”。

0210 堺

《漢語大字典·土部》:“堺”同“界”。

按:我們這裏要講的“堺”乃“境”之俗。詳細考證見本書第五章“堺”字條。

0211 ⿱⿰扌艮土、0212 垦

按:“⿱⿰扌艮土”“垦”,大型字典失收,見於《隨函録》或佛經,乃“限”字。《隨函録》卷15《摩訶僧祇律》卷15:“户⿱⿰扌艮土,音限,門閾也。”(ZD59-1107b)東晉·佛陀跋陀羅共法顯譯《摩訶僧祇律》卷15:“時六群比丘協先嫌故,盗以滑泥塗户閪上。”(T22, p344a)“閪”,宫本作“垦”。《隨函録》“户⿱⿰扌艮土”即《摩訶僧祇律》中的“户閪”。據《隨函録》,“⿱⿰扌艮土”爲“限”字,而“閪”在經中與“限”意義相同,都表門檻。“⿱⿰扌艮土”與宫本《摩訶僧祇律》“垦”形體近似,“垦”也應是“限”字。

0213 堛

《龍龕手鏡·土部》(252):“堛,芳逼反,土凷也。”

按:我們這裏要講的“堛”乃“鹽”字。《隨函録》卷14《正法念處經》卷42:“於堛,羊廉反,正作鹽、塩二形,又方伏、普逼二反,非。”(ZD59-1070b)元魏·般若流支譯《正法念處經》卷42:“如渴者於鹽,舐之不除渴。”(T17, p250b)《隨函録》“於堛”即《正法念處經》中的“於鹽”,其中“堛”即“鹽”字。從形體上看,“鹽”或作“塩”,“堛”蓋源於“塩”之訛。

0214 ⿱宀⿱乂土、0215 ⿱卤土

按:“⿱宀⿱乂土”“⿱卤土”,見於《隨函録》,乃“鹵”字之俗。《隨函録》卷4《大般涅槃經》卷29:“沙⿱宀⿱乂土,郎古反,鹼⿱宀⿱乂土,醎土也,正作滷、鹵。”(ZD59-685c)北涼·曇無讖譯《大般涅槃經》卷28:“有盗賊者喻於四魔,沙鹵棘刺喻諸煩惱,無水草者喻不修習菩提之道。”(T12, p534c)《隨函録》“沙⿱宀⿱乂土”即《大般涅槃經》中的“沙鹵”,其中“⿱宀⿱乂土”即“鹵”字。

又《隨函録》卷4《大般涅槃經》卷2:“沙⿱卤土,郎古反,确薄之地也,醎土也,正作滷也。”(ZD59-679c)北涼·曇無讖譯《大般涅槃經》卷2:“良田平正喻於智慧,除去沙鹵惡草株杌喻除煩惱。”(T12, p371c)《隨函録》“沙⿱卤土”即《大般涅槃經》中的“沙鹵”,其中“⿱卤土”亦“鹵”字。

0216 埄

《字彙補·土部》:“埄,音封,義同。”

按:大型字典依《字彙補》收有“埄”字,但無例證,今補之。《隨函録》卷20《成實論》卷18:“土埄,音封。”(ZD60-161c)姚秦·鳩摩羅什譯《成實論》卷14:“如有土封,夜則煙出,晝則火然,煙則是覺,火名爲業。”(T32, p352b)《隨函録》“土埄”即《成實論》中的“土封”,其中“埄”即“封”字。“封”受上字“土”的影響類化增旁從“土”而寫成“埄”。

0217 ⿰土⿸𠂆孚、0218 ⿸厂孚

按:“⿰土⿸𠂆孚”,大型字典失收,見於《隨函録》,乃“塠”字。《隨函録》卷20《分别功德論》卷4:“⿰土⿸𠂆孚煞,上都迴反,樸(撲)也,正作㕍、搥二形,上方本作捊也。”(ZD60-178a)《分别功德論》卷5:“若有種五穀者,苗稼成好,大震雹殺,使根莖不立,何況有葉耶?”(T25, p51c)“震雹殺”,宋、元、明、宫本作“雹搥殺”。《隨函録》“⿰土⿸𠂆孚煞”即宋、元、明、宫本《分别功德論》的“搥殺”,其中“⿰土⿸𠂆孚”即“搥”字。“搥”或可作“塠”。《隨函録》卷7《佛説善恭敬經》卷1:“塠撲,上都迴反,下蒲角反。”(ZD59-776b)《隨函録》卷8《五千五百佛名經》卷6:“搥撲,上都迴反,下步角反。”(ZD59-842a)

《隨函録》卷18《善現律毗婆沙》卷11:“塠煞,上都迴反,落也,又《經音義》作縋,直僞反,懸也,彼悮。”(ZD60-79a)由此可見,“塠煞”即“搥殺”。從形體上看,“⿰土⿸𠂆孚”蓋源於“塠”字之訛。此外,《龍龕手鏡·土部》(248):“⿸厂孚,古文,音敷。”《龍龕手鏡》“⿸厂孚”音“敷”,與“⿰土⿸𠂆孚”讀音不同,蓋另有所指。

0219 ⿰土疾

按:“⿰土疾”,大型字典失收,見於《隨函録》,乃“嫉”字之訛。《隨函録》卷20《解脱道論》卷2:“處⿰土疾,音疾,⿰土疾妒也,正作嫉、㤩二形。”(ZD60-165c)梁·僧伽婆羅譯《解脱道論》卷2:“斷住處嫉及離愛著,善人所行是業無疑。”(T32, p405c)《隨函録》“處⿰土疾”即《解脱道論》中的“處嫉”,其中“⿰土疾”即“嫉”字。

0220 ⿰土崖

按:“⿰土崖”,大型字典失收,見於《隨函録》,乃“崖”字。《隨函録》卷10《大智度論》卷17:“山⿰土崖,五街、五奇二反,正作崖。”(ZD59-910c①)後秦·鳩摩羅什譯《大智度論》卷15:“復次菩薩欲脱生老病死,亦欲度脱衆生,常應精進一,心不放逸,如人擎油鉢行大衆中,現前一心不放逸故大得名利,又如偏閣嶮道若懸繩若乘山羊。”(T25, p173c)“山羊”,宋、元、明等作“山崖”。《隨函録》“山⿰土崖”即宋、元、明、宫、石本《大智度論》中的“山崖”,其中“⿰土崖”即“崖”字。

《隨函録》卷8《十住斷結經》卷5:“山⿰土崖,五街反。”(ZD59-826b②)姚秦·竺佛念譯《最勝問菩薩十住除垢斷結經》卷5:“如來出世愍於俗故,而現若干行法不同。或現緣覺聲聞之乘,或在山崖深窟自隱,或復經行而自剋責。”(T10, p1000a)《隨函録》“山⿰土崖”即《最勝問菩薩十住除垢斷結經》中的“山崖”,其中“⿰土崖”亦“崖”字。從形體上看,“⿰土崖”乃“崖”增旁所致。

0221 壥

按:我們在這裏要講的“壥”乃“壘”字。《隨函録》卷17《五分比丘戒本》:“地壥,力委

---

① 韓小荆《可洪音義研究》引作“59/826b”,有誤。浙江大學2007年博士論文,第198頁。

② 韓小荆《可洪音義研究》引作“59/910c”,有誤。浙江大學2007年博士論文,第198頁。

反，正作厽，或作壘，力水反。”(ZD60-47c)《彌沙塞五分戒本》卷 1：“若比丘作大房舍，從平地壘留窗户處，極令堅牢，再三重覆。”(T22, p197b)《隨函録》“地㙤”即《彌沙塞五分戒本》中的“地壘”，其中“㙤”即“壘”字。“㙤”蓋“壘”换聲旁所致。

0222 堩

《龍龕手鏡·土部》(247)：“堩，良、亮二音。”《中華字海·土部》(242)：“堩，義未詳。見《龍龕》。”《漢語俗字叢考》(198)：“此字疑爲‘埌’的改易聲旁字。‘良’‘量’二字古音相同，故用作聲旁時可以互换，……‘埌’與‘良’‘亮’讀音並近。”

按：《叢考》以“堩”爲“埌”字，不妥。“埌”與“堩”的讀音不同，不應爲同一字。《龍龕手鏡》所收俗字多來源於佛典，根據這一特點，我們發現“堩”可見于可洪《隨函録》，乃“疆”字。《隨函録》卷 27《高僧傳》卷 7：“無堩，居良反，誤。”(ZD60-453b)梁·釋慧皎撰《高僧傳》卷 7：“繼天興祚，式垂無疆。”(T50, p373a)《隨函録》“無堩”即經文中的“無疆”，其中“堩”即“疆”字。

又《隨函録》卷 24《出三藏記》卷 7：“之堩，居良反，界也，境也，正作疆、壃二形，郭氏音量，非。”(ZD60-313b)釋僧祐撰《出三藏記》卷 7：“凡論般若推諸病之疆服者，理徹者也。尋衆藥之封域者，斷跡者也。”(T55, p48b)《隨函録》“之堩”即經文中的“之疆”，其中“堩”亦“疆”字。

又《隨函録》卷 27《高僧傳》卷 9：“堩埸，上居良反，下羊益反。”(ZD60-455b)梁·釋慧皎撰《高僧傳》卷 9：“疆埸軍寇國之常耳，何爲怨謗三寶，夜興毒念乎？”(T50, p385a)《隨函録》“堩埸”即經文中的“疆埸”，其中“堩”亦“疆”字。

形體上，“疆”或作“壃”，“堩”蓋“壃”换聲旁所致。《龍龕手鏡》“堩”音“良”“亮”，似乎與“疆”不同音。其實“堩”音“良”“亮”，乃其俗讀，來源於郭氏所注音。《隨函録》卷 24《出三藏記》卷 7：“之堩，居良反，界也，境也，正作疆、壃二形，郭氏音量，非。”(ZD60-313b)郭氏(即郭迻)蓋以“堩”字形體上從“量”得聲，於是將“堩”讀爲“量”，這是一種音隨形變的現象。“量”有平、去兩讀，正好與《龍龕手鏡》“良”“亮”兩音同。至此，“堩”爲“疆”字無疑。

0223 壓

按：“壓”，大型字典失收，見於《隨函録》，乃“橛”字之訛。《隨函録》卷 16《四分律》卷 23：“壓上，上其月反，從木。”(ZD60-32c)姚秦·佛陀耶舍共竺佛念等譯《四分律》卷 24：“若彼得衣者，舉樹上、牆上、籬上，若橛上、象牙杙上、衣架上，若繩床上、木床上、大小褥上，若地敷上。”(T22, p733b)《隨函録》“壓上”即《四分律》中的“橛上”，其中“壓”即“橛”字之訛。

0224 塎

《龍龕手鏡·土部》(250)：“塎，古孝反，地屋也。”《漢語大字典·土部》(206)：“塎”即“窖”字。

按：“塎”字，可見於《隨函録》，的確是“窖”字。《隨函録》卷 16《四分律》卷 57：“塎中，上古孝反，地倉也，正作窖。”(ZD60-42b)姚秦·佛陀耶舍共竺佛念等譯《四分律》卷 56：“時有賊盜比丘衣鉢坐具針筒,比丘捉賊得,内著地窖中。”(T22, p980b)《隨函録》“埪中”即《四分律》中的“窖中”,“埪”即“窖”字。“窖”蓋上字“地”的影響類化增旁從“土”而作“埪”。

0225 燺、0226 ⿰土臺、0227 ⿰火臺

按:“⿰土臺”“燺”,見於《隨函録》,乃“炱”字。《隨函録》卷15《摩訶僧祇律》卷34:“⿰土臺塰,上徒來反,下莫迴反。”(ZD59-1113c)東晉・佛陀跋陀羅共法顯譯《摩訶僧祇律》卷34:“應掃屋間炱煤蟲網。”(T22, p503b)《隨函録》“⿰土臺塰”即《摩訶僧祇律》中的“炱煤”,其中“⿰土臺”爲“炱”,“塰”爲“煤”字。“炱”可換聲旁作“⿰火臺(燺)”。《隨函録》卷15《十誦律》卷54:“⿰火臺烸,上徒來反,下莫迴反。”(ZD59-1126c)由於“烸(煤)”可作“塰”,受其影響,“⿰火臺(炱)”亦相應地可作“⿰土臺”字。

寸部

0228 ⿰肖寸

按:“⿰肖寸”,大型字典失收,見於《隨函録》,乃“削”字之俗。《隨函録》卷4《大般涅槃經》卷20:“⿰肖寸足,上息雀反,刻也。”(ZD59-684c)北涼・曇無讖譯《大般涅槃經》卷20:“昔日口不敕殺,但言削足。”(T12, p483c)《隨函録》“⿰肖寸足”即《大般涅槃經》中的“削足”,其中“⿰肖寸”即“削”字。

0229 ⿰票寸

《中華字海・寸部》(376):“⿰票寸,同剽。見《正字通》。”

按:我們在這裏要講的“⿰票寸”乃“標”字。《隨函録》卷15《摩訶僧祇律》卷11:“⿰票寸相,上必招反,正作摽(標)、𣀷二形。”(ZD59-1106c)東晉・佛陀跋陀羅共法顯譯《摩訶僧祇律》卷11:“彼家在何處何巷陌,門户那向,示我標相。”(T22, p320c)《隨函録》“⿰票寸相”即《摩訶僧祇律》中的“標相”,其中“⿰票寸”即“標”字。“標”或作“⿰木⿰票寸”,“⿰票寸”蓋“⿰木⿰票寸”字之省。

廾部

0230 ⿱习廾

按:“⿱习廾”,大型字典失收,見於《隨函録》,即“羿”字之訛。

《隨函録》卷29《廣弘明集》卷14:“⿱习廾浞,上音詣,古能射人名也,正作羿。”(ZD60-562b)唐・道宣撰《廣弘明集》卷14:“羲軒舜禹之德,在六度而苞籠。羿浞癸辛之咎,總十惡以防禁。”(T52, p193c)《隨函録》“⿱习廾浞”即經文中的“羿浞”,其中“⿱习廾”即“羿”字之訛。

0231 ⿱垚廾

按:“⿱垚廾”,大型字典失收,見於《隨函録》,乃“堯”字之訛。《隨函録》卷5《正法華經》

卷 3:"賭𤜶,上竹魚反,下直利反,豕也,關東謂豬爲𤜶也,正作彘也,《上方經》作'彘',是也。"(ZD59-709a)西晉・竺法護譯《正法華經》卷 3:"牛畜豬彘,雞鶩羠羊,出内産息。"(T09, p81b)《隨函録》"賭𤜶"即《正法華經》中的"豬彘",其中"𤜶"即"彘"字之訛。

大部

0232 夵

《龍龕手鏡・大部》(357):"夵,以染、慈染二反,上大下小也。郭迻又音陟加反。"

按:《漢語大字典・大部》(222)"夵"無"慈染反""陟加反"二音。今《隨函録》可以助我們了解《龍龕手鏡》"夵"字的三個讀音。《隨函録》卷 3《菩薩念佛三昧經》卷 1:"剌夵,上郎達反,下陟加反,比丘名也。諸經作賴吒和羅也,又琰、漸二音。"(ZD59-640c)《隨函録》"夵"可以音"陟加反""琰""漸",與《龍龕手鏡》三音正好相同。值得一提的是,"夵"音"陟加反",是佛經音譯時的借音。根據《隨函録》,《菩薩念佛三昧經》中的"剌夵",其他佛經作"賴吒",而"吒"讀"陟加反"①,故人們亦以"夵"借音"陟加反"。"夵"音"陟加反"時衹能是音譯用字,無實際意義。

0233 𭁗

按:"𭁗",大型字典失收,見於《隨函録》,即"拔"字之訛。《隨函録》卷 28《續高僧傳》卷 30:"抽𭁗,蒲八反,悮。"(ZD60-499c)唐・釋道宣撰《續高僧傳》卷 30:"包納喉衿,觸興抽拔。"(T50, p705b)《隨函録》"抽𭁗"即經文中的"抽拔",其中"𭁗"即"拔"字之訛。

0234 𡗾

《中華字海・大部》(317):"𡗾,同査。"

按:我們這裏要講的"𡗾"乃"杳"字之訛。《隨函録》卷 26《大唐西域記》卷 3:"𡗾冥,上於了反,冥也,深也,正作杳也。又字體似査,才邪反,大口皃也,非。"(ZD60-408c)唐・玄奘《大唐西域記》卷 3:"途路危險,山谷杳冥。或覆絙索,或牽鐵鎖。"(T51, p884b)《隨函録》"𡗾冥"即經文中的"杳冥",其中"𡗾"即"杳"字之訛。

0235 㚅②

按:"㚅",大型字典失收,見於《隨函録》,即"響"字之俗。《隨函録》卷 28《續高僧傳》卷 19:"㚅振,上許兩反。"(ZD60-483c)"㚅"讀"許兩反",與"響"音同。從形體上看,"㚅"從大從音,會意,意義爲聲音洪亮。"響"亦可爲"聲音洪亮"之義。唐・劉長卿《湘中紀行・浮石瀨》詩:"衆嶺猿嘯重,空江人語響。"這樣一來,"㚅"與"響"音義皆同。唐・釋道宣撰《續高僧傳》卷 19:"俄頃之間,即聞東山有銅鐘聲,大震山谷。"(T50, p582c)"大震山谷",宋、

---

① 慧琳《一切經音義》卷 42:"婆吒霰尼,吒音陟加反,下仙薦反。"(T54, p587c)

② 此條我們曾在《漢語疑難俗字例釋》一文中考釋過,見《語言研究》2006 年第 4 期,第 86 頁。

元、明、宫本作“大音震谷”。《隨函録》“奆振”即《續高僧傳》中的“大震”，但“奆”不是“大”字。根據宋、元、明、宫本的“大音震谷”，我們懷疑“大音”乃“奆”字之拆分。經文本應作“奆振(震)山谷”，古之書寫由上至下，刊定者因不明“奆”爲何字，誤把它當成了“大音”兩字，又爲了滿足四字音節，衹好省去“山谷”中的“山”字。我們推斷經文本應作“奆振(震)山谷”，對此還有異文爲證。《續高僧傳》“即聞東山有銅鐘聲，大震山谷”一語，宋・志盤撰《佛祖統紀》卷 10 引作“東山銅鍾忽響震山谷”(T49, p198a)。由此可見，《隨函録》“奆振”即經文中的“響震”，其中“奆”即“響”字，從大從音，會意而成。

0236 莫、0237 夠

按：“夠”，大型字典失收，見於《隨函録》或佛經，即“箕”字。《隨函録》卷 30《廣弘明集》卷 28：“負莫，音笄，亦作箕、夠、棷三形。”(ZD60-591a)唐・道宣撰《廣弘明集》卷 28：“騰驤猛虎，負箕而將飛。”(T52, p330a)《隨函録》“負莫”即經文中的“負箕”。“夠”“莫”“箕”乃“箕”字。

小部

0238 劣

按：“劣”，大型字典失收，見於《隨函録》，乃“劣”字之訛。《隨函録》卷 21《菩薩本緣經》下卷：“劣乃，上力悦反。”(ZD60-221a)吴・支謙字恭明譯《菩薩本緣經》卷 3：“是時鹿王擔負溺人，至死不放，劣乃得出，至于彼岸。”(T03, p67b)《隨函録》“劣乃”即《菩薩本緣經》中的“劣乃”，其中“劣”即“劣”字之訛。“劣”蓋受下字“乃”的影響類化從“乃”而作“劣”。大量的例子見下篇“劣”字條。

口部

0239 吭、0240 吮[①]

《龍龕手鏡・口部》(266)：“吭，俗，長林反。”《中華字海・口部》(385)：“吭，義未詳，見《龍龕》。”

按：“吭”音“長林反”，爲“沉(沈)”字之俗。《隨函録》卷 3《大哀經》卷 2：“吮吟，上直林反，没也，三思也，謇訥也，正作沈、霃二形。”(ZD59-647c)《大哀經》卷 2：“無有狐疑，亦無沈吟。”(T13, p418b)《隨函録》“吮吟”即此“沈吟”，其中“吮”乃“沈(沉)”字。“吭”與“吮”音同且形體近似。

又《隨函録》卷 15《摩訶僧祇律》卷 9：“吭吟，上直林反，誤。”(ZD59-1105c)東晉・佛陀跋陀羅共法顯譯《摩訶僧祇律》卷 9：“聞者生疑，爲爾不爾？沈吟而住。”(T22, p302a)《隨函

① 此條我們曾在《以可洪〈隨函録〉考漢語俗字若干例》一文中考釋過，見《古漢語研究》2006 年第 1 期，第 32 頁。

録》"吭吟"即此"沈吟",其中"吭"亦"沈(沉)"字之訛。"沈(沉)"何以會作"吭""叱"呢？根據佛經,"沈(沉)"受下字"吟"的影響,類化從"口"旁而作"吭"。"叱"則是"吭"字之訛。

0241 舌、0242 吾

《龍龕手鏡・口部》(278):"舌,古文,渠六反。"

按:"舌",可見於《隨函録》,乃"局"字之訛。《隨函録》卷16《四分律》卷54:"棊舌,上巨之反,下其玉反。"(ZD60-41c)姚秦・佛陀耶舍共竺佛念等譯《四分律》卷53:"如餘沙門婆羅門食他信施,專爲嬉戲,棋局博掩樗蒱八道十道或復拍石,斷除如是種種嬉戲。"(T22, p963a15)《隨函録》"棊舌"即《四分律》中的"棋局",其中"舌"即"局"字之訛。

又《隨函録》卷8《十住斷結經》卷7:"意吾,具玉反。"(ZD59-826c)姚秦・竺佛念譯《最勝問菩薩十住除垢斷結經》卷7:"菩薩當知,或有衆生無愛欲心,意局在小不至大道。"(T10, p1017a)《隨函録》"意吾"即《最勝問菩薩十住除垢斷結經》中的"意局",其中"吾"亦"局"字之訛。"舌"與"吾"形體近似。

0243 咎

按:"咎",大型字典失收,見於《隨函録》,即"啟"字。《隨函録》卷29《弘明集》卷10:"咎悟,上苦禮反,開也,正作啓、启二形。"(ZD60-537c)梁・釋僧祐撰《弘明集》卷10:"昏蒙啟悟,焕爾照朗。"(T52, p62c)《隨函録》"咎悟"即經文中的"啟悟",其中"咎"即"啟"字之訛。

0244 呫

《玉篇・口部》:"呫,丁骨切,叱也。"

按:我們在這裏要講的"呫"乃"吐"字之訛。《隨函録》卷22《舊雜譬喻經》卷1:"呫出,上他古反,正作吐也,又都骨、都括二反,非。"(ZD60-234b)吴・康僧會譯《舊雜譬喻經》卷1:"作術吐出一壺,壺中有女人,與於屏處作家室,梵志遂得卧。女人則復作術,吐出一壺。"(T04, p514a)《隨函録》"呫出"即《舊雜譬喻經》的"吐出",其中"呫"即"吐"字之訛。"吐"蓋受下字"出"的影響類化换旁從"出"而作"呫"的,這種類化屬於純形體上的不符合漢字理據的變化,與意義讀音都無涉。"呫"在字書中本音"丁骨切",意義爲"叱",而在《隨函録》中乃"吐"字之俗,兩者恰巧同形。"呫"一體實際上代表了兩個不同的字。

0245 呧

按:"呧",大型字典失收,見於《隨函録》,乃"舐"字。《隨函録》卷17《五分比丘尼戒本》:"不呧,神紙反。"(ZD60-48b)梁・釋明徽集《五分比丘尼戒本》卷1:"不舐取食應當學。"(T22, p213a)《隨函録》"不呧"即《五分比丘尼戒本》中的"不舐",其中"呧"即"舐"字。

又《隨函録》卷17《僧祇比丘戒本》:"呧手,上神紙反。"(ZD60-44c)梁・釋明徽集《摩訶僧祇比丘尼戒本》卷1:"不舐手食應當學。"(T22, p566a)《隨函録》"呧手"即《摩訶僧祇比丘尼戒本》中的"舐手",其中"呧"亦"舐"字。

又《隨函録》卷 14《正法念處經》卷 10:“呧[1]手,上時紙反,正作舐。”(ZD59-1063b)元魏·般若流支譯《正法念處經》卷 10:“所謂有人形相不正,或有常蹲不曾正坐,若常合掌、常手支頰、常舐手食,有如是等諸外道輩。”(T17, p56c)《隨函録》“呧手”即《正法念處經》中的“常舐”,其中“呧”亦“舐”字。

從形體上,“呧”蓋“舐”换形旁所致,構件“口”與“舌”意義相關。

0246 哫、0247 哫

按:“哫(哫)”,見於《隨函録》,乃“足”字。《隨函録》卷 15《摩訶僧祇律》卷 34:“哫邊,上子玉反,正作足。”(ZD59-1114a)東晉·佛陀跋陀羅共法顯譯《摩訶僧祇律》卷 34:“若聚落中,欲唾者應唾足邊。”(T22, p506a)《隨函録》“哫邊”即《摩訶僧祇律》中的“足邊”,其中“哫”即“足”字。從形體上看,“足”蓋受上字“唾”的影響類化增旁從“口”而作“哫(哫)”。

0248 味

《漢語大字典·口部》(251):“味,‘昧’的訛字。”

按:我們在這裏要講的“味”乃“沫”字。《隨函録》卷 16《四分律》卷 35:“吐味,莫鉢反,正作沫。”(ZD60-34c)姚秦·佛陀耶舍共竺佛念等譯《四分律》卷 35:“或上氣病,或瘶病,或吐沫病,或病,或諸苦惱,或男根病。”(T22, p814a)《隨函録》“吐味”即《四分律》中的“吐沫”,其中“味”即“沫”字。

又《隨函録》卷 16《四分律》卷 42:“唌味,上序延反,下莫鉢反,口液也,正作涎沫也,上又音壇,並悮。”(ZD60-37a)姚秦·佛陀耶舍共竺佛念等譯《四分律》卷 42:“犢子口中涎沫出,與乳相似。”(T22, p869b)《隨函録》“唌味”即《四分律》中的“涎沫”,其中“味”即“沫”字。“沫”蓋受上字“吐”或“唌”的影響,類化换旁從“口”而作“味”。

0249 咶

《廣韻·怪韻》:“咶,火怪切。”

按:我們在這裏要講的“咶”乃“甜”字。《隨函録》卷 20《尊婆須蜜菩薩所集論》卷 5:“酢咶,徒兼反。”(ZD60-154c)符秦·僧伽跋澄等譯《尊婆須蜜菩薩所集論》卷 5:“如是酢辛,如是酢甜,如是酢檖。”(T28, p758a)《隨函録》“酢咶”即《尊婆須蜜菩薩所集論》中的“酢甜”,其中“咶”即“甜”字。

又《隨函録》卷 20《尊婆須蜜菩薩所集論》卷 5:“鹽咶,上音閻,下徒兼反,正作甜也。”(ZD60-154c)符秦·僧伽跋澄等譯《尊婆須蜜菩薩所集論》卷 5:“如是鹽辛,如是鹽甜,如是鹽檖。”(T28, p758a)《隨函録》“監咶”即《尊婆須蜜菩薩所集論》中的“鹽甜”,其中“咶”亦即“甜”字。

又《隨函録》卷 22《阿毘曇五法行經》卷 1:“咶味,上徒兼反,又火怪、下刮二反,非也。”(ZD60-249a)後漢·安世高譯《阿毘曇五法行經》卷 1:“味爲何等? 若酢味、甜味、鹽味、苦

---

① 韓小荆《〈可洪音義〉研究》録作“呧”,不妥。浙江大學 2007 年博士論文,第 205 頁。

味、醎味、辛味、澀味。”(T28, p999a)《隨函録》“咶味”即《阿毘曇五法行經》中的“甜味”,其中“咶”亦“甜”字。

從形體上,“咶”當從口從舌,蓋“甜”的新造會意類俗字。

0250 哄、0251 𡄣

《集韻·東韻》:“吜,一曰吜吜,人聲。……或作哄。呼公切。”

按:我們在這裏要講的“哄”乃“嚇”字之訛。《隨函録》卷13《兜調經》卷1:“哄佛,上呼挌、呼嫁二反,正作嚇,亦作𡄣、嚇二形也,傳寫久悮也,又户貢反,唱聲哄哄也,非義,又呼公反,笑聲也,亂也,亦非。”(ZD59-1041a)《佛説兜調經》卷1:“佛過谷門,白狗嚇佛。”(T01, p887b)《隨函録》“哄佛”即《佛説兜調經》中的“嚇佛”,其中“哄”即“嚇”字之訛。

又《隨函録》卷13《兜調經》卷1:“狗哄,宜作吠,犬聲也。”(ZD59-1041a)《佛説兜調經》卷1:“汝平常時舉手言咆,今反作狗嚇,不知慚愧。”(T01, p887b)《隨函録》“狗哄”即《佛説兜調經》中的“狗嚇”,其中“哄”亦“嚇”字之訛。《隨函録》以“哄”宜作“吠”,不妥。從形體上看,“嚇”或作“𡄣”,“哄”與“𡄣”近似。

0252 响、0253 哃

按:“响”“哃”,見於《隨函録》,乃“洞”字。《隨函録》卷8《稱揚諸佛功德經》下卷:“身响,徒弄反,過也,正作迵、洞二形。《川音》作哃,徒東反,非也。又郭迻音向,非也。”(ZD59-820c)元魏·吉迦夜譯《佛説稱揚諸佛功德經》卷3:“不見身哃道清淨,世世智慧功德成。”(T14, p103b)《隨函録》“身响”即《佛説稱揚諸佛功德經》中的“身哃”。《隨函録》以“响”爲“洞”字,而不是“哃”字,《一切經音義》也持此論。慧琳《一切經音義》卷34所録玄應《稱揚諸佛功德經》下卷音義:“洞清,古文衕、迵二形,同,徒貢反。案,洞猶通,過也,亦深邃之皃也,經文從口作哃,非也。”(T54, p536c)從形體上看,“洞”先寫爲“哃”,而“哃”又進一步訛作“响”。“响”,《隨函録》引郭氏音“向”,此蓋俗讀。俗以“响”形體上從“向”,故讀爲“向”。

0254 唼

按:“唼”,大型字典失收,見於《隨函録》,乃“唼”字。《隨函録》卷6《大莊嚴法門經》下卷:“唼食,上子合反,嗽也,正作唼。”(ZD59-759a)隋·那連提耶舍譯《大莊嚴法門經》卷1:“髑髏骨破,腦出流散,支節塗漫,青蠅唼食,蛆蟲蠢動,種種穢惡,不可稱説。”(T17, p831b)《隨函録》“唼食”即《大莊嚴法門經》中的“唼食”,其中“唼”即“唼”字之訛。

0255 呼

《廣韻·尤韻》:“呼,吹氣,縛謀切。”

按:我們這裏要講的“呼”乃“呼”字之訛。《隨函録》卷23《經律異相》卷44:“哮呼,上呼交反,下音呼,唤也,下又縛謀、疋尤二反,並非。”(ZD60-280c)梁·僧旻、寶唱等集《經律異相》卷44:“狗逆長跪,咶其兩足,狗腹中子哮呼來前。”(T53, p232b)《隨函録》“哮呼”即經文中的“哮呼”,其中“呼”即“呼”字之訛。

又《隨函録》卷23《經律異相》卷4:“呼小,上火乎反,唤也,正作呼也,又扶求、甫求、拂求三反,並非。"(ZD60-264a)梁・僧旻、寶唱等集《經律異相》卷 4:"國人不識,呼小瞿曇。"(T53, p15a)《隨函録》"呼小"即經文中的"呼小",其中"呼"亦"呼"字之訛。這樣一來,大型字典"呼"字下可增添"同呼"的説解。

0256 啞

按:"啞",見於《隨函録》,乃"啞"字之訛。《隨函録》卷 5《方廣大莊嚴經》卷 2:"啞痺,上烏雅反,正作啞也,後偈云'聾瘖瘂種種疾',是也,下必利反,喉悶塞。"(ZD59-695a)唐・地婆訶羅譯《方廣大莊嚴經》卷 2:"或有衆生得種種病,風黄痰氣,盲聾啞痺,牙齒齲痛……"(T03, p550c)《隨函録》"啞痺"即《方廣大莊嚴經》中的"啞痺",其中"啞"即"啞"字之訛。

0257 咨

按:"咨",大型字典失收,見於《隨函録》,乃"咨"字。《隨函録》卷 4《度世品經》卷 1:"咨嗟,上子斯反。"(ZD59-676a)西晉・竺法護譯《度世品經》卷 1:"積累衆德本,諮嗟如來法。"(T10, p622c)《隨函録》"咨嗟"即《度世品經》中的"諮嗟",其中"咨"即"諮"字,而"諮"即"咨"字。《隨函録》卷 2《大寶積經》卷 120:"咨嗟,上子私反,正作咨也,下子邪反。"(ZD59-604c)從形體上看,"咨"字構件"冫"受自身構件"口"的影響,類化改易爲"口"而作"咨"。當然也有可能是"咨"受下字"嗟"的影響類化而作"咨"。

0258 喿、0259 喿

《龍龕手鏡・口部》(275):"喿,俗,女溜反。"

按:"喿""喿",見於《隨函録》或佛經,乃"喌"字。《隨函録》卷 20《尊婆須蜜菩薩所集論》卷 2:"末喿,奴流反,論自切,《川音》作喌也。"(ZD60-153c)符秦・僧伽跋澄等譯《尊婆須蜜菩薩所集論》卷 2:"如衆生號薩唾那羅未喌闍摩納婆埵(睹過反)喌(奴流反),或作是説,不可究知。"(T28, p732c)《隨函録》"末喿"即《尊婆須蜜菩薩所集論》中的"未喌",其中"喿"即"喌"字。又《翻梵語》卷 6:"末喿(奴流反)闍,譯曰人也。唾(睹過反)喿(奴流反),譯曰體也。"(T54, p1024c)"末喿""唾喿"即《尊婆須蜜菩薩所集論》中的"未喌""埵喌",其中"喿"亦"喌"字。

0260 喁

《説文・口部》:"喁,魚口上見也。"

按:我們在這裏要講的"喁"乃"喎"字之訛。《隨函録》卷 13《正法念處經》卷 10:"口喁,苦媧反,正作咼、喎二形,又音顒,誤。"(ZD59-1063b)元魏・般若流支譯《正法念處經》卷 10:"復見異人,皺面喎口。"(T17, p55a)《隨函録》"口喁"即《正法念處經》中的"喎口",其中"喁"對應的當是"喎"字。"喎口"可能是"口喁"之倒。

又《隨函録》卷 13《正法念處經》卷 13:"喁口,上苦乖反,口戾也,正作喎、咼二形也,又牛容反,非也,悮。"(ZD59-1064c)元魏・般若流支譯《正法念處經》卷 13:"皺面喎口,手足身分。"(T17, p78b)《隨函録》"喁口"即《正法念處經》中的"喎口",其中"喁"亦"喎"字之訛。

0261 喐

《龍龕手鏡·口部》(271):“喐,俗,於鬼反。”《集韻·屋韻》:“唹,聲也,或從郁。乙六切。”

按:我們在這裏要講的“喐”乃“噢”字。《隨函録》卷13《太子本起瑞應經》卷1:“喐咿,上音郁,下音伊,悲也,正作噢咿。”(ZD59-1051a)吴·支謙譯《太子瑞應本起經》卷1:“王悲噢咿,涕泣交流。”(T03, p476a)《隨函録》“喐咿”即《太子瑞應本起經》中的“噢咿”,其中“喐”即“噢”字。

又《隨函録》卷14《未生惡王經》卷1:“喐咿,上於六反,下於尸反。”(ZD59-1091b)《佛説未生冤經》卷1:“今日命絶,永替神化,喐咿哽咽,斯須息絶。”(T14, p775b)“喐咿”,宫本作“噢咿”。《隨函録》“喐咿”即宫本《佛説未生冤經》中的“噢咿”,其中“喐”亦“噢”字。從形體上看,“喐”蓋“噢”换聲旁所致。《龍龕手鏡》“喐”音“於鬼反”,乃“痏”字,拙著《龍龕手鏡研究》(249)“喐”字條有詳細論述,可參。

0262 啡

按:“啡”,見於《隨函録》,乃“囊”字。《隨函録》卷11《大莊嚴論經》卷6:“吹啡,蒲拜反,皮囊,鍛家吹火具也,正作韛、囊、排三形,又疋乃反,非。”(ZD59-961c)後秦·鳩摩羅什譯《大莊嚴論經》卷7:“金師常吹囊,出入氣是風。”(T04, p293b)《隨函録》“吹啡”即《大莊嚴論經》中的“吹囊”,其中“啡”爲“囊”字。“囊”蓋受上字“吹”的影響改從“口”旁而作“啡”。

0263 **⿰口有**、0264 **⿰口⿱夂有**、0265 **⿰口⿱有土**、0266 **⿰口𢀩**

《龍龕手鏡·口部》(272):“**⿰口⿱有土**,俗,徒果反。”《龍龕手鏡·口部》(275):“**⿰口有**,《經音義》音墮。香嚴‘俗,褱、隨二音’。”《中華字海·口部》(401):“**⿰口有**,同**⿰口⿱有土**,字見《龍龕》。”《中華字海·口部》(415):“**⿰口⿱有土**,義未詳。字見《龍龕》。”《中華字海·口部》(415):“**⿰口𢀩**,義未詳。字見《篇海》。”

按:《隨函録》卷9《菩薩處胎經》卷1:“**⿰口⿱夂有**咽,上徒果反,下烏賢反。**⿰口⿱夂有**,落也。咽,喉也。言佛示現受食,其食實不落喉中也。……《經音義》作**⿰口有**,應師以唷字替之。唷,禹六反。《説文》云:‘唷,吐也。’‘咽,嗌也。’此乃非是經意也。嗌音益也。”(ZD59-854c)姚秦·竺佛念譯《菩薩從兜術天降神母胎説廣普經》卷2:“如來現食味,次第味味不動味。不唷咽,不嗂嘷。世尊舉飯向口時,心念十方諸五道衆生等同此味。即如念皆悉飽滿。”(T12, p1022c)《隨函録》“**⿰口⿱夂有**咽”即《菩薩從兜術天降神母胎説廣普經》中的“唷咽”。“唷咽”,《隨函録》所録寫本佛經作“**⿰口⿱夂有**咽”,《經音義》所録取寫本佛經作“**⿰口有**咽”。《隨函録》以“**⿰口⿱夂有**”爲“墮”字,而玄應以“**⿰口有**”爲“唷”字,今刻本佛經作“唷”蓋據玄應所定。根據經文文意,《隨函録》所論是也,文意正如《隨函録》所言“佛示現受食,其食實不落喉中也”。

《龍龕手鏡》“**⿰口⿱有土**”音“徒果反”,與“**⿰口⿱夂有**”音同形近,爲同一字。很顯然,《龍龕手鏡》也是把“**⿰口⿱有土**”當作“墮”字。從形體上看,“墮”蓋受下字“咽”的影響類化换旁從“口”而作“**⿰口⿱有土**”。“**⿰口有**”爲“**⿰口⿱有土**”换聲旁或聲旁減省所致,“**⿰口𢀩**”爲“**⿰口⿱有土**”换聲旁所致,而“**⿰口⿱夂有**”則爲“**⿰口有**”之訛。我們曾在《龍龕手鏡研究》(253)中以“**⿰口有**”爲“唷”字,音“禹六反”,不妥,今依《隨函録》改之。

0267 㗋、0268 㖎、0269 𠹛

《龍龕手鏡·口部》(271):"㖎(𠹛),俗,音爽。"《中華字海·口部》(412):"𠹛,同嗓。字見《牡丹亭·圍釋》。"

按:《龍龕手鏡》"㖎(𠹛)"音"爽",顯然不是"嗓"字。那麼"㖎(𠹛)"到底爲何字呢?實際上就是"爽"字。《隨函録》卷23《諸經要集》卷13:"口㗋,所兩反,敗也,楚人謂美敗曰爽也,正作爽也。《老子》云:'五味令人口爽。'爽,傷也。"(ZD60-303b)唐·釋道世《諸經要集》卷13:"五音令人耳聾,五味令人口爽。"(T54, p128a)《隨函録》"口㗋"即《諸經要集》中的"口爽",其中"㗋"即"爽"字。"爽"蓋受上字"口"的影響類化增"口"旁而作"㗋(𠹛)"。

0270 㕯

《廣韻·黠韻》:"㕯,飲聲,烏八切。"

按:我們這裏要講的"㕯"乃"噉"字。《隨函録》卷23《經律異相》卷50:"㕯之,上音噉。《觀佛三昧海經》云:'鐵狗食之,嘔吐在地。'是也。又烏八反,飲水食也,非用。《川音》以齫字替之。"(ZD60-283b)梁·僧旻、寶唱等集《經律異相》卷50:"氣絶命終,生鑊湯中,速疾消爛,唯餘骨在。鐵叉掠出,鐵狗㕯之,嘔吐在地,尋復還活。"(T53, p265a)根據《隨函録》,"㕯"蓋"噉"字,從口從骨,會意。

0271 𠵅

按:我們在這裏要講的"𠵅"乃"吃"字。《隨函録》卷21《佛所行讚》卷5:"口𠵅,或作暨,同音吃,語難也,又音慨,非義。"(ZD60-184c)北涼·曇無讖譯《佛所行讚》卷5:"心辯而口吃,明慧而乏才,神通無威儀,慈悲心虛僞。"(T04, p45b)《隨函録》"口𠵅"即《佛所行讚》的"口吃",其中"𠵅"即"吃"字。

0272 𠷜

按:"𠷜",大型字典失收,見於《隨函録》,乃"啄"字之訛。《隨函録》卷13《正法念處經》卷15:"𠷜罪,上音卓,悞。"(ZD59-1064c)元魏·般若流支譯《正法念處經》卷15:"彼有鐵鳥,金剛惡嘴,在彼樹上,啄罪人頭,啄已上樹。"(T17, p86a)《隨函録》"𠷜罪"即《正法念處經》中的"啄罪",其中"𠷜"即"啄"字之訛。又《隨函録》卷13《正法念處經》卷17:"來𠷜,音卓,悞。"(ZD59-1065c)元魏·般若流支譯《正法念處經》卷17:"有利嘴鳥,來啄其眼。受大苦痛,舉聲大叫。"(T17, p101a)《隨函録》"來𠷜"即《正法念處經》中的"來啄",其中"𠷜"亦"啄"字之訛。

0273 㬻、0274 嚝

《龍龕手鏡·口部》(268):"㬻,俗,音荒。"《中華字海·口部》(407):"㬻,義未詳,字見《龍龕》。"

按:"㬻(嚝)"音"荒",即"荒"字。《隨函録》卷6《無所悕望經》卷1:"㬻如,上呼廣反,虛幻也,應和尚未詳。"(ZD59-760c)西晉·竺法護譯《佛説無希望經》卷1:"無捶(一)離爲

(二)以律捨(三)善度(四)不有實(五)無有處(六)離迷惑(七)尊虛空(八)荒如幻(九)無所生(十)不可得(十一)慈善慈(十二)滑衆生(十三)一切下(十四)求徑路(十五)義精進(十六)斯無楚(十七)此神咒(十八)。"(T17, p781a)"荒",宋、元等本作"⿰口荒"。《隨函録》"⿰口荒如"即《佛説無希望經》中的"荒如"。根據佛經異文,"⿰口荒"與"荒"同。"⿰口荒如幻"是梵語,但不是音譯,而是意譯。《隨函録》卷 25《一切經音義》:"⿰口荒如,上呼廣反,經意是謊,火廣反。又或作謊、怳,二同,呼往反。應和尚未詳。"(ZD60-362c)可洪以"⿰口荒"同"謊"。慧琳《一切經音義》卷 32《無所希望經》卷 1 音義:"⿰口荒如幻,上荒晃反,正作慌。梵語也。"(T54, p521c)《一切經音義》以"⿰口荒"爲"慌"字。根據文意,"荒""謊""慌"皆有可能爲"⿰口荒(⿰口荒)"字之正。

我們曾在《龍龕手鏡研究》(69)論述過"⿰口荒"字,以爲是譯音用字,無實際意義,不妥,今以《隨函録》正之。鄧福禄《字典考正》(87)對"⿰口荒"字亦有考證,可參。

0275 ⿰口郝、0276 ⿰口赦

《龍龕手鏡・口部》(278):"⿰口郝、⿰口赦,二俗,釋、郝二音。"《中華字海・口部》:"⿰口郝,義未詳。見《龍龕》。"

按:拙著《龍龕手鏡研究》(69)對"⿰口郝""⿰口赦"在佛經中作爲譯音字的情況進行了論述,今發現"⿰口郝"還可作爲"螫"字之俗,特補之①。《隨函録》卷 6《大薩遮尼乾子所説經》卷 1:"所⿰口郝,呼各反。"(ZD59-743c)元魏・菩提留支譯《大薩遮尼乾子所説經》卷 1:"若爲惡知識,毒蛇之所螫。"(T09, p319b)《隨函録》"所⿰口郝"即《大薩遮尼乾子所説經》中的"所螫",其中"⿰口郝"即"螫"字。《隨函録》卷 6《大淨法門經》卷 1:"螫人,上尸亦、呼各二反。"(ZD59-759b)《龍龕手鏡》"⿰口郝"音"釋",與"螫"的一個讀音"尸亦反"同,而《隨函録》"⿰口郝"音"呼各反",則與"螫"另一讀音同。

作爲譯音字的"⿰口郝""⿰口赦",與作爲"螫"俗字的"⿰口郝""⿰口赦"是不同的,兩者衹是偶爾同形而已。鄧福禄《字典考正》(84)認爲我們所説的"二字皆爲真言用字,無實際意義"不對,並認爲"二字在真言中出現時固然衹表音,不表意,但這並不等於二字本無實義"。鄧福禄把作爲譯音字的"⿰口郝""⿰口赦"與作爲"螫"俗字的"⿰口郝""⿰口赦"等同了,我們以爲不妥。作爲譯音字的"⿰口郝""⿰口赦"與作爲"螫"俗字的"⿰口郝""⿰口赦"來源不同。《千手千眼觀世音菩薩大悲心陀羅尼》卷 1"唵(引)度曩嚩曰囉(二合)⿰口郝"(T20, p117c),《佛説持明藏瑜伽大教尊那菩薩大明成就儀軌經》卷 2 作"唵(引)度曩嚩日囉(二合)郝"(T20, p682a12)。《大毘盧遮那佛説要略唸誦經》卷 1"⿰口赦戰拏摩訶盧灑拏"(T18, p60a),《不動使者陀羅尼祕密法》卷 1 作"赦戰拏摩訶盧灑拏"(T21, p27a)。由此可見,作爲譯音字的"⿰口郝""⿰口赦"是人們爲了對譯梵語真言分別在"郝""赦"的基礎上增口旁而成。而作爲"螫"俗字的"⿰口郝""⿰口赦",是"螫"换形旁所致。

0277 ⿰口壷、0278 ⿰口壸、0279 ⿰口壸、0280 ⿰口壺

按:"⿰口壷""⿰口壸""⿰口壸""⿰口壺",見於《隨函録》,即"壺"字。

《隨函録》卷 27《高僧傳》卷 13:"唾⿰口壷,音胡。"(ZD60-459b)梁・釋慧皎撰《高僧傳》卷 13:"唯神床頭有一唾壺,中有一蝘蜓,長二尺許,乍出乍入。"(T50, p411a)《隨函録》"唾

① 鄧福禄《字典考正》有"⿰口郝""⿰口赦"爲"螫"的考論,湖北人民出版社 2007 年,第 84 頁。

⿰口壺"即經文中的"唾壺",其中"⿰口壺"即"壺"字。又《隨函録》卷 23《諸經要集》卷 8:"唾⿰口壺,音胡。"(ZD60-300a)唐・釋道世《諸經要集》卷 8:"髮髻頂骨,四牙雙跡,鉢杖唾⿰口壺,泥洹僧等,皆樹塔勒銘,標碣神異。"(T54, p74b)《隨函録》"唾⿰口壺"即經文中的"唾⿰口壺",其中"⿰口壺"即"⿰口壺"字。

又《隨函録》卷 16《四分律》卷 3:"唾⿰口壺,上他卧反,下户吾反。"(ZD60-28c)姚秦・佛陀耶舍共竺佛念等譯《四分律》卷 3:"此是房,此是繩床,是木床,是大小蓐,是卧枕,是地敷,是唾壺,是盛小便器,此是大便處,此是淨地,此是不淨地。"(T22, p587b)《隨函録》"唾⿰口壺"即《四分律》中的"唾壺",其中"⿰口壺"亦"壺"字。

"壺"蓋受上字"唾"的影響類化增旁從"口"而寫成"⿰口壺"的,而"⿰口壺""⿰口壺""⿰口壺"則是"⿰口壺"字之訛。

0281 嗹

按:我們這裏要講的"嗹"乃"嚏"字之訛。《隨函録》卷 26《大慈恩寺法師傳》卷 10:"不嗹,音帝,噴也,正作嚏也,又音蓮,悞也。"(ZD60-440c)《大唐大慈恩寺三藏法師傳》卷 10:"又不夭不申,不欠不嚏。"(T50, p279c)《隨函録》"不嗹"即經文中的"不嚏",其中"嗹"即"嚏"字之訛。這樣一來,大型字典"嗹"字下可增添"同嚏"的説解。

0282 ⿰口⿱𠂉昜

按:"⿰口⿱𠂉昜",大型字典失收,見於《隨函録》,乃"傷"字。《隨函録》卷 22《法句喻經》卷 4:"⿰口⿱𠂉昜哭,上識羊反。"(ZD60-248a)晉・法炬共法立譯《法句譬喻經》卷 4:"居家大小奔波跳走,往趣兒所,呼天傷哭,斷絶復甦。"(T04, p606a)《隨函録》"⿰口⿱𠂉昜哭"即《法句譬喻經》中的"傷哭",其中"⿰口⿱𠂉昜"即"傷"字。"傷"受下字"哭"的影響類化改旁從"口"而成"⿰口⿱𠂉昜"。

0283 ⿰口蚤

《玉篇・口部》:"噪、⿰口蚤,二同,先到切,呼噪也。"

按:我們在這裏要講的"⿰口蚤(⿰口蚤)"乃"蚤"字。《隨函録》卷 20《成實論》卷 9:"⿰口蚤虱,上子老反,下所擳反。"(ZD60-160a)姚秦・鳩摩羅什譯《成實論》卷 8:"以雜善故,生於蚤虱虫蟻等中。"(T32, p301c)《隨函録》"⿰口蚤虱"即《成實論》中的"蚤虱",其中"⿰口蚤"即"蚤"字。"蚤"爲吸血之蟲,受其影響而俗增口旁。

0284 ⿰口匿[1]

《龍龕手鏡・口部》(277):"⿰口匿,俗,尼力反。"《中華字海・口部》(407):"⿰口匿,義未詳。見《篇海》。"

按:"⿰口匿",見於《隨函録》,乃譯音字,無實際意義。《隨函録》卷 16《彌沙塞部和醯五分律》卷 3:"唄⿰口匿(⿰口匿),上蒲邁反,下女力反,《四分律》作唄匿。"(ZD60-20c)宋・佛陀什共竺道生等譯《彌沙塞部和醯五分律》卷 3:"……唄⿰口匿唄⿰口匿共,阿練若阿練若共,乞食乞食共,坐

① 此條我們在《以可洪〈隨函録〉考漢語俗字(續)》一文中論述過,見《古漢語研究》2007 年第 1 期,第 66 頁。

禪坐禪共,如是等衆行不同,各得其類。”(T22, p15b)“唄嗐唄嗐共”,《四分律》卷 3 作“唄匿唄匿共”(T22, p587b)。《翻譯名義集》卷 4:“唄(蒲介)匿,或梵唄,此云止。”(T54, p1123c)“匿”蓋受上字“唄”的影響類化换旁從“口”而作“嗐”,當然也有可能是一個新造譯音字,衹是與“匿”同音而已。

0285 **嗆**、0286 嗟、0287 **嚚**

《龍龕手鏡·口部》(271):“**嚚**、**嗆**(嗟),二俗,其兩反。”《漢語大字典·口部》(286)引《字彙補·口部》:“嗟,義未詳。”

按:我們曾在《龍龕手鏡研究》(247)一書中對“**嗆**”“嗟”進行過考證,現將有關要點轉抄如下:

“**嚚**”“嗟”的讀音與意義究竟怎樣呢?其字來源如何?

先看意義。根據慧琳《經音義》、竺法護《大哀經》,“**嗆**濫”乃“嗟嚂”之訛,而“**嗆**濫”即“**嗆**嘅”,有異文作“慷慨”,在佛經中爲恐懼害怕之義。《分別功德論》與玄應《一切經音義》作“**嚚**慨”,意義同。

再看讀音。“嗟”字,《龍龕手鏡》音“其(群母)兩反”,而慧琳《經音義》音“羌(溪母)兩反”,玄應《一切經音義》“**嚚**”則音“苦朗反”。三書讀音有異。導致三書注音不同的原因是什麼,我們還無法得知。玄應《一切經音義》“**嚚**”音“苦朗反”,我們以爲這可能是由於“**嚚**(嗟)慨”有異文作“慷慨”,故以“**嚚**(嗟)”音同“慷”。這一讀音給了我們一點啟示,“**嚚**(嗟)慨”是否即聯綿詞“慷慨”的變體形態?經文中“慷慨(宋、宫本作**嗆**濫,元、明本作强濫)”與“**嚚**嘅”的意義皆指恐懼害怕之義。大概是由於恐懼害怕導致情緒激動而哭叫,故“慷慨”變從口旁而作“**嚚**(**嗆**)嘅”。此推論乃筆者之臆言,“**嚚**嘅”之“**嗆**(嗟)”音義究竟爲何有待進一步考證。

此外,慧琳《經音義》以爲“**嚚**嘅”同“嗴嘅”。但“嗴”在字書、韻書(《廣韻》《龍龕手鏡》音丘亮切)中乃去聲字,與“嗟”音不同,何況我們在佛經中還未發現“嗟慨”與“嗴慨”互爲異文的情況。因此,“嗟”似不應爲“嗴”字之俗。

今讀可洪《隨函録》,我們發現先前關於“嗟”的論述有一些問題,現予以重論。《隨函録》卷 3《大哀經》卷 2:“嗟嚂,上苦浪反,正作慷、忼二形,下苦愛反,正作慨、慨、嘅三形。慷慨,大息也,謂大喘息聲也。忼嘅,歎息聲也,亦欬瘷聲也。……上又宜作**喨**,丘亮反,方俗呼忼慨爲**喨**(嗴)嘅耳。上又郭氏作巨兩反,下香訖反,並非也。栢梯本作嚂**嚚**。”(ZD59-647c)

根據《隨函録》,“嗟”乃“慷”之俗,用於“嗟嚂(慷慨)”一詞中,意義爲喘息聲,而不是我們以前論述的“恐懼、害怕”之義。

“嗟(**嚚**)”字,《龍龕手鏡》音“其(群母)兩反”,而慧琳《經音義》音“羌(溪母)兩反”,玄應《經音義》音“苦朗反”,《隨函録》音“苦浪反”,四書讀音有異。導致四書注音不同的原因是什麼呢?我們先前以爲不可知,現可以作出解釋。《龍龕手鏡》將“嗟”注音爲“其兩反”,這與上述《隨函録》所録郭氏注音“巨兩反”相同,可洪已明確提出“嗟”音“巨兩反”是錯誤的,那麼郭氏爲什麼會把“嗟”讀成“巨兩反”呢?大概是因爲“嗟”形體上從“强”得聲,而“强”可以音“巨兩反”(見《集韻·養韻》),於是亦將“嗟”俗讀成了“巨兩反”。慧琳將“嗟”注音爲

“羌兩反”,這裏的反切下字“兩”應取去聲的讀音。《廣韻・漾韻》:“兩,力讓切。”“噐”爲漾韻溪母字。慧琳將“噐”當作了“嗟”字之訛[①],而“嗟”音“丘亮反”(見《龍龕手鏡・口部》),亦漾韻溪母字,兩字正好音同。玄應將“噐”注音爲“苦朗反”,是因爲他以“噐”爲“慷”的俗字,而“慷”可以音“苦朗反”(見《廣韻・蕩韻》)。可洪《隨函録》將“噐”注音爲“苦浪反”,是因爲他以“噐”爲“慷”的俗字,而“慷”可以音“丘岡切”(見《集韻・唐韻》),唐韻溪母字,“苦浪反”亦可以理解爲唐韻溪母,反切下字“浪”[②]取平聲。

總之,我們利用《隨函録》,對“噐”“噐”的讀音與意義有了新的了解,糾正了我們先前的一些看法。

0288 嗇、0289 嶓

按:我們這裏要講的“嗇(嶓)”乃“蟠”字之訛。《隨函録》卷15《尊婆須蜜菩薩所集論》卷2:“嗇(嶓)龍,上音槃,正作蟠。”(ZD60-153c)苻秦・僧伽跋澄等譯《尊婆須蜜菩薩所集論》卷2:“或作是説,諸畜生趣相應咒,亦是咒如鹿烏鷩咒降象出蟠龍。或作是説,一切邪命是畜咒。”(T28, p734a)《隨函録》“嗇(嶓)龍”即經文中的“蟠龍”,其中“嗇”即“蟠”字之訛。《龍龕手鏡・口部》(269):“嗇(嶓),《隨函》合作蟠,音盤。”今《隨函録》與《龍龕手鏡》所引相同。

0290 嘍

按:我們在這裏要講的“嘍(嘍)”乃“嗽”字。《隨函録》卷15《摩訶僧祇律》卷30:“而嘍(嘍),所角反,正作欶、嗽二形,又力侯、力口二反,並非也。”(ZD59-1112a)東晉・佛陀跋陀羅共法顯譯《摩訶僧祇律》卷30:“時釋家女抱孩兒,手捉生酥而嗽。”(T22, p482a)《隨函録》“而嘍(嘍)”即《摩訶僧祇律》中的“而嗽”,其中“嘍(嘍)”即“嗽”字,而“嗽”亦“嗽”字,意義爲“吮吸”。

0291 啣

按:“啣”,大型字典失收,見於《隨函録》,乃“銜”字。《隨函録》卷14《羅云忍辱經》卷1:“啣腦,上音銜,下音惱。”(ZD59-1096c)“啣”音“銜”,當爲“銜”字。《龍龕手鏡・口部》(266):“啣,俗,音銜。”《中華字海・口部》(423):“啣,同銜,用嘴含。見《篇海》。”從形體上看,“啣”蓋源於“銜”的俗體“啣”之訛。

0292 嘿

按:我們在這裏要講的“嘿”乃“嘿”字之訛。《隨函録》卷20《舍利弗阿毘曇論》卷15:“嘿時,上莫黑反,靜也,正作默、嘿二形也,又郭氏作力戈反,非也。”(ZD60-171a)姚秦・曇摩耶舍共曇摩崛多等譯《舍利弗阿毘曇論》卷18:“……眠時覺時默時不自護行,是名不正

---

① 慧琳《一切經音義》卷19《大哀經》卷2音義:“噐嘅,上羌兩反,下苦改反。嗟,啼哭聲也,嘅,歎息之聲。正作嗟嘅,經中作噐嘅,書錯,不成字也。”(T54, p426c)

② 《廣韻・唐韻》:“浪,魯當切。”

知。”(T28, p650a)《隨函録》“嘿時”即《舍利弗阿毘曇論》中的“默時”,其中“嘿”即“默”字。“默”或作“嘿”,“嘿”蓋“嘿”字之訛。

0293 ⿰口⿺辶豦[①]

按:“⿰口⿺辶豦”,大型字典失收,此字見於《隨函録》,即“噱”之異體。《隨函録》卷30《廣弘明集》卷24:“嗢⿰口⿺辶豦,上烏没反,下其約反。”(ZD60-582c)唐・道宣撰《廣弘明集》卷24:“晟論箱庚,高談穀稼,嗢噱謳歌,舉杯相抱。”(T52, p277a)《隨函録》“嗢⿰口⿺辶豦”即《廣弘明集》的“嗢噱”,其中“⿰口⿺辶豦”即“噱”字。

0294 ⿰口罪

按:“⿰口罪”,大型字典失收,見於《隨函録》,乃“囉”字之訛。《隨函録》卷23《陁羅尼雜集》卷5:“伐⿰口罪,郎何反,正作囉,上方經作囉。”(ZD60-288b)《陁羅尼雜集》卷5:“薩伐囉……”(T21, p609a)《隨函録》“伐⿰口罪”即《陁羅尼雜集》中的“伐囉”,其中“⿰口罪”即“囉”字之訛。

0295 ⿰口敫、0296 ⿰口敫

按:“⿰口敫(⿰口敫)”字,大型字典失收,見於《隨函録》,乃“⿰口毄(喫)”字之訛。《隨函録》卷23《諸經要集》卷14:“⿰口敫噉,上苦擊反,下徒敢反,正作⿰口毄噉。”(ZD60-304a)唐・釋道世《諸經要集》卷14:“我曾⿰口敫噉四方衆僧花果、飲食。”(T54, p134b)“⿰口敫”,宋、元、明、宫本作“喫”。《隨函録》“⿰口敫噉”即宋、元、明、宫本《諸經要集》中的“⿰口敫噉”“喫噉”,其中“⿰口敫”即“⿰口敫”,與“喫”同。《龍龕手鏡・口部》(276):“⿰口毄(⿰口毄),或作;喫,正,口擊反,噉也。”“⿰口毄(⿰口毄)”“⿰口敫”“⿰口敫”皆與“喫”同。

0297 ⿰口興、0298 ⿰口典

《龍龕手鏡・水部》(267):“⿰口典(⿰口興),俗,呵朋反。”《中華字海・氵部》(426):“⿰口興,義未詳。見《字彙補》。”

按:“⿰口典(⿰口興)”,見於《隨函録》及佛經,乃譯音字,本無實際意義。詳細考證見本書上篇第三章“⿰口興”字條。

0299 ⿰口巂、0300 ⿰口巂

《龍龕手鏡・口部》平声(269):“⿰口巂,俗,音雌。”《中華字海・口部》(427):“⿰口巂,cí,音詞,義未詳。見《龍龕》。”

按:“⿰口巂(⿰口巂)”,可見於《隨函録》及佛經,乃“嘴”字之訛。《隨函録》卷17《根本説一切有部毗奈耶尼陁那攝頌》卷1:“鳥⿰口巂,子壘、子危二反,鳥口也,正作觜、策二形也。《目得迦》作‘鳥觜蠅無慚’。……《廣濟藏隨函》作以沼反,非也。”(ZD60-63c)唐・義淨譯《根本説一切有部毘奈耶尼陀那目得迦攝頌》卷1:“與田分相助,車船沸自取,鳥⿰口巂蠅無慚,制底信少欲。”(T24, p519c)“鳥⿰口巂”,宋、元、明、宫本作“鳥嘴”。《隨函録》“鳥⿰口巂”即宋、元、明、

---

① 韓小荆《可洪音義研究》録作“⿰口⿺辶虎”,形體失真。浙江大學2007年博士論文。

宫本《根本説一切有部毘奈耶尼陀那目得迦攝頌》中的“烏嘴”，其中“𠾊”即“嘴”字之訛。《龍龕手鏡》“𠾊”音“雌”，可能别爲一字。鄧福禄《字典考正》(105)以爲“《中華字海》編者不識此‘雌’同‘觜’，而注音‘cí 音詞’，謬矣”。此言不妥。《龍龕手鏡》“𠾊”音“雌”，是在平聲區，而“觜”表鳥嘴之義是讀上聲，可見《龍龕手鏡》並没有把“𠾊”當作“觜”，《中華字海》編者根據《龍龕手鏡》將“𠾊”注音爲“cí，音詞”並無不妥。

0301 嘖、0302 囋

按：“嘖”，大型字典失收，見於《隨函録》，乃“噆”字之訛。《隨函録》卷23《經律異相》卷20：“嘖唼，上子合反，下所角反，下(當爲上字)正作噆，嗽也，又子管反，諸經或云鑽食其身，是也。”(ZD60-270b)梁・僧旻、寶唱等集《經律異相》卷20：“或有食噉盡不盡者，有似灰鴿，蛆蟲囋唼，臭穢難近。”(T53, p111a)“囋唼”，宋、元、明、宫本作“噆唼”。《隨函録》“嘖唼”即宋、元、明、宫本《經律異相》中的“噆唼”，其中“嘖”即“噆”字之訛。何以見得“嘖”不是“囋”呢？根據經文文意，“嘖唼”表咬、食，“囋”無此義，而“噆”有之。其實“囋唼”的“囋”也是“噆”字之訛。“囋唼”，《出曜經》作“咂唼”或“噆唼”。姚秦・竺佛念譯《出曜經》卷1：“或有食噉盡不盡者，有似炙鴿，蛆蟲咂唼，臭穢難近。”(T04, p612b)“咂”，宋、元、明本作“噆”。“咂”與“噆”意義相同。綜上所述，“嘖”爲“噆”字無疑。

0303 嗽、0304 嗷、0305 嗽、0306 嗽、0307 嘍

《龍龕手鏡・口部》(266)：“嗽、嗽、嗷，三俗，落侯、力主、蘇口、所角四反。”《中華字海・口部》(425)：“嗷，同嗾。見《正字通》。”又言：“嗽，同嗾。見《龍龕》。”

按：“嗽”“嗽”“嗷”有四音，其中衹有“蘇口反”與“嗾”同音。因此《中華字海》徑直以《龍龕手鏡》“嗽”同“嗾”，不妥。“嗽”“嗽”“嗷”在佛典中使用的情況比較複雜，可以作好幾個字的俗體。

1. “嗽”“嗽”“嗷”音“所角反”，乃“嗽”字之俗。

《隨函録》卷15《摩訶僧祇律》卷34：“嗽指，上所角反。”(ZD59-1113c)東晉・佛陀跋陀羅共法顯譯《摩訶僧祇律》卷34：“僮子棄塚間，唼指七日活。”(T22, p500b)《隨函録》“嗽指”即《摩訶僧祇律》中的“唼指”，其中“嗽”即“唼”字。根據經文，其意義爲“吮吸”。《廣韻・覺韻》：“欶，口嗡也；嗽，上同。所角切。”《漢書・佞幸傳・鄧通》：“文帝嘗病癰，鄧通常爲上嗽吮之。”“嗽”音“所角反”，與“嗽(欶)”音義皆同，即“嗽(欶)”字之俗。

又《隨函録》卷16《彌沙塞部和醯五分律》卷3：“𪡏(嗽)指，上所卓反，正作欶、嗽。”(ZD60-21a)宋・佛陀什共竺道生等譯《彌沙塞部和醯五分律》卷3：“在太子床上現作小兒嗷指仰卧。”(T22, p17c)“𪡏(嗽)”即“嗷”，皆“嗽”字。

2. “嗽”“嗷”“嗽”“嘍”又可爲“數”字之俗。

《隨函録》卷12《中阿含經》卷7：“嘖𡅏(嘍)，上阻伯反，下生主、生遇二反。嘖嘍，呵罵也，正作數，或作嗽。”(ZD59-988b)東晉・瞿曇僧伽提婆譯《中阿含經》卷31：“尊者賴吒和羅自於父家不得布施，但得嘖嗷。”(T01, p624b)根據《隨函録》及經文，“嘖嗽(嗷)”“嘖𡅏(嘍)”與“責數”同，“嗽(嗷)”“𡅏(嘍)”即“數”字之俗，意義爲責備。

又《隨函録》卷12《中阿含經》卷20：“嘖𪡏(嗽)，音數也，呵罵也。”(ZD59-992a)東晉・

瞿曇僧伽提婆譯《中阿含經》卷 20:“賢者大拘絺羅,汝莫大責數質多羅象子比丘。所以者何? 質多羅象子比丘戒德多聞,似如懈怠,然不貢高。”(T01, p558a)《隨函録》“噴⿰嘍攵(⿰口數)”即《中阿含經》中的“責數”,“⿰嘍攵(⿰口數)”即“數”字。

又《隨函録》卷 12《中阿含經》卷 7:“噴⿰口數,音數,前作嘍字,非也。”(ZD59-988b)東晉·瞿曇僧伽提婆譯《中阿含經》卷 7:“彼云何作是念? 若有他人罵詈、捶打、瞋恚、責數者,便作是念。”(T01, p464c17)《隨函録》“噴⿰口數”即《中阿含經》中的“責數”,“⿰口數”亦“數”字。

《龍龕手鏡》“⿰口數”“⿰口數”“⿰口數”音“落侯反”,與“嘍”音同。《廣韻·侯韻》:“嘍,落侯切。”我們懷疑《龍龕手鏡》蓋以“⿰口數”“⿰口數”“⿰口數”同“嘍”,並讀如“嘍”字本音,而不知“⿰口數”“⿰口數”“⿰口數”同“嘍”,在佛經中乃“數”之俗。

從形體上看,“數”蓋受上字“責”作“噴”的影響,類化增旁從“口”而作“⿰口數”“⿰口數”“⿰口數”的,而“嘍”蓋爲“⿰口數”之省。

3.“⿰口數(⿰口數)”還可以爲“瘶”字之俗。

《隨函録》卷 14《正法念處經》卷 64:“⿰口數病,上速奏反,欬⿰口數,病也,正作瘶、欶二形。”(ZD59-1072c)《正法念處經》卷 64:“若蟲增長,令人嗽病。”(T17, p382a)《隨函録》“⿰口數病”即《正法念處經》中的“嗽病”,其中“⿰口數”即“嗽”字,意義爲“咳嗽”,與“瘶”同。

0308 ⿰口歐

按:我們在這裏要講的“⿰口歐”乃“歐”字。《隨函録》卷 14《正法念處經》卷 64:“⿰口歐吐,上惡口反。”(ZD59-1072c)元魏·般若流支譯《正法念處經》卷 64:“咽喉有蟲,名曰食涎,咀嚼食時,猶如嘔吐。”(T17, p382a)《隨函録》“⿰口歐吐”即《正法念處經》中的“嘔吐”,其中“⿰口歐”即“嘔”字。元魏·般若流支譯《正法念處經》卷 65:“或復鼻塞,不知香臭,面色萎黄,咳逆⿰口歐唾。見不淨時,即便⿰口歐吐。”(T17, p389c)根據經文,“⿰口歐”亦“嘔”字。

從形體上看,“嘔”或作“歐”,“⿰口歐”蓋受“嘔”“歐”交互影響所致,也有可能是“歐”受上下“吐”或“唾”的影響,類化增“口”而作“⿰口歐”。

0309 ⿰口歡、0310 ⿰口觀[①]

《隨函録》卷 14《正法念處經》卷 39:“⿰口歡喜,上火官反。⿰口觀彼,上古丸反,又去聲。”(ZD59-1070a)

按:“⿰口歡”“⿰口觀”,大型字典失收。“⿰口歡”“⿰口觀”分别爲何字呢? 根據《隨函録》,“⿰口歡”音“火官反”,我們認爲其即“歡”字,而“⿰口觀”音“古丸反”,即“觀”字。元魏·瞿曇般若流支譯《正法念處經》卷 39:“心生歡喜,觀彼天處。”(T17, p228b)《隨函録》“⿰口歡喜”即“歡喜”,而“⿰口觀彼”即“觀彼”,其中“⿰口歡”爲“歡”字,“⿰口觀”爲“觀”字。

0311 嚯

《龍龕手鏡·口部》(276):“嚯,俗,許略反,正作謔字。”

按:我們在這裏要講的“嚯”乃“齶”字。《隨函録》卷 22《内身觀章句經》卷 1:“上嚯,五

① 此條我們曾在《〈可洪音義〉與現代大型字典俗字考》一文中考釋過,見《漢語學報》2006 年第 2 期,第 87 頁。

各反,正作腭、齶、啰三形。"(ZD60-233a)《佛説内身觀章句經》卷 1:"齒三十二骨,頸爲與耳本,鼻爲與上齶,心與頸嚨喉……"(T15, p239c)《隨函録》"上嚁"即《佛説内身觀章句經》中的"上齶",其中"嚁"即"齶"字。

又《隨函録》卷 21《道地經》卷 1:"上嚁,五各反,正作啰、齶,郭氏作許略反,非。"(ZD60-210a)後漢·安世高譯《道地經》卷 1:"一種在舌,一種著舌根,一種著口中上齶。"(T15, p235b)《隨函録》"上嚁"即《道地經》中的"上齶",其中"嚁"亦"齶"字。

此外,"嚁"在《隨函録》中又可爲"確"字。《隨函録》卷 22《雜譬喻經》卷 2:"嚁不,上宜作癨、擢,二同,呼郭反。癨,吐也。擢,手撥物也。"(ZD60-236a)《雜譬喻經》卷 2:"母自抱乳,確不肯食。青衣抱養,亦復如是。"(T04, p508c)《隨函録》"嚁不"即《雜譬喻經》中的"確不",其中"嚁"即"確"字之訛。"確"即堅決、堅定的意思。《隨函録》以"嚁"爲"癨""擢"字,與文意不符。

囗部

0312 囯

按:"囯",大型字典失收,見於《隨函録》,乃"圍"字之訛。《隨函録》卷 21《佛本行讚》卷 1:"囯繞,上韋、謂二音,正作圍。"(ZD60-185c)宋·釋寶雲譯《佛本行經》卷 1:"其弊懷害强,圍繞求對戰。"(T04, p56a)《隨函録》"囯繞"即《佛本行經》的"圍繞",其中"囯"即"圍"字之訛。

又《隨函録》卷 20《立世阿毘曇論》卷 3:"囯繞,上韋、謂二音,正作圍。"(ZD60-163a)陳·真諦譯《佛説立世阿毘曇論》卷 3:"此園周迴一千由旬,逕三百三十三由旬,三分之一,金城之所圍遶。"(T32, p185c)《隨函録》"囯繞"即《佛説立世阿毘曇論》中的"圍遶",其中"囯"亦"圍"字之訛。

0313 [illegible]

按:"[illegible]",大型字典失收,見於《隨函録》,乃"團"字之訛。《隨函録》卷 17《僧祇戒本比丘尼波羅提木叉》:"[illegible]飯,上徒官反。"(ZD60-45b)東晉·法顯共覺賢譯《摩訶僧祇比丘尼戒本》卷 1:"不得挑團飯食應當學。"(T22, p564a)《隨函録》"[illegible]飯"即《摩訶僧祇比丘尼戒本》中的"團飯",其中"[illegible]"即"團"字之訛。

巾部

0314 [illegible]

按:"[illegible]",大型字典失收,見於《隨函録》,即"希"字。《隨函録》卷 29《弘明集》卷 13:"猶[illegible],音希。"(ZD60-542b)梁·釋僧祐撰《弘明集》卷 13:"悟繁產於蟲豸,喻零霖其猶希。"(T52, p90c)《隨函録》"猶[illegible]"即經文中的"猶希",其中"[illegible]"即"希"字之訛。《重訂直音篇·

巾部》:"希,許衣切。……帣,同上。""希"或作"帣",而"帟"與"帣"在形體上近似。

0315 忤

按:"忤",大型字典失收,見於《隨函録》,即"忤"字之訛。《隨函録》卷28《甄正論》上卷:"輕忤,音悟。"(ZD60-517c)玄嶷撰《甄正論》卷2:"輕忤高懷,伏垂矜恕。"(T52, p564a)《隨函録》"輕忤"即經文中的"輕忤",其中"忤"即"忤"字。構件"忄"因俗寫與"巾"近似而誤寫成了"巾"。

0316 㡌、0317 惘、0318 惘

《龍龕手鏡·巾部》(138):"㡌,音罔(網)。"《中華字海·巾部》(465):"㡌,義未詳。見《龍龕》。"

按:"㡌"音"罔(網)",疑即"網"字。《隨函録》卷20《鞞婆沙論》卷8:"疑惘,音罔。"(ZD60-174b)符秦·僧伽跋澄譯《鞞婆沙論》卷8:"我觀世天人,梵志行無積,我今禮大仙,拔我疑網刺。"(T28, p472c)《隨函録》"疑惘"即《鞞婆沙論》中的"疑網",其中"惘"即"網"字。

《隨函録》卷4《大般涅槃經》卷21:"疑惘,音罔。"(ZD59-684c)北涼·曇無讖譯《大般涅槃經》卷21:"汝今所有疑網毒鏃,我爲大醫能善拔出。"(T12, p490a)《隨函録》"疑惘"即《大般涅槃經》中的"疑網",其中"惘"亦"網"字。

又《隨函録》卷12《增一阿含經》卷2:"惘結,上文往反。"(ZD59-999b)東晉·瞿曇僧伽提婆譯《增一阿含經》卷2:"欲意、恚想、愚惑之心、猶豫網結,皆悉除盡。"(T02, p554a)《隨函録》"惘結"即《增一阿含經》中的"網結","惘"亦"網"字。

從形體上看,《隨函録》"㡌"與"惘""惘"讀音相同且形體近似。構件"忄"與"巾"近似易訛。"㡌"蓋"網"的换形旁俗字,構件"巾"與"糹"意義相關。當然,"惘""惘"既可以理解爲"㡌"訛誤所致,也可以理解爲"網"類化所致。丁福保《佛學大辭典》:"疑網(譬喻),疑惑交絡譬如網。《法華經·方便品》曰:'無漏諸羅漢,及求涅槃者,今皆墮疑網。'《智度論》二十七曰:'從諸佛聞法,斷諸疑網。'"由於"疑網""猶豫網結"都指"疑惑交絡譬如網",與心理有關,受其影響,"網"類化换旁從"忄"而作"惘(惘)"。

0319 㤥

按:"㤥",大型字典失收,見於《隨函録》,即"恢"字之訛。《隨函録》卷28《續高僧傳》卷29:"郗㤥,上丑夷反,下苦迴反。"(ZD60-497c)唐·釋道宣撰《續高僧傳》卷29:"刺史郗恢創莅此蕃,像乃行至萬山。"(T50, p692c)《隨函録》"郗㤥"即經文中的"郗恢",其中"㤥"即"恢"之訛。構件"忄"與"巾"近似易混。

0320 幛

按:"幛",大型字典失收,見於《隨函録》,乃"悼"字之訛。《隨函録》卷12《成唯識論》卷10:"幛微,上徒告反。"(ZD59-976a)大唐·義淨譯《成唯識論》卷10:"悼微言之匿彩,嗟大義之淪暉。"(T31, p59c)《隨函録》"幛微"即《成唯識論》中的"悼微",其中"幛"爲"悼"字之訛。

0321 幁

《中華字海・巾部》(469):"幁,同㡓。字見《五音集韻》。"

按:我們這裏要講的"幁"乃"顺"字之訛。《隨函録》卷27《高僧傳》卷2:"幁曰,上市閏反,人名李順。"(ZD60-447a)梁・釋慧皎撰《高僧傳》卷2:"遜謂順曰:'西蕃老臣蒙遜奉事朝廷不敢違失。'"(T50, p336c)《隨函録》"幁曰"即經文中的"顺曰",其中"幁"即"顺"字之訛。這樣一來,大型字典"幁"字下可增添"同顺"的説解。

0322 𢄔

按:"𢄔"字,大型字典失收,見於《隨函録》所引《川音》中,乃"懮"字之訛。《隨函録》卷23《諸經要集》卷10:"憂惱,《川音》作𢄔、懮二字,並非也。"(ZD60-301b)唐・釋道世《諸經要集》卷10:"喪失財寶,心大憂惱。"(T54, p93a)"憂",《隨函録》引《川音》作"𢄔"或"懮",並認爲其不對。其實《川音》"懮"即"憂"字,而"𢄔"也是"懮"字之訛,構件"忄"與"巾"近似易混,構件"憂"與"复"也近似。

0323 𢃳

按:"𢃳",大型字典失收,見於《隨函録》,即"愷"字之訛。《隨函録》卷28《辯正論》卷1:"八𢃳,苦改反。"(ZD60-501a)唐・法琳撰《辯正論》卷2:"舉八元八愷之職。"(T52, p490c)《隨函録》"八𢃳"即經文中的"八愷",其中"𢃳"即"愷"字之訛。構件"忄"與"巾"近似易混。

0324 幨、0325 㡄、0326 𢡱[①]

《中華字海・巾部》(472):"㡄,義未詳。見《字彙補》。"

按:"㡄"即"蓋"字。《隨函録》卷12《增一阿含經》卷13:"幡𢡱,古太反,正作蓋,又烏蓋反,非也。"(ZD59-1000c)東晉・瞿曇僧伽提婆譯《增一阿含經》卷13:"諸臣對曰:'如大王教,去城不遠一由旬内,造立堂舍,彫文刻鏤,五色玄黄,懸繒幡蓋,作倡伎樂,香汁灑地,修治浴池。'"(T02, p610c)《隨函録》"幡𢡱"即《增一阿含經》中的"幡蓋","𢡱"即"蓋"字。

又《隨函録》卷6《彌勒成佛經》:"幡𢡱,音蓋,傘也,又音藹,非。"(ZD59-761b)

又《隨函録》卷12《增一阿含經》卷26:"幡𢡱,古太反,正作蓋,又烏蓋反,非也。"(ZD59-1002b)東晉・瞿曇僧伽提婆譯《增一阿含經》卷26:"是時釋種即於堂上敷種種坐具,懸繒幡蓋,香汁灑地,燒衆名香。"(T02, p690c)《隨函録》"幡𢡱"即《增一阿含經》中的"幡蓋","𢡱"即"蓋"字。

從形體上看,"蓋"可能是受上字"幡"的影響類化增旁從"巾"而作"㡄",而"𢡱"則是"㡄"之俗。構件"巾"與"忄"草寫近似易訛。《字彙補》中"㡄"與"𢡱"一樣,即"蓋"的俗字。

又《隨函録》卷18《阿毘曇毘婆沙論》卷25:"幡幨,音蓋,又烏蓋反,悮。"(ZD60-102a)北涼・浮陀跋摩共道泰等譯《阿毘曇毘婆沙論》卷22:"爾時比丘語阿難言:'大德嚴淨此房,除去瓦石糞掃之等,懸繒幡㡄,散種種華,燒上妙香,敷細軟卧具,安置好枕。'"(T28,

① 此條我們曾在《以可洪〈隨函録〉考漢語俗字(續)》一文中論述過,見《古漢語研究》2007年第1期,第64頁。

p166c)《隨函録》"幡𢅆"即《阿毘曇毘婆沙論》的"幡𢄼",其中"𢅆"即"𢄼"字。很顯然,"懸繒幡𢄼"即《增一阿含經》"懸繒幡蓋"。"𢅆""𢄼"爲"蓋"之俗無疑。

0327 㡙、0328 怘、0329 怘、0330 怘①

《龍龕手鏡·心部》(58):"怘(怘),音户。"《中華字海·忄部》(605):"怘,同怙。見朝鮮本《龍龕》。"

按:"㡙",大型字典失收,見於《隨函録》,乃"扈"字,《龍龕手鏡》"怘(怘)"亦"扈"字之俗,《中華字海》以之爲"怙",不妥。詳細考證見本書第五章"㡙"字條。

山部

0331 岃

按:"岃"本爲"會"字。我們在這裏要講的"岃"乃"幼"字。《隨函録》卷21《佛所行讚》卷5:"長岃,伊謬反,少也,正作幼也,《玉篇》音會,非也,上方藏作幼。"(ZD60-185a)北凉·曇無讖譯《佛所行讚》卷5:"人天一悲歎,聲合而同哀,入城見士女,長幼供養畢。"(T04,p52a)《隨函録》"長岃"即《佛所行讚》的"長幼",其中"岃"即"幼"字。

0332 崖

按:"崖",大型字典失收,見於《隨函録》,乃"底"字。《隨函録》卷8《華手經》卷9:"崖崖,上丁禮反,下五佳反,合云崖底也。"(ZD59-843b)後秦·鳩摩羅什譯《佛説華手經》卷9:"即墮此中時,波浪所顛覆,不能得崖底,漂没於中流。"(T16,p198a)《隨函録》"崖崖"即《佛説華手經》中的"崖底",其中"崖"即"底"字。"崖底"在寫本中誤倒爲"崖(底)崖"。從形體上看,"底"蓋受"崖"字的影響類化换旁從"山"而作"崖"。

0333 岀

按:"岀",見於《隨函録》,乃"澀(澁)"字之訛。《隨函録》卷20《成實論》卷7:"麁岀,所立反。"(ZD60-159c)"岀"音"所立反",與"澀(澁)"(《廣韻》色立切)音同。姚秦·鳩摩羅什譯《成實論》卷6:"汝觸麤澁,不可近身。"(T32,p287a)《隨函録》"麁岀"即《成實論》中的"麤澁",其中"岀"即"澁"字。從形體上看,"岀"源於"澀(澁)"字之訛。

又《隨函録》卷18《毘尼母經》卷6:"堅岀,所立反。"(ZD60-84b)《毘尼母經》卷6:"破僧大惡,如堅澁苦辛無有樂者,此住處衆中,無有健鬥諍。"(T24,p834a)《隨函録》"堅岀"即《毘尼母經》的"堅澁",其中"岀"亦"澀(澁)"字之訛。

0334 㟁

按:"㟁"字,大型字典失收,見於《隨函録》,乃"崗"字。《隨函録》卷24《開元釋教録》

① 此條我們曾在《以可洪〈隨函録〉考漢語俗字(續)》一文中論述過,見《古漢語研究》2007年第1期,第63頁。

卷 3:"石子崗,古郎反,正作崗。"(ZD60-342a)唐·智昇撰《開元釋教録》卷 3:"蜜常在石子崗東行頭陀,既卒,因葬于此。"(T55, p503b)《隨函録》"石子崗"即此"石子崗",其中"崗"即"崗"字。

0335 崄

按:"崄",大型字典失收,見於《隨函録》,乃"嶮"字之訛。《隨函録》卷 23《經律異相》卷 42:"艱崄,上古顏反,下許撿反,正作嶮也。"(ZD60-279c)梁·僧旻、寶唱等集《經律異相》卷 42:"但恐道路艱嶮,難以自隨。"(T53, p220c)《隨函録》"艱崄"即經文中的"艱嶮",其中"崄"即"嶮"字之訛。

0336 峑、0337 峑、0338 涬

按:"峑""峑""涬",大型字典失收,見於《隨函録》,乃"望"之訛。《隨函録》卷 21《撰集百緣經》卷 10:"幸峑,上胡耿反,下音望。"(ZD60-192c)吴·支謙譯《撰集百緣經》卷 10:"彼人豪兇,必能如是,幸望天王,令其有子。"(T04, p254b)《隨函録》"幸峑"即《撰集百緣經》的"幸望",其中"峑"即"望"字之訛。

又《隨函録》卷 21《撰集百緣經》卷 10:"峑欲,上音妄,正作望。"(ZD60-192c)據《隨函録》,"峑"亦"望"字。"峑"與"峑"形體近似。

又《隨函録》卷 3《大方等大集經》卷 12:"四涬,音妄,正作望。"(ZD59-621a)北涼天竺三藏曇無讖譯《大方等大集經》卷 11:"時魔波旬聞是語已心生恐怖,四望顧視,欲求退處,四方障礙,不得從意。"(T13, p72b)《隨函録》"四涬"即《大方等大集經》的"四望",其中"涬"亦"望"字之訛。

0339 嶷

按:"嶷",大型字典失收,見於《隨函録》,乃"嶷"字之訛。《隨函録》卷 12《長阿含經》卷 5:"嶷然,上牛力反,正作嶷。"(ZD59-981c)後秦·佛陀耶舍共竺佛念譯《長阿含經》卷 5:"譬如力士坐於安座,嶷然不動。"(T01, p35b)《隨函録》"嶷然"即《長阿含經》中的"嶷然",其中"嶷"爲"嶷"字之訛。

0340 嵪、0341 𡾊

《中華字海·山部》(462):"𡾊,義未詳。見朝鮮本《龍龕》。"《龍龕手鏡·山部》(79):"𡾊,音攝。"

按:《龍龕手鏡》"𡾊"音"攝",即"攝"字之俗。"嵪(𡾊)"可見《隨函録》及佛經。《隨函録》卷 27《高僧傳》卷 8:"嵪(𡾊)山,上尸葉反,《續高僧傳》作攝山。"(ZD60-454b)梁·釋慧皎撰《高僧傳》卷 8:"隱居瑯琊之𡾊山。"(T50, p381a)《神僧傳》卷 3 引作"隱居瑯邪之攝山"(T50, p968b)。顯然,"嵪山"即"攝山",其中"嵪"乃"攝"字。

又《隨函録》卷 27《高僧傳》卷 11:"嵪(𡾊)山,上音攝,《續高僧傳》作攝山也。"(ZD60-458a)梁·釋慧皎撰《高僧傳》卷 11:"祐爲性巧思能目准心,及匠人依標尺寸無爽。故光宅、攝山大像,剡縣石佛等,並請祐經始准畫儀則。"(T50, p402c)《隨函録》"嵪(𡾊)山"即經文

中的“攝山”，其中“𡾟(𡾟)”即“攝”字。《智者大師别傳注》：“攝山在建康北六七里。”(T77, p661b)“攝”蓋受下字“山”的影響類化改旁從“山”而寫成“𡾟”。

彳部

0342 後、0343 後、0344 後

《中華字海・彳部》(479)：“後，同逡，見《集韻》。”

按：我們這裏要講的“後”乃“俊”字之訛。《隨函録》卷 27《高僧傳》卷 7：“後發，上即峻反。”(ZD60-451c)梁・釋慧皎撰《高僧傳》卷 7：“神色開朗，德音俊發。”(T50, p367a)《隨函録》“後發”即經文中的“俊發”，其中“後”即“後”，乃“俊”字之訛。

《隨函録》卷 27《高僧傳》卷 1：“後乂，上即峻反，下魚吠反。”(ZD60-445c)“後”即“後”，亦“俊”字之訛。

這樣一來，大型字典“後”字下可增添“同俊”的説解。

0345 彼

《中華字海・人部》(80)：“彼，義未詳。見朝鮮本《龍龕》。”

按：“彼”，大型字典失收，見於《隨函録》，與“佊”字同，皆爲譯音用字，本無實際意義。《隨函録》卷 26《大慈恩寺法師傳》卷 3：“婆彼[①]，之靴反。佊吒，同上。”(ZD60-434a)《大唐大慈恩寺三藏法師傳》卷 3：“一名婆佊(之靴反)底(丁履反下同)，二名婆佊吒(多訛反)。”(T50, p239b02)《隨函録》“婆彼”即《大唐大慈恩寺三藏法師傳》中的“婆佊”，其中“彼”即“佊”字。根據經文，“彼”“佊”皆爲譯音用字，本無實際意義，“佊”字鄧福禄《字典考正》(7)有考，可參。

0346 徖

按：“徖”，大型字典失收，見於《隨函録》，乃“採”字。《隨函録》卷 3《拔陂菩薩經》卷 1：“欲徖，音採。”(ZD59-645b)《拔陂菩薩經》卷 1：“衆來欲採無數善念，願取海清淨信。”(T13, p920c)《隨函録》“欲徖”即《拔陂菩薩經》中的“欲採”，其中“徖”即“採”字之訛。

0347 須

按：“須”，大型字典失收，見於《隨函録》，乃“須”字之訛。《隨函録》卷 17《四分律删補隨機羯磨》：“應須，相朱反，正作須，今作湏。”(ZD60-57b)唐・道宣集《四分律删補隨機羯磨》卷 1：“若有山樹林池城塹村舍，隨有稱之，應須義設，方法如前僧法中。”(T40, p494a)《隨函録》“應須”即《四分律删補隨機羯磨》中的“應須”，其中“須”即“須”字之訛。

0348 徧

按：“徧”，大型字典失收，見於《隨函録》，乃“𠆸”字之俗。《隨函録》卷 20《三法度論》下

---

① 鄧福禄《字典考正》録成“婆佊”，不妥。湖北人民出版社 2007 年，第 7 頁。

卷:"𢹎裁,上古麥反,下自節反,上正作聝、摑二形。聝,截耳也。摑,搭也。下正作截。截,割斷也。"(ZD60-156b)東晉・瞿曇僧伽提婆譯《三法度論》卷3:"今復逼迫,由此生恚,更相馘截也。"(T25, p27c)《隨函録》"𢹎裁"即《三法度論》中的"馘截",其中"𢹎"即"馘"字之俗。"馘"或作"摑"。《隨函録》卷21:"馘取,上烏虢、古麥二反,攄馘爪持也,正作擭、摑二形也。"(ZD60-211c)從形體上看,"𢹎"蓋源於"摑"字之訛。

0349 𠊱

按:"𠊱",大型字典失收,見於《隨函録》,乃"擯"字之訛。《隨函録》卷17《僧祇比丘戒本》:"或𠊱,卑进反。"(ZD60-44b)東晉・佛陀跋陀羅譯《摩訶僧祇律大比丘戒本》卷1:"若比丘於聚落中若空地,不與取隨盜物,王或捉或殺或縛或擯出。"(T22, p549c04)《隨函録》"或𠊱"即《摩訶僧祇律大比丘戒本》中的"或擯",其中"𠊱"即"擯"字之訛。

0350 𠐝

按:"𠐝",見於《隨函録》,乃"舞"字。《隨函録》卷14《佛本行集經》卷51:"歌𠐝,音武,正作儛。"(ZD59-1086c)隋・闍那崛多譯《佛本行集經》卷51:"時彼大石,如彼要誓,在於水上遂即浮住,……歌舞作倡,旋裾舞袖,又作種種音聲伎樂。"(T03, p889b)《隨函録》"歌𠐝"即《佛本行集經》中的"歌舞",其中"𠐝"即"舞"字。

又《隨函録》卷14《佛本行集經》卷13:"𠐝哢,音弄。"(ZD59-1078c)隋・闍那崛多譯《佛本行集經》卷13:"時其衆中,所有人民,或有心中愛悉達者,彼等一切高聲唱喚,跳躑躃轉,大叫大呼,大歡大喜,舞弄珠璣衣冠服飾。"(T03, p714c)《隨函録》"𠐝哢"即《佛本行集經》中的"舞弄",其中"𠐝"亦"舞"字。

又《隨函録》卷14《正法念處經》卷25:"𠐝挊,武、弄二音。"(ZD59-1068b)元魏・般若流支譯《正法念處經》卷25:"復有衆鳥,名曰遊行,於華池岸口銜華鬚,遍於池側舞弄遊戲。"(T17, p144a)《隨函録》"𠐝挊"即《正法念處經》中的"舞弄",其中"𠐝"亦"舞"字。

0351 𤢿、0352 𤟸

按:"𤢿""𤟸",大型字典失收,見於《隨函録》,皆爲"獟"字之訛。《隨函録》卷24《大周刊定衆經目録》卷8:"𤢿狗,上書若反。"(ZD60-339b)《大周刊定衆經目録》卷8:"猘狗經一卷(與獟狗同)。"(T55, p418b)《隨函録》"𤢿狗"即《大周刊定衆經目録》中的"獟狗",其中"𤢿"即"獟"字之訛。

又《隨函録》卷24《衆經目録》卷4:"𤟸狗,上尸斫反,犬驚也,正作猲、獟二形。諸録作獟狗。"(ZD60-322b)《衆經目録》卷4:"猘狗經一卷(一名獟狗嚙主經)。"(T55, p136c)《隨函録》"𤟸狗"即《衆經目録》中的"獟狗",其中"𤟸"亦"獟"字之訛。

彡部

0353 㣥、0354 𢾈、0355 𥈟、0356 𠽸

按:"㣥""𢾈""𥈟""𠽸"等皆不見於大型字典。其中"𠽸"爲"旼"字,"𢾈""𥈟"爲"穆"

字,而"𣃔"爲"㿟"字。

《隨函録》卷30《廣弘明集》卷29:"旼旼𣀓𣀓,上二美巾反,下二音目,正作旼㿟也。旼㿟,和美也。"(ZD60-595a)唐·道宣撰《廣弘明集》卷29:"亦有百獸旼旼𥇵𥇵,雲車九層芝駕四鹿。"(T52, p341a)"旼旼",宋、宫本作"晈晈",元、明本"旼旼"。"𥇵𥇵",宋、元、宫本作"𣃔𣃔"。

根據經文,我們以爲此處應該作"旼旼穆穆",意義正如《隨函録》所釋,爲和美之義。《漢書·司馬相如傳下》:"旼旼穆穆,君子之態。"顔師古注引孟康曰:"旼旼,和也。穆穆,敬也。"《文選·左思〈魏都賦〉》:"旼旼率土,遷善罔匱。"劉良注:"旼旼,和樂貌。"

如此一來,《隨函録》"旼旼""旼旼"及宋、宫本"晈晈"都是"旼旼"之訛,祇有宋、宫本不誤。其中"旼"爲"旼"形旁訛誤所致①,構件"日"與"目"俗寫中易混。由於構件"文"常寫作"攵",故又可作"旼"。至於"晈"則爲"旼"聲旁訛誤所致。

《隨函録》"𣀓𣀓"、《大正新修大藏經》"𥇵𥇵"皆爲"穆穆"之訛。《重訂直音篇·支部》(205):"敹,古文穆字。"很顯然,《隨函録》"𣀓"與"穆"的古文"敹"近似。《大正新修大藏經》"𥇵"字産生的原因比較複雜,經文中"穆"受了上字"旼"的影響類化改從"目",其聲旁"㿟"又進一步訛誤,於是寫成了"𥇵"。至於《隨函録》"㿟"與宋、元、宫本"𣃔",顯然即"㿟"之訛。根據《説文》,"穆"從"㿟"得聲,則"㿟(㿟、𣃔)"爲"穆"的假借字。

夕部

0357 𡖋

按:"𡖋",大型字典失收,見於《隨函録》,乃"床"字。《隨函録》卷6《寶如來三昧經》上卷:"在𡖋,助莊反,正作牀。"(ZD59-748a)東晉·祇多蜜譯《佛説寶如來三昧經》卷1:"譬如命盡之人其身在床,一時得聞須臾休息,命盡猶不離於身。"(T15, p519b)《隨函録》"在𡖋"即《佛説寶如來三昧經》中的"在床",其中"𡖋"即"床"字。從形體上看,"床"或作"牀","𡖋"蓋"牀"之訛。

0358 𡖖

按:"𡖖",大型字典失收,見於《隨函録》,乃"猛"字之訛。《隨函録》卷8《不思議功德諸佛所護念經》卷1:"勇𡖖,莫耿反,正作猛。"(ZD59-842b)《不思議功德諸佛所護念經》卷1:"東方慈哀光明世界紺琉璃髮勇猛足王如來,東方滿所願聚世界安隱囑累滿具足王如來……"(T14, p356b)《隨函録》"勇𡖖"即《不思議功德諸佛所護念經》中的"勇猛",其中"𡖖"即"猛"字之訛。

0359 𡖑

按:"𡖑",大型字典失收,見於《隨函録》,乃"緝"字之訛。《隨函録》卷20《解脱道論》

① "旼"字本有,音與"旼"同,因此在《隨函録》中也有可能是"旼"的假借字。

卷 2:"掩𦀖,上於撿反,下七入反,正作裺緝也,上又或作撩、料,二同音,聊也,理也。"(ZD60-165c)梁・僧伽婆羅譯《解脱道論》卷 2:"或於塚間,或於糞掃,或於市肆,或於道路,拾剪浣染,掩緝裁縫,成就受持,此謂無主。"(T32, p404c)《隨函録》"掩𦀖"即《解脱道論》中的"掩緝",其中"𦀖"即"緝"字之訛。

广部

0360 䈥

《廣韻・感韻》:"䈥,䈥嘾,乳汁壯。胡感切。"

按:我們這裏要講的"䈥"乃"后"字之訛。《隨函録》卷 30《廣弘明集》卷 30:"隨䈥,户豆反,正作后。"(ZD60-600c)唐・道宣撰《廣弘明集》卷 30 作"隋后"(T52, p360a)。《隨函録》"隨䈥"即經文中的"隋后",其中"䈥"即"后"字之訛。這樣一來,大型字典"䈥"字下可增添"同后"的説解。

0361 庢、0362 庢

《玉篇・广部》:"庢,知栗切,礙也,止也。"《中華字海・广部》(514):"庢,同底。見《篇海》。"没有"庢"的例證。

按:我們這裏要講的"庢"乃"底"字之訛。《隨函録》卷 24《大周刊定録》卷 11:"端庢,丁礼反,又陟栗反,悮。端庢,同上,音底。"(ZD60-340a)唐・明佺《大周刊定衆經目録》卷 11:"無端底持經一卷(舊録云無端底總持經)。"(T55, p439b)《隨函録》"端庢""端庢"對應的是《開元釋教録》中的兩處"端底","庢""庢"皆"底"字之訛。

0363 𢈸、0364 𤵽、0365 痃

《龍龕手鏡・疒部》(473):"痃,音底,響梵音。"《漢語大字典・疒部》(1115)引《廣韻》:"痃,胡田反。"

按:《龍龕手鏡》"痃"音底,即"底"字之訛,與《廣韻》"痃"字不同。《隨函録》卷 2《普門品經》:"無𤵽,丁礼反,正作底。"(ZD59-611c)《佛説普門品經》卷 1:"見善不習,專入倒見,如是行者,謂愚無底也。"(T11, p775c)《隨函録》"無𤵽"即此"無底",其中"𤵽"即"底"字。

又《隨函録》卷 3《大集須彌藏經》上卷:"羅𢈸,丁尼反,與𤵽同也,又音止,誤,又音底。"(ZD59-638c)"𢈸"又音"底",與"𤵽"同爲"底"字。《龍龕》"痃"與"𤵽"讀音相同、形體近似,也當同爲"底"字之訛,在佛經中既可以作譯音字"響梵音",又可以表實義。

0366 庋、0367 庋

《玉篇・广部》:"庋,居毁切,閣也。"

按:我們這裏要講的"庋"乃"虔"字之訛。《隨函録》卷 27《續高僧傳》卷 5:"庋敬,上音乹,正作虔。"(ZD60-466b)唐・釋道宣撰《續高僧傳》卷 5:"後不能起居,猶於床上依時百

過，俯仰虔敬。"(T50, p461c)《隨函録》"庋敬"即經文中的"虔敬"，其中"庋"即"虔"字之訛。"庋"又作"𢇍"，大型字典失收，"庋"與"𢇍"近似。《隨函録》卷27《高僧傳》卷13："施𢇍，上式支反，下巨焉反。"(ZD60-459c)梁・釋慧皎撰《高僧傳》卷13："故能流光動瑞，避席施虔。"(T50, p413a)《隨函録》"施𢇍"即經文中的"施虔"，其中"𢇍"即"虔"字之訛。又《隨函録》卷27《高僧傳》卷13："盡𢇍，音乹。"(ZD60-459a)梁・釋慧皎撰《高僧傳》卷13："稽首盡虔，歌唄至德。"(T50, p409c)《隨函録》"盡𢇍"即經文中的"盡虔"，其中"𢇍"亦"虔"字之訛。

0368 㡳

按："㡳"，大型字典失收，見於《隨函録》，乃"底"字之訛。《隨函録》卷21《佛本行讚》卷1："崖㡳，上五佳反，下丁禮反。"(ZD60-185b)宋・釋寶雲譯《佛本行經》卷1："是故佛慧海，深邃無涯底。"(T04, p55c)《隨函録》"崖㡳"即《佛本行經》的"涯底"，其中"㡳"即"底"字之訛。

0369 𢈔

按："𢈔"，大型字典失收，見於《隨函録》，乃"產"字之訛。《隨函録》卷22《佛使比丘迦旃延説法没盡偈百二十章》卷1："居𢈔，所眼反，生也，又𢈔業莊田惣名也，正作産也，又《川音》作厓，音崖，非經義。"(ZD60-225c)《隨函録》以"𢈔"爲"産"字。《佛使比丘迦旃延説法没盡偈百二十章》："習樂於居屋，不能自拔度。"(T49, p10a)《隨函録》"居𢈔"即《雜寶藏經》中的"居屋"，其中"𢈔"對應的是"屋"。"𢈔"作"産"或"屋"都有可能，從經文看，以作"産"爲優，我們暫依《隨函録》之説。此外，"居屋"，宋、元、明、宫本《佛使比丘迦旃延説法没盡偈百二十章》作"崖"，與《隨函録》所引《川音》同。

0370 庖、0371 疱

按："庖"，大型字典失收，見於《隨函録》，乃"疱"字之訛。《隨函録》卷16《根本説一切有部尼陀那目得迦》卷1："疱形，上步皃反。連庖，同上。"(ZD60-18b)唐・義淨奉譯《根本説一切有部尼陀那目得迦》卷1："其光下者，至等活地獄、黑繩地獄、衆合地獄、號叫地獄、大號叫地獄、燒然地獄、大燒然地獄、無間地獄、疱形地獄、連疱地獄……"(T24, p416c)《隨函録》"連庖"即《根本説一切有部尼陀那目得迦》中的"連疱"，其中"庖"即"疱"字之訛。

又《隨函録》卷19《阿毘達磨俱舍釋論》卷22："創庖，上楚莊反，下步皃反。"(ZD60-132b)陳・真諦譯《阿毘達磨俱舍釋論》卷22："是故於如來正法中，無因緣起見瘡皰。"(T29, p308a)《隨函録》"創庖"即《阿毘達磨俱舍釋論》中的"瘡皰"，其中"庖"即"皰"字。從形體上看，"皰"或作"疱"，"庖"蓋源於"疱"字之訛。

0372 𢈈

按："𢈈"，大型字典失收，見於《隨函録》，乃"痢"字之訛。《隨函録》卷7《不空罥索神變真言經》卷12："痳𢈈，上音林，下音利。"(ZD59-784a)唐・菩提流志譯《不空罥索神變真言經》卷12："喉腫口瘡，眼耳鼻舌，齒唇心腹，痃癖痳痢，種種諸病盡皆治之。"(T20, p287c)《隨函録》"痳𢈈"即《不空罥索神變真言經》中的"痳痢"，其中"𢈈"即"痢"字之訛。

0373 㾕、0374 𤵸[1]

《龍龕手鏡·广部》(299):"㾕,俗,音身。"《中華字海·疒部》(518):"㾕,義未詳。"

《龍龕手鏡·疒部》(471):"𤵸,音身。"《中華字海·疒部》(1108):"𤵸,義未詳。字見《字彙補》。"

《漢語俗字叢考》(391):"'𤵸''㾕'當是一字之變,疑皆即'身'的增旁俗字。"

按:《漢語俗字叢考》以"㾕""𤵸"爲"身"字,不妥。"㾕""𤵸"當爲"呻"字之俗。《隨函録》卷6《六度集經》卷5:"𤵸吟,上音身,正作呻。"(ZD59-766c)吴·康僧會譯《六度集經》卷5:"或有已死或折臂髀脛者睹佛來,或搏頰呻吟云:'歸命佛,歸命法,歸命聖衆。願十方群生皆獲永康,莫如我等也。'"(T03, p31b)"𤵸吟"即經文中的"呻吟",其中"𤵸"即"呻"字。由此可見,《龍龕》"𤵸"音身,即"呻"的俗字。從形體上看,"呻"由於與病痛有關,故换形旁爲"疒",其聲旁"申"因與"身"音同而换成了"身"。"㾕"則是"𤵸"字之訛,構件"疒"與"广"近似易誤。

0375 [illegible]

按:"[illegible]"字,大型字典失收,見於《隨函録》,乃"底"字之訛。《隨函録》卷24《古今譯經圖紀》卷1:"端[illegible],丁礼反,正作底。"(ZD60-337a)唐·釋靖邁《古今譯經圖紀》卷1:"無端䖸持經(一卷)。"(T55, p353a)"䖸",宋本作"瘟",元、明本作"底"。《隨函録》"端[illegible]"即元、明本《古今譯經圖紀》中的"端底",其中"[illegible]"即"底"字之訛,其他版本《古今譯經圖紀》作"無端䖸持經"或"無端瘟持經"皆誤。《大唐内典録》卷2:"無端底持經一卷。"(T55, p231c)《大周刊定衆經目録》卷11:"無端底持經一卷(舊録云無端底總持經)。"(T55, p439b)《開元釋教録》卷2:"無端底持經一卷(舊録云無端底總持經第二出)。"(T55, p491c)諸録並作"無端底持經",與《隨函録》所論同。

0376 庴

按:我們在這裏要講的"庴"乃"庿"字之訛。《隨函録》卷13《五苦章句經》卷1:"寺庴,美照反,正作庿。"(ZD59-1057a)東晋·竺曇無蘭譯《五苦章句經》卷1:"賦斂百姓,興起寺廟,是汝重擔。"(T17, p545a)《隨函録》"寺庴"即《五苦章句經》中的"寺廟",其中"庴"即"廟"字。"廟"或作"庿","庴"蓋"庿"之訛。

0377 庿

按:"庿"本爲"廟"字,見於《隨函録》,乃"厝"字之訛。《隨函録》卷9《文殊師利問佛經》下卷:"可庿,倉故反,正作厝。"(ZD59-859c)梁·僧伽婆羅譯《文殊師利問經》卷2:"於百歲内出一部,名一切語言(律主執三世有故一切可厝語言也)。"(T14, p501b)《隨函録》"可庿"即《文殊師利問經》中的"可厝",其中"庿"即"厝"字之訛。

---

[1] 此條我們曾在《〈可洪音義〉俗字札記》一文中考釋過,見《漢字研究》2005年第1輯。

0378 廇

按:"廇",大型字典失收,見於《隨函録》,乃"痼"字之訛。《隨函録》卷 7《不空罥索神變真言經》卷 11:"无廇,古悟反,久病也。"(ZD59-783c)唐・菩提流志譯《不空罥索神變真言經》卷 11:"聲音清和雅,齒舌得無痼。"(T20, p284c)《隨函録》"无廇"即《不空罥索神變真言經》中的"無痼",其中"廇"即"痼"字之訛。

0379 𢋀[1]

《龍龕手鏡・广部》(301):"𢋀,誤,新藏作瘞,於罽反,埋也。"

按:"𢋀",見於《隨函録》,即"瘞"字之訛。《隨函録》可爲《龍龕手鏡》之説提供證明。《隨函録》卷 28《續高僧傳》卷 28:"𢋀藏,上於偈反,正作瘞也。"(ZD60-497a)此蓋《隨函録》所本。唐・釋道宣撰《續高僧傳》卷 28:"又青泥坊側有古佛龕,周氏瘞藏今猶未出。"(T50, p689a)《隨函録》"𢋀藏"即經文中的"瘞藏",其中"𢋀"即"瘞"字之訛。

0380 𢉇

按:"𢉇",大型字典失收,見於《隨函録》,乃"虐"字之訛。《隨函録》卷 22《雜寶藏經》卷 7:"暴𢉇,上步報反,下魚約反,正作虐也。"(ZD60-229b)元魏・吉迦夜共曇曜譯《雜寶藏經》卷 9:"此鬼子母兇妖暴虐,殺人兒子,以自噉食。"(T04, p492a)《隨函録》"暴𢉇"即《雜寶藏經》中的"暴虐",其中"𢉇"即"虐"字之訛。

0381 㾈

按:"㾈",大型字典失收,見於《隨函録》,乃"腐"字之訛。《隨函録》卷 13《七處三觀經》卷 1:"亦㾈,音父,正作腐。"(ZD59-1045a)後漢・安世高譯《七處三觀經》卷 1:"若使雨來,柞亦漬,椽亦漬,壁亦漬。已漬,壁亦腐,椽亦腐,柞亦腐。"(T02, p875c)《隨函録》"亦㾈"即《七處三觀經》中的"亦腐",其中"㾈"即"腐"字之訛。

又《隨函録》卷 13《太子本起瑞應經》卷 1:"枯㾈,音父,敗也,正作腐。"(ZD59-1051a)吴・支謙譯《太子瑞應本起經》卷 1:"使吾於此肌骨枯腐,不得佛終不起。"(T03, p476c)《隨函録》"枯㾈"即《太子瑞應本起經》中的"枯腐",其中"㾈"亦"腐"字之訛。

0382 㾍

按:"㾍",大型字典失收,見於《隨函録》,乃"癡"字。《隨函録》卷 3《寶女所問經》卷 2:"淫怒㾍,上羊林反,中奴故反,下丑之反,三毒也,亦名貪嗔癡也,下正作癡、痴二形。"(ZD59-649c)西晉・竺法護譯《寶女所問經》卷 1:"所言塵者,謂婬怒癡無明恩愛及以所受諸有十二所趣,有爲因緣之行,是曰塵勞所決欲律。"(T13, p457b)《隨函録》"淫怒㾍"即《寶女所問經》中的"婬怒癡",其中"㾍"即"癡"字。

---

① 此條我們曾在《漢語疑難俗字例釋》一文中考證過,見《語言研究》2006 年第 4 期,第 88 頁。

0383 㢝[1]

按:"㢝",大型字典失收,見於《隨函録》,即"倉"字。《隨函録》卷28《續高僧傳》卷26:"㢝廩,上錯郎反,下力錦反。"(ZD60-494c)唐·釋道宣撰《續高僧傳》卷26:"睹百穀於倉廩,而未知得之由稼穡也。"(T50, p677c12)《隨函録》"㢝廩"即經文中的"倉廩",其中"㢝"即"倉"的增旁俗字,蓋因"倉"的意義與房子有關,書寫者於是增加了一個"广"以凸顯意義。當然,"倉"也有可能是由於受下文"廩"的影響類化從"广"旁而寫成"㢝"。

"㢝",見於《隨函録》,又可爲"瘡"字之訛。《隨函録》卷23《經律異相》卷12:"身㢝,音瘡。"(ZD60-267a)梁·僧旻、寶唱等集《經律異相》卷13:"昔者菩薩身爲雀王,慈心濟衆由護身瘡。"(T53, p60c)《隨函録》"身㢝"即經文中的"身瘡",其中"㢝"即"瘡"字之訛。構件"广"與"疒"近似易訛。

0384 㢠

按:"㢠",見於《隨函録》,即"瘠"字之訛。《隨函録》卷27《高僧法顯傳》卷1:"薄㢠,奏昔反。"(ZD60-444b)東晉·釋法顯《高僧法顯傳》卷1:"得至鄯鄯國,其地崎嶇薄瘠。"(T51, p857a)《隨函録》"薄㢠"即經文中的"薄瘠",其中"㢠"即"瘠"字之訛。

0385 廏

按:"廏",大型字典失收,見於《隨函録》,乃"廄"字之訛也。《隨函録》卷13《修行本起經》上卷:"千廏,音救,象馬舍也,聚也,正作廄、廐二形也。"(ZD59-1049c)後漢·竺大力共康孟詳譯《修行本起經》卷1:"八萬四千廄馬生駒,其一特異,毛色絶白,髦鬣貫珠,以是之故,名爲騫特。"(T03, p465a)《隨函録》"千廏"即《修行本起經》中的"千廄",其中"廏"即"廄"字之訛。

0386 廪

按:"廪",大型字典失收,見於《隨函録》,即"廩"字之訛。《隨函録》卷27《續高僧傳》卷7:"安廪,後行狀作廩,同力錦反,倉有屋曰廪也,正作廩,僧名也。"(ZD60-468b)唐·釋道宣撰《續高僧傳》卷7:"釋安廩,姓秦氏,晉中書令靖之第七世也。"(T50, p480b)《隨函録》"安廪"即經文中的"安廩",其中"廪"即"廩"字之訛。

0387 㢿

按:"㢿",大型字典失收,見於《隨函録》,乃"壓"字。《隨函録》卷22《法句經》卷1:"所厭(厭),烏甲反,鎮也,壞也,正作壓。《川音》作㢿,音敗,非也。"(ZD60-243b)吴·維祇難等譯《法句經》卷1:"爲老所厭,病條至際,是日已過,命則隨減,如少水魚。"(T04, p559a)據《隨函録》,"所厭(厭)"的"厭(厭)",《川音》作"㢿"。"㢿"其實即"厭(厭)"字,經文中通"壓"。"爲老所厭"即"爲老所壓"之義,佛經常見此語,如:元魏·婆羅門瞿曇般若流支譯

① 此條我們曾在《漢語疑難俗字例釋》一文中考證過,見《語言研究》2006年第4期,第88頁。

《正法念處經》卷 58:“人爲老所壓,身羸心意劣。”(T17, p343b)姚秦·竺佛念譯《出曜經》卷 3:“雖壽百歲,亦死過去,爲老所壓,病條至際。”(T04, p621b)《川音》“[illegible]”音“敗”,此蓋以“[illegible]”從形體上看從“敗”,故俗讀爲“敗”。

0388 褻、0389 [illegible]

按:“[illegible]”,大型字典失收,見於《隨函録》,即“褻”字之訛。《隨函録》卷 26《大唐西域記》卷 4:“鄙[illegible],私列反,衷衣也,正作褻也。按:鄙褻,宜作媟。”(ZD60-409b)唐·玄奘《大唐西域記》卷 4:“風俗暴惡,言辭鄙褻。”(T51, p888b)《隨函録》“鄙[illegible]”即經文中的“鄙褻”,其中“[illegible]”即“褻”字之訛。

此外,《龍龕手鏡·广部》(301):“褻,私列反,鄙陋也。”“褻”也是“褻”字之訛。

0390 廥

按:“廥”,大型字典失收,見於《隨函録》,乃“廟”字。《隨函録》卷 13《五苦章句經》卷 1:“廥房,上音廟,正作庿。”(ZD59-1057a)東晉·竺曇無蘭譯《五苦章句經》卷 1:“栖息無恒,不還廟房,是汝重擔。”(T17, p545a)《隨函録》“廥房”即《五苦章句經》中的“廟房”,其中“廥”即“廟”字。“廟”或作“庿”,“廥”蓋“庿”之訛。

0391 [illegible]

按:“[illegible]”,見於《隨函録》,乃“惱”字。《隨函録》卷 13《佛般泥洹經》下卷:“間[illegible],奴老反,煩[illegible]、苦[illegible]之[illegible],正作惱也。”(ZD59-1018c)西晉·白法祖譯《佛般泥洹經》卷 2:“佛爲斷世間,愛欲爲以畢,便名爲忍,亦捨所世間惱。”(T01, p174a)《隨函録》“間[illegible]”即《佛般泥洹經》中的“間惱”,其中“[illegible]”即“惱”字。

0392 廱

按:“廱”,大型字典失收,見於《隨函録》,即“壅”字之訛。《隨函録》卷 27《續高僧傳》卷 12:“微廱,於勇反。”(ZD60-474c)唐·釋道宣撰《續高僧傳》卷 12:“九年復召住禪定寺,聯翩荏苒,微壅清曠,後欲返於幽谷。”(T50, p517c)《隨函録》“微廱”即經文中的“微壅”,其中“廱”即“壅”字之訛。

0393 [illegible]

按:“[illegible]”,大型字典失收,見於《隨函録》,既可作“奮”之訛,又可以作“舊”之俗。《隨函録》卷 12《長阿含經》卷 11:“[illegible]迅,上方問反。”(ZD59-983a)後秦·佛陀耶舍共竺佛念譯《長阿含經》卷 11:“清旦出窟,四向顧望,奮迅三吼。”(T01, p69a)《隨函録》“[illegible]迅”即《長阿含經》中的“奮迅”,“[illegible]”即“奮”字之訛。

《隨函録》卷 12《長阿含經》卷 11:“親[illegible],巨右反。”(ZD59-983a)後秦·佛陀耶舍共竺佛念譯《長阿含經》卷 11:“親舊不相遺,示以利益事。”(T01, p72b)《隨函録》“親[illegible]”即《長阿含經》中的“親舊”,此“[illegible]”則是“舊”字之訛。

0394 㢝

按:"㢝",大型字典失收,見於《隨函録》,乃"癢"字之訛。《隨函録》卷 11《瑜伽師地論》卷 1:"㢝悶黏,上羊兩反,下女廉反。"(ZD59-931b)唐·玄奘譯《瑜伽師地論》卷 1:"力劣緩急病老死蛘,悶粘疲息軟怯勇,如是等類有衆多觸。"(T30, p280a)"蛘",甲本作"癢"。《隨函録》"㢝悶黏"即甲本《瑜伽師地論》中的"癢悶粘",其中"㢝"即"癢"字之訛。

0395 廯、0396 𤻮

按:"廯""𤻮",大型字典失收,見於《隨函録》,乃"癬"字之訛。《隨函録》卷 9《大法皷經》上卷:"白廯,思淺反,正作癬。白𤻮,同也。"(ZD59-858b)宋·求那跋陀羅譯《大法皷經》卷 1:"不苦不樂受者,謂白癬等。……彼白癬等,名爲無記。"(T09, p293b)《隨函録》"白廯""白𤻮"即《大法皷經》中的兩處"白癬",其中"廯""𤻮"即"癬"字之訛。

0397 鹿

按:"鹿",大型字典失收,見於《隨函録》,乃"鹿"字之訛。《隨函録》卷 17《根本説一切有部百一羯磨》卷 5:"鹿皮,上力木反。"(ZD60-53b)《根本説一切有部百一羯磨》卷 5:"復有邊國,用牛羊皮及鹿皮等以爲卧具,頗得用不?"(T24, p477c)《隨函録》"鹿皮"即《根本説一切有部百一羯磨》中的"鹿皮",其中"鹿"即"鹿"字之訛。

0398 𨎮

按:"𨎮",大型字典失收,見於《隨函録》,乃"麞"字之訛。《隨函録》卷 15《十誦律》卷 1:"𨎮車,上之羊反,悮。"(ZD59-1116a)後秦·弗若多羅譯《十誦律》卷 1:"車處者,犢車、鹿車、獐車、步挽車、輦車。"(T23, p5c)《隨函録》"𨎮車"即《十誦律》中的"獐車",其中"𨎮"即"獐"字。"獐"或作"麞",從形體上看,"𨎮"源於"麞"字之訛。"麞"蓋受下字"車"的影響類化换旁從"車"而作"𨎮"。

0399 舊

按:"舊",大型字典失收,見於《隨函録》,乃"舊"字之訛。《隨函録》卷 17《四分律删補隨機羯磨》:"舊住,上巨右反,正作舊。"(ZD60-57b)唐·道宣集《四分律删補隨機羯磨》卷 1:"是中舊住比丘應唱大界四方相。"(T40, p494a)《隨函録》"舊住"即《四分律删補隨機羯磨》中的"舊住",其中"舊"即"舊"字之訛。"舊"或訛作"廬"①,"舊"與"廬"近似。

0400 魔

按:"魔",大型字典失收,見於《隨函録》,乃"魔"字之訛。《隨函録》卷 11《大莊嚴論經》卷 1:"若魔,莫何反。"(ZD59-959b)後秦·鳩摩羅什譯《大莊嚴論經》卷 1:"一切世界若天若人若魔若梵,若能心念此三族姓子者,皆能令其得利安樂。"(T04, p262b)《隨函録》"若

① 見本書中篇"廬"字條。

⿸麻鬼”即《大莊嚴論經》中的“若魔”，其中“⿸麻鬼”即“魔”字之訛。

宀部

0401 ⿱宀引

按：“⿱宀引”字，大型字典失收，見於《隨函録》，即“寂”字。《隨函録》卷5《悲華經》卷7：“⿱宀引彭，上疾歷反，下疾井反，安也。上正作寂。”(ZD59-719c)北涼·曇無讖譯《悲華經》卷7：“諸心數法，悉得寂靜。”(T03, p211c)《隨函録》“⿱宀引彭”即“寂靜”，其中“⿱宀引”即“寂”字。

0402 宕

《改併五音類聚四聲篇海·宀部》(359)：“宕，古海切。”《中華字海·宀部》(616)：“宕，義未詳。見《搜真玉鏡》。”

按：我們這裏要講的“宕”乃“宏”字之訛。《隨函録》卷26《集沙門不應拜俗等事》卷2：“宕博，上户萌反，大也，正作宏。”(ZD60-428a)釋彦悰纂録《集沙門不應拜俗等事》卷2：“理例宏博，恢張教義，美矣。”(T52, p454c)《隨函録》“宕博”即經文中的“宏博”，其中“宕”即“宏”之訛。

又《隨函録》卷28《續高僧傳》卷21：“宕旨，上户萌反。”(ZD60-485b)唐·釋道宣撰《續高僧傳》卷21：“但略舉剛要，宣示宏旨。”(T50, p607a)《隨函録》“宕旨”即經文中的“宏旨”，其中“宕”亦“宏”之訛。

0403 㝖

《中華字海·宀部》(628)：“㝖，⿱宀多(宜)的訛字。”

按：我們這裏要講的“㝖”乃“穸”字之訛。《隨函録》卷29《廣弘明集》卷13：“窀⿱宀多(㝖)，上陟倫反，下音夕，正作穸。”(ZD60-560c)唐·道宣撰《廣弘明集》卷13：“觀夫上皇之世，不行殯葬之禮，始於塈周窀穸之事。”(T52, p183b)《隨函録》“窀㝖”即經文中的“窀穸”，其中“㝖”即“穸”字之訛。這樣一來，大型字典“㝖”字下可增添“同穸”的説解。

0404 ⿱宀衣

按：“⿱宀衣”字，大型字典失收，見於《隨函録》，乃“寂”字之訛。《隨函録》卷24《大周刊定録》卷11：“真⿱宀衣，音寂，正作寂、宋二形。”(ZD60-340a)唐·明佺《大周刊定衆經目録》卷11：“阿彌陀鼓音聲陀羅尼經一卷(四紙出真寂寺録)。”(T55, p439b)《隨函録》“真⿱宀衣”即此“真寂”，其中“⿱宀衣”即“寂”字之訛。

0405 ⿱宀⿰亻丙

按：“⿱宀⿰亻丙”，大型字典失收，見於《隨函録》，乃“宿”字之訛。《隨函録》卷4《大般涅槃經》卷33：“不⿱宀⿰亻丙，音宿。”(ZD59-687a)北涼·曇無讖譯《大般涅槃經》卷32：“譬如大海有八不思議。何等爲八？一者漸漸轉深，二者深難得底，三者同一鹹味，四者潮不過限，五者有種種寶藏,六者大身衆生在中居住,七者不宿死尸,八者一切萬流大雨投之不增不減。"(T12, p558c)《隨函録》"不宿"即《大般涅槃經》中的"不宿",其中"宿"即"宿"字之訛。

0406 㝗

《集韻·梗韻》:"㝗,禁署。所景切。"

按:我們這裏要講的"㝗"乃"宥"字之訛。《隨函録》卷29《弘明集》卷5:"在㝗,于救反,寬也,觀也,正作宥。"(ZD60-529c)《隨函録》卷29《弘明集》卷9:"緩㝗,于救反,寬也,觀也,正作宥也。"(ZD60-536c)梁·釋僧祐撰《弘明集》卷9:"惡殺豈可得緩宥逋逃,以哀矜斷察。"(T52, p57c)《隨函録》"緩㝗"即經文中的"緩宥",其中"㝗"即"宥"字之訛。這樣一來,大型字典"㝗"字下可增添"同宥"的説解。

0407 𡩠

按:"𡩠",大型字典失收,見於《隨函録》,乃"實"字之訛。《隨函録》卷1《光讚般若經》卷2:"華𡩠,神一反,正作實。"(ZD59-577c)西晉·竺法護譯《光讚經》卷2:"譬如須菩提於此外有草木枝葉華實。"(T08, p162c)《隨函録》"華𡩠"即《光讚經》中的"華實",其中"𡩠"即"實"字之訛。

0408 㾍

按:"㾍",大型字典失收,見於《隨函録》,乃"痆"字之訛。《隨函録》卷22《釋迦方志》卷1:"㾍𤷄,上女八反,下息启反,正作痆㾍也下,又音西,非。"(ZD60-261b)梁·僧旻、寶唱等集《釋迦方志》卷1:"婆羅痆(女黠)斯國(中印度古波羅奈也)周四千餘里,都城西臨殑河。"(T51, p960a)《隨函録》"㾍𤷄"即《釋迦方志》中的"痆斯",其中"㾍"即"痆"字之訛。

0409 䆄

按:"䆄",大型字典失收,見於《隨函録》,乃"簞"字。《隨函録》卷16《四分律》卷56:"著䆄,音丹,西域倉名也,正作簞也,《阿含經》云盛六十四斛也,又《經音義》以篅字替之,市專反,乃此方之器號也。"(ZD60-42b)姚秦·佛陀耶舍共竺佛念等譯《四分律》卷56:"時有居士,浣衣已著篅上曬。"(T22, p979c)《隨函録》"著䆄"即《四分律》中的"著篅",其中"䆄"對應的即"篅"字。唐·慧琳《一切經音義》卷59《四分律》卷56音義:"篅上,市緣反。《説文》判竹圓以盛穀者也,律文作簞。"(T54, p705b)可見慧琳所見《四分律》本作"簞上",慧琳以"篅"替之。從形體上看,"䆄"當爲"簞"换形旁所致。

0410 㝭、0411 窹、0412 𥨍、0413 𥧌

按:"㝭""𥨍""𥧌",見於《隨函録》,乃"惺"字。《隨函録》卷12《迴諍論》卷1:"者𥨍,音星,正作惺,……亦作醒也,又息井、息定二反,悞也,亦作悄,别論作惺字是也,郭氏音作㝭、𥧌二形。㝭,息定反,𥧌字,郭氏未詳。"(ZD59-979a)後秦·佛陀耶舍共竺佛念譯《迴諍論》卷1:"八十三者燒,八十四者惺,八十五者不貪,八十六者不瞋。"(T01, p6a)《隨函録》"者𥨍"即《迴諍論》中的"者惺",其中"𥨍"爲"惺"字。郭氏音中的"㝭""𥧌"與"𥨍"近似,

同樣爲“惺”字。

《隨函録》卷 14《正法念處經》卷 43：“⿸疒⿱穴星寤，上蘇青、蘇井二反，⿸疒⿱穴星憽，了慧也，正作惺、⿱穴星二形。”(ZD59-1070b)元魏・般若流支譯《正法念處經》卷 43：“次謂傲慢無時惺寤，傲慢行者常不惺寤，於天人中恒爲妨礙。”(T17, p254b)《隨函録》“⿸疒⿱穴星寤”即《正法念處經》中的“惺寤”，其中“⿸疒⿱穴星”即“惺”字。

《龍龕手鏡・穴部》(507)：“⿱穴星，俗，星、醒、腥三音，⿱穴星悟也。”拙著《龍龕手鏡研究》(360)認爲“⿱穴星”即“惺”字，並作了詳細論證。形體上，“惺”蓋受了上字“寤”的影響類化增旁從“穴”而作“⿱穴星”的，而“⿸疒⿱穴星”與“⿱穴星”形體近似，當爲“⿱穴星”字之訛。

彐部

0414 ⿱彑豕

《龍龕手鏡・彐部》(368)：“⿱彑豕，俗；彘，正，直例反，豕也，又姓。”

按：“⿱彑豕”作爲“彘”的俗字，《隨函録》可證。《隨函録》卷 30《廣弘明集》卷 26：“犬⿱彑豕，直例反，豬别名，正作彘。”(ZD60-585a)唐・道宣撰《廣弘明集》卷 26：“雞豚犬彘勿失其時，則七十者可以食肉矣。”(T52, p292c)《隨函録》“犬⿱彑豕”即經文中的“犬彘”，其中“⿱彑豕”即“彘”字之訛。

尸部

0415 ⿸尸支

按：“⿸尸支”，見於《隨函録》，乃“屐”字。《隨函録》卷 10《大智度論》卷 5：“寶⿸尸支，巨戟反，正作屐。”(ZD59-907a)後秦・鳩摩羅什譯《大智度論》卷 4：“其足嚴好，譬如雜寶屐種種莊飾。”(T25, p90b)《隨函録》“寶⿸尸支”即《大智度論》中的“寶屐”，其中“⿸尸支”即“屐”字。

0416 ⿸尸垂、0417 ⿸疒垂、0418 ⿸疒垂、0419 ⿸疒垂

《龍龕手鏡・疒部》(470)：“⿸疒垂，《隨函》云合作厜，姊危反，山巔皃，在《僧伽羅刹經》。又俗，他猥反。”

按：《龍龕手鏡》此處所引《隨函》疑即可洪《隨函録》。《隨函録》卷 21《僧伽羅刹所集經》卷 4：“三⿸疒垂，宜作厜、嫢，二同，姊危反。厜㕒，山巔皃也，尖也；嫢，盈姿之皃也。《江西音》作之芮反，非也。郭氏音作直類反，亦非也。今宜取厜。”(ZD60-217c)《隨函録》引《隨函》所論與今可洪《隨函録》一致。符秦・僧伽跋澄等譯《僧伽羅刹所集經》卷 2：“國王有象，名檀那波羅，形貌極端政，頭生三捶。”(T04, p136a)“捶”，宋、元本作“⿸厂垂”，明本作“⿸尸垂”。慧琳《一切經音義》卷 74：“三厜，醉唯反。……《韻詮》云：‘厜者，山巔之狀也。’從厂，厂音漢，經從𤕫(指的是⿸疒垂)，非。”(T54, p790c)“⿸尸垂”“⿸疒垂”等字大型字典失收，亦“厜”字之訛。

0420 [⿸尸⿱米水]

按:“[⿸尸⿱米水]”,大型字典失收,見於《隨函録》,乃“屎”字。《隨函録》卷 14《正法念處經》卷 47:“[⿸尸⿱米水]尿,上尸旨反,下奴吊反。”(ZD59-1070c)元魏·般若流支譯《正法念處經》卷 47:“復於後時,在於不淨、屎尿、氣臭、死屍、塚墓、穢惡處行。”(T17, p277b)《隨函録》“[⿸尸⿱米水]尿”即《正法念處經》中的“屎尿”,其中“[⿸尸⿱米水]”即“屎”字。從形體上看,“屎”蓋受下字“尿”的影響類化從“尿”而作“[⿸尸⿱米水]”。

0421 [⿰丂甬]、0422 [⿰丂甫]

按:“[⿰丂甬]”“[⿰丂甫]”,大型字典失收,見於《隨函録》,乃“漏”字之訛。《隨函録》卷 24《出三藏記集》卷 9:“多[⿰丂甬],音漏。”(ZD60-315a)梁·釋僧祐《出三藏記集》卷 9:“性疏多漏,故事語而書紳。”(T55, p65a)《隨函録》“多[⿰丂甬]”即《出三藏記集》中的“多漏”,其中“[⿰丂甬]”即“漏”字之訛。

又《隨函録》卷 3《虛空藏菩薩經》卷 1:“毆[⿰丂甫],上烏口反,下郎候反。”(ZD59-639c)姚秦·佛陀耶舍譯《虛空藏菩薩經》卷 1:“毆(於后反)漏母漏諸踦(去支反)博叉(楚垢反)底(都履反下皆同)隸(吳音讀之下同)。”(T13, p654c)《隨函録》“毆[⿰丂甫]”即《虛空藏菩薩經》中的“毆漏”,其中“[⿰丂甫]”亦“漏”字之訛。“[⿰丂甫]”與“[⿰丂甬]”形體近似。

0423 [⿺辶⿸尸辛]

按:“[⿺辶⿸尸辛]”,大型字典失收,見於《隨函録》,乃“避”字之訛。《隨函録》卷 12《長阿含經》卷 11:“如[⿺辶⿸尸辛],音避。”(ZD59-983a)後秦·佛陀耶舍共竺佛念譯《長阿含經》卷 11:“此親不可恃,智者當覺知,宜速遠離之,如避于嶮道。”(T01, p71b)《隨函録》“如[⿺辶⿸尸辛]”即《長阿含經》中的“避”,“[⿺辶⿸尸辛]”即“避”字之訛。

弓部

0424 弞

按:“弞”,大型字典失收,見於《隨函録》,乃“引”字。《隨函録》卷 5《説無垢稱經》卷 2:“弞發,以忍反。”(ZD59-713c)唐·玄奘譯《説無垢稱經》卷 2:“其事云何? 謂以無上菩提行相引發大慈,以諸有情解脱行相引發大悲。”(T14, p566c)《隨函録》“弞發”即《説無垢稱經》中的“引發”,其中“弞”即“引”字。

0425 [⿰弓支]

按:“[⿰弓支]”字,大型字典失收,此字見於《隨函録》,即“毅”字。《隨函録》卷 5《等集衆德三昧經》:“弘[⿰弓支],魚既反,果敢也。正作毅、毅二形。”(ZD59-731a)《等集衆德三昧經》卷 1:“云何菩薩大士? 進益衆德,不乏智慧,不違禪定,所慕道心,未嘗缺廢,內性弘毅,結友究竟,至於滅度。”(T12, p973b)《隨函録》“弘[⿰弓支]”即《等集衆德三昧經》中的“弘毅”,其中“[⿰弓支]”即

"毅"字。"毅"字可能是受上字"弘"的影響,類化換從"弓"旁而作"⿰弓殳"的。形體演變是:毅→弘+毅→類化→⿰弓殳。

0426 ⿰弓反

按:"⿰弓反",大型字典失收,見於《隨函録》,乃"版"字之訛。《隨函録》卷 16《根本毗奈耶雜事》卷 1:"壁⿰弓反,布綰反。"(ZD60-6b)唐・義淨奉譯《根本説一切有部毘奈耶雜事》卷 1:"佛言,當塗頭邊壁版之上。"(T24, p208b)《隨函録》"壁⿰弓反"即《根本説一切有部毘奈耶雜事》中的"壁版",其中"⿰弓反"即"版"字之訛。

0427 ⿲弓曾弓

《龍龕手鏡・弓部》(151):"⿱⿲弓曾弓鬲弶,其上反,取獸弶也。"

按:我們在這裏要講的"⿲弓曾弓(⿱⿲弓曾弓鬲)"乃"甑"字。《隨函録》卷 11《般若燈論》卷 2:"⿲弓曾弓鬵,上子孕反,下疾心反。"(ZD59-951c)唐・波羅頗蜜多羅譯《般若燈論釋》卷 2:"作眼識生,如甑鬵等作飯熟故。"(T30, p55c)《隨函録》"⿲弓曾弓鬵"即《般若燈論釋》中的"甑鬵",其中"⿲弓曾弓"即"甑"字。

0428 ⿲弓聶弓

按:"⿲弓聶弓",大型字典失收,見於《隨函録》,乃"鬻"字。《隨函録》卷 16《彌沙塞部和醯五分律》卷 8:"有鬻,羊六反,糜也。種⿲弓聶弓,同上。"(ZD60-22a)宋・佛陀什共竺道生等譯《彌沙塞部和醯五分律》卷 8:"阿難受教,將婆羅門看供食家,見無有粥及油蜜煎餅,彼便作七種粥二種餅,晨朝白佛,餅粥已辦。"(T22, p54c17)《隨函録》"種⿲弓聶弓"即《彌沙塞部和醯五分律》中的"種粥",其中"⿲弓聶弓"即"粥"字。"粥"或作"鬻",從形體上看,"⿲弓聶弓"蓋"鬻"換構件所致。構件"鬲"與"聶(⿱耳⿰耳耳)"作偏旁常相换,如"隔"俗作"䦏"①,可資比勘。

卩部

0429 ⿰氏卩

按:"⿰氏卩",大型字典失收,見於《隨函録》,乃"印"字之訛。《隨函録》卷 14《正法念處經》卷 34:"如⿰氏卩,音印。"(ZD59-1069c)元魏・般若流支譯《正法念處經》卷 34:"如印所印,印壞文成。"(T17, p200c)《隨函録》"如⿰氏卩"即《正法念處經》中的"如印",其中"⿰氏卩"即"印"字之訛。

子部

0430 孙

《中華字海・子部》(709):"孙,同孩,見《集韻》。"

---

① 見本書"䦏"字條。

按:我們這裏要講的"孙"乃"孤"字之訛。《隨函録》卷30《廣弘明集》卷24:"孙子,上古乎反。"(ZD60-580c)"孙"音"古乎反",與"孤"同音。唐·道宣撰《廣弘明集》卷24:"弟子孤子曼穎頓首和南,一日蒙示所撰高僧傳,并使其掎摭,力尋始竟,但見偉才……"(T52, p275a)《隨函録》"孙子"即經文中的"孤子",其中"孙"即"孤"字之訛。

又《隨函録》卷12《長阿含經》卷16:"給孙,古胡反,正作孤。"(ZD59-984b)後秦·佛陀耶舍共竺佛念譯《長阿含經》卷16:"今佛在舍衛國給孤獨園,汝可往問。"(T01, p102c)《隨函録》"給孙"即《長阿含經》中的"給孤","孙"亦"孤"字之訛。

0431 孫

按:"孫",大型字典失收,見於《隨函録》,乃"緣"字之訛。《隨函録》卷25《新華嚴經音義》:"孫矜,上音緣,下音務。"(ZD60-400c)唐·慧琳《一切經音義》卷21所録慧苑《新譯大方廣佛花嚴經音義》卷14:"頭陀,正云杜多,此曰斗藪,謂去離緣務,少欲知足等十二種行皆能棄捨煩惱故也。"(T54, p439c)《隨函録》"孫矜"即此的"緣務",其中"孫"即"緣"字之訛。

女部

0432 妾

《中華字海·女部》(681):"妾,同妄。見《敦煌俗字譜》。"

按:我們這裏要講的"妾"乃"妾"字之訛。《隨函録》卷29《廣弘明集》卷4:"攜妓妾,上户圭反,中奇綺反,下七葉反,正作妾。"(ZD60-550a)唐·道宣撰《廣弘明集》卷4:"嬰兹欲網,將出六天之表,猶無攜妓妾。既超四空之外,焉可挾妻孥?"(T52, p117a)《隨函録》"妓妾"即經文中的"妓妾",其中"妾"即"妾"字之訛。這樣一來,大型字典"妾"字下可增添"同妾"的説解。

0433 姛

按:"姛",見於《隨函録》,乃"姟"字之訛。《隨函録》卷8《十住斷結經》卷1:"姛兆,上古哀反,正作姟也,下音趙,十菁曰姟,十億曰兆也。"(ZD59-825a)姚秦·竺佛念譯《最勝問菩薩十住除垢斷結經》卷1:"遊於恒沙無量佛土,塵數姟兆性行所趣。"(T10, p966c)《隨函録》"姛兆"即《最勝問菩薩十住除垢斷結經》中的"姟兆",其中"姛"即"姟"字之訛。

0434 姡

《廣韻·鎋韻》:"姡,面姡。下刮切。"

按:我們這裏要講的"姡"乃"始"或"妒"字之訛。《隨函録》卷29《弘明集》卷5:"姡誓,上尸止反。"(ZD60-529c)梁·釋僧祐撰《弘明集》卷5:"尚未酬其始誓之心,況答三業之勞乎?"(T52, p32b)《隨函録》"姡誓"即經文中的"始誓",其中"姡"即"始"字之訛。

又《隨函録》卷29《弘明集》卷5:"未姡,尸里反,正作始。"(ZD60-529c)《隨函録》卷29

《弘明集》卷 5:“姡創,上尸止反,下初狀反。”(ZD60-529c)這裏的“姡”也爲“始”字之訛。構件“台”因與“舌”近似而誤寫成了“舌”,“殆”俗作“殆”①,可資比勘。這樣一來,大型字典“姡”字下可增添“同始”的説解。

此外,《隨函録》卷 22《迦丁比丘説當來變經》卷 1:“姡忌,上都故反。”(ZD60-253b)唐·玄奘《迦丁比丘説當來變經》卷 1:“佛寺之中所住比丘還相妒忌,或妒錢財,或妒顔色。”(T49, p7b)《隨函録》“姡忌”即經文中的“妒忌”,其中“姡”即“妒”字之訛。

又《隨函録》卷 8《賢劫經》卷 2:“姡他,上都故反,正作妬、妒二形。”(ZD59-832c)西晉·竺法護譯《賢劫經》卷 1:“知尊而懷嫉,妒他得供養。”(T14, p338a)《隨函録》“姡他”即《賢劫經》中的“妒他”,其中“姡”亦“妒”字之訛。這樣一來,大型字典“姡”字下可增添“同妒”的説解。

0435 姚

《集韻·唐韻》:“姚,女字,姑黄切。”

按:我們這裏要講的“姚”乃“媅”字之訛。《隨函録》卷 25《新華嚴經音義》:“作姚,都南反,正作媅。”(ZD60-401b)唐·慧苑《新譯大方廣佛花嚴經音義》卷 17:“躭味:躭,都含反。案,《玉篇》《字林》等嗜色爲媅,嗜酒爲酖,耳垂爲耽。《聲類》媅字作妉。今經本作躭字,時俗共行,未詳所出也。”(ZD59-435b)《隨函録》“作姚”即此“作妉”,其中“姚”即“妉”字之訛。

0436 姞

《集韻·質韻》:“姞,一曰謹也。”

按:我們在這裏要講的“姞”乃“姑”字之訛。《隨函録》卷 6《樂瓔珞莊嚴經》上卷:“姞章,上古乎反,夫之母也,正作姑也,又巨乙反,非。”(ZD59-762b)姚秦·曇摩耶舍譯《樂瓔珞莊嚴方便品經》卷 1:“又家有女,爲父母所護,或爲兄弟姊妹所護,或爲姑嫜夫主守護。”(T14, p933c)《隨函録》“姞章”即《樂瓔珞莊嚴方便品經》中的“姑嫜”,其中“姞”即“姑”字之訛。

0437 妬

《玉篇·女部》:“妬,妬嚅,詀誽也,亦作逗。”

按:我們這裏要講的“妬”乃“短”字。《隨函録》卷 29《廣弘明集》卷 11:“祚妬,音短,不長也。又音豆,非。”(ZD60-557a)唐·道宣撰《廣弘明集》卷 11:“帝王無佛,則大治年長,有佛則虐政祚短。”(T52, p161c09)《隨函録》“祚妬”即經文中的“祚短”,其中“妬”即“短”字之訛。這樣一來,大型字典“妬”字下可增添“同短”的説解。

0438 **姙**

按:“**姙**”,大型字典失收,見於《隨函録》,乃“姙”字。《隨函録》卷 21《賢愚經》卷 6:“懷**姙**,而甚反,正作妊。”(ZD60-203a)元魏·慧覺等譯《賢愚經》卷 5:“爾時國中,有豪長者,財富無量,唯無子姓,每懷悒遲,禱祠神祇,求索一子,精誠款篤,婦便懷妊。”(T04, p385b)《隨

① 請參本書中篇“殆”字條。

函録》“懷**姙**”即《賢愚經》的“懷妊”,其中“**姙**”即“妊”字。

0439 娓

《集韻·混韻》:“娓,户衮切。”

按:我們這裏要講的“娓”乃“媲”字之訛。《隨函録》卷30《廣弘明集》卷27:“娓偶,上疋詣反。”(ZD60-587c)“娓”讀“疋詣反”,與“媲”音同。唐·道宣撰《廣弘明集》卷27:“白衣則華屋媲偶,而已冡間離著。”(T52, p310c)《隨函録》“娓偶”即經文中的“媲偶”,其中“娓”即“媲”字之訛。

又《隨函録》卷29《廣弘明集》卷14:“娓不,上疋詣反。”(ZD60-562b)唐·道宣撰《廣弘明集》卷14:“比無知之驢騾,毀大慈之善衆。媲不祥之惡鳥,謂道人爲逆種。”(T52, p190a)《隨函録》“娓不”即經文中的“媲不”,其中“娓”亦“媲”字之訛。這樣一來,大型字典“娓”字下可增添“同媲”的説解。

0440 **婈**

《中華字海·女部》(692):“**婈**,治,見《篇海類編》。”

按:我們在這裏要講的“**婈**”乃“佞”字之訛。《隨函録》卷21《佛本行讚》卷6:“嫉**婈**,奴定反,諂也,正作佞。”(ZD60-190a)宋·釋寶雲譯《佛本行經》卷6:“虛遣向王,懷慊燒壞人,嫉佞侵損他,惡如閻羅王。”(T04, p99c)《隨函録》“嫉**婈**”即《佛本行經》的“嫉佞”,其中“**婈**”即“佞”字之訛。

0441 **⿱奴丰**

按:“**⿱奴丰**”,大型字典失收,見於《隨函録》,乃“拏”字之訛。《隨函録》卷23《陁羅尼雜集》卷7:“延**⿱奴丰**,女加反,第四卷作延拏。”(ZD60-290c)《陁羅尼雜集》卷7:“脾奢摩尼那羅延,羅哄娑那羅延拏。”(T21, p621a)《隨函録》“延**⿱奴丰**”即《陁羅尼雜集》中的“延拏”,其中“**⿱奴丰**”即“拏”字之訛。

0442 媏

《漢語大字典·女部》(448)引《集韻》:“媏,女字。”

按:我們这裏要講的“媏”乃“端”字之俗。《隨函録》卷5《方廣大莊嚴經》卷11:“媏正,上都官反,正也,直也,正作端。”(ZD59-698b)唐·地婆訶羅譯《方廣大莊嚴經》卷11:“於聲聞緣覺菩薩、如來、父母、師長、所種種香油然燈及造妙好端正如來形像,以妙寶莊嚴。”(T03, p610c)《隨函録》“媏正”即“端正”,其中“媏”即“端”字。這樣一來,大型字典“媏”字下應該增添“同端”的説解。“媏”字的産生與人們心理認識有關,“端正”一詞在佛經中一般是用來形容女子漂亮,受此心理影響,書寫者改“端”從“女”旁而作“媏”。

0443 **⿰女連**

按:“**⿰女連**”乃“婕”字之訛。《隨函録》卷26《集古今佛道論衡》:“**⿰女連**好,上音接,下音餘,少官。”(ZD60-416a)《集古今佛道論衡》卷1:“陰夫人王婕好(妤)等與諸宫人婦女等二百三十人出家。"(T52, p364c)《隨函録》"婕好"即經文中的"婕好",其中"婕"即"婕"字之訛。

0444 𡟗、0445 𡟗[①]、0446 𡣈

《龍龕手鏡·女部》(280):"𡣈,呼光反。"

《中華字海·女部》(696):"𡟗,義未詳。見《龍龕》。"

《改併五音類聚四聲篇海·女部》(343)引《龍龕手鑑》:"㛻,音荒。"《中華字海·女部》(696):"㛻,同媓,字見《篇海》。"

《中華字海·女部》(693):"𡟗,同媓,字見朝鮮本《龍龕》。"

《中華字海·女部》(687):"媓,女字人名用字。見《類海》。"

按:《龍龕手鏡》"𡣈",《中華字海》傳抄爲"𡟗",《篇海》傳抄爲"㛻",朝鮮本《龍龕》傳抄爲"𡟗"。《中華字海》不知"𡣈""𡟗""㛻""𡟗"事實上是同一個字,而將它們分開,以"𡟗(𡣈)"爲"義未詳",而以"㛻""𡟗"同"媓"。其實"𡣈""𡟗""㛻""𡟗"乃一字之變,其中"㛻"見於《隨函録》,乃"荒"字。

《隨函録》卷21《賢愚經》卷15:"躭㛻,上都含反,下呼光反,正作妉荒也。"(ZD60-205b)元魏·慧覺等譯《賢愚經》卷11:"既來治國,漸近女色,婬事已深,奔逸放蕩,晨夜躭荒,不能自製。"(T04, p427a)《隨函録》"躭㛻"即《賢愚經》的"躭荒",其中"㛻"即"荒"字也。"荒"何以會寫作"㛻"的呢? 據《隨函録》,"躭荒"或作"妉荒","荒"蓋是受"妉"形體上從女旁的影響,類化增女旁而作"㛻"的。"𡣈""𡟗""𡟗"音"呼光反(荒)",與"㛻"一樣也是"荒"字,而不是《類篇》中的"媓"字。

0447 㛦

《龍龕手鏡·女部》(284):"㛦,舊藏作欲。"

按:"㛦",亦可見於《隨函録》,的確爲"欲"字之訛。《隨函録》卷8《賢劫經》卷2:"婬㛦,上羊林反,下餘玉反,正作婬欲。"(ZD59-832c)西晉·竺法護譯《賢劫經》卷1:"遭厄百千惱,能忍婬欲難,觀察塵勞患,自説成佛道。"(T14, p8a)《隨函録》"婬㛦"即《賢劫經》中的"婬欲",其中"㛦"即"欲"字之訛。《龍龕手鏡》所録與《隨函録》相同。

"欲"何以會寫作"㛦"呢? "欲"蓋是受"婬"的影響類化增女旁且形體發生訛變而作"㛦"的。鄧福禄《字典考正》(173)考了此字,惜其未解釋"㛦"形成的原因,故補之。

0448 𡟯、0449 媨

《龍龕手鏡·女部》(282):"媨,音諂。"

按:"媨"音"諂",乃"諂"字之俗。《隨函録》卷5《等集衆德三昧經》上卷:"無𡟯,丑染反,佞也,曲媨諛也,正作諂、讇二形。"(ZD59-731b)西晉·竺法護譯《等集衆德三昧經》卷1:"又計菩薩大士建立淨性,質直無諂,欲度衆生,住於大哀,常行慈湣,所行七步,攝取功勳,超諸群黎。"(T12, p975b)《隨函録》"無𡟯"即《等集衆德三昧經》中的"無諂",其中"𡟯"即"諂"字。"𡟯(妕)"蓋"諂"换形旁所致。《龍龕手鏡》"媨"即"𡟯(妕)",亦"諂"字。

---

① 鄧福禄《字典考正》考析了此字,與我們所論略有不同,可參。湖北人民出版社2007年,第174頁。

0450 ⿰女高

《中華字海·女部》(697):“⿰女高,音搞,義未詳。見《直音篇》。”

按:“⿰女高”,見於《隨函録》,乃“嫡”字之訛。《隨函録》卷 29《廣弘明集》卷 4:“**嫡**(⿰女高)兄,上丁歷反,正也,君也,正作嫡。”(ZD60-548c)唐·道宣撰《廣弘明集》卷 4:“嫡兄澄急慢,爲奴所害。”(T52, p113a)《隨函録》“**嫡**兄”即經文中的“嫡兄”,其中“**嫡**”即“嫡”字之訛。《直音篇》“⿰女高”音“搞”,其正體不明,待考。

0451 **⿰女堅**、0452 ⿰女堅

按:“⿰女堅”,見於《隨函録》,即“慳”字。《隨函録》卷 29《廣弘明集》卷 7:“**⿰女堅**貪,上苦閑反,正作慳。”(ZD60-553a)唐·道宣撰《廣弘明集》卷 7:“請有德貧人免丁輸課,無行富僧輸課免丁。富僧輸課免丁,則諸僧必望停課爭斷慳貪。貧人免丁,則衆人必望免丁競修忠孝。”(T52, p132b12)《隨函録》“**⿰女堅**貪”即經文中的“慳貪”,其中“**⿰女堅**”即“慳”字之俗。從形體上看,“**⿰女堅**”即“⿰女堅”,而“⿰女堅”則是“慳”的换形旁俗字。在古代,受男尊女卑觀念的影響,在造字時許多表邪惡的字從女旁,如“奸”“婬”等。“慳”意義爲“吝嗇”,换旁從“女”作“⿰女堅(**⿰女堅**)”,這也是受了男尊女卑觀念的影響。

又《隨函録》卷 20《入阿毘達磨論》上卷:“**⿰女堅**悼,上苦閑反,下徒了反,前頭作嫉慳掉舉,此句少嫉也,並悞也。”(ZD60-157a)唐·玄奘譯《入阿毘達磨論》卷 1:“無慚慳掉舉是貪等流,嫉忿是瞋等流。”(T28, p984b)《隨函録》“**⿰女堅**悼”即《入阿毘達磨論》中的“慳掉”,其中“**⿰女堅**”亦“慳”字。

0453 **⿰女幾**

按:“**⿰女幾**”,大型字典失收,見於《隨函録》,乃“譏”字。《隨函録》卷 14《正法念處經》卷 45:“**⿰女幾**嫌,上居依反,正作譏,悞。”(ZD59-1070b)元魏·般若流支譯《正法念處經》卷 45:“看彼婦女,俗人見之,則生譏嫌。見他譏嫌,則生瞋忿。”(T17, p267a)《隨函録》“**⿰女幾**嫌”即《正法念處經》中的“譏嫌”,其中“**⿰女幾**”即“譏”字。從形體上看,“譏”蓋受下字“嫌”的影響,類化從“女”而作“**⿰女幾**”。

0454 **⿰女㐭**

按:“**⿰女㐭**”,大型字典失收,見於《隨函録》,即“婬”字。《隨函録》卷 29《廣弘明集》卷 13:“**⿰女㐭**欲,上余林反,《辯正(論)》作淫。”(ZD60-561b)唐·道宣撰《廣弘明集》卷 13:“婬欲猥濁出自道家,外假清虚,内專濁泄,可恥之甚矣。”(T52, p185b)《隨函録》“**⿰女㐭**欲”即經文中的“婬欲”,其中“**⿰女㐭**”即“婬”字。

王部

0455 **⿰王氏**、0456 **⿰王氐**、0457 **珢**

按:“**⿰王氏**”“**⿰王氐**”,見於《隨函録》,即“珉”之俗。《隨函録》卷 30《廣弘明集》卷 20:“**珢**玉,上

美巾反，集作**珉**，非。"(ZD60-574a)根據《隨函録》，其所見《廣弘明集》本作"**珉**玉"。唐·道宣撰《廣弘明集》卷 20："欲使珉玉異價，涇渭分流。"（T52，p242c)《隨函録》"**珉**玉"即經文中的"珉玉"，其中"**珉**"即"珉"字。

《隨函録》卷 30《高僧傳》卷 1："王**珉**，美巾反，正作**珉**。"(ZD60-445c)梁·釋慧皎撰《高僧傳》卷 1："瑯琊王珉師事於密。"（T50，p328a)《隨函録》"王**珉**"即經文中的"王珉"，其中"**珉**"亦即"珉"字之俗。

"珉"從"民"得声，唐太宗李世民的名字中有一个"民"字，爲避廟諱故改從"氏"作"**珉**"。唐·慧琳《一切經音義》卷 98《廣弘明集》卷 20 音義："珉玉，閔彬反。鄭注《禮記》云：'珉，石似玉者也。'字本從民，爲避廟諱故改從氏作**珉**。"（T54，p919a)

0458 玖

《改併五音類聚四聲篇海·玉部》引《川篇》："玖，黑玉皃也。"《中華大字典·玉部》(718)："玖，玖字之譌。"

按："玖"同"玖"，《隨函録》有明證。《隨函録》卷 29《廣弘明集》卷 13："余(佘)玖，上視遮反，下居有反，正作佘玖也，人姓名。"(ZD60-559a)唐·道宣撰《廣弘明集》卷 13："昔丹陽余玖興，撰明真論以駁道士。"（T52，p177c)《隨函録》"余玖"即經文中的"余玖"，其中"玖"即"玖"字之訛。

0459 **玟**

按：我們在這裏要講的"**玟**"同"支"，爲譯音用字。《隨函録》卷 21《僧伽羅刹所集經》2："辟**玟**，音枝。"(ZD60-217a)符秦·僧伽跋澄等譯《僧伽羅刹所集經》卷 2："有大道生，亦不依辟支佛等。"（T04，p125b)《隨函録》"辟**玟**"即《僧伽羅刹所集經》中的"辟支"，其中"**玟**"在此與"支"同，爲譯音用字。

0460 玵

《集韻·談韻》："玵，五甘切，美玉。"

按：我們在這裏要講的"玵"乃"紺"字。《隨函録》卷 8《觀佛三昧海經》卷 1："如玵，音紺，俗。"(ZD59-846b)《佛説觀佛三昧海經》卷 1："自有衆生樂觀如來毛背毛上向靡，如紺琉璃……"（T15，p648b)《隨函録》"如玵"即《佛説觀佛三昧海經》中的"如紺"，其中"玵"即"紺"字。從形體上看，"紺"蓋是受下字"琉"的影響類化换旁從"玉"而作"玵"的。

0461 **望**

按："**望**"，大型字典失收，見於《隨函録》，乃"婬"字之訛。《隨函録》卷 15《摩訶僧祇律》卷 30："行**望**，羊林反，正作婬。"(ZD59-1111c)東晉·佛陀跋陀羅共法顯譯《摩訶僧祇律》卷 30："世尊制戒，不得行婬。"（T22，p468c)《隨函録》"行**望**"即《摩訶僧祇律》中的"行婬"，其中"**望**"即"婬"字之訛。

0462 **珄**、0463 **㻍**

按："**珄**""**㻍**"字，大型字典失收，皆見於《隨函録》，即"珪"字。

《隨函録》卷 30《比丘尼傳》卷 1:“淨**珠**,古携反,尼名也,正作珪也。”(ZD60-605a)釋寶唱撰《比丘尼傳》卷 1:“善妙淨珪,窮苦行之節;法辯僧果,盡禪觀之妙。”(T50, p934b)《隨函録》“淨**珠**”即經文中的“淨珪”,其中“**珠**”即“珪”之訛。

《隨函録》卷 30《比丘尼傳》卷 2:“淨**⿰王坴**,音珪。”(ZD60-606a)釋寶唱撰《比丘尼傳》卷 2:“法音寺曇簡尼傳十,法音寺淨珪尼傳十一。”(T50, p941c)《隨函録》“淨**⿰王坴**”即經文中的“淨珪”,其中“**⿰王坴**”亦“珪”之訛。

0464 ⿰王延[①]

《龍龕手鏡·玉部》(434):“⿰王延,俗音延。”《中華字海·王部》(721):“⿰王延,義未詳。”

按:“⿰王延”,見於《隨函録》,乃“琁”字之訛。《隨函録》卷 28《辯正論》卷 6:“⿰王延機,上序全反,下居依反,第一卷作旋璣,又作璿璣,正作琁也。……又郭氏作羊然反,非也。”(ZD60-510b)唐·法琳撰《辯正論》卷 6:“琁璣文者,皆是求神仙不死之道。”(T52, p534b)《隨函録》“⿰王延機”即經文中的“琁璣”,其中“⿰王延”即“琁”字之訛。“⿰王延”本不音“延”,《龍龕手鏡》音“延”,乃其俗讀[②]。人們因“⿰王延”形體上從“延”,故俗讀其爲“延”。這就是一種音隨形變的現象。“⿰王延”,《隨函録》引郭氏音“羊然反”,“羊然反”正與“延”同音。《龍龕手鏡》給“⿰王延”的注音蓋來源於郭氏(郭迻)。

此外,“⿰王延”又可作“涎”字。《隨函録》卷 19《阿毘達磨大毘婆沙論》卷 120:“⿰王延液,上序延反,正作涎,悮。”(ZD60-119a)唐·玄奘譯《阿毘達磨大毘婆沙論》卷 120:“彼妙翅鳥食化生龍時,涎液先流爛腦隨下,與龍俱咽食事便成。”(T27, p628a)《隨函録》“⿰王延液”即經文中的“涎液”,其中“⿰王延”即“涎”字之訛。

0465 **⿰王豆**

《龍龕手鏡·玉部》(435):“**⿰王豆**,俗,音偷。”《中華字海·王部》(722):“**⿰王豆**,義未詳。見《龍龕》。”

按:我們在這裏要講的“**⿰王豆**”乃“短”字之訛。《隨函録》卷 18《毘尼母經》卷 8:“極**⿰王豆**,都管反,不長也,正作短、**⿰扌豆**。”(ZD60-85b)《毘尼母經》卷 8:“僧竭支相應者,極短過繫腰下一搩手作,法令覆兩乳柱腋下,是名相應。”(T24, p847c)《隨函録》“極**⿰王豆**”即《毘尼母經》的“極短”,其中“**⿰王豆**”即“短”字之訛。至於《龍龕手鏡》音“偷”的“**⿰王豆**”,我們懷疑是“鋀(鍮)”字。“**⿰王豆**”音“偷”,與“鋀(鍮)”音同,構件“玉”與“金”意義相關。

0466 **⿰王盾**、0467 **⿰王盾**[③]

按:“**⿰王盾**”,大型字典失收,見於《隨函録》,即“循”字。《隨函録》卷 29《弘明集》卷 10:“**⿰王盾**環,上音巡,正作循。”(ZD60-537c)梁·釋僧祐撰《弘明集》卷 10:“伏奉循環疑吝俱盡,來告存及悲挹唯深。”(T52, p62a)《隨函録》“**⿰王盾**環”即經文中的“循環”,其中“**⿰王盾**”即“循”字之訛。

---

① 此條我們曾在《漢語疑難俗字例釋》一文中考釋過,見《語言研究》2006 年第 4 期,第 86 頁。

② 鄧福禄《字典考正》考析了“⿰王延”音“延”的情况,認爲此時的“⿰王延”即“綖”字,可參。湖北人民出版社 2007 年,第 181 頁。

③ 此條我們曾在《漢語疑難俗字例釋》一文中考釋過,見《語言研究》2006 年第 4 期,第 87 頁。

“循”是由於受下字“環”的影響類化從“王(玉)”旁而寫成“瑎(瑂)”的。

0468 琗、0469 埵、0470 聑[①]

《龍龕手鏡·玉部》(436):“琗,丁果反,玉也。”《龍龕手鏡·耳部》(314):“聑,丁果反,耳聑也。”《龍龕手鏡·土部》(249):“埵,多果反,下垂皃也。”

按:“琗”字,大型字典唯有《龍龕手鏡》爲例,其從何而來,意義到底爲何,都不可知。我們以爲“琗”即“聑”字,意義爲“耳垂”,在佛典中有較多的用例。《隨函録》卷 21《僧伽羅刹所集經》卷 3:“垂琗,都果反。”(ZD60-217b)符秦·僧伽跋澄等譯《僧伽羅刹所集經》卷 2:“爾時世尊有如是面,甚清淨無瑕穢,極端正無比,善眼觀無厭,耳垂睡(當爲聑之訛),唇如朱火。”(T04, p128a)《隨函録》“垂琗”即《僧伽羅刹所集經》中的“垂睡(聑)”,其中“琗”即“聑”字。

又《隨函録》卷 14《佛本行集經》卷 11:“垂琗,都果反,亦作聑。”(ZD59-1076b)《隨函録》卷 7《佛説無上依經》下卷:“輪琗,都果反。”(ZD59-774a)梁·真諦譯《佛説無上依經》卷 2:“何者如來八十種好?一者無見頂,二者頂骨無頞,三者額廣平正,四者眉高而長,形如初月紺琉璃色,五者廣長眼,六者鼻高圓直孔不現,七者耳廣厚長輪埵成就……”(T16, p474c)“埵”,宫本作“睡(當爲聑之訛)”。《隨函録》“垂琗”即宫本《佛説無上依經》中的“垂睡(聑)”。

唐·慧琳《一切經音義》卷 86:“垂埵,都果反,《字書》耳垂下貌。”(T54, p860b)在描寫如來佛耳朵形狀的時候,佛經有的作“垂琗”,有的作“垂聑”,有的作“垂埵”,皆用來形容其耳朵長得廣厚圓滿,耳朵邊沿成下垂狀。“琗”“聑”兩字,《説文》《玉篇》《廣韻》等皆無記載,今見於佛典,我們懷疑它們來源於“埵”字。從三者來源看,“埵”是源,而“琗”“聑”是流。“埵”本是一個上面帶圓形的土堆,後用來形容人的耳朵厚大而下垂也,由於意義與“耳”有關,故後被换形旁寫作“聑”,至於“琗”則有可能爲“埵”之訛也,構件“土”與“玉”近似,當然也有可能是换形旁所致。“埵”是用來形容耳朵形狀的,語義上常與玉飾等物相配,故换從“玉”。隋·闍那崛多譯《佛本行集經》卷 10:“大王是童子耳穿環垂埵。”(T03, p696c)“垂埵”與“穿環”相配可資爲證。“琗”訓“玉”,蓋是《龍龕手鏡》以“琗”形體從玉故誤釋義爲玉。形體演變如下:埵→换形旁→聑;埵→换形旁或形旁訛误→琗。

0471 瑀

《隨函録》卷 10《十地經論》卷 3:“瑠瑀,吕支反。”(ZD59-924c)

按:“瑀”音“吕支反”,與“璃”音同,即“璃”字之訛,大型字典失收。後魏·菩提流支譯《十地經論》卷 3:“或以金銀摩尼真珠琉璃珂貝車磲馬瑙生金等捨,或以寶莊嚴具瓔珞等捨。”(T26, p142c)“瑠瑀”即此“琉璃”,其中“瑀”即“璃”字之訛。

又《隨函録》卷 10《十地經論》卷 12:“瑠瑀,留離。”(ZD59-925c)《隨函録》卷 1《摩訶般若波羅蜜經》卷 40:“瑠瑀,力支反。”(ZD59-576c)這裏兩處“瑀”亦爲“璃”之訛。

---

① 鄧福禄《字典考正》亦考析了此字,可參。湖北人民出版社 2007 年,第 184 頁。

0472 璩

按："璩"字，大型字典失收，此字見於《隨函録》，即"璖(渠)"字。《隨函録》卷5《悲華經》卷4："車璩，巨魚反。"(ZD59-718c)北涼·曇無讖譯《悲華經》卷3："頗梨、琉璃、車渠、馬瑙及赤真珠，種種珍寶，隨意得見，亦復如是。"(T03, p187b)《隨函録》"車璩"即"車渠"，其中"璩"即"渠"字，而"渠"即"璖"字。

0473 珮

《龍龕手鏡·玉部》(437)："珮，俗；珮，正，蒲昧反，玉珮也。"

按："珮"作"珮"的俗字，大型字典没有例證，兹補上。《隨函録》卷29《廣弘明集》卷16："珮華，上步昧反，悮。"(ZD60-567b)"珮"讀"步昧反"，與"珮"音同。唐·道宣撰《廣弘明集》卷16："珮華長掩，懋跡空傳。"(T52, p213a)《隨函録》"珮華"即經文中的"珮華"，其中"珮"即"珮"字之訛。《隨函録》卷14《佛本行經》卷11："腰珮，步昧反，正作珮也。"(ZD60-1076c)《隨函録》明確提出"珮"即"珮"字。構件"凧"因與"風"近似而誤寫成了"風"。"佩"俗作"佩"①，可資比勘。

0474 瑑

《中華字海·王部》(728)："瑑，同瑑。見《龍龕》。"

按：我們這裏要講的"瑑"乃"琢"字之訛。《隨函録》卷26《東夏三寶感通録》上卷："瑑(瑑)磨，上音卓，正作琢也，又直兖反，非。"(ZD60-422b)唐·釋道宣撰《集神州三寶感通録》卷上："及通信之士舉神光而應心，懷疑之夫假琢磨而發念……"(T52, p410b)《隨函録》"瑑磨"即經文中的"琢磨"，其中"瑑"即"琢"字之訛。

又《隨函録》卷26《集沙門不應拜俗等事》卷1："瑑(瑑)磨，上竹角反，又音篆，悮。"(ZD60-427b)釋彦悰纂録《集沙門不應拜俗等事》卷1："若質非美玉，琢磨何益？"(T52, p447b)《隨函録》"瑑磨"即經文中的"琢磨"，其中"瑑"亦"琢"字之訛。

0475 瑄、0476 瑂②

按："瑄"字，大型字典失收，此字見於《隨函録》，即"循"字。《隨函録》卷5《寶雲經》卷5："瑄環，上音巡，下音還。"(ZD59-728c)梁·曼陀羅仙譯《寶雲經》卷4："心如循環如旋火輪，心如火種然三有薪。"(T16, p230a)《隨函録》"瑄環"即《寶雲經》中的"循環"，其中"瑄"即"循"字。"循"與"環"連用，受其影響，類化從"王(玉)"旁而作"瑂"，而"瑄"是"瑂"字之訛。形體演變如下：循→循＋環→類化→瑂→訛誤→瑄。

0477 瑑

按："瑑"，大型字典失收，見於《隨函録》，乃"磣"字之訛。《隨函録》卷22《龍樹菩薩

① 《隨函録》卷3《無言菩薩經》上卷："懷佩，蒲昧反，正作佩，佩帶也。"(ZD59-650c)根據《隨函録》，"佩"音"蒲昧反"，乃"佩"字之訛。

② 請參本書中篇"瑁""瑂"字條。

勸誡王頌》卷 1:“⿰王参毒,上初錦反,正作墋。”(ZD60-251a)義淨譯《龍樹菩薩勸誡王頌》卷 1:“速疾磣毒經諸苦,磨身碎體鎮號啼。”(T32, p753a)《隨函録》“⿰王参毒”即《龍樹菩薩勸誡王頌》中的“磣毒”,其中“⿰王参”即“磣”字。“磣”或作“墋”。唐・慧琳《一切經音義》卷 86:“磣黷,上初錦反,下音獨。……或從土作墋也。”(T54, p863c)故《隨函録》以“⿰王参”爲“墋”亦然。

0478 ⿰王累

《龍龕手鏡・玉部》(433):“⿰王累,舊藏作螺。”

按:我們在這裏要講的“⿰王累”乃“濕”字。《隨函録》卷 12《雜阿含經》卷 17:“毗⿰王累,失入反,正作濕,《集異門足論》作吠濕。”(ZD59-1008b)宋・求那跋陀羅譯《雜阿含經》卷 17:“爾時世尊告諸比丘,譬如空中狂風卒起,從四方來,有塵土風、無塵土風、毘濕波風、鞞嵐婆風、薄風、厚風乃至風輪起風。”(T02, p120b)《隨函録》“毗⿰王累”即《雜阿含經》中的“毘濕”,其中“⿰王累”即“濕”字。“濕”俗訛作“漯”“⿰土累”①,“⿰王累”蓋“漯”“⿰土累”進一步訛誤所致。

0479 ⿰王貫

《中華字海・玉部》(730):“⿰王貫,同琨,見《説文》。”

按:我們在這裏要講的“⿰王貫”乃“貫”字。《隨函録》卷 21《出曜經》卷 2:“瓔貫,上於盈反,下音官,《經音義》作嫈⿰王貫。”(ZD60-194a)姚秦・竺佛念譯《出曜經》卷 3:“臣復問曰:‘香瓔貫珠,今爲所在?’太子報曰:‘吾亦忘不復憶也。’”(T04, p625b)“瓔貫”,《隨函録》引《經音義》作“嫈⿰王貫”。唐・慧琳《一切經音義》卷 74《出曜經》卷 2 音義:“纓貫,於精反。《説文》:‘冠系曰纓。’下士(古)桓反,貫穿也,論文作嫈⿰王貫二形,非也。”(T54, p787c)其中“⿰王貫”即“貫”字。“貫”蓋受下字“瓔”或上字“珠”從“玉”的影響,類化從玉而作“⿰王貫”。

0480 ⿰王穹

按:“⿰王穹”,大型字典失收,見於《隨函録》,與“瑏”同,皆“玔”字。《隨函録》卷 21《佛所行讚》卷 3:“⿰王穹珮,上尺絹反,下蒲昧反。”(ZD60-182c)北涼・曇無讖譯《佛所行讚》卷 3:“手貫白珂釧,身服青染衣。”(T04, p24c)從形體上看,“⿰王穹”即“瑏”字。《集韻・仙韻》:“瑏,玉也。昌緣切。”字書中没有“瑏”的用例。《隨函録》“⿰王穹珮”,今《佛所行讚》作“珂釧”,其中“⿰王穹”對應的是“釧”字。“釧”或作“玔”。《隨函録》卷 16《根本毗奈耶雜事》卷 34:“足玔,尺絹反,正作釧也。”(ZD60-16c)我們以爲“⿰王穹(瑏)”實際上就是音“尺絹反”的“玔”字。“⿰王穹(瑏)”爲“玔”换聲旁所致。

0481 ⿰王摩②

《龍龕手鏡・玉部》(433):“⿰王摩,音摩。”《中華字海・玉部》(733):“⿰王摩,義未詳。”

① 見本書下篇“濕”字條。

② 此條我們曾在《以可洪〈隨函録〉考漢語俗字(續)》一文中論述過,見《古漢語研究》2007 年第 1 期,第 67 頁。

按:"⿰王摩"即"摩"字。《隨函録》卷 15《摩訶僧祇律》卷 31:"⿰王摩珉,二音摩尼,寶名,或云末尼也。"(ZD59-1112b)東晉・佛陀跋陀羅共法顯譯《摩訶僧祇律》卷 31:"屐者,金屐、銀屐、摩尼屐、牙屐、木屐、皮屐、馬尾屐、麻屐、欽婆羅屐、綖屐、芒草屐、樹皮屐。"(T22, p482b)《隨函録》"⿰王摩珉"即《摩訶僧祇律》中的"摩尼",其中"⿰王摩"即"摩"字。由於"摩尼"是指寶珠,受其影響,"摩"類化增"玉"旁而作"⿰王摩"。

0482 ⿰王⿰曷曷、0483 ⿰王⿰易曷、0484 ⿰王羯

《龍龕手鏡・玉部》(438):"⿰王⿰易曷,居渴①反。"《中華字海・王部》(734):"⿰王⿰曷曷,義未詳。見《字彙補》。"

按:"⿰王⿰易曷"即"羯"字。《隨函録》卷 9《文殊師利寶藏陁羅尼經》卷 1:"⿰王羯⿰王羯,上莫缽反,下音割,正作輵也,下又居謁反,正作羯、鍻二形。輵、羯二呼並通,正言末羅羯多,寶名也,此之玉類也,綠色,下方本作靺羯,是也。"(ZD59-883b)唐・菩提流志譯《文殊師利寶藏陀羅尼經》卷 1:"又法以取珠珍或瑚⿰王⿰曷曷諸雜寶等,咒一千八遍。安幢上,或置軍將身,或安馬象之上。"(T20, p805a)據經文可知,"瑚⿰王⿰曷曷"是一種玉類珍寶。《隨函録》以"⿰王羯"爲"羯",用於"靺羯"或"末羅羯多"中,意義爲綠色之玉。其他佛經中有作"靺羯"或"末羅羯多"的。沙門一行阿闍梨記《大毘盧遮那成佛經疏》卷 5:"或如綠寶,是綠靺羯寶。"(T39, p632c)唐・玄奘譯《大般若波羅蜜多經》卷 349:"須末羅羯多,施末羅羯多;須螺貝,施螺貝;須璧玉,施璧玉。"(T06, p793a)

"輵羯"或"靺羯""末羅羯多""摩羅伽陀"等,皆梵文"MārakaTa"音譯。丁福保《佛學大辭典》:"摩羅伽陀(物名),譯曰綠色寶。梵 MārakaTa。"《觀無量壽經直指疏》卷 1:"綠珍珠,梵語摩羅伽陀。"(X22, p434c)"⿰王羯(⿰王⿰曷曷)",與"羯"音同,對音"MārakaTa"之"ka"。

"⿰王羯(⿰王⿰曷曷)"同"羯",當如《隨函録》音"居謁反",《龍龕手鏡》音"居渴反"有誤,疑"渴"乃"謁"字之訛,"言"旁簡寫體"讠"與"氵"近似。

0485 ⿰王窴、0486 ⿰王窴、0487 ⿰金窴

《龍龕手鏡・玉部》(434):"⿰王窴,田、佃二音。"《字彙補・玉部》:"⿰王窴,義闕。"

按:《漢語俗字叢考》(540)以"⿰王窴"爲"瑱"字,我們曾對此提出了異議,並作了詳細的考證,認爲"⿰王窴"當爲"寘"或"闐",且僅見於"于闐"一詞中作爲"闐"的異寫②。今讀《隨函録》,發現其亦可爲我們提供佐證,特予以補上。《隨函録》卷 24《開元釋教録》卷 2:"釪⿰金窴,上音于,下音殿。釪⿰王窴,同上。"(ZD60-342a)唐・智昇撰《開元釋教録》卷 3:"涼州道人于闐(或作釪⿰王窴)城中寫記。"(T55, p501b)"釪⿰王窴",宋本作"于闐"。《隨函録》"釪⿰金窴""釪⿰王窴"即此"于闐"或"釬(釪)⿰王窴"。"⿰金窴""⿰王窴""⿰王窴"皆與"闐"同。"⿰金窴""⿰王窴""⿰王窴"等字産生的原因,我們已在《龍龕手鏡研究》中闡明,可參。

---

① 鄧福禄《字典考正》録作"偈",誤。湖北人民出版社 2007 年,第 191 頁。

② 鄭賢章:《龍龕手鏡研究》,湖南師範大學出版社 2004 年,第 321 頁。

无部

0488 ⿰旡高

按:“⿰旡高”,見於《隨函録》,乃“蹻”字。《隨函録》卷15《十誦律》卷19:“⿰旡高一,上去憍反,獨腳行也,舉足高也,正作蹻、蹺二形也。”(ZD59-1119c)後秦・弗若多羅譯《十誦律》卷19:“又六群比丘,翹一腳入家内。”(T23, p137a)《隨函録》“⿰旡高一”即《十誦律》中的“翹一”,其中“⿰旡高”對應的是“翹”字。“翹”與“蹻”都可以表抬足,爲同義詞,據《隨函録》和從形體上看,“⿰旡高”乃“蹻”字。

木部

0489 杛

《集韻・東韻》:“杛,居雄切,木名。”

按:我們這裏要講的“杛”乃“朽”字。《隨函録》卷24《出三藏記集》卷7:“杛種,上許有反,腐也,正作朽也,下之勇反。此譬聲聞不生無上道芽也。”(ZD60-313a)梁・釋僧祐《出三藏記集》卷7:“至德莫大乎真人,而比之朽種。”(T55, p47a)《隨函録》“杛種”即《出三藏記集》中的“朽種”,其中“杛”即“朽”字之訛。

0490 枽

《中華字海・木部》(742):“枽,同桒。字見《龍龕》。”

按:我們這裏要講的“枽”乃“棄”字之訛。《隨函録》卷27《續高僧傳》卷13:“若枽,音棄,又音葉也。”(ZD60-475c)“枽”音“葉”時即“桒”字之訛,音“棄”時則是“棄”字之訛。唐・釋道宣撰《續高僧傳》卷13:“若棄骸餘處,儻來無所見,有致煎惱。”(T50, p525c)《隨函録》“若枽”即經文中的“若棄”,其中“枽”即“棄”字之訛。

0491 柢、0492 鉽

《漢語大字典・木部》(493)引《廣韻》:“柢,碓衡。”

按:我們要論述的是作爲“匙”俗體的“柢”。《隨函録》卷8《虚空藏菩薩問七佛陁羅尼咒經》卷1:“銅柢,市支反。”(ZD59-816a)《虚空藏菩薩問七佛陀羅尼咒經》卷1:“在佛像前用銅鉽卷一鉽,咒之一遍,擲著火中,至一千八遍,是諸怨賊無問遠近自然退散。”(T21, p562b)“鉽”字,元、明本作“匙”,宋本作“柢”。宋本用字與可洪所見相同。

“鉽”“匙”“柢”之間的關係如何呢?我們以爲“柢”即“匙”字之俗。《隨函録》“柢”音“市支反”,與“匙”音同。慧琳《一切經音義》卷19《虚空藏菩薩問七佛陀羅尼咒經》音義:“匙,是之反。《方言》:‘匕謂之匙。’《説文》從匕是聲也,經從木作柢。”(T54, p424c)慧琳所論亦可爲證。

至於"鋲"字,我們以爲它與"柢"一樣也應是"匙"字之俗。"匙"有木製的,也有金屬製的,故俗换聲旁形旁作"柢",而"柢"字换形旁又作"鋲"①。

0493 㭇

按:"㭇",大型字典失收,見於《隨函録》,即"砌"字。《隨函録》卷28《辯正論》卷4:"石㭇,七細反,正作砌。"(ZD60-506b)唐·法琳撰《辯正論》卷4:"長樂盈階,竹聳茅簷,松横石砌,奇峰亘日。"(T52, p517a)《隨函録》"石㭇"即經文中的"石砌",其中"㭇"即"砌"字之訛。"砌"何以會作"㭇"呢?"砌"可能是由於受上文"松横"的影響類化從"木"旁而寫成"㭇"的。

0494 枆

《龍龕手鏡·木部》(379):"枆,或作;楙,正,音毛,冬桃。"

按:我們在這裏要講的"枆"乃"撓"字。《隨函録》卷13《别譯阿含經》卷9:"枆攪,上火高反,下古夘反,正作撓,攪也,上又音毛,非也。"(ZD59-1016a)《别譯雜阿含經》卷9:"譬如屠家以彼利刀而開牛腹,撓攪五内。"(T02, p441b)《隨函録》"枆攪"即《别譯雜阿含經》中的"撓攪",其中"枆"即"撓"字。

又《隨函録》卷13《别譯阿含經》卷9:"枆挍,上火高反,下與攪同。"(ZD59-1016a)《别譯雜阿含經》卷9:"譬如屠者以彼利刀撓攪牛腹,腸胃寸絶。"(T02, p442a)《隨函録》"枆挍"即《别譯雜阿含經》中的"撓攪",其中"枆"即"撓"字。

從形體上看,"撓"俗换聲旁後可作"托"②,而"枆"顯然爲"托"之訛。

0495 㧝、0496 㧝

按:"㧝",見於《隨函録》,乃"挽"字之訛。《隨函録》卷7《不空罥索神變真言經》卷1:"㧝諸,上無遠反,正作挽也,經後作㧝,又音胞,非。"(ZD59-780c)唐·菩提流志譯《不空罥索神變真言經》卷1:"汝能於是天人大衆然大法炬,作衆寶聚挽諸有情,出衆苦本。"(T20, p232b)《隨函録》"㧝諸"即《不空罥索神變真言經》中的"挽諸",其中"㧝"即"挽"字之訛。

0497 栈

按:"栈",見於《隨函録》,乃"我"字之訛。《隨函録》卷5《正法華經》卷10:"無栈,羊力反,合作我。《妙法蓮華經》云阿壇,此云無我。"(ZD59-710a)西晉·竺法護譯《正法華經》卷10:"其辭咒曰:無我除我因我……"(T09, p133b)《隨函録》"無栈"即《正法華經》中的"無我",其中"栈"即"我"字之訛。

0498 梳、0499 梳、0500 旒

按:我們在這裏要講的"旐"乃"杌"字之訛。《隨函録》卷14《佛滅度後棺斂葬送經》

① "鋲"字還可以作爲"鉹"的異體。《玉篇·金部》:"鋲,同鉹。"

② 見鄭賢章《龍龕手鏡研究》下篇"托"字條,湖南師範大學出版社2004年,第214頁。

卷1:"𣏽(瓬)絶,上五骨反。"(ZD59-1101a)《佛滅度後棺斂葬送經》卷1:"護彼若身,潤逮草木,無虚杌絶也。"(T12, p1114c)《隨函録》"𣏽絶"即《佛滅度後棺斂葬送經》中的"杌絶"。根據經文文意,"𣏽絶""杌絶"即"杌絶"之訛。"𣏽""杌"即"杌"字。《隨函録》卷19《阿毘達磨順正理論》卷28:"緣𣏽(杌),五骨反,又音瓦,悮。"(ZD60-139c)唐・玄奘譯《阿毘達磨順正理論》卷28:"又説緣杌,而現影故。杌既是假,影應非實。此難不然,如腹雖是假,而生實飢渴。"(T29, p501c)《隨函録》"緣𣏽(杌)"即《阿毘達磨順正理論》中的"緣杌",其中"𣏽(杌)"即"杌"字之訛。

0501 杙

按:"杙"字,見於《隨函録》,乃"杙"字之訛。《隨函録》卷23《諸經要集》卷20:"梁杙,羊力反,正作杙、弋二形也,又音伐,悮。"(ZD60-307c)唐・釋道世《諸經要集》卷20:"若無籌不得壁上拭,不得廁板梁杙上拭。"(T54, p189c)《隨函録》"梁杙"即《諸經要集》中的"梁杙",其中"杙"即"杙"字之訛。

0502 **枂**

按:"**枂**",見於《隨函録》,乃"摑"字之訛。《隨函録》卷11《大莊嚴論經》卷3:"**枂**裂,上古麥反,正作摑。"(ZD59-960a)後秦・鳩摩羅什譯《大莊嚴論經》卷3:"假使諸惡狩,摑裂我手足,終不敢毀犯。"(T04, p269b)《隨函録》"**枂**裂"即《大莊嚴論經》中的"摑裂",其中"**枂**"即"摑"字之訛。

0503 **梟**

按:"**梟**"字,見於《隨函録》,即"阜"字。《隨函録》卷5《悲華經》卷7:"**埭梟**,上都回反,下音妇。"(ZD59-719b)北涼・曇無讖譯《悲華經》卷6:"娑婆世界,其地多有鹹苦、鹽滷、土沙、礫石、山陵、埠阜、溪谷、溝壑。"(T03, p207a)《隨函録》"**埭梟**"即"堆阜",其中"**梟**"即"阜"字。

0504 **東**

按:"**東**",見於《隨函録》,即"棗"字之訛。《隨函録》卷28《辯正論》卷1:"私**東**,音早。"(ZD60-502a)"**東**"讀"早",與"棗"音同。唐・法琳撰《辯正論》卷1:"豈止犯菜偷魚竊瓜私棗,兼以盜僧鬘物用常住財。"(T52, p494a)《隨函録》"私**東**"即經文中的"私棗",其中"**東**"即"棗"字之訛。

0505 **梇**

按:"**梇**",大型字典失收,見於《隨函録》,乃"挊"字。《隨函録》卷21《出曜經》卷7:"作**梇**,音弄,正作挵,或作挊。"(ZD60-195c)姚秦・竺佛念譯《出曜經》卷10:"瞿波利後至入於廟内,見有女人顏貌端正,作弄女姿,像如犯婬,有不淨在地。"(T04, p664b)《隨函録》"作**梇**"即《出曜經》的"作弄",其中"**梇**"即"弄"字。"弄"或作"挵","**梇**"蓋"挵"字之訛。

0506 梍[1]、0507 挓

《龍龕手鏡・木部》(375):"梍,勅加反,亦他音。"《中華字海・木部》(751):"梍,義未詳。見《龍龕》。"《漢語俗字叢考》(546):"(梍)此字疑爲'柁'的訛俗字。……讀作'敕加反'的'梍'疑又爲'挓'的訛俗字。"

按:讀作"敕加反"的"梍"的確是"挓"字之訛,皆爲"磔"字之俗。《隨函録》卷12《中阿含經》卷49:"張梍,知格反,正作磔。"(ZD59-997b)東晉・瞿曇僧伽提婆譯《中阿含經》卷49:"以百釘張,極張托已,無皺無縮。"(T01, p737a)《隨函録》"張梍"即《中阿含經》中的"張托"。此處"托"與"挓"同,皆爲"磔"字之俗。

又《隨函録》卷13《佛説鐵城泥犁經》卷1:"挓開,上吒革反,張也,正作磔,或作秅二形。"(ZD59-1035c)《佛説鐵城泥犁經》卷1:"我與若食即取鉤。鉤其上下頷。口皆磔開。"(T01, p828a)《隨函録》"挓開"即經文中的"磔開","挓"即"磔"字。

又《隨函録》卷2《大寶積經》卷113:"釘挓,知格反,張也,開也,正作磔也,又宜作厇,音摘,張也,俗。"(ZD59-603a)北梁・釋道龔譯《大寶積經》卷113:"生此中已,以百千釘釘挓其身。"(T11, p644a)慧琳《一切經音義》卷2《大寶積經》卷113:"釘磔,張革反,據經合是磔字,今經中書挓字諸字書並無,此字未詳其音,且書磔字也。"(T54, p400b)根據《一切經音義》,"挓"乃新造俗字,人們根據其在佛經的意義把它當作了"磔"。《龍龕手鏡・手部》(217):"挓,俗,知格反,裂也,張也。正作磔。""磔"俗作"挓",是一個後起形聲字。"梍"當爲"挓"字之訛。

既然"梍""挓"是"磔"字之俗,《龍龕手鏡》何以會音"敕加反"呢?《隨函録》卷25《一切經音義》卷10:"作挓,知革反,又陟加反。"(ZD60-363a)《隨函録》卷25《一切經音義》卷10:"作梍,張革反,又竹加反。"(ZD60-363c)根據《隨函録》,"挓""梍"既可音"張革反"又可音"竹加反"。《龍龕手鏡》"敕加反"與"竹加反"聲紐不同。由於"挓""梍"是新造的俗字,而從"宅"得聲的字,有讀爲"敕加反"的,如"侘",於是《龍龕手鏡》亦以"敕加反"讀"梍""挓"。

至於《龍龕手鏡》"梍"又音"他",乃從慧琳《一切經音義》之誤而讀。慧琳《一切經音義》卷54《治禪病秘要法經》音義:"柁身,上他可反,《説文》從木它聲,它音駝,經從宅作梍,非也。"(T54, p669a)"柁身",今對應經文作"挓身"。《治禪病秘要法》卷2:"復見四大海神,所生之母,毘牟樓至,仰卧海水,有千頭各二千手足,挓身四向。"(T15, p339a)"梍",慧琳以"柁"字替之,不妥。《漢語俗字叢考》根據《一切經音義》以《龍龕手鏡》"梍"音"他",即"柁"字,亦不妥。

0508 深

《集韻・之韻》:"深,津之切,樠櫨。"

按:我們在這裏要講的"深"乃"深"字之訛。《隨函録》卷11《瑜伽師地論》卷35:"深生,上失針反。深,遠也,不淺也,正作深,郭氏音節,非也。"(ZD59-939a)唐・玄奘譯《瑜伽師地論》卷35:"是處安樂出離遠離,常於出離及遠離所深生愛慕。"(T30, p479c)《隨函録》"深

---

[1] 鄧福禄《字典考正》對"梍"字也有考證,可參。湖北人民出版社2007年,第195頁。

生"即《瑜伽師地論》中的"深生",其中"㴱"即"深"字之訛。

0509 梳

按:"梳",大型字典失收,見於《隨函録》,乃"抗"字之訛。《隨函録》卷 21《百喻經》卷 3:"梳衡,上苦浪反。"(ZD60-219a)蕭齊·求那毘地譯《百喻經》卷 3:"喻於外道,無敢抗衡。"(T04, p553a)《隨函録》"梳衡"即《百喻經》中的"抗衡",其中"梳"即"抗"字之訛。

0510 椓

按:我們在這裏要講的"椓"乃"椽"字之訛。《隨函録》卷 14《本事經》:"椓(椓)梁,上直專反。"(ZD59-1088c)唐·玄奘譯《本事經》卷 5:"譬如世間所有臺觀,若一中心,不善覆蔽則椽梁壁皆被淋漏,以椽梁壁被淋漏故,皆悉敗壞。"(T17, p687b)《隨函録》"椓梁"即《本事經》中的"椽梁",其中"椓"即"椽"字之訛。

《隨函録》卷 16《四分律》卷 16:"棟椓(椓),上都弄反,下直專反。"(ZD60-31c)姚秦·佛陀耶舍共竺佛念等譯《四分律》卷 16:"若土墼材木,若屋柱櫨棟椽,如是手捉不禁墮而殺者。若扶病起而死,或還卧而死。"(T22, p677b)《隨函録》"棟椓"即《四分律》中的"棟椽",其中"椓"亦"椽"字之訛。

0511 梪

《龍龕手鏡·木部》(382):"梪,音豆,籩豆也。"

按:我們在這裏要講的"梪"乃"旋"字之訛。《隨函録》卷 12《長阿含經》卷 18:"右梪,序緣反,正作旋也。"(ZD59-985a)後秦·佛陀耶舍共竺佛念譯《長阿含經》卷 18:"枝條柔弱,花果繁熾,地生濡草,槃縈右旋,色如孔翠。"(T01, p117c)《隨函録》"右梪"即《長阿含經》中的"右旋","梪"即"旋"字之訛。

又《隨函録》卷 15《摩訶僧祇律》卷 9:"三梪,音旋,轉也,又音豆,誤。"(ZD59-1106b)東晉·佛陀跋陀羅共法顯譯《摩訶僧祇律》卷 10:"若淨人不可信者,裹眼三旋,然後使知地。"(T22, p311c)《隨函録》"三梪"即《摩訶僧祇律》中的"三旋",其中"梪"即"旋"字之訛。"旋"俗作"裋"①,"梪"與"裋"近似。

0512 棼

《字彙·木部》:"棼,木名,渠營切。"

按:我們這裏要講的"棼"乃"甍"字之訛。《隨函録》卷 30《廣弘明集》卷 24:"軒棼,音萌,屋棟也,正作甍也。别本作軒甍也。"(ZD60-581a)唐·道宣撰《廣弘明集》卷 24:"懸溜瀉於軒甍,激湍迴於階砌。"(T52, p276b)《隨函録》"軒棼"即經文中的"軒甍",其中"棼"即"甍"字之訛。

0513 榅

按:"榅",見於《隨函録》,乃"孟"字。《隨函録》卷 2《大寶積經》卷 108:"木榅,音孟。"

---

① 見本書中篇"裋"字條。

(ZD59-602a)唐・菩提流志奉《大寶積經》卷 108:“旃遮婆羅門女以木杅繫腹,誹謗如來,而作是言:‘由沙門瞿曇令我妊身,應當與我衣被飲食。’”(T11, p606a)根據佛經文意,今《大寶積經》“木杅”當爲“木**⿰木盂**”之誤,應予以校正。“木**⿰木盂**”即“木盂”。佛經中多見“木盂繫腹”一語。姚秦・竺佛念譯《菩薩從兜術天降神母胎説廣普經》卷 7:“後以木盂繫腹,狀如臨産婦女。”(T12, p1056a)後秦・鳩摩羅什譯《大智度論》卷 9:“二者旃遮婆羅門女繫木盂作腹謗佛。”(T25, p121c)

0514 **梷**、0515 抑、0516 **掃**、0517 ⿰扌帛

《中華字海・扌部》(334):“抑,同抑。”

按:我們這裏要講的“抑”乃“枊(棉)”字之訛。《隨函録》卷 29《廣弘明集》卷 8:“懸抑,五郎反,繫馬柱也。《弘明集》作懸⿰扌帛。”(ZD60-554c)唐・道宣撰《廣弘明集》卷 8:“驢輾泥中,黄土塗面,摘頭懸**梷**(宋、宫本),埏埴使熟。”(T52, p140c)《隨函録》“懸抑”即宋、宫本經文中的“懸**梷**”,其中“抑”即“**梷**”字,而“**梷**”顯然即“棉”字之訛。梁・釋僧祐撰《弘明集》卷 8:“黄鹵泥面,擿頭懸**掃**,埏埴使熟。”(T52, p49a)“**掃**”,宋、宫本作“**梷**”,上述《隨函録》載《弘明集》作“⿰扌帛”。“**掃**”“**梷**”“⿰扌帛”皆“棉”字之訛也。接下來,我們論述一下“枊”“棉”兩字的關係。

“枊”有兩個主要的義項:①繫馬柱。《廣韻・唐韻》:“枊,繫馬柱也。五剛反。”②斜桷(斗栱)。《資治通鑑・唐高宗總章二年》:“……窗櫺楣柱,枊楶枅栱,皆法天地陰陽之律數。”胡三省注:“枊,斜桷,謂之飛枊。”

“棉”也有兩個主要的義項:①系牛馬的柱子。《漢語大字典・木部》:“棉,用同‘枊’。系牛馬的柱子。清毛奇齡《蠻司合誌》卷三十:‘每牛加梏,繫之一棉。’”②斜桷(斗栱)。《廣韻・唐韻》:“棉,飛棉,斜桷。”

“棉”與“枊”的兩個意義都相同,讀音也相同,在《廣韻》都音“五剛反”。因此我們以爲“棉”與“枊”兩字應同。佛經異文也可以提供證明。上述《弘明集》卷 8“懸**掃**”一語,宋、宫本《弘明集》作“懸**梷**”,元、明本《弘明集》作“懸柳”,“柳”於意義不合,顯然就是“枊”字之訛。

“棉”何以會訛作“抑”呢? 從形體上看,“抑”其實是源於“棉”的或體“枊”字之訛,構件“木”與“扌”近似易混,而構件“卬”也因與“印”近似而誤成了“印”。《中華字海・手部》(334)“抑”訛作“抑”,可資比勘。

“**梷**”“⿰扌帛”“**掃**”大型字典失收。

0518 **⿰木勉**

按:“**⿰木勉**”,大型字典失收,見於《隨函録》,乃“挽”字。《隨函録》卷 23《經律異相》卷 41:“抴**⿰木勉**,上以世反,下無遠反,正作挽。”(ZD60-279b)梁・僧旻、寶唱等集《經律異相》卷 41:“所生母者於兒慈深,不忍抴挽。”(T53, p215b)《隨函録》“抴**⿰木勉**”即經文中的“抴挽”,其中“**⿰木勉**”即“挽”字。從形體上看,“挽”聲旁繁化後可作“⿰扌勉”①,很顯然,“**⿰木勉**”即“⿰扌勉”字之訛,構件“木”與“扌”易混。

① 《隨函録》卷 23《經律異相》卷 38:“⿰扌勉兒,上音晚,正作挽。”(ZD60-278c)

0519 槽

按:"槽",大型字典失收,見於《隨函録》,即"懵"字之訛。《隨函録》卷28《甄正論》上卷:"多槽,莫鄧反,悶也,不明也,暗也,正作懵、懜二形也,悮也。"(ZD60-516c)玄嶷撰《甄正論》卷1:"但習俗移人觸塗多懵,以愚不了尚有惑焉。"(T52, p560b)《隨函録》"多槽"即經文中的"多懵",其中"槽"即"懵"字。

0520 ⿰木⿹戈衣

《龍龕手鏡・木部》(375):"⿰木⿹戈衣,音災,與栽同,種也。"

按:我們在這裏要講的"⿰木⿹戈衣"乃"裝"字。《隨函録》卷21《賢愚經》卷13:"⿰木⿹戈衣駕,上側床反,⿰木⿹戈衣束也,結裹也,正作裝也。《川音》作⿰扌⿹戈衣,音袁,非也。又阻亮反,行裝結束。"(ZD60-205a)元魏・慧覺等譯《賢愚經》卷8:"於時國中,有五百人,聞是令已,僉然應命,即辦所須,剋定發日,日到裝駕,辭别趣道。"(T04, p406b)《隨函録》"⿰木⿹戈衣駕"即《賢愚經》的"裝駕",其中"⿰木⿹戈衣"即"裝"字。

0521 栱

按:"栱",大型字典失收,見於《隨函録》,乃"梐"字之訛。《隨函録》卷17《僧祇比丘戒本》:"入栱,步米反,正作梐。"(ZD60-44c)東晉・法顯共覺賢譯《摩訶僧祇比丘尼戒本》卷1:"若比丘尼作床脚,應量作長修伽陀八指,除入梐,若過截已波夜提。"(T22, p561c)《隨函録》"入栱"即《摩訶僧祇比丘尼戒本》中的"入梐",其中"栱"即"梐"字之訛。

0522 ⿰木⿱罒孚

按:"⿰木⿱罒孚",大型字典失收,見於《隨函録》,乃"擇"字之訛。《隨函録》卷12《長阿含經》卷11:"⿰木⿱罒孚宍,上音宅,下音肉。"(ZD59-983a)後秦・佛陀耶舍共竺佛念譯《長阿含經》卷11:"師子清旦初出窟時,四向顧望,奮迅三吼,然後遊行擇肉而食。"(T01, p68c)《隨函録》"⿰木⿱罒孚宍"即《長阿含經》中的"擇肉","⿰木⿱罒孚"即"擇"字之訛。

0523 ⿱艹梵

按:"⿱艹梵",大型字典失收,見於《隨函録》,乃"梵"字之訛。《隨函録》卷22《釋迦氏略譜》卷1:"大⿱艹梵,音梵,天名。"(ZD60-259a)《釋迦氏譜》卷1:"時大梵王見成聖果,默然而住,心懷憂惱。"(T50, p92a)《隨函録》"大⿱艹梵"即《釋迦氏譜》中的"大梵",其中"⿱艹梵"即"梵"字之訛。

0524 ⿰木⿸戶甫

按:"⿰木⿸戶甫",大型字典失收,見於《隨函録》,乃"牖"字。《隨函録》卷16《彌沙塞部和醯五分律》卷1:"户⿰木⿸戶甫,音酉。"(ZD60-20c)"⿰木⿸戶甫"音"酉",與"牖"音同,即"牖"字。

0525 ⿰木脊、0526 ⿰木⿱𠆢冃

《集韻・昔韻》:"⿰木脊,屋櫋木也。資昔切。"

按:“楕”其實即“脊”的增旁俗字。《隨函録》卷12《阿毘達磨大毘婆沙論》卷5:“屋楕,音跡,正作楕,悮也。”(ZD60-109a)《阿毘達磨大毘婆沙論》卷5:“或如有人,從屋楕墮。未至地頃,便起是心。”“楕”,宋、元、明、宫本作“脊”。《隨函録》“屋楕(楕)”即宋、元、明、宫本《阿毘達磨大毘婆沙論》“屋脊”。“楕”即“脊”字。

0527 橖、0528 撐

《正字通·手部》:“撐,俗撐字。”《廣韻·唐韻》:“橖,徒郎切,車木。”

按:我們在這裏要講的“橖”“撐”乃“橙”字。《隨函録》卷7《不空羂索神變真言經》卷20:“撐子,上宅耕反,撐橘,果名也,正作撜(橙)也,又音棠,車撐也,非。”(ZD59-786b)唐·菩提流志譯《不空羂索神變真言經》卷20:“一手把橖子枝柯葉果,一手安慰仰垂雨寶。”(T20, p332c)《隨函録》“撐子”即《不空羂索神變真言經》中的“橖子”。不過這裏的“橖”乃“橙”字。慧琳《一切經音義》卷39《不空羂索神變真言經》音義:“橙子枝,上直耕反。《考聲》云似橘而大也,《説文》橘屬也,從木登聲。經從棠作橖,非也。”(T54, p564a)是其確證。“撐”“橖”在字書中本有自己的固有音義,而在《隨函録》、佛經中乃“橙”字之俗,兩者恰巧同形。“撐”“橖”實際上都代表了兩個不同的字。

0529 檝、0530 摋[1]

《改併五音類聚四聲篇海·手部》(447):“摋,音裁。”《中華字海·扌部》(361):“摋,義未詳。見《篇海》。”

按:《漢語俗字叢考》(278):“此字疑即‘裁’的增旁俗字。”無具體例證。“摋”,可見於《隨函録》,乃“栽”字。《隨函録》卷15《摩訶僧祇律》卷3:“樹摋,子才反。”(ZD59-1104a)東晋·佛陀跋陀羅共法顯譯《摩訶僧祇律》卷3:“若比丘,以盜心盜此諸樹,若一樹滿者波羅夷,不滿者隨其拔樹栽,偷蘭罪。”(T22, p247c)《隨函録》“樹摋”即《摩訶僧祇律》中的“樹栽”,其中“摋”即“栽”字。我們以爲《篇海》“摋”也應是“栽”字,音“裁”乃其俗讀,俗以“摋”形體上從“裁”,故以“裁”讀之也,這是一種音隨形變的現象。此外,“栽”又可以作“檝”。《隨函録》卷15《十住斷結經》卷3:“根檝,子才反,正作栽。”(ZD59-826a)姚秦·竺佛念譯《最勝問菩薩十住除垢斷結經》卷3:“設心如是有此想者,則爲敗毁聖道根栽。”(T10, p987c)《隨函録》“根檝”即經文中的“根栽”,其中“檝”即“栽”字。“檝”乃“栽”的後起形聲字。

0531 櫺

按:“櫺”字,大型字典失收,見於《隨函録》,即“櫺”字之訛。《隨函録》卷25《新華嚴經音義》:“之櫺,力丁反,正作櫺。”(ZD60-403a)唐·慧琳《一切經音義》卷23所録慧苑《新譯大方廣佛花嚴經音義》卷41:“階隥欄楯:隥,多鄧反。楯,食尹反,隥級道也。王逸注《楚辭》云:‘縱曰欄,横曰楯。’楯間子謂之櫺也。”(T54, p450b)《隨函録》“之櫺”即此“之櫺”,其中“櫺”即“櫺”字之訛。

---

① 此條我們曾在《以可洪〈隨函録〉考漢語俗字(續)》一文中考釋過,見《古漢語研究》2007年第1期,第67頁。

0532 棋

《中華字海・扌部》(785):"棋,同棋。見《集韻》。"

按:我們這裏要講的"棋"與"旗"字同。《隨函録》卷 29《廣弘明集》卷 12:"公棋,巨之反,正作旗,道士張曾字公旗,《辯正破邪論》作公旗也。"(ZD60-557c)唐・道宣撰《廣弘明集》卷 12:"陳瑞習道而夷族,公旗學仙而滅門。"(T52, p169b)《隨函録》"公棋"即經文中的"公旗",其中"棋"即"旗"字之訛。這樣一來,大型字典"棋"字下可增添"同旗"的説解。

0533 橆

按:"橆",大型字典失收,見於《隨函録》,乃"撫"字。《隨函録》卷 12《長阿含經》卷 5:"橆膺,上芳武反。橆,拍也,正作拊、撫二形。下於陵反,胸也。"(ZD59-981b)後秦・佛陀耶舍共竺佛念譯《長阿含經》卷 5:"時地主王聞其命終,潸念哀傷,撫膺而曰:'咄哉! 何辜失國良幹。'"(T01, p31c)《隨函録》"橆膺"即《長阿含經》中的"撫膺","橆"即"撫"字之訛。

0534 ⿰木賢、0535 ⿰扌賢

按:"⿰木賢""⿰扌賢",見於《隨函録》,乃"攬"字。《隨函録》卷 6《大灌頂經》卷 8:"婆⿰木賢,郎敢反,龍名也,正作攬。"(ZD59-751c)東晉・帛尸梨蜜多羅譯《佛説灌頂經》卷 9:"波覽摩龍王、阿梨伽龍王……"(T21, p518a)"波覽",宋、元、明本作"婆攬"。《隨函録》"婆⿰木賢"即宋、元、明本《佛説灌頂經》中的"婆攬",其中"⿰木賢"即"攬"字之訛。

《隨函録》卷 22《撰集三藏及雜藏傳》卷 1:"及⿰扌賢,音攬。"(ZD60-250a)《撰集三藏及雜藏傳》卷 1:"世過佛,及攬大乘,佛之涅槃,是故曰長。"(T49, p3b)《隨函録》"及⿰扌賢"即《撰集三藏及雜藏傳》中的"及攬","⿰扌賢"即"攬"字。

又《隨函録》卷 12《增一阿含經》卷 40:"博⿰扌賢,郎敢反,手取也,正作攬、擥二形。"(ZD59-1004b)

又《隨函録》卷 6《大灌頂經》卷 9:"⿰扌賢菩,上郎敢反。"(ZD59-752a)東晉・帛尸梨蜜多羅譯《佛説灌頂經》卷 9:"思梨祇吉龍王、攬菩盧龍王……"(T21, p526a)《隨函録》"⿰扌賢菩"即《佛説灌頂經》中的"攬菩",其中"⿰扌賢"亦"攬"字之訛。

0536 ⿰木爨、0537 ⿰木㬎

《龍龕手鏡・木部》(375):"⿰木爨,麁巒反。"《中華字海・木部》(792):"⿰木爨,同爨。見《龍龕》。"

按:《中華字海》以"⿰木爨"爲"爨"字,誤。"⿰木爨"當爲"穳"字之俗。《龍龕手鏡・手部》(206):"⿰扌爨、⿰扌叏、⿰扌爨,三俗,倉丸、七亂二反,正作鑽、穳二字,……擲也。""⿰扌爨"音"倉丸反",與"⿰木爨"音同,並且形體近似,構件"木"與"扌"俗寫中常互混。

又《隨函録》卷 14《正法念處經》卷 1:"⿰木㬎鉾,上倉亂反,下莫浮反,正作穳矛。"(ZD59-1061b)元魏・般若流支譯《正法念處經》卷 1:"造鬥戰具,鎧鉀刀杖及以穳鉾鬥戰之輪。"(T17, p4b)《隨函録》"⿰木㬎鉾"即《正法念處經》中的"穳鉾",其中"⿰木㬎"即"穳"字。"⿰木爨"與"⿰木㬎"形體更爲近似。"穳"既可以讀去聲(倉亂反)也可以讀平聲(倉丸反),"⿰木㬎"同"穳",讀

"倉亂反"衹是其中一音。實際上,"欑"與"欑"不僅形體極近似,讀音也相同。此外,佛典中也有"爨"用作"穳"的情況。《隨函録》卷 20《舍利弗阿毘曇論》卷 15:"爨(爨)鉾,上倉官反,下莫侯反,擲也,正作穳矛。"(ZD60-171a)此時的"爨(爨)"當爲"穳"字之借,而不能當成異體。

支部

0538 攲

按:"攲",大型字典失收,見於《隨函録》,即"攲(攲)"字之訛。《隨函録》卷 26《大唐西域記》卷 10:"攲傾,上丘宜反,正作攲。"(ZD60-413c)唐・玄奘《大唐西域記》卷 10:"山徑危險,巖谷攲傾。"(T51, p932a)"攲",宋、元、明、宫、乙本作"攲"。《隨函録》"攲傾"即經文中的"攲(攲)傾",其中"攲"即"攲(攲)"字。從形體上看,"攲"蓋源於"攲"字之訛。

犬部

0539 犾

《中華字海・犭部》(491):"犾,同狀。見《集韻》。"

按:我們這裏要講的"犾"乃"犬"字。《隨函録》卷 23《經律異相》卷 28:"見犾,苦該反,正作犬。"(ZD60-273b)梁・僧旻、寶唱等集《經律異相》卷 28:"九見犬在金器中小便,十見四方有四牛來相抵突各散還去。"(T53, p151c)《隨函録》"見犾"即經文中的"見犬",其中"犾"即"犬"字。

又《隨函録》卷 14《正法念處經》卷 6:"犳(狗)犾,音犬,犳(狗)也,狗有懸蹄者曰犬也。《玉篇》音銀,又胡犬反,郭氏音迪,又音銀,並非也。"(ZD59-1062b)元魏・般若流支譯《正法念處經》卷 6:"熱炎嘴鳥,極大惡聲。獯狐、烏鷲、狗犬、野干,食其耳根,令心不喜。"(T17, p29b)《隨函録》"犳(狗)犾"即《正法念處經》中的"狗犬",其中"犾"亦"犬"字。

0540 投、0541 𤟹、0542 𤞣

《龍龕手鏡・犬部》(317):"𤟹,俗,丁侯、魚訖二反。"《中華字海・犬部》(492):"投,義未詳,見《龍龕》。"《中華字海・犬部》(492):"𤟹,同投,義未詳。見朝鮮本《龍龕》。"

按:"𤟹",見於《隨函録》,乃"毅"字之訛。《隨函録》卷 10《大智度論》卷 18:"猛𤞣(𤟹),牛既反,正作毅。"(ZD59-911b)後秦・鳩摩羅什譯《大智度論》卷 16:"鐵口猛毅,破人筋骨,力踰虎豹,猛如師子。"(T25, p176c)《隨函録》"猛𤞣"即《大智度論》中的"猛毅",其中"𤞣"即"毅"字之訛。"毅"蓋受上字"猛"的影響類化换從"犬"旁而作"𤞣"①。

---

① 《隨函録》"𤞣(投)"字産生的原因,鄧福禄《字典考正》以爲是"毅(毅)"换旁所致,恐不妥。湖北人民出版社 2007 年,第 122 頁。

“**狠**(投)”,《龍龕手鏡》音“魚訖反”,楊寶忠《疑難字考釋與研究》(221)以爲是“豛”字,而鄧福禄《字典考正》(122)以爲就是“毅”。我們認爲《龍龕手鏡》“**狠**”與“豛”“毅”讀音都不同,“**狠**”到底是哪個字還難以確定。

0543 狑

《玉篇・犬部》:“狑,郎丁切,犬名。”

按:我們這裏要講的“狑”乃“矜”字之訛。《隨函録》卷22《法句喻經》卷1:“狑済,上居陵反,下子計反,正作矜齊也,上又音霊,非。”(ZD60-245b)晉・法炬共法立譯《法句譬喻經》卷1:“一者四大寒熱當須醫藥,二者衆邪惡鬼當須經戒,三者奉事賢聖矜濟窮厄。”(T04, p579b)《隨函録》“狑済”即《法句譬喻經》中的“矜濟”,其中“狑”即“矜”字之訛。

又《隨函録》卷21《佛所行讚》卷2:“狑苦,上居陵反,愍也,正作矜,又音霊,非也。”(ZD60-182c)北涼・曇無讖譯《佛所行讚》卷2:“既以敬其德,矜苦惜其人,今見行乞求,我願奉其土。”(T04, p20a)《隨函録》“狑苦”即《佛所行讚》的“矜苦”,其中“狑”亦“矜”字之訛。

0544 犮

按:“犮”,大型字典失收,見於《隨函録》,乃“狄”字之訛。《隨函録》卷5《正法華經》卷2:“犮處,上徒的反,北方胡名也,正作狄。”(ZD59-706c)西晉・竺法護譯《正法華經》卷2:“若後壽終,即當墮生,邊夷狄處。”(T09, p79a)《隨函録》“犮處”即《正法華經》中的“狄處”,其中“犮”即“狄”之訛。

0545 狇

《中華字海・犬部》(494):“狇,同貅。”

按:我們這裏要講的“狇”乃“豺”字。《隨函録》卷23《陁羅尼雜集》卷8:“狇毒,上助皆反。”(ZD60-292b)《陁羅尼雜集》卷8:“若行山林空澤中,當令虎狼豺毒及諸山神樹神火神風神不得妄嬈大天王,燋頭摩羅當擁護之。”(T21, p624c)《隨函録》“狇毒”即《陁羅尼雜集》中的“豺毒”,其中“狇”即“豺”字。“豺”或作“犲”“犲”“犲”[①],“狇”與“犲”“犲”形體近似。

0546 㹁[②]

《改併五音類聚四聲篇海・犬部》(290):“㹁,音角。”《中華字海・犬部》(496):“㹁,義未詳。見《篇海》。”

按:“㹁”,見於《隨函録》,乃“捔”字之訛。《隨函録》卷13《别譯阿含經》卷14:“㹁勝,上古岳反,正作角、捔二形。”(ZD59-1016c)《别譯雜阿含經》卷5有“月喻施與,角勝無信”(T02, p419c)。《隨函録》“㹁勝”即《别譯雜阿含經》中的“角勝”,其中“㹁”即“角”字。“角”或作“捔”,從形體上看,“㹁”蓋“捔”字之訛。

---

① 見《中華字海・犬部》“犲”“犲”字條,中國友誼出版公司1994年,第493頁。

② 此條我們曾在《以可洪〈隨函録〉考漢語俗字(續)》一文中考釋過,見《古漢語研究》2007年第1期,第66頁。

0547 ⿰犭旨

按:"⿰犭旨"字,大型字典失收,此字見於《隨函録》,即"貓"字。《隨函録》卷 30《南海寄歸傳》卷 3:"⿰犭旨糞,上音貓,正作貓,下夫問反。"(ZD60-603b)唐・義淨撰《南海寄歸内法傳》卷 3:"病發即服大便小便,疾起便用豬糞貓糞。"(T54, p225a)《隨函録》"⿰犭旨糞"即經文中的"貓糞",其中"⿰犭旨"即"貓"字。

0548 ⿰犭奄

按:"⿰犭奄",大型字典失收,見於《隨函録》,即"獠"字之訛。《隨函録》卷 29《廣弘明集》卷 7:"勸⿰犭奄,力照反,獵也,正作獠也。……又音聊,夜獵也。"(ZD60-553a)唐・道宣撰《廣弘明集》卷 7:"勸燎爲民,勸人和合,勸恩愛會,勸立市利,勸行敬養。"(T52, p132b)《隨函録》"勸⿰犭奄"即經文中的"勸燎",其中"⿰犭奄"即"燎"字之訛。

0549 ⿰犭俞

按:"⿰犭俞",大型字典失收,見於《隨函録》,乃"禽"字。《隨函録》卷 13《大樓炭經》卷 4:"⿰犭俞狩,上巨金反,下尸咒反,正作禽獸。"(ZD59-1030a)西晉・法立共法炬譯《大樓炭經》卷 4:"欲界人有十二種。何等爲十二? 一者泥犁,二者禽獸,三者薜荔……"(T01, p299a)《隨函録》"⿰犭俞狩"即《大樓炭經》中的"禽獸",其中"⿰犭俞"即"禽"字。從形體上看,"禽"或作"獖","⿰犭俞"蓋源於"獖"字之訛。

0550 ⿰犭前

按:"⿰犭前",大型字典失收,見於《隨函録》,乃"煎"字。《隨函録》卷 23《陁羅尼雜集》卷 7:"⿰犭前得,上即仙反,正作煎。"(ZD60-291c)《陁羅尼雜集》卷 7:"須三升小豆一斗水,煎得三升,蜜安半升蘇。"(T21, p621a)《隨函録》"⿰犭前得"即《陁羅尼雜集》中的"煎得",其中"⿰犭前"即"煎"字。

0551 ⿰犭剌

按:"⿰犭剌",大型字典失收,見於《隨函録》,乃"獺"字之訛。《隨函録》卷 18《善現律毗婆沙》卷 7:"狗⿰犭剌,他鎋反,水狗也,正作獺也,俗。"(ZD60-77b)《善見律毘婆沙》卷 7:"若取貓者,狐狸狗猘亦如前三處得罪。"(T24, p722a)"猘",宋、元、明、宫本作"獺"。從經文看,作"獺"是,作"猘"不符文意。"狐""狸""狗""獺"並列,皆爲名詞,各爲一種動物。《隨函録》"狗⿰犭剌"即宋、元、明、宫本《善見律毘婆沙》中的"狗獺",其中"⿰犭剌"即"獺"字之訛。

0552 ⿰犭⿸虍巾、0553 猇

《玉篇・犬部》:"猇,胡包切,虎欲齧人声,又許交切。"

按:"⿰犭⿸虍巾",見於《隨函録》,乃"虎"字。《隨函録》卷 13《禪秘要法》上卷:"如⿰犭⿸虍巾,呼古反,正作虎也。郭氏作唬、雉二音,非也,誤。"(ZD59-1054b)後秦・鳩摩羅什譯《禪秘要法經》

卷 1:"一者如山,二者如貓,三者如虎,四者如狼,五者如狗。"(T15, p244a)《隨函録》"如𤝔"即《禪秘要法經》中的"如虎",其中"𤝔"即"虎"字。從形體上看,"𤝔(彪)"蓋"虎"增旁所致。"虎"受下文"狼""狗"等的影響增旁從"犬"而作"𤝔(彪)"。《敦煌變文集・燕子賦》:"一𤝔雖然猛,不如衆狗强。"《中華字海・犬部》(497)以"𤝔"同"虎",是。"𤝔"與"𤝔"形體近似。

0554 猷

按:"猷",大型字典失收,見於《隨函録》,乃"黼"字之訛。《隨函録》卷 7《佛説諫王經》卷 1:"猷猷,上方武反,下方勿反。《經音義》云:'白與黑謂之猷,黑與青謂之猷。'……正作黼黻字也。"(ZD59-776c)宋・沮渠京聲譯《佛説諫王經》卷 1:"青青之葉會有萎落,天冠巾幘黼黻名服不能常好。"(T14, p786a)《隨函録》"猷猷"即《佛説諫王經》中的"黼黻",其中"猷"即"黼"字之訛。

0555 猷

按:"猷",大型字典失收,見於《隨函録》,乃"黻"字之訛。《隨函録》卷 7《佛説諫王經》卷 1:"猷猷,上方武反,下方勿反。《經音義》云:'白與黑謂之猷,黑與青謂之猷。'……正作黼黻字也。"(ZD59-776c)宋・沮渠京聲譯《佛説諫王經》卷 1:"青青之葉會有萎落,天冠巾幘黼黻名服不能常好。"(T14, p786a)《隨函録》"猷猷"即《佛説諫王經》中的"黼黻",其中"猷"即"黻"字之訛。

0556 猒

按:"猒",大型字典失收,見於《隨函録》,乃"猒"字之訛。《隨函録》卷 22《分别業報略經》卷 1:"猒足,上於焰反,正作猒。"(ZD60-253b)《分别業報略經》卷 1:"後受烏鳥身,邪貪無厭足。"(T17, p447c)《隨函録》"猒足"即《分别業報略經》中的"厭足",其中"猒"即"厭"字。"厭"或作"猒","猒"蓋是"猒"字之訛。

0557 𤡆

《改併五音類聚四聲篇海・犬部》(291):"𤡆,音弗。"《中華字海・犬部》(797):"𤡆,義未詳。見《篇海》。"

按:"𤡆"音"弗",與"黻"音同,都是非母物韻,疑即"黻"字之訛。《隨函録》卷 7《佛説諫王經》卷 1:"猷猷,上方武反,下方勿反。《經音義》云:'白與黑謂之猷,黑與青謂之猷。'……正作黼黻字也。"(ZD59-776c)"黻"俗作"猷","𤡆"與"猷"形體近似。

0558 獲

按:"獲",大型字典失收,見於《隨函録》,即"獲"字。《隨函録》卷 28《弘明集》卷 3:"一獲,户麥反,正作獲。"(ZD60-525c)梁・釋僧祐撰《弘明集》卷 3:"斯一獲萬報不踰世。"(T52, p17b)《隨函録》"一獲"即經文中的"一獲",其中"獲"即"獲"字之訛。

歹部

0559 ⿰歹勾、0560 ⿰歹句

《龍龕手鏡・歹部》(514):“⿰歹勾、⿰歹句,《隨函》云‘誤,合作⿰歹丂,音朽,枯也’。又俗,鉤、苟二音。”

按:《隨函録》有“⿰歹句”字,乃“狗”字。《隨函録》卷25《一切經音義》:“⿰歹句腸,上古口反,正作狗也,下直羊反,肚也。《雜阿含經》云:‘貪樂沈没,如狗肚藏、亂草藴,此世、他世絞結纏鎖,亦復如是。’《川音》以⿰歹丂字替之,非也,又云此是《阿毘曇婆沙論》第五十四中字,彼經被改爲狗,義是⿰歹丂,音朽,據此則彼論不錯卻言不是,豈非謬乎？應和尚未詳。”(ZD60-380c)《隨函録》引《川音》之論與《龍龕手鏡》同。宋・求那跋陀羅譯《雜阿含經》卷8:“悉於其中貪樂沈没,如狗肚藏,如亂草藴。此世、他世絞結纏鎖,亦復如是。”(T02, p54b)宋・求那跋陀羅譯《雜阿含經》卷34:“亂如狗腸,如鐵鉤鏁,亦如亂草。”(T02, p248b)《隨函録》“⿰歹句腸”即《雜阿含經》“狗肚(腸)”,其中“⿰歹句”爲“狗”字之訛。

0561 ⿰歹瓦

按:“⿰歹瓦”,大型字典失收,見於《隨函録》,乃“瓨”字。《隨函録》卷12《觀所緣論釋》卷1:“瓨甌,上行江反,下烏侯反。⿰歹瓦甌,同上。”(ZD59-978c)大唐・義淨譯《觀所緣論釋》卷1:“如何得知,由匪於其瓨甌等處衆微有别。”(T31, p891a)《隨函録》“⿰歹瓦甌”即《觀所緣論釋》中的“瓨甌”,其中“⿰歹瓦”爲“瓨”字之訛。

0562 ⿰歹玄

按:“⿰歹玄”見於《隨函録》,乃“弦”字之訛。《隨函録》卷10《大智度論》卷99:“有⿰歹玄,乎堅反,正作弦。”(ZD59-923b)後秦・鳩摩羅什譯《大智度論》卷99:“有槽、有頸、有皮、有絃、有棍,有人以手鼓之。”(T25, p745a)《隨函録》“有⿰歹玄”即《大智度論》中的“有絃”,其中“⿰歹玄”即“絃”字。從形體上看,“絃”或作“弦”,“⿰歹玄”蓋“弦”字之訛。

0563 ⿰歹耳、0564 ⿰歹耳

《漢語大字典・歹部》(582)引《集韻》:“⿰歹耳,仍吏反,春祭以除病。”

按:我們這裏要論述的“⿰歹耳”乃“弭”字之訛。《龍龕手鏡・歹部》(514):“⿰歹耳,舊藏作弭。”《隨函録》卷3《大集須彌藏經》上卷:“帝⿰歹耳(⿰歹耳),彌爾反,正作弭。”(ZD59-639a)“弭”俗作“⿰歹耳”,蓋因構件“弓”與“歹”草寫時易訛所致,《龍龕手鏡・歹部》(515)“⿰弓晉”俗作“⿰歹晉”,可資比勘。如此,大型字典“⿰歹耳”字下可增添“同弭”的説解。

0565 ⿰歹舌

按:“⿰歹舌”,大型字典失收,見於《隨函録》,即“殆”字。《隨函録》卷29《弘明集》卷5:“⿰歹舌无,上徒改反,危也,近也,正作殆也。”(ZD60-530a)梁・釋僧祐撰《弘明集》卷5:“識

服俱盡，殆無間然。”（T52，p32c）《隨函録》“⿰歹舌无”即經文中的“殆無”，其中“⿰歹舌”即“殆”字之訛。

0566 ⿰歹夹

《中華字海·歹部》（800）：“⿰歹夹，同殎。字見《篇海》。”《玉篇·歹部》：“殎，殆殎也，苦甲切。”

按：我們這裏要講的“⿰歹夹”乃“殃”字之訛。《隨函録》卷28《破邪論》下卷：“⿰歹夹鍾，上於良反。”（ZD60-516a）唐·法琳撰《破邪論》卷2：“禍及無辜，殃鍾身世。”（T52，p488b）《隨函録》“⿰歹夹鍾”即經文中的“殃鍾”，其中“⿰歹夹”即“殃”字之訛。又《隨函録》卷28《破邪論》上卷：“⿰歹夹及，上於良反，正作殃也。”（ZD60-514c）唐·法琳撰《破邪論》卷1：“何爲世世興師，兵戈不息，至於毒流百姓，殃及無辜。”（T52，p483a）《隨函録》“⿰歹夹及”即經文中的“殃及”，其中“⿰歹夹”亦“殃”字之訛。

0567 ⿰歹夷

按：“⿰歹夷”，大型字典失收，見於《隨函録》，即“夷”字。《隨函録》卷27《高僧傳》卷2：“⿰歹夷三，上音夷，滅也。《開元釋教録》作夷。”（ZD60-447a）梁·釋慧皎撰《高僧傳》卷2：“敢有視者夷三族。”（T50，p336a）《隨函録》“⿰歹夷三”即經文中的“夷三”，其中“⿰歹夷”即“夷”字。從形體上看，“⿰歹夷”乃“夷”的增旁俗字。參“⿰歹夷”字條。

0568 ⿰歹夷

按：“⿰歹夷”，大型字典失收，見於《隨函録》，乃“夷”字。《隨函録》卷13《瑠璃王經》卷1：“⿰歹夷滅，上音夷，滅也。”（ZD59-1056a）西晉·竺法護譯《佛説琉璃王經》卷1：“王之近臣五百餘人一時夷滅。”（T14，p783c）《隨函録》“⿰歹夷滅”即《佛説琉璃王經》中的“夷滅”，其中“⿰歹夷”即“夷”字。由於“夷”在經文中的意義是殺滅，而“歹”作偏旁常與死亡有關，如“殁”“殯”等，受此影響，“夷”增旁從“歹”而作“⿰歹夷”。

0569 ⿰歹威

按：“⿰歹威”，大型字典失收，見於《隨函録》，乃“滅”字。《隨函録》卷12《大乘起信論》卷1：“生⿰歹威，莫列反，盡也，絶也，亦死也，字從烕聲。烕，許劣反。”（ZD59-978a）唐·實叉難陀譯《大乘起信論》卷1：“此心生滅因緣相，能顯示大乘體相用故。”（T32，p584b）《隨函録》“生⿰歹威”即《大乘起信論》中的“生滅”，其中“⿰歹威”爲“滅”字。從形體上看，由於“滅”意義與死亡、消滅有關，故俗换形旁從“歹”而作“⿰歹威”。

0570 ⿰歹桀

按：“⿰歹桀”，大型字典失收，見於《隨函録》，乃“磔”字。《隨函録》卷6《六度集經》卷4：“⿰歹桀着，上吒格反，張也。”（ZD59-765c）吴·康僧會譯《六度集經》卷4：“王恚之焉，磔著四衢。”（T03，p23a）《隨函録》“⿰歹桀着”即《六度集經》中的“磔著”，其中“⿰歹桀”即“磔”字。

0571 ⿰歹翏

《龍龕手鏡·歹部》(515):"⿰歹翏,俗,音六,正作戮。"

按:"戮"俗作"⿰歹翏",大型字典無例證,其産生的原因也不明了,今補之。《隨函録》卷6《六度集經》卷6:"殘⿰歹翏,與戮同,力竹反,煞也。"(ZD59-767a)吴·康僧會譯《六度集經》卷6:"吾死爾生,於心善乎? 累劫尋爾,逢必殘戮。"(T03, p34a)《隨函録》"殘⿰歹翏"即《六度集經》中的"殘戮",其中"⿰歹翏"即"戮"字。"戮"蓋受上字"殘"的影響類化换旁從"歹"而作"⿰歹翏"。

0572 ⿰歹辟、0573 ⿰歹辟

《龍龕手鏡·歹部》(515):"⿰歹辟,上扶曆反,下先擊反,欲死之皃也。"

按:我們這裏要講的"⿰歹辟(⿰歹辟)"乃"躃(躄)"字。《隨函録》卷23《經律異相》卷31:"⿰歹辟身,上蒲益反,正作躃也。"(ZD60-275a)梁·僧旻、寶唱等集《經律異相》卷31:"兩兒躄身,婉轉父前,哀號呼母。"(T53, p165c)《隨函録》"⿰歹辟身"即經文中的"躄身",其中"⿰歹辟"即"躄"字。

又《隨函録》卷23《經律異相》卷39:"⿰歹辟傷,上旁益反,正作躃也。"(ZD60-279a)梁·僧旻、寶唱等集《經律異相》卷39:"其脚不便,躄傷其足。"(T53, p209c)《隨函録》"⿰歹辟傷"即經文中的"躄傷",其中"⿰歹辟"亦"躄"字。

0574 ⿰歹喿

按:"⿰歹喿",大型字典失收,見於《隨函録》,乃"燥"字。《隨函録》卷19《阿毘達磨順正理論》卷32:"枯⿰歹喿,蘇早反。"(ZD60-140c)唐·玄奘譯《阿毘達磨順正理論》卷32:"一,彼時人身形枯燥,命終未久,白骨便現。二,彼時人飢饉所逼,聚集白骨,煎汁飲之。"(T29, p526b)《隨函録》"枯⿰歹喿"即《阿毘達磨順正理論》中的"枯燥",其中"⿰歹喿"即"燥"字。從形體上看,"燥"受"命終""白骨"等語境的影響换旁從"歹"而作"⿰歹喿"。"歹"作偏旁常與死亡有關,如"歿""殯"等。

戈部

0575 戜

按:"戜",大型字典失收,見於《隨函録》,乃"戒"字之訛。《隨函録》卷17《僧祇比丘戒本》:"制此戜,上之世反,裁也,正作制。《漢書》曰:'天子所命曰制也。'下音戒,並悮。"(ZD60-44a)東晉·佛陀跋陀羅譯《摩訶僧祇律大比丘戒本》卷1:"佛在毘舍離城,成佛五年冬分第五半月十二日,食後東向坐一人半影,爲長老耶奢伽蘭陀子制此戒,已制當隨順行,是名隨順法。"(T22, p549c)《隨函録》"制此戜"即《摩訶僧祇律大比丘戒本》中的"制此戒",其中"戜"即"戒"字之訛。

0576 ⿺戈⿱⿻⿰丶丿⿱一田共

按:“⿺戈⿱⿻⿰丶丿⿱一田共”,大型字典失收,見於《隨函録》,乃“糞”字之訛。《隨函録》卷 9《菩薩萬行首楞嚴經》卷 8:“爲⿺戈⿱⿻⿰丶丿⿱一田共,方問反,悮。”(ZD59-868c)唐·般剌蜜帝譯《大佛頂如來密因修證了義諸菩薩萬行首楞嚴經》卷 8:“注味則能爲膿、爲血種種雜穢,注觸則能爲畜、爲鬼、爲屎、爲尿。”(T19, p144b)“屎”,宋、元、明本作“糞”。《隨函録》“爲⿺戈⿱⿻⿰丶丿⿱一田共”即宋、元、明本《大佛頂如來密因修證了義諸菩薩萬行首楞嚴經》中的“爲糞”,其中“⿺戈⿱⿻⿰丶丿⿱一田共”即“糞”字之訛。

0577 戳

按:“戳”,大型字典失收,見於《隨函録》,即“戮”字。《隨函録》卷 28《弘明集》卷 3:“碏戳,上音鵲,下音六。”(ZD60-526a)梁·釋僧祐撰《弘明集》卷 3:“穎叔違君,書稱純孝。石碏戮子,武節乃全。”(T52, p17b)《隨函録》“碏戳”即經文中的“碏戮”,其中“戳”即“戮”字之訛。

0578 ⿰𣦵戈

《中華字海·齒部》(1748):“⿰𣦵戈,同齕。”

按:我們這裏要講的“⿰𣦵戈(齰)”乃“齚”字。《隨函録》卷 23《經律異相》卷 11:“來⿰𣦵戈,助責反,齧也,正作齚、齰二形,《六度集〈經〉》作齚字也,悮。”(ZD60-266c)梁·僧旻、寶唱等集《經律異相》卷 11:“鱉後夜來齚其門,怪門有聲,使出睹鱉。”(T53, p57b)《隨函録》“來⿰𣦵戈”即經文中的“來齚”,其中“⿰𣦵戈”即“齚”字。

牙部

0579 玃

按:“玃”,大型字典失收,見於《隨函録》,乃“攫”字。《隨函録》卷 9《鴦崛魔羅經》卷 1:“自玃,俱縛反,攫也,正作攫。”(ZD59-856c)宋·求那跋陀羅譯《央掘魔羅經》卷 1:“爾時彼婦欲心熾盛,泣淚念言:‘彼見斷絶不隨我意,若不見從要斷其命,不使是人更餘婚娶。’即以指爪自畫其體。”(T02, p512b)“自畫”,宋、元、明、圣本作“自攫”。《隨函録》“自玃”即宋、元、明、圣本《央掘魔羅經》中的兩處“自攫”,其“玃”即“攫”字。

止部

0580 岜

按:“岜”,大型字典失收,見於《隨函録》,乃“屺”之訛。《隨函録》卷 22《釋迦方志》卷 2:“涉岜,上知力反,下丘里反,正作陟屺也。”(ZD60-262c)梁·僧旻、寶唱等集《釋迦方志》卷 2:“於荆州造天皇陟屺大明等諸寺。”(T51, p974a)《隨函録》“涉岜”即《釋迦方志》中的

“陟屺”，其中“𡵆”即“屺”字之訛。構件“山”與“止”近似易訛。

0581 歧

《中華字海·止部》(823)：“歧，同歧。見《龍龕》。”

按：我們這裏要講的“歧”乃“攻”字之訛。《隨函録》卷22《三慧經》卷1：“歧取，上古冬反，治也，作也，伏也，善也，擊也，正作攻也。”(ZD60-248b)《三慧經》卷1：“人治生譬如蜂作蜜，採取衆華，勤苦積日，已成人便攻取持去。”(T17，p703c)《隨函録》“歧取”即《三慧經》中的“攻取”，其中“歧”即“攻”字之訛。

0582 䶍

按：“䶍”，大型字典失收，見於《隨函録》，乃“岵”之訛。《隨函録》卷22《釋迦方志》卷2：“陟䶍，音户，從山。”(ZD60-262c)梁·僧旻、寶唱等集《釋迦方志》卷2：“於長安立追遠陟岵大乘等六寺。”(T51，p974c)《隨函録》“陟䶍”即《釋迦方志》中的“陟岵”，其中“䶍”即“岵”字之訛也。構件“山”與“止”近似易訛。

0583 峪

按：“峪”，大型字典失收，見於《隨函録》，乃“峪(谷)”字之訛。《隨函録》卷6《大薩遮尼乾子所説經》卷3：“嵠峪，上苦兮反，下古木反。”(ZD59-744a)元魏·菩提留支譯《大薩遮尼乾子所説經》卷3：“第七功德者，一切山川溪谷溝澗泉水乾竭悉令還復，樹林草木華果枯悴，能令滋茂，鉢頭摩等池水華林一切具足。”(T09，p330c)《隨函録》“嵠峪”即《大薩遮尼乾子所説經》中的“溪谷”，其中“峪”即“谷”字。“谷”或作“峪”，“峪”蓋“峪”字之訛。

0584 𣦤、0585 𣦦①

《中華字海·止部》(825)：“𣦤，音hē，義未詳，見《篇海》。”

按：《改併五音類聚四聲篇海·止部》(426)：“𣦦，火各切。”“𣦦”與“𣦤”音同，形體也極其相似，應爲一字之變。“𣦤”“𣦦”，皆見於《隨函録》，即“壑”字之訛。《隨函録》卷28《弘明集》卷3：“舟𣦤，呼各反。”(ZD60-526a)梁·釋僧祐撰《弘明集》卷3：“夫舟壑潛謝，佛經所謂現在不住矣。”(T52，p18b)《隨函録》“舟𣦤”即經文中的“舟壑”，其中“𣦤”即“壑”字之訛。

又《隨函録》卷9《大方便佛報恩經》卷1：“溝𣦦，呼各反。”(ZD59-850a)《大方便佛報恩經》卷1：“時娑婆世界即變清淨，無諸山藪、大小諸山、江河池湖、溪澗溝壑。”(T03，p127b)《隨函録》“溝𣦦”即經文中的“溝壑”。其中“𣦦”亦“壑”字之訛。“𣦤”“𣦦”皆“壑”字之訛，應讀爲“hè”，《中華字海》讀爲“hē”，誤。

0586 嵠

按：“嵠”，大型字典失收，見於《隨函録》，乃“嵠”字之訛。《隨函録》卷6《大薩遮尼乾子所説經》卷3：“嵠峪，上苦兮反，下古木反。”(ZD59-744a)元魏·菩提留支譯《大薩遮尼乾子

① 此條我們曾在《漢語疑難俗字例釋》一文中考釋過，見《語言研究》2006年第4期，第87頁。

所説經》卷 3:“第七功德者,一切山川溪谷溝澗泉水乾竭悉令還復,樹林草木華果枯悴,能令滋茂,鉢頭摩等池水華林一切具足。”(T09, p330c)《隨函録》“𡸁峪”即《大薩遮尼乾子所説經》中的“溪穀”,其中“𡸁”即“溪”字。“溪”或作“嵠”,“𡸁”蓋“嵠”字之訛。構件“山”與“止”混訛。

攴(攵)部

0587 𢾉

按:“𢾉”字,大型字典失收,見於《隨函録》,即“收”字。《隨函録》卷 30《廣弘明集》卷 28:“𢾉遜,上尸由反,下孫困反。”(ZD60-591c)唐・道宣撰《廣弘明集》卷 28:“誓心剋己,追自悔責,收遜前愆,洗濯念慮。”(T52, p331c)《隨函録》“𢾉遜”即經文中的“收遜”,其中“𢾉”即“收”字之訛。

0588 攸

按:“攸”,大型字典失收,見於《隨函録》,即“攸”字之訛。《隨函録》卷 27《高僧傳》卷 3:“攸陳,上音由,所也。”(ZD60-448a)梁・釋慧皎撰《高僧傳》卷 3:“頻婆揜唱,疊教攸陳,五乘竟轉,八萬彌綸。”(T50, p346a)《隨函録》“攸陳”即經文中的“攸陳”,其中“攸”即“攸”字之訛。

0589 赦

按:“赦”,大型字典失收,見於《隨函録》,乃“赦”字之訛。《隨函録》卷 17《鼻奈耶律》卷 5:“願赦,音舍,置也,免也,正作赦。”(ZD60-73b)姚秦・竺佛念譯《鼻奈耶》卷 5:“雁王血肉,與我無異,汝先殺我,願赦王置。”(T24, p873a)《隨函録》“願赦”即《鼻奈耶》中的“願赦”,其中“赦”即“赦”字之訛。

0590 敗

按:“敗”,大型字典失收,見於《隨函録》,乃“敗”字之訛。《隨函録》卷 8《内藏百寶經》卷 1:“敗壞,上步邁反。”(ZD59-817a)後漢・支婁迦讖譯《佛説内藏百寶經》卷 1:“諸比丘僧難可敗壞,正使數千億萬魔來,及諸惡不能破壞比丘僧。”(T17, p752c)《隨函録》“敗壞”即《佛説内藏百寶經》中的“敗壞”,其中“敗”即“敗”字之訛。

0591 𢿌、0592 𣀔、0593 𣀕

按:“𢿌”“𣀔”“𣀕”,大型字典失收,見於《隨函録》或佛經,皆“段”字之訛。《隨函録》卷 23《經律異相》卷 49:“𢿌𣀔,二同,徒亂反,分段也,正作段也。《三法度論・衆依品》作‘段段斫截’,是也。又見别音云‘上補萌反,下與止反’,非也,此謬頗甚矣。”(ZD60-282c)《隨函録》卷 20《三法度論》下卷:“叚叚,徒亂反,《經律異相》作𢿌𣀔,斫截,彼悞。”(ZD60-156c)梁・僧旻、寶唱等集《經律異相》卷 49:“黑繩地獄者,挓罪人著地,以黑繩拼𣀕𣀕斫

截,以斫衆生故生彼地獄。”(T53, p260b)“拼敗敗”,宋、元、明、宫本作“絣段段”。《三法度論》也作“絣段段”。東晉・僧伽提婆譯《三法度論》卷 3:“黑繩地獄者,挓罪人著地,以黑繩絣,段段斫截,彼於此間以刀斫衆生故生彼。”(T25, p27c)《隨函録》“敀敗”即宋、元、明、宫本《經律異相》中的“段段”,“敀”“敗”皆“段”字之訛。

0594 敭

按:“敭”,大型字典失收,見於《隨函録》,即“揚”字。《隨函録》卷 28《辯正論》卷 4:“搜敭,上所愁反,下音揚。”(ZD60-505b)唐・法琳撰《辯正論》卷 4:“有詔所司搜揚碩德兼閑三教備舉十科者一十九人,於大興善寺請波頗三藏法師。”(T52, p512c)《隨函録》“搜敭”即經文中的“搜揚”,其中“敭”即“揚”字。

0595 嚴

按:“嚴”,大型字典失收,見於《隨函録》,乃“嚴”字。《隨函録》卷 12《長阿含經》卷 11:“威嚴,音嚴。”(ZD59-983a)後秦・佛陀耶舍共竺佛念譯《長阿含經》卷 11:“何爲五? 一者相待以禮,二者威嚴不媟,三者衣食隨時,四者莊嚴以時,五者委付家内。”(T01, p71c)《隨函録》“威嚴”即《長阿含經》中的“威嚴”,“嚴”即“嚴”字。

日部

0596 旼

《隨函録》卷 4《等目菩薩所問經》卷上:“旼信,上音伏,敬也,正作服也。又音逸,非。”(ZD59-675b)

按:“旼”音伏,作爲“服”字,大型字典失收。《等目菩薩所問三昧經》卷 2:“以天最樂,以天服信。”(T10, p582b)《隨函録》“旼信”即“服信”,其中“旼”即“服”字。這樣一來,大型字典“旼”字下應該增添“同服”的説解。

0597 晵

按:“晵”,大型字典失收,見於《隨函録》,乃“啟”字之訛。《隨函録》卷 23《經律異相》卷 14:“晵白,上苦禮反。”(ZD60-267c)梁・僧旻、寶唱等集《經律異相》卷 14:“爲人所易,無所開白。”(T53, p70c)“開白”,宋、元、明本作“啟白”。《隨函録》“晵白”即宋、元、明本《經律異相》中的“啟白”,其中“晵”即“啟”字之訛,與“開”義同。

0598 旾

《龍龕手鏡・日部》(425):“旾,古文,音春。”

按:我們這裏要講的“旾”乃“貴”字之俗體。《隨函録》卷 30《廣弘明集》卷 29:“望旾,居謂反,高也,尊也,正作貴。貴者,歸也,人所歸仰也。”(ZD60-596b)唐・道宣撰《廣弘明集》卷 29:“望貴之基易登,由來之功可惜。”(T52, p345a)《隨函録》“望旾”即經文中的“望貴”,

其中“畳”即“貴”字。這樣一來，大型字典“畳”字下可增添“同貴”的説解。

0599 㖠、0600 躮

按：“躮”字，大型字典失收，見於《隨函録》，即“聃”字。《隨函録》卷30《廣弘明集》卷29：“老躮，他甘反。”（ZD60-596a）唐·道宣撰《廣弘明集》卷29：“是故老㖠以爲柱史，莊周以爲園吏，東方持戟而不倦，尼父執鞭而不恥，實萬古之師範。”（T52，p342c）根據經文，“老㖠”顯然即“老聃”，“㖠”乃“聃”字。《隨函録》“老躮”即經文中的“老㖠（聃）”，其中“躮”即“㖠（聃）”字。“聃”俗可作“𦖞”“眲”①，“躮”“㖠”分别與之相近。

0601 𣌭

中國臺灣網絡版《異體字字典·日部》收有“𣌭”，乃“胄”之異體。

按：我們這裏要講的“𣌭”乃“胃”字之俗體。《隨函録》卷30《廣弘明集》卷28：“鹿𣌭，音謂，正作胃。”（ZD60-591b）唐·道宣撰《廣弘明集》卷28：“雖復鴝鵒鹿胃猶不稱甘，鳳肺龍胎更云不美。”（T52，p331a）《隨函録》“鹿𣌭”即經文中的“鹿胃”，其中“𣌭”即“胃”字之訛。這樣一來，大型字典“𣌭”字下可增添“同胃”的説解。

0602 冝

按：“冝”，見於《隨函録》，乃“置”之訛。《隨函録》卷6《大威燈光仙人問疑經》卷1：“冝金，上知利反，正作置。”（ZD59-761c）隋·闍那崛多等譯《大威燈光仙人問疑經》卷1：“置金火中，連椎交打，柔軟清淨。”（T17，p885c）《隨函録》“冝金”即《大威燈光仙人問疑經》中的“置金”，其中“冝”即“置”字之訛。

此外，“冝”，見於《隨函録》，又可爲“冒”之訛。《隨函録》卷6《六度集經》卷2：“冝昧，上莫報、莫北二反，涉也，干也，正作冒。”（ZD59-763b）吴·康僧會譯《六度集經》卷2：“其飢五日，冒昧趣果。兩俱無害，遂相摩近。”（T03，p7a）《隨函録》“冝昧”即《六度集經》中的“冒昧”，其中“冝”即“冒”字之訛。

0603 晌

按：“晌”，大型字典失收，見於《隨函録》，乃“指”字之訛。《隨函録》卷17《僧祇戒本比丘尼波羅提木叉》：“脚晌，音旨，正作指，大僧作脚指。”（ZD60-45a）東晉·法顯共覺賢譯《摩訶僧祇比丘尼戒本》卷1：“不得脚指行入家内應當學。”（T22，p563c）《隨函録》“脚晌”即《摩訶僧祇比丘尼戒本》中的“脚指”，其中“晌”即“指”字之訛。

0604 胥、0605 胷

按：“胥”“胷”，大型字典失收，見於《隨函録》，乃“昱”字。《隨函録》卷21《佛本行讚》卷1：“晃胥，音育。”（ZD60-186b）宋·釋寶雲譯《佛本行經》卷1：“時雨細潤，空中晃昱，甚好嚴備。”（T04，p61c）《隨函録》“晃胥”即《佛本行經》的“晃昱”，其中“胥”即“昱”字。

① 見中國臺灣網絡版《異體字字典·耳部》“聃”字條。

《隨函録》卷 21《佛本行讚》卷 1:“晃⿱日育,上户廣反,下羊六反。”(ZD60-186a)宋·釋寶雲譯《佛本行經》卷 1:“爾時諸天,見晃昱光,悚然怪異。”(T04, p58c)《隨函録》“晃⿱日育”即《佛本行經》的“晃昱”,其中“⿱日育”即“昱”字。

《隨函録》卷 21《佛本行讚》卷 6:“⿱日育⿱日育,音育,火光也,耀也,盛皃也,熾也,正作煜、焴二形。”(ZD60-190a)宋·釋寶雲譯《佛本行經》卷 6:“火炎拔如舌,煜煜舐其身。”(T04, p100b)《隨函録》“⿱日育⿱日育”即《佛本行經》的“煜煜”,其中“⿱日育”即“煜”字。“昱”與“煜”同。《正字通·日部》:“昱,明也,别作煜。”

從形體上看,“⿱日育(⿱日育)”蓋“昱”换聲旁所致。“昱”本從“立”得聲,由於語音發展變化了,“昱”從形體上看表音已經不明顯,於是换“育”作聲旁以顯音。

0606 ⿰日戔

按:“⿰日戔”,大型字典失收,見於《隨函録》,乃“賤”字之訛。《隨函録》卷 10《大智度論》卷 39:“穢⿰日戔,音賤,輕賤也。”(ZD59-915c)後秦·鳩摩羅什譯《大智度論》卷 35:“諸佛菩薩阿羅漢等諸離欲者皆所穢賤。”(T25, p317c)《隨函録》“穢⿰日戔”即《大智度論》中的“穢賤”,其中“⿰日戔”即“賤”字之訛。

0607 晱

《隨函録》卷 3《大方廣佛華嚴經》卷 2:“暉晱,音焰。”(ZD59-653b)

按:《漢語大字典·日部》(640)引《篇海類編》:“晱,失冉切,電也。”又引《正字通》:“晱,晶熒貌。”很顯然,《隨函録》音“焰”的“晱”與《漢語大字典》中的“晱”不同。我們認爲《隨函録》音“焰”的“晱”即“焰”字。《隨函録》“暉晱”,對應的刻本佛經作“暉焰”。《大方廣佛華嚴經》卷 2:“流出妙光,暉焰清淨。”(T09, p404c)

此外,《篇海類編》將“失冉切”的“晱”解釋爲“電”,我們對此表示懷疑。《龍龕手鏡·日部》(427):“晱,失冉反。”《龍龕手鏡》没有給出意義。今疑音“失冉切”的“晱”乃“睒”字之訛。《龍龕手鏡·目部》(420):“睒,失冉反,暫見也。”《龍龕手鏡》“晱”與“睒”音同。“晱”如果與“睒”同的話,意義應爲“暫見”“閃爍”。《篇海類編》何以會釋義爲“電”呢?原來“睒”常與“電”連用,構成“睒電”,表示閃電之義。《大威德陀羅尼經》卷 13:“如出睒電,衆生當知,必有天雷。”(T21, p810b)《篇海類編》可能誤以“睒電”之“睒”亦爲閃電之義,其實“睒”作爲“睒電”一詞中的一個語素,意義衹能是“暫見”“閃爍”義,“睒”未見單獨使用表示過“閃電”一義。

0608 曟

《隨函録》卷 30《廣弘明集》卷 30:“曟霧,上音星。”(ZD60-599a)

按:《隨函録》“曟”音“星”,蓋是把“曟”當成了“星”字,誤。“曟”其實是“晨”字。唐·道宣撰《廣弘明集》卷 30:“神仙乍來往,晨霧半層生。”(T52, p353a)《隨函録》“曟霧”即經文中的“晨霧”,其中“曟”即“晨”字之訛。

0609 ⿰目耑

按:“⿰目耑”字,大型字典失收,見於《隨函録》,即“腨”字。《隨函録》卷 30《南海寄歸傳》

卷3:“其⿰日耑,市軟反。”(ZD60-603a)“⿰日耑”讀“市軟反”,與“腨”音同。唐・義淨撰《南海寄歸内法傳》卷3:“熟搦其腨,後及遍身。”(T54, p223a)《隨函録》“其⿰日耑”即經文中的“其腨”,其中“⿰日耑”即“腨”之訛。構件“日”與“月”在俗寫中近似易混。

0610 ⿰日重

按:“⿰日重”字,大型字典失收,見於《隨函録》,乃“曛”之訛。《隨函録》卷24《開元釋教録》卷3:“⿰日重夕,上許云反,日入也,黄昏時也,正作曛。”(ZD60-342b)唐・智昇撰《開元釋教録》卷3:“顯既至山中,日將曛夕,遂欲停宿。”(T55, p507c)《隨函録》“⿰日重夕”即此“曛夕”,其中“⿰日重”即“曛”字之訛。

0611 ⿰日昏、0612 ⿰月昏

按:我們在這裏要講的“⿰日昏”“⿰月昏”皆“眠”字之訛。《隨函録》卷20《分别功德論》卷2:“⿰月昏邪,上莫田反,正作眠,下以嗟反。不⿰日昏,同上,又音昏,悮。”(ZD60-176c)《分别功德論》卷3:“又問曰:‘向者眠耶?’曰:‘不也。’又問:‘若不眠者,向有車過,及天雷地動,寂然不驚,何由如此?’”(T25, p39a)《隨函録》“⿰月昏邪”即《分别功德論》的“眠耶”,其中“⿰月昏”即“眠”字之訛。又《隨函録》“不⿰日昏”即《分别功德論》的“不眠”,其中“⿰日昏”亦“眠”字之訛。

0613 ⿰月詹

按:“⿰月詹”,大型字典失收,見於《隨函録》,乃“瞻”字之訛。《隨函録》卷13《正法念處經》卷13:“⿰月詹過,上音瞻。”(ZD59-1064b)元魏・般若流支譯《正法念處經》卷13:“次名舐骨虫,瞻過風殺。次名黑足虫,冷沫過風殺。”(T17, p75b)《隨函録》“⿰月詹過”即《正法念處經》中的“瞻過”,其中“⿰月詹”即“瞻”字之訛。

0614 ⿱孰日

按:“⿱孰日”,大型字典失收,見於《隨函録》,乃“熟”字。《隨函録》卷13《治禪病秘要法》卷1:“⿱孰日藏,上市六反,正作熟。”(ZD59-1044b)宋・沮渠京聲譯《治禪病秘要法》卷1:“子藏者,在生藏下,熟藏之上。”(T15, p335c)《隨函録》“⿱孰日藏”即《治禪病秘要法》中的“熟藏”,其中“⿱孰日”即“熟”字。從形體上看,“⿱孰日”蓋“熟”换形旁所致,構件“日”與“火”意義相關。

0615 ⿰日屬

按:“⿰日屬”,大型字典失收,見於《隨函録》,乃“矚”字之訛。《隨函録》卷11《究竟一乘寶性論》卷4:“不⿰日屬,音囑。”(ZD59-971b)後魏・勒那摩提譯《究竟一乘寶性論》卷4:“諸愚癡凡夫,本來未曾見,如盲不矚色。”(T31, p842b)《隨函録》“不⿰日屬”即《究竟一乘寶性論》中的“不矚”,其中“⿰日屬”爲“矚”字之訛。

0616 ⿰日禽

按:“⿰日禽”字,大型字典失收,見於《隨函録》,乃“黐”字之訛。《隨函録》卷23《諸經要集》卷10:“之⿰日禽,丑知反,正作黐。”(ZD60-301c)唐・釋道世《諸經要集》卷10:“黏外道之黐,

貫天魔之杖。"(T54, p100b)《隨函録》"之𥝦"即《諸經要集》中的"之穳",其中"𥝦"即"穳"字之訛。

水(氵)部

0617 汝

《字彙補·水部》:"汝,水名。"

按:我們在這裏要講的"汝"乃"激"字之訛。《隨函録》卷11《大莊嚴論經》卷5:"汝水,上古歷反,疾流也,亦打也,正作激、擊二形也,又文、問二音,非。"(ZD59-961a)後秦·鳩摩羅什譯《大莊嚴論經》卷5:"如河衝大山,激水還迴流。"(T04, p283b)《隨函録》"汝水"即《大莊嚴論經》中的"激水",其中"汝"即"激"字之省訛。

0618 沍

按:"沍",《集韻》音"胡故切",意義爲"凍堅"。我們這裏要講的"沍"乃"江"字。《隨函録》卷28《辯正論》卷3:"松沍,音江,又直尼反,非也。"(ZD60-503c)唐·法琳撰《辯正論》卷3:"鷹在松江滬瀆口,感二石像水上浮來,湣帝奉迎於通玄寺供養。"(T52, p505a)《隨函録》"松沍"即經文中的"松江",其中"沍"即"江"字。此外,"沍"在《隨函録》還可以音"直尼反",這時的"沍"則是"泜"字之訛。《龍龕手鏡·水部》(228):"泜,或作;泜,正,音遲。""沍"與"泜"的或體"泜"近似。

這樣一來,大型字典"沍"字下可增添"同江""同泜"的説解。

0619 浻

《隨函録》卷15《摩訶僧祇律》卷40:"浻油,上烏甲反,正作壓、押。"(ZD59-1115c)

按:《漢語大字典·水部》(665)引《集韻》:"浻,浻渹,下濕,乙甲切。"顯然與《隨函録》"浻"不同。根據《隨函録》,"浻"爲"押"字。東晉·佛陀跋陀羅共法顯譯《摩訶僧祇律》卷40:"不得從押(聖本)油家索。"(T22, p544b)《隨函録》"浻油"即"押油",其中"浻"即"押"字。受下字"油"的影響,"押"類化换從"氵"而作"浻"。形體演變是:押→押+油→類化→浻。

0620 泳

按:"泳",大型字典失收,見於《隨函録》,即"泳"字。《隨函録》卷29《弘明集》卷10:"沐泳,音詠,正作泳。"(ZD60-538c)梁·釋僧祐撰《弘明集》卷10:"弟子幸邀至運,側承格誘,沐流歡擊,奉以書紳。"(T52, p65c)"沐流",宋、元、明、宫本作"沐泳"。梁·謝舉《答釋法雲書難范縝〈神滅論〉》:"弟子幸邀至運,側承格誘,沐泳歡擊,奉以書紳。"可見作"沐泳"是。《隨函録》"沐泳"即宋、元、明、宫本中的"沐泳",其中"泳"即"泳"字之訛。那麼何以又會有版本作"沐流"呢?《中華字海·氵部》(536)"泳"同"流"。"泳"可能因與"泳"形體近似而被誤認爲是"泳(流)"了。

0621 泝、0622 㳙

《龍龕手鏡・水部》(228):"泝,舊藏作流。"

按:《康熙字典》《中文大辭典》《中華字海》等皆據《龍龕手鏡》把"泝"當作了"流"字。我們認爲《龍龕手鏡》給出的衹是一條版本異文信息,而異文體現的並不一定就是異體。要弄清"泝"爲何字,關鍵要找出其來源。《隨函録》爲我們提供了線索。《隨函録》卷26《大唐西域記》卷10:"㳙出,上普賣反。"(ZD60-413c)唐・玄奘《大唐西域記》卷10:"山徑危險,巖穀敧傾。山頂有池,其水澄鏡,流出大河,周流繞山二十匝入南海。"(T51, p932a)"流",宋、元、明、宫、乙本作"派"。《隨函録》"㳙"讀爲"普賣反",顯然是把"㳙"當作"派"字,這與宋、元、明、宫、乙本《大唐西域記》所載同。《龍龕手鏡》言"泝"舊藏作"流",我們以爲其出處很可能就是《大唐西域記》。從字形上看,《龍龕手鏡》"泝"與《隨函録》"㳙"極近,當爲同一字。對於"㳙""泝",不同版本的《大唐西域記》所載不同,有的當作了"流",有的當作了"派",所以造成了《龍龕手鏡》《隨函録》等認識上的不同。

"㳙""泝"到底該爲何字呢?我們以爲"㳙""泝"應爲"派"字。從文意上看,經文説的是山上有一個大的水池,水很清澈,從這裏派生出了一條大河,環繞這大山二十周後流到了南海。如果作"流出"的話,於文意有礙。從形體上看,"派"在其他文獻裏本身就可以寫作"泝"。秦公、劉大新《廣碑别字》:"派,《唐將陵縣令張伯墓誌》作泝。"綜上所述,我們以爲"㳙""泝"當依《隨函録》《廣碑别字》作"派"字。

0623 沆

按:"沆",大型字典失收,見於《隨函録》,乃"坑"字。《隨函録》卷23《經律異相》卷7:"深沆,苦庚反,正作坑。"(ZD60-265b)梁・僧旻、寶唱等集《經律異相》卷7:"王即刖其手足,置深坑中。"(T53, p36c)《隨函録》"深沆"即經文中的"深坑",其中"沆"即"坑"字。"坑"受上字"深"的影響類化换旁從"氵"而作"沆"。

0624 沖、0625 澳

《中華字海・氵部》(534):"沖,音未詳。人名。"《中華字海・氵部》(538):"澳,同洩。字見《廣韻》。"

按:我們在這裏要講的"沖""澳"乃"臾"字。《隨函録》卷20《成實論》卷1:"須沖,羊朱反,悮。"(ZD60-158a)姚秦・鳩摩羅什譯《成實論》卷1:"受五陰身如熱鐵丸,於須臾頃不可堪忍。"(T32, p243a)《隨函録》"須沖"即《成實論》中的"須臾",其中"沖"即"臾"字。

又《隨函録》卷15《摩訶僧祇律》卷36:"湏澳,羊朱反。"(ZD59-1115a)東晉・佛陀跋陀羅共法顯譯《摩訶僧祇律》卷36:"如是戲弄已,須臾放去。"(T22, p518b09)《隨函録》"湏澳"即《摩訶僧祇律》中的"須臾",其中"澳"即"臾"字。"臾"何以會寫作"沖""澳"呢?"須"俗作"湏","臾"蓋受上字"湏(須)"的影響類化從"氵"而作"澳","澳"再訛作成"沖"。

0626 活

按:我們這裏要講的"活"乃"治"字之訛。《隨函録》卷29《弘明集》卷5:"活道,上正作治,持、值二音,理也,正也。"(ZD60-529c)《隨函録》卷29《弘明集》卷5:"活道,上持、值二音,悮。"(ZD60-529c)梁·釋僧祐撰《弘明集》卷5:"斯乃佛教之所以重資生助王化於治道者也。"(T52, p30b)《隨函録》"活道"即經文中的"治道",其中"活"即"治"字之訛。構件"台"因與"舌"近似而誤寫成了"舌","殆"俗作"舌"[①],可資比勘。這樣一來,大型字典"活"字下可增添"同治"的説解。

0627 浗

《中華字海·氵部》(542):"浗,水名。見《集韻》。"

按:我們這裏要講的"浗"乃"沐"字之訛。《隨函録》卷27《大唐西域求法高僧傳》卷2:"浗久,上音木,正作沐也,又音求,悮也。"(ZD60-443c)唐·義淨《大唐西域求法高僧傳》卷2:"一足忘勞超九數(勤也),定瀲江清沐久結(定也)。"(T51, p9c)《隨函録》"浗久"即經文中的"沐久",其中"浗"即"沐"字之訛。這樣一來,大型字典"浗"字下可增添"同沐"的説解。

0628 洘

按:"洘",大型字典失收,見於《隨函録》,乃"洸"字。《隨函録》卷15《摩訶僧祇律》卷19:"洘水,上烏光反,正作汪、洸二形,郭氏音老,非也。洸塑,上烏光反,亭水池也。"(ZD59-1109b)東晉·佛陀跋陀羅共法顯譯《摩訶僧祇律》卷19:"若池水、洸水,新雨後比丘不得自抒。"(T22, p385b)《隨函録》"洘水"即《摩訶僧祇律》中的"洸水",其中"洘"即"洸"字之訛。"洘",《隨函録》引郭氏音"老",我們以爲此乃其俗讀,俗以"洘"字形上從老,故以"老"讀之。

0629 洫、0630 **洫**

按:我們在這裏要講的"洫"乃"血"字。《隨函録》卷18《善現律毗婆沙》卷13:"無**洫**,呼穴反,正作血,又況逼反,悮。"(ZD60-79c)《隨函録》卷11《攝大乘論釋》卷1:"洫滴,音的。"(ZD59-966b)陳·真諦譯《攝大乘論釋》卷1:"增益貪愛,恒受血滴。"(T31, p156c)《隨函録》"洫滴"即《攝大乘論釋》中的"血滴",其中"洫"爲"血"字。

又《隨函録》卷22《禪要經》卷1:"**洫**塗,上呼決反,正作血也,又況逼反,非也。"(ZD60-232c)《禪要經》卷1:"即於我身作死屍想、青瘀想、膖脹想、膿爛想、破壞想、血塗想、食殘想、蟲出想、骨鎖想、分離想……"(T15, p238a)《隨函録》"**洫**塗"即《禪要經》中的"血塗",其中"**洫**"亦"血"字。從形體上看,"血"爲液體,俗故增"氵"旁而作"洫",而"**洫**"則爲"洫"增筆劃所致。

0631 浵

《中華字海·氵部》(541):"浵,没。見《集韻》。"

按:我們這裏要講的"浵"乃"涵"字之訛。《隨函録》卷26《集沙門不應拜俗等事》卷6:

① 請參本書中篇"舌"字條。

“涵丈,上胡南反,容也。《禮》云:席間涵杖。正作菡。”(ZD60-430b)釋彦悰纂録《集沙門不應拜俗等事》卷6:“昔函丈於新學不觀機而授藥,以中忘此意。”(T52, p471a)《隨函録》“涵丈”即經文中的“函丈”。“函丈”又作“𣸣(涵)丈”。《隨函録》卷26《大慈恩寺法師傳》卷8:“𣸣丈,上户南反,容也,正作函。《禮》云:席間函杖也。”(ZD60-437b)從形體上看,“涵”蓋源於“𣸣(涵)”字之訛。

0632 淶、0633 淶

《廣韻·咍韻》:“淶,落哀切。”

按:我們在這裏要講的“淶”乃“漆”字之訛。《隨函録》卷17《四分律删補隨機羯磨》:“淶素,上音七,又音來,非也。”(ZD60-57c)唐·道宣集《四分律删補隨機羯磨》卷2:“世中時有掍油漆素鋏紵等鉢,並非佛制,不成受持,諸部唯有熏鉢一色。”(T40, p502b)《隨函録》“淶素”即《四分律删補隨機羯磨》中的“漆素”,其中“淶”即“漆”字之訛。

0634 𣹟

按:“𣹟”,大型字典失收,見於《隨函録》,乃“澡”字之訛。《隨函録》卷8《除恐灾患經》卷5:“澡浴,上子老反。𣹟水,同上。”(ZD59-822c)乞伏秦·釋聖堅譯《佛説除恐灾患經》卷5:“執持金瓶,躬行澡水,手自斟酌,上下平等。”(T17, p555b)《隨函録》“𣹟水”即《佛説除恐灾患經》中的“澡水”,其中“𣹟”即“澡”字之訛。

0635 涆

《中華字海·氵部》(543):“涆,音未詳,地名用字。”

按:“涆”,可見於《隨函録》,乃“汗”字。《隨函録》卷16《四分律》卷51:“涆臰,上音翰,正作汗。”(ZD60-40a)姚秦·佛陀耶舍共竺佛念等譯《四分律》卷51:“時諸比丘患身汗臭,佛言:‘聽作刮汗刀。’”(T22, p946a)《隨函録》“涆臰”即《四分律》中的“汗臭”,其中“涆”即“汗”字。從形體上看,“涆”蓋“汗”換聲旁所致,或“汗”聲旁繁化所致。

0636 𣹢、0637 渿

《龍龕手鏡·氵部》(233):“渿,音染。”

按:《漢語大字典·水部》(701)引《廣韻》:“渿,奴帶反。”無“音染”一音。《龍龕手鏡》“渿”音“染”究竟指什麽呢?《隨函録》爲我們提供了答案。《隨函録》卷3《無盡意菩薩經》卷1:“𣹢愛,而陜反。”(ZD59-646a)《隨函録》卷3《無盡意菩薩經》卷1:“𣹢汙,上而陜反,正作染也。”(ZD59-646a)根據《隨函録》,“𣹢”爲“染”之訛。《龍龕手鏡》音“染”的“渿”顯然與《隨函録》“𣹢”同,亦當爲“染”之訛。

又《隨函録》卷3《大哀經》卷3:“無𣹢,而陜反,正作染。”(ZD59-648a)《大哀經》卷3:“何謂清淨無垢無染?”(T13, p424a)《隨函録》“無𣹢”即此“無染”,其中“𣹢”即“染”之訛。

0638 湰、0639 湰

《漢語大字典·水部》(689)“湰”字下有兩個義項:①凝雨;②澤名。

按:我們要論述的是作爲"陸"俗字的"淕"。《隨函録》卷 4《大般涅槃經》卷 9:"水淕(淕),音六,高平曰淕,正作陸。"(ZD59-682a)北涼・曇無讖譯《大般涅槃經》卷 9:"及餘水陸所生之物,皆悉枯悴。"(T12, p421c)《隨函録》"水淕(淕)"即"水陸",其中"淕"即"陸"字。這樣一來,大型字典"淕"字下應該增添"同陸"的說解。"陸"受上字"水"的影響類化從"水"旁而成"淕"。形體演變是:陸→水+陸→類化→淕。

0640 淯、0641 淆、0642 淯、0643 淆

按:"淯",大型字典失收,見於《隨函録》,即"隋"字之訛。

《隨函録》卷 29《廣弘明集》卷 17:"淯州,上與淆同也。《感通》作隋,音隋。《感通録》初作淯,行内作隋。"(ZD60-567c)唐・道宣撰《廣弘明集》卷 17:"隋州人於溳水作魚獄三百,既見舍利,亦悉決放之。餘州若此,類蓋多矣。"(T52, p216b)《隨函録》"淯州"即經文中的"隋州",其中"淯"即"隋"字之訛。

又"淆"字本音"户交反",與"淆"同。《龍龕手鏡・水部》(228):"淆,户交反,混淆,濁水也。"在《隨函録》中乃"隋"字。《隨函録》卷 29《廣弘明集》卷 17:"淆州,上祥爲反,《感通録》作淯、隋二形也。淯、隋二字取隋爲定也。又户交反,悮。《川音》作淯,音隋。"(ZD60-567c)唐・道宣撰《廣弘明集》卷 17:"隋州典籤王威送流人九十,道逢舍利,盡釋其囚,千里期集,無一違者。"(T52, p216b)《隨函録》"淆州"即經文中的"隋州",其中"淆"即"隋"字之訛。根據《隨函録》,"淯""淆""淯"皆爲"隋"字之訛。

0644 深

《中華字海・氵部》(551):"深,同深。"

按:我們這裏要講的"深"乃"染"字之訛。《隨函録》卷 28《續高僧傳》卷 29:"亟深,上去志反,下音染。"(ZD60-498a)唐・釋道宣撰《續高僧傳》卷 29:"因又奉之而爲師導,從受義業亟染暄涼。"(T50, p697a)《隨函録》"亟深"即經文中的"亟染",其中"深"即"染"之訛。

0645 漭

按:"漭",大型字典失收,見於《隨函録》,即"茫"字之訛。《隨函録》卷 26《集沙門不應拜俗等事》卷 1:"漭惑,上莫郎反。"(ZD60-427b)釋彥悰纂録《集沙門不應拜俗等事》卷 1:"下官才非拔幽,特乏研析,且妙難精詣,益增茫惑。"(T52, p446c)《隨函録》"漭惑"即經文中的"茫惑",其中"漭"即"茫"之訛。

0646 淚

按:我們這裏要講的"淚"乃"淚"字之訛。《隨函録》卷 24《續古今譯經圖紀》卷 1:"悲淚,力遂反,正作淚。"(ZD60-338a)唐・智昇《續古今譯經圖紀》卷 1:"波利聞此語已不勝喜躍,遂裁抑悲淚向山更禮。"(T55, p369a)《隨函録》"悲淚"即此"悲淚",其中"淚"即"淚"字之訛。

0647 洠[1]

《龍龕手鏡·氵部》(235):"洠,俗,音使。"《中華字海·氵部》(549):"洠,義未詳。見《龍龕》。"

《漢語俗字叢考》(416):"此字(洠)當是'泆'的俗字。……《集韻》疏吏切:'泆,水名,在河南。或從吏(作涐)。'(484)'洠''泆(涐)'讀音正合。"

按:《漢語俗字叢考》以《龍龕手鏡》"洠"爲"泆(涐)"字,不妥。《龍龕手鏡》俗字來源於佛典。

"洠",見於《隨函録》,乃"駛"字。《隨函録》卷17《鼻奈耶律》卷9:"流洠,所吏反。"(ZD60-74c)姚秦·竺佛念譯《鼻奈耶》卷9:"適出門遇賊,復得免去。前值山水流駛,墮水死者無數人。所立處復有狼虎,欲來害人。意欲渡水,無有舟船。"(T24, p890a)《隨函録》"流洠"即《鼻奈耶》的"流駛",其中"洠"即"駛"字。此處"駛"蓋受上字"流"的影響類化换旁從"氵"且改换聲旁爲"使"而作"洠"。

又《隨函録》卷9《菩薩處胎經》卷4:"洠水,上音使,速也,正作駛。"(ZD59-855b)姚秦·竺佛念譯《菩薩從兜術天降神母胎説廣普經》卷6:"高下隨駚水,漂流厄難處。"(T12, p1043a)"駚",宋、元、明、宫本作"駛",知本作"洠"。《隨函録》"洠水"即宋、元、明、宫本《菩薩從兜術天降神母胎説廣普經》中的"駛水",其"洠"即"駛"字。此處"駛"蓋受下字"水"的影響,類化换旁從"氵"且改换聲旁爲"使"而作"洠"。

0648 淃

《廣韻·線韻》:"淃,水名,渠卷切。"

按:我們在這裏要講的"淃"乃"港"字之訛。《隨函録》卷13《佛説義足經》卷1:"遘淃,上古豆反,下古項反,正作港,預流果别名也,又音倦,非。"(ZD59-1060a)吴·支謙譯《佛説義足經》卷1:"梵志意解,便得第一溝港道。"(T04, p174c)《隨函録》"遘淃"即《佛説義足經》中的"溝港",其中"淃"即"港"字之訛。

0649 [illegible]、0650 澁、0651 [illegible]

按:我們在這裏要講的"[illegible]""澁""[illegible]"乃"惱"字。《隨函録》卷13《四諦經》卷1:"熱澁,音惱,又所立反,非也。"(ZD59-1033a)後漢·安世高譯《四諦經》卷1:"從更復更,從受復受,身熱惱,從更復更,從受復受,令意熱惱。"(T01, p815a)《隨函録》"熱澁"即《四諦經》中的"熱惱",其中"澁"即"惱"字。

又《隨函録》卷13《四諦經》卷1:"熱[illegible],音惱。"(ZD59-1032c)後漢·安世高譯《四諦經》卷1:"從更相更,從受相受,意念熱惱疲惱憂。從更相更,從受相受,身意念熱疲憂惱。"(T01, p814c)《隨函録》"熱[illegible]"即《四諦經》中的"熱惱",其中"[illegible]"亦"惱"字。

又《隨函録》卷13《四諦經》卷1:"熱[illegible],奴老反。"(ZD59-1032c)後漢·安世高譯《四諦

[1] 鄧福禄《字典考正》也考析了"洠"字,對"洠"字産生的原因與我們分析的有所不同,請參。湖北人民出版社2007年,第136頁。

經》卷 1:“從更復更,從受復受,意熱惱疲令熱憂。”(T01, p814c)《隨函録》“熱𢙎”即《四諦經》中的“熱惱”,其中“𢙎”亦“惱”字。“𢙎”“𢙎”“𢙎”形體近似。

0652 深、0653 𣻃

按:我們在這裏要講的“深”“𣻃”乃“染”字之訛。《隨函録》卷 8《菩薩瓔珞經》卷 2:“深着,上音染,悞。𣻃着,同上。”(ZD59-829a)姚秦・竺佛念譯《菩薩瓔珞經》卷 2:“衆生染著,猗身解空。……離彼此中亦無染著。”(T16, p11b)《隨函録》“深着”“𣻃着”即《菩薩瓔珞經》中的兩處“染著”,其中“深”“𣻃”皆“染”字之訛。

0654 𣻊

按:“𣻊”,大型字典失收,見於《隨函録》,乃“埊(陛)”字之訛。《隨函録》卷 6《大灌頂經》卷 6:“醯𣻊,上呼兮反,下傍禮反,階𣻊。”(ZD59-751b)東晉・帛尸梨蜜多羅譯《佛說灌頂經》卷 6:“革梨醯埊(宋、元、明本作陛)提豫婆由多他兜。”(T21, p514b)《隨函録》“醯𣻊”即《佛說灌頂經》中的“醯陛”,其中“𣻊”即“埊(陛)”字之訛。

0655 㴱

按:“㴱”見於《隨函録》,乃“深”字之訛。《隨函録》卷 3《大方等大集經》卷 20:“得㴱,失針反,正作深。”(ZD59-622b)《大方等大集經》卷 19:“不樂罪福得深法忍,不覺不知我及我所。”(T13, p132a)《隨函録》“得㴱”即《大方等大集經》中的“得深”,其中“㴱”即“深”之訛。

0656 㵎、0657 𤁘

《中華字海・氵部》(548):“㵎,音未詳。㵎門,地名。見《類說》卷二十四。”

按:“𤁘”,見於《隨函録》,乃“崗”字。《隨函録》卷 6《大灌頂經》卷 8:“𤁘𡍜,古郎反,下浮久反。𤁘,隴也。𡍜,山無石曰𡍜也,正作堽阜,宅也。”(ZD59-751c)東晉・帛尸梨蜜多羅譯《佛說灌頂經》卷 8:“有沙中鬼,有崗堆間鬼,有健行鬼。”(T21, p519b)《隨函録》“𤁘”即《佛說灌頂經》中的“崗堆”,其中“𤁘”即“崗”字。“崗”蓋受上文“沙”的影響,類化換旁從“氵”而作“𤁘(㵎)”。

0658 𣳟

《中華字海・氵部》(558)引《直音篇》:“𣳟”,同“濟”。《直音篇・水部》(414):“濟,音祭,度也。……𣳟,同上。”

按:我們這裏要講的“𣳟”乃“溼(濕)”字之訛。《隨函録》卷 30《南海寄歸内法傳》卷 2:“羯𣳟,上居謁反,下失入反,正作溼也,國名羯濕彌羅,或云迦濕彌羅。”(ZD60-602b)唐・義淨撰《南海寄歸内法傳》卷 2:“從羯濕彌羅已去,及速利諸胡吐蕃突厥,大途相似。”(T54, p214b)《隨函録》“羯𣳟”即經文中的“羯濕”,其中“𣳟”即“濕”字。

0659 㴸

《漢語大字典・水部》引《字彙補・水部》:“㴸,與徧同。”

按:我們這裏要講的"漏"乃"漏"字之訛。《隨函録》卷30《廣弘明集》卷27:"皆漏,音漏。"(ZD60-587a)唐・道宣撰《廣弘明集》卷27:"不登山無以知天之高,不測水無以知地之厚也。凡如斯之異學,皆漏於佛之大道矣。"(T52, p306c)《隨函録》"皆漏"即經文中的"皆漏",其中"漏"即"漏"字之訛。

0660 涑

《中華字海・氵部》(554):"涑,同溗,見《直音篇》。"

按:我們這裏要講的"涑"乃"涶(唾)"字之訛。《隨函録》卷29《廣弘明集》卷13:"口涑,他卧反,《辯正(論)》作口唾。"(ZD60-561a)唐・道宣撰《廣弘明集》卷13:"號馬屎爲靈新,呼口唾爲玉液。"(T52, p184b)《隨函録》"口涑"即經文中的"口唾",其中"涑"即"唾"字。"唾"或作"涶","涑"乃源於"涶"字之訛。這樣一來,大型字典"涑"字下可增添"同涶"的説解。

0661 澀

按:"澀",大型字典失收,見於《隨函録》,乃"澀"字之訛。《隨函録》卷21《賢愚經》卷2:"酸澀,所立反。"(ZD60-201b)元魏・慧覺等譯《賢愚經》卷1:"其美好者,供養父母,餘殘酸澀,臭穢惡者,便自食之。"(T04, p356a)《隨函録》"酸澀"即《賢愚經》的"酸澀",其中"澀"即"澀"字之訛。

0662 深

按:"深",大型字典失收,見於《隨函録》,乃"深"字之訛。《隨函録》卷21《佛所行讚》卷4:"深愛,上失針反,正作深。"(ZD60-183c)北涼・曇無讖譯《佛所行讚》卷4:"諦觀於世間,唯業爲良朋,親戚及與身,深愛相戀慕。"(T04, p37b)《隨函録》"深愛"即《佛所行讚》的"深愛",其中"深"即"深"字之訛。

0663 渴

按:"渴",大型字典失收,見於《隨函録》,乃"渴"字之訛。《隨函録》卷21《佛所行讚》卷4:"思渴,音渴。"(ZD60-183c)北涼・曇無讖譯《佛所行讚》卷4:"雖子居道尊,未知稱何名。自惟久思渴,今日無由宣。"(T04, p36c)《隨函録》"思渴"即《佛所行讚》的"思渴",其中"渴"即"渴"字之訛。

0664 塗

按:"塗",大型字典失收,見於《隨函録》,乃"塗"字之訛。《隨函録》卷11《大莊嚴論經》卷2:"塗身,上大胡反。"(ZD59-959c)後秦・鳩摩羅什譯《大莊嚴論經》卷2:"妙香以塗身,上服以香熏。"(T04, p264c)《隨函録》"塗身"即《大莊嚴論經》中的"塗身",其中"塗"即"塗"字之訛。

0665 潓

《龍龕手鏡・水部》(234):"潓,俗,烏故反,正作汙。"

按:我們在這裏要講的"懑"乃"惡"字。《隨函録》卷22《禪法要解》卷1:"懑猒,上烏悟反,下於焰反。"(ZD60-231b)姚秦・鳩摩羅什譯《禪法要解》卷1:"不淨有二種:一者惡厭不淨,二者非惡厭不淨。"(T15, p286b)《隨函録》"懑猒"即《禪法要解》中的"惡厭",其中"懑"即"惡"字。

又《隨函録》卷14《正法念處經》卷58:"猒懑,烏故反,嫌懑也,正作惡、啞、誣三形也,又郭氏作烏外、烏各二反,非也。"(ZD59-1072a)元魏・婆羅門瞿曇般若流支譯《正法念處經》卷58:"其手堅澀,皴裂劈坼,厭惡蹙面,指甲長利,面目醜惡。"(T17, p340b)《隨函録》"猒懑"即《正法念處經》中的"厭惡",其中"懑"亦"惡"字。

0666 滄

按:"滄"字,見於《隨函録》,即"癊"字。《隨函録》卷5《悲華經》卷9:"滄滄,上徒甘反,下於禁反,心上水也,正作痰癊。"(ZD59-720a)北涼・曇無讖譯《悲華經》卷9:"復修醫方,能治痰癊、風寒、冷熱。"(T03, p227b)《隨函録》"滄滄"即《悲華經》中的"痰癊"。從形體上看,"滄"蓋"癊"字。

0667 滄

按:"滄"字,見於《隨函録》,即"澹"字。《隨函録》卷5《悲華經》卷9:"滄滄,上徒甘反,下於禁反,心上水也,正作痰癊。"(ZD59-720a)北涼・曇無讖譯《悲華經》卷9:"復修醫方,能治痰癊、風寒、冷熱。"(T03, p227b)《隨函録》"滄滄"即《悲華經》中的"痰癊"。從形體上看,"滄"蓋"澹"之訛,而"澹"既有可能是"痰"之借,也有可能是"痰"的俗字,形體上恰巧與"澹泊"之"澹"同形。

0668 滑

按:"滑(滑)",見於《隨函録》,即"湑"字。《隨函録》卷28《續高僧傳》卷23:"淪滑,上力旬反,下相餘反。淪,没也。湑,沉也。舊韻作湑。"(ZD60-487b)唐・釋道宣撰《續高僧傳》卷23:"豈可見此淪湑,坐此形骸,晏然自靜?"(T50, p626c)《隨函録》"淪滑"即經文中的"淪湑",其中"滑"即"湑"字之訛。這樣一來,大型字典"滑(滑)"字下可增添"同湑"的説解。

0669 謝

《玉篇・水部》:"謝,徐夜切,水出瞻渚山。"

按:我們在這裏要講的"謝"乃"激"字之訛。《隨函録》卷21《百喻經》卷4:"撽謝,叫、擊二音,正作激也。"(ZD60-219b)蕭齊・求那毘地譯《百喻經》卷4:"此長者子善誦入海捉船方法,若入海水漩洑、洄流、磯激之處,當如是捉、如是正、如是住。"(T04, p553b)《隨函録》"撽謝"即《百喻經》中的"磯激",其中"謝"即"激"字之訛。

0670 涅

按:"涅",大型字典失收,見於《隨函録》,乃"泥"字。《隨函録》卷21《百喻經》卷3:"橈𤁈,上呼高反,下奴兮反。"(ZD60-219a)蕭齊·求那毘地譯《百喻經》卷3:"昔有癡人往大池所,見水底影有真金像,謂呼有金。即入水中,撓泥求覓,疲極不得。"(T04, p552a)《隨函録》"橈𤁈"即《百喻經》中的"撓泥",其中"𤁈"即"泥"字。

0671 㳂

按:"㳂",大型字典失收,見於《隨函録》,乃"漆"字之訛。《隨函録》卷20《成實論》卷1:"如㳂㳂木,中二同,音七。"(ZD60-158a)姚秦·鳩摩羅什譯《成實論》卷1:"又佛定堅固如漆漆木,餘人禪定如華上水,不得久住。"(T32, p239b)《隨函録》"㳂㳂"即《成實論》中的"漆漆",其中"㳂"即"漆"字之訛。

0672 溍

按:"溍",大型字典失收,見於《隨函録》,乃"漿"字。《隨函録》卷15《摩訶僧祇律》卷29:"巔哆溍,上丁田反,中多个反,下子羊反。"(ZD59-1111b)東晉·佛陀跋陀羅共法顯譯《摩訶僧祇律》卷29:"漿者有十四種。何等十四?一名奄羅漿,二拘梨漿,三安石榴漿,四巔多漿,五蒲萄漿……"(T22, p464b)《隨函録》"巔哆溍"即《摩訶僧祇律》中的"巔多漿",其中"溍"即"漿"字。

0673 飺

按:"飺",大型字典失收,見於《隨函録》,乃"饕"字之訛。《隨函録》卷9《七佛所説咒經》卷4:"飺亂,上他刀反,貪財曰飺也,《經音義》作饕字也。"(ZD59-879b)慧琳《一切經音義》卷42《七佛神咒經》第3卷音義:"饕亂,吐刀反,謂貪財曰饕,饕亦貪也。"(T54, p588b)"飺亂",正如《隨函録》所言,在《一切經音義》中作"饕亂"。"飺"即"饕"字之訛。

0674 潡

《中華字海·氵部》(565):"潡,同激。"

按:我們這裏要講的"潡"乃"微"字之訛。《隨函録》卷30《廣弘明集》卷24:"潡妙,上古吊反,正作微。"(ZD60-582c)唐·道宣撰《廣弘明集》卷24:"夫一真常湛,微妙於是同玄。萬聖乘機,違順以之殊跡。"(T52, p280a)《隨函録》"潡妙"即經文中的"微妙",其中"潡"即"微"字之訛。"微妙"乃精微之義。唐·獨孤及《對詔策》:"至如希微大體,微妙元鍵,陛下得黄帝之遺珠久矣。"在佛經中,"微"蓋受上字"湛"的影響,類化换旁從"氵"而寫成了"潡"。

這樣一來,大型字典"潡"字下可增添"同微"的説解。

0675 漱

按:"漱",大型字典失收,見於《隨函録》,即"漱"字之訛。《隨函録》卷26《大唐西域記》卷6:"澡漱,所右反,正作漱。"(ZD60-411a)唐·玄奘《大唐西域記》卷6:"或以澡漱,或以盥沐。"(T51, p905a)《隨函録》"澡漱"即經文中的"澡漱",其中"漱"即"漱"字之訛。

0676 㵂、0677 漏

按:"㵂"見於《隨函録》,乃"漏"字之訛。《隨函録》卷10《大智度論》卷100:"㵂盡,上郎候反,正作漏。"(ZD59-923c)後秦・鳩摩羅什譯《大智度論》卷100:"諸餘大衆,未悉漏盡。"(T25, p756a)《隨函録》"漏盡"即《大智度論》中的"漏盡",其中"漏"即"漏"字之訛。《龍龕手鏡・水部》(235):"漏,音漏,俗。""漏"與"漏"一樣也是"漏"字之俗。

0678 潙

《中華字海・氵部》(565):"潙,同鴻。見《篇海》。"

按:我們在這裏要講的"潙"乃"象"字之訛。《隨函録》卷19《阿毘達磨大毘婆沙論》卷83:"潙見,上徐兩反,正作象。"(ZD60-116a)唐・玄奘譯《阿毘達磨大毘婆沙論》卷83:"爾時如來申舉右手,於五指端化五師子,象見驚怖,反顧避之。"(T27, p429a)《隨函録》"潙見"即《阿毘達磨大毘婆沙論》中的"象見",其中"潙"即"象"字。"象"俗作"偽"①,"潙"蓋"偽"進一步訛誤所致。

0679 梟

按:"梟",大型字典失收,見於《隨函録》,乃"梟"字之訛。《隨函録》卷12《增一阿含經》卷32:"當梟,古堯反。"(ZD59-1003a)東晉・瞿曇僧伽提婆譯《增一阿含經》卷32:"或言:'當梟其首。'"(T02, p726a)《隨函録》"當梟"即《增一阿含經》中的"當梟","梟"即"梟"字之訛。

0680 澮

按:"澮",大型字典失收,見於《隨函録》,乃"癊"字。《隨函録》卷20《舍利弗阿毘曇論》卷1:"唌澮,上序延反,下於禁反,正作涎癊也。"(ZD60-168b)姚秦・曇摩耶舍共曇摩崛多等譯《舍利弗阿毘曇論》卷1:"云何味入?若味入業法煩惱所生報我分攝,身甜酢苦辛鹹淡涎癊,若外味舌識所知,若甜酢,若苦辛鹹淡水汁,及餘外味舌識所知,是名味入。"(T28, p526b)《隨函録》"唌澮"即《舍利弗阿毘曇論》中的"涎癊",其中"澮"即"癊"字。

又《隨函録》卷20《舍利弗阿毘曇論》卷1:"涎澮,於禁反,俗。"(ZD60-168c)姚秦・曇摩耶舍共曇摩崛多等譯《舍利弗阿毘曇論》卷1:"云何味入受?若味入業法煩惱所生報我分攝,身甜酢苦辛鹹淡涎癊,是名味入受。"(T28, p528a)《隨函録》"涎澮"即《舍利弗阿毘曇論》中的"涎癊",其中"澮"亦"癊"字。

從形體上看,"癊"蓋受了上字"涎"的影響,類化換旁從"氵"而作"澮"。

0681 瀒

按:"瀒"字,大型字典失收,此字見於《隨函録》,即"癊"字。《隨函録》卷7《佛説孔雀王咒經》下卷:"淡瀒,上徒甘反,下於禁反。"(ZD59-797c)"癊",《廣韻》音"於禁切",而"瀒"《隨函録》亦音"於禁反",兩字音同。《孔雀王咒經》卷2:"一時一歲常恒寒熱,乍寒乍熱鬼神寒熱,風冷痰癊和合寒熱等,疥癩癰瘡瘤瘻等病。"(T19, p458b)《隨函録》"淡瀒"即《孔雀王咒經》中的"痰癊",其中"瀒"即"癊"字。

---

① 見鄭賢章《龍龕手鏡研究》下篇"偽"字條,湖南師範大學出版社2004年,第261頁。

0682 濩

按:"濩",大型字典失收,見於《隨函録》,即"鑊"字。《隨函録》卷29《弘明集》卷14:"濩湯,上胡郭反,正作鑊、濩二形。"(ZD60-543b)梁·釋僧祐撰《弘明集》卷14:"鵠毛入炭,魚行鑊湯,傾江滅火,朝露見陽。"(T52, p92b)《隨函録》"濩湯"即經文中的"鑊湯",其中"濩"即"鑊"字。"鑊"或作"濩"字,"濩"蓋源於"濩"字之訛。

0683 滕

按:"滕",大型字典失收,見於《隨函録》,即"膝"字之訛。《隨函録》卷27《續高僧傳》卷10:"手滕,音悉,骹骨也,正作膝。"(ZD60-472a)唐·釋道宣撰《續高僧傳》卷10:"然其扣頭手膝按地之所悉成坑跡,狀若人模。"(T50, p502a)《隨函録》"手滕"即經文中的"手膝",其中"滕"即"膝"字之訛。

0684 㵥

按:"㵥"字,大型字典失收,見於《隨函録》,爲"熙"字。《隨函録》卷24《出三藏記集》卷7:"㵥漣,上許之反,下力延反。"(ZD60-313c)梁·釋僧祐《出三藏記集》卷7:"覆其霿䨴,浸此熙漣,救焚拯溺。"(T55, p51a)《隨函録》"㵥漣"即《出三藏記集》中的"熙漣",其中"㵥"即"熙"。"熙"蓋受下字"漣"的影響類化增旁而寫成了"㵥"。

0685 淡

按:"淡",大型字典失收,見於《隨函録》,乃"淡"字之訛。《隨函録》卷23《陁羅尼雜集》卷5:"仳淡,上音毗,下音淡。"(ZD60-287c)《陁羅尼雜集》卷5:"荼叉梨鍮仳淡陀羅夜,婆遮夜。"(T21, p606b)《隨函録》"仳淡"即《陁羅尼雜集》中的"仳淡",其中"淡"即"淡"字之訛。

0686 澫

《中華字海·氵部》(568):"澫,同漫。見《字彙》。"

按:我們在這裏要講的"澫"乃"藕"字之訛。《隨函録》卷20《鞞婆沙論》卷7:"挽澫糸,上無遠反,中五口反,下音覓,中正作藕也。"(ZD60-174a)符秦·僧伽跋澄譯《鞞婆沙論》卷7:"或曰:'謂斷結如方便破石是見斷,謂斷結如方便挽藕絲是思惟斷。'"(T28, p470a)《隨函録》"挽澫糸"即《鞞婆沙論》中的"挽藕絲",其中"澫"即"藕"字之訛。

又《隨函録》卷18《阿毘曇八犍度論》卷30:"澫泉,上五口反,正作藕。"(ZD60-90c)唐·玄奘譯《阿毘曇八犍度論》卷30:"若洗人泉不人泉上人泉,恒門三藕泉,故曰活。"(T26, p914b)《隨函録》"澫泉"即《阿毘曇八犍度論》的"藕泉",其中"澫"亦"藕"字之訛。

0687 㶕

按:"㶕",大型字典失收,見於《隨函録》,乃"濺"字。《隨函録》卷15《摩訶僧祇律》卷22:"㶕衣,上子先反,宜作湔,洗反(也)。"(ZD59-1110a)東晉·佛陀跋陀羅共法顯譯《摩訶僧祇律》卷22:"即便坐上唌唾汙衣,各趣池水,洗手濺衣。"(T22, p411c)"㶕衣"即

《摩訶僧祇律》中的“濺衣”,其中“𣿅”即“濺”字。從形體上看,“𣿅”乃“濺”换聲旁所致,經文中通“湔”。

0688 𣽷

按:“𣽷”,大型字典失收,見於《隨函録》,乃“澀”字之訛。《隨函録》卷 12《雜阿含經》卷 23:“麄𣽷,上所立反,不滑也。”(ZD59-1009a)宋・求那跋陀羅譯《雜阿含經》卷 23:“無憂者身體麤澀,父王不大附捉。”(T02, p162b)《隨函録》“麄𣽷”即《雜阿含經》中的“麤澀”,其中“𣽷”即“澀”字之訛。

0689 濡

《龍龕手鏡・水部》(226):“濡,俗;濡,正,人朱反。”

按:我們在這裏要講的“濡”乃“湍”字之訛。《隨函録》卷 6《文殊師利普超三昧經》中卷:“汎濡,上芳梵反,下他端反。”(ZD59-755b)西晉・竺法護譯《文殊師利普超三昧經》卷 2:“具供養正覺,度汎湍江波。”(T15, p414a)《隨函録》“汎濡”即《文殊師利普超三昧經》中的“汎湍”,其中“濡”即“湍”字之訛。

0690 𣸣

按:“𣸣”,大型字典失收,見於《隨函録》,乃“溷”字之訛。《隨函録》卷 9《安宅神咒經》卷 1:“𣸣邊,上户困反,廁也,正作圂、溷二形。”(ZD59-884a)《佛説安宅神咒經》卷 1:“某等安居立宅已來,建立南房北堂東西之廂,……堂上户中溷邊之神。”(T21, p911c)《隨函録》“𣸣邊”即《佛説安宅神咒經》中的“溷邊”,其中“𣸣”即“溷”字之訛。

0691 潨

按:我們在這裏要講的“潨”乃“聚”字。《隨函録》卷 13《佛説般泥洹經》上卷:“𨻳邑,上音聚,《佛般泥洹經》作聚。沙潨,同上。”(ZD59-1019b)《般泥洹經》卷 1:“佛獨與阿難俱,到衛沙聚。”(T01, p180a)《隨函録》“沙潨”即《般泥洹經》中的“沙聚”,其中“潨”即“聚”字。從形體上看,“聚”蓋受上字“沙”的影響類化增旁從“氵”而作“潨”。

0692 瀐

《集韻・末韻》:“瀐,滿也。宗括切。”

按:《隨函録》卷 7《不空罥索神變真言經》卷 11:“瀐淨,上子薛反,正作瀐(㶕)。”(ZD59-783c)唐・菩提流志譯《不空罥索神變真言經》卷 11:“加持香水瀐淨壇上,淨灑身服每日清潔。”(T20, p281c)慧琳《一切經音義》卷 35:“瀐灑,上煎薛反。《考聲》云:‘瀐,濺也。’或作湔,亦通。”(T54, p540b)唐・菩提流志譯《不空罥索神變真言經》卷 16:“加持淨水,洗手瀐身。”(T20, p309a)唐・菩提流志譯《如意輪陀羅尼經》卷 1:“加牛五淨,瀐灑藥上。”(T20, p194a)《龍龕手鏡・水部》(236):“瀐,俗,正,㶕,音節,水灑也。”《廣韻》子結切:“㶕,小灑。”“瀐”音“子薛反”,意義爲“水灑”,與“㶕”同,大型字典失收。

0693 𣿲、0694 篺

按:"𣿲",大型字典失收,見於《隨函録》,爲"篺(簰)"字之訛。《隨函録》卷 6《六度集經》卷 4:"推𣿲,上他迴反,下蒲皆反。"(ZD59-765b)吴·康僧會譯《六度集經》卷 4:"貨主作篺給其餱量,下著篺上,推篺遠之。"(T03, p19a)《隨函録》"推𣿲"即《六度集經》中的"推篺",其中"𣿲"即"篺"字之訛,而"篺"即"篺(簰)"字。《陳書·陳寶應傳》:"昭達深溝高壘,不與戰,但命軍士伐木爲簰。俄而水盛,乘流放之。"

0695 槧

按:"槧",大型字典失收,見於《一切經音義》《隨函録》,即"槧"之異體。唐·慧琳《一切經音義》卷 98《廣弘明集》卷 24 音義:"鉛槧,慙敢反。《考聲》:'槧,牘材也。'《説文》牘樸也,《文字典説》削牘版也,從木斬聲。《集》從漸作槧,誤也。"(T54, p920a)"鉛槧"之"槧",慧琳所見寫本《廣弘明集》本作"槧",與《隨函録》所載相同。《隨函録》卷 30《廣弘明集》卷 24:"鈆槧,七念反,札也。"(ZD60-580c)唐·道宣撰《廣弘明集》卷 24:"鉛斬定辭,昭示後昆,揄揚往秀。"(T52, p275a)"鉛斬",宋、元、明、宫本作"鉛槧"。根據文意,應作"鉛槧","斬"爲"槧"字之借。《隨函録》"鈆槧"即宋、元、明、宫本《廣弘明集》中的"鉛槧",其中"槧"即"槧"字之訛。

0696 㶊

按:"㶊",大型字典失收,見於《隨函録》,爲"磨"字。《隨函録》卷 16《四分律》卷 42:"㶊湌緻,上音磨,中音湌,下直利反。"(ZD60-37a)姚秦·佛陀耶舍共竺佛念等譯《四分律》卷 42:"得黑石蜜漿,佛言聽飲。得磨餐緻,佛言聽食。得白石蜜,佛言聽食。"(T22, p870a)《隨函録》"㶊湌緻"即《四分律》中的"磨餐緻",其中"㶊"即"磨"字。"餐"或作"湌","磨"受下字"湌(餐)"的影響,類化從"氵"而作"㶊"。

0697 瀆、0698 灒

按:"瀆",大型字典失收,見於《隨函録》,即"賾"字。《隨函録》卷 29《弘明集》卷 11:"淵瀆,上於玄反,下仕責反,正作淵蹟。"(ZD60-540a)"瀆",《隨函録》讀"仕責反",與"蹟"音不同,因此"正作淵蹟"當有誤,應爲"正作淵賾"。梁·釋僧祐撰《弘明集》卷 11:"鞠躬讚誦咸足屆道,覽復往況彌睹淵賾。"(T52, p71a)《隨函録》"淵瀆"即經文中的"淵賾",其中"瀆"即"賾"字。"淵賾"一詞,另見。《丘尼傳》卷 4:"探究淵賾,博辯無窮。"(T50, p947a)隋·灌頂纂《國清百録》卷 2:"雖文旨淵賾,源本難尋,而教門方便,開悟易益。"(T46, p805c)"賾"是由於受上字"淵"的影響類化從"氵"旁而寫成"瀆(灒)"的。

0699 瀵

按:"瀵",大型字典失收,見於《隨函録》,乃"糞"字。《隨函録》卷 13《別譯阿含經》卷 9:"瀵毒,上方問反,不淨惣名。"(ZD59-1015c)《別譯雜阿含經》卷 9:"欲如糞毒,亦螫亦污,又如火坑,亦如疥人。"(T02, p440a)《隨函録》"瀵毒"即《別譯雜阿含經》中的"糞毒",

其中“瀵”即“糞”字。

0700 濶

按:“濶”,見於《隨函録》,乃“闔”字。《隨函録》卷30《廣弘明集》卷30:“濶堂,上胡臈反,正作闔。”(ZD60-598a)唐・道宣撰《廣弘明集》卷30:“法鼓進三勸,激切清訓流。悽愴願弘濟,闔堂皆同舟。”(T52, p350a)“濶堂”即經文中的“闔堂”,其中“濶”即“闔”字。“闔堂”之“闔”爲全部、整個的意思,與“水”無關,爲什麼會寫作“濶”呢?我們以爲“闔(闔)”蓋受上字“濟”的影響類化增“氵”旁而作“濶”。

牛部

0701 牱、0702 牫、0703 戕

《龍龕手鏡・牛部》(115):“牱,俗,作郎反,正作牂,牱牁也。”

按:我們這裏要講的“牱”乃“柯(牁)”字之訛。《隨函録》卷27《大唐西域求法高僧傳》卷1:“牂牱,上子郎反,下古何反,郡名也,又繫舟栰也。”(ZD60-443a)唐・義淨《大唐西域求法高僧傳》卷1:“從蜀川牂牫道而出(蜀川去此寺有五百餘驛),向莫訶菩提禮拜。”(T51, p5b)唐・慧琳《一切經音義》卷81《大唐西域求法高僧傳》卷1音義:“牂柯,上佐郎反,下音哥。案:牂柯者,南楚之西南夷人種類,亦地名也。”(T54, p835a)“牂柯”又作“牂牁”。《龍龕手鏡・爿部》(118):“牁,音哥,所以繫舟,又牂牁,郡名。”《隨函録》“牂牱”及經文“牂牫”即“牂柯”或“牂牁”,其中“牱”“牫”即“柯(牁)”字之訛。此外,《龍龕手鏡・爿部》(118):“戕,情羊反,殺君也,又他國臣來殺君也,又俗音牁。”《龍龕手鏡》“戕”俗音“牁”時,我們以爲即“牁”字。形體上,“戕”與我們上述“牁”的俗體“牱”“牫”近似。

0704 𤘘

按:“𤘘”,大型字典失收,見於《隨函録》,乃“扠”字之訛。《隨函録》卷6《大灌頂經》卷8:“相𤘘,丑街反。”(ZD59-751c)東晉・帛尸梨蜜多羅譯《佛説灌頂經》卷8:“有大戲鬼,相扠打鬼,相搏撮鬼。”(T21, p519b)《隨函録》“相𤘘”即《佛説灌頂經》中的“相扠”,其中“𤘘”即“扠”字之訛。

0705 㸬

《龍龕手鏡・牛部》(116):“㸬,音吼。”

按:我們在這裏要講的“㸬”乃“拘”字之訛。《隨函録》卷7《佛説老女經》卷1:“㸬留,上音俱,佛名。”(ZD59-771b)宋・曇摩蜜多譯《佛説老女人經》卷1:“往昔拘留秦佛時我欲作沙門,是母慈愛,不肯聽我去。”(T14, p912b)《隨函録》“㸬留”即《佛説老女人經》中的“拘留”,其中“㸬”即“拘”字之訛。

0706 𤙴

按:“𤙴”,大型字典失收,見於《隨函録》,爲“插”字之訛。《隨函録》卷6《六度集經》

卷 8:“爪微柴挿,上一羊止反,下一楚洛反,上正作以也,又音亁,非也。經云:‘有長者子名賢亁,以微柴插其地。’是也。”(ZD59-768b)吴・康僧會譯《六度集經》卷 8:“時有長者子名曰賢乾,以微柴插其地。”(T03, p48b)《隨函録》“爪微柴挿”即《六度集經》中的“以微柴插”,其中“爪”即“以”字,而“挿”即“插”字之訛。

0707 攕

按:“攕”,大型字典失收,見於《隨函録》,乃“纖”字。《隨函録》卷 3《大方廣佛華嚴經》卷 48:“攕長,上息廉反,細也,正作纖也,又音杉,非。”(ZD59-657a)東晉・佛馱跋陀羅譯《大方廣佛華嚴經》卷 48:“胸有德字,勝妙莊嚴,七處平滿,其臂纖長,手指縵網,金輪莊嚴。”(T09, p703c)《隨函録》“攕長”即《大方廣佛華嚴經》中的“纖長”,其中“攕”即“纖”字。

手(扌)部

0708 扗

《中華字海・手部》(328):“扗,同在。見《正字通》。”

按:我們這裏要講的“扗”乃“壯”字之訛。《隨函録》卷 27《高僧傳》卷 11:“扗虵,上莫口反。”(ZD60-457b)據《隨函録》,“扗”音“莫口反”,可洪蓋把“扗”當作了“牡”字,誤。梁・釋慧皎撰《高僧傳》卷 11:“有頃,壯蛇競出,大十餘圍,循環往復,舉頭向猷。”(T50, p396a)《隨函録》“扗虵”即經文中的“壯蛇”,其中“扗”即“壯”字之訛。其他文獻引用時也作“壯蛇”。《神僧傳》卷 2:“有頃,壯蛇競出,大十圍,循環往復,舉頭向猷。”(T50, p955a)《祖庭事苑》卷 3:“又梁《僧傳》云:‘猷居赤城山石室坐禪,有壯蛇競出,大十餘圍,循環往復,舉頭向猷。’”(X64, p342c)從文意看,作“壯蛇”也較作“牡蛇”爲優。這樣一來,大型字典“扗”字下可增添“同壯”的説解。

0709 扷

《龍龕手鏡・手部》(213):“扷,火犬反,捵也。”

按:我們在這裏要講的“扷”乃“拔”字之訛。《隨函録》卷 21《賢愚經》卷 3:“扷擢,上蒲八反,下宅角反。”(ZD60-201c)元魏・慧覺等譯《賢愚經》卷 2:“佛日初出,慧流肇潤,無心拔擢,没在重網。”(T04, p360c)《隨函録》“扷擢”即《賢愚經》的“拔擢”,其中“扷”即“拔”字之訛。又《隨函録》卷 21《賢愚經》卷 3:“扷羅,上蒲鉢反。”(ZD60-201c)元魏・慧覺等譯《賢愚經》卷 2:“有大國王,名彌佉羅拔羅,晉言慈力。”(T04, p360b)《隨函録》“扷擢”即《賢愚經》的“拔擢”,其中“扷”亦“拔”字之訛。

0710 扥

按:“扥”本“撓”字之俗①,我們在這裏要講的“扥”乃“耗”字。《隨函録》卷 8《寶網經》

① 見鄭賢章《龍龕手鏡研究》,湖南師範大學出版社 2004 年,第 214 頁。

卷 1:"抂損,上呼告反,正作耗。"(ZD59-817c)西晉·竺法護譯《佛説寶網經》卷 1:"如靈瑞花難可遇,其色煌煌軟微妙,香氣流布無耗損,如是尊花難得值。"(T14, p78b)《隨函録》"抂損"即《佛説寶網經》中的"耗損",其中"抂"即"耗"字。

《隨函録》卷 8《寶網經》卷 1:"損抂,上蘇本反,下呼告反。"(ZD59-818a)西晉·竺法護譯《佛説寶網經》卷 1:"血脈不損耗,入火火爲冷。"(T14, p86b)《隨函録》"損抂"即《佛説寶網經》中的"損耗",其中"抂"亦"耗"字。

從經文看,"耗"蓋受"損"字的影響類化換旁從"扌"而作"抂"。

0711 抑、0712 掲

《龍龕手鏡·手部》(209):"掲、抑,二俗,五郎反。"《中華字海·扌部》(334):"抑,同掲。"《中華字海·扌部》(349):"掲,義未詳。"

按:"掲""抑"音"五郎反",疑是"枊"字之俗。《廣韻·唐韻》:"枊,繫馬柱也。五剛反。""掲""抑"與"枊"音同。《隨函録》卷 29《廣弘明集》卷 8:"懸抑,五郎反,繫馬柱也。《弘明集》作懸掲。"(ZD60-554c)"抑""掲"音"五郎反",意義爲"繫馬柱也",與"枊"音義皆同。"掲""抑"分别與"枊"的異體"掲""抑"近似,亦是"枊"字之俗。

0713 扲

按:"扲",大型字典失收,見於《隨函録》,乃"擒"字之訛。《隨函録》卷 15《摩訶僧祇律》卷 27:"扲牽,上巨今反,下音牽。"(ZD59-1111a)東晉·佛陀跋陀羅共法顯譯《摩訶僧祇律》卷 27:"目連即入定,觀見是惡比丘斂身衆中而坐,見已即從坐起,往到其所,左手擒牽至户。"(T22, p447b)《隨函録》"扲牽"即《摩訶僧祇律》中的"擒牽",其中"扲"即"擒"字之訛。

0714 挆

按:"挆",大型字典失收,見於《隨函録》,乃"垜(垛)"字之訛。《隨函録》卷 14《佛本行集經》卷 12:"勝挆,徒果反,正作垜。"(ZD59-1078b)隋·闍那崛多譯《佛本行集經》卷 12:"時釋大臣即好莊嚴耶輸陀羅,爲上勝垛。"(T03, p709a)《隨函録》"勝挆"即《佛本行集經》中的"勝垛",其中"挆"即"垛(垜)"字之訛。

0715 挒

按:"挒",大型字典失收,見於《隨函録》,乃"裂"字。《隨函録》卷 2《大寶積經》卷 110:"擘挒,上博厄反,兩手分破。"(ZD59-602c)唐·菩提流志《大寶積經》卷 110:"枝葉華果擘裂其身。"(T11, p622a)《隨函録》"擘挒"即《大寶積經》中的"擘裂",其中"挒"即"裂"字。"裂"蓋受上字"擘"的影響類化換旁從"手"而作"挒"。

0716 拪

按:"拪",大型字典失收,見於《隨函録》,即"栖"字之訛。《隨函録》卷 29《廣弘明集》卷 15:"拪僧,上音西,正作㮧(栖)。"(ZD60-564b)唐·道宣撰《廣弘明集》卷 15:"見熾公阡陌,如卿問栖僧於山,誠是美事。"(T52, p199c)《隨函録》"拪僧"即經文中的"栖僧",其中

“拪”即“栖”字之訛。

0717 㧫、0718 捤

《龍龕手鏡·手部》(209):“捤、㧫,二俗,苦回反。”《集韻·灰韻》呼回切:“㧓,相擊也,或作挔。”

按:《龍龕手鏡》“㧫”“捤”音“苦迴反”,與“挔”讀音不同,蓋以爲“恢”。《隨函録》卷 23《陁羅尼雜集》卷 7:“吟㧫,宜作詼,《七佛咒》作恢,同苦迴反。詼,調也;恢,大也。又《川音》云:義合作捄,呼麥反。非也。”(ZD60-292a)《龍龕》“㧫”音“苦回反”,與《隨函録》音“苦迴反”同,《隨函録》以“㧫”爲“恢”。

不過,“吟㧫”,對應經文作“吟灰”。“㧫”同“恢”,應爲“灰”之借。《陀羅尼雜集》卷 7:“能令諸鼠散走諸方,悉滅無餘,三過(遍)唾刀吟灰,作緋紫字。”(T21, p623a)《隨函録》卷 9《七佛所説神咒經》:“吟恢,上宜作含,下宜作灰。”(K34, p959b)《七佛八菩薩所説大陀羅尼神咒經》卷 4:“能令諸鼠散走他方,悉滅無餘,三過(遍)唾刀唅灰,作緋紫字。”(T21, p561b)《法界聖凡水陸大齋法輪寶懺》卷 9:“説此真言,能令諸鼠散走他方,悉滅無餘,三徧唾刀吟灰,作緋紫字。”(X74, p1047c)據經文,“㧫(挔)”同“恢”,乃“灰”之借。

0719 𢷎、0720 㩓

按:“𢷎”“㩓”,大型字典失收,見於《隨函録》,乃“揣”字之訛。《隨函録》卷 20《舍利弗阿毘曇論》卷 11:“作拂𢷎,下二同,徒官反,丸也,正作團、摶、揣三形也,二體並悮,仍剩一個字也,傳寫悮也。此㩓,同上。”(ZD60-169c)姚秦·曇摩耶舍共曇摩崛多等譯《舍利弗阿毘曇論》卷 14:“如善洗浴師、善洗浴師弟子,以細澡豆盛著器中,以水灑已,調適作揣。此揣津液遍滿,不乾不濕,内外和潤。”(T28, p621c)《隨函録》“作(拂)𢷎”即《舍利弗阿毘曇論》中的“作揣”,其中“𢷎”即“揣”字之訛。又《隨函録》“此㩓”即《舍利弗阿毘曇論》中的“此揣”,其中“㩓”亦“揣”字之訛。

0721 挕

按:“挕”在字書中同“攝”,我們在這裏要講的“挕”乃“弭”字之訛。《隨函録》卷 5《伅真陀羅所問經》卷 1:“挕箭,上彌耳反,泯也,泯箭羽令快也,亦安也,正作弭、敉。”(ZD59-724a)後漢·支婁迦讖譯《佛説伅真陀羅所問如來三昧經》卷 1:“若持弓弭箭在所射,其箭無所不入,若力士持兵有所擊,應時無有全命者。”(T15, p354a)《隨函録》“挕箭”即《佛説伅真陀羅所問如來三昧經》中的“弭箭”,其中“挕”即“弭”字。

0722 抱

按:我們在這裏要講的“抱”乃“把”字之訛。《隨函録》卷 20《鞞婆沙論》卷 11:“一抱,北馬反,正作把。”(ZD60-174c)苻秦·僧伽跋澄譯《鞞婆沙論》卷 11:“非如聲聞道以一施以一人故,亦非如辟支佛道一楊枝施一把施故,但一切極妙事極愛物施,除非己有,然後可得,是謂大賈得故名大悲。”(T28, p496b)《隨函録》“一抱”即《鞞婆沙論》的“一把”,其中“抱”即“把”字之訛。

0723 𢮪、0724 𢯔

按："𢮪""𢯔"，大型字典失收，見於《隨函録》，乃"捊(掊)"字。《隨函録》卷27《續高僧傳》卷23："𢮪地，上蒲包反，正作跑、捊、抱、掊四形也。"(ZD60-487b)唐・釋道宣撰《續高僧傳》卷23："忽降虎來前，掊地而去。"(T50, p626a)"掊"，宋、元、明、宫本作"跑"。《隨函録》"𢮪地"即經文中的"掊地"，其中"𢮪"即"掊"字。在表"以手、爪或工具扒物或掘土"一義的時候，"掊"同"捊""跑"。唐・慧琳《一切經音義》卷94《續高僧傳》卷23音義："捊地，上鮑包反，《考聲》云以手指捊也，俗掊字，同。《傳》文作𢯔，非也。"(T54, p897c)"捊"，慧琳所見寫本《續高僧傳》作"𢯔"，與《隨函録》所載"𢮪"近似。

0725 𢹂、0726 挞

按："𢹂""挞"，見於《隨函録》，乃"抄(挲)"字。《隨函録》卷13《馬有八態譬人經》卷1："摩𢹂，音娑。"(ZD59-1042b)後漢・支曜譯《佛説馬有八態譬人經》卷1："五態者便人立持軛摩抄車却行。"(T02, p507a)《隨函録》"摩𢹂"即《佛説馬有八態譬人經》中的"摩抄"。"摩𢹂"即"摩挲"，其中"𢹂"即"抄"字。

《隨函録》卷13《馬有八態譬人經》卷1："摩挞，音娑。"(ZD59-1042b)後漢・支曜譯《佛説馬有八態譬人經》卷1："五態者聞説經，便起去，如馬人立持軛摩抄車却行時。"(T02, p507a)《隨函録》"摩挞"即《佛説馬有八態譬人經》中的"摩抄"。"摩挞"即"摩抄"，其中"挞"即"抄"字。

0727 挘

《中華字海・扌部》(342)："挘，同攘。見《宋元以來俗字譜》。"

按：我們這裏要講的"挘"乃"糧"字。《隨函録》卷22《釋迦方志》卷1："收挘，音粮。"(ZD60-260c)梁・僧旻、寶唱等集《釋迦方志》卷1："龍怖歸依，請佛放雨乃許之，令人收糧，十二年一雨水災。"(T51, p955b)《隨函録》"收挘"即《釋迦方志》中的"收糧"，其中"挘"即"糧"字。"糧"或作"粮"①，"挘"蓋源於"粮"之訛。

0728 捴

《漢語大字典・手部》(799)引《廣韻》："捴，擊也。苦骨切。"又引《集韻》："捴，去塵也。呼骨切。"

按："捴"又可爲"總"之俗。《隨函録》卷3《大集賢護經》卷3："捴宣，上子孔反。"(ZD59-644b)《隨函録》卷4《大方廣佛華嚴經》卷11："捴持，上祖孔反，皆也，普也，合也，正作捻、惣二形。"(ZD59-660a)根據《隨函録》，"捴"即"捻""惣"，而"捻""惣"即"總"字。實叉難陀譯《大方廣佛華嚴經》卷11："已得方便總持門。"(T10, p57a)《隨函録》"捴持"即"總持"，其中"捴"爲"總"字。《龍龕手鏡・手部》(213)："捴，古；捻，今音惣，普也，皆也，合也，众也。"這樣一來，大型字典"捴"字下就應增加"同總"的説解。

① 見行均《龍龕手鏡・米部》"糧"字條，中華書局1985年，第304頁。

0729 掑、0730 摛、0731 𢶍、0732 擨

《龍龕手鏡・手部》(207):“擨,俗,音慈。”《中華字海・扌部》(367):“擨,義未詳。”《改併五音類聚四聲篇海》卷十二《手部》:“摛,音夷。”《中華字海・扌部》(352):“摛,義未詳。”

按:《隨函録》卷 23《陁羅尼雜集》卷 7:“慈箕,居之反,《七佛咒》作慈其,諸經或作摛掑,亦作玆基也。”(ZD60-291c)《陁羅尼雜集》卷 7:“須三升小豆一斗水,煎得三升,蜜安半升蘇,煎得二升,接清取七十遍咒。於晨朝時慈箕豆安綿,揭取七遍,二稱鬼名。”(T21, p621a)據此處《隨函録》,“慈箕”或作“摛掑”,亦作“玆基”。又《隨函録》卷 21《修行道地經》卷 4:“摛𢶍,上子慈反,下居之反,又音其,《經音義》云‘此草似細荻花,(北)方多饒此草’,正作玆其也,《江西音》作摛掑也,《川音》作擨𢶍,以蔥韮替之,非也。”(ZD60-214c)西晉・竺法護譯《修行道地經》卷 4:“假使彼髮爲吾我者,如截蔥悲(韮)後則復生。”(T15, p205b)據兩處《隨函録》,“慈箕”“玆基”“慈其”“摛𢶍”“玆箕”“摛掑”“擨𢶍”相同。其中“摛”“擨”皆“慈”字,而“𢶍”即“其”字。

“摛”“擨”同“慈”何義呢?我們以爲“慈”就是佛經中常言的“慈蔥”之“慈”,是“蔥”的一種。後秦・鳩摩羅什譯《梵網經》卷 2:“若佛子,不得食五辛:大蒜、革蔥、慈蔥、蘭蔥、興蕖。”(T24, p1005b)《菩薩戒義疏》卷 2:“大蒜是葫蔥,茖蔥是薤,慈蔥是蔥,蘭蔥是小蒜,興蕖是葸蒺。”(T40, p575a)

“𢶍”即“其”字,又爲何義?《隨函録》引《經音義》釋“𢶍(其)”爲“此草似細荻花”之義。“其”是一種草,似荻。《漢書・五行志下之上》:“檿弧其服,實亡周國。”顏師古注:“其,草,似荻而細,織之爲服也。”

0733 𢬵

按:我們在這裏要講的“𢬵”乃“裝”字之訛。《隨函録》卷 21《修行道地經》卷 5:“買𢬵,音莊,裝束結裹也,正作裝。《川音》音爰,籰也,非義。”(ZD60-215c)西晉・竺法護譯《修行道地經》卷 5:“心常念婦未曾離懷,往至買裝即尋還國。”(T15, p215b)《隨函録》“買𢬵”即經文中的“買裝”,其中“𢬵”即“裝”字之訛。

又《隨函録》卷 21《賢愚經》卷 7:“𢬵馱,上阻床反,裝束結裹也,正作裝也,又于元反,非。”(ZD60-203b)據《隨函録》,“𢬵”亦“裝”字之訛。

0734 𢭃

按:“𢭃”,大型字典失收,見於《隨函録》,乃“坻”字之訛。《隨函録》卷 6《大灌頂經》卷 3:“那𢭃,都禮反,正作坻。”(ZD59-750a)東晉・帛尸梨蜜多羅譯《佛説灌頂經》卷 2:“神名耶頭破那坻,字德明遠,此神主護某食。”(T21,p500a)《隨函録》“那𢭃”即《佛説灌頂經》中的“那坻”,其中“𢭃”即“坻”字之訛。

0735 𢮍

按:“𢮍”字,大型字典失收,見於《隨函録》,即“摣”字。《隨函録》卷 5《正法華經》卷 2:“𢮍掣,上側加反,以指按取也,正作摣。”(ZD59-705c)西晉・竺法護譯《正法華經》卷 2:“無

數狗犬,蹲伏窠窟,各各圍繞,皆共齧掣。"(T09, p76c)"齧掣",宋、元、明、宫本作"摣掣"。《隨函録》"[illegible]掣"即"摣掣",其中"[illegible]"即"摣"字。

0736 㨢

《集韻·噳韻》:"㨢,姓也,果羽切。"

按:我們這裏要講的"㨢"乃"摛"字之訛。《隨函録》卷27《續高僧傳》卷3:"㨢掞,上丑知反,正作摛也,下書驗反,並訓舒也。"(ZD60-464c)唐·釋道宣撰《續高僧傳》卷3:"沙門法琳,包括經史,摛掞昔聞。"(T50, p446a)《隨函録》"㨢掞"即經文中的"摛掞",其中"㨢"即"摛"字之訛。《漢語大詞典·手部》:"摛掞:鋪張,鋪陳。《陳書·蔡景歷傳》:'文人則通儒博識,英才偉器,雕麗暉煥,摛掞絢藻,子雲不能抗其筆,元瑜無以高其記。'"從形體上,構件"离"因與"禹"近似而誤寫成"禹"。"璃"俗作"瑀"[1],可資比勘。這樣一來,大型字典"㨢"字下可增添"同摛"的説解。

0737 [illegible]

按:"[illegible]"字,大型字典失收,見於《隨函録》,爲"捔"字之訛。《隨函録》卷24《開皇三寶録》(《歷代三寶紀》)卷8:"[illegible]其,上古岳反,競也,試也,正作角、捔二形也。"(ZD60-326c)《歷代三寶紀》卷8:"至道無方各尊其事,今故遠來,請與秦僧捔其辯力。"(T49, p79b)《隨函録》"[illegible]其"即《歷代三寶紀》中的"捔其",其中"[illegible]"即"捔"字之訛。

0738 揌

按:我們這裏要講的"揌"乃"總"字。《隨函録》卷24《出三藏記集》卷12:"揌揌,蘇來反,碎也,正作粞也。"(ZD60-318c)梁·釋僧祐《出三藏記集》卷12:"揌揌群生於兹是宅,瑣瑣含識莫思塗炭。"(T55, p88b)"揌揌",元本作"總總",明本作"揔揔"。"揔揔"實際上就是"總總"。《龍龕手鏡·手部》(213):"揔,古;捴,今音惣,普也,皆也,合也,众也。""揔"同"捴",而"捴"即"總"。《隨函録》"揌揌"即元本或明本《出三藏記集》中的"總總"或"揔揔",其中"揌"即"揔(總)"字之訛。此外,我們在《龍龕手鏡研究》(216)中對"揌"爲"總"之俗也有過詳細的論述[2],可參看。唐·釋道世撰《法苑珠林》卷1:"總總群生於兹是宅,瑣瑣含識莫思塗炭。"(T53, p277c)《法苑珠林》也是作"總總群生"。"總總"是衆多的意思,常用於形容人多。《楚辭·九歌·大司命》:"紛總總兮九州。"王逸《楚辭章句》曰:"總總,衆貌。"晉·潘岳《河陽縣作》詩之二:"總總都邑人,擾擾俗化訛。"綜上所述,《隨函録》把"揌"當作"粞"字,甚誤。

0739 [illegible]

按:"[illegible]",大型字典失收,見於《隨函録》,乃"撿"字之訛。《隨函録》卷23《經律異相》卷38:"歷[illegible],音撿。"(ZD60-278c)梁·僧旻、寶唱等集《經律異相》卷38:"賢者目連歷撿諸

---

① 參見本書中篇"瑀"字條。

② 鄭賢章:《龍龕手鏡研究》,湖南師範大學出版社2004年,第216頁。

燈,難陀所燈光獨如故。"(T53, p205a)《隨函録》"歷捡"即經文中的"歷撿",其中"捡"即"撿"字之訛。

0740 ⿰扌迸

按:"⿰扌迸",大型字典失收,見於《隨函録》,乃"摒"字。《隨函録》卷18《善現律毗婆沙》卷8:"⿰扌迸牒,上卑政反。⿰扌迸,除也,並也,皆也,正作摒、拼二形也。又補耕反,非。"(ZD60-78a)《善見律毘婆沙》卷8:"是時王與大衆入寺,驅逐諸人。諸人衆多摒疊一邊,大衆亂鬧更相盪突。"(T24, p730c)《隨函録》"⿰扌迸牒"即《善見律毘婆沙》的"摒疊",其中"⿰扌迸"即"摒"字。從形體上看,"⿰扌迸"蓋"摒"的換聲旁俗字。

0741 揻

《中華字海・扌部》(348):"揻,同撼。字見《説文》。"

按:我們在這裏要講的"揻"乃"減"字。《隨函録》卷14《佛本行集經》卷26:"揻削,上故斬反,正作減,減也,誤。"(ZD59-1081c)隋・闍那崛多譯《佛本行集經》卷26:"打碎一切魔威而行,減削一切魔業而行。"(T03, p772c)《隨函録》"揻削"即《佛本行集經》中的"減削",其中"揻"即"減"字。

又《隨函録》卷14《佛本行集經》卷29:"揻削,上古斬反,俗。"(ZD59-1083a)隋・闍那崛多譯《佛本行集經》卷29:"波旬汝今不久當被菩薩減削,如行曠野無糧食人。"(T03, p790a)《隨函録》"揻削"即《佛本行集經》中的"減削",其中"揻"亦"減"字。從形體上看,"減"作"揻",有兩種可能:一是"揻"可能爲"減"字之訛,一是"揻"可能爲"減"换形旁所致,因減削與動作有關,故改從"扌"旁。

0742 挬

《龍龕手鏡・手部》(217):"挬,俗;捊,正,蒲没反,按也。"

按:我們在這裏要講的"挬"乃"樗"字之訛。《隨函録》卷13《寂志果經》卷4:"挬蒲,上丑魚反,正作樗。"(ZD59-1023a)東晉・竺曇無蘭譯《寂志果經》卷4:"若有沙門梵志,受人信施食,行樗蒲博戲,所住非法,其行不一。"(T01, p273b)《隨函録》"挬蒲"即《寂志果經》中的"樗蒲",其中"挬"即"樗"字之訛。

0743 撽

《中華字海・扌部》(353):"撽,同擊。見《正字通》。"

按:我們這裏要講的"撽"乃"撤"字之訛。《隨函録》卷29《廣弘明集》卷12:"撽寶,上丑列反,正作撤。"(ZD60-558a)唐・道宣撰《廣弘明集》卷12:"歷代已來爲帝王者,並夙種善根,多懷正信,傾珍造塔,撤寶崇真。"(T52, p170b)《隨函録》"撽寶"即經文中的"撤寶",其中"撽"即"撤"字之訛。這樣一來,大型字典"撽"字下可增添"同撤"的説解。

0744 ⿰扌能

按:"⿰扌能",見於《隨函録》,即"擺"字之訛。《隨函録》卷28《續高僧傳》卷21:"⿰扌能撥,上博買反,正作擺、捭二形也。"(ZD60-485b)唐・釋道宣撰《續高僧傳》卷 21:"瑗因擺撥前習,專征鄙倍。"(T50, p608c)《隨函録》"𢵧撥"即經文中的"擺撥",其中"𢵧"即"擺"字之省訛。

0745 揵

《玉篇・手部》:"揵,力剪切,運也。"

按:"揵"可爲"揵"字之訛。《隨函録》卷 26《大唐西域記》卷 8:"揵對,上居偃反,難也,誰也,又吃也,正作犍、揵、𨌂三形也,又音輦,悮。"(ZD60-412a)唐・玄奘《大唐西域記》卷 8:"摩遝婆聞,心甚不悦,事難辭免,遂至論場。國王、大臣、士庶、豪族咸皆集會,欲聽高談。德慧先立宗義洎乎景落。摩遝婆辭以年衰,智惛捷對,請歸靜思,方酬來難。每事言歸,及旦昇座竟無異論,至第六日,歐血而死。"(T51, p914a)《隨函録》"揵對"對應的是經文中的"捷對"。

據《隨函録》,"揵"爲"揵"字之訛,而今經文作"捷",孰是孰非呢? 我們認爲作"捷"有誤,"捷"與"揵"一樣亦當"揵"字之訛。經文文意説的是德慧遠道而來,想與摩遝婆辯論,等到大家都聚集論場,欲聽高談的時候,摩遝婆以年已衰老、神智昏亂難以對論爲由加以辭絶。"揵(揵)對"即難以對論的意思,如果作"捷對"顯然與前後文意不符。"揵"正如《隨函録》所訓乃"難"之義。《廣韻・阮韻》:"揵,難也,舉也。居偃切。"從形體上看,"揵"與"揵"近似,故易訛。

此外,"揵"還可爲"捷"字之訛。《隨函録》卷 5《方廣大莊嚴經》卷 4:"擢揵,自葉反,正作捷。"(ZD59-696a)唐・地婆訶羅譯《方廣大莊嚴經》卷 4:"太子生長深宫,未曾習學文武、書算、圖象、兵機、權捷、𢱢力世間衆藝。"(T03, p562b)《隨函録》"擢揵"即《方廣大莊嚴經》中的"權捷",其中"揵"即"捷"字。

又《隨函録》卷 19《阿毘達磨大毘婆沙論》卷 15:"揵利,上才葉反,正作捷也,又力蹇反,非也,悮。"(ZD60-110a)唐・玄奘譯《阿毘達磨大毘婆沙論》卷 15:"其言捷利,聲韻無過,詞辯第一。"(T27, p72b)《隨函録》"揵利"即《阿毘達磨大毘婆沙論》中的"捷利",其中"揵"亦"捷"字之訛。

0746 㨑

按:"㨑",大型字典失收,見於《隨函録》,疑爲"磨"字。《隨函録》卷 16《四分律》卷 52:"上㨑,蒲可反,㨑剃刀。"(ZD60-40b)姚秦・佛陀耶舍共竺佛念等譯《四分律》卷 51:"時比丘用刀刀卷聽手上磨,若故卷應石上磨,手捉石恐失,應盛著刀囊中。"(T22, p945b)《隨函録》"上㨑"即《四分律》中的"上磨",其中"㨑"即"磨"字。由於"磨"在此表磨治、摩擦之義,受此影響,"磨"蓋换形旁從"扌"且换聲旁爲"婆"而作"㨑"。《隨函録》"㨑"音"蒲可反",蓋其俗讀。

0747 摛

《龍龕手鏡・手部》(210):"摛,丑知反,舒也。"

按:我們在這裏要講的"摛"乃"擒"字之訛。《隨函録》卷 13《别譯阿含經》卷 4:"摛得,上巨今反,捉也,急持也,正作擒、捦、㩒三形也,又丑知反,悮也。"(ZD59-1015a)《别譯雜阿含經》卷 4:“波斯匿王大破阿闍世王所將兵衆,并復擒得阿闍世王身。”(T02, p395c)《隨函録》“擒得”即《别譯雜阿含經》中的“擒得”,其中“擒”即“擒”字之訛。

又《隨函録》卷 16《根本説一切有部毗奈耶苾蒭尼律》卷 7:“相擒,巨今反,正作擒,又勑知反,悮也。”(ZD60-2c)唐・義淨奉譯《根本説一切有部苾芻尼毘奈耶》卷 7:“口中更出種種音聲,鳥雀共鬥及男女相擒。”(T23, p940c)《隨函録》“相擒”即《根本説一切有部苾芻尼毘奈耶》中的“相擒”,其中“擒”亦“擒”字之訛。

0748 ⿰扌眉

按:“⿰扌眉”,大型字典失收,見於《隨函録》,爲“擔”字之訛。《隨函録》卷 6《六度集經》卷 8:“童⿰扌眉,丁陷反。”(ZD59-768c)吴・康僧會譯《六度集經》卷 8:“與重擔不能舉,爲汝説義不能解,汝空知汝極無所有。”(T03, p50c)《隨函録》“童⿰扌眉”即《六度集經》中的“重擔”,其中“童”即“重”之訛,“⿰扌眉”即“擔”字之訛。

0749 ⿰扌息

按:“⿰扌息”,大型字典失收,見於《隨函録》,乃“想”字之訛。《隨函録》卷 6《文殊師利普超三昧經》中卷:“⿰扌息念,上相兩反,正作想。”(ZD59-755b)西晉・竺法護譯《文殊師利普超三昧經》卷 2:“想念有處放逸之護,設使大王究竟望畢,極至永安乃無有患。”(T15, p415c)《隨函録》“⿰扌息念”即《文殊師利普超三昧經》中的“想念”,其中“⿰扌息”即“想”字之訛。

0750 擅

按:“擅”,大型字典失收,見於《隨函録》,即“檀”字之訛。《隨函録》卷 28《續高僧傳》卷 27:“擅屑,上徒丹反,正作檀,下先結反,末也。”(ZD60-495a)唐・釋道宣撰《續高僧傳》卷 27:“帊裹三㪷(斛)許香并檀屑,分爲四聚以遶於勝。”(T50, p680a)《隨函録》“擅屑”即經文中的“檀屑”,其中“擅”即“檀”之訛。

0751 搉

按:“搉”,大型字典失收,見於《隨函録》,即“摧”字之訛。《隨函録》卷 27《續高僧傳》卷 5:“蘭搉,昨迴反。”(ZD60-467a)唐・釋道宣撰《續高僧傳》卷 5:“宣流未廣,蘭摧中葉。”(T50, p465b)《隨函録》“蘭搉”即經文中的“蘭摧”,其中“搉”即“摧”字之訛。

又《隨函録》卷 11《顯揚聖教論》卷 11:“搉屈,上自迴反。”(ZD59-946b)唐・玄奘譯《顯揚聖教論》卷 11:“或爲折伏憍慢,或爲摧屈陵侮。”(T31, p531c)《隨函録》“搉屈”即《顯揚聖教論》中的“摧屈”,其中“搉”亦“摧”字之訛。

0752 ⿰扌惪

按:“⿰扌惪”,大型字典失收,見於《隨函録》,即“桯”字。《隨函録》卷 27《續高僧傳》卷 5:“挄⿰扌惪,上古黄反,下他丁反,碓⿰扌惪、床⿰扌惪即床桯也,正作桯也,俗字也。《川音》音持,未審何出。”(ZD60-466c)唐・釋道宣撰《續高僧傳》卷 5:“桄桯摧折,日有十數。”(T50, p463a)《隨函録》“挄⿰扌惪”即經文中的“桄桯”,其中“⿰扌惪”即“桯”字。

0753 揗

按:"揗",大型字典失收,見於《隨函録》,乃"楯"字之訛。《隨函録》卷22《釋迦氏略譜》卷1:"欒揗,上洛官反,下前作盾,同,食尹反,《釋迦譜》第八云作欒栱安蘭楯,此中迴倒也。"(ZD60-259b)《釋迦氏譜》卷1:"佛遊經久,須達思見。佛與髮甲起塔,作欄栱欒楯種種莊嚴,常令供養。"(T50, p97a)《隨函録》"欒揗"即《釋迦氏譜》中的"欒楯",其中"揗"即"楯"字之訛。

0754 搗

按:"搗",大型字典失收,見於《隨函録》,乃"獵"字之訛。《隨函録》卷22《阿育王經》卷2:"搗師,上力葉反。"(ZD60-237a)梁・僧伽婆羅譯《阿育王經》卷2:"菩薩於此處,以迦尸衣易獵師袈裟而便出家。"(T50, p137b)《隨函録》"搗師"即《阿育王經》中的"獵師",其中"搗"即"獵"字之訛。又《隨函録》卷22《阿育王經》卷3:"捕搗,上音步,下力葉反。"(ZD60-237b)梁・僧伽婆羅譯《阿育王經》卷3:"時阿育王於異時中,欲爲捕獵。"(T50, p141b)《隨函録》"捕搗"即《阿育王經》中的"捕獵",其中"搗"亦"獵"字之訛。

0755 搭

按:"搭",大型字典失收,見於《隨函録》,乃"笞"字之訛。《隨函録》卷21《百喻經》卷3:"榜搭,上蒲耕反,下丑之反。"(ZD60-219a)蕭齊・求那毘地譯《百喻經》卷3:"五陰亦爾,煩惱因緣合成此身,而此五陰恒以生老病死無量苦惱搒笞衆生。"(T04, p550c)《隨函録》"榜搭"即《百喻經》中的"搒笞",其中"搭"即"笞"字。"笞"或作"搭","搭"蓋源於"搭"之訛。

0756 揖、0757 擑

按:我們在這裏要講的"揖""擑"乃"篲"字。《隨函録》卷13《别譯阿含經》卷17:"掃揖,祥歲反,正作篲,又音遂。"(ZD59-1017a)《别譯雜阿含經》卷16:"天雨密緻,如縛掃篲。"(T02, p488b)《隨函録》"掃揖"即《别譯雜阿含經》中的"掃篲",其中"揖"即"篲"字。

又《隨函録》卷15《摩訶僧祇律》卷11:"掃揖,祥醉、祥歲二反,正作篲。"(ZD59-1106c)東晉・佛陀跋陀羅共法顯譯《摩訶僧祇律》卷11:"有一摩訶羅比丘,下著雨衣,上著安陀會,捉長柄掃篲掃地。"(T22, p319c)《隨函録》"掃揖"即《摩訶僧祇律》中的"掃篲",其中"揖"亦"篲"字。

又《隨函録》卷12《增一阿含經》卷40:"掃擑,詳歲、祥醉二反,帚也,正作篲,又音慧,悮。"(ZD59-1004b)東晉・瞿曇僧伽提婆譯《增一阿含經》卷40:"爾時如來手執掃篲,除去污泥,更施設坐具。"(T02, p767a)《隨函録》"掃擑"即《增一阿含經》中的"掃篲","擑"亦"篲"字。

從形體上看,"篲"蓋受上字"掃"的影響,類化换旁從"扌"而作"揖",而"擑"則爲"揖"聲旁繁化所致。

0758 搡

按:"搡",大型字典失收,見於《隨函録》,爲"顙"字。《隨函録》卷7《佛説老女經》卷1:

"有搡,桑朗反,正作顙、䫙二形。"(ZD59-771b)吴·支謙譯《佛説老女人經》卷1:"譬如鼓不用一事成有皮有顙,有人持桴打鼓,鼓便有聲。"(T14, p912a)《隨函録》"有搡"即《佛説老女人經》中的"有顙",其中"搡"即"顙"字。

0759 𢱧、0760 擘、0761 磚、0762 磚[①]

《龍龕手鏡·手部》(215):"擘,俗,呼嫁反。"《中華字海·手部》(860):"擘,義未詳。見《龍龕》。"

按:"𢱧(擘)",乃"罅"字之訛。《隨函録》卷17《五分羯磨》卷1:"孔𢱧,呼嫁反,裂也,正作罅、罅。"(ZD60-54c)《隨函録》卷15《十誦律》卷11:"孔磚,呼嫁反,正作罅。孔磚,同上,縫也。"(ZD59-1118a)後秦·弗若多羅譯《十誦律》卷11:"時諸比丘皆作安居先事,謂塞壁孔罅,塞土墮孔罅,補缺壞,解治繩床,抖擻被枕。"(T23, p78b)《隨函録》"孔磚""孔磚"即《十誦律》中的兩處"孔罅",其中"磚""磚"即"罅"字之訛。"𢱧(擘)"與"磚""磚"近似,根據《隨函録》,亦"罅"之訛。

0763 搉

按:"搉",大型字典失收,見於《隨函録》,即"摧"字之訛。《隨函録》卷28《續高僧傳》卷30:"揚搉,上音羊,下音角,正作摧也。揚摧,大舉也。又音拳,悞。"(ZD60-499c)唐·釋道宣撰《續高僧傳》卷30:"今爲未悟,試揚摧而論之。"(T50, p705c)《隨函録》"揚搉"即經文中的"揚摧",其中"搉"即"摧"字之訛。

0764 捺

按:"捺",大型字典失收,見於《隨函録》,乃"捺"字之訛。《隨函録》卷22《四阿鋡暮抄解》卷1:"捺摩,上奴達反。"(ZD60-242a)符秦·鳩摩羅佛提等譯《四阿鋡暮抄解》卷1:"是後以指撩摩脈所趣向,令不傷脈然後割廣。"(T25, p5a)《隨函録》"捺摩"即《四阿鋡暮抄解》中的"撩摩",形體上看,"捺"似作"撩"。《隨函録》"捺"音"奴達反",蓋爲"捺"字,從意義看,可洪之説可從。"捺",指按壓也。

0765 擱、0766 擱、0767 錭

《改併五音類聚四聲篇海·手部》(447)引《龍龕手鑑》:"擱,恢、開二音。"《中華字海·扌部》(364):"擱,義未詳。見《篇海》。"《龍龕手鏡·手部》(209):"擱,苦迴反,又音開。"

按:"擱",見於《隨函録》,乃"盔"字。《隨函録》卷22《雜寶藏經》卷5:"銅擱,苦迴反,羹器也,正作盔。"(ZD60-228b)元魏·吉迦夜共曇曜譯《雜寶藏經》卷4:"時長者子聞有賈客,歡喜與食。五百賈客皆得充足,一切將從,悉亦飽滿。最下賈客,解一珠與直萬兩金。最上頭者,解一珠與直十萬兩金。五百賈客,人與一珠,與一銅盔。"(T04, p469c)《隨函録》"銅擱"即《雜寶藏經》中的"銅盔",其中"擱"即"盔"字之訛。

玄應《一切經音義》卷12《雜寶藏經》第4卷音義:"銅魁,苦回反,《説文》羹(斗)也。律

---

① 此條我們在《以可洪〈隨函録〉考漢語俗字(續)》一文中考釋過,見《古漢語研究》2007年第1期,第66頁。

文作鐦、𢷓二形,非也。"慧琳《一切經音義》卷75《雜寶藏經》第4卷音義:"銅魁,苦迴反,《説文》羹汁(斗)也。律文作鐦、𢷓二形,非也。"(T54, p797b)玄應以"𢷓""鐦"爲"魁"字,張涌泉《漢語俗字叢考》據此亦認爲"鐦"即"魁"之俗[①],不妥。拙著《龍龕手鏡研究》对此已有詳細論述[②],此處《隨函録》也爲我們提供了佐證。

此外,《篇海》引《龍龕手鑑》:"攔,恢、開二音。"今《龍龕手鏡·手部》(209):"𢷓,苦迴反,又音開。"很顯然,《篇海》"攔"即"𢷓",乃傳抄訛誤所致。"𢷓"除了讀"苦迴反"外,還可以讀"開",是否另有所指?其實"𢷓"讀"開"乃其俗讀,俗以"𢷓"形體上從"開"故讀爲"開"也,這實際上是一種音隨形變的現象。

0768 𢹂

按:"𢹂",大型字典失收,見於《隨函録》,乃"緻"字。《隨函録》卷21《修行道地經》卷3:"比𢹂,上音毗,下直利反,密也,正作緻也。"(ZD60-214b)西晉·竺法護譯《修行道地經》卷3:"爾時遥見諸刺棘樹,高四十里,刺長尺六,其刺比緻,自然火出。"(T15, p203a)《隨函録》"比𢹂"即《修行道地經》中的"比緻",其中"𢹂"即"緻"字。

0769 擡

按:"擡"本爲"揖"字。我們在這裏要講的"擡"是"擡"字之俗。《隨函録》卷20《舍利弗阿毘曇論》卷22:"擡舉,上徒來反,正作擡也,又於既反,拜舉手也,揖也,非。"(ZD60-172a)姚秦·曇摩耶舍共曇摩崛多等譯《舍利弗阿毘曇論》卷29:"如沽酒師、沽酒師弟子壓酒已,以囊投大水中,手執兩角,抬舉隨意,牽挽自在。"(T28, p712a)《隨函録》"擡舉"即《舍利弗阿毘曇論》中的"抬舉",其中"擡"即"抬"字。形體上,"抬"或作"擡","擡"蓋"擡"之俗。

0770 撜[③]

《改併五音類聚四聲篇海·手部》(446):"撜,音遂。"《中華字海·扌部》(364):"撜,義未詳。見《篇海》。"

按:"撜"音"遂",即"燧"字。《隨函録》卷12《方便心論》卷1:"攅撜,上子亂反,下音遂,上又子官反,正作鑽也。"(ZD59-978c)後魏·吉迦夜譯《方便心論》卷1:"淺智若聞即便信受,如鑽燧和合則火得生。"(T32, p25a)《隨函録》"攅撜"即《方便心論》中的"鑽燧",其中"撜"爲"燧"字。

又《隨函録》卷10《大智度論》卷71:"攅撜,上子官反,下隨醉反。"(ZD59-919c)後秦·鳩摩羅什譯《大智度論》卷68:"譬如攢燧求火,有鑽有母,二事因緣得火。"(T25, p537b)《隨函録》"攅撜"即《大智度論》中的"攢燧",其中"撜"即"燧"字。"燧"蓋受上字"鑽"作"攢"的影響類化换旁從"扌"而作"撜"。當然,"撜"也有可能是"燧"形旁訛誤所致。

① 張涌泉:《漢語俗字叢考》,中華書局2000年,第1082頁。

② 鄭賢章:《龍龕手鏡研究》,湖南師範大學出版社2004年,第144頁。

③ 此條我們在《以可洪〈隨函録〉考漢語俗字(續)》一文中考釋過,見《古漢語研究》2007年第1期,第63頁。

0771 𢸍

按:我們在這裏要講的“𢸍”乃“攝”字。《隨函録》卷 11《攝大乘論釋》卷 6:“謂𢸍,尸葉反,正作攝。”(ZD59-966c)陳・真諦譯《攝大乘論釋》卷 6:“論曰聞義無足,謂攝方便業。”(T31, p197c)《隨函録》“謂𢸍”即《攝大乘論釋》中的“謂攝”,其中“𢸍”爲“攝”字。

0772 𢶀

按:“𢶀”,大型字典失收,見於《隨函録》,乃“擐”字之訛。《隨函録》卷 9《大毗盧遮那成佛神變加持經》卷 7:“而𢶀,户串反,掛甲也,正作擐。”(ZD59-873a)唐・善無畏共沙門一行譯《大毘盧遮那成佛神變加持經》卷 7:“次以真言印,而擐金剛甲。”(T18, p47b)《隨函録》“而𢶀”即《大毘盧遮那成佛神變加持經》中的“而擐”,其中“𢶀”即“擐”字之訛。

0773 𢺷、0774 𣟄、0775 䆘、0776 穇、0777 𥢢、0778 𢹎

《龍龕手鏡・火部》(240):“䆘,麁官反。”《中華字海・禾部》(1039):“䆘,義未詳。見《龍龕》。”张涌泉《漢語俗字叢考》(781):“此字(䆘)疑爲‘爨’的訛俗字。”

按:《龍龕手鏡》“䆘”音“麁官反”,不是“爨”字,應爲“穳”字之俗。

《隨函録》卷 12《雜阿含經》卷 37:“𥢢水,上倉官反。仰穇,同上。榀水,同上。”(ZD59-1011a)宋・求那跋陀羅譯《雜阿含經》卷 37:“爾時世尊告諸比丘,若成就十法者,如鐵鉾鑽水,身壞命終,下入惡趣泥犁中。”(T02, p275a)“鑽水”,宋、元、明本作“穳水”。《隨函録》“𥢢水”即宋、元、明本《雜阿含經》中的“穳水”,其中“𥢢”即“穳”字。

《隨函録》卷 12《雜阿含經》卷 37:“𥢢水,上倉官反。仰穇,同上。”(ZD59-1011a)宋・求那跋陀羅譯《雜阿含經》卷 37:“若成就十法,譬如鐵鉾仰鑽虛空,身壞命終,上生天上。”(T02, p275b)“仰鑽”,宋、元、明本作“仰穳”。《隨函録》“仰穇”即《雜阿含經》中的“仰穳”,其中“穇”即“穳”字。

《隨函録》卷 12《雜阿含經》卷 37:“𥢢水,上倉官反。……𢺷水,同上。”(ZD59-1011a)宋・求那跋陀羅譯《雜阿含經》卷 37:“爾時世尊告諸比丘,若成就二十法者,如鐵鉾鑽水,身壞命終,下生惡趣泥犁中。”(T02, p275b)“鑽水”,宋、元、明本作“穳水”。《隨函録》“𢺷水”即宋、元、明本《雜阿含經》中的“穳水”,其中“𢺷”即“穳”字。

《隨函録》卷 12《雜阿含經》卷 37:“𥢢水,上倉官反。……𢹎空,同上,掇也,遥擲也,正作攛、攛二形。”(ZD59-1011a)宋・求那跋陀羅譯《雜阿含經》卷 37:“有三十法成就者,如鐵鉾鑽空,身壞命終,上生天上。”(T02, p275b)“鑽空”,宋、元、明本作“穳空”。《隨函録》“𢹎空”即宋、元、明本《雜阿含經》中的“穳空”,其中“𢹎”即“穳”字。

“穇”“𥢢”“𢺷”“𢹎”,《隨函録》以爲正作“攛”“攛”,而“攛”“攛”即“穳”字。《龍龕手鏡・手部》(206):“攥、㩲、攛,三俗,倉丸、七亂二反,正作鑽、穳二字,擲也。”根據經文,“穇”“𥢢”“𢺷”“𢹎”同“穳”,意義當如《隨函録》所言“遥擲”。“穳”讀“倉官反”,意義爲“遥擲”,在佛典中還可找到證據。如:

《隨函録》卷 6《解深密解脱經》卷 1:“穳剌,上倉官反,下亡賜反。”(ZD59-738c)

《隨函録》卷 20《舍利弗阿毘曇論》卷 7:“𣟄矛,上倉官反,擲也,捘敪之也,下莫求反,正

作穳矛也。"(ZD60-169a)姚秦·曇摩耶舍共曇摩崛多等譯《舍利弗阿毘曇論》卷7:"十法成就生天速如穳矛。"(T28, p580a)《隨函録》"㰖牟"即《舍利弗阿毘曇論》中的"穳矛",其中"㰖"即"穳"字。

《龍龕手鏡》"穳"與"穳""穳""欑""欑"讀音相同且形體近似,顯然爲同一字。根據以上考證,它們皆爲"穳"字之俗,而非《漢語俗字叢考》所言爲"爨"字之俗。另請參本書"欑""穳"字條。

0779 擐

按:"擐",大型字典失收,見於《隨函録》,可爲"擐"字之訛,也可爲"撮"字之訛。

《隨函録》卷28《續高僧傳》卷27:"頭擐,古還、胡慣二反,貫也,著也,正作擐也。又音撮,悞也。"(ZD60-495c)唐·釋道宣撰《續高僧傳》卷27:"頭擐孝服,麤布爲衣。"(T50, p682b)《隨函録》"頭擐"即經文中的"頭擐",其中"擐"即"擐"之訛。

此外,《隨函録》"擐"又可音"撮",這時的"擐"當爲"撮"字之訛。《隨函録》卷13《修行本起經》上卷:"前擐,倉活反。"(ZD59-1049c)後漢·竺大力共康孟詳譯《修行本起經》卷1:"奮臂舉手前撮太子,太子應時接撲著地。"(T03, p466a)《隨函録》"前擐"即經文中的"前撮",其中"擐"即"撮"之訛。這樣一來,"擐"爲同形字,實際上代表了"擐""撮"兩個不同的字。

0780 㩃、0781 㩃

按:"㩃""㩃",大型字典失收,見於《隨函録》,即"枿"字。《隨函録》卷26《集古今佛道論衡》:"摧㩃,上才割、才結二反,下五割、五列二反。……正作巀櫱也。上又昨迴反,折也。"(ZD60-418b)《集古今佛道論衡》卷2:"行至鄠西地名樓觀,古樹摧㩃院宇曾重。"(T52, p378b)"㩃",宋、元、明、宫本作"枿"。《隨函録》"摧㩃"即宋、元、明、宫本《集古今佛道論衡》中的"摧枿",其中"㩃"亦"枿"字。《隨函録》以"㩃"爲"櫱",而"櫱"即"枿"字。《龍龕手鏡·木部》(384):"櫱、栓,二正;枿,今,五割反,伐木餘枿也。""櫱"與"枿"的或體"櫱"形體近似。

從形體上看,"枿"何以會寫作"㩃""㩃"呢?我們以爲"㩃""㩃"可能源於"櫱"字之訛。在表"伐木餘"一義時,"櫱"與"枿"同。《説文解字注·木部》:"巘,韋昭曰'以株生曰櫱'。……枿者,亦櫱之異文。"

0782 㨪

按:"㨪",大型字典失收,見於《隨函録》,乃"摇"字之訛。《隨函録》卷23《經律異相》卷30:"㨪綺,上羊招反,正作摇。"(ZD60-274a)梁·僧旻、寶唱等集《經律異相》卷30:"多作寶華,結步摇綺。"(T53, p161a)《隨函録》"㨪綺"即經文中的"摇綺",其中"㨪"即"摇"字之訛。

0783 㩩

按:"㩩",大型字典失收,見於《隨函録》,乃"癡"字之訛。《隨函録》卷20《成實論》

卷 10:"恚⿰扌康,丑之反,貪、恚、⿰扌康,三毒也。"(ZD60-160b)姚秦・鳩摩羅什譯《成實論》卷 9:"此垢心差别,爲貪恚癡等。"(T32, p309a)《隨函録》"恚⿰扌康"即《成實論》中的"恚癡",其中"⿰扌康"即"癡"字之訛。

0784 ⿰扌解、0785 ⿰扌解

《中華字海・扌部》(366):"⿰扌解,音未詳,搓。"

按:我們在這裏要講的"⿰扌解"乃"解"字。《隨函録》卷 11《大莊嚴論經》卷 12:"悉⿰扌解(⿰扌解),古買反,散也,正作解。"(ZD59-963b)後秦・鳩摩羅什譯《大莊嚴論經》卷 13:"又作龜身,爲人分割,支節悉解,不起瞋心。"(T04, p332b)《隨函録》"悉⿰扌解(⿰扌解)"即《大莊嚴論經》中的"悉解",其中"⿰扌解(⿰扌解)"爲"解"字。從形體上看,"解"意義與手有關,俗故增"扌"旁而作"⿰扌解(⿰扌解)"。

0786 ⿰扌劇

按:"⿰扌劇",見於《隨函録》,乃"懅"字。《隨函録》卷 5《正法華經》卷 1:"懷⿰扌劇,合作噱,巨逆反,戲也。"(ZD59-704b)西晉・竺法護譯《正法華經》卷 1:"或自割損,多所惠潤,刈除貪嫉,閑不懷懅。"(T09, p65a)《隨函録》"懷⿰扌劇"即《正法華經》中的"懷懅",其中"⿰扌劇"即"懅"字。《隨函録》以"⿰扌劇"爲"噱"字。

0787 ⿰扌煎

《中華字海・扌部》(367):"⿰扌煎,同揃。"

按:我們這裏要講的"⿰扌煎"乃"煎"字。《隨函録》卷 23《陁羅尼雜集》卷 7:"⿰扌煎得,同上,《七佛經》並作煎字。"(ZD60-291c)《陁羅尼雜集》卷 7:"蜜安半升蘇,煎得二升,接清取七十遍咒。"(T21, p621a)《隨函録》"⿰扌煎得"即《陁羅尼雜集》中的"煎得",其中"⿰扌煎"即"煎"字。

0788 ⿰扌舞

按:"⿰扌舞",大型字典失收,見於《隨函録》,乃"舞"字。《隨函録》卷 14《佛本行集經》卷 51:"⿰扌舞袖,上無甫反。"(ZD59-1086c)隋・闍那崛多譯《佛本行集經》卷 51:"時彼大石,如彼要誓,在於水上遂即浮住,……歌舞作倡,旋裾舞袖,又作種種音聲伎樂。"(T03, p889b)《隨函録》"⿰扌舞袖"即《佛本行集經》中的"舞袖",其中"⿰扌舞"即"舞"字。由於舞蹈與動作有關,"舞"故增旁從"扌"而作"⿰扌舞"。

0789 ⿰扌雍

按:"⿰扌雍",大型字典失收,見於《隨函録》,乃"擁"字之訛。《隨函録》卷 1《放光般若經》卷 9:"⿰扌雍護,上於勇反,下胡故反。"(ZD59-571c)西晉・無羅叉譯《放光般若經》卷 9:"常有諸天隨侍擁護。"(T08, p67b)《隨函録》"⿰扌雍護"即《放光般若經》中的"擁護",其中"⿰扌雍"即"擁"字之訛。

0790 ⿰扌覧

《中華字海・扌部》(369):"⿰扌覧,同攬。"

按:“攪”,見於《隨函録》,乃“攪”字之訛。《隨函録》卷20《解脱道論》卷4:“和攪,古夘(卯)反,正作攪。撓攪,上呼高反,下同上攪。”(ZD60-166b)梁·僧伽婆羅譯《解脱道論》卷4:“以浴屑置於銅槃中,以水撓攪以手作丸。”(T32, p417b)《隨函録》“撓攪”即《解脱道論》中的“撓攪”,其中“攪”即“攪”字之訛。又《隨函録》卷14《佛本行集經》卷47:“攪亂,上古夘(卯)反,正作攪。”(ZD59-1086a)隋·闍那崛多譯《佛本行集經》卷47:“天王汝快樂,睡眠得安隱,猶如戰鼓聲,常恒攪亂我。”(T03, p872c)《隨函録》“攪亂”即《佛本行集經》中的“攪亂”,其中“攪”亦“攪”字之訛。

0791 㡅

按:“㡅”,見於《隨函録》,乃“纖”字。《隨函録》卷2《毘耶娑問經》下卷:“㡅長,上息廉反。”(ZD59-617c)元魏·瞿曇般若流支譯《毘耶娑問經》卷2:“臂如象手洪圓纖長,胸則平正。”(T12, p230b)《隨函録》“㡅長”即《毘耶娑問經》中的“纖長”,其中“㡅”即“纖”字。“㡅”蓋“纖”换形旁所致,“纖”指手指細長,故换從“扌”旁。

0792 㩇

按:“㩇”字,大型字典失收,見於《隨函録》,乃“戰”字之俗。《隨函録》卷15《摩訶僧祇律》卷35:“手㩇,之扇反,正作顫。”(ZD59-1114c)東晉·佛陀跋陀羅共法顯譯《摩訶僧祇律》卷35:“爾時比丘行禪杖,天寒手戰。”(T22, p513a)《隨函録》“手㩇”即“手戰”,其中“㩇”即“戰”字。《隨函録》“㩇”字是“戰”受上字“手”的影響,類化增“扌”旁所致。形體演變是:戰→手+戰→類化→㩇。

《隨函録》以“㩇”爲“顫”字,不當。“顫”與“戰”都可以表顫抖之義,不過從形體上看,“㩇”當源於“戰”。

0793 擱

《龍龕手鏡·手部》(214):“擱,俗,力刃反,正作撛。”

按:“擱”字見於《隨函録》,乃“轥(轥)”字之俗。《隨函録》卷26《大慈恩寺法師傳》卷9:“擱間。”(ZD60-439c)《隨函録》給出了“擱”字,但没有説解。《大唐大慈恩寺三藏法師傳》卷9:“寵蕃振美,轥間平以載馳。”(T50, p272b)《隨函録》“擱間”即經文中的“轥間”,其中“擱”即“轥”字。高麗本《大唐大慈恩寺三藏法師傳》“轥”,宋、宫、甲本作“擱”,這與《隨函録》所録同。此外,“轥”,元本作“撛”,明本作“蹸”。《龍龕手鏡》把“擱”當作“撛”字,與元本所録同,但根據經文文意,“擱”當爲“輾軋”“踐踏”之義,“轥”“蹸”具有此意義[①],而“撛”則本無此義,所以我們以爲“擱”當爲“轥”字,《龍龕手鏡》所識不妥。至於形體上,“轥”或作“轥”[②],“擱”蓋“轥”的或體“轥”换形旁所致。此外,《大唐大慈恩寺三藏法師傳》“寵蕃振美,轥間平以載馳”,《寺沙門玄奘上表記》卷1作“寵蕃振美,轥間平以載馳”(T52,

① 在表“輾軋”“踐踏”時,“轥”與“蹸”通用。《陳書·陳寶應傳》:“斬蛟中流,命馮夷而鳴鼓;黿鼉爲駕,轥方壺而建旗。”《後漢書·班固傳》:“於是乘鑾輿備法駕,帥羣臣,……六師發胄,百獸駭殫,震震爚爚,雷奔電激,草木塗地,山淵反覆,蹂蹸其十二三,乃拗怒而少息。”

② 冷玉龍主編:《中華字海》,中國友誼出版公司1994年,第1368頁。

p825a),此亦可證"撊"當爲"欄(轥)"字。

0794 撊

按:"撊",大型字典失收,見於《隨函録》,即"檲"字之訛。《隨函録》卷29《廣弘明集》卷15:"步撊,音閻,正作檲也。"(ZD60-564b)唐・道宣撰《廣弘明集》卷15:"疏鑿峻峰,周流步檲,窈窕房櫳,激波映墀。"(T52, p199c)《隨函録》"步撊"即經文中的"步檲",其中"撊"即"檲"字之訛。《龍龕手鏡・手部》(209):"擱,俗,音閻,正作檲,屋檲。""撊"與"檲"的俗字"擱"近似。

毛部

0795 毳

按:"毳",大型字典失收,見於《隨函録》,乃"毳"字。《隨函録》卷18《毘尼母經》卷7:"毛毳,尺税反,正作毳。"(ZD60-85a)《毘尼母經》卷7:"夫安居法,結安居竟,不得無緣而出。如婆難陀釋子杖頭掛毛毳而行,皆不聽也。"(T24, p840c)《隨函録》"毛毳"即《毘尼母經》的"毛毳",其中"毳"即"毳"字。又《隨函録》卷3《大方等大集經》卷12:"毳疊,上尺税反,下徒協反,細毛布也,正作毳㲲。"(ZD59-620c)《大方等大集經》卷11:"染三種物,所謂毳㲲及憍奢耶衣。毳以漿浸則成青色,疊淨浣故成於黄色,憍奢耶衣先以灰浸則成赤色。"(T13, p68a)《隨函録》"毳疊"即《大方等大集經》中的"毳㲲",其中"毳"亦"毳"。從形體上看,"毳"形體上從三毛,爲"毳"的新造會意俗字。

0796 毲

按:"毲",大型字典失收,見於《隨函録》,乃"毾"字。《隨函録》卷12《中阿含經》卷30:"毲㲪,上他盍反,下都能反。"(ZD59-993c)東晉・瞿曇僧伽提婆譯《中阿含經》卷30:"彼雖卧以禦床,敷以氍氀毾㲪,覆以錦綺羅縠,有襯體被,兩頭安枕,加陵伽波和邏波遮悉多羅那,然故憂苦眠。"(T01, p617c)《隨函録》"毲㲪"即《中阿含經》中的"毾㲪","毲"即"毾"字。"毾"或作"毯"①,從形體上看,"毲"蓋"毯"字之省。

0797 氂、0798 毶

按:"毶",大型字典失收,見於《隨函録》,乃"氂"字之訛。《隨函録》卷8《諸佛要集經》卷2:"毛毶,力之反,十毫也,正作氂、氂。"(ZD59-828c)西晉・竺法護譯《諸佛要集經》卷2:"彼佛世界大如毛氂(氂),況入佛會未之有也。"(T17, p763b)《隨函録》"毛毶"即《諸佛要集經》中的"毛氂(氂)",其中"毶"即"氂(氂)"字。

0799 毿、0800 毿

《龍龕手鏡・毛部》(136):"毿,俗,音散。"

① 見鄭賢章《龍龕手鏡研究》"毯"字條,湖南師範大學出版社2004年,第118頁。

按:我們在這裏要講的“[illegible]”“耗”乃“毦”字之訛。《隨函録》卷 17《鼻奈耶律》卷 4:“耗疊,上而容反。”(ZD60-72c)姚秦・竺佛念譯《鼻奈耶》卷 4:“休(復)持毦布地,瓶盛好水,以好淨油白毦爲炷,然大明燈。”(T24, p865c)“毦”,宋、元、明、宫本作“耗”。《隨函録》“耗疊”及高麗本《鼻奈耶》中的“毦”即宋、元、明、宫本《鼻奈耶》中的“耗”,其中“耗”“[illegible]”即“毦”字之訛。

0801 酕

《龍龕手鏡・毛部》(135):“酕、𣯶,之延、失然二反。”《中華字海・毛部》(1593):“酕,同氈。見朝鮮本《龍龕》。”《中華字海・毛部》(1593):“𣯶,同‘氈’。字見《海篇》。”

按:“酕”,見於佛經,乃“羶”字。北涼・曇無讖譯《悲華經》卷 1:“[illegible]帝目帝鬱多履,三履尼三履三摩三履叉裔,阿叉裔,阿闍地酕帝。”(T03, p170a)“酕”,宋本作“氈”,元、明本作“羶”。“酕”是“氈”字,還是“羶”字呢?我們以爲根據經文應作“羶”字。“酕帝”即“[illegible]帝”,亦當同“羶帝”。佛經咒語、真言、章句中祇見“羶帝”,而不見“氈帝”。如《五千五百佛名神咒除障滅罪經》卷 3:“羶(詩安反下悉同)帝(一)鉢囉羶帝(二)憂波羶帝(三)莎呵。”(T14, p332a)另參“[illegible]”“[illegible]”字條。

0802 毷、0803 [illegible]

按:“[illegible]”,大型字典失收,見於《隨函録》,乃“綖”字。《隨函録》卷 6《六度集經》卷 2:“毷[illegible],上於遠反,下以然反。”(ZD59-764a)吴・康僧會譯《六度集經》卷 2:“斯地柔軟,如王邊緼綖矣。”(T03, p10b)“緼綖”,宋、元、明本作“綩綖”。《隨函録》“毷[illegible]”即宋、元、明本《六度集經》中的“綩綖”,其中“毷”即“綩”字,而“[illegible]”即“綖”字。《隨函録》卷 6《六度集經》卷 6:“綩綖,上於遠反,下羊然反,前作‘毷[illegible]’,俗字也。”(ZD59-767c)從形體上看,“綖”作“[illegible]”,形旁由“糹”换成了“毛”,而聲旁由“延”訛成了“证”。

0804 毝

《龍龕手鏡・毛部》(134):“毝,俗,音咨。”《中華字海・毛部》(865):“毝,義未詳。”

按:“毝”,亦見於《隨函録》,乃“髭”字①。《隨函録》卷 22《釋迦譜》卷 9:“佛毝,音咨,口上鬚也,正作髭,音貲。”(ZD60-257c)梁・僧祐《釋迦譜》卷 4:“釋迦龍宫佛毝塔記第三十。”(T50, p68a)“毝”,宫本作“髭”。《隨函録》“佛毝”即宫本《釋迦譜》中的“佛髭”,其中“毝”即“髭”字也。又《隨函録》卷 22《釋迦譜》卷 10:“口髭,即斯反。佛毝,同上,此俗。”(ZD60-258a)

又《隨函録》卷 23《經律異相》卷 6:“一毝,音咨。”(ZD60-264c)梁・僧旻、寶唱等集《經律異相》卷 6:“餘有佛口一毝無敢取者。”(T53, p24c)“毝”,宋、元、明、宫本作“髭”。《隨函録》“佛毝”即宋、元、明、宫本《經律異相》中的“佛髭”,其中“毝”亦“髭”字。

0805 [illegible]

按:“[illegible]”,大型字典失收,見於《隨函録》,乃“毹”字。《隨函録》卷 12《中阿含經》卷 18:

---

① 張涌泉《漢語俗字叢考》利用《慧琳音義》已考“毝”爲“頿”字,我們在此給出了具體的用例。中華書局 2000 年,第 617 頁。

"氍⿱穴毨,上其俱反,下生俱反,毛席也,織毛褥也,正作毹也,下又《玉篇》作所愁(反)、素侯二反。"(ZD59-991b)東晉·瞿曇僧伽提婆譯《中阿含經》卷18:"王臣有好床座,敷以氍氀毾㲪,覆以錦綺羅縠。"(T01, p541b)《隨函録》"氍⿱穴毨"即《中阿含經》中的"氍氀","⿱穴毨"即"氀"字,而"氀"即"毹"。

0806 ⿰衤氈、0807 ⿰羊氈

按:"⿰衤氈"字,見於《隨函録》,即"羶"字。《隨函録》卷5《悲華經》卷1:"⿰衤氈帝,上尸連反,《芬陁利經》作羶帝。"(ZD59-717b)北涼·曇無讖譯《悲華經》卷1:"⿰羊氈帝目帝鬱多履,三履尼三履三摩三履叉裔,阿叉裔。"(T03, p170a)"⿰羊氈",元、明本作"羶"。"⿰衤氈帝""⿰羊氈帝"皆即"羶帝",其中"⿰衤氈""⿰羊氈"即"羶"字之訛。《龍龕手鏡·羊部》(159):"⿰羊并、⿰羊曾,二俗,羶,正,式連反,羊臭也。""⿰衤氈""⿰羊氈"與"⿰羊并""⿰羊曾"形體近似。不過,"⿰衤氈""⿰羊氈"同"羶",在佛經中衹作譯音用字。

片部

0808 ⿰片業、0809 ⿰片冓

按:"⿰片業",大型字典失收,見於《隨函録》,可爲"牒"字之訛。《隨函録》卷23《陁羅尼雜集》卷6:"⿰片業着,上徒協反。"(ZD60-289a)《陁羅尼雜集》卷6:"須大瓦坻四枚盛淨水,取種種諸華牒著坻中。"(T21, p612b)《隨函録》"⿰片業着"即《陁羅尼雜集》中的"牒著",其中"⿰片業"即"牒"字之訛。

"⿰片冓",又可爲"溝"字之訛。《隨函録》卷24《出三藏記集》卷1:"⿰片冓巷,上古侯反,下胡絳反,諸經作溝港,或云遘港,或爲入流,或爲預流,即須陁洹之義名也。"(ZD60-309b)梁·釋僧祐《出三藏記集》卷1:"舊經溝港道(亦道跡),新經須陀洹。"(T55, p5a)《隨函録》"⿰片冓巷"即《出三藏記集》中的"溝港",其中"⿰片冓"即"溝"字之訛。

斤部

0810 ⿰⿱立禾斤

按:"⿰⿱立禾斤",大型字典失收,見於《隨函録》,乃"新"字之訛。《隨函録》卷22《阿育王經》卷3:"⿰⿱立禾斤牙,上相親反。"(ZD60-237b)梁·僧伽婆羅譯《阿育王經》卷3:"枝葉青軟,新芽更出。"(T50, p141a)《隨函録》"⿰⿱立禾斤牙"即《阿育王經》中的"新芽",其中"⿰⿱立禾斤"即"新"字之訛。

0811 断

按:我們在這裏要講的"断"乃"料"字之訛。《隨函録》卷14《燈指因緣經》卷1:"断理,上力條反,正作料。"(ZD59-1098b)後秦·鳩摩羅什譯《燈指因緣經》卷1:"倉庫儲積,無人料理,如月盈則闕,轉就損減。"(T16, p809b)《隨函録》"断理"即《燈指因緣經》中的"料理",

其中"断"即"料"字之訛。又《隨函録》卷 15《摩訶僧祇律》卷 11:"断理,上力調反,正作料也,又丁亂反,非。"(ZD59-1106c)東晉・佛陀跋陀羅共法顯譯《摩訶僧祇律》卷 11:"我等各各廢家事,到此間共料理官事。"(T22, p321b)《隨函録》"断理"即《摩訶僧祇律》中的"料理",其中"断"亦"料"字之訛。形體上,"料"俗作"𣁔"。《龍龕手鏡・米部》(304):"𣁔,俗;料,今音聊。""断"與"𣁔"近似。

0812 傾

按:我們在這裏要講的"傾"乃"傾"字之訛。《隨函録》卷 6《大灌頂經》卷 10:"傾家,上去營反。傾,側也,正作傾也,又音祈,悮。"(ZD59-752b)唐・玄奘譯《佛説灌頂經》卷 10:"財物悉流散,傾家無歸訴。"(T21, p527b)《隨函録》"傾家"即《佛説灌頂經》中的"傾家",其中"傾"即"傾"字之訛。

0813 ⿰片帝

按:"⿰片帝",大型字典失收,見於《隨函録》,乃"牖"字之訛。《隨函録》卷 17《僧祇比丘戒本》:"户⿰片帝,音酉,正作牖。"(ZD60-44b)東晉・佛陀跋陀羅譯《摩訶僧祇律大比丘戒本》卷 1:"若比丘經營作大房,施户牖,齊再三覆,當於少草地中住教。若過者,波夜提(二十竟)。"(T22, p552b)《隨函録》"户⿰片帝"即《摩訶僧祇律大比丘戒本》中的"户牖",其中"⿰片帝"即"牖"字之訛。

爪(爫)部

0814 ⿰爪卩、0815 ⿰爪阝

按:"⿰爪卩""⿰爪阝",大型字典失收,見於《隨函録》《新譯大方廣佛華嚴經音義》,即"印"字之訛。《隨函録》卷 25《新華嚴經音義》:"破⿰爪阝,伊進反。"(ZD60-400c)唐・慧琳《一切經音義》卷 21 所録慧苑《新譯大方廣佛華嚴經音義》卷 12:"破⿰爪卩:⿰爪卩,於胤反,言苦報盡處方顯滅諦,故名滅諦爲破。"(T54, p438c)實叉難陀譯《大方廣佛華嚴經》卷 12:"或名滅惑,或名最上,或名畢竟,或名破印。"(T10, p60c)"破⿰爪阝"及"破⿰爪卩"即經文中的"破印",其中"⿰爪阝""⿰爪卩"即"印"字之訛。又《隨函録》卷 25《新華嚴經音義》:"⿰爪阝璽,上因進反。"(ZD60-402a)"⿰爪阝"亦"印"字之訛。

0816 ⿱爫雹

按:"⿱爫雹",大型字典失收,見於《隨函録》,乃"雹"字之訛。《隨函録》卷 12《大丈夫論》上卷:"施⿱爫雹,蒲角反。"(ZD59-976b)北涼・道泰譯《大丈夫論》卷 1:"悲心爲體能行大施滅衆生苦,如盛熱時興大雲雨,起大悲雲雨於施雹。"(T30, p258a)《隨函録》"施⿱爫雹"即《大丈夫論》中的"施雹",其中"⿱爫雹"爲"雹"字之訛。

0817 ⿰孚孚

按:"⿰孚孚",大型字典失收,見於《隨函録》,乃"浮"字。《隨函録》卷 8《五千五百佛名經》

卷 4:“⿰孚孚多,上音浮。”(ZD59-841c)《五千五百佛名神咒除障滅罪經》卷 4 對應之處作“浮多鳩盤茶幹闥婆泥呵嚧”(T14, p337c)。“⿰孚孚多”即“浮多”,其中“⿰孚孚”即“浮”字。“⿰孚孚”字産生的原因是字形内部類化。受“浮”内部構件“孚”的影響,書寫者將構件“氵”也寫作了“孚”。

0818 ⿱爫𢦏

按:我們在這裏要講的“⿱爫𢦏”乃“愛”字。《隨函録》卷 8《五千五百佛名經》卷 8:“多⿱爫𢦏,烏礙反,正作愛,上方經作多愛。”(ZD59-842b)《五千五百佛名神咒除障滅罪經》卷 8:“南無摩婁如來,南無多愛如來,南無無畏愛如來,南無大燈如來……”(T14, p350b)《隨函録》“多⿱爫𢦏”即《五千五百佛名神咒除障滅罪經》中的“多愛”,其中“⿱爫𢦏”即“愛”字之訛。

月部

0819 肛

《龍龕手鏡・月部》(414):“肛,丁定反,貯食也,又音丁。”

按:《龍龕手鏡》“肛”音“丁定反”,即“飣”字。《玉篇・食部》:“飣,丁定切,貯食也。”《龍龕手鏡》“肛”又音丁,那麼又是何字呢?我們認爲即“丁”字。《隨函録》卷 22《雜寶藏經》卷 3:“肥肛,上扶微反,下音丁,下又都定反,非也。”(ZD60-228a)元魏・吉迦夜共曇曜譯《雜寶藏經》卷 3:“草木滋長,五穀成熟,畜生飲水,皆得肥壯,牛羊蕃息。”(T04, p461c)唐・慧琳《一切經音義》卷 75 所録玄應《雜寶藏經》卷 3 音義:“肥丁,都亭反。丁,强也。《釋名》云:‘丁,壯也。’言物體皆壯也,夏時萬物丁成實也。經文作肝(肛),都定反,非也。”(T54, p797b)據《隨函録》《一切經音義》,可洪、玄應所見《雜寶藏經》本作“肥肛”,“肛”音“丁”,即“丁”字,意義爲强壯。“肥丁”可見於其他佛經。梁・僧旻、寶唱等集《經律異相》卷 5:“有波羅國人,逐水草牧馬,欲令肥丁,來到此處。”(T53, p20b)“肥丁”即肥壯之義。今《雜寶藏經》作“肥壯”,“壯”與“丁”義同。“丁”可能是受上字“肥”的影響類化增“月(肉)”旁而寫成“肛”。

0820 ⿰丮月

按:“⿰丮月”字,大型字典失收,見於《隨函録》,爲“朔”字之訛。《隨函録》卷 24《大唐内典録》卷 1:“方⿰丮月,所角反。”(ZD60-331c)“⿰丮月”音“所角反”,與“朔”音同。唐・釋道宣撰《大唐内典録》卷 1:“昔漢武穿昆明池底值墨灰,以問東方朔。”(T55, p221a)《隨函録》“方⿰丮月”即此文中的“方朔”,其中“⿰丮月”即“朔”字之訛。

0821 ⿰月公

《龍龕手鏡・月部》(408):“⿰月公,俗,音舩。”

按:“⿰月公”,亦見於《隨函録》,的確爲“船”字之訛。《隨函録》卷 20《解脱道論》卷 4:“如⿰月公,市專反,正作船。”(ZD60-166b)梁・僧伽婆羅譯《解脱道論》卷 4:“若於身心未得寂寂,於外定心動如船在浪。”(T32, p414a)《隨函録》“如⿰月公”即《解脱道論》中的“如船”,其中“⿰月公”

即"船"字。"船"或作"舩","舩"蓋源於"舩"字之訛。

0822 𦙶

按:"𦙶",見於《隨函録》,乃"毦"字。《隨函録》卷13《大般涅槃經》下卷:"寶𦙶,人志反,氅𦙶,羽毛飾也,正作毦也,又音胃,悮。"(ZD59-1020c)據《隨函録》,"𦙶"即"毦"字之訛。

0823 脊

按:"脊",大型字典失收,見於《隨函録》,乃"脊"字。《隨函録》卷4《大般涅槃經》卷12:"脊骨,上子昔反。"(ZD59-683a)北涼·曇無讖譯《大般涅槃經》卷12:"依因腰骨以拄脊骨,依因脊骨以拄肋骨。"(T12, p434a)《隨函録》"脊骨"即《大般涅槃經》中的"脊骨",其中"脊"即"脊"字之訛。

0824 脉

《龍龕手鏡·月部》(411):"脉,俗,音水。"《中華字海·月部》(900):"脉,脉腫,同'水腫',見玄應《一切經音義》卷十一。"

按:"脉"其實就是"水"字。《隨函録》卷14《正法念處經》卷57:"脉腫,上書累反,下之隴反。"(ZD59-1072a)元魏·般若流支譯《正法念處經》卷57:"所謂熱病、下痢、欬瘷、盛氣、噎病、脈腫、疽瘡、癩病。垂近死地,身大穢惡,是大惡病,不可療治。"(T17, p338c)"脈腫",宋、元、明本作"水腫"。《隨函録》"脉腫"即宋、元、明本《正法念處經》中的"水腫",其中"脉"即"水"字。從形體上看,"水"蓋受下字"腫"的影響,類化從"月(肉)"而作"脉"。

0825 胆、0826 胆

按:我們在這裏要講的"胆""胆"乃"袒"字。《隨函録》卷21《道地經》卷1:"胆腂,上音袒(袒),下音踝。"(ZD60-207b)後漢·安世高譯《道地經》卷1:"復見小兒俱相坌土,復胆裸相挽頭髮,破瓶盆瓦甌。"(T15, p232c)《隨函録》"胆腂"即《道地經》中的"胆裸"。據《隨函録》,"胆""胆"皆"袒"字。"袒"蓋是受下字"裸"俗作"腂"的影響,類化换形旁從"月(肉)"而作"胆"的,而"胆"則爲"胆"字之訛。

0827 肚

《龍龕手鏡·月部》(411):"肚,俗,竹主反。"

按:"肚"在《龍龕手鏡》中爲俗字,正體爲何呢?"肚"音"竹主反",實際上乃"拄"字。《隨函録》卷10《佛説菩薩喪身餓虎起塔因緣經》卷1:"肚頬,上竹主反,下古協反。"(ZD59-893b)北涼·法盛譯《菩薩投身飴餓虎起塔因緣經》卷1:"唯見仙師以手拄頬。"(T03, p427b)《隨函録》"肚頬"即《菩薩投身飴餓虎起塔因緣經》中的"拄頬",其中"肚"即"拄"字。從形體上看,"肚"蓋"拄"换形旁所致。

0828 胥

按:"胥",大型字典失收,見於《隨函録》,乃"盲"字之訛。《隨函録》卷6《藥師琉璃光七佛本願功德經》上卷："肓無，上莫庚反，正作盲。"(ZD59-754b)唐・義淨譯《藥師琉璃光七佛本願功德經》卷2："遠離正道，盲無慧目。"(T14, p412c)《隨函録》"肓無"即《藥師琉璃光七佛本願功德經》中的"盲無"，其中"肓"即"盲"字之訛。

0829 胞[1]

《漢語大字典・月部》(868)引《玉篇》："胞"，同"脆"。

按：《隨函録》卷3《大方廣佛花嚴經》卷59："胞段，上布交反。"(ZD59-658a)《隨函録》"胞"音"布交反"，顯然不是"脆"字之異體。根據《隨函録》給出的讀音，我們以爲音"布交反"的"胞"即"胞"字之俗。東晉・佛馱跋陀羅譯《大方廣佛花嚴經》卷58："道心迦羅邏，慈悲爲胞段。"(T09, p774c)《隨函録》"胞段"即此"胞段"，其中"胞"乃"胞"字之訛。《隨函録》卷8《菩薩瓔珞經》卷3："胞胎，上布交反，正作胞。"(ZD59-829b)在俗寫中，構件"包"與"色"易混，如"泡"作"浥"[2]，可資比勘。

0830 (月吉)[3]

《改併五音類聚四声篇海・月部》(523)："(月吉)，音結。"《中華字海・月部》(902)："(月吉)，義未詳。見《直音篇》。"

按："(月吉)"，見於《隨函録》，爲"結"字之俗。《隨函録》卷8《演道俗業經》卷1："腦(惱)(月吉)，上音惱，下音結，出郭氏音。或作酷，苦沃反。酷，苦也。"(ZD59-820a)《佛説演道俗業經》卷1："怖地獄苦，餓鬼之厄，畜生惱結，人中之難，天上别離，不可稱計。"(T17, p835a)《隨函録》"腦(月吉)"對應的是"惱結"，其中"(月吉)"對應的是"結"，而"腦"乃"惱"之借。我們認爲"(月吉)"即"結"字之俗。根據《隨函録》所見《佛説演道俗業經》，我們以爲"(月吉)"字産生的原因是"結"字受上字"腦(腦)"的影響，類化换旁從"月(肉)"而成。《直音篇》"(月吉)"音同"吉"，蓋以"(月吉)"形體上從"吉"，故讀爲"吉"，而不知道"(月吉)"本爲"結"字之俗。

0831 䐑、0832 (月朱)

按："䐑""(月朱)"字，大型字典失收，皆"膝"字之訛。《隨函録》卷30《廣弘明集》卷18："造䐑，上七到反，下音悉。"(ZD60-569c)唐・道宣撰《廣弘明集》卷18："冷然又對無兆兼當造膝，執筆增懷，真不可言。"(T52, p227b)《隨函録》"造䐑"即經文中的"造膝"，其中"䐑"即"膝"字之訛。慧琳《一切經音義》卷98《廣弘明集》卷18音義："造膝，上草竈反，下新疾反。……《集》作(月朱)，不成字也。"(T54, p917b)"造膝"，慧琳所見寫本《廣弘明集》作"造(月朱)"，"(月朱)"與"䐑"近似，也是"膝"字之訛。

0833 (月弄)、0834 朋

《漢語大字典・月部》(864)："《改併五音類聚四聲篇海・肉部》引《龍龕手鏡》：'朋，

---

① 此條我們曾在《以可洪〈隨函録〉考漢語俗字若干例》一文中考釋過，見《古漢語研究》2006年第1期，第33頁。

② 《龍龕手鏡・水部》："浥，俗，音泡。"中華書局1985年，第227頁。

③ 此條我們曾在《漢語疑難俗字例釋》一文中考釋過，見《語言研究》2006年第4期，第87頁。

蘇干反,萌肋也。'”

按:“**⿰月冊**”,大型字典失收,見於《隨函録》,乃“冊”字。《隨函録》卷22《禪要經》卷1:“肪**⿰月冊**,上音方,下桑安反,正作冊。”(ZD60-232c)《禪要經》卷1:“汗垢肪冊皮膜肌肉,筋脈髓腦心肝脾腎。”(T15, p238a)《隨函録》“肪**⿰月冊**”即《禪要經》中的“肪冊”,其中“**⿰月冊**”即“冊”字。“冊”即“冊”。《龍龕手鏡·月部》(405):“**⿻朋一**,俗;冊,今,蘇干反,脂肪也。”“**⿰月冊**”與“冊”的俗體“**⿻朋一**”近似。

此外,《漢語大字典》“朋”疑爲“冊”字,與“冊”的俗體“**⿻朋一**”近似,所謂“萌肋”蓋“脂肪”兩字之訛。

0835 胶

按:“胶”,見於《隨函録》,乃“股”字之訛。《隨函録》卷9《一字佛頂輪王經》卷1:“三胶,音古,正股。”(ZD59-863b)唐·菩提流志譯《一字佛頂輪王經》卷1:“畫曼殊室利童子菩薩,左手胸側執開蓮華,於花臺上豎畫三股金剛杵,右手屈肘仰掌,以大指中指頭相捻,餘三指微屈散伸。”(T19, p230c)《隨函録》“三胶”即《一字佛頂輪王經》中的“三股”,其中“胶”即“股”字之訛。

0836 胱

《廣韻·唐韻》:“胱,古黄切,膀胱。”

按:我們在這裏要講的“胱”乃“脱”字之訛。《隨函録》卷6《大薩遮尼乾子所説經》卷3:“勉胱,上眉辯反,下他活反。”(ZD59-744a)元魏·菩提留支譯《大薩遮尼乾子所説經》卷2:“大王當知,身命非實,無常亦爾,俄爾零落,就未來世,不可免脱。”(T09, p328c)《隨函録》“勉胱”即《大薩遮尼乾子所説經》中的“免脱”,其中“胱”即“脱”字之訛。

0837 脥、0838 䀹

《中華字海·月部》(903):“脥,同脥。見《直音篇》。”

按:我們這裏要講的“脥”乃“睫”字。《隨函録》卷23《經律異相》卷4:“目脥,子葉反,正作睫也,又謙琰反,非也,又音作䀹,亦非也。䀹,五洽反。”(ZD60-264a)梁·僧旻、寶唱等集《經律異相》卷4:“四眉間白毫,五頂出日光,六目睫紺色,七上下俱眴。”(T53, p15c)《隨函録》“目脥”即經文中的“目睫”,其中“脥”即“睫”字。“睫”俗作“䀹”。《隨函録》卷13《太子本起瑞應經》卷上:“目䀹,音接。”(ZD59-1050c)吴·支謙譯《太子瑞應本起經》卷1:“眉間白毫,項有日光,目睫紺色,上下俱瞬。”(T03, p474a)《隨函録》“目䀹”即經文中的“目睫”,其中“䀹”即“睫”字。從形體上看,“䀹”爲“睫”的换聲旁異體,而“脥”則爲“䀹”字之訛,構件“目”與“月”近似易誤。

0839 ⿰月更

《中華字海·月部》(905):“⿰月更,同鯁,字見《玉篇》。”

按:我們這裏要講的“⿰月更”乃“腴”字之訛。《隨函録》卷27《續高僧傳》卷5:“膏⿰月更,羊朱反,悞。”(ZD60-466c)唐·釋道宣撰《續高僧傳》卷5:“吐納膏腴(宋、元、明、宫本),自生顧眄,風飆滿室。"(T50, p463c)《隨函録》"膏腰"即經文中的"膏腴",其中"腰"即"腴"字之訛。

0840 胨、0841 腤

《龍龕手鏡・月部》(411):"腤,俗,於舉反。"《中華字海・月部》(910):"腤,義未詳。"

按:《龍龕手鏡》"腤"音"於舉反",張涌泉利用佛經考證爲"殗"字①,是。"胨(腤)"又見於《隨函録》,不過此乃"瘀"字之俗。《隨函録》卷22《達摩多羅禪經》卷1:"胨(腤)爛,上於去反,下郎嘆反。"(ZD60-232a)胨(腤)音"於去反","瘀"《廣韻》音"依倨切",兩者音同。東晉・佛陀跋陀羅譯《達摩多羅禪經》卷1:"彼彼諸死屍,青黑瘀爛壞。"(T15, p310c)《隨函録》"胨(腤)爛"即《達摩多羅禪經》中的"瘀爛",其中"胨(腤)"即"瘀"字。由於"青黑瘀爛壞"語義指向屍體,受其影響,"瘀"换旁從"月(肉)"而作"胨(腤)"。

"胨(腤)"一形表"殗""瘀"兩字。鄧福禄《字典考正》(228)以爲《龍龕》音"於舉反"的"腤"也應爲"瘀"字,不妥。《龍龕》"腤"與"瘀"讀音不同,當如張涌泉先生所論爲"殗"字。

0842 腟

按:"腟",大型字典失收,見於《隨函録》,乃"脞(髀)"字。《隨函録》卷15《摩訶僧祇律》卷5:"兩腟,步米反,正作脞。"(ZD59-1105a)東晉・佛陀跋陀羅共法顯譯《摩訶僧祇律》卷5:"譽毁者,於八處若譽若毁。所謂兩脣、兩腋、兩乳、兩脅、腹、臍、兩髀、兩道。"(T22, p268b)《隨函録》"兩腟"即《摩訶僧祇律》中的"兩髀",其中"腟"即"髀"字。"髀"或作"脞"②,從形體上看,"腟"蓋源於"脞"字之訛。

0843 脺、0844 脬

按:"脺",大型字典失收,見於《隨函録》,乃"腕"字之訛。《隨函録》卷14《佛本行集經》卷9:"兩脺,烏亂反,手節也,《字樣》作掔。"(ZD59-1076b)隋・闍那崛多譯《佛本行集經》卷9:"大王是童子手兩腕闊大。"(T03, p696b)《隨函録》"兩脺"即《佛本行集經》中的"兩腕",其中"脺"即"腕"字。形體上,"腕"或作"掔","脺"蓋是受"腕""掔"交互影響的結果。《龍龕手鏡・月部》(412):"脬,古;腕,今。""脺"與"脬"形體近似。

0845 脥

按:"脥",見於《隨函録》,乃"睞"字之訛。《隨函録》卷5《添品法華經》卷8:"角脥,郎代反,傍視也,或内視也,俗謂斜眼曰脥也,正作覙、睞二形也,又辛七反,脛節也,非用。"(ZD59-711c)《添品妙法蓮華經》卷7:"若有輕笑之者,當世世牙齒疏缺,醜脣平鼻,手脚繚戾,眼目角睞,身體臭穢,惡瘡膿血,水腹短氣。"(T09, p195c)《隨函録》"角脥"即《添品妙法蓮華經》中的"角睞",其中"脥"即"睞"字之訛。

0846 腊、0847 腊

《漢語大字典・月部》引《廣韻・蟹韻》:"腊,瘦皃,古諧切。"

---

① 張涌泉:《漢語俗字叢考》,中華書局2000年,第652頁。

② 見本書下篇"髀"字條。

按：我們這裏要講的“**䏶**(腤)”乃“陛(髀)”字之俗體。《隨函録》卷13《正法念處經》卷11：“其**䏶**，步米反，股也，亦作髀、骳。”(ZD59-1063c)《隨函録》卷30《説罪要行法》：“於**䏶**(腤)，步米反，正作陛。”(ZD60-604c)“**䏶**(腤)”即“陛”，而“陛”是“髀”的異體。《説罪要行法》卷1：“其瓶可置三叉木上，注水向身，或安於脾，令水斜出。”(T45, p904c)《隨函録》“於**䏶**(腤)”即經文中的“於脾”，其中“**䏶**(腤)”即“脾”之訛。這裏要指出的是此處的“脾”非“肝脾”之“脾”，根據經文文意，應爲“髀”的换形旁異體。《集韻・薺韻》：“髀，股也，或作脾。”

“**䏶**(腤)”作爲“髀”字的俗體，《隨函録》中還有不少用例。《隨函録》卷16《彌沙塞部和醯五分律》卷21：“護**䏶**(腤)，步米反，前帙作護陛是也。”(ZD60-25a)《隨函録》卷17《薩婆多部毗尼摩得勒伽》卷3：“**䏶**(腤)髑陛，上下二同，步米反。”(ZD60-70a)這樣一來，大型字典“**䏶**(腤)”字下可增添“同髀”的説解。形體演變可能如下：

髀—换形旁→脾

└换聲旁→换形旁→聲旁形訛→形訛→**䏶**

0848 脵

《集韻・佳韻》：“脵，楚人謂乳爲脵，尼佳切。”

按：我們這裏要講的“脵”乃“睨”字之訛。《隨函録》卷28《續高僧傳》卷22：“魚脵，五禮、五計二反。”(ZD60-487a)唐・釋道宣撰《續高僧傳》卷22：“魚睨雲漢，爵躍僧倫。”(T50, p622b)《隨函録》“魚脵”即經文中的“魚睨”，其中“脵”即“睨”字之訛。構件“目”與“月”近似易混。

0849 **脪**

按：“**脪**”，大型字典失收，見於《隨函録》，乃“腳”字之訛。《隨函録》卷22《阿育王息壞目因緣經》卷1：“**脪**牽，上居約反，下去堅反。”(ZD60-241a)符秦・曇摩難提譯《阿育王息壞目因緣經》卷1：“前灑毒飯，用捕群雀，腳牽鉤餌，以釣淵魚。”(T50, p178b)《隨函録》“**脪**牽”即《阿育王息壞目因緣經》中的“腳牽”，其中“**脪**”即“腳”字之訛。

0850 膀、0851 胮

《集韻・唐韻》：“膀，脹也，鋪郎切。”《集韻・宕韻》：“胮，脹也。滂謗切。”

按：“膀”見於《隨函録》，乃“膖”字。《隨函録》卷20《立世阿毘曇論》卷8：“膀脹，上普謗反，脹也，正作胮也，下音悵，上又音旁，非用。”(ZD60-164b)陳・真諦譯《佛説立世阿毘曇論》卷8：“日光照炙，於一夜中臭爛膀脹。”(T32, p210c)“膀脹”，宋、元、明、宫本作“膖脹”。《隨函録》“膀脹”即宋、元、明、宫本《佛説立世阿毘曇論》中的“膖脹”，其中“膀”即“膖”字。從形體上看，“膀”蓋“膖”换聲旁所致。“膀”在此爲同形字，一形兼表兩個不同的字。

《隨函録》卷20《佛阿毘曇經》下卷：“膀脹，上普謗反，下知亮反，正作胮脹字也，諸經作胮脹，上匹江反，如晉絳以北人謂胮爲滂也，或作胖脹，上匹絳反，如晉絳以北人謂胖爲胮也。又滿光反，膀胱，尿脬也，非用也。”(ZD60-82b)

“膀”“胮”意義爲“脹”，皆即“膖”字。《集韻》“膀”音“鋪郎切”，似乎與“膖”讀音不同。其實這是方言之間的差異。“胮(膖)”，根據《隨函録》，晉絳(今山西省侯馬市)以北的人讀爲“滂”，滂母唐韻，這正與“鋪郎切”音同。

可洪以“脁”音“普謗反”，讀“pàng”，蓋以爲“胖”。“胖”亦與“膖(胮)”義同。

0852 脎

《玉篇·月部》：“脎，病也，市金切。”

按：我們在這裏要講的“脎”乃“槃(盤)”字之訛。《隨函録》卷16《四分律》卷50：“澡脎，上子老反，下步官反。”(ZD60-39a)姚秦·佛陀耶舍共竺佛念等譯《四分律》卷49：“佛言：‘不應以鉢除糞，應用澡盤掃帚。’”(T22, p933c)《隨函録》“澡脎”即《四分律》中的“澡盤”，其中“脎”即“盤”字。“盤”或作“槃”，從形體上看，“脎”蓋源於“槃”字之訛。

0853 脭

《隨函録》卷12《長阿含經》卷11：“脭懼，上音惶，下音懼。”(ZD59-982c)

按：“脭”，大型字典失收。“脭”爲何字呢？根據《隨函録》，“脭”音“惶”，應爲“惶”字。後秦·佛陀耶舍共竺佛念譯《長阿含經》卷11：“尋自惶懼，衣毛爲竪。”(T01, p68b)《隨函録》“脭懼”即“惶懼”，其中“脭”即“惶”字。

0854 胳

按：“胳”字，大型字典失收，見於《隨函録》，即“脎(髂)”字。《隨函録》卷7《佛説孔雀王咒經》下卷：“胳膝，上苦嫁反，下星七反。”(ZD59-797b)梁·僧伽婆羅譯《孔雀王咒經》卷2：“除頭痛不能食，眼鼻頰齒領車頸耳心脅背腹胳膝風，手腳身體支節風痛，除諸執録一切毒病，願日夜安隱。”(T19, p454c)《隨函録》“胳膝”即“胳膝”，其中“胳”即“胳”字之訛，而“胳”即“髂”字。《龍龕手鏡·月部》(413)：“胳，俗，苦嫁反，正作髂，腰髂也。”

0855 腂

《中華字海·月部》(911)：“腂，同膝，見《字彙》。”

按：我們這裏要講的“腂”乃“睞”字之訛。《隨函録》卷29《廣弘明集》卷13：“眼腂，郎代反，正作睞。”(ZD60-559a)唐·道宣撰《廣弘明集》卷13：“老子鼻隆薄、頭尖、口高、齒疏、眼睞、耳擿、髮蒼黧色、厚唇、長耳，其狀如此，豈比佛耶?”(T52, p177b)《隨函録》“眼腂”即經文中的“眼睞”，其中“腂”即“睞”字之訛。這樣一來，大型字典“腂”字下可增添“同睞”的説解。

0856 䐗、0857 腷

《龍龕手鏡·月部》(416)：“腷，符逼反。臆，意不泄也。郭氏俗音福。”

按：《龍龕手鏡》引郭氏“腷”俗音“福”，“腷”何以會有此讀呢？其實音“福”的“腷”乃“腹”的换聲旁俗字，《隨函録》可以爲證。《隨函録》卷27《高僧傳》卷1：“心腷，音福，正作腹也，又皮逼反，悞。”(ZD60-445b)梁·釋慧皎撰《高僧傳》卷1：“天下文理，畢已心腹。”(T50, p324c)《隨函録》“心腷”即經文中的“心腹”，其中“腷”即“腹”字。

又《隨函録》卷6《大乘同性經》上卷：“大䐗(腷)，音福，正作腹也，《證契經》作‘魂腹’，又皮力反，非也。”（ZD59-738a）闍那耶舍譯《大乘同性經》卷 1：“形貌雄猛，大腷巨力。”（T16，p645c）“腷”，宋、元、明、宫本作“腹”。《隨函録》“大腷（腷）”即宋、元、明、宫本《大乘同性經》中的“大腹”，其中“腷（腷）”亦“腹”字。

從形體上看，“腷”蓋“腹”换聲旁所致。“腷”爲同形字，一形代表了兩個不同的字，這樣一來，大型字典“腷”字下可增添“同腹”的説解。

0858 腸、0859 腸、0860 腹

按：“腸”“腸”，大型字典失收，見於《隨函録》，乃“縵”字。《隨函録》卷 21《佛所行讚》卷 1：“網腸，莫官反，佛手相也，正作鞔，或縵。”（ZD60-181b）北涼・曇無讖譯《佛所行讚》卷 1：“仙人觀太子，足下千輻輪，手足網縵指，眉間白毫跱。”（T04，p2c）《隨函録》“網腸”即《佛所行讚》的“網縵”，其中“腸”即“縵”字。

《隨函録》卷 21《佛所行讚》卷 2：“網腸，莫官反。”（ZD60-182a）北涼・曇無讖譯《佛所行讚》卷 2：“白馬聞太子，發斯真實言，屈膝而舐足，長息淚流連，輪掌網鞔手，順摩白馬頂。”（T04，p12a）“網鞔”，宋、元、明本作“網縵”。《隨函録》“網腸”即宋、元、明本《佛所行讚》的“網縵”，其中“腸”亦“縵”字。

“網縵”或作“網鞔”。希麟《續一切經音義》卷 2《新花嚴經》卷 9 音義：“網鞔，下莫盤反。鄭注《周禮》云：‘革絡鞔也。’《廣雅》云：‘鞔，補也。’案：網鞔謂如來十指之間如羅網鞔覆也。”（T54，p941a）由於“網縵”的意義是指“如來十指之間如羅網鞔覆”，語義與手指有關，受其影響，“縵”换旁從“月”而作“腸（腹）”。

此外，“腸”又可爲“瞍”之訛。《隨函録》卷 28《破邪論》下卷：“腸瞼，上莫諫反，下居奄反，嬌恣皃。”（ZD60-516a）唐・法琳撰《破邪論》卷 2：“列國都城方之脱屣，嬌娥瞍瞼棄似遺塵。”（T52，p488c）“瞍瞼”，明、宫本作“慢瞼”。《隨函録》“腸瞼”即經文中的“瞍瞼”，從形體上看，“腸”源於“瞍”之訛。不過“瞍瞼”爲聯綿詞，形體不定，還可以作“曼臉”“縵瞼”。唐・岑參《梁園歌送南王説判官》：“嬌娥曼臉成草蔓，羅帷珠簾空竹根。”慧琳《一切經音義》卷 87：“縵瞼，上蠻攀反。《考聲》云：‘縵，緩也。’或作嫚。”（T54，p864c）

0861 腈

按：我們在這裏要講的“腈”乃“胃”字。《隨函録》卷 14《罵意經》卷 1：“腈中，上云貴反，正作胃、腡。”（ZD59-1093a）後漢・安世高譯《佛説罵意經》卷 1：“心中惡血，膽膈脾著胃，腎著脊骨，胃中有味消食，大腸有屎。”（T17，p534c）《隨函録》“腈中”即《佛説罵意經》中的“胃中”，其中“腈”即“胃”字。從形體上看，“胃”或作“腡”，“腈”蓋“腡”字之訛。

0862 膝

《龍龕手鏡・月部》（407）：“膝，俗，徒登反。”

按：“膝”，見於《隨函録》，乃“膝”字之訛。《隨函録》卷 9《大方便佛報恩經》卷 1：“膝上，上思七反，正作膝。”（ZD59-850a）《大方便佛報恩經》卷 1：“呼須闍提太子，抱著膝上，目不暫捨。”（T03，p128c）《隨函録》“膝上”即經文中的“膝上”，其中“膝”即“膝”字之訛。此外，《龍龕手鏡》“膝”音“徒登反”，疑即“滕”字，兩者形體近似。

0863 膳

《中華字海・月部》(916):“膳,音義未詳。”

按:“膳”,見於《隨函録》,乃“膽”字之訛。《隨函録》卷 20《解脱道論》卷 8:“膳唾,上徒甘反,正作痰,又都敢反,悮。”(ZD60-167b)梁・僧伽婆羅譯《解脱道論》卷 8:“此身有於膽唾膿血汗脂淚肪水唾涕涎尿,以四行廣取火界,以是熱,以是暖,以是温,以是平等消飲食噉嘗,此謂火界。”(T32, p438c)《隨函録》“膳唾”即《解脱道論》中的“膽唾”,其中“膳”即“膽”字之訛。《隨函録》言“膳”正作“痰”,但從形體上看,其有不妥,“膳”當爲“膽”字之訛,《隨函録》言“膳”又音“都敢反”,指的可能就是“膽”字。“膳”即“膽”,經文中通“澹(痰)”①。

0864 滕

按:“滕”,見於《隨函録》,乃“槃”字之訛。《隨函録》卷 3《大方等大集經》卷 7:“涅滕,涅槃。”(ZD59-620a)北涼・曇無讖譯《大方等大集經》卷 6:“大乘所有功德無量,障礙之事亦復如是,亦如涅槃功德無量,障礙之事亦復無量,如生死過無量無邊,即是大乘之障礙也。”(T13, p39c)《隨函録》“涅滕”即《大方等大集經》中的“涅槃”,其中“滕”即“槃”之訛。

0865 膘

《龍龕手鏡・月部》(416):“膘,俗;臄,正,其虐反,與醵同,合錢飲酒也。”

按:“膘”,見於《隨函録》,乃“鏁”字。《隨函録》卷 22《法觀經》卷 1:“骨膘,桑果反,正作鏁、璅二形。郭氏作其略反,非也。”(ZD60-233b)西晉・竺法護譯《法觀經》卷 1:“肌肉稍盡,筋脈壞敗,骨鎖(鏁)節節解墮。”(T15, p241b)《隨函録》“骨膘”即“骨鎖(鏁)”,其中“膘”即“鏁(鎖)”字。“膘”字是“鏁”受上字“骨”從“月”的影響,類化换從“月”旁而成。其形體演變是:鏁→骨+鏁→類化→膘。

鄧福禄《字典考正》(233)根據可洪之論以爲《龍龕手鏡》“膘”作“臄”字之俗有誤,其實不然。《隨函録》之論衹能説明在可洪看來“膘骨”之“膘”當音“桑果反”,不音“其略反”,但並不能排除“膘”在其他地方可作“臄”字之俗。通過對郭氏經音的研究,我們發現郭氏給字注音不像玄應、慧琳、可洪一樣隨經文而注,郭氏經音的被注音的字没明確出處,“但號經音,不聲來處”即其特點,也就是説郭氏給“膘”注爲“其略反”並不一定是指《法觀經》“膘骨”之“膘”。《龍龕手鏡》明確指出“膘”爲“臄”之俗,並給出具體的讀音與意義,不能輕易言其有誤。我們以爲“膘”一形實際上代表了“鏁”“臄”兩字。

0866 **䏓**

按:“**䏓**”字,大型字典失收,見於《隨函録》,爲“陷”字。《隨函録》卷 24《出三藏記集》卷 14:“**䏓腦**,上音陷,食肉不饜也,又胡紺、胡濫二反,悮。”(ZD60 303c)據《隨函録》,“**䏓**”音“陷”,意義爲“食肉不饜也”,蓋把它當成了“**䏓**”字,誤。“**䏓**”在《出三藏記集》中當爲“陷”字。梁・釋僧祐《出三藏記集》卷 14:“於是箭非苟發,弓不虚彈,達腋洞胸,解頭陷腦。”

① “痰”或作“澹”,見下篇“瘖”字條。

(T54, p128b)"陷腦"與"解頭"意義相關,指(箭)刺入腦子的意思,如果作"胳"則意義與文意不符。其他佛經也都作"解頭陷腦"。唐・釋道世《法苑珠林》卷73:"達腋洞胸,解頭陷腦。"(T53, p840a)《廬山蓮宗寶鑑》卷1:"解頭陷腦之酸難抵,洞胸徹骨之痛奚禁。"(T47, p308a)《隨函録》"腤腦"即《出三藏記集》中的"陷腦",其中"腤"即"陷"字。"陷"蓋受下字"腦"的影響類化改旁從"月"而作"腤"。

0867 𦢊

按:"𦢊",大型字典失收,見於《隨函録》,乃"肋"字。《隨函録》卷22《禪法要解》卷1:"脇𦢊,上許劫反,下郎得反。"(ZD60-231b)姚秦・鳩摩羅什譯《禪法要解》卷1:"汝脅肋著脊,如椽依棟住。"(T15, p287a)《隨函録》"脇𦢊"即《禪法要解》中的"脅肋",其中"𦢊"即"肋"字。"肋"或作"𦢊"①,"𦢊"與"𦢊"形體近似。

0868 腎

《龍龕手鏡・月部》(409):"腎,俗,堅、聊(?)二音。"《中華字海・月部》(917):"腎,義未詳。見《龍龕》。"

按:"腎"可見於《隨函録》。《隨函録》卷20《婆須蜜論》卷6:"踳腎,上丑容反,直也,正作膲也,下經引反,細也,急皃也,正作緊、胗、𦙶三形也。《論》云:'漸漸踳腎故曰鹿蹲腸。'是也。郭迻作古田反,非也。《川音》作腎,音堅,亦非也。"(ZD60-155a)符秦・僧伽跋澄等譯《尊婆須蜜菩薩所集論》卷6:"鹿蹲腸者其義云何? 漸漸踳髀故曰鹿蹲腸。"(T28, p763c)"髀",宋、元、明本作"緊",宫、聖本作"腎"。根據《隨函録》及異文,"腎"當爲"緊"字。如此,《隨函録》"踳腎"即宋、元、明本《尊婆須蜜菩薩所集論》中的"膲緊",其中"腎"即"緊"字。"緊"當是受上字"膲"的影響類化從"月(肉)"而作"腎"。

鄧福禄《字典考正》(231)根據"腎"形體上的特點以爲其當爲"堅"字。我們認爲,根據佛經經意,當如可洪所言。根據佛經,"漸漸踳腎"是用來形容鹿的脚肚的,指其脚肚圓傭緊密。

《隨函録》引《川音》"腎"音"堅",《龍龕手鏡》"腎"的一個讀音蓋源於此。"腎"本不音"堅",音"堅"當爲其俗讀,俗以其形體上從"堅"故以"堅"讀之,這是一種音隨形變的現象。

0869 𦡉

按:"𦡉",大型字典失收,見於《隨函録》,乃"脚"字之訛。《隨函録》卷12《增一阿含經》卷40:"𦡉𦡉,居約反。"(ZD59-1004b)東晉・瞿曇僧伽提婆譯《增一阿含經》卷39:"是時王阿闍世告耆婆伽王子曰:'至後夜時,右脅著地,脚脚相累,思惟計明之想,復起經行而淨其意。'"(T02, p762c)《隨函録》"𦡉𦡉"即《增一阿含經》中的"脚脚","𦡉"即"脚"字之訛。

0870 𦝫

按:"𦝫",大型字典失收,見於《隨函録》,乃"噭"字之訛。《隨函録》卷9《大方便佛報恩

① 《龍龕手鏡・月部》:"𦢊,俗;肋,正。"中華書局1985年,第415頁。

經》卷 2:“𦡲然,上吉了反,正作皦。”(ZD59-851a)《大方便佛報恩經》卷 2:“時化人即復釋身,光明威耀皦然炳著。”(T03, p134c)《隨函録》“𦡲然”即經文中的“皦然”,其中“𦡲”即“皦”字之訛。

0871 臑

《漢語大字典・月部》(885)引《廣韻・之韻》:“臑”,同“胹”。

按:我們這裏要講的“臑”乃“暖”字之訛。《隨函録》卷 29《弘明集》卷 8:“飽臑,奴管反,正作暖也,又而兖反,非。”(ZD60-535b)梁・釋僧祐撰《弘明集》卷 8:“饑寒則生於盜賊,飽暖則發於驕奢。”(T52, p52a)《隨函録》“飽臑”即經文中的“飽暖”,其中“臑”即“暖”字之訛。“暖”,俗可作“腝”[①],又可作“𣊥”[②],而“臑”與“腝”“𣊥”在形體上近似。這樣一來,大型字典“臑”字下可增添“同暖”的説解。

此外,“臑”又可爲“瞤”字。《隨函録》卷 9《大方便佛報恩經》卷 4:“睫臑,上子葉反,下如春反。”(ZD59-851c)《大方便佛報恩經》卷 4:“作是願已,其夫一眼目睫瞤動,平復如故。”(T03, p146a)《隨函録》“睫臑”即經文中的“睫瞤”,其中“臑”即“瞤”字之訛。“瞤”即“瞤”字。《中華字海・目部》(1064):“瞤,同瞤。見《類篇》。”

0872 膭

《龍龕手鏡・月部》(414):“膭,舊藏作膭,以醉反,肉疾皃。”

按:我們在這裏要講的“膭”乃“删”字之訛。《隨函録》卷 22《内身觀章句經》卷 1:“膭,本闕[③]。”(ZD60-233a)《佛説内身觀章句經》卷 1:“大腸亦小腸,肝與肺亦腎,脂膭亦大便,淚與唾亦汗。”(T15, p240a)“脂膭”,宋、元、明本作“脂䏘”。《隨函録》“脂膭”即宋、元、明本《佛説内身觀章句經》中的“脂䏘”,其中“膭”即“䏘”[④]字之訛。《廣韻・寒部》:“䏘,脂肪,蘇干切。”“脂膭”同“脂䏘”,即脂肪之義。佛經常見“脂䏘”一語。如姚秦・曇摩耶舍共曇摩崛多等譯《舍利弗阿毘曇論》卷 6:“云何内水大?身内受水膩涎癊膽肝肪髓腦脂䏘涕唾膿血小便,及餘身内受水潤等,名内水大。”(T28, p572c)

0873 𦢊、0874 𦣇、0875 齬

《龍龕手鏡・月部》(408):“𦢊,俗,驅、虚二音。”《中華字海・月部》(917):“𦢊,義未詳。見《龍龕》。”

按:《隨函録》卷 10《菩薩善戒經》卷 9:“脣𦢊,丘魚反。”(ZD59-899b)求那跋摩譯《菩薩善戒經》卷 9:“上下牙齒、上下脣齶、兩頰、兩鬘、兩目、兩肩及鼻二孔、額上兩肞、兩耳、頭、圓足,是名八十。”(T30, p1009c)《隨函録》“脣𦢊”即《菩薩善戒經》中的“脣齶”,其中“𦢊”對應的是“齶”字。不過,“𦢊”“齶”衹是意義相同,不是異體關係。“𦢊”到底爲何字呢?

---

① 請參鄭賢章《龍龕手鏡研究》“腝”字條,湖南師範大學出版社 2004 年,第 314 頁。

② 《龍龕手鏡・日部》:“𣊥,俗;暖,正。”中華書局 1985 年,第 426 頁。

③ 鄧福禄《字典考正》第 234 頁引作“未聞”,誤。《隨函録》中多見“本闕”之例。《隨函録》卷 22:“𠧪𠧪,本闕。”(ZD60-227a)《隨函録》卷 22:“敷屢,本闕。”(ZD60-227b)

④ 鄧福禄《字典考正》以“膭”字難定,不妥。湖北人民出版社 2007 年,第 234 頁。

《龍龕手鏡・齒部》(311):"⿺齒虚,俗,羌魚反。""⿰月虚"與"⿺齒虚"讀音相同,"⿰月虚"即"⿺齒虚(⿰齒虚)"换形旁所致①。《隨函録》卷 11《瑜伽師地論》卷 49:"⿺齒虚腭,上丘魚反,下五各反。"(ZD59-940c)唐・玄奘譯《瑜伽師地論》卷 49:"上下齒鬘並皆殊妙爲二隨好。⿰齒虚腭殊妙爲一隨好,兩唇眷屬並皆殊妙爲二隨好,頤善圓滿爲一隨好,兩頰圓滿善安其所爲二隨好,兩目眷屬並皆殊妙爲二隨好,兩眉殊妙爲二隨好……"(T30, p567a)《隨函録》"⿺齒虚腭"即《瑜伽師地論》中的"⿰齒虛腭","⿺齒虚"與"⿰齒虛"同,皆"⿰齒虚"。慧琳《一切經音義》卷 48 所録玄應《瑜伽師地論》卷 48 音義:"⿰齒虚腭,丘魚反。……⿰齒虚,居也,齒所居也,齒内上下肉垠咢也。"(T54, p630c)玄應《一切經音義》卷 17《阿毘曇毗婆沙論》卷 40 音義:"墟腭,去於反,下五各反,齒内上下肉也。"

"⿰齒虚""⿰齒虛""⿺齒虚"即"墟"字,我們在《龍龕手鏡研究》(267)一書中已有論述,可參。"⿰月虚"同"⿺齒虚(⿰齒虚)",也當是"墟"字,意義爲"齒所居",與"腭(齶)"意義相同。

此外,宋・從義撰《天台三大部補注》卷第九:"上下牙齒、上下脣⿰月虛、兩頰、兩鬢、兩目、兩眉及鼻二孔、額上兩肞、兩耳、圓足,是爲八十好。⿰月虛,經音力豬切,皮也。"(X28, p301a)從字形體上看,"脣⿰月虛"即《隨函録》"脣⿰月虚","⿰月虛"即"⿰月虚"字。"⿰月虛"從義引經音作"力豬切",意義爲"皮也"。"⿰月虚"何以會音"力豬切"呢?其蓋將"⿰月虚"當作了"臚"。

0876 ⿰月⿰育攵、0877 ⿰月⿰𠫓攵

按:我們在這裏要講的"⿰月⿰𠫓攵(⿰月⿰育攵)"乃"徹"字。《隨函録》卷 6《大乘同性經》卷 2:"明⿰月⿰𠫓攵,丑列、直列二反,佛名。"(ZD59-738b)闍那耶舍譯《大乘同性經》卷 2:"善丈夫,汝今當知,有正真願莊嚴功德相一蓋震聲主威王如來,寶德明徹藏功德身相淨如來,不動離難光明如來,有神通力蓮花生功德威相勝瓔珞摩尼王如來,在喜樂刹中天人尊重。"(T16, p651b)《隨函録》"明⿰月⿰𠫓攵"即《大乘同性經》中的"明徹",其中"⿰月⿰𠫓攵(⿰月⿰育攵)"即"徹"字。"徹"蓋受上字"明"的影響類化改旁從"月"而作"⿰月⿰𠫓攵(⿰月⿰育攵)"。

0878 ⿰月參

按:"⿰月參"字,大型字典失收,見於《隨函録》,即"鬘"字之訛。《隨函録》卷 24《開元釋教録》卷 14:"勝⿰月參,莫顔反,正作鬘。"(ZD60-347c)唐・智昇撰《開元釋教録》卷 14:"勝鬘經一卷(亦云勝鬘師子吼一乘大方便經)。"(T55, p627c)《隨函録》"勝⿰月參"即此"勝鬘",其中"⿰月參"即"鬘"字之訛。"鬘"蓋受上字"勝"的影響類化改構件爲"月"而寫成了"⿰月參"。

0879 ⿰月豊

《中華字海・月部》(921):"⿰月豊,同胮,見《龍龕》。"

按:我們在這裏要講的"⿰月豊"乃"體"字。《隨函録》卷 21《佛本行讚》卷 2:"肌⿰月豊皺,上音飢,中音體,下阻瘦反。"(ZD60-186c)宋・釋寶雲譯《佛本行經》卷 2:"頭如絲雪霧,皮緩肌體皺,戰如水中枝,身僂如張弓。"(T04, p64c)《隨函録》"肌⿰月豊"即《佛本行經》的"肌體",其中"⿰月豊"即"體"字也。"體"蓋受上字"肌"從"月(肉)"的影響,類化换旁從"月"而作"⿰月豊"。

---

① 鄧福禄《字典考正》也是以"⿰月虚"爲"⿰齒虚"字,不過"⿰齒虚"爲何字,鄧文不詳,特此予以補充。湖北人民出版社 2007 年,第 231 頁。

0880 膶、0881 膢

《龍龕手鏡·月部》(416):"膶,昌玉反,狼膶膏,又俗音獨。"

按:《龍龕手鏡》"膶"又音"獨",乃"髑"字。《隨函録》卷18《阿毘曇毘婆沙論》卷24:"膶嘍,音獨樓,頭骨也。"(ZD60-101c)《隨函録》"膶"音"獨",與"髑"音同。北涼·浮陀跋摩共道泰等譯《阿毘曇毘婆沙論》卷21:"觀自踝骨,捨踝骨,乃至觀髑髏骨。"(T28, p153b)《隨函録》"膶嘍"即《阿毘曇毘婆沙論》的"髑髏",其中"膶"即"髑"字,而"嘍(膢)"即"髏"字。

又《隨函録》卷20《三法度論》上卷:"膶膢,上音獨,下音樓。"(ZD60-156a)東晉·僧伽提婆譯《三法度論》卷2:"手腳髑髏,各在異處。"(T25, p21b)《隨函録》"膶膢"即《三法度論》的"髑髏",其中"膶"亦"髑"字,而"膢"亦"髏"字。從形體上看,"膶"乃"髑"换形旁所致,構件"月(肉)"與"骨"意義相關。

0882 臛

《廣韻·沃韻》火酷切:"臛,羹臛,又音郝。"

按:我們在這裏要講的"臛"乃"齶"字之訛。《隨函録》卷21《道地經》卷1:"上臛,五各反,口中斷臛也,正作咢、齶二形。"(ZD60-208b)後漢·安世高譯《道地經》卷1:"臂肉豎眼黑色黑,大小便不通,節根解,口中上臛青雙𡁹計(討)。"(T15, p233a)據《隨函録》,"臛"即"齶"字也。從形體上看,"齶"或作"嚯"①、"腭"②,"臛"蓋"嚯""腭"交互影響的結果。

0883 𦞦

按:"𦞦",大型字典失收,見於《隨函録》,乃"肥"字。

《隨函録》卷12《中阿含經》卷39:"地𦞦,扶非反,正作飢(肥)也。上方經作'地肌(肥)',是也。《經音義》作'地𦢊',應和尚以'肥'字替之是也,又𦢊或作膘、雹,二同,步角反,地皮也,《鼻柰耶》云'生鹵土雹',是也,諸經作地肌(肥)也。"(ZD59-995c)東晉·瞿曇僧伽提婆譯《中阿含經》卷39:"婆私吒,地味滅後,彼衆生生地肥,有色香味。"(T01, p674c)《隨函録》"地𦞦"即《中阿含經》中的"地肥","𦞦"即"肥"字。"地𦞦",《經音義》作"地𦢊"。

慧琳《一切經音義》卷73所録玄應《中阿含經》卷39音義:"地肥,扶非反,劫初地脂也,經文作𦢊,非體也。"(T54, p783c)"𦞦"與"𦢊"近似,皆"肥"字。"地肥"是何義呢?根據《一切經音義》,爲"劫初地脂",是一种食物。《妙法蓮華經馬明菩薩品第三十》卷1:"地味滅盡,後地肥生,人民取黄食之。壽數千萬歲之後,地肥滅盡,有自然粳米生,人民共食之粳米。"(T85, p1426c)蕭齊·僧伽跋陀羅譯《善見律毘婆沙》卷5:"世尊,地初成時地肥,譬如生酥,亦如蜜味。"(T24, p707a)

0884 𦛨、0885 𦜰

按:"𦛨""𦜰",大型字典失收,見於《隨函録》,乃"膞"字。《隨函録》卷13《禪秘要法》中

---

① 見本書中篇"嚯"字條。

② 《龍龕手鏡·月部》:"腭,俗,五各切,正作齶。"中華書局1985年,第415頁。

卷:"腨𦟛,上市兖反,下丑容反,下悞。"(ZD59-1054c)後秦・鳩摩羅什譯《禪秘要法經》卷 2:"復觀像脛,如鹿王腨傭直圓滿。"(T15, p255b)《隨函録》"腨𦟛"即《禪秘要法經》中的"腨傭",其中"𦟛"即"傭"字。從形體上看,"傭"或作"膌"。《隨函録》卷 10《菩薩善戒經》卷 8:"身𦟛,丑容反,直也,正作傭、膌二形。"(ZD59-899b)"𦟛"與"𦟛"形體近似,皆源於"膌"字之訛。

0886 臠

《漢語大字典・月部》(892)引《廣韻》:"臠,驢腸胃,縷舵切。"

按:"臠",見於《隨函録》,乃"攣"字。《隨函録》卷 5《不退轉法輪經》卷 3:"臠曲,上吕圓反,不伸也,正作癴、癵二形,又吕靴反,驢腸冒也,非用。"(ZD59-730a)《隨函録》"臠"顯然與《漢語大字典》"臠"不同。《不退轉法輪經》卷 3:"爾時魔王,將四種兵魔及魔天,皆詣佛所,亦如如來初成道時,嚴治器仗而來向佛,各見己身皆悉朽老,如百歲人形體攣曲,持杖而行到於佛前。"(T09, p244b)《隨函録》"臠曲"即《不退轉法輪經》中的"攣曲",其中"臠"即"攣"字。"臠"蓋"攣(癵)"换形旁所致。這樣一來,大型字典"臠"字下應增添"同攣"的説解。

0887 𦢊

按:"𦢊",大型字典失收,見於《隨函録》,乃"曬"字之訛。《隨函録》卷 15《十誦律》卷 23:"𦢊之,上所賣反,正作曬也。"(ZD59-1120c)後秦・弗若多羅譯《十誦律》卷 23:"是中諸小比丘不知宜法,非處大小便,浣弊衣曬之。"(T23, p172a)《隨函録》"𦢊之"即《十誦律》中的"曬之",其中"𦢊"即"曬"字之訛。

欠部

0888 欣

《玉篇・片部》:"欣,音坎,版也。"

按:我們在這裏要講的"欣"乃"欣"字之訛。《隨函録》卷 21《撰集百緣經》卷 10:"欣然,上許斤反,正作欣。"(ZD60-192c)吴・支謙譯《撰集百緣經》卷 10:"時辟支佛,於虚空中,現神變化,身出水火,放大光明。大臣見之,欣然無量。"(T04, p255a)《隨函録》"欣然"即《撰集百緣經》的"欣然",其中"欣"即"欣"字之訛。構件"斤"與"片"近似易訛。

0889 欤

按:"欤",見於《隨函録》,乃"笙"字。《隨函録》卷 3《大哀經》卷 6:"吹笙,音生,樂名也,《經音義》作欤。"(ZD59-648b)西晉・竺法護譯《大哀經》卷 6:"又如箜篌琴箏簫瑟鼓吹,應節吹唄吹笙發音。"(T13, p437c)《隨函録》所引《經音義》"吹欤"即《大哀經》中的"吹笙",其中"欤"即"笙"字。從形體上看,"笙"蓋受上字"吹"的影響類化改旁從"欠"而作"欤"。

0890 歖

按:我們在這裏要講的"歖"乃"懿"或"彭"字之訛。《隨函録》卷 6《六度集經》卷 2:"歎欵,乙冀反,美也,正作懿。"(ZD59-765b)吴・康僧會譯《六度集經》卷 2:"太子光馨,八方歎懿,巍巍遠照有如太山。"(T03, p9c)《隨函録》"歎欵"即《六度集經》中的"歎懿",其中"欵"即"懿"字。"懿"蓋受上字"歎"的影響類化從"欠"而作"欵"。

又《隨函録》卷 26《集古今佛道論衡》:"欵門,上蒲盲反。"(ZD60-418b)《集古今佛道論衡》卷 2:"曲沃同座而别焚,彭門僧拜而道偃。"(T52, p378b)《隨函録》"欵門"即經文中的"彭門",其中"欵"乃"彭"字之訛。

殳部

0891 ⿰自殳

按:"⿰自殳",大型字典失收,見於《隨函録》,爲"般"字之訛。《隨函録》卷 6《六度集經》卷 5:"⿰自殳遮,上北末反,國名也,悮。"(ZD59-766b)吴・康僧會譯《六度集經》卷 5:"吾須臾還飛之般遮國入王後宫,睹王夫人卧。首飾之中有明月珠。烏銜馳還,以奉道士。"(T03, p28b)《隨函録》"⿰自殳遮"即《六度集經》中的"般遮",其中"⿰自殳"即"般"字之訛。

0892 ⿰享殳、0893 ⿰⿱圭子殳

按:"⿰享殳""⿰⿱圭子殳",大型字典失收,見於《隨函録》,乃"敦"字。《隨函録》卷 21《出曜經》卷 17:"⿰享殳崇,上都魂反。"(ZD60-199c)姚秦・竺佛念譯《出曜經》卷 25:"夫人習行敦崇道業,世俗見根而現在前,雖有善根,斯是世俗有漏之行。"(T04, p743a)《隨函録》"⿰享殳崇"即《出曜經》的"敦崇",其中"⿰享殳"即"敦"字。"⿰享殳"蓋"敦"换形旁所致。

又《隨函録》卷 22《雜寶藏經》卷 1:"⿰⿱圭子殳穆,上都昆反,下莫六反。"(ZD60-227a)元魏・吉迦夜共曇曜譯《雜寶藏經》卷 1:"兄弟敦穆,風化大行,道之所被,黎元蒙賴。"(T04, p447c)《隨函録》"⿰⿱圭子殳穆"即《雜寶藏經》的"敦穆",其中"⿰⿱圭子殳"亦"敦"字。形體上,"⿰⿱圭子殳"爲"敦"字之訛。

0894 ⿰⿱彡米殳

按:"⿰⿱彡米殳",大型字典失收,見於《隨函録》,乃"觳"字之訛。《隨函録》卷 12《雜阿含經》卷 2:"明⿰⿱彡米殳,苦角反。"(ZD59-1006b)宋・求那跋陀羅譯《雜阿含經》卷 2:"爾時會中復有異比丘,鈍根無知,在無明觳起惡邪見。"(T02, p15a)《隨函録》"明⿰⿱彡米殳"即《雜阿含經》中的"明觳",其中"⿰⿱彡米殳"即"觳"之訛。

方部

0895 ⿰方夋

按:"⿰方夋",大型字典失收,見於《隨函録》,乃"施"字之訛。《隨函録》卷 21《佛所行讚》卷 5:"身⿰方夋,音施,惠與也。"(ZD60-184b)根據《隨函録》,"⿰方夋"即"施"字之訛。

火(灬)部

0896 **炢**、0897 **⿰火予**、0898 炢

按:“**⿰火予**”,大型字典失收,見於《隨函録》,即“灺(炨)”字。《隨函録》卷29《弘明集》卷5:“**⿰火予**垂,上徐野、徒可二反,盡也,燭餘也,正作灺、炨二形。《川音》音宁,訓薰也,非義。《玉篇》作炢,音貯,煄火也,亦非義。今詳文意宜取初切爲正矣。”(ZD60-529b)梁・釋僧祐撰《弘明集》卷5:“余見其傍有麻燭,而炢垂一尺所,則因以喻事言。”(T52, p29a)梁・釋僧祐撰《弘明集》卷5:“顧其終極或爲灰或爲炢耳,曷爲不可以喻哉。”(T52, p29b)上述兩處“炢”,元、明本都作“炨”。《隨函録》“**⿰火予**垂”即經文中的“炢垂”,其中“**⿰火予**”即“炢”字之訛。漢・桓譚《新論・祛蔽》:“余見其旁有麻燭,而灺垂一尺所。”《弘明集》卷5“炢垂”,《新論》作“灺垂”。根據《隨函録》及版本異文,“炢”即“炨(灺)”字。

此外,還有一個“**炢**”,見於《一切經音義》,與“炢”一樣也是“炨(灺)”字。慧琳《一切經音義》卷95《弘明集》卷5音義:“灺垂,上邪野反,……《説文》燭炭也,從火,也聲,亦作炨,《集》本作**炢**,非也。”(T54, p904c)

0899 **⿱氐灬**

按:“**⿱氐灬**”,大型字典失收,見於《隨函録》,乃“氐”,經文中通“低”。《隨函録》卷16《四分律》卷56:“**⿱氐灬**身,上丁兮反,垂頭也,正作仾(低)、互(氐)二形也。”(ZD60-42b)姚秦・佛陀耶舍共竺佛念等譯《四分律》卷55:“時天大雨,有女人低身除決潦水形露。”(T22, p975a)《隨函録》“**⿱氐灬**身”即《四分律》中的“低身”,其中“**⿱氐灬**”即“氐”,經文中通“低”。

0900 **⿰火开**

《中華字海・火部》(950):“**⿰火开**,同⿱夫火。”

按:我們這裏要講的“**⿰火开**”乃“拆”字。《隨函録》卷23《經律異相》卷50:“擗**⿰火开**,上普擊反,下丑格反,正作劈坼也。”(ZD60-283a)梁・僧旻、寶唱等集《經律異相》卷50:“剖裂擗拆如赤蓮華,冰輪上下遍覆其身。”(T53, p263c)《隨函録》“擗**⿰火开**”即經文中的“擗拆”,其中“**⿰火开**”即“拆”字。“拆”或作“坼”“**⿰火斥**”①,“**⿰火开**”蓋源於“**⿰火斥**”字之訛。

0901 **⿱夗灬**

按:“**⿱夗灬**”,大型字典失收,見於《隨函録》及《弘明集》,即“卵”字。《隨函録》卷29《弘明集》卷13:“堅**⿱夗灬**,下裁與反。”(ZD60-543a)梁・釋僧祐撰《弘明集》卷13:“俱括囊以堅**⿱夗灬**,固同門而共出。”(T52, p90c)“**⿱夗灬**”,宋、元、明本作“卵”。“**⿱夗灬**”即“卵”字之訛。根據《隨函録》,“**⿱夗灬**”音“裁與反”,與“卵”音不同,似乎是另有所指,蓋以爲“聚”字。

---

① 《龍龕手鏡・火部》:“**⿰火斥**,或作,丑革反,裂也,與坼。”中華書局1985年,第244頁。

0902 炘

《龍龕手鏡・豆部》(359):"炘,俗,持兗反,火炬。"

按:"炘",見於《隨函録》,乃"坼"字之訛。《隨函録》卷 20《立世阿毘曇論》卷 1:"炘破,上丑格反。"(ZD60-162a)陳・真諦譯《佛説立世阿毘曇論》卷 1:"因冷風觸,其身圻破,譬如熟瓜,如竹葦林被大火燒,爆聲吒吒。"(T32, p173c)《隨函録》"炘破"即《佛説立世阿毘曇論》中的"圻破",而"圻破"當爲"坼破"之訛,《諸經要集》録作"坼破"。唐・釋道世集《諸經要集》卷 18:"因冷風觸,其身坼破,譬如熟瓜,如竹葦林致大火燒,爆聲吒吒。"(T54, p169c)如此一來,"炘"爲"坼"字無疑。《龍龕手鏡・火部》:"烢、烢,或作,丑革反,裂也,與坼同。"從形體上看,"炘"與"坼"的或體"烢"近似。

0903 焐

《中華字海・火部》(954):"焐,同焙,字見《篇海》。"

按:我們在這裏要講的"焐"乃"炰"字。《隨函録》卷 13《佛説罪業報應教化地獄經》卷 1:"焐煑,方久反,蒸焐也,稠煑也,又方武反,見新韻,並正作炰也,郭氏未詳。"(ZD59-1053a)後漢・安世高譯《佛説罪業應報教化地獄經》卷 1:"屠殺衆生湯灌搣毛,鑊湯煎煮。"(T17, p451b)《隨函録》"焐煑"即《佛説罪業應報教化地獄經》中的"煎煮",不過"焐"不是"煎"字。根據《隨函録》,"焐"乃"炰"字,"炰"與"煎"意義相同,都爲"煮"的意思。姚秦・竺佛念譯《出曜經》卷 24:"燒炙炰煮,苦痛難陳。"(T04, p740a)從形體上看,"焐"蓋"炰"换聲旁所致。

0904 烷

按:"烷",大型字典失收,見於《隨函録》,乃"慌"字。《隨函録》卷 4《漸備一切智德經》卷 5:"煌烷,上户光反,下莫光反,正作惶恾,悮也。"(ZD59-672a)根據《隨函録》,"烷"似乎爲"恾"字。我們懷疑其有誤,"烷"與"恾"在字形上相差懸殊。"烷"疑爲"慌"字之俗。西晉・竺法護譯《漸備一切智德經》卷 5:"寂寞無所樂,靜定心專精,等猶如虚空,平正若惶慌。"(T10, p495a)《隨函録》"煌烷"即《漸備一切智德經》中的"惶慌",其中"烷"即"慌"字。從形體上看,構件"火"與"忄"俗寫時易混,而構件"㐬"顯爲"荒"之省。當然,"慌(㤺)"也有可能是受上字"煌"的影響類化改旁從"火"而作"烷"。《隨函録》以"烷"爲"恾"字,"恾"與"慌"意義相同,但從形體上看,"烷"爲"慌"字,不是"恾"字,《隨函録》誤。"惶慌"一詞,《漸備一切智德經》另見。西晉・竺法護譯《漸備一切智德經》卷 4:"等攝志性,本淨惶慌,因是超越。"(T10, p482b)

0905 煑

按:"煑"字,見於《隨函録》,即"草"字之訛。《隨函録》卷 5《道神足無極變化經》卷 4:"煑芻,上音草。"(ZD59-726a)西晉・安法欽譯《道神足無極變化經》卷 4:"彼世界所出水人民飲之,濁惡醎苦臭穢不淨,衣被皆用草芻。"(T17, p814c)《隨函録》"煑芻"即《道神足無極變化經》中的"草芻",其中"煑"即"草"字之訛。

0906 𤎅

按:“𤎅”,見於《隨函録》,乃“燕”字之俗。《隨函録》卷5《普曜經》卷3:“𤎅至,上於見反,正作燕、宴二形,閑居也。《禮記注》云:‘退朝而處曰燕居也。’”(ZD59-699c)西晉·竺法護譯《普曜經》卷3:“時妃俱夷無增減心,卧常覺寤,初不睡眠,在於燕室,寂莫思惟。”(T03,p502a)《隨函録》“𤎅至”即《普曜經》中的“燕室”,其中“𤎅”即“燕”字。從形體上看,“𤎅”蓋“燕”形體訛誤所致。

0907 焚

按:“焚”,大型字典失收,見於《隨函録》,乃“焚”字之訛。《隨函録》卷20《解脱道論》卷5:“焱燒,上扶文反,正作焚。焚燒,同上。”(ZD60-166b)梁·僧伽婆羅譯《解脱道論》卷5:“新坐禪人從初經營,斷截樵薪,於清淨處積聚焚燒。或日出時或日入時,從下焚燒。”(T32,p422c)《隨函録》“焱燒”“焚燒”分别爲《解脱道論》中的兩處“焚燒”,其中“焱”“焚”皆“焚”字之訛。

《隨函録》卷28《續高僧傳》卷27:“焚後,上扶文反,正作焚。”(ZD60-495a)唐·釋道宣撰《續高僧傳》卷27:“又焚後八月中,獵人牟難當者,於就嶠山頂行獵。”(T50,p680b)《隨函録》“焚後”即經文中的“焚後”,其中“焚”即“焚”之訛。

又《隨函録》卷7《不空羂索心咒王經》下卷:“焚灼,上扶文反,下之略反,上正作焚。”(ZD59-789a)唐·寶思惟譯《不空罥索陀羅尼自在王咒經》卷3:“其龍爾時身如焚灼,至咒人前,以咒力故,雖有瞋怒,不能爲害。即變其形,以爲水蛇。”(T20,p430b)《隨函録》“焚灼”即經文中的“焚灼”,其中“焚”亦“焚”之訛。

又《隨函録》卷3《大方等大集經》卷20:“焚燒,上扶文反。”(ZD59-622b)《大方等大集經》卷19:“汝今不見,世有一人坐菩提樹,壞四兵聚,猶如猛火焚燒乾草。”(T13,p130c)《隨函録》“焚燒”即《大方等大集經》中的“焚燒”,其中“焚”亦“焚”之訛。

0908 𤏸

按:“𤏸”字,大型字典失收,見於《隨函録》,爲“悽”字之訛。《隨函録》卷24《出三藏記集》卷14:“𤏸然,上七西反。”(ZD60-320b)梁·釋僧祐《出三藏記集》卷14:“今在秦地深識者寡,折翮於此,將何所論,乃悽然而止。”(T55,p101c)《隨函録》“𤏸然”即《出三藏記集》中的“悽然”,其中“𤏸”即“悽”字之訛。

0909 焵

按:“焵”,大型字典失收,見於《隨函録》,乃“惆”字之訛。《隨函録》卷3《大集月藏經》卷10:“焵帳,上丑由反,正作惆,下丑亮反。”(ZD59-635a)《大方等大集經》卷56:“比丘大嗥哭,惆悵不自抑。”(T13,p378a)《隨函録》“焵帳”即《大方等大集經》中的“惆悵”,其中“焵”即“惆”字之訛。

0910 𤈦

按:“𤈦”,大型字典失收,見於《隨函録》,乃“愈”字之訛。《隨函録》卷9《文殊師利問佛經》下卷:“即⿱俞灬,餘主反,病差也,正作愈。”(ZD59-860b)梁・僧伽婆羅譯《文殊師利問經》卷2:“若國多疾病,以冷水摩花,塗螺鼓等吹擊出聲,聞者即愈。”(T14, p508c)《隨函録》“即⿱俞灬”即《文殊師利問經》中的“即愈”,其中“⿱俞灬”即“愈”字之訛。

0911 ⿰火奄

按:“⿰火奄”,大型字典失收,見於《隨函録》,乃“燎”字之訛。《隨函録》卷13《佛説閻羅王五天使者經》卷1:“火⿰火奄,力小、力照二反,炙也,放火也,燒也,正作燎。”(ZD59-1035a)宋・慧簡譯《佛説閻羅王五天使者經》卷1:“裹蘊火燎,懸頭日炙,屠割支解,毒痛參并。”(T01, p829a)《隨函録》“火⿰火奄”即《佛説閻羅王五天使者經》中的“火燎”,其中“⿰火奄”即“燎”字之訛。

0912 ⿰火丞

按:“⿰火丞”,大型字典失收,見於《隨函録》,乃“蒸”字之訛。《隨函録》卷13《別譯阿含經》卷18:“鬱⿰火丞,之勝反,濕熱氣也,正作蒸。”(ZD59-1017a)《別譯雜阿含經》卷16:“日中既盛熱,林木甚鬱蒸,衆禽以熱故,各自停不飛。”(T02, p490b)《隨函録》“鬱⿰火丞”即《別譯雜阿含經》中的“鬱蒸”,其中“⿰火丞”即“蒸”字之訛。《龍龕手鏡・火部》(238):“烝,俗;烝,正。”《別譯雜阿含經》卷10:“增長生死煩惱垢汙,能令行人受鬱⿰火蒸熱,生諸憂患,無有安樂。”(T02, p445b)“⿰火丞”與“烝”“⿰火蒸”形體近似。從形體上看,“⿰火蒸”蓋“烝”增旁所致,“烝”蓋“⿰火蒸”换聲旁所致,“⿰火丞”則爲“烝”字之訛。

0913 ⿱艹劳

按:“⿱艹劳”,大型字典失收,見於《隨函録》,乃“勞”字之訛。《隨函録》卷21《佛本行讚》卷1:“⿱艹劳欲,上郎刀、郎到二反,正作勞。”(ZD60-185b)宋・釋寶雲譯《佛本行經》卷1:“五欲猶奔馬,普世隨之迷,迴旋無出要,勞欲所欺誤。”(T04, p54c)《隨函録》“⿱艹劳欲”即《佛本行經》的“勞欲”,其中“⿱艹劳”即“勞”字之訛。

0914 ⿸𢦏車

按:“⿸𢦏車”字,大型字典失收,見於《隨函録》,即“載”字。《隨函録》卷5《寶雨經》卷3:“⿸𢦏車育,上子代反,承受也,正作載也。”(ZD59-727a)唐・達摩流支譯《佛説寶雨經》卷3:“善男子,譬如大地平等載育,無恩無怨無瞋無喜種種之想。”(T16, p296c)《隨函録》“⿸𢦏車育”即“載育”,其中“⿸𢦏車”即“載”字。

0915 ⿱攸灬

按:“⿱攸灬”,大型字典失收,見於《隨函録》,即“倏”字。《隨函録》卷29《弘明集》卷13:“睒⿱攸灬,上失染反,下失六反。”(ZD60-543a)梁・釋僧祐撰《弘明集》卷13:“儻得意於談表,共目擊而廢心。無運睒倏,往矣斯復。”(T52, p90c)《隨函録》“睒⿱攸灬”即經文中的“睒倏”,其中“⿱攸灬”即“倏”字。“倏”或作“倐”,“⿱攸灬”蓋“倐”字之俗。

0916 ⿱彖䖵、0917 ⿱艹彖

按:“⿱彖䖵”“⿱艹彖”,見於《隨函録》,乃“蠡”字。《隨函録》卷4《漸備一切智德經》卷1:“⿱彖䖵

微，上倉胡反，大也，物不精也，正作麁、麤二形，《渾家藏》作麄，同，音麁。"(ZD59-670b)西晉・竺法護譯《漸備一切智德經》卷1："普諸佛界廣狹麤微，大小所現，有量無量，眇眇難名。"(T10, p462b)《隨函録》"𥾝微"即《漸備一切智德經》中的"麤微"，其中"𥾝"即"麤"字。

0918 慊

按："慊"，大型字典失收，見於《隨函録》，乃"嫌"字之訛。《隨函録》卷15《摩訶僧祇律》卷33："所慊，音嫌。"(ZD59-1113b)東晉・佛陀跋陀羅共法顯譯《摩訶僧祇律》卷33："有著草華鬘共行，爲世人所嫌。"(T22, p494a)《隨函録》"所慊"即《摩訶僧祇律》中的"所嫌"，其中"慊"即"嫌"字之訛。

0919 燤

按："燤"，大型字典失收，見於《隨函録》，乃"蠟"字之訛。《隨函録》卷20《立世阿毘曇論》卷8："或燤，郎盍反，正作臘。"(ZD60-164b)陳・真諦譯《佛説立世阿毘曇論》卷8："昔在人中取有命衆生，熱油煎灌，或糖或蠟，或煮死屍，取汁澆灌，或不淨穢身入園人所用池井洗濯，以此業報於中受生。"(T32, p212b)《隨函録》"或燤"即《佛説立世阿毘曇論》中的"或蠟"，其中"燤"即"蠟"字。"蠟"或作"蠇"，"燤"蓋"蠇"字换旁所致。

0920 𤎖、0921 煑

按："煑"，大型字典失收，見於《隨函録》，乃"煮"字。《隨函録》卷14《佛大僧大經》卷1："燒煑，之與反，湯物也，正作煑、鬻二形。"(ZD59-1096b)宋・沮渠京聲譯《佛説佛大僧大經》卷1："違佛法教，不孝殘聖，死入地獄，燒煮苦毒，其歲難數。"(T14, p828c)《隨函録》"燒煑"即《佛説佛大僧大經》中的"燒煮"。其中"煑"即"煮"字。"煮"又作"𤎖"。《隨函録》卷14《佛五百弟子自説本起經》卷1："脯𤎖，上音府，下音煑。"(ZD59-1094c)西晉・竺法護譯《佛五百弟子自説本起經》卷1："我身壽終已，墮地獄甚久，合會及叫喚，世世見脯煮。"(T04, p193a)《隨函録》"脯𤎖"即《佛五百弟子自説本起經》中的"脯煮"。其中"𤎖"即"煮"字。從形體上看，"𤎖"乃"煮"聲旁繁化所致，而"煑"即"𤎖"字之變，構件"灬"即"火"。

0922 熈

按："熈"見於《隨函録》，乃"熙"字。《隨函録》卷6《楞伽阿跋多羅寶經》卷1："熈怡，上喜之反，下以之反。"(ZD59-739c)宋・求那跋陀羅譯《楞伽阿跋多羅寶經》卷1："若聞説得陰界入自共相斷知時，舉身毛孔熙怡欣悦。"(T16, p487a)《隨函録》"熈怡"即《楞伽阿跋多羅寶經》中的"熙怡"，其中"熈"即"熙"字。

0923 㷇

《龍龕手鏡・火部》(240)："㷇①，《隨函》云誤，合作焫，音回。"

① 鄧福禄《字典考正》第245頁以爲"㷇"字未見《直音篇》之前的字韻書，失檢。

按:“熉”,可見於可洪《隨函録》及《慧琳音義》,乃“熉”字之訛。《隨函録》卷 14《駡意經》卷 1:“炎出爲熉,上音焔,下宜作熉。”(ZD59-1092c)後漢・安世高譯《佛説駡意經》卷 1:“譬如五種本,亦無有種便生,人生亦本無有種便有,如然火焰出爲熉熉,去薪便止。”(T17, p534b)《隨函録》“炎出爲熉”即《佛説駡意經》中的“焰出爲熉”,其中“熉”即“熉”字。從形體上看,“熉”當爲“熉”字之訛,《龍龕手鏡》所引《隨函》以爲是“焴”字,可能不妥,兩者形體上相差較大。慧琳《一切經音義》也以“熉”爲“熉”字之訛。唐・慧琳《一切經音義》卷 57《佛説駡意經》音義:“熉熉,忿分反。《説文》:‘熉,燒也。’今作焚,《古今正字》從火賁聲,經從貴作熉,書誤也。”(T54, p685c)從形體看,“熉”當爲“熉”字之訛,《龍龕手鏡》引《隨函》作“焴”恐怕不妥。

0924 𫟋

按:“𫟋”,大型字典失收,見於《隨函録》,乃“獻”字之訛。《隨函録》卷 12《長阿含經》卷 1:“𫟋王,上許建反,進也。《周禮》曰:‘致物於人尊前曰獻也。’正作獻也。”(ZD59-980a)後秦・佛陀耶舍共竺佛念譯《長阿含經》卷 1:“獻王琉璃寶,珠玉及衆珍。”(T01, p5a)《隨函録》“𫟋王”即《長阿含經》中的“獻王”,其中“𫟋”爲“獻”字之訛。

0925 燰

《中華字海・火部》:“燰,同煨。見《篇海》。”

按:我們這裏要講的“燰”乃“曖”字。《隨函録》卷 24《出三藏記集》卷 15:“炳燰,上音丙,下音愛。”(ZD60-321a)“燰”音“愛”,與“曖”音同。梁・釋僧祐《出三藏記集》卷 15:“色凝積空,望似輕霧。暉相炳曖,若隱而顯。”(T55, p109c)《隨函録》“炳燰”即《歷代三寶紀》中的“炳曖”,其中“燰”即“曖”字。我們以爲“曖”在這裏當即“曖”字①。《玉篇・目部》:“曖,烏蓋切,隱也。”與下文“若隱而顯”正好符合。“曖”受上字“炳”的影響,類化换從“火”而作“燰”。形體演變如下:曖→炳+曖→類化→燰。這樣一來,大型字典“燰”字下可增添“同曖”的説解。

0926 𦞦

按:“𦞦”,大型字典失收,見於《隨函録》,乃“照”字之訛。《隨函録》卷 5《大乘悲分陀利經》卷 7:“能𦞦,音照。”(ZD59-716a)《大乘悲分陀利經》卷 7:“妙月三昧能照諸三昧,如淨月幢勝三昧能持諸三昧幢。”(T03, p278a)《隨函録》“能𦞦”即《大乘悲分陀利經》中的“能照”,其中“𦞦”即“照”字之訛。

0927 𤇾

按:“𤇾”,大型字典失收,見於《隨函録》,乃“瑩”字之訛。《隨函録》卷 21《出曜經》

---

① “曖”與“曖”形體近似,當爲其訛。“暉相炳曖”,宋、元、明本《高僧傳》卷 6 引作“暉相炳嗳”,“嗳”即“曖”字之訛。《大正藏》之《廣弘明集》卷 20“曖千門之列敞”(T52, p246a),《四部叢刊》之《廣弘明集》卷 20 作“暖千門之列敞”,“暖”亦“曖”字之訛,可資比勘。在《集》文中,“曖(曖)”與“炳”的意思正好相對,“炳”爲明亮,而“曖”爲隱約、朦朧。

卷 17:“⿱𤇾王治,上宅庚反,磨鋥出光也,正作堂也,舊《切韻》作堂,宅庚反。《周禮》曰:‘唯角堂之也。’第八卷作堂治也,或作瑩、榮、瀅三音。”(ZD60-199c)姚秦・竺佛念譯《出曜經》卷 25:“晝夜挍飾,不令有塵,如鐵生垢瑩治乃明。”(T04, p743b)《隨函録》“⿱𤇾王治”即《出曜經》的“瑩治”,其中“⿱𤇾王”即“瑩”字之訛。《隨函録》以“⿱𤇾王”爲“堂”字,誤也。“瑩治”即磨治之義。佛經中有很多用例。如隋・闍那崛多譯《四童子三昧經》卷 2:“譬如摩伽陀國有一寶器,或用金作,或用銀作。作之成就,善加瑩治。無有塵垢,無有瑕隙,無有破漏。”(T12, p935c)法護譯《佛説除蓋障菩薩所問經》卷 3:“譬如有人取摩尼寶,或真金等。磨瑩治鍊,去諸瑕垢。”(T14, p711c)

0928 爣

按:“爣”,見於《隨函録》,乃“鑽”字。《隨函録》卷 3《大方廣佛華嚴經》卷 6:“爣火,上子官反,正作鑽。”(ZD59-653c)東晉・佛馱跋陀羅譯《大方廣佛華嚴經》卷 5:“譬如人鑽火,未出數休息,火勢隨止滅,懈怠者亦然。”(T09, p428c)《隨函録》“爣火”即《大方廣佛華嚴經》中的“鑽火”,其中“爣”即“鑽”字。從形體上看,“鑽”蓋受下字“火”的影響類化改旁從“火”而作“爣”。

0929 ⿱⿰骨昜灬、0930 ⿰骨昜、0931 ⿰骨昜、0932 ⿰骨昜、0933 ⿰骨昜

《龍龕手鏡・火部》(244):“⿱⿰骨昜灬,舊藏作⿰骨昜,古歷反,出《道地經》。”《中華字海・骨部》(1600):“⿰骨昜,義未詳。見《龍龕》‘⿱⿰骨昜灬’字釋文。”

《漢語俗字叢考》(695):“《字海》‘⿰骨昜’實爲‘⿰骨昜’字傳録之誤,而‘⿱⿰骨昜灬’則爲‘⿰骨昜’的增旁俗字。”

《漢語俗字叢考》(1110):“‘⿱⿰骨昜灬’則即‘⿰骨昜’的增旁俗字。”

按:《叢考》據《龍龕手鏡》以“⿱⿰骨昜灬”“⿰骨昜”爲表“骨間黄汁”意義的“⿰骨昜”字,不妥。“⿱⿰骨昜灬”“⿰骨昜”實際上乃“傷”字之俗。“⿱⿰骨昜灬”“⿰骨昜”來源於《道地經》。《隨函録》卷 21《道地經》卷 1:“髓⿰骨昜,音傷,損也。”(ZD60-209a)《隨函録》卷 21《道地經》卷 1:“髓⿰骨昜,始羊反,損也,正作傷也。《玉篇》及郭氏音並音惕。惕,他的反。《玉篇》又徒厄反,並非經意也。《切韻》音擊,髂間黄汁也,亦非義。”(ZD60-208c)今刻本《道地經》有版本作“傷”,有版本作“⿰骨昜”。後漢・安世高譯《道地經》卷 1:“復一風起名破骨風,令病者骨髓傷。”(T15, p233b)“傷”,宋、元、明本作“⿰骨昜”。《隨函録》“髓⿰骨昜”即《道地經》中的“髓傷”。《隨函録》“⿰骨昜”及宋、元、明本《道地經》“⿰骨昜”皆即“傷”字。

從經文看,也應該把“⿰骨昜”“⿱⿰骨昜灬”“⿰骨昜”等當成“傷”字纔是。

首先,“令病者骨髓⿰骨昜(⿰骨昜)”中的“令”表使令意義,其語法格式是“令＋名詞或代詞(兼語)＋動詞”,也就是説“⿰骨昜”“⿰骨昜”等應該是一個動詞,作“傷”字正好符合,如果作表“骨間黄汁”意義的“⿰骨昜”的話則爲名詞,詞性不符。

其次,其他佛經文獻有“髓傷”或“傷髓”一語。元魏・瞿曇般若流支譯《正法念處經》卷 65:“或以天眼,見有髓蟲,名曰毛蟲。一切身分,皆悉生毛。若此蟲瞋,令髓傷害。”(T17, p387c)元魏・瞿曇般若流支譯《正法念處經》卷 65:“若蟲瞋恚,能令髓融。以傷髓故,令人色惡。”(T17, p387c)元魏・瞿曇般若流支譯《正法念處經》卷 67:“三名斷節蟲,爲

傷髓風之所殺害。"(T17, p397c)凡此種種都證明把"髓𩩲""髓𩪝""髓𩪽"理解爲"傷"在意義上是没有問題的。

最後,我們也可在形體上解釋"傷"爲什麽會寫成"𩩲""𩪝"或"𩪽"。"傷"蓋受上字"髓"的影響類化换形旁從"骨"並换聲旁爲"昜"而作"𩪽"。由於構件"昜"與"易"近似易混,於是又可作"𩩲(𩩲)"。由於"𩩲(𩩲)"是指流汁型的骨髓破傷,故又增"灬(水)"旁作"𩪝"。

綜上所述,我們當從《隨函録》把"𩩲""𩪝""𩪽"當作"傷"字,《龍龕手鏡》等所識有誤。

户部

0934 𢨥

按:"𢨥",大型字典失收,見於《隨函録》,乃"聊"字之訛。《隨函録》卷 12《長阿含經》卷 5:"𢨥无,上力條反,正作聊。"(ZD59-981b)後秦·佛陀耶舍共竺佛念譯《長阿含經》卷 5:"今者寂然,聊無髣髴。"(T01, p32b)《隨函録》"𢨥無"即《長阿含經》中的"聊無","𢨥"即"聊"字之訛。

0935 𢩂

《龍龕手鏡·雜部》(552):"𢩂,舊藏作嗣,音寺。"《漢語大字典》(948)引《字彙補·户部》:"𢩂,音嗣,義同。"

按:"𢩂"亦見於《隨函録》,的确如《字彙補》所言即"嗣"[①]字。《隨函録》卷 22《内身觀章句經》卷 1:"斷𢩂,音寺,継也,正作嗣。"(ZD60-233a)《佛説内身觀章句經》卷 1:"敷演名之諦,佛以日斷嗣。"(T15, p239c)《隨函録》"斷𢩂"即《佛説内身觀章句經》中的"斷嗣",其中"𢩂"即"嗣"字之訛。唐·慧琳《一切經音義》卷 75《佛説内身觀章句經》音義:"斷嗣,辭漬反,《爾雅》:'嗣,繼也。'……經從扁作(𢩂),誤也。"(T54, p796c)又《隨函録》卷 21《撰集百緣經》卷 9:"紹𢩂,音寺。"(ZD60-192b)吴·支謙譯《撰集百緣經》卷 9:"時彼王子,年漸長大,其王崩背,紹嗣王位。"(T04, p247c)《隨函録》"紹𢩂"即《撰集百緣經》的"紹嗣",其中"𢩂"亦"嗣"字之訛。

心(忄)部

0936 忛、0937 忛

按:"忛""忛",見於《隨函録》,即"帆"字。《隨函録》卷 30《南海寄歸傳》卷 4:"皷忛,音凡。"(ZD60-604a)唐·義淨撰《南海寄歸内法傳》卷 4:"賴皇澤之遐霑,遂得旋踵東歸,鼓帆

---

① 鄧福禄《字典考正》第 249 頁:"《龍龕·雜部》:'𢩂,舊藏作嗣,音寺。'(552)意即'𢩂'的異文作'嗣','𢩂'音寺。異文關係的'嗣'和'𢩂'不一定就是異體字。故《字彙補》以爲'嗣'同'𢩂',證據不足。"鄧福禄以爲《龍龕手鏡》"𢩂"不是"嗣"字,恐不妥。

南海。"(T54, p229c)《隨函録》"皷忛"即經文中的"鼓帆",其中"忛"即"帆"之訛。《隨函録》卷30《南海寄歸傳》卷4:"舉忼,音凡。"唐·義淨撰《南海寄歸内法傳》卷4:"附舶廣州,舉帆南海。"(T54, p233b)《隨函録》"舉忼"即經文中的"舉帆",其中"忼"即"帆"之訛。"帆"俗寫可作"㤓"。《字彙補·卯集·拾遺》:"㤓,唐書釋音有此字,本帆。"俗寫中構件"忄"與"巾"常相混,"忛""忼"與"帆"的俗體"㤓"近似。

"忛",又可爲"忼"。《隨函録》卷23《經律異相》卷22:"**忺**慨,上苦浪反,下苦愛反,大息也,歎也。《川音》作忛慨,上音慷,下音豈,非也。"(ZD60-271a)"忛慨"即"忼慨"。

0938 **忺**

《中華字海·忄部》(590):"**忺**,同忱,見《敦煌俗字譜》。"

按:"**忺**""**忛**"可爲"忼(慷)"字之訛。《隨函録》卷23《經律異相》卷22:"**忺**慨,上苦浪反,下苦愛反,大息也,歎也。《川音》作忛慨,上音慷,下音豈,非也。"(ZD60-271a)梁·僧旻、寶唱等集《經律異相》卷22:"亡我子,不知所在,飢寒生死不復相見,並忼慨悲痛。"(T53, p120b)《隨函録》"**忺**慨"即經文中的"忼慨",其中"**忺**"即"忼"字之訛。《川音》作"忛慨","忛"亦"忼"字之訛。

"**忺**"又可爲"沉"字。《隨函録》卷19《阿毘達磨順正理論》卷80:"**忺**慼,上直林反,没也,正作沉也,又是林反,非也,悮。"(ZD60-145b)唐·玄奘譯《阿毘達磨順正理論》卷80:"彼瑜伽師久觀不淨,厭惡轉故令心沈慼。"(T29, p773a)《隨函録》"**忺**慼"即《阿毘達磨順正理論》中的"沈慼",其中"**忺**"即"沈"字。"沈(沉)"蓋受下字"慼"或上字"心"的影響類化换旁從"忄"而作"**忺**"。

0939 忟

《集韻·御韻》:"忟,度,如倨切。"

按:我們在這裏要講的"忟"乃"汝"字之訛。《隨函録》卷21《佛所行讚》卷4:"見忟,音汝。"(ZD60-183b)北涼·曇無讖譯《佛所行讚》卷4:"告言今見汝,而有異常容,素性至沈隱,歡相見於今。"(T04, p33c)《隨函録》"見忟"即《佛所行讚》的"見汝",其中"忟"即"汝"字之訛。

0940 怲

《中華字海·忄部》(590):"怲,忌妒,見《玉篇》。"《龍龕手鏡·心部》(57):"怲,音訪。"

按:"怲",見於《隨函録》,非"忌妒"之義,乃聯綿詞用字。《隨函録》卷5《阿惟越致遮經》中卷:"怲怫,上宜作髣、仿、彷,三同,芳罔(網)反。下宜作髴、佛、彿,三同,芳勿反。見不審細也,依俙也,相似也。又上音妨,下扶味、扶勿二反,非。"(ZD59-729b)《阿惟越致遮經》卷2:"一切四輩未遭斯典,志於彷佛。"(T09, p216b)《隨函録》"怲怫"即"彷佛",由於"彷佛"爲聯綿詞,字本無定形,可作"仿佛""髣髴"等,"髣""仿""彷"皆有可能是"怲"字産生之源。

0941 怯

按:"怯"字,見於《隨函録》,爲"恢"字之訛。《隨函録》卷24《出三藏記集》卷8:"恢怯焉，上二同，口迴反，大也，下于乹反。怺字悮也。上句云'落落焉'，下句'恢恢焉'，是也。"(ZD60-314b)梁・釋僧祐《出三藏記集》卷 8："指玄門以忘期觀品夷照，總化本以冥想，落落焉。聲法鼓於維耶，而十方世界無不悟其希音，恢恢焉。"(T55, p58c)《隨函録》"恢怺"即《出三藏記集》中的"恢恢"，其中"怺"即"恢"字之訛。

0942 ⿰忄𢀖、0943 ⿰忄𡿺

按："⿰忄𢀖""⿰忄𡿺"，大型字典失收，皆見於《隨函録》，即"惱"字。

《隨函録》卷 30《廣弘明集》卷 28："忺⿰忄𡿺，上烏老反，下奴老反。"(ZD60-590a)唐・道宣撰《廣弘明集》卷 28："長號懊惱，無心苟存。"(T52, p326c)《隨函録》"忺⿰忄𡿺"即經文中的"懊惱"，其中"⿰忄𡿺"即"惱"字之訛。

又《隨函録》卷 3《大方等大集經》卷 13："苦⿰忄𢀖，音惱。"(ZD59-621b)"⿰忄𢀖"亦"惱"之字。

0944 怙

《中華字海・心部》(590)："怙，同憂，見《正字通》。"

按：我們這裏要講的"怙"乃"怪"字之訛。《隨函録》卷 28《續高僧傳》卷 29："怙而，上音恠，或作怯、怪二形。"(ZD60-497b)唐・釋道宣撰《續高僧傳》卷 29："見一隋岸屢有異光，怪而尋討上下循擾。"(T50, p692a)《隨函録》"怙而"即經文中的"怪而"，其中"怙"即"怪"之訛。又《隨函録》卷 26《集古今佛道論衡》："怙言，上音恠，正作怪，《廣弘明集》作怯。"(ZD60-416b)《集古今佛道論衡》卷 1："然始詞繁寡實，頗竊有怪言。"(T52, p365b)《隨函録》"怙言"即經文中的"怪言"，其中"怙"亦"怪"之訛。這樣一來，大型字典"怙"字下可增添"同怪"的説解。

0945 ⿰忄号

按："⿰忄号"，大型字典失收，見於《隨函録》，即"愕"字之訛。《隨函録》卷 26《大慈恩寺法師傳》卷 2："驚⿰忄号，五各反，正作愕。"(ZD60-433b)《大唐大慈恩寺三藏法師傳》卷 2："遇一婆羅門耕地告之被賊，彼聞驚愕，即解牛與法師，向村吹貝。"(T50, p231c)《隨函録》"驚⿰忄号"即經文中的"驚愕"，其中"⿰忄号"即"愕"字之訛。

0946 ⿰忄本

按："⿰忄本"，大型字典失收，見於《隨函録》，乃"休"字。《隨函録》卷 18《阿毘曇毘婆沙論》卷 48："⿰忄本息，上許牛反，息也，正作体、休二形。"(ZD60-105b)北涼・浮陀跋摩共道泰等譯《阿毘曇毘婆沙論》卷 44："離無所有處欲，作休息想心，令心心數法滅。"(T28, p331c)《隨函録》"⿰忄本息"即《阿毘曇毘婆沙論》的"休息"，其中"⿰忄本"即"休"字。"休(体)"蓋受下字"息"的影響，類化换旁從"忄"而作"⿰忄本"。

0947 ⿰忄本

《中華字海・忄部》(590)："⿰忄本，同笨，字見《集韻》。"

按：我們在這裏要講的"⿰忄本"乃"悴"字之訛。《隨函録》卷 13《移山經》卷 1："色⿰忄本，疾遂

反，愁貌也，又子内反，恐貌也，又子外反，五色采也，正作悴。"(ZD59-1041b)西晉・竺法護譯《佛説力士移山經》卷1:"於是世尊問諸力士:'汝等何故體疲色顇?'"(T02, p858a)《隨函録》"色体"即《佛説力士移山經》中的"色顇"，其中"体"即"顇"字。"顇"與"悴"用同。《隨函録》卷28《十門辯惑論》下卷:"憔悴，上自焦反，下自遂反，顔色衰也，亦作顦顇。"(ZD60-520a)"体"蓋源於"悴"字之訛。

0948 𢗂

按:"𢗂"見於《隨函録》，乃"抵"字。《隨函録》卷2《阿彌陀經》卷2:"𢗂佷，上音帝。"(ZD59-607c)吴・支謙譯《佛説阿彌陀三耶三佛薩樓佛檀過度人道經》卷2:"復不信作善後世當得其福，蒙悾抵佷益作衆惡，如是壽終財物盡索。"(T12, p304c)《隨函録》"𢗂佷"即經文中的"抵佷"，其中"𢗂"即"抵"字。"抵"蓋受上字"悾"的影響類化换旁從"忄"而作"𢗂"。

0949 忽、0950 㣪

按:我們在這裏要講的"忽"乃"澀(澀)"字之訛。《隨函録》卷20《成實論》卷4:"麄忽，所立反。"(ZD60-158b)姚秦・鳩摩羅什譯《成實論》卷3:"以堅相多故，堅鞕麤澀。"(T32, p262c)《隨函録》"麄忽"即《成實論》中的"麤澀"，其中"忽"即"澀"字。"澀"或作"澀"，而"澀"俗作"𣸣"[①]，"忽"與"𣸣"近似。

又《隨函録》卷20《成實論》卷4:"忽滑，上所立反。"(ZD60-158c)姚秦・鳩摩羅什譯《成實論》卷3:"或從觸對生冷熱識，或從摩捫生澀滑識。"(T32, p264c)《隨函録》"忽滑"即《成實論》中的"澀滑"，其中"忽"亦"澀"字。《龍龕手鏡・山部》(77):"㣪，所立反。"很顯然，"㣪"與"忽""𣸣"近似，亦爲"澀(澀)"字。

0951 𢝋

按:"𢝋"字，大型字典失收，見於《隨函録》，即"染"字。《隨函録》卷30《廣弘明集》卷28:"悦𢝋，下音忰(當爲染字之訛)。"(ZD60-591b)唐・道宣撰《廣弘明集》卷28:"悦染絲歌，聞勝法善音昏然欲睡，聽鄭衛淫靡聳身側耳。"(T52, p330c)《隨函録》"悦𢝋"即經文中的"悦染"，其中"𢝋"即"染"字之訛。"染"受上字"悦"的影響，類化改旁從"忄"而成"𢝋"。

0952 㤦、0953 𢘆

《中華字海・忄部》(593):"㤦，同悻，字見朝鮮本《龍龕》。"《龍龕手鏡・心部》(58):"𢘆，胡頂反，𢘆恨也。"

按:我們這裏要講的"㤦""𢘆"乃"怪"字之訛。《隨函録》卷27《續高僧傳》卷18:"可㤦，古拜反，又胡頂反，非。"(ZD60-483a)唐・釋道宣撰《續高僧傳》卷18:"室今暗昧，是師淨相，不可怪也。"(T50, p577c)《隨函録》"可㤦"即經文中的"可怪"，其中"㤦"即"怪"之訛。

又《隨函録》卷28《續高僧傳》卷25:"休㤦，古拜反，異也，正作怪字，從圣，音窟。"

---

① 見本書下篇"澁"字條。

(ZD60-492b)《隨函録》卷 28《續高僧傳》卷 25:"爲**恠**,音恠。"(ZD60-492c)《隨函録》卷 28《續高僧傳》卷 28:"**恠**其,上古拜反,正作怪字,從圣,音窟。"(ZD60-497a)以上"**恠**"字也是"怪"字之訛。

又《隨函録》卷 27《續高僧傳》卷 12:"可**悭**,古壞反,異也,正作怪,亦作恠,字從圣,音窟,又音脛,非。"(ZD60-475a)唐・釋道宣撰《續高僧傳》卷 12:"此不可怪,理數然也。"(T50, p519c)《隨函録》"可**悭**"即經文中的"可怪",其中"**悭**"亦"怪"之訛。這樣一來,大型字典"**恠**""**悭**"字下皆可增添"同怪"的説解。

0954 **怏**

《中華字海・忄部》(593)以"**怏**"爲"悏"的類推簡化字。

按:我們這裏要講的"**怏**"乃"怏"字。《隨函録》卷 24《出三藏記集》卷 11:"**怏怏**,於亮反。"(ZD60-317c)"**怏**"音"於亮反",與"怏"音同。梁・釋僧祐《出三藏記集》卷 11:"余昔在鄴少習其事,未及檢戒。遂遇世亂,每以怏怏,不盡於此。"(T55, p80b)《漢語大詞典・心部》:"怏怏,不服氣或悶悶不樂的神情。唐・王昌齡《大梁途中作》詩:'怏怏步長道,客行渺無端。'"《隨函録》"**怏怏**"即《出三藏記集》中的"怏怏",其中"**怏**"即"怏"字之訛。

0955 **恙**[①]

《龍龕手鏡・心部》(55):"**恙**,音祥。"《中華字海・忄部》(594):"**恙**,yàng,義未詳。見朝鮮本《龍龕》。"

按:"**恙**",見於《隨函録》,乃"庠(詳)"字。《隨函録》卷 13《中本起經》下卷:"**恙恙**,音詳。"(ZD59-1032a)"**恙**"音"詳",與《龍龕手鏡》所注讀音(音祥)相同,此蓋《龍龕手鏡》所本。吴・支謙譯《中本起經》卷 2:"瞻睹神德威相赫然,弟子法儀恂恂洋洋。"(T04, p162a)"洋洋",宋、元、明本作"庠庠"。《隨函録》"**恙恙**"即宋、元、明本《中本起經》中的"庠庠"。在表示安詳之義時,"庠""祥"與"詳"用同。"庠""詳""祥"皆有可能是"祥"的正體。正因爲如此,《隨函録》以"祥"讀"**恙**",《隨函録》以"詳"讀"**恙**",宋、元、明本《中本起經》把"**恙**"當作"庠"字。鄭賢章(2007-282)亦曾以"**恙**"爲"庠",從構詞來看,"庠庠"罕見,似以"洋洋"爲是。"洋洋",善美貌。《中本起經》卷 2:"瞻覩神德威相赫然,弟子法儀恂恂洋洋,敬心踊躍拱袖進前。"(T04, p162a)"恙"蓋爲"洋","洋"蓋受上面"恂"的影響類化换旁從"忄"而作"**恙**"。

最後要指出的是《中華字海》以"**恙**"讀"yàng",誤。"**恙**"在《龍龕手鏡》平聲區,不讀去聲,《中華字海》誤把"音祥"當作了"音樣"。

0956 **岳**

按:"**岳**",大型字典失收,見於《隨函録》,乃"岳"字之訛。《隨函録》卷 11《攝大乘論釋・序》:"**岳**靈,上五角反,下力丁反。"(ZD59-965c)《攝大乘論釋・序》:"叡表岳靈,德洞河府。"(T31, p153a)《隨函録》"**岳**靈"即《攝大乘論釋・序》中的"岳靈",其中"**岳**"爲"岳"字之訛。

---

① 此條我們在《以可洪〈隨函録〉考漢語俗字(續)》一文中考釋過,見《古漢語研究》2007 年第 1 期,第 67 頁。

0957 㤨

《龍龕手鏡・心部》(61):"㤨,則卧反,折㤨也。"

按:《中華字海》(596)以"㤨"同"挫",是。《隨函録》中有明證。《隨函録》卷 30《廣弘明集》卷 27:"㤨情,上子卧反,正作挫。"(ZD60-587b)唐・道宣撰《廣弘明集》卷 27:"當須慷慨懔厲,挫情折意,生增上心。"(T52, p307a)《隨函録》"㤨情"即經文中的"挫情",其中"㤨"即"挫"字之訛。在佛經中,"挫"受下字"情"的影響,類化换旁從"忄"而寫成了"㤨"。

0958 **惂**、0959 惂

按:我們這裏要講的"**惂**(惂)"乃"陷"字之俗。《隨函録》卷 28《弘明集》卷 1:"**惂**(惂)剖,上他刀反,掐取也,正作搯也,下普口反。"(ZD60-524a)梁・釋僧祐撰《弘明集》卷 1:"比干盡忠而陷剖心之禍,申生篤孝而致雉經之痛。"(T52, p9a)《隨函録》"**惂**(惂)剖"即經文中的"陷剖",其中"**惂**(惂)"即"陷"字之俗。

根據文意,"**惂**(惂)剖"之"**惂**"絶非《隨函録》所説的"搯"字。《隨函録》蓋以爲"**惂**(惂)"與"剖"相連,"**惂**(惂)"應與"剖"的意義相關,於是就把它當成了"搯"。其實,文中"剖心之禍"與"雉經之痛"相對,"**惂**(惂)"與"致"相對。"**惂**(惂)"作"陷",意義正好與"致"相當。

"陷"由於受上字"忠"或下字"心"的影響類化從"心"旁而寫成"**惂**(惂)"。

0960 **悦**

按:"**悦**",見於《隨函録》,乃"順"字之訛。《隨函録》卷 21《撰集百緣經》卷 10:"孝**悦**,音順。"(ZD60-192c)吴・支謙譯《撰集百緣經》卷 10:"然於父母師僧耆舊有德,慈心孝順,言常含笑,終不出於麤惡言語。"(T04, p252b)《隨函録》"孝**悦**"即《撰集百緣經》的"孝順",其中"**悦**"即"順"字。"順"或作"慎"①,從形體上看,"**悦**"蓋"慎"之訛。《中華字海・忄部》(596)引《五音集韻》:"悦,悃也。""**悦**"非《五音集韻》"悦"。

0961 怇

按:我們在這裏要講的"怇"乃"柩"字之訛。《隨函録》卷 13《中本起經》下卷:"靈怇,巨右反,正作柩。"(ZD59-1032a)吴・支謙譯《中本起經》卷 2:"國大夫人背棄天下,侍送靈柩,安措始還。"(T04, p160b)《隨函録》"靈怇"即《中本起經》中的"靈柩",其中"怇"即"柩"字之訛。

0962 **㤂**、0963 **㤂**、0964 㤂、0965 㤂

《龍龕手鏡・心部》(63):"**㤂**,劫、卻二音。"《中華字海・忄部》(594):"**㤂**,義未詳。見《直音篇》。"《中華字海・忄部》(594):"㤂,(一)同'脅',威脅。字見玄應《一切經音義》卷四。(二)同'劫'。字見《直音篇》。"

按:"**㤂**""**㤂**",見於《隨函録》,乃"怯"字。《隨函録》卷 8《五千五百佛名經》卷 8:"不**㤂**,

① 《中華字海・忄部》:"慎,同順。"中國友誼出版公司 1994 年,第 600 頁。

丘劫反,上方經作怯也,或作⿰忄郤,巨約反,勞惓也。"(ZD59-842b)《五千五百佛名神咒除障滅罪經》卷 8:"三百如來:南無不現步如來,南無現忍如來,南無大華得如來,南無自熏如來,南無神通淨如來,南無華覺如來,南無婆須達如來,南無不怯鳴如來……"(T14, p351c)《隨函録》"不⿰忄却"即《五千五百佛名神咒除障滅罪經》中的"不怯",其中"⿰忄却"即"怯"字。從形體上看,"⿰忄却"即"怯"聲旁繁化所致。又《隨函録》卷 4《等目菩薩所問三昧經》上卷:"恐⿰忄刧(㤼),丘劫反,怖也,又郭氏音劫,非也。"(ZD59-675b)西晉・竺法護譯《等目菩薩所問三昧經》卷 2:"亦自知解達虛空,亦自知明了法身,亦自知而無恐怯,亦自知不處於有常。"(T10, p581b)《隨函録》"恐⿰忄刧(㤼)"即《等目菩薩所問三昧經》中的"恐怯",其中"⿰忄刧(㤼)"亦"怯"字。

我們再看看"㤼"字。玄應《一切經音義》卷 4《大灌頂經》卷 6 音義:"恐愶,虛業反。《方言》:'愶,鬩懼也。'謂以威力相恐懼也。鬩音呼激反。經文作⿰忄刧蹹二形,非也。""⿰忄刧",《中華字海》録作成"㤼",有所不妥。《隨函録》卷 6《大灌頂經》卷 6:"恐怖,《經音義》作⿰忄刧,以愶字替之,許劫反。"(ZD59-751b)鄧福禄《字典考正》(147)云:"可洪對玄應的意見没有異議。我們認爲'威愶'之'愶'更換聲旁作'⿰忄刧'是可能的,也切合經文文意。所以說'⿰忄刧'同'愶'是可以成立的。"此説有不妥之處。《隨函録》卷 25《一切經音義》:"⿰忄刧蹋,上許劫反,下徒合反。《大灌頂經》'恐怖',應和尚以恐愶替之,非也。"(ZD60-355a)可見可洪對玄應以"⿰忄刧"爲"愶"是反對的,鄧氏"可洪對玄應的意見没有異議"之語有失。根據鄧氏所找的對應經文"若有恐怖遊行塚墓,爲諸邪鬼嬈亂汝者,即當説是灌頂章句"來看,"恐⿰忄刧"同"恐怖",爲害怕、膽怯之義,"⿰忄刧"不當爲"威愶"之"愶"。鄧氏"切合經文文意"恐怕也不妥。因此,我們認爲此處"⿰忄刧"其實也是"怯"字。"恐⿰忄刧"即"恐怯",與"恐怖"同義。

此外,《龍龕手鏡》"⿰忄却"讀"劫",張涌泉《漢語俗字叢考》(439)以爲與"㤼"同,皆"劫"字。[1]《龍龕手鏡・心部》(63):"㤼,音劫,强取。""⿰忄却"讀"劫",與"㤼"音同。《龍龕手鏡》"⿰忄却"又讀"卻",張涌泉以爲是"㾡",恐怕不妥。"⿰忄却"讀"卻",溪母藥韻,而"㾡",《集韻》音"極虐切",群母藥韻,兩者讀音有所不同。《龍龕手鏡》"⿰忄却"又讀"卻",我們懷疑其爲俗讀,俗以"⿰忄却"形體上從"卻"故讀爲"卻"。

0966 ⿱吅心

按:"⿱吅心",大型字典失收,見於《隨函録》,乃"恐"字之訛。《隨函録》卷 16《四分律》卷 52:"今⿱吅心,丘勇、丘用二反,懼也,正作恐、忎二形也。"(ZD60-40c)姚秦・佛陀耶舍共竺佛念等譯《四分律》卷 51:"外道衆多,坐處窄狹,飲食有限,本爲千二百五十人設供,今恐不供足。"(T22, p947b)《隨函録》"今⿱吅心"即《四分律》中的"今恐",其中"⿱吅心"即"恐"字之訛。

---

[1] 《隨函録》卷 14:"⿰忄刧菩提,上許劫反,以威恐之也,正作愶也。郭氏音劫,非也。"(ZD59-1083b)鄧福禄《字典考正》(148)以爲《龍龕手鏡》"⿰忄刧"讀"劫"是源於郭氏注音,並就此以爲《龍龕手鏡》(63)"⿰忄刧"同"劫"是錯誤的。我們以爲"⿰忄刧"郭氏音"劫"並不一定是針對"⿰忄刧菩提"中的"⿰忄刧"。可洪引郭氏注音衹是在説明這裏的"⿰忄刧菩提"的"⿰忄刧"不當讀"劫",至於"⿰忄刧"是否可以讀"劫"並没有加以否定。《隨函録》卷 4《等目菩薩所問三昧經》上卷:"恐⿰忄刧(㤼),丘劫反,怖也,又郭氏音劫,非也。"(ZD59-675b)此處可洪亦引了郭氏音。我們在前面已經説過,郭氏注音不是隨經而注的,我們並不能排除"⿰忄刧"的確可以音"劫",並作爲"劫"的俗字的情況。《龍龕手鏡》(63)明確指出"⿰忄刧"同"劫",意義爲"强取",其當自有出處。

0967 恧

《方言》第六:“恧,慙也。……山之東西,自愧曰恧。”

按:我們在這裏要講的“恧”乃“惡”字之訛。《隨函録》卷5《正法華經》卷10:“憎恧,烏故反,正作惡。”(ZD59-710a)又《隨函録》卷5《正法華經》卷2:“懷恧,烏各反,正作惡也,又女六、女力二反,非。”(ZD59-705c)西晉・竺法護譯《正法華經》卷2:“彼諸鬼神,亦食衆生,雖得飽滿,心續懷惡。”(T09, p76c)《隨函録》“懷恧”即《正法華經》中的“懷惡”,其中“恧”即“惡”之訛。

0968 ⿰忄亚、0969 ⿰忄惡、0970 ⿰忄悪、0971 ⿰忄恚

《龍龕手鏡・心部》(61):“⿰忄悪,烏故反。”《中華字海・忄部》(604):“⿰忄悪,同惡。”

按:“⿰忄悪”的確是“惡”字。《隨函録》卷6《大淨法門經》卷1:“⿰忄悪難,上烏故反,下奴歎反。”(ZD59-759a)西晉・竺法護譯《佛説大淨法門經》卷1:“吾身如今不畏欲塵,亦無所難。所以者何?我曉欲塵本悉淨故,又被菩薩大德之鎧,勇猛精進,無所⿰忄惡難。”(T17, p819c)《隨函録》“⿰忄悪難”即“⿰忄惡難”,其中“⿰忄悪”即“⿰忄惡”字。根據文意,“⿰忄惡”即“惡”字。“⿰忄惡難”即畏懼困難之意。“惡”表“畏懼”之義,語義與人的心理有關,故俗增“忄”旁而作“⿰忄惡”。由於構件“惡”可俗作“悪”,“⿰忄惡”亦相應地可作“⿰忄悪”。

又《隨函録》卷16《四分律》卷41:“⿰忄恚賤,上烏故反。”(ZD60-36c)姚秦・佛陀耶舍共竺佛念等譯《四分律》卷41:“一不知病者可食不可食,可食而不與,不可食而與。二惡賤病人大小便唾吐。”(T22, p862b)《隨函録》“⿰忄恚賤”即《四分律》“惡賤”,其中“⿰忄恚”即“惡”字。“惡賤”即憎恨、討厭之意。“惡”表“憎恨”之義,語義與人的心理有關,故俗增“忄”旁而作“⿰忄恚(⿰忄惡)”。

又《隨函録》卷16《四分律》卷53:“⿰忄亚汙,上烏故反,下烏卧反。”(ZD60-40c)。姚秦・佛陀耶舍共竺佛念等譯《四分律》卷49:“時舍衛有婆羅門出家比丘,多惡汙自惡大小便。”(T22, p931c)《隨函録》“⿰忄亚汙”即《四分律》“惡汙”,其中“⿰忄亚”即“惡”字。從形體上看,“⿰忄亚”則是“⿰忄恚(⿰忄惡)”省訛所致。

0972 ⿰忄冒

《漢語大字典・心部》(974)引《集韻》:“⿰忄冒,貪也。”

按:我們要論述的是作爲“懜”俗字的“⿰忄冒”。《隨函録》卷5《大樹緊那羅經》卷1:“憕⿰忄冒,上都鄧反,下莫鄧反,惛沉也,睡纏也,失睡極也,睡不足。”(ZD59-725a)宋、宫、聖本《大樹緊那羅王所問經》卷1對應之處作“無有放逸,無有瞪懜”(T15, p369b)。《隨函録》“憕⿰忄冒”即“瞪懜”,其中“⿰忄冒”即“懜”字。這樣一來,大型字典“⿰忄冒”字下應該增添“同懜”的説解。

0973 ⿰忄囷

《改併五音類聚四聲篇海・心部》(416)引《俗字背篇》:“⿰忄囷,音困,疲勞也。”

按:我們這裏要講的“⿰忄囷”乃“悃”字之訛。《隨函録》卷30《廣弘明集》卷22:“⿰忄囷⿰忄囷,苦本反,正作悃。”(ZD60-577a)唐・道宣撰《廣弘明集》卷22:“望矜悃悃,垂誨斐斐。”(T52, p260b)《隨函録》“悃悃”即經文中的“悃悃”，其中“悃”即“悃”字之訛。這樣一來，大型字典“悃”字下可增添“同悃”的説解。此外，《俗字背篇》中的“悃”，是“困”的俗字①，“悃”訓“疲勞”，與“困”意義相同。唐・韓愈《石鼎聯句》序：“斯須，曙鼓鼕鼕，二子亦困，遂坐睡。”至於讀音，有兩種可能：一是“悃”音“困”爲“音困”之訛，“困”與“困”形體近似；一是“悃”本不音“困”，由於形體上從“困”，故俗讀爲“困”，這就是一種音隨形變的現象。

0974 㥛

按：“㥛”，大型字典失收，見於《隨函録》，即“悞”字之訛。《隨函録》卷28《弘明集》卷3：“㥛矣，上户岸反，猛也，義合作悼，音導，下於起反。”(ZD60-526b)梁・釋僧祐撰《弘明集》卷3：“祇服盱衡而矜斯説者，其處心亦誤矣。”(T52, p20a)“誤”，宋、元、明、宫本作“悍”，與《隨函録》所論同。但根據經文文意，我們以爲《隨函録》“㥛矣”即經文中的“誤矣”，其中“㥛”即“誤”字。“誤”或作“悞”，“㥛”蓋“悞”字之訛。《隨函録》以“㥛”爲“悍”或“悼”字，恐不妥。

0975 悽

按：“悽”，大型字典失收，見於《隨函録》，乃“佞”字之訛。《隨函録》卷22《釋迦氏略譜》卷1：“倿臣，上奴定反。悽臣，同上。”(ZD60-259b)《釋迦氏譜》卷1：“是時諸釋，一由旬内，遥射王軍，皆中兵器，不傷身肉，流離大怖。佞臣諫之，諸釋受戒必不害人。”(T50, p96b)《隨函録》“悽臣”即《釋迦氏譜》中的“佞臣”，其中“悽”即“佞”字之訛。根據《隨函録》，“佞”或作“倿”。“佞(倿)”蓋受了上字“怖”的影響類化改旁從“忄”旁而寫成“悽”。

0976 惋

按：“惋”，見於《隨函録》，乃“捥”字。《隨函録》卷21《菩薩本緣經》中卷：“㧖惋，上烏革反，下烏亂反，㧖惋，把手也，作扼捥也，二並非體。”(ZD60-220b)吴・支謙字恭明譯《菩薩本緣經》卷2：“王聞是語，扼腕而言：‘怪哉！我子愛法太過，乃至不惜所愛兒息，汝今還我，當與汝直。’”(T03, p60b)《隨函録》“㧖惋”即《菩薩本緣經》中的“扼腕”。“腕”或作“捥”，“惋”當爲“捥”字。

0977 惧

按：我們在這裏要講的“惧”乃“旗”字之訛。《隨函録》卷15《十誦律》卷14：“牙惧，上五加反，下巨之反，正作牙旗也，下又音忌，非。”(ZD59-1119a)後秦・弗若多羅譯《十誦律》卷14：“爾時六群比丘二夜軍中宿，時往看軍陣，看著器仗牙旗幢幡兩陣合戰。”(T23, p101c)《隨函録》“牙惧”即《十誦律》中的“牙旗”，其中“惧”即“旗”字之訛。從形體上看，“旗”蓋先换形旁爲“帺”，再訛爲“惧”。

0978 愎

按：“愎”字，大型字典失收，見於《隨函録》，即“愎”字。《隨函録》卷30《廣弘明集》

① 張涌泉：《漢語俗字叢考》，中華書局2000年，第441頁。

卷 29:"愎諫,上皮逼反,很戾也,正作愎。"(ZD60-597a)唐·道宣撰《廣弘明集》卷 29:"又波旬翫習小道,頗有才辯,愎諫飾非。"(T52, p346c)《隨函録》"愎諫"即經文中的"愎諫",其中"愎"即"愎"字之訛。

0979 惓

按:"惓",大型字典失收,見於《隨函録》,乃"惓"字之訛。《隨函録》卷 22《法句經》卷 1:"夜惓,上平碑反,下其眷反,正作疲惓也。《大智度論》第三十七卷云'不寐夜長疲惓道長'是也。郭氏作楚界、楚佳、楚宜三反,並非也。"(ZD60-243c)吴·維祇難等譯《法句經》卷 1:"不寐夜長,疲惓道長。"(T04, p563b)《隨函録》"夜惓"即《法句經》中的"夜(長疲)惓",其中"惓"即"惓"字之訛。

0980 㦔、0981 㦔

按:"㦔""㦔",大型字典失收,見於《隨函録》,乃"懵"字之訛。《隨函録》卷 20《舍利弗阿毘曇論》卷 16:"憕㦔,上都鄧反,正作矒也,下莫鄧反,正作矇、懵二形。"(ZD60-171b)姚秦·曇摩耶舍共曇摩崛多等譯《舍利弗阿毘曇論》卷 20:"若睡若煩惱未斷,沈没在睡,若欲睡瞪瞢眠鎮心,是名眠。"(T28, p617c)《隨函録》"憕㦔"即《舍利弗阿毘曇論》中的"瞪瞢"。"瞪瞢"或作"矒懵"。姚秦·曇摩耶舍共曇摩崛多等譯《舍利弗阿毘曇論》卷 13:"云何眠?煩惱未斷,心矒懵覆蔽,是名眠。"(T28, p617c)從形體上看,"㦔"乃"懵"之訛。

又《隨函録》卷 20《舍利弗阿毘曇論》卷 15:"憕㦔,上都亘反,下莫亘反,正作矒矇也。"(ZD60-171b)姚秦·曇摩耶舍共曇摩崛多等譯《舍利弗阿毘曇論》卷 19:"何謂五緣睡眠?欠呿、矒懵、不樂、身重、心沈没,是名五緣睡眠。"(T28, p652b)《隨函録》"憕㦔"即《舍利弗阿毘曇論》中的"矒懵",其中"㦔"亦"懵"字之誤。

0982 惱

按:"惱",大型字典失收,見於《隨函録》,乃"惱"字之訛。《隨函録》卷 15《摩訶僧祇律》卷 32:"憂惱,音惱。"(ZD59-1113a)東晉·佛陀跋陀羅共法顯譯《摩訶僧祇律》卷 32:"又復世尊泥洹憂惱纏心,先所聞持不復通徹。"(T22, p491b)《隨函録》"憂惱"即《摩訶僧祇律》中的"憂惱",其中"惱"即"惱"字之訛。

0983 慎

按:"慎",大型字典失收,見於《隨函録》,乃"順"字之訛。《隨函録》卷 13《中本起經》上卷:"慎河,上時閏反。"(ZD59-1031a)吴·支謙譯《中本起經》卷 1:"二弟驚愕,恐兄及諸弟子爲人所害,即從門徒,順河而上。"(T04, p151c)《隨函録》"慎河"即《中本起經》中的"順河",其中"慎"即"順"字。"順"或作"慎"①,從形體上看,"慎"蓋"慎"字之訛。

0984 愊

《龍龕手鏡·心部》(62):"愊,芳逼反,困(悃)愊,至誠也。"

① 《中華字海·忄部》:"慎,同順。"中國友誼出版公司 1994 年,第 600 頁。

按：我們這裏要論述的"愊"乃"幅"字之訛。《隨函録》卷4《漸備一切智德經》卷2："方愊，音福，絹之闊狹也，正作幅也，又普逼、皮逼二反，並非。"（ZD59-670c）"愊"本讀普逼、皮逼二反，音"福"，意義爲"絹之闊狹"，乃"幅"字。西晉・竺法護譯《漸備一切智德經》卷2："七曰其行方幅，無有雜碎。"（T10，p465c）《隨函録》"方愊"即此"方幅"，其中"愊"即"幅"字。"愊"在此一形兼表兩字。

0985 恕

按："恕"字，大型字典失收，見於《隨函録》，爲"惒"字之訛。《隨函録》卷24《出三藏記集》卷4："分恕，音和，正作惒也，前後皆分惒。"（ZD60-310c）梁・釋僧祐《出三藏記集》卷4："三摩竭經一卷（與分惒檀王經大同小異）。"（T55，p26c）《隨函録》"分恕"即《出三藏記集》中的"分惒"，其中"恕"即"惒"之訛。

0986 愵

《漢語大字典・心部》（979）引《説文》："愵，憂也。"

按：我們要論述的是作爲"弱"俗字的"愵"。《隨函録》卷4《漸備一切智德經》卷2："劣愵，而斫反，劣也，正作弱也。"（ZD59-671a）西晉・竺法護譯《漸備一切智德經》卷1："導御修至誠，棄捐劣愵心。"（T10，p468a）"劣愵"，宋、元、明、宫、聖本《漸備一切智德經》皆作"劣弱"。可見"愵"爲"弱"之俗無疑。這裏的"愵"字是"弱"受下字"心"的影響類化從"忄"旁而成。形體演變如下：弱→弱＋心→類化→愵。

又《隨函録》卷5《道神足無極變化經》卷2："不愵，而斫反，劣也，正作弱也。"（ZD59-725c）西晉・安法欽譯《佛説道神足無極變化經》卷2："菩薩堅住於諸要持一切智出家大吼逮精進而不弱，爲一切故捨諸所有。"（T17，p804c）《隨函録》"不愵"即"不弱"，其中"愵"即"弱"字。這裏的"愵"字産生的原因可能是"弱"表"軟弱"時與人的心理有關，故增一"忄"旁而成。

這樣一來，大型字典"愵"字下就應增加"同弱"的説解。

0987 ⿰忄害、0988 ⿰忄畵、0989 ⿰忄盡、0990 ⿰忄畫

按："⿰忄害""⿰忄盡""⿰忄畫"，大型字典失收，都是"㦊"字之訛。《隨函録》卷30《廣弘明集》卷23："辭⿰忄害，上音詞，下呼麥反，辯快也，正作㦊。"（ZD60-578b）唐・道宣撰《廣弘明集》卷23："善以約言，弗尚辭㦊。"（T52，p266a）《隨函録》"辭⿰忄害"即經文中的"辭㦊"，其中"⿰忄害"即"㦊"字之訛。

又《隨函録》卷26《集沙門不應拜俗等事》卷1："⿰忄畵然，上呼麥反，辯快也。"（ZD60-427a）釋彦悰纂録《集沙門不應拜俗等事》卷1："此蓋言勢之所至，非㦊然所據也。"（T52，p446a）《隨函録》"⿰忄畵然"即經文中的"㦊然"，其中"⿰忄畵"亦"㦊"字之訛。慧琳《一切經音義》卷98《廣弘明集》卷23音義："辭㦊，横陌反。《廣雅》：'㦊，惠也。'《集》從盡作⿰忄盡，誤。"（T54，p919c）"㦊"，根據《一切經音義》所載，慧琳所見《廣弘明集》原本作"⿰忄盡"，"⿰忄盡"即"㦊"字之訛也。《隨函録》卷25《一切經音義》卷20："𢾺⿰忄畫，上音韋，戾也，下呼麥反。"（ZD60-390b）"⿰忄畫"音"呼麥反"，也當是"㦊"字之訛。

這裏還有一個問題,《隨函録》"憓"解釋爲"辯快","辯快"是什麽意思呢?《龍龕手鏡·心部》(64):"憓,不思(應爲惠字之訛);憓,呼麥反,憓憓,辯快也。""憓"是"𢤦"字之訛,也解釋成了"辯快"。該義大型字典失收。根據"善以約言,弗尚辭𢤦"一語,"辭𢤦"與"約言"相對成文,"約言"是"簡要之言","辯快"可能就是才思敏捷、雄辯之義。《南史·謝弘微傳》:"瞻等才辭辯富,弘微每以約言服之。""辯快"與"辯富"意義應當相近。

0991 𢞳

按:"𢞳",大型字典失收,見於《隨函録》,乃"憐"字之訛。《隨函録》卷20《成實論》卷1:"𢞳愍,上力千反,下眉殞反。"(ZD60-158a)姚秦·鳩摩羅什譯《成實論》卷1:"佛爲衆生真善知識,如經中説我是衆生真善知識,是憐愍者、利益者等。"(T32, p243a)《隨函録》"𢞳愍"即《成實論》中的"憐愍",其中"𢞳"即"憐"字之訛。

0992 𢞨

按:"𢞨",大型字典失收,見於《隨函録》,乃"煻"字之訛。《隨函録》卷8《十住斷結經》卷5:"𢞨煨,上徒郎反,下烏迴反,熱灰火也,正作煻煨也,二並悮。"(ZD59-826c)姚秦·竺佛念譯《最勝問菩薩十住除垢斷結經》卷5:"無欲菩薩遊處欲界,周遊往來,説法教誡,心雖無染,如處煻煨無底火坑,滑彼衆生,結著四流,没十二海。"(T10, p1004a)《隨函録》"𢞨煨"即《最勝問菩薩十住除垢斷結經》中的"煻煨",其中"𢞨"即"煻"字之訛。構件"火"與"忄"俗寫時易混,如"恢"作"烣"①,可資比勘。

0993 愩

《漢語大字典·心部》(981)引《字彙·心部》:"愩,與責同。"無例證。

按:"愩"字於《隨函録》可見。《隨函録》卷5《不退轉法輪經》卷4:"咎愩,上求久反,下爭麥反。"(ZD59-730b)《不退轉法輪經》卷4:"我今至誠,深自咎責,惟願世尊,當垂憐湣,受我懺悔。"(T09, p253b)《隨函録》"咎愩"即"咎責",其中"愩"即"責"字。根據佛經,"愩"同"責",表"責備"之義。由於是表心靈深處的自我責備,書寫者爲了顯義,將"責"增"忄"旁而作"愩"。

"愩"還可爲"幘"字。《隨函録》卷7《佛説諫王經》卷1:"巾愩,爭革反,冠愩也。"(ZD59-776c)宋·沮渠京聲譯《佛説諫王經》卷1:"青青之葉會有萎落,天冠巾幘黼黻名服不能常好。"(T14, p786a)《隨函録》"巾愩"即《佛説諫王經》中的"巾幘",其中"愩"即"幘"字之訛。

0994 𢞰、0995 𢟁

按:"𢞰""𢟁",大型字典失收,見於《隨函録》,即"襆(幞)"字。《隨函録》卷28《辯正論》卷7:"縢𢞰,上徒登反,下扶玉反。"(ZD60-512b)唐·釋法琳撰《辯正論》卷7:"于時簡參絹素人又取爲縢襆。"(T52, p541c)《隨函録》"縢𢞰"即經文中的"縢襆",其中"𢞰"即"襆"字。

① 《龍龕手鏡·火部》:"烣,俗,苦回反,正作恢,大也。"中華書局1985年,第239頁。

又《隨函録》卷 27《續高僧傳》卷 16:"𬩼而,上扶福反。"(ZD60-479b)唐・釋道宣撰《續高僧傳》卷 16:"文豹淨房,銜穢襆而遥棄。"(T50, p555a)《隨函録》"𬩼而"即經文中的"襆而",其中"𬩼"即"襆"字。"襆"即"幞"。《集韻・屋韻》:"襆,《説文》'裳削幅爲之纀',或作幞。"從形體上看,"𬩼"與"𬩼"同,皆源於"幞"之訛。

0996 𢣧

按:"𢣧"字,大型字典失收,見於《隨函録》,爲"横"字。《隨函録》卷 24《開皇三寶録》(《歷代三寶紀》)卷 5:"𢣧虎,户盲反,正作撗(横)。"(ZD60-325a)《歷代三寶紀》卷 5:"横虎爪牙,卧龍威力,各據一域,志在相吞。"(T49, p56a)《隨函録》"𢣧虎"即《歷代三寶紀》中的"横虎",其中"𢣧"即"横"字之訛。

0997 𢠵

按:"𢠵",見於《隨函録》,乃"滿"字。《隨函録》卷 4《度諸佛境界智光嚴經》卷 1:"𢠵恒,上莫伴反,盈也,充也,正作滿,又莫安反,悮。"(ZD59-670a)《度諸佛境界智光嚴經》卷 1:"若有善男子善女人,於十方世界微塵等諸佛及聲聞衆,施百味飲食及微妙天衣,日日不廢,滿恒河沙劫彼諸如來悉入涅槃,爲一一佛。"(T10, p916b)《隨函録》"𢠵恒"即《度諸佛境界智光嚴經》中的"滿恒",其中"𢠵"即"滿"字。從形體上看,"滿"蓋受下字"恒"的影響類化改旁從"忄"而作"𢠵(懣)"。

0998 𢤦

按:"𢤦",大型字典失收,見於《隨函録》,乃"憍"字之訛。《隨函録》卷 23《諸經要集》卷 7:"捨𢤦,音嬌,高也,婬也,正作憍。"(ZD60-299b)唐・釋道世《諸經要集》卷 7:"雖誦千言,我心不滅,不如一句,捨憍放逸。"(T54, p67a)《隨函録》"捨𢤦"即《諸經要集》中的"捨憍",其中"𢤦"即"憍"字之訛。

0999 懴

按:"懴",大型字典失收,見於《隨函録》,乃"懺"字之訛。《隨函録》卷 16《根本説一切有部尼陀那目得迦》卷 5:"懴謝,上楚鑒反,正作懺。"(ZD60-19b)唐・義淨奉譯《根本説一切有部尼陀那目得迦》卷 6:"最初爲懺謝,第二定屬物,第三資具衣,目得迦總頌。"(T24, p435c)《隨函録》"懴謝"即《根本説一切有部尼陀那目得迦》中的"懺謝",其中"懴"即"謝"字之訛。

1000 𢡃

按:"𢡃",大型字典失收,見於《隨函録》,乃"慧"字之訛。《隨函録》卷 18《毘尼母經》卷 8:"淨𢡃,音惠。"(ZD60-85b)《毘尼母經》卷 8:"一切處毘尼者,一切淨持戒、淨心戒、淨慧戒應當學。"(T24, p850c)《隨函録》"淨𢡃"即《毘尼母經》的"淨慧",其中"𢡃"即"慧"字之訛。

1001 慠

按:"慠",大型字典失收,見於《隨函録》,即"傲"字。《隨函録》卷29《弘明集》卷12:"據慠,五告反,慢也,正作倨傲。"(ZD60-541b)梁·釋僧祐撰《弘明集》卷12:"時有倨傲之夫,故非禮法所許,一堂兩制。"(T52, p78b)《隨函録》"據慠"即經文中的"倨傲",其中"慠"即"傲"字。"傲"或作"慠","慠"蓋源於"慠"字之訛,"撤"俗作"撤"①,可資比勘。

1002 慑

按:"慑",大型字典失收,見於《隨函録》,乃"懼"字之訛。《隨函録》卷14《未生惡王經》卷1:"不慑,其遇反,正作懼。"(ZD59-1091b)《佛説未生冤經》卷1:"王受天中天恩,具照宿殃,不敢慍望,不懼大山燒煮之罪,中心在佛及諸弟子。"(T14, p775b)《隨函録》"不慑"即《佛説未生冤經》中的"不懼",其中"慑"即"懼"字之訛。

1003 儵

按:"儵"字,大型字典失收,見於《隨函録》,爲"儵"字之訛。《隨函録》卷24《出三藏記集》卷13:"儵忽,書六反。"(ZD60-319b)梁·釋僧祐《出三藏記集》卷13:"倏忽之頃,便達豫章。"(T55, p95c)《隨函録》"儵忽"即《出三藏記集》中的"倏忽",其中"儵"即"倏"字。"倏"或作"儵","儵"蓋源於"儵"之訛。

1004 懿

按:"懿",大型字典失收,見於《隨函録》,乃"懿"字之訛。《隨函録》卷23《諸經要集》卷4:"爲懿,乙冀反,美也,大也,温柔聖克也,正作懿也。"(ZD60-297b)唐·釋道世《諸經要集》卷4:"原夫經音爲懿,妙出自然,製用可修。"(T54, p31c)《隨函録》"爲懿"即《諸經要集》中的"爲懿",其中"懿"即"懿"字之訛。

1005 燼

按:"燼"字,大型字典失收,見於《隨函録》,即"燼"字之俗。《隨函録》卷4《如來興顯經》卷4:"灰燼,似進反,正作燼。"(ZD59-674c)西晉·竺法護譯《佛説如來興顯經》卷4:"其劫悉燒天地然盡,不燒虚空。"(T10, p617b)"然盡",宋、元、明本《佛説如來興顯經》作"灰燼"。《隨函録》"灰燼"即"灰燼",其中"燼"爲"燼"字。

1006 愢、1007 愢、1008 愢

按:"愢""愢",大型字典失收,見於《隨函録》《一切經音義》及佛經。《隨函録》卷27《高僧傳》卷14:"愢愢(愢),上他典反,慚也,下居位反,恥也,下又《南岳經》音墨,《峨嵋經音》作悔、妹二音,《厚大師經音》作盔、里二音,此五音並無義可取。"(ZD60-461b)唐·慧琳《一切經音義》卷90《高僧傳》卷14音義:"愢愢,上天典反。《方言》:'愢,慚也,秦晉之間謂内心

---

① 《隨函録》卷29《廣弘明集》卷12:"撤寶,上丑列反,正作撤。"(ZD60-558a)

慚恥曰㥞。’……下音墨。應劭注《漢書》云：‘嘿嘿不息得意。’顧野王云：‘不言也。’《説文》從犬作默，云：‘大慚，逐人，從犬黑聲。’傳文從心作⿰忄墨，非也，無此字。”（T54，p882b）梁・釋慧皎撰《高僧傳》卷14：“然事高辭野，久懷多愧，來告吹噓，更增㥞⿰忄墨。”（T50，p423a）

“⿰忄墨”是一個新造字，以前字書不收，其正體不明。據《隨函録》，“⿰扌墨（⿰忄墨）”音“居位反”，與“愧”音同，可洪蓋把“⿰扌墨（⿰忄墨）”當作了“愧”字。《一切經音義》“⿰忄墨”音“墨”，慧琳則把“⿰忄墨”當作了“嘿（默）”字。我們以爲《一切經音義》以“⿰忄墨”爲“嘿（默）”字，相比之下較爲合理。根據經文“然事高辭野，久懷多愧，來告吹噓，更增㥞⿰忄墨”，上句已言“久懷多愧”，行文爲了避免重複，“更增㥞⿰忄墨”之“⿰忄墨”似乎不應再爲“愧”字。中土文獻中有“腆嘿（默）”一詞，意義爲“羞慚不語”，與“㥞⿰忄墨”在經文中的意義正合。南朝・宋・顔延之《庭誥文》：“銜聲茹氣，腆嘿而歸。”《宋書・顔延之傳》作“腆默”。我們以爲“㥞⿰忄墨”即“腆嘿（默）”。“腆嘿（默）”表“羞慚不語”，與心理有關，俗寫故改從心旁而作“㥞⿰忄墨”了。“嘿（默）”或作“⿰忄黑”。“⿰扌墨（⿰忄墨）”與“⿰忄黑”近似。《隨函録》卷23《經律異相》卷3：“佛⿰忄黑，木得反，靜也，不言也，正作默、嘿二形也，郭氏作於掐反，非也。”（ZD60-263c）鄧福禄《字典考正》（15）以“㥞墨”爲“㥞⿰忄墨”之源，恐有不妥。

1009 ⿰忄韱

按：“⿰忄韱”，大型字典失收，見於《隨函録》，乃“懺”字之訛。《隨函録》卷23《諸經要集》卷8：“⿰忄韱悔，上楚鑒反，作懺。”（ZD60-299c）唐・釋道世《諸經要集》卷8：“即投弓箭，禮佛懺悔。佛爲説法，皆得須陀洹道。”（T54，p70a）《隨函録》“⿰忄韱悔”即《諸經要集》中的“懺悔”，其中“⿰忄韱”即“懺”字之訛。

1010 ⿰忄戚

按：“⿰忄戚”，見於《隨函録》，乃“慽（慼）”字。《隨函録》卷8《海龍王經》卷1：“悁⿰忄戚，上於玄反，憂也，下倉歷反，懼也，正作慽也。”（ZD59-823b）西晉・竺法護譯《佛説海龍王經》卷1：“此衆會中無説法者，心懷悁慼而退捨去。”（T15，p136c）《隨函録》“悁⿰忄戚”即《海龍王經》中的“悁慼”，其中“⿰忄戚”即“慽（慼）”字之訛。

1011 ⿰忄矍

按：“⿰忄矍”，大型字典失收，見於《隨函録》，爲“攫”字之訛。《隨函録》卷6《六度集經》卷6：“⿰忄矍面，上九縛反，搏也，正作攫。”（ZD59-767b）吴・康僧會譯《六度集經》卷6：“妾含怨恨，壽終則生爲嫡妻子，今來報讎攫面傷體，故不敢怨耳。”（T03，p37c）《隨函録》“⿰忄矍面”即《六度集經》中的“攫面”，其中“⿰忄矍”即“攫”字之訛。

1012 ⿰忄敫

按：“⿰忄敫”字，大型字典失收，見於《隨函録》，爲“慠”字之訛。《隨函録》卷24《開皇三寶録》（《歷代三寶紀》）卷8：“蕑⿰忄敫，上古眼反，下五告反，《出三藏記》作簡慠也。”（ZD60-326c）《歷代三寶紀》卷8：“有一羅漢重其聰敏，恒爲乞食用以供之。至年十九受持諷誦大小乘經數百萬言，然其性度頗以簡傲知見自處。”（T49，p79c）《隨函録》“蕑⿰忄敫”即《歷代三寶紀》中的“簡傲”，其中“⿰忄敫”即“傲”字之訛。“傲”或作“慠”，從形體上看，“⿰忄敫”源於“慠”字之訛。

1013 ⿰忄麾

按:"⿰忄麾",大型字典失收,見於《隨函録》,乃"麾"字。《隨函録》卷 13《中本起經》上卷:"憧⿰忄麾,許爲反,正作麾。麾,憧也。郭迻音諱,非也。"(ZD59-1031b)吴・支謙譯《中本起經》卷 1:"王問憂陀:'吾子行觀,幢麾羽瓈,以爲光飾,今者慓幟,復有何物?'"(T04, p154c)《隨函録》"幢麾"即《中本起經》中的"憧⿰忄麾",其中"麾"即"⿰忄麾"字。從形體上看,"麾"蓋受上字"幢"俗作"憧"[①]的影響,類化增旁從"忄"而作"⿰忄麾"。

1014 ⿰忄魯

按:"⿰忄魯",見於《隨函録》,乃"魯"字。《隨函録》卷 2《無量壽經》卷 2:"⿰忄魯⿰忄扈,上音魯,下音户。"(ZD59-607b)曹魏・康僧鎧譯《佛説無量壽經》卷 2:"耽酒嗜美,飲食無度,肆心蕩逸,魯扈抵突,不識人情。"(T12, p277a)《隨函録》"⿰忄魯⿰忄扈"即《佛説無量壽經》中的"魯扈",其中"⿰忄魯"即"魯"字。釋璟興撰《無量壽經連義述文贊》卷 3:"有説魯扈是强直自用之志,……又作虜扈,謂縱横行也。"(T37, p167c)"魯扈"與"虜扈"意義相近,爲驕横自大之義。由於意義上與心理有關,故俗將"魯""扈"分别增旁作"⿰忄魯""⿰忄扈"。另請參"⿰忄扈"字條。

1015 ⿱⿺自隹心

按:"⿱⿺自隹心",大型字典失收,見於《隨函録》,乃"應"字之訛。《隨函録》卷 1《摩訶般若波羅蜜經》卷 40:"不⿱⿺自隹心,於陵反,正作應。"(ZD59-577a)後秦・鳩摩羅什譯《摩訶般若波羅蜜經》卷 27:"譬如比丘入第三禪攝心安隱。見已作是念,我等儀不應載車趣曇無竭菩薩。"(T08, p420b)《隨函録》"不⿱⿺自隹心"即《摩訶般若波羅蜜經》中的"不應",其中"⿱⿺自隹心"即"應"字之訛。

1016 ⿰忄戀

按:"⿰忄戀",大型字典失收,見於《隨函録》,乃"戀"字。《隨函録》卷 8《超日明三昧經》卷 1:"惋戀,上烏亂反,歎也,下力眷反,慕也,《川音》作惋⿰忄戀,非。"(ZD59-831a)西晉・聶承遠譯《佛説超日明三昧經》卷 1:"化蔽礙者令通聖範,菩薩行慈天人樂之。化不仁者令等惋戀,菩薩行悲天人樂之。"(T15, p536a)《川音》"惋⿰忄戀"即《佛説超日明三昧經》中的"惋戀",其中"⿰忄戀"即"戀"字。

爿(丬)部

1017 ⿰丬匕

按:"⿰丬匕",大型字典失收,見於《隨函録》,即"牝"字之訛。《隨函録》卷 28《辯正論》卷 2:"玄⿰丬匕,毗忍、毗旨二反,雌也。"(ZD60-502c)"⿰丬匕"讀"毗忍、毗旨二反",意義爲"雌",這與

① 《龍龕手鏡・心部》:"憧,又俗,宅江反,憧幡,正作幢。"中華書局 1985 年,第 54 頁。

“牝”的音義相同。唐・法琳撰《辯正論》卷 2:“其六曰人之府解、谷神、玄牝、天地根綿綿若存等。”(T52, p500b)《隨函録》“玄𤘽”即經文中的“玄牝”,其中“𤘽”即“牝”字之訛。

1018 𤖆

按:“𤖆”,大型字典失收,見於《隨函録》,乃“將”字之訛。《隨函録》卷 20《成實論》卷 1:“𤖆導,上子良反,下徒倒反。”(ZD60-158b)姚秦・鳩摩羅什譯《成實論》卷 1:“能善將導者,佛法先自善成,後令他人住正法中,故名善導。”(T32, p244a)《隨函録》“𤖆導”即《成實論》中的“將導”,其中“𤖆”即“將”字之訛。

1019 牘

按:“牘”,大型字典失收,見於《隨函録》,即“櫝”字。《隨函録》卷 27《續高僧傳》卷 12:“韞牘,上於粉反,下徒木反。”(ZD60-474b)唐・釋道宣撰《續高僧傳》卷 12:“有慧布法師,空解第一,深明方等,或有未悟,韞櫝于懷。”(T50, p516a)《隨函録》“韞牘”即經文中的“韞櫝”,其中“牘”即“櫝”字。

示(礻)部

1020 衬

按:“衬”,見於《隨函録》,乃“村”字之訛。《隨函録》卷 9《觀察諸法行經》卷 4:“衬戍,商注反。”(ZD59-854b)隋・闍那崛多譯《觀察諸法行經》卷 4:“一一大城有十二千村戍坊邑圍繞。”(T15, p742a)《隨函録》“衬戍”即《觀察諸法行經》中的“村戍”,其“衬”即“村”字之訛。構件“礻”與“木”草寫近似易混。

1021 祕

《中華字海・礻部》(982):“祕,同褾。”

按:我們這裏要講的“祕”乃“抄”字之訛。《隨函録》卷 23《經律異相》卷 1:“經祕,初孝反,正作抄。”(ZD60-263a)梁・僧旻、寶唱等集《經律異相》卷 1:“出《長阿含經》第二十二卷,又出《三小劫經抄》,又出《雜心》第十四卷。”(T53, p4c)《隨函録》“經祕”即經文中的“經抄”,其中“祕”即“抄”字之訛。構件“礻”與“扌”草寫近似易混。

1022 秏

《龍龕手鏡・示部》(113):“秏,呼到反。”《中華字海・礻部》(982):“秏,同旄。”

按:《龍龕手鏡》“秏”音“呼到反”,乃“耗”字之訛。《隨函録》卷 21《修行道地經》卷 2:“衰秏,呼告反,減也,正作秏也,《川音》與《江西音》作秏,並高蒿,非也。”(ZD60-213a)西晉・竺法護譯《修行道地經》卷 2:“欲求道義莫懈怠,以得法利離衰耗。”(T15, p191a)《隨函録》“衰秏”即《修行道地經》中的“衰耗”,其中“秏”即“耗”字之訛。

又《隨函録》卷 21《賢愚經》卷 14:“恤秏,上私律反,下呼告反。”(ZD60-205a)元魏・慧覺等譯《賢愚經》卷 8:"辦具種種餚膳飲食,食訖談敘行路恤耗。"(T04, p408c)《隨函録》"恤秏"即《賢愚經》的"恤耗",其中"秏"亦"耗"字。

又《隨函録》卷 13《佛般泥洹經》卷 1:"秏減,上火告反。"(ZD59-1017c)《佛般泥洹經》卷 1:"一者財産日耗減,二者不知道意,三者衆人所不敬,死時有悔。"(T01, p162b)《隨函録》"秏減"即《佛般泥洹經》中的"耗減",其中"秏"即"耗"字。"耗"或作"秏","秏"蓋"秏"字之訛。

1023 **䎧**

按:"**䎧**",大型字典失收,見於《隨函録》,乃"耕"字之訛。《隨函録》卷 19《阿毘達磨大毘婆沙論》卷 14:"**䎧**墾,上古莖反,下口佷反。"(ZD60-110a)唐・玄奘譯《阿毘達磨大毘婆沙論》卷 14:"譬如良田若不耕墾,即便堅硬,多諸株杌,穢草不植,何況嘉苗。"(T27, p69c)《隨函録》"**䎧**墾"即《阿毘達磨大毘婆沙論》中的"耕墾",其中"**䎧**"即"耕"字之訛。

1024 袘

《漢語大字典・示部》(999)引《海篇》:"袘,音移,彎曲。"

按:我們要論述的是作爲"施"俗字的"袘"。《隨函録》卷 10《大智度論》卷 56:"給袘,尸智反,以物惠人也,正作㡾、施二形也。悮。"(ZD59-918a)後秦・鳩摩羅什譯《大智度論》卷 53:"内外之物盡以給施。"(T25, p439c)《隨函録》"給袘"即《大智度論》中的"給施",其中"袘"即"施"字之訛。

《隨函録》卷 5《阿惟越致遮經》中卷:"袘而,上尸智反。"(ZD59-729c)《阿惟越致遮經》卷 2:"一切所有施而不吝。"(T09, p216c)《隨函録》"袘而"即"施而",其中"袘"即"施"字。

《隨函録》卷 5《阿惟越致遮經》上卷:"袘坐,上失支反,正作施。"(ZD59-729a)《阿惟越致遮經》卷 1:"今吾宜往爲佛施座。"(T09, p200a)《隨函録》"袘坐"即"施座",其中"袘"即"施"字。

《隨函録》卷 9《大法皷經》下卷:"袘作,上式之反,設也,爲也,正作施,又與支、徒何、他可三反,並非。"(ZD59-858c)宋・求那跋陀羅譯《大法皷經》卷 2:"一佛國土一佛施作佛事,第二第三亦復如是。"(T09, p299c)《隨函録》"袘作"即《大法皷經》中的"施作",其中"袘"即"施"字之訛。

又《隨函録》卷 5《悲華經》卷 1:"袘陁,上尸智反,下徒何反。"(ZD59-717b)《隨函録》卷 5《悲華經》卷 1:"離袘,上音離,下音施。"(ZD59-717c)這裏兩處"袘"亦"施"之俗。這樣一來,大型字典"袘"字下應該增添"同施"的説解。

1025 袜

《中華字海・礻部》(983):"袜","袜(魅)"的訛字。

按:我們這裏要講的"袜"乃"秣"字之訛。《隨函録》卷 29《弘明集》卷 8:"袜陵,上莫鉢反。"(ZD60-534b)"袜"讀"莫鉢反",與"秣"音同。梁・釋僧祐撰《弘明集》卷 8:"又先生道民仙公王袜陵縣民王靈期作也。"(T52, p49a)"袜陵",宋、元、明、宫本作"秣陵"。《隨函録》

“袜陵”即宋、元、明、宫本中的“秣陵”，其中“袜”即“秣”字之訛。

1026 𧙕

按：“𧙕”，大型字典失收，見於《隨函録》，乃“拇”字。《隨函録》卷 21《出曜經》卷 11：“蕭𧙕，上羊略反，下莫口反，正作鑰牡也。”(ZD60-197b)姚秦・竺佛念譯《出曜經》卷 16：“取我坐具、鍼筒、鑰拇、沙門六物至今不還，但思惟諸物，不念修道。”(T04, p695b)“鑰拇”，宋、元、明本《出曜經》作“鑰牡”。《隨函録》“蕭𧙕”即《出曜經》的“鑰拇”，從形體上看，其中“𧙕”亦“拇”字之訛。不過“𧙕”同“拇”在這裏是“牡”字之借。“鑰牡”即鑰匙。

1027 袖

《中華字海・衤部》(983)：“袖”同“褶”。

按：我們在這裏要講的“袖”乃“抽”字之訛。《隨函録》卷 7《佛説轉女身經》卷 1：“袖毳，上丑由反，下尺税反。”(ZD59-772a)宋・曇摩蜜多譯《佛説轉女身經》卷 1：“又此女身爲他所使，不得自在，執作甚多。擣藥舂米，若炒若磨，大小豆麥，抽毳紡疊。如是種種苦役無量，是故女人應患此身。”(T14, p919b)《隨函録》“袖毳”即《佛説轉女身經》中的“抽毳”，其中“袖”即“抽”字之訛。構件“衤”與“扌”草寫近似易混。

1028 袧

按：“袧”，見於《隨函録》，乃“拘”字之訛。《隨函録》卷 13《佛説義足經》卷 1：“不袧，音俱，正作拘，郭氏音狗，非。”(ZD59-1060b)吴・支謙譯《佛説義足經》卷 1：“以止不拘是世，常自説著戒堅。”(T04, p177c)《隨函録》“不袧”即《佛説義足經》中的“不拘”，其中“袧”即“拘”字之訛。

1029 袳

按：“袳”字，見於《隨函録》，即“移”字之訛。《隨函録》卷 5《悲華經》卷 1：“闍袳，上市遮反，下羊支、羊智二反，正作移也。”(ZD59-717a)北涼・曇無讖譯《悲華經》卷 1：“闍移頭闍移，闍移末坼羶坻。”(T03, p169c)《隨函録》“闍袳”即“闍移”，其中“袳”即“移”字之訛。又《隨函録》卷 5《悲華經》卷 1：“叉袳，羊義反，又音移。”(ZD59-717b)北涼・曇無讖譯《悲華經》卷 1：“須摩跋坻羼提翅坻迦留那鬱提叉移，比坻憂比叉。”(T03, p169c)《隨函録》“叉袳”即“叉移”，其中“袳”亦“移”字之訛。

1030 祐

按：“祐”，大型字典失收，見於《隨函録》，可爲“祐”字之俗。《隨函録》卷 21《修行道地經》卷 5：“衆祐，王救反，正作祐也，言有德衆曰祐也，悞。”(ZD60-215c)《修行道地經》卷 5：“不從外道悕望榮冀，衆祐之德不更終始。”(T15, p218c)《隨函録》“衆祐”即經文中的“衆祐”，其中“祐”即“祐”字之訛。

又《隨函録》卷 23《經律異相》卷 13：“福祐，音右，正作祐。”(ZD60-267b)梁・僧旻、寶唱等集《經律異相》卷 13：“諸惡漸滅，福祐日增。”(T53, p68a)《隨函録》“福祐”即經文中的“福祐”,其中“袥”即“祐”字之訛。

又《隨函録》卷23《經律異相》卷16:“蒙袥,音右。”(ZD60-268b)梁·僧旻、寶唱等集《經律異相》卷16:“應真所過,莫不蒙祐。”(T53, p86b)《隨函録》“蒙袥”即經文中的“蒙祐”,其中“袥”亦“祐”字之訛。

《隨函録》卷24《衆經目録》卷5:“衆袥,音右,正作祐。”(ZD60-331a)構件“右”因與“后”的俗體“𠛍”[①]近似而誤寫成“后”。

此外,《隨函録》卷29《廣弘明集》卷7:“宗袥,時隻反,宗廟主也,正作祏。”(ZD60-552c)根據《隨函録》,“袥”又可以爲“祏”字之訛。

1031 祮

按:我們這裏要講的“祮”乃“祐”字之訛。《隨函録》卷23《經律異相》卷4:“福祮,音右,正作祐。”(ZD60-264b)梁·僧旻、寶唱等集《經律異相》卷4:“疾急之時,下屍咒願,以求福祐。”(T53, p17c)《隨函録》“福祮”即經文中的“福祐”,其中“祮”即“祐”字之訛。

1032 𧙕

按:“𧙕”,大型字典失收,見於《隨函録》,乃“貯”字。《隨函録》卷18《薩婆多毘尼毘婆沙》卷5:“布𧙕,猪與反,悮。”(ZD60-87b)《薩婆多毘尼毘婆沙》卷5:“此國以綿作衣,凡有二種。一擗綿布貯如作氈法,二以綿作縷織以成衣。”(T23, p533a)《隨函録》“布𧙕”即《薩婆多毘尼毘婆沙》的“布貯”,其中“𧙕”即“貯”字。

又《隨函録》卷15《摩訶僧祇律》卷25:“𧙕褥,上竹與反,下而欲反。”(ZD59-1110c)《摩訶僧祇律》卷25:“云何罪是坐非立坐?過量床,兜羅綿貯褥皮坐具及婬女邊坐,沽酒家,摴蒱邊獄囚邊坐。僧和上阿闍梨語莫坐而坐者,得罪。”(T22, p431b)《隨函録》“𧙕褥”即《薩婆多毘尼毘婆沙》的“貯褥”,其中“𧙕”亦“貯”字。

1033 䘬

按:“䘬”字,大型字典失收,見於《隨函録》,乃“税”字之訛。《隨函録》卷23《諸經要集》卷9:“䘬奪,上書鋭反,正作税。”(ZD60-301a)唐·釋道世《諸經要集》卷9:“佛言昔迦尸國王名爲惡受,極作非法,苦惱百姓,殘賊無道,四遠買客,珍奇勝物,皆税奪取不酬其直。”(T54, p87b)《隨函録》“䘬奪”即《諸經要集》的“税奪”,其中“䘬”即“税”字。

1034 䘯

按:我們在這裏要講的“䘯”乃“稍”字之訛。《隨函録》卷17《沙彌威儀戒》:“䘯從,上所孝反,禄也,小也,正作稍也。”(ZD60-50b)宋·求那跋摩譯《沙彌十戒法并威儀》卷1:“已受沙彌十戒,爲賢者道人,次教之當用,漸漸稍從小起。”(T24, p927a)《隨函録》“䘯從”即《沙彌十戒法并威儀》中的“稍從”,其中“䘯”即“稍”字之訛。

---

① 《隨函録》卷3《大方等大集日藏經》卷9:“𠛍妃嬪,上胡構反,中芳非反,下毗賓反。”(ZD59-632a)“𠛍”即“后”字。

1035 ⿰礻旋、1036 ⿰禾旋

《中華字海·禾部》(1083):“⿰禾旋,xuán,義未詳。見朝鮮本《龍龕》。”

按:“⿰禾旋”即“旋”字之訛。《隨函録》卷12《增一阿含經》卷41:“周⿰禾旋,序緣反。”(ZD59-1004c)東晉·瞿曇僧伽提婆譯《增一阿含經》卷41:“馬王在虚空周旋,作此告敕。”(T02, p770a)《隨函録》“周⿰禾旋”即《增一阿含經》中的“周旋”,“⿰禾旋”即“旋”字。“旋”俗可訛作“⿰礻旋”。《隨函録》卷12《增一阿含經》卷39:“周⿰礻旋,序緣反。”(ZD59-1004b)“⿰禾旋”與“⿰礻旋”形體近似,皆“旋”字之訛。

1037 ⿰礻延、1038 ⿰礻宛、1039 ⿰礻宛、1040 ⿰礻延

按:“⿰礻延”“⿰礻宛”,大型字典失收,見於《隨函録》,分别爲“綖”“綩”。《隨函録》卷12《中阿含經》卷13:“綩綖,上於遠反,下以然反。⿰礻宛⿰礻延,同上。”(ZD59-990b)東晉·瞿曇僧伽提婆譯《中阿含經》卷13:“下便布施沙門、梵志、貧窮、孤獨、遠來乞者、以飲食、衣被、車乘、華鬘、散華、塗香、屋舍、床褥、氍氀、綩綖、給使、明燈。”(T01, p509c)《隨函録》“⿰礻宛⿰礻延”即《中阿含經》中的“綩綖”,“⿰礻宛”即“綩”字,而“⿰礻延”即“綖”字。從形體上看,“綩綖”先换形旁作“⿰礻宛⿰礻延”,然後“⿰礻宛⿰礻延”訛爲“⿰礻宛⿰礻延”。

1041 ⿰礻亘

按:“⿰礻亘”,乃“旋”字之訛。《隨函録》卷9《大法皷經》下卷:“周⿰礻亘,序全反,迊也,還也,正作旋,又殊主、徒候二反,非也。”(ZD59-858c)宋·求那跋陀羅譯《大法皷經》卷2:“如一芥子中有衆多世界,周旋往返而不自知。”(T09, p299c)《隨函録》“周⿰礻亘”即《大法皷經》中的“周旋”,其中“⿰礻亘”即“旋”字之訛。

1042 ⿰礻皃

按:“⿰礻皃”,大型字典失收,見於《隨函録》,乃“穆”字之訛。《隨函録》卷6《大薩遮尼乾子所説經》卷3:“雍⿰礻皃,上於容反,下莫六反,雍⿰礻皃,和敬也,正作雍穆。”(ZD59-744a)元魏·菩提留支譯《大薩遮尼乾子所説經》卷2:“眷屬常雍穆,退此生梵天。”(T09, p329a)《隨函録》“雍⿰礻皃”即《大薩遮尼乾子所説經》中的“雍穆”,其中“⿰礻皃”即“穆”字之訛。

1043 ⿱𠔉示

《玉篇·示部》:“⿱𠔉示,祭名也。本作餋。”

按:我們這裏要講的“⿱𠔉示”乃“秦”字之訛。《隨函録》卷28《破邪論》上卷:“⿱𠔉示景,上自辛反,正作秦。”(ZD60-514b)唐·法琳撰《破邪論》卷1:“明帝遣郎中蔡愔、中郎將秦景、博士王遵等一十八人,至天竺國,與攝摩騰等將釋迦立像。”(T52, p479b)《隨函録》“⿱𠔉示景”即經文中的“秦景”,其中“⿱𠔉示”即“秦”字之訛。

1044 禠

《改併五音類聚四声篇海·示部》(462)引《搜真玉镜》:“禠,丑禮切。”《漢語大字典·示

部》(1004)引《海篇・示部》:"褫,禘也。"

按:我們這裏要講的"褫"乃"褫"字之訛。《隨函録》卷30《南海寄歸傳》卷3:"成褫,音斯,福也。"(ZD60-604b)唐・義淨撰《南海寄歸傳》卷3:"願在在遭會而延慶,代代奉訓以成褫(褫)。"(T54, p233c)《隨函録》"成褫"即經文中的"成褫(褫)",其中"褫"即"褫"字之訛。這樣一來,大型字典"褫"字下可增添"同褫"的説解。

1045 禑

《中華字海・礻部》(988):"禑,同禖。"

按:我們在這裏要講的"禑"乃"禍"字之訛。《隨函録》卷21《出曜經》卷18:"之禑,音禍。"(ZD60-200b)姚秦・竺佛念譯《出曜經》卷27:"是以聖人布誡後生,欲令執行之人改既往之失,絶將來之禍。"(T04, p757c)《隨函録》"之禑"即《出曜經》的"之禍",其中"禑"即"禍"字之訛。

又《隨函録》卷13《阿難分别經》卷1:"禑福,上户果反,正作禍。"(ZD59-1048a)乞伏秦沙門釋法堅譯《佛説阿難分别經》卷1:"遂爲三塗所見綴縛,自作禍福。"(T14, p758c)《隨函録》"禑福"即《佛説阿難分别經》中的"禍福",其中"禑"亦"禍"字之訛。

1046 䄇

按:"䄇",大型字典失收,見於《隨函録》,乃"帽"字。《隨函録》卷16《彌沙塞部和醯五分律》卷20:"作䄇,莫告反,頭衣也。"(ZD60-24c)宋・佛陀什共竺道生等譯《彌沙塞部和醯五分律》卷20:"時諸比丘患頭冷病,以是白佛。佛言:'聽以衣覆,亦聽作帽,煖則止。'"(T22, p138b)《隨函録》"作䄇"即《彌沙塞部和醯五分律》中的"作帽",其中"䄇"即"帽"字。

又《隨函録》卷16《四分律》卷41:"作䄇,莫報反。"(ZD60-36b)姚秦・佛陀耶舍共竺佛念等譯《四分律》卷40:"時諸比丘頭冷痛白佛。佛言:'聽以毳若劫貝作帽裹頭。'"(T22, p858a)《隨函録》"作䄇"即《四分律》中的"作帽",其中"䄇"亦"帽"字。

從形體上看,"䄇"即"䘑"之訛,而"䘑"乃"帽"换形旁異體。

1047 禑

按:"禑",見於《隨函録》,乃"謂"字之訛。《隨函録》卷22《釋迦方志》卷1:"俗禑,音胃,言也,正作謂也。"(ZD60-261a)梁・僧旻、寶唱等集《釋迦方志》卷1:"俗謂福水有沐除罪,或有輕命自沈。"(T51, p957a)《隨函録》"俗禑"即《釋迦方志》中的"俗謂",其中"禑"即"謂"字之訛。構件"礻"與"言(讠)"草寫近似。

1048 䉽[①]

《中華字海・广部》(523):"䉽,音 róu,義未詳,見朝鮮本《龍龕手鏡》。"

按:"䉽",可見於《隨函録》,乃"糅"字之訛。《隨函録》卷20《婆須蜜論》卷4:"雜䉽,女救反,正作糅。"(ZD60-154a)苻秦・僧伽跋澄等譯《尊婆須蜜菩薩所集論》卷4:"有覺有觀生

① 此條我們曾在《漢語疑難俗字例釋》一文中考釋過,見《語言研究》2006年第4期,第88頁。

心離緣,有覺有觀生心便歡喜。"(T28, p749c)"離緣",宋、元、明、宮、聖本作"雜糅"。《隨函録》"雜⿰衤柔"即宋、元、明、宮、聖本《尊婆須蜜菩薩所集論》中的"雜糅",其中"⿰衤柔"即"糅"字之訛。

1049 ⿰衤頁

按:"⿰衤頁",大型字典失收,見於《隨函録》,爲"規"字之訛。《隨函録》卷 7《佛説月光童子經》卷 1:"⿰衤頁啚,上居隨反,正作規。"(ZD59-772b)西晉·竺法護譯《佛説月光童子經》卷 1:"從此以來實懷忿恚,每欲規圖執事靡由,今被聖教合我本心。"(T14, p815b)《隨函録》"⿰衤頁啚"即《佛説月光童子經》中的"規圖",其中"⿰衤頁"即"規"字之訛。

1050 ⿰衤叟

按:"⿰衤叟",大型字典失收,見於《隨函録》,即"搜"字之訛。《隨函録》卷 28《續高僧傳》卷 27:"⿰衤叟栝,上所愁反。"(ZD60-495b)唐·釋道宣撰《續高僧傳》卷 27:"奉敕傍山搜括逃僧。"(T50, p681b)《隨函録》"⿰衤叟栝"即經文中的"搜括",其中"⿰衤叟"即"搜"之訛。

1051 ⿰衤冒

按:"⿰衤冒",大型字典失收,見於《隨函録》,乃"帽"字。《隨函録》卷 16《四分律》卷 8:"作⿰衤冒,莫報反,正作帽。"(ZD60-29c)姚秦·佛陀耶舍共竺佛念等譯《四分律》卷 9:"若作禪帶,若作腰帶,若作帽,若作襪,若作攝熱巾、裹革屣巾,無犯。"(T22, p624c)《隨函録》"作⿰衤冒"即《四分律》中的"作帽",其中"⿰衤冒"即"帽"字。

1048 ⿰衤巢

按:"⿰衤巢",大型字典失收,見於《隨函録》,乃"摷(樔)"字之訛。《隨函録》卷 13《正法念處經》卷 18:"爲⿰衤巢,助交反,正作摷(樔)。"(ZD59-1066a)元魏·般若流支譯《正法念處經》卷 18:"復有衆鳥,樂住水中,依岸爲巢,或穿河岸。"(T17, p104b)《隨函録》"爲⿰衤巢"即《正法念處經》中的"爲巢"。從形體上看,"⿰衤巢"當如《隨函録》所言爲"摷(樔)"字之訛,而"摷(樔)"即"巢"字。

1053 ⿰衤耴

按:"⿰衤耴",大型字典失收,見於《隨函録》,乃"襵"字之訛。《隨函録》卷 16《根本説一切有部毗奈耶苾蒭尼律》卷 20:"細⿰衤耴,陟葉反。"(ZD60-6a)唐·義淨奉譯《根本説一切有部苾芻尼毘奈耶》卷 20:"或時當前長垂猶如象鼻,或時腰邊細襵如多羅葉。"(T23, p1017b)《隨函録》"細⿰衤耴"即《根本説一切有部苾芻尼毘奈耶》中的"細襵",其中"⿰衤耴"即"襵"字。從形體上看,"襵"通過換聲旁而作"⿰衤耴",再因形旁訛誤而作"⿰衤耴"。

1054 ⿰衤麕、1055 ⿰衤磨、1056 ⿰礻麕

《龍龕手鏡·示部》:"⿰衤麕(⿰礻麕),舊藏作⿰衤麕,居運反。"《漢語大字典·示部》(1009)引《海篇》:"⿰礻麕,祭名也。"

按:《隨函録》卷 24《出三藏記集》卷 2:"⿰衤磨(⿰礻麕)摭,上居運反,下之石反,拾取也,上正作

擔、捃二形。”(ZD60-309c)梁・釋僧祐《出三藏記集》卷 2:“祐捃摭群録,遇護公所出更得四部。”(T55, p9c)《隨函録》“𥙿(禬)摭”即《出三藏記集》中的“捃摭”,其中“𥙿(禬)”即“捃”字。“捃”或作“擔”,“𥙿(禬)”蓋“擔”字之訛。“禬”,《海篇》解釋爲“祭名也”,我們對此表示懷疑。蓋因“禬”從字形上看從“示”,故《海篇》誤將其解釋爲“祭名”,不知“禬”乃“擔”之訛。

甘部

1057 甛

按:“甛”見於《隨函録》,乃“甜”字之訛。《隨函録》卷 2《毘耶娑問經》下卷:“極甛,徒兼反,正作甛(甜)。”(ZD59-617b)元魏・瞿曇般若流支譯《毘耶娑問經》卷 1:“有妙天樹不長不短,其汁極甜味如甘露。”(T12, p228b)《隨函録》“極甛”即《毘耶娑問經》中的“極甜”,其中“甛”即“甜”字之訛。

石部

1058 矽

按:“矽”,見於《隨函録》,乃“防”字之訛。《隨函録》卷 5《正法華經》卷 1:“律矽,上力出反,下伏亡反,禁也,正作防。《樓藏經音》作砌,七細反,非也。”(ZD59-705a)西晉・竺法護譯《正法華經》卷 1:“諸法定意,志懷律防,常處于世,演斯讚頌。”(T09, p72a)《隨函録》“律矽”即《正法華經》中的“律防”,其中“矽”即“防”之訛。

1059 砙、1060 砨

《中華字海・石部》(1024):“砨,音未詳。”《集韻・麥韻》:“砙,力摘切。”

按:“砨”“砙”,見於《隨函録》,乃“妒”字。《隨函録》卷 17《鼻奈耶律》卷 4:“嫉砨,丁故反,正作妒、砙二形。”(ZD60-72c)姚秦・竺佛念譯《鼻奈耶》卷 4:“佛爲沙門結戒,若比丘憎嫉妒謗彼清淨比丘,不犯無根棄捐法,誹謗我當墮此失梵行。”(T24, p868a)《隨函録》“嫉砨”即《鼻奈耶》中的“嫉妒”,其中“砨”即“妒”之訛。根據《隨函録》,“砙”與“妒”同。

又《隨函録》卷 9《大毗盧遮那成佛神變加持經》卷 4:“制砙,都故反,正作妬。”(ZD59-871b)唐・善無畏共沙門一行譯《大毘盧遮那成佛神變加持經》卷 4:“南麼三曼多勃馱喃(一)娑嚩(二合)制妒嗢蘗(二合)多(二)莎訶(三)。”(T18, p27c)《隨函録》“制砙”即《大毘盧遮那成佛神變加持經》中的“制妒”,其中“砙”即“妒”字之訛。從形體上看,“妒”或作“妬”“姤”①,“砙”蓋“妬”内部類化所致,而“砨”蓋“姤”訛誤所致。

① 《隨函録》卷 18:“妬忌,上都悟反。”(ZD60-98b)《隨函録》卷 18:“姤忌,上都故反。”(ZD60-98c)“妬”“姤”即“妒”字。

1061 硑

《廣韻·耕韻》:“砰,披萌切,大聲;硑,同上。”

按:我們這裏要講的“硑”乃“研”字之訛。《隨函録》卷 26《大唐西域記》卷 4:“硑究,上五堅反,正作研也。”(ZD60-409c)唐·玄奘《大唐西域記》卷 4:“博綜衆經,研究異論。”(T51, p892b)《隨函録》“硑究”即經文中的“研究”,其中“硑”即“研”字之訛。這樣一來,大型字典“硑”字下可增添“同研”的説解。

1062 硏、1063 𦡐

按:“硏”,大型字典失收,見於《隨函録》,乃“磔”字之訛。《隨函録》卷 19《阿毘達磨俱舍釋論》卷 9:“硏手,上知格反,正作磔。”(ZD60-131a)陳·真諦譯《阿毘達磨俱舍釋論》卷 9:“十二指爲一𦡐手,二十四指爲一肘。”(T29, p227a)“𦡐手”,宋、元、明、宫本作“磔手”。《隨函録》“硏手”即宋、元、明、宫本《阿毘達磨俱舍釋論》中的“磔手”,其中“硏”即“磔”字之訛,而“𦡐”字亦“磔”字。“磔”蓋受後字“肘”的影響類化换旁從“月(肉)”而作“𦡐”。“磔手”用於表長度。唐·慧琳《一切經音義》卷 43《訶哩底母真言法》音義:“磔手,上知格反。《廣雅》云:‘磔,張也,開也。’案,一磔手者,開掌布地以頭指中指爲量也。”(T54, p590c)

1064 𥑳、1065 碌、1066 硺

按:“碌”,大型字典失收,此字見於《隨函録》,即“琢”之異體。《隨函録》卷 30《廣弘明集》卷 24:“雕碌,音卓,正作琱琢也。”(ZD60-581c)唐·道宣撰《廣弘明集》卷 24:“觀下有石井,聳跱中澗,彫硺刻削頗類人工。”(T52, p276c)“彫硺”,宋、元、明本作“彫琢”。《隨函録》“雕碌”即宋、元、明本《廣弘明集》中的“彫琢”,其中“碌”即“琢”字之訛。至於《大正新修大藏經》底本“硺”字,我們以爲也是“琢”的换形旁俗字,從“玉”與從“石”意義相關。

此外,《字彙·石部》(78):“硺,竹角切,音卓,擊也。”《龍龕手鏡·石部》(445):“𥑳,竹角反,擊也。”這裏的“硺”“𥑳”也應是“琢”字。“琢”本義爲“治玉”,引申則亦有砍、擊之義。北齊·賈思勰《齊民要術·作羹臛法》:“作雞羹法:雞一頭,解骨肉相離,切肉,琢骨,煮使熟,漉去骨。”如此一來,“硺”“𥑳”與“琢”音義皆同。《隨函録》卷 6《大薩遮尼乾子所説經》卷 2:“碌斫,音卓,正作硺。”(ZD59-743c)元魏·菩提留支譯《大薩遮尼乾子所説經》卷 2:“五者般若,如利钁鉤隨意琢斫。”(T09, p323c)《隨函録》“碌(硺)斫”即經文中的“琢斫”,其中“碌(硺)”與“琢”互爲異文。

總而言之,“硺”“碌”“碌”與“𥑳”一样也應是“琢”字的異體,不應當成另外的字。

1067 𥕒

按:“𥕒”,大型字典失收,見於《隨函録》,即“碧”字之訛。《隨函録》卷 28《辯正論》卷 7:“𥕒澗,上彼力反。”(ZD60-512a)唐·法琳撰《辯正論》卷 7:“地居形勝,山號膏腴,門枕危峰,簷臨碧澗。”(T52, p541a)《隨函録》“𥕒澗”即經文中的“碧澗”,其中“𥕒”即“碧”字之訛。“碧”俗作“𥕒”,是字形内部類化的結果。

1068 砕

按:"砕"字,大型字典失收,見於《隨函録》,爲"碎"字之訛。《隨函録》卷 24《出三藏記集》卷 10:"灌砕,上七内反,下蘇内反,燒石内醋破之也,正作淬碎也。上又七罪反,水深皃也。"(ZD60-315c)梁・釋僧祐《出三藏記集》卷 10:"石以淬碎剝堅截剛,素質精深五色炳燦。"(T55, p69c)《隨函録》"灌砕"即《出三藏記集》中的"淬碎",其中"砕"即"碎"字之訛。

1069 硾、1070 礶[①]

《龍龕手鏡・石部》(440):"礶、硾,二俗,音鍾。"《中華字海・石部》(1029)言"礶""硾"同"磫"。張涌泉先生《漢語俗字叢考》(736):"《龍龕》的'硾''礶'與'磫'字讀音不盡相同,未必也是'磫'的俗字。根據其直音,這兩個字很可能就是'鍾'的俗字。'石'旁、'金'旁意義上有相通之處,古字常可換用。"

按:"礶""硾"乃"磫"字,《中華字海》所論是,而《漢語俗字叢考》所言不妥。詳細考證見本書第三章"硾""礶"字條。

1071 ⿱砥灬

按:"⿱砥灬",大型字典失收,見於《隨函録》,即"砥"字之訛。《隨函録》卷 27《續高僧傳》卷 11:"⿱砥灬礪,上之爾反,下力世反。"(ZD60-473b)唐・釋道宣撰《續高僧傳》卷 11:"弘匠浙東,砥礪前學。"(T50, p509b)《隨函録》"⿱砥灬礪"即經文中的"砥礪",其中"⿱砥灬"即"砥"字之訛。

1072 ⿰石速

《龍龕手鏡・石部》(445):"⿰石速,俗,音速。"《中華字海・石部》(1031):"⿰石速,義未詳。"

按:"⿰石速"[②]可見於佛教文獻,乃"磟"字。唐・釋道宣撰《集神州三寶感通録》2:"見有卧石,狀如像形,便斲掘尋之,乃是鐵礦,不可鑿鑿。故其形碌⿰石速,高三丈許,欲加摩瑩卒不可觸。"(T52, p420c)唐・釋道世撰《法苑珠林》卷 14:"見有卧石,狀如像形,便斲掘尋之,乃是鐵礦,不可鑿鑿。故其形礦⿰石速,高三丈許,欲加摩瑩卒不可觸。"(T53, p390a)很顯然,"碌⿰石速"即"礦⿰石速"。"⿰石速"爲何字呢?慧琳以"⿰石速"爲"磟"字。唐・慧琳《一切經音義》卷 81《集神州三寶感通録》卷 2 音義:"碌磟,上籠谷反,下蔥鹿反。《蒼頡篇》云:'碌磟,謂砂石麁白也。'考聲云:'石地不平皃也。'録文作礦⿰石速,誤也。"(T54, p831a)從形體上看,"⿰石速"爲"磟"換聲旁所致。"⿰石速"爲"磟"字,《龍龕手鏡》何以讀爲"速"呢?我們認爲這是"⿰石速"的俗音。"⿰石速"形體上從"速"得聲,故人們俗讀爲"速",這是一種音隨形變的現象。

此外,高麗本《集神州三寶感通録》"碌磟",《隨函録》作"礦硨",可洪認爲是"礦硨"之訛。《隨函録》卷 26《東夏三寶感通録》中卷:"礦硨,上古猛反,金璞也,正作磺、礦二形,下音連,鉛鑛。"(ZD60-423c)值得注意的是,宋、元、明本《集神州三寶感通録》也作"礦硨"。可

① 此字我們曾在《〈可洪音義〉俗字札記》一文中論述過,見《漢字研究》2005 年第 1 輯,第 297 頁。

② 鄧福禄《字典考正》第 261 頁以"⿰石速"爲"磟"字,但對於"⿰石速"爲什麼讀"速"没有解釋。

洪之論,與經文文意不符。我們懷疑其所見的“磃磓”可能就是“磃⿰石進”之訛。“磓”與“⿰石進”形體近似。

1073 礭

按:我們這裏要講的“礭”乃“鎒”字之訛。《隨函録》卷 23《諸經要集》卷 8:“礭孔,上呼嫁反。”(ZD60-300a)唐・釋道世《諸經要集》卷 8:“七日不死,得延命長(又治故塔亦得延命,又治補伽藍墻壁鎒孔亦得延命)。”(T54, p73a)《隨函録》“礭孔”即《諸經要集》中的“鎒孔”,其中“礭”即“鎒”字。“鎒”或作“⿰石尃”①,“礭”與“⿰石尃”形體近似。

這樣一來,大型字典“礭”字下可增添“同鎒”的説解。

1074 磿

按:“磿”,可見於《隨函録》,乃“礰”字之訛。《隨函録》卷 13《正法念處經》卷 20:“礔磿,下音歷,正作靂。”(ZD59-1066c)元魏・般若流支譯《正法念處經》卷 20:“時婆修吉聞是語已,即於空中雨大猛火,燒缽摩梯諸惡龍等。復疾走趣勇健阿修羅上,放大熾電,霹靂猛火,雨阿修羅軍。”(T17, p118a)《隨函録》“礔磿”即《正法念處經》中的“霹靂”。“霹靂”爲聯綿詞,或作“礔礰”。從形體上看,“磿”應源於“礰”字,而不是“靂”字。

1075 ⿱橐石

《龍龕手鏡・石部》(444):“⿱橐石,俗,音蠍。”《中華字海・石部》(143):“⿱橐石,義未詳。”

按:“⿱橐石”,見於《隨函録》,乃“蠹”字之訛,《隨函録》卷 22《法句喻經》卷 1:“蚌⿱橐石,上步講反,下都故反。”(ZD60-245a)晉・法炬共法立譯《法句譬喻經》卷 1:“咄起何爲寐,螉螺蚌蠹類。”(T04, p577a)《隨函録》“蚌⿱橐石”即《法句譬喻經》中的“蚌蠹”,其中“⿱橐石”即“蠹”字之訛。

又《隨函録》卷 23《經律異相》卷 18:“⿱橐石蟲,上都故反。”(ZD60-269b)梁・僧旻、寶唱等集《經律異相》卷 18:“壽盡復爲螺蚌之蟲、樹中蠹蟲,各五萬歲。”(T53, p98a)《隨函録》“⿱橐石蟲”即經文中的“蠹蟲”,其中“⿱橐石”亦“蠹”字之訛。

目部

1076 ⿰目礼

按:“⿰目礼”,大型字典失收,見於《隨函録》,乃“脈”字之訛。《隨函録》卷 21《賢愚經》卷 4:“察⿰目礼,音麥。”(ZD60-202b)元魏・慧覺等譯《賢愚經》卷 4:“時醫察脈,不知所痛,默然還出。”(T04, p375b)《隨函録》“察⿰目礼”即《賢愚經》的“察脈”,其中“⿰目礼”即“脈”字。形體上看,“脈”或作“脉”,構件“永”可訛作“礼”②,“⿰目礼”源於“脉”字之訛。

---

① 見《龍龕手鏡・石部》“⿰石尃”字條,中華書局 1985 年,第 444 頁。

② 見本書中篇“礼”字條。

1077 眗

按:我們在這裏要講的"眗(眗)"乃"拘"字。《隨函録》卷15《摩訶僧祇律》卷13:"眗睒,上九愚反,正作眗。"(ZD59-1107a)東晉·佛陀跋陀羅共法顯譯《摩訶僧祇律》卷13:"佛住舍衛城拘睒彌。"(T22, p333c)《隨函録》"眗睒"即《摩訶僧祇律》中的"拘睒",其中"眗"即"拘"字。從形體上看,"拘"蓋受下字"睒"的影響類化换旁從"目"而作"眗(眗)"。

1078 眂

《龍龕手鏡·目部》(421):"眎、眂,音視,看眎也,下音匙,亦視皃也。"

按:我們這裏要講的"眂"乃"眠"字之訛。《隨函録》卷24《開元釋教録》卷7:"眂寐,上莫田反,正作眠也,唐廟諱民,故民字多省乀正作巳,眠字作眂(眂),匙、視音,非義也。"(ZD60-344c)唐·智昇撰《開元釋教録》卷7:"言久情誼,有時眠寐。"(T55, p546c)《隨函録》"眂寐"即此"眠寐",其中"眂"即"眠"字之訛。

又《隨函録》卷23《諸經要集》卷7:"眂坐,上莫田反。"(ZD60-298c)唐·釋道世《諸經要集》卷7:"氣力疲弊,動輒增困,眠坐不安。"(T54, p58c)《隨函録》"眂坐"即《諸經要集》中的"眠坐",其中"眂"亦"眠"字之訛。正如可洪所言,爲了避李世民的諱,從"民"旁的字其構件"民"常寫成"氏"或"氏","瑉"作"珉""珉"①,可資比勘。

1079 眗

按:"眗",大型字典失收,見於《隨函録》,乃"眵"字之訛。《隨函録》卷21《佛本行讚》卷5:"中眗,赤之反,正作眵。"(ZD60-189a)宋·釋寶雲譯《佛本行經》卷5:"涕唾眼中眵,若不拭卻者,及與身上垢,若不以水洗。"(T04, p91a)《隨函録》"中眗"即《佛本行經》的"中眵",其中"眗"即"眵"字之訛。

1080 眽

《玉篇·目部》:"眽,莫革切,相視也。眽眽,姦人視也。"

按:這裏要講的"眽"乃"䚌"字之訛。《隨函録》卷22《阿育王傳》卷3:"㧗眽,上争交反,下烏虢反,正作抓䚌。"(ZD60-238c)西晉·安法欽譯《阿育王傳》卷4:"今當爪䚌汝之身肉,生貫著於高樹之上。"(T50, p110a)《隨函録》"㧗眽"即《阿育王傳》中的"爪䚌",其中"眽"即"䚌"字之訛。

1081 䀠

《玉篇·目部》:"䀠,視也。"

按:我們在這裏要講的"䀠"乃"甜"字之訛。《隨函録》卷16《四分律》卷46:"䀠蒲桃,上徒兼反,下徒刀反,正作甜,上又呼八反,非也,亦甛字,悮。"(ZD60-38b)姚秦·佛陀耶舍共竺佛念等譯《四分律》卷46:"若有甜蒱桃漿蜜石蜜,淨洗手受,授與清淨比丘。"(T22,

① 見本書中篇"珉""珉"等字條。

p905a)《隨函録》“甛蒲桃”即《四分律》中的“甜蒱桃”,其中“甛”即“甜”字之訛。

1082 睞

按:“睞”,大型字典失收,見於《隨函録》,即“膝”字之訛。《隨函録》卷 27《續高僧傳》卷 10:“睞前,上音悉,正作膝。”(ZD60-472c)唐・釋道宣撰《續高僧傳》卷 10:“坐者不覺離席膝前。”(T50, p504c)《隨函録》“睞前”即經文中的“膝前”,其中“睞”即“膝”字之訛。

1083 睰

按:“睰”,大型字典失收,見於《隨函録》,乃“酷”字之訛。《隨函録》卷 22《雜寶藏經》卷 1:“何睰,苦沃反,毒也,正作酷。”(ZD60-227a)元魏・吉迦夜共曇曜譯《雜寶藏經》卷 1:“一箭殺三人,斯痛何酷。”(T04, p448b)《隨函録》“何睰”即《雜寶藏經》中的“何酷”,其中“睰”即“酷”字之訛。

1084 睭

《字彙補・目部》:“睭,深也。知丑切。”

按:我們這裏要講的“睭”乃“賙”字之訛。《隨函録》卷 28《弘明集》卷 3:“睭行,上之由反。”(ZD60-526b)梁・釋僧祐撰《弘明集》卷 3:“及楚英之修仁寺,笮融之賙行饉,寧復有清真風操乎?”(T52, p20a)《隨函録》“睭行”即經文中的“賙行”,其中“睭”即“賙”字之訛。構件“貝”因與“目”近似而誤寫成了“目”。“䝯”作“䀹”①,可資比勘。

1085 𣤶

按:“𣤶”,大型字典失收,見於《隨函録》,即“歇”字之訛。《隨函録》卷 26《東夏三寶感通録》上卷:“乃𣤶,音歇。”(ZD60-422b)唐・釋道宣撰《集神州三寶感通録》1:“流芳城邑,十日乃歇。”(T52, p408b)《隨函録》“乃𣤶”即經文中的“乃歇”,其中“𣤶”即“歇”字之訛。

又《隨函録》卷 26《東夏三寶感通録》上卷:“漸𣤶,許竭反,休息也,竭也,正作歇也。”(ZD60-422a)唐・釋道宣撰《集神州三寶感通録》1:“光蓋漸歇,冉冉而下。”(T52, p407a)《隨函録》“漸𣤶”即經文中的“漸歇”,其中“𣤶”亦“歇”字之訛。

1086 睻

按:“睻”字,大型字典失收,見於《隨函録》,即“晐”字之訛。《隨函録》卷 25《新華嚴經音義》:“作睻,古哀反,兼備也,正作晐、該二形。”(ZD60-403c)唐・慧琳《一切經音義》卷 23 所録慧苑《新譯大方廣佛華嚴經音義》卷 66:“靡不該練:《珠叢》曰:‘靡,無也。’《廣雅》曰:‘該,咸也,包也。’《小雅》曰:‘該,備也。’《珠叢》曰:‘鎔金曰鍊,煮絲令熟曰練也。’該字又作䀭。”(T54, p452c)《隨函録》“作睻”即此“作䀭”,“睻”與“䀭”皆“晐”字之訛。

1087 䀏

《中華字海・目部》(1057):“䀏,同覗。見《篇海類編》。”

① 見《龍龕手鏡・目部》,中華書局 1985 年,第 422 頁。

按:我們在這裏要講的"**䀫**(䀫)"乃"瞑"字。《隨函録》卷22《佛入涅槃密跡金剛力士哀戀經》卷1:"**䀫**(䀫)眩,上莫田、莫見二反,下胡邊、胡絹二反。"(ZD60-226c)"**䀫**(䀫)"音莫田、莫見二反,與"瞑"讀音相同。《佛入涅槃密跡金剛力士哀戀經》卷1:"我今形體不自勝舉,欲没入地,䁱眩黄黑,心意錯亂,忘失所念,脣乾舌燥。"(T12, p1117c)"䁱眩",宋、元、明、宫本作"瞑眩"。《隨函録》"**䀫**(䀫)眩"即宋、元、明、宫本《佛入涅槃密跡金剛力士哀戀經》中的"瞑眩",其中"**䀫**(䀫)"即"瞑"字。"**䀫**(䀫)"蓋"瞑"换聲旁所致。唐·慧琳《一切經音義》卷75《金剛力士哀戀經》音義:"瞑眩,上眠遍反。……經從面作䀫,非也,俗用耳。"(T54, p795c)《一切經音義》中的"䀫"亦"瞑"字之俗。

1088 䀨

《龍龕手鏡·目部》(417):"䀨,俗,音知。"《中華字海·目部》(1055):"䀨,義未詳。見《龍龕》。"

按:"䀨",見於《隨函録》、佛經,乃譯音字,本無實際意義。《隨函録》卷5《持心梵天經》卷4:"末䀨,直知反,正作踟也。"(ZD59-733b)《持心梵天所問經》卷4:"優頭黎頭頭黎,末䀨,遮䀨,彌離㡙離㡙。"(T15, p31a)"末䀨",宋本作"末知";"遮䀨",元本作"遮䀨"。從經文可知,"䀨"衹是一個譯音字,本無實際意義,也不一定有正體,鄧福禄《字典考正》(273)依《隨函録》以"䀨"爲"踟"字,恐有不妥。

1089 **䁓**

按:"**䁓**",大型字典失收,見於《隨函録》,用於"**䁓**眱"中,而"**䁓**眱"即"匾㔸"。《隨函録》卷14《佛本行集經》卷28:"**䁓**眱,上卑典反,下他兮反。"(ZD59-1082c)隋·闍那崛多譯《佛本行集經》卷28:"或耳如驢,或樹爲耳,或獼猴耳,或有魚耳,或多種耳而是人身,或鼻牑睇而身𪊨醜。"(T03, p786c)《隨函録》"**䁓**眱"即《佛本行集經》中的"牑睇",而"牑睇"即"匾㔸"。《龍龕手鏡·月部》(411):"牑睇,俗,上搏顯反,下吐奚反,正作匾㔸。""匾㔸"作爲聯綿詞,形容鼻子薄,由於與鼻子有關,故俗换旁從"月"而作"牑睇",很顯然"**䁓**眱"是"牑睇"之訛。

1090 瞙

《中華字海·目部》(1058)引《集韻》:"瞙,目不明也。"

按:我們要論述的是作爲"膜"俗字的"瞙"。《隨函録》卷23《陀羅尼雜集》卷3:"眼瞙,音莫。"(ZD60-285a)《陀羅尼雜集》卷3:"如以金錍決其眼膜,令睹光明。"(T21, p596b)《隨函録》"眼瞙"即此"眼膜",其中"瞙"即"膜"字。

又《隨函録》卷23《陀羅尼雜集》卷3:"心瞙,音莫,皮也,正作膜。"(ZD60-285a)"膜"作"瞙"字蓋因構件"月"與"目"近似訛誤所致。

1091 **䁳**

按:"**䁳**",大型字典失收,見於《隨函録》,即"暐"字。《隨函録》卷29《弘明集》卷6:"斐**䁳**,上芳尾反,下云鬼反。"(ZD60-531c)梁·釋僧祐撰《弘明集》卷6:"清辭斐暐宫商有體,玄致亹亹其可味乎?"(T52, p41c)《隨函録》"斐暐"即經文中的"斐暐",其中"暐"即"暐"字之訛。

1092 瞐

按:"瞐",大型字典失收,見於《隨函録》,乃"瞢"字。《隨函録》卷 20《舍利弗阿毘曇論》卷 11:"瞪瞐,上都鄧反,下莫鄧反,睡纏惛沉也,心悶也,正作瞢瞢也,《川音》作瞢懵字,是也。"(ZD60-169b)姚秦·曇摩耶舍共曇摩崛多等譯《舍利弗阿毘曇論》卷 13:"云何懈怠?窳墮瞢懵於善法廢退,是名懈怠。"(T28, p617c)《隨函録》"瞪瞐"即《舍利弗阿毘曇論》中的"瞢懵"。"瞪瞐"爲聯綿詞,或作"瞢瞢""瞢懵""瞪瞢""憕懵"等。《隨函録》卷 20《舍利弗阿毘曇論》卷 15:"憕懵(懵),上都亘反,下莫亘反,正作瞢瞢也。"(ZD60-171b)《隨函録》卷 14《大安舟守意經》上卷:"瞪瞢,上徒登、都鄧二反,下莫登、莫鄧二反,失睡極也,睡不足皃也。正作瞢瞢。"(ZD59-1090a)從字形上看,"瞐"蓋源於"瞢"字之訛。

1093 瞢、1094 瞢

按:"瞢""瞢",大型字典失收,見於《隨函録》,乃"瞢(瞢)"字。《隨函録》卷 20《成實論》卷 5:"瞪瞢,上都證反,下莫鄧反,正作瞢瞢,或作瞢懵也,上徒登反,下莫登反,並睡纏惛悶也,並悮。"(ZD60-159b)姚秦·鳩摩羅什譯《成實論》卷 5:"觸名堅軟、輕重、强弱、冷熱、澀滑、强澀、猗樂、疲極、不疲極、若病、若差、身利、身鈍、嬾重、迷悶、瞪瞢、疼痺、嚬呻、飢渴、飽滿……"(T32, p274b)《隨函録》"瞪瞢"即《成實論》中的"瞪瞢",其中"瞢"即"瞢"字。"瞢"或作"瞢"。從字形體上看,"瞢"蓋源於"瞢"字之訛。又《隨函録》卷 20《成實論》卷 4:"瞪瞢,上都鄧反,正作瞢也,下莫鄧反,正作瞢、懵二形。"(ZD60-158c)"瞢"亦"瞢"字之訛。

1095 瞖

按:"瞖",大型字典失收,見於《隨函録》,乃"瞖"字。《隨函録》卷 2《勝天王般若》卷 1:"盲瞖,音翳。"(ZD59-586a)"瞖"音"翳",與"瞖"音同。陳·月婆首那譯《勝天王般若波羅蜜經》卷 1:"譬如良醫發如是誓,世間盲瞖我悉治癒,若自失明豈療他疾。"(T08, p689a)《根本説一切有部毘奈耶雜事》卷 40:"世間愚癡不能了,爲作明燈除眼瞖。"(T24, p408b)從形體、意義看,"瞖"與"瞖"同。

1096 曙

按:"曙"字,大型字典失收,此字見於《隨函録》,即"曙"字。《隨函録》卷 30《廣弘明集》卷 30:"侵曙,常去反。"(ZD60-599b)唐·道宣撰《廣弘明集》卷 30:"宫槐留曉合,城烏侵曙鳴。"(T52, p354b)《隨函録》"侵曙"即經文中的"侵曙",其中"曙"即"曙"字之訛。構件"日"與"目"近似易訛。

田部

1097 畂、1098 畂

《龍龕手鏡·田部》(154):"畂,俗,音劣。"《龍龕手鏡·田部》(154):"畂,音劣。"《中華字海・田部》(1039):"⿰田木,同畖。"《中華字海・田部》(1040):"畖,義未詳。"

按:"⿰田木",見於《隨函録》,乃"橘"字。《隨函録》卷25《一切經音義》:"⿰田木臬,見藏經作橘泉,上巨憍反,下音全,又上力出反,下音全,出郭氏音。"(ZD60-357b)《隨函録》卷9《文殊師利問菩薩署經》卷1:"橘泉,上巨憍反,下自宣反。婆羅門名分畛撟泉。《經音義》作⿰田木臬,非。"(ZD59-862a)後漢・支婁迦讖譯《文殊師利問菩薩署經》卷1:"復有婆羅門名曰分畛者橘泉,白佛:'我到廬上取華欲持歸,見怛薩阿竭,身三十二相諸種好。'"(T14, p438c)《隨函録》"⿰田木臬"即"橘泉",其中"⿰田木"即"橘"字。《龍龕手鏡》"⿰田木"音"劣",《隨函録》引郭氏音"力出反"。兩者是否有關聯? 俟考。

1099 ⿱禾田

《改併五音類聚四聲篇海・田部》(326):"⿱禾田,音收。"

按:我們這裏要講的"⿱禾田"乃"香"字之訛。《隨函録》卷25《新華嚴經音義》:"利⿱禾田,音香,經本作末利香。"(ZD60-401a)唐・慧琳《一切經音義》卷21所録慧苑《新譯大方廣佛華嚴經音義》卷15:"末利香:末利者,花名也。其花黄金色,然非末利之言即翻爲黄也。"(T54, p440c)《隨函録》"利⿱禾田"即此"利香",其中"⿱禾田"即"香"字之訛。

1100 ⿰田男

《龍龕手鏡・田部》(154):"⿰田男,音舅。"《中華字海・田部》(1042):"⿰田男,'舅'的訛字。字見《龍龕》。"

按:"⿰田男"字,正如《中華字海》所言,的確是"舅"字。由於《中華字海》没有給出例證,今補之。《隨函録》卷5《大悲分陁利經》卷1:"帝⿰田男,巨久反,正作舅。"(ZD59-714b)《大乘悲分陀利經》卷1:"帝舅礙帝牧備牧婆波羅備米帝隸。"(T03, p236a)《隨函録》"帝⿰田男"即"帝舅",其中"⿰田男"即"舅"字。

1101 ⿱田劦

按:"⿱田劦"字,大型字典失收,見於《隨函録》,爲"舅"字之訛。《隨函録》卷24《出三藏記集》卷4:"⿱田劦甥,上巨久反,下所京反。"(ZD60-310c)梁・釋僧祐《出三藏記集》卷4:"舅甥經一卷(出生經)。"(T55, p27b)《隨函録》"⿱田劦甥"即《出三藏記集》中的"舅甥",其中"⿱田劦"即"舅"之訛。

皿部

1102 ⿸厂皿

按:"⿸厂皿",大型字典失收,見於《隨函録》,即"盛"字。《隨函録》卷30《廣弘明集》卷30:"春⿸厂皿,音孟。"(ZD60-600c)唐・道宣撰《廣弘明集》卷30:"穎敷淩霜蒨,葩熙三春盛。"(T52, p359a)《隨函録》"春⿸厂皿"即經文中的"春盛",其中"⿸厂皿"即"盛"字之訛。根據《隨函録》,"⿸厂皿"音"孟",似乎是把它當作了"孟"字之訛。我們認爲《隨函録》給"⿸厂皿"的讀音有誤,根據《廣弘明集》文意，應作“盛”。“葩熙三春盛”即花兒三春時節開得更加茂盛，作“孟”字與文意不符。因此，我們把“盂”定作“盛”字之訛。

1103 蝅

按：“蝅”，大型字典失收，見於《隨函録》，乃“蠶”字之訛。《隨函録》卷 12《大乘掌珍論》上卷：“如蝅，昨含反。”(ZD59-976c)大唐・玄奘譯《大乘掌珍論》卷 1：“以自纏裹，如蠶處繭。”(T30, p268c)《隨函録》“如蝅”即《大乘掌珍論》中的“如蠶”，其中“蝅”爲“蠶”字之訛。

又《隨函録》卷 30《廣弘明集》卷 29：“田蝅，自南反，悮。”(ZD60-595b)“蝅”音“自南反”，與“蠶”的讀音相同。唐・道宣撰《廣弘明集》卷 29：“既闕田蠶，復無商估。”(T52, p341c)《隨函録》“田蝅”即經文中的“田蠶”，其中“蝅”即“蠶”字。“蠶”或作“蚕”。《干禄字書・平聲》：“蚕蠶，上俗下正。”“蝅”蓋“蚕”之訛。

禾部

1104 礼

按：“礼”，見於《隨函録》，即“礼(禮)”字之訛。《隨函録》卷 28《續高僧傳》卷 30：“畨礼，上音憣，遞也，畨遞上下也，下音礼，謂礼佛行道也，上方藏作分番礼導，正作道。”(ZD60-499b)唐・釋道宣撰《續高僧傳》卷 30：“權與立身分番禮導，既絶文墨惟存心計。”(T50, p704a)“礼”本爲古“禮”字，在古文獻已經廣泛使用，上述所引《隨函録》“礼”都是作“禮”，即是明證。《隨函録》“畨礼”即經文中的“番礼(禮)”，其中“礼”即“礼”字之訛。構件“禾”與“礻”近似易混。

1105 秎

按：“秎”，大型字典失收，見於《隨函録》，乃“杈”字之訛。《隨函録》卷 23《經律異相》卷 6：“木秎，音叉。”(ZD60-265a)梁・僧旻、寶唱等集《經律異相》卷 6：“我孫名木杈伽摩尼阿婆耶。”(T53, p27b)《隨函録》“木秎”即經文中的“木杈”，其中“秎”即“杈”字之訛。

1106 秎、1107 秎

按：“秎”“秎”在大型字典中本爲“利”字，我們在這裏要講的“秎”“秎”乃“初”字之訛。《隨函録》卷 10《大智度論》卷 56：“秎自，上楚魚反，正作初。”(ZD59-918a)後秦・鳩摩羅什譯《大智度論》卷 53：“若能知色從本已來初自無生者，則不復存色想。”(T25, p437a)《隨函録》“秎自”即《大智度論》中的“初自”，其中“秎”即“初”字之訛。

又《隨函録》卷 10《大智度論》卷 56：“秎方，上楚魚反。”(ZD59-918a)後秦・鳩摩羅什譯《大智度論》卷 53：“是故舍利弗問：‘新學菩薩云何修是初方便道?’”(T25, p440b)《隨函録》“秎方”即《大智度論》中的“初方”，其中“秎”亦“初”字之訛。

1108 乱

按：“乱”，大型字典失收，見於《隨函録》，乃“亂”字之訛。《隨函録》卷 5《方廣大莊嚴經》卷 3:“醉乱,音亂。”(ZD59-695b)唐・地婆訶羅譯《方廣大莊嚴經》卷 3:“飢渴衆生皆得飽滿,顛狂醉亂皆得惺悟。”(T03, p553b)《隨函録》“醉乱”即《方廣大莊嚴經》中的“醉亂”,其中“乱”即“亂”字。“亂”俗作“乱”①,“乱”與“乱”形體近似。

1109 䅜

按:“䅜”字,大型字典失收,見於《隨函録》,乃“加”字。《隨函録》卷 23《諸經要集》卷 11:“䅜捲,上音加,下音拳,上悞,下俗用。”(ZD60-302a)唐・釋道世《諸經要集》卷 11:“如依毘曇,得有眷屬加拳等事輕不善業。若依成論,有意不善設動身口不成業報。”(T54, p105b)《隨函録》“䅜捲”即《諸經要集》中的“加拳”,其中“䅜”即“加”字。唐・釋道世《法苑珠林》卷 68:“如依毘曇,得有眷屬加拳等事輕不善業。若依成論,有意不善設動身口不成業報。”(T53, p801c)“加拳”,宋、元、明、宮本作“枷卷”。

“加”何以會寫作“䅜”的呢?正如《隨函録》所言“拳”俗可作“捲”,“加”可能受下字“捲”的影響類化從“扌”而作“㧝”(此形體實際上並没有出現),又由於構件“扌”與“木”俗寫易混,於是“加”又可以寫成“枷”,而構件“木”又與“禾”近似,於是又可以訛成“䅜”。

1110 䄷

按:“䄷”,大型字典失收,見於《隨函録》,乃“徙”字。《隨函録》卷 2《大寶積經》卷 109:“䄷,斯此反。”(ZD59-602b)唐・菩提流志奉《大寶積經》卷 109:“其識云何徙?”(T11, p611a)《隨函録》“移䄷”即《大寶積經》中的“移徙”。“徙”蓋受上字“移”的影響類化换旁從“禾”而作“䄷”。

1111 䅳

《廣韻・沃韻》:“䅳,禾熟。苦沃切。”

按:我們這裏要講的“䅳”乃“秸”字之訛。《隨函録》卷 29《廣弘明集》卷 7:“稾䅳,上古老反,下古八反,禾稈也,正作稾秸。”(ZD60-553a)唐・道宣撰《廣弘明集》卷 7:“未能盡天下之牲,故祭天以繭栗。未能極天下之文,故藉神以稾秸。”(T52, p133a)《隨函録》“稾䅳”即經文中的“稾秸”,其中“䅳”即“秸”字之俗。這樣一來,大型字典“䅳”字下可增添“同秸”的説解。

此外,《龍龕手鏡・禾部》(147):“䅳,苦沃反,禾熟也,又古得反。”“䅳”又音“古得反”,即“䅳”字,詳細考證見“䅳”字條。

1112 𥝢

按:“𥝢”,大型字典失收,見於《隨函録》,乃“梨”字之訛。《隨函録》卷 17《四分律删補隨機羯磨》:“伽𥝢,上巨迦反,下力夷反。”(ZD60-57b)唐・道宣集《四分律删補隨機羯磨》卷 1:“應言:‘此安多會、鬱多羅僧、僧伽梨、鉢多羅,此衣鉢是汝有不?’”(T40, p497c)《隨函録》“伽𥝢”即《四分律删補隨機羯磨》中的“伽梨”,其中“𥝢”即“梨”字之訛。

---

① 《干禄字書・去聲》:“乱亂,上俗下正。”

1113 秸、1114 **⿰米吉**、1115 ⿰米告

《龍龕手鏡・米部》:"**⿰米吉**、⿰米告,古得反。"《中華字海・米部》(1293):"**⿰米吉**,義未詳。見朝鮮本《龍龕》。"《中華字海・米部》(1294):"⿰米告,義未詳,見《篇海》。"

按:"**⿰米吉**"見於《隨函録》,乃"秸"字。《隨函録》卷11《十住婆沙論》卷13:"**⿰米吉**弟子,上音結。"(ZD59-957b)後秦・鳩摩羅什譯《十住毘婆沙論》卷17:"莫爲秸弟子,莫爲大弟子,莫爲垢弟子,莫爲衰弟子,莫爲無益弟子。"(T26, p116a)《隨函録》"**⿰米吉**弟子"即《十住毘婆沙論》中的"秸弟子",其中"**⿰米吉**"即"秸"字。從形體上看,"**⿰米吉**"蓋"秸"换旁所致,構件"禾"與"米"意義相關。《龍龕手鏡・禾部》(147):"秸,苦沃反,禾熟也,又古得反。""秸"又音"古得反",與《龍龕手鏡》"**⿰米吉**"音同,此時"**⿰米吉**""⿰米告""秸"當爲同一字。不過,"**⿰米吉**""⿰米告""秸"何以會讀"古得反"呢?其正體又是何字呢?我們以爲"**⿰米吉**""⿰米告""秸"讀"古得反"時亦"秸"或"䕸"字。《龍龕手鏡・艸部》(264):"䕸,或作,古黠反,今作秸,槁也。"《隨函録》卷9《佛説菩薩本行經》上卷:"草䕸,古老、古八二反,禾稈也,正作稾、秸二形也,……宜取秸呼也,郭氏音告,又古勒反,並非也,又《經音義》作古木反,亦非也。"(ZD59-852b)根據《隨函録》,"䕸"即"秸"字,郭氏音"告",又音"古勒反"。"䕸"音"古勒反",正好與"**⿰米吉**""⿰米告""秸"音"古得反"同。由此可知,"**⿰米吉**""⿰米告""秸"即"䕸"字,與"秸"同,本無"古勒(得)反"一音,此音乃郭氏所爲。《龍龕手鏡》給"**⿰米吉**""⿰米告""秸"注音時採用了郭氏的讀音。郭氏音已失,如果不是《隨函録》存有其讀音,《龍龕手鏡》"**⿰米吉**""⿰米告""秸"讀"古得反"爲何字恐怕會成爲難解之謎,《隨函録》的價值可見一斑。

1116 **⿰禾余**

按:"**⿰禾余**",大型字典失收,見於《隨函録》,即"稌"字。《隨函録》卷29《弘明集》卷9:"多**⿰禾余**,下他胡、他古二反,稻也,正作稌。"(ZD60-536b)梁・釋僧祐撰《弘明集》卷9:"豈不以僧有多稌之期,友無遺秉之報。"(T52, p57b)《隨函録》"多**⿰禾余**"即經文中的"多稌",其中"**⿰禾余**"即"稌"字之訛。

1117 **⿰禾𢆉**

按:"**⿰禾𢆉**",大型字典失收,見於《隨函録》,即"梓"字之訛。《隨函録》卷28《破邪論》上卷:"桑**⿰禾𢆉**,音子。"(ZD60-513c)唐・法琳撰《破邪論》卷1:"凡是沙門放歸桑梓,令逃課之黨,普樂輸租。"(T52, p476a)《隨函録》"桑**⿰禾𢆉**"即經文中的"桑梓",其中"**⿰禾𢆉**"即"梓"字。構件"木"與"禾"近似易混,而構件"辛"俗寫常作"**𢆉**"。

1118 ⿰禾苦、1119 **⿰禾苦**

《中華字海・禾部》(1083):"⿰禾苦,同秸,字見《玉篇》。"

按:我們這裏要講的"⿰禾苦"乃"楛"字之訛。《隨函録》卷26《大慈恩寺法師傳》卷6:"**⿰禾苦**(⿰禾苦)矢,上音户,木名,堪爲矢幹,下尸旨反,箭也。"(ZD60-435b)《大唐大慈恩寺三藏法師傳》卷6:"西母白環,薦垂衣之主。東夷楛矢,奉刑措之君。"(T50, p254b)《隨函録》"**⿰禾苦**(⿰禾苦)矢"即經文中的"楛矢",其中"**⿰禾苦**(⿰禾苦)"即"楛"字之訛。這樣一來,大型字典"⿰禾苦"字下

可增添“同㮣”的説解。

1120 稓

《中華字海・禾部》(1083):“稓,音 qiàn,義未詳。見朝鮮本《龍龕》。”

按:我們這裏要講的“稓”乃“積”字之訛。《隨函録》卷 25《新華嚴經音義》:“福稓稓,上丑六反,下二子昔反,衆也,正作稸積也。又一個積字也。”(ZD60-402a)唐・慧苑《新譯大方廣佛華嚴經音義》卷 37:“泥潦:潦,郎禱反。《説文》曰:‘潦,天雨也。’謂因天雨稸積也。”(ZD59-440b)《隨函録》“福稓”即此“稸積”,其中“稓”即“積”字之訛。

1121 稒

按:“稒”,見於《隨函録》,乃“禍”字之訛。《隨函録》卷 6《大灌頂經》卷 10:“稒至,上乎果反,正作禍。”(ZD59-752b)東晉・帛尸梨蜜多羅譯《佛説灌頂經》卷 10:“嬈觸作諸怪,禍至必不賒。”(T21, p526a)《隨函録》“稒至”即《佛説灌頂經》中的“禍至”,其中“稒”即“禍”字之訛。

1122 稫

按:我們在這裏要講的“稫”乃“稸”字之訛。《隨函録》卷 8《賢劫經》卷 1:“稫積,上丑六反,聚也,正作稸也,又音福,非。”(ZD59-832b)西晉・竺法護譯《賢劫經》卷 1:“所在遊居,無所蓄積。”(T14, p2c)《隨函録》“稫積”即《賢劫經》中的“蓄積”,其中“稫”即“蓄”字。從形體上看,“蓄”或作“稸”,“稫”蓋“稸”字之訛。

1123 𥟖

按:“𥟖”,大型字典失收,見於《隨函録》,即“穀”字之訛。《隨函録》卷 25《新華嚴經音義》:“五𥟖,古木反,正作穀。”(ZD60-399c)唐・慧琳《一切經音義》卷 21 所録慧苑《新譯大方廣佛華嚴經音義》:“主稼神:稼,加暇反。《廣雅》曰:‘主,守也。’馬融注《論語》云樹五穀曰稼,言五穀苗稼植之此田,此神守護不令有損。”(T54, p434c)《隨函録》“五𥟖”即此“五穀”,其中“𥟖”即“穀”字。

1124 䳘

《中華字海・禾部》(1089):“䳘,同鵞。見《直音篇》。”

按:我們在這裏要講的“䳘”乃“鵝”字。《隨函録》卷 15《摩訶僧祇律》卷 33:“魚䳘,上牛居反,下五何反,蟲鳥名也,正作魚鵝也,二並悞。”(ZD59-1113b)東晉・佛陀跋陀羅共法顯譯《摩訶僧祇律》卷 33:“種種者,所謂長老比丘像,蔔萄蔓、摩竭魚、鵝像,死屍之像,山林像。”(T22, p497a)《隨函録》“魚䳘”即《摩訶僧祇律》中的“魚鵝”,其中“䳘”即“鵝”字。

1125 䅑、1126 穜、1127 䅺、1128 䵆、1129 䵅

《龍龕手鏡・雜部》(547):“䅑,俗,奴回、奴最二反。”《中華字海・禾部》(1090):“䅑,義未詳。”

按："䅗"，見於《隨函録》，乃"湩"字。《隨函録》卷21《修行道地經》卷1："⿰禾乳現，上都弄、張用二反，汁也，謂乳汁也，正作湩也。諸經有作⿰禾湩、⿰重乳二字，並同也，《江西經音》作⿰禾湩，是也，《川音》作䅗，音會，又奴罪反，並非。"(ZD60-212b)西晉・竺法護譯《修行道地經》卷1："一種在乳，名曰湩現；一種在臍，名爲圍繞。兩種在脅，一名爲月，二名月面。"(T15，p188b)《隨函録》"⿰禾乳現"即《修行道地經》中的"湩現"，其中"⿰禾乳"即"湩"字。據《隨函録》，"湩"還可作"穜""⿰禾湩""⿰重乳""䅗"。"䅗"與"⿰禾乳"形體近似。"䅗"，《川音》音"會"和"奴罪反"，《龍龕手鏡》音"奴回、奴最二反"，鄧福禄《字典考正》(288)依《隨函録》以爲"《龍龕》《字彙補》則皆是承襲《川音》之誤"，此説恐怕不妥。《川音》"䅗"的讀音與《龍龕手鏡》本不相同，何以承襲？《川音》《龍龕手鏡》"䅗"蓋另有所指。張涌泉《漢語俗字叢考》(778)以《龍龕手鏡》"䅗"爲"餧"字。

1130 積

按："積"字，大型字典失收，見於《隨函録》，即"穬"字之訛。《隨函録》卷25《新華嚴經音義》："積麥，上古猛反，麥名也，正作⿰麥廣、穬二形。"(ZD60-402b)唐・慧琳《一切經音義》卷22所録慧苑《新譯大方廣佛華嚴經音義》卷41："一俱盧舍，……七蝨爲穬麥，七麥爲指節，二十四指，横布爲肘，竪四肘爲弓……"(T54，p446b)《隨函録》"積麥"即此"穬麥"，其中"積"即"穬"字之訛。

1131 ⿰禾覺

按："⿰禾覺"，大型字典失收，見於《隨函録》，乃"攪"字之訛。《隨函録》卷14《正法念處經》卷68："秏⿰禾覺，上呼高反，下古夘反，正作撓攪也。"(ZD59-1074a)元魏・般若流支譯《正法念處經》卷68："五千由旬，多有螺貝，摩伽羅魚、提彌魚、提彌鯢羅魚，撓攪海水。風鼓大海，令魚亂行。"(T17，p403b)《隨函録》"秏⿰禾覺"即《正法念處經》中的"撓攪"，其中"⿰禾覺"即"攪"字。從形體上看，"攪"作"⿰禾覺"，有兩種可能：一是"⿰禾覺"可能是"攪"訛誤所致，構件"扌"與"禾"近似易訛；一是"攪"蓋受上字"撓"寫成了"秏"的影響，也類化换旁從"禾"而作"⿰禾覺"。

白部

1132 皅

按："皅"，大型字典失收，見於《隨函録》，乃"帊"字之訛。《隨函録》卷22《大阿羅漢難提蜜多羅所説法住記》卷1："囊皅，普架反。"(ZD60-254a)唐・玄奘《大阿羅漢難提蜜多羅所説法住記》卷1："或於經卷以諸雜綵囊帊縷帶而嚴飾之。"(T49，p14b)《隨函録》"囊皅"即經文中的"囊帊"，其中"皅"即"帊"字之訛。

1133 ⿰白昜、1134 ⿰禾昜

按："⿰禾昜(⿰禾昜)"，大型字典失收，見於《隨函録》或佛經，乃"⿰白昜"字之訛。《隨函録》卷20《立世阿毘曇論》卷8："舂⿰禾昜，徒朗反，待(持)米精也，正作⿰白昜。"(ZD60-164a)陳・真諦譯《佛

説立世阿毘曇論》卷 8:"昔在人中,或執持矛槊及叉戟等刺害衆生,穀米麻麥合蟲舂䬺,由此等業於中受生。"(T32, p209c)《隨函録》"舂䬺"即《佛説立世阿毘曇論》中的"舂䬺"。《廣韻·蕩韻》:"暍,舂也,持米精也。徒郎切。"據《隨函録》,"䬺""䬺"皆"暍"字之訛。

1135 睾

按:"睾",大型字典失收,見於《隨函録》,即"皋"字之訛。《隨函録》卷 29《廣弘明集》卷 17:"臨睾,音高。"(ZD60-567c)唐·道宣撰《廣弘明集》卷 17:"廓州於法講寺起塔,舍利初發京下,宿於臨皋。"(T52, p216b)《隨函録》"臨睾"即經文中的"臨皋",其中"睾"即"皋"字之訛。

疒部

1136 疔、1137 痁

按:我們在這裏要講的"痁"乃"枯"字。《隨函録》卷 17《四分雜羯磨》:"疔痁,上音乾,下音枯。"(ZD60-55b)又《隨函録》卷 17《四分雜羯磨》:"疔痁巔,上古寒反,中苦乎反,下丁年反,正作乾枯瘨也,中又音故,非也。"(ZD60-55c)根據《隨函録》,"痁"即"枯"字也。"枯"蓋受上字"疔"的影響類化换旁從"疒"而作"痁"。當然也有可能是因爲"乾枯"是一種病態,受其影響,"乾(干)"類化作"疔",而"枯"也類化作"痁"。

1138 疩

《漢語大字典·疒部》(1112)引《玉篇》:"疩,渠吟反,寒也。"

按:《龍龕手鏡·疒部》(476):"疩,俗,巨禁反,正作矜,牛舌病也。""疩"作爲"矜"的俗字,大型字典失收,《隨函録》及佛經有確證。《隨函録》卷 3《大乘大集地藏十輪經》卷 6:"舌疩,其禁反,舌病也。……亦作矜。"(ZD59-637a)唐·玄奘譯《大乘大集地藏十輪經》卷 7:"初復人身,生便瘖啞,常患舌疩,口不能言。"(T13, p758b)"舌疩"即"舌矜"。由於"矜"指的是一種病,受此影響,故被换旁從"疒"而作"疩"。"疩",《龍龕手鏡》解釋爲"牛舌病",不妥。根據佛經,"疩"指的是人舌頭有病,不當衹限於牛舌有此病。這樣一來,大型字典"疩"字下可增添"同矜"的説解。

1139 痆

《龍龕手鏡·疒部》(471):"痆,呼加反,痆病也。"

按:我們在這裏要講的"痆"乃"庌"字之訛。《隨函録》卷 18《阿毘達磨集異門足論》卷 8:"廳痆,音雅。"(ZD60-95a)唐·玄奘譯《阿毘達磨集異門足論》卷 8:"答:'此中卧具者,謂院宇、房堂、樓閣、臺觀、長廊、圓室、龕窟、廳庌、草葉等菴、土石等穴。'"(T26, p401a)《隨函録》"廳痆"即《阿毘達磨集異門足論》的"廳庌",其中"痆"即"庌"字之訛。

1140 疶、1141 㾕

按:"疶""㾕",見於《隨函録》,乃"疲"字之訛。《隨函録》卷 18《毘尼母經》卷 4:"㾕苦,平碑反。”(ZD60-83c)《毘尼母經》卷 4:“佛知諸比丘疲苦,即問諸比丘方所。”(T24, p821c)《隨函録》“𤸷苦”即《毘尼母經》的“疲苦”,其中“𤸷”即“疲”字之訛。《隨函録》卷 18《毘尼母經》卷 6:“𤸷寄,上音皮,下居義反,力緩也。”(ZD60-84c)《毘尼母經》卷 6:“諸比丘上廁時,坐起處危疲寄。佛聞此已,聽行來處安好板,莫令高下不平。”(T24, p838b)《隨函録》“𤸷寄”即《毘尼母經》的“疲寄”,其中“𤸷”亦“疲”字之訛。

又《隨函録》卷 18《毘尼母經》卷 3:“疲苦,上音皮,正作疲。”(ZD60-83b)《毘尼母經》卷 3:“阿那律語諸力士:‘汝等不須疲苦,諸天不欲令然。’”(T24, p817c)《隨函録》“疲苦”即《毘尼母經》的“疲苦”,其中“疲”亦“疲”字之訛。

1142 疗[①]

《龍龕手鏡·疒部》(472):“疗,俗,音予。”《中華字海·疒部》(1104):“疗,義未詳。”

按:“疗”,見於《隨函録》,乃“序”字之訛。《隨函録》卷 15《摩訶僧祇律》卷 15:“痒疗,上似羊反,下似與反。”(ZD59-1107c)東晉·佛陀跋陀羅共法顯譯《摩訶僧祇律》卷 15:“爾時長老比丘時到著入聚落衣,持鉢入城次行乞食,來去屈伸威儀庠序。”(T22, p350b)《隨函録》“痒疗”即《摩訶僧祇律》中的“庠序”,其中“疗”即“序”字之訛。《隨函録》“疗”音“予”蓋爲其俗讀,俗以其形體上從“予”,故讀爲“予”也,這是一種音隨形變的現象。

1143 痁

按:我們在這裏要講的“痁”乃“店”字之訛。《隨函録》卷 12《中阿含經》卷 36:“玷肆,上丁念反,正作店。痁肆,同上。”(ZD59-995b)東晉·瞿曇僧伽提婆譯《中阿含經》卷 36:“彼於受田業、店肆,淨除其心。”(T01, p657b)《隨函録》“痁肆”即《中阿含經》中的“店肆”,“痁”即“店”字之訛。

又《隨函録》卷 16《根本説一切有部毗奈耶苾蒭尼律》卷 7:“鋪痁,丁念反,正作店。”(ZD60-2c)唐·義淨奉譯《根本説一切有部苾芻尼毘奈耶》卷 7:“家樂外道舍,鋪店及樓場。”(T23, p944b)《隨函録》“鋪痁”即《根本説一切有部苾芻尼毘奈耶》中的“鋪店”,其中“痁”亦“店”字之訛。

1144 痓

《龍龕手鏡·疒部》(472):“痓,俗;瘖,正,所耿反,瘦瘖也。”

按:我們在這裏要講的“痓”乃“産”字。《隨函録》卷 12《雜阿含經》卷 7:“不痓,所眼反,生也,正作産、㦃二形。郭氏作所景反,非也。”(ZD59-1007a)宋·求那跋陀羅譯《雜阿含經》卷 7:“風不吹,火不燃,水不流,箭不射,懷妊不産,乳不搆,日月若出若没。”(T02, p45a)《隨函録》“不痓”即《雜阿含經》中的“不産”,其中“痓”即“産”之訛。此外,《隨函録》引郭氏“痓”音“所景反”,此疑即“瘖”字。

1145 𤵺

《中華字海·疒部》(1107):“𤵺,同‘呆’。字見《龍龕》。”《集韻·咍韻》:“獃,癡也。

---

① 此條我們在《以可洪〈隨函録〉考漢語俗字(續)》一文中考釋過,見《古漢語研究》2007 年第 1 期,第 67 頁。

或作⿸疒矣。”

按:《龍龕手鏡·疒部》(473):“⿸疒矣,五駭反,疾⿸疒矣也。”《龍龕手鏡》“⿸疒矣”音“五駭反”,疑紐駭韻,與“呆(獃)”讀音有異,似不是“呆(獃)”字。《中華字海》之説似誤。我們認爲《龍龕手鏡》“⿸疒矣”即“騃”字。《隨函録》卷5《正法華經》卷2:“頑騃,上五還反,下五駭反,下音(亦)作⿸疒矣。”(ZD59-706b)可洪即以“⿸疒矣”同“騃”。大概人們認爲“騃”表人的愚蠢癡呆,是一種病,故换旁從“疒”而作“⿸疒矣”。

1146 ⿸疒家

《中華字海·疒部》(1108):“⿸疒家,同瘃。”

按:我們在這裏要講的“⿸疒家(⿸疒家)”乃“疥”字之訛。《隨函録》卷22《舊雜譬喻經》卷2:“⿸疒家厲,上知主反,寒瘡也,下郎太反,疥瘡也,正作癘、癩二形。《川音》作⿸疒家,許穢反,困也,非用,下又力世反,非也。”(ZD60-235a)吴·康僧會譯《舊雜譬喻經》卷2:“更當下生於拘夷那竭國疥癩母豬腹中作子,甚預愁憂,不知當作。”(T04, p522a)《隨函録》“⿸疒家厲”即《舊雜譬喻經》中的“疥癩”,其中“⿸疒家”即“疥”字之訛。“疥”或作“⿸疒分”①,“⿸疒家”與“⿸疒分”形體上近似。此外,“芥”俗作“⿱艹朩”②,亦可資比勘。再者,從意義上看,“疥”與“癩”意義相同,即惡瘡、頑癬之義。如果作“瘃癩”,“瘃”指的是凍瘡,與“癩”意義有别,兩者難以搭配。我們通過檢索《大正藏》發現其他佛經都作“疥癩母豬”,而没有作“瘃癩母豬”的。如唐·釋道世撰《法苑珠林》卷5:“壽終之後,下生鳩夷那竭國疥癩母豬腹中作豚。”(T53, p303b)

1147 ⿸疒亘

按:“⿸疒亘”,大型字典失收,見於《隨函録》,乃“痕”字。《隨函録》卷11《廣百論本》卷1:“時⿸疒亘,户根反,瘡瘢也,正作痕也。《論釋》作痕也。”(ZD59-953a)唐·玄奘譯《廣百論本》卷1:“既見昔時痕,身亦應常住。”(T30, p183a)《隨函録》“時⿸疒亘”即《廣百論本》中的“時痕”,其中“⿸疒亘”即“痕”字。從形體上看,“⿸疒亘”乃“痕”换聲旁所致。

1148 ⿸疒⿱凶心

按:“⿸疒⿱凶心”,大型字典失收,見於《隨函録》,乃“惱”字之訛。《隨函録》卷4《度世品經》卷4:“苦腦,音惱。之⿸疒⿱凶心,同上。”(ZD59-676c)西晉·竺法護譯《度世品經》卷4:“其自憍慢,輕善親友,失佛道法,畏懼生死窮苦之惱,患厭衆行,違菩薩心。”(T10, p639b)《隨函録》“之⿸疒⿱凶心”即《度世品經》中的“之惱”,其中“⿸疒⿱凶心”即“惱”字。

1149 ⿸疒面

按:“⿸疒面”,大型字典失收,見於《隨函録》,即“痼”字之訛。《隨函録》卷27《高僧傳》卷10:“⿸疒面疾,上音故,前傳文作痼。”(ZD60-457a)梁·釋慧皎撰《高僧傳》卷10:“至如慧則

---

① 見《龍龕手鏡·疒部》“疥”字條,中華書局1985年,第474頁。

② 《隨函録》卷14《十八泥犁經》:“⿱艹朩種,上音芬(芥),下音腫。”(ZD59-1092a)《佛説十八泥犁經》卷1:“芥種盡壽未盡。”(T17, p529c)《隨函録》“⿱艹朩種”即《佛説十八泥犁經》中的“芥種”,其中“⿱艹朩”即“芥”字之訛。

之感香甕，能致⿸疒函疾消療；史宗之過漁梁，乃令潛鱗得命，…… 帝王以之加信。”(T50，p395a)《隨函録》“**⿸疒函**疾”即經文中的“痼疾”，其中“**⿸疒函**”即“痼”字之訛。

1150 ⿸疒尧

按：“**⿸疒尧**”，大型字典失收，見於《隨函録》，乃“瘧”字之訛。《隨函録》卷 6《藥師琉璃光七佛本願功德經》下卷：“瘦**⿸疒尧**，上所右反，下魚約反，疾也，正作瘧。”(ZD59-754b)唐・義淨譯《藥師琉璃光七佛本願功德經》卷 2：“復次曼殊室利，彼藥師琉璃光如來得菩提時，由本願力觀諸有情，遇衆病苦瘦瘧乾消黄熱等病，或被厭魅蠱道所中，或復短命，或時横死，欲令是等病苦消除所求願滿。”(T14，p414b)《隨函録》“瘦**⿸疒尧**”即《藥師琉璃光七佛本願功德經》中的“瘦瘧”，其中“**⿸疒尧**”即“瘧”字之訛。

1151 ⿸疒極[①]

《漢語大字典・疒部》：“⿸疒極，病也。《字彙補・疒部》：‘⿸疒極，病也。’”《龍龕手鏡・疒部》：“⿸疒極，俗，音極。”

按：“⿸疒極”即“極”字之增旁俗字，意義爲“疲憊”“疲極”。詳細考證見本書第五章“⿸疒亟”“⿸疒極”字條。

1152 ⿸疒亟

按：我們這裏要講的“⿸疒亟”乃“**⿰言亟**”字。《隨函録》卷 23《經律異相》卷 31：“蹇⿸疒亟，上居輦反，下紀力反，吃也，訥也，正作謇**⿰言亟**也，《六度集(經)》作蹇吃。”(ZD60-275a)《廣韻・職韻》：“**⿰言亟**，訥言，紀力切。”據《隨函録》，“⿸疒亟”當爲“**⿰言亟**”字。由於“**⿰言亟**”的意義是説話口吃，屬於一種病，故俗换從“疒”旁而作“⿸疒亟”了。

1153 ⿸疒既

按：“**⿸疒既**”，見於《隨函録》，乃“廐”字之訛。《隨函録》卷 8《觀佛三昧海經》卷 1：“後**⿸疒既**，音救。”(ZD59-846b)《佛説觀佛三昧海經》卷 1：“此相現時，無量諸天龍夜叉等，俱時得入，敕語車匿：‘汝往後廐，被揵陟來。’”(T15，p650a)《隨函録》“後**⿸疒既**”即《佛説觀佛三昧海經》中的“後廐”，其中“**⿸疒既**”即“廐”字之訛。

1154 ⿸疒衣

按：“**⿸疒衣**”，大型字典失收，見於《隨函録》，爲“裝”字。《隨函録》卷 6《佛説太子須大拏經》卷 1：“**⿸疒衣**被，上側床反。裝，束也。亦作**⿰扌戠**，正作裝。”(ZD59-770b)西秦・聖堅譯《佛説太子須大拏經》卷 1：“即遣使者裝被白象金銀鞍勒，以金鉢盛銀粟，銀鉢盛金粟，逆於道中以還太子。”(T03，p423c)《隨函録》“**⿸疒衣**被”即《佛説太子須大拏經》中的“裝被”，其中“**⿸疒衣**”即“裝”字。

① 此條我們曾在《漢語疑難俗字例釋》一文中論述過，見《語言研究》2006 年第 4 期，第 88 頁。

1155 㾻

《字彙·疒部》:"㾻,乘力切,音食,敗瘡也,一曰日蝕。"《中華字海·疒部》(1113):"㾻,敗瘡。字見《字彙》。"

按:"㾻",可見於《隨函録》,乃"瘡"字之訛。《隨函録》卷11《廣百論釋》卷3:"㾻痕,上楚莊反,正作瘡。"(ZD59-953b)唐·玄奘譯《大乘廣百論釋論》卷3:"既見今身,依相似相,瘡痕似昔,謂昔爲今。"(T30, p198a)《隨函録》"㾻痕"即《大乘廣百論釋論》中的"瘡痕",其中"㾻"即"瘡"字之訛。

1156 [疒付]

按:"[疒付]",大型字典失收,見於《隨函録》,乃"腐"字之訛。《隨函録》卷13《七處三觀經》卷1:"黑[疒付],音父。"(ZD59-1045a)後漢·安世高譯《七處三觀經》卷1:"若血流赤,若青黑腐,若骨白,若髑髏。"(T02, p877c)《隨函録》"黑[疒付]"即《七處三觀經》中的"黑腐",其中"[疒付]"即"腐"字之訛。《龍龕手鏡·疒部》(473):"[疒付],俗;腐,或作,音父。""[疒付]"與"[疒付]"形體近似。

1157 [疒奄]

按:"[疒奄]",大型字典失收,見於《隨函録》,即"療"字之訛。《隨函録》卷29《廣弘明集》卷13:"[疒奄]飢,上力照反,《辯正(論)》作療飢,又烏合反,病也。"(ZD60-560b)唐·道宣撰《廣弘明集》卷13:"敘控鶴弗克陵雲之實,言餐霞莫睹療飢之信。"(T52, p182c)《隨函録》"[疒奄]飢"即經文中的"療飢",其中"[疒奄]"即"療"字之訛。根據《隨函録》,"[疒奄]"還可以讀"烏合反",與"痷"音同,指的就是"痷"字。

1158 [疒帶]

《廣韻·祭韻》:"[疒帶],赤白痢,亦作[月帶],竹例切,又音帶。"

按:我們在這裏要講的"[疒帶]"乃"席"字之訛。《隨函録》卷22《佛使比丘迦旃延説法没盡偈百二十章》卷1:"床[疒帶],上助莊反,下祥昔反。"(ZD60-226a)《佛使比丘迦旃延説法没盡偈百二十章》:"説比丘樂無樂,習獨處床席居。"(T49, p12b)《隨函録》"床[疒帶]"即經文中的"床席",其中"[疒帶]"即"席"字之訛。

1159 [疒惡]

《龍龕手鏡·疒部》(477):"[疒惡],何各反,俗。"

按:我們在這裏要講的"[疒惡]"乃"瘂"字之訛。《隨函録》卷13《禪秘要法》下卷:"瘖[疒惡],上於金反,下烏雅反,正作瘂。"(ZD59-1055a)後秦·鳩摩羅什譯《禪秘要法經》卷3:"經五百身,還生人中,聾盲瘖啞,癃殘百病。"(T15, p268b)《隨函録》"瘖[疒惡]"即《禪秘要法經》中的"瘖啞",其中"[疒惡]"即"啞"字。"啞"或作"瘂","[疒惡]"蓋源於"瘂"字之訛。

1160 [疒郭]

按:"[疒郭]",大型字典失收,見於《隨函録》,乃"廓"字之訛。《隨函録》卷12《中阿含經》

卷 54:“破⿸疒郭,古霍反,正作廓。”(ZD59-998b)東晉・瞿曇僧伽提婆譯《中阿含經》卷 54:“云何比丘破墎? 無窮生死已盡已知,拔絶根本,打破不復當生,如是比丘得破墎也。”(T01, p765c)“墎”,元、明本作“郭”。《隨函録》“破⿸疒郭”即《中阿含經》中的“破墎”,而“墎”即元、明本《中阿含經》中的“破郭”。根據《隨函録》,“⿸疒郭”乃“廓”之訛。“破廓”同“破郭”,“廓”爲“郭”字之借。

1161 ⿸疒匿、1162 ⿸疒慝

《中華字海・疒部》(1113):“⿸疒匿,同匿,隱藏。見玄應《一切經音義》卷十一。”

按:“⿸疒慝”,大型字典失收,見於《隨函録》,乃“䘌”字。《隨函録》卷 12《中阿含經》卷 7:“痔⿸疒慝,上持裹反,下女力反。”(ZD59-988c)東晉・瞿曇僧伽提婆譯《中阿含經》卷 7:“病者,謂頭痛、眼痛、耳痛、鼻痛、面痛、脣痛、齒痛、舌痛、齶痛、咽痛、風喘、咳嗽、喝吐、喉啤、癲㾮、癰瘻、經溢、赤膽、壯熱、枯槁、痔⿸疒匿、下利。”(T01, p467c)“⿸疒匿”,元、明本作“瘻”。《隨函録》“痔⿸疒慝”即《中阿含經》中的“痔⿸疒匿”,“⿸疒慝”即“⿸疒匿”字。

《隨函録》卷 23《陁羅尼雜集》卷 7:“慝病,上女力反,蟲食病也,正作⿸匚虫、䘌二形,《七佛咒》作匿病。”(ZD60-291c)《陁羅尼雜集》卷 7:“匿病鬼名。”(T21, p621a)《隨函録》“慝病”即《陁羅尼雜集》中的“匿病”,根據《隨函録》,“慝”“匿”皆爲“䘌”字之借。《一切經音義》也是以“䘌”爲正。慧琳《一切經音義》卷 52《中阿含經》卷 7 音義:“痔䘌,直理反,下女力反,後病也,謂濕䘌也,蟲食後病也,經文作慝,非體。”(T54, p651a)

據此,“⿸疒慝”同“⿸疒匿”,皆“䘌”字之俗,意義爲“蟲食後病”。從形體上看,由於“䘌”是一種病,故俗换旁從“疒”而作“⿸疒匿”,而“⿸疒慝”則爲“⿸疒匿”聲旁繁化所致。至於“慝”“匿”皆爲“䘌”字之借。所以《中華字海》以“⿸疒匿”同“匿”是不妥的,正體當爲“䘌”。

1163 ⿸疒救

按:“⿸疒救”,大型字典失收,見於《隨函録》,乃“廄”字之訛。《隨函録》卷 15《十誦律》卷 24:“象⿸疒救,音救。”(ZD59-1120c)後秦・弗若多羅譯《十誦律》卷 24:“如優婆夷作象廄馬廄門屋食堂,遣使詣比丘所白言:‘大德,我作象廄馬廄門屋食堂,大德來作入舍供養。’”(T23, p174a)《隨函録》“象⿸疒救”即《十誦律》中的“馬廄”,其中“⿸疒救”即“廄”字之訛。

1164 ⿸疒解

《龍龕手鏡・疒部》(474):“⿸疒解,俗,疥,今,音戒,瘡疥也。”

按:我們這裏要講的“⿸疒解”乃“廨”字之訛。《隨函録》卷 23《經律異相》卷 36:“⿸疒解住,上古賣反,公⿸疒解也,正作廨。”(ZD60-278a)根據《隨函録》,“⿸疒解”爲“廨”字之訛也,構件“广”與“疒”近似易訛。梁・僧旻、寶唱等集《經律異相》卷 36:“夜見山腹出於一人,光炎非恒,面目端正,口似豬口,以伎樂自娱,周旋山側。長者問曰:‘卿爲何人?’聞聲愕曰:‘吾是受福之人,解住在此。’長者問曰:‘身形端正,口何獨爾?’答曰:‘坐犯口過,常喜泄語。’”(T53, p196c)《隨函録》“⿸疒解住”即經文中的“解住”。“解住”是停留、居留的意思。《漢書・五行志上》:“歸獄不解,兹謂追非,厥水寒,殺人。追誅不解,兹謂不理,厥水五穀不收。大敗不解,

玆謂皆陰。解，舍也。"顔師古注引張晏曰："解，止也。""解住"爲同義複合詞。"解住"，《隨函録》作"⿸疒辛(廨)住"，"⿸疒辛(廨)"當爲"解"之借。

1165 ⿸疒敞

按："⿸疒敞"，大型字典失收，見於《隨函録》，乃"廠"字之訛。《隨函録》卷16《根本説一切有部毗奈耶苾蒭尼律》卷12："⿸疒敞庘，上昌亮反，下烏甲反，廠庘，露舍也，上從广。"(ZD60-3c)唐·義淨奉譯《根本説一切有部苾芻尼毘奈耶》卷12："時居士子掃除廠庘，布以乾土并設火煙。"(T23, p968b)《隨函録》"⿸疒敞庘"即《根本説一切有部苾芻尼毘奈耶》中的"廠庘"，其中"⿸疒敞"即"廠"字之訛。

1166 ⿸疒臾

按："⿸疒臾"，大型字典失收，見於《隨函録》，乃"瘦"字之訛。《隨函録》卷13《正法念處經》卷13："常⿸疒臾，所右反，正作瘦。"(ZD59-1064b)元魏·般若流支譯《正法念處經》卷13："以心驚故，常瘦不肥。"(T17, p74c)《隨函録》"常⿸疒臾"即《正法念處經》中的"常瘦"，其中"⿸疒臾"即"瘦"字之訛。

1167 ⿸疒尌

按："⿸疒尌"，大型字典失收，見於《隨函録》，乃"廚"字之訛。《隨函録》卷12《增一阿含經》卷26："鐵⿸疒尌，上天結反，下直朱反。"(ZD59-1002b)東晉·瞿曇僧伽提婆譯《增一阿含經》卷26："汝等速往至栴檀林中而取栴檀，鐵廚中有五百鬼神於中作食。"(T02, p695b)《隨函録》"鐵⿸疒尌"即《增一阿含經》中的"鐵廚"，"⿸疒尌"即"廚"字之訛。

又《隨函録》卷5《大悲分陁利經》卷7："⿸疒尌供，上音廚，下音恭。"(ZD59-716c)《大悲分陁利經》卷7："廚供所須皆從民出，自非王力終不可得。"(T03, p282c)《隨函録》"⿸疒尌供即《大悲分陁利經》中的"廚供"，其中"⿸疒尌"亦"廚"字之訛。

1168 ⿸疒嗇

《中華字海·疒部》(1115)："⿸疒嗇，同墻。見《篇海》。"

按：我們在這裏要講的"⿸疒嗇"皆"牆"字之訛。《隨函録》卷20《鞞婆沙論》卷11："高⿸疒嗇，自羊反。"(ZD60-174c)符秦·僧伽跋澄譯《鞞婆沙論》卷11："時世尊遥見象來，見已左右面化作極高牆，後化作極大澗。"(T28, p497b)《隨函録》"高⿸疒嗇"即《鞞婆沙論》的"高牆"，其中"⿸疒嗇"即"牆"字。"牆"或作"廧"①，"⿸疒嗇"蓋源於"廧"之訛。

1169 ⿸疒尌

按："⿸疒尌"，大型字典失收，見於《隨函録》，乃"瘡"字。《隨函録》卷20《舍利弗阿毘曇論》卷12："患⿸疒尌，音瘡。"(ZD60-169c)姚秦·曇摩耶舍共曇摩崛多等譯《舍利弗阿毘曇論》卷14："如人患瘡以藥塗之，爲欲令愈。"(T28, p620c)《隨函録》"患⿸疒尌"即《舍利弗阿毘曇

---

① 《隨函録》卷22《迦丁比丘説當来變經》卷1："廧屋，上自羊反。"(ZD60-253c)"廧"即"牆"字。

論》中的“患瘡”,其中“𤻲”即“瘡”字。“瘡”或作“瘡”,“𤻲”蓋源於“瘡”字之訛。

1170 𤻲

按:“𤻲”,大型字典失收,見於《隨函録》,乃“癬”字之訛。《隨函録》卷 15《摩訶僧祇律》卷 24:“𤻲疥,上息淺反,正作癬。”(ZD59-1110b)東晉·佛陀跋陀羅共法顯譯《摩訶僧祇律》卷 24 对應之处作“癬疥黄爛”(T22, p420c)。“𤻲疥”即《摩訶僧祇律》中的“癬疥”,其中“𤻲”即“癬”字之訛。

1171 𤻲

按:“𤻲”,大型字典失收,見於《隨函録》,乃“舊”字之訛。《隨函録》卷 12《中阿含經》卷 60:“𤻲則,上巨右反,正作舊。”(ZD59-999a)東晉·瞿曇僧伽提婆譯《中阿含經》卷 60:“若從本制,名類多異舊,則逆忤先習,不怗衆情。”(T01, p809c)《隨函録》“𤻲則”即《中阿含經》中的“異舊”,“𤻲”即“舊”字。

1172 㿅

《隨函録》卷 23《經律異相》卷 24:“㿅弱,上女耕反。”(ZD60-271c)

按:“㿅”音“女耕反”,即“儜”字。梁·僧旻、寶唱等集《經律異相》卷 24:“他國兵强,我國儜弱,惜一河水,今致此敗。”(T53, p131a)《隨函録》“㿅弱”即經文中的“儜弱”,其中“㿅”即“儜”字。“儜”指怯懦、軟弱的意思,受其意義的影響,俗改“人”旁爲“疒”旁而作“㿅”也。我們在《龍龕手鏡研究》(344)一書已有詳細的論述,可參看。

1173 𤺺

按:“𤺺”,大型字典失收,見於《隨函録》,乃“殘”字。《隨函録》卷 8《佛説孛經》卷 1:“癃𤺺,上力中反,下自丹反。”(ZD59-822b)《佛説孛經抄》卷 1:“若皆爲善,稟氣當同。不善者多,或有不平,或壽不壽,多病少病,醜陋端正,貧富貴賤,賢愚不均,至有盲聾瘖啞跛蹇隆殘。百病皆由宿命行惡所致。”(T17, p735c)《隨函録》“癃𤺺”即《佛説孛經抄》中的“隆殘”,其中“𤺺”即“殘”字。從形體上看,“殘”俗作“㱚”①,“𤺺”疑爲“㱚”换聲旁所致。

1174 𤻨

《中華字海·疒部》(1121):“𤻨,同聾。”

按:我們這裏要講的“𤻨”乃“儱”字之俗。《隨函録》卷 23《經律異相》卷 31:“𤻨戾,上力董反,經本作儱戾也,又薄江反,非也。”(ZD60-274c)梁·僧旻、寶唱等集《經律異相》卷 31:“專愚儱悷,爾將所貪乎?”(T53, p165b)《隨函録》“𤻨戾”即經文中的“儱悷”,其中“𤻨”即“儱”字。

① 鄭賢章:《龍龕手鏡研究》,湖南師範大學出版社 2004 年,第 346 頁。

立部

1175 竌

按:“竌”,大型字典失收,見於《隨函録》,乃“坑”字之訛。《隨函録》卷17《鼻奈耶律》卷7:“鑿竌,上才作反,下苦庚反。”(ZD60-74a)姚秦・竺佛念譯《鼻奈耶》卷7:“時世尊默然可之,失梨崛從坐起,擎拳而退,於門中鑿坑盛滿炭火,無有煙焰,以沙薄覆上。”(T24,p883c)《隨函録》“鑿竌”即《鼻奈耶》中的“鑿坑”,其中“竌”即“坑”字之訛。

1176 竣

《龍龕手鏡・立部》(519):“竣,俗,竚,正,直吕反,久立也,與佇同。”

按:我們在這裏要講的“竣”皆“峙”字之訛。《隨函録》卷20《鞞婆沙論》卷7:“竣金,上直里反,正作峙。”(ZD60-174a)符秦・僧伽跋澄譯《鞞婆沙論》卷7:“如須彌山王峙金剛輪,四種風吹不能傾動。”(T28, p463c)“峙”,宋、元、明、宫本作“竱”。《隨函録》“竣金”即《鞞婆沙論》中的“竱(峙)金”,其中“竣”乃“竱(峙)”。

1177 竦

按:“竦”,大型字典失收,見於《隨函録》,即“竦”字之訛。《隨函録》卷27《續高僧傳》卷2:“竦顧,上息勇反,正作踈(當爲竦之訛)也。”(ZD60-463c)“竦”音“息勇反”,與“竦”音同。唐・釋道宣撰《續高僧傳》卷2:“御必動容竦顧,欣其曲盡深衷。”(T50, p437a)《隨函録》“竦顧”即經文中的“竦顧”,其中“竦”即“竦”字之訛。構件“朿”與“来”近似而誤寫成了“来”,“賴”俗作“頼”①,可資比勘。

1178 䇅

《龍龕手鏡・土部》(246):“䇅,音多,見《經音義》。”《龍龕手鏡・立部》(519):“䇅,忌、望、羁三音。”《龍龕手鏡・艸部》(254):“䇅,相承敬宜反。”《中華字海・土部》:“䇅,同多。見《篇海》。”

按:“䇅”乃譯音字,本無實際意義,拙著《龍龕手鏡研究》(231)對“䇅”在《龍龕手鏡》中音“多”“望”的情況已經有論述,而對音“羁(敬宜反)”存有疑問。今予以補證。《隨函録》卷6《大灌頂經》卷2:“披䇅,上步河反,下或作荄,音多,《經音義》作波䇅,應師未詳,郭氏作敬宜反。”(ZD59-749c)《龍龕手鏡》“䇅”音“敬宜反”,與《隨函録》所引郭氏注音相同,此蓋其所本。

1179 竪

按:“竪”,大型字典失收,見於《隨函録》,乃“竪”字之訛。《隨函録》卷6《大方廣寶篋經》

---

① 參見本書中篇“頼”字條。

上卷:“皆⿱⿰豆殳豆,殊主反,立也,正作豎、竪。”(ZD59-737a)宋・求那跋陀羅譯《大方廣寶篋經》卷1:“時彼智燈大聲聞,聞如是大聲,不能堪忍,從上墜落,其心驚怖,身毛皆豎。”(T14, p470a)《隨函録》“皆⿱⿰豆殳豆”即《大方廣寶篋經》中的“皆豎”,其中“⿱⿰豆殳豆”即“豎”字。“豎”或作“竪”,“⿱⿰豆殳豆”蓋“竪”字之訛。

穴部

1180 ⿱穴乚

按:“⿱穴乚”,可見於《隨函録》,乃“穴”字。《隨函録》卷13《正法念處經》卷10:“穿⿱穴乚,上昌專反,下玄决反,正作穿穴也。”(ZD59-1063a)元魏・般若流支譯《正法念處經》卷10:“於十七垢心不思量,於十八受穿穴流行,於十九行。”(T17, p54c)《隨函録》“穿⿱穴乚”即《正法念處經》中的“穿穴”,其中“⿱穴乚”即“穴”字。

1181 ⿱穴乇

《中華字海・穴部》(1129):“⿱穴乇,⿱穴乇窨,空。見《集韻》。”

按:我們要論述的是作爲“虐”俗字的“⿱穴乇”。《隨函録》卷5《悲華經》卷9:“⿱穴乇害,上魚約反,酷毒也,正作虐也。”(ZD59-720a)北涼・曇無讖譯《悲華經》卷9:“隨逐商人,如影隨形,欲爲虐害。”(T03, p226c)《隨函録》“⿱穴乇害”即“虐害”,其中“⿱穴乇”即“虐”字。這樣一來,大型字典“⿱穴乇”字下應該增添“同虐”的説解。

1182 ⿱穴元

《改併五音類聚四聲篇海・穴部》引《川篇》:“⿱穴元,窟也。五大切。”《正字通・穴部》:“⿱穴元,⿱豈瓦字之譌。”

按:我們這裏要講的“⿱穴元”乃“兖”字之訛。《隨函録》卷29《廣弘明集》卷11:“⿱穴元豫,上余軟反,下余庶反。”(ZD60-557b)唐・道宣撰《廣弘明集》卷11:“自青徐幽冀荆楊兖豫八州之民,莫不必應遂置三十六方。”(T52, p167a)《隨函録》“⿱穴元豫”即經文中的“兖豫”,其中“⿱穴元”即“兖”字之訛。“兖”或作“兖”,“⿱穴元”與“兖”形體近似。這樣一來,大型字典“⿱穴元”字下可增添“同兖”的説解。

1183 ⿱穴令

《漢語大字典・穴部》(1139)引《玉篇》:“⿱穴令,力丁反,井也。”

按:我們要論述的是作爲“零”俗字的“⿱穴令”。《隨函録》卷3《無盡意菩薩經》:“木⿱穴令,力丁反,葉落也,正作零、蘦二形。”(ZD59-646a)根據《隨函録》,“⿱穴令”爲“零”之訛,構件“雨”與“穴”形體近似,俗寫中常互混,如“窈”俗作“⿱雨幼”①,可資比勘。這樣一來,大型字典“⿱穴令”下應根據《隨函録》增添“同零”的説解。

---

① 見《龍龕手鏡・雨部》,中華書局1985年,第307頁。

1184 㝃

《中華字海・穴部》(1133):"㝃,同窟。"

按:我們這裏要講的"㝃"乃"冕"字之訛。《隨函録》卷29《弘明集》卷10:"冠㝃,上音官,下音免。"(ZD60-538c)"㝃"音"免",與"冕"音同。梁・釋僧祐撰《弘明集》卷10:"豈伊含孕三藏,冠冕七籍而已哉。"(T52, p65c)《隨函録》"冠㝃"即經文中的"冠冕",其中"㝃"即"冕"字之訛。這樣一來,大型字典"㝃"字下可增添"同冕"的説解。

1185 寬

《中華字海・穴部》(1133):"寬,同覔。見《字彙部》。"

按:我們在這裏要講的"寬"乃"寬"字之訛。《隨函録》卷22《雜寶藏經》卷5:"寬放,上苦官反,正作寬也。"(ZD60-228c)元魏・吉迦夜共曇曜譯《雜寶藏經》卷6:"觸君羅網,願見寬放,令我前進。"(T04, p480a)《隨函録》"寬放"即《雜寶藏經》中的"寬放",其中"寬"即"寬"字之訛。

1186 窲

《漢語大字典・穴部》(1141)引《改併四聲篇海》:"窲,力感反,聚也。"

按:我們在這裏要講的"窲"乃"霖"字之訛。《隨函録》卷20《解脱道論》卷7:"窲婆,上力金反,《經音義》作霖也。"(ZD60-167a)梁・僧伽婆羅譯《解脱道論》卷7:"顛狂復有四種,一名塸拘霖婆,二名濕婆羅,三名陀羅呵,四名陀阿尸邏。"(T32, p433b)《隨函録》"窲婆"即《解脱道論》中的"霖婆",其中"窲"即"霖"字之訛。

1187 窟

《龍龕手鏡・穴部》(509):"窟,舊藏作窟。"

按:"窟"同"窟",可洪《隨函録》可以爲我們提供確鑿的證據。《隨函録》卷13《起世經》卷1:"窟窟,二同,苦骨反,上屬上句,下屬下句也,下悮。"(ZD59-1023c)可洪明確指出"窟"與"窟"同。

1188 𥨊

《改併五音類聚四聲篇海・穴部》:"𥨊,於元反。"《龍龕手鏡・宀部》(156):"䆆,亡返反,引也。"《中華字海・穴部》(1135):"𥨊,同䆆。字見《篇海》。"

按:《中華字海》以"𥨊"爲"䆆"字,誤,兩字讀音不同。我們以爲"𥨊"乃"冤"字之訛。《隨函録》卷9《月上女經》卷上:"煩𥨊,於元反,枉也,曲也,屈也,正作冤。"(ZD59-858a)隋・闍那崛多譯《佛説月上女經》卷1:"然彼離車,失其本念,煩冤懊惱,嚬眉皺頰,眼目不瞬而向其女。"(T14, p616b)《隨函録》"煩𥨊"即《佛説月上女經》中的兩處"煩冤",其中"𥨊"即"冤"字之訛。

1189 𥧌

按:"𥧌",大型字典失收,見於《隨函録》,即"寐"字之訛。《隨函録》卷29《廣弘明集》

卷16:"寤𥨊,彌二反,正作寤寐。"(ZD60-566a)唐·道宣撰《廣弘明集》卷16:"每自念此,潸然失慮。江之永矣,寤寐相思。"(T52, p211a)《隨函録》"寤𥨊"即經文中的"寤寐",其中"𥨊"即"寐"字之訛。"寐"俗可作"𥨊"。《龍龕手鏡·穴部》(509):"𥨊,俗,莫庇反,正作寐,寢也。""𥨊"與"𥨊"形體近似。

1190 窌

《篇海類編·穴部》(635):"窌,力救反,音溜,窖也。"

按:我們在這裏要講的"窌"乃"窪"字之訛。《隨函録》卷9《師子莊嚴王菩薩請問經·序》:"窌隆,上烏花反,凹也,正作窊、窪二形。"(ZD59-891b)道宣撰《師子莊嚴王菩薩請問經·序》卷1:"其道易而可修,其儀約而難隱。智有通塞,道涉窊隆。"(T14, p697b)《隨函録》"窌隆"即《師子莊嚴王菩薩請問經·序》中的"窊隆",其中"窌"即"窊"字。"窊"或作"窪",從形體上看,"窌"蓋源於"窪"字之訛。

1191 𥨍

按:"𥨍"字,大型字典失收,見於《隨函録》,爲"竊"字之訛。《隨函録》卷24《出三藏記集》卷13:"𥨍所,上千結反。"(ZD60-319a)梁·釋僧祐《出三藏記集》卷12:"而章條科目竊所早習,每服佩思,尋懼有墜失。"(T55, p94b)《隨函録》"𥨍所"即《出三藏記集》中的"竊所",其中"𥨍"即"竊"字之訛。

1192 𥨎

按:"𥨎",見於《隨函録》,乃"覆"字之訛。《隨函録》卷12《長阿含經》卷6:"𥨎没,上芳福反,傾也,正作覆也,又音伏,非也。"(ZD59-982a)後秦·佛陀耶舍共竺佛念譯《長阿含經》卷6:"吾等積惡彌廣,故遭此難,親族死亡,家屬覆没。"(T01, p41b)《隨函録》"𥨎没"即《長阿含經》中的"覆没","𥨎"即"覆"字。

1193 𥨏

按:"𥨏",大型字典失收,見於《隨函録》,即"寢"字之訛。《隨函録》卷26《大慈恩寺法師傳》卷9:"眠𥨏,七審反,卧也,正作寢。"(ZD60-439a)《大唐大慈恩寺三藏法師傳》卷9:"乃至眠寢處所,皆遣内局上手安置。"(T50, p269c)《隨函録》"眠𥨏"即經文中的"眠寢",其中"𥨏"即"寢"字之訛。形體上,構件"宀"與"穴"近似易混,加之書寫者以爲"寢"的意義與人的身體有關,於是將"寢"改易成了帶有構件"身"的"𥨏"。

1194 𥨐

按:"𥨐"字,大型字典失收,見於《隨函録》,爲"寤"字。《隨函録》卷24《衆經目録》卷3:"𥨐意,上五故反,覺也,《長房録》作寤意,《内典録》作寤意,《刊定録》作悟意,正作寤也。"(ZD60-331a)《衆經目録》卷3:"佛説寤意經一卷(出第十卷)。"(T55, p204a)《隨函録》"𥨐意"即《衆經目録》中的"寤意",其中"𥨐"即"寤"字。"寤"或作"㝑","𥨐"蓋"㝑"换構件"忄"爲"身"所致。

1195 竊

按:"竊",大型字典失收,見於《隨函録》,即"竊"字之訛。《隨函録》卷 26《大唐西域記》卷 3:"竊至,上千結反。"(ZD60-408c)唐・玄奘《大唐西域記》卷 3:"近有婦人身嬰惡癩,竊至窣堵波責躬禮懺。"(T51, p884c)《隨函録》"竊至"即經文中的"竊至",其中"竊"即"竊"字之訛。

皮部

1196 皷

按:"皷",大型字典失收,見於《隨函録》,乃"攲"字之訛。《隨函録》卷 17《根本説一切有部毗奈耶尼陁那攝頌》卷 1:"脚皷,去宜反,梵言僧脚皷,此譯爲覆髆,正作攲、崎二形。"(ZD60-63c)唐・義淨譯《根本説一切有部毘奈耶尼陀那目得迦攝頌》卷 1:"裙及僧脚攲,香泥污衣洗,取食除多分,須知十種塵。"(T24, p520a)"攲",聖本作"攲"。《隨函録》"脚皷"即經文中的"脚攲",其中"皷"即"攲(攲)"字之訛。

1197 皾、1198 皾、1199 皾

《龍龕手鏡・皮部》(122):"皾、皾,二俗,苦交反。"《中華字海・皮部》(1159):"皾,義未詳。見《龍龕》。"

按:《龍龕手鏡》"皾""皾"音"苦交反",乃"敲"字之訛①,《隨函録》可以爲證。《隨函録》卷 27《高僧法顯傳》卷 1:"皾銅,上苦交反,悮。"(ZD60-444b)東晉・釋法顯《高僧法顯傳》卷 1:"每日出後,精舍人則登高樓、擊大鼓、吹蠡、敲銅鉢。"(T51, p858c)《隨函録》"皾銅"即經文中的"敲銅",其中"皾"即"敲"字之訛。構件"支"與"皮"近似易混,如"鼓(鼓)"或作"皷"②,可資比勘。《龍龕手鏡》"皾""皾"與"皾"讀音相同,形體也近似,很顯然應爲同一字,皆源於"敲"字之訛。

1200 皺、1201 皺、1202 皺

《改併五音類聚四聲篇海・皮部》(357):"皺,音流。"《中華字海・皮部》(1159):"皺,義未詳。"

按:"皺""皺",大型字典失收,見於《隨函録》,從形體上即"皺",皆爲"瘤"字。《隨函録》卷 23《經律異相》卷 29:"皺皺(皺),上側救反,下所六反,《僧祇律》作皺皺也,《經音義》作抐字,呼抐'女六反',又《川音》以皺字替之。皺音縮、後二音,並非也。"(ZD60-273c)梁・僧旻、寶唱等集《經律異相》卷 29:"觀此衆生類,睒睒面皺皺,厥性輕躁,成事彼能壞。"(T53, p155a)唐・慧琳《一切經音義》卷 79《經律異相》卷 29:"皺瘤,上鄒瘦反,《考聲》皮聚

---

① 張涌泉《漢語俗字叢考》也以"皾"爲"敲"字,無例證。中華書局 2000 年,第 837 頁。

② 見《龍龕手鏡・皮部》"皷"字條,中華書局 1985 年,第 123 頁。

也,《文字典説》皮寬皺聚也,下留宙反,《考聲》瘤者,癃起病也,《説文》小腫也,從疒。”(T54, p818a)“皺⿰皮留”,《一切經音義》作“皺瘤”,“⿰皮留”即“瘤”字。

值得一提的是,《隨函録》所言的“《經音義》作抐字,呼抐‘女六反’”並不是對《經律異相》“睒睒面皺⿰皮留”一語中的“皺⿰皮留”的解釋,而是對《摩訶僧祇律》卷4“豎耳⿰叔皮⿰皮宿面”一語中的“⿰叔皮⿰皮宿”的解釋,《隨函録》誤移此處。《經律異相》“皺⿰皮留”,對應的《一切經音義》作“皺瘤”。“⿰皮留”從形體上看由“皮”“留”兩構件構成,如果依《隨函録》注音爲“所六反”,則構件“皮”“留”與讀音都無涉。我們以爲當依《一切經音義》把“⿰皮留”當作“瘤”字,“⿰皮留”蓋爲“瘤”换形旁所致。

可洪以“⿰皮留(⿰皮留)”爲“⿰皮宿”,不妥。“⿰皮宿”乃“縮”字。“皺⿰皮宿”,皮皺褶也。《中部經典》卷2:“如是予之頭皮,因少食凋萎皺縮。”(N09, p105a)

矛部

1203 ⿰矛冬

按:“⿰矛冬”,大型字典失收,見於《隨函録》,即“矜”字。《隨函録》卷28《弘明集》卷3:“哀⿰矛冬,居陵反,正作矜。”(ZD60-525c)梁・釋僧祐撰《弘明集》卷3:“流涕授鉞,哀矜勿喜。”(T52, p17a)《隨函録》“哀⿰矛冬”即經文中的“哀矜”,其中“⿰矛冬”即“矜”字之訛。

1204 ⿰矛务

按:“⿰矛务”,大型字典失收,見於《隨函録》,爲“務”字之訛。《隨函録》卷25《新華嚴經音義》:“⿰纟彖 ⿰矛务,上音緣,下音務。”(ZD60-400c)唐・慧琳《一切經音義》卷21所録慧苑《新譯大方廣佛花嚴經音義》卷14:“頭陀,正云杜多,此曰斗藪,謂去離緣務,少欲知足等十二種行皆能棄捨煩惱故也。”(T54, p439c)《隨函録》“⿰纟彖 ⿰矛务”即此“緣務”,其中“⿰矛务”即“務”字之訛。

1205 ⿰矛盾

《字彙補・矛部》:“⿰矛盾,與盾同。”

按:“⿰矛盾”爲“盾”字,大型字典没有給出例證,其産生的原因也不明了,今予以補證。《隨函録》卷24《開元釋教録》卷8:“矛⿰矛盾,食尹反。”(ZD60-345a)唐・智昇撰《開元釋教録》卷8:“……今考覈序中譯時年月,三年三月創譯,七年春獻功畢,《續高僧傳》六年訖,傳録俱是宣修,年月自矛盾也。”(T55, p554a)《隨函録》“矛⿰矛盾”即此“矛盾”,其中“⿰矛盾”即“盾”字。

又《隨函録》卷24《開元釋教録》卷7:“矛⿰矛盾,上目求反,下食尹反。”(ZD60-345a)唐・智昇撰《開元釋教録》卷7:“傳録俱宣,所撰而自相矛盾,何也。”(T55, p550b)《隨函録》“矛⿰矛盾”即此“矛盾”,其中“⿰矛盾”即“盾”字。

又《隨函録》卷24《開元釋教録》卷10:“矛⿰矛盾,食尹反,障箭排也,正作楯也,亦單作盾也。《山海經》曰:‘羿與鑿齒戰於疇楯之野,羿持弓矢,鑿齒持楯自障。’”(ZD60-347a)唐・智昇撰《開元釋教録》卷10:“豈可前後俱有,中間獨無,自爲矛盾。”(T55, p578b)《隨函録》“矛⿰矛盾”即此“矛盾”,其中“⿰矛盾”即“盾”字。“盾”蓋受上字“矛”的影響類化增“矛”旁而寫成了“猶”。

1206 穄

《漢語大字典・矛部》引《集韻・禦韻》:“穄,穪穄,矛屬。羊茹切。”

按:我們這裏要講的“穄”乃“豫”字之訛。《隨函録》卷29《廣弘明集》卷11:“究穄,上余軟反,下余庶反。”(ZD60-557b)唐・道宣撰《廣弘明集》卷11:“自青徐幽冀荆楊兖豫八州之民,莫不必應遂置三十六方。”(T5, p167a)《隨函録》“究穄”即經文中的“兖豫”,其中“穄”即“豫”字之訛。這樣一來,大型字典“穄”字下可增添“同豫”的説解。

耒部

1207 𦔪、1208 穤

按:“𦔪”,大型字典失收,見於《隨函録》,乃“耨”字之訛。《隨函録》卷19《阿毘達磨大毘婆沙論》卷66:“耘𦔪,上於闐反,下奴豆反,除田草也。”(ZD60-114a)唐・玄奘譯《阿毘達磨大毘婆沙論》卷66:“汝能精進修正加行,今得此果,如務農者於六月中修治畦壟,耘穤稼穡,後收子實,積置場中。”(T27, p341a)“耘穤”,明、宫本作“耘耨”。“耘穤”及《隨函録》“耘𦔪”即明、宫本《阿毘達磨大毘婆沙論》中的“耘耨”,其中“穤”“𦔪”皆“耨”字之訛。

老部

1209 耄、1210 𦒿

《龍龕手鏡・老部》(338):“𦒿,呼昆反,耄也。”《中華字海・老部》(1171):“耄,音 hún,年老,高齡。見《篇海》。”

按:從字形上看,“𦒿”即“耄”字。《漢語大字典・老部》(1161)根據《龍龕手鏡》將“𦒿(耄)”解釋爲“年老,高齡”。根據《龍龕手鏡》“𦒿(耄)”音“呼昆反”,張涌泉《漢語俗字叢考》(846)認爲即“惛”字之俗。這一説法,我們以爲還存在疑問。“𦒿(耄)”要是“惛”的話,爲什麼解釋爲“耄”呢?“惛”是没有“年老,高齡”一義的。有人會説“耄”可以表“惛亂”一義,“耄”同“惛”,釋義爲“耄(表惛亂)”正合。我們以爲這種解釋也有問題,“耄”要是“惛”的話,《龍龕手鏡》爲什麼用“耄”這樣一個常見意義爲“年老,高齡”的詞來表示“惛亂”呢?今讀可洪《隨函録》,發現其可爲我們提供一種新的説法。《隨函録》卷12《中阿含經》卷7:“老耄,莫報反,正作耄。”(ZD59-988c)《隨函録》明確指出“耄”爲“耄”字。東晉・瞿曇僧伽提婆譯《中阿含經》卷7:“彼爲老耄,頭白齒落,盛壯日衰。”(T01, p467c)《隨函録》“老耄”即此“老耄”,其中“耄”即“耄”字。又《隨函録》卷12《中阿含經》卷5:“老耄,莫報反。”(ZD59-988a)東晉・瞿曇僧伽提婆譯《中阿含經》卷5:“唯以老耄,頭白齒落,盛壯日衰,身曲脚戾。”(T01, p450c)《隨函録》“老耄”即此“老耄”,其中“耄”亦“耄”字。從形體上看,“耄”乃“耄”内部類化所致,構件“毛”受“老”的影響也類化寫成了“老”,從而作“耄”了。當然亦有可能

“㲳”是“毨”[1]换旁所致。“㲳”爲“毷”字既有《隨函録》又有佛經異文爲證,較之爲“惛”字之説,應該更爲可信,《龍龕手鏡》將“㲳(㲳)”注音爲“呼昆反”,恐怕有誤。

耳部

1211 耓、1212 䎂

按:“耓”,大型字典失收,見於《隨函録》,乃“聊”字之訛。《隨函録》卷22《釋迦氏略譜》卷1:“耓附,上力條反,正作聊。”(ZD60-258c)《釋迦氏譜》卷1:“雖非經教,聊附異聞。”(T50, p85b)《隨函録》“耓附”即《釋迦氏譜》中的“聊附”,其中“耓”即“聊”字之訛也。《龍龕手鏡·耳部》(314):“䎂,新藏作聊。”“耓”與“䎂”近似,亦“聊”字,《龍龕手鏡》所本蓋源於此。

1213 𦕅

《隨函録》卷27《大唐西域求法高僧傳》卷1:“𦕅申,上力條反,略也,語助也,正作聊。”(ZD60-442b)

按:《隨函録》以“𦕅”爲“聊”,誤。《大唐西域求法高僧傳》卷1:“玄恪法師者,新羅人也,與玄照法師貞觀年中相隨而至大覺,既伸禮敬遇疾而亡,年過不惑之期耳。”(T51, p2c)《隨函録》“𦕅申”即經文中的“既伸”,其中“𦕅”即“既”字之訛。從文意和形體上看,以“𦕅”作“既”字之俗爲優。

1214 聚

按:“聚”字,大型字典失收,見於《隨函録》,爲“聚”字之訛。《隨函録》卷22《舊雜譬喻經》卷1:“一聚,自禹反,正作聚。”(ZD60-234b)唐·釋道世《舊雜譬喻經》卷1:“上有一聚卒爲水所漂去。”(T04, p513c)《隨函録》“一聚”即《舊雜譬喻經》中的“一聚”,其中“聚”即“聚”字之訛。

1215 從、1216 聦、1217 聡、1218 䎎[2]

《龍龕手鏡·耳部》(313):“聦䎎,俗,上七容反,下音容。”《中華字海·耳部》(1179):“聦(聡)䎎,義未詳。見《龍龕》。”

按:《龍龕手鏡》“聦䎎”即“從容”,其中“聦”即“從”字,而“䎎”即“容”字。《隨函録》卷21《修行道地經》卷1:“縱瑢,上七恭反,下以封反,緩步皃也,光也,服也,正作從(從)容,或作從容,亦作從容也。”(ZD60-212a)西晉·竺法護譯《修行道地經》卷1:“美豔玉女衆,端正光從容。”(T15, p186c)據《隨函録》,“縱瑢”或作“從容”“從容”“從容”。其中“從(從)”“從”即“從(從)”字。“聦”亦當與“從”同。《隨函録》“聦”音“七恭反”,與《龍龕手鏡》“七容反”音同。“從容”是聯綿詞,當“從”變成“聦”時,“容”也跟著變成從“耳”旁的“䎎”。

---

① “毷”或作“毨”,詳見下篇“毨”字條。

② 此條我們曾在《漢語疑難俗字例釋》一文中考釋過,見《語言研究》2006年第4期,第88頁。

1219 ⿱⿰耳口貝

按:"⿱⿰耳口貝",大型字典失收,見於《隨函録》,乃"賢"字之訛。《隨函録》卷 19《阿毘達磨大毘婆沙論》卷 12:"⿱⿰耳口貝聖,上户堅反,正作賢。"(ZD60-109c)唐·玄奘譯《阿毘達磨大毘婆沙論》卷 12:"我施誓多林,蒙大法王住,賢聖僧受用,故我心歡喜。"(T27, p60c)《隨函録》"⿱⿰耳口貝聖"即《阿毘達磨大毘婆沙論》中的"賢聖",其中"⿱⿰耳口貝"即"賢"字之訛。"賢"蓋受下字"聖"的影響上半部分也類化成了"耶"。

臣部

1220 ⿰臣必

《龍龕手鏡·臣部》(190):"⿰臣必,音秘。"《中華字海·臣部》(1181):"⿰臣必,義未詳。"《漢語俗字叢考》(859):"此字疑爲'⿰目必'的俗字。"

按:張涌泉先生以"⿰臣必"爲"⿰目必"字之俗,無據。"⿰臣必",見於《隨函録》,乃"⿰阝必"①字之訛。《隨函録》卷 23《陁羅尼雜集》卷 10:"⿰阝必虵虵,上毗必反,中亭夜反,下羊者反,正作邲地虵。上又《川音》作⿰臣必,音秘,非也。《經音義》作邲也。"(ZD60-294b)《陀羅尼雜集》卷 10:"⿰臣必蛇蛇多⿰臣必。"(T21, p634b)《隨函録》"⿰阝必虵虵"即《陁羅尼雜集》中的"⿰臣必蛇蛇",其中"⿰阝必"對應的是"⿰臣必"字。根據《隨函録》,"⿰阝必"《川音》作"⿰臣必",並且讀爲"秘"。《龍龕手鏡》"⿰臣必"的讀音蓋源於《川音》。從形體上看,"⿰臣必"其實就是"⿰阝必"字之訛。由於"⿰臣必"形體上從"必"得聲,在佛經中乃譯音用字,故《川音》以從"必"得聲的"秘"讀之,而不知其爲"⿰阝必"字。"⿰臣必"同"⿰阝必",今應讀"bì",《中華字海》等讀"mì",誤。

西部

1221 ⿰票瓦

按:"⿰票瓦",見於《隨函録》,乃"甄"字之訛。《隨函録》卷 27《續高僧傳》卷 20:"⿰票瓦蕑,上居延反,察也,又音真。陶甄,作瓦器官也。又人姓。又按,甄義取陶字訓之也。陶,正也,化也,亦冶鍊之義也。正作甄。"(ZD60-485a)唐·釋道宣撰《續高僧傳》卷 20:"便甄簡權實,搜酌經論。"(T50, p593c)《隨函録》"⿰票瓦蕑"即經文中的"甄簡",其中"⿰票瓦"即"甄"字之訛。

虍部

1222 ⿸虍真

《中華字海·虍部》(1190):"⿸虍真,同⿸广⿸虍真。字見《龍龕》。"

---

① 鄧福禄《字典考正》亦以"⿰臣必"爲"⿰阝必"字,湖北人民出版社 2007 年,第 315 頁。

按:“虡”即“虡”字,見於《隨函録》。大型字典無“虡”的書證,兹亦補上。《隨函録》卷30《廣弘明集》卷28:“猛虡,音巨,栒虡,懸鍾木也。横曰栒,縱曰虡,亦作簴。”(ZD60-591a)《隨函録》卷30《廣弘明集》卷28:“龍虡,音巨。”(ZD60-591a)唐・道宣撰《廣弘明集》卷28:“帶龍虡而騰規,應鯨桴而寫製。”(T52, p330a)“虡”即“虡”。唐・道宣撰《廣弘明集》卷28:“騰驤猛虎,負簨虡而將飛。”(T52, p330a)

光部

1223 焜

按:“焜”,見於《隨函録》,乃“焜”的换形旁俗字。《隨函録》卷6《六度集經》卷5:“焜焜,户本反,光也,正作焜。”(ZD59-766c)吴・康僧會譯《六度集經》卷5:“諸釋欣欣興佛精舍,掘土三尺,以栴檀香填之,撿國衆寶爲佛精舍,焜焜奕奕有若天宫。”(T03, p30c)《隨函録》“焜焜”即《六度集經》中的“焜焜”,其中“焜”即“焜”字。從形體上看,“焜”蓋“焜”换形旁所致,構件“光”與“火”意義相關。

1224 煌

《龍龕手鏡・光部》(180):“煌,俗,晃,今,胡廣反,光明暉煌也。”

按:我們在這裏要講的“煌”乃“煌”字。《隨函録》卷14《佛大僧大經》卷1:“煌煌,宜作韹,同,音皇,熒也,亦火光也,亦作煌也,郭氏作胡廣反,非。”(ZD59-1096a)宋・沮渠京聲譯《佛説佛大僧大經》卷1:“惶惶鬱金,生於野田,過時不採,宛見棄捐。”(T14, p827c)《隨函録》“煌煌”對應的是《佛説佛大僧大經》中的“惶惶”字。不過根據經文文意,“煌”不是“惶”字,“惶惶”有誤,《經律異相》引作“煌煌”(T53, p88b)。《隨函録》卷23《經律異相》卷17:“煌煌,音皇,火光皃也,正作煌也,又户廣反,俗。”(ZD60-268c)梁・僧旻、寶唱等集《經律異相》卷17:“煌煌鬱金生於野,過時不採花見棄捐。”(T53, p88b)《隨函録》“煌煌”即經文中的“煌煌”,其中“煌”即“煌”字。“煌”即“煌”换形旁所致,構件“火”與“光”意義近似。

虫部

1225 **乱**

按:“**乱**”,見於《隨函録》,乃“亂”字之訛。《隨函録》卷20《成實論》卷10:“惚**乱**,上奴老反,下盧唤反,正作惱亂。”(ZD60-160c)姚秦・鳩摩羅什譯《成實論》卷9:“有瞋若得少許不適意事則心惱亂。”(T32, p311c)《隨函録》“惚**乱**”即《成實論》中的“惱亂”,其中“**乱**”即“亂”字。“亂”俗作“乱”。《干禄字書・去聲》:“乱亂,上俗下正。”“**乱**”蓋“乱”之訛。

1226 **蛧**、1227 **蝄**

《龍龕手鏡・蟲部》(223):“**蝄**蜽,上音(网),下音兩,蟲名也,又石之精也。”

按:《龍龕手鏡》“蛧蜽”即“魍魎”,而我們在這裏要講的“蛧”乃“蟒”字。《隨函録》卷13《別譯阿含經》卷2:“蛧(蛧)虵,上莫朗反,大虵也,正作蟒也,《經音義》以蟒字替之,是也,又音罔,非。”(ZD59-1014b)《別譯雜阿含經》卷2:“爾時魔王即自變形,作蟒蛇身。其形長大,猶如大船。”(T02, p382a)《隨函録》“蛧(蛧)虵”即《別譯雜阿含經》中的“蟒蛇”,其中“蛧”即“蟒”字。從形體上看,“蛧”從“罔(网)”得聲,蓋“蟒”换聲旁所致。

1228 蚥、1229 蚥

《中華字海·蟲部》(1195):“蚥,笑聲,見《字彙》。”

按:我們這裏要講的“蚥(蚥)”乃“蠍”字之訛。《隨函録》卷24《大周刊定録》卷12:“蚥王,上許謁反,正作蠍,諸録作蝎,非體也。”(ZD60-340b)唐·明佺《大周刊定衆經目録》卷12:“蝎王經一卷。”(T55, p446c)《隨函録》“蚥王”即此“蝎王”,其中“蚥”即“蝎”字。“蝎”與“蠍”同。從形體上看,“蚥”蓋爲“蠍”的省訛字。

1230 蚔、1231 蚔

《玉篇·虫部》:“蚔,巨支切,土蝱也。”

按:我們這裏要講的“蚔”“蚔”“蚔”乃“舐”字之訛。《隨函録》卷2《大寶積經》卷99:“若蚔,音氏,舌取食也,正作舐、䑛、𦧇三形。”(ZD59-601b)元魏·佛陀扇多譯《大寶積經》卷99:“時無畏女下彼床已,然後禮敬諸大聲聞,而施種種微妙飲食。若舐若嗅若唼,如法供養。”(T11, p555a)《隨函録》“若蚔”即經文中的“若舐”,其中“蚔”即“舐”字之訛。

又《隨函録》卷23《諸經要集》卷14:“蚔者,上神紙反,又音衹,非也。”(ZD60-304b)唐·釋道世《諸經要集》卷14:“如蜜塗刀,舐者貪甜,不知傷舌。”(T54, p133a)《隨函録》“蚔者”即經文中的“舐者”,其中“蚔”即“舐”字之訛。

又《隨函録》卷6《大灌頂經》卷8:“蚔人,上時紙反,正作䑛、𦧇、舐三形。”(ZD59-752a)東晉·帛尸梨蜜多羅譯《佛説灌頂經》卷8:“衹人頭鬼,帳中魅鬼,屏風間鬼。”(T21, p520b)“衹”,宋、元、明本作“舐”。《隨函録》“蚔人”即《佛説灌頂經》中的“舐人”,其中“蚔”亦“舐”字之訛。

1232 蛾

按:“蛾”,大型字典失收,見於《隨函録》,乃“蛾”字之訛。《隨函録》卷20《鞞婆沙論》卷14:“蝱蛾,上音盲,下五何反,正作蛾也,下又郭氏音特,非也。”(ZD60-175c)苻秦·僧伽跋澄譯《鞞婆沙論》卷14:“此云何? 答曰:‘蛣蜣蚊虻飛蛾蠅虫蟻子,或龍或金翅鳥或人。’”(T28, p522a)《隨函録》“蝱蛾”中的“蛾”即《鞞婆沙論》的“蛾”。

1233 蚶、1234 蚶

《玉篇·虫部》:“蚶,火甘切,蜯屬。”

按:我們這裏要講的“蚶”乃“甜”字之訛。《隨函録》卷23《諸經要集》卷14:“貪蚶,徒兼反,正作甜,又火甘反,非也。”(ZD60-304b)唐·釋道世《諸經要集》卷14:“如蜜塗刀,舐者貪甜,不知傷舌。”(T54, p133a)《隨函録》“貪蚶”即《諸經要集》中的“貪甜”,其中“蚶”即

"甜"字之訛。

1235 ⿰虫系、1236 ⿰虫系

按:"⿰虫系""⿰虫系",大型字典失收,見於《隨函録》,乃"虻"字。《隨函録》卷 21《賢愚經》卷 10:"⿰虫系蠅,上音牒。"(ZD60-204a)

《隨函録》卷 29《廣弘明集》卷 17:"大⿰虫系,徒頰反,正作蝶,蛺蝶也,悮。"(ZD60-567b)唐·道宣撰《廣弘明集》卷 17:"其二花形如大蝶。色似青琉璃。"(T52, p215b)《隨函録》"大⿰虫系"即經文中的"大蝶",其中"⿰虫系"即"蝶"字之訛。

1237 ⿰虫赤

按:我們在這裏要講的"⿰虫赤(⿰虫亦)"乃"蜥"字。《隨函録》卷 13《正法念處經》卷 18:"⿰虫赤蜴,上先擊反,下羊益反。《字林》云:'在壁曰蝘蜓,在州曰⿰虫赤蜴也。'正作蜥蜴也。上又郭氏音亦,非也。"(ZD59-1066a)元魏·般若流支譯《正法念處經》卷 18:"復次比丘知業果報,觀諸畜生第四識食,即以聞慧見有畜生愛識苦惱,常憶飲食,生曠野中,受大蟒身、蜥蜴(蜴)等身,唯吸風氣。"(T17, p104c)《隨函録》"⿰虫赤蜴"即《正法念處經》中的"蜥蜴(蜴)",其中"⿰虫赤"即"蜥"字。從形體上看,"⿰虫赤"蓋"蜥"换聲旁所致。

此外,"⿰虫赤",《隨函録》引郭氏音"亦",此乃"蜴"字。《龍龕手鏡·虫部》(224):"⿰虫亦,俗,蜴,正,音亦。""⿰虫赤"與"⿰虫亦"讀音相同且形體近似。

1238 ⿰虫妾、1239 ⿰虫妾

《中華字海·虫部》(1203):"⿰虫妾,蟲多的樣子。見《集韻》。"

按:我們這裏要講的"⿰虫妾(⿰虫妾)"乃"唼"字之訛。《隨函録》卷 22《龍樹菩薩爲禪陀迦王説法要偈》卷 1:"蛆⿰虫妾,上七餘反,下子合反,悮。"(ZD60-251c)宋·求那跋摩譯《龍樹菩薩爲禪陀迦王説法要偈》卷 1:"青瘀脹壞膿血流,蟲蛆唼食至枯竭。"(T32, p746c)《隨函録》"蛆⿰虫妾"即經文中的"蛆唼",其中"⿰虫妾"即"唼"字也。"唼"是受上字"蛆"的影響類化改旁從"虫"旁而寫成"⿰虫妾(⿰虫妾)"的。

又《隨函録》卷 9《鴦崛魔羅經》卷 4:"⿰虫妾食,上子合反,正作唼、噆。"(ZD59-857b)宋·求那跋陀羅譯《央掘魔羅經》卷 4:"比丘浴已,身體多瘡,蠅蜂唼食,即以白灰處處塗瘡,以水衣覆身。"(T02, 0541b)《隨函録》"⿰虫妾食"即《央掘魔羅經》中的"唼食",其"⿰虫妾"即"唼"字。"唼"是受上字"蜂"的影響類化改旁從"虫"旁而寫成"⿰虫妾"的。

1240 ⿰虫豕

慧琳《一切經音義》卷 55:"⿰虫豕地,上音灰。《埤蒼》云:'⿰虫豕,豕以鼻墾地取蟲謂之⿰虫豕也。'"(T54, p671c)

按:我們在這裏要講的"⿰虫豕"乃"蠡"字之訛。《隨函録》卷 18《善現律毗婆沙》卷 8:"以⿰虫豕,力禾反,研衣者也,又呼迴反,非用也。"(ZD60-77c)《善見律毘婆沙》卷 8:"若染時,不得與香汁木膠油及已染袈裟,不得以蠡及摩尼珠種種物摩使光澤。"(T24, p728a)《隨函録》"以⿰虫豕"即《善見律毘婆沙》中的"以蠡",其中"⿰虫豕"即"蠡"字之訛。

又《隨函録》卷18《善現律毗婆沙》卷8:“蠔槃,上力禾反,悮。”(ZD60-78a)《善見律毘婆沙》卷8:“得椰子槃端正具足,得已而刻。刻作如蠡槃無異,令人心戀。”(T24, p731a)《隨函録》“蠔槃”即《善見律毘婆沙》的“蠡槃”,其中“蠔”亦“蠡”字之訛。“蠡”俗作“蚉”①,“蠔”蓋“蚉”移位後進一步訛誤所致。

1241 𧊲、1242 𨐤

按:“𧊲”“𨐤”,大型字典失收,見於《隨函録》,乃“辣”字之訛。《隨函録》卷20《立世阿毘曇論》卷8:“痛𨐤,來割反,正作辣。”(ZD60-163c)陳·真諦譯《佛説立世阿毘曇論》卷8:“是地獄人受如此相害,上上品苦難可堪忍,極堅極强最爲痛辣。”(T32, p207b)《隨函録》“痛𨐤”即《佛説立世阿毘曇論》中的“痛辣”,其中“𨐤”即“辣”字之訛。

又《隨函録》卷20《立世阿毘曇論》卷8:“辛𧊲,上息津反,下來割反,正辛粹也,並悮。”(ZD60-164c)陳·真諦譯《佛説立世阿毘曇論》卷8:“或以五辛辣汁澆他鼻口,或置毒飲中逼令他服。”(T32, p212c)《隨函録》“辛𧊲”即《佛説立世阿毘曇論》中的“辛辣”,其中“𧊲”亦“辣”字之訛。

1243 蜚

按:“蜚”,大型字典失收,見於《隨函録》,乃“飛”字。《隨函録》卷14《四天王經》卷1:“蜎蜚,上於玄反,下音非。”(ZD59-1097a)劉宋·求那跋陀羅譯《佛説四天王經》卷1:“遣使者下案行天下,伺察帝王、臣民、龍鬼、蜎蜚、蚑行、蠕動之類。”(T15, p118b)《隨函録》“蜎蜚”即《佛説四天王經》中的“蜎蜚”。“蜎蜚”又作“蜎飛”。吴·康僧會譯《六度集經》卷7:“教天下人、蜎飛、蚑行、蠕動之類奉佛睹經。”(T03, p40b)從形體上看,“蜚”蓋“飛”增旁所致,“飛”蓋受上字“蜎”的影響,類化增旁從“虫”而作“蜚”。當然也有可能“蜚”爲“蜚”换聲旁所致。不過,我們傾向於把“蜚”當作“飛”字之俗。

1244 𮝁

《隨函録》卷14《正法念處經》卷25:“瑠𮝁,吕支反,正作璃。”(ZD59-1068b)

按:“𮝁”乃“璃”字之訛。元魏·般若流支譯《正法念處經》卷25:“彼以聞慧見天帝釋,真珠爲沙,以覆其地,或以銀沙,或以金沙,或毘琉璃,以爲其沙。”(T17, p144b)《隨函録》“瑠𮝁”即《正法念處經》中的“琉璃”,其中“𮝁”即“璃”字。從形體上看,構件“离”因與“禹”近似而誤寫成了“禹”。“璃”俗作“瑀”②,可資比勘。“𮝁”蓋“瑀”進一步换旁所致。“𮝁”同“璃”,大型字典失收。

1245 𧈡

按:“𧈡”,見於《隨函録》,乃“魑”字之訛。《隨函録》卷2《法鏡經》卷1:“𧈡魅,上丑知反,下眉秘反,正作魑也,上又丘禹反,悮。”(ZD59-610b)後漢·安玄譯《法鏡經》卷1:“何謂

① 《龍龕手鏡·虫部》:“蚉,俗;蠡,正,音離,又音螺。”中華書局1985年,第219頁。

② 參見本書中篇“瑀”字條。

三？魑魅想、臼注想、色像想，爲造是三想。”(T12, p18b)《隨函録》“𩴾魅”即《法鏡經》中的“魑魅”，其中“𩴾”即“魑”字之訛。

1246 䪼、1247 𩓞、1248 蝢

《漢語大字典・口部》(1197)引《類篇》：“蝢，蝢肸，國名，月支也。”

按：“䪼(蝢)”可爲“頸”字之訛。《隨函録》卷8《持世間經》卷1：“䪼(蝢)項，上居郢反，正作頸也。下户講反，上又郭氏音頁，非也。”(ZD59-812b)《隨函録》中的《持世間經》即今《大正藏》中的《東方最勝燈王如來經》①。《東方最勝燈王如來經》卷1：“齒舌脣口咽喉頸項兩脅膞二手一切肢節，咒皆止定。”(T21, p871a)《隨函録》“䪼(蝢)項”即此“頸項”，其中“䪼(蝢)”即“頸”字。

“䪼(蝢)”又可爲“頓”字之訛。《隨函録》卷9《大方廣圓覺修多羅了義經》卷1：“䪼(蝢)漸，上者困反，都也，惣也，正作頓也。”(ZD59-846a)唐・佛陀多羅譯《大方廣圓覺修多羅了義經》卷1：“爾時修習便有頓漸，若遇如來無上菩提正修行路，根無大小皆成佛果。”(T17, p916c)《隨函録》“䪼(蝢)漸”即《大方廣圓覺修多羅了義經》中的“頓漸”，其中“䪼(蝢)”即“頓”字之訛。

“𩓞(蝢)”又可爲“蝲(蝲)”字。《隨函録》卷9《七佛所説咒經》卷4：“蟽𩓞，上他達反，下郎達反，正作蝲字也。”(ZD59-879c)《七佛八菩薩所説大陀羅尼神咒經》卷4：“蟽賴鬼名：摩卑(一)陀羅那帝摩卑(二)奢若陀摩卑(三)阿不梨多陀捺卑(四)莎呵(五)。”(T21, p559c)“賴”，元、明本作“𧒭”。《隨函録》“蟽𩓞”即元、明本《七佛八菩薩所説大陀羅尼神咒經》中的“蟽𧒭”，其中“𩓞”即“𧒭”字。《龍龕手鏡・虫部》(224)：“蝲，正；蝲，俗。”從形體上看，“𩓞”蓋“蝲”字之省訛。

1249 𤺋、1250 螠、1251 癃

按：“𤺋(螠)”，大型字典失收，見於《隨函録》，乃“疼”字。《隨函録》卷23《陁羅尼雜集》卷8：“齒疼，徒冬反，痛也，亦作痋，同，音疼，又《川音》作𤺋，以癃字替之，非也。”(ZD60-292a)《陁羅尼雜集》卷8：“大神仙赤眼咒牙齒螠經一首。”(T21, p623b)《隨函録》“齒疼”即《陁羅尼雜集》中的“齒螠”，其中“螠”即“疼”字。《川音》所載“𤺋”即“螠”，當然也與“疼”字同。從形體上看，“螠”爲“疼”的新造形聲類異體。此外，《川音》“癃”亦“疼”之换聲旁俗字。

1252 𧍴、1253 蠄

按：我們在這裏要講的“𧍴”乃“禽”字。《隨函録》卷15《摩訶僧祇律》卷4：“飛𧍴，巨今反，正作禽、蠄二形，又丑知反，非。”(ZD59-1104c)東晋・佛陀跋陀羅共法顯譯《摩訶僧祇律》卷4：“肆我飛禽志，何爲受斯苦？”(T22, p258b)《隨函録》“飛𧍴”即《摩訶僧祇律》中的“飛禽”，其中“𧍴”即“禽”字。從形體上看，“禽”增旁作“蠄”，而“𧍴”則爲“蠄”字之訛。

---

① 《隨函録》卷8：“持世閑經一卷，内題云東方冣勝鐙王如來遣二菩薩送咒奉釋迦如來助護持世閑經。《目録》云東方冣勝鐙王如來經。經狀題及目録並略也。”(ZD59-812a)

1254 螋

按:"螋"字,大型字典失收,見於《隨函録》,即"螋"字。《隨函録》卷7《佛説孔雀王咒經》下卷:"蛷螋,上其牛反,下所愁反。"(ZD59-797c)《龍龕手鏡·蟲部》(220):"螋,音搜,蛷螋也。""螋"音"所愁反",與"螋"音同。梁·僧伽婆羅譯《孔雀王咒經》卷2:"從一切毒龍蟲等之及人所作齒嚙、雹雨、蛇鼠、癰疽、蛷螋、蚰蚣、蝦蟆、蠅虻、蜂蠆,……願渡諸毒皆入地中。"(T19, p456b)《隨函録》"蛷螋"即"蛷螋",其中"螋"即"螋"字。

1255 蟋

《中華字海·虫部》(1030):"蟋,同蟋。見《集韻》。"

按:我們在這裏要講的"蟋(蟋)"乃"虱"字。《隨函録》卷13《大樓炭經》卷6:"蚤蟋,上子老反,下所擳反。"(ZD59-1030c)西晉·法立共法炬譯《大樓炭經》卷6:"時是閻浮利地,地平正無山陵嵠谷,無有荆棘,亦無蚊虻蚤虱,亦無礫石。"(T01, p308c)《隨函録》"蚤蟋"即《大樓炭經》中的"蚤虱",其中"蟋"即"虱"字。從形體上看,"蟋"蓋"虱"的後起形聲字。

1256 蠍、1257 蠍

《龍龕手鏡·虫部》(224):"蠍,舊藏作嗽,蘇奏反。"《中華字海·虫部》(1216):"蠍,義未詳。見《龍龕》。"

按:張涌泉先生以"蠍"爲"嗽"字①,是,但没有提供例證,特補之。"蠍(蠍)",亦見於《隨函録》。《隨函録》卷21《修行道地經》卷1:"蠍(蠍)喉,上所角反,正作嗽,或作嗽。"(ZD60-212b)西晉·竺法護譯《修行道地經》卷1:"一種在咽,名爲嗽喉。兩種在瞳子,一名曰生,二名不熟。"(T15, p188b)《隨函録》"蠍(蠍)喉"即《修行道地經》中的"嗽喉",其中"蠍(蠍)"即"嗽"字。《龍龕手鏡》所論蓋源於此。從形體上看,"嗽"或作"嗽","蠍(蠍)"蓋源於"嗽"字之訛,或"嗽"字换形旁所致。"蠍(蠍)",可洪音"所角反",讀"shuò",行均音"蘇奏反",讀"sòu"。此因"蠍(蠍)"的正體"嗽"可讀上述兩音也。

1258 蠀、1259 蠀

按:"蠀",大型字典失收,見於《隨函録》,乃"嚁"。《隨函録》卷21《出曜經》卷4:"蠀螫,上子合反,正作嚁也,下尸亦反,上又自贊反,虫傷苗死也,出《萇筠和尚韻》。"(ZD60-194c)姚秦·竺佛念譯《出曜經》卷6:"瘡痍膿血臭穢難近,蠅蟲嚁螫,避無處所。"(T04, p641c)《隨函録》"蠀螫"即《出曜經》的"嚁螫",其中"蠀"即"嚁"字。

又《隨函録》卷21《出曜經》卷2:"蠀蝀,上子合反,下所卓反,正作嚁嗽也,上又音讚,食也,正作嚁也,下又東、董二音,並非也。"(ZD60-194a)姚秦·竺佛念譯《出曜經》卷3:"爲蠅所嚁㖨,今日爲閑劇,食以芻惡草,飲以雨潦汁。"(T04, p625b)《隨函録》"蠀蝀"即《出曜經》的"嚁㖨",其中"蠀"亦"嚁"字。

又《隨函録》卷21《出曜經》卷1:"蠀㖨,上子合反,下所卓反,蚊虫蠀嗽人也,《經音義》

---

① 張涌泉:《漢語俗字叢考》,中華書局2000年,第876頁。

作呞嗽,《切韻》作𠴨嗽也,上又郭氏音攅,狙丸反,又音讃。"(ZD60-193a)其中"蠌"亦"噆"字。"噆"或作"嚽",文中三處"嚽(噆)"字蓋都受上字或下字從"虫"旁的影響,類化換旁從"虫"而作"蠌"。

1260 蟺

按:"蟺",大型字典失收,見於《隨函録》,即"蟺"字之訛。《隨函録》卷 26《集沙門不應拜俗等事》卷 1:"蟺姿,上音善,蚯蚓,婬不擇物。"(ZD60-426c)釋彦悰纂録《集沙門不應拜俗等事》卷 1:"乘黿控鯉之英,窒慾蟺姿茹丹。"(T52, p443a)《隨函録》"蟺姿"即經文中的"蟺姿",其中"蟺"即"蟺"之訛。

1261 蠛

按:"蠛",大型字典失收,見於《隨函録》,爲"蠛"字之訛。《隨函録》卷 7《佛説月光童子經》卷 1:"蠅蠛,莫結反,小蟲也。"(ZD59-772c)西晉·竺法護譯《佛説月光童子經》卷 1:"譬如蚊虻之勢欲墜大山,蠅蠛之翅欲障日月,徒自毀碎。"(T14, p816b)《隨函録》"蠅蠛"即《佛説月光童子經》中的"蠅蠛",其中"蠛"即"蠛"字之訛。

网(罒)部

1262 罠

按:"罠",大型字典失收,見於《隨函録》,乃"冒"字之訛。《隨函録》卷 23《經律異相》卷 44:"罠死,上莫北反。"(ZD60-281a)梁·僧旻、寶唱等集《經律異相》卷 44:"小兒罠(冒)死向東海邊。"(T53, p234b)《隨函録》"罠死"即經文中的"罠(冒)死",其中"罠"即"冒"字之訛。

1263 罛

按:"罛",大型字典失收,見於《隨函録》,爲"罛"字。《隨函録》卷 6《六度集經》卷 5:"施罛,上式支反,下古胡反。"(ZD59-766b)吴·康僧會譯《六度集經》卷 5:"池爲兒設,何物處之。而恐吾兒,令施罛取之。"(T03, p28c)《隨函録》"施罛"即《六度集經》中的"施罛",其中"罛"即"罛"字。

1264 罽

按:"罽",大型字典失收,見於《隨函録》,乃"罽"之訛。《隨函録》卷 21《撰集百緣經》卷 9:"罽賓,居例反。"(ZD60-192b)吴·支謙譯《撰集百緣經》卷 9:"有一國土,名曰金地,王名罽賓,與其夫人,共相娛樂,足滿十月,生一男兒。"(T04, p247c)《隨函録》"罽賓"即《撰集百緣經》的"罽賓",其中"罽"即"罽"字之訛。"罽"或作"罽"①,"罽"與"罽"形體近似。

① 見《龍龕手鏡·四部》"罽"字條,中華書局 1985 年,第 360 頁。

舌部

1265 ⿰舌乇

按："⿰舌乇"字，大型字典失收，見於《隨函録》，爲"記"字之訛。《隨函録》卷 24《出三藏記集》卷 7："輙⿰舌乇，音記。"(ZD60-313b)梁・釋僧祐《出三藏記集》卷 7："欣有所益，輒記其所長，爲略解如左。"(T55, p48a)《隨函録》"輙⿰舌乇"即《出三藏記集》中的"輒記"，其中"⿰舌乇"即"記"之訛。

又"⿰舌乇"，見於《隨函録》，還可爲"亂"字之訛。《隨函録》卷 22《四阿鋡暮抄解》卷 1："達吒，陟加、陟嫁二反。⿰舌乇志，同上也，吒字注脚也。"(ZD60-242a)苻秦・鳩摩羅佛提等譯《四阿鋡暮抄解》卷 1："分因緣名五色欲無色欲，憍慢奥達吒(亂志)無明一生一還有來。"(T25, p6c)《隨函録》"⿰舌乇志"即《四阿鋡暮抄解》中的"亂志"，其中"⿰舌乇"即"亂"字之訛。"亂"俗作"乱"①，"⿰舌乇"與"乱"近似。

1266 鴰

《玉篇・鳥部》："鴰，公活切，鶬鴰。"

按：我們這裏要講的"鴰"乃"憇"字之訛。《隨函録》卷 18《毘尼母經》卷 5："鴰駕，上去例反，正作憇、⿸尸⿰禾疋二形，又括、刮二音，非用。"(ZD60-84a)《毘尼母經》卷 5："爾時拘睒彌城外有大樹，名尼拘陀。此樹下有種種乘憇駕止息，是名爲乘若爲法來。"(T24, p827a)《隨函録》"鴰駕"即《毘尼母經》的"憇駕"，其中"鴰"即"憇"字形近之訛。

又《隨函録》卷 25《新華嚴經音義》："鴰思，上丘列反，下相力反，正作憇息也，上又音括，非。"(ZD60-403b)唐・慧琳《一切經音義》卷 23 所録慧苑《新譯大方廣佛花嚴經音義》卷 65："憇止：憇，去例反。《珠叢》曰：'憇，息也。'"(T54, p452b)《隨函録》"鴰思"即此"憇息"，其中"鴰"亦"憇"字之訛。

竹部

1267 ⿱竹放

《字彙・竹部》："⿱竹放，虚放切，覓魚具也。"

按：我們這裏要講的"⿱竹放"乃"筴"字。《隨函録》卷 23《諸經要集》卷 18："鐵⿱竹放，楚責反，正作筴。"(ZD60-306b)佛經中或作"⿱竹放"，或作"筴"。唐・釋道世《諸經要集》卷 18："十五悦頭典冰地獄，十六鐵⿱竹放(經闕王名)。"(T54, p170b)《慈悲道場懺法》卷 4："十五悦頭，典寒冰獄。十六名穿骨，典鐵⿱竹放獄。"(T45, p941b)梁・僧旻、寶唱等集《經律異相》卷 49："十五悦頭典冰地獄，十六鐵筴(經闕王名)。"(T53, p259a)唐・釋道世《法苑珠林》卷 7："十四夷大典鐵磨，十五

---

① 《干禄字書・去聲》："乱亂，上俗下正。"

悦頭典水地獄，十六鐵𥳑(經闕王名)。”(T53, p327b)從字形上看，“筭”當爲“𥳑”字之訛。

1268 䇲

按：“䇲”，大型字典失收，見於《隨函録》，即“筳”字之訛。《隨函録》卷 29《廣弘明集》卷 16：“法䇲，音延，正作筳。”(ZD60-566a)唐·道宣撰《廣弘明集》卷 16：“周南起留滯之恨，第十三日始侍法筳。”(T52, p211a)《隨函録》“法䇲”即經文中的“法筳”，其中“䇲”即“筳”字之訛。

1269 筭

按：“筭”，大型字典失收，見於《隨函録》，乃“𥳑”字之訛。《隨函録》卷 23《經律異相》卷 49：“鐵筭，上天結反，下叉責反，正栅、䅊、𥳑三形，擳也，矛也，二義用之。”(ZD60-282b)梁·僧旻、寶唱等集《經律異相》卷 49：“十五悦頭典冰地獄，十六鐵𥳑(經闕王名)，十七身典蛆蟲。”(T53, p259a)《隨函録》“鐵筭”即經文中的“鐵𥳑”，其中“筭”即“𥳑”字之訛。

1270 桀

按：我們在這裏要講的“桀”乃“桀”字之訛。《隨函録》卷 14《未生惡王經》卷 1：“桀逆，上音竭，强暴也，正作揲，又《經音義》及上方經並作桀。桀，夏王名也，非。”(ZD59-1091b)《佛説未生冤經》卷 1：“子所從得桀逆之師，違佛仁教，吾不懼死，唯恨不面稟佛清化。”(T14, p775a)《隨函録》“桀逆”即《佛説未生冤經》中的“桀逆”，其中“桀”即“桀”字之訛。《隨函録》以爲“桀”當正作“揲”，而不是“桀”，誤也。從形體上看，“桀”顯然源於“桀”字之訛，而且“桀”也不祇是表“夏王名”，還可以表“暴虐”一義。

1271 篎

按：“篎”，大型字典失收，見於《隨函録》，乃“瑟”字之訛。《隨函録》卷 11《大莊嚴論經》卷 7：“竽篎，上爲俱反，下所擳反。《大威德陁羅尼經》云般遮之會，此云五年大會也，《大莊嚴經》作般遮于瑟會，是也。”(ZD59-962a)後秦·鳩摩羅什譯《大莊嚴論經》卷 8：“今若得脱，當於佛法中作般遮于瑟會。”(T04, p302c)《隨函録》“竽篎”即《大莊嚴論經》中的“于瑟”，其中“篎”爲“瑟”字。“瑟”蓋受“于”作“竽”的影響也改從“竹”而作“篎”。

1272 笘

《集韻·姥韻》：“笘，果五反，籦也。”

按：我們在這裏要講的“笘”乃“苦”字之訛。《隨函録》卷 9《弘道廣顯三昧經》卷 2：“笘無，上枯古反。”(ZD59-856a)西晉·竺法護譯《佛説弘道廣顯三昧經》卷 2：“彼何謂慧？曰苦無生慧，習無念慧，盡都盡慧，道無志慧。”(T15, p495c)《隨函録》“無”即《佛説弘道廣顯三昧經》中的“苦無”，其“笘”即“苦”字之訛。

又《隨函録》卷 7《佛説决定總持經》卷 1：“救笘，枯古反，正作苦。”(ZD59-774b)西晉·竺法護譯《佛説决定總持經》卷 1：“示于禍福，救拔苦惱，令不復造生死根栽。”(T17, p770b)《隨函録》“救笘”即《佛説决定總持經》中的“救(拔)苦”，其中“笘”亦“苦”字之訛。

1273 ⿱⺮共

《龍龕手鏡·竹部》(392):"⿱⺮共,俗,簨,正,音笋。"

按:我們在這裏要講的"⿱⺮共"乃"筭"字之訛。《隨函録》卷 20《婆須蜜論》卷 3:"⿱⺮共數,上思亂反,計也,正作筭、笇二形。"(ZD60-154a)苻秦·僧伽跋澄等譯《尊婆須蜜菩薩所集論》卷 3:"彼界是人算數,然人非無漏,故曰有漏。"(T28, p742b)《隨函録》"⿱⺮共數"即《尊婆須蜜菩薩所集論》中的"算數",其中"⿱⺮共"即"算"字之訛。

1274 ⿱⺮狄

按:"⿱⺮狄",大型字典失收,見於《隨函録》,即"荻"字之訛。《隨函録》卷 29《廣弘明集》卷 1:"柴⿱⺮狄,上助街反,下徒的反。"(ZD60-545b)"⿱⺮狄"读"徒的反",與"荻"音同。唐·道宣撰《廣弘明集》卷 1:"道士等以柴荻和檀沈香爲炬。"(T52, p99a)《隨函録》"柴⿱⺮狄"即經文中的"柴荻",其中"⿱⺮狄"即"荻"字之訛。構件"艸"與"竹"常相混。

1275 ⿱⺮着、1276 ⿱⺮者

按:"⿱⺮着""⿱⺮者",大型字典失收,它们皆見於《隨函録》,即"箸(筯)"字。《隨函録》卷 30《南海寄歸傳》卷 3:"竹⿱⺮着,音筯。"(ZD60-603b)唐·義淨撰《南海寄歸内法傳》卷 3:"或時石上豎丁,如竹箸許可高四指。"(T54, p225c)《隨函録》"竹⿱⺮着"即經文中的"竹箸",其中"⿱⺮着"即"箸"之訛。

又《隨函録》卷 30《説罪要行法》:"匙⿱⺮者,音筯。"(ZD60-604c)唐·義淨撰《説罪要行法》卷 1:"用鉢碗不淨洗而食,銅碗匙筯不以灰揩而食。"(T45, p903c)《隨函録》"匙⿱⺮者"即經文中的"匙筯","⿱⺮者"亦"筯(箸)"字。

1277 ⿱⺮疏

按:"⿱⺮疏",大型字典失收,見於《隨函録》,乃"疏"字。《隨函録》卷 15《摩訶僧祇律》卷 34:"籠⿱⺮疏,上郎紅反,下所初反。"(ZD59-1114a)東晉·佛陀跋陀羅共法顯譯《摩訶僧祇律》卷 34:"若向中有籠蔬遮者得安,若有鉢龕者得安。"(T22, p506b)"籠蔬",元、明本作"櫳疏",正應作"籠疏"。《四分律行事鈔資持記》卷 16:"籠疏即竹織網也。"(T40, p416a)《隨函録》"籠⿱⺮疏"即元、明《摩訶僧祇律》中的"櫳(籠)疏",其中"⿱⺮疏"即"疏"字。"疏"或作"踈","疏(踈)"蓋受上字"籠"的影響類化增旁從"竹"而作"⿱⺮疏"。

臼部

1278 ⿰臼外

按:"⿰臼外"①,大型字典失收,見於《隨函録》,乃"外(⿰夘外)"字。《隨函録》卷 14《佛本行集

① 韓小荆《可洪音義研究》解釋了此字産生的原因,與我們所論不同,請參。浙江大學 2007 年博士論文,第 246 頁。

經》卷 54:"**䠒䠒**,外生二音。"(ZD59-1087a)隋・闍那崛多譯《佛本行集經》卷 54:"此之童兒,是汝甥甥,今將相付,汝等必須教此童兒。"(T03, p904c)《隨函録》"**䠒䠒**"即《佛本行集經》中的"甥甥",其中"**䠒**"即"甥(外)"字。"外(甥)"何以會寫作"**䠒**"呢? 我們以爲"甥"受與之相關的"舅"字的影響類化從"臼"而作"**䠒**",而"外"則受"**䠒**"的影響類化從"臼"而作"**䠒**"。

1279 **䠒**

《中華字海・臼部》(1263):"**䠒**,同笙。見《龍龕》。"

按:我們在這裏要講的"**䠒**"①乃"甥"字。《隨函録》卷 14《佛本行集經》卷 54:"**䠒䠒**,外生二音。"(ZD59-1087a)隋・闍那崛多譯《佛本行集經》卷 54:"此之童兒,是汝甥甥,今將相付,汝等必須教此童兒。"(T03, p904c)《隨函録》"**䠒䠒**"即《佛本行集經》中的"甥甥",其中"**䠒**"即"甥"字。"甥"何以會寫作"**䠒**"呢? 我們以爲"甥"可能是受與之相關的"舅"字的影響類化從"舅"而作"**䠒**"的。

自部

1280 **躭**

按:"**躭**",大型字典失收,見於《隨函録》,乃"耽"字之訛。《隨函録》卷 11《瑜伽師地論》卷 80:"**躭**著,上都南反,樂也,亦作耽、躭二形。"(ZD59-943a)唐・玄奘譯《瑜伽師地論》卷 80:"有八種隨順學法。何等爲八? 一者唐捐耽著,二者耽著故縛,三者縛故障礙,四者障礙故垢,五者垢故災雹……"(T30, p746a)《隨函録》"**躭**著"即《瑜伽師地論》中的"耽著",其中"**躭**"即"耽"字之訛。

衣(衤)部

1281 **袠**、1282 **袠**

按:"**袠**""**袠**",大型字典失收,見於《隨函録》,皆"袠(帙)"字之訛。

《隨函録》卷 28《續高僧傳》卷 28:"數**袠**,直質反,書襆也,正作帙、袠二形也。"(ZD60-497b)唐・釋道宣撰《續高僧傳》卷 28:"又有薄讀數帙,略誦短章,謂爲止足。"(T50, p691a)《隨函録》"數**袠**"即經文中的"數帙(袠)",其中"**袠**"即"袠(帙)"之訛。

又《隨函録》卷 28《續高僧傳》卷 26:"負**袠**,音袟。"(ZD60-494a)唐・釋道宣撰《續高僧傳》卷 26:"釋僧世,青州人,負帙問道無擇夷險。"(T50, p671a)《隨函録》"負**袠**"即經文中的"負帙",其中"**袠**"亦"袠(帙)"之訛。

① 韓小荆《可洪音義研究》解釋了此字産生的原因,與我們所論不同,請參。浙江大學 2007 年博士論文,第 246 頁。

1283 䙊

《中華字海・衤部》(1144):"䙊,同旅。"

按:我們這裏要講的"䙊"乃"依"字之訛。《隨函録》卷22《法句喻經》卷4:"䙊案,上力與反,正作旅。"(ZD60-248b)晉・法炬共法立譯《法句譬喻經》卷4:"我本開荒出穀養民,來者皆活,富樂無極。自共舉我,立爲國王。依案諸國,自共作此。今反殺我,我實無惡。"(T04, p607b)《隨函録》"䙊案"即《法句譬喻經》中的"依案",其中"䙊"即"依"字之訛。《經律異相》亦作"依案"。梁・僧旻、寶唱等《經律異相》卷28:"依案諸國,自共作此,今反殺我。"(T53, p150b)《隨函録》以"䙊"爲"旅"字,與經意不符也。"依案"即"依按",依據或考察的意思,佛經中有較多的用例。《大愛道比丘尼經》卷2:"依按法律,禮節安詳。"(T24, p951b)《妙法蓮華經玄義》卷10:"是以依按經論,略唯二種。"(T33, p813c)

1284 裋

《龍龕手鏡・衣部》(105):"裋,音树,弊布襦也。"

按:我們在這裏要講的"裋"乃"旋"字之訛。《隨函録》卷15《摩訶僧祇律》卷35:"左裋,前作旋,同,序全反,遶轉也,正作旋還。"(ZD59-1114a)東晉・佛陀跋陀羅共法顯譯《摩訶僧祇律》卷35:"若有支提者當右旋,不得高大語大聲入。"(T22, p507b)《隨函録》"左裋"即《摩訶僧祇律》中的"右旋",其中"裋"即"旋"字之訛。

1285 𧙍

按:"𧙍"字,大型字典失收,見於《隨函録》,即"齋(䙎)"字。《隨函録》卷25《新華嚴經音義》:"𧙍縗,上音咨,喪服也,正作齋、䙎二形,亦作齊也,下倉迴反。"(ZD60-401b)唐・慧琳《一切經音義》卷22所録慧苑《新譯大方廣佛花嚴經音義》卷17:"鑽仰:鑽,則官反。《論語》曰:子見齊縗者、冕衣裳者與瞽者,見之,雖少必作,過之必趨。顔淵喟然歎曰:仰之彌高,鑽之彌堅。"(T54, p441c)《隨函録》"𧙍縗"即此"齊縗",其中"𧙍"即"齊"字。"齊"表"喪服"一義時又作"齋""䙎"。《龍龕手鏡・衣部》(103):"䙎,或作,齋,正,音資,齋縗,喪服也。"《廣韻・脂韻》:"齋,齋縗,經典通用齊;䙎,同上。即夷切。"從形體上看,"𧙍"從衣,次聲,蓋"齋(䙎)"换聲旁所致。

1286 褺、1287 縶

按:我們在這裏要講的"縶""褺"乃"氎"字。《隨函録》卷14《佛本行集經》卷14:"白縶,徒協反。"(ZD59-1079a)隋・闍那崛多譯《佛本行集經》卷14:"昔有如來,名曰龍勝者,然燈照彼佛,富沙如來邊,曾施白氎敷。"(T03, p719a)《隨函録》"白縶"即《佛本行集經》中的"白氎",其中"縶"同"氎"。

又《隨函録》卷14《佛本行集經》卷39:"白縶,徒頰反,正作氎。"(ZD59-1084c)隋・闍那崛多譯《佛本行集經》卷39:"爾時世尊教彼三十長老朋友,得知證已,遊行履歷。經白氎林。"(T03, p837c)《隨函録》"白縶"即《佛本行集經》中的"白氎",其中"縶"亦"氎"字。又可以作"褺"。《隨函録》卷13《佛般泥洹經》下卷:"褺布,上音牒,正作氎。"(ZD59-1018a)西晉・白法祖譯《佛般泥洹經》卷 2:“佛呼阿難,持金織成氎布來。”(T01, p168b)《隨函録》“褺布”即《佛般泥洹經》中的“氎布”,其中“褺”亦“氎”字。《龍龕手鏡・毛部》(136):“氎,徒葉反,西國毛布也。”“氎”爲一種布,構件“毛”“衣”“糹”意義相關,故可以互换。

羊部

1288 ⿰羊柔

《漢語大字典・羊部》(1307)引《集韻・尤韻》:“⿰羊柔”同“鞣”。

按:我們在這裏要講的“⿰羊柔”乃“羺”字。《隨函録》卷 15《十誦律》卷 30:“⿰羊柔羊,上奴侯反,正作羺。”(ZD59-1122b)後秦・弗若多羅譯《十誦律》卷 30:“有五種僧,一者無慚愧僧,二者羺羊僧,三者别衆僧,四者清淨僧,五者真實僧。”(T23, p220a)《隨函録》“⿰羊柔羊”即《十誦律》中的“羺羊”,其中“⿰羊柔”即“羺”字。從形體上看,“⿰羊柔”蓋“羺”换聲旁所致。

1289 鴹

《廣韻・碭韻》:“鴹,與章切。”

按:我們在這裏要講的“鴹”乃“羯”字之訛。《隨函録》卷 10《薩羅國王經》卷 1:“鴹隨,上居謁反,下祥爲反,上正作羯,或云羯毗,……唐言好聲鳥也,……上又音羊,傳寫反悮也。”(ZD59-895b)《薩羅國王經》卷 1:“孔雀、鸜鵒、翔隨、鸕鶩飜飛相逐,皆在池中。”(T14, p793a)《隨函録》“鴹隨”即《薩羅國王經》中的“翔隨”,其中“鴹”對應的即“翔”字。《隨函録》以“鴹”爲“羯”字,而今佛經卻作“翔”字,孰是孰非呢? 我們以爲《隨函録》所論是。

慧琳《一切經音義》卷 44 所録玄應《德光太子經》音義:“羯隨,或作羯毗,或作迦毗,或作加毗,皆一物也,此云好聲鳥也,經文從鳥作鴹,非也。”(T54, p602a)根據《一切經音義》,“羯隨”在玄應所見寫本中也訛作“鴹”了。“鴹隨”同“羯隨”,是一種鳥,叫聲很好聽。“羯隨”可見於其他佛經。梁・僧祐《釋迦譜》卷 5:“今海邊有鳥名曰羯隨,其音哀亮。”(T50, p78a)西晉・竺法護譯《佛説文殊師利現寶藏經》卷 2:“羯隨鳴振寶響,其聲勝於梵天。”(T14, p465b)

綜上所述,“鴹隨”爲“羯隨”無疑。今《薩羅國王經》何以會訛作“翔隨”呢? “鴹”本可爲“翔”字。《漢書・禮樂志》:“聲氣遠條鳳鳥鴹,神夕奄虞蓋孔享。”顔師古注:“鴹,古翔字。”傳抄的人不知“鴹隨”乃“羯隨”,誤以爲這裏的“鴹”也是“翔”,致使“翔隨”一語意義不明。

1290 [illegible]

按:“[illegible]”,大型字典失收,見於《隨函録》,乃“羝”字之訛。《隨函録》卷 16《根本毗奈耶雜事》卷 6:“[illegible]羊,上都兮反。”(ZD60-8b)“[illegible]”音“都兮反”,與“羝”音同,即“羝”字之訛。

米部

1291 ⿴囗米

《玉篇・囗部》:“⿴囗米,地名,莫兮切。”

按:我們在這裏要講的“困”乃“屎”字之訛。《隨函録》卷 10《佛藏經》卷 3:“困尿,上尸旨反,下奴吊反。”(ZD59-902a)後秦・鳩摩羅什譯《佛藏經》卷 3:“以食著前,應生厭離想、不淨想、屎尿想、臭爛想、變吐想、塗瘡想、厭惡想、子肉想、臭果想、沈重想。”(T15, p802b)《隨函録》“困尿”即《佛藏經》中的“屎尿”,其中“困”即“屎”字之訛。

1292 粁

《中華字海・米部》(1292):“粁,同料。見《龍龕》。”

按:我們這裏要講的“粁”乃“斷”字之訛。《隨函録》卷 23《經律異相》卷 8:“取粁,徒管反,絶也,正作斷。”(ZD60-265b)梁・僧旻、寶唱等集《經律異相》卷 8:“以神足力來至兄所,取斷手足耳鼻,著其故處。”(T53, p40c)《隨函録》“取粁”即經文中的“取斷”,其中“粁”即“斷”字之訛。“斷”或作“断”①,“粁”與“断”近似。

1293 粄

按:我們在這裏要講的“粄”乃“叛”字之訛。《隨函録》卷 6《藥師琉璃光如來本願功德經》卷 1:“粄逆,上步半反,正作叛,悮。”(ZD59-753c)唐・玄奘譯《藥師琉璃光如來本願功德經》卷 1:“復次阿難,若刹帝利灌頂王等,災難起時,所謂人衆疾疫難、他國侵逼難、自界叛逆難。”(T14, p407c)《隨函録》“粄逆”即《藥師琉璃光如來本願功德經》中的“叛逆”,其中“粄”即“叛”字之訛。

又《隨函録》卷 15《摩訶僧祇律》卷 30:“粄布,上音畔,正作叛,又布管反,悮。”(ZD59-1111c)東晉・佛陀跋陀羅共法顯譯《摩訶僧祇律》卷 30:“聚落比丘言:‘汝叛布薩,我不復與汝共法食味食。’”(T22, p469b)《隨函録》“粄布”即《摩訶僧祇律》中的“叛布”,其中“粄”亦“叛”字之訛。

1294 粜

按:“粜”在今天是作爲“糶”的簡體。我們這裏要講的“粜”乃“祟”字之訛。《隨函録》卷 28《辯正論》卷 7:“禍粜,相遂反,正作祟。”(ZD60-511b)“粜”讀“相遂反”,與“祟”音同。唐・法琳撰《辯正論》卷 7:“父先有疾,稚云:‘無禍祟,到五月當差。’”(T52, p537c)《隨函録》“禍粜”即經文中的“禍祟”。根據《隨函録》,可知經文“禍祟”有誤,“祟”乃“祟”字之訛。“禍祟”是一個同義複合詞,即災害的意思。漢・王充《論衡・辨祟》:“世俗信禍祟,以爲人之疾病死亡,及更患被罪、戮辱歡笑,皆有所犯。”唐・韓愈《與孟尚書書》:“假如釋氏能與人爲禍祟,非守道君子之所懼也,況萬萬無此理。”

1295 粇

按:“粇”,大型字典失收,見於《隨函録》,乃“粳”字之俗。《隨函録》卷 5《方廣大莊嚴經》卷 12:“粇米,上古盲反。”(ZD59-698b)“粇”音“古盲反”,見紐庚韻。《廣韻》:“粳,古行切。”“粳”亦見紐庚韻。“粇”“粳”兩字音同。唐・地婆訶羅譯《方廣大莊嚴經》卷 12:“西至

① 見中國臺灣網絡版《異體字字典》“斷”字條。

拘耶尼,取呵梨勒果,北至鬱單越,取自然粳米,盛置鉢中,飛空而還。"(T03, p612a)《隨函録》"粇米"即《方廣大莊嚴經》中的"粳米",其中"粇"即"粳"字。"粳"俗可作"粇"①,而"粇"與"粇"形體近似,當爲"粇"字之訛。

1296 黼

《中華字海・米部》(1294):"黼,同餔。"

按:我們在這裏要講的"黼"乃"黼"字。《隨函録》卷21《佛本行讚》卷1:"黼糠,上音府,下音弗,天子衣也。《説文》白黑文也,晝斧文者也,正作黼黻也,字從黹,豬几反,上又郭氏音步,又《川音》作父,並非也。"(ZD60-185c)宋・釋寶雲譯《佛本行經》卷1:"容貌甚憍慢,因寶黼黻服,迸沙最矜高,見佛屈修禮。"(T04, p56c)《隨函録》"黼糠"即《佛本行經》的"黼黻",其中"黼"即"黼"字之訛。

1297 粡

按:"粡",大型字典失收,見於《隨函録》,乃"藕"字。《隨函録》卷22《付法藏因緣傳》卷5:"粡丝,上五口反,正作藕。"(ZD60-224b)元魏・吉迦夜共曇曜譯《付法藏因緣傳》卷5:"汝今庸劣,豈可爲比? 欲以藕絲懸須彌山,牛跡之水等量大海。我今觀仁亦復如是。"(T50, p318b)《隨函録》"粡丝"即《付法藏因緣傳》中的"藕絲",其中"粡"即"藕"字。

1298 粽

按:"粽",大型字典失收,見於《隨函録》,乃"糅"字之訛。《隨函録》卷20《解脱道論》卷8:"和粽,女右反,雜也,正作糅,又似粽,蘇感反,非也。"(ZD60-167c)梁・僧伽婆羅譯《解脱道論》卷8:"於彼坐食,以濕鮭相雜和軟,以手爲籭,以口爲臼,以脣收聚,以齒爲杵。"(T32, p440c)"和軟",宋、元、明、宫本作"和糅"。《隨函録》"和粽"即宋、元、明、宫本《解脱道論》中的"和糅",其中"粽"即"糅"字之訛。

又《隨函録》卷2《小品般若經》卷7:"雜粽,女右反,正作糅、鈕二形。"(ZD59-583c)梁・僧伽婆羅譯《小品般若波羅蜜經》卷7:"不修般若波羅蜜,不爲具足一切智慧,是則名爲雜糅行者。"(T08, p571a)《隨函録》"雜粽"即《解脱道論》中的"雜糅",其中"粽"即"糅"字之訛。

1299 粿

按:"粿",見於《隨函録》,乃"餱"字。《隨函録》卷3《寶女所問經》卷1:"粿糧,上户鈎反,正作糇、餱二形也,下音良,上又郭氏音屎也,非。"(ZD59-649c)西晉・竺法護譯《寶女所問經》卷1:"其順法者,不以餱糧而爲服食。其順法者,亦不破壞嚴父族種。"(T13, p456a)《隨函録》"粿糧"即《寶女所問經》中的"餱糧",其中"粿"即"餱"字。"餱"或作"糇"。從形體上看,"粿"蓋源於"糇"字之訛。此外,"粿",《隨函録》引郭氏又音"屎",即"屎"字。

① 冷玉龍主編:《中華字海》,中國友誼出版公司1994年,第1292頁。

1300 ⿰畨分、1301 ⿰畨賓

按:“⿰畨賓”“⿰畨分”,大型字典失收,見於《隨函録》,分別爲“繽”“紛”字。《隨函録》卷 13《別譯阿含經》卷 6:“⿰畨賓⿰畨分,上疋賓反,下芳文反,並俗體也。”(ZD59-1015b)《別譯雜阿含經》卷 6:“雙樹入涅盤,枝條四遍布,上下而雨花,繽紛散佛上。”(T02, p413c)《隨函録》“⿰畨賓⿰畨分”即《別譯雜阿含經》中的“繽紛”,其中“⿰畨賓”即“繽”字,而“⿰畨分”即“紛”字也,不過衹用於聯綿詞中。

1302 ⿰米舀

按:大型字典没有收“⿰米舀”字。《隨函録》卷 4《大般涅槃經》卷 14:“⿰米舀米,上音道,粳穀,正作稻。”(ZD59-683b)北涼・曇無讖譯《大般涅槃經》卷 14:“盲人復問乳色柔軟如稻米末耶? 稻米末者復何所似?”(T12, p447a)《隨函録》“⿰米舀米”即“稻米”,其中“⿰米舀”即“稻”字。“⿰米舀”字是“稻”受下字“米”的影響類化從“米”旁而成。形體演變如下:稻→稻+米→類化→⿰米舀。

1303 ⿰畨甾

按:“⿰畨甾”,大型字典失收,見於《隨函録》,乃“輜”字之訛。《隨函録》卷 8《五千五百佛名經》卷 5:“⿰畨甾波,上責師反,別本作輜波也,悮。”(ZD59-841c)《五千五百佛名神咒除障滅罪經》卷 5:“曼底唎多,輜波藍(鹿淹反)迦磨瞿那柘毘跋唎抵……”(T14, p338a)《隨函録》“⿰畨甾波”即《五千五百佛名神咒除障滅罪經》中的“輜波”,其中“⿰畨甾”即“輜”字之訛。

聿部

1304 ⿰𠦝聿

按:“⿰𠦝聿”字,大型字典失收,見於《隨函録》,爲“韓”字之訛。《隨函録》卷 24《開皇三寶録》(《歷代三寶紀》)卷 3:“⿰𠦝聿宣,上音寒,正作韓。”(ZD60-323b)《歷代三寶紀》卷 3:“晉韓宣子來聘觀書於太史氏。”(T49, p25a)《隨函録》“⿰𠦝聿宣”即《歷代三寶紀》中的“韓宣”,其中“⿰𠦝聿”即“韓”字之訛。

艸(艹)部

1305 花

按:我們這裏要講的“花”乃“茂”字之訛。《隨函録》卷 23《陁羅尼雜集》卷 4:“花邸,上莫侯反,下丁禮反。”(ZD60-285b)《陁羅尼雜集》卷 4:“昵闍多禰(六),昵茂邸(七)。”(T21, p598c)《隨函録》“花邸”即《陁羅尼雜集》中的“茂邸”,其中“花”即“茂”字之訛。

1306 𦮉

按:“𦮉”,見於《隨函録》,乃“赫”字之訛。《隨函録》卷 27《高僧傳》卷 7:“𦮉連,上呼格反,郭氏作與石反,非也。”(ZD60-452c)梁・釋慧皎撰《高僧傳》卷 7:“義真後爲西虜勃勃赫連所逼。”(T50, p371b)《隨函録》“𦮉連”亦經文中的“赫連”,其中“𦮉”即“赫”字之訛。

1307 ⿱艹全

按:“⿱艹全”,大型字典失收,見於《隨函録》,乃“莖”字之訛。《隨函録》卷 12《長阿含經》卷 22:“⿱艹全秆,上户耕反,下古旱反。”(ZD59-986c)後秦・佛陀耶舍共竺佛念譯《長阿含經》卷 22:“不降雨,百草枯死,五穀不成,但有莖稈。”(T01, p144b)《隨函録》“⿱艹全秆”即《長阿含經》中的“莖稈”,“⿱艹全”即“莖”字之訛。

1308 茷

《集韻・清韻》:“茷,時征切。”

按:我們在這裏要講的“茷”乃“茂”字之訛。《隨函録》卷 10《大智度論》卷 18:“蔚茷,上於貴、於勿二反,下莫候反,正作茂。”(ZD59-911c)後秦・鳩摩羅什譯《大智度論》卷 16:“自古及今唯有此林,常獨蔚茂不爲火燒。”(T25, p179a)《隨函録》“蔚茷”即《大智度論》中的“蔚茂”,其中“茷”即“茂”字之訛。又《隨函録》卷 15《十誦律》卷 14:“茷好,上莫候反,正作茂。”(ZD59-1119a)後秦・弗若多羅譯《十誦律》卷 14:“城北有勝葉樹林,其樹茂好,地甚平博。”(T23, p99a)《隨函録》“茷好”即《十誦律》中的“茂好”,其中“茷”即“茂”字之訛。

1309 ⿱艹⿰夕堇、1310 ⿰歹⿱艹堇、1311 ⿱艹⿰歹牟

《龍龕手鏡・艸部・去聲》(262):“⿰歹⿱艹堇,舊藏作⿱艹⿰歹牟,在《廣弘明集》第二十七卷。”

按:《中華字海・艸部》(286)以“⿰歹⿱艹堇”爲“殣”字,甚是,但没有給出書證,對《龍龕手鏡》提到的“⿰歹⿱艹堇”的使用情況也没有考證。兹補上。《隨函録》卷 30《廣弘明集》卷 27:“道⿱艹⿰夕堇,巨忪反,埋也,餓死道中而埋之塜也,正作殣。”(ZD60-587a)唐・道宣撰《廣弘明集》卷 27:“不意胡兵犯蹕,虜馬飲江,塔廟焚如,義徒道殣。”(T52, p305c)《隨函録》“道⿱艹⿰夕堇”即經文中的“道殣”,其中“⿱艹⿰夕堇”即“殣”字之訛。很顯然,從形體上看,《龍龕手鏡》“⿰歹⿱艹堇”即《隨函録》“⿱艹⿰夕堇”。《龍龕手鏡》“在《廣弘明集》第二十七卷”,正與《隨函録》所載相同,《隨函録》也是在《廣弘明集》卷 27 出現此字。

1312 莆

按:“莆”,大型字典失收,見於《隨函録》,乃“繭”字之訛。《隨函録》卷 16《四分律》卷 7:“爆莆,上步報、步木二反,下古典反,正作暴繭也。”(ZD60-29b)姚秦・佛陀耶舍共竺佛念等譯《四分律》卷 7:“彼暴繭時蠶蛹作聲。”(T22, p613c)《隨函録》“爆莆”即《四分律》中的“暴繭”,其中“莆”即“繭”字之訛。

1313 ⿱艹孛

按:“⿱艹孛”,大型字典失收,見於《隨函録》,即“荐”字之訛。《隨函録》卷 29《廣弘明集》

卷 9:"蕣集,上才見反。"(ZD60-555b)"蕣"讀"才見反",與"荐"音同。唐·道宣撰《廣弘明集》卷 9:"雨血山崩,饑荒荐集。"(T52, p149b)《隨函録》"蕣集"即經文中的"荐集",其中"蕣"即"荐"字之訛。"蕣"當爲"荐"形近而誤。

1314 耶

《中華字海·艸部》(267):"耶,同蒣。見《集韻》。"

按:我們這裏要講的"耶"乃"椰"字。《隨函録》卷 27《大唐西域求法高僧傳》卷 2:"耶樹,上羊嗟反。"(ZD60-443b)唐·義淨《大唐西域求法高僧傳》卷 2:"從羯荼北行十日餘,至裸人國,向東望岸可一二里許,但見耶子樹、檳榔林森然可愛。"(T51, p8a)"耶",宋、元、明、宮本作"椰"。

又《隨函録》卷 20《立世阿毘曇論》卷 2:"耶子,上以嗟反。"(ZD60-162c)陳·真諦譯《佛說立世阿毘曇論》卷 2:"是故今說其一一洲,八洲圍繞:牛洲、羊洲、耶子洲、寶洲、神洲、猴洲、象洲、女洲。其餘七洲,亦復如是。"(T32, p181a)"耶",宋、元、明本作"梛"。《隨函録》"耶子"即宋、元、明本《佛說立世阿毘曇論》中的"梛子",其中"耶"即"梛"字,而"梛"與"椰"同也。《集韻·麻韻》:"枒,或從邪,從耶。"從形體上看,"耶"乃"椰"換形旁所致。

1315 韮

按:"韮"字,見於《隨函録》,即"韭"字。《隨函録》卷 6《入楞伽經》卷 8:"葱韮,居有反。"(ZD59-741a)《隨函録》卷 6《楞伽阿跋多羅寶經》卷 4:"韮菻,上居有反,下蘇亂反。"(ZD59-739c)《楞伽阿跋多羅寶經》卷 4:"酒肉蔥韭蒜,悉爲聖道障。"(T39, p424b)《隨函録》"韮菻"即"韭蒜",其中"韮"即"韭"字。《隨函録》"韭"受上下字"蔥""蒜"從"艸"的影響,類化換從"艸"旁而作"韮"。

1316 枽

按:"枽",大型字典失收,見於《隨函録》,即"葉"字之訛。《隨函録》卷 28《續高僧傳》卷 21:"松枽,音葉,又字體似棻,焚、芬二音,香木也。"(ZD60-486a)唐·釋道宣撰《續高僧傳》卷 21:"南山藏伏惟食松葉,異類禽獸同集無聲。"(T50, p612b)《隨函録》"松枽"即經文中的"松葉",其中"枽"即"葉"字之訛。

1317 菁

按:"菁",大型字典失收,見於《隨函録》,即"葺"字之訛。《隨函録》卷 27《高僧傳》卷 3:"更菁,七入反,正作葺。"(ZD60-447c)梁·釋慧皎撰《高僧傳》卷 3:"頃之,復適涼州,仍於公府舊事更葺堂宇。"(T50, p342c)《隨函録》"更菁"即經文中的"更葺",其中"菁"即"葺"字之訛。

1318 蕥

《集韻·之韻》:"蕥,豆名,可食。陵之切。"

按:我們這裏要講的"蕥"乃"埋(薶)"字。《隨函録》卷 28《辯正論》卷 6:"蕥藏,上莫皆反,瘞也。”(ZD60-509c)唐・法琳撰《辯正論》卷 6:“生既以身爲逆旅,死當以天地爲棺槨,還依上古,不許埋藏。”(T52, p533b)《隨函録》“薶藏”即經文中的“埋藏”,其中“薶”即“埋”字。“埋”或作“薶”,“薶”乃“薶”的换聲旁異體。這樣一來,大型字典“薶”字下可增添“同薶”的説解。

1319 **蕯**

按:“**蕯**”,大型字典失收,見於《隨函録》,乃“薩”字之俗。《隨函録》卷 2《小品般若經》卷 8:“菩**蕯**,下音薩。梵言‘菩提薩埵’。今‘菩’下除‘提’,‘薩’下除‘埵’而作‘菩薩’也,下音萨。”(ZD59-583c)“**蕯**”即“薩”字之俗。“薩”受了上字“菩”的影響,類化改易構件而作“**蕯**”。

1320 **𦿆**、1321 蕜

按:“蕜”“**𦿆**”,見於《隨函録》,乃“惡”字。《隨函録》卷 13《長阿含十報法經》下卷:“餘蕜,烏各反。**𦿆**欲,同上。”(ZD59-1032b)吴・支謙譯《長阿含十報法經》卷 2:“若行者,已有作惡,已施惡,已不安,已侵亦餘惡已施。”(T01, p239b)《隨函録》“餘蕜”即《長阿含十報法經》中的“餘惡”,其中“蕜”即“惡”字。

又《隨函録》卷 15《摩訶僧祇律》卷 29:“**𦿆**意,上烏各反,正作惡。”(ZD59-1111b)東晉・佛陀跋陀羅共法顯譯《摩訶僧祇律》卷 29:“時有獮猴行,見樹中有無蜂熟蜜,來取世尊鉢,諸比丘遮。佛言:‘莫遮,此無惡意。’”(T22, p464a)《隨函録》“**𦿆**意”即《摩訶僧祇律》中的“惡意”,其中“**𦿆**”亦“惡”字。此外,拙著《龍龕手鏡研究》(233)對“蕜”“**𦿆**”也有一些論述,可參。

1322 **菩**

按:“**菩**”,見於《隨函録》,乃“普”字之訛。《隨函録》卷 10《大智度論》卷 13:“**菩**告,上滂古反,正作普。”(ZD59-909a)後秦・鳩摩羅什譯《大智度論》卷 11:“普告閻浮提諸婆羅門及一切出家人,願各屈德來集我舍。”(T25, p142b)《隨函録》“**菩**告”即《大智度論》中的“普告”,其中“**菩**”即“普”字之訛。

1323 **蕅**

按:“**蕅**”,大型字典失收,見於《隨函録》,乃“藕”字。《隨函録》卷 15《十誦律》卷 26:“**蕅**根,上五口反。”(ZD59-1121c)後秦・弗若多羅譯《十誦律》卷 26:“何等根食? 芋根、蔙根、藕根、蘆蔔根、蕪菁根,如是等種種根可食。”(T23, p193c)《隨函録》“**蕅**根”即《十誦律》中的“藕根”,其中“**蕅**”即“藕”字。

1324 **𧁿**、1325 𧁾

按:“**𧁿**”,大型字典失收,見於《隨函録》,乃“㲲”字之訛。《隨函録》卷 11《十住婆沙論》卷 8:“草**𧁿**,羊力反,正作我、㲲,或作**𧁿**。……《川音》音莎,非義也。”(ZD59-956c)後秦・鳩摩羅什譯《十住毘婆沙論》卷 10:“猶如農夫爲穀種植,至秋收穫亦得草𧁾。”(T26, p76b)

《隨函録》"草𦾨"即《十住毘婆沙論》中的"草數",其中"𦾨"即"數"字。根據經文,"數"即"㪄"字之訛。《隨函録》卷 16《根本説一切有部尼陀那目得迦》卷 3:"草數,羊力反,正作㪄。"(ZD60-18c)"草數"即"草㪄"之訛。

1326 蘍

按:"蘍",見於《隨函録》,乃"熏"字。《隨函録》卷 21《修行道地經》卷 4:"樹蘍,許雲反。"(ZD60-214c)西晉・竺法護譯《修行道地經》卷 4:"戒德以爲香,譬如林樹熏,忽然而解脱,得道則普現。"(T15, p205b)《隨函録》"樹蘍"即《修行道地經》中的"樹熏",其中"蘍"即"熏"字。

1327 𦿔

按:"𦿔",大型字典失收,見於《隨函録》,即"蠆"字之訛。《隨函録》卷 29《廣弘明集》卷 14:"𦿔芥,上丑邁反。"(ZD60-563b)唐・道宣撰《廣弘明集》卷 14:"睚眥蠆介之隙,青蠅貝錦之讎,莫不著其相而興憤。"(T52, p193c)《隨函録》"𦿔芥"即經文中的"蠆介",其中"𦿔"即"蠆"字之訛。

1328 𦿆

按:"𦿆",大型字典失收,見於《隨函録》,即"奠"字。《隨函録》卷 29《廣弘明集》卷 7:"之𦿆,音殿。"(ZD60-552b)唐・道宣撰《廣弘明集》卷 7:"故景陽臺至敬殿,咸陳文祖獻后之奠。"(T52, p129a)《隨函録》"之𦿆"即經文中的"之奠",其中"𦿆"即"奠"字。"奠"意義爲"祭品",蓋因有用草本植物作祭品的情況①,故書寫者將"奠"增"艹"旁而寫作了"𦿆"。

1329 蘡、1330 𧄍

按:"蘡",大型字典失收,見於《隨函録》,即"屨"字。《隨函録》卷 26《東夏三寶感通録》上卷:"葛蘡,下音屨。"(ZD60-422b)唐・釋道宣撰《集神州三寶感通録》卷 1:"大業末歲,群盗互陣,寺在三爵臺西葛屨山上,四鄉來投,築城固守。"(T52, p410a)《隨函録》"葛蘡"即經文中的"葛屨",其中"蘡"亦"屨"字。"屨"受上字"葛"的影響類化增旁從"艸"並改換聲旁而成"蘡"。

又唐・釋道世撰《法苑珠林》卷 67:"以大業末年群賊互興,寺在三爵臺室西葛𧄍山上,四鄉來投,築城固守。"(T53, p799a)《集神州三寶感通録》"西葛屨山",《法苑珠林》引作"西葛𧄍山"。"𧄍"與"蘡"形體近似,皆"屨"字之俗。此外,唐・慧琳《一切經音義》卷 81《集神州三寶感通録》卷 1 音義:"葛藟,下倫委反。郭璞注《爾雅》云:'藟,藤類也。'……録作蘡,非。"(T54, p830a)慧琳以"蘡"爲"藟"字,誤。

1331 𦿞

按:"𦿞",大型字典失收,見於《隨函録》,乃"蔗"字之訛。《隨函録》卷 22《釋迦方志》

---

① 唐・道宣撰《廣弘明集》卷 7:"蘋藻礿祭豈惟有梁之時。"(T52, p129a)"蘋藻"即可以用於祭祀。

卷 2:“甘[illegible],之夜反,草名,正作蔗。”(ZD60-261c)梁・僧旻、寶唱等集《釋迦方志》卷 2:“乃縱火焚之,又以甘蔗澆之,令焦爛絶其本也。”(T51, p962b)《隨函録》“甘[illegible]”即《釋迦方志》中的“甘蔗”,其中“[illegible]”即“蔗”字之訛。

1332 蔌

《廣韻・敷韻》:“蔌,花葉布也。芳蕪反。”

按:“蔌”,見於《隨函録》,即“敷”字。《隨函録》卷 7《不空罥索神變真言經》卷 12:“開蔌,芳蕪反,花葉也。”(ZD59-784b)唐・菩提流志譯《不空罥索神變真言經》卷 12:“中畫三十二葉開敷蓮華,繞花四面畫蓮花鬘。”(T20, p288c)《隨函録》“開蔌”即《不空罥索神變真言經》中的“開敷”,其中“蔌”即“敷”字。“開敷”同義連文,“敷”即“開”的意思。《宋史・樂志八》:“發榮敷秀,動植滋豐。爰酌兹酒,肸蠁交通。”“敷秀”即開花。“敷”蓋是受下字“蓮”的影響,類化增旁從“艸”而作“蔌”的。我們認爲《廣韻》“蔌”字其實也是“敷”字,由於“蔌”同“敷”通常指花開,於是字韻別生出“花葉布”一義。

1333 [illegible]

按:“[illegible]”,大型字典失收,見於《隨函録》,乃“辣”字。《隨函録》卷 6《解節經》卷 1:“辛[illegible],勒達反。”(ZD59-739a)陳・藏真諦譯《佛説解節經》卷 1:“復如沈香香氣可愛,不可安立與沈一異,亦如摩梨遮其味辛辣,不可安立與摩梨遮爲一爲異。”(T16, p713b)《隨函録》“辛[illegible]”即《佛説解節經》中的“辛辣”,其中“[illegible]”即“辣”字。

1334 蘪

按:“蘪”,見於《隨函録》,即“蘼”字。《隨函録》卷 28《辯正論》卷 6:“蘪蕪,上音眉,下音無。”(ZD60-511a)唐・法琳撰《辯正論》卷 6:“猶蛇床與蘼蕪類質,達芳者辨其容。”(T52, p535c)《隨函録》“蘪蕪”即經文中的“蘼蕪”,其中“蘪”即“蘼”的换聲旁俗體。

1335 [illegible]

按:“[illegible]”,大型字典失收,見於《隨函録》,即“薪”字之訛。《隨函録》卷 28《續高僧傳》卷 22:“[illegible]盡,上音新,正作薪,又音雜,户簾也,非。”(ZD60-486b)唐・釋道宣撰《續高僧傳》卷 22:“薪盡灰飛,廓然歸本。”(T50, p617b)《隨函録》“[illegible]盡”即經文中的“薪盡”,其中“[illegible]”即“薪”字之訛。

糸(糹)部

1336 紦

按:“紦”,大型字典失收,見於《隨函録》,乃“弝”字之訛。《隨函録》卷 17《根本薩婆多部律攝》卷 13:“鐵紦,卜嫁反,刀柄也,正作弝、杷、欛。”(ZD60-69a)唐・義淨譯《根本薩婆多部律攝》卷 13:“此並連身鐵弝若木弝尖直,皆不見畜。”(T24, p603b)《隨函録》“鐵紦”即

《根本薩婆多部律攝》中的“鐵弝”，其中“絕”即“弝”字之訛。

1337 絇

按：我們在這裏要講的“絇”乃“鉤”字。《隨函録》卷15《摩訶僧祇律》卷32：“絇紐，上古候反，或作鉤字也，又《毗柰耶》作怐，苦候反，今非此呼，諸譯主互譯有異也。”(ZD59-1112c)東晉・佛陀跋陀羅共法顯譯《摩訶僧祇律》卷32：“食蒜并覆鉢，鉤紐及腰帶。”(T22, p485c)《隨函録》“絇紐”即《摩訶僧祇律》中的“鉤紐”，其中“絇”即“鉤”字。從形體上看，“鉤”蓋受下字“紐”的影響類化换旁從“糹”而作“絇”。

1338 絸

按：我們在這裏要講的“絸”乃“紀”字之訛。《隨函録》卷13《佛説七知經》卷1：“起絸，居里反，極也，會也，事也，理也，識也，又十二年曰紀也，又經紀也。”(ZD59-1032c)吴・支謙譯《佛説七知經》卷1：“諸比丘何謂知法？謂能解十二部經：一曰文，二曰歌，三曰説，四曰頌，五曰譬喻，六曰本起紀，七曰事解，八曰生傳，九曰廣博，十曰自然，十一曰行，十二曰章句。是爲知法。”(T01, p810a)《隨函録》“起絸”即《佛説七知經》中的“起紀”，其中“絸”即“紀”字之訛。

1339 絾

《玉篇・糹部》：“絾，織絾。市征切。”

按：大型字典“絾”字的讀音與意義都源於《玉篇》，除此之外没有别的書證或例證。“織絾”爲何義呢？《隨函録》卷8《寶網經》卷1：“織絾，音成。”(ZD59-817c)西晉・竺法護譯《佛説寶網經》卷1：“於是童子寶網，聞佛所宣真諦之義，心懷悦豫，以金縷織成衣，其價無數，奉上如來。”(T14, p85b)《隨函録》“織絾”即《佛説寶網經》中的“織成”，其中“絾”即“成”字。從經文看，“成”蓋受“織”字的影響類化增旁從“糹”而作“絾”。類似“以金縷織成衣”的句子在佛經中多見。《大乘集菩薩學論》卷21：“又復以金縷織成殊勝衣。”(T32, p132a)《佛説大般泥洹經》卷1：“種種雜香以塗其上，金鏤織成以爲垂帶。”(T12, p853c)

我們懷疑《玉篇》“絾”也很有可能就是“成”字。由於“絾”是個俗字，常與“織”連用，人們故以“織絾”誤釋之，而不知其爲“成”也。

此外，“絾”又可爲“緘”字之訛。《隨函録》卷29《廣弘明集》卷4：“絾口，上古咸反。”(ZD60-548c)唐・道宣撰《廣弘明集》卷4：“静與其屬，緘口無言。”(T52, p113a)《隨函録》“絾口”即經文中的“緘口”，其中“絾”即“緘”字之訛。這樣一來，大型字典“絾”字下可增添“同緘”的説解。

1340 紩(綊)

《玉篇・糹部》：“綊，胡篋切，綖也。”《龍龕手鏡・糹部》(403)：“紩，音叶，纈褚衣。”《中華字海・糹部》(1317)：“紩，同綊，見《龍龕手鏡》。”

按：我們這裏要講的“紩(綊)”乃“夾”字。《隨函録》卷22《釋迦方志》卷1：“紩紵，上古洽反，下直與反，上又音協，非也。”(ZD60-260a)“紩”音“古洽反”，與“夾”音同。梁・僧旻、寶唱等集《釋迦方志》卷 1:“南十里有大寺,先王所立,西南十餘里寺有夾紵立像。”(T51, p951a)“夾紵”,宋、元、明本作“綊紵”。《隨函録》“𦁐紵”即《釋迦方志》中的“夾紵”,其中“𦁐”即“夾”字。“夾紵”,宋、元、明本《釋迦方志》作“綊紵”,與《隨函録》所載同。“夾(夹)”蓋是受了下字“紵”的影響類化增“糹”旁而寫成“𦁐”的。其他佛教文獻也是作“夾紵”。唐・釋道宣《續高僧傳》卷 25:“京師西北有廢凝觀寺,有夾紵立釋迦舉高丈六。”(T50, p661a)唐・玄奘《大唐西域記》卷 12:“王城西南十餘里有地迦婆縛那伽藍,中有夾紵立佛像。”(T51, p943c)

1341 綁、1342 𦂶

《龍龕手鏡・糸部》(398):“綁,音那。”《中華字海・糸部》(1319):“綁,義未詳。見《金鏡》。”

按:“綁”乃佛經譯音字,本無實際意義。《隨函録》卷 3《大方等大集經》卷 22:“𦂶婆,上奴何反,正作挪、㧱二形也,或作娜,奴何反,《寶星》作娜婆。”(ZD59-624b)《隨函録》“𦂶”音“奴何反”,與綁音同,形體也近似,當爲同一字。據《隨函録》,我們可知“𦂶(綁)”音“那”實際上是一個譯音用字,爲翻譯佛經時新造,無實際意義。佛經中有不少新造的從糸旁的譯音字,如“絁”(ZD59-626a)、“䌨”(ZD59-626a)等。

1343 䌷

按:“䌷”,大型字典失收,見於《隨函録》,即“細”字之訛。《隨函録》卷 29《廣弘明集》卷 15:“䌷要,上音細,下音腰。”(ZD60-564b)唐・道宣撰《廣弘明集》卷 15:“寺院並古時石砌,合縫甚密,鐵爲細要。”(T52, p201c)《隨函録》“䌷要”即經文中的“細要”,其中“䌷”即“細”字之訛。此外,韻書中有一個“緭”字。《集韻・没韻》:“緭,縷縈,胡骨切。”此“緭”與“䌷”音義不同,是兩個不同的字。

1344 縺

按:“縺”,大型字典失收,見於《隨函録》,即“綽”字之訛。《隨函録》卷 29《廣弘明集》卷 1:“孫縺,尺略反。”(ZD60-545b)“縺”讀“尺略反”,與“綽”音同。唐・道宣撰《廣弘明集》卷 1:“渡江已來,則王導、周顗……孫綽、張玄、殷覬等,或宰輔之冠蓋,或人倫之羽儀,或置情天人之際,或抗跡煙霞之表。”(T52, p100b)《隨函録》“孫縺”即經文中的“孫綽”,其中“縺”即“綽”字之訛。構件“卓”因與“車”近似而誤寫成了“車”。

1345 絻

《玉篇・糹部》:“絻,亡運切,喪服。”

按:我們這裏要講的“絻”乃“晚”字。《隨函録》卷 23《諸經要集》卷 4:“絻遲,上無遠反,正作晚也,又音問,非也。”(ZD60-297b)唐・釋道世《諸經要集》卷 4:“夜緩晚遲,香銷燭摒。”(T54, p31c)《隨函録》“絻遲”即《諸經要集》中的“晚遲”,其中“絻”即“晚”字之訛。“晚”是受上字“緩”的影響,類化换從“糹”旁而寫成“絻”的,這種類化純粹是形體上的,與意義無涉。形體演變是:晚→緩+晚→類化→絻。

1346 綵

按:“綵”,大型字典失收,見於《隨函録》,乃“綜”字之訛。《隨函録》卷 23《經律異相》卷 48:“綵達,上子宋反,正作綜。”(ZD60-282b)梁・僧旻、寶唱等集《經律異相》卷 48:“經少時間,讀誦三藏,綜達義理。”(T53, p257b)《隨函録》“綵達”即經文中的“綜達”,其中“綵”即“綜”字之訛。

1347 絍

按:“絍”,大型字典失收,見於《隨函録》,乃“紝”字。《隨函録》卷 2《大寶積經》卷 74:“絍婆,上而林反,正作紝、絼二形也,此言苦練木也,悮。”(ZD59-599a)唐・菩提流志奉《大寶積經》卷 74:“如人夢中爲飢所逼,遇得苦瓠并拘奢得子及紝婆子等而便食之。”(T11, p422b)《隨函録》“絍婆”即《大寶積經》中的“紝婆”,其中“絍”即“紝”字。

1348 綉

按:“綉”,大型字典失收,見於《隨函録》,乃“繡”字之訛。《隨函録》卷 21《百喻經》卷 2:“錦綉,音秀,正作繡也。”(ZD60-218b)蕭齊・求那毘地譯《百喻經》卷 2:“昔有賊人入富家舍,偷得錦繡,即持用裹故弊氀褐種種財物,爲智人所笑。”(T04, p546c)《隨函録》“錦綉”即《百喻經》中的“錦繡”,其中“綉”即“繡”字之訛。

1349 綪

《改併五音類聚四聲篇海・糹部》(373):“綪,音季。”《中華字海・糹部》(1323):“綪,義未詳。見《搜真玉鏡》。”

按:“綪”,大型字典失收,見於《隨函録》,乃“橘”字之訛。《隨函録》卷 18《薩婆多毘尼毘婆沙》卷 6:“胡綏,音雖,菜名。綪梨,上音橘,下音梨。”(ZD60-87c)《薩婆多毘尼毘婆沙》卷 6:“自落種子者,謂蓼藍羅勒胡荽橘梨。”(T23, p543c)《隨函録》“綪梨”即《薩婆多毘尼毘婆沙》的“橘梨”,其中“綪”即“橘”字之訛。“橘”何以會訛成“綪”呢?根據《隨函録》,“橘”是受上字“綏(荽)”的影響,類化改旁從“糹”且聲旁訛誤而成“綪”的。

此外,《篇海》“綪”音“季”,我們懷疑此乃其俗讀,俗蓋以其形體上從“季”故以季讀之,這是一種音隨形變的現象。鄧福禄《字典考正》(348)亦考了此字,可參。

1350 緌

《中華字海・糹部》(1325)引《玉篇》:“緌,同‘接’。”

按:我們在這裏要講的“緌”乃“綏”字。《隨函録》卷 13《佛説般泥洹經》上卷:“緌寧,上音雖,安也。悮。”(ZD59-1019b)《般泥洹經》卷 1:“可以愍度世間衆苦,道利綏寧諸天人民,比丘當知。”(T01, p181b)《隨函録》“緌寧”即《般泥洹經》中的“綏寧”,其中“緌”即“綏”字之訛。

又《隨函録》卷 8《超日明三昧經》卷 1:“緌恤,上音雖,正作綏。綏,安也。下相律反,上又音接,非。”(ZD59-830c)西晉・聶承遠譯《佛説超日明三昧經》卷 1:“若轉輪聖王,綏恤四天下。"(T15, p533a)《隨函録》"綏恤"即《佛説超日明三昧經》中的"綏恤",其中"綏"即"綏"字之訛。

又《隨函録》卷4《如來興顯經》卷1:"綏懷,上音雖,安也,正作綏,又音接,非。"(ZD59-673c)西晉・竺法護譯《佛説如來興顯經》卷1:"其大哀者,執師子吼,以能立此大慈大哀,分别衆生諸所念趣,住權方便,建立慈行,是爲綏懷如來興顯。"(T10, p597c)《隨函録》"綏懷"即《佛説如來興顯經》中的"綏懷",其中"綏"亦"綏"字之訛。

1351 緌

按:"緌",大型字典失收,見於《隨函録》,即"綏"字之訛。《隨函録》卷29《廣弘明集》卷15:"緌神,上音雖,安也,正作綏也。"(ZD60-564a)唐・道宣撰《廣弘明集》卷15:"靈童綏神理,恬和自交忘。"(T52, p197c)《隨函録》"緌神"即經文中的"綏神",其中"緌"即"綏"字之訛。

1352 緌

《龍龕手鏡・糹部》:"緌,俗,尼救反。"

按:"緌",見於《隨函録》,乃"糅"字。《隨函録》卷22《釋迦氏略譜》卷1:"紛緌,上芳文反,下女右反,雜也。紛緌,大衆亂也。"(ZD60-258c)《釋迦氏譜》卷1:"斯途紛糅,無足陳敘。"(T50, p84c)《隨函録》"紛緌"即《釋迦氏譜》中的"紛糅",其中"緌"即"糅"字之訛也。"糅"蓋受了上字"紛"的影響,類化改旁從"糹"旁而寫成"緌"。

唐・慧琳《一切經音義》卷77《釋迦氏略譜》卷1音義:"紛糅,女救反,鄭注《儀禮》:'糅,雜也。'或作粈,序本從糸作緌,錯書,非也。"(T54, p808a)《一切經音義》亦以"緌"爲"糅"字之訛。其他佛經也作"紛糅",如《關中創立戒壇圖經》卷1:"斯塗紛糅,無足敘之。"(T45, p817c)

《龍龕手鏡》"緌"音"尼救反",與"女救反"同,行均言俗,蓋亦指"糅"字之俗。鄧福禄《字典考正》(351)亦考了此字,可參。

1353 緭

《廣韻・未韻》:"緭,于貴切,繒也。"

按:我們在這裏要講的"緭"乃"緯"字。《隨函録》卷14《正法念處經》卷26:"經緭,音謂,正作緯也。"(ZD59-1068c)元魏・般若流支譯《正法念處經》卷26:"所服天衣,無有經緯。身具光明,無有骨肉。"(T17, p150a)《隨函録》"經緭"即《正法念處經》中的"經緯",其中"緭"即"緯"字。

又《隨函録》卷14《正法念處經》卷35:"經緭,音謂,俗。"(ZD59-1069c)元魏・般若流支譯《正法念處經》卷35:"身得種種勝妙天衣,無有經緯。"(T17, p205a)《隨函録》"經緭"即《正法念處經》中的"經緯",其中"緭"即"緯"字。《龍龕手鏡・糹部》(402):"緭,音謂,緭,繒也。緯,音謂,經緯也,又姓。""緭"本與"緯"音同義别,"緭"作"緯"是不是可以當成通假呢?我們以爲《隨函録》"緭"當看成"緯"换聲旁所致,衹不過正好與意義爲"繒"的"緭"同形罷了。《隨函録》以"緭"爲"俗",可見也是把它當作了俗字。

1354 縓

《玉篇・糸部》:"縓,七絹切,紅也,赤黄也。"

按:我們這裏要講的"縓"乃"纏"字。《隨函録》卷28《續高僧傳》卷29:"情縓,直連反,縛也,正作纏也。栢梯本作纏也。又七全反,非也。"(ZD60-498c)唐・釋道宣撰《續高僧傳》卷29:"世不達者,以福爲道。耽附情纏,用爲高勝。"(T50, p700b)《隨函録》"情縓"即經文中的"情纏",其中"縓"即"纏"字。

1355 縁

按:"縁",見於《隨函録》,即"緣"字。《隨函録》卷28《續高僧傳》卷24:"之縁,余宣反,正作緣。"(ZD60-489c)唐・釋道宣撰《續高僧傳》卷23:"神變之理多方,報應之緣匪一。"(T50, p635b)《隨函録》"之縁"即經文中的"之緣",其中"縁"即"緣"字之訛。

1356 縒、1357 継

《中華字海・糸部》(1333):"縒,同縒。見《龍龕》。"

按:我們這裏要講的"縒"乃"繼"字之訛。《隨函録》卷27《續高僧傳》卷14:"並縒,音計。"(ZD60-476c)唐・釋道宣撰《續高僧傳》卷14:"既遇通人傾心北面,勤則不匱敏而有功,並繼敷揚俱馳東箭。"(T50, p535a)《隨函録》"並縒"即經文中的"並繼",其中"縒"即"繼"字之訛。

又《隨函録》卷27《續高僧傳》卷15:"難縒,古詣反。"(ZD60-477c)唐・釋道宣撰《續高僧傳》卷15:"其慈惠之懷信難繼也。"(T50, p543b)《隨函録》"難縒"即經文中的"難繼",其中"縒"亦"繼"之訛。

又《隨函録》卷27《續高僧傳》卷17:"継軌,上古詣反。"(ZD60-481c)唐・釋道宣撰《續高僧傳》卷17:"兩瓊繼軌,繞獲交綏。"(T50, p567a)《隨函録》"継軌"即經文中的"繼軌",其中"継"亦"繼"字之訛。從形體上看,"縒"與"継"近似,皆爲"繼"字之訛。

1358 繜

按:"繜",大型字典失收,見於《隨函録》,乃"網"字之訛。《隨函録》卷21《佛所行讚》卷4:"見繜,音網。"(ZD60-183c)北涼・曇無讖譯《佛所行讚》卷4:"不如今俗人,見諦真解脱,不離諸苦行,種種異見網。"(T04, p34c)《隨函録》"見繜"即《佛所行讚》的"見網",其中"繜"即"網"字之訛。

1359 纕、1360 纕、1361 纕、1362 纕

《龍龕手鏡・糸部》(397):"纕,奴郎反。"《中華字海・糸部》(1339):"纕,同'纕'。見《龍龕》。"《中華字海・糸部》(1341):"纕,音 nàng,同'儾'。見《集韻》。"

按:從形體上看,"纕"的確是"纕"。不過《隨函録》"纕"音"奴郎反",與作爲"儾"異體的"纕"不同,當另有所指。"纕",見於《隨函録》,乃"囊"字。《隨函録》卷18《善現律毗婆沙》卷15:"枕纕,上之審反,下乃郎反。"(ZD60-81a)《善見律毘婆沙》卷15:"比次者,是枕

囊或坐囊。”(T24, p781b)《隨函録》“枕𥿠”即《善見律毘婆沙》的“枕囊”,其中“𥿠”即“囊”字。“𥿠𥿠(纕)”蓋“囊”增旁所致,由於袋子常用絲編織,故增了一“糹”旁。

又《隨函録》卷18《善現律毗婆沙》卷14:“革屣𥿠,上古厄反,中所綺反,下奴郎反,俗。鉢𥿠,奴郎反,俗也,正作囊也。”(ZD60-80b)《善見律毘婆沙》卷14:“無罪者,若浣革屣囊鉢囊隱囊帶腰繩,浣如是物無罪。”(T24, p774b)《隨函録》“革屣𥿠”即《善見律毘婆沙》的“革屣囊”,而“鉢𥿠”即《善見律毘婆沙》的“鉢囊”,其中“𥿠”“𥿠”亦皆“囊”字。從形體上看,“𥿠”“𥿠”與“𥿠”近似。

1363 ⿰糹庸

按:“⿰糹庸”,大型字典失收,見於《隨函録》,乃“傭”字。《隨函録》卷12《長阿含經》卷18:“纖⿰糹庸,丑容反,直也。”(ZD59-985b)後秦・佛陀耶舍共竺佛念譯《長阿含經》卷18:“其頭赤色,雜色毛間,六牙纖傭,金爲間填。”(T01, p117a)《隨函録》“纖⿰糹庸”即《長阿含經》中的“纖傭”,“⿰糹庸”即“傭”字。從形體上看,“傭”蓋受上字“纖”的影響類化换旁從“糹”而作“⿰糹庸”。

1364 ⿰糹畺

按:“⿰糹畺”,大型字典失收,見於《隨函録》,乃“繮”字。《隨函録》卷12《雜阿含經》卷33:“斷⿰糹畺,居良反,正作繮、韁二形。”(ZD59-1010b)宋・求那跋陀羅譯《雜阿含經》卷33:“世間惡馬就駕車時,小得鞭杖,或斷韁折勒,縱横馳走。”(T02, p235a)《隨函録》“斷⿰糹畺”即《雜阿含經》中的“斷韁”,其中“⿰糹畺”即“韁”字。“韁”或作“繮”,“⿰糹畺”蓋“繮”换聲旁所致。

1365 ⿱䜌示

按:“⿱䜌示”,大型字典失收,見於《隨函録》,即“禦”字之訛。《隨函録》卷26《大唐西域記》卷3:“⿱䜌示恶,上音語,正作禦。”(ZD60-408b)唐・玄奘《大唐西域記》卷3:“深閑咒術,禁禦惡龍,不令暴雨。”(T51, p882c)《隨函録》“⿱䜌示恶”即經文中的“禦惡”,其中“⿱䜌示”即“禦”字之訛。

1366 緟

《玉篇・糹部》:“緟,除恭切,增也,疊也,益也,……今作重。”

按:我們這裏要講的“緟”乃“纁”字之訛。《隨函録》卷29《弘明集》卷8:“緟霞,上許云反,絳色也,正作纁。又真龍反,增益也,非此。”(ZD60-533c)梁・釋僧祐撰《弘明集》卷8:“夫質懋纁霞者,言神丹之功。”(T52, p48b)《隨函録》“緟霞”即經文中的“纁霞”,其中“緟”即“纁”字之訛。這樣一來,大型字典“緟”字下可增添“同纁”的説解。

1367 䌳

《龍龕手鏡・糹部》(397):“䌳,俗,音斯,經緯不同。”

按:我們在這裏要講的“䌳”乃“繭”字之訛。《隨函録》卷18《阿毘曇毘婆沙論》卷29:“以䌳,古典反。”(ZD60-102c)北涼・浮陀跋摩共道泰等譯《阿毘曇毘婆沙論》卷26:“纏裹義是取義者,如虫以繭自裹即於中死,如是衆生以煩惱自裹,惡趣中死。”(T28, p193a)《隨函録》"以䌟"即《阿毘曇毘婆沙論》的"以繭",其中"䌟"即"繭"字之訛。

走部

1368 ⿺走耳

按:"⿺走耳",見於《隨函録》,即"趣"字。《隨函録》卷 5《寶雨經》卷 8:"發⿺走耳,七句反,正作趣。"(ZD59-727c)唐・達摩流支譯《佛説寶雨經》卷 8:"九者聽聞領受,爲發趣大乘道故。"(T16, p319b)《隨函録》"發⿺走耳"即"發趣",其中"⿺走耳"即"趣"字。

1369 ⿺走名

按:"⿺走名",大型字典失收,見於《隨函録》,即"趨(趍)"字之訛。《隨函録》卷 26《大唐西域記》卷 3:"相⿺走名,七俱反,走也。又趦蹡,集也,敬也,正作趨、趍二形也。"(ZD60-408c)唐・玄奘《大唐西域記》卷 3:"法俗相趨,供養無替。"(T51, p883b)《隨函録》"相⿺走名"即經文中的"相趨",其中"⿺走名"即"趨"字。"趨"或作"趍","⿺走名"蓋源於"趍"字之訛。

赤部

1370 ⿰赤支

按:我們在這裏要講的"⿰赤支"乃"殺"字之訛。《隨函録》卷 11《大莊嚴論經》卷 2:"⿰赤支害,上所八反,下乎蓋反。"(ZD59-959c)後秦・鳩摩羅什譯《大莊嚴論經》卷 2:"後若爲國王,牛羊與豬豕,雞犬及野獸,殺害無有量。"(T04, p264b)《隨函録》"⿰赤支害"即《大莊嚴論經》中的"殺害",其中"⿰赤支"即"殺"字之訛。

1371 ⿰赤包

按:"⿰赤包",大型字典失收,見於《隨函録》,即"皰"字之訛。《隨函録》卷 26《東夏三寶感通録》下卷:"⿰赤包赤,上許力反,大赤也,正作赩。"(ZD60-425a)唐・釋道宣撰《集神州三寶感通録》卷 3:"口如吞物,遍身皰赤,有苦楚相纏。"(T52, p430a)《隨函録》"⿰赤包赤"即經文中的"皰赤",其中"⿰赤包"即"皰"字之訛。據《隨函録》,"⿰赤包"當爲"赩"字。根據文意,我們以爲《隨函録》所論有誤,"⿰赤包"當是"皰"字。慧琳所見《集神州三寶感通録》也作"皰"。唐・慧琳《一切經音義》卷 81《集神州三寶感通録》卷 3:"皰赤,上炮皃反。《考聲》正作皰,面上細瘡也。"(T54, p832a)"皰"蓋受下字"赤"的影響,類化換旁而作"⿰赤包"。

車部

1372 ⿰車犬

按:"⿰車犬"字,大型字典失收,見於《隨函録》,即"軼"之訛。《隨函録》卷 30《廣弘明集》

卷20:"翼軟,徒太反,正作軟。"(ZD60-573c)"軟"即"軑"字。《中華字海·車部》(1354):"軟,同軑,見《篇海》。"唐·道宣撰《廣弘明集》卷20:"紫虬翼軟,緑驥騰驤。"(T52, p241c)《隨函録》"翼軟"即經文中的"翼軟",其中"軟"即"軟(軑)"字之訛,手寫中構件"大"與"火"近似易混。

1373 軋、1374 輗

《龍龕手鏡·車部》(81):"軋,音瓶,軋甂也。"

按:我們在這裏要講的"軋"乃"甎"字之俗。《隨函録》卷17《根本説一切有部毘奈耶頌》卷3:"軋石,上音專,正作甎(甎)。"(ZD60-62b)唐·義淨譯《根本説一切有部毘奈耶頌》卷2:"甎石及木成,雖多無有犯。"(T24, p635b)《隨函録》"軋石"即《根本説一切有部毘奈耶頌》中的"甎石",其中"軋"即"甎"字之訛。

又《隨函録》卷17《根本薩婆多部律攝》卷14:"軋版,上音專,下音板。"(ZD60-69b)唐·義淨譯《根本薩婆多部律攝》卷14:"凡欲入廁應脱上衣,在於上風淨處安置。向洗手處,於甎版石上先置灰土,用爲洗淨。"(T24, p606c)《隨函録》"軋版"即《根本薩婆多部律攝》中的"甎版",其中"軋"亦"甎"字之訛。

又《隨函録》卷17《根本説一切有部毗奈耶雜事攝頌》卷1:"輗等,上之緣反,正作甎。"(ZD60-64a)"輗"與"軋"近似,亦"甎"字。

1375 軗

按:"軗",見於《隨函録》,爲"轂"字之訛。《隨函録》卷7《不空罥索神變真言經》卷5:"輪軗,音轂。"(ZD59-781c)唐·菩提流志譯《不空罥索神變真言經》卷5:"以索一頭繫輪轂上。"(T20, p251a)《隨函録》"輪軗"即《不空罥索神變真言經》中的"輪轂",其中"軗"即"轂"字之訛。

1376 䡆

按:"䡆",大型字典失收,見於《隨函録》,即"輙"字。《隨函録》卷29《弘明集》卷11:"轍䡆,上除列反,車行跡也。下長水藏作輙,竹葉反。"(ZD60-539c)梁·釋僧祐撰《弘明集》卷11:"途無異轍,輙述而不作。"(T52, p71a)《隨函録》"轍䡆"即經文中的"轍輙",其中"䡆"即"輙"字之訛。

1377 輱

按:"輱",大型字典失收,見於《隨函録》,即"軾"字之訛。《隨函録》卷25《新華嚴經音義》:"輱中,上尸力反,正作軾也。序云:'軾環遂作女牆。'"(ZD60-400b)唐·慧琳《一切經音義》卷21所録慧苑《新譯大方廣佛花嚴經音義》:"崇飾寶睥埤:……今經本作俾倪字者。案,《聲類》乃是軾中環持蓋杠者也……"(T54, p437c)《隨函録》"輱中"即此"軾中",其中"輱"即"軾"字之訛。

1378 䡴

《漢語大字典·車部》(1472):"䡴,同震。"

按:我們這裏要講的"⿰車辰"乃"輾"字之訛。《隨函録》卷 29《廣弘明集》卷 8:"驢⿰車辰,音展,轉也,宜作驏,知扇反。"(ZD60-554b)唐・道宣撰《廣弘明集》卷 8:"驢輾泥中,黄土塗面。"(T52, p140c)《隨函録》"驢⿰車辰"即經文中的"驢輾",其中"⿰車辰"即"輾"字之訛。構件"展"因與"辰"近似而誤寫成了"辰"。這樣一來,大型字典"⿰車辰"字下可增添"同輾"的説解。

又《隨函録》卷 29《弘明集》卷 8:"驢輾,知演反,轉也,亦意在驏字也。⿰車辰,知戰反,馬土浴也。"(ZD60-534b)《隨函録》卷 26《集古今佛道論衡》:"驢⿰車辰,宜作驏,知戰反,又知演、尼演、尼扇三反。"(ZD60-417c)根據上述《隨函録》三處論述,"驢⿰車辰(輾)"從意義上看宜作"驢驏"。如此,"⿰車辰(輾)"則爲"驏"字之借了。《集古今佛道論衡》卷 2:"驢輾泥中,黄土塗面。"(T52, p373b)"輾",宋、元、明、宫本皆作"驏",此亦可證《隨函録》之説。

1379 ⿰車侖

按:"⿰車侖",大型字典失收,見於《隨函録》,即"輪"字之訛。《隨函録》卷 27《續高僧傳》卷 10:"⿰車侖焕,上力旬反,下乎亂反。"(ZD60-472c)唐・釋道宣撰《續高僧傳》卷 10:"輪焕弘敞,實有力焉。"(T50, p504a)《隨函録》"⿰車侖焕"即經文中的"輪焕",其中"⿰車侖"即"輪"字之訛。

1380 ⿰車草、1381 ⿰車鬲、1382 ⿰車鬲、1383 ⿰車萬、1384 ⿰車鬲、1385 ⿰車萬、1386 ⿰車鬲

《龍龕手鏡・車部》(85):"⿰車草、⿰車鬲、⿰車萬,三俗,音隔。"《中華字海・車部》(1363):"⿰車鬲,同轢。見《正字通》。"

按:《龍龕手鏡》"⿰車萬(⿰車鬲)""⿰車鬲""⿰車草"音"隔",乃"槅"字。《隨函録》卷 20《阿毘曇甘露味論》卷下:"爲⿰車鬲,音革,正作槅。"(ZD60-152c)《阿毘曇甘露味論》卷 2:"婬欲是能繫,譬兩牛爲軛所繫。"(T28, p979b)"軛",宋、元本作"⿰車鬲"。《隨函録》"爲⿰車鬲"即《阿毘曇甘露味論》中的"爲軛"。"軛"與"槅"意義相同。《玉篇・木部》:"槅,居責切,大車軛也。"根據《隨函録》,"⿰車鬲"即"槅",與"軛"同義。由於"槅"表"車軛",俗故换旁從"車"而作"⿰車鬲(⿰車鬲)"。

又《隨函録》卷 16《四分律》卷 60:"轅⿰車鬲,上于元反,下古厄反,車轅頭曲木,壓牛領者也,正作槅也,《上方藏》作⿰車鬲,同,音隔。"(ZD60-43a)姚秦・佛陀耶舍共竺佛念等譯《四分律》卷 60:"既傷其膝,又折轅槅。"(T22, p1010a)《隨函録》"轅⿰車鬲"即《四分律》中的"轅槅",其中"⿰車鬲"即"槅"字。由此可見,《隨函録》"⿰車鬲"亦"槅"字。

此外,由於"軛"與"槅"義同,經常替代使用。《隨函録》有時候也把"⿰車鬲"當作"軛"。《隨函録》卷 20《婆須蜜論》卷 10:"一⿰車鬲,音革,正作槅,又音厄,正軛。"(ZD60-155c)

1387 ⿰車區[①]

《龍龕手鏡・車部》(83):"⿰車區,舊藏作轉。"《中華字海・車部》(1364):"⿰車區,同轉。見《龍龕》。"

按:"⿰車區",見於《隨函録》,即"驅"字之俗。《隨函録》卷 28《續高僧傳》卷 30:"驅轉革,上丘禺反,中知兖反,下古厄反,改也,驅屬上句,《川音》作⿰車區,彼悮。"(ZD60-499c)《隨函録》引《川音》"驅"作"⿰車區"。"驅"蓋受下字"轉"的影響類化换旁從"車"而寫成了"⿰車區"。唐・釋道

① 此條我們曾在《漢語疑難俗字例釋》一文中考釋過,見《語言研究》2006 年第 4 期,第 86 頁。

宣撰《續高僧傳》卷 30:“唄匿之作,沿世相驅。轉革舊章,多弘新勢。討覈原始,共委漁山。”(T50, p706a)根據經文,“驅”的確應如可洪所説應該屬於上句。

據此,我們懷疑《龍龕手鏡》所言“軀,舊藏作轉”有誤,應該是“軀,舊藏作驅”,再者“轉”如作“軀”的話,形體上也不好解釋。應該根據《隨函録》所引《川音》加以校正。

1388 轛

《龍龕手鏡・車部》(84):“轛,俗,或作,陟利反,車前重也。”

按:我們在這裏要講的“轛”乃“躓”字。《隨函録》卷 21《出曜經》卷 4:“頓轛,音致。”(ZD60-194c)姚秦・竺佛念譯《出曜經》卷 6:“時有一人乘車載寶,無價明月雜寶無數,車重頓躓失,伴在後進不見伴退。”(T04, p642a)《隨函録》“頓轛”即《出曜經》的“頓躓”,其中“轛”即“躓”字。

又《隨函録》卷 21《出曜經》卷 8:“頓轛,音致。”(ZD60-196a)姚秦・竺佛念譯《出曜經》卷 12:“吾常由此經過,亦無艱難,今日何爲有此躓頓?”(T04, p672c)《隨函録》“頓轛”即《出曜經》的“躓頓”,其中“轛”亦“躓”字。“頓躓”的意義是“頓仆”“行路頓蹶”。從上面的例子來看,“躓”蓋是受上文在語義上與車有關的影響,類化换旁從“車”而作“轛”的。

1389 ⿰車徹

按:“⿰車徹”,大型字典失收,見於《隨函録》,即“轍”字。《隨函録》卷 26《宣律師通感録》卷 1:“弘⿰車徹,直列反。”(ZD60-426b)唐・釋道宣撰《律相感通傳》卷 1:“前代憲章斯則一化之所宗承,三藏之弘轍也。”(T45, p881a)《隨函録》“弘⿰車徹”即經文中的“弘轍”,其中“⿰車徹”即“轍”字。從形體上看,“⿰車徹”蓋“轍”的聲旁繁化俗字。

豆部

1390 ⿱夗豆

按:“⿱夗豆”,大型字典失收,見於《隨函録》,乃“豌”字。《隨函録》卷 15《十誦律》卷 38:“⿱夗豆豆,上烏官反。”(ZD59-1123c)後秦・弗若多羅譯《十誦律》卷 38:“優波離問佛,用何物作澡豆?佛言,以大豆小豆摩沙豆豌豆迦提婆羅草梨頻陀子作。”(T23, p275c)《隨函録》“⿱夗豆豆”即《十誦律》中的“豌豆”,其中“⿱夗豆”即“豌”字。

1391 ⿰豆寸

《龍龕手鏡・豆部》(359):“⿰豆寸,俗,短、斷二音。”

按:“⿰豆寸”音“短”,即“短”字,《隨函録》中有大量的例子。《隨函録》卷 20《立世阿毘曇論》卷 1:“長⿰豆寸,都管反,正作短、䂓二形。”(ZD60-162c)陳・真諦譯《佛説立世阿毘曇論》卷 1:“如是藕者,其形可愛,味汁濃多,甜無辛苦,如細蜂蜜,方圓長短,縱廣一尺,節節如是。”(T32, p179c)《隨函録》“長⿰豆寸”即《佛説立世阿毘曇論》中的“長短”,其中“⿰豆寸”即“短”字之訛。

又《隨函録》卷 6《大灌頂經》卷 4:“長⿰豆寸,都管反,正作短、㧑二形。”(ZD59-750b)東晉·帛尸梨蜜多羅譯《佛説灌頂經》卷 4:“諸弊小鬼互來嬈人,覓人飲食求人長短。”(T21, p505a)《隨函録》“長⿰豆寸”即《佛説灌頂經》中的“長短”,其中“⿰豆寸”即“短”字。從形體上看,“⿰豆寸”蓋“短”换形旁所致。“⿰豆寸”從“寸”,意義與尺寸長短相關。

此外,“⿰豆寸”又可爲“鬥”字。《隨函録》卷 16《四分律》卷 15:“⿰豆寸訟,上都豆反,正作鬪、㓱二形。”(ZD60-31b)姚秦·佛陀耶舍共竺佛念等譯《四分律》卷 16:“凡飲酒者有十過失。何等十? 一者顔色惡,二者少力,三者眼視不明,四者現瞋恚相,五者壞田業資生法,六者增致疾病,七者益鬥訟,八者無名稱惡名流布,九者智慧減少,十者身壞命終墮三惡道。”(T22, p672a)《隨函録》“⿰豆寸訟”即《四分律》中的“鬥訟”,其中“⿰豆寸”即“鬥”字。從形體上看,“鬥”或作“鬪”,“⿰豆寸”蓋“鬪”之省。

酉部

1392 ⿰酉玄、1393 ⿰酉面

《漢語大字典·酉部》(1495)引《集韻》:“⿰酉面,同‘湎’,飲酒失度。”

按:“⿰酉玄”字,大型字典失收。《隨函録》卷 4《大般涅槃經》卷 2:“⿰酉面⿰酉玄,上莫見反,下黄練反,惑亂也,正作瞑眩,又上音眼(應爲眠),下音玄。”(ZD59-680a)北涼·曇無讖譯《大般涅槃經》卷 2:“譬如人醉,其心愐眩,見諸山河、石壁、草木、宫殿、屋舍、日月、星辰皆悉迴轉。”(T12, p377b)“愐眩”,宋、元、明本皆作“瞑眩”。根據《隨函録》,“⿰酉面⿰酉玄”即“瞑眩”,其中“⿰酉面”即“瞑”字,而“⿰酉玄”即“眩”字。“眩”作“⿰酉玄”從形體上很好解釋,由於上下文敍述的是喝醉酒時惑亂不清,“眩”受其影響换成與酒有關的“酉”旁而作“⿰酉玄”。

至於“⿰酉面”字,可洪認爲是“瞑”字,確實也有幾個版本的佛經作“瞑”字,此外“瞑眩”一詞在文獻中也經常使用。但我們認爲“⿰酉面”字更有可能是“愐(湎)”字。

高麗、宫、聖等版本的《大般涅槃經》都作“其心愐眩”,《一切經音義》也作“愐眩”。慧琳《一切經音義》卷 25《大般涅槃經》卷 2 音義:“愐眩,麫縣二音,《玉篇》云‘或亂也,不明也’。又作眠玄二音,並通。”(T54, p466c)此外,也有佛經引作“愐眩”的。《宗鏡録》卷 67:“譬如人醉,其心愐眩,見諸山河、石壁、草木、宫殿、屋舍、日月、星辰皆悉迴轉。”(T48, p792c)“愐眩”的“愐”即“湎”字。《妙法蓮華經玄贊》卷 6:“贊曰:‘正思拔濟也,惿者樂著,湎者醉亂……’湎,音無兗反,亦嗜著也,亂也。古文湎,有作媔、愐,不知所從。湎,《説文》‘惿於酒也’。”(T34, p762a)根據《集韻》,“⿰酉面”即“湎”字,“湎”意義爲飲酒失度,引申即醉亂之義,正合佛經文意。

此外,《隨函録》卷 19《阿毘達磨大毘婆沙論》卷 123:“⿰酉面眩,上莫見反,下玄練反。”(ZD60-119c)唐·玄奘譯《阿毘達磨大毘婆沙論》卷 123:“讚慰收衣趣勝林寺,將至醉悶湎眩便倒,衣鉢錫杖狼藉在地。”(T27, p645b)《隨函録》“⿰酉面眩”即《阿毘達磨大毘婆沙論》中的“湎眩”,其中“⿰酉面”亦“湎”字。

1394 ⿰酉斗

《中華字海·酉部》(1372):“⿰酉斗,同斟。”

按："酙"，見於《隨函録》，乃"斛"字之訛。《隨函録》卷28《續高僧傳》卷27："三酙，户木反。"(ZD60-495a)唐·釋道宣撰《續高僧傳》卷27："帊裹三斗(斛)許香并檀屑，分爲四聚以遶於勝。"(T50, p680a)"斗"，宋、元、明、宫本作"斛"。《隨函録》"三酙"即經文中的"三斗(斛)"，其中"酙"即"斗(斛)"之訛。

1395 ⿰酉瓜

按："⿰酉瓜"，大型字典失收，見於《隨函録》，乃"𠠽"字之訛。《隨函録》卷21《佛本行讚》卷7："把⿰酉瓜，上步巴反，下烏虢反，二字並是爪取之義也，正作把擭也，下又古麥反，正作𠠽。"(ZD60-190c)宋·釋寶雲譯《佛本行經》卷7："諸男女長幼，懷悲毒狂亂，或掣裂衣裳，痛感口自嚙，或自搣頭髮，爬𠠽壞面目。"(T04, p111a)《隨函録》"把⿰酉瓜"即《佛本行經》的"爬𠠽"，其中"⿰酉瓜"即"𠠽"字之訛。

1396 ⿰酉虫

按："⿰酉虫"，大型字典失收，見於《隨函録》，乃"融"字之訛。《隨函録》卷18《阿毘曇八犍度論》卷20："⿰酉虫消，上餘戎反，正作融。"(ZD60-90a)唐·玄奘譯《阿毘曇八犍度論》卷20："如此身雪聚凝酥醍醐當置火上，已置火上當融消。"(T26, p863b)《隨函録》"⿰酉虫消"即《阿毘曇八犍度論》的"融消"，其中"⿰酉虫"即"融"字之訛。

1397 ⿰酉函

按："⿰酉函"，大型字典失收，見於《隨函録》，即"醯(醘)"字之訛。《隨函録》卷27《續高僧傳》卷4："⿰酉函羅，上呼兮反，正作醘，《法顯傳》及《西域記》並作醘羅。"(ZD60-465a)唐·釋道宣撰《續高僧傳》卷4："城南不遠醯羅城中，有佛頂骨。"(T50, p448b)《隨函録》"⿰酉函羅"即經文中的"醯羅"，其中"⿰酉函"即"醯"字之訛。

1398 ⿰酉尢

按："⿰酉尢"，見於《隨函録》，即"酖"字。《隨函録》卷25《新華嚴經音義》："嗜酒爲⿰酉尢，都南反，正作酖。"(ZD60-401b)唐·慧苑《新譯大方廣佛花嚴經音義》卷17："躭味：躭，都含反。案，《玉篇》《字林》等嗜色爲媅，嗜酒爲酖，耳垂爲耽。《聲類》媅字作妉。今經本作躭字，時俗共行，未詳所出也。"(ZD59-435b)《隨函録》"嗜酒爲⿰酉尢"即此"嗜酒爲酖"，其中"⿰酉尢"即"酖"字之訛。

1399 ⿰酉戓、1400 ⿰酉或

按："⿰酉戓""⿰酉或"，大型字典失收，見於《隨函録》，即"聝"字。《隨函録》卷28《甄正論》下卷："截⿰酉戓，古麥反，截耳也，正作⿰酉或、聝二形也。"(ZD60-518c)玄嶷撰《甄正論》卷3："截馘斬首，效征戰之勞；宰犧屠牲，邀薦饗之福。"(T52, p570b)《隨函録》"截⿰酉戓"即經文中的"截馘"，其中"⿰酉戓"即"馘"字。《玉篇·耳部》："聝，亦作馘。""聝"還可作"⿰酉或"。《漢語大字典·酉部》："⿰酉或，同聝。"從形體上看，"⿰酉戓""⿰酉或"蓋源於"馘"之訛。形體演變如下：聝→换形旁→馘→形旁訛誤→⿰酉或→構件"或"訛誤→⿰酉戓、⿰酉或。

1401 醒

按:"醒",大型字典失收,見於《隨函録》,乃"醒"字之訛。《隨函録》卷9《大方便佛報恩經》卷1:"醒悞,上蘇丁、蘇頂二反,下音悟,了覺皃也,正作醒寤。"(ZD59-850a)《大方便佛報恩經》卷1:"王悲悶絶舉身躃地,良久醒悟。"(T03, p129a)《隨函録》"醒悞"即經文中的"醒悟",其中"醒"即"醒"字之訛。

来部

1402 桊

按:"桊",大型字典失收,見於《隨函録》,乃"嘴"字。《隨函録》卷14《正法念處經》卷67:"爲桊,子委反,正作桊(觜)。"(ZD59-1074a)元魏·般若流支譯《正法念處經》卷67:"迦樓羅鳥王,金剛爲嘴,住在其上。"(T17, p401a)《隨函録》"爲桊"即《正法念處經》中的"爲嘴",其中"桊"即"嘴"字。形體上,"嘴"或作"觜","觜"訛作"桊",而"桊"蓋"桊"進一步訛誤所致,構件"束"與"来"近似而誤寫成了"来","賴"俗作"頼"(ZD60-490b),可資比勘。

1403 敇

按:"敇",大型字典失收,見於《隨函録》,乃"敕(勅)"字之訛。《隨函録》卷21《佛所行讚》卷4:"敇告,上丑力反,正作勅、敕二形。"(ZD60-184a)北涼·曇無讖譯《佛所行讚》卷4:"摩竭王遣使,敕告彼仰觀,命起於牢城,以備於强鄰。"(T04, p41b)《隨函録》"敇告"即《佛所行讚》的"敕告",其中"敇"即"敕"字之訛。

貝部

1404 貯

按:"貯",大型字典失收,見於《隨函録》,即"盱"字。《隨函録》卷28《弘明集》卷3:"貯衡,上況於反,举目也,又怒皃也,正作盱。"(ZD60-526b)梁·釋僧祐撰《弘明集》卷3:"祇服盱衡而矜斯説者,其處心亦誤矣。"(T52, p20a)《隨函録》"貯衡"即經文中的"盱衡",其中"貯"即"盱"字之訛。構件"目"與"貝"近似易混。"䀹"作"賘"①,可資比勘。

1405 貥

《中華字海·貝部》(1389):"貥,同眈。見《龍龕》。"

按:我們在這裏要講的"貥"乃"耽"字之訛。《隨函録》卷19《阿毘達磨順正理論》卷48:"貥樂,上都含反。"(ZD60-142a)唐·玄奘譯《阿毘達磨順正理論》卷49:"生極耽樂,眠戲其

① 見《龍龕手鏡·目部》,中華書局1985年,第422頁。

中。"(T29, p616c)《隨函録》"𣬉樂"即《阿毘達磨順正理論》中的"耽樂",其中"𣬉"即"耽"字之訛。

1406 䝰

按:"䝰",大型字典失收,見於《隨函録》,乃"貯"字之訛。《隨函録》卷 17《根本薩婆多部律攝》卷 13:"綿䝰,猪與反,盛也,正作貯、褚。"(ZD60-69a)唐·義淨譯《根本薩婆多部律攝》卷 13:"時鄔波難陀以草木綿貯僧卧床,餘苾芻卧遍身皆白。"(T24, p603c)《隨函録》"綿䝰"即《根本薩婆多部律攝》中的"綿貯",其中"䝰"即"貯"字之訛。

1407 貹[①]

《漢語大字典·貝部》(1512):"《改併四聲篇海·貝部》:'貹,音珂。'《字彙補·貝部》:'貹,丘何切,音珂,見《篇海》。'"《中華字海·貝部》(1390):"貹,義未詳。見《搜真玉鏡》。"

按:"貹"於《隨函録》可見,乃"珂"字之俗。《隨函録》卷 5《不退轉法輪經》卷 4:"貹貝,上口何反。貹,貝也,螺也,並大海中小蟲名也,俗。"(ZD59-730b)《不退轉法輪經》卷 4:"其家大富,財寶無量,金銀、琉璃、珊瑚、虎珀、車磲、馬瑙、真珠、珂貝、奴婢、僮僕、象馬、車乘,有如是等一切財寶,置之於後,遊行他方。"(T09, p252c)《隨函録》"貹貝"即"珂貝",其中"貹"即"珂"字。"珂"字是受下字"貝"的影響,類化换從"貝"旁而作"貹"的。形體演變是:珂→珂+貝→類化→貹。

1408 貽

按:"貽",大型字典失收,見於《隨函録》,即"(躬)"字之訛。《隨函録》卷 27《高僧傳》卷 3:"方貽,音弓,身也,正作躬、船二形。"(ZD60-447b)梁·釋慧皎撰《高僧傳》卷 3:"顯留三年,學梵語梵書,方躬自書寫。"(T50, p338a)《隨函録》"方貽"即經文中的"方躬",其中"貽"即"躬"字。從形體上看,"貽"蓋源於"躬"的或體"船"之訛。

1409 賖

按:"賖",大型字典失收,見於《隨函録》,即"賒"字之訛。《隨函録》卷 27《高僧法顯傳》卷 1:"摩賖,尸遮反。"(ZD60-444c)東晉·釋法顯《高僧法顯傳》卷 1:"北二三里有尸磨賒那。尸磨賒那者,漢言棄死人墓田。"(T51, p863a)《隨函録》"摩賖"即經文中的"磨賒",其中"賖"即"賒"字之訛。

1410 賧

《廣韻·闞韻》:"賧,吐濫切。"

按:我們在這裏要講的"賧"乃"睒"字之訛。《隨函録》卷 15《摩訶僧祇律》卷 30:"俱賧,失染反,國名也,或云憍餉彌也,又他監反,悮。"(ZD59-1111c)東晉·佛陀跋陀羅共法顯譯《摩訶僧祇律》卷 30:"爾時俱睒彌提婆聚落邊有賊偷豬噉,餘殘頭腳捨棄而去。"(T22,

① 此條我們曾在《漢語疑難俗字例釋》一文中考釋過,見《語言研究》2006 年第 4 期,第 87 頁。

p468c)《隨函録》"俱賧"即《摩訶僧祇律》中的"俱睒",其中"賧"即"睒"字之訛。

1411 䝭

按:"䝭",大型字典失收,見於《隨函録》,即"腕"字之訛。《隨函録》卷 28《續高僧傳》卷 27:"絜䝭,上賢結反,縛也,下烏亂反,手腕也,正作擷腕也,並悮。"(ZD60-495b)唐・釋道宣撰《續高僧傳》卷 27:"便從索手,遂以繩繫腕著樹,齊肘斬而與之。"(T50, p680c)《隨函録》"絜䝭"即經文中的"繫腕",其中"䝭"即"腕"之訛。構件"宛"常作"宛",而構件"月"與"貝"近似易混。

1412 顛

按:"顛",大型字典失收,見於《隨函録》,乃"顛"字。《隨函録》卷 4《信力入印法門經》卷 81:"顛倒,上丁年反,根向上也,正作傎。"(ZD59-668b)元魏・曇摩流支譯《信力入印法門經》卷 1:"有言魔業者,所謂能起一切顛倒諸邪見故,從諸邪見起魔業故,此諸魔業與佛地業,無有差別。"(T10, p929b)《隨函録》"顛倒"即《信力入印法門經》中的"顛倒",其中"顛"即"顛"字。"顛"或作"顛"①,"顛"與"顛"形體近似。

1413 䫇

按:"䫇",大型字典失收,見於《隨函録》,即"願"字之訛。《隨函録》卷 27《高僧傳》卷 6:"䫇御,上魚勸反,下魚去反。"(ZD60-450c)"䫇"音"魚勸反",與"願"音同。梁・釋慧皎撰《高僧傳》卷 6:"釋慧遠頓首,陽月和暖,願御膳順宜。"(T50, p361a)《隨函録》"䫇御"亦經文中的"願御",其中"䫇"即"願"字之訛。"願"俗可作"頋"②,"䫇"與"頋"近似。

1414 賸

《隨函録》卷 2《大寶積經》:"賸長,上實證反,下直向反,多也,上正作賸(剩)。"(ZD59-599c)

按:根據《隨函録》,"賸"爲"賸"字之訛。"賸"字産生的原因是内部類化,受"賸"構件"貝"的影響,書寫者將構件"月"亦寫作了"貝"。形體演變是:賸→内部類化→賸。

1415 賓

按:"賓",大型字典失收,見於《隨函録》,乃"臏"字之訛。《隨函録》卷 6《大灌頂經》卷 4:"賓迦,上毗忍反,與臏字同也,又開元樓藏作臏,音賓,亦悮。"(ZD59-750b)東晉・帛尸梨蜜多羅譯《佛説灌頂經》卷 4:"神名臏迦盧遮,字力堅固。"(T21, p505c)《隨函録》"賓迦"即《佛説灌頂經》中的"臏迦",其中"賓"即"臏"字之訛。

1416 顛

按:"顛",大型字典失收,見於《隨函録》,乃"顛"字之訛。《隨函録》卷 10《大智度論》

① 見本書下篇"顛"字條。

② 見本書中篇"頋"字條。

卷 50:"顛倒,上丁田反。"(ZD59-917a)後秦・鳩摩羅什譯《大智度論》卷 48:"我去四大遠,但以顛倒妄計爲身。"(T25, p404c)《隨函録》"顛倒"即《大智度論》中的"顛倒",其中"顛"即"顛"字之訛。

1417 贇

按:"贇",大型字典失收,見於《隨函録》,乃"贇"字之訛。《隨函録》卷 24《開皇三寶録》(《歷代三寶紀》)卷 3:"帝贇,於倫反,正作贇。"(ZD60-324c)《歷代三寶紀》卷 3:"(戊戌)宣帝贇(武帝子,稱宣政元)。"(T49, p47a)"帝贇"即"帝贇",其中"贇"即"贇"字。"贇"字産生的原因是字的形體内部類化。受"贇"構件"武"的影響,書寫者將構件"文"亦寫作了"武"。

見部

1418 親

按:"親",大型字典失收,見於《隨函録》,乃"親"字之訛。《隨函録》卷 21《佛所行讚》卷 4:"捨親,音親。"(ZD60-183c)北涼・曇無讖譯《佛所行讚》卷 4:"釋種諸王子,心悟道果成,悉厭世榮樂,捨親愛出家。"(T04, p37c)《隨函録》"捨親"即《佛所行讚》的"捨親",其中"親"即"親"字之訛。

1419 竞、1420 竟

《龍龕手鏡・見部》(346):"竟,新藏作竸。"《改併五音類聚四聲篇海》卷 2《見部》(275):"竟,音竟,出新藏。"《中華字海・見部》(1403):"竟,同'竟'。字見《篇海》。"

按:張涌泉《漢語俗字叢考》(994)認爲《中華字海》以"竟"爲"竟"字是錯誤的,"竟"當爲"競"字,此説甚是。今給出"竟"的例子,以資補證。《隨函録》卷 18《毘尼母經》卷 8:"諍竟,巨敬反,正作竞(競)。"(ZD60-85b)《毘尼母經》卷 8:"從是生鬥諍競訟。"(T24, p850a)《隨函録》"諍竟"即《毘尼母經》的"諍競",其中"竟"即"競"字之訛。

1421 觀

按:"觀"字,大型字典失收,見於《隨函録》,爲"顧"字之訛。《隨函録》卷 23《諸經要集》卷 13:"觀影,上音故,正作顧。"(ZD60-303a)唐・釋道世《諸經要集》卷 13:"趨行綺視,顧影而步。"(T54, p123a)《隨函録》"觀影"即《諸經要集》中的"顧影",其中"觀"即"顧"字之訛。

里部

1422 黕、1423 黕

按:"黕",大型字典失收,見於《隨函録》,乃"黕"字之訛。《隨函録》卷 5《正法華經》卷 2:"黤黕,上烏感反,下他感反,黑也,下又都含反。"(ZD59-706b)從字形看,"黕"即"黕"

字。《集韻・唐韻》虚郎切:"黖,黑皃。""黖",可洪音"他感反",蓋當作了"黮"字。"黖"字,不見於《集韻》之前的字韻書,我們懷疑其源自"黕"字之訛。"黖"實際上即"黖(黕)"。西晉・竺法護譯《正法華經》卷2:"佛經典者,其色變異,黯黕如墨。"(T09, p78c)《隨函録》"黤黖"即《諸經要集》中的"黯黕",其中"黖"即"黖(黕)"字之訛。

足部

1424 𨃗

按:"𨃗"字,大型字典失收,此字見於《隨函録》,即"趑"字。《隨函録》卷30《廣弘明集》卷29:"𨃗跙,上七咨反,下七余反,正作趑趄。"(ZD60-597a)唐・道宣撰《廣弘明集》卷29:"業力咆哮,率危脆以先馳。三毒趦趄,挾群有而長逝。"(T52, p346c)《隨函録》"𨃗跙"即經文中的"趦趄",其中"𨃗"即"趦"字,而"趦"則爲"趑"之换聲旁異體。《漢語大字典・走部》引《直音篇・走部》:"趦,趦趄,行不進也。趦,同趑。""趑"又可换形旁作"跊"。《漢語大字典・足部》引《篇海類編・身體類・足部》:"跊,同趑。"從形體上看,"𨃗"乃"跊"聲旁訛誤所致。韓小荆《可洪音義研究》(252)以"跊"爲"趑"之换形旁訛俗字,恐有不妥。

1425 𨂐

《中華字海・足部》(1420):"𨂐,同蹌,見朝鮮本《龍龕》。"

按:"𨂐"同"蹌(蹋)",在《隨函録》中亦有證明,今補上。《隨函録》卷30《廣弘明集》卷29:"抱𨂐,上步交反,下徒盍反,浮渡用力也。下正作蹋也。"(ZD60-597a)唐・道宣撰《廣弘明集》卷29:"故備取諸草木編以爲筏,附令抱蹋横波直進。"(T52, p347a)《隨函録》"抱𨂐"即經文中的"抱蹋",其中"𨂐"即"蹋(蹌)"字。從形體上看,"𨂐"乃"蹌"聲旁訛誤所致。

1426 跊

《字彙補・足部》:"跊,跊且,卻行也。"

按:我們在這裏要講的"跊"乃"跋"字之訛。《隨函録》卷15《十誦律》卷21:"欽跊,蒲末反,正作跋,衣名,欣跋羅亦云欽婆羅,如五十五作欽跋羅,是,郭氏作子尹反,非也。"(ZD59-1120b)後秦・弗若多羅譯《十誦律》卷21:"若更得白麻衣、赤麻衣、褐衣、憍施耶衣、翅夷羅衣、欽跋羅衣、劫貝衣如是等餘清淨衣,是一切盈長得。"(T23, p156c)《隨函録》"欽跊"即《十誦律》中的"欽跋",其中"跊"即"跋"字之訛。

1427 跱

按:"跱",大型字典失收,見於《隨函録》,乃"跍"字。《隨函録》卷23《諸經要集》卷4:"跱跪,上乎故反。"(ZD60-297a)《隨函録》卷10《金剛三昧經》下卷:"跱跪,上乎悟反,一膝著地坐也,正作𤘘,諸經作跍踋。"(ZD59-893c)"跱跪"即"跍踋",又作"踋跪""胡跪"或"互跪"。古代僧人跪坐致敬的禮節,右膝著地,豎左膝危坐,倦則兩膝姿勢互换。唐・釋道世

《諸經要集》卷 4:“入道場時。應來至和上前踋跪。”(T54, p29b)慧琳《一切經音義》卷 43:“跍跪,上胡誤反,俗字也,亦作胡,借音用也。”(T54, p595c)《隨函録》卷 15:“跍跪,上乎故反,正作㸦也。㸦,交㸦,一膝加地坐也。又音帝,非用。”(ZD59-1103b)《隨函録》卷 6《大灌頂經》卷 1:“跍跪,上乎故反,正作㸦(互)也,一膝加地坐也,亦作踋跪,亦作㸦(互)跪也,又音帝,非。”(ZD59-749a)從形體上看,“**䟘**”蓋源於“跍”字之訛。構件“互”常作“㸦”,與“牙”近似。

1428 踃

《龍龕手鏡・足部》(458):“踃,俗,布門、初交二反。”《中華字海・足部》:“踃,義未詳。”

按:“踃”見於佛經、《隨函録》,是一個譯音字,本無正體,無實際意義。《隨函録》卷 6《大灌頂經》卷 4:“摩踃,仙何反,又布門反,又音抄。”(ZD59-750c)東晉・帛尸梨蜜多羅譯《佛説灌頂經》卷 4:“神名卑羅摩踃,字朗赫照。”(T21, p506c)“踃”,元、明本作“跢”。《龍龕手鏡》“踃”讀音“布門、初交二反”,與《隨函録》的注音相同。不過,“踃”何以會注音“布門反”呢?慧琳《一切經音義》卷 31 所收玄應先撰慧琳添修《大灌頂經》卷 1 音義:“賁跢,上本門反,或作奔,梵語。下多可反,從足從多,經從少,錯也。”(T54, p517a)《隨函録》卷 6《大灌頂經》卷 1:“賁踃,上扶非、扶文、布門、兵媚四反,下音沙,正作砂,又郭氏音抄,或作仯,初孝反,應和尚未詳。”(ZD59-749c)

根據《一切經音義》《隨函録》及佛經可知,慧琳以“踃”爲“跢”之訛,故讀爲“多可反”。《龍龕手鏡》《隨函録》等誤將“賁”的讀音“布門反”轉抄成“踃”的讀音,而“踃”音“初交反”,蓋爲俗讀,形體上從“少”的字,多有讀爲“初交反”的,如“抄”“鈔”等,故俗亦讀“踃”爲“初交反”。拙著《龍龕手鏡研究》(336)曾以音“初交反”的“踃”字爲“訬”字之訛,不妥,今予以糾正。其實不管“踃”爲何音,“踃”本身祇是一個譯音字,本無正體,無實際意義。

1429 蹕

按:“蹕”,見於《隨函録》,乃“甲”字。《隨函録》卷 10《大智度論》卷 13:“蹕角,上古狎反。”(ZD59-909a)後秦・鳩摩羅什譯《大智度論》卷 11:“牛出乳一斛,金飾其蹕角,衣以白疊。”(T25, p142c)“蹕”,元、明本作“甲”。“蹕”即“甲”字。根據經文,“甲”指牛趾甲,俗故增“足”而作“蹕”。鄧福禄《字典考正》(384)亦考了此字,可參。

1430 **跔**

按:“**跔**”,大型字典失收,見於《隨函録》,乃“蹈”字之訛。《隨函録》卷 22《法句譬喻經》卷 3:“**跔**藉,上徒到反,下才昔反,正作蹈踖。”(ZD60-246c)晉・法炬共法立譯《法句譬喻經》卷 3:“老見蹈踐,不修梵行。”(T04, p593a)《隨函録》“**跔**藉”即《法句譬喻經》中的“蹈踐”,其中“**跔**”即“蹈”字之訛。

1431 **跞**

《中華字海・足部》(1413):“**跞**,同蹌。見《字彙》。”

按:我們在這裏要講的“**跞**”即“跡”字之訛。《隨函録》卷 20《鞞婆沙論》卷 10:“道**跞**,

音積,正作跡、迹二形。”(ZD60-174c)符秦・僧伽跋澄譯《鞞婆沙論》卷10:“此爲取證故説四禪天道𨁈耶?爲有漏盡耶?”(T28, p487b)“道𨁈”,宋、元、明、宫本作“道跡”。《隨函録》“道𨁈”即宋、元、明、宫本《鞞婆沙論》中的“道跡”,其中“𨁈”即“跡”字之訛。

1432 𨂽

按:“𨂽”,大型字典失收,見於《隨函録》,即“踈(疏)”字之訛。《隨函録》卷27《續高僧傳》卷22:“𨂽條,上所魚反。”(ZD60-486a)唐・釋道宣撰《續高僧傳》卷22:“其有詞旨與律相關者,並對疏條會其前失。”(T50, p614b)《隨函録》“𨂽條”即經文中的“疏條”,其中“𨂽”即“疏”字。

又《隨函録》卷20《成實論》卷4:“𨂽合,上所魚反,正作踈。”(ZD60-158b)姚秦・鳩摩羅什譯《成實論》卷3:“若微塵疏合,名爲軟,密合名爲堅。”(T32, p264a)《隨函録》“𨂽合”即《成實論》中的“疏合”,其中“𨂽”即“疏”字,亦“踈(疏)”字之訛。

《中華字海・足部》(1415):“踈,同疏。字見《玉篇》。”“𨂽”蓋源於“疏”的或體“踈”之訛。構件“束”與“来”近似易混,“賴”俗作“頼”①,可資比勘。

1433 𨃮、1434 𨃯

《龍龕手鏡・足部》(465):“𨃯,俗,接、刼二音。”《中華字海・足部》(1423):“𨃯,義未詳。”

按:《隨函録》卷21《佛本行讚》卷5:“𨃮如,上自葉反,速也,疾也,利也,正作捷、㨗、倢(倢)三形也。”(ZD60-189b)宋・釋寶雲譯《佛本行經》卷5:“即時放醉象,奔馳來向佛,譬之暴冥風,來欲滅佛燈,猶如劫盡風,欲壞滅世間,健如金翅鳥,怒如閻羅王。”(T04, p93c)《隨函録》“𨃮如”即《佛本行經》的“健如”,其中“𨃮”對應的是“健”字。根據《隨函録》,“𨃮”當爲“倢”字,而今經文作“健”字。從文意來看,兩者似乎皆通,既可以説(醉象)强健如金翅鳥,也可以説(醉象)快速如金翅鳥。不過,在打比方時,“金翅鳥”多用於比喻事物快速。如後秦・鳩摩羅什譯《十住毘婆沙論》卷17:“其體輕疾如金翅鳥王,飛行無礙,是名馬寶。”(T26, p121b)因此,我們還是傾向於把“𨃮”當作“倢”,並以爲今經文中的“健”可能是“倢”字之訛,《隨函録》注釋中“倢”就寫成了“倢”字,與“健”近似,可資比勘。

《龍龕手鏡》“𨃯”音“接”②,與“𨃮(倢)”音同,且形體近似,疑即“𨃮(倢)”字。鄧福禄《字典考正》(391)径直以《龍龕手鏡》“𨃯”爲“疌”字,不妥。

1435 𨄔

按:“𨄔”,大型字典失收,見於《隨函録》,乃“號”字之訛。《隨函録》卷14《須摩提長者經》卷1:“𨄔咷,上户高反,下徒刀反。”(ZD59-1091a)吴・支謙譯《佛説須摩提長者經》卷1:“或有喚父母兄弟者,或有呼夫主大家者,如是種種號咷啼哭。”(T14, p805b)《隨函録》“𨄔

① 參見本書中篇“頼”字條。

② “接”可以音“疾葉切”(見《集韻・葉韻》)、“即葉切”(見《廣韻・葉韻》)兩音,“倢”也可以音“疾葉切”(見《廣韻・葉韻》)、“即葉反”(見《集韻・葉韻》)兩音。

咷"即《佛説須摩提長者經》中的"號咷",其中"䠙"即"號"字之訛。

1436 踃

按:"踃",大型字典失收,見於《隨函録》,乃"蹈"字之訛。《隨函録》卷 11《十住婆沙論》卷 7:"踃上,上徒到反,正作蹈。"(ZD59-956b)後秦・鳩摩羅什譯《十住毘婆沙論》卷 10:"如日初出,是寶蓮花遍於空中,蹈上而去。"(T26, p72a)《隨函録》"踃上"即《十住毘婆沙論》中的"蹈上",其中"踃"即"蹈"字之訛。

1437 蹳

《龍龕手鏡・足部》(465):"蹳,陟劣反,跳也。"

按:我們在這裹要講的"蹳"乃"綴"字之訛。《隨函録》卷 15《十誦律》卷 8:"兩蹳,與綴字同也,悮。"(ZD59-1117a)後秦・弗若多羅譯《十誦律》卷 8:"若比丘鉢破,可兩綴三綴四綴。"(T23, p54c)《隨函録》"兩蹳"即《十誦律》中的"兩綴",其中"蹳"即"綴"字之訛。

1438 䠂

按:"䠂",大型字典失收,見於《隨函録》《一切經音義》,乃"傲"字。《隨函録》卷 22《法句喻經》卷 4:"䠂跳,本闕。"(ZD60-248b)晉・法炬共法立譯《法句譬喻經》卷 4:"衆人皆來而欲捕之,象便瞋恚,逆蹸跳之。"(T04, p607a)"逆蹸",宋、元、明本作"逸蹴",聖本作"逆䠂"。聖本作"䠂",與《隨函録》所録同。唐・慧琳《一切經音義》卷 76:"逆傲跳之:傲,音敖告反。《考聲》云蕩也。《廣雅》慢也。《説文》從人敖聲,經從足作䠂,非也。"(T54, p801a)《一切經音義》以"䠂"爲"傲"字。如其説可從,"傲"蓋是受下字"跳"的影響類化改旁從"足"旁而寫成"䠂"的。

1439 𨂲

按:"𨂲",大型字典失收,見於《隨函録》,乃"踊"字之訛。《隨函録》卷 20《異部宗輪論》卷 1:"𨂲躍,上餘隴反,正作踴。"(ZD60-179b)唐・玄奘譯《異部宗輪論》卷 1:"佛一切時不説名等,常在定故。然諸有情,謂説名等,歡喜踊躍,一刹那心了一切法。"(T49, p15c)《隨函録》"𨂲躍"即《異部宗輪論》的"踊躍",其中"𨂲"即"踊"字之訛。

1440 蹨

《集韻・侵韻》:"蹨,坐也。"

按:我們在這裹要講的"蹨"乃"磔"字。《隨函録》卷 15《十誦律》卷 3:"蹨手,上知格反,僧祇云二尺四寸也,正作磔。"(ZD59-1116c)後秦・弗若多羅譯《十誦律》卷 3:"長十二修伽陀搩手,内廣七搩手。"(T23, p20c)《隨函録》"蹨手"即《十誦律》中的"搩手"。"搩手"即"磔手",又作"蹀手"。根據《隨函録》,以作"磔手"爲正。又《隨函録》卷 15《摩訶僧祇律》卷 6:"蹨手,上張挌反,律云二尺四寸也,正作磔也。"(ZD59-1105b)《隨函録》卷 7《十一面神咒心經》:"一搩,吒格反,正作磔也,又音竭,非用。"(ZD59-804c)從形體上看,"蹨"同"磔",蓋源於"蹀"字之訛。

1441 蹦

按:“蹦”,見於《隨函録》,乃“嚙”字。《隨函録》卷 7《佛説孔雀王咒經》卷 2:“汝蹦,宜作囓、齧,二同,五結反。齧,噬也。如經‘如汝齧莎底比丘’是也,若經作蹦,悮也。”(ZD59-797c)梁 · 僧伽婆羅譯《孔雀王咒經》卷 2:“如汝嚙莎底比丘常安隱,如是此大孔雀王咒,願安隱護,一切衆生願得安隱。”(T19, p456a)《隨函録》“汝蹦”即《孔雀王咒經》中的“汝嚙”,其中“蹦”即“嚙”字之訛。“嚙”與“囓”“齧”同。

1442 躪

《集韻 · 宕韻》:“躪,路曠遠也。苦謗切。”《龍龕手鏡 · 足部》(459):“躪,俗,音擴。”

按:“躪”不見於《集韻》之前的字韻書,其來源在大型字典中不明。其實“躪”即“曠”字之俗。《隨函録》卷 10《大智度論》卷 78:“躪遠,上苦謗反,大也,遠也,郭氏音擴,非也。曠遠,同上。”(ZD59-920c)後秦 · 鳩摩羅什譯《大智度論》卷 76:“復次須菩提,菩薩在空閑山澤曠遠之處,魔來到菩薩所,讚歎遠離法作是言……”(T25, p596b)《隨函録》“躪遠”即《大智度論》中的“曠遠”,其中“躪”即“曠”字。“躪”蓋“曠”换形旁所致。“曠”在經文中指路途遥遠,與“足”相關,俗故换從“足”旁而作“躪”。

《龍龕手鏡》“躪”音“擴”,與《隨函録》所引郭氏注音相同,蓋爲俗音。鄧福禄《字典考正》(396)也考了此字,請參。

1443 蹴

按:“蹴”字,大型字典失收,見於《隨函録》,爲“蹴”字。《隨函録》卷 23《諸經要集》卷 13:“駈蹴,上丘魚反,下子六反,迫也,遂也,正作驅蹙也,下或作蹴。《川音》作駈騀,以駊騀替之,非也,音跛我,謬甚。”(ZD60-303a)唐 · 釋道世《諸經要集》卷 13:“受苦既畢墮畜生中,身常負重,驅蹴捶打,無有餘息。”(T54, p124c)“驅蹴”,《法苑珠林》卷 70 作“驅蹙”。唐 · 釋道世《法苑珠林》卷 70:“身常負重,驅蹙捶打。”(T53, p815c)《隨函録》“駈蹴”即經文中的“驅蹴”,其中“蹴”即“蹴”字。“蹴”或作“踓”,“蹴”與“踓”形體近似。

邑(右阝)部

1444 邵、1445 碚

《龍龕手鏡 · 邑部》(453):“碚,多雷反。”

按:我們這裏要講的“碚”乃“邵”字之訛。《隨函録》卷 30《廣弘明集》卷 30:“邵(碚)陵,上市照反。”(ZD60-600b)“邵”音“市照反”,與“邵”音同。唐 · 道宣撰《廣弘明集》卷 30:“道冠邵陵,業踰莘姒。”(T52, p358b)《隨函録》“邵陵”即經文中的“邵陵”,其中“邵”即“邵”字之訛。這樣一來,大型字典“碚”字下可增添“同邵”的説解。

1446 邛

按:“邛”,大型字典失收,見於《隨函録》,乃“祁”字之訛。《隨函録》卷 8《金剛秘密善門陀羅尼經》卷 1:“邔尼,上巨尸反,正作祁。《善法方便經》作‘忌尼’,又《陁羅尼集》作‘祁’,《護命經》作‘耆你’。”(ZD59-815c)《金剛秘密善門陀羅尼經》卷 1:“希利希利蛇他時蛇他祁尼,蛇他波蘭遮,蛇他婆焰。”(T20, p583b)《隨函録》“邔尼”即《金剛秘密善門陀羅尼經》“祁尼”,其中“邔”即“祁”字之訛。

1447 粅

《改併五音類聚四聲篇海·米部》(368)引《川篇》:“粅,音詵,米滓也。”

按:我們這裏要講的“粅”乃“郲”字之訛。《隨函録》卷 29《廣弘明集》卷 14:“粅文,上音殊,下音父,上正作郲,並悮。”(ZD60-562c)唐·道宣撰《廣弘明集》卷 14:“郲文輕己而利民,有德而無應。”(T52, p192a)《隨函録》“粅文”即經文中的“郲文”,其中“粅”即“郲”字之訛。

1448 郄

按:“郄”,大型字典失收,見於《隨函録》,爲“隙”字。《隨函録》卷 16《四分律》卷 47:“嫌郄,去逆反,怨也,正作隙。”(ZD60-38b)姚秦·佛陀耶舍共竺佛念等譯《四分律》卷 46:“彼此同意,無有嫌隙。”(T22, p910c)《隨函録》“嫌郄”即《四分律》中的“嫌隙”,其中“郄”即“隙”字。“隙”通常又可作“郤”。《史記·田敬仲完世家》:“鮑牧與齊悼公有郤,弑悼公。”從形體上看,“郄”蓋源於“郤”字之訛。

1449 邽

按:我們在這裏要講的“邽”乃“邦”字之訛。《隨函録》卷 6《大灌頂經》卷 2:“異邽,布江反,又音圭,悮。”(ZD59-750a)《隨函録》卷 6《順權方便經》上卷:“大邽,博江反,又音圭,非也。”(ZD59-762a)西晉·竺法護譯《順權方便經》卷 1:“沙門梵志諸天人民,郡國縣邑州域大邦利益衆生,菩薩常行四恩之業,救攝一切修若干敬。”(T14, p924b)《隨函録》“大邽”即《順權方便經》中的“大邦”,其中“邽”即“邦”字之訛。

又《隨函録》卷 6《順權方便經》上卷:“大邽,博江反,正作邦。”(ZD59-762a)西晉·竺法護譯《順權方便經》卷 1:“唯須菩提,若懈怠衆懶惰不勤,見於如來入郡國縣邑州域大邦,心中歡悦,稽首自歸。”(T14, p925a)《隨函録》“大邽”即《順權方便經》中的“大邦”,其中“邽”亦“邦”字之訛。

1450 ⿰考阝

按:“⿰考阝”字,大型字典失收,見於《隨函録》,爲“鄢”字之訛。《隨函録》卷 24《古今譯經圖紀》卷 4:“⿰考阝郢,上於幰反,下以井反,鄭楚地名也,正作鄢。”(ZD60-337c)唐·釋靖邁《古今譯經圖紀》卷 4:“文軌攸同,沿江徇友,途經鄢郢。”(T55, p366c)《隨函録》“⿰考阝郢”即此文中的“鄢郢”,其中“⿰考阝”即“鄢”字之訛。

1451 ⿰巫阝

按:我們這裏要講的“⿰巫阝”乃“耶”字之訛。《隨函録》卷 23《經律異相》卷 13:“拘⿰巫阝,上其俱反,下羊嗟反,西洲名也,或云瞿陁尼,唐言牛貨,又音恤,悮也。”(ZD60-267b)梁·僧旻、寶唱等集《經律異相》卷 13:“賓頭盧以神力取樹提鉢被擯拘耶尼(六)。”(T53, p64a)《隨函録》“拘𨚍”即經文中的“拘耶”,其中“𨚍”即“耶”字之訛。

1452 鄢

按:“鄢”,大型字典失收,見於《隨函録》,乃“鄔”字之訛。《隨函録》卷 11《瑜伽師地論》卷 24:“鄢波,上烏古反,正作鄔。”(ZD59-937a)唐・玄奘譯《瑜伽師地論》卷 24:“住經行處,住諸同法阿遮利耶鄔波拖耶及諸尊長等尊長前。”(T30, p415a)《隨函録》“鄢波”即《瑜伽師地論》中的“鄔波”,其中“鄢”即“鄔”字之訛。

1453 鄚

按:“鄚”字,大型字典失收,見於《隨函録》,爲“鄭”字之訛。《隨函録》卷 24《出三藏記集》卷 8:“馬鄚,音鄭。”(ZD60-314a)梁・釋僧祐《出三藏記集》卷 8:“若夫以詩爲煩重,以尚爲質朴,而删令合今,則馬鄭所深恨者也。”(T55, p52c)《隨函録》“馬鄚”即《出三藏記集》中的“馬鄭”,其中“鄚”即“鄭”字之訛。

身部

1454 𨉖

按:“𨉖”字,大型字典失收,此字見於《隨函録》,即“躭”字。《隨函録》卷 5《悲華經》卷 1:“𨉖禰,上都南反,下莫卑反,《芬陁利經》作躭彌。”(ZD59-717a)北涼・曇無讖譯《悲華經》卷 1:“波夜無郅禰,波羅烏呵羅禰,檀陀毘闍比闍婆留鬱躭禰。”(T03, p169c)《隨函録》“𨉖禰”即“躭禰”,其中“𨉖”即“躭”字。

1455 躾[①]

《龍龕手鏡・身部》(161):“躾,俗,音毛。”《中華字海・身部》(1430):“躾,義未詳。見《龍龕》。”

按:“躾”,見於《隨函録》,乃“毦”字。《隨函録》卷 13《梵網六十二見經》卷 1:“珞躾,人志反,正作毦(根據讀音是毦字)。”(ZD59-1021a)吴・支謙譯《梵網六十二見經》卷 1:“持高繖蓋,著履結髮,以珠珞毦。”(T01, p265a)《隨函録》“珞躾”即《梵網六十二見經》中的“珞毦”,其中“躾”對應的是“毦”,但不應是“毦”字。根據經文,當從《隨函録》以“躾”爲“毦”字之訛。經中的“毦”也應是“毦”字之訛。《龍龕手鏡》“躾”音“毛”蓋爲俗讀,人們以“躾”在字形上從“毛”,故俗讀爲“毛”,這是一種音隨形變的現象。

1456 躱

按:“躱”,大型字典失收,見於《隨函録》,乃“躭”字。《隨函録》卷 2《大寶積經》卷 92:

① 此條我們在《以可洪〈隨函録〉考漢語俗字(續)》一文中考釋過,見《古漢語研究》2007 年第 1 期,第 66 頁。

“⿰身火著,都南反,正作躭。”(ZD59-600b)唐・菩提流志奉《大寶積經》卷92:“於親友家慳吝耽著生誑惑故,當觀利養。”(T11, p523c)《隨函録》“⿰身火著”即《大寶積經》中的“耽著”。“耽著”與“躭著”同。從形體上看,“⿰身火”當爲“躭”字之訛。

1457 ⿰身台

按:“⿰身台”,大型字典失收,見於《隨函録》,乃“胎”字。《隨函録》卷22《釋迦方志》卷2:“鷇卬,郎管反,烏⿰身台也,正作夘(卵)也。”(ZD60-261c)《隨函録》“烏⿰身台”中的“⿰身台”即“胎”字,乃“胎”换形旁所致。

1458 ⿰身血

按:“⿰身血”,大型字典失收,見於《隨函録》,即“䘏”字。《隨函録》卷28《十門辯惑論》下卷:“⿰身血飢,上私律反,正作䘏也。”(ZD60-521a)釋復禮撰《十門辯惑論》卷3:“發號令撫惸鳌,恤飢寒理冤滯。”(T52, p558b)《隨函録》“⿰身血飢”即經文中的“恤飢”,其中“⿰身血”即“恤”字之俗,而“恤”與“䘏”同。

1459 ⿰身兆

《漢語大字典・身部》:“⿰身兆,同晁。”

按:我們這裏要講的“⿰身兆”乃“躭”字之訛。《隨函録》卷25《新華嚴經音義》:“本⿰身兆,都南反,正作躭。”(ZD60-401b)唐・慧苑《新譯大方廣佛花嚴經音義》卷17:“躭味:躭,都含反。案,《玉篇》《字林》等嗜色爲媅,嗜酒爲酖,耳垂爲耽。《聲類》媅字作妉。今經本作躭字,時俗共行,未詳所出也。”(ZD59-435b)《隨函録》“本(作)⿰身兆”即此“本(作)躭”,其中“⿰身兆”即“躭”字之訛。

1460 ⿰身宛、1461 ⿰身宛

《中華字海・身部》(1432):“⿰身宛,義未詳。見《龍龕》。”《龍龕手鏡・身部》(161):“⿰身宛,俗,一桓、於阮、烏卧三反。”唐・慧琳《一切經音義》卷75《道地經》卷1音義:“或⿰身宛,此字諸字書並無此字,准義合是剜字,烏桓反,從身作者未詳。”(T54, p792b)

按:張涌泉根據《經音義》以“⿰身宛”爲“剜”①,不妥。我们曾認爲“⿰身宛”應該是“踠”②字。今讀《隨函録》,《隨函録》亦以“⿰身宛(⿰身宛)”爲“踠”字,正好可以佐證我們先前的觀點。《隨函録》卷21《道地經》卷1:“或⿰身宛(⿰身宛),於遠、烏活二反,正作踠、腕二形也。踠,體屈也,……悮。”(ZD60-209c)後漢・安世高譯《道地經》卷1:“三十八七日母腹中風起,令得如宿命行好惡。若好行者便香風起,可身意令端正可人。惡行者令臭風起,使身意不安不可人,骨節不端正,或⿰月戚脥,或僂,或⿰身宛,或魋,人見可是。”(T15, p234c)據《隨函録》,“⿰身宛(⿰身宛)”即“踠”字,意義爲“體屈也”,符合經義。具體論述請參拙著《龍龕手鏡研究》。

1462 ⿰身悤

按:“⿰身悤”,大型字典失收,見於《隨函録》,乃“聰”字之訛。《隨函録》卷19《阿毘達磨大

---

① 張涌泉:《漢語俗字叢考》,中華書局2000年,第1015頁。

② 鄭賢章:《龍龕手鏡研究》,湖南師範大學出版社2004年,第204頁。

毘婆沙論》卷 178:"聰慧,上倉紅反,正作聡(聰)。"(ZD60-126b)唐·玄奘譯《阿毘達磨大毘婆沙論》卷 178:"若時菩薩名瞿頻陀精求菩提,聰慧第一,論難無敵,世共稱仰。"(T27, p892b)《隨函録》"聰慧"即《阿毘達磨大毘婆沙論》中的"聰慧",其中"聰"即"聰"字之訛。形體上,"聰"俗作"聡"①,"聰"蓋"聡"進一步訛誤所致,構件"耳"與"身"近似易誤。

1463 躾

按:"躾",大型字典失收,見於《隨函録》,乃"𦗖"字之訛。《隨函録》卷 22《四阿鋡暮抄解》卷 1:"躾昧,上青搆反,葛也,經文自切,正作𦗖、𦗖二形。又疑青字是責,(責)搆反,《佛阿毘曇》作粽寐也。"(ZD60-241c)符秦·鳩摩羅佛提等譯《四阿鋡暮抄解》卷 1:"是世尊我持三衣,一一割截,持六衣、劫貝四、𦗖昧(葛也,青搆反)布、傍渠(麻布)、阿鞞駏(榜也)、蕡麻(遒布,庳打反),是輩六遇得,便著割碎持。"(T25, p3b)《隨函録》"躾昧"即《四阿鋡暮抄解》中的"𦗖昧",其中"躾"即"𦗖"字之訛。

1464 軉、1465 軉

按:"軉",大型字典失收,見於《隨函録》,乃"聵"字之訛。《隨函録》卷 5《正法華經》卷 2:"騃軉,五恠反。"(ZD59-706c)西晉·竺法護譯《正法華經》卷 2:"耳聾閉塞,愚癡騃聵,不得聞經。"(T09, p79b)《隨函録》"騃軉"即《正法華經》中的"騃聵",而"騃聵"即"騃聵"。《龍龕手鏡·身部》(162):"軉,俗,五恠反,正作聵,聾也。"《隨函録》卷 5《正法華經》卷 2:"盲軉,吾恠反,聾也,正作聵。"(ZD59-706a)西晉·竺法護譯《正法華經》卷 2:"今我諸子,闇蔽閉塞,一切盲聵(聵),無有耳目。"(T09, p77a)《隨函録》"盲軉"即《正法華經》中的"盲聵(聵)",其中"軉"即"聵"字之訛。"軉"與"軉"近似,亦當"聵"字之訛。

辵(辶)部

1466 过

按:"过"字,大型字典失收,見於《隨函録》,爲"廷"字之訛。《隨函録》卷 24《出三藏記集》卷 10:"來过,音庭,正作廷也。"(ZD60-316c)梁·釋僧祐《出三藏記集》卷 10:"是使淵叟投竿,巖逸來廷,息心昇堂,玄客入室。"(T55, p74a)《隨函録》"來过"即《出三藏記集》中的"來廷",其中"过"即"廷"字之訛。

1467 迟

按:"迟"字,大型字典失收,見於《隨函録》,即"雅"之俗。《隨函録》卷 30《廣弘明集》卷 19:"翩翩迟,上二疋連反,下五馬反,特也,美也,正作雅、疋二形也。疋者,古文雅字也。"(ZD60-571a)"迟"作爲"雅"的俗字,當源於"雅"的古文"疋"之訛。今對應的《大正新修大藏經》之《廣弘明集》卷 19 作"辭趣翩翩,足有才藻"(T52, p233b)。《隨函録》"翩翩迟"對

① 《龍龕手鏡·耳部》:"聡,俗,聦,正,音忩,聽聞明察也。"中華書局 1985 年,第 313 頁。

應的是"翩翩足"字。根據文意,我們以爲"足"應該是"疋"之誤,"足有"與文意不甚相合,而"疋(雅)有"與文意相符。梁·寶唱撰《比丘尼傳》卷1:"每與帝及太傅中朝學士,談論屬文,雅有才致。"(T50, p936c)《歷代三寶紀》卷8:"時恒有同學道標,亦雅有才力,當時擅名,與恒相次。"(T49, p82a)"雅有"即甚有、頗有之義。張相《詩詞曲語辭彙釋》卷2:"雅,猶頗也。"

1468 **㣽**

《改併五音類聚四聲篇海·辶部》(334):"**㣽**,奴、怒二音。"《中華字海·辶部》(635):"**㣽**,義未詳。"

按:"**㣽**",見於《隨函録》及佛經,爲佛經音譯用字,本無實際意義。《隨函録》卷7《不空羂索咒經》卷1:"比疏**㣽**,上音毗,中所助反,下奴故反。唐譯作毗瑟怒。"(ZD59-791a)《隨函録》卷7《不空羂索咒經》卷1:"句**㣽**,奴故反。唐譯本作屈忸。"(ZD59-791b)隋·闍那崛多譯《不空羂索咒經》卷1:"句**㣽**句**㣽**(一百五)遮囉遮囉(一百六)因地唎夜(一百七)婆(去)邏蒱澄伽(一百八)柘妒阿唎耶薩底夜(一百九)三缽囉迦釋迦(一百十)多莫多莫(一百十一)……"(T20, p401a)《隨函録》"**㣽**"音"奴故反",《篇海》"**㣽**"音"怒",讀音相同。至於《改併五音類聚四聲篇海》"**㣽**"又音"奴",那是因爲人們以"**㣽**"字從"奴"得聲,故俗讀爲"奴"。這是一種音隨形變的現象。"**㣽**"爲佛經音譯用字,本無實際意義,亦無正體。鄧福禄《字典考正》(165)言:"根據可洪音注及唐譯本異文,可以斷定'**㣽**'即'怒'字。"恐誤。

1469 迯

《字彙·辵部》:"迯,俗逃字。"

按:我們這裏要講的"迯"乃"外"字。《隨函録》卷30《廣弘明集》卷30:"方迯,音外,又音逃,非。"(ZD60-600c)唐·道宣撰《廣弘明集》卷30:"棲峙遊方外,超世絶風塵。"(T52, p360a)《隨函録》"方迯"即經文中的"方外",其中"迯"即"外"字。"外"作"迯",可能是受上文"遊"字影響類化而成。這樣一來,大型字典"迯"字下可增添"同外"的説解。

1470 **迧**

《龍龕手鏡·辵部》(490):"**迧**,音申。"《中華字海·辶部》(634):"**迧**,義未詳。"

按:"**迧**"見於《隨函録》,乃"逞"字之俗。詳細考證見本書上篇第三章"**迧**"字條。

1471 **逅**

按:"**逅**",大型字典失收,見於《隨函録》,乃"逅"字之訛。《隨函録》卷22《法句喻經》卷3:"邂**逅**,上户懈反,下户豆反,偶然也,迍邅也。"(ZD60-247b)晉·法炬共法立譯《法句譬喻經》卷3:"今我此間自有父母,邂逅之間唐自抱乎?"(T04, p597c)《隨函録》"邂**逅**"即《法句譬喻經》中的"邂逅",其中"**逅**"即"逅"字之訛。形體上,"垢"俗可作"**逅**",可資比勘。

1472 𨒺①

《龍龕手鏡·辵部》(494):"𨒺,音曲。"《中華字海·辶部》(636):"𨒺,義未詳。見《龍龕》。"

① 此條我們曾在《漢語疑難俗字例釋》一文中考釋過,見《語言研究》2006年第4期,第88頁。

按："迪"見於《隨函録》，乃"迴"字之訛。《隨函録》卷 20《婆須蜜論》卷 3："迪轉，上户灰反。"(ZD60-154a)符秦・僧伽跋澄等譯《尊婆須蜜菩薩所集論》卷 3："依心迴轉彼有違，亦説俱生痛想念。"(T28, p739a)《隨函録》"迪轉"即《尊婆須蜜菩薩所集論》中的"迴轉"，其中"迪"即"迴"字之訛。

又《隨函録》卷 5《悲華經》卷 4："迪向，上户灰反。"(ZD59-718c)北凉・曇無讖譯《悲華經》卷 3："善男子，今汝所作福德之聚清淨之業，應爲一切衆生得一切智故，迴向阿耨多羅三藐三菩提。"(T03, p181b)《隨函録》"迪向"即"迴向"，其中"迪"即"迴"字。

又《隨函録》卷 15《十誦律》卷 20："烏迪，户灰反。"(ZD59-1120a)後秦・弗若多羅譯《十誦律》卷 20："爾時應僧中舉烏迴鳩羅。"(T23, p144c)《隨函録》"烏迪"即《十誦律》中的"烏迴"，其中"迪"亦"迴"字之訛。

《龍龕手鏡》"迪"音"曲"，蓋爲俗讀。俗以"迪"在形體上從"曲"故以"曲"讀之，這是一種音隨形變的現象。

1473 逕

《中華字海・辶部》(636)："逕，走貌。見《集韻》。"

按：我們這裏要講的"逕"乃"逕(經)"字。《隨函録》卷 22《阿育王息壞目因緣經》卷 1："逕口，上音經，歷也，過也，諸經多作逕，以爲經字用也，又音鵶，非也。"(ZD60-240a)符秦・曇摩難提譯《阿育王息壞目因緣經》卷 1："衆味經口，轉增舌根。"(T50, p173b)《隨函録》"逕口"即《阿育王息壞目因緣經》中的"經口"。"逕"即"逕"，經文中與"經"同。

1474 ⿺辶毛、1475 ⿺辶印、1476 ⿺辶[?]

《龍龕手鏡・辵部》(490)："⿺辶印、⿺辶[?]，二俗，音延。"

按："⿺辶毛"，大型字典失收，見於《隨函録》，乃"綖"字。《隨函録》卷 23《經律異相》卷 31："氈吒，上於遠反，下羊然反，《六度集》作⿰𠂤毛⿺辶毛，並悮。"(ZD60-275b)梁・僧旻、寶唱等集《經律異相》卷 31："地柔軟如王邊氈旺矣。"(T53, p166b)《隨函録》"氈吒"即經文中的"氈旺"，《隨函録》言"《六度集》作⿰𠂤毛⿺辶毛"，今《六度集經》作"緼綖"或"綩綖"。《六度集經》卷 2："斯地柔軟如王邊緼綖矣。"(T03, p10b)"緼綖"，宋、元、明本作"綩綖"。唐・慧琳《一切經音義》卷 11："綩綖，於遠反，下以旃反，假借字也，若取字義即乖經意。案：綩綖，地褥也，即舞筵也，俗呼爲地衣毛錦是也。"(T54, p375b)

根據《隨函録》及佛經，我們以爲"⿺辶毛""旺"可能即"綖"字。《龍龕手鏡》"⿺辶印""⿺辶[?]"音"延"，與"⿺辶毛"形體近似，亦當爲"綖"之訛。

1477 逭

《廣韻・换韻》："逭，胡玩切。"

按：我們在這裏要講的"逭"乃"瘇"字之訛。《隨函録》卷 11《瑜伽師地論》卷 23："陰逭，直睡反，重逭病也，謂陰腫下垂而重也，正作膇、瘇二形，《經音義》作徒雷反，非也。"(ZD59-936b)唐・玄奘譯《瑜伽師地論》卷 23："所謂癰痤、乾癬、濕癬、疥癩、疽疔、上氣、疲嗽、皰漿、噦噎、乾消、癲癇、寒熱、黄病、熱血、陰瘇如是等類無量疾病，由飲食故身中生起。"

(T30, p408b)《隨函録》"陰追"即《瑜伽師地論》中的"陰㿗",其中"追"即"㿗"字之訛。"追"即"㿗",訓"陰腫下垂而重也",疑與"㿉"同。《廣韻·灰韻》杜回切:"㿉,陰病。"

1478 遁

按:"遁",大型字典失收,見於《隨函録》,即"遁"字之訛。《隨函録》卷24《開元釋教録》卷5:"遁迹,上徒本反。"(ZD60-343b)唐·智昇撰《開元釋教録》卷5:"孤行山野,遁跡人世。"(T55, p526b)《隨函録》"遁迹"即此"遁跡",其中"遁"即"遁"字之訛。

1479 逯

《中華字海·辶部》(645):"逯,同'遁',又同'豚'。"

按:我們這裏要講的"逯"乃"逐"字之訛。《隨函録》卷23《經律異相》卷49:"逯繩,上直六反。"(ZD60-283a)梁·僧旻、寶唱等集《經律異相》卷49:"以熱鐵斧逐繩道,斫罪人,作百千段。"(T53, p261b)《隨函録》"逯繩"即經文中的"逐繩",其中"逯"即"逐"字之訛。

又《隨函録》卷22《阿育王傳》卷2:"隨逯,直六反。"(ZD60-238b)西晉·安法欽譯《阿育王傳》卷2:"人中富樂,猶有八苦隨逐其身,況無福者。"(T50, p106c)《隨函録》"隨逯"即經文中的"隨逐",其中"逯"亦"逐"字。

1480 逄、1481 瘴

按:"逄",大型字典失收,見於《隨函録》,乃"膖"字。《隨函録》卷6《大淨法門經》下卷:"逄爛,上普江反,下郎歎反。"(ZD59-759b)西晉·竺法護譯《佛說大淨法門經》卷1:"身體瘴爛,不可復視。"(T17, p823a)"瘴",宋、元、明、宫本作"膖"。《隨函録》"逄爛"即《佛說大淨法門經》中的"瘴爛",其中"逄"即"瘴"字。"逄""瘴"皆宋、元、明、宫本《佛說大淨法門經》中的"膖"字。從形體上看,"膖"通過換形旁作"瘴",而"逄"則爲"瘴"字之訛。

1482 逸

《中華字海·辶部》(644):"逸①,同逸。"

按:我们這裏要講的"逸"乃"勉"字之俗。《隨函録》卷3《大方等大集經》卷20:"无逸,音勉,正作勉。"(ZD59-622b)《大方等大集經》卷19:"汝常諦觀生老病死世無免者,我今已能永滅諸苦。"(T13, p129c)《隨函録》"无逸"即《大方等大集經》中的"無免","逸"對應的是"免"。《隨函録》以"逸"爲"勉"字。從形體上,當以"逸"作"勉"爲是。不過,"逸"同"勉",在經文中乃通"免"字,意義爲除去、免去。韓小荆《可洪音義研究》(224)以"逸(勉)"爲"免"之借,是。文獻中亦有"勉"通"免"的。《國語·晉語八》:"彼若不敢而遠逃,乃厚其外交而勉之,以報其德,不亦可乎?"王引之《經義述聞·國語下》:"勉,當讀如免。古字勉與免通。勉之,謂免其死。"

1483 遙

《中華字海·辶部》(647):"遙,同遥。見《龍龕》。"

---

① 韓小荆《可洪音義研究》以爲"逸"字大型字典失收,不妥,失檢。浙江大學2007年博士論文,第224頁。

按：我們在這裏要講的"逢"乃"逢"字之訛。《隨函録》卷 20《分别功德論》卷 1："逢見，上扶峯反，正作逢。"(ZD60-176b)《分别功德論》卷 1："時有一梵志，在樹下坐禪，不食五穀，但食果蓏，若無果便噉草菜以續精氣，身著樹葉衣，形體羸瘦，裁自支拄。時須羅陀行過逢見，謂是道士。"(T25, p36c)《隨函録》"逢見"即《分别功德論》的"逢見"，其中"逢"即"逢"字之訛。

又《隨函録》卷 22《法句喻經》卷 1："道逢，扶峯反。"(ZD60-244c)"逢"音"扶峯反"，亦"逢"字。晉・法炬共法立譯《法句譬喻經》卷 1："晡時出城，道逢一人，驅大群牛，放還入城。"(T04, p576a)《隨函録》"道逢"即《法句喻經》的"道逢"，其中"逢"亦"逢"字之訛。

1484 邉

按："邉"，大型字典失收，見於《隨函録》，乃"邊"字之訛。《隨函録》卷 9《文殊師利問佛經》上卷："一邉，布玄反，正作邊。"(ZD59-859a)梁・僧伽婆羅譯《文殊師利問經》卷 1："若無明有者是一邊，若無明無者是一邊。"(T14, p496b)《隨函録》"一邉"即《文殊師利問經》中的"一邊"，其中"邉"即"邊"字之訛。

1485 蓮

按："蓮"，大型字典失收，見於《隨函録》，乃"葦"字。《隨函録》卷 12《長阿含經》卷 11："蓮索繫，上云鬼反，下古詣反。"(ZD59-982c)後秦・佛陀耶舍共竺佛念譯《長阿含經》卷 11："屍答曰：'瞿曇所記，以葦索繫抴於塚間，實如彼言。'"(T01, p67b)《隨函録》"蓮索繫"即《長阿含經》中的"葦索繫"，"蓮"即"葦"字。從形體上看，"蓮"爲"葦"聲旁繁化所致。

1486 遷

按："遷"字，大型字典失收，見於《隨函録》，即"霆"之訛。《隨函録》卷 30《廣弘明集》卷 20："遷掃，上徒丁反，正作霆也。"(ZD60-573c)唐・道宣撰《廣弘明集》卷 20："風移霆掃，參差焜煌。"(T52, p241c)《隨函録》"遷掃"即經文中的"霆掃"，其中"遷"即"霆"字之訛。"霆"俗作"運"，"遷"與"運"形體近似。

1487 遺

按："遺"，大型字典失收，見於《隨函録》，即"匱"字之訛。

《隨函録》卷 29《廣弘明集》卷 15："覆遺，上芳六反，下巨位反，正作匱。"(ZD60-564b)唐・道宣撰《廣弘明集》卷 15："如來覆簣，爰始言登永路，起滅回環，馳驟不息。"(T52, p200c)《隨函録》"覆遺"即經文中的"覆簣"，其中"遺"對應的是"簣"字。在表示"盛土的竹筐"一義時，"簣"可作"匱"。《漢書・王莽傳上》："綱紀咸張，成在一匱。"顔師古注："《論語》云：'譬如爲山，未成一匱。'"今本《論語・子罕》作"簣"。"遺"作"匱"，是因爲構件"匚"草寫與"辶"近似易誤寫成了"辶"。《龍龕手鏡・辶部》(492)："遺，俗，求位反，正作匱。""遺"與"遺"形體近似。

1488 避

按："避"字，大型字典失收，見於《隨函録》，爲"遷"字之訛。《隨函録》卷 24《大唐内典録》卷 10:“不𨗉,七仙反。”(ZD60-335c)唐・釋氏撰《大唐内典録》卷 10:“物不遷論(釋僧肇)。”(T55, p329c)《隨函録》“不𨗉”即此文中的“不遷”,其中“𨗉”亦“遷”字之訛。

1489 𨖆

按:“𨖆”,大型字典失收,見於《隨函録》,乃“逮”字。《隨函録》卷 18《阿毘曇八犍度論》卷 30:“已𨖆,音代,及也,正作逮。”(ZD60-91a)唐・玄奘譯《阿毘曇八犍度論》卷 30:“脱若墮已墮,貪餮復來還,已逮安隱處,樂往至樂所。”(T26, p917a)《隨函録》“已𨖆”即《阿毘曇八犍度論》的“已逮”,其中“𨖆”即“逮”字之訛。“逮”俗可作“逓”,“𨖆”與“逓”形體近似。

1490 躃、1491 躃

按:“躃”“躃”,見於《隨函録》,乃“避”字。《隨函録》卷 15《摩訶僧祇律》卷 19:“當躃,毗義反。”(ZD59-1109a)東晉・佛陀跋陀羅共法顯譯《摩訶僧祇律》卷 19:“若奸婬女來試弄比丘,故不正坐者,不得語,但當避去。”(T22, p381b)《隨函録》“當躃”即《摩訶僧祇律》中的“當避”,其中“躃”即“避”字。

又《隨函録》卷 20《成實論》卷 10:“躃取,上普益反,正作僻。耶躃,上以嗟反,下同上也。”(ZD60-160c)姚秦・鳩摩羅什譯《成實論》卷 9:“不好淨潔亦無威儀,拙於語言常喜恚恨,僻取他教而深貪著,學誦難得既得易失,設有所得不能解義,設有所解則復邪僻,如是等相皆由無明,故知無明有無量過。”(T32, p313c)《隨函録》“躃取”即《成實論》中的“僻取”,而“耶躃”即《成實論》中的“邪僻”,其中“躃”“躃”對應的都是“僻”字。但從形體上看,我們以爲“躃”“躃”當是“避”字之變,在這裏用同“僻”,蓋“僻”字之借。“避”通“僻”,在《隨函録》中還有用例。《隨函録》卷 10《大智度論》卷 15:“邪避,疋益反,正作僻。”(ZD59-909c)睡虎地秦墓竹簡《語書》:“是以聖王作爲法度,以矯端民心,去其邪避,除其惡俗。”“避”皆“僻”之借。

1492 𨘮

按:“𨘮”,大型字典失收,見於《隨函録》,乃“遷”字。《隨函録》卷 4《大方廣佛華嚴經》卷 79:“不𨘮,音遷。”(ZD59-668a)實叉難陀譯《大方廣佛華嚴經》卷 79:“不没不生,不住不遷,不動不起。”(T10, p438a)《隨函録》“不𨘮”即《大方廣佛華嚴經》中的“不遷”,其中“𨘮”即“遷”字之訛。

豸部

1493 𧳟

按:“𧳟”,大型字典失收,見於《隨函録》,乃“湩”字。《隨函録》卷 13《修行本起經》下卷:“牛𧳟,都弄反,乳汁也,正作湩,或作𩞄。”(ZD59-1050a)後漢・竺大力共康孟詳譯《修行本起經》卷 2:“當取五百牛乳,展轉相飲,至於一牛,犖一牛湩。”(T03, p469c)《隨函録》“牛𧳟”即《修行本起經》中的“牛湩”,其中“𧳟”即“湩”字。從形體上看,“湩”或作“𩞄”,

“䮵”蓋“䮵”字之訛。

角部

1494 觕

按:“觕”,大型字典失收,見於《隨函録》,爲“确”字之訛,在經文中爲“搉(推)”字之借。《隨函録》卷6《六度集經》卷4:“欲觕,苦角反,打頭也,擊也,正作㲉、搉(推)二形。”(ZD59-765c)吴·康僧會譯《六度集經》卷4:“後人欲确,見其已喪。又睹沙門更有慈心,後人即其母,始有惡意故。”(T03, p24a)《隨函録》“欲觕”即《六度集經》中的“欲确”。根據經文,“确”意義當爲敲打之義,“确”本無此義,當爲“推”字之借。《隨函録》以“觕”正作“㲉”“搉(推)”,是。“搉(榷)”或借爲“确”字。《隨函録》卷6《六度集經》卷4:“确頭,上口角反,正作㲉(搉)。”(ZD59-765c)從形體上看,“觕”蓋“确”字之訛。

1495 觧

按:“觧”,大型字典失收,見於《隨函録》,乃“解”字之訛。《隨函録》卷20《舍利弗阿毘曇論》卷19:“開觧,古買反,講也,散也,正作解也,又音買。”(ZD60-171c)姚秦·曇摩耶舍共曇摩崛多等譯《舍利弗阿毘曇論》卷26:“何故説名色?欲令此名色應正説,開解分别,顯現假稱,是故説名色。”(T28, p689a)《隨函録》“開觧”即《舍利弗阿毘曇論》中的“開解”,其中“觧”即“解”字之訛。

又《隨函録》卷20《舍利弗阿毘曇論》卷19:“未解觧,下二同,胡買反,曉也,正作解。未觧,同上,傳寫悮也。”(ZD60-171c)“觧”亦“解”字之誤。

1496 觵

《中華字海·角部》(1446):“觵,同谿。見《篇海》。”

按:我們這裏要講的“觵”乃“觸”字之訛。《隨函録》卷25《新華嚴經音義》:“觵揬,上尺玉反,正作觸也,下徒骨反。”(ZD60-402a)唐·慧苑《新譯大方廣佛花嚴經音義》卷36:“無愠暴:愠,於運反。暴,蒲報反。《蒼頡篇》曰:‘愠,恨也。’《玉篇》曰:‘暴,陵犯也。’謂欺陵觸揬於人也。”(ZD59-440a)《隨函録》“觵揬”即此“觸揬”,其中“觵”即“觸”字之訛。

1497 觻

《龍龕手鏡·角部》(511):“觻,俗,力人反。”《中華字海·角部》(1447):“觻,‘鱗’的訛字。字見《龍龕》。”

按:《中華字海》以《龍龕手鏡》“觻”爲“鱗”字,無據,不妥。其實,《龍龕手鏡》“觻”乃“麟”字。《隨函録》卷11《攝大乘論釋》卷7:“觻角,上力人反,正作麟。”(ZD59-969b)唐·玄奘譯《攝大乘論釋》卷7:“麟角喻無有,六波羅蜜多,唯我最勝尊,上品到彼岸。”(T31, p420c)《隨函録》“觻角”即《攝大乘論釋》中的“麟角”,其中“觻”爲“麟”字。“麟”蓋受下字“角”的影響類化换旁從“角”而作“觻”。

1498 䲜

按:"䲜",大型字典失收,見於《隨函録》,即"鰥"字之訛。《隨函録》卷29《廣弘明集》卷7:"䲜夫,上古頑、古幻二反,正作鰥,亦作鰥。"(ZD60-553b)唐·道宣撰《廣弘明集》卷7:"斯則女子帶甲鰥夫執戈。餌敵負國一何可笑。"(T52, p134b)《隨函録》"䲜夫"即經文中的"鰥夫",其中"䲜"即"鰥"字之訛。"䲜"同"鰥(鰥)",《隨函録》中还有例證。《隨函録》卷5《説無垢稱經》卷4:"䲜寡,上古頑反,下古瓦反,正作鰥寡字也。"(ZD59-713b)《隨函録》卷12《長阿含經》卷13:"䲜獨,上古還反,……正作鰥。"(ZD59-983c)

言(讠)部

1499 訉

按:"訉",大型字典失收,見於《隨函録》,乃"訊"字之訛。《隨函録》卷15《摩訶僧祇律》卷16:"問訉,音信,正作訊、訙二形。"(ZD59-1107c)東晉·佛陀跋陀羅共法顯譯《摩訶僧祇律》卷16:"有緣者過諸檀越,檀越見已,歡喜禮拜問訊。"(T22, p354b)《隨函録》"問訉"即《摩訶僧祇律》中的"問訊",其中"訉"即"訊"字之訛。"訉"與"訊"的或體"訙"近似。

1500 訽

按:"訽",大型字典失收,見於《隨函録》,乃"詢"之訛。《隨函録》卷23《經律異相》卷1:"上訽,呼寇反。"(ZD60-263a)梁·僧旻、寶唱等集《經律異相》卷1:"於是博綜經籍,擇採秘要,上詢神慮,取則成規。"(T53, p1a)《隨函録》"上訽"即經文中的"上詢",其中"訽"即"詢"字之訛。構件"勾(句)"與"旬"近似。《隨函録》卷23《經律異相》卷1:"拘耆,上九愚反,《起世經》作'拘毗勘',《長阿含經》無此字。"(ZD60-263a)"拘"訛作"拘",可資比勘。《隨函録》將"訽"注音爲"呼寇反",誤。

1501 訴

按:"訴",大型字典失收,見於《隨函録》,乃"訴"字之訛。《隨函録》卷22《雜譬喻經》卷2:"訴言,上蘇故反,正作訴。"(ZD60-236a)《雜譬喻經》卷2:"長者懅恐行訴言,使人尋之,舍利弗徑還精舍。"(T04, p507a)《隨函録》"訴言"即《雜譬喻經》中的"訴言",其中"訴"即"訴"字之訛。

1502 諤

《龍龕手鏡·言部》(51):"諤,《江西經音》作諤,五各反,在《廣弘明集》。"

按:"諤"作爲"諤"的俗字,《隨函録》也有記載,从中我们还可以更爲詳細地了解"諤"的使用情況。《隨函録》卷30《廣弘明集》卷22:"諤諤,五各反,謇謇,直言也,正作諤。"(ZD60-577a)唐·道宣撰《廣弘明集》卷22:"諤諤崇德,唯唯浸衰。"(T52, p260b)《隨函録》"諤諤"即經文中的"諤諤",其中"諤"即"諤"字之訛。"諤"另與"咢"同。《中華字海·言部》

(1454):“諤,同咢。見《集韻》。”大型字典“諤”字下可另增“同諤”的説解。

1503 誣

按:“誣”,大型字典失收,見於《隨函録》,乃“誣”字之訛。《隨函録》卷21《道地經》卷1:“誠誣,上失志反,用也,下文夫反,枉也,正作試誣也。”(ZD60-209a)後漢·安世高譯《道地經》卷1:“從有説行兩賤賊人共語,亦讒失誠誣妄論議。”(T15, p233c)《隨函録》“誠誣”即《出曜經》的“誠誣”,其中“誣”即“誣”字之訛。

1504 諑

按:“諑”,大型字典失收,見於《隨函録》,即“謬”字之訛。《隨函録》卷29《廣弘明集》卷8:“誕諑,上音但,下美幼反,正作誕謬也。誕諑,欺詐也。”(ZD60-554c)唐·道宣撰《廣弘明集》卷8:“兩經實談爲真,三洞誕謬爲僞。”(T52, p141b)《隨函録》“誕諑”即經文中的“誕謬”,其中“諑”即“謬”字之訛。

1505 話

按:我們在這裏要講的“話”乃“詬”字之訛。《隨函録》卷16《根本説一切有部尼陀那目得迦》卷5:“話話,呼搆反,怒惡聲也,正作詬、吼二形也,又苦候反,駡也,又胡卦、胡快二反,談言語話也,非也。”(ZD60-19b)唐·義淨奉譯《根本説一切有部尼陀那目得迦》卷6:“是時毒蛇在於房内,詬詬作聲不忍而住。”(T24, p436b)《隨函録》“話話”即《根本説一切有部尼陀那目得迦》中的“詬詬”,其中“話”即“詬”字。

又《隨函録》卷26《大唐西域記》卷8:“忍話,呼候反,怒也,正作詬也,又音經,悮。”(ZD60-411c)唐·玄奘《大唐西域記》卷8:“王允其請依先論制,僧徒受耻忍詬而退。”(T51, p912c)《隨函録》“忍話”即《大唐西域記》中的“忍詬”,其中“話”亦“詬”字。從形體上,“話”爲“詬”之訛,構件“后”俗常作“舌”,如“姤”作“姡”,可資比勘。

1506 誔、1507 誔

《廣韻·迥韻》:“誔,訑,徒鼎切。”

按:我們在這裏要講的“誔(誔)”乃“誕”字。《隨函録》卷6《彌勒下生成佛經》卷1:“俄誔,上五何反,下徒旱反,正作誕。”(ZD59-761a)唐·義淨譯《佛説彌勒下生成佛經》卷1:“徐立攀花樹,俄誕勝慈尊。”(T14, p426c)《隨函録》“俄誔”即《佛説彌勒下生成佛經》中的“俄誕”,其中“誔”即“誕”字之訛。

1508 謔

按:我們這裏要講的“謔”乃“謔”字。《隨函録》卷28《續高僧傳》卷30:“謿謔,上竹交反,下香約反。”(ZD60-499c)唐·釋道宣撰《續高僧傳》卷30:“年在童丱,雅重嘲謔。”(T50, p705a)《隨函録》“謿謔”即經文中的“嘲謔”,其中“謔”即“謔”字之訛。

1509 䜐

《改併五音類聚四聲篇海·言部》(297):“䜐,音采。”《中華字海·言部》(1465):“䜐,義未詳。見《直音篇》。"

按:"䛩",亦見於《隨函録》,乃"婇"字。《隨函録》卷22《釋迦譜》卷8:"䛩女,上倉在反。婇女,同上,《切韻》無此二體。"(ZD60-257b)《篇海》"䛩"音"采",與《隨函録》"倉在反"音同。梁·僧祐《釋迦譜》卷3:"摩竭瓶沙澆頂大王者初登位,與諸婇女入此園中,共相娛樂。"(T50, p63b)《隨函録》"䛩女"即《釋迦譜》中的"婇女",其中"䛩"即"婇"字。"婇"蓋受了上字"諸"的影響類化改旁從"言"旁而寫成"䛩"。鄧福禄《字典考正》(416)言:"后宫中當多有知書達理之女官,古俗從'言'旁作'䛩'。"鄧文對"䛩"形成原因的解釋恐有不妥。

1510 諢、1511 譂

《隨函録》卷15《摩訶僧祇律》卷23:"問諢,音信,又相遂、蘇對二反。"(ZD59-1110a)

按:"諢"乃"訊"字。東晉·佛陀跋陀羅共法顯譯《摩訶僧祇律》卷23:"爾時有無歲比丘,著好新淨染衣,往世尊所禮拜問訊。"(T22, p413c)《隨函録》"問諢"即《摩訶僧祇律》中的"問訊",其中"諢"即"訊"字。

又《隨函録》卷15《摩訶僧祇律》卷35:"問諢,音信,又相遂、蘇内二反,告也。"(ZD59-1114c)東晉·佛陀跋陀羅共法顯譯《摩訶僧祇律》卷35:"應如是禮,應如是相問訊。"(T22, p510b)《隨函録》"問諢"即《摩訶僧祇律》中的"問訊",其中"諢"亦"訊"字。

"譂",大型字典失收,見於《隨函録》,亦"訊"字。《隨函録》卷15《摩訶僧祇律》卷35:"問譂,音信,正作訙、訊二形,又或作誶,蘇醉、蘇對、慈卹三反,諸經多作訊。"(ZD59-1114c)東晉·佛陀跋陀羅共法顯譯《摩訶僧祇律》卷35:"阿練若聚落,禮足相問訊。"(T22, p511b)《隨函録》"問譂"即《摩訶僧祇律》中的"問訊",其中"譂"亦"訊"字。

1512 詸

按:"詸",大型字典失收,見於《隨函録》,即"譎"字。《隨函録》卷28《弘明集》卷4:"詸怪,上古血反。"(ZD60-527c)梁·釋僧祐撰《弘明集》卷5:"若自信其度獨師,耳目習識之表皆爲譎怪,則吾亦已矣。"(T52, p26a)《隨函録》"詸怪"即經文中的"譎怪",其中"詸"即"譎"字之訛。

1513 謪

《中華字海·言部》(1474):"謪,同商。"

按:我們這裏要講的"謪"乃"譎"字之訛。《隨函録》卷26《大唐西域記》卷2:"詭謪,古穴反,詐也,正作譎也。又知革反,責也,誤。"(ZD60-407c)唐·玄奘《大唐西域記》卷2:"懼冥運之罪,輕生事之業,詭譎不行,盟誓爲信。"(T51, p877b)《隨函録》"詭謪"即經文中的"詭譎",其中"謪"即"譎"字之訛。

1514 譲

按:"譲",大型字典失收,見於《隨函録》,乃"演"字。《隨函録》卷18《毘尼母經》卷3:"譲説,上羊淺反,正作演。"(ZD60-82b)《毘尼母經》卷3:"母義今當説,汝等善聽之,是中文雖略,廣攝毘尼義,依初事演説,智慧者當知。"(T24, p801a)《隨函録》"譲説"即《毘尼母經》的"演説",其中"譲"即"演"字。"演"蓋受下字"説"的影響類化换旁從"言"而作"譲"。

1515 䜖

按:"䜖"見於《隨函録》,乃"護"字之訛。《隨函録》卷3《大方等大集經》卷10:"擁䜖,上於勇反,下胡故反。"(ZD59-620b)"䜖"即"護"之訛。

1516 諰

按:"諰",大型字典失收,是何字呢?《隨函録》《一切經音義》、佛經中皆有此字。

《隨函録》卷29《廣弘明集》卷16:"諰諰,音愛,隱也,正作僾也。"(ZD60-567a)《隨函録》以"諰諰"爲"僾僾"字,意義爲"隱約貌"。

慧琳《一切經音義》卷98《廣弘明集》卷16音義:"藹藹,哀代反。《廣雅》:'藹藹,盛貌也。'《説文》從言葛聲。《集》從言從愛作諰,非也。"(T54, p917a)《一切經音義》以"諰諰"爲"藹藹"字,意義爲"盛貌"。

《隨函録》與《一切經音義》對"諰"的認識不一致,孰是孰非?

唐·道宣撰《廣弘明集》卷16:"壽丘諰諰,電繞樞光。周原膴膴,五緯入房。"(T52, p212c)在經文中,"壽丘"與"周原"相對,都是富有聲譽的地名,而"諰諰"與"膴膴"相對,"膴膴"的意義爲"膏腴""肥沃"之義。《詩·大雅·緜》:"周原膴膴,堇荼如飴。"《毛傳》:"膴膴,美也。""諰諰"的意義應該與"膴膴"近似。比較《隨函録》與《一切經音義》,《一切經音義》將"諰諰"當爲"藹藹",解釋爲"盛貌",這比較符合經意,慧琳之説可從。因此,我們將"諰"定爲"藹"字。

1517 誠

按:"誠",大型字典失收,見於《隨函録》,乃"讖"字之訛。《隨函録》卷22《付法藏因緣傳》卷1:"啚誠,楚禁反。"(ZD60-223b)元魏·吉迦夜共曇曜譯《付法藏因緣傳》卷5:"阿私陀仙抱持占相,既占相已,生大悲苦,自傷當終,不睹佛興,詣師學書技藝圖讖。"(T50, p299b)《隨函録》"啚誠"即《付法藏因緣傳》中的"圖讖",其中"誠"即"讖"字之訛。

辛部

1518 辧、1519 辦、1520 辦

《改併五音類聚四聲篇海·辛部》(420):"辧,白限切。"《中華字海·辛部》(1484):"辧,義未詳。見《搜真玉鏡》。"

按:"辦""辦",大型字典失收,見於《隨函録》,乃"辦"字之訛。《隨函録》卷17《四分律删補隨機羯磨》:"辦衆,上步莧反,備也,正作辦……"(ZD60-58a)唐·道宣集《四分律删補隨機羯磨》卷2:"佛言:'一比丘於説戒日,如前辦衆具。'"(T40, p503c)《隨函録》"辦衆"即《四分律删補隨機羯磨》中的"辦衆",其中"辦"即"辦"字之訛。

又《隨函録》卷11《攝大乘論釋》卷1:"已辦,上音以,下步莧反,具也,備也。"(ZD59-

968c)唐・玄奘譯《攝大乘論釋》卷1:"此是彼果,所作已辦。"(T31, p381c)《隨函録》"已飊"即《攝大乘論釋》中的"已辦",其中"飊"爲"辦"字之訛。《篇海》"飊"音"白限切",與"飊""飊"的讀音相同,形體也近似,當是同一字,皆"辦"字之訛。

青部

1521 掅

按:"掅",大型字典失收,見於《隨函録》,乃"靖"字之訛。《隨函録》卷17《鼻奈耶律》卷4:"寂掅,才井反。"(ZD60-72c)姚秦・竺佛念譯《鼻奈耶》卷4:"時世尊見諸釋種去未久,觀諸比丘心宜唱皆寂靖皆寂靖,深入微妙種種三昧。"(T24, p865c)《隨函録》"寂掅"即《鼻奈耶》中的"寂靖",其中"掅"即"靖"之訛。

1522 𩇯

按:"𩇯",大型字典失收,見於《隨函録》,乃"靜"字。《隨函録》卷3《大方等大集經》卷9:"寂𩇯,情井反,正作靜。"(ZD59-620b)北涼・曇無讖於姑臧譯《大方等大集經》卷9:"若見諸法真實無我能壞死魔,若見諸法寂靜涅槃能壞天魔。"(T13, p53b)《隨函録》"寂𩇯"即《大方等大集經》中的"寂靜",其中"𩇯"即"靜"。"𩇯"字産生的原因是文字内部類化,受"靜"構件"青"的影響,書寫者將構件"爭"亦寫作了"青"。

長(镸)部

1523 𨲍

按:"𨲍",大型字典失收,見於《隨函録》,乃"被"字。《隨函録》卷22《龍樹菩薩爲禪陀迦王説法要偈》卷1:"𨲍髮,上宜作被,普皮反,狓猖,髮亂皃也,又皮義反,頣也。"(ZD60-251c)宋・求那跋摩譯《龍樹菩薩爲禪陀迦王説法要偈》卷1:"裸形被髮甚醜惡,如多羅樹被燒剪。"(T32, p747b)《隨函録》"𨲍髮"即經文中的"被髮",其中"𨲍"即"被"字。"被"蓋受下字"髮"的影響類化改旁從"镸"而寫成"𨲍"。

1524 𨱮、1525 䯠

按:"䯠",見於《隨函録》,乃"鬘"字之訛。《隨函録》卷23《經律異相》卷17:"鴦崛䯠,上於良反,中其勿反,下莫姧反,又音髻也。梵言鴦崛魔,此云指鬘,或云指髻,皆一義也。《西域記》云鴦窶利摩囉,唐言指鬘是也,《增一阿含經》作鬡、鬘二形,又單卷《鴦崛鬘經》作髻字也,又郭氏作紺、鉗二音,非也,《川音》亦作紺、鉗二音,並非也。"(ZD60-268c)梁・僧旻、寶唱等集《經律異相》卷17:"鴦崛鬘暴害人民,遇佛出家,得羅漢道(十)。"(T53, p87c)《隨函録》"鴦崛䯠"即經文中的"鴦崛鬘",其中"䯠"即"鬘"字之訛。《龍龕手鏡・镸部》(86)"鬘"俗作"𩬊",而"䯠"與"𩬊"形體近似。由於"䯠"在形體上是"髟""甘"構成,故《川音》、郭氏都以“鉗”或“紺”讀之，“⿱髟甘”音“鉗”“紺”，是其俗讀也，這是一種音隨形變的現象。《龍龕手鏡》“䤖”顯然即“⿱髟甘”，亦當爲“鬘”字，而不是“鉗”，《中華字海》所論不妥。

又《隨函録》卷 8《大佛名經》卷 6：“⿱髟甘求，上祁閻反，髪美也，持也，辟支佛名也，今宜作鬘、⿱髟甫二形，莫顔反，又郭氏作紺、鉗二音，又《玉篇》音紺。”(ZD59-839c)後魏・菩提流支譯《佛説佛名經》卷 6：“南無⿱髟甘(丹鬘)求辟支佛，南無大勢辟支佛。”(T14, p145c)《隨函録》以“⿱髟甘”宜作“鬘”字，經文“⿱髟甘”自注爲“丹鬘”，蓋爲其義。

《龍龕手鏡・镸部》(87)：“䤖，俗，鉗、紺二音。”《中華字海・長部》(1487)：“䤖，疑爲‘鉗’的訛字。”

1526 ⿰镸隶、1527 ⿰镸累

按：“⿰镸隶”，大型字典失收，見於《隨函録》，乃“螺”字。《隨函録》卷 18《阿毘曇毘婆沙論》卷 32：“⿰镸隶髻，上洛禾反，正作螺，或作⿰镸累。”(ZD60-103a)北涼・浮陀跋摩共道泰等譯《阿毘曇毘婆沙論》卷 30：“此二解脱，等無差别，復次以俱除三界煩惱螺髻故，俱不欲未來有。”(T28, p217c)《隨函録》“⿰镸隶髻”即《阿毘曇毘婆沙論》的“螺髻”，其中“⿰镸隶”即“螺”字。“螺”或作“⿰镸累”。《龍龕手鏡・镸部》(87)：“⿰镸累，俗，落禾反。”《隨函録》卷 18《阿毘曇毘婆沙論》卷 21：“⿰镸累髻，上即禾反，下古詣反。”(ZD60-101b)北涼・浮陀跋摩共道泰等譯《阿毘曇毘婆沙論》卷 18：“爾時帝釋自化其身，作婆羅門像，頂戴螺髻，身著麤衣。”(T28, p133b)《隨函録》“⿰镸累髻”即《阿毘曇毘婆沙論》的“螺髻”，其中“⿰镸累”即“螺”字。“螺”蓋受下字“髻”的影響，類化換旁從“髟”而作“⿰镸累”。從形體上看，“⿰镸隶”蓋源於“⿰镸累”字之訛。

雨部

1528 ⿱雨乙

《龍龕手鏡・雨部》(309)：“⿱雨乙，俗，音虐。”《中華字海・雨部》(1491)：“⿱雨乙，同虐。字見《龍龕》。”

按：我們這裏要講的“⿱雨乙”乃“雲”字之訛。《隨函録》卷 27《續高僧傳》卷 12：“⿱雨乙萃，自遂反。”(ZD60-474a)唐・釋道宣撰《續高僧傳》卷 12：“義侶玄徒四方雲萃。”(T50, p515b)《隨函録》“⿱雨乙萃”即經文中的“雲萃”，其中“⿱雨乙”即“雲”字之訛。這樣一來，大型字典“⿱雨乙”字下可增添“同雲”的説解。

1529 ⿱雨沄

按：“⿱雨沄”字，大型字典失收，見於《隨函録》，爲“雲”字。《隨函録》卷 24《大唐内典録》卷 2：“大⿱雨沄，音雲。”(ZD60-332c)唐・釋氏撰《大唐内典録》卷 2：“大雲密藏問大海三昧經一卷。”(T55, p236c)《隨函録》“大⿱雨沄”即此文中的“大雲”，其中“⿱雨沄”亦“雲”字的聲旁繁化字，從雨，沄聲。

1530 ⿱雨衣

按：“⿱雨衣”，大型字典失收，見於《隨函録》，乃“零”字之訛。《隨函録》卷 18《阿毘曇毘婆

沙論》卷 60:"霊落,上力丁反,下郎各反,正作零落。"(ZD60-106c)北涼・浮陀跋摩共道泰等譯《阿毘曇毘婆沙論》卷 60:"所出經本,零落殆盡。"(T28, p415a)《隨函録》"霊落"即《阿毘曇毘婆沙論》的"零落",其中"霊"即"零"字之訛。

1531 寑

按:"寑",大型字典失收,見於《隨函録》,乃"寢"字之訛。《隨函録》卷 11《成唯識寶生論》卷 2:"寑卧,上七審反,卧也,幽也,正作寢。"(ZD59-972c)唐・玄奘詔譯《成唯識寶生論》卷 2:"又復縱於平田廣石藤蔓虛懸,寢卧於斯觀大境,此亦非色。"(T31, p82b)《隨函録》"寑卧"即《成唯識寶生論》中的"寢卧",其中"寑"爲"寢"字之訛。

1532 竀

《龍龕手鏡・雨部》(307):"竀,俗,音窺。"《中華字海・雨部》(1498):"竀,同窺。"無例證。

按:"竀",見於《隨函録》,的確爲"窺"字之訛。《隨函録》卷 20《立世阿毘曇論》卷 1:"府竀,去隨反。府竀,低視也,正作俯窺。"(ZD60-162b)陳・真諦譯《佛説立世阿毘曇論》卷 1:"是人俯窺,見下水相與常水異,最澄最清,向底洞澈,都無障翳。"(T32, p175b)《隨函録》"府竀"即《佛説立世阿毘曇論》中的"俯窺",其中"竀"即"窺"字之訛。構件"雨"與"穴"俗寫近似易混,"窈"作"霛"①,可資比勘。

隹部

1533 雑

按:"雑"字,大型字典失收,此字見於《隨函録》,即"雜"字。《隨函録》卷 30《比丘尼傳》卷 3:"雑力,上才迊反,正作雜。"(ZD60-606c)釋寶唱撰《比丘尼傳》卷 4:"將欲行道,遣婢來倩人下食。即遣人,唯見二弟子及二婢奠食,都無雜手力。"(T50, p946b)《隨函録》"雑(手)力"即經文中的"雜手力","雜"或作"雑","雑"即"雜"之訛。

1534 雋

《龍龕手鏡・隹部》(148):"雋,新藏作鐫(鐫),子泉反,鑽斵也,在《續高僧傳》第廿九卷。"

按:"雋"字,可見於《隨函録》。《隨函録》卷 27《續高僧傳》卷 12:"雋求,上子宣反。"(ZD60-474b)唐・釋道宣撰《續高僧傳》卷 12:"領略津會,鐫求幽賾。"(T50, p516a)《隨函録》"雋求"即經文中的"鐫求",其中"雋"即"鐫"字。由此可見,"鐫"的確可以俗寫成"雋"。行均所見《續高僧傳》第廿九卷也有"鐫"作"雋"的。今查《續高僧傳》第廿九卷,"鐫"衹出現在"即命石工鋊鑿座身"(T50, p698a)一句中,此即《龍龕手鏡》所言之處。從形體上看,"雋"

① 《龍龕手鏡・月部》:"霛,俗,烏鳥反,正作窈。"中華書局 1985 年,第 307 頁。

蓋"鐫"的或體"鎸"形體内部類化所致，構件"金"受構件"隹"的影響類化而寫成了"隹"。

1535 糶

按："糶"，大型字典失收，見於《隨函録》，乃"糴"字之訛。《隨函録》卷18《善現律毗婆沙》卷15："糶食，上徒的反，悮。"(ZD60-80c)《善見律毘婆沙》卷15："衆僧各欲散去，無人守護，得減房直糴食，以供守房舍人食。"(T24, p776a)《隨函録》"糶食"即《善見律毘婆沙》的"糴食"，其中"糶"即"糴"字之訛。

阜(左阝)部

1536 阋、1537 院

《中華字海·阝部》(161)："阋，音 mào，義未詳。見《直音篇》。"

按：張涌泉《漢語俗字叢考》(125)："《篇海》卷八阜部引《余文》：'阋，音皃。'(8)《直音篇》(萬曆本)卷六阜部'音皃'作'音皃'(36)。竊疑此字以音'皃'爲是。'阋'則疑爲'院'字形誤。"

《漢語俗字叢考》以"阋"爲"院"字，不妥。"阋"，見於《隨函録》，乃"院"字。《隨函録》卷22《釋迦方志》卷2："壖阋，上而緣反，下於願反，正作院，又音丸，非也。"(ZD60-261b)梁·僧旻、寶唱等集《釋迦方志》卷2："北門通大寺，其壖院内聖跡諸塔精舍星張相布。"(T51, p962a)"壖阋"即"壖院"，其中"阋"即"院"字。構件"完"俗作"皃"。《隨函録》卷7《陁羅尼集經》卷3："皃具，上户官反，正作完也。"(ZD59-801b)《篇海》"阋"音"皃"，此"皃"不是"貌"，而是"完"字。《隨函録》"阋"又音"丸"，與音"完"正好音同。"阋"音"皃(完)"或"丸"，蓋"阋"的俗音。"阋"從形體上從"皃(完)"得聲，故俗讀爲"皃(完)"或"丸"。

1538 陨

按："陨"，大型字典失收，見於《隨函録》，疑爲"唄"字之訛。《隨函録》卷16《四分律》卷50："共唄，蒲芥反。共陨，同上。"(ZD60-39a)姚秦·佛陀耶舍共竺佛念等譯《四分律》卷49："時六群比丘尼，來至比丘僧住處，共六群比丘，更相調弄，或共唄或共哭或共戲笑。"(T22, p929c)《隨函録》"共陨"即《四分律》中的"共唄"，其中"陨"即"唄"字之訛。

1539 陜

按："陜"，大型字典失收，見於《隨函録》，乃"險"字之訛。《隨函録》卷22《釋迦方志》卷1："崖陜，下夾反。"(ZD60-260a)梁·僧旻、寶唱等集《釋迦方志》卷1："高可千餘里，兩邊漸下。南北豎嶺，行數極多，百餘條矣。多有山葱，崖險葱翠，因以名焉。"(T51, p951c)《隨函録》"崖陜"即《釋迦方志》中的"崖險"，其中"陜"即"險"字之訛。《隨函録》"陜"讀爲"下夾反"，蓋把其當作了"陜"字，恐誤。根據經文文意，應該作"險"纔是。我們檢索了一下《大正藏》，發現佛經中常有"崖險"一語，而没有作"崖陜"的。如施護《廣釋菩提心論》卷1："彼彼趣中受諸苦惱，如人墮於崖險之處。"(T32, p563c)

1540 隙、1541 隌

《中華字海・阝部》(170):“隌,同當。”

按:“隙”,大型字典失收,與“隌”見於《隨函録》,皆“隙”字之訛。《隨函録》卷 20《阿毘達磨顯宗論》卷 3:“竅隌,上苦叫反,下夫逆反,壁孔也,正作隙也。竅隙,同上。”(ZD60-146b)唐・玄奘譯《阿毘達磨藏顯宗論》卷 3:“論曰:‘内外竅隙名爲空界。’竅隙是何? 即是光闇。”(T29, p787a)《隨函録》“竅隌”“竅隙”即《阿毘達磨藏顯宗論》中的兩處“竅隙”,其中“隌”“隙”即“隙”字之訛。

1542 隊

按:“隊”,大型字典失收,見於《隨函録》,乃“像”字之訛。《隨函録》卷 22《阿育王傳》卷 2:“陁隊,徐兩反,正作像。”(ZD60-238c)西晉・安法欽譯《阿育王傳》卷 2:“花氏城中復有尼乾子,亦畫佛像,令禮拜外道尼乾陀像。”(T50, p107c)《隨函録》“陁隊”即《阿育王傳》中的“陀像”,其中“隊”即“像”字之訛。形體上,“像”蓋受上字“陀”的影響類化改作“阝”旁而寫成“隊(隊)”。

1543 隫

按:“隫”,大型字典失收,見於《隨函録》,即“隊”字。《隨函録》卷 29《弘明集》卷 14:“万隫,宜作隧,徒對反,整(鑿?)也。”(ZD60-543b)梁・釋僧祐撰《弘明集》卷 14:“武夫龍跳,控弦萬隊,協略應真,奇謀超拔。”(T52, p92c)《隨函録》“萬隫”即經文中的“萬隊”,其中“隫”即“隊”字。“隫”也見於《一切經音義》,《一切經音義》也用“隊”字替之。慧琳《一切經音義》卷 96《弘明集》卷 14 音義:“後(萬)隊,徒對反。杜注《左傳》云:‘隊,部也,百人爲一隊。’……集作隫,於義乖失,非也。”(T54, p908c)“隫”當爲“隊”字的换聲旁俗字。構件“㒸”與“賣”讀音近似,皆爲至韻。可洪以“隫”爲“隧”,訓“整(鑿?)也”,不詳,恐誤。

金部

1544 釴

《漢語大字典・金部》“釴”音“與職切”,意義一爲“姓”,一爲“附耳在脣外的方鼎”。

按:我們這裏要講的“釴”乃“杙”字之俗。《隨函録》卷 2《慧上菩薩問大善權經》卷下:“鐵釴,羊力反,橛也,正作杙。”(ZD59-615c)詳細考證見本書第五章“釴”字條。

1545 釙、1546 斜、1547 鈄

按:我們這裏要講的“斜”乃“斜”字之訛。《隨函録》卷 29《廣弘明集》卷 16:“斜光,上序嗟反,正作斜也。”(ZD60-565c)唐・道宣撰《廣弘明集》卷 16:“曲豔口宣,斜光頂入。”(T52, p210a)《隨函録》“斜光”即經文中的“斜光”,其中“斜”即“斜”字之訛。構件“余”因與“金”形體近似而誤寫成了“金”。又如《隨函録》卷 30《廣弘明集》卷 30:“潤斜,以嗟反,正作斜。”(ZD60-598c)

"斜"作爲"斜"的俗字,又可以寫作"釿""鉶"。《隨函録》卷25《新華嚴經音義》:"正釿,序嗟反,正作斜。"(ZD60-399b)《隨函録》卷29《廣弘明集》卷8:"鉶谷,上似嗟反,又音耶,裒中谷名也,正作斜,又他口反,非。"(ZD60-554b)

1548 釫

按:"釫",見於《隨函録》,乃"盂"字。《隨函録》卷18《毘尼母經》卷3:"銅釫,云俱反。"(ZD60-83a)《毘尼母經》卷3:"大銅盂小銅盂鐲釫銅杖。如是等名數皆如鐵也。"(T24,p815b)《隨函録》"銅釫"即《毘尼母經》的"銅盂",其中"釫"即"盂"字。"盂"蓋受上字"銅"的影響,類化换旁從"金"而作"釫"。

1549 鈳、1550 鋼[①]

《龍龕手鏡·金部》(16):"鈳,音罔。"《中華字海·金部》(1516):"鈳,同鋼。"《中華字海·金部》(1530):"鋼,義未詳。"

按:張涌泉先生《漢語俗字叢考》(1068)認爲"鈳"即"網"字,並言:"'網'字古書常與'鉤'字連用,故'网(網)'字受其影響,可類化偏旁作'鋼',俗書又寫作'鈳'。"張先生認爲《龍龕手鏡》"鈳"即"網"字,甚是。可洪《隨函録》亦能提供證據。《隨函録》卷23《諸經要集》卷18:"鐵鈳,音網。"(ZD60-306a)《隨函録》卷23《經律異相》卷35:"鐵鈳,音網。"(ZD60-277c)又《隨函録》卷8《觀佛三昧海經》卷5:"鐵鈳,音網。"(ZD59-847c)今查《觀佛三昧海經》,對應之處作"七重鐵城,七層鐵網"(T15, p668c)。其中《隨函録》"鐵鈳"在此作"鐵網",可見"鈳"即"網"字。這裏的"鈳"字是"網"受上字"鐵"的影響,類化换從"金"旁而成。

張先生以"網字古書常與鉤字連用"而作"鈳",其實"網"非獨與"鉤"連用纔類化作"鈳",可洪所見寫本《觀佛三昧海經》"鈳"乃是"網"與"鐵"連用類化而成的。

1551 釪[②]

《龍龕手鏡·金部》(10):"釪,舊藏作舒。"《中華字海·金部》(1517):"釪,舒的訛字,字見《龍龕》。"

按:"釪"確實是"舒"的訛字,《隨函録》可證。《隨函録》卷9《菩薩萬行首楞嚴經》第2卷:"釪縮,上音書,伸也,正作舒。"(ZD59-866b)《隨函録》卷30《廣弘明集》卷23:"衺釪,上音帙,下音書,伸也,展也,敍也,正作舒也。"(ZD60-578c)唐·道宣撰《廣弘明集》卷23:"帙舒軸卷,藏拔紙襞。"(T52, p267a)《隨函録》"衺釪"即經文中的"帙舒",其中"釪"即"舒"字之訛。"舒"的構件"舍"因與"金"形體近似而誤作"金"。

1552 釺[③]

《龍龕手鏡·金部》(16):"釺,音杵。"《中華字海·金部》(1108):"釺,義未詳,見《龍龕》。"

---

① 此條我們曾在《以可洪〈隨函録〉考漢語俗字若干例》一文中考釋過,見《古漢語研究》2006年第1期,第34頁。

② 此條我們曾在《〈可洪音義〉俗字札記》一文中考釋過,見《漢字研究》2005年第1輯,第296頁。

③ 此字我們曾在《〈可洪音義〉俗字札記》一文中論述過,見《漢字研究》2005年第1輯,第296頁。

按："釪"，見於《隨函録》，乃"杵"字。《隨函録》卷13《正法念處經》卷13："鐵釪，尺與反。"(ZD59-1064b)"釪"即"杵"字。詳細考證見本書第五章"釪"字條。

1553 鈂、1554 鈧

按："鈂"，可見於《隨函録》，乃"砧"字。《隨函録》卷13《正法念處經》卷9："鐵鈂，知金反，正作椹、碪二形，又直林反，非也。"(ZD59-1063a)"椹""碪"即"砧"。元魏·般若流支譯《正法念處經》卷9："在鐵砧上，鐵椎打之。"(T17, p48a)《隨函録》"鐵鈂"即《正法念處經》中的"鐵砧"，其中"鈂"即"砧"字。又《隨函録》卷13《正法念處經》卷13："鐵鈂，竹林反，又直林反，非。"(ZD59-1064b)元魏·般若流支譯《正法念處經》卷13："閻魔羅人，置鐵鈧上鐵椎打之，如鍛鐵師椎打鐵塊。"(T17, p72a)"鐵鈧"，宋、元、明、宫本作"鐵砧"。《隨函録》"鐵鈂"即宋、元、明、宫本《正法念處經》中的"鐵砧"，其中"鈂"亦"砧"字。"砧(碪、椹)"蓋受上字"鐵"的影響，形體類化換旁從"金"並換聲旁爲"冘"而作"鈂(鈂、鈧)"的。鄧福禄《字典考正》(434)以"鈂(鈂、鈧)"爲"碪(椹)"的假借字，恐有不妥。

1555 鈛

按："鈛"在字書中本同"鍋"，見於《隨函録》，乃"鉞"字。《隨函録》卷3《寶星陀羅尼經》卷6："鈛斧，上于月反，正作鉞。"(ZD59-652a)唐·波羅頗蜜多羅譯《寶星陀羅尼經》卷6："復以惡事加害於我，塵土坌污刀毒火輪鐵摓箭槊鉞斧大石惡器仗等雨害於我。"(T13, p564a)《隨函録》"鈛斧"即《寶星陀羅尼經》中的"鉞斧"，其中"鈛"即"鉞"字之訛。

1556 鉓

《集韻·職韻》："鉓，飾也。蓄力切。"

按："鉓"其實即"飾"字，見於《隨函録》。《隨函録》卷28《破邪論》下卷："衮鉓，上古本反。"(ZD60-515c)唐·法琳撰《破邪論》卷2："乃輕衮飾而御染衣，捨彫輦而敷草座。"(T52, p487b)《隨函録》"衮鉓"即經文中的"衮飾"，其中"鉓"即"飾"字。"飾"有兩音，一是《廣韻》"賞職切"，一是《集韻》"蓄力切"。"鉓"祇有《集韻》"蓄力切"一音，但根據《隨函録》與經文異文，"鉓"同"飾"，表裝修，也應該有"賞職切"一音。構件"食"與"金"近似易訛，"鎧"俗作"餀"[①]，可資比勘。

1557 鉡

《龍龕手鏡·金部》(11)："鉡，音盤。"

按：拙著《龍龕手鏡研究》(141)以爲《隨函録》"鉡"即"盤"字，没有給出具體例證，今補之。《隨函録》卷17《沙彌威儀》："澡鉡，音盤，器名也，正作槃、柈二形，經中有作鉢者，悮。"(ZD60-51b)宋·求那跋摩譯《沙彌威儀》卷1："持澡盤有五事：一者不得使盤有聲。二者當兩手堅持，當倚右面。三者當隨人手高下，不得左右顧視。四者澡盤中滿當出棄之，不得澆人前地。五者已當過澡手，還著袈裟。"(T24, p934b)《隨函録》"澡鉡"即《沙彌威儀》中的

---

① 《隨函録》卷1《大般若經》第55帙："德餀，苦改反，甲名也，正作鎧也，又五恨反，非也，悮。"(ZD59-564c)

“澡盤”,其中“鉡”即“盤”字。據《隨函録》,“盤”又可作“槃”“柈”。

1558 鉋[1]

《漢語大字典・金部》(1748):“鉋,化學元素。”

按:《隨函録》卷 8《大法炬陁羅尼經》卷 13:“鉋掘,上步包反,下其月反。”(ZD59-835a)很顯然,《隨函録》“鉋”非化學元素。根據《隨函録》提供的讀音,我們認爲音“步包反”的“鉋”即“鉋”之俗。《廣韻・肴韻》:“鉋,薄交切。”《隨函録》“鉋”與“鉋”音同。隋・闍那崛多譯《大法炬陁羅尼經》卷 13:“是人念已,即取鈇钁,加功鉋掘。”(T21, p717b)《隨函録》“鉋掘”即此“鉋掘”,其中“鉋”乃“鉋”字之訛。在俗寫中,構件“包”與“色”易混,如“泡”作“洍”[2],可資比勘。

1559 銃

按:我們這裏要講的“銃”乃“統”字之訛。《隨函録》卷 26《東夏三寶感通録》下卷:“銃涉,上或作摠,同,尺仲反。《玉篇》云:‘銃,鑿石也。’《舊韻》云‘銎也’,《新韻》云‘銎也’,《新韻》‘文鞏之皃也’。摠,跳行皃也。銎,斤斧柄孔也。銎音凶。”(ZD60-424b)唐・釋道宣撰《集神州三寶感通録》卷 3:“東晉初天臺山寺者,昔有沙門帛道猷,或云竺姓者,鋭涉山水,窮括奇異,承天臺石樑終古無度者。”(T52, p423b)《隨函録》“銃涉”在經文中對應的是“鋭涉”,其中“銃”對應的是“鋭”字。《隨函録》以“銃”爲“摠”字,而今《集神州三寶感通録》作“鋭”,但無論是“銃”本身,還是“摠”或“鋭”,放於經文中都令人費解。我們認爲“銃”當爲“統”字之訛,有異文爲證。唐・釋道世撰《法苑珠林》卷 39:“東晉初天臺山寺者,昔有沙門帛道猷,或云竺道猷。統涉山水,窮括奇異,承天臺石樑終古無度。”(T53, p594c)《集神州三寶感通録》“鋭涉山水,窮括奇異”一句,《法苑珠林》引作“統涉山水,窮括奇異”,其中“鋭涉”引爲“統涉”。“統涉”與“窮括”對文,“統”與“窮”意義近似,“統涉”即遍涉之義。《隨函録》“銃”當爲“統”字之訛,兩者形體近似。

1560 銷

《説文・金部》:“銷,鑠金也。”

按:“銷”可爲“矟”字之俗。《隨函録》卷 23《經律異相》卷 35:“銷釖,所角反,正作矟。”(ZD60-277b)又《隨函録》卷 4《大般涅槃經》卷 23:“若銷,所卓反,正作矟。”(ZD59-685a)《大般涅槃經》卷 23:“復次善男子,如旃陀羅種種器仗以自莊嚴,若刀若楯若弓若箭若鎧若槊能害於人,五陰亦爾。”(T12, p499c)“若銷”即“若槊”,“槊”與“矟”音義相同,從形體上看,“銷”即“矟”字,蓋“矟”换形旁所致,構件“金”與“矛”意義相關。

“銷”還可爲“鎖”字。《隨函録》卷 13《魔嬈亂經》:“鉤銷,所卓反,矛也,長一丈八尺,正作矟。”(ZD59-1033b)《隨函録》以“鉤銷”之“銷”爲“矟”字,誤。“銷”在經文中實際上是“鎖”字。《魔嬈亂經》:“在大泥犁中,具有四事,無樂六更,身現受痛,鉤鎖鎖之。”(T01, p866a)

---

① 此條我們曾在《以可洪〈隨函録〉考漢語俗字若干例》一文中考釋過,見《古漢語研究》2006 年第 1 期,第 33 頁。

② 《中華字海・氵部》:“洍,同泡。”中國友誼出版公司 1994 年,第 540 頁。

《隨函録》“鉤銷”即此“鉤鎖”，其中“銷”乃“鎖”字之訛。“鉤鎖”一詞在佛經中十分常見。如後秦·佛陀耶舍共竺佛念譯《長阿含經》卷 16：“若在家者，鉤鎖相連，不得清淨修於梵行。”(T01, p102a)

1561 ⿰金系

按：“⿰金系”，大型字典失收，見於《隨函録》，即“繇”字之訛。《隨函録》卷 29《廣弘明集》卷 13：“各(咎字之訛)⿰金系，上音高，下音遥，正作咎繇，亦作皋陶也。”(ZD60-558c)唐·道宣撰《廣弘明集》卷 13：“李者高陽之後，始祖咎鷂爲舜理官。”(T52, p176c)《廣韻·豪韻》：“皋陶，舜臣，古作咎繇。”很顯然，《廣弘明集》的“咎鷂”即“咎繇”。《隨函録》“各(咎)⿰金系”即經文中的“咎鷂(繇)”，其中“⿰金系”即“繇”字之訛。

1562 鉻

按：“鉻”字，大型字典失收，見於《隨函録》，即“鎔”字之訛。《隨函録》卷 25《新華嚴經音義》：“鉻金，上音容，正作鎔也。”(ZD60-403c)唐·慧琳《一切經音義》卷 23 所録慧苑《新譯大方廣佛花嚴經音義》卷 66：“靡不該練：《珠叢》曰：‘靡，無也。’《廣雅》曰：‘該，咸也，包也。’《小雅》曰：‘該，備也。’《珠叢》曰：‘鎔金曰鍊，煮絲令熟曰練也。’”(T54, p452c)《隨函録》“鉻金”即此“鎔金”，其中“鉻”即“鎔”字之訛。

1563 銿

《漢語大字典·金部》“銿”有兩音兩義，分别與“鍾”“鏞”同。

按：我們這裏要講的“銿”乃“筩”字之俗。詳細考證見本書第五章“銿”字條。

1564 ⿰金具、1565 ⿰金具

《中華字海·金部》(1526)：“⿰金具，‘⿰金具’的訛字。字見《篇海》。”

按：我們在這裏要講的“⿰金具”乃“鋸”字。《隨函録》卷 13《治禪病秘要法》卷 1：“⿰金具(⿰金具)齒，上居去反，正作鋸也，别本作鋸齒也，或作鉏，音鋤。”(ZD59-1044b)宋·沮渠京聲譯《治禪病秘要法》卷 1：“上圓下尖，狀如具齒。”(T15, p335c)《隨函録》“⿰金具(⿰金具)齒”即《治禪病秘要法》中的“具齒”，根據《隨函録》及經文文意，“具齒”即“鋸齒”。從形體上看，“⿰金具(⿰金具)”蓋“鋸”换聲旁所致。

1566 鋽

《玉篇·金部》：“鋽，徒弔切，燒器也。”

按：我們在這裏要講的“鋽”即“戟”字。《隨函録》卷 20《鞞婆沙論》卷 4：“鉾鋽，居逆反，正作戟也，又他吊反，非用也。”(ZD60-173b)符秦·僧伽跋澄譯《鞞婆沙論》卷 4：“於是魔波旬及十八億魔作醜陋面牙齒，恐怖聲極惡音聲，執持種種鉾戟，滿三十六由延往詣道樹所。”(T28, p446b)《隨函録》“鉾鋽”即《鞞婆沙論》中的“鉾戟”，其中“鋽”即“戟”字。“戟”蓋受上字“鉾”的影響類化换旁從“金”而作“鋽”。

1567 錭

《荀子·富國》:"必將錭琢刻鏤,黼黻文章,以塞其目。"杨倞注:"錭與雕同。"

按:我們在這裏要講的"錭"乃"銅"字之訛。《隨函録》卷 17《薩婆多部毘尼摩得勒伽》卷 6:"錭鐵,上徒東反,正作銅。郭迻作而振反,非。"(ZD60-70c)宋·僧伽跋摩譯《薩婆多部毘尼摩得勒伽》卷 6:"云何鍼? 有二種針,世尊聽畜,謂銅鐵。好舉不得因生,壞更求難。"(T23, p602a)《隨函録》"錭鐵"即《薩婆多部毘尼摩得勒伽》中的"銅鐵",其中"錭"即"銅"字之訛。

1568 ⿰金慈

按:"⿰金慈",大型字典失收,見於《隨函録》,乃"鎡"字。《隨函録》卷 16《彌沙塞部和醯五分律》卷 20:"鍵⿰金慈,上巨焉反,下才咨反。"(ZD60-24c)宋·佛陀什共竺道生等譯《彌沙塞部和醯五分律》卷 20:"除銅揵鎡銅多羅盛眼藥物,餘一切銅器若傘蓋錫杖。"(T22, p139b)《隨函録》"鍵⿰金慈"即《彌沙塞部和醯五分律》中的"揵鎡",其中"⿰金慈"即"鎡"字。又《隨函録》卷 15《摩訶僧祇律》卷 38:"鍵⿰金慈,上音乹,下音瓷。"(ZD59-1115b)東晉·佛陀跋陀羅共法顯譯《摩訶僧祇律》卷 38:"若冷得温,不聽銚釜中煮,若用銅盂,若鉤缽鍵鎡中温。"(T22, p530a)《隨函録》"鍵⿰金慈"即《摩訶僧祇律》中的"鍵鎡",其中"⿰金慈"亦"鎡"字。從形體上看,"⿰金慈"蓋"鎡"换聲旁所致。

1569 ⿰金叚

按:"⿰金叚",大型字典失收,見於《隨函録》,乃"鍛"字之訛。《隨函録》卷 16《根本毗奈耶雜事》卷 11:"⿰金叚師,上都亂反,正作鍜(鍛),如《寶積經》作鍜(鍛)也。"(ZD60-10a)唐·義淨奉譯《根本説一切有部毘奈耶雜事》卷 11:"若向下時,即通下穴,譬如鍛師及彼弟子,以橐扇時,上下通氣。"(T24, p254c)《隨函録》"⿰金叚師"即《根本説一切有部毘奈耶雜事》中的"鍛師",其中"⿰金叚"即"鍛"字之訛。

1570 錻[1]

《龍龕手鏡·金部》(14):"錻,音封。"《中華字海·金部》(1533):"錻,義未詳。見《龍龕》。"

按:"錻",見於《隨函録》,乃"掛"字。《隨函録》卷 13《梵志阿颰經》:"錻頸,上古話反,正作掛,下居郢反。"(ZD59-1021c)吴·支謙譯《佛開解梵志阿颰經》卷 1:"如人好過誤犯法,吏以死狗掛頸徇令。"(T01, p263a)《隨函録》"錻頸"即《佛開解梵志阿颰經》中的"掛頸",其中"錻"即"掛"字。《隨函録》"錻"音"封"蓋爲俗讀,人們以"錻"在字形上從"封",故俗讀爲"封",這是一種音隨形變的現象。

1571 ⿰金巢

按:"⿰金巢",大型字典失收,見於《隨函録》,乃"鏁"字。《隨函録》卷 12《中阿含經》卷 34:

① 此條我們在《以可洪〈隨函録〉考漢語俗字(續)》一文中考釋過,見《古漢語研究》2007 年第 1 期,第 68 頁。

"骨⿰金⿱巛果,桑果反,正作鏁。"(ZD59-994c)東晉・瞿曇僧伽提婆譯《中阿含經》卷 34:"爾時世尊告諸比丘,年少比丘始成就戒。以數數詣息止道觀相、骨相、青相、腐相、食相、骨鎖相。"(T01, p646c)《隨函録》"骨⿰金⿱巛果"即《中阿含經》中的"骨鎖","⿰金⿱巛果"即"鎖"字之訛。

1572 ⿰金虡

按:"⿰金虡",大型字典失收,見於《隨函録》,即"虡"字。《隨函録》卷 29《廣弘明集》卷 3:"鍾虗,音巨,正作虡,篆文作簴,亦作⿰金虡。"(ZD60-547a)唐・道宣撰《廣弘明集》卷 3:"建章鳳闕神光連兮,未央鍾虡生花鮮兮。"(T52, p107a)《隨函録》"鍾虗"即經文中的"鍾虡",其中"虗"即"虡"字之訛。根據《隨函録》所載,"虡"亦作"⿰金虡"。"⿰金虡",大型字典無,今補上。

1573 鐥、1574 鎗

《龍龕手鏡・金部》(14):"鐥,丁含反。"《中華字海・金部》(1548):"鎗,義未詳。見朝鮮本《龍龕》。"

按:"鐥"見於《隨函録》,爲"鎗"字之訛。《隨函録》卷 24《出三藏記集》卷 13:"鐥然,上楚耕反,金聲也,正作錚也。《川音》作鎗,楚庚反,燒器也,非。"(ZD60-319b)梁・釋僧祐《出三藏記集》卷 13:"忽聞瓶中鎗然有聲,會自往視,果獲舍利。"(T55, p96b)"鎗",宋本作"錚"。根據《隨函録》《川音》及版本異文,"鐥"是何字?有兩種不同答案,一爲"鎗"字,一爲"錚"字。從意義上看,作"鎗"或作"錚"皆通,但從形體上看,"鐥"爲"鎗"字之訛的可能性更大些,兩者形體近似。因此,我們暫依《川音》及《出三藏記集》,把"鐥"當作"鎗"之訛。鄧福禄《字典考正》(439)以"鐥"爲"鎗",是。至於《龍龕手鏡》"鐥"音"丁含反",或爲俗讀,或另有所指。

1575 ⿰金傘、1576 ⿰金⿸厂傘、1577 ⿰金伞[1]

《龍龕手鏡・金部》(16):"⿰金⿸厂傘,音散。"《中華字海・金部》(1547):"⿰金⿸厂傘,同鐵。見朝鮮本《龍龕》。"

按:《中華字海》以"⿰金⿸厂傘"爲"鐵"字,無據。我們以爲"⿰金⿸厂傘"當爲"傘"字。《隨函録》卷 15《摩訶僧祇律》卷 31:"⿰金伞蓋,上桑旱反,正作傘。"(ZD59-1112b)"⿰金伞蓋",東晉・佛陀跋陀羅共法顯譯《摩訶僧祇律》卷 31 對應之處作"腰帶刀子鉹傘蓋扇革屣"(T22, p478c)。"⿰金伞"即"傘"字。從形體上看,"傘"蓋受上字"鉹"的影響類化增旁從"金"而作"⿰金傘",而"⿰金伞""⿰金⿸厂傘"則"⿰金傘"訛誤所致。

1578 鎚

《龍龕手鏡・金部》(10):"鎚,舊藏作錘,音直追反。"

按:"鎚"的確爲佛經中的用字,即"錘"字。我們找到了其出處。《隨函録》卷 21《修行道地經》卷 5:"稱鎚,上尺證反,下直垂反,權也,又八銖曰鎚也,正作錘也。"(ZD60-215b)西晉・竺法護譯《修行道地經》卷 5:"專心在空,如人持稱,令稱鎚等正安銖兩,斤平已後,手

[1] 此字我們曾在《〈可洪音義〉俗字札記》一文中論述過,見《漢字研究》2005 年第 1 輯,第 296 頁。

舉懸稱。”(T15, p212c)《隨函録》“稱錐”即《修行道地經》中的“稱鎚”,其中“錐”即“鎚”字。“鎚”或作“錘”。《廣韻・真韻》馳僞切:“錘,馳僞切,稱錘,或作鎚,又直危切。”

1579 鐔

《龍龕手鏡・金部》(12):“鐔,丁兮反。”《中華字海・金部》(1544):“鐔,義未詳。”

按:“鐔”,亦可見於可洪《隨函録》。《隨函録》卷23《諸經要集》卷6:“珥金鐔,上人志反,下丁兮反,染繒黑石也,正作磾,出瑯瑘山。《川音》作鐔,以輝字替之,非。”(ZD60-298a)《隨函録》“鐔”音“丁兮反”,《龍龕手鏡》“鐔”的讀音蓋源於此。據《隨函録》,可洪把“鐔”當作了“磾”字。這種説法對不對呢?唐・釋道世《諸經要集》卷6:“伸珠履於丹墀,珥金蟬於青鎖。”(T54, p50b)宋、元、宫本《法苑珠林》卷56作“珥金鐔於青鎖”(T53, p709c)。《隨函録》《法苑珠林》“珥金鐔”即《諸經要集》中的“珥金蟬”,其中“鐔”對應的是“蟬”字。根據經文,我們認爲“鐔”作“磾”可能有誤,“鐔”當爲“蟬”字。如果把“鐔”當作“磾”的話,“金磾”一詞於文意不暢。再者,“金鐔”與“珠履”對文,“履”指鞋子,是一種具體物品,“鐔”也當如此。“金鐔”在這裏指金蟬圖形的飾物。從形體上看,“蟬”蓋受上字“金”的影響,類化换從“金”旁而寫成“鐔”。形體演變是:蟬→金+蟬→類化→鐔。

1580 ⿱殹金

按:“⿱殹金”,大型字典失收,見於《隨函録》,即“醫”字。《隨函録》卷26《大唐西域記》卷10:“善⿱殹金,於其反,正作醫、毉二形。”(ZD60-413c)唐・玄奘《大唐西域記》卷10:“時引善醫方者入中療疾,蒙面入出,不識其路。”(T51, p930a)《隨函録》“善”即經文中的“善醫”,其中“⿱殹金”即“醫”字。“醫”或作“毉”。從形體上看,“⿱殹金”蓋源於“毉”字之訛。

1581 ⿰金㯻、1582 鑲[①]

《龍龕手鏡・金部》(16):“鑲,作管反。”《中華字海・金部》(1552):“鑲,義未詳。見《龍龕》。”

按:“鑲”,乃“穳”字之訛。《隨函録》卷16《四分律》卷18:“鐝⿰金㯻,上疋遥反,下子管反,錫杖頭足下飾也,正作鏢穳也,下又《經音義》作鑽,子亂反,非。”(ZD60-32a)姚秦・佛陀耶舍共竺佛念等譯《四分律》卷19:“若作錫杖頭鏢鑲,若作傘蓋子及斗頭鏢,若作曲鉤,若作刮汙刀,若作如意,若作玦鈕,若作匙。”(T22, p694a)《隨函録》“鐝⿰金㯻”即《四分律》中的“鏢鑲”,其中“⿰金㯻”即“鑲”字。《龍龕手鏡》“作管反”與《隨函録》“子管反”音同。據《隨函録》,“⿰金㯻”爲“穳”字,則“鑲”亦“穳”字。“鏢鑲”,其他佛經引作“鏢穳”。如《四分律行事鈔資持記》卷10:“一錫杖頭及鏢穳。鏢音飄,或去呼,刀劍鞘下飾,今謂錫杖穳飾也。”(T40, p329a)《四分律比丘含注戒本》卷2:“若作錫杖頭鏢穳,若作傘蓋子及斗頭鏢。”(T40, p455a)《四分律删繁補闕行事鈔》卷7:“若以牙角作錫杖頭鏢穳(子管反)、傘蓋子、斗頭鏢、纏蓋斗。”(T40, p89b)

① 此條我們在《以可洪〈隨函録〉考漢語俗字(續)》一文中考釋過,見《古漢語研究》2007年第1期,第66頁。

門部

1583 開

《中華字海・門部》(1555):“開,同閈。見朝鮮本《龍龕》。”

按:我們這裏要講的“開”乃“開(關)”字之訛。《隨函録》卷28《甄正論》上卷:“函谷開,上音咸,下古還反,正作開。”(ZD60-517c)玄嶷撰《甄正論》卷2:“後遂西之流沙至函谷關。”(T52, p564c)《隨函録》“函谷開”即經文中的“函縠關”,其中“開”即“關”字。“關”或作“開”,“開”蓋源於“開”字之訛。這樣一來,大型字典“開”字下可增添“同關”的説解。

1584 閫

《中華字海・門部》(1557):“閫,同闑。見《篇海》。”

按:我們這裏要講的“閫”乃“閫”字之訛。《隨函録》卷27《續高僧傳》卷15:“踰閫,苦本反,正作閫。”(ZD60-477b)唐・釋道宣撰《續高僧傳》卷15:“即往香山神足寺,足不踰閫,常習大乘。”(T50, p539b)《隨函録》“踰閫”即經文中的“踰閫”,其中“閫”即“閫”字之訛。這樣一來,大型字典“閫”字下可增添“同閫”的説解。

1585 閛

《龍龕手鏡・門部》(91):“閛,普耕反,門扇聲也。”

按:我們在這裏要講的“閛”乃“棚”字。《隨函録》卷8《十住斷結經》卷3:“閛閣,上步盲反,棧也,閣也,正作棚也,又音砰,非。”(ZD59-825c)姚秦・竺佛念譯《最勝問菩薩十住除垢斷結經》卷3:“園觀浴池,交路棚閣,巍巍殊妙。”(T10, p983c)《隨函録》“閛閣”即《最勝問菩薩十住除垢斷結經》中的“棚閣”,其中“閛”即“棚”字。“棚”或作“枰”[①],“棚(枰)”蓋受“閣”的影響類化換旁從“門”而作“閛”。

1586 闕

按:“闕”,大型字典失收,見於《隨函録》,乃“闕”字之訛。《隨函録》卷11《瑜伽師地論》卷13:“闕輕,上丘月反。故闕,同上。”(ZD59-934a)唐・玄奘譯《瑜伽師地論》卷13:“或有自性不定故名非定地,謂五識身。或有闕輕安故名非定地,謂欲界繫諸心心法。”(T30, p344b)《隨函録》“闕輕”即《瑜伽師地論》中的“闕輕”,其中“闕”即“闕”字之訛。

1587 擕

按:“擕”字,大型字典失收。此字見於《隨函録》,即“攜”字。《隨函録》卷30《南海寄歸傳》卷4:“提擕,音携,正作携(攜)。”(ZD60-604b)唐・義淨撰《南海寄歸内法傳》卷4:“礪我慧鍔,長我法肌,提攜鞠育,親誨忘疲。”(T54, p233b)《隨函録》“提擕”即經文中的“提攜”,

① 見鄭賢章《龍龕手鏡研究》下篇“枰”字條,湖南師範大學出版社2004年,第300頁。

其中“𬶍”即“攜”之訛。

《隨函録》卷 2《大寶積經》卷 46:“而𬶍,户圭反,提也,離也,正作攜。”(ZD59-595a)唐・玄奘《大寶積經》卷 46:“是人後時欲有所趣。而攜此子將涉危難。”(T11, p268a)《隨函録》“而𬶍”即經文中的“而攜”,“𬶍”亦“攜”字之訛。

1588 觹

按:“觹”,大型字典失收,見於《隨函録》,即“觿”字之訛。《隨函録》卷 27《續高僧傳》卷 7:“觹裳,上許規反,角錐也,童子佩之,正作觿、鑴二形也。”(ZD60-468c)唐・釋道宣撰《續高僧傳》卷 7:“少鄙觿(明、宫本)裳,便欣毳服。”(T50, p478c)《隨函録》“觹裳”即經文中的“觿(明、宫本)裳”,其中“觹”即“觿”字之訛。

革部

1589 鞈

《龍龕手鏡・革部》(451):“鞈,音落,生革也。”

按:我們在這裏要講的“鞈(鞈)”乃“絡”字。《隨函録》卷 7《不空羂索神變真言經》卷 21:“鞈膊,上羅各反,下波各反。”(ZD59-786c)唐・菩提流志譯《不空羂索神變真言經》卷 21:“次院四面除門除角開敷蓮花,臺上寶鏡印、龍索印、絡髆索印。”(T20, p341b)《隨函録》“鞈膊”即《不空羂索神變真言經》中的“絡髆”,其中“鞈”即“絡”字。

1590 鞬

《玉篇・革部》:“鞬,居言切,以藏矢。”

按:我們在這裏要講的“鞬(鞬)”乃“韃”字之訛,與“撻”同。《隨函録》卷 21《菩薩本緣經》上卷:“鞭鞬(鞬),上卑連反,下他達反,正作撻、韃二形,下又居言反,非也。”(ZD60-220a)吴・支謙譯《菩薩本緣經》卷 1:“若能辦者,我當赦汝居家罪戾,若不肯輸,吾終不捨,要當繫縛,幽執鞭撻。”(T03, p56a)《隨函録》“鞭鞬”即《菩薩本緣經》中的“鞭撻”,其中“鞬”即“撻”字。“撻”俗作“韃”,“鞬”蓋“韃”字之訛。

1591 鞨、1592 鞨、1593 鞨

《龍龕手鏡・革部》(450):“鞨,胡葛反,靺鞨,蕃人名,又音羯。”

按:《龍龕手鏡》“鞨(鞨)”又音“羯”,此即“羯”字之訛。《隨函録》卷 20《阿毘達磨顯宗論》卷 40:“鞨尼,上居謁反,花名也,正作羯也,《婆沙》及《順正理論》並作羯尼字也,又何割反,悮也。”(ZD60-149c)唐・玄奘譯《阿毘達磨藏顯宗論》卷 40:“内無色想,觀外色黄,黄顯黄現黄光,譬如羯尼迦花。”(T29, p976a)《隨函録》“鞨尼”即《阿毘達磨藏顯宗論》中的“羯尼”,其中“鞨”即“羯”之訛。《龍龕手鏡》“鞨”即《隨函録》“鞨”字。

1594 䩹

按:“䩹”,大型字典失收,見於《隨函録》,乃“陵”字。《隨函録》卷 11《瑜伽師地論》

卷 20:“䡢蔑,莫結反。”(ZD59-935c)唐·玄奘譯《瑜伽師地論》卷 20:“又於廣大淨天生處無有沈没,又彼無能陵篾於己下劣信解增上力故。”(T30, p391c)《隨函録》“䡢蔑”即《瑜伽師地論》中的“陵篾”,其中“䡢”即“陵”字。

1595 鞨、1596 䩻、1597 䩸、1598 鞹、1599 韊、1600 䪁、1601 韆

《龍龕手鏡·革部》(448):“韆,《江西隨函》古田反,窯人所用,在《道地經》。”

按:後漢·安世高譯《道地經》卷 1:“如陶家作器,或時在拘,或從鞨,或從行輪,或已行,或在幹流時,入竈火燒時,或已熟出時,或給用時,要會當壞,人身亦如是。”(T15, p235b)根據佛經,《龍龕》“韆”即此“鞨”字,意義確爲“窯人所用”,但“韆”爲何字呢?

又《龍龕手鏡·革部》(448):“韊,新藏作,鞹,舊藏作,郭氏俗音繩,在《道地經》。”今刻本佛經《道地經》無“韊”“鞹”字,從形體上看,“鞹”“韊”即“韆”“鞨”。《隨函録》卷 21《道地經》:“從䪁,力葉反,踐也,正作躐、鬣二形也,經意是躐字也,謂陶家蹋泥時也。鬣者,馬組也,非用。又郭氏作倉(食字之訛)陵、居六、巨恡三反,非也。《江西音》作古典反,亦非也。《西川音》作䩻,音覇,亦非也。《南嶽音》作韊、鞹、䩻,三同音繩,亦非也。又作䩸,居六反,非也。又作䩸,音覲,亦非也。從郭氏及《江西音》《厚大師音》《南嶽音》,凡八呼,並非也,今定取躐爲正也。”(ZD60-210b)從形體上,很顯然,“韊”“鞹”“韆”“鞨”“䩸”“䩻”“䪁”“䩻”等乃一字之變了。

根據《隨函録》,“韊”“鞹”“韆”“鞨”“䩸”“䩻”“䪁”“䩻”等當爲“躐”字之俗,讀音爲“力葉反”,意義爲“陶家躐泥”。

《龍龕手鏡》“韊”“鞹”引郭氏音“繩”,《隨函録》所引郭氏有“食陵反”一音,“繩”與“食陵反”音同。此外,《南嶽音》也注音爲“繩”。《龍龕手鏡》引《江西隨函》“韆”音“古田反”,今《隨函録》引《江西音》作“古典反”,我們懷疑《龍龕手鏡》所引《江西隨函》即《隨函録》所引《江西音》,“古田反”有可能是“古典反”之訛,當然也有可能是“古典反”爲“古田反”之訛。

綜上所述,“韊”“鞹”“韆”“鞨”“䩸”“䩻”“䪁”“䩻”等爲何字,衆説紛紜,《隨函録》《江西音》《西川音》《南嶽音》《龍龕》、郭氏等皆有不同説法,各有其音與意義。相比之下,可洪《隨函録》之説較爲可信。

1602 䩞、1603 䩞

按:“䩞”“䩞”,大型字典失收,見於《隨函録》,乃“韉”字之訛。《隨函録》卷 14《佛本行集經》卷 8:“鞌䩞,則先反。”(ZD59-1076a)隋·闍那崛多譯《佛本行集經》卷 8:“復有二萬五千香象,悉金鞦轡,金爲鞍韉,皆被金甲。”(T03, p691b)《隨函録》“鞌䩞”即《佛本行集經》中的“鞍韉”,其中“䩞”即“韉”字之訛。

又《隨函録》卷 14《佛本行集經》卷 43:“鞌䩞,上烏寒反,下則先反。”(ZD59-1085b)隋·闍那崛多譯《佛本行集經》卷 43:“有諸王子,或駕車乘,或被鞍韉,而騎我上。”(T03, p855a)《隨函録》“鞌䩞”即《佛本行集經》中的“鞍韉”,其中“䩞”亦“韉”字。“韉”或作“韀”①,“䩞”乃“韀”移位所致,而“䩞”則爲“䩞”之訛。

① 《中華字海·革部》:“韀,同韉,見《直音篇》。”中國友誼出版公司 1994 年,第 1577 頁。

1604 ⿲革米刂

按:“⿲革米刂”,大型字典失收,見於《隨函録》,乃“鞠”字之訛。《隨函録》卷 10《能斷金剛般若波羅蜜多經論》下卷:“⿲革米刂體,上居六反,正作鞠。”(ZD59-928c)唐 · 義淨述《略明般若末後一頌讚述》卷 1:“幻師方便巧,假作衆形相,鞠體固非真,所見皆虚妄。”(T40, p783c)《隨函録》“⿲革米刂體”即《略明般若末後一頌讚述》中的“鞠體”,其中“⿲革米刂”即“鞠”字之訛。

頁部

1605 ⿰⿸厂几頁

《中華字海 · 頁部》(1580):“⿰⿸厂几頁,同煩。見《正字通》。”

按:我們這裏要講的“⿰⿸厂几頁”乃“頏”字。《隨函録》卷 28《辯正論》卷 5:“頡⿰⿸厂几頁,上户結反,下户郎反,上下不定。”(ZD60-507b)唐 · 法琳撰《辯正論》卷 5:“非所聯類也,非所頡頏也。”(T52, p521b)《隨函録》“頡⿰⿸厂几頁”即經文中的“頡頏”,其中“⿰⿸厂几頁”即“頏”字之訛。這樣一來,大型字典“⿰⿸厂几頁”字下可增添“同頏”的説解。

1606 頼

按:“頼”,大型字典失收,見於《隨函録》,即“賴”字之訛。《隨函録》卷 28《續高僧傳》卷 24:“頼由,上郎蓋反。”(ZD60-490b)唐 · 釋道宣撰《續高僧傳》卷 24:“于時道俗蒙然投骸無措,賴由震方出帝氛祲廓清。”(T50, p637c)《隨函録》“頼由”即經文中的“賴由”,其中“頼”即“賴”字之訛。構件“束”與“来”近似易混,構件“負”與“頁”近似易混。

1607 ⿰杂頁、1608 ⿰杂隹

按:“⿰杂頁”,大型字典失收,見於《隨函録》,乃“雜”字。《隨函録》卷 17《四分律删補隨機羯磨》:“⿰杂頁相,上自迊反,正作雜。”(ZD60-57a)唐 · 道宣集《四分律删補隨機羯磨》卷 1:“昔已在諸關輔撰行事鈔,具羅種類雜相畢陳,但爲機務相詶卒尋難了。”(T40, p492a)《隨函録》“⿰杂頁相”即《四分律删補隨機羯磨》中的“雜相”,其中“⿰杂頁”即“雜”字。“雜”或作“⿰杂隹”①,“⿰杂隹(雜)”蓋受上字“類”的影響,類化换旁從“頁”而作“⿰杂頁”。

1609 熲

《龍龕手鏡 · 頁部》(485):“熲,古迥切,光也。”

按:我們在這裏要講的“熲”乃“類”字之訛。《隨函録》卷 15《摩訶僧祇律》卷 36:“拘熲,力遂反,正作類,樹名尼拘類,亦云尼拘律。”(ZD59-1115a)東晉 · 佛陀跋陀羅共法顯譯《摩訶僧祇律》卷 36:“佛住迦維羅衛國尼拘類樹釋氏精舍。”(T22, p515a)《隨函録》“拘熲”即《摩訶僧祇律》中的“拘類”,其中“熲”即“類”字之訛。

---

① 《隨函録》卷 17《四分律删補隨機羯磨》:“⿰杂隹法,上自匝反。”(ZD60-57a)“⿰杂隹”即“雜”字。

1610 頫

《漢語大字典・頁部》(1822)引《廣韻》:"頫,面肥也。"又引《玉篇》:"頫,同頮,洗面也。"

按:我們要論述的是作爲"輔"俗字的"頫"。《龍龕手鏡・頁部》(484):"頩,或作;頫,正,音父,頰骨也。"《隨函録》卷4《大方廣佛華嚴經》卷48:"右頩,亦作頫,扶武反,頰骨也,經作輔相字。"(ZD59-664a)實叉難陀譯《大方廣佛華嚴經》卷48:"如來口右輔下牙,有大人相,名佛牙雲。"(T10, p253b)《隨函録》"右頩(頫)"即"右輔",其中"頩(頫)"爲"輔"字。這樣一來,大型字典"頫"字下就應增加"同輔"的説解。"頫"字是怎樣産生的呢?"輔"表"頰骨"一義時不僅可以作"頩",還可以作"䩉"。《龍龕手鏡・面部》(347):"䩉,音父,與頫、頩同,頰骨也。""頫"字的産生當是受"䩉""頩"形體上交互影響的結果。從字形分析,"頫"的兩個構件"面"與"頁"都衹能是表意了,而且表同一個意思。

1611 韻

按:"韻",見於《隨函録》,即"韻"字之訛。《隨函録》卷26《大唐西域記》卷10:"合韻,音運,正作韻也。"(ZD60-413a)唐・玄奘《大唐西域記》卷10:"絃急則聲不合韻,絃緩則調不和雅。"(T51, p926b)《隨函録》"合韻"即經文中的"合韻",其中"韻"即"韻"字之訛。

1612 顣

《中華字海・頁部》(1587):"顣,同顯。見《篇海》。"

按:我們在這裏要講的"顣"乃"離"字之訛。《隨函録》卷18《阿毘曇毘婆沙論》卷46:"顣地,上力義反,正作離。"(ZD60-104c)北涼・浮陀跋摩共道泰等譯《阿毘曇毘婆沙論》卷41:"如行者修神足時,初能舉身離地。如半胡麻,轉如胡麻。"(T28, p310c)《隨函録》"顣地"即《阿毘曇毘婆沙論》的"離地",其中"顣"即"離"字之訛。

1613 顙

按:"顙"字,大型字典失收,此字見於《隨函録》,即"顙"字。《隨函録》卷30《比丘尼傳》:"稽顙,上苦禮反,低也,首至地也,……下桑朗反,額也,正作顙。"(ZD60-605b)釋寶唱撰《比丘尼傳》卷2:"澡心潔意,傾誠戴仰,扶疾稽顙,專念相續。"(T50, p938b)《隨函録》"稽顙"即經文中的"稽顙",其中"顙"即"顙"之訛。

1614 頡

按:"頡",大型字典失收,見於《隨函録》,即"頡"字。《隨函録》卷26《大慈恩寺法師傳》卷7:"頡頏,上賢結反,下胡郎反,亦作翓翃,鳥飛上下皃也。又倉頡,造文字人也。《淮南子》曰:'蒼頡,皇帝史官,觀鳥跡之文而作書,天雨粟,鬼夜哭,謂有書契也,則詐僞生,棄其耕業,故哭也。'下又户萌反,《川音》作鳥浪反,非。"(ZD60-437a)《大唐大慈恩寺三藏法師傳》卷7:"頡頏王侯之前。抑揚英俊之上。"(T50, p262a)《隨函録》"頡頏"即經文中的"頡頏",其中"頏"即"頏"字,而"頡"即"頡"字。"頡"何以會寫作"頡"呢?我們懷疑"頡"蓋受"倉頡"一詞中的"倉"的影響改構件"吉"爲"倉"而寫成"頡"。

面部

1615 ⿰面芻

按:“⿰面芻”,大型字典失收,見於《隨函録》,乃“皺”字。《隨函録》卷12《長阿含經》卷1:“面⿰面芻,爭瘦反,襵也,皮緩也,正作皺、皺、⿰月芻四形也。”(ZD59-980b)後秦·佛陀耶舍共竺佛念譯《長阿含經》卷1:“於其中路見一老人,頭白齒落,面皺身僂,拄杖羸步,喘息而行。”(T01, p6a)《隨函録》“面⿰面芻”即《長阿含經》中的“面皺”,其中“⿰面芻”爲“皺”字。從形體上看,“皺”蓋受上字“面”的影響,類化換旁從“面”而作“⿰面芻”。

1616 ⿰面鬼

按:“⿰面鬼”,大型字典失收,見於《隨函録》,乃“醜”字。《隨函録》卷23《經律異相》卷44:“鼻⿰面鬼,昌有反,正作醜。”(ZD60-280b)梁·僧旻、寶唱等集《經律異相》卷44:“婦人鼻醜夫割他好者以易之十五。”(T53, p227c)《隨函録》“鼻⿰面鬼”即經文中的“鼻醜”,其中“⿰面鬼”即“醜”字。

又《隨函録》卷23《經律異相》卷44:“好⿰面鬼,音醜。”(ZD60-280b)梁·僧旻、寶唱等集《經律異相》卷44:“吾織作勤苦不懈,知諸藏物好醜多少,寧可共取用解貧乏乎?”(T53, p230a)《隨函録》“好⿰面鬼”即經文中的“好醜”,其中“⿰面鬼”亦“醜”字。從形體上看,“⿰面鬼”,從面從鬼,蓋“醜”的會意異體。當然亦有可能是“⿰面鬼”爲“醜”形旁訛誤所致。

骨部

1617 ⿰骨几、1618 ⿰骨几

《中華字海·骨部》(1579):“⿰骨几,同肌,見《直音篇》。”無例證。

按:“⿰骨几(⿰骨几)”,可見於《隨函録》,的确是“肌”字。《隨函録》卷14《罵意經》卷1:“⿰骨几骨,上居夷反,正作肌,郭氏作於詭反,非。”(ZD59-1093a)後漢·安世高譯《佛説罵意經》卷1:“三四日色轉青黑,膿血從口鼻耳眼,從九孔流出,正赤肌骨肉壞,腸胃五藏支節,一切還爲灰土。”(T17, p534c)《隨函録》“⿰骨几骨”即《佛説罵意經》中的“肌骨”,其中“⿰骨几”即“肌”字。

又《隨函録》卷13《禪秘要法》上卷:“⿰骨几肉,上居夷反,正作肌也,郭氏音委,非也。”(ZD59-1054b)後秦·鳩摩羅什譯《禪秘要法經》卷1:“肌肉骨髓,皆生諸蟲,一切五藏,蟲皆食盡。”(T15, p247a)《隨函録》“⿰骨几肉”即《禪秘要法經》中的“肌肉”,其中“⿰骨几”即“肌”字。從形體上看,“⿰骨几”蓋“肌”换形旁所致,構件“骨”與“月”意義相關。

1619 骯

按:“骯”,大型字典失收,見於《隨函録》,即“肌”字。《隨函録》卷28《甄正論》下卷:“部骯,上普口反,下居夷反,正作剖肌也,二並悮。”(ZD60-518c)玄嶷撰《甄正論》卷3:“貫胸達

腋,申馳騁之娱;天命剖肌,恣賞心之樂。"(T52, p570b)《隨函録》"部骯"即經文中的"剖肌",其中"骯"即"肌"字。"肌"或作"骪"①,"骯"蓋源於"骪"字之訛。構件"几"因與"冗"近似而誤寫成了"冗"。

1620 䯶

按:"䯶",大型字典失收,見於《隨函録》,乃"腦"字之訛。《隨函録》卷9《法集經》卷1:"龍䯶,音惱。"(ZD59-853b)元魏·菩提流支譯《佛説法集經》卷1:"譬如有人若於栴檀龍惱等香,瞋謗毀罵然後塗身。"(T17, p612c)"栴檀龍惱"即"栴檀龍惱腦"。《瑜伽師地論》卷22:"譬如最極炎熾熱時,塗以栴檀龍腦香等,一切鬱蒸皆得除滅。"(T30, p405a)《隨函録》"龍䯶"即"龍腦"。"䯶"即"腦"字之俗。《中華字海·骨部》(1599):"䯶,同'腦'。見《字彙補》。""䯶"與"䯶"形體近似。

1621 髋、1622 骰

《中華字海·骨部》(1600):"骰,音言,强力。"

按:我們這裏要講的"骰"乃"骸"字之訛。《隨函録》卷23《諸經要集》卷13:"形髋(骰),胡皆反,正作骸。"(ZD60-303b)唐·釋道世《諸經要集》卷13:"闍刖剠劓,形骸殘毀。"(T54, p125c)《隨函録》"形髋(骰)"即經文中的"形骸",其中"髋(骰)"即"骸"字之訛。這樣一來,大型字典"髋(骰)"字下可增添"同骸"的説解。

香部

1623 馞

《隨函録》卷14《正法念處經》卷42:"馞身,上步悶反,塵著物也,正作坌、坋二形。"(ZD59-1070b)

按:"馞"字,大型字典失收,爲"坌"之俗,意義爲"塵著物"。元魏·瞿曇般若流支譯《正法念處經》卷42:"鬘莊嚴身,以香坌身。"(T17, p250b)《隨函録》"馞身"即"坌身",其中"馞"即"坌"字。

1624 𩡂

按:"𩡂",大型字典失收,見於《隨函録》,乃"靆"字。《隨函録》卷21《撰集百緣經》卷3:"馤𩡂,上音愛,下音代,正作靉靆也。"(ZD60-191b)吴·支謙譯《撰集百緣經》卷3:"佛以神力,令此香雲靉靆垂布遍王舍城。"(T04, p215c)《隨函録》"馤𩡂"即《撰集百緣經》的"靉靆",其中"𩡂"即"靆"字。"靉靆"在經文中表香氣濃郁,受其影響,"靉靆"類化换旁從"香"而作"馤𩡂(䭃)"。

① 《中華字海·骨部》:"骪,同肌,見《直音篇》。"中國友誼出版公司1994年,第1579頁。

鬼部

1625 ⿺鬼乙

按:“⿺鬼乙”,大型字典失收,見於《隨函録》,乃“魅”字。《隨函録》卷23《經律異相》卷31:“鬼⿺鬼乙,眉秘反,正作魅、彪二形,《六度集(經)》作鬼彪也。”(ZD60-275a)梁·僧旻、寶唱等集《經律異相》卷31:“睹之心感,吾便發狂,將不爲虎狼鬼魅盜賊所吞乎?”(T53, p166a)《隨函録》“鬼⿺鬼乙”即經文中的“鬼魅”,其中“⿺鬼乙”即“魅”字之訛。

1626 ⿺鬼夭、1627 ⿺鬼夭、1628 ⿺風夭

《龍龕手鏡·鬼部》(323):“⿺鬼夭,俗;魃,正,蒲末反,旱魃也。”

按:我們這裏要講的“⿺鬼夭”乃“妖”字。《隨函録》卷23《諸經要集》卷19:“⿺鬼夭魅,上於憍反,正作妖、祅二形。又蒲末反,旱魃也,非也。”(ZD60-307a)唐·釋道世《諸經要集》卷19:“又《灌頂經》云:‘……或有⿺鬼夭魅邪師,以倚爲福,覓諸福祐,欲得長生。’”(T54, p183b)《隨函録》“⿺鬼夭魅”即《諸經要集》中的“⿺鬼夭魅”。“或有⿺鬼夭魅邪師”,《法苑珠林》卷62作“或有妖魅邪師”(T53, p754c),可見“⿺鬼夭”即“妖”字。“妖”蓋受了下字“魅”的影響類化换形旁爲“鬼”而作“⿺鬼夭”。

東晉·帛尸梨蜜多羅譯《佛説灌頂經》卷6:“或有⿺風夭魅邪師,以倚爲神,覓諸福祐,欲得長生。”(T21, p512c)“⿺風夭”,宋、元、明本作“妖”。“⿺風夭”蓋源於“妖”的俗體“⿺風夭(⿺鬼夭)”之訛。“妖魅”一詞,其他文獻也可見。唐·司空圖《月下留丹竈》詩:“瑶函真跡在,妖魅敢揚威?”大廣智不空密譯《佛説金毘羅童子威德經》卷1:“久居山間,多學幻術或學妖魅,虚誑衆生,諂稱我得道果。”(T21, p368a)

此外,“⿺鬼夭”又可作爲“魑”字。《龍龕手鏡·鬼部》(323):“⿺鬼夭(⿺鬼夭),俗;魑,正,丑知反。”

1629 ⿺鬼古、1630 ⿺鬼古、1631 ⿺鬼古

《龍龕手鏡·鬼部》(323):“⿺鬼古,俗,音古。”《中華字海·鬼部》(1605):“⿺鬼古,義未詳。見《篇海》。”

按:“⿺鬼古”,見於《隨函録》,疑爲“魅”或“蠱”字。《隨函録》卷6《六度集經》卷4:“⿺鬼古蠱,上公五反,下羊者反。”(ZD59-765b)吴·康僧會譯《六度集經》卷4:“女登臺望曰:‘吾爲⿺鬼古蠱,食兄肝可乎?’”(T03, p19c)“⿺鬼古”,元、明本作“魅”。《隨函録》“⿺鬼古蠱”即《六度集經》中的“⿺鬼古蠱”,其中“⿺鬼古”即“⿺鬼古”字。“⿺鬼古”“⿺鬼古”正體不明,意義大概指魅蠱之類。我們根據《隨函録》的注音,懷疑“⿺鬼古(⿺鬼古)”有可能是“蠱”字,兩者讀音相同。“蠱”或作“蛄”。《隨函録》卷16《彌沙塞部和醯五領律》卷1:“蛄毒,上公五反,正作蠱。”(ZD60-20c)“⿺鬼古”蓋“蛄”换形旁所致。不過,根據元、明本《六度集經》,“⿺鬼古”“⿺鬼古”又似乎爲“魅”字之俗。“⿺鬼古(⿺鬼古)”音“古”蓋其俗讀,俗以“⿺鬼古(⿺鬼古)”形體上從“古”,故以“古”讀之。“魅蠱”一詞佛經中常見。《咒魅經》卷1:“若作魅蠱者返受其殃。”(T85, p1383c)

1632 𩲇

《龍龕手鏡・鬼部》(323):“𩲇,俗,音兜。”

按:《中華字海・自部》(1267)録作“𩲇”,並言“義未詳”。張涌泉《漢語俗字叢考》(915)認爲“𩲇”即“兜”字,但没有給出確鑿例證,今補之。《隨函録》卷5《道神足無極變化經》:“𩲇術,上都侯反。”(ZD59-725c)西晉・安法欽譯《道神足無極變化經》卷2:“於是盡終,生第四兜術天會。”(T17, p808a)《隨函録》“𩲇術”即“兜術”,其中“𩲇”即“兜”字。

1633 𩴭

按:“𩴭”,大型字典失收,見於《隨函録》,乃“魑”字之訛。《隨函録》卷19《阿毘達磨順正理論》卷67:“𩴭魅,上丑之反,下眉秘反。”(ZD60-144a)唐・玄奘譯《阿毘達磨順正理論》卷67:“言沙門者,能永息除諸界趣生生死魑魅。”(T29, p706a)《隨函録》“𩴭魅”即《阿毘達磨順正理論》中的“魑魅”,其中“𩴭”即“魑”字之訛。

1634 𩵂、1635 𩴴、1636 𩵃

《龍龕手鏡・鬼部》(324):“𩵂(𩴴),俗,章欲反。”《中華字海・鬼部》:“𩴴,義未詳。見《龍龕》。”

唐・慧琳《一切經音義》卷75《道地經》卷1:“𩵃魌,上音蜀,下音其,又音渠寄反。《精異記》曰:‘𩵃魌者,矬矮小鬼、虐厲鬼之類。’”(T54, p792b)

按:拙著《龍龕手鏡研究》(275)對“𩵂(𩴴)”有詳細的論述,認爲“𩵂(𩴴)”即“𩵃”字。不過,《隨函録》“𩵂(𩴴)”音“章欲反”,屬照母字,而《一切經音義》“𩵃”音“蜀”,屬禪母字。兩者在讀音上爲什麽有差别,拙著對此論證不夠充分,今予以補證。

《隨函録》卷21《道地經》卷1:“𩵂(𩴴)魌,上宜作魑,丑知反,下渠宜反,小兒鬼也。上誤,下又其寄反,鬼服也。上又《川音》音蜀,《江西音》作丑梨反,郭氏作章蜀反,上或作魖(?),音呼。”(ZD60-210a)後漢・安世高譯《道地經》卷1:“……從是便忘宿行腹中所更,已生從血臭故,便聚爲邪鬼魑飛屍各𩵃魌蠱魅魖行。”(T15, p234c)《隨函録》“𩵂(𩴴)魌”即《道地經》中的“𩵃魌”,其中“𩵂(𩴴)”即“𩵃”字之訛。

《龍龕手鏡》“𩵂(𩴴)”音“章欲反”,《隨函録》所引郭氏音“章蜀反”,兩者音同。“𩵂(𩴴)”,《隨函録》又引《川音》音“蜀”,此與《一切經音義》“𩵃”音同,所以“𩵂(𩴴)”與“𩵃”同無疑,讀音上存在的差異是不同注家注音有異所致。

此外,值得注意的是,《隨函録》以爲“𩵂(𩴴)”當爲“魑”字,而且所引《江西音》亦是如此。我們以爲在“便聚爲邪鬼魑飛屍各𩵃魌蠱魅魖行”一句中已經有了“鬼魑”一詞,“𩵂(𩴴)”似乎不應再理解爲“魑”,以從《一切經音義》《川音》、郭氏之説爲宜。

食(飠)部

1637 飬

《改併五音類聚四聲篇海・食部》(432):“飬,浦(字迹模糊,疑爲補)昧、蒲昧二切。”《中

華字海・食部》(1611):"𩚃,義未詳。見《篇海》。"

按:"𩚃",見於《隨函録》,乃"養"字之訛。《隨函録》卷12《長阿含經》卷5:"可養,羊兩反,別經作𩚃,南嶽音背,非。"(ZD59-981b)後秦・佛陀耶舍共竺佛念譯《長阿含經》卷5:"然我實不見梵天,不與言語,不可餐默,虛受此稱。"(T01, p32b)"餐默",宋、元、明本作"養默"。"餐默"當爲"養默"之訛。根據《隨函録》,"養",別經作"𩚃"。"𩚃"應該也是"養"字之訛。《南嶽經音》蓋根據"𩚃"形體上從"北"得聲而俗讀其爲"背"也。《篇海》"𩚃"音"補味""蒲昧"二切,而"背"在《廣韻》中可音"補妹""蒲昧"二切。《篇海》"𩚃"的讀音正好與《南嶽經音》所注相同。

此外,"𩚃"又可爲"餮"字之訛。《隨函録》卷12《長阿含經》卷6:"𩚃饕,上音鐵,下音叨。"(ZD59-982a)後秦・佛陀耶舍共竺佛念譯《長阿含經》卷6:"人當有九種病。一者寒,二者熱,三者飢,四者渴,五者大便,六者小便,七者欲,八者饕餮,九者老。"(T01, p41c)《隨函録》"𩚃饕"即《長阿含經》中的"饕餮","𩚃"對應的即"餮"字,疑《隨函録》將"饕𩚃"誤倒爲"𩚃饕"了。

1638 餃

按:"餃",大型字典失收,見於《隨函録》,乃"餚"字。《隨函録》卷23《經律異相》卷7:"餃饍,上户交反,正作餚。"(ZD60-265b)梁・僧旻、寶唱等集《經律異相》卷7:"諸女聞之,心懷苦惱言,如餚膳飲食和以毒藥。"(T53, p37b)《隨函録》"餃饍"即經文中的"餚膳",其中"餃"即"餚"字。"餃"從"爻(爻)"得聲,蓋"餚"换聲旁所致。

1639 餉

按:"餉",大型字典失收,見於《隨函録》,乃"餬"字。《隨函録》卷5《正法華經》卷8:"䬴餉,上徒兮反,下户吴反,蘇精也,正作醍醐,下亦作餬也。《涅槃經》云:'從乳出酪出生蘇,從生蘇出熟蘇,從熟蘇出醍醐也。'"(ZD59-709a)西晉・竺法護譯《正法華經》卷8:"散華燒香擣香雜香,繒綵幢幡麻油燈香,油燈醍醐燈,其福過彼甚多無數。"(T09, p116c)《隨函録》"䬴餉"即《正法華經》中的"醍醐",其中"餉"即"醐"字。"醐"或作"餬","餉"蓋源於"餬"字。

1640 餸

《龍龕手鏡・食部》(499):"餸,餹餸也。"

按:我們在這裏要講的"餸"乃"第"字。《隨函録》卷18《阿毘曇毘婆沙論》卷60:"館餸,上音管,下音第,並舍宅異名也。止客曰館,諸侯所居曰餸曰宅也。"(ZD60-106b)北涼・浮陀跋摩共道泰等譯《阿毘曇毘婆沙論》卷60:"用能丘壑廊廟館第林野。是使淵叟投策。巖逸來庭。"(T28, p414c)《隨函録》"館餸"即《阿毘曇毘婆沙論》的"館第",其中"餸"即"第"字。"第"蓋受上字"館"的影響類化换旁從"食"而作"餸"。

1641 餩

按:"餩",大型字典失收,見於《隨函録》,爲"鏊"字之訛。《隨函録》卷16《四分律》卷43:"餅餩,五告反,正作鏊。"(ZD60-37b)姚秦・佛陀耶舍共竺佛念等譯《四分律》卷42:"畢陵伽婆蹉得煎餅鏊。佛言,聽畜,衆僧亦爾聽畜。"(T22, p874b)《隨函録》"餅餩"即《四分律》中的"餅鏊",其中"餩"即"鏊"字之訛。"鏊"作"餩",蓋受上字"餅"的影響類化换旁從"食"所致。

1642 ⿰飠夆

按："⿰飠夆"，大型字典失收，見於《隨函録》，即"鋒"字之訛。《隨函録》卷 27《續高僧傳》卷 4："飼⿰飠夆，上音詞，下音峯，前後皆作詞鋒，亦作辝鋒也，二並悮。"(ZD60-465a)唐·釋道宣撰《續高僧傳》卷 4："詞鋒所指，海内高尚。"(T50, p447a)《隨函録》"飼⿰飠夆"即經文中的"詞鋒"，"飼"即"詞"字之訛，"⿰飠夆"即"鋒"字。"鋒"或作"鋒"，"⿰飠夆"蓋源於"鋒"字之訛，構件"金"因與"食"草寫近似而誤寫成了"食"，"鑠"俗作"⿰飠夆"①，可資比勘。

1643 餚

《中華字海·食部》(1615)："餚，音義未詳。《酉陽雜俎·酒食》：'飽餚謂之餚。'"

按："餚"亦見於《隨函録》，乃"餚"字之俗。《隨函録》卷 30《廣弘明集》卷 29："名餚，户交反，正作餚。"(ZD60-596a)唐·道宣撰《廣弘明集》卷 29："設禪悦之名餚，宴彼奇將，集此雄勇。"(T52, p343b)《隨函録》"名餚"即經文中的"名餚"，其中"餚"即"餚"字之訛。

又《隨函録》卷 23《諸經要集》卷 13："餚殂，上神利反，愛食也，下側魚反，鮓也，以鹽米釀魚也，正作餚葅字也。"(ZD60-303a)《隨函録》以"餚"爲"餚"字，但據《諸經要集》文意，應該亦是"餚"字之訛。唐·釋道世《諸經要集》卷 13："螺蜆之類，不得壽終，還以身肉供充餚葅。"(T54, p124b)《隨函録》"餚殂"即《諸經要集》中的"餚葅"，其中"餚"即"餚"字之訛。"餚葅"指豐盛的菜肴，很顯然，如果把"餚"當作"餚"的話，於文意不合。"餚葅"，《法苑珠林》卷 69 作"肴俎"，"餚"與"肴"同。唐·釋道世《法苑珠林》卷 69："螺蜆之類，不得壽終，還以身肉供充肴俎。"(T53, p815b)

從意義上看，《隨函録》兩處"餚"都與《酉陽雜俎》"餚"不同，應爲兩個不同的字。這樣一來，大型字典"餚"字下可增添"同餚"的説解。

風部

1644 颾

按："颾"，大型字典失收，見於《隨函録》，爲"蚤"字。《隨函録》卷 13《别譯阿含經》卷 2："颾⿵冂蚤，上子老反，下所擳反，正作蚤蝨二形也。"(ZD59-1014b)《别譯雜阿含經》卷 2："蚊虻及蚤蝨，種種諸惱觸，不動我一毛，況能令我畏。"(T02, p382b)"蚤蝨"，聖本作"颾⿵冂蚤"。《隨函録》"颾⿵冂蚤"即《别譯雜阿含經》中的"蚤蝨"，其中"颾"即"蚤"字之訛。

1645 ⿺風鼓、1646 ⿰鼓風、1647 ⿰壴風②

《龍龕手鏡·風部》(127)："⿰鼓風，音鼓。"《中華字海·風部》(1630)："⿰鼓風，義未詳。"③

① 行均：《龍龕手鏡》，中華書局 1985 年，第 503 頁。

② 此條我們曾在《〈可洪音義〉與現代大型字典俗字考》一文考釋過，見《漢語學報》2006 年第 2 期，第 88 頁。

③ 張涌泉《漢語俗字叢考》(1126)利用玄應《一切經音義》已證明"⿰鼓風"爲"鼓"字之俗，但没有對"⿰鼓風"字産生的原因進行充分討論。特予以補充。

按:"䫺"音"鼓",即"鼓"字。《隨函録》可以爲證。《隨函録》卷14《正法念處經》卷68:"風颾,音古。"(ZD59-1074a)元魏·瞿曇般若流支譯《正法念處經》卷68:"風鼓大海,令魚亂行。"(T17, p403b)《隨函録》"風颾"即"風鼓",其中"颾"爲"鼓"字。"颾"是"鼓"受上字"風"的影響類化增"風"旁而成。又《隨函録》卷13《正法念處經》卷16:"飄𩗓,上匹摇反,下公五反。"(ZD59-1065a)元魏·瞿曇般若流支譯《正法念處經》卷68:"不以黑雲冷風飄颾如是四天下。"(T17, p106a)《隨函録》"飄𩗓"即"飄颾",其中"𩗓"即"颾"字。《龍龕手鏡》"䫺"音"鼓",顯然即"颾"字,亦當爲"鼓"字之俗。

韋部

1648 韡

按:"韡",見於《隨函録》,乃"韓"字。《隨函録》卷28《弘明集》卷3:"弊韡,上毗祭反,下音寒,正作韓,人姓也,本國名,後因國爲氏。"(ZD60-525c)梁·釋僧祐撰《弘明集》卷3:"晉惠棄禮,故有弊韓之困。"(T52, p16c)"弊韡"即經文中的"弊韓",其中"韡"即"韓"字之俗。"韡"俗作"韓",是一個字形體内部類化的結果。受"韓"構件"韋"的影響,書寫者將構件"𠦝"亦寫作了"韋"。

髟部

1649 𩬅

按:"𩬅",大型字典失收,見於《隨函録》,乃"鬚"字之訛。《隨函録》卷14《正法念處經》卷25:"爲𩬅,相朱反。"(ZD59-1068b)元魏·般若流支譯《正法念處經》卷25:"復有其餘蓮華林池,其華清淨,白銀爲莖,真金爲鬚,琉璃爲葉。"(T17, p144a)《隨函録》"爲𩬅"即《正法念處經》中的"爲鬚",其中"𩬅"即"鬚"字之訛。

1650 髻

按:"髻",大型字典失收,見於《隨函録》,乃"鬘"字之訛。《隨函録》卷23《經律異相》卷17:"崛髻,莫姧反,又音髻,並通。"(ZD60-269a)梁·僧旻、寶唱等集《經律異相》卷17:"於此國土有大惡賊,名鴦崛鬘,殺害人民,暴虐無慈。村落居止,不得寧息。"(T53, p91b)《隨函録》"崛髻"即經文中的"崛鬘",其中"髻"即"鬘"字之訛。

馬部

1651 騳、1652 騂

《龍龕手鏡·馬部》(294):"騂,或作,聿、述、肆三音。驈,聿、述二音,黑馬白髀。"

按:"騂"本與"騙"同。《玉篇·馬部》:"騙,驪馬白跨。騂,同騙。"《龍龕手鏡》"騂"還可音"肆",即"肆"之俗。《隨函録》卷30《廣弘明集》卷28:"未肆,音四,陳也,强也,别本作**騂**(騂),非也。"(ZD60-591c)唐·道宣撰《廣弘明集》卷28:"四郊多壘,未肆樓船之威。"(T52, p332a)經文中的"肆"字,根據《隨函録》所載,有别本作"**騂**(騂)",可見"**騂**(騂)"確可爲"肆"字之訛,《龍龕手鏡》"騂"音"肆",蓋本於此。

1653 騋、1654 騋

《説文·馬部》:"騋,馬七尺爲騋。"

按:我們這裏要講的"騋"乃"歸"字之俗體。《隨函録》卷30《廣弘明集》卷29:"**騋**(騋)順,上音歸,又音來,非也。"(ZD60-596b)唐·道宣撰《廣弘明集》卷29:"可改往修來,翻然歸順,謝過朱門,與道齊好。"(T52, p345a)《隨函録》"**騋**(騋)順"即經文中的"歸順",其中"**騋**(騋)"即"歸"字。這樣一來,大型字典"**騋**(騋)"字下可增添"同歸"的説解。此外,《大正新修大藏經》之《廣弘明集》"歸順"一語,宫、宋本作"騋順",元、明本作"倈順",宫、宋本與《隨函録》所録相同。"歸"何以會寫作"**騋**(騋)""倈"呢? "歸"俗可作"**𣦼**"①,"歸"寫作"**騋**(騋)""倈"是否與"**𣦼**"有關呢? 存疑。

1655 **騔**、1656 騔

《玉篇·馬部》:"騔,音葛,馬行皃。"

按:我們在這裏要講的"**騔**(騔)"乃"鬣"字。《隨函録》卷13《太子本起瑞應經》卷1:"毷**騔**,上音毛,下音獵,正作髦鬣也,下又音割,非。"(ZD59-1050c)宋·求那跋陀羅譯《太子瑞應本起經》卷1:"七寶自至:一金輪寶,二神珠寶,三紺馬寶朱髦**鬛**,四白象寶朱髦尾,五玉女寶,六賢鑒寶,七聖導寶。"(T03, p473b)《隨函録》"毷**騔**"即《太子瑞應本起經》中的"髦**鬛**",其中"**騔**"即"**鬛**"字。"**鬛**"即"鬣"字之訛。從形體上看,"鬣(**鬛**)"蓋受上字"髦"俗作"毷"②的影響,類化换旁從"馬"而作"**騔**(騔)"。

1657 騂

《玉篇·馬部》:"騂,騂騂,馬行也。"

按:我們這裏要講的"騂"乃"騂"字之訛。《隨函録》卷29《弘明集》卷6:"雖騂,上耳營反,色也,正作騂、牸二形。"(ZD60-530b)梁·釋僧祐撰《弘明集》卷6:"仲弓雖騂出於犂色,而舉世推德,爲人倫之宗。"(T52, p35c)《隨函録》"雖騂"即經文中的"雖騂",其中"騂"即"騂"字之訛。這樣一來,大型字典"騂"字下可增添"同騂"的説解。

1658 **騗**

按:"**騗**",大型字典失收,見於《隨函録》,乃"鷓"字之訛。《隨函録》卷23《諸經要集》卷8:"**騗**鴣,上之夜反,下古胡反,《善見律》作鷓鴣,《切韻》作鷓鴣。"(ZD60-300a)唐·釋

---

① 見中國臺灣網絡版《異體字字典·止部》"歸"字條。

② 請參見鄭賢章《龍龕手鏡研究》"毷"字條,湖南師範大學出版社2004年,第31頁。

道世《諸經要集》卷 8:"往昔有一鶹鵃鳥,爲人籠繫,在地愁怖。"(T54, p72a)《隨函録》"䮎鮎"即《諸經要集》中的"鶹鵃",其中"䮎"即"鶹"字之訛。

1659 騣

按:我們這裏要講的"騣"乃"駁"字之訛。《隨函録》卷 26《集沙門不應拜俗等事》卷 3:"騣雜,上補角反,班也,正作駁也。《玉篇》音輟,非也。"(ZD60-428b)釋彦悰纂録《集沙門不應拜俗等事》卷 3:"時所送議文抑揚駁雜,今謹依所司上下區以别之。"(T52, p457c)《隨函録》"騣雜"即經文中的"駁雜",其中"騣"即"駁"字之訛。

1660 騆

按:我們在這裏要講的"騆"乃"騙"字之訛。《隨函録》卷 13《賴吒和羅經》卷 1:"騆馬,上疋扇反,躍上馬也,正作騙、騗二形也,又音獨,悮也。"(ZD59-1036b)《賴吒和羅經》卷 1:"王當以誠報我。王年二十三十至四十時,氣力射戲上象騙馬行步趍走,當爾時自視寧有雙無。"(T01, p871b)《隨函録》"騆馬"即《賴吒和羅經》中的"騙馬",其中"騆"即"騙"字之訛。

1661 𩦸[①]

《中華字海·馬部》(1663):"𩦸,義未詳。見《龍龕》。"

按:"𩦸"是個罕見字。《龍龕手鏡·馬部》(291):"𩦸,俗,殷、因二音。"目前最早收録"𩦸"字的文獻是《隨函録》。《隨函録》卷 4《等目菩薩所問經》卷上:"天𩦸,下或作鸑、鸞、樂三形,同,五角反。鸑,鳳屬也,樂謂音聲也。……諸藏作鸞、鸞、鸞三形,同,郎官反。"(ZD59-675a)據《隨函録》,可洪以"𩦸"爲"鸑"字,而根據不同版本的佛經,"𩦸"與"鸞"互爲異文。《等目菩薩所問三昧經》卷 1:"於虚空中,有天鸞音。"(T10, p576b)《隨函録》"天𩦸"即"天鸞",其中"𩦸"與"鸞"互爲異文。《龍龕手鏡》《隨函録》對於"𩦸"字各有説法,可以肯定的是"𩦸"爲佛經用字,究竟是哪個字的俗字,現在已經難以確定了,不過我們傾向把"𩦸"當作"鸞"字。佛經中常將佛陀之音比作鸞聲,軟和而美妙。如西晉·竺法護譯《普曜經》卷 4:"爾時梵聲其音柔軟,響若哀鸞。"(T03, p507a)姚秦·竺佛念譯《最勝問菩薩十住除垢斷結經》卷 3:"有佛出現有三十二大人之相,八十種好莊嚴其身,光照幽冥聲如哀鸞。"(T10, p989b)

麥(麦)部

1662 麸、1663 麬[②]

《龍龕手鏡·麥部》(506):"麸,俗;麬,正,羊即反,麥麬。"

按:"麸",《漢語大字典·麥部》(1911)引作"麬",與"麬"同,無其他書證。今《隨函

---

① 此條我們曾在《〈可洪音義〉與現代大型字典俗字考》一文中考釋過,見《漢語學報》2006 年第 2 期,第 90 頁。

② 此條我們曾在《以可洪〈隨函録〉考漢語俗字若干例》一文中考釋過,見《古漢語研究》2006 年第 1 期,第 31 頁。

録》、佛經可爲其補證。《隨函録》卷 3《菩薩念佛三昧經》卷 3:“把⿺麦戈,上北馬反,下羊力反。”(ZD59-641a)“⿺麦戈”音“羊力反”,與《龍龕手鏡》“羊即反”同。宋・功德直譯《菩薩念佛三昧經》卷 2:“欲以一把⿰麥弋,斷截恒河水。”(T13, p806b)宋・功德直譯《菩薩念佛三昧經》卷 2:“譬如有人以一把⿰麥弋投恒河中,謂能以此斷彼駛流。”(T13, p806a)

1664 ⿰麥舌、1665 ⿺麦舌①

《漢語大字典・麥部》(1912)引《改併四聲篇海・麥部》:“⿰麥舌,音甜。”《中華字海・麥部》(1672):“⿰麥舌,義未詳,見《篇海》。”

按:“⿰麥舌”見於《隨函録》,即“甜”字之俗。《隨函録》卷 11《大莊嚴論經》卷 3:“⿺麦舌如,上徒兼反,甘也,正作甜。”(ZD59-960b)後秦・鳩摩羅什譯《大莊嚴論經》卷 3:“美味悦心意,甜如甘蔗漿。”(T04, p270c)《隨函録》“⿺麦舌如”即此“甜如”,其中“⿺麦舌”即“甜”字。

又《隨函録》卷 22《雜寶藏經》卷 8:“⿺麦舌漿,上徒兼反,正作甜也。”(ZD60-229c)

《篇海》“⿰麥舌”顯然即“⿺麦舌”字,構件“麦”即“麥”之簡。“甜”何以會寫作“⿰麥舌(⿺麦舌)”呢?“⿰麥舌(⿺麦舌)”可能是一個會意字,“麥”可以製糖,以舌辨之,味甜,故“甜”换旁爲“麥(麦)”而成“⿰麥舌(⿺麦舌)”。

1666 ⿺麦取

按:“⿺麦取”,大型字典失收,見於《隨函録》,乃“趣”字之訛。《隨函録》卷 11《瑜伽師地論》卷 86:“⿺麦取撅,巨月反。”(ZD59-943c)唐・玄奘譯《瑜伽師地論》卷 86:“或由能往惡趣業故,於惡趣撅而繫縛之。”(T30, p782a)《隨函録》“⿺麦取撅”即《瑜伽師地論》中的“趣撅”,其中“⿺麦取”即“趣”字之訛。

1667 ⿺麦辥、1668 ⿲𠂤麦辛、1669 ⿰麥薛、1670 ⿱薛麥

《改併五音類聚四聲篇海・麥部》(371):“⿰麥薛,魚列切。”《中華字海・麥部》(1675):“⿰麥薛,義未詳。”《集韻・薛韻》:“⿱薛麥,牙麥也,魚列切。”

按:“⿰麥薛”音“魚列切”,與“⿱薛麥”音同,當爲一字。“⿱薛麥”,《説文》《玉篇》《廣韻》等皆不收,其來源如何?

我們認爲“⿱薛麥”應爲“蘖”换形旁所致。《隨函録》卷 26《集古今佛道論衡》:“麴⿺麦辥,魚竭反,正作⿱辥麦(⿱薛麥)。”(ZD60-417b)《集古今佛道論衡》卷 1:“俗人未悟,仍有祇崇,麴⿲𠂤麦辛是味,清虚焉在。”(T52, p371a)《隨函録》“麴⿺麦辥”即經文中的“麴⿲𠂤麦辛”,其中“⿺麦辥”即“⿲𠂤麦辛”字,而“⿲𠂤麦辛”顯然是“⿱薛麥”構件换位所致。《集古今佛道論衡》“麴⿲𠂤麦辛是味,清虚焉在”一語,《廣弘明集》卷 4作“麴蘖是味,清虚焉在”(T52, p113a),可見“麴⿲𠂤麦辛”即“麴蘖”。《一切經音義》也可爲證。唐・慧琳《一切經音義》卷 97:“鞠(麴)糱,上芎鞠反,下言竭反。孔注《尚書》云:‘酒醴須麴糱以成也。’《説文》:‘糱,牙米也。從米,辥聲。’《集》從麥作⿲𠂤麦辛,非。”(T54, p911a)《一切經音義》亦以“⿲𠂤麦辛”爲“糱(蘖)”字。蓋本無“⿱薛麥(⿲𠂤麦辛)”字,由於“糱(蘖)”經常與“麴”連用,受其影響改從麥旁而作“⿱薛麥(⿲𠂤麦辛)”。

① 此條我們曾在《〈可洪音義〉與現代大型字典俗字考》一文中考釋過,見《漢語學報》2006 年第 2 期,第 86 頁。

《集韻》訓“虄(麳)”爲“牙麥”,與《説文》訓“糵(蘖)”爲“牙米”並不矛盾。明・李時珍《本草綱目・穀四・糵米》:“有粟、黍、穀、麥、豆諸糵,皆水浸脹,候生芽曝乾去鬚。取其中米,炒研麵用。其功皆主消導。”由此可見“糵”本就可以指發芽的麥子。這樣一來,“虄(麳)”與“糵(蘖)”的音義以及在實際中的用法皆同,理當爲同一字。

鳥部

1671 𪀗

按:“𪀗”,大型字典失收,見於《隨函録》,乃“鴉”字之訛。《隨函録》卷20《四諦論》卷1:“𪀗域,上烏牙反,烏别名也,正作鵶、鴉。《爾雅》曰:‘純黑而返哺者謂之烏,小而不返哺者謂之鵶也。’”(ZD60-178b)陳・真諦譯《四諦論》卷1:“……時智論、獸論、鴉域論、明論、歌舞莊嚴論、人舞論、天舞論、天仙王傳等論、外道論、常行外道等,乃至九十六種。”(T32, p378c)《隨函録》“𪀗域”即《四諦論》的“鴉域”,其中“𪀗”即“鴉”字之訛。

1672 䲶、1673 䲶

《龍龕手鏡・鳥部》(287):“䲶,俗,元、憍二音。”

按:《隨函録》卷14《正法念處經》卷43:“兇䲶,上許容反,下五關反,正作頑也,下郭氏作憍、元二音,非也。”(ZD59-1070b)元魏・般若流支譯《正法念處經》卷43:“雖得聞法,不能修行。於未聞法,心不欲聞。無心訪問,凶頑不畏。語不依理,心意動亂。”(T17, p254c)《隨函録》“兇䲶”即《正法念處經》中的“凶頑”,其中“䲶”即“頑”字之訛。“䲶”,《隨函録》引郭氏音“憍”“元”二音,《龍龕手鏡》“䲶”的注音蓋源於郭氏注音。“䲶(䲶)”本爲“頑”字,郭氏何以會讀爲“憍”“元”呢?“䲶(䲶)”音“元”蓋爲俗讀,俗以其形體從“元”故讀爲“元”。“䲶(䲶)”音“憍”則可能是其作爲“鵁(憍)”字時的讀音。《龍龕手鏡・鳥部》(286):“鵁,舊藏作憍字。”“鵁”即“憍”字。“䲶(䲶)”與“鵁”形體近似且讀音相同。另請參拙著《龍龕手鏡研究》(261)“䲶”字條。

1674 𪄻

按:“𪄻”,大型字典失收,見於《隨函録》,乃“羯”字之訛。《隨函録》卷19《阿毘達磨大毘婆沙論》卷130:“末𪄻,音竭,魚名也,亦云摩伽魚。”(ZD60-120b)唐・玄奘譯《阿毘達磨大毘婆沙論》卷130:“底民所食是麤,大魚龜鱉及末羯羅失獸摩羅等所食爲細;大魚鱉等所食是麤,餘水行虫所食爲細。”(T27, p675c)《隨函録》“末𪄻”即《阿毘達磨大毘婆沙論》中的“末羯”,其中“𪄻”即“羯”字之訛。

1675 鶿、1676 鶿

按:“鶿”,大型字典失收,見於《隨函録》,乃“鷀”字。《隨函録》卷23《經律異相》卷44:“鸕鶿,上洛胡反,下慈、兹二音,正作鷀。”(ZD60-280b)梁・僧旻、寶唱等集《經律異相》卷44:“溺人憑鳳獲全附鸕鷀殞命十七。”(T53, p227c)《隨函録》“鸕鶿”即經文中的“鸕鷥”,其中“䳕”即“鷥”字。《龍龕手鏡・鳥部》(285):“鴜,俗,鷥,正,音慈,鸕鷥,鳥也。”從形體上看,“鴜”爲“鷥”的换聲旁字,而“䳕”乃“鴜”字之俗。

1677 鴩

《龍龕手鏡・鳥部》(289):“鴩,徒結反,哺豉鳥也。”

按:我們這裏要講的“鴩”乃“雉”字之訛。《隨函録》卷 23《經律異相》卷 48:“鴩六,上直几反,正作雉。”(ZD60-282a)梁・僧旻、寶唱等集《經律異相》卷 48:“金翅一(二事),千秋二(一事),雁三(三事),鶴四(一事),鴿五(二事),雉六(一事),烏七(四事)。”(T53, p253b)《隨函録》“鴩六”即經文中的“雉六”,其中“鴩”即“雉”字之訛。從形體上分析,“雉”之構件“隹”换成“鳥”,而構件“矢”訛成了“失”。

1678 䳤

按:“䳤”,大型字典失收,見於《隨函録》,乃“鵅”字。《隨函録》卷 14《五道轉輪罪福報應經》卷 1:“鴝䳤,上音鉤,下音格,正作𪀔鵅也。”(ZD59-1099b)劉宋・求那跋陀羅譯《佛説輪轉五道罪福報應經》卷 1:“好喜妄語,傳人惡事,死入地獄,洋銅灌口,拔出其舌。以牛犁之,出墮鵄梟鸲鵅鳥中。”(T17, p564a)《隨函録》“鴝䳤”即《佛説輪轉五道罪福報應經》中的“鸲鵅”,其中“䳤”即“鵅”字。從形體上看,“䳤”蓋“鵅”聲旁繁化所致。

1679 鵽

按:“鵽”,大型字典失收,見於《隨函録》,乃“鷞”字之訛。《隨函録》卷 20《成實論》卷 7:“鵽鳥,上陟刮反,正作鷞也,又都活反。”(ZD60-159c)姚秦・鳩摩羅什譯《成實論》卷 7:“施畜生得百倍利,而實施鷞鳥等所得果報,勝施外道五神通人。”(T32, p291c)《隨函録》“鵽鳥”即《成實論》中的“鷞鳥”,其中“鵽”即“鷞”字之訛。

1680 鶴

按:“鶴”,大型字典失收,見於《隨函録》,爲“鶴”字之訛。《隨函録》卷 7《不空罥索神變真言經》卷 4:“白鶴,户各反。”(ZD59-781c)唐・菩提流志譯《不空罥索神變真言經》卷 4:“白鷺鳥印,白鶴鳥印,孔雀鳥印,焰摩王棓印。”(T20, p249c)《隨函録》“白鶴”即《不空罥索神變真言經》中的“鶴鳥”,其中“鶴”即“鶴”字之訛。

1681 舃

按:“舃”字,大型字典失收,見於《隨函録》,即“舊”字。《隨函録》卷 25《新華嚴經音義》:“舃名,上巨魚反,見藏作車渠是也。《玉篇》《切韻》並無舃字。”(ZD60-401c)唐・慧琳《一切經音義》卷 22 所録慧苑《新譯大方廣佛花嚴經音義》卷 25:“硨磲,梵音正云牟婆羅揭婆,言牟婆羅者,此云勝也,揭婆藏也,舊名爲硨磲者,所未詳也。”(T54, p443c)《隨函録》“舃名”即此“舊名”,其中“舃”即“舊”字之訛。《隨函録》“舃”音“巨魚反”,可洪以爲“《玉篇》《切韻》並無舃字”,大概是把“舃”當作了“車渠”的一種别名,甚誤。其實這裏的“舃(舊)名”是“舊有的名稱”的意思。慧苑的意思是説“硨磲”在梵語中本稱爲“牟婆羅”,“硨𤄳”是舊有的名稱,其來源不詳。可洪把“寫(舊)名爲砗𤄳者”一語理解錯了。

1682 鷰

按:“鷰”,大型字典失收,見於《隨函録》,即“鷰(燕)”字。《隨函録》卷26《大唐西域記》卷12:“鷰雀,上一見反。”(ZD60-415c)唐・玄奘《大唐西域記》卷12:“屬斯嘉會負燕雀之資,厠鵷鴻之末。”(T51, p947a)《隨函録》“鷰雀”即經文中的“燕雀”,其中“鷰”即“燕”字。“燕”或作“鷰”,“鷰”蓋源於“鷰”字之訛。

1683 灩、1684 灌

《龍龕手鏡・鳥部》(288):“灌,音貫。”《字彙補・鳥部》:“灌,鳥名。”

按:《字彙補》以“灌”爲“鳥名”,蓋因其形體上從鳥。至於該字從何而來,是什麼鳥則無從知曉。“灌”,見於《隨函録》,乃“鸛”字。《隨函録》卷22《阿育王傳》卷4:“水灩(灌),本闕。”(ZD60-239a)西晉・安法欽譯《阿育王傳》卷4:“若人生百歲不見水鵠鸛,不如生一日得見水鵠鸛。”(T50, p115b)《隨函録》“水灩(灌)”即《阿育王傳》中的“水(鵠)鸛”,其中“灩(灌)”即“鸛”字。“鸛”是一种水鳥,形似鶴。《詩・豳風・東山》:“鸛鳴於垤,婦歎於室。”《毛傳》:“鸛好水,長鳴而喜也。”形體上,“鸛”可能是受上字“水”的影響類化增“氵”旁而寫成“灩(灌)”的。當然,“灩(灌)”也有可能是“鸛”聲旁繁化所致。

魚部

1685 鮑

按:“鮑”,大型字典失收,見於《隨函録》,即“鮑”字之訛。《隨函録》卷28《辯正論》卷8:“鮑靜,上步卯反。”(ZD60-512c)唐・法琳撰《辯正論》卷8:“鮑靜造三皇經,當時事露而寢。”(T52, p545b)《隨函録》“鮑靜”即經文中的“鮑靜”,其中“鮑”即“鮑”字。構件“包”因與“色”形體近似而誤寫成了“色”,如“泡”作“浥”①,可資比勘。

1686 鮻、1687 鰐

按:“鮻”,大型字典失收,見於《隨函録》,乃“鰐”字之訛。《隨函録》卷20《立世阿毘曇論》卷8:“鼉鮻,上徒何反,下五各反,正作鼉鰐字也。”(ZD60-164b)陳・真諦譯《佛説立世阿毘曇論》卷8:“昔在人中,或令蛇狗蜈蚣鼉鱷之屬嚙嚼有命衆生,或起惡心受用五塵,由此業報於彼中生,受鑚破食噉如是等苦。”(T32, p212a)《隨函録》“鼉鮻”即《佛説立世阿毘曇論》中的“鼉鱷”,其中“鮻”即“鱷”字。“鱷”或作“鰐”,“鮻”蓋“鰐”字之訛。《龍龕手鏡・魚部》(172):“鰐,誤,舊藏作鰐,五各反。”“鮻”與“鰐”形體近似,皆“鰐”字之訛。

1688 鮷、1689 鮷、1690 鰠、1691 鱃

《龍龕手鏡・魚部》(168):“鮷,《隨函》云合作鰠,蘇刀反,魚名。又俗音玄。”

① 《龍龕手鏡・水部》:“浥,俗,音泡。”中華書局1985年,第227頁。

按:“鮾”亦見於可洪《隨函録》。《隨函録》卷 11《決定藏論》卷 3:“鮭鮾,上古攜反,下他盍反,比目魚,正作鲦(鰈)、魼二形,又去居反。《爾雅》云:‘東方有比目魚焉,不比不行,其名謂之鲦(鰈)。’”(ZD59-970b)《隨函録》以“鮾”爲“鲦(鰈)”或“魼”字,與《龍龕手鏡》所引《隨函》之論不同。梁・真諦譯《決定藏論》卷 3:“受譬飲食,損益身故。想譬鮭鰠,取異受故。”(T30, p1031c)“鰠”,宋本作“鲦”,元本作“魼”,宫本作“鮾”。宫本《決定藏論》“鮾”,與《龍龕手鏡》“鮾”近似,宋本作“鲦(鰈)”,元本作“魼”,則與《隨函録》所論相同,《隨函録》以“鮾”爲“鲦(鰈)”或“魼”字。慧琳《一切經音義》卷 50《決定藏論》卷 3 音義:“鮭鰠,上夏皆反,……下穌高反。《山海經》:‘鳥鼠同穴,山多鰠魚,如鱣魚,動則其有大兵。’”(T54, p642b)慧琳《一切經音義》所録“鰠”與高麗本《決定藏論》“鰠”近似。慧琳以“鰠”爲“鰠”字,與《龍龕手鏡》所引《隨函》之論相同。

其實,“鮾”“鰠”“鮾”“鰠”本爲同一字,衹不過其正體爲何,存有兩種意見。慧琳《一切經音義》及《龍龕手鏡》所引《隨函》以“鰠”“鮾”爲“鰠”字,而可洪《隨函録》則以“鮾”爲“鲦(鰈)”或“魼”字。從形體上看,以“鮾”“鰠”“鮾”“鰠”作“鰠”字爲優。

1692 鱓、1693 鱓

《中華字海・魚部》(1714):“鱓,同鮅。見《集韻》。”

按:我們這裏要講的“鱓(鱓)”乃“鱓”字之訛。《隨函録》卷 28《辯正論》卷 7:“似鱓,音善,正作鱓,《玉篇》音畢,非。”(ZD60-512a)唐・法琳撰《辯正論》卷 7:“劉氏賣羹兒,頭似鱓。”(T52, p540c)《隨函録》“似鱓”即經文中的“似鱓”,其中“鱓”即“鱓”字之訛。

黑部

1694 ⿰黑愛、1695 ⿰黑逮

按:“⿰黑愛”字,見於《隨函録》,與“靉”同。《隨函録》卷 24《出三藏記集》卷 7:“⿰黑愛⿰黑逮,上音愛,下音代。”(ZD60-313c)梁・釋僧祐《出三藏記集》卷 7:“覆其靉靆,浸此熙漣,救焚拯溺。”(T55, p51a)《隨函録》“⿰黑愛⿰黑逮”,從形體看,即“⿰黑愛⿰黑逮”,與《出三藏記集》“靉靆”同。唐・慧琳《一切經音義》卷 38:“靉靆,上音愛,下音逮。王逸注《楚辭》云‘日月晻默無光也’,《埤蒼》‘昧不明也’。《廣蒼》或從日作曖曃,《古今正字》並從雲,形聲字也。”(T54, p557b)《大毘盧遮那成佛經疏》卷 16:“如雨時雲靉靆垂黑也。”(T39, p742c)由於“靉靆”可以表昏暗不明之義,故被人们换形旁爲“黑”而作“⿰黑愛⿰黑逮(⿰黑愛⿰黑逮)”。《一切經音義》卷 98:“靉靆,上哀亥反,下臺乃反,《埤蒼》云靉靆,時不明也。王逸注《楚辭》云日月晻默無光也,《古今正字》並從雲,愛、逮皆聲,集從黑作⿰黑愛⿰黑逮,皆非。”(T54, p918c)

齒部

1696 ⿰齒虫、1697 ⿰齒虫

按:“⿰齒虫”字,大型字典失收,見於《隨函録》,爲“齲”字。《隨函録》卷 24《古今譯經圖紀》

卷 1:"⿰齒虫齒,上丘主反,正作齲。"(ZD60-336c)唐·釋靖邁《古今譯經圖紀》卷 1:"咒⿰齒虫齒咒(一卷),咒牙痛咒(一卷)。"(T55, p351a)"⿰齒虫",宋、元、明本作"齲"。"⿰齒虫""⿰齒虫"皆"齲"字。從形體上看,"齲"作"⿰齒虫(⿰齒虫)",有兩種可能:一是"⿰齒虫(⿰齒虫)"爲"齲"之形訛字,一是"⿰齒虫(⿰齒虫)"爲"齲"的新造會意型異體。"齲"意義爲蟲牙,而"⿰齒虫(⿰齒虫)"正好是從齒從虫。

1698 ⿰齒夋、1699 ⿰齒夋

《龍龕手鏡·齒部》(311):"⿰齒夋,俗,音酸。"

按:我們在這裏要講的"⿰齒夋(⿰齒夋)"乃"齩"字之訛。《隨函録》卷 13《泥犁經》卷 1:"⿰齒夋人,蘇官反。"(ZD59-1040b)《泥犁經》卷 1:"水中有鳥喙如鐵主,啄人肌,咬人骨,人不能忍是痛,便渡水去。"(T01, p908b)《隨函録》"⿰齒夋人"即《泥犁經》中的"咬人",其中"⿰齒夋"即"咬"字。"咬"或作"齩","⿰齒夋"蓋"齩"字之訛。《隨函録》以"⿰齒夋(⿰齒夋)"音"蘇官反",乃以本字讀之也,誤,與經文文意不符。

1700 ⿰齒莫、1701 ⿰齒隶、1702 ⿰齒隸、1703 ⿰齒衰、1704 ⿰齒襄

《龍龕手鏡·齒部》(312):"⿰齒隸、⿰齒襄,二俗,豬廁反。"《中華字海·齒部》(1753):"⿰齒隸,同⿰齒来。⿰齒襄,同⿰齒來。"

按:"⿰齒隸""⿰齒襄"都是譯音字,本無實際意義。《隨函録》卷 6《勝思惟梵天經》上卷:"摩⿰齒莫,賭廁反,經自切。"(ZD59-734c)元魏·菩提流支譯《勝思惟梵天經》卷 6:"隸(裏債反,自下皆同,第二句)頭頭隸(三)摩⿰齒皆(豬皆反,自下皆同,重言)遮(正何反)⿰齒皆(四)摩衢(長音)遮隸(五)。"(T15, p94b)"豬皆",宋、元、明、宮本作"豬廁"。"⿰齒皆",宋、宮、明本作"⿰齒隶",元本作"⿰齒衰"。《隨函録》"摩⿰齒莫"即"摩⿰齒皆""摩⿰齒隶"或"摩⿰齒衰"。根據《隨函録》,"⿰齒莫"經文自切爲"賭廁反",這與宋、元、明、宮本《勝思惟梵天經》相符,與《龍龕手鏡》"⿰齒隸""⿰齒襄"的讀音也相同。"⿰齒莫""⿰齒隶""⿰齒衰""⿰齒隸""⿰齒襄"當爲同一字。根據經文自切"賭廁反"一音,可知"⿰齒莫""⿰齒隶""⿰齒衰""⿰齒隸""⿰齒襄"當與"⿰齒皆"不同。高麗本《勝思惟梵天經》自切"豬皆反",乃"⿰齒皆"的讀音。慧琳《一切經音義》卷 30 所録玄應《勝思惟梵天經》音義:"摩⿰齒皆,竹皆反。"(T54, p508c)玄應所見"摩⿰齒皆"與高麗本《勝思惟梵天經》相同。到底這些字爲何字呢?幾家音義類著作存在不同看法,不過可以肯定的是這些字都是譯音字,本無實際意義。"⿰齒隸""⿰齒襄"《隨函録》音"豬廁反",與"⿰齒來"讀音顯然不同,《中華字海》把它們當作"⿰齒來"字不妥。

部首目録

俗字部首索引

下　篇

《隨函録》俗別字譜

1. 收字原則:《隨函録》的標目字盡可能地予以收録,注文中的用字酌情予以收録。本俗別字譜共設立了 9382 個字頭,所包含的異體有 27664 個。如:“哀”包含了“衰”“衰”“衰”“衰”“衰”“衰”“懷”等 7 個異體。

2. 溝通字際原則:字頭字之間有異體、假借等關係的,采用“又見某某字條”的“互見”方式用脚注予以提示。如:“艾”與“芆”爲異體,在“艾”下作脚注“又見‘芆’字條”。

3. 排序原則:按照漢語拼音字母順序排列字頭字,字條中的異體則没有遵循一定規則排序。

4. 注音原則:字頭字的讀音原則上依可洪的注音定音,注有多個反切的,根據音義匹配原則,考察其在佛經中的具體意義後定音。如:“尼奥,烏刀反。”(ZD59-884b)“奥”即“奧”,用作譯音字,可洪音“烏刀反”,讀“āo”,而《漢語大字典》等依《集韻》“烏浩切”,讀“ǎo”,我們給“奧”標音時依可洪注音。又如:“惷”在《廣韻》有“書容切”“丑江切”“丑龍切”等音,可洪用“丑江切”讀之,我們依可洪反切讀“chuāng”,而没有遵照現代大型字典讀“chōng”。可洪注音有誤的地方,則采用考證後的讀音。“幾圻,巨依反,下魚斤反。”(ZD59-740b)《入楞伽經》卷 1:“真如有幾種? 何名心幾岸?”(T16, p519c)“圻”乃“岸”字,可洪讀“魚斤反”有誤,應讀“àn”。有些字頭字,其今音與可洪反切拼讀不一致,在遵循音義匹配的原則下,酌情采用今讀。

5. 按語原則:比較疑難的字條,加按語予以考證,中篇已考的字,加按語“詳細考證見中篇某某字”予以提示。

6. 引文原則:因篇幅原因,在不影響字頭音義理解的情況下,部分引文有删減。引文中涉及的舊字形、古體、俗體,如不影響字頭的注音釋義,原則上改爲對應的新字形、正體或常用形體。如:“吳”“戶”“悅”“臥”“勻”“宜”“冊”“皃”“別”“為”“遙”“廻”“眾”“剝”等統一改爲“吴”“户”“悦”“卧”“匀”“宜”“册”“皃”“别”“爲”“遥”“迴”“衆”“剥”等。充當字頭的舊字形、俗體保留不改,如“悪”“虗”“帰”“頋”“顧”“恐”“美”“逹”“靣”等,如其在引文中出現,在不影響文意的情況下,原則上改爲對應的新字形、正體或常用形體。

A

哀 āi

～惋，烏亂反。(ZD59-808a)

～慼，上烏開反，正作哀也，悞。(ZD60-192a)

加～，烏開反，正作哀。(ZD59-1033c)

～懆，七感反，慼也，又音莫(草)，悞。(ZD59-688c)

～婉，於遠反。(ZD59-642a)

愍～，上眉殞反。(ZD59-676b)

～眼，上音哀。(ZD59-841a)

埃 āi

～垢，上烏開反。(ZD59-731a)

嚚～，下烏開反。(ZD60-430c)

埃塵，上烏開反。塵烼，同上，或作～，音哀。(ZD59-817c)

埃塵，上烏開反。塵～，同上，或作烼，音哀。(ZD59-817c)按："～"乃"埃"。

無～，音哀。(ZD59-729a)

烼 āi

～爈，上烏開反。(ZD60-533c)

嵦 ái

葛～，五哀反。(ZD60-599b)

敳 ái

庚～，下五來反。(ZD60-448b)

痵 ǎi

～矬，上亦作矮。(ZD60-365b)按："～"即"矮"字之俗。

騃 ǎi

愚～，五駭反，愚也，正作騃。(ZD59-832b)

癡～，五駭反。(ZD59-819a)

聾～，五駭反。(ZD59-710c)

癡～，五駭反。(ZD59-680a)

愚～，五駭反。(ZD59-594c)

達～，五楷反。(ZD59-590c)

頑騃，上五還反，下五駭反，下音(亦)作～。(ZD59-706b)按："～"乃"騃"字，詳見本書中篇"痪"字條。

靄 ǎi

增～，烏蓋反。(ZD60-533c)按："～"同"靄"。《弘明集》卷8："緣想增靄，奚識明政。"(T52, p48a)

藹 ǎi

～然，上烏蓋反。(ZD59-695a)

[雨/奄]～，上音掩，下烏蓋反，前作[雨/奄]藹，是也。(ZD60-492b)

諸～，烏蓋反。(ZD59-1044c)

譺 ǎi

譺 ～～，音愛，隱也，正作僾也。（ZD60-567a）按：“～”乃“藹”，可洪音“愛”，以爲“僾”，不妥，詳見本書中篇“譺”字條。

靄[1] ǎi

靄 情～，烏蓋反。（ZD59-565a）

艾[2] ài

艾 ～白，上五蓋反。（ZD59-683a）

艾 ～納，上五蓋反。（ZD59-826c）

艾 ～納，上五蓋反。（ZD59-779c）

艾 ～白，上五蓋反。（ZD59-719c）

艾 若～，五蓋反。（ZD59-611a）

艾 耆～，五蓋反，長也。（ZD59-765c）

艾 ～納，上五蓋反。（ZD59-721c）

芆 ài

芆 ～白，上五蓋反。（ZD59-1074c）

芆 熟～，五蓋反。（ZD60-456b）按：“～”，經文作“艾”。

呃[3] ài

呃 喑～，上於禁反，下烏介反。（ZD60-305c）

㝵 ài

㝵 罣～，下五代反。（ZD59-580a）

㝵 妨～，下五愛反，正作礙、㝵二形。（ZD60-39b）

㝵 鄣～，五愛反。（ZD60-99a）

欬 ài/kài

欬 脩～，烏介反。（ZD59-797c）

欬 不～，口愛反，～瘷也。又烏芥反，通食氣。（ZD59-662b）

欬 ～唾，上苦愛反。（ZD59-591a）

硋 ài

硋 緣～，音礙。（ZD60-328a）

硋 鄣～，五愛反，又作閡。（ZD59-1083a）

喝 ài/hè

喝 嘶～，上斯兮反，下烏芥反，聲敗也。（ZD59-566b）按：“～”音“烏芥反”，讀“ài”。

喝 嘶～，上斯兮反，下烏芥反，聲敗也，噎也。（ZD59-586a）

喝 噱～，巨約反，下呼割反。（ZD59-808b）

隘 ài

隘 ～陜，上烏懈反。（ZD59-929c）

隘 陿～，烏賣反。（ZD60-393b）

隘 曲～，烏懈反。（ZD59-603c）

隘 迫～，上補白反，下烏賣反，陿也。（ZD59-660a）

嗌 ài

嗌 喑～，上於禁反，下烏界反，不平聲也，亦婦人見異事而嗟嘆聲，此但不言而喉中作聲也，下正作噫、呃二形也，下又音益，非呼也。（ZD59-1124b）

嗌 作～，於介反。（ZD60-376a）

愛 ài

愛 ～著，烏礙反。（ZD59-922b）

---

① 又見“靄”字條。
② 又見“芆”字條。
③ 又見“嗌”字條。

～憙，愛喜二音。(ZD59-992b)

多～，烏礙反，正作愛，上方經作多愛。(ZD59-842b) 按："～"即"愛"，詳見本書中篇"𤔡"字條。

～亦，上音愛。(ZD60-184b)

～欲，上烏礙反。(ZD59-650a)

失～，同上，正作愛也。(ZD60-120a)

～惜，上烏礙反。(ZD59-650c)

～見，上烏礙反。(ZD59-916c)

不～，音愛。(ZD59-620b)

見～，音愛。(ZD60-165b)

不～，烏礙反。(ZD59-925a)

～肥膚，上烏礙反，下府無反。(ZD59-979c)

閡 ài

無～，五愛反。(ZD60-41b)

無～，五愛反，門外閉也。(ZD59-655a)按："無～"同"無礙"。

僾 ài

～然，上音愛，隱也，又於豈反，看不了皃也。(ZD60-538b)

薆 ài

～焉，上烏代反，下于乹反。(ZD60-567a)

曖[1] ài/nuǎn

～～，音愛，正作曖。(ZD60-598a)

～阡，上音愛，下音千。(ZD60-600a) 按："～"音"愛"，乃"曖"。

若～，奴管反，正作暖也，又音愛，悮。(ZD59-1006b) 按："～"乃"暖"字。

嚘 ài

罣～，五愛反，正作礙，又魚記反，悮。(ZD59-649a) 按："～"乃"礙"。

燰 ài

炳～，上音丙，下音愛。(ZD60-321a) 按："～"乃"曖"，詳見本書中篇"燰"字條。

礙[2] ài

躓～，上陟利反。(ZD60-225b)

薜～，必祭反，覆也，掩也。(ZD59-709c)

躓～，陟利反。(ZD59-647c)

罣～，上户卦反，又卦、挂二音。(ZD59-577c)

躓～，陟利反。(ZD59-645c)

躓～，陟利反。(ZD59-819c)

薜～，必祭反。(ZD59-647a)

䨠[3] ài

～靆，上音愛，下音代，正作靉靆也。(ZD60-191b) 按："～靆"同"靉靆"。

靉 ài

～靆，音愛，下音代。(ZD59-788a)

騣 ài

～𩦻，上音愛，下音代。(ZD60-313c) 按："～𩦻"即"騣𩦻"，與"靉靆"同，詳見本書中篇"騣"字條。

---

① 又見"燰""暖"字條。

② 又見"导""硋""嚘""閡"字條。

③ 又見"靉"字條。

安[①] ān

安 ～置，知利反。(ZD59-720a)

安 ～栓，上烏寒反。(ZD60-57b)

安 夫～，上音扶，語初也。(ZD59-625c)

侒 ān

侒 作～，音安。(ZD60-377b)按："～"同"安"。

菴 ān

菴 ～末，烏含反，下莫鉢反，上正作菴。(ZD59-754b)

菴 ～浮，烏含反，果名，因菓爲國名。(ZD59-664a)

菴 ～婆，上烏含反，菓名，前後皆作菴婆羅園也，或作掩，音奄，非。(ZD59-984b)按：丁福保《佛學大辭典》："菴羅(Āmra)，(植物)果名，又作菴婆羅，菴羅(波利)，菴没羅等。""～"，疑即"菴"字，用作譯音字。

庵 ān

庵 草～，烏含反。(ZD59-1136c)

腤 ān

腤 ～炙，上烏含反。(ZD60-118b)

諳 ān

諳 我～，烏含反。(ZD59-727b)

鶕 ān

鶕 ～鶉，上烏含反，下市倫反。(ZD60-353a)按："～"同"鵪"。

㾌 án

㾌 ～囈，上五含反，正作䆗也，下亦作寱，音藝。(ZD60-378b)按：《一切經音義》卷16："囈語，魚世反，眠中不覺妄言也。《列子》云：眠中䆗囈呻呼。䆗，音五含反。"(C057, p5c)"～囈"即"䆗囈"。"～"即"䆗"，乃"㾌"，寐中言語。《列子·周穆王》："眠中啽囈呻呼，徹旦息焉。"據此，"～""䆗""㾌"與"啽"亦同。

仱 ǎn

仱 ～頭，五感反，～頷，𣥂頭也，正作頜也。《經律異相》作頠，音頷。(ZD59-769c)按："仱"，對應佛經作"頜"或"頷"。《太子慕魄經》卷1："王心雖慈，事不獲已，頜頭可之。"(T03, p409b)"頜"，明本作"頷"。可洪以"～"同"頜"。"頜"，《廣韻》又音"去金切"，讀"qīn"。

唵 ǎn

唵 ～嗚吽，一烏感反，下二二合，牛鳴音。(ZD59-802c)

唵 ～聲，合口喉中作聲，去聲呼之，無韻下切。(ZD59-697b)

唵 ～，唵音，誤也，又口合、烏洽二反。(ZD59-804a)按："～"即"唵"，譯音字，構件"足"與"口"相誤。

唵 ～，烏含、烏感二反。(ZD59-800a)按："～"，譯音字。

罯 ǎn/è

罯 ～沫，烏感、烏合二反，正作罯也。(ZD59-883c)

罯 ～米，烏合反。(ZD59-865b)

黤 ǎn

黤 ～黮，上烏感反，下他感反。(ZD59-

① 又見"侒"字條。

1065b)

～黮,上烏感反,下徒感反,雲黑也,正作黤黮也。(ZD59-1066b)按:"～"即"黤"。

黤① ǎn/yǎn

～黮,烏感反,下他感反。(ZD59-736b)

～～,音掩,日無光也,忽也,正作晻、奄二形也,下方本云奄奄忽忽是也,又烏感、烏檻二反,並非用也,此亦是撰經人改作黤也。(ZD59-896b)按:"～～"即"黤黤",用同"奄奄"。

黯 ǎn

梨～,烏斬反。(ZD59-589c)

～黮,烏感反,下他感反,黑皃也,又上於檻反,下徒感反,義同。(ZD59-729a)

圻 àn

彼～,悲委反,下五案反,正作岸。(ZD59-976b)

岸② àn

彼～,音岸。(ZD59-650a)

彼～,音岸。(ZD59-692a)

此～,音岸。(ZD59-639c)

彼～,音岸。(ZD59-841c)

至～,音岸。(ZD60-79c)

彼～,音岸。(ZD59-646b)

世～,音岸。(ZD59-644a)

彼～,音岸。(ZD59-649b)

～邊,上或作坼,同,音岸,水際也,又巨希、魚斤二反,岸也。(ZD60-281a)

彼～,音岸。(ZD59-719c)

始～,音岸。(ZD59-647b)

無～,圻、岸二音。(ZD59-649a)

彼～,音岸。(ZD59-647a)

此～,音岸。(ZD60-17a)

渚～,之與反,下音岸。(ZD59-845a)

彼～,音岸。(ZD59-929a)

泥洹～,奴兮反,中户官反,下音岸。(ZD59-853a)

彼～,音岸,又牛斤反。(ZD59-670a)

彼～,音岸,又巨依、魚斤二反,悮。(ZD59-646a)

彼～,音岸。(ZD59-668b)

無～,魚斤反。(ZD59-755a)按:此處"～"應爲"岸"。

此～,五案反。(ZD59-571a)

彼～,音岸。(ZD59-603a)

住～,同上(垾)。(ZD59-996b)

彼～,音岸。(ZD59-829a)

嶮～,音岸。(ZD59-1064b)按:"～"即"岸"字,詳見本書上篇第五章"岸"字條。

河～,音岸,又丑格反,非也。(ZD59-617a)

幾～,巨依反,下魚斤反。(ZD59-740b)按:"圻"乃"岸"字,可洪注音誤。《入楞伽經》卷1:"真如有幾種?何名心幾岸?"(T16,p519c)

彼～,音岸。(ZD59-720a)

至圻,音～。(ZD60-79c)

一～,同上。(ZD59-847b)

---

① 又見"黤"字條。

② 又見"圻""岍""垾"字條。

坼 彼～，音岸。(ZD59-637b)

垾 着～，音岸。(ZD59-770b)

垾 健～，音岸。(ZD59-757c)

坼 彼～，音岸。(ZD59-830c)

坼 彼～，音岸。(ZD59-583b)

坼 槃～，音岸。(ZD59-592c)

垢 彼～，音岸。(ZD60-217c)

圻 旁～，巨衣、牛斤二反。(ZD59-776c)按：“～”，應爲“岸”。

峅 àn

峅 嶮～，音岸。(ZD59-1070c)按：“～”音“岸”，即“岸”字之訛。

按 àn

揬 手～，烏岸反。(ZD60-82c)

挼 ～濯，烏岸反，下宅角反。(ZD59-850c)

揬 手～，安岸反，俗。(ZD59-701c)

楳 ～腹，上烏岸反。(ZD60-64b)

揬 ～摩，安岸反，下莫卧反。(ZD59-849a)

垾 àn

垾 ～上，上五按反。(ZD59-1088c)

垾 上～，音岸。(ZD60-81c)

垾 彼～，音岸。(ZD59-573b)按：“～”同“岸”。

暗 àn

暗 月～，音闇。(ZD60-468c)

暗 盲～，音盲，下音闇。(ZD59-951c)

暗 昏～，上呼昆反。(ZD60-299b)

卬 áng/luǎn

卬 ～角，上五郎反，亦作軔。(ZD60-374b)

卬 抱～，下郎管反。(ZD60-383a)按：“～”乃“卵”。

抑 áng/yì

抑 懸～，五郎反，繫馬柱也。《弘明集》作懸㭿(枊)。(ZD60-554c)按：“～”乃“㭿(枊)”字，詳見本書中篇“抑”字條。

抑 ～至，上衣力反。(ZD60-540b)按：“～”乃“抑”。

昂 áng

昻 佪～，五郎反，正作昂。(ZD59-931b)

昂 頭～，五郎反。(ZD59-821c)

昂 ～～，五郎反，正作昂。(ZD60-355b)

昂 佪～，下五郎反。(ZD59-850b)

昂 低～，五郎反。(ZD60-459c)

㭿 áng

㭿 懸～，五郎反，屋桷也。(ZD60-534b)按：“～”乃“㭿”。

㗍 áng

㖘 ～穰，魚羊反，下而羊反。(ZD59-872a)按：“～穰”，對應佛經作“㗍穰”。“～”同“㗍”，用作譯音字。《大毘盧遮那成佛神變加持經》卷5：“仰壤嗲曩莽，㗍穰儜囊忙。”(T18, p30c)

㖘 仰壤嗲曩莽～穰儜囊忙。(ZD59-872c)

按："～"同"[口昂]"，用作譯音字。

㭿[1] áng

㭿 馬～，五郎、五浪二反，繫馬柱也，正作枊。(ZD60-321a)按："～"即"㭿"，可洪訓"繫馬柱"，同"枊"字。《廣韻·唐韻》："枊，繫馬柱也。"

㭿 馬～，五郎、五浪二反。(ZD60-425b)按："～"即"㭿"，經中乃"枊"字。

泱 ǎng

泱 ～流，上烏朗反，滃泱，水皃也，又於良反。(ZD60-581a)

瓮 àng

瓮 金～，烏浪反，正作盎。(ZD60-228c)

瓮 一～，烏浪反。(ZD60-229c)

瓮 瓫～，上步門反，下烏浪反。(ZD60-49c)

盎[2] àng

盎 ～瓫，上烏浪反，下烏貢反。(ZD59-1136a)

[⺮奥] āo/yù

[⺮奥] 尼～，烏刀反。(ZD59-884b)按："～"，用作譯音字。

[⺮奥] ～叉，上於六反。(ZD59-626a)按："～"，用作譯音字。

敖 áo/ào/háo

敖 前～，五高反。(ZD59-985c)按："～"，即"敖"字，經文中通"熬"，煎熬。《長阿含經》卷19："取彼罪人，擲大鑊上，反覆煎熬。"(T01，p124a)

敖 ～遊，上五高反。(ZD59-618a)按："～"同"遨"。

敖 憍～，上居妖反，下五告反，慢也，前作憍慠是也，又五高反，非。(ZD59-988a)按："～"，從形體上看，即"敖"字，經文中同"慠(傲)"。《中阿含經》卷6："爾時，瞿尼師比丘亦遊王舍城，在無事室，調笑、憍慠，躁擾、喜忘，心如獼猴。"(T01，p454c)

敖 ～慢，五告反，矜慢在心曰～也，《字樣》作敖。(ZD59-732b)按："～"乃"敖"，同"傲"。

敖 ～慢，五告反，正作傲、嫯，又五毛反，悮。(ZD59-962a)按："～"同"傲"。

敖 ～慢，上五告反，悮。(ZD59-621c)按："～"同"傲"。

敖 ～尊，胡高反。(ZD59-647b)按："～"乃"敖"，通"勢"。

敖 尊～，户高反，正作勢、豪二形也。(ZD59-645a)按："～"通"勢"。

敖 捴～，同上，正作勢也，又五高反，悮。(ZD59-648c)按："～"通"勢"。

敖 法～，户高反。(ZD59-647b)按："～"通"勢"。

敖 ～貴，上户高反，作勢、豪二形。(ZD59-639a)按："～貴"，經文作"勢貴"或"豪貴"。

敖 捴～，音豪，菩薩名也，正作勢字也，悮。(ZD59-648c)

嗷 áo

嗷 ～～，五高反，衆口愁也。(ZD59-765c)

---

① 又見"[扌昂]""抑"字條。

② 又見"瓮"字條。

遨 áo

遨 ～遊，上五高反。(ZD59-1077c)

滶 áo

滶 漢～，五高反，水名。(ZD60-258c)

熬[1] áo

熬 或～，五高反。(ZD59-592c)

敖 更～，五高反，煎炒也，下方本作熬。(ZD60-46c) 按："～"即"敖"，通"熬"。

熬 若～，五高反。(ZD59-772a)

敖 鹽～，五高反，炒也。(ZD59-1110c) 按："～"即"敖"，通"熬"。

螯 áo

螯 二～，五高反。(ZD60-378a) 按："～"乃"螯"。

翱[2] áo

翱 ～翔，五高反，下似羊反。(ZD59-767a)

翺 áo

翺 ～翔，上五高反，下似羊反。(ZD59-1066b)

鷔 áo

鷔 帝～，五高反。(ZD60-323c)

麓 áo

麓 鯨～，巨京反，下五高反。(ZD59-787b)

抝 ǎo/zhé

抝 ～舉，上烏巧反。(ZD60-564c) 按："～"同"拗"。《廣弘明集》卷 15："舉身三丈，谷中有趺，乃共村人拗舉。"(T52, p202c)

抝 ～挫，上之熱反，經本作折挫也。～字，應和尚不音切，蓋後來悞耳，上又烏巧、烏挍、於六三反，非。(ZD60-354b) 按："～"，經文作"折"或"抑"，可洪以爲"折"。從形體上看，"～"似乎應爲"抝"。"抝"與"折"意義近似。

仸 ǎo

仸 ～儂，烏老反。(ZD59-849a) 按："仸"同"懊"。

仸 ～懊，烏老反，下奴老反，怨恨也，正作儂也，八卷作仸儂也。(ZD59-846c)

仸 ～惱，上烏老反。(ZD60-339a) 按："仸"同"懊"。

仸 ～惱，上烏老反，下奴老反。(ZD60-590a)

拗[3] ǎo

拗 ～折，烏巧反，下市熱反。(ZD59-878a)

襖 ǎo

襖 衫～，上所銜反，下烏老反。(ZD59-1134a)

襖 破～，烏老反。(ZD60-595b)

鷎 ǎo

鷎 鴇～，上音保，下烏老、烏告、於六三反，鳥胃也，藏肉也，正作鴇腝也。(ZD60-591b) 按：《廣弘明集》卷 28："雖復鴇鷎鹿胃，猶不稱甘，鳳肺龍胎，更云不美。"(T52, p331a) "鷎"，宋、元、明、宫本作"腝"。根據可洪，"鴇"爲"鴝"，乃"鴇(鴇)"。"～"同"腝"。"腝"蓋受上字"鴇

---

① 又見"敖"字條。
② 又見"翺"字條。
③ 又見"抝"字條。

(鴇)"的影響類化從"鳥"而作"鷔"。

傲[1]　ào

傲　～誕，五告反，下徒坦反。(ZD59-784b)

敖　～兀，上五高反，高頭也，慢也。(ZD60-228a)按："～"即"敖"，此處與"傲"同。

敖　～佷，上五告反，下户懇反。(ZD60-588a)

慠　～慢，上五告反，下莫諫反，上悞。(ZD60-114a)按："～慢"，對應佛經作"傲慢"。《阿毘達磨大毘婆沙論》卷65："滅三種火，渡四瀑流，摧諸傲慢，離諸渴愛。"(T27, p338a)"～"即"慠"，與"傲"同。

奧　ào

奧　通～，烏告反。(ZD59-965b)

奧　深～，烏告反。(ZD59-676c)

奧　深～，烏告反。(ZD59-916b)

徼　ào

徼　～誕，五告反，下徒坦反。(ZD59-784b)

徼　～然，上五告反，慢也。(ZD60-478a)按："～"同"傲"。

徼　簡～，下五告反。(ZD60-411c)按："～"同"傲"。

慠　ào

慠　蕑～，上古眼反，下五告反，《出三藏記》作簡慠也。(ZD60-326c)按："～"乃"慠"，詳見本書中篇"**慠**"字條。

慠　～慢，五告反。(ZD59-715c)

慠　～慢，上五告反。(ZD59-1070b)

慠　～慢，上五告反。(ZD59-621c)

慠　～慢，我到反，下馬諫反。(ZD59-660b)

慠　～瘧，五告反，下牛約反。(ZD59-911a)

慠　據～，五告反，慢也，正作倨傲。(ZD60-541b)按："～"乃"慠"，詳見本書中篇"**慠**"字條。

慠　～慢，上五告反。(ZD59-583a)

隩　ào

隩　～突，上烏告反。(ZD60-318c)

澳　ào

澳　涼～，烏告、於六二反，熱也，正作燠。(ZD60-472a)按：《續高僧傳》卷10："因爾導悟成津，彌逢涼燠，傳芳接武，響譽東河。"(T50, p501c)"～"即"燠"。"燠"蓋受上字"涼"的影響類化换旁從"氵"而作"～"。當然亦有可能是"～"通"燠"，兩者音同。

懊　ào

懊　心～，烏告反。(ZD59-618a)

踧　ào

踧　～跳，本闕。(ZD60-248b)按："～"乃"傲"字，詳見本書中篇"踧"字條。

鏊　ào

鏊　～上，上五告反。(ZD59-985c)按："～"，即"鏊"字，與"鏊"同，鐵製的烙餅的平底鍋。《長阿含經》卷19："取彼罪人，擲大鏊上，反覆煎熬。"(T01, p124a)

鏊　餅～，五告反，正作鏊。(ZD60-37b)按："餅～"，對應佛經作"餅

---

① 又見"徼""踧"字條。

鏊”。《四分律》卷 42:“畢陵伽婆蹉得煎餅鏊,佛言:聽畜。衆僧亦爾,聽畜。”(T22, p874b2)“鏊”作“～”,蓋受上字“餅”的影響類化换旁從“食”所致。

鏊 在～,五告反。(ZD59-960a)

熬 以～,五告反。(ZD60-223c)按:“以～”,對應佛經作“以鏊”。《付法藏因緣傳》卷 3:“其火焰熾,以鏊覆上,父從外來,遍求推覓。”(T50, p308b)

B

巴 bā

巴 ～連，上補麻反。(ZD60-52b)

芭 bā/qǐ

芭 ～蕉，上北麻反。(ZD59-617c)

芭 ～蕉，卜麻反，下即消反。(ZD59-677c)

苞 ～蕉，上布加反，悮。(ZD59-587b)按：“～”乃“芭”。

芑 採～，音起，正作芑也，白粱粟也，又音巴，悮。(ZD60-514c)按：《破邪論》卷1：“《采芭》又云：宣王南征。”(T52, p483a)“采芭”乃“采芑”之訛。“采芑”是《詩經·小雅》中的一篇。《廣弘明集》卷11：“《采芑》又云：宣王南征。”(T52, p164a)此處“芭”亦“芑”之訛。

捌 bā

捌 把～，上步巴反，下音八。(ZD60-511b)按：“～”乃“朳”，無齒把也。

犮 bá

犮 ～提，蒲末反，河名。(ZD59-776b)

扷 bá

扷 ～扠，上蒲鉢反。(ZD60-77a)按：“～”即“拔”，詳見本書中篇“扷”字條。

扷 ～知，上蒲末反。(ZD60-291a)按：“～”即“拔”。

扷 ～髪，上步八反。(ZD60-365b)按：“～”即“拔”。

怖 bá/bó

怖 ～～，步末反。(ZD59-782a)

怖 ～字，蒲没反，經後自切。(ZD59-781a)按：“～”，用作譯音字。

坺 bá

坺 阿颰，音跋。阿～，同上。(ZD60-349a)按：“～”乃“坺”，與“颰”音同，用作譯音字。

拔[1] bá

拔 未～，蒲八反。(ZD59-966b)

泼 ～濟，烏酷反。(ZD59-829b)按：根據經文，“～”乃“拔”字。“拔”受下字影響類化换旁從“氵”而作“～”，可洪注音“烏酷反”，以爲“沃”，不妥。

犾 已～，上夷里反，下蒲八反。(ZD60-144a)

柭 棣～，居右反，下步八反，上又俱、求二音，非。(ZD59-725b)按：“棣～”，經文作“救拔”。《大樹緊那羅王所問經》卷4：“大慈是等諸衆生器，大悲是救拔貧窮器。”(T15, p385c)

拔 三～致，中音跋。(ZD59-578a)

抜 挽～，無遠反，下步八反。(ZD59-729b)

拔 ～房，上蒲鉢反。(ZD60-87a)

---

① 又見“扷”“柭”“抜”字條。

～陂，上音跋。(ZD59-643b)

拯～，取蒸字上聲呼，下步八反。(ZD59-755b)

揃～，即淺反，下步八反。(ZD59-680a)

～擢，宅角反。(ZD59-614b)

拯～，取蒸字上聲呼，救也，下蒲八反。(ZD59-658a)

～蔛，古顔反。(ZD59-1012c)按："～"乃"拔"字之訛。《雜阿含經》卷50："譬如拔蔛草，執緩則傷手。"(T02, p364b)

～猶豫，蒲八反。(ZD59-665b)

擶～，子淺反。(ZD59-785a)

吁～眒，上於耆反，中步末反，下音池。(ZD59-733b)

永～，步八反。(ZD60-136a)

～鏃，子木反。(ZD59-692a)

～扈，蒲末反，下胡古反。(ZD59-706a)

未～，同上(拔)。(ZD60-144a)

～擢，宅角反。(ZD59-572a)

～致，上蒲末反。(ZD59-580c)

拯～，下蒲八反。(ZD59-762c)

～馱，上蒲末反，下徒个反。(ZD59-629c)

抽～，蒲八反，悮。(ZD60-499c)

～毛，上步八反，正作拔。(ZD60-156c)按："～"即"拔"。《三法度論》卷3："臭毛者，毛極臭覆身，更互自刺體，身臭風發惱生，瞋恚自拔毛，受如此苦。"(T25, p28b)

～芧，音猫。(ZD60-578c)按："～"，經文作"拔"。

扷 bá

～瓶，上步末反。(ZD60-293c)按："～"乃"拔"。

杕 bá

～叉，上步末反。(ZD60-356c)按："～"疑爲"拔"字。

秡 bá

～耆，上蒲末反，國名也，正作跋。(ZD59-1017b)按："～"，經文作"跋"，用作譯音字。《别譯雜阿含經》卷16："爾時，跋耆子遊俱薩羅國。"(T02, p491b)

䟦[①] bá

欽～，上丘吟反，下蒲末反，上正作欽。(ZD60-54c)按："～"即"跋"。

～祇，上蒲末反。(ZD59-1008c)按："～"即"跋"。

～纛，音導。(ZD60-456c)按："～"即"跋"。

䟖 bá

欽～，蒲末反，正作跋，衣名欽跋羅，亦云欽婆羅，如五十五作欽跋羅是，郭氏作子尹反，非也。(ZD59-1120b)按："～"乃"跋"，詳見本書中篇"䟖"字條。

颰 bá

羅～，蒲末反，又音發。(ZD59-1059a)

～陁𦐇，蒲末反。(ZD59-642c)

～陁，上蒲末反。(ZD59-577a)

曼～，莫官反，下蒲末反。(ZD59-644c)

～陁，上蒲末反。(ZD59-612a)

---

① 又見"䟖""秡"字條。

颰　阿～，同上（颰）。(ZD60-325b)

颰　～離，步末反。(ZD59-810a)

颰　～陁，步末反。(ZD59-735b)

颰　～陁，蒲末反。(ZD59-827b)

颰　～陁，上蒲末反。(ZD59-574a)

颰　羅～，音趺（跋）。(ZD59-691b)

颰　～涅，奴兮反。(ZD59-810a)

鏺　bá/bō/pò

鏺　～樹，上蒲末反，國名也。(ZD60-255a)

鏺　～樹，上布末反，國名也。(ZD59-698c)

鏺　銛～，息廉反，下普末反。(ZD59-786c)

把[①]　bǎ/bà/pá/sì

把　～碎，北馬反，下蘇對反。(ZD59-730c)

⿰扌色　一～，北馬反，正作把。(ZD60-174c)按：“～”乃“把”，詳見本書中篇“⿰扌色”字條。

把　手～，博馬反，執也，正作把，悮。(ZD59-783b)

杷　鐵～，北嫁反，正作把。(ZD59-651b)

把　要如弓～，上於遥反，下補駕反。(ZD59-617c)

把　～⿰酉爪，上步巴反，下烏虢反，二字並是爪取之義也，正作把攫也，下又古麥反，正作⿰國爪。(ZD60-190c)按：“～”即“把(爬)”。

把　郊～，上音交，下音似，下正作祀，並祭名。(ZD60-515b)按：“～”乃“祀”字。《破邪論》卷2：“基依漢東都郊祀、晉魏等書及王儉史録、費長房《三寶録》考校《普曜》《本行》等經。”(T52, p484b)

杷　bǎ/pá/qǐ

杷　三把，北馬反；一～，同上，正作把。(ZD60-36a)按：《四分律》卷40：“時耆婆與阿難俱往王舍城，取三把優鉢花。”(T22, p853b)“～”即“把”字。

杷　～痒，上步巴反，下羊兩反，上正作把。(ZD59-1093a)按：“～”，經文作“爬”。“～”即“把(爬)”字。《佛説處處經》卷1：“澡漱，有三因緣：一者爲恐爪下垢故；二者爬痒隨可意；三者殺蚤蚊故，亦欲使意淨無欲，復不污經此者，適可除外垢。”(T17, p527c)

杷　松～，音起。(ZD60-437b)按：《大唐大慈恩寺三藏法師傳》卷8：“行潔珪璋，操逾松杞。”(T50, p263b)“～”即“杞(杞)”字之訛。

杷　bǎ/pá/qǐ

杷　一～，比馬反，正作把，又蒲巴反，非也。(ZD59-651a)

杷　枇～，上蒲脂反，下蒲巴反。(ZD59-1074c)

杷　欋～，上具俱反，下步巴反。(ZD60-353a)

杷　～牀，上步巴反，下助庄反。(ZD59-996c)按：“～”即“把”之訛，與“掊”義同，扒也，抱也。《中阿含經》卷44：“白狗即從床上來下，往至前世所止宿處，以口及足掊床四脚下，鸚鵡摩納便從彼處大得寶物。”(T01, p704c)“掊”，宋、元、明、聖本作“把”。

杷　～梓，上音起，下音子，上又步巴反，非也。(ZD60-473a)按：“～”乃“杞”字。《續高僧傳》卷11：“沙門道猷、智洪、晃覺、散魏等，並稱席中杞梓，慧

———

① 又見“杷”“杷”字條。

苑琳琅。”(T50, p508c)

⿰方也 bǎ

⿰方也 劍～，并也反。(ZD59-785b) 按：“～”，切身字，乃“并”“也”之合。

⿰方也 劍～，并也反。(ZD59-780c) 按：“～”，切身字，乃“并”“也”之合。《不空罥索神變真言經》卷1：“跛(二合)囉劍⿰方也(并也反，五十一句)。”(T20, p231a3)

⿰卑也 bǎ

⿰卑也 你～，奴里反，下卑也反。(ZD59-876a)按：“～”，切身字，乃“卑”“也”之合音。

弝① bà

弝 弓～，北嫁反。(ZD59-1076b)

弝 木～，同上。(ZD60-69a) 按：“～”同“把”。

紦 bà

紦 鐵～，卜嫁反，刀柄也，正作弝、把、欛。(ZD60-69a)按：《根本薩婆多部律攝》卷13：“此並連身鐵弝，若木弝尖直皆不見畜。”(T24, p603b)“弝”，聖本作“紀(紦)”。“～”即“弝”字。《漢語大字典》未收“紦”字，另見本書中篇“紦”字條。

霸 bà

霸 ～王，博架反，下于誑反。(ZD59-681a)

霸 弓～，北嫁反。(ZD59-738b)

霸 ～治，補嫁反，下直之反。(ZD59-776c)

覇② bà

覇 胡～，北架反。(ZD60-383b) 按：“～”即“霸”。

灞 bà

灞 ～上，上補架反，水名也。(ZD60-421c)

⿰扌百 bǎi/pāi

⿰扌百 括～，上古活反，下補陌反，木名也，正作栝栢也。(ZD60-462b) 按：“～”乃“栢(柏)”。

⿰扌百 而～，同上(拍)。(ZD60-240a) 按：“～”，對應佛經作“拍”。《阿育王息壞目因緣經》卷1：“願令王子，享壽無窮，向以尊手而拍臣頭。”(T50, p173b)

栢③ bǎi

栢 括～，上古活反，正作栝。(ZD60-327b) 按：“～”同“柏”。《歷代三寶紀》卷9：“栝柏椿松，扶疎簷霤；叢竹香草，布護階庭。”(T49, p82c)

栢 ～人，上音陌，擘也，正作拍。(ZD60-552a)按：《廣弘明集》卷6：“梟能食母，君子恥聞，亭曰柏人，漢后夜遁。”(T52, p127c)“～”同“柏”，可洪以爲“拍”，不妥。

⿰扌能 bǎi

⿰扌能 ～撥，上博買反，正作擺、捭二形也。(ZD60-485b) 按：“～”乃“⿰扌能(擺)”，詳見本書中篇“⿰扌能”字條。

擺④ bǎi

擺 開～，布買反，開也，正作捭也。(ZD59-1097c)按：“～”同“捭”，拔

---

① 又見“把”“紦”字條。
② 又見“霸”字條。
③ 又見“⿰扌百”字條。
④ 又見“⿰扌能”字條。

開也。

擺 自～，補買反。(ZD59-959c)

拜 bài

拜 ～授，卜介反，正作拜、拝。(ZD59-707c)

拜 揖～，上一入反。(ZD59-1031b)

拜 ～已，博介反，下羊里反，正作拜已。(ZD59-911c)

拝 拜授，卜介反，正作拜、～。(ZD59-707c)

拜 跪～，音拜。(ZD59-812a)

拜 僧～，音拜，亦作拝、扒二形也，請也，拔也。(ZD59-1112a)

唄 bài

唄 眦～，音敗。(ZD60-85b)

唄 歌～，蒲邁反，正作唄。(ZD59-785c)

唄 聲～，蒲芥反，正作唄。(ZD59-1107b)

⿰阝貝 共唄，蒲芥反；共～，同上。(ZD60-39a)按："～"同"唄"，詳見本書中篇"**⿰阝貝**"字條。

萆 bài/bī

萆 ～子，上蒲拜反，正作稗。(ZD60-110b)按："～"同"稗"。《阿毘達磨大毘婆沙論》卷 20："我以一器稗子米飯施福田故，千返生彼北俱盧洲，自然衣食。"(T27, p99b)

草 ～犂，上卑兮反，下力兮反。(ZD59-983b)

敗 bài

敗 ～滅，步芥反。(ZD59-960a)

敗 腐～，扶武反，下蒲芥反。(ZD59-917b)

敗 ～國，步芥反。(ZD59-674c)

敗 ～壞，上步芥反。(ZD60-80c)

敗 ～壞，步邁反。(ZD59-817a)按："～"乃"敗"字，詳見本書中篇"**敗**"字條。

稗[1] bài/bī

稗 ～子，上蒲拜反，苗葉似稻。(ZD59-566b)

稗 ～子，蒲拜反。(ZD59-669a)

稗 ～子，上蒲拜反。(ZD59-586b)

稗 ～子，上蒲拜反，稻屬，苗似稻，苗子如黍粒，可食也，正作稗也，又卑、睥二音，悮。(ZD59-987c)

稗 ～莠，上蒲拜反，下余柳反。(ZD60-100b)

稗 ～子，步拜反。(ZD59-680c)

稗 ～麥，上蒲拜反。(ZD59-603a)

稗 ～子，上蒲拜反。(ZD59-993a)

稗 ～莠，步拜反，下羊柳反。(ZD59-760b)

稗 莠～，上由柳反，下蒲拜反。(ZD59-631c)

稗 ～麻，邊兮反，正作萞、蓖二形也。(ZD59-791c)按："～"乃"稗"，經文中同"蓖"。《千手千眼觀世音菩薩姥陀羅尼身經》卷 1："若天旱時，取烏麻子和稗麻子油作丸，咒一百八遍，擲置湫水，即降大雨。"(T20, p102a1)"稗"，明本作"萞"。"稗麻"即"萞(蓖)麻"。

---

① 又見"萆"字條。

粺 bài

粺 ～子，上補拜反，苗似稻也，正作稗也，又蒲卦反，精米也，悮。(ZD59-997a)

貏 bài

貏 ～豸，上步買反，下宅買反，獸名也，山勢高低不等狀。(ZD60-594b)按："～"即"貏"。《廣弘明集》卷29："其山則岃嵫貏豸，硱磳諿詭。"(T52, p341a)

扳 bān/bǎn/pān

扱 仰～，普奸、補奸二反，引取也，挽也，正作扳，又楚洽反，亦通用。(ZD59-909b)

扳 床～，布綰反，正作板，又班、攀二音，悮。(ZD60-26b)

板 當～，布奸、普奸二反，挽也，引也，正作扳。(ZD59-962b)按：《大莊嚴論經》卷9："更無餘方，唯當攀樹。"(T04, p307a)"～"即"扳"，經文中同"攀"。

班 bān

班 ～宣，上布還反，布也，次也，正作頒、班二形也。(ZD59-626b)按：從形體看，"～"即"斑"，經文中通"班"。

班 ～荆，上布奸反，手攀挽物也，正作扳。(ZD60-483b)按：《續高僧傳》卷19："披雲對月，賦曹陸之詩。跂石班荆，辯肇融之論。"(T50, p580b)

斑 bān

斑 ～斕，布閑反，下力閑反。(ZD59-704b)

斑 ～駮，布角反。(ZD59-602b)

斑 ～駁，上布顔反，下布角反。(ZD59-620b)

頒 bān

頒 ～宣，上布還反。(ZD59-603b)

頒 ～賜，布還反。(ZD59-941c)

憣 bān/fān

憣 ～黨，布官反，正作黰。(ZD59-649a)按："～"通"黰"。

憣 ～黨，北安反，輩也，正作黰、般二形也。(ZD59-671c)按："～"，經文作"**㑽**黨"或"伴黨""幡黨"。《漸備一切智德經》卷4："心意伴侣，志造**㑽**黨，其心合會，或有别離。"(T10, p486b)"**㑽**"，宋、元、明本作"伴"，宫本作"幡"。從字形看，"～"即"幡"，經文中通"伴"。"**㑽**"與"伴"同。

憣 虹～，户公反，下芳煩反。(ZD59-972b)按："～"乃"幡"。

极 bǎn

极 執～，布綰反，笏也，正作板也，又巨劫反，非。(ZD60-505a)按："～"乃"板"字。

版 bǎn

版 壁～，布綰反。(ZD60-6b)按："～"，對應經文作"版"。《根本説一切有部毘奈耶雜事》卷1："當塗頭邊壁版之上，時時鼻嗅。"(T24, p208b)

粄 bǎn

粄 痲～，布滿反，米粉餅，有豆者，關西呼豆摩子，山東呼爲豆～子也，鄜延呼爲胡餅也，作粄、䬳、⿰米半三形也。(ZD60-165c)按："～"即"⿰米半"字。

⿰米半 ～頭，此是上聲字，借爲半字呼之，國名也，《咒王經》作般池。(ZD59-797a)

⿰米半 ～妳，博滿反，今借音半，下方本作跛昵。(ZD59-882c)

⿰米半 蜜～，博管反，屑米餅也，正作粄、⿰米半、䬳三形也。(ZD60-502c)按："蜜～"，對應佛經作"蜜粄"。《辯正論》卷2："備列珍奇，廣班綾綵，多用蒸魚、鹿脯、黄白蜜粄、清酒、雜果、鹽豉、油米等。""～"即"⿰米半"，與"粄"同。

伴　bàn

伴 ～少，上蒲滿反，正伴。(ZD60-248a)

湴　bàn

湴 ～泥，上蒲鑒反，染泥也。(ZD60-165a)

⿰亻般　bàn/pán

⿰亻般 《漸備一切智德經》卷4："心意伴侣，志造～黨，其心合會，或有别離。"(T10，p486b)按："～"，宋、元、明本作"伴"，宫本作"幡"。從字形看，此"～"即"伴"。

⿰亻般 ～奴，步安反，《川音》音般，云俗爲**⿰亻般**類字，正作⿰黹去，北安反，未詳何出也，應和尚未詳。(ZD60-355c)按："～奴"之"～"即"**⿰亻般**"，譯音字，可洪以爲"⿰黹去"，恐不妥。

⿰亻般 ～奴，上宜作侜，知由反，應和尚未詳。(ZD59-841b)按："～"即"**⿰亻般**"，譯音字，可洪以爲"侜"，恐不妥。《五千五百佛名神咒除障滅罪經》卷4："毘呵嚧(一百十四)，一儞師般奴(一百十五)。"(T14，p336c)"般"，宋、元、明、宫本作"**⿰亻般**"。

辨[1]　bàn/biàn

辨 難～，蒲莧反，致也，正作辨、辯、辦三形也。(ZD59-913c)按："～"乃"辨"，同"辦"。

辨 ～折，上平件反，别也，理也，慧也，正作辯，下先擊反，分也。(ZD59-665b)按："～"乃"辨"。

辨 辞～，祥慈反，下平件反。(ZD59-917a)按："～"乃"辨"，通"辯"。

辨 ～了，平件反。(ZD59-959b)

辨 應～，平件反。(ZD59-812c)按："～"乃"辨"。

辨 ～才，皮件反。(ZD59-649c)按："～"乃"辨"，通"辯"。

辨 ～才，平件反，慧也。(ZD59-670b)按："～"乃"辨"，通"辯"。

辨 諸～，音辯。(ZD59-676a)

辨 辞～，音辯。(ZD59-728c)按："～"乃"辨"，通"辯"。

辨 ～文，上皮件反，下自來反，正作辯才。(ZD60-158a)按："～"乃"辨"，通"辯"。

辦　bàn

辦 成～，步莧反。(ZD59-826b)按："成～"，對應佛經作"成辦"。《最勝問菩薩十住除垢斷結經》卷4："宣揚去來，神妙行業，皆悉成辦。"(T10，p996c)從形體看，"～"即"辨"，俗作"辦"。《廣韻·襇韻》薄莧切："辨，具也。辦，俗。"

辦 拘～荼，九愚反，中步莧反，下宅加反。(ZD59-716c)

辦 已～，下步莧反，具也，俻也。(ZD59-968c)按："已～"，對應佛經作"已辦"。《攝大乘論釋》

---

[1] 又見"辦"字條。

卷 1:"此是彼果,所作已辦。"(T31, p381c)"～"即"辦",詳見本書中篇"辧"字條。

辧 令～,步昧反。(ZD60-456b)按:"令～",對應佛經作"令辦"。《高僧傳》卷 10:"欲得一袈裟,中時令辦。李即經營,至中未成。"(T50, p390c)"～"即"辦"字。"～",可洪音"步昧反",蓋以爲"珮"字,不符經意,誤。

辦 即～,蒲莧反,成也,致也,正作辧、辦二形。(ZD60-158a)按:"即～",對應佛經作"即辦"。《成實論》卷 1:"一切所爲,隨意即辦,於諸變化,自在無礙。"(T32, p239c)

辨 已～,音辦。(ZD59-1106a)

辨 拘～荼,九愚反,中步莧反,下宅加反。(ZD59-718b)按:"拘～荼",對應佛經作"拘辦荼"。《悲華經》卷 2:"所願成就者,我當勸喻天、龍、鬼神、阿修羅、乾闥婆、緊那羅、摩睺羅伽、夜叉、羅刹、拘辦荼等。"(T03, p179b)

辦 堪～,蒲莧反。(ZD59-1001a)按:"堪～",對應佛經作"堪辦"。《增壹阿含經》卷 16:"我今堪辦此事,如王來勑。"(T02, p627a)

辦 已～,音辦。(ZD59-984b)按:"～"即"辦",辦理。《長阿含經》卷 16:"生死已盡,梵行已立,所作已辦。"(T01, p104c)

辧 先～,音辦也。(ZD59-1116b)按:"先～",對應佛經作"先辦"。《十誦律》卷 2:"是作咒比丘,先辦一羊。"(T23, p9b)

辦 所～,步莧反。(ZD59-845b)按:"所～",對應佛經作"所辦"。《大方等陀羅尼經》卷 4:"速出三界,能有所辦。"(T21, p657c)

辦 共～,同上。(ZD59-1002b)

辧 ～衆,上步莧反,偹也,正作辦、辧、辧、辨四形。(ZD60-58a)按:"～"即"辦",詳見本書中篇"辧"字條。

辦 已～,下音辦。(ZD59-956b)

瓣 bàn

瓣 八～,蒲莧反。(ZD59-804b)

辯[1] bàn/biàn

辯 能～,上奴登反,多技也,下蒲莧反,具也,偹也。(ZD59-670a)按:"～"即"辯",通"辦"。

辯 拘～,上九愚反,下步莧反。(ZD59-720a)按:"拘～",對應佛經作"拘辦"或"拘辯"。《悲華經》卷 10:"諸天魔、梵、沙門、婆羅門、夜叉、羅刹、龍、乾闥婆、阿修羅、迦樓羅、緊那羅、摩睺羅伽、拘辦荼、餓鬼、毘舍遮、人及非人,有瞋恚心者,聞是經已,即得清淨、柔軟、歡喜。"(T03, p233a)"辦",宋、元本作"辯"。"～"即"辯",通"辦"。

辯 辯具,蒲莧反,致辦也,正作～、辯、辦三形。(ZD59-663c)按:"～"即"辯",通"辦"。

辯 㞢～,上音紙,下步莧反,正作辯。(ZD59-952c)按:"～"乃"辯",通"辦",詳見本書中篇"辯"字條。

辯 能～,步莧反,致也。(ZD59-654a)按:"～"乃"辯",通"辦"。

辯 宿～,音辯。(ZD60-572a)按:"宿～",對應佛經作"宿辦"或"宿辯"。《廣弘明集》卷 19:"七則淨供遍設,厨匪宿辯。"(T52, p236b)"辯",宋、元、明本作"辦"。根據經意,"～"即"辯",通"辦"。

---

[1] 又見"辨""辦"字條。

必～，音辯，別也。(ZD59-994b) 按：《中阿含經》卷33：“一者認過去事，二者必辯當來事。”(T01, p640b)“～”即“辯”，通“辨”。

能～，步莧反。(ZD59-897b) 按：“～”乃“辯”，經文作“辯”，不應音“步莧反”。

捷疾～，疾葉反，下平件反。(ZD59-918b)

～慧，皮件反，正作辯。(ZD59-856c)

～積，平件反，別本作辯。(ZD59-841c)

～才，平件反，慧也。(ZD59-839c)

～才，平件反，利口也，慧也，正作辯也，才者，能也。(ZD59-826b)

門～，同上。(ZD59-812c)

應～，音辯。(ZD59-719c)

閡～，音礙，下音辯。(ZD59-718c)

才～，音辯。(ZD59-716b)

量～，音辯。(ZD59-716b) 按：“量～”，對應佛經作“量辯”。《大乘悲分陀利經》卷7：“覺分三昧，能覺諸法；無量辯三昧，能諸法中得阿僧祇辯。”(T03, p278c)

辯～，上徐兹反，下平件反。(ZD59-575a)

道～，音辯。(ZD60-329a)

邦① bāng

万～，博江反。(ZD60-425b)

他～，布江反。(ZD59-752b)

大～，博江反。(ZD59-726c)

大邦，博江反，國也，亦作～。(ZD59-645c)

大～，博江反，國也。(ZD59-645c)

大～，博江反，正作邦，又古攜反，悮。(ZD59-650a)

邽 bāng

大～，博江反，國也，正作邦、峀二形也，又音圭，非也，悮。(ZD59-708c)按：“～”即“邦”，詳見本書中篇“邽”字條。

郱 bāng

～土，同上(邦)。(ZD59-1001c)

～～，博江反。(ZD59-1091a)

坐～，卜江反，正作邦。(ZD59-1057b) 按：“～”即“邦”字。

⿰並毛 bǎng

～智，上布朗反，罽氀毛毲之類。(ZD60-131b)

⿰阝旁 bǎng

籖～，上七廉反。(ZD60-335c)按：《大唐内典録》卷8：“依別入藏，架閣相持，帙軸籖牓，標顯名目，須便抽撿，絶於紛亂。”(T55, p302b)“～”乃“牓”。

⿺毛旁 bǎng

毛～，音牓。(ZD59-838a) 按：“～”與“⿰旁毛”同。

牓② bǎng

銀～，卜朗反，亦作榜。(ZD60-506a)

⿰旁毛③ bǎng

毛～，布朗反。(ZD59-1080b)

---

① 又見“郱”“邽”字條。
② 又見“⿰阝旁”字條。
③ 又見“⿰並毛”“⿺毛旁”“縍”字條。

毲 毛～，布朗反。(ZD59-1028c)

毲 毛～，音膀，毛布斜髭也。(ZD59-839b)按："～"，同"㲢"。《大威德陀羅尼經》卷19："譬如風雨久漬羖羊毛㲢，然彼輦輿，牛頭栴檀之所成就。"(T21，p836a)

毲 毛～，卜朗反，正作㲢也，㲢罽氀毲，並毛布異名也。(ZD60-55a)

綁 bǎng

綁 班～，布朗反，罽之方文曰～也，毛布也，今謂毛毲是也，正作㲢、毲二形也，又博郎反，非。(ZD59-1117a)按："～"同"㲢""毲"。

柈 bàng

柈 ～杈，步講反。(ZD59-863b)按："～"同"棒"。《一字佛頂輪王經》卷1："所執輪戟杵索柈杈，及諸侍從各手器仗，悉皆墜落。"(T19，p227a)"柈"，明、甲本作"棒"。

蚌[1] bàng

蚌 ～蛤，上步講反。(ZD60-10b)

梧 bàng

梧 ～杵，上步講反，正作棓也。(ZD60-404a)按："～"乃"棓"。

蚌 bàng

蚌 螺～，下步講反。(ZD60-547a)按："～"乃"蚌"。《廣弘明集》卷3："漢鑿昆明灰炭全兮，魏開濟渠螺蚌堅兮。"(T52，p107a)"蚌"，宋、元、明、宫本作"蚌"。

蚌 作～，蒲項反。(ZD60-400b)按："～"乃"蚌"。

棒[2] bàng

棒 推(椎)～，直追反，下步講反。(ZD59-954b)

棒 鐵～，步講反。(ZD59-837a)

棒 天～，步講反，杖也，正作棓。(ZD59-775b)

棓 bàng

棓 ～印，蒲講反。(ZD59-785b)

棓 大～，步講反。(ZD59-874b)按："～"同"棒"。

蒡 bàng

蒡 ～松楠，上步浪反，下奴含反，上正作傍也。(ZD60-600a)按：《廣弘明集》卷30："蘿葛蔓松楠，鶯林響初囀。"(T52，p357c)根據異文，"～"似乎同"蔓"，可洪以爲"傍"，"傍"應爲"傍"，依靠之義，也符合經意。暫存兩説，以俟賢者。

蜯 bàng

蜯 ～蛤，蒲講反。(ZD59-797a)

蜯 海～，蒲講反。(ZD59-660a)

謗 bàng

謗 ～毁，博妄反，下許委反。(ZD59-919b)

包 bāo

色 四～，布交反。(ZD60-542a)

色 ～篚，方尾反。(ZD60-590a)

---

① 又見"蜯""蚌"字條。
② 又見"棓""梧""柈"字條。

苞 bāo

苞 ～潤，布交反。(ZD59-748c)

芭 功～，布交反。(ZD60-501c)按："～"即"苞"，經文中通"包"。《辯正論》卷1："全家國乃功包九合。"(T52, p492a)

苞 ～括，布交反。(ZD59-659a)按："～"即"苞"，通"包"。

苞 ～弘，上布交反。(ZD59-1049a)按："～"即"苞"，通"包"。

苞 不～，布交反，裹也，正作苞。(ZD60-264a)按："～"即"苞"，通"包"。

苞 ～裹，音果。(ZD59-673c)按："～"即"苞"，通"包"。

胞[①] bāo/pào

脃 ～段，布交反，又七絶反，悮。(ZD59-658a)按："～"乃"胞"字，詳見本書中篇"脃"字條。

脃 ～胎，上補交反，正作胞。(ZD60-90b)

脃 ～胎，上怖交反。(ZD59-573b)

脆 ～胎，上布交反。(ZD59-1047a)

脃 ～叚，布交反，下徒亂反，胞胎也，正作胞。(ZD59-661c)

脃 ～胎，布交反，正作胞。(ZD59-829b)

脃 ～胎，布交反，正作胞。(ZD59-819b)

脃 繭～，古典反，下疋皃反。(ZD59-907a)按："～"乃"胞"，可洪音"疋皃反"，恐不妥，應音"布交反"。《翻梵語》卷1："頞浮陀，亦云阿浮陀，《論》曰二七日時如繭胞狀。"(T54, p986a)

脃 腫～，上之勇反，下疋皃反，正作胞、皰二形也，又此芮反，悮。(ZD60-170b)按："腫～"，對應佛經作"腫胞"。《舍利弗阿毗曇論》卷16："如比丘，取善相生微護，若骨節，若腫胞，若膖脹，若青瘀，若赤黑，若爛壞離散。"(T28, p636a)"～"乃"胞"，與"皰"同。

笣 bāo

笣 ～博，上布交反，裹也，亦包。(ZD60-176a)按："～"乃"笣"，通"包"。《分別功德論》卷1："仁尊既是衆僧上座，又復智慧包博，唯垂慈愍，時宣法寶。"(T25, p31b)

裒 bāo

裒 ～讚，卜高反。(ZD59-945a)按："～"同"褒"。

裒 ～明，卜毛反。(ZD60-532c)

裒 ～述，上古火反。(ZD60-459c)按："～"即"裒"，經文作"褒"，同，可洪音"古火反"，蓋以爲"裹"，恐誤。

裒 ～留，博毛反。(ZD59-833c)

裒 ～拂，上博高反，正作褒、裒二形。(ZD60-539b)

褒[②] bāo

褒 ～以，上與褒字同也。(ZD60-493b)

褒 ～羅表裏，上布交反，裹也，正作苞。(ZD59-608a)按："～"乃"褒"，通"苞(包)"。

褒 ～訕，布毛反。(ZD59-819c)

褒 ～灑，上布毛反。(ZD60-604c)

褒 ～獘，上博高反。(ZD60-499c)

褒 ～灑，上布高反。(ZD60-17c)

褒 ～譽，布高反，進揚人美也。(ZD59-731b)

褒 ～賞，上布毛反。(ZD60-463c)

---

① 又見"脃"字條。

② 又見"裒""襃"字條。

裒 ～脩,上縛謀、薄侯二反。(ZD59-796c)按:"～",可洪音縛謀、薄侯二反,讀"fú""póu",蓋以爲"裒",經文作"褒",今依經文。

襃 bāo

襃 ～灑,上布高反,舊云布薩,正作襃。(ZD60-1c)

韵 báo

韵 皴～,鞞約反。(ZD60-434a)按:"～",譯音字。《大唐大慈恩寺三藏法師傳》卷3:"布路鎩韵(鞞約反)。"(T50,p239b)

雹 báo

雹 施～,蒲角反。(ZD59-976b)按:"～"乃"雹"字,詳見本書中篇"雹"字條。

電 剛～,雹字悞也,又音殿,非。(ZD59-886a)按:"剛～",對應佛經作"剛雹"。《佛説隨求即得大自在陀羅尼神咒經》卷1:"起大霹靂,雨金剛雹。"(T20,p641a)

𦢊 báo

𦢊 ～翅,蒲角反,下計以反。(ZD59-797a)按:"～",經文作"曝"。

鳵 bǎo

鳵 ～鶆,上音保,下烏老、烏告、於六三反,烏胃也,藏肉也,正作鴇膍也。(ZD60-591b)按:"～"即"鴇(鸨)"。經文作"鸨",乃"鳵"之誤。

珤 bǎo

珤 珍～,音保。(ZD59-1000a)按:"～"即"寶"字。

寶① bǎo

寶 ～甖,烏莖反。(ZD59-574a)

寶 ～印(印),一進反。(ZD59-574a)

寶 ～羽,正作葆,音保,羽葆,皷吹之餝,聚翟毛爲之,似纛也。(ZD59-777a)

寶 ～函,音寶。(ZD59-959a)

珤 雜～,音寶。(ZD60-121b)

珤 金～,音寶,古文。(ZD60-162c)

珤 ～幢,音保,古寶字。(ZD59-856c)

珤 ～髻,音保,菩薩名。(ZD59-850b)

褓② bǎo

褓 ～持,上補老反。(ZD59-1131c)

褓 ～母,補老反,正作褓也。襁褓,負兒衣也。(ZD59-761a)

褓 襁～,下博老反。(ZD59-597a)

褓 襁～,下卜老反。(ZD60-472b)

緥 bǎo

緥 繈～,上居兩反,下補老反。(ZD60-330a)

葆 bǎo

葆 ～吹,上音保,羽葆,皷吹之餝,聚翟毛爲之,如纛,又草盛也,下尺僞反。(ZD60-600a)

飽 bǎo

飽 如～,音飽。(ZD59-579a)

飽 ～滿,布卯反,正作飽。(ZD59-1032a)

飽 自～,布卯反,又作飽。(ZD59-1041a)

飽 ～滿,上布卯反。(ZD59-567c)

---

① 又見"珤"字條。

② 又見"緥"字條。

飽 ～滿,上布卯反。(ZD59-573c)

飽 ～滿,上布卯反。(ZD59-560c)

飽 ～足,布卯反。(ZD59-753b)

飽 ～飲飼,上布卯反。(ZD59-996c)

飽 ～不,布卯反。(ZD59-776a)

堡 bǎo

堡 王～,音保。(ZD60-551c)

勽 bào

勽 養～,文粉反,覆也。(ZD60-53b)按:"養～",對應佛經作"養鷄"。《根本説一切有部百一羯磨》卷4:"時諸苾芻既至夏中,於寺房廊,多有諸鳥,養鷄兒卵,遂生喧噪。"(T24, p471a)"～"本音"文粉反",但於經意不符。文中"～"作"鷄"。玄應以"～"爲"抱(菢)",鳥孵卵,此説可從。《一切經音義》卷18:"抱卵,字體作菢,又作勽,同。"(C057, p27b)

抱① bào

抱 ～胸,步保反,下音兇。(ZD59-877a)

抱 懷～,蒲保反,正作抱。(ZD59-645b)

怉 常～,步保反。(ZD60-174c)按:"～"乃"抱"。《鞞婆沙論》卷11:"此是我子,及以稻田,令我常抱憂患。"(T28, p497c)

抱 心～,步保反,正作抱。(ZD59-670c)

抱 若～,步保反。(ZD59-618a)

怉 懷～,步保反,持也,正作抱也,又枹、飽二音,並非。(ZD59-676a)

抱 ～持,步保反,正作抱。(ZD59-684c)

抱 奉～,直之反,正作持。(ZD59-676a)按:《度世品經》卷1:"博有所聞,輒則奉持;懷抱經典,悉不忘失。"(T10, p620b)"～"應爲"抱",可能摘録時誤把其當作了"持"。

抱 ～繫,步保反。(ZD59-744a)

抱 ～持,上蒲保反,正作抱也。(ZD59-599a)

抱 嗚～,步保反。(ZD59-740c)

抱 不～,步保反。(ZD59-735b)

抱 ～育,步保反,正作抱。(ZD59-823a)

抱 恒～,步保反,正作抱。(ZD59-833b)

抱 ～子,步保反。(ZD59-851a)

悅 悦,上步保反,持也,懷也,正作抱也。(ZD59-645a)

抱 ～怯,蒲保反,正作抱。(ZD59-904a)

抱 ～我,上步報反。(ZD59-1080b)按:"～",可洪音"步報反",蓋以爲"菢",不妥,應爲"抱",對應經文有版本作"抱"。

⿰犭付 bào

⿰犭付 虎～,下補皃反。(ZD59-1064b)按:"～"乃"犳(豹)"字之訛。

犳 bào

犳 虒～,虎豹二音。(ZD59-985a)按:"～"即"豹"字。

犳 ～皮,上補皃反。(ZD60-35c)按:"～"即"豹"字。

狍 bào

狍 裛～,上古火反,下蒲保反,正作裹抱也,下又蒲交反,悮。(ZD60-202a)按:"～"即"抱"。構件"扌"與"犭"相

---

① 又見"勽""抱""狍""㲏"字條。

混。《賢愚經》卷 3:"身入冷泉,來至其所,以身裹抱,小還有力,將至水所,爲其洗浴。"(T04, p366c)

⿰扌色① bào

～子,上蒲保反。(ZD60-7c)按:"～"乃"抱"。

～梁,步保反,正作抱。(ZD60-606a)

眊 bào/ěr/jiǎn

作～,依字莫報反,經云不隨時覆蔭,不隨時育養,不字属下句,應和尚以抱字替之,非也。(ZD60-368a)按:《增壹阿含經》卷 49:"不隨時覆蔭,不隨⿰飠毛,不隨時將護。"(T02, p817b)"⿰飠毛",宋、元、明本作"時育養"。

彩～,人志反。(ZD60-599b)按:《廣弘明集》卷 30:"山風亂彩眊,初景麗文轅。"(T52, p354c1)"～",可洪音"人志反",乃"毦"。《廣韻·志韻》仍吏切:"毦,氅毦,羽毛飾也。"

睫～,上音接,下音檢,經作眼瞼也,下又莫報、莫角二反,非也。(ZD60-357a)按:《一切經音義》卷 5:"眼瞼,居儼反,《字略》云眼外皮也。經文作睫眊二形,非也。"(C056, p896b)根據可洪之説,"～"爲"瞼"。

豹② bào

虎～,下補皃反,虎屬。(ZD59-680c)

豺～,助街反,下包皃反。(ZD59-741a)

虎～,補皃反。(ZD60-431b)

虎～,布皃反。(ZD59-910b)

虒～,補皃反。(ZD59-689c)

虒～,布皃反。(ZD59-1069a)

虒～,補皃反。(ZD59-753b)

虎～,補皃反,悮。(ZD59-1062b)

虎～,補皃反。(ZD59-834c)

虎～,卜皃反。(ZD59-682b)

虎～,布皃反,正作豹。(ZD59-830b)

⿰月色 bào/pào

樹～,疋皃、步皃二反,皮小腫起皃也,正作胞、靤二形也。(ZD59-587a)按:"～"乃"胞",與"皰"同。

⿰皮色③ bào/pào

肉～,普皃、步皃二反。(ZD59-683a)

～瘡,普皃、步皃二反。(ZD59-789c)

瘡～,疋皃反,又薄孝反。(ZD59-780a)

肉～,疋皃反。(ZD60-272a)

白～,同上(皰)。(ZD59-998c)

～赤,上許力反,大赤也,正作赩。(ZD60-425a)按:"～",《隨函録》以爲"赩"字,誤,應爲"皰",詳見本書中篇"**⿰赤包**"字條。

報 bào

重～,卜冒反,正作報。(ZD60-58b)

暴 bào

～虐,步報反,下牛約反。(ZD59-666c)

～令,蒲報、蒲卜二反,晞也,日乾也。(ZD59-834a)按:"～"同"曝"。

卒～,倉没反,下蒲報反。(ZD59-646c)

---

① 又可爲"把",見"把"字條。

② 又見"豺""豹"字條。

③ 又見"皰""胞""胞"字條。

暴 愠～，於運反，恨也。(ZD59-663b)

暴 凶～，下方報反。(ZD59-704c)

暴 兇～，許容反，下步報反。(ZD59-758b)

虣 bào

虣 强～，步報反。(ZD59-1031c)

鉋 bào

鉋 ～静，上步夘反。(ZD60-512c) 按："～"乃"鉋"字，詳見本書中篇"鉋"字條。

鉋 ～子，上蒲夘反。(ZD60-493a)

曝 bào

曝 風～，步報反，日乾也，又補角反，皮破也。(ZD60-105c) 按："～"乃"曝"字。

瀑 bào/pù

瀑 ～流，步報反，急也。(ZD59-694b)

瀑 ～水，上蒲木反，水流下也。(ZD59-630a)

曝[1] bào

曝 ～杖，蒲報反。(ZD59-780c)

鮑 bào/pào

鮑 五～，步孝反，正作皰，又疋皃反，正作皰、胞二形也。(ZD59-907a)

鮑 作疱～，二同步皃反。(ZD60-373b)

爆 bào/bó

爆 火～，直戀反，繞也，正縛。(ZD60-170a) 按：《舍利弗阿毘曇論》卷15："以繩拘結，火鬘燒身，身爲火爆，以刀削身，以鉤鉤肉，剥皮蜜塗，令虫唼食，草裹火燒。"(T28, p627c) "～"，可洪以爲"縛"，恐誤，根據經文應爲"爆"。

爆 振～，博皃、補角二反，火烈聲也，正作爆也。(ZD59-680c)

爆 ～聲，上補皃反。(ZD60-301b)

爆 ～，補皃反。(ZD59-558a)

畀 bēi

畀 ～人，必支反。(ZD59-957a) 按："畀"即"卑"字之訛。

畀 ～劣，必脾反，下也。(ZD59-929b) 按："畀"即"卑"字之訛。

畀 自～，音卑。(ZD60-447a) 按："畀"即"卑"字之訛。

卑[2] bēi

卑 鮮～，下音卑。(ZD59-591b)

卑 ～言，必支反，下也。(ZD59-671a)

卑 ～下，必支反。(ZD59-652a)

卑 ～下，必支反。(ZD59-658a)

卑 ～遜，蘇困反。(ZD59-602a)

卑 波～椽，下以絹反。(ZD59-593a)

肧 bēi/pēi

肧 ～上，上布迴反，器似椀而淺也，正作杯、盃二形，又普丘、普迴二反，非。(ZD60-86a) 按："～"通"杯"。

肧 成～，普杯、普侯二反。(ZD59-611a) 按："～"同"胚"。

埤 bēi/pí

埤 高～，音卑。(ZD59-674a)

埤 ～濕，音卑，下田也。(ZD59-713a)

---

① 又見"暴""曝"字條。
② 又見"畀"字條。

埤　～下，必脾反。(ZD59-674a)

坤　不～，烏甲反，下也，窊也，正作凹。(ZD59-744b)按：《大薩遮尼乾子所説經》卷3：“不高不下，不廣不狹，不長不短，不坤不垤，不堅不軟，不澁不滑，柔軟得所。”(T09，p332a)“不坤不垤”，宋本作“不埤不垤”，元、明、宫、聖本作“不凹不凸”。根據經文，“～”“坤”皆應爲“埤”，下也，可洪以爲“凹”，恐非。

埤　剡～，上時染反，下步卑反。(ZD59-796c)

埤　首～，音脾。(ZD59-816b)

捭　bēi/bī

椑　～伽，音卑，正作裨。(ZD59-639b)按：“～”，經文作“捭”，用作譯音字。

捭　挑耳～，上他聊反，下邊兮反。(ZD60-41c)按：《四分律》卷53：“時諸比丘患耳中有垢，佛言：聽作挑耳篦。”(T22，p961a)“篦”，宋、元、明、宫本作“錍”，聖本作“椑”。從形體看，“～”即“捭”，乃“椑”字，經文中與“篦”“錍”同。“挑耳篦”，一種掏耳屎的器具。

栖　bēi

栖　一～，布迴反，盞也。(ZD59-735c)

庳　bēi

庳　山～，音卑，又必弭、毗弭、必利三反。(ZD60-371c)

渒　bēi

渒　～梨，音卑，又《經音義》作普計反。(ZD59-880c)

椑　bēi/pái

椑　羯～，音卑，或作裨。(ZD59-601b)

椑　～筏，上步街反，又卑、擗二音，非也。(ZD59-998c)按：“～”，從形體上看，即“椑”，經文中與“簰”同，筏子。《中阿含經》卷56：“我今寧可於此岸邊，收聚草木，縛作椑栰，乘之而度。”(T01，p779c)“椑”，宋、元、明、聖本作“簰”。

椑　作～，音牌，又依字布買反，非也。(ZD60-380b)按：“～”，從形體上看，即“椑”，經文中與“簰”同，筏子。

裨　bēi/pí

裨　～身，上補支反，附也。(ZD60-23a)

裨　～助，上必支反。(ZD59-613a)

裨　～體，上卑、脾二音，助也。(ZD60-359c)

裨　阿～，卑、脾二音。(ZD59-591a)

裨　社～，蒲卑反。(ZD59-629a)

錍　bēi/pí

錍　獵～，力葉反，下必支反。(ZD59-724c)

錍　多～，音卑，正作錍也，又音甲，非。(ZD59-724c)

錍　殷～，音鞞。(ZD59-749c)

錍　摩～，步兮反，又音卑。(ZD59-816b)

錍　～提，上步兮反，山名也。(ZD59-749c)按：“～提”，對應佛經作“錍提”。《佛説灌頂經》卷1：“一時世尊遊於羅閱祇梵志丘聚，從是北上錍提山中天帝石室。”(T21，p495a)

北　běi

北　～首，上補黑反，正作北。(ZD60-184c)

貝① bèi

貝 軻～,上口何反,下博蓋反,海中介虫也,下悞也。(ZD59-1106a)

䞟 劫～,卜蓋反。(ZD60-69c)按:"～",對應佛經作"貝"。《薩婆多部毘尼摩得勒伽》卷1:"若比丘欲取劫貝衣而取芻麻衣,偷羅遮。"(T23, p570b)

犾 bèi/zhuàng

犾 狼～,上音郎,下音貝,忙怖皃也,下又《玉篇》音銀,郭氏作迪、銀二音,並非也。(ZD59-1056b)按:"狼～"乃"狼狽"。

犾 由～,助亮反,狀皃也,正作狀也。(ZD60-219a)

背② bèi

背 ～傴,於禹反,不伸也,又烏侯反,非也。(ZD59-710c)

背 ～僂,力主反。(ZD59-632c)

背 猒～,一啗反,下蒲昧反,正作厭背。(ZD59-903a)

偝 不～,步昧反。(ZD59-856b)

偝 ～向,上蒲昧反。(ZD60-31b)按:"～",對應佛經作"背"。《四分律》卷16:"時六群比丘,伺彼經行背向時,取其衣鉢坐具針筒藏。"(T22, p675c)

腈 其～,補妹反。(ZD59-1115b)

腈 背～,蒲昧反,下補昧反,下俗。(ZD59-752b)

腈 腰～,下卜昧反。(ZD59-1011c)按:"～"即"背"字。《雜阿含經》卷42:"時有二老男女,是其夫婦,年耆根熟,傴背如鉤,諸里巷頭,燒糞掃處,俱蹲向火。"(T02, p310a)"背",聖本作"～"。

瘠 比丘～,《經音義》作疝,音山。(ZD60-42c)按:"～"即"背"。《四分律》卷57:"時有女人捉比丘背,彼還顧見是女人,覺觸受樂,疑,佛言:僧伽婆尸沙。"(T22, p987b)

瘠 ～瘦,上音山,俗下於井反。(ZD60-34a)按:"～"即"背"。《四分律》卷31:"時彼祠祀衆中,第一上座大婆羅門,是王大臣,有十二醜:瞎、僂、凸背、瘦、黃色、黃頭、眼青、鋸齒、齒黑、手脚曲戾、身不與人等、凸髖。"(T22, p784a)"～",可洪音"山",恐誤。

偹 bèi

偹 ～彰,上皮秘反。(ZD60-417b)按:"～彰",對應佛經作"備彰"。《集古今佛道論衡》卷2:"備彰前典,非爲誕謬。"(T52, p372b)"～"即"備"字。

俻 bèi

俻 ～遭,上皮秘反。(ZD59-553b)按:"～"即"備"。

俻 警～,上居影反。(ZD60-41c)

倍 bèi

悟 百～,蒲亥反,正作倍也,郭氏未詳,《玉篇》作芳久反,非此用。(ZD59-1004b)

俖 遂～,音俗。(ZD59-605b)按:韓小荆(2005-88)以爲"倍",是也。

陪 有倍,蒲海反,不～,同上,又音裴,誤。(ZD60-116a)按:"～"乃"倍"。

---

① 又見"貝"字條。
② 又見"偝"字條。

狽 bèi

狽 狼～，音貝，正作狽。(ZD60-342b)

被 bèi/pī

被 ～戮，音六，煞也。(ZD59-662a)

被 ～弶，巨向反。(ZD59-593c)

䢲 ～髮，上宜作被，普皮反，披猖，髮亂皃也，又皮義反，頭（髮）也。(ZD60-251c) 按：“～”即“被”，詳見本書中篇“䢲”字條。

琄 bèi

琄 磨～，博蓋反，正作貝。(ZD59-1119b)

啡 bèi/fěi

啡 吹～，蒲拜反，皮囊，鍛家吹火具也，正作韛、橐、排三形，又疋乃反，非。(ZD59-961c) 按：“～”乃“橐(韛)”字。

啡 憤～，上扶吻反，下妃尾反，正作悱也。(ZD59-565a) 按：“～”同“悱”。

偝 bèi

偝 ～彼，步昧反，正作背。(ZD59-1076b)

偝 作～，步昧反。(ZD60-386a)

痱 bèi

痱 ～㽲，上蒲罪反，下郎罪反，花未開者也，正作蓓蕾也。(ZD59-572b) 按：“～㽲”，聯綿詞，經文作“痱瘟”，同“蓓蕾”，花蕾也。《放光般若經》卷10：“譬如人見春天諸樹痱瘟含氣，當知是樹枝葉花實將生不久。”(T08, p70b)

琲 bèi

琲 珠～，蒲罪、蒲昧二反，貫也，珠五百枚曰～也。(ZD59-865a)

琲 珠～，步罪反。(ZD60-599a) 按：《廣弘明集》卷30：“睿艷似煙霞，闌干若珠琲。”(T52, p354a)

斐 bèi

斐 更～，布姧反，正作斑、扳二形也，謂扳拽整理衣服也。上方經作被，亦非也，悮。(ZD59-581c) 按：《道行般若經》卷6：“阿難從坐起，更斐袈裟，前爲佛作禮。”(T08, p458a)“斐”，宋、元、明、聖本作“被”。根據經意，“～”似應與“被”義同，待考。

備[①] bèi

𠌥 羞～，下音備，悮。(ZD60-298c)

𠉬 守～，音俻。(ZD59-1105c)

偝 普～，音俻。(ZD59-673c)

𢕌 悉～，音俻。(ZD59-716c)

俻 不～，皮秘反。(ZD60-1b)

俻 理～，皮秘反。(ZD59-926a)

俻 自～，音俻。(ZD60-83b)

備 ～悉，皮秘反。(ZD59-676a)

俻 悉～，音俻。(ZD59-716b)

俻 普～，音俻。(ZD59-671a)

俻 ～如，上皮秘反，具也，皆也。(ZD60-416c)

俻 既～，音俻。(ZD60-106c)

𠈱 ～受，皮秘反，具也。(ZD59-655b)

俻 ～辜，上音俻，下音姑。(ZD59-1093b)

俻 悉～，音俻。(ZD59-959c)

𠊧 ～殖，皮秘反，下市力反。(ZD59-888a)

---

① 又見“偝”“俻”字條。

俑 ～曉，上皮秘反，正作備。(ZD60-1b)

偹 ～觀，音備，下音官。(ZD59-967a)

俻 必～，音備。(ZD60-159a)

備 廣～，音備。(ZD59-946a)

俻 預～，皮秘反。(ZD59-692a)

偹 ～得，音備，具也。(ZD59-965b)

俻 ～滿，皮秘反，具也，成也。(ZD59-825a)

𥙑 ～陳，上音備，具也，悮。(ZD60-432a)

偕 ～俱，音備，下音具，悮。(ZD59-961b)

偹 能～，音備。(ZD59-835a)

俻 ～履，上皮媚反。(ZD60-599c)

𢓊 ～衆，上平秘反，具也。(ZD59-1119a)

備 求～，音備。(ZD59-1010c)

䙰 ～遭，上皮秘反。(ZD59-1130b)

備 用～，音備，具也。(ZD59-735c)

俻 ～具，上平媚反。(ZD59-1016a)

偹 ～具，皮秘反。(ZD59-922c)

備 悉～，音備。(ZD59-981a)

俻 ～足，上皮秘反。(ZD60-76b)

備 ～更，上皮秘反。(ZD60-272b)

備 供～，音備。(ZD60-224b)

𠋝 不～，音備。(ZD59-1130c)

备 ～辨，上皮秘反。(ZD60-273b)

備 不～，音備，具也。(ZD60-264b)

備 ～足，上皮秘反，具也，皆也。(ZD59-576b)

俻 ～造，皮秘反，具也，咸也。(ZD59-661c)

俻 ～儲，上音備，下音除。(ZD59-1047b)

痱[①] bèi

痱 ～瘰，上步罪反，下郎罪反。(ZD60-138b)按：“～瘰”，聯綿詞，經文作“蓓蕾”，花蕾也。

䟺 bèi

䟺 蹎～，上丁年反。(ZD60-377a)

𥻗 bèi

𥻗 麨～，音備。(ZD59-1121a)按：“～”即“糒”。

輩 bèi

輩 四～，補昧反，亦作輩也，等也。(ZD59-1022a)

奰 bèi

奰 ～怒，上皮秘反，恐也，迫也。(ZD60-597a)

𪌉 bèi

𪌉 作～，音備。(ZD60-375c)按：“～”同“𪌉(糒)”。

糒[②] bèi

糒 麨～，音備。(ZD59-1118c)

糒 麩～，下平媚反。(ZD59-1121b)

𪌉 麨～，音備，糗也。(ZD59-1107c)

糒 麨～，音備。(ZD59-1126c)

𪌉 乾～，麨～，乾飯也，正作糒，平秘反，《玉篇》及郭氏並音夫，非也。(ZD59-1118c)

糒 無～，音備，又蒲故反，餔～。(ZD59-

① 又見“痱”字條。

② 又見“𥻗”“𪌉”字條。

1121b)

麺 麬麺～,下二同。(ZD59-1118c)

糒 麬～,俻、步二音,乾飯也,亦米餅也。(ZD59-1118c)

麺 麬～,音俻。(ZD59-1107c)

橐① bèi

啡 吹～,蒲拜反,皮囊,鍛家吹火具也,正作韛、橐、排三形,又疋乃反。非。(ZD59-961c)按:"～"即"橐",與"韛"同,鼓風囊。

橐 鑪～,步拜反。(ZD59-644b)按:"～"即"橐",與"韛"同,鼓風囊。

囊 橐～,上音託,下與鞴、排二同,音步拜反,《音義》作橐,非。(ZD60-365c)按:"～"即"橐",與"韛"同,鼓風囊。

鞁 bèi

鞁 皷～,上公五反,動也,擊也,下蒲拜反,吹火韋囊也,正作韛。(ZD59-1061a)按:"～"同"韛"。

韛 bèi

鞴 ～囊,步拜反,吹火佾也,正作韛、鞴、橐三形。(ZD59-839a)

僃 bèi

憊 困～,蒲拜反。(ZD60-312c)

僃 迦～,其迦反,正作伽,下蒲拜反。(ZD59-913a)

僃 羸～,力垂反,下薄拜反。(ZD59-720b)

僃 迦～,蒲拜反。(ZD59-575b)

僃 伽～,其迦反,下蒲拜反。(ZD59-918b)

僃 齒～,步拜反。(ZD60-602a)

僃 羸～,力垂反,下步介反。(ZD59-707c)

僃 羸～,蒲拜反。(ZD60-605c)

僃 只～,之爾反,下步拜反。(ZD59-715b)

僃 牧(收)～,尸牛反,下步拜反。(ZD59-714b)按:從形體看,"～"即"僃",對應經文作"備"。

奔② bēn

奔 ～電,布門反。(ZD59-860c)

㖹 bēn

㖹 帝～,音奔,郭氏作普悶反,非也。(ZD59-838b)

渀 bēn

渀 ～震,上布門反,正作奔。(ZD59-1024a)按:"～"與"奔"同。

騛 bēn

騛 ～突,音奔。(ZD59-982c)按:"～"即"騛",與"奔"同。

騛 ～疾,上布門反。(ZD59-980c)按:"～"同"奔"。

本 běn

夲 ～系,胡計反。(ZD60-258b)

夲 ～分,上布損反,正作本。(ZD60-529a)

迱 ～道,上苦花反。(ZD60-326c)按:《歷代三寶紀》卷8:"然意猶以廣讀爲本,道融乃列其所讀書。"(T49, p79b)"本",宋、元、明本作"夸"。根據經文,"～"對應的是"本"。"本"訛作"夸",又受下字"道"的影響類化從"辶"旁而作"～",可洪音"苦花反",誤。不查異文,無以辨也。

---

① 又見"啡""鞁""韛"字條。
② 又見"渀""騛"字條。

坋[1]　bèn

坋 垢～，上古口反，下步悶反，塵著物也，正作坌也。(ZD59-581b)

坋 ～其，蒲悶反，正作坌，又音分，非用。(ZD59-700c)

坋 塵～，步悶反，正作坌。(ZD59-689c)

坋 糞～，上方問反，下蒲悶反，下又扶問反，非也。(ZD60-170a)

坋 來～，蒲悶反，正作坌。(ZD59-574a)

坋 ～污，步悶反，下烏故反。(ZD59-857a)

坌　bèn

坌 ～身，上步悶反。(ZD60-38c)

坌 ～師，上蒲悶反。(ZD59-585b)

坌 ～師，上蒲悶反。(ZD59-582c)

坌 塵～，蒲悶反。(ZD59-626b)

坌 ～創，蒲悶反，正作坌也。(ZD59-962c)

坌 ～之，步悶反。(ZD59-685a)

静 ～身，上步悶反，塵著物也，正作坌、坋二形。(ZD59-1070b)按："～"，經文作"坌"，詳見本書中篇"**静**"字條。

甪　bēng

甪 ～頽，上補弘反。(ZD59-1053c)按："～"即"崩"。

甪 王～，北弘反。(ZD59-1066c)按："～"即"崩"。

拼[2]　bēng/bīng

拼 用～，補耕反，振繩墨也，正作絣、䋈、拼三形。(ZD59-992b)按："～"乃"拼(絣)"。

拼 繩～，北萌反。(ZD60-28c)按："～"乃"拼(絣)"。

拼 ～作，同上，振繩墨也，正作絣、䋈、拼三形。(ZD60-28c)按："～"乃"拼(絣)"。

拼 ～繩，布耕反，下實陵反，拼振繩墨。(ZD59-800c)按："～"乃"拼(絣)"。

拼 ～**櫚**，上卑名反，下力魚反，正作栟櫚。(ZD60-436b)按："～"乃"栟"。

栟　bēng

栟 ～度，上布耕(耕)反。(ZD59-1024a)按："～"，即"拼"，與"絣"同。《起世因本經》卷3："以熱鐵繩處處拼度。"(T01，p379c)

崩[3]　bēng

崩 ～亡，音崩。(ZD59-716b)

崩 矩擺～，俱禹反，中來可反，下蒲弘反。(ZD59-783a)

崩 ～榷(摧)，上布弘反，下自迴反。(ZD59-599a)

崩 你～，北弘反，去聲呼。(ZD59-882b)

崩 馱～，北朋反，正作崩。(ZD59-803a)

崩 ～墜，上卜弘反，下直遂反。(ZD59-705a)

絣　bēng

絣 繩～，補盲反，振繩墨。(ZD59-877a)

絣 繩～，布耕反，振繩墨也。(ZD59-985c)

絣 處～，北萌反，振繩墨也，正作絣也，又普耕反，彈也，誤。(ZD59-1123b)

---

① 又見"坌"字條。

② 又見"絣""栟"字條。

③ 又見"甪"字條。

堋 bèng/péng

堋 ～而瘞，上方鄧反，束棺下之也，正作窆、堋二形，下於例反，埋也。(ZD60-496b)

堋 射～，步弘反。(ZD60-351a)

遚 bèng

逬 ～在，上音迸，散也，悮。(ZD60-176c) 按：“～”同“迸”。《分别功德論》卷3：“我年八歲時，失父母，迸在山中，爲鹿所乳，遂至于今。”(T25, p39c)

批 bī/bì

批 廁～，邊兮反，竹片也，正作箆、箄二形，即廁籌也，又毗、妣、鼻三音，並非用。(ZD59-1113c) 按：“～”，經文作“箆”。《摩訶僧祇律》卷34：“屋中應安隔，使兩不相見。邊安廁箆，屋下應安衣架。”(T22, p504a)“～”乃“枇”，與“箆”同。

批 擳～，上阻瑟反，下毗利反，並梳異名。(ZD60-462b) 按：《續高僧傳》卷1：“龕别異狀，駭動人神，櫛比相連，三十餘里。”(T50, p427c)“比”，宫本作“枇”。從形體看，“～”即“枇”。

皀 bī

皂 言～，彼力反，顆粒别名也，正作皀也。(ZD60-392b)

枇 bī/pí

枇 藥～，同上也，並非躰。(ZD60-158c) 按：“～”同“箆”。《成實論》卷4：“如眼著藥箆則不能見。”(T32, p268c)

枇 ～杷，上蒲脂反，下蒲巴反。(ZD59-1074c)

逼 bī

逼 ～解，同上(逼)。(ZD60-172b)

逼 ～害，户蓋反。(ZD59-966c)

鈚 bī

鈚 鐵～，邊兮反，正作鎞也，又《川音》作鉳，音匙，又普迷反，箭名也，又音毗，錧别名也。(ZD60-283c) 按：“鐵～”，對應佛經作“鐵箆”或“鐵鉳”。《經律異相》卷50：“獄常燒鐵鉳烙其舌。”(T53, p267a)“鉳”，宋、元、明、宫本作“箆”。《慈悲道場懺法》卷4：“獄卒燒熱鐵鎞，表裏洞赤，以烙其舌。”(T45, p938c) 根據經文，“～”乃“鎞”字，又作“箆”。

⿰忄毘 bī

惃 遮～，卑兮反，正作⿰忄毘。(ZD59-798b) 按：“～”乃“⿰忄毘”，譯音字。《大金色孔雀王咒經》卷1：“遮⿰忄毘致禪頭兕隸。”(T19, p478a)

惃 ～致，上卑兮反，正作⿰忄毘也。(ZD59-799b)

惃 澀～，邊兮反。(ZD59-785c)

惃 遮～，卑西反，正作⿰忄毘。(ZD59-799c)

蜱 bī

蜾 不～，逋鷄反，經自切也，正作蜱也，又音果也。(ZD60-243a) 按：“～”，對應佛經作“蜱”。《四阿鋡暮抄解》卷2：“不蜱(逋鷄反)入眼受，即離則受。”(T25, p14c)“～”，經文自切“逋鷄反”，讀“bī”。

箄 bī/bǐ/pái

箄 之～，必西反。(ZD60-601c)

捭 金～，卑西反，刮藥所用者也，正作箄。(ZD59-681a)按:“～”，對應佛經作“錍”或“篦”。《大般涅槃經》卷 8:“是時良醫，即以金錍決其眼膜。”(T12, p411c)“錍”，宋、元、宮本作“篦”。根據經文，“～”乃“篦”，可洪以爲“箄”。“箄”亦同“篦”。

箄 藥～，邊兮反，正作篦、箄。(ZD60-32a)按:“藥～”，對應佛經作“藥篦”或“藥革”。《四分律》卷19:“若作眼藥篦，若作刮舌刀。”(T22, p694a)“篦”，聖本作“革”。“～”即“箄”，與“篦”同。

箄 奥～，邊兮、博計二反。(ZD59-1135a)按:“～”，經文作“箄”。

箄 舸立～，古我反，下必兮反，又步益反。(ZD59-811a)

捭 竹～，卑兮反，竹片也，正作篦、箄二形也，又布買反，非。(ZD59-1029c)按:《大樓炭經》卷3:“截耳截鼻，竹篦鞭之。”(T01, p290a)“篦”，宋、元、明本作“箄”。“～”乃“篦”。

革 數～，卑弭反。(ZD59-652b)按:“～”，經文作“箄”。

箄 數～，同上。(ZD59-652b)

箄 ～魯，卑爾反。(ZD59-795a)按:“～”，經文作“箄”。

箄 占～，卑婢反。(ZD59-795b)

箄 箄謂之～，上正作洴、桴二同，芳無反，下步皆反，正作簰也。(ZD60-401a)按:“～”即“箄”，與“簰”同。

𦦍 bī

𦦍 作～，卑兮反。(ZD60-389b)按:《一切經音義》卷 20:“滑篦，必奚反，經文作𦦍，非也。”(C057, p57c)“～”即“篦”。

𦦍 濡滑～，上如兖反，正作輭，下卑兮反，正作篦。(ZD60-188c)按:“～”，對應佛經作“篦”。《佛本行經》卷 4:“賢以善意，捫摸瘡痍，以軟滑篦，耗盡病原。”(T04, p85a)

椑 bī

椑 ～鉢，上《西域記》作卑，同并弭反，正作𢹂也。又卑兮反，樹名也。上方作𣚍，《川音》作椑。(ZD59-566b)按:“～鉢”，對應佛經作“畢鉢”“㮰鉢”或“椑鉢”。《大般若波羅蜜多經》卷 570:“見菩提樹其相亦别，謂或見是㮰鉢羅樹。”(T07, p945c)“㮰”，宋、元、明本作“椑”。丁福保《佛學大辭典》:“畢鉢羅，又(植物)Pippala，又作必鉢羅，庳鉢羅，樹名，即菩提樹。”從形體看，“～”即“𢹂”字，讀“bǐ”，可洪又音“卑兮反”，則爲“椑”，讀“bī”。

豍 bī

豍 ～麻，上卑兮反，正作萞、蓖二形也。(ZD59-639b)

篦[1] bī

梍 眼～，卑兮反，正作鎞、篦、箄三形。(ZD60-158c)

笓 釜～，上音父，下卑兮反。(ZD60-19a)

鵖 bī

鵖 ～，彼立反，此一字在《不思議光童子經》内，見《西川厚大師經》，音遍(逼)，詳此經無義使得此字。(ZD59-824c)按:“～”，可洪音“彼立反”，疑同“鵖”字。

---

① 又見“捭”“箄”“𦦍”“枇”“批”“鈚”字條。

鼻　bí

𠣚 栝(括)～,古活反,塞也。(ZD59-776c)

𪖐 ～齅,上毗至反,下香右反,正作鼻齅。(ZD60-159b)

𪖐 捻～,奴叶反。(ZD59-644a)

鼻 隆～,上力中反。(ZD59-987b)

匕[①]　bǐ

礼 作～,音妣,匙也,正作匕。(ZD60-32a)按:"～"即"匕"。

庀　bǐ/zhī

庀 劫～,賓履反,正作疕也,比丘名劫庀那也。(ZD60-95c)按:"～",對應佛經作"庀"。《阿毘達磨集異門足論》卷12:"大執藏,大劫庀那,大迦多衍那,大准陀。"(T26, p417c)

庀 劫庀,賓履反,正作～也,比丘名劫庀那也。(ZD60-95c)

庀 漏～,音支,正作巵、卮二形,又疋弭反,具也,誤。(ZD59-867a)按:"～"即"巵"字,詳見"巵"字條。

朼　bǐ/zhá

朼 鉳～,上是支反,下卑履反,正作匙。(ZD59-1123a)按:"鉳～",經文作"匙匕"。"～"即"匕"。《十誦律》卷36:"諸有年少比丘出家不久者,調達以大鉢、小鉢、大小鍵鎡、衣鉤、禪鎮、繩帶、匙匕、鉢支、扇蓋、革屣,隨比丘所須物,皆用誑誘。"(T23, p59c)

朼 ～火,上阻八反,正作札。(ZD59-1113b)按:"～"乃"札"字之訛。《摩訶僧祇律》卷33:"火者,薪火、草火、牛屎火、糠火、札火,不得燒未燒地。"(T22, p495a)

疕[②]　bǐ

疕 劫～拏,中卑履反,下女加反,舊云劫賓那。(ZD59-1088c)按:"～",乃"庀",用作譯音字。

栰　bǐ/fá/yì

栰 飯～,羊力反,正作杙。(ZD59-1114b)按:"飯～",對應佛經作"飯朼"。《摩訶僧祇律》卷35:"若簟席當應日曬懸舉,竹篋、籭箕、漉米箕亦應懸舉,勿使蟲噉,飯篋、飯朼淨洗懸舉,囊襆及漉水囊亦應懸舉,勿令蟲食。"(T22, p509b)"朼",宋、元、明、宫本作"匕"。根據經意,"～"疑"朼"之訛,可洪以爲"杙"字,恐誤。

栰 椑～,上蒲皆反,下房月反,正作簰筏也。(ZD60-24b)按:"椑～"即"椑栰",與"簰筏"同。"～"即"栰""筏"。

栰 火～,羊力反。(ZD59-1114b)按:"火～",對應佛經作"火朼"。《摩訶僧祇律》卷35:"屋内應以塼石砌底作竈,令底廣上狹,去地半肘,通烟道邊安火朼。"(T22, p509a)根據文意,"～"疑爲"杙",小木棍。"朼",木勺,非經意。

彼　bǐ

彼 ～圻,悲委反,下五案反,正作岸。(ZD59-976b)

筆　bǐ

筆 ～受,上彼密反。(ZD59-610a)按:"～"乃"筆"。

---

① 又見"匕""栰"字條。
② 又見"庀"字條。

秕 bǐ

秕 ～稗，卑履反，下蒲拜反。(ZD59-835c)

笔 bǐ

笔 ～受，上彼密反，正作筆。(ZD60-168b)

笔 筆受，《川音》作～，同，彼密反。(ZD60-325c)

俾 bǐ/bì/pǐ

俾 ～樂，卑爾反，使也。(ZD59-660c)

俾 作～，亦同上也，又卑弭反，非。(ZD60-382c)

俾 ～，卑婢反。(ZD59-796b)

俾 ～無，卑弭反。(ZD59-659b)

俾 柯～，卑爾反。(ZD59-796c)

俾 ～倪堞，音牒。(ZD60-380c)

俾 ～倪，步米反，下五禮反，傾頭也，傍視也，正作頼皃也，又去聲。(ZD59-726a)

俾 ～倪，普米反，下五禮反，城上女墻也。(ZD59-666a)

俾 ～倪，普米反，下五禮反，城上女牆也。俾，正作僻、陴、埤三形，下正作堄也。(ZD59-659c) 按：“俾倪”即“埤堄”。

粃 bǐ

粃 ～苦，上卑履反，穀無米者也，下古沃、之若二反，五穀皮也，正作秕糕也。(ZD60-43a) 按：“～”同“秕”。

輩 bǐchē

輩 ～陁，上是比車二字也，悮。比，音毗。車，七耶反。(ZD60-289b) 按：“～”乃“比”“車”二字之合。《陀羅尼雜集》卷 6：“比車陀尼，婆多三慕咥耽。”(T21, p613a)

筆[1] bǐ

筆 爲～，彼密反，正作筆。(ZD60-269a)

筆 ～受，彼密反，書之於紙曰～受也，悮。(ZD59-966a)

必 bì

必 ～索，所革反，求也。(ZD59-690c)

必 ～是，卑蜜反，正作必。(ZD59-919b)

必 ～冀，居利反，有所希求也，望也。(ZD59-661c)

必 馬～，音必。(ZD60-273a)

必 ～見，上必吉反，正作必。(ZD59-623a)

必 不～，音必。(ZD59-922a)

芘 bì

芘 蔭～，上於禁反，下卑至反，正作庇也。(ZD59-615b) 按：“～”乃“庇”。

坒 bì

坒 ～經耶，上父一反。(ZD59-629b)

坒 ～經唧，上步一反，中徒結反，下余歌反。(ZD59-630b)

庇[2] bì

庇 ～蔭，必至反，下於禁反。(ZD59-696c)

庇 ～蔭，并至反，下音禁反，覆也。(ZD59-662b)

㡀 bì

㡀 爲～，毗袂反，衣敗也。(ZD60-404a)

① 又見“笔”“筆”字條。
② 又見“疪”“芘”字條。

按:"～"乃"敝"。

邲 bì

～地虵,上毗吉反,中亭夜反,下音野。(ZD60-289a)

䧗① bì

～虵虵,上毗必反,中亭夜反,下羊者反,正作邲地虵,上又《川音》作䟆,音秘,非也,《經音義》作邲虵。(ZD60-294b)按:"䧗""邲""䟆"同,譯音字,詳見本書中篇"䧗"字條。

押 bì/jiǎ

～撥,上音必,正作蓽、㮿二形也,下音鉢,正作茇也。(ZD59-610c)按:"～撥"即"蓽茇",又作"㮿撥"。從形體看,"～"即"㮿"之訛。

抓～,上爭巧反,下古狎反,正作爪甲。(ZD59-603a)按:"～"即"甲"。

指～,音甲。(ZD60-27c)按:"～"即"甲"。

毖 bì

屏～,上音餅,下音秘,遠也,下應和尚未詳也。(ZD59-1022c)

疪 bì

蔭～,卑至反,正作庇。(ZD60-68a)按:"～"乃"庇",構件"疒"與"广"相混。

陛② bì

俠～,上胡頰反,下步米反,正作陛也。(ZD59-585b)

坒 bì

醢～,呼兮反,下傍禮反。(ZD59-751b)按:"～"乃"坒(陛)"字,詳見本書中篇"㳤"字條。

畢 bì

～竟,卑吉反。(ZD59-898a)

敉 bì

～衣,毗世反。(ZD59-697c)按:"～"乃"敝"。

故～,毗祭反,正作敝。(ZD59-696b)

蓖③ bī

～麻,又作𧑼,同邊兮反。(ZD59-787c)

梐 bì

牀～,下毗米反。(ZD60-39c)

入～,步米反,正作梐。(ZD60-44c)按:"～"乃"梐"字,詳見本書中篇"**樸**"字條。

梯～,上他西反,下步米反。(ZD59-619a)

䟆 bì

䧗虵虵,上毗必反,中亭夜反,下羊者反,正作邲地虵,上又《川音》作～,音秘,非也,《經音義》作邲虵。(ZD60-294b)按:"～"即"䟆",譯音字。另見"䧗"字條。

閇 bì

拘～,博計反,掩也,正作閉、閇。(ZD59-1023a)

～相,上博計反。(ZD59-576b)

閉 bì

～繫,必計反。(ZD59-719b)

---

① 又見"䟆"字條。
② 又見"坒"字條。
③ 又見"蓖"字條。

閇 ～塞，博計反，悮。(ZD59-641b)

閇 ～結，博計反，又音翰，非。(ZD59-729a)

閇 ～尸，上博計反。(ZD59-626a)

閇 ～三，博計反。(ZD59-720a)

閇 ～手，博計反，伽那、閇手，並胎名也。(ZD59-683b)

閇 ～尸，上博計反，胎名也。(ZD59-743a)

閇 ～塞，并例反，下桑則反。(ZD59-706a)

閇 ～無，同上。(ZD59-716c)

閇 ～惡，必計反。(ZD59-716c)

閇 繫～，博計反。(ZD59-744b)

閇 ～氣，上必計反。(ZD59-1081b)

閇 ～惡，博計反。(ZD59-640b)

胜[1] bì

䏶 ～蹋，上步米反。(ZD59-630a)

䏶 兩～，步米反，正作胜。(ZD59-1105a)按："～"乃"胜"字，詳見本書中篇"**䏶**"字條。

腊 ～髑胜，上下二同，步米反，上又音皆，悮也。(ZD60-70a)

敝[2] bì/chǎng

蔽 ～法，毗祭反，惡也，困也，正作敝也。(ZD59-731c)

敝 ～衣，毗世反。(ZD59-697c)

敝 再～，尺兩反，悮。(ZD60-485c)《續高僧傳》卷21："學門再敞，遠近斯赴。"(T50，p610c)按："～"乃"敞"字。

婢 bì

婢 醰～，徒感反，下亡俾反。(ZD59-796b)按："～"，可洪音"亡俾反"，不詳，反切上字"亡"疑有誤。

蓖 bī

蓖 ～麻，上必兮反，正作蓖也，又音毗，非也。(ZD60-289b)按："～"即"蓖"。

閇[3] bì

閇 已～，音閇，又音翰，悮。(ZD60-30c)按："～"即"閉"字。

閇 ～塞，上博計反。(ZD59-580b)

閇 bì

閇 ～犀，上音閇，下音西。(ZD60-189a)按："～"同"閉"。

䟆 bì

䟆 ～鉢，上卑吉反，正作蓽茇，郭氏作蒲蔑反，非也。(ZD59-1120b)按："～"，譯音字。

脾 bì

脾 ～腨，上步米反，正作髀。(ZD59-571a)

脾 膞～，上市軟反，下步米反，又步支反，非。(ZD60-169b)

脾 嵐～，郎含反，下步米反。(ZD59-813a)

脾 兩～，步米反，正作髀。(ZD59-585b)

脾 ～脛，步米反，下刑定反。(ZD59-796a)

脾 從～，步米反。(ZD59-915b)

脾 人～，步米反，悮。(ZD59-959b)

詖 bì

詖 險～，彼義反。(ZD59-597b)

---

① 又見"腊"字條。

② 又見"敉"字條。

③ 又見"閉""閇""閇"字條。

詖 險～，彼義反，傲幸也。(ZD59-659b)

愎 bì

愎 罡～，古郎反，下苻逼反，恨也，正作愎也，又扶富、扶福二反。(ZD59-909c)按："～"乃"愎"字。構件"忄"與"氵"相混。

愎 凶～，皮逼反，頑也，佷也，正作愎。(ZD60-530b)

愎 ～諫，上皮逼反，佷戾也，正作愎。(ZD60-597a)按："～"乃"愎"字，詳見本書中篇"**愎**"字條。

禆 bì/pì

禆 ～樓，補益、蒲益二反，婦人名也。(ZD59-771c)按："～"，經文作"捭""裨"或"捍"。

弼 bì

弼 ～輔，皮筆反。(ZD59-668b)

捭 bì

捭 ～撥，上音畢，下音鉢，迦葉名也，《本行集》作畢鉢。(ZD59-1097c)按："～撥"，經文作"畢撥"，又可作"櫸撥"或"蓽茇"，音譯詞。《佛説大迦葉本經》卷1："梵志有子，名曰畢撥學志。"(T14，p760a)從形體看，"～"即"櫸"之訛，音"畢"。

蓽 bì

蓽 蓬～，音必。(ZD60-448c)按："～"，對應佛經作"蓽"。《高僧傳》卷4："不悟乾光曲曜，猥被蓬蓽。"(T50，p349b)

蓽 ～門，上卑蜜反，織荆爲門。(ZD60-469b)

薜 bì

薜 ～日，上必祭反，正作蔽。(ZD60-413b)

閟 bì

閟 永～，音秘。(ZD60-579c)

腗 bì

腗 二～，步米反，又音皆，誤。(ZD59-1070b)按："～"乃"胜"字，詳見本書中篇"腗"字條。

腗 ～熟，上音胜，又音皆，悮。(ZD59-1062c)

痹 bì

痹 疼～，徒冬反，下必至反。(ZD59-847c)

痺[1] bì

痺 頑～，卑至反。(ZD59-754b)按："～"即"痺"，與"痹"同。

痺 痿～，上於垂反，下卑至反。(ZD60-376b)

痺 痿～，上於爲反。(ZD60-371a)

煏 bì

煏 ～炱，皮逼反，以火乾肉也，諸經作脯炱，上音府，下之與反。(ZD59-910c)按："～"與"㷶"同。《廣韻・職韻》符逼切："㷶，火乾肉也。"

碧 bì

碧 ～澗，上彼力反。(ZD60-512a)按："～"乃"碧"，詳見本書中篇"**碧**"字條。

---

① 又見"瘴""痺"字條。

蔽[1] bì

悉～，博祭反。(ZD59-625c)

沉～，博例反。(ZD59-965c)

蔭～，必祭反。(ZD59-603c)

障～，必祭反。(ZD59-620b)按："～"乃"蔽"。

映～，必世反。(ZD59-656c)

暎～，於敬反，下必祭反。(ZD59-694c)

障～，必祭反。(ZD59-637a)

闇～，必祭反，正作蔽。(ZD59-732b)

～者，上博袂反。(ZD59-572a)

隱～，必祭反。(ZD59-561a)

蔭～，必祭反。(ZD59-675c)

～没，必祭反。(ZD59-748b)

自～，必祭反。(ZD59-702b)

～其，并袂反。(ZD59-655b)

覆～，必祭反。(ZD59-559a)

～导，必際反，下五愛反。(ZD59-650c)

隱～，同上(蔽)。(ZD59-894c)

暗～，必祭反。(ZD59-632b)

穩～，於謹反，下必祭反，上又烏本反，悮。(ZD59-742b)

覆～，博袂反。(ZD59-565c)

～故，必袂反。(ZD59-843a)

隱～，必世反。(ZD60-245a)

隱～，博袂反，掩也，正作蔽也。(ZD59-583c)

～礙，必祭反，覆也，掩也。(ZD59-709b)

掩～，必祭反。(ZD59-711a)

～暉，必袂反。(ZD59-755a)

映～，必祭反。(ZD59-656a)

覆～，必祭反。(ZD59-925b)

覆～，上芳富反，下必祭反，並掩也，正作覆蔽。(ZD59-555c)

～噎，必祭反，下一計反。(ZD59-699c)

覆～，芳富反，下必世反。(ZD59-719c)

覆～，必祭反。(ZD59-719a)

暎～，於竟反，下必祭反。(ZD59-654a)

六～，必祭反，掩也，正作蔽也。(ZD59-920b)

鄣～，之亮反，下必祭反，正作障蔽也，上又音章，非。(ZD59-646c)

～而，必祭反。(ZD59-918a)

障～，必祭反。(ZD60-250b)

能～，必袂反，掩也，正作蔽。(ZD60-159b)

覆～，必祭反，正作蔽。(ZD59-732a)按：從形體看，"～"即"獘(弊)"，乃"蔽"之借。

闇～，必祭反，掩也，正作蔽。(ZD59-706a)按：從形體看，"～"即"弊"，乃"蔽"之借。

～其，必祭反，掩也，覆也。(ZD59-919b)按：從形體看，"～"即"弊"，乃"蔽"之借。

鄣～，之亮反，下必祭反，正作障蔽也，並悮也。(ZD59-651a)按：從形體看，"～"即"弊"，乃"蔽"之借。

～諸，上必祭反，正作蔽。(ZD59-626b)按：從形體看，"～"即"弊"，乃"蔽"之借。

---

① 又見"蔌""弊"字條。

⿰木畢[1] bì

⿰木畢 ～撥,上補吉反,下補末反,正作蓽茇,下音伐,非。(ZD59-1122b)

馝 bì/bié

馝 ～擔,蒲結、蒲必二反。(ZD59-796a)

馝 苾芬,毗結反,下芳文反,香也,亦作～。(ZD59-699a)

弊 bì

弊 弊惡,上蒲袂反。～惡,同上。(ZD59-1109a)

弊 ～壞,毗祭反,衣敗也。(ZD59-737a)

弊 ～淫,毗祭反,下羊林反。(ZD59-822c)

獘 ～匿,步祭反,下女力反。(ZD59-736b)

弊 ～惡,上毗袂反,惡也。(ZD59-623a)

弊 爲～,毗祭反。(ZD59-916c)

弊 ～忠,毗世反。(ZD59-716b)

弊 ～帛,上毗祭反,正作弊。(ZD59-616a)

弊 ～狼,蒲袂反,惡也,郭氏及諸師作直庚反,非也。(ZD59-643b)

弊 浣～,上户管反,下毗際反。(ZD59-1120c)

弊 疲～,蒲祭反,困也。(ZD59-903a)

弊 ～惡,步祭反。(ZD59-719c)

弊 老～,步祭反,正作弊。(ZD59-848c)

獘 力～,步祭反,困也,正作弊。(ZD59-709b)

弊 ～暴,蒲祭反,下蒲報反。(ZD59-912b)按:"～",對應佛經作"弊"。《大智度論》卷19:"譬如父母生子,子復弊暴,以從己生故,要當養育成就。"(T25, p199b)

獘 ～帛,上蒲祭反。(ZD60-237c)按:"～"即"獘",與"弊"同。

弊 ～惡,蒲袂反,惡也,困也,正作弊。(ZD59-643b)

弊 ～衣,蒲袂反,惡也,正作弊、幣二形。(ZD59-853a)

憋 ～惡,毗祭反,惡也,困也,正作弊也,又并列反,非。(ZD59-687b)按:《大般涅槃經》卷31:"弊惡衆生所受中陰,如世間中麁澁氎褐,純善衆生所受中陰,如波羅奈所出白氎。"(T12, p813a)"～"乃"弊"。"弊"蓋受下字"惡"的影響類化從"心"而作"憋"。

憋 凶～,毗祭反,惡也,正作弊,又并列、普滅二反,非。(ZD59-675c)

憋 ～惡,步祭反,正作弊也,又并列、疋列二反,非。(ZD59-684a)

幣 bì

幣 財～,毗祭反,帛也。(ZD59-764b)

髲 bì

髲 紀～,上九耳反,下皮義反。(ZD60-362c)

髲 髮～,平義反,前經作髮披。(ZD59-1023c)

蹕 bì

蹕 作～,步米反,與髀、胜二同。(ZD60-402b)按:"～"乃"蹕"。

⿸疒畢 bì

⿸疒畢 濕～,失入反,下必至反,脚冷濕病也,正作溼痺也,下又音鼻。(ZD59-819a)按:從形體看,"～"即"⿸疒畢",經中與

① 又見"⿰亻⿱艹無"字條。

"瘅"同。

憋 bì

憋 急～，宜作弊、獘，二同毗祭反，惡也，又并列、普滅二反。(ZD59-1041a)按："急～"，可洪以爲"急弊"。

憋 ～惡，上蒲袂反，困也，惡也，正作弊也。(ZD59-608b)按："～惡"，可洪以爲"弊惡"。

壀 bì

壀 ～蝈，上補覓反，下音瑟。(ZD60-170a)按："～"，經文作"壁"。

壀 屋～，卑益反。(ZD59-618a)

薜 bì

薜 ～荔，蒲計反，下力計反。(ZD59-756b)

薜 ～荔，上毗計反，下力計反。(ZD59-572a)

薜 ～荔，上毗計反，下力計反。(ZD60-513a)

⿱爾甫 bì

⿱爾甫 ～辞，上必、佛二音。必，審也，實也。佛，理也。正作⿱爾甫也。《出三藏記》亦作⿱爾甫字也。又按此字從《應和尚音義》已來，諸師相承云古文勇字，致使録家改作～字，非義。(ZD60-339b)按："～"，依可洪，乃"⿱爾甫"字，今經文作"勇"，别爲一說。

⿱爾甫 ～辭，上必、佛二音，實也，審也，理也，正作⿱爾甫也，從應和尚已來諸師相承作勇字呼，非也，詳其經意不是勇字。(ZD60-339b)

⿱爾甫 ～辭，上必、佛二音。必，審也。佛，理也。又應和尚云古文勇字，余隴反，非也。(ZD60-311a)

⿱爾甫 ～從，上必、佛二音，義如前釋也。(ZD59-1060b)

⿱爾甫 ～辤，上卑吉反，經意是必，審也，誠也，實也。又音佛，理也。並正作⿱爾甫也，應和尚以勇字替之，余腫反，非也，又《玉篇》音拂，王勿反，非也，經意不是勇字，今定作必字。(ZD59-1060b)按："～"，可洪以爲"⿱爾甫"。對應佛經作"勇"，玄應以爲"勇"。"勇辭"，梵文爲"Pasūra"，似乎以作"⿱爾甫"爲是。

篳 bì

篳 ～篥，賓蜜反，下力日反。(ZD59-669a)

篳 ～篥，卑蜜反，下力日反，上或作⿱爾甫。(ZD59-804b)

僃 bì

僃 煎～，皮力反，正作僃。(ZD60-373a)按："～"乃"僃"，與"煏""㷶"同。

僃 煎～，皮逼反。(ZD60-354b)按："～"同"㷶"。

僃 煎～，皮力反，又音偪。(ZD60-384c)按："～"同"㷶"。

廦 bì

廦 拘～，卑益反，正作躄。(ZD59-678b)按：從形體看，"～"即"癖"，此處與"躄"同。《菩薩本行經》卷2："啞者能語，拘躄者得手足。"(T03，p117c)"拘躄"，宋本作"拘癖"。

壁 bì

壁 闞～，上都盍反。(ZD59-585b)

壁 ～荔，力計反。(ZD59-617a)按："～荔"即"薜荔"。"～"通"薜"。

壁 榻～，上都盍反，下補覓反，牆也。(ZD59-582b)

礕 石～，卑覓反。(ZD59-823a) 按："～"，對應佛經作"壁"。《摩訶摩耶經》卷1："行住坐卧，去來迅疾，石壁無礙，形貌端正，諸相具足。"(T12, p1007b)"～"即"壁"，蓋因"壁"受上字"石"的影響類化所致。

避 bì

避 迯～，徒刀反。(ZD59-789a)

𨓏 當～，毗義反。(ZD59-1109a) 按："～"乃"避"，詳見本書中篇"𨓏"字條。

避 如～，音避。(ZD59-983a)

嬖 bì

嬖 懷～，音閇，愛也。(ZD59-765c)

蘔 bì

蘔 隱～，必袂反。(ZD59-620b) 按："～"同"蔽"。

蘔 窈～，於了反，下必祭反。(ZD59-671a)

蘔 能～，必祭反。(ZD59-631b)

蘔 悉～，必袂反。(ZD59-609a)

蹕 bì

蹕 降～，音必，止行也。(ZD60-452c)

𡃤 bì

𡃤 帝～，毗也反。(ZD59-873b) 按："～"，譯音字。《大毘盧遮那成佛經疏》卷9："南麽薩婆坦他(引)蘖帝𡃤(毘也反)。"(T39, p673b)

髀① bì

髀 ～骨，上步米反。(ZD59-992c)

髀 ～骨，上步米反，亦作髀。(ZD59-991c) 按："～"即"髀"字，與"髀"同。《中阿含經》卷20："足骨、膊骨、髀骨、髖骨、脊骨、肩骨、頸骨、髑髏骨，各在異處。"(T01, p556b)

髀 兩～，步米反。(ZD59-998a)

髀 ～骨，上步米反。(ZD59-1072c)

髀 ～骨，上步米反。(ZD59-574c)

髀 髖～，苦官反，下步米反。(ZD59-812b)

髀 右～，步米反。(ZD59-556c)

髀 洗～，步米反。(ZD59-994a)

䏶 折～，市列反，下鞞米反，正作髀。(ZD59-959b) 按：《大莊嚴論經》卷2："偷珠之人，當取珠時，墮棖折髀，故有是血，即執此人，將詣王邊。"(T04, p263a)"～"乃"髀(髀)"。

斃 bì

斃 而～，毗世反。(ZD59-696b)

斃 傷～，毗祭反。(ZD59-1056a)

臂 bì

臂 攘～，而羊反。(ZD59-666a)

臂 ～肘，知酉反。(ZD59-686a)

臂 駭倐～，上胡駭反，中音修，下卑義反。(ZD59-567b)

臂 攘～，汝羊反。(ZD59-689c)

奰 bì

奰 ～怒，上皮秘反，恐也，迫也。(ZD60-597a)

---

① 又見"髀"字條。

⿰口弊 bì

⿰口弊 ～呵羅，上菩遍反，或云毗訶羅。(ZD60-90a)按：“～”，譯音字。《阿毘曇八犍度論》卷17：“(一)所説(二)⿰口弊(博計反)訶羅(三)婆沙(四蘇詐反)耆羅(五)。”(T26，p85b)今依經文自切音“博計反”，讀“bì”。

⿱稫灬[①] bì

⿱稫灬 焿羮，音府，又方久反，稠羮也，正作焤也，又音補，非用，又應和尚以～字替之，皮力反。(ZD59-729c)按：“～”同“㷶”。

癖 bì/pī

癖 痃～，户堅反，下疋益反。(ZD59-784a)

癖 ～者，上補益反，跛也，正作躄。(ZD60-191b)按：《撰集百緣經》卷2：“啞者能言，癖者得伸，貧者得寶。”(T04，p212b)“～”即“癖”，經文中與“躄”同。

癖 ～病，普擊反，痃～，病也。(ZD59-816a)

璧 bì

璧 ～千，上卑益反。(ZD60-588b)

⿸疒鼻 bì

⿸疒鼻 疼～，音鼻，久坐脚氣未匀也，俗呼爲脚鼻，毗必反，正作痹也，又前作痺，《經音義》與《川音》並作痺。(ZD60-159b)按：“～”，經文作“痺”。《成實論》卷5：“觸名堅軟、輕重、强弱、冷熱、澁滑、强濯、猗樂、疲極、不疲極，若病、若差，身利、身鈍、嬾重、迷悶、瞪瞢、疼痺、嚬呻、飢渴、飽滿、嗜樂、不嗜樂、懵等。”(T32，p274b)從形體上看，“～”即“⿸疒鼻”，與“痺”同。

⿸疒鼻 疼～，上徒冬反，下卑至反。疼，痛也。～，脚冷溼病也，正作痺也。(ZD60-158c)按：“～”同“痺”。

躃 bì/pī

躃 拘～，卑益反，攣也，手足屈病也，正作躄也。(ZD59-576a)按：“拘～”之“～”與“躄”同。

躃 根～，普擊反，裂也，破也。(ZD60-31a)按：“～”訓“裂也”，通“劈”。

躄[②] bì

躄 拘～，卑益反。(ZD59-850b)

躄 攣～，必益反。(ZD59-753b)

躄 攣～，必益反。(ZD59-596b)

躄 ～～，上吕圓反，下卑益反，手足曲屈病也，正作攣躄也，上俗，下悮。(ZD60-473b)按：《續高僧傳》卷11：“有人𨇤躄及痼疾者，積數十年。”(T50，p510a)第二個“～”即“躄”。

贔 bì

贔 力～，音俻，壯皃。(ZD59-856b)

贔 ～欷，上犮秘反，壯士作力也，亦壯大也，正作贔，下許器反，正作屓也。(ZD59-1007a)按：“～欷”即“贔屓”，其中“～”即“贔”。《雜阿含經》卷7：“睡眠、掉悔、疑、惛悴、蹁躚、贔屓、懶、亂想……”(T02，p49a)“贔屓”，宋本作“贔欷”。

贔 ～欷，上平秘反，下許既反。(ZD60-368a)按：“～欷”即“贔屓”，其中“～”即“贔”。

鷩 bì

鷩 ～弁，上并列反，雉名。(ZD60-584b)

---

① 又見“煏”“僬”字條。

② 又見“癖”“癖”“躃”字條。

按:《廣弘明集》卷 25:“若以袈裟異乎龍黼,縠巾殊於鷩弁,服既戎矣。”(T52, p288c)

鷩 ～弁,并列反,雉属也,冠也,如勇士飾以鷂冠也。(ZD60-429b)

⿰口譬 bì

噼 摩～,音避。(ZD59-815b)按:“～”同“⿰口譬”,譯音字。《佛説善法方便陀羅尼經》卷 1:“哾摩⿰口譬莎呵(五)波劫⿰口譬(六)。”(T20, p581b)

噼 啉嚂～,上音鉢,中音臘,下音避。(ZD59-815b)按:“～”,同“⿰口譬”,譯音字。

揙 biān

揙 ～繩,上卑連反,下市陵反,正作編繩。(ZD59-1123c)按:“～”,經文作“編”。《十誦律》卷 38:“若佛聽我編繩自揩身者善。”(T23, p278a)“編”即“～”,理如“縫”作“摓”。

甂 biān

甂 瓦～,五馬反,下卑田、步田二反,小瓦盆子也,正作甂也。(ZD59-821b)

甂 瓦～,卑田反,正作甂。(ZD59-821c)

甂 ～子,上音邊,小盆也。(ZD59-1125b)

蝙 biān

蝙 ～蝠,二與蝙蝠同也,見藏作蝙蝠也。(ZD60-375a)按:“～”乃“蝙”。

編 biān

編 ～邊,上宜作緶,蒲連反,縫也,又卑典反。(ZD60-37c)按:“～”。對應經文作“編”。《四分律》卷 39:“六群比丘著編邊革屣。”(T22, p847a)可洪以“～”爲“緶”,恐迂。

鞭 biān

鞭 ～杖,卑連反,正作鞭。(ZD59-726a)

鞭 ～杖,卑連反,悮。(ZD59-687c)

鞭 ～杖,上卑連反。(ZD59-594c)

鞭 ～扙,上卑連反,正作鞭。(ZD60-156c)

邊 biān

邊 屋～,布玄反。(ZD59-992b)

邊 無～,音邊。(ZD59-966c)

邊 ～見,布玄反,正作邊。(ZD59-959a)

邊 緣～,卑玄反,正作邊。(ZD59-923a)

邊 垿～,五案反,下布玄反。(ZD59-907b)

邊 床～,卑連反。(ZD59-906a)

邊 一～,布玄反,正作邊。(ZD59-859a)按:“一～”,對應佛經作“一邊”,“～”即“邊”字,另見本書中篇“**邊**”字條。

邊 ～**僫**,音邊,下音德。(ZD59-843a)

邊 ～疷,必玄反,下丁禮反。(ZD59-833b)

邊 ～黎,布玄反,下力兮反。(ZD59-795b)

邊 僧～,卑連反,正作邊。(ZD60-69c)

邊 ～幅,音福。(ZD59-672a)

邊 ～淵,一玄反。(ZD59-668c)

邊 物～,音邊。(ZD59-622b)

邊 崖～,上五佳、五奇二反。(ZD59-587a)

邊 池～,音邊。(ZD59-582c)

邊 恒～,布玄反。(ZD59-582a)按:“恒～”,對應佛經作“恒邊”。

《道行般若經》卷 8:"恒邊沙佛刹其中所有人,悉使爲魔。"(T08, p467b)

邊 ~幅,音福。(ZD59-572b)

邊 ~際,上卑連反。(ZD59-571c)

邊 ~鄙,兵美反。(ZD59-560c)

邊 塹~,上七焰反。(ZD60-22b)

邉 ~見,上布玄反,正作邊。(ZD60-151a)

匾 biǎn

匾 ⿰月扁䏲,卑典反,下他兮反,正作~㔸。(ZD59-775c)

⿰月扁 biǎn

⿰目扁 ~睇,上卑典反。(ZD59-1082c)按:"~睇",經文作"⿰月扁䏲",詳見本書中篇"**⿰目扁**"字條。

⿰月扁 ~䏲,卑典反,下他兮反,正作匾㔸。(ZD59-775c)

⿰月扁 ~䏲,卑典反,下他兮反,薄皃也。(ZD59-703b)按:"~䏲",聯綿詞,又可作"匾㔸""⿰目扁睇""遍遞""匾㔸""鶣鷈""⿰鼻扁⿰鼻虒""鶣鷈"等。

⿰月扁 ~䏲,卑典反,下他兮反,薄皃也,正作匾㔸。(ZD59-711b)

稨 biǎn

稨 ~豆,卑典反,豆名也,正作穆也。(ZD59-1118a)按:"~",有經文作"穆",與"稨"同。《十誦律》卷 10:"實種子者,謂稻、麻、麥、大豆、小豆、稨豆,如是比種子生物。"(T23, p75b)"稨",宋、元、明、宫本作"穆"。

⿰目睘 biǎn

⿰目睘 ~眼,彼免反,蔽目也,又古幻反,直視也。(ZD59-838b)

⿰鼻扁 biǎn

⿰鼻扁 ~⿰鼻虒,邊典反,下他兮反。(ZD59-770a)按:"~⿰鼻虒"同"匾㔸",鼻子扁平貌。

褊 biǎn/piān

褊 ~局,卑緬反。(ZD59-831a)

褊 ~陋,卑緬反,下郎豆反。(ZD59-666a)

褊 ~促,卑緬反。(ZD59-707a)

褊 ~狹,卑典反,下户夾反。(ZD59-820c)

褊 ~袒,上音偏,下音但。(ZD59-587c)按:"~袒"即"偏袒"。從形體看,"~"即"褊",經文中乃"偏"。

褊 ~袒,上疋連反。(ZD59-613b)按:"~袒"乃"褊袒",即"偏袒"。

⿱宀之 biàn

⿱宀之 因~,方驗反,正作窆。(ZD60-454b)按:"~",對應佛經作"窆"。《高僧傳》卷 8:"後數日而亡,因窆于法華山南。"(T50, p379b)

抃[1] biàn/nòng

抃 喜~,平變反,舞也,拊掌也。(ZD59-954a)

抃 戲~,上許義反,下郎貢反,下又音弁,悮。(ZD60-87a)按:"~"乃"挵(弄)"字。

⿰木卞 biàn/nòng

⿰木卞 ~喜,上平變反。(ZD60-440c)按:"~喜"即"抃喜"。《大唐大慈

① 又見"⿰木卞"字條。

恩寺三藏法師傳》卷 10:“戒日王等見之抃喜,皆肘步鳴足,傾珍供養。”(T50, p279a)

抃 如~,音弄,玩物也。(ZD59-993a)按:“~”即“挵(弄)”。

抃 ~伽,郎貢反。(ZD59-875a)

抃 ~陰,上郎貢反。(ZD60-28b)

遍 biàn

遍 ~至,補見反,正作遍、徧。(ZD59-676a)

遍 ~淨,上補見反。(ZD59-583a)

遍 ~以,上補見反,正作徧、遍二形。(ZD59-607c)

諁 biàn/fàn

諁 不~,下彼弁反,異也,正作變也。(ZD60-160c)按:“~”同“變”。《成實論》卷 10:“若我是常則苦樂不變,若不變則無罪福。”(T32, p316a)

諁 飯~諸,上二同,扶晚反,書人悮變諸爲諁字而更作諸字也。諁,又郭氏作所化、所寡二反,非也,上方經作飯諸也。(ZD60-282b)按:《經律異相》卷 48:“我有一瓶金,託君飯諸衆僧。”(T53, p256c)

辮 biàn

辮 ~髮,蒲犬反,交織也,縮也,古經多作編。(ZD59-762c)

變[1] biàn

變 熟~,音變。(ZD60-159b)

變 ~心,上彼眷反,異也,失常也,正作變。(ZD60-44b)

彪 biāo

彪 ~王,彼休反。(ZD59-775b)

彪 ~兔,彼幽反,虎也。(ZD59-861a)

彪 ~炳,上彼休反,下彼永反。(ZD60-494b)

彪 一~,彼休反。(ZD60-486c)

彪 ~殘,上彼休反。(ZD60-67b)

彪 ~怒,上彼休反。(ZD60-356b)

猋 biāo

猋 ~從犬,上必遥反。(ZD60-379b)

墂 biāo

墂 ~也,正作幖也,又音栗,非。(ZD60-368a)

摽 biāo

摽 尖~,上子廉反,下必遥反。(ZD59-597a)按:“~”即“標”。

摽 biāo

摽 尖~,上子廉反,正作尖也。(ZD59-601a)按:“~”即“標”字。

尉 biāo

尉 ~相,上必招反,正作摽、㲾二形。(ZD59-1106c)按:“~”,經文作“標”。《摩訶僧祇律》卷 11:“彼家在何處?何巷陌?門户那向?示我標相。”(T22, p320c)根據經文,“~”乃“標”。

彯 biāo

彯 ~疽,上必遥反,下七魚反,瘡也,正作瘭疽也,上又疋遥、疋妙二反,非也。(ZD59-1120b)

---

[1] 又見“諁”字條。

按:從形體看,"～"即"影",經文中通"瘭"。

幖[1] biāo

幖 ～幟,必遥反,下尺志、尸志二反,高舉物令人遠見也,從巾。(ZD59-713c)

憟 ～也,上必遥反,正作幖(幖)。(ZD60-377b)

𢄼 ～幟,上必遥反,下尺志反。(ZD60-397a)

摽 ～爲,同上(幖)。(ZD60-368a)

墂 ～也,上音標,幟字《説文》也,正作幖。(ZD60-368a)

滮 biāo

漅 ～泉,上彼休反,流皃也,正作淲(滮)。(ZD60-538b)按:"～"即"滮",與"淲"同。

標[2] biāo

慄 ～幟,上必遥反,下音熾。(ZD60-57c)按:"～幟"即"標幟","～"乃"標"之訛,與"戰慄"之"慄"同形。

㯹 ～上,必遥反。(ZD59-655a)

擳 ～像,必遥反。(ZD59-851a)

㯹 ～幟,補招反,下試、熾二音。(ZD59-827b)

熛 biāo/yān

熛 炎～,上音焰,下音摽(標),飛火也,小火星也,如打鐵迸出者也。(ZD59-1093b)

熛 舉～,必遥反,飛火也,恐非是此字也,宜作煙,火氣也。(ZD59-950b)按:"舉～",對應文獻作"舉煙"。《般若燈論釋》卷1:"故能附杙傳身,舉煙召伴。"(T30, p51a)《釋氏蒙求》卷2:"十人到彼以舉煙爲號。"(X87, p242b)"～"本音"必遥反",經文中乃"煙"。

熛 ～塵,上必遥反,飛火也,宜作煙,一堅反。(ZD60-376a)按:"～",對應文獻作"煙"。

瘭 biāo

瘭 癰疽～,於容反,中七余反,下必摇反。(ZD59-723c)

擳 ～疽,必遥反,正作瘭也,下七余反。上漂、瓢二音,並非。(ZD59-848b)

瘭 ～疾,上卑遥反,疽病。(ZD60-164c)

擳 biāo

擳 尖～,下卑遥反。(ZD60-38a)按:"尖～",對應佛經作"尖標"。"～"即"標"字。《四分律》卷43:"汝往陶師家,收取長生王及第一夫人,堅牢執持將來,并打惡聲鼓,爲現死相,從右門出,破爲七分,著尖標頭。"(T22, p880c)

螵 biāo

鏢 ～病,卑遥反,正作瘭。(ZD59-1073a)按:"～",經文作"瘭"。

蠂 biāo

蠂 ～疽,上甫招反,下七余反。《觀佛三昧海經》作擳疽也,正作瘭也,或作螵、瓢、漂三音,非用也。又音略,非也,悮也。(ZD60-283b)按:《經律異相》卷50:"若污戒者,别有九億諸小蟲輩,如蠂蛆蟲有十二嘴,嘴頭出火,唼食其體。"(T53, p266a)"蠂",宋、元、明本作"螵"。《地藏

---

① 又見"墂"字條。

② 又見"摽""摽""擳""㯹"字條。

本願經科注》卷3:"若汙戒者,別有萬億諸小蟲輩,如瘭(音標,又音漂,疽病也)疽蟲,蟲有十二觜。"(X21,p702c)"瘭疽",因上下語境與蟲有關,換旁作"螵蛆","螵"又訛作"蟆"。

飈 biāo

飈 狂～,必遥反,暴風也。(ZD60-232b)按:"～"同"飊"。

飈 ～聚,上疋遥反,暴風也,正作飈。(ZD59-591c)按:"～"同"飊""飈",可洪音"疋遥反",讀"piāo",恐非。

飊 biāo

飊 風～,必遥反,風也。(ZD60-474b)按:"～"同"飈""飆"。

欂 biāo/piāo

欂 ～幟,上補遥反,下式志、昌志二反,正作標幟也。(ZD59-1115c)按:"～"即"標"字之訛。

欂 ～之,上疋遥、疋妙二反,擊也,落也,正作摽。(ZD59-1064c)按:"～"即"摽"字。

鑣 biāo

鑣 齊～,彼招反,馬銜也,正作鑣、鑣二形。(ZD60-301c)按:《諸經要集》卷10:"抗跡流水,齊鑣草繫。"(T54, p102c)"齊～"即"齊鑣",乃"齊鑣"之訛。

驃 biāo

驃 ～,毗妙反。(ZD59-588b)

驃 多～,毗妙、毗養二反。(ZD59-718a)

驃 夷～,毗妙反。(ZD59-804a)

飆[1] biāo

飆 風～,音摽(標)。(ZD60-409b)

鑣 biāo

鑣 驊～,下彼苗反,馬銜。(ZD59-569b)

鑣 ～銜,上彼苗反,正作鑣。(ZD60-403b)

驃 biāo

驃 分～,彼苗反。(ZD60-332a)

表 biǎo

表 ～甚,上彼矯反。(ZD60-60a)

表 以～,彼小反,正作表。(ZD60-534a)

表 繭～,上古眼反,下彼小反,外也,正作表。(ZD60-449c)

褾 biǎo/yīn

褾 ～帶,上卑小反。(ZD60-505c)按:"～"同"褾"。

褾 ～宗,上伊真反。(ZD60-572c)按:"～宗",對應佛經作"禋宗"。"～"即"禋"之訛。《廣弘明集》卷20:"禋宗類昊,虔丘禮澤。"(T52, p240b)

褾[2] biǎo

褾 袂～,卑小反。(ZD60-364c)

藨 biào

藨 莎～,上素和反,下皮表反。(ZD60-95b)按:"～(藨)"乃"蔗"。

---

① 又見"飈"字條。

② 又見"褾"字條。

鱉　biē

魚～，并列反。(ZD59-1014c)

鼈　biē

魚～，并列反。(ZD59-1027a)按："～"乃"鼈"字。

大～，并列反。(ZD60-391c)

～龜，并列反，下居追反。(ZD59-740c)

似～，并列反。(ZD60-351c)

盲～，并列反。(ZD60-240b)

龜～，居追反，下并列反。(ZD59-678b)

龜～，上居追反，下并列反。(ZD59-569a)

別　bié

～号，上音別，下音号，《辯正論》作別号。(ZD60-561b)

莂　bié

記～，彼列反。(ZD59-747b)按："～"同"筣"。

記～，彼列反，移蒔也。(ZD59-572b)

記～，彼列反。(ZD59-806c)

封～，彼列反。(ZD59-587c)

記～，彼列反，正作⿰言別。(ZD59-658a)

蛂　bié

～蟥蛢，上毗結反，中户光反，下步冥反。(ZD60-377a)按："～"乃"蛂"。

⿰㡀頁　bié

～旨，蒲滅反，正作⿰㡀頁。(ZD59-780b)按："～"即"⿰㡀頁"，譯音字。《不空羂索神變真言經》卷1："⿰㡀頁(毘滅反，并彈舌呼之)旨䩮柘囉拏(五十五句)。"(T20，p230b)

邠　bīn

～耨，上彼巾反，下内沃反。(ZD59-613b)

～邸，上彼巾反，下丁禮反。(ZD60-257b)

～祁，上彼巾反，下丁兮反。(ZD60-174c)

～坘，彼巾反，下丁兮反。(ZD59-684b)

～坘，上彼巾反，下丁兮反，須達長者名也。(ZD59-769b)

玢　bīn

揚～，彼巾反。(ZD60-557b)

豳　bīn

～州，上彼巾反。(ZD60-420a)

～岐，上彼巾反，下巨支反。(ZD60-335a)

濱　bīn

海～，音賓。(ZD59-739b)

海～，音賓，水際也。(ZD59-742a)

檳　bīn

～㭨，上音賓，下音郎，字從木。(ZD60-79c)按："～㭨"乃"檳榔"。

矉　bīn

～其，上音賓，暫見也。(ZD60-313a)

繽 bīn

繽 ～紛，上疋賓反，下芳文反。(ZD59-574a)

繽 ～紛，上匹賓反，下芳文反。(ZD59-564c)

繽 ～紛，疋賓反，下拂分反。(ZD59-669b)

馪 bīn

馪 ～馚，上疋賓反，下芳文反，並俗體也。(ZD59-1015b)按：“～馚”，經文作“繽紛”，義同，詳見本書中篇“馪”字條。

儐 bìn

儐 ～棄，卑進反，下詰利反。(ZD59-719a)

儐 駈～，必進反，斥也，逐也，正作擯字也。(ZD59-744b)

擯[①] bìn

擯 ～斥，卑進反，下昌隻反。(ZD59-945b)

擯 駈～，卑進反。(ZD59-775c)

擯 或～，卑進反。(ZD60-44b)按：“～”，對應佛經作“擯”。《摩訶僧祇比丘尼戒本》卷1：“若比丘尼，於聚落若空地，不與取隨盜物，王或捉，或殺，或縛，或擯，出言：咄女人！汝賊，汝癡。”(T22，p556c)“～”即“儐”，經文中同“擯”。

擯 ～遣，上卑進反，逐出也。(ZD59-594a)

擯 ～黜，卑進反，下丑律反。(ZD59-636b)

擯 駈～，卑進反。(ZD59-967c)

擯 ～茶，上卑進反。(ZD60-379b)

擯 駈～，卑進反。(ZD59-640b)

擯 ～斥，上卑進反。(ZD59-600b)

擯 ～棄，卑進反，下音弃。(ZD59-677c)按：“～”通“擯”。

𡒄 bìn

𡒄 去藏～，上丘與反，中自郎反，下卑進反。(ZD60-58a)

殯 bìn

殯 ～塟，卑進反，下子浪反。(ZD59-751a)

殯 ～斥，賓進反，下昌石反。(ZD59-701a)按：“～”通“擯”。

臏 bìn

臏 拍～，毗忍反，髀也。(ZD59-691a)

臏 ～迦，毗忍反，與臏字同也，又《開元樓藏》作矉，音賓，亦悮。(ZD59-750b)按：“～”乃“臏”字，詳見本書中篇“**矉**”字條。

臏 兩～，毗忍反。(ZD59-577c)

鬢 bìn

鬢 ～額，賓進反。(ZD59-662b)

鬢 髭～，上即斯反，下卑進反。(ZD59-602b)

鬢 兩～，必進反。(ZD59-898b)

氷 bīng

氷 ～豆，上彼陵反，今借爲彼證反，律文作氷豆也。(ZD60-270a)按：“～”乃“氷”字之訛，與“冰”同。

冰[②] bīng

冰 寒～，彼陵反。(ZD59-757b)

---

① 又見“儐”字條。

② 又見“氷”“冰”字條。

冰 ～闇，彼凴反。(ZD59-908b)

冰 bīng

冰 ～霜，上彼陵反。(ZD60-579a)按："～"同"冰"。

抦 bǐng

抦 珠～，兵命反，正作柄。(ZD59-990b)按："～"即"柄"。

秉[1] bǐng

秉 ～慧，兵永反。(ZD59-722b)

秉 ～勢，兵永反。(ZD59-704b)

秉 ～炬，上兵永反。(ZD59-1083a)

秉 專～，音丙。(ZD59-759b)

秉 爲～，音丙。(ZD60-53a)

秉 若～，音丙。(ZD59-564b)

秉 ～意，兵永反。(ZD59-733b)

秉 ～意，音丙，正作秉。(ZD59-647c)

秉 ～作，上兵永反。(ZD59-614c)

康 ～炬，上音丙，執持也，正作秉也，悮。(ZD60-190c)

柄 bǐng

抦 耽～，都南反，下音病，悮。(ZD59-799b)按："～"，經文作"柄"。

昞 bǐng

昞 ～有，上彼永反。(ZD60-454a)

昞 裏～，音里，下音丙。(ZD59-758b)按："～"與"昺"同。

昺[2] bǐng

昺 明～，兵永反，正作昺。(ZD59-675a)

昺 ～然，上音丙，光也，正作昞也。郭氏音響，非也。(ZD59-587c)

昺 ～著，上音丙，下竹去反，上悮。(ZD59-609b)

昺 ～烈，上音丙，光也，明也，亦作炳也，下力折反。(ZD59-653b)按："～"同"炳"。

炳 bǐng

炳 ～然，兵永反，明也。(ZD59-659c)

炳 ～耀，上兵永反，光也，正作昞、炳二形也，俗。(ZD60-192a)

康 bǐng

康 ～牘，上兵永反，下徒木反，萠～也。(ZD60-328c)按："～"乃"秉"。

稟 bǐng

稟 ～聽，兵錦反，敬也，正作稟。(ZD59-731c)

稟 所～，兵錦反，受也，又力錦反，非也。(ZD59-711a)按："所～"，對應佛經作"所稟"。《添品妙法蓮華經》卷3："如彼草木，所稟各異。"(T09, p153a)

稟 咨～，同上。(ZD59-731b)

稟 聽～，兵錦反，受也。(ZD59-587a)

稟 ～性，彼錦反。(ZD59-856c)

稟 ～受，兵錦反。(ZD59-854c)

稟 ～命，彼錦反。(ZD59-767a)

稟 ～受，彼錦反。(ZD59-726b)

稟 ～質，上兵錦反。(ZD59-612b)

稟 之～，彼錦反。(ZD59-567b)

---

① 又見"康"字條。

② 又見"昞""炳"字條。

廩 ～誼,兵錦反,承受也,正作稟也,又力錦反,非。(ZD59-731b)

稟 ～性,上兵錦反。(ZD59-563a)

稟 半～,兵錦反,粟也。(ZD59-615c)

稟 食～,兵飲反,供穀也,與也,亦受也。(ZD59-1059b)

稟 不～,彼錦反。(ZD59-1039a)

稟 ～性,上兵錦反。(ZD59-564b)

稟 徒～,兵錦反。(ZD59-965b)

稟 ～受,兵錦反。(ZD59-692a)

稟 ～與,兵錦反。(ZD59-776c)

稟 ～受,兵錦反,正作稟。(ZD59-776b)

廩 ～性,上兵錦反,正作稟也。(ZD60-223a)

稟 ～玩,兵錦反。(ZD59-768c)

稟 ～實,上兵錦反。(ZD59-602c)

鉶 bǐng

鉶 釵～,上音釜,與上釜字同也,下音餅也,《説文》餅金謂之板金也,今謂釜帶是也,前本作釜緣是也,又見《川音》作餅也,又依字音形,傳寫悞。(ZD60-50c)按:“釵～”,對應佛經作“釜緣”。《沙彌十戒法并威儀》卷1:“澡釜有五事:一者當澡釜緣口上;二者當澡釜緣裏;三者當洗腰腹;四者澡裏底;五者當三易水。”(T24, p928c)“鉶”,本音“形”,此處“鉶”,可洪以爲“鉼(餅)”。

䴵 bǐng

䴵 賭～,下并領反。(ZD59-991a)按:“～”,即“䴵”,與“餅”同,餅子。《中阿含經》卷16:“猶如二人許戲賭䴵,第一戲者並竊食之。”(T01, p530b)

䴵 作～,音併。(ZD59-1050b)

併 bìng

併 ～儻,并政反,下丁浪反。(ZD59-803c)按:《續高僧傳》卷25:“巫覡所事,躬爲併儻。”(T50, p653c)“併儻”,宋、元、明本作“拼擋”。“併儻”同“拼擋”,收拾、打點義。

並① bìng

竝 不～,音並。(ZD59-958c)

枰 bìng

枰 跳～,徒聊反,下平、病二音,獨坐板床也。(ZD59-852a)

庰 bìng

庰 卷～,宜作併、屏,二同音餅,合也,蔽也,又卑政反,兼也,皆也,又毗聖反,非也。(ZD59-1073c)按:“～”,經文作“并”。《正法念處經》卷66:“遍身諸筋,皆悉捲并,合爲一處。”(T17, p395a)“～”通“并(併)”。

屏 bìng

屏 ～廁,上蒲政反,正作偋、庰二形,又餅、瓶、并三音,並非用。(ZD59-987b)按:“～”同“偋”。

竝 bìng

竝 ～誦,上蒲頂反,比也。(ZD59-1117c)

竝 ～治,音並,下音持。(ZD59-908b)按:“～”同“並”。

---

① 又見“竝”字條。

偋[1] bìng

偋 ～廁，上毗性反。(ZD59-1025b)

摒 bìng

㨩 ～牒，上卑政反。～，除也，並也，皆也，正作摒、拼二形也。又補耕反，非。(ZD60-78a)按："～"乃"摒"，詳見本書中篇"㨩"字條。

憑 bìng

凴 ～机，皮證反，下居旨反。(ZD59-956b)按："～"同"凭"，又可音"píng"。

凴 ～倚，皮證反，據也，托也，正作凴也。凴，詮衡也。(ZD59-869a)按："～"同"凭"。

茇 bō

茇 根～，音鉢，正作茇也。(ZD60-113b)

[口皮] bō

[口皮] ～迦，上音波，下音加。(ZD59-725b)按："～"，譯音字。

盋 bō

盋 衣～，音鉢，正作盋。(ZD60-548c)

盋 衣～，音鉢。(ZD60-482a)

盋 衣～，音鉢。(ZD60-552c)

盋 油～，音鉢。(ZD60-469a)

佊 bō

佊 婆～，之靴反。(ZD60-434a)按："～"，譯音字，與"佊"同，今以偏旁"波"讀之。《大唐大慈恩寺三藏法師傳》卷3："一名婆佊(之靴反)底(丁履反，下同)。"(T50，p239b)

佊 ～吒，同上。(ZD60-434a)按："～"，譯音字。

般 bō/pán

般 ～襧，音鉢，正作般。(ZD59-714b)

般 安～，音鉢，正作般也。(ZD59-820a)

般 ～若，波末反，亦云波若。(ZD59-875b)

般 安～，音鉢，正作般。(ZD59-571a)

𣪘 ～遮，北末反，國名也，悞。(ZD59-766b)按："～"乃"般"字，詳見本書中篇"𣪘"字條。

般 ～特，步官反，比丘名也。(ZD59-890c)

般 ～拏，步官反，下女如反。(ZD59-943a)

般 ～咃，音盤陁，正作般陁。(ZD60-178a)

般 ～特，步安反。(ZD59-669c)

剝 bō

剝 擢～，補角反。(ZD59-692c)

剝 ～奪，音脱。(ZD59-749b)

紴 bō

紴 温～，布何反。(ZD59-622c)

鉢[2] bō

錊 漚～，上烏侯反。(ZD59-575b)

錊 緼～，上烏没反，正作殟。(ZD59-593c)

槃 bō

槃 ～若，布末反，下而者反。(ZD59-718a)

---

① 又見"屏"字條。

② 又見"錊"字條。

按："～"即"槃"，通"般"。

播 bō

⿰禾番 ～琳，補破反，下力今反。（ZD59-785b）按："～"，對應佛經作"播"。《不空羂索神變真言經》卷15："摩訶喇拏縛播琳（盧金反，五句）。"（T20，p306c）

⿰歹番 ～殖，音播，布種也。（ZD59-955c）按："～"，對應佛經作"播"。《十住毘婆沙論》卷6："若是毘舍播殖如意，若是商估能獲其利，若是首陀羅所作事業多得如意。"（T26，p52c）

撥 bō

⿰扌發 機～，音鉢。（ZD59-741b）

⿰扌癹 ～煞，上補末反，正作撥。（ZD60-64b）

⿰扌發 抄～，音鉢。（ZD60-23c）

⿰扌發 除～，音鉢。（ZD59-642b）

⿰扌發 非～，布末反。（ZD59-919b）

⿰扌發 ～奢，上北末反，下尸遮反。（ZD59-626c）

⿰扌發 ～撤，音鉢，絶也，除也。（ZD59-683a）

⿰扌發 ～聲，普末反。（ZD59-788c）

⿰扌發 手～，音鉢。（ZD60-39a）

嶓 bō

⿰山番 岷～，上美巾反，下補何反。（ZD60-475a）

嚩 bō

⿰口鉢 ～𡅏嚀，音鉢，中音臘，下音避。（ZD59-815b）

⿰口鉢 ～囉，卜末反，俗。（ZD59-808a）按："～"，譯音字，無實義。

鉢 bō

⿰金奔 爪～，上爭巧反，下音鉢，頌本云剪爪鉢。（ZD60-6b）按："爪～"，經文作"爪鉢"或"爪鋒"。《根本説一切有部毘奈耶雜事》卷1："甎揩剪爪鉢，鏡生支蹈衣，水羅生豆珠，洗足裙應結。"（T24，p207a）"鉢"，宫本作"鋒"。根據經文與可洪之説，"～"即"鉢"。"～"本爲"斧"字，非經意。

孛 bó

学 ～題，步没反。（ZD59-723b）

泊 bó/ jì

泊 ～然，上普伯反，靜也，正作怕，古經作泊字，又冀、暨二音，並非也，悮。（ZD60-311c）按："～"乃"泊"字之訛。

泊 ～唐，上巨既反。（ZD60-421b）按："～"乃"洎"字之訛。

勃 bó

⿰孛力 狂～，步没反。（ZD59-1092b）

⿰孛攵 咆～，步交反，下步没反。（ZD59-947b）

⿰孛力 ～地，步没反。（ZD59-721c）

⿰孛力 ～里，蒲没反。（ZD59-794c）

⿰孛力 ～沙，上步没反。（ZD60-401a）

⿰孛力 ～陁，步没反。（ZD59-808b）

⿰孛力 ～地，步没反。（ZD59-808b）

⿰孛力 ～惡，上蒲没反，正作勃。（ZD59-555b）

⿰孛力 ～地，步没反，正作勃。（ZD59-711c）

⿰孛力 ～惡，上蒲没反。（ZD59-555a）

㪍 bó

⿰孛力 ～逆，上步没反。（ZD60-179a）按：

"～"乃"勃",同"悖"。

垺 bó

垺 墶～,上蒲紅反,下蒲没反,煙火盛皃也,正作㷭焞也。(ZD59-632c)按:"墶～"即"㷭焞",聯綿詞。

浡[1] bó

浡 ～～,步没反。(ZD59-759b)

浡 ～地,蒲没反。(ZD59-797b)

浡 浮～,二同,蒲没反,上悮。(ZD59-751b)按:從字形看,"～"即"浡"。《佛説灌頂經》卷7:"諸邪惡氣,一時消散,從臍中而出,焞焞如煙。"(T21,p515c)"浡浡"同"焞焞"。

浮 ～浡,二同,蒲没反,上悮。(ZD59-751b)按:《佛説灌頂經》卷7:"諸邪惡氣,一時消散,從臍中而出,焞焞如煙。"(T21,p515c)從字形看,"～"即"浡"。"浡浡"同"焞焞"。

悖 bó

悖 ～㼨,上蒲没反。(ZD59-802c)按:"～",可洪音"蒲没反",蓋以爲"悖",對應經文作"悖"。

悖 ～逆,同上,正作悖也。(ZD60-558a)

悖 ～於,上蒲没反,逆也。(ZD59-615b)

悖 赫連～～,蒲没反,正作勃、悖二形,第二卷作赫連勃勃也。(ZD60-428b)

悖 ～逆,蒲没反,正悖。(ZD59-763b)

悖 狂～,步没反。(ZD59-818a)

悖 凶～,蒲没反。(ZD59-552c)

悖 ～惡,蒲没反,正作悖。(ZD59-937b)

亳 bó

亳 邠～,音薄,正作亳也。(ZD60-567a)

蔙 bó

蔙 蘆～,鹿胡反,下蒲北反。(ZD59-785b)

蔙 蘆～,郎乎反,下步北反,菜名也。(ZD59-686c)

教 bó

教 ～海,步没反。(ZD59-971b)按:"～海"之"～"即"勃",對應佛經作"渤海"。

舶 bó

舶 大～,音白。(ZD59-601b)

舶 衆～,音白。(ZD59-835b)

舶 汎～,音白。(ZD60-346b)

焞[2] bó

焞 㷭～,蒲紅反,下蒲没反,煙起皃也,亦風皃也,正作颫焞也,下又音浮,悮也。(ZD59-702c)

焞 㷭～,下蒲没反。(ZD60-116a)

焞 㷭～,下蒲没反。(ZD59-777b)

焞 㷭～,下蒲没反。(ZD59-986a)按:"～",即"焞"字。"㷭～"即"㷭焞",盛貌。《長阿含經》卷19:"灰湯涌沸,惡氣㷭焞。"(T01,p122c)

浖 bó

浖 浮提,上蒲没反,此一咒中四个浡,兩个作浡,一个作哱,一个作浮,《川音》作～。(ZD60-291a)按:從形體看,"～"即"浡"。

---

① 又見"浖"字條。

② 又見"焬"字條。

博① bó

~貧，莫候反。(ZD59-729a)

~蝕，市力反。(ZD59-723a)

⿰口勃 bó

~路，步没反。(ZD59-862c)按："~"，譯音字，無實義。《廣大寶樓閣善住秘密陀羅尼經》卷2："唵薩嚩(二合)訶鉢底⿰口勃路(二合)。"(T19, p644c)此外，"⿰口勃"又可爲"咆⿰口勃"。《破邪論》卷2："咆⿰口勃狂象，放恣心猨。"(T52, p489a)

渤 bó

游溟~，上余修反，中莫瓶反，下蒲没反。(ZD60-94a)

~經，步没反，下田結反。(ZD59-790a)

漨~，上蒲紅反，下蒲没反，風煙起皃也，火盛也，正作颫焞也。(ZD59-985c)按："漨~"，聯綿詞，又作"蓬勃""漨渤""熢焞""熢燉"等。從字形看，"~"即"渤"。

搏 bó

欔(攫)~，音博。(ZD60-363c)

~撮，子活、倉活二反。(ZD59-852a)按："~"乃"搏"，搏击。《大方便佛報恩經》卷7："既被毒箭，嘊喍哮吼，欲前搏撮。"(T03, p163a)

⿰口尃 bó

~嗅，上卜各反。(ZD60-45b)

鈸 bó

銅~，蒲末反。(ZD59-757a)

鐃銅~，女交反，下蒲末反。(ZD60-297b)

⿰火勃 bó

爩~，步没反，煙起皃。(ZD59-866b)按："~"同"焞"。

溥 bó/pǔ

淳~，下步博反。(ZD60-57a)按：《四分律隨機羯磨疏正源記》卷2："餘之三僧，隨事淳溥，故隨分耳。"(X40, p808a)"~"即"⿱竹搏"，經文中通"溥"。

~爲，破古反。(ZD59-784a)

愽 bó

~敞，昌兩反。(ZD60-546b)按："~"即"博"。

駁② bó

班~，布還反，下布角反。(ZD59-696c)按："駮"與"駁"本不同字，但經文中常混用，久而久之，已爲異體。

黑~，補角反。(ZD60-125b)按："~"，經文作"駁"。

~犖，上布角反。(ZD60-380b)

~犢，音剥，下音讀。(ZD59-687a)按："~"，經文作"駁"。

斑~，下布角反。(ZD59-620b)

班~，布角反。(ZD59-1105b)

蔔 bó

瞻~，蒲北反，黄花也。(ZD60-300c)

---

① 又見"博"字條。

② 又見"駮""⿰馬叕"字條。

蕺　蘿蓄，步北反，蘿蓄，菜名，正作蔔、～二形。(ZD59-803a) 按："～"即"菔"，與"蔔"同。

蓄　蘿～，步北反，蘿～，菜名，正作蔔、蕺（菔）二形。(ZD59-803a) 按："～"即"蔔"之訛。

膞　bó/shuàn

膞　一～，音博，正作髆。(ZD59-739b) 按："～"同"膊"，乃"髆"。

膞　～骨，上音博，正作髆。(ZD59-558a) 按："～"同"膊"，乃"髆"。

𣊌　光～，音博，正作髆。(ZD60-187a) 按："～"同"膊"，乃"髆"。

膞　從～，補莫反，正作髆。(ZD59-963c) 按："～"同"膊"，乃"髆"。

膞　王～，市軟反。(ZD59-586c) 按："～"乃"膞"，與"腨"同。

䠙　～骨，市軟反。(ZD59-682c) 按："～"即"膞"。

煿　bó

煿　熟～，音博，煎～也，正作爆。(ZD59-1130a)

煿　～身，音博，正音（作）爆。(ZD60-280a) 按：《經律異相》卷43："皮肉落地，熱沙煿身。"(T53, p225b)

激　bó

激　～澥，上蒲没反。(ZD60-437a) 按："～"同"渤"。

撲[1]　bó

撲　塠～，都迴反，下蒲角反。(ZD59-776b) 按："撲"又音"pū"。

撲　～着，步角反。(ZD59-956c)

樸　相～，都迴反，下步角反。(ZD59-954c)

樸　相～，步角反。(ZD59-1066c)

撥　火～，步角反，推倒也，正作撲，別經作㨾，羊向反，亦非也。(ZD59-1031c)

撲　欲～，蒲角反。(ZD59-636c)

樸　相～，蒲角反，古論作相攢。(ZD60-133a) 按："～"即"擈"，與"撲"同。

踣　bó

䠠　䟫～，上七羊反，下蒲北反，頓伏皃，正作蹌踣也，《經音義》作蹌踣，是也。(ZD59-985c) 按：《長阿含經》卷19："走欲至門，門自然閉，罪人蹁踻，伏熱鐵地，燒炙其身。"(T01, p125a) 根據可洪，"䟫～"，對應經文作"蹁踻"。"～"，即"踻"，可洪以爲"踣"，仆倒也。

踣　覆～，上芳福反，下蒲黑反。(ZD59-1024b)

駁　bó

駮　黑～，布角反。(ZD59-595a)

駮　～牛，上布角反。(ZD59-1007b)

撲　bó

撲　自～，蒲角反。(ZD59-657c) 按："～"即"撲"，乃"擈"字。

撲　自～，步角反。(ZD59-691b) 按："～"即"撲"，乃"擈"字。

薄　bó

簙　～拘，步各反。(ZD59-687a) 按："～"，經文作"薄"，用作譯音字。

薄　～蝕，補各反，下成力反。(ZD59-753b)

---

① 又見"撲""擈"字條。

薄 菲～，妃尾反，下婆各反。(ZD59-742a)

薄 ～勘，步各反，下息淺反。(ZD59-676b)

薄 ～板，步各反，正作薄也。(ZD60-555b)

薄 ～福，蒲博反。(ZD59-652a)

薄 ～虱，沙擳反，正作蝨。(ZD59-803b)

薄 縶～，徒叶反。(ZD59-708c)

薄 雖～，步博反。(ZD59-674c)

薄 ～拘盧，中九愚反，《妙法蓮華經》作薄拘羅。(ZD59-704a)

薄 薩～，步博反。(ZD59-678b)

薄 ～知，上蒲博反，淺也。(ZD60-477c)

薄 則～，音博。(ZD59-687a)按："～"，經文作"薄"。

僰[1] bó

僰 邛～，上巨容反，下蒲北、蒲逼二反，縣名，正作僰。(ZD60-88a)

馞 bó

馞 香～，步没反。(ZD59-864a)

馞 ～地，薄没反。(ZD59-806c)

撲 bó

撲 相～，步角反。(ZD59-784b)按："～"即"撲"，與"撲"同。

撲 相～，蒲角反，正作撲。(ZD60-8b)按："～"即"撲"，與"撲"同。

駁 bó

駁 ～雜，上補角反，斑也，正作駁也，《玉篇》音輟。(ZD60-428b)按："～"乃"駁"，詳見本書中篇"駁"字條。

慸 bó

慸 邛～，上巨恭反，下步北反，正作僰也。(ZD60-476c)按："～"乃"僰"。

簙 bó

簙 ～引，上音博，廣也。(ZD60-486b)按：《續高僧傳》卷22："當即簙引所聞，開講律要。"(T50，p615c3)"簙"，宋、元、明、宫本作"薄"。根據文意，"簙""薄"皆通"博"。

簙 ～奕，上布各反。(ZD60-403b)按："～奕"即"博弈"。

餺 bó

餺 ～飥，博、託二音。(ZD60-493b)

簿 bó/bù

簿 ～局，其玉反。(ZD60-398c)按："～"乃"簿"。

簿 ～質，步各反。(ZD59-816c)按："～"，經文作"薄"，用作譯音字。

簿 簾～，上力閻反。(ZD59-1088a)按："～"同"箔"。

簿 ～録，上蒲古反。(ZD60-487c)

簿 收～，蒲古反。(ZD60-426a)

𦢊 bó

𦢊 ～瘡，上補角反，皮破也，正作𦢊也。(ZD59-585b)

欂 bó

欂 櫨(櫨)～，上來胡反，柱也，下蒲百反，柱上枅也。(ZD59-621b)

---

① 又見"慸"字條。

跛　bǒ

跛　不～，布火反，正作跛。(ZD59-817c)

跛　非～，布果反，正作跛也。(ZD59-619c)

跛　～者，布火反。(ZD59-726a)

跛　～踒，普果反，下五可反，傾側皃也，正作頗頺也，上方本作婀娑，非也，烏可、烏何二反。(ZD59-896a)

簸　bǒ

簸　爲～，補火、補卧二反，箕也，正作簸。(ZD60-167c) 按："～"乃"簸"。《解脱道論》卷 8："以手爲簸，以口爲臼，以脣收聚，以齒爲杵。"(T32, p440c)

簸[①]　bǒ/bò

簸　～鞞，上布火反，下蒲詣反。(ZD59-809b)

簸　波～，音跛。(ZD59-957a)

斯　彌多～，上奴禮反，下音跛。(ZD59-799a)

簸　～奢，上音跛，正作簸，下尸遮反。(ZD60-109a)

簸　～字，上布火反。(ZD59-574c)

簸　～箕，居之反。(ZD59-1114b)

簸　阤夜～，上徒何反，下布卧反。(ZD59-622a)

簸　～郎，上補我、補過二反。(ZD59-1118a)

犾　bò

犾　玀～，上郎可反，下步可反，梁益之間謂𠊲儽，行不正曰玀犾。(ZD60-370c)按："玀～"，經文作"婀娑"，扭曲不正貌，聯綿詞。《諸經要集》卷 6："手脚撩戾，腰髖婀娑，狀似醉容。"(T54, p52b)

犾　婀娑，上烏可反，下蒲可反，傾皃也，斜也，上正作閜、椏二形也，經本作玀～，上來可反，下蒲果反，方言。(ZD60-298b)按："玀～"義同"婀娑"。《諸經要集》卷 6："腰髖婀娑，狀似醉容。"(T54, p52b)

擘[②]　bò

擗　～山，博戹反，正作擘。(ZD59-761b)按："～"，經文作"擘"。《佛説彌勒大成佛經》卷 1："既至山頂，彌勒以手兩向擘山，如轉輪王開大城門。"(T14, p433b)

擗　～眼，補戹反，正作擘。(ZD59-827a)按："～"，對應佛經作"擘"。《最勝問菩薩十住除垢斷結經》卷 7："或以木枝而刺鼻者，或刺耳孔，或直擘眼而視者，或開口而看齒者。"(T10, p1023b)

擗　～之，上博戹反。(ZD59-1030c)

擗　强～，補戹反。(ZD59-1062c)

劈　bò

劈　～起，博戹反，兩手分～也，正作擘。(ZD59-918b)

蘖　bò/niè

蘖　～味，上補戹反。(ZD59-1071b)按：《正法念處經》卷 52："閻浮提中此味第一，一切和合於赤蘇陀，如極苦味、蘖味不異。"(T17, p305a)

蘖　栽～，上子才反，下五割、五列二反，伐木餘也。(ZD60-160c)按："栽～"之"～"，乃"蘖"字。

---

① 又見"簸"字條。
② 又見"劈"字條。

亟[①] bū

亟 作～，徒困反，正作逋，與庯、亟二字同也，又亟、亟，二同初洽反，非也，見藏本作庯竄。(ZD60-359b)按："～"，鄭賢章(2004:284)以爲"逋"字。

晡 bū/bǔ

晡 下～，布乎反。(ZD59-1041a)

晡 ～養，上音步，正作哺。(ZD59-625c)按："～"乃"哺"字。

餔 bū/bǔ

餔 ～時，上布乎反。(ZD59-1045b)

餔 乳～，蒲故反，正作哺。(ZD59-916b)

庯 bū

庯 ～竄，上徒困反，逃也，隱也，正作遁、遯，下倉亂反，藏也，上方經本作亟竄，開元樓藏經本作亟竄，並與庯竄同，音遁竄也，上又應和尚云此應逋，補胡反，非本體也，郭氏作呼覓反，亦非也。(ZD60-359a)按：鄭賢章(2004:284)以爲"逋"字。可洪以"～"爲"遁"，可備一説。

襆 bú

襆 未～，補沃反，衣削幅也，又衣領也，又音博。(ZD60-589c)

捕[②] bǔ

捕 ～浣，上博古反，正作補。(ZD60-34c)按："～"乃"補"字。

捕 魚～，蒲故反。(ZD59-743b)按："～"乃"捕"字。

楠 bǔ

楠 網～，音步，從手。(ZD59-1053b)按："～"即"捕"字之訛。

補[③] bǔ

補 ～處，布古反，正作補。又音步，非。(ZD59-716c)

補 稱～處，尺陵反，中布古反，下尺庶反，中正作補。(ZD59-907c)

補 縫～，上扶峰反。(ZD59-596c)

補 ～怛，多達反，山名也，舊云補陁羅山。(ZD59-666a)

補 ～特，博古反，正作補。(ZD59-939a)

補 ～羯，上卜古反。(ZD59-552c)

補 ～祇浮，同上，《説文》云今作補。(ZD60-288b)

補 ～祇呼，上音蒲，下音浮，正作呼。(ZD60-288b)按："～"，譯音字，經文有作"蒲"的，不取，當爲"補"。

補 ～祇，上旁、蒲二音，應和尚未詳。(ZD60-388a)按："～"，玄應以爲"補"。

不 bù

不 ～墮，徒果反。(ZD60-225b)按："～"，經文作"不"。

步[④] bù

步 躇～，上直余反。(ZD59-587b)

步 ～瓚，人曳反。(ZD59-785b)

步 ～兵，蒲故反，正作步。(ZD59-687a)

步 ～櫚，音閻。(ZD60-594a)

---

① 又見"庯"字條。
② 又見"楠"字條。
③ 又見"捕"字條。
④ 又見"步"字條。

歨 bù

～弭,蒲故反,正作步也。(ZD60-67c)

佈 bù

～林,上普布反,前後皆作怖林也,又音布,悞也。(ZD59-993c)按:"～",經文作"怖"。《中阿含經》卷 30:"一時,佛遊婆奇瘦,在鼉山怖林鹿野園中。"(T01, p620b)"～林"即"怖林",如此,"佈"乃"怖"字。

抪 bù/pū

～座,上普胡反,設也,陳也,正作鋪也,又補胡、補故二反,非也。(ZD59-1121b)按:《十誦律》卷 26:"辦竟,晨朝布座,遣使白佛。"(T23, p186a)"～座"即"布座","～"當同"布"。

～設,上普乎反,設也,又逋、布二音。(ZD60-585c)按:"～"與"鋪"同。《廣弘明集》卷 26:"屏除形像,鋪設床座於堂上。"(T52, p294b)

怖[1] bù

恐～,音怖。(ZD59-716c)

畏～,音怖。(ZD59-1109a)

隨～,音怖,誤。(ZD59-1122b)

不～,普故反,正作怖。(ZD59-583b)

部 bù/pōu

瞻～,蒲古反,正作部,樹名也,南洲因樹爲名。(ZD59-927c)按:"瞻～"即"瞻部",佛經中常見"瞻部洲"。"部"蓋受"洲"的影響類化增"氵"旁作"⿰氵部"。

～肌,上普口反,下居夷反,正作剖肌也,二並悞。(ZD60-518c)按:"～肌",對應佛經作"剖肌"。《甄正論》卷 3:"天命剖肌,恣賞心之樂。"(T52, p570b)"～"乃"剖"之訛。

⿰王步 bù

～瑤,上音步,下音遥。(ZD59-1031c)

～瑤,蒲故反,下以招反。(ZD59-670c)

⿰山咅 bù

～嶁,上步口反。(ZD60-595b)

⿰舟付 bù

阿～,音步,《經音義》作艀也,或作駙,音附。(ZD60-288b)按:《陀羅尼雜集》卷 5:"思滅律嘍阿那波暮沙但彌。"(T21, p609a)從形體看,"～"即"⿰舟付",與"艀"同,用作譯音字。現經文作"那","～"也有可能是"那"字之訛。

⿰食孚 bù

～飳,蒲口反,下天口反,正作䴺麰,上又浮、餢二音,俗通呼。(ZD59-804a)按:"～飳"同"䴺麰",餅也。"～"同"䴺"。經文作"⿰食孚餉"。《陀羅尼集經》卷 12:"次具六食盤,薄餅⿰食孚餉餤頭等餅,種種具備。"(T18, p889c)

[1] 又見"佈"字條。

C

擦 cā

擦 筏～,房月反,下七割反。(ZD59-801b)

蹽 cā

蹽 蔡～,上音薩,下倉割反,如經述。(ZD60-362b)按:《一切經音義》卷8:"蔡蹽,下倉棘反。"(C056, p944b)《佛説阿彌陀三耶三佛薩樓佛檀過度人道經》卷2:"第五佛名樓波黎波蔡蹽。"(T12, p317a)"～",譯音字,可洪注"倉割反",與"擦"音同。

蹽 蔡～,上桑割反,下倉割反,應和尚未詳。(ZD59-608c)按:"～",譯音字。

猜 cāi

猜 斷～,倉來反,疑也,正作猜。(ZD60-536a)

猜[1] cāi

猜 疑～,古縣反。(ZD59-638a)按:"～",可洪音"古縣反",蓋把其當作了"狷",恐誤。"疑狷"一詞費解。今謂"疑～"之"～",乃"猜"字之訛。今經文作"疑猜"。《大方廣十輪經》卷2:"常與國人同其飲食,而共戲樂,不相疑猜。"(T13, p690a)

偲 cāi

偲 ～法,上倉才反。(ZD60-492c)

才 cái

才 辨～,上皮件反,下自來反,正作辯才。(ZD60-158a)

材 cái

材 柟～,奴含反,下昨來反,木名也,正作柟材。(ZD59-765c)按:"～",對應佛經作"材"。《六度集經》卷4:"樟梓枏(柟)材,爲之柱梁。"(T03, p23c)

裁 cái

裁 ～庇,必至反。(ZD60-572a)

裁 ～縫,上音才,悮。(ZD60-393c)按:"～"通"裁"。

纔 cái

纔 ～得,音才,僅也。(ZD59-889c)

纔 ～僅,巨恡反。(ZD60-376b)

纔 僅～,上巨恡反,下自來反,正作纔。(ZD60-401a)

纔 ～有,上昨來、昨代二反,誤。(ZD59-1085b)

纔 ～蹌,徒盍反,踐也。(ZD59-794a)

讒 ～見,上音才,正作纔也。(ZD59-600a)按:"～見",對應佛經作"纔見"。《大寶積經》卷83:"先善綜習醫方諸論,纔見病相,皆悉了知。"(T11, p482c)"～"即"讒",經文中乃"纔"之訛。構件"言"與"糸"草寫相混。也有可能是"纔"受上字"論"影響類化换旁而作"讒"。

---

① 又見"猜"字條。

采[①]　cǎi

采　～盿，倉乃反，取也，下普幻反。(ZD59-733c)按："～盿"，對應佛經作"來眄"或"采眄"。《持心梵天所問經》卷4："正覺唯來眄，人尊垂慈心，清淨目睞察，哀眼覩衆庶。""來"，宋、元、明本作"采"。可洪以"～"爲"采"。

禾　畫～，采字悮也，又音劣，非用。(ZD59-864a)按："～"，即"采"字，經文中通"彩"。《一字佛頂輪王經》卷2："於吉日時，起首畫彩。"(T19，p238a)

采　～建，居健反，立也。(ZD59-758c)按："～建"，對應佛經作"采建"或"來建"。《佛説月燈三昧經》卷1："持願甚堅不復難，終不復動所采建。"(T15，p620b)"采"，宋、元、明、宫本作"來"。可洪以"～"爲"采"。

採　cǎi

採　～伏，倉改反，取也，正作採、采二形。(ZD59-784b)按："～"，對應佛經作"採"。《不空罥索神變真言經》卷13："降伏一切藥叉羅刹法，採伏藏法，渡江海法。"(T20，p293a)

採　～蜜，倉改反，正作採。(ZD59-1115c)

採　欲～，音採。(ZD59-643c)

採　不～，倉乃反，《經律異相》作採也。(ZD59-1096a)

彩　cǎi

彩　瑞～，音采，正作彩也。(ZD60-560a)

寀　cǎi

寀　寮～，上力條反，下倉改反。(ZD60-583b)

婇　cǎi

婇　～女，上倉改反，正作綵。(ZD59-620c)

婇　～女，倉改反，正作採，亦作綵也，所以採擇衆女填宫也，書無此婇。(ZD59-777a)

婇　～女，上倉海反，書無此字。(ZD59-1076c)

婇　～女，上倉在反。(ZD60-257b)按："～"乃"婇"，詳見本書中篇"婇"字條。

綵　cǎi

綵　文～，倉乃反，正作綵。(ZD60-59c)

綵　華～綵色，音採，正作彩。(ZD59-822c)按："華～"，經文作"華綵"。

菜　cài

菜　薇～，文非反。(ZD59-764b)

菜　瓠～，上胡悮反，下蒼在反，悮。(ZD59-1111b)按："～"，經文作"菜"。

菜　苽～，上古花反。(ZD60-81b)

菜　～茹，如庶反，又如、汝二音。(ZD59-993a)

菜　～縻，倉代反，下美爲反，上又音來，非也。(ZD59-764b)

蔡[②]　cài

蔡　～茂，上倉蓋反。(ZD60-343b)

蔡　～雍，上倉大反。(ZD60-376a)

蔡　cài

蔡　～罇，上倉大反，下音尊，酒器也，正作樽也。(ZD60-538a)按："～罇"，對應佛經作"蔡樽"。

---

① 又見"採"字條。

② 又見"蔡"字條。

《弘明集》卷 10:"侍中蔡樽答。"(T52, p63a)"～"即"蔡"之訛。

茶 cān

茶 不～,倉南反,省也,合也,雜也,正作參也,上方經作叅。(ZD59-1094b)按:"～",經文作"參"。《佛説分别善惡所起經》卷 1:"無所與言諍,亦不參鬪訟,守善心修德,後生豔天上。"(T17, p523a)

參[1] cān/shēn

叅 如～,倉南反。(ZD59-856b)

叅 往～,七南反。(ZD60-476a)

叅 ～宿,所岑反。(ZD59-907c)

喰 cān

喰 ～食,倉安反。(ZD59-777c)按:"～"同"餐"。

湌 cān

湌 ～飲,上倉安反。(ZD59-1068c)按:"～"同"餐"。

飱 cān

飱 不～,倉安反,食也,正作餐、湌二形,又音孫,飲澆飯也,非用也,悮。(ZD60-54b)按:"不～",對應佛經作"不湌"。《根本説一切有部百一羯磨》卷 9:"修淨行,胡蘆爲鉢,衣但二巾,色類桑皴,不湌乳酪,多在那爛陀寺雜聽諸典。"(T24, p495c)根據文意,"飱"乃"湌(餐)"字。

餐[2] cān

餐 能～,倉安反,正作餐。(ZD60-10c)

餐 不～,倉安反,正作餐。(ZD59-1062a)

餐 已～,上音以,下倉安反,喫也,正作餐、湌二形。(ZD60-11c)

餐 前～,倉安反。(ZD60-16c)

餐 或～,倉安反,喫食也,正作餐、湌二形。(ZD59-669b)

餐 ～和,上倉安反。(ZD60-415a)

餐 所～,倉安反。(ZD60-16a)

𧼨 cān

𧼨 ～趯,上倉南反,下徒南反,走皃也。(ZD60-544a)

驂 cān

驂 䳺～,倉南反。(ZD60-439b)按:"～"即"驂",與"驂"同。

驂 cān

驂 ～或,上倉南反。(ZD60-312b)

戔 cán

戔 ～臭,昨干反,下尺右反。(ZD59-864b)按:"～"即"戔"字,經文中通"殘",殘餘。《一字佛頂輪王經》卷 2:"往詣顧宿,受他供養,亦不持以一切殘臭宿食而供養之。"(T19, p239a)

奴 cán

奴 從～,音殘。(ZD60-352c)

奴 從～,音殘。(ZD60-395b)

奴 ～音,同上(殘)。(ZD60-352c)

蚕 cán

蚕 如～,昨含反。(ZD59-679c)

---

① 又見"茶"字條。

② 又見"飱""喰""湌"字條。

殘[1] cán

残 ～戮,音六。(ZD59-767b)

残 ～業,自丹反。(ZD59-716b)

残 癃～,力中反。(ZD59-678b)

㾓 癃～,力中反,下自丹反。(ZD59-822b)按:"～"乃"殘",詳見本書中篇"㾓"字條。

㾓 瘽～,力中反,下自丹反。(ZD59-716a)

㾓 瘽～,力中反,下昨丹反。(ZD59-685b)

腅 cán/jiān

腅 得殘,自丹反,正作～。(ZD60-156c)按:"～"即"殘"字。

腅 鄭～,則先反。(ZD60-400a)按:"鄭～"即"鄭箋"。"～"通"箋"。

蝅 cán

蝅 野～,自南反。(ZD59-1080b)

蝅 如～,自南反。(ZD59-1091a)

蝅 拘～,昨含反,花名也。(ZD59-606b)

慚[2] cán

慙 無～,音慙。(ZD60-190a)按:"～",對應佛經作"慚"。《佛本行經》卷6:"記惡不反覆,不慈勤爲惡;主求人長短,無慚廣結怨。"(T04, p100c)

慚 ～愧,昨三反。(ZD59-828b)

慙 cán

慙 ～赧,女板反,悮。(ZD60-118b)

蠶[3] cán

蝅 田～,自南反,悮。(ZD60-595b)

蚕 養～,自南反,正作蠶。(ZD59-845a)

蝅 如～,自南反。(ZD59-685c)

蠶 ～虫,上自南反。(ZD59-602b)

蝅 如～,昨含反。(ZD59-739c)

蠶 如～,昨含反。(ZD60-304b)

蝅 如～,自南反。(ZD59-740c)

蠶 如～,昨含反。(ZD59-604a)

蠶 ～絲,上才南反。(ZD60-66c)

蠶 拘～,音瞿,下自南反,正作蠶、蚕二形。(ZD59-814c)

蠶 ～蟯蜋,自南反,中丘羊反,下力羊反。(ZD59-681b)

蠶 如～,昨含反。(ZD59-600a)

蝅 如～,昨含反。(ZD59-976c)按:"～"乃"蠶",詳見本書中篇"蝅"字條。

蠶 ～繭,同上。(ZD59-740c)

蠶 如～,昨含反。(ZD59-740c)

蝅 野～,自南反。(ZD60-232b)

蝅 養～,昨南反,俗。(ZD59-1066a)

蠶 野～,自南反。(ZD60-350c)

蚕 如～,昨含反。(ZD59-747a)

蝅 ～虫,自南反。(ZD59-690a)

蠶 如～,昨南反。(ZD59-742c)

蠶 優～,自南反,樹名也,《長阿含經》作憂瞽鉢羅。(ZD59-1056a)按:"優～",經文作"優曇""優蠱"。"～",可洪音"自南反",蓋以爲"蠶"。

---

① 又見"戔""腅"字條。
② 又見"慙"字條。
③ 又見"蚕""蝅"字條。

慘[1] cǎn/chěn

懆 ～～，音草，憂心～～也，亦不安皃，又失志皃，又倉感反，《經律異相》作慘。(ZD59-1096a)按："～"乃"慘"。

慘 愁～，七感反。(ZD59-963b)

憏 ～感，倉感反，下倉歷反。(ZD59-644a)

憏 ～無，上倉感反，感也。(ZD59-616b)

憏 ～毒，初錦反，正作墋、磣，又七感反，悮。(ZD59-973a)

憏 ～厲，初錦反，正作磣、墋二形也。(ZD59-637a)按："～"乃"墋"。

憏 ～毒，同上(墋)。(ZD59-1099c)按："～"乃"墋"。

嵾 cǎn

嵾 曰～，倉南、倉感二反，又《江西韻》作烏含反，悮。(ZD59-1090c)按："～"，對應佛經作"嵾"。《佛説阿鳩留經》卷1："其國中有乞匃女人，名曰嵾。"(T14, p805a)

憏 cǎn/chěn

憏 歡～，倉感反。(ZD60-186c)按："～"即"憏"，與"慘"同。

憏 ～濁，初錦反，正作墋。(ZD59-689c)

懆 cǎn/cào/chěn/zào

懆 結～，倉感反，感也，正作憏，又倉老反，憂心也。(ZD60-480a)按："～"乃"慘"。

懆 雅～，七到反，正作操也，又音草。(ZD59-585c)按："～"乃"操"。

懆 ～毒，上初錦反，正作墋也。(ZD59-586b)按："～"乃"墋"。

懆 輕～，子到反，又音草，悮。(ZD59-744a)按："～"乃"躁"。

粲[2] càn

粲 盧～，倉贊反。(ZD59-589b)

粲 斐～，芳尾反，下倉贊反。(ZD59-707c)

粲 ～麗，倉贊反。(ZD59-647a)

粲 ～爤，倉贊反，下郎贊反。(ZD59-850b)

粲 ～榮，上倉贊反。(ZD60-425c)

粲 ～明，上倉贊反。(ZD60-359c)

粲 鮮～，倉贊反。(ZD59-616a)

粲 皠～，倉罪反，白也，或赤也，正作皠、糶二形，下倉贊反，鮮也。(ZD59-972c)

璨 ～麗，倉贊反，正作璨也。(ZD59-649a)按："～"乃"璨"，經文中與"粲"同。

璨 ～麗，倉贊反，下力計反。(ZD59-748c)按："～"乃"璨"，經文中與"粲"同。

璨 ～麗，倉贊反。(ZD59-648b)按："～"乃"璨"，經文中與"粲"同。

璨 càn

璨 明～，倉贊反。(ZD60-493b)

璨 ～麗，倉贊反。(ZD59-704b)

璨 ～朗，倉贊反，正作璨也。(ZD60-256a)

璨 暎～，七讚反。(ZD60-201c)

---

① 又見"憏""懆"字條。
② 又見"璨"字條。

璨　璀～，上倉罪反，下倉贊反，正作璨也。(ZD60-464c)

燦　càn

燦　炳～，上兵永反，下倉贊反。(ZD60-315c)

倉　cāng

廥　～廩，上錯郎反，下力錦反。(ZD60-494c)按："～"同"倉"。

蜣　cāng

蜣　～蠅，上麁郎反。(ZD59-617a)

蜣　～蠅，上麁郎反。(ZD60-299a)

蜣　～蠅，上錯郎反。(ZD59-602c)

藏　cáng/zàng

藏　戢～，阻急反，下自郎反。(ZD59-764b)

藏　之～，同上。(ZD59-817b)

藏　翳～，一計反。(ZD59-649a)

藏　～偎，烏迴反。(ZD59-812a)

藏　篋～，苦頰反。(ZD59-735b)

藏　篋～，上苦頰反。(ZD59-609c)

藏　送～，苦頰反，正作篋。(ZD59-732a)

藏　去～，自浪反，正作藏、贓二形也，出《經音義》。(ZD59-675a)

藏　之～，自浪反，正作藏。(ZD59-748b)

藏　寶～，自浪反，正作藏。(ZD59-724b)

藏　禍～，方目反，下自浪反，正作福藏也，並悮。(ZD59-731c)

藏　味～，自浪反，正作藏。(ZD59-748a)

藏　之～，同上。(ZD59-675a)

藏　發～，夫袜反，下子郎反。(ZD59-817b)

藏　～竄，倉亂反。(ZD59-600a)

藏　翳～，一計反。(ZD59-649a)

藏　陰～，上於今反。(ZD59-620a)

藏　佛～，自浪反，悮。(ZD59-729b)

藏　帑～，上他朗反。(ZD59-764c)

藏　帑～，上他朗反。(ZD59-671a)

掺　cāo

掺　～刀，倉刀反，持也，正作操也，郭迻音作所斬反，非。(ZD60-479a)

操[①] cāo/cào/zào

澡　～斤，上倉刀反。(ZD60-128c)按："～"乃"操"。

操　志～，七到反，正作操。(ZD60-241b)按："～"乃"操"。

操　志～，七到反，正作操。(ZD59-647b)按："～"乃"操"。

操　志～，七到反，正作操。(ZD59-648c)按："～"乃"操"。

操　之～，倉告反，正作操。(ZD60-454a)

操　輕～，子到反，動也，悮。(ZD59-744c)按："～"乃"操"，經文中通"躁"。

曹　cáo

曺　汝～，自刀反，輩也，衆也，亦作曹。(ZD59-954a)

嬗　cáo

嬗　～嬻，上自勞反。嬗嬻，美好也。(ZD60-359c)

---

① 又見"掺"字條。

槽 cáo

槽 ～頸,上自刀反,下居郢反。(ZD59-557a)

𤞞 猶～,自刀反,正作槽也,悮。(ZD59-995b)

撠 鏾～,音曹。(ZD59-1024a)

螬 cáo

𧍳 蠐～,上自西反,下自刀反。(ZD60-2a)

螬 蠀～,上疾咨、七私二反,下自刀反,蝎虫也。(ZD60-389a)

艚 cáo

艚 鏾～,音曹。(ZD60-164a)

草 cǎo

草 漬～,上疾智反。(ZD59-586a)

𦯑 傭～,余封反。(ZD59-971b)按:"～",經文作"草"。

萓 ～蕄,音草。(ZD59-726a)按:"～"乃"草"字,詳見本書中篇"**萓**"字條。

蕇 ～楪,上音草,下音葉。(ZD60-57b)

草 ～人,上倉早反,正作草。(ZD60-104c)

册[1] cè

冊 天～,楚責反,又所諫反,悮。(ZD59-659a)

冊 ～地,楚責反。(ZD59-837a)

栅 cè

栅 ～字,初責反。(ZD59-810c)

栅 村～,叉責反,柴垣也。(ZD59-1070b)

畟 cè

㚖 惠～,楚色反,正作畟。(ZD60-471c)

畟 ～方,上楚色反,正作畟。(ZD60-139c)

叓 ～方,上楚力反,四方也。(ZD59-1137a)

笧 cè

笧 鏾～,上天結反,下叉責反,正栅、䅊、⿱竹冊三形,攡(欐)也,矛也,二義用之。(ZD60-282b)按:"～"乃"⿱竹冊"字,詳見本書中篇"**笧**"字條。

笧 鏾～,楚責反,正作⿱竹冊。(ZD60-306b)按:"～"乃"⿱竹冊"字,詳見本書中篇"笧"字條。

⿱竹冊 cè

笧 占～,楚責反。(ZD59-784b)按:《不空罥索神變真言經》卷12:"說諸語話,常顧占⿱竹冊。"(T20, p290b)

策[2] cè

筞 ～勵,上初責反。(ZD59-551c)

筞 ～使,同上。(ZD59-898c)

箣 ～使,楚責反,正作筞。(ZD59-898c)

茦 ～法,叉白反。(ZD59-752c)

茦 ～戰,上楚責反,謀也,正作策也。經本作戰策也,此悮而倒也。(ZD60-281b)

荣 ～駘,楚責反,駈～也,捶也,正作策,下徒來、徒改二反,駑馬也,瘦也,鈍也,上又音宋,悮。(ZD59-966a)

荣 策法,上叉白反;三～,同上。(ZD59-752c)

筞 勤～,楚責反。(ZD59-737b)

---

① 又見"笧""⿱竹冊"字條。

② 又見"筞""筴""策"字條。

權～,音拳,下楚責反,正作策。(ZD59-856b)

普～,音册。(ZD59-667c)

～使,叉責反。(ZD59-679b)

智～,楚責反。(ZD59-636c)

～牛,楚責反,駈～也。(ZD59-960a)

勉～,下初責反。(ZD59-666b)

苦～,初責反。(ZD59-849a)

柳匕～,力酉反,中卑履反,下楚革反。(ZD59-803b)

～勤,楚責反。(ZD59-639a)

～使,叉責反。(ZD59-745a)

～謀,上楚責反。(ZD59-1103a)

徐～,初責反,扶也。(ZD59-559b)

～謀,初責反。(ZD59-683b)

～進,同上,正作筞也。(ZD59-810c)

～進,上初責反。(ZD59-592b)

～使,楚責反。(ZD59-719a)

筴 cè

抱筴,楚責反,書～也,古作册、筞,今作篃也。筴者,筮籌也,《説文》作筞也,又古洽反,鋏箭具也。(ZD60-461b)按:"～"即"筴",同"策"。

抱～,上步保反,下楚責反,與筞、篃並同也。(ZD60-580c)按:"～"即"筴",同"策"。

廁 cè

～羅,上測事反。(ZD60-29c)

畟 cè

愬～,楚色反。(ZD60-447c)按:"～"同"惻"。

策 cè

～勵,上初責反。(ZD60-92c)

～勵,上楚責反。(ZD59-550b)按:"～"即"策"字。

耤 cè

又～,初責反,正作耤。(ZD60-378b)

箣 cè

～進,上初責反。(ZD59-1132c)按:"～"同"策"。

岑 cén

～巖,助今反,山小而高。(ZD59-764b)

涔 cén

～寂,上助今反。(ZD59-570a)

牛～,助今反,牛馬跡也,正作涔也,蹄涔不容尺鯉也,謂小水也。(ZD60-575a)

曾[1] céng

～眴,音舜,正眴。(ZD59-705a)

～迴,音迴。(ZD59-557b)按:"～",對應佛經作"層"。

鄫 céng

未～,自登反,經也,正作曾。(ZD60-263b)按:"未～",對應佛經作"未曾"。"～"通"曾"。《經律異相》卷1:"新生天子未曾見此,普懷恐懼。"(T53, p5a)

嶒 céng

崚～,下疾陵反。(ZD59-1082b)

---

① 又見"鄫"字條。

繒 céng

繒 ～綺，疾陵反。(ZD59-661a)

繒 ～裹，上疾陵反，下古火反。(ZD59-580c)

繒 曳(申)～，上音申，舒也，下自陵反。(ZD60-373a)

蹭 cèng

蹭 ～蹬，上倉鄧反。(ZD60-525b)

乂 chā

乂 ～近，音延，《大般若》作刹莚。(ZD59-586c)按："乂"即"叉"字。

叉[①] chā

叉 朱～，音必。(ZD59-620a)按："朱～"，對應佛經作"朱叉"。《大方等大集經》卷37："碎(蘇骨反)朱叉却伽(八)。"(T13, p251c)"～"，可洪以爲"必"，恐誤。

乂 閲～，上以劣反。(ZD59-580c)

乂 阿闍，～六反。(ZD59-730c)

扠 鐵～，天結反，下楚加反。(ZD59-843b)按："鐵～"，對應佛經作"鐵叉"。《佛説華手經》卷7："或有獄卒，手執鐵叉、弓、矢、牟、戟種種器杖，東西推求。"(T16, p179b)

攵 ～阤，音叉，下音陁。(ZD59-718a)

扠 chā/chāi

扠 ～腰，上楚加反。(ZD60-23b)按："～"即"扠"，同"叉"。

扠 ～蹋，丑街反，下徒盍反。(ZD59-676b)

扠 捲～，上巨員反，下丑街反。(ZD59-988b)按："～"即"扠"字之訛，構件"扌"與"禾"相混，擊打也。《中阿含經》卷7："若幼少、中年、長老來行不可事，或以拳扠，或以石擲，或刀杖加。"(T01, p464c)

扠 相～，丑街反。(ZD59-751c)按："～"乃"扠"字，詳見本書中篇"**扠**"字條。

杈[②] chā

杈 木～，音叉。(ZD60-265a)按："～"乃"杈"，詳見本書中篇"**杈**"字條。

杈 ～羅，音叉，正作杈。(ZD59-798a)

侘 chā/chà

侘 瑟～，丑家、丑嫁二反。(ZD59-754c)

茬 chā

茬 勒～，音叉。(ZD59-621c)按："～"乃"差"字之訛。

臿[③] chā

臿 ～床，上初洽反。(ZD59-1041a)

函 chā

函 ～属，上初洽反，鍫也。(ZD60-360a)按："～"即"臿"，通"鍤"。

差[④] chā/cī

差 ～别，初加反。(ZD59-719a)

差 ～别，上楚加反。(ZD59-620b)

差 ～别，楚加反，舛也，擇也。(ZD59-740c)

差 ～别，楚加反。(ZD59-668b)

---

① 又見"乂""扠"字條。
② 又見"釵"字條。
③ 又見"函"字條。
④ 又見"茬"字條。

𢀸 ～别，楚加反。(ZD59-854a)按："～"即"差"字，不同也。《佛説法集經》卷6："世尊！空及一切煩惱，此二即一，無差别。"(T17, p643b)

𢀸 ～别，初加反。(ZD59-673b)

𢀸 ～特，初加反。(ZD59-649c)

𢀸 惡～，烏各反，下初加反。(ZD59-653a)

蹉 ～踖，楚加反，下倉各反，舛誤也，正作差錯也，又上七何反，下自昔、子昔、七雀三反，非也。(ZD59-731b)按："～"通"差"。

蹉 ～互，楚加反，下乎故反。(ZD59-731c)按："～互"即"差互"。"～"通"差"。

𢀸 參～，下初宜反。(ZD60-517b)

釵 chā

釵 鐵～杈，二同，音叉。(ZD60-284a)按："～"同"杈"。

插[①] chā

揷 合～，古惡反，下叉合(洽)反，正作各插。(ZD59-805b)

揷 口～，叉洽反。(ZD59-786a)

揷 ～置，楚洽反，正作插、插。(ZD59-745c)

揷 布～，初洽反。(ZD59-881b)

揷 口～，楚洽反。(ZD59-788b)

揷 𠕀微柴～，一羊止反，下一楚洽反，上正作以也，又音乹，非也。經云有長者子名賢乹，以微柴插其地是也。(ZD59-768b)按："～"乃"插"字，詳見本書中篇"揷"字條。

揷 ～諸，楚洽反。(ZD59-792c)

揷 ～華，上初洽反。(ZD59-618a)

揷 ～栢，叉洽反，正作插、插。(ZD59-805b)

揷 ～一，上楚洽反。(ZD60-23b)

揷 ～種，楚洽反。(ZD59-745a)

揷 ～於，上楚洽反，正作插也。(ZD59-1081b)

揷 ～在，上初洽反。(ZD59-597a)

揷 各～，叉洽反。(ZD59-877c)按："～"乃"插"，構件"扌"與"土"相混。《牟梨曼陀羅咒經》卷1："又於四角各插一箭。"(T19, p658b)

揷 ～瓶，同，此正。(ZD59-781b)

揷 ～箭，上初洽反。(ZD59-1063a)

揷 ～持，楚洽反，正作插。(ZD59-781b)

揷 ～頭，楚洽反，刺也。(ZD59-821c)

揷 ～於，上初洽反。(ZD59-1083c)

揷 口～，叉洽反。(ZD59-785b)

揷 ～瓮，初洽反。(ZD59-788a)

揷 ～在，叉洽反。(ZD59-802b)

𥟍 作～，初戢反，佛名也，正作褔也，依字，褔，重緣衣也，或作插，初洽反。(ZD60-361a)按："～"，對應文獻作"𥟍"。《一切經音義》卷7："阿插，叉甲反，佛名也，經文從禾作𥟍，應誤也。"(C056, p933a)"～""𥟍"，可洪以爲"褔"，讀"qì"，根據玄應，應爲"插"字。《續一切經音義》卷6："阿閦鞞，閦或作閦，同，初六反，鞞或作鞞，同，薄迷反，梵語也，古云阿插，皆非正音也。"(T54, p961c)

𥟍 阿～，初立、初洽二反，佛名，即阿閦佛也，正作𥟍也。(ZD59-691c)按："～"，對應佛經作"插"。《佛説方等般泥洹經》卷2："如須摩提國阿彌陀佛光明，如阿𥟍佛世尊，

---

① 又見"𥟍"字條。

及與香王國所有爲上妙。”(T12, p925c)“稲”,宋、元、明、宫本作“插”。

稲 chā

稲 钁～,初洽反,正作鍤。(ZD60-63c)按:《根本説一切有部略毘奈耶雜事攝頌》卷1:“鐵鎚及鎗子,鐵鍤(鍤)并木杴;釜床竈五百,斧鑿衆皆許。”(T24, p521a)“鍤”,宋、元、明、宫本作“插”。“～”乃“插”。經文中通“鍤”字。

鍤 chā

鍤 鍬～,上七遥反,下初洽反。(ZD60-475a)

茶[1] chá

茶 ～～,宅加反。(ZD59-791b)

茶 留～,宅加反。(ZD59-840c)

茶 君～,宅家反,魏言火爐。(ZD59-1065c)

茶 睺～,户鉤反,下宅家反,悮。(ZD59-757a)

查[2] chá/zhā

查 ～浦,上助加反,下音普。(ZD60-511b)

查 流～,助加反。(ZD60-280b)按:“～”乃“查(槎)”。《經律異相》卷44:“見一女人在流槎上,沮息欲死,便向慈羅乞匃求載,慈羅啟鼈。”(T53, p228b)

杳 生～,户耿反,菓名也,《經音義》作查,應和尚以樝替之,側加反,彼悮。(ZD60-152c)按:《隨相論》卷1:“味有七種,謂甜、苦、辛、酢、鹹、澀、灰汁味。澀,如生查等。”(T32, p0166a)今佛經用字與玄應所見寫本佛經相同。其實“查(査)”即“樝”字,木名,實味澀酢,與經文文意正合。明·李時珍《本草綱目·果二·樝子》:“樝子乃木瓜之酢澀者,小於木瓜,色微黄,蒂核皆粗,核中之子小圓也。”可洪作“杏”倒與經意不符,我們以爲可洪所見“杏”字也當爲“查”字之訛。

查 作～,户耿反,見藏作生杏也,應和尚以樝字替之,非也,又依字仕銜、仕加二反,彼悮也。(ZD60-385b)按:“～”乃“查(樝)”。《隨相論》卷1:“澁者如生查等。”(T32, p166a)可洪以“～”爲“杏”,誤。

荼 chá

荼 奔～,宅加反。(ZD59-549b)

荼 看～,苦干反,下宅加反。(ZD59-840c)

荼 ～叉,上宅加反。(ZD59-630c)

荼 文～,宅加反。(ZD59-804a)

荼 揭路～,下宅家反。(ZD59-593c)

荼 謨～,莫乎反。(ZD59-815a)

荼 ～者,宅加反。(ZD59-681b)

荼 槃～,宅加反。(ZD59-697b)

荼 蘖魯～,牛列反,下宅加反,正作荼。(ZD59-784c)

荼 弓槃～,下宅家反。(ZD59-918a)

荼 乾～,上巨焉反,下宅家反,正作軋荼。(ZD59-1020b)

荼 攞～,宅家反。(ZD59-664a)

荼 ～毗,宅加反,此云燒身。(ZD59-688c)

荼 頞～,烏割反,下屠家反。(ZD59-711c)

---

① 又見“茶”字條。
② 又見“槎”“渣”字條。

搽 chá

搽 塗～，上音途，下宅家反，泥飾也，正作塗、涂二形，但途、荼二呼，其義一也。《川音》作搽，草名也，非用。(ZD60-233a)按：“～”，對應經文作“搽(搽)”，涂抹也。《佛説内身觀章句經》卷1：“諸根爲以縫，非瘡而裹之，肉血以塗搽，如木機關縷，爲如幻師幻。”(T15，p239c)

渣 chá

渣 ～穴，上助交反，正作楂也。(ZD60-249a)按：“～”，經文作“楂”。《一百五十讚佛頌》卷1：“譬如巨海内，盲龜遇楂穴。”(T32，p758c)“楂穴”指木筏子上的洞穴。

槎 chá

槎 ～瀨，上助加反，下力太反。(ZD60-147b)按：“～”音“助加反”，乃“槎(查)”字。

嗏 chá

嗏 阿～，宅加反，《悲花經》作阿荼。(ZD59-714b)

嗏 者～，音荼。(ZD59-571b)

嗏 ～佗，宅加反，下徒何反。(ZD59-714b)

嗏 皮～，宅加反，正作荼。(ZD59-760b)

嗏 ～羅，上桑割反，王名也，或云頻婆娑羅，即阿闍貰王父也，正作㗌、攃，或作蹅、𠻤，四形也，又郭氏作荼、切二音，非也，見別經音作七細、倉割二反，亦非也。(ZD60-177c)按：“～”，經文作“嗏”。

跎 chá

跎 賓～，宅加反，正作垞、秅二形也，地獄名賓咤羅，晉言集欲，《阿闍世王經》作賓頭是也。(ZD59-756a)按：“跎”，譯音字。

詧 chá

詧 玄～，音察，或作粲，倉贊反，僧名。(ZD60-475c)

察[1] chá

察 ～其，上音察，監也。悞。(ZD59-967b)

蹅 chá

蹅 号～，上户雞反，下宅加反，師子名也，上悞。(ZD60-270c)按：《經律異相》卷21：“有一師子，名號蹊蹅迦羅毘(梁言堅誓)，軀體金色，光相焕然。”(T53，p116b)“蹅”，宫本作“蹅”。“～”“蹅”同“蹅”，譯音字。

蹅 旃～，宅加反。(ZD60-72b)按：“～”，譯音字，與“荼”音同。“旃～”，對應經文作“旃荼”。《鼻奈耶》卷3：“彼中道有旃荼羅女，名鉢吉蹄，於井汲水。”(T24，p863b)

蹅 ～，音荼。(ZD60-201c)

蹅 作～，宅加反，經作荼。(ZD60-369a)按：“～”，譯音字，與“荼”音同。

蹅 跋～，上婆末反，下蘓割反，正作𨁽、攃二形也，《大毗婆沙》作筏蘓是也。郭氏作倉末、丈加二反，並非也。又《川音》作蹅，屠故、宅加二反，亦非也。(ZD60-174a)按：《鞞婆沙論》卷7：“涅槃安隱義故説善，尊者跋蹅亦爾説。”(T28，p466c)“蹅”，宋、元、明、宫本作“蹅”。“～”

① 又見“詧”字條。

當爲"踈",譯音字。

踈 案～,宅加反。(ZD60-75a)按:"～"音"宅加反",疑爲"踈",譯音字,經文作"踈"。

嚓 chá

嚓 ～了,音察。(ZD59-1095b)按:"～",經文作"察"。《佛説見正經》卷1:"人生是世稟受身形,肉眼所見現在之事,父母親屬,察察了了,然不能復見知前世所從來處。"(T17, p741c)

侘 chà

侘 ～懘,上丑駕反,下丑例反,失志皃也,正作侘傺也,又上徒各反,下丑世反,微困也,非義也。下又丑芥反,極也,劣也,亦非義。下又《川音》音製,非也。侘,又丑加、他各二反。(ZD60-499a)按:"～懘"同"侘傺",失志皃。《續高僧傳》卷30:"並侘懘於胸府,俱讚揚於心路。"(T50, p703b)

詫 chà/tuǒ

詫 瑟～,丑亞反,正作詫。(ZD59-782a)按:"～"同"詫",用作譯音字。

詫 鞞～,丁可反,下他可反,正作詫。(ZD59-787b)按:"～",用作譯音字。

詫[①] chà

詫 沙～,丑嫁反。(ZD59-668c)

詫 ～～,魑賈反。(ZD59-780c)

檫 chà

檫 作～,初轄反。(ZD60-350b)按:"～",可洪音"初轄反",讀"chà",對應文獻作"擦",讀"chá"。《一切經音義》卷1:"切剎,又作擦,同音察。"(C056, p814b)

豚 chāi

豚 兩～,楚懈反,衣～也,正作衩。(ZD59-899b)按:"兩～",對應佛經作"兩**豚**"。《菩薩善戒經》卷9:"兩目兩肩,及鼻二孔,額上兩**豚**,兩耳頭圓足,是名八十。"(T30, p1009c)"～",可洪以爲"衩",恐誤。《涅槃經疏私記》卷7:"兩目、兩肩、兩鼻孔、額、兩豚、兩耳、顯(頭)圓。"(X37, p141a)《法華經三大部補注》卷9:"額,亦作頟,五百切,**豚**字誤也,《經音》云應作**頍**,楚皆切,頷頷,頤傍。"(X28, p300c)《法華經文句記箋難》卷3:"兩豚,**豚**應作頍,釵音,頤之傍也。"(X29, p555b)據此"～",似乎即"**頍**"字。

豚 作～,楚架反,分奇也,正作杈。(ZD60-365b)按:《一切經音義》卷10:"兩杈,初嫁、初家二反,兩歧爲杈,木理亂曰杈,亦作此,論文作**豚**,俗作也。"(C056, p971a)《一切經音義》以"**豚**"爲"杈",不妥。《菩薩善戒經》卷9:"兩目兩肩,及鼻二孔,額上兩**豚**,兩耳頭圓足,是名八十。"(T30, p1009c)根據經意,"～"似爲"**頍**"字。

槐 chāi

槐 瑟～,丑街反。(ZD60-109c)按:"～",經文作"搋"。《阿毘達磨大毘婆沙論》卷14:"六鴦耆羅,七跋羅墮闍,八婆死瑟搋。"(T27, p68b)根據可洪注音,"～""搋"乃"搋"字。

膗 chāi

膗 路～,所齊反。(ZD60-434a)按:

---

① 又見"詫"字條。

"～",譯音字,經文自切"所齊反"。《大唐大慈恩寺三藏法師傳》卷3:"一布路膛(所齊反)。"(T50, p239b)

⿰犭林 chái

⿰犭林 ～毒,上助皆反。(ZD60-292b)按:"～"乃"犲(豺)"。《陀羅尼雜集》卷8:"若行山林空澤中,當令虎狼豺毒……"(T21, p624c)"～"乃"犲"字,詳見本書中篇"⿰犭林"字條。

柴 chái

柴 揾～,烏困反。(ZD59-874a)

豺[1] chái

犲 ～常,上助皆反。(ZD60-103c)按:"～"乃"豺"字。《阿毘曇毘婆沙論》卷36:"如狗時有欲心,豺常有欲心。"(T28, p267b)

犲 ～狼,仕皆反。(ZD59-741a)

犲 ～豹,上助皆反。(ZD59-1082a)

犲 ～狗,上助街反。(ZD59-741a)

犲 賭及～,助皆反。(ZD59-996c)

犲 ～狼,助皆反。(ZD59-834c)

犲 如～,助皆反,正作豺。(ZD59-907b)

犲 ～狼,助皆反。(ZD59-742c)

犲 ～狼,仕皆反。(ZD59-682b)

犲 ～狼,助皆反。(ZD59-765c)

犲 ～狼,上仕皆反。(ZD60-247a)

犲 ～狼,仕皆反。(ZD59-689c)

祡 chái

祡 ～祭,上仕街反,正作祡。(ZD60-323c)

喍 chái

喍 嘊～吠,上五街反,中助街反,下扶廢反。(ZD59-600a)

喍 嘊～,五街反,下助街反。(ZD59-710c)

喍 啀～,五街反,下助街反,大怒也,《經音義》作睚眦,非。(ZD59-821b)

喍 啀～,五街反,下助街反,犬鬬皃也。(ZD59-702c)

喍 嘊～,五街反,下助街反。(ZD59-852a)

儕 chái

儕 ～類,助皆反,等也。(ZD59-835c)

儕 ～侶,上仕街反。(ZD60-485c)

蠆[2] chài

𧎭 ～芥,上丑邁反。(ZD60-563b)按:"～"乃"蠆"字,詳見本書中篇"𧎭"字條。

蠆 蚰～,丑芥反。(ZD59-562c)

蠇 蜂～,音峰,下丑介反,正作蠆。(ZD59-797c)

蠇 chài

蠇 化～,丑芥反。(ZD60-74c)按:"～",經文作"蠆"。《鼻奈耶》卷9:"化蠆成詹蔔鬘,化黿鼊爲百葉華鬘。"(T24, p891b)

蠤 chài

蠤 蚔～蠍,上巨支反,中丑芥反,下許羯反,中正作蠤。(ZD60-376a)按:"蠤"同"蠆"。

---

① 又見"⿰犭林"字條。

② 又見"蠤""蠇"字條。

蠆 蚳～蠍，上巨支反，中他達反，下許羯反，經作蟽蝢，中又《音義》作他達反，非也，又丑芥反。(ZD60-356b)

㥏 chān/yán

㥏 爲～，觸延反，與㷔同也，悮。(ZD59-1019c)按：《般泥洹經》卷2：“我泥曰後，爲㥏比丘作梵檀罰。”(T01, p184b)《新集藏經音義隨函録》卷13：“如㷔，昌延反，火起也，正作燀也，此中是比丘名也，即車匿比丘是也，《鼻奈耶律》作闡怒。”(ZD59-1019c)可洪以“～”爲“㷔”，同“燀”，用作譯音字。

㥏 惋～，於遠反，下以然反，又上音晼，下音練，非。(ZD59-724b)按：“惋～”即“綩綖”。《佛説伅真陀羅所問如來三昧經》卷3：“皆布天繒，以爲綩綖。”(T15, p360c)

㥏 惋～，於遠反，下以然反。(ZD59-749a)按：“惋～”即“綩綖”。

㥏 惋～，於遠反，下羊然反。(ZD59-726a)

㥏 惋～，於遠反，下羊然反，地衣也，正作綩綖。(ZD59-824a)按：“惋㥏”同“綩綖”。

㷔[①] chān

㷔 如～，昌延反，火起也，正作燀也，此中是比丘名也，即車匿比丘是也。又羊扇反，非此呼。(ZD59-1019c)按：“～”，經文作“㥏”。《般泥洹經》卷2：“如㥏比丘，性弊悷急，好罵數説，佛泥曰後當如之何？”(T01, p184b)“車匿”，Chandaka，新作闡鐸迦。據此，“㥏比丘”應爲“㷔比丘”，可洪以“～”同“燀”，音“昌延反”，用作譯音字。

獑 chān

獑 咋～，上仕責反，齧也，下察閑反，噬也。(ZD60-164b)按：《佛説立世阿毘曇論》卷8：“伺待門開，爭入獄裹，牽出罪人，咋獑其身。”(T32, p210b)

襜 chān/chàn

襜 ～身，上尺占反，蔽膝衣也。(ZD59-984b)

襜 ～身，尺廉反，尺焰反，蔽膝衣也。(ZD59-982b)

襜 阿～，尺閻、尺焰二反。(ZD59-813a)

襜 占～，章焰反，下昌焰反。(ZD59-871c)

鄽[②] chán

鄽 ～里，直連反。(ZD59-640c)按：“～”即“鄽”。《玉篇・邑部》：“鄽，直連切，市鄽。俗作鄽。”

鄽 ～肆，上直連反。(ZD59-1130a)按：“～”即“鄽”。

鄽 ～肆，上直連反。(ZD59-597b)按：“～”即“鄽”。

瀍 chán

瀍 ～澗，上直連反，東都四水，名伊、洛、瀍、澗也。(ZD60-259c)

瀍 伊～，直連反，水名也。(ZD60-326b)

壥 chán

壥 ～落，上直連反。(ZD60-435b)按：“～落”，對應佛經作“壥落”。《大唐大慈恩寺三藏法師傳》卷6：“今知此嵩岳之南、少室山北有少林寺，

① 又見“㥏”字條。
② 又見“鄽”字條。

遠離壥落，泉石清閑，是後魏孝文皇帝所造，即菩提留支三藏翻譯經處。”(T50，p253c)“～”即“壥”，與“廛”“墠”同。

嶄　chán

嶄　～巖，上助銜反，山高皃也，正作嶃嵒。(ZD60-207c)

撣　chán/tán

撣　～師，上市連反，正作禪。(ZD60-473c)按：“～”乃“禪”。

撣　～指，上徒丹反。(ZD59-1115b)按：“～”，對應經文作“彈”。《摩訶僧祇律》卷39：“若淨人眠時，當彈指令覺。”(T22，p540a)

撣　～箏䈴，上徒丹反，中側耕反，下徒的反，《經音義》以篴笛二字替之。(ZD60-51c)按：“～”同“彈”。

廛[1]　chán

墠　色～，音纏。(ZD59-947c)按：《一切經音義》卷24：“色廛，治連反，梵言阿練遮羅，此云市廛。”(C057，p112c)

墠　欲～，直連反。(ZD59-941a)

壥　～閈，上直連反，城市内地也，亦作墠，下胡案反，里也，閭居也，垣也。(ZD59-600b)

壥　色～，同上。(ZD59-941a)

壥　欲～，音纏。(ZD59-943a)

壥　欲～，呈連反。(ZD59-965a)

緾[2]　chán

緾　～裹，音果。(ZD59-941b)

緾　～髁，苦瓦反。(ZD60-38c)

縓　中品～，直連反，繞也，正作纏，又七全、七絹二反，誤。(ZD59-902c)

躔　chán

躔　月～，直連反，日月行也。(ZD60-128c)按：“～”同“躔”。

禪　chán/shàn

禪　～，市連反。(ZD59-570b)

禪　～那，秦言思惟。(ZD59-574b)

禪　～位，時戰反，封位也。(ZD59-725b)

撣　～兜，時戰反，正作禪。(ZD59-798b)按：“～”乃“禪”。

縓　chán

縓　情～，直連反，縛也，正作緾也，栢梯本作緾也，又七全反，非也。(ZD60-498c)按：“～”乃“緾”，詳見本書中篇“縓”字條。

縓　兹～，直連反，正作緾也，又七全、七絹二反，非。(ZD60-587b)按：“～”乃“緾”。

縓　情～，音纏，繞縛也，又七緣、七絹二反，紅也。(ZD60-486c)按：“～”乃“緾”。

縓　烏～，直連反，國名也，或云烏萇，或云烏仗，正作緾也，又七全、七絹二反，非也。(ZD60-446c)按：“～”乃“緾”。

闡　chán

闡　市～，下直連反。(ZD60-344b)按：“～”乃“闡”。

劖　chán

劖　作～，助銜反。(ZD60-363a)

劖　～剗，上初眼反。(ZD59-1026a)按：

[1] 又見“墠”字條。

[2] 又見“縓”“纏”字條。

"～",可洪音"初眼反",蓋以爲"剗"字,恐非。經文作"劖"。

劖　～刺,上助咸反。(ZD59-1024a)

劖　～以,上仕銜反,刺也。(ZD59-1008a)

攙 chán/wǎn

攙　～刺,助咸反。(ZD59-901a)

攙　～刺,助咸反。(ZD59-682c)

攙　～出,上音晚,曳也,正作挽。(ZD60-422b)按:《集神州三寶感通録》卷1:"令人百牟攙出,終不可脱,亦勞有損。"(T52, p409a)"牟攙",元、明本作"千挽"。可洪以此處的"～(攙)"爲"挽"。

嚵 chán

嚵　～速,初銜反,氣欲盡皃,語急也,非次而言也,又助銜、仕鑒、倉陷三反,亦作儳也。(ZD59-934c)按:"嚵"同"儳"。《瑜伽師地論》卷15:"敦肅者,謂如有一待時方説而不嚵速,是名敦肅。"(T30, p359b)"嚵",明本作"儳"。《瑜伽師地論略纂》卷6:"而不嚵速者,他正語時,中路即言名嚵。"(T43, p95a)

嚵　～哳,陟轄反,鳥鳴也。《經音義》云宜作吠。(ZD59-706c)按:"～哳",對應佛經作"嚵哳"或"嚵听"。《正法華經》卷2:"性常嚵听,生盲無目,人所棄捐。"(T09, p79a)"听",宋、元、明、宫本作"哳"。"～哳"即"讒哳",以讒言誹謗他人。"～(嚵)"同"讒"字。

巉 chán

巉　～巖,上助銜反。(ZD60-424c)

巉　～巖,仕咸反。(ZD59-938c)

巉　～巖,助咸反。(ZD59-955b)

鐔 chán

鐔　珥金鐔,上人志反,下丁兮反,染繒黑石也,正作磾也,出瑯琊山,《川音》作鐔,以輝字替之,非。(ZD60-298a)按:可洪以"～"爲"磾",誤。"鐔"乃"蟬"之俗,詳見本書中篇"鐔"字條。

鄽 chán

鄽　循～,下直連反。(ZD60-304a)按:"～",對應佛經作"鄽"。《諸經要集》卷14:"傍路安眠,循鄽求食。"(T54, p129c)

欃 chán

欃　～搶,上助咸反,下七兩反。(ZD60-542c)按:"～搶"與"欃槍"同。

欃　欃鎗,上初咸反,下初庚反,下正作搶。(ZD60-405b)按:"～鎗"即"欃槍",《爾雅·釋天》:"彗星爲欃槍。"又作"攙搶"。

纏 chán

纏　悉～,辛七反。(ZD59-734b)

纏　非～,直連反。(ZD60-152a)

纏　～手,直連反。(ZD59-716c)

纏　氈～,直連、直練二反。(ZD59-687a)

讇 chán

讇　～言,市占反,熱病荒言也。(ZD59-736c)按:"～"與"寱"意義相同,夢話也。

讇　～語,視廉反。(ZD59-696c)按:"～"與"寱"意義相同,夢話也。

~語，市瞻反，睡中妄語。(ZD59-959b)

那~，市瞻反。(ZD59-625b)

~語，時瞻反，睡語也，應和尚以寱字替之。(ZD59-681a)按："~"與"寱"意義相同，夢話也。"~"音"時瞻反"，讀"chán"。

讒[①] chán

~言，上仕咸反。(ZD59-608c)

謗~，仕咸反，譖言也，正作讒。(ZD59-825b)

~謗，仕咸反。(ZD59-919c)

~搆，仕咸反，下古候反，譖言也。(ZD59-737b)

謗讒，仕咸反，譖言也，正作~。(ZD59-825b)

~諛，仕咸反，下羊朱反。(ZD59-822a)

諂~，仕咸反，正作讒。(ZD60-61a)

~佞，仕咸反，下奴定反。(ZD59-819c)

~言，仕咸反。(ZD59-726b)

~賊，仕咸反，譖毀也。(ZD59-913c)

~遘，仕咸反，下古豆反。(ZD59-678b)

~賊，助咸反。(ZD59-911b)

~言，上仕咸反。(ZD59-613c)

憘~，仕咸反，宜作饞。(ZD59-598c)按："憘~"，對應佛經作"喜饒"或"喜饞""喜讒"。《大寶積經》卷72："慳貪嫉妬，喜饒飲食。"(T11, p411b)"饒"，元、明本作"饞"，聖本作"讒"。根據文意，應以"喜饞"爲正。"~"乃"饞"字之借。

~言，助咸反。(ZD59-699a)

謗讒，仕咸反，譖言也，俗作~。(ZD59-825b)

佞~，上奴定反，下仕咸反。(ZD60-273b)

~佞，上仕咸反，下奴定反。(ZD59-616c)

~賊，上仕咸反。(ZD60-283c)

~之，仕咸反。(ZD59-820b)

~搆，仕咸反。(ZD59-948b)

~佞，仕咸反，下奴定反。(ZD59-758b)

~讁，上仕咸反，下知革反，責也，正作讒謫也，下又或作譎，音決，詐也。(ZD60-171b)

~賊，仕咸反。(ZD59-911b)按："~賊"，對應佛經作"讒賊"。《大智度論》卷16："如是等種種惡口讒賊，故受此罪。"(T25, p176a)

無~，仕咸反，悞。(ZD59-956b)

~言，仕咸反。(ZD59-776c)

饞 chán

~嗜，仕咸反，下神利反。(ZD59-939b)

丳 chǎn

鐵~，初眼反，正作丳。(ZD59-932c)

剗 chǎn

鏟~，初眼反。(ZD59-954b)

須~，初眼反。(ZD60-35b)

一~，同上(剗)。(ZD59-1116c)

釿~，上音斤，下初眼反，平木器也，下

---

① 又見"嚵"字條。

正作鏟、剗二形。(ZD60-43a)

⿸疒生 chǎn

不～,所眼反,生也,正作産、摌二形,郭氏作所景反,非也。(ZD59-1007a)按:"～",經文作"産",即"産"字,生産。詳見本書中篇"⿸疒生"字條。

産① chǎn

居～,所眼反,生也,又～業庄田惣名也,正作産也,又《川音》作厓,音崖,非經義。(ZD60-225c)

閅 chǎn

作～,尺演反,見藏作闡也,應和尚以闖字替之,非也。闖,于彼反。(ZD60-359c)按:《一切經音義》卷7:"開闖,又作闔,同,于彼反,《字林》闖,開也,闢也。經文作閅,誤也。"(C056, p923c)可洪以"～"爲"闡"字,玄應以爲"闖",今依可洪。

剷 chǎn

～跡,上初眼反。(ZD60-596c)

⿰女臽 chǎn

媮～,下丑染反。(ZD59-1023a)按:"～"乃"諂",諂媚。《寂志果經》卷1:"其心清淨,無有邪見,遠離諛諂,其心質朴,不懷巧僞。"(T01, p273a)

滻 chǎn

～東,上所眼反。(ZD60-346a)

⿰月産 chǎn

～炙,上初眼反,炙宍具也,正作丳也。(ZD59-1052b)按:"～"通"丳"。

諂② chǎn

離～,丑染反。(ZD59-650a)

～詭,丑染反,下居委反。(ZD59-728c)

～曲,丑染反。(ZD59-719c)

諛～,下丑染反。(ZD60-213a)

諛～,上欲朱反,下丑染反。(ZD59-582c)

諛～,羊朱反,下丑染反。(ZD59-674c)

諭～,羊朱反。(ZD59-735b)

諭～,下丑染反。(ZD59-585a)

妖～,丑染反。(ZD59-918b)

諭～,羊朱反,下丑染反。(ZD59-774b)

～訷,羊朱反,又音申,非也。(ZD59-732a)

諭～,羊朱反,下丑染反。(ZD59-648c)

諭～,羊朱反。(ZD59-643a)

不～,丑染反。(ZD59-585c)

～佞,如定反。(ZD59-636c)

～曲,丑染反,僞也,正作諂。(ZD59-638a)

諭～,羊朱反,下丑染反。(ZD59-717c)

～曲,上丑染反。(ZD59-583b)

諭～,上以朱反,詭言也,新韻作揄,舊韻作諛也。(ZD59-574a)

諛～,上以朱反。(ZD59-603b)

諛～,羊朱反,下丑染反。(ZD59-729b)

---

① 又見"⿸疒生"字條。

② 又見"⿰女臽""謟"字條。

諂　諛～,上羊朱反,下丑染反。(ZD60-213b)

諂　諭～,上羊朱反。(ZD59-603a)

諂　諭～,羊朱反。(ZD59-670b)

諂　～恌,音叨,疑也,下徒了反,動也,五蓋中二蓋也,一貪欲,二瞋恚,三睡眠,四掉戲,五疑悔,今云諂恌是疑悔、掉戲二蓋也,下正作挑也,又祧、遥二音非。(ZD59-927a)按:“～”,經文作“諂”,可洪音“叨”,不妥。

嫍　無～,丑染反,佞也,正作諂、讇二形。(ZD59-731b)

嫍　婾～,羊朱反,下丑染反。(ZD59-731c)

嫍　婾～,羊朱反,詐也,僞也,正作諛,下丑染反,上他侯反。(ZD59-647b)

嫍　婾～,羊朱反,下丑染反,上又他侯反,非也。(ZD59-731b)

嫍　～飾,丑染反,下尸力反。(ZD59-647b)

謟　chǎn

謟　不～,丑染反。(ZD59-854b)按:“～”乃“諂”字之訛。

謟　不～,丑染反,又音叨,非也。(ZD59-1068c)按:“～”乃“諂”字之訛。《正法念處經》卷27:“持七種戒,不缺不漏,堅固不諂。”(T17,p157c)

闡[①]　chǎn

闡　開～,昌演反,正作闡。(ZD59-943a)

啗　chǎn

啗　𪉞～,竹陷反,下丑陷反。(ZD59-871c)按:“～”,譯音字。

啗　𪉞～喃湛。(ZD59-872b)按:“～”,譯音字。

貼　chàn

貼　～視,上丑焰反,視也,候也,正作貼、覘二形。(ZD60-606b)按:“～”乃“覘”。

幨　chàn

幨　弊～,尺焰反。(ZD60-510a)

儳　chàn

儳　古～,音懺。(ZD60-364a)

儳　古～,音懺。(ZD60-390a)

懺　chàn

懺　～悔,上楚鑒反,正作懺。(ZD60-533a)按:“～”乃“懺”字,詳見本書中篇“**懺**”字條。

懺　～謝,上楚鑒反,正作懺。(ZD60-19b)按:“～”乃“懺”,詳見本書中篇“**懺**”字條。

儳　～前,上楚鑒反,郭氏作私占反,非也。(ZD60-259b)

讖　～悔,楚鑒反,從心。(ZD59-917a)

讖　～謝,楚鑒反,悔罪也,正作懺。(ZD59-752a)

讖　是～,音懺。(ZD59-956c)按:“是～”,對應佛經作“是懺”。《十住毘婆沙論》卷10:“作如是罪,應如是懺。”(T26,p77c)

𡅏　chàn

𡅏　～摩,音懺。(ZD59-812c)按:“～”,經文作“𡅏”,同,譯音字。《東方最勝燈王如來經》卷1:“俱吒泥摩訶俱吒泥瞻(時占反)摩隸𡅏摩隸摩㥿隸莎婆呵。”(T21,p872a)

---

① 又見“閰”字條。

倡 chāng

倡 ～伎，上音昌，正作倡也，倀。（ZD59-600b）

猖 chāng

猖 披～，音昌。（ZD60-515a）

萇 cháng

萇 ～薄，直羊反。（ZD59-929b）按："～"，對應佛經作"長"。《三具足經憂波提舍》卷 1："復往作善面王時，廣妙長薄，清淨無垢，如蓮華葉。"（T26，p360c）經文中，"～"通"長"。當然，亦有可能"長"是受下字"薄"的影響類化增旁而作"～"。

萇 謂～，直羊反，不短也，正作長。（ZD59-971b）

萇 ～短，直良反。（ZD59-964b）按："～短"，對應佛經作"長短"。《順中論》卷 2："兔角應有，長短等相，此義不然。"（T30，p48a）經文中，"～"通"長"。

唱 cháng

唱 比～，下場、仗二音。（ZD59-627b）按："～"，譯音字。

瑒 cháng

瑒 軸～，上丑由反，下直羊反，正作抽腸也，下又陽、釋二音，並非也。（ZD60-431a）

甞 cháng

甞 ～無，上市羊反。（ZD59-554b）

腸① cháng

腸 ～胃，音謂，正作胃。（ZD59-657c）

踼 蹲～，直羊反，正作腸也。（ZD59-898b）

腸 ～諸，上直羊反。（ZD60-396b）

脹 ～胃，直羊反，下爲貴反，正作腸胃也，上又音帳，非也。（ZD59-850c）

踼 蹲～，市軟反，下直羊反。（ZD59-898b）

倀 cháng

倀 ～羅，丑良反，郭氏音張。（ZD60-289b）按：《陀羅尼雜集》卷6："薩婆嘝吒波賴倀羅勅迦。"（T21，p613c）"～"，譯音用字。

嘗 cháng

嘗 ～眴，音舜。（ZD59-729c）

踼 cháng

踼 ～跪，直羊反。（ZD59-780a）

膓 cháng

膓 ～肺，芳吠反，正作肺。（ZD59-602b）

膓 ～肚，上直羊反。（ZD59-1015c）

膓 ～肺，芳廢反。（ZD59-604b）

膓 腨～，上市軟反。（ZD59-570b）

脹 ～胃，上直作膓，下音胃。（ZD60-92c）按："～"乃"膓"。

嚐 cháng

嚐 所～，音常。（ZD60-96a）

償 cháng

償 ～其，同上（償）。（ZD60-160a）

---

① 又見"瑒""膓"字條。

袒 chǎng

䄍 ～法，上丑兩反，僧名。（ZD60-477a）

敞 chǎng

敞 宇～，尺兩反，高也，正作敞。（ZD60-598a）

敞 宏～，上户萌反，下尺兩反，正作敞也，下又莫俾反，非也。（ZD60-262a）

敞 逈～，昌兩反，悞。（ZD60-422a）

敞 弘～，尺兩反，高也，正作敞也。（ZD60-468c）

閶 chǎng

閶 ～露，上稱兩反，高也，正作敞。（ZD60-29a）按：《四分律》卷6："堂者，多敞露。"（T22，p604a）"多敞露"，聖本作"多閶露處"。"～"即"閶"，本音"chāng"，經文中通"敞"，讀"chǎng"。

帳[1] chàng/zhàng

帳 ～悢，力向反。（ZD60-495a）按："～"乃"悵"。

悵 爲～，知向反，正作帳。（ZD59-668c）

悵 寶～，知亮反。（ZD59-661b）按："～"乃"帳"。

悵 花～，竹向反。（ZD59-694b）按："～"乃"帳"。

悵 㥷～，許偃反。（ZD59-777c）按："～"乃"帳"。

鬯 chàng

鬯 ～裘，上音暢，正作鬯也。（ZD60-542c）

鬯 ～其，上丑亮反，通也，達也。（ZD60-539a）

鬯 南～，丑亮反，正作鬯。（ZD60-590b）

廠[2] chàng

廠 ～内，上昌亮反，屋也。（ZD59-1133c）

癥 chàng

癥 ～内，上昌亮反。（ZD60-3c）按："～内"，經文作"廠内"。《根本説一切有部苾芻尼毘奈耶》卷12："牽我二牛，繫於廠内，莫與水草。"（T23，p969a）"～"即"廠"字之訛。

瘢[3] chàng

瘢 ～厙，上昌亮反，下烏甲反，露舍也，上從广。（ZD60-3c）按："～"乃"廠"，詳見本書中篇"瘢"字條。

趻 chāo

趻 賁～，扶非、扶文、布門、兵媚四反，下音沙，正作砂，又郭氏音抄，或作𧿽，初孝反，應和尚未詳。（ZD59-749c）按：《佛説灌頂經》卷1："神名酸梨枝賁趻梨移。"（T21，p496b）"～"，譯音字，讀音不明，暫依郭氏音"抄"，詳見本書中篇"趻"字條。

趻 賁～，上奔、墳、肥、秘四音，下郭氏音抄，應和尚未詳。（ZD60-354c）按："～"，譯音字。

趻 摩～，仙何反，又布門反，又音抄。（ZD59-750c）按："～"，譯音字。

怊 chāo

怊 多～，音超，悵恨也，正作怊也，又羊之反，悦也，悞。（ZD60-595c）

---

① 又見"悵"字條。

② 又見"癥""瘢"字條。

③ 又見"癥"字條。

超 chāo

超 挺～，徒頂反。(ZD59-644b)

超 ～挺，特頂反。(ZD59-593b)

摷[①] chāo/cháo

摷 ～出，楚交反，取也，正作蔍也。摷，擊也。(ZD59-848a) 按："～"，捞取也，乃"蔍"字。《佛説觀佛三昧海經》卷5："罪人心喜，愛樂此瓮，氣絶命終，生鑊湯中，速疾消爛，惟餘骨在，鐵叉摷出，鐵狗嚼之，嘔吐在地，尋復還活。"(T15, p671c)

摷 ～居，上仕交反，又争交反，非。(ZD60-532a) 按："～"即"巢"字。《弘明集》卷6："専愚則巢居穴處，飲血茹毛。"(T52, p42b) "巢"或作"樔"。"～"乃"樔"之訛。

嘮 chāo

嘮 ～馱，丑交反，下陁个反。(ZD59-802c)

蔍 chāo

摷 ～出，楚交反，取也，正作蔍也。(ZD59-848a) 按："～"同"蔍"。《廣韻・肴韻》楚交切："蔍，蔍取。"

譟 chāo

譟 ～佛，宜作魑，同楚交反，疾也，謂疾妒也，經意是謗字，如《興起行經》作謗佛也。(ZD59-1057c) 按："～"，經文作"謗"。

巢 cháo

摷 ～窟，上助交反。(ZD60-28a) 按："～"乃"樔"，與"巢"同。

樔 作～，仕交反。(ZD59-1106a) 按："～"乃"樔"，與"巢"同。

樔 爲～，助交反，正作樔。(ZD59-1066a) 按："～"乃"樔"之訛，與"巢"同，詳見本書中篇"樔"字條。

摷 ～木，助交反，鳥窠也。(ZD59-772c) 按："～"乃"樔"，與"巢"同。《佛説月光童子經》卷1："百姓驚怖，巢木栖山。"(T14, p816a)

朝 cháo

胡 ～燚，上直遥反，下徒丁反，《辯正論》作朝庭也，並悮。(ZD60-561b) 按："～燚"，經文作"朝廷"。

勦[②] cháo/jiǎo

勦 ～曰，助交、子小二反，捷也，疾也，絶也，經意宜作譟、魑，二同初交反。譟，代人説也。魑，疾也。(ZD59-764b)

僺 ～了，上助交反，輕健也，便捷也，正作勦也，又仕交反，長皃也，非用，《經音義》作勦。(ZD60-204b) 按："～了"，對應佛經作"勦了"。《賢愚經》卷6："其鴈聲者，志性勦了，多於親友，將接四遠。"(T04, p390c)

勦 ～戮，上子小反，正作勦，下力竹反，煞也。(ZD60-467b)

僺 cháo

僺 ～健，上仕交反，輕捷也，正作勦也，又仕巧反，長皃也，非用。(ZD59-1122c) 按："～"乃"勦"。

僺 作～，見藏作勦，仕交反，又依字仕巧反。(ZD60-388c)

---

① 又見"蔍"字條。

② 又見"僺"字條。

樔[①] cháo

樔 深～，助交反。（ZD59-673a）按："～"乃"樔"，同"巢"。

橾 ～窟，助交反，窠也。（ZD59-737a）按："～"同"巢"。

樔 ～窟，助交反。（ZD59-736b）按："～"同"巢"。

罺 cháo

罺 名～，助交反，王名也，正作罺也，又側交、楚孝二反，依字，小網也。（ZD60-185c）按：《佛本行經》卷1："蝎國王百才，欝禪王名巢。"（T04，p57c）從形體看，"～"即"罺"，經文作"巢"。

炒 chǎo

焨 ～槃，初巧反，下古木反。（ZD59-852b）按："～"即"熇"，與"炒"同。

聚 chǎo/jù

聚 熬～，上五高反，下初巧反。（ZD60-373a）按："～"即"𤎒"，讀"chǎo"，與"炒"同。

聚 火～，音聚。（ZD59-1111b）

聚 ～行，上自禹反，正作聚。（ZD59-1045c）

鈔[②] chǎo

鈔 餅～，尺沼反。（ZD60-95a）按："～"同"麨"。《阿毘達磨集異門足論》卷8："一飯二粥三餅麨四魚肉五羹臛，於如是等種種飲食。"（T26，p401a）

熇[③] chǎo

焻 ～疼，上楚巧反，乾也。（ZD59-1102b）

焻 ～稻，初巧反，下徒老反。（ZD59-865b）

麨 chǎo

麸 作～，初巧反，見藏作焻。（ZD60-370b）按："～"同"麨"，通"焻（炒）"。

麸 ～麩，上尺沼反，下丘與、丘御二反，麥粥汁。（ZD59-1030a）

麸 如～，尺沼反。（ZD59-683c）

麸 ～麱，上赤沼反，下俻、步二音。（ZD59-1106b）

麸 和～，尺沼反，乾飯屑。（ZD59-760a）

抄 chào

䄻 經～，初孝反，正作抄。（ZD60-263a）按："～"乃"抄"，詳見本書中篇"**䄻**"字條。

踔 chào/chuō

踔 二～，丑白（皃）反，半步也。（ZD59-1116a）

啅 ～枳，上丑角反，正作踔。（ZD59-679b）

啅 chē

啅 ～伽，上音車，借音邪，七耶反，下巨迦反，應和尚未詳。（ZD60-387c）按："～"，譯音字。

啅 耶～，音車，七耶反，又郭氏音居，非也。（ZD60-288a）按："～"，譯音字。

硨 chē

硨 ～渠，尺遮反，下巨魚反。（ZD59-

① 又見"巢""摷"字條。
② 又見"沙"字條。
③ 又見"炒""聚""麨"字條。

925b)按:"～渠",又作"硨磲",海貝也。

頓 chē

頓 作～,尺耶反,見藏作車。(ZD60-383a)按:"頓"同"車"。

捨 chě

捨 揭～,其列反,下車者反。(ZD59-721b)按:《金光明最勝王經》卷6:"阿揭捨,阿鉢噸弭哆,檀泥説囉。"(T16,p430c)

捨 散～,蚩也反。(ZD59-781b)

䰩 chě

䰩 脣哆,丁可反,醜皃也,垂下皃也,正作䫂、䪜二形,又昌者反,亦脣下垂皃也,亦作～。(ZD59-770a)

屮 chè

屮 楞～,丑列反。(ZD59-804b)

坼[①] chè

坼 𡍷矣,丑格反,裂也,正作～,下于起反,語助也。(ZD59-766b)

坼 ～分,上丑格反,與坼同。(ZD60-394a)

坼 峰～,丑格反,裂也,正作坼。(ZD60-121c)

坼 擗～,普擊反,下丑格反,破裂也,正作劈坼也。(ZD59-848a)

坼 ～矣,丑格反,裂也,正作㙿,下于起反,語助也。(ZD59-766b)按:"～"乃"㙿",與"坼"同。

拆 chè/tuò

拆 指～,丑格反。(ZD59-876b)按:"～"乃"拆",與"坼"同。

拆 擗～,上普擊反,下丑格反,正作劈坼也。(ZD60-283a)按:"～"即"拆"字,詳見本書中篇"炘"字條。

拆 ～裂,上丑格反。(ZD60-6c)按:"～"即"拆"字,詳見本書上篇第七章"**妡**"字條。

拆 ～外,他各反。(ZD59-782b)按:《不空羂索神變真言經》卷9:"左手執蓮花臺上寶珠,右手拆外揚掌。"(T20,p270b)"拆",元、明本作"柘",《慧琳音義》作"拓"。"～"乃"拓"。

拆 手～,同上。(ZD59-782b)按:"～"乃"拓"。

㷆 chè

㷆 龜～,下丑格反。(ZD60-368b)按:"～"同"㷆"。

㷆 劈～,下丑格反。(ZD59-1072a)按:"～",經文作"坼"。"～"同"坼"。《正法念處經》卷58:"其手堅澁,皴裂劈坼,厭惡蹙面,指甲長利,面目醜惡。"(T17,p340b)

炘 chè

炘 ～破,上丑格反。(ZD60-162a)按:"～"乃"坼"字,詳見本書中篇"炘"字條。

趚 chè

趚 作～,丑格反。(ZD60-371a)

掣[②] chè/chì

掣 鼻～,尺列反,挽也,正作掣也,又尺世反,曳也。(ZD59-960c)

掣 ～縮,上尺列反,正作掣。(ZD59-996b)按:"～"即"掣"字,拉也,拽也。《中阿含經》卷

① 又見"㷆""拆""炘"字條。

② 又見"掣"字條。

42:"此爲云何？謂上風、下風、脇風、掣縮風、蹴風、非道風、節節風、息出風、息入風。"(T01, p691a)

製 ～裂,上尺世反,正作掣。(ZD60-190c)

𢶍 ～之,上尺世反。(ZD59-1050c)

𢶍 牽～,去堅反,下昌世反。(ZD59-701a)

掣 能～,赤世、赤列二反。(ZD59-744a)

掣 ～大,尺世反。(ZD59-650c)

𢶍 麗～,下昌世反,或云梨昌,或云離車,或栗呫,此云薄皮,亦云同皮。(ZD59-987c)按:"麗～",即"麗掣",梵文"Lichavī"音譯。《中阿含經》卷4:"爾時,衆多鞞舍離麗掣集在聽堂,數稱歎佛。"(T01, p440c)

掣 髗～,上側加反,下尺世反。(ZD59-558a)

掣 牽～,去堅反,下尺世反。(ZD59-833a)

𢶍 底～,下隻兮反,與制字同也,又尺世反,又尺兮反。(ZD59-638c)按:"～",用爲譯音字。

撽 chè/jiǎo

撽 ～竇,上丑列反,正作撤。(ZD60-558a)按:"～"乃"撤",詳見本書中篇"撽"字條。

撽 ～身,上古了反,古吊反,纏繞也,正作憿也。又《經音義》作撽,以覈字替之,下革反,非義。撽,苦吊反,傍擊也,亦不稱經音(意)。(ZD60-204a)按:《賢愚經》卷10:"户數開閉,撽身而死。"(T04, p417c)"～"即"撽",乃"撽"之訛,與"繳"同。

撤 chè/zhé

撒 上～奉撥,桑割反,放也,迸散也,以手抛物也,正作糤。(ZD59-642b)

撤 ～骨,丑列、直列二反,通也,達也。(ZD59-828a)按:"～",通"徹"。《佛説未曾有因緣經》卷1:"黄門大怒,鞭打石女,苦痛徹骨。"(T17, p581b)

徹 chè/zhé

𦢊 明～,丑列、直列二反,佛名。(ZD59-738b)按:"～"乃"徹"字,詳見本書中篇"**𦢊**"字條。

徹 ～視,上直列反。(ZD60-201b)

徹 鑒～,上古懺反,鏡也,照也。(ZD59-621b)

徹 ～炤,音照。(ZD59-643a)

徹 清～,丈列反。(ZD59-670a)

徹 鑒～,古懺反。(ZD59-662b)

徹 炳～,兵永反。(ZD59-728a)

澈 chè

澈 上～,直列反,通也,達也,正作徹。(ZD59-833c)按:"～"與"徹"音同,相通也。

嗔 chēn

嗔 ～恚,赤真反。(ZD59-669a)

㥲 chēn

㥲 王㥲～,二同昌人反,下又音德,非也。(ZD60-237b)按:"～"即"謓(嗔)"。

㥲 ～心,上尺人反。(ZD59-574b)按:"～"即"謓(嗔)"。

㥲 多～,昌真反。(ZD60-445a)按:"～"即"謓(嗔)"。

綝 chēn

綝 法～,丑林反。(ZD60-455c)

瞋[1] chēn

～惱，尺真反，下乃老反。(ZD59-914c)

～恚，上尺真反。(ZD60-247a)

知～，音瞋。(ZD59-970a)按："～"，對應佛經作"瞋"。《佛性論》卷3："若黑則知癡，生黄則知貪，赤則知瞋。"(T31，p804a)

～謑，呼懈、呼嫁二反，怒也。(ZD59-787c)

無～，尺真反。(ZD59-641a)

婬～，羊林反，下昌真反。(ZD59-907c)按："～"，對應佛經作"瞋"。《大智度論》卷7："復有三種：屬婬，屬瞋，屬癡。"(T25，p110b)

～恚，尺真反。(ZD59-703b)

䩞 chēn

～然，上丑真反，笑皃也，又丑夷、丑忍、之忍三反，正作䩞。(ZD60-236b)

臣 chén

佞～，奴定反。(ZD59-685a)

縣～，音臣。(ZD59-727b)

～庸蔽，上音臣，中音容，下必祭反。(ZD60-451c)按："～"乃"臣"字之訛。

～隸，力計反。(ZD59-584c)

辰 chén

嫣～，上居爲反。(ZD60-565a)

沈[2] chén/shěn/zhèn

不～，丈林反，没也，大也，止也，普也，正作沉、湛二形，又音審，悮。(ZD59-977b)

～泳，上直林反，下于命反，上悮。(ZD60-472c)按：《續高僧傳》卷10："雖汎泳少時，還出邊池。"(T50，p505c)"汎"，宋、元、明、宫本作"沈"。根據可洪，"～"乃"沈"字之訛。

～重，上直林反。(ZD59-600b)

～水，直林反，香名。(ZD59-816b)

昇～，直林反，没也，今作沉。(ZD60-417c)按："～"音"直林反"，與"沉"同。

～掉，大了反。(ZD59-977b)

～翳，一計反。(ZD59-1004a)

～吟，上直林反，没也，三思也。(ZD59-647c)按："～吟"，對應佛經作"沈吟"。《大哀經》卷2："無有狐疑，亦無沈吟。"(T13，p418b)"沈"受"吟"的影響類化换旁從"口"而作"～"。

～晦，上直林反，正作沉也，又音尹，非。(ZD60-510a)

～吟，上直林反，誤。(ZD59-1105c)按："～吟"即"沈吟"，對應佛經作"沈吟"。《摩訶僧祇律》卷9："不信佛者即還入城中，聞者生疑，爲爾、不爾？沈吟而住。"(T22，p302a)"沈"受"吟"的影響類化换旁從"口"而作"～"。

吐～，上他古反，下直林反，没也，正作沈，今作沉也。(ZD59-646a)

惛～，呼昆反，下直林反，闇昧也，心神不利也，下又市林反，非也。(ZD59-946a)按："惛～"即"昏沉"，對應佛經作"惛沈"。《顯揚聖教論》卷7："爲欲斷除惛沈、睡眠、掉舉

---

① 又見"𢜭""嗔"字條。

② 又見"洸""沉"字條。

纏故，是名攝樂作意。”(T31, p515a)

沉 ～没，同上（沈）。(ZD60-169a)

泡 ～没，直林反，正作沉也，又普交反，非也。(ZD59-755b)

次 ～感，上直林反，正作沉。(ZD60-116a)

沇 ～莫，上音審，正作沈。(ZD60-511c)

流 ～毒，上直甚反，正作鴆。(ZD59-613a)按：《佛説優填王經》卷1：“譬若鴆毒藥，以和甘露漿，所向無不壞，飲之皆仆僵。”(T12, p72a)“鴆”，宫本作“沈”。從形體上看，“～”即“沈”，經文中通“鴆”。

沉 chén

忼 ～感，上直林反，没也，正作沉也，又是林反，非也，悮。(ZD60-145b)按：“～”乃“沉”，詳見本書中篇“**忼**”字條。

宂 ～身，上直林反。(ZD59-623a)

沈 ～没，上直林反，没也，今作沉。(ZD59-576a)

忱 chén

忱 王～，市林反。(ZD60-450c)

洸 chén/shěn

洸 ～掉，上直林反，下徒了反，上又光、汪二音，非也。(ZD60-401b)按：《新譯大方廣佛華嚴經音義》卷1：“三摩鉢底，此云等至，謂由加行，伏沉掉力，至其定立，身心安和也。”(A091, p345a)《略述法相義》卷2：“入定之時，制伏沉掉，名之爲等。”(D36, p86a)“～掉”，對應經文作“沉掉”。“～”即“沈”。另見“沈”字條。

洸 ～審，上直林反，悮。(ZD60-335a)按：“～審”，對應經文作“沈審”，即“沉審”。《大唐内典録》卷5：“琨即周世釋亡名之弟子，俗緣鄭氏，性沈審，善音聲。”(T55, p278c)

洸 ～侯，上尸荏反。(ZD60-467b)按：“～”即“沈”。《續高僧傳》卷6：“自爾災怪永絶，及沈侯罷郡，相携出都，還住本寺。”(T50, p469a)

宸 chén

宸 ～襟，上音辰，下音金。(ZD59-589b)

家 ～居，上音辰，正作宸。(ZD60-584b)

宸 ～極，上食真反，屋宇也，天子所居也。極，中也。(ZD59-570a)

陳 chén

陳 畢～，陳、陣二音，列也。(ZD60-57a)

晨 chén

晨 ～蜉，音浮。(ZD59-564a)

鈂 chén

鈂 ～扶，上直林反，昨心反，梵志名也。(ZD60-158a)按：“～”同“鈂”。

湛 chén/zhàn

湛 ～汪，直林、池減二反，下烏光反。(ZD59-747b)

塵 chén

塵 撫～，上芳武反，擊也，拍也。(ZD59-597b)

塵 先～，音塵。(ZD60-473b)

塵 ～坌，直隣反，下蒲悶反。(ZD59-

891b)

壂　～嗑，一計反。(ZD59-654c)

諶　chén

諶　皆～，市林反。(ZD60-593a)

諶　～伊，上市林反。(ZD60-242c)

鷐　chén

鷐　～風，上市人反，鸇也。(ZD60-370c)

跊　chěn

跊　～踔，上丑審反，下丑罩反。(ZD60-370b)按："～"同"踸"。

墋[①]　chěn

墋　～黷，上初錦反，正作墋也，下徒木反，土沙墋黷。(ZD60-556b)

墋　～毒，初錦反。(ZD59-943c)

墋　～毒，初錦反，止作墋、磣，又七感反，悞。(ZD59-973a)按：《一切經音義》卷48："磣毒，又作慘，同，初錦反，又墋，惡也，《通俗文》沙土入食中曰墋也。"(T54, p628c)

磣　chěn

磣　～心，初錦反。(ZD59-868a)

磣　愛～，初錦反，食有沙土也，亦毒也，亦覆也，正作磣。(ZD60-211a)

磣　～毒，上初錦反。(ZD59-566b)

踸[②]　chěn

踸　～踔，上丑審反。(ZD60-363b)

醦　chěn

醦　～毒，上初錦反。(ZD60-62c)按："～"即"醦"。《根本說一切有部毘奈耶頌》卷2："乍可觸瞋蛇，醦毒難治療。"(T24, p641a)

趁　chèn

趁　村～，或作打，下丑刃反。(ZD59-838b)

疢　chèn

疢　死～，音趁。(ZD59-1080a)按："疢"即"疢"。

疢　癡～，丑刃反。(ZD59-591a)按："疢"即"疢"。

疢　～患，丑刃反。(ZD59-700a)

疢　～病，丑刃反。(ZD59-744c)

疢　～疾，丑刃反，宿病也，正作疢也，又他骨反，非也。(ZD59-677a)

疢　～疾，丑忍(刃)反，病也。(ZD59-648a)

儭　chèn

儭　～婆，初覲反。(ZD59-828a)

儭　～身，上初覲反。(ZD60-39b)

嚫　chèn

嚫　嗟～，徒割反。(ZD59-718b)

嚫　大～，初覲反。(ZD59-726a)

櫬　chèn

櫬　～木，上初覲反。(ZD60-378a)

襯　chèn

襯　～體，上楚覲反。(ZD59-990b)

襯　～體，上初覲反。(ZD59-991b)

---

① 又見"磣""慘""懆"字條。

② 又見"跊"字條。

覼 chèn

覼 ～遺，上初忴反。(ZD60-449c)

讖 chèn

讖 無～，初禁反。(ZD59-622a)

讖 無～，楚蔭反，三藏名也，正作讖。(ZD59-903a)

讖 ～記，楚禁反。(ZD59-684c)

讖 ～識，楚禁反。(ZD59-832c)

讖 圖～，楚禁反。(ZD59-700b)

讖 畐～，楚禁反。(ZD60-223b) 按："～"即"讖"，詳見本書中篇"讖"字條。

秤 chēng/chèng

秤 ～量，上尺陵反。(ZD59-632a)

秤 上～，尺證反。(ZD59-601c)

秤 ～上～，尺證反，下尺陵反。(ZD59-839a)

秤 斗～，尺證反，正作秤。(ZD59-703c)

秤 ～上，尺證反。(ZD59-741a)

秤 斗～，尺剩反。(ZD59-722c)

秤 輕～，尺證反。(ZD59-1050b)

秤 斗～，都口反，下尺剩反。(ZD59-873b)

棠 chēng/chéng

棠 ～柱，上丑庚反，下知主反，正作撑拄也，又音堂，非。(ZD59-606a)按："～"同"撑(橕)"。

棠 ～治，上宅庚反。(ZD59-583b) 按："～"疑爲"堂"，經文或作"敹"。

棠 ～觸，宅耕反，相觸著也，正作掙、敦、敹三形。(ZD59-678a) 按："～"同"敦"。

棠 相～，宅耕反，觸也，正作敹。(ZD59-817c)按："～"同"敹(掙)"。

牚[1] chēng

牚 ～柱，上丑庚、丑孟二反，下知主反。(ZD60-362b) 按："～"即"橕(撑)"。

牚 ～柱，上丑庚反，下知主反，正作撑拄也。(ZD59-607c)

稱[2] chēng/chèng

稱 ～補處，尺陵反，中布古反，下尺庶反。(ZD59-907c)

稱 但～，尺陵反，舉名也，正作稱、再。(ZD60-55c)

稱 名～，尺陵反，正作稱。(ZD59-959c)

稱 盟～，上音明，約也。(ZD59-615b)

稱 斗～，丁口反，下尺孕反。(ZD59-939a)

稱 ～幾，居依反，誹也，諫也，正作譏。(ZD59-654a)

稱 ～盤，上尺證反。(ZD59-598a)

錚[3] chēng

錚 ～鎗，上楚庚反，正作鎗、鐺。(ZD60-154c)按：《尊婆須蜜菩薩所集論》卷5："或作是説，鎗鎗更緣先熱，冷氣下流。"(T28, p75c)"鎗"，宋、元、明、宫本作"鐺"，聖本作"錚"。

---

① 又見"棠"字條。
② 又見"秤"字條。
③ 又見"鎗"字條。

瞠 chēng

瞠 ～爾，上丑庚反，直視也，正作瞠也。(ZD60-153a) 按："～"即"瞠"。

樘 chēng

樘 ～栢，上丑貞反。(ZD60-483c)

鎗 chēng/qiāng

鏳 ～然，上楚耕反，金聲也，正作錚也，《川音》作鎗，楚庚反，燒器也，非。(ZD60-319b) 按："～"乃"鎗"字，詳見本書中篇"鏳"字條。

鎗 ～鑊，上楚庚反。(ZD59-1108a) 按："～鑊"，對應佛經作"鐺鑊"。"～"與"鐺"同。《摩訶僧祇律》卷 16："如是一切若鐺鑊熱不得受者，當以兩木横置地，比丘脚躡上，當作是言：受！受！是名食上。"(T22, p357c)

鎗 ～矟，七羊反，俗，下所卓反。(ZD59-868c) 按："～矟"，對應佛經作"槍矟"。"鎗"即"槍"字之俗。《大佛頂如來密因修證了義諸菩薩萬行首楞嚴經》卷 8："牛頭獄卒，馬頭羅刹，手執槍矟，驅入城門。"(T19, p144c)"槍"，宋、元、明本作"鎗"。

鎗 ～鋸，七羊反，拒也，正作搶，下居御反，上又楚庚反，非也，《貞元經》作槍字也。(ZD59-868b) 按："～鋸"，對應佛經作"鎗鋸"。《大佛頂如來密因修證了義諸菩薩萬行首楞嚴經》卷 8："四者嗔習交衝，發於相忤，忤結不息，心熱發火，鑄氣爲金，如是故有刀山、鐵橛、劍樹、劍輪、斧鉞、鎗鋸。"(T19, p143c)"鎗"即"槍"，可洪以爲"搶"，不符經意，恐誤。

氶 chéng/zhēng

氶 ～鹽，上成陵反，下羊廉反。(ZD60-7c) 按："～"乃"承"。

氶 相～，同上。(ZD59-592b) 按："～"乃"承"。

氶 ～櫨，音盧。(ZD60-444c)

氶 ～餠，上之陵反，正作蒸。(ZD60-375c)

成[①] chéng

成 器～，音成，受也，正作成。(ZD60-42b)

丞[②] chéng/qì

丞 ～蒂，音帝。(ZD60-403b) 按："～蒂"，對應文獻作"承蔕"。"～"乃"承"字。

丞 ～動，上丘記反，數也，正作亟字也，又市陵、時證二反，非。(ZD60-475a) 按："～"乃"亟"字。

承[③] chéng

承 ～迊(迎)，市陵反，下宜京反。(ZD59-898c)

承 ～稟，丘錦反。(ZD59-980a)

承 ～慎，音順。(ZD59-720a)

承 相～，實陵反，正作承。(ZD60-254c)

侱 chéng

侱 撿～，音呈，見也，示也，正作呈也，又音逞，或作睈，視也，悜。(ZD60-177c) 按："～"同"呈"。

---

① 又見"絾"字條。
② 又見"氶"字條。
③ 又見"烝"字條。

侱　作～,音呈,又依字丑郢反,非用。(ZD60-385a)

烝 chéng/qì/zhèng

烝　～相,上時陵反,佐也。(ZD60-530c)按:"～"乃"丞"之訛。

烝　～動,上去記反,正作亟。(ZD60-473a)按:"～"乃"亟"字之訛。

烝　欝～,於勿反,氣也,臭也,下之剩反,熱也,謂久濕遇熱相蒸熱氣也。(ZD59-686b)按:"～"乃"烝"字。

乘 chéng/shèng

乗　五～,實陵反,駕也,車～也,今作乘。(ZD59-651b)

乘　～杯,音盃。(ZD59-566a)

乗　～騎,上是陵反。(ZD60-44c)

乘　牽～,上烏干反,下實證反。(ZD59-596b)

盛 chéng/shèng

盛　坈～,行江反。(ZD59-764c)

盛　～殷,於斤反,大也,正作殷。(ZD59-708a)

盛　～敷,音餘,歎辤。(ZD59-557b)

盛　虺～,許鬼反。(ZD59-802a)

盛　繁～,扶幡反。(ZD59-666c)

盛　茂～,上莫候反。(ZD59-555c)

盛　～釀,女向反,醞也,上方經作醲,女容反,非也。(ZD59-707b)

盛　茂～,上莫候反。(ZD59-553c)

盛　姝～,上尺朱反。(ZD59-600c)

盛　茙～,上莫候反,正作茂也,又音戎,悞。(ZD59-587c)

盂　春～,音孟。(ZD60-600c)按:"～",可洪音"孟",恐誤,根據經文,乃"盛"字,詳見本書中篇"盂"字條。

棖[1] chéng

棖　～上,宅庚反,柱也。(ZD59-959b)

棖　一～,丈庚反,塔～柱也。(ZD59-964a)

棖　臺～,宅耕反。(ZD59-876a)

敞 chéng

敞　嫽～～觸,上一力條反,中二宅耕反。(ZD60-351a)按:"～"乃"敦"。

傖 chéng

傖　～音,助庚反,支字音。(ZD59-796c)

絾 chéng/jiān

絾　織～,音成。(ZD59-818a)按:"～"乃"成",詳見本書中篇"絾"字條。

絾　～口,上古咸反。(ZD60-548c)按:"～"乃"緘",詳見本書中篇"絾"字條。

堘 chéng

堘　作～,市陵反。(ZD60-364a)按:"～"即"堘(塍)"。

---

① 又見"樘"字條。

敼 chéng

敼 ～觸，上宅耕反。(ZD59-594c)按："～"同"揨"。

敼 嫽～，下宅耕反。(ZD60-379c)

敼 ～柱，竹主反。(ZD60-391a)

敼 ～祇，宅耕反。(ZD59-635c)

敹[1] chéng

敹 嫽～，下正作敹，宅耕反。(ZD60-390c)

敹 ～治(治)，上宅庚反，下直之反。(ZD60-367b)按：《集韻》："朾，除耕切。《説文》：橦也。或作揨、敹、撜、㲂。"

揨 chéng

揨 相～，宅耕反。(ZD59-1027a)按："～"同"揨"。

撜 chéng

撜 ～觸，上宅耕反。(ZD59-1071c)按："～"同"揨""敼""敹"。《廣韻·耕韻》宅耕切："揨，撞也，觸也。敼、敹，並上同。"

撜 ～觸，上宅耕反，下或作皐。(ZD59-1072c)按："～"同"揨"。《廣韻·耕韻》宅耕切："揨，撞也，觸也。"

撜 ～觸，宅耕反，撞也，觸也。(ZD59-783c)

橕 chéng

橕 互～，上乎故反，下宅耕反，觸也，正作揨、敼、㲂三形。(ZD59-593b)

澄 chéng

澄 ～停，上直陵反。(ZD59-609b)

樣 chéng

樣 ～子，宅耕反，～橘，果名也，正作橙也，又音棠，車～也，非。(ZD59-786b)按："～"乃"橙"字，詳見本書中篇"樣"字條。

樣 ～觸，宅耕反。(ZD59-683c)按："～"同"揨"。

樣 輪～，宅庚反，塔中柱也。(ZD59-816c)按："～"同"棖"。

㲂 chéng

㲂 相～，宅耕反。(ZD60-70c)按："～"同"敼"。

瀓 chéng

瀓 海～，直陵反，清也。(ZD59-893c)按："～"即"瀓"。

瀓 ～懷，直陵反，别本作瀓。(ZD60-600b)按："～"即"瀓"。

懲 chéng

懲 ～罸，直陵反，下煩發反。(ZD59-689b)

騬 chéng

騬 ～割，上布陵反，犗也，犍也。(ZD59-1094b)按："布陵反"應爲"市陵反"之訛。

逞 chěng

逞 ～芬，上丑領反，下芳文反。(ZD60-452b)

逞 陵～，丑領反，疾也，正作逞、騁。(ZD60-598b)按："陵～"，對應佛經作"陵逞"，詳見本書中篇"**逞**"字條。

---

① 又見"敐""揨""橕""撜""樣""敼""㲂"字條。

庱 chěng

庱 拯濟,之~反,正作拯。(ZD59-829b)

騁 chěng

騪 ~詞,上丑井反,正作騁。(ZD60-341c)

騁 ~疾,丑郢反,馳也。(ZD59-769a)

騁 馳~,丑郢反。(ZD59-648a)

騁 馳~,丑郢反。(ZD59-578a)

騁 ~武,丑領反。(ZD59-694b)

騁 馳~,丑郢反。(ZD59-732c)

吃 chī

嘅 口~,或作暨,同音吃,語難也,又音慨,非義。(ZD60-184c)按:"口~",對應佛經作"口吃"。《佛所行讚》卷5:"如端正無聞,聰明而薄德,心辯而口吃,明慧而乏才。"(T04,p45a)

吃 ~語,上居乞反,重言也。(ZD59-620b)

吃 騫~,居輂反,正謇。(ZD59-728c)

抬 chī

抬 髡~,上苦昆反,下丑之反,捶也,正作笞,又或作治,音持。(ZD60-194c)按:"~"乃"笞"。

抬 搒~,上蒲盲反,下丑之反,正作榜笞也。(ZD59-1004b)按:"~"乃"笞"。

肢 chī/zhī

肢 阿~,昌支反,正作眵。(ZD59-652c)

肢 ~淚,上尺支反,又音支。(ZD60-172a)

肢 作~,章移、尺支二反。(ZD60-363c)

刹 chī

刹 ~超,上丑夷反,正作郗。(ZD60-570a)按:"~"乃"郗"字之訛。

郗[1] chī

郄 ~超,上丑夷反。(ZD60-449c)按:"~超",對應佛經作"郄超"。《高僧傳》卷5:"并與郄超書論本無義。"(T50,p355a)"~"即"郄",作姓氏,應爲"郗"。

郗 迦~,古牙反,下丑脂反。(ZD59-916a)

郗 拘~,丑知反,尊首名,此云大膝。(ZD59-908c)

郗 師~,攄利反。(ZD59-746b)

郗 拘~,丑夷反。(ZD60-281b)

郗 ~徵,上丑夷反,正作郗。(ZD60-238a)

郗 俱~,丑脂反。(ZD59-1087c)

胵 chī/jìng/zhī

胵 膍~,下尸(尺)夷反,正作胵也,又乎定反,非。(ZD60-356a)按:"~"乃"胵"。

胵 ~上,上胡定反,正作脛也,又尺夷反,非也。(ZD60-440b)按:"~"乃"脛"字。

胵 頗~,上普何反,下竹尼反,正作胝、胝二形,梵言塞頗胝迦,此云水玉,亦云白珠,古經音頗黎柯也,又音鵄,悮。(ZD60-392b)按:"~"即"胝"。

---

① 又見"刹"字條。

胑 chī

胑 塢～,上烏古反,下尺支反,正作眵也。(ZD59-629b)

蚩 chī

蚩 ～笑,尺之反。(ZD59-726b)

蚩 ～拼,上尺之反,輕侮也,正作蚩,下音弄。(ZD60-488a)

蚩 ～責,上尺之反。(ZD59-596a)

蚩 研～,上五堅反,下尺之反。(ZD59-557b)

蚩 ～笑,尺之反。(ZD59-958c)

蚩 ～咲,上尺之反,下私妙反,正作笑。(ZD59-621c)

眵[1] chī/zhī

眵 㮈～,上奴達反,下昌支反。(ZD59-721c)

眵 如～,多達反,下車支反,《大樹緊那羅經》作多車。(ZD59-725a)

眵 中～,赤之反,正作眵。(ZD60-189a)按:"～"乃"眵"字,詳見本書中篇"**眴**"字條。

眵 ～詠,章移、昌支二反,下力遂反,目汁凝也。(ZD59-912b)按:"～詠",經文作"眵淚"。《大智度論》卷19:"自相不淨者,是身九孔常流不淨,眼流眵淚,耳出結聹,鼻中涕流,口出涎吐,廁道水道常出屎尿,及諸毛孔汗流不淨。"(T25, p199a8)

眵 頞～,上阿割反,下車支反,正作頞眵。(ZD59-724c)

笞[2] chī

笞 榜～,上步盲反,下丑之反。(ZD60-194c)

笞 榜～,上蒲耕反,下丑之反。(ZD60-219a)按:"～"乃"笞"字,詳見本書中篇"**搭**"字條。

笞 掠～,上音亮,下音癡。(ZD59-1055b)

笞 搒～,步盲反,下丑之反。(ZD59-911c)

笞 榜～,步盲反,下丑之反,正作笞也。(ZD59-657c)

笞 榜～,上蒲庚反,下丑之反。(ZD60-199b)

笞 搒～,步盲反,下丑之反,正作榜**搭**。(ZD59-829c)

笞 棘～,居力反,下丑持反,下又音臺,悮。(ZD59-765a)

笞 榜～,步盲反,下丑之反。(ZD59-956a)按:"榜～",對應佛經作"搒笞"。《十住毘婆沙論》卷8:"行忍得端嚴者,能忍惡言、罵詈、咒誓、繫縛、刀杖、考掠、搒笞。"(T26, p64a)

摛 chī

摛 ～掞,上丑知反,正作摛也,下書驗反,並訓舒也。(ZD60-464c)按:"～"乃"摛"字,詳見本書中篇"摛"字條。

喫 chī

喫 先～,苦擊反,飲～也,正作噉。(ZD59-828b)

喫 ～噉,上苦擊反。(ZD59-632a)

喫 ～酒,上苦擊反,正作喫。(ZD59-608b)

喫 ～酒,上苦擊反,正作噉、喫二形。(ZD59-606c)

喫 欲～,音喫,啖也。(ZD59-1080c)

喫 欲～,音喫。(ZD60-214b)

喫 ～～,苦擊反。(ZD59-880c)

---

① 又見"眵""胑"字條。
② 又見"抬""搭"字條。

嗷 先嚳,苦擊反,飲嚳也,正作～。(ZD59-828b)

嗷 嚳酒,上苦擊反,正作～、喫二形。(ZD59-606c)

嗷 ～噉,上苦擊反,下徒敢反,正作**嗷**噉。(ZD60-304a)

喫 鼠～,五結反,正作齧也,郭迻音喫,非。(ZD60-83c)按:"～",從字形看,應爲"喫",郭迻音"喫",是,與"齧"意義近似。

喫 ～半,上五結反,正作齧。(ZD60-47a)按:"～",從形體看,乃"喫",可洪以爲"齧",不妥,兩者衹是義同。

喫 ～煞,上宜作齧、囓二同,五結反。(ZD60-481a)按:"～",從形體看,乃"喫",可洪以爲"齧",不妥,兩者衹是義同。

摛[①] chī

摛 掞組～,尸焰反,中子古反,下丑之反。(ZD59-976a)

嗤 chī

蚩 ～笑,尺之反,輕侮也。(ZD59-687c)

蚩 ～咲,尺之反,下私妙反。(ZD59-903b)

蚩 ～笑,尺之反。(ZD59-644a)

嗤 ～嫌,上赤之反。(ZD60-13a)

嗤 ～咲,尺之反,下私妙反。(ZD59-757b)

嗤 ～咲,上尺之反。(ZD59-564b)

嗤 ～笑,尺之反。(ZD59-940a)

絺 chī

絺 拘～,丑夷反,此云膝。(ZD59-571c)

絺 輕～,丑夷反,細葛也,正作絺也。(ZD60-587c)

絺 拘～,丑夷反。(ZD59-574a)

絺 ～毗,丑脂反。(ZD59-880b)

絺 拘～,丑知反。(ZD59-908c)

絺 拘～,丑夷反。(ZD59-582c)

絺 彌～,莫卑反,下丑夷反。(ZD59-735a)

絺 ～虜,上丑脂反。(ZD59-1111c)

絺 拘～,丑夷反。(ZD59-575b)

絺 毗～,丑夷反。(ZD59-798b)

絺 拘～,丑夷反。(ZD60-30c)

絺 拘～,丑脂反。(ZD59-865c)

絺 ～哆,丑夷反,下多可反。(ZD59-714c)

絺 拘～,丑知反,舍利弗,秦言大膝。(ZD59-908c)

絺 ～毗,丑夷反,正作絺。(ZD59-752c)

絺 拘～,丑夷反。(ZD59-684a)

搘 chī

搘 ～打,上丑之反。(ZD60-228c)按:"～"同"笞"。

魑 chī

魑 鬼～,丑知反,正作魑,魑魅,老物爲精曰魅也,又丑志反,癘鬼也。(ZD60-210a)按:"～"同"魑"。

胵 chī

胵 ～聹,上尺之反。(ZD59-550a)按:"～"乃"瞝"。

鴟 chī

鴟 烏～,尺脂反。(ZD60-125b)按:

① 又見"摛"字條。

"烏～"即"烏鴟"。《阿毘達磨大毘婆沙論》卷172："有二足者，如烏鴟等。有四足者，如狐狸象馬等。"（T27，p866c）

鴟 chī

鴟 ～梟，上尺脂反。（ZD60-9a）按："～"即"鴟"，乃"鴟"字。

鴟 ～亦，上尺夷反。（ZD60-398b）按："～"即"鴟"，乃"鴟"字。

鵄 chī

鵄 或～，處脂反。（ZD59-875b）按："～"即"鴟"。

瞝[①] chī

瞝 ～瞑，上尺之反，目汁也，下奴頂反，耳垢也，正作瞝聹。（ZD59-558a）按："～"乃"瞝"。

鴟[②] chī

鴟 ～鳴埠，上尺夷反，下都迴反。（ZD60-498b）

鴟 ～梟，赤脂反，下古堯反。（ZD59-960a）按：《大莊嚴論經》卷3："野狐群鳴，鵄梟雊呼，惡聲啼叫，甚可怖畏。"（T04，p268c）"～梟"即"鴟梟"，與"鵄梟"同。

鴟 ～鳥，上尺夷反。（ZD60-339b）

鴟 ～曳，尺脂反。（ZD59-871b）

螭 chī

螭 水～，丑知反，正作螭。（ZD59-847c）

螭 ～面，丑知反。（ZD59-669a）

鴟 chī

鴟 或～，尺脂反。（ZD59-998c）按："～"即"鴟"。

樆 chī

樆 ～膠，上丑知反。（ZD59-1079a）按："～膠"，對應佛經作"黐膠"或"樆膠"。《佛本行集經》卷14："猶如飛鳥犯羅網，亦如獮師布黐膠。"（T03，p717c）"黐"，聖本作"樆"。"～""樆"皆"黐"字。

鵄 chī

鵄 盤～，下赤之反，悞，正音鵄。（ZD60-425b）按："盤～"，對應佛經作"盤鵄"。《集神州三寶感通録》卷3："盤鵄山有古寺塔。"（T52，p432a）從形體上看，"～"即"鵄"，此處則爲"鵄"之訛，音"chī"。

鵄 烏～，尺之反。（ZD59-990a）

魑 chī/chì

魑 膩～，上女利反，下丑知反。（ZD59-622a）

魑 ～魅，丑知反，下眉秘反。（ZD59-637c）

魑 ～魅，丑知反。（ZD59-765b）

魑 ～彪，上丑知反，下音媚。（ZD60-402a）

魑 ～魅，上丑之反，下眉秘反。（ZD60-144a）按："～"乃"魑"，詳見本書中篇"**魑**"字條。

魑 ～魅，上丑知反，下眉秘反，正作魑也，上又丘禹反，悞。（ZD59-610b）按："～"乃"魑"字，詳見本書中篇"**魑**"字條。

魑 ～魅，丑利反，下眉秘反，禰鬼也，又丑知反。（ZD59-764c）

魑 瑟～，勑（敕）一反。（ZD59-840b）

---

① 又見"瞝"字條。

② 又見"鴟""鴟""鵄""鴟"字條。

癡 chī

婬怒～，上羊林反，三毒也。(ZD59-576b)

～噎，伊計反。(ZD59-656a)

～騃，五駭反。(ZD59-726b)

～騃，五駭反。(ZD59-819a)

～爇，然舌反。(ZD59-740b)

～騃，五駭反。(ZD59-680a)

～瞑，莫瓶反，晦也。(ZD59-641a)

～鎧，丑之反，下口改反。(ZD59-971b)

恚～，丑之反，貪、恚、～，三毒也。(ZD60-160b)

淫怒～，羊林反，中奴故反，下丑之反，三毒也，亦名貪嗔癡也，下正作癡、痴二形。(ZD59-649c)按："～"乃"癡"。《寶女所問經》卷1："於婬怒癡塵勞之欲，有想無想應與不應，悉分別之而無想著，則爲誼矣。"(T13, p456c)

黐① chī

～粘，丑知反，正作黐，膠粘鳥者也，又音禽，非。(ZD59-956a)按："～"，對應佛經作"樆"。《十住毘婆沙論》卷7："械相，鎖相，樆粘相。"(T26, p58c)

～膠，丑知反，正作樆。(ZD59-824b)

～膠，丑知反，下古猫反。(ZD59-685b)

～膠，上丑知反，下音交。(ZD59-599c)

之～，丑知反，正作黐。(ZD60-301c)按："之～"，對應佛經作"之黐"。《諸經要集》卷10："黏外道之黐，貫天魔之杖。"(T54, p100b)"～"乃"黐"字，詳見本書中篇"䊯"字條。

～膠，上丑知反，下音交。(ZD59-1079a)按："～"，經文作"黐"或"樆"。《佛本行集經》卷14："猶如飛鳥犯羅網，亦如獵師布黐膠。"(T03, p717c)"黐"，聖本作"樆"。

㾃 chī

聿～比，中或作痴，同音癡。(ZD59-627b)按："～"即"㾃"，譯音字。

坻 chí/dī/dǐ

揵～，上巨焉反，下直尼反，或云犍遲，或云揵搥，直追反。(ZD60-310b)按："揵～"，對應經文作"犍稚"。"犍稚"或作"犍遲"。"～"，可洪音"直尼反"，與"遲"音同。從形體看，"～"疑爲"坻"之訛。

因～，音遲。(ZD59-579a)

婆～，音遲。(ZD59-714b)按："～"，經文作"坻"。《大乘悲分陀利經》卷1："磨婆坻那僧伽羅呵勒叉達磨婆坻南。"(T03, p236a)

～子，上音遲。(ZD59-760b)按："～"乃"坻"，譯音字。

揵～，音乹，下音遲。(ZD59-715a)按："～"，可洪音"遲"，蓋以爲"坻"。

阿～，直尼反，正作坘，《悲花經》作阿提。(ZD59-714c)按："～"，對應經文作"坻"。

叐～，上步末反，下直尼、丁兮二反，河名也。(ZD59-684c)

毗～，丁兮、直尼二反，正作坘。(ZD59-962a)按："～"，經文作"坻"。《大莊嚴論經》卷8："婆須之龍吐大惡毒，夜叉惡鬼遍滿舍宅，吉毘坻陀羅根本厭道，此淚悉能消滅

① 又見"樆"字條。

無遺，是乃爲難！”（T04，p298a）

尼～，丁兮反。(ZD59-586a)

～沙，上丁兮反，又音遅，舍利弗本名也，或云鞮舍，或云提舍。(ZD59-1086a)

因～，丁兮反。(ZD59-577a)

恥～，丁兮反，《大方等大雲經》作耻羝。(ZD59-746a)按：“～”即“坻”，譯音字，經文又作“底”或“羝”。

浮～，多尼反，經自出。(ZD59-602b)按：“～”乃“坻”。《大寶積經》卷109：“爾時彼衆中有一長者童子，名曰蘇摩浮坻(音多尼反，隋言真月)。”(T11, p612b)

因～，音低。(ZD59-642c)按：“～”，經文作“坻”。

邠～，彼巾反，下丁兮反。(ZD59-684b)

因～，丁兮反。(ZD59-585b)

樹～，上神注反，下音底。(ZD59-622c)

婆～，音底。(ZD59-623a)

～羅，丁禮反，以下並同。(ZD59-813a)按：“～”乃“坻”。

羶～，尸然反，下丁禮反，《芬陁利經》作羶帝。(ZD59-717a)按：“～”，經文作“坻”。

闍～，佤、底二音。(ZD59-626c)

吉～，佤、底二音。(ZD60-289a)

達～，佤、底二音。(ZD59-639a)

～～隸，上二同，丁禮反。(ZD59-624a)

末～，佤、底二音，正作坘也，《芬陁利經》作魔帝。(ZD59-717a)

～婆，上丁禮反。(ZD59-622c)

吉～，丁禮反。(ZD60-289b)

末～，音底。(ZD60-290b)

慕～，丁禮反。(ZD59-623c)

～祇，丁禮反，下是支反。(ZD59-746b)按：“～”，經文作“坻”。

末～，上莫鉢反，下佤、紙二音，正作坘也。(ZD59-607b)

那～，都禮反，正作坻。(ZD59-750a)按：“～”乃“坻”字，詳見本書中篇“[illegible]”字條。

蘇～，奴禮反，智也。(ZD59-688a)按：“～”，可洪音“奴禮反”，蓋以爲“埿”，恐不妥，對應經文作“坻”。《大般涅槃經》卷36：“迦那含牟尼佛侍者弟子名曰蘇坻。”(T12, p850a)

佉羅～，上丘迦反，下丁兮、丁禮二反。(ZD59-628b)

毗～，與坘字同也，遅、底二音，《鄜州篇》音帝。(ZD59-751a)按：“～”乃“坻”。《佛說灌頂經》卷5：“神名跋臭修婆羅毘坻。”(T21, p511a)

摩～，丁禮反。(ZD59-627a)

吉～，低、底二音。(ZD60-289a)按：“～”乃“坻”。《陀羅尼雜集》卷6：“南無阿利蛇，婆路吉坻。”(T21, p612a)

咥～，上田結反，下丁禮反。(ZD60-290b)

樹～，同上。(ZD59-622c)按：“～”乃“坻”，譯音字。

囉～，音底。(ZD59-624b)

拔～，丁禮反。(ZD59-607b)

阿～，同上。(ZD59-900b)按：“～”，對應佛經作“坻”。《優婆塞戒經》卷4：“如有人說阿坻耶語，是阿坻耶久已過去，不在今日，世人相傳，次第不滅，故得稱爲阿坻耶語。”(T24, p1057c)

坻 末～,低、底二音。(ZD60-290b)

挃 咥～,上徒結反,下丁禮反。(ZD60-290b)

垤 吉～,同上,又音佢。(ZD60-289b)

茌　chí

茌 山～,仕緇反,縣名。(ZD60-496b)按:"～"即"茌",與"茬"同。

柢　chí

柢 一～,是兒反,正作匙。(ZD60-247b)按:"～"即"柢",與"鍉""匙"同。

抵 一～,同上,又音紙,悮。(ZD59-816a)按:"～"即"柢",與"鍉""匙"同。

柢 銅～,市支反。(ZD59-816a)按:"銅～",對應佛經作"銅鍉"或"銅柢""銅匙"。《虚空藏菩薩問七佛陀羅尼咒經》卷1:"在佛像前,用銅鍉卷一鍉咒之一遍,擲著火中,至一千八遍。"(T21, p562b)"鍉",宋本作"柢",元、明本作"匙"。"～"與"鍉""匙"同。"柢"則爲"～"之訛。

柢 ～抄,市支反。(ZD59-816a)按:"～"即"柢",與"鍉""匙"同。

祇 銅～,市支反,正作柢。(ZD59-816a)按:"～"即"柢",與"鍉""匙"同。

柢 虚～,音匙,或作祇,具支反。(ZD59-746b)

祇 蒲～,音蒲,又或作葫,音呼,下音匙。(ZD59-745c)按:"～",可洪音"匙",蓋以爲"柢",經文作"祇"。

柢 桓～,丁禮反,下是支反。(ZD59-746b)

祇 ～帝,是支反。(ZD59-840b)按:"～",可洪音"是支反",蓋以爲"柢"。

呧　chí/dǐ/shì

呧 伊～,音遲。(ZD59-725b)按:"～"同"呧",用作譯音字,可洪音"遲"。

呧 鉢～,音底,又低、提二音,與咥字同也,郭氏丁地反。(ZD60-290c)

呧 ～手,時紙反,正作舐。(ZD59-1063b)按:"～",即"呧",與"舐"同,舔也。《正法念處經》卷10:"若常合掌,常手支頰,常舐手食。"(T17, p56c)

彽　chí

彽 ～徊,二音遲迴。(ZD60-402a)

彽 ～徊,上音犀,下音迴。(ZD60-399b)

彽 ～徊,二同上也。(ZD60-402a)

彽 ～徊,亦同上也。(ZD60-402a)

弛　chí/shī

弛 ～廢,上尸爾反,釋也,捨也。(ZD60-312b)按:"～"即"弛(弛)"。

弛 ～張,上失支反,設也,正作施,又尸爾反。(ZD59-606c)按:"～"即"施"之訛。

弛 ～用,上尸爾反,廢也,施也。(ZD60-485c)按:"～用",對應佛經作"施用"。《續高僧傳》卷21:"凡有施用,躬自詳觀,馳赴百工,曉夜無厭。"(T50, p610c)"～"即"施"之訛,可洪以爲音"尸爾反",恐誤。

弛 張～,失支反,設也,正作施,又尸爾反,非。(ZD60-552c)按:"～"即"施"之訛。

持 chí

授 受~，直之反，正作持也。持，守也，執也。(ZD59-1097a)

挖 奉~，直之反，正作持。(ZD59-676a)

持 ~散，直之反，正作持。(ZD59-928a)

持 熱~，之入反，正作執。(ZD59-817c)按："熱~"，經文作"執持"。

拸 chí

拸 囉~，社兮反，經自出。(ZD59-629a)按："~"即"移"。

蚳 chí

蚳 螺~，上郎禾反，下直尸反，貝也，正作貾。(ZD60-586c)按："~"即"蚳"，經中乃"貾"。《廣弘明集》卷27："螺蚳登俎，豈及春蔬爲淨。"(T52, p304b)"貾"蓋受上字"螺"的影響類化而作"蚳"。當然亦有"蚳"通"貾"，兩者音同。

匙[1] chí

鉙 銅~，市支反，正作匙。(ZD59-1104a)

匙 ~沙，市支反，正作匙也。(ZD59-745b)

鉙[2] chí

柢 鍵鎡~，上音乹，中音慈，下市兒反。(ZD59-1111a)按："~"同"鉙"，即"匙"。《摩訶僧祇律》卷27："若衣、若鉢、若小鉢、若鍵鎡鉙、若腰帶等及諸一切，要使得一物。"(T22, p451a)"鉙"，宋、元、明、宮本作"匙"。

鋨 婆~，上音婆，下市支反，正作鉙。(ZD59-627c)按："~"即"鉙"之訛。

鉙 坻~，下市支反。(ZD59-626c)

鉙 子~，是支反，正作匙，或作柢也，《西川經音》作昌爾反，非也。(ZD59-1112b)按："子~"，對應佛經作"子匙"。《摩訶僧祇律》卷31："檀越施僧床褥、俱襵、氍氀、枕氍、腰帶、刀子、鉙、傘蓋、扇、革屣、針筒、剪爪刀、澡罐，是中床褥、俱襵、枕氍氀如是重物，應入四方僧，其餘輕物應分。"(T22, p478c)"鉙"，宋、元、明、宮本作"匙"。

馳 chí/tuó

馳 犇~，上布門反，驚也，走也。(ZD59-591c)

馳 踳~，上尺尹反。(ZD60-571c)按：構件"身"與"馬"相混。《廣弘明集》卷19："二乘踳馳，五部乖謬。"(T52, p235b)

馳 悖~，下音馱，悮。(ZD59-601b)按：《大寶積經》卷101："肥盧遮都費低漫怛囉悖馳那馳略迦(二十三)。"(T11, p569a)可洪以"~"音"馱"，蓋是當作了"駝"。

墀 chí

墀 ~婆，直尼反。(ZD59-703c)

墀 揭~，上巨列反，下奴戒反，音自切也，又音遲。(ZD60-359a)

遲 chí

遲 ~鈍，上直尼反，緩也。(ZD59-555a)

箎 chí

箎 具~，直知反，樂器也，正作篪。(ZD59-1078c)按："~"即"箎(篪)"。

箎 ~笛，上直知反。(ZD60-460a)

---

① 又見"鋨"字條。

② 又見"柢""鉙"字條。

吹～，音池，樂名也，以竹爲之，七孔。(ZD60-165a)按：《佛説立世阿毘曇論》卷10：“或歌或舞，相擯跳擲，或輪刀舞仗，或擊鼓吹篪。”(T32, p222a)“～”即“篪(篪)”。

墀[1] chí

君～，直尼反。(ZD60-444c)

階～，直尼反。(ZD59-665a)

謹～，直尼反。(ZD59-792a)

坂～，上音返，下直尼反，正作阪胝。(ZD60-594b)

跋～，下音遲。(ZD59-598a)

鳳～，音遲。(ZD59-589b)

～尼，上直尼反，下女遲反，天王池名也。(ZD59-1028b)

祁～，巨伊反，下直尼反，二並上聲呼。(ZD59-745b)

～抳，直尼反，正作墀。(ZD59-703c)按：“～抳”，經文作“墀柅”。《妙法蓮華經》卷7：“韋緻柅(十)旨緻柅(十一)涅隸墀柅(十二)涅犁墀婆底(十三)。”(T09, p59a)

鋨 chí

阿～，是支反，正作柢，經本作阿誓。多鋨，同上，經本作多誓。(ZD60-295b)按：“～”，對應佛經作“鉽”。《陀羅尼雜集》卷10：“阿鉽荖鉽多隸。”(T21, p636c)

遲[2] chí

稽～，上吉兮反。(ZD59-1001c)

褰～，丘乹反。(ZD59-635a)

鋕 chí

鍕～，上音軍，下音持。(ZD60-372a)

鍕～，下直之反。(ZD60-50c)按：“鍕～”即“鍕鋕”，又作“軍持”“君持”等形。丁福保《佛學大辭典》：“軍持(物名)Kuṇḍi，又作軍鋕，君持，運𢸬，君遲，鍕鋕，捃稚迦，君稚迦Kuṇḍikā，千手觀音四十手中軍持手所持之瓶也。案軍持如瓶形，僧人舀水器也。”從字形看，“～”即“鋕”，源於“持”字增旁表意。

鍕持，音君，下亦作～。(ZD59-912a)

𡑞 chí

軍～，直尼反，雙口淨瓶也。(ZD60-101b)按：“～”，對應佛經作“𡑞”，兩者同，譯音用字。《阿毘曇毘婆沙論》卷18：“頂戴螺髻，身著麁衣，左執軍𡑞，右把法杖。”(T28, p133b)《翻譯名義集》卷7：“軍遲，此云瓶。”(T54, p1169c)“軍～”即“軍遲”，還可爲很多種詞形。另見“鋕”字條。

𢸬 chí/zhì

作～，直尼反，見藏作軍墀。(ZD60-380b)按：“～”，譯音字，與“墀”音同。

打揵～，上得冷反，中巨焉反，下直尼、直利二反。(ZD60-105b)

撾揵～，上竹花反，中巨焉反，下直利、直尼二反，小鍾類也，別本作揵搥字。(ZD59-1100b)按：“揵～”，對應佛經作“揵搥”“揵槌”“揵稚”或“揵椎”。《新歲經》卷1：“阿難受教，即從座起，而撾揵搥，聲遍佛土。”(T01, p859b)“搥”，宋本作

---

① 又見“墀”字條。

② 又見“遲”字條。

"槌",元本作"稚",明本作"椎"。《沙彌律儀要略增注》卷 2:"凡木石銅鐵打而有聲者,名曰揵搥。"(X60, p250c)"揵搥",因是譯音詞,用字不定。

[字形] 揵~,上巨焉反,下直尼、直利二反。(ZD59-762a)按:《順權方便經》卷 2:"或搗揵[字形]時,或施坐飯食。"(T14, p927c)"揵[字形]"即"犍遲"。"~"與"遲"音同。又作"犍稚"等。丁福保《佛學大辭典》:"犍稚(物名)ghaṇṭā,又作犍槌,犍地,犍遲,犍椎。譯曰鐘,磬,打木,聲鳴等。可打而作聲之物之通稱。大小無別。"

[字形] 健~,上巨建反,下直利反,前作揵搥,小鍾類也。《智度論》云:搗銅犍搥。(ZD59-736b)按:"揵~"即"犍遲"。"~"與"遲"音同。

㧗 chǐ

㧗 阿~,昌爾反,《經音義》作姼,市支、時紙二反。(ZD59-841b)按:"~",可洪音"昌爾反",與"姼"同,對應佛經作"㧗",譯音字。《五千五百佛名神咒除障滅罪經》卷 4:"頞喻阿㧗那摩(一百十二)。"(T14, p336c)

恥 chǐ

[字形] 羞~,息由反。(ZD59-677a)

[字形] 可~,丑耳反,正作恥。(ZD59-918a)

[字形] 勝~,丑耳反,佛名也,正作恥。(ZD59-891c)

[字形] ~悔,丑耳反。(ZD59-924c)

蚇 chǐ

蚇 ~蠖,上昌隻反。(ZD60-113b)

豙 chǐ

[字形] 藹~,安蓋反,下昌爾反,正作豙,又之酉反,悮。(ZD59-797b)按:"~"即"豙"。

豉[1] chǐ

[字形] 建~,時義反,衣名也,《四分律》作鳩或羅夷,唐翻爲豉字,梵言訛轉也。(ZD60-95a)按:"建~",對應佛經作"建鼓"。依可洪,"~"蓋爲"豉"之訛。《阿毘達磨集異門足論》卷 8:"或芻摩所成,或麻所成,或建鼓羅所成,或絲所成。"(T26, p400c)

[字形] 鹽~,羊廉反,下實義反。(ZD59-680b)

[字形] 眵~,下常利反。(ZD59-809c)

跛 chǐ

[字形] 餔~,上蒲悟反,下常義反。(ZD60-366b)按:"~"乃"豉"。

齒 chǐ

[字形] 貝~,尺里反。(ZD59-721b)

[字形] ~迹,昌里反,下子昔反。(ZD59-965b)

[字形] ~不,尺耳反。(ZD59-774c)

[字形] 口~,尺耳反。(ZD59-716c)

[字形] ~咬,五巧反,正作齩。(ZD59-863a)

[字形] 十~,尺耳反。(ZD59-971b)

[字形] 卌~,尺里反。(ZD59-620a)

[字形] ~缺,尺里反,下犬决反。(ZD59-959b)

[字形] 摘~,同上(齒)。(ZD60-84c)

[字形] 摘~,上他歷反,下尺里反,正作擿齒

---

[1] 又見"跛"字條。

也。(ZD60-84c)

齒 ～白，昌耳反。(ZD59-721b)

齒 口～，尺里反。(ZD59-752c)

齒 ～骨，尺耳反。(ZD59-719a)

齒 十齒，尺耳反。下～，同上。(ZD59-971b)

齒 ～密，上尺里反。(ZD59-618a)

齒 ～落，上尺里反。(ZD59-988a)

齒 爪～，上爭巧反，下尺耳反。(ZD59-999b)

齒 素～，尺里反。(ZD59-856c)

厈 chì/piàn

厈 擯～，上卑進反，下昌石反，逐。(ZD59-1131c)按：“～”，經文作“斥”。《根本説一切有部毘奈耶》卷 14：“時諸苾芻見佛寂定，便共憶持實力子是清淨人，友女苾芻尼，以其自言共爲擯斥。”(T23, p696c)

厈 取～，疋見反。(ZD60-22c)按：“～”乃“片”字。《彌沙塞部和醯五分律》卷 11：“若比丘，自不如法，惡瞋故，於異分中取片若似片，乃至僧伽婆尸沙。”(T22, p79a)

厈 ～法，疋麵反，又尺夜、昌石二反，悮。(ZD59-774c)按：《如來師子吼經》卷 1：“若至斥法演説之時，名爲辭辯；若以無障無礙説時，名樂説辯。”(T17, p889b)“斥”，宋本作“片”，元、明本作“行”。“～”，可洪音“疋麵反”，蓋以爲“片”。

叱 chì

叱 楚～，昌日反，正作叱。(ZD60-494c)

叱 ～吒，上尺日反，下竹嫁反。(ZD60-379b)

叱 ～電堵，尺一反，下都古反。(ZD59-652b)

叱 ～吒，上昌日反，正作叱也，下陟嫁反。叱，呵也。吒，歎也，亦大怒聲也。(ZD60-120b)

斥[①] chì

斥 擯～，卑進反，下昌隻反。(ZD59-945b)

斥 寇～，上苦候反，下昌隻反。(ZD60-450b)

斥 指～，音尺。(ZD59-941b)

斥 擯～，上卑進反，下昌隻反。(ZD59-600b)

斥 彈～，上徒丹反，下昌亦反，謂不用也，逐。(ZD60-137b)

庍 chì

庍 以～，齒石反，指～，逐也，遠也，候也。(ZD59-971c)按：“～”同“㡿(斥)”。

赤 chì

赤 脣～，音赤。(ZD59-956b)

赤 ～真，音赤。(ZD59-718c)

赤 紅～，昌石反，火色。(ZD59-662b)

屎 chì

屎 師～，褚利反。(ZD59-745c)按：《大雲經請雨品第六十四》卷 1：“三波囉帝(丁利反)師屎(褚利反三)。”(T19, p509b)經文“屎”乃“屎”之訛。

呹 chì/jí

呹 ～帝，耻一反，經文自切，《經音義》未詳。(ZD59-840b)按：“～”爲譯音字。

---

① 又見“厈”“庍”字條。

呹 ～～，子悉反，經自切。（ZD59-1085a）

呹 作～，子悉反，經自切。（ZD60-387a）

勑[①] chì

敕 ～告，上丑力反，正作勑、敕二形。（ZD60-184a）按："～"乃"敕（勑）"字，詳見本書中篇"敕"字條。

敕 可～，丑力反，急也，正作勑。（ZD59-998c）

咥 chì

咥 相～，丑栗、丑吏、徒結三反，笑也，正作咥也，又音徑，非。（ZD59-1057b）

恜 chì

恜 嚴～，尺志反，正作熾也。（ZD59-1077a）按："～"，經文作"熾"。

勅 chì

勅 警～，居影反，戒也，竊也。（ZD59-790c）

翄 chì

翄 ～㮇，上廁街反，或作翄，音施。（ZD59-624b）

翄 如～，音施，正作翄，菩薩名～燒也。（ZD59-977a）按："如～"，對應佛經作"如翄"。《入大乘論》卷 2："同事利益，爲破結使故，如翄燒菩薩本事因緣，以欲狂心擔負死尸，走喚歌舞，菩薩方便亦現同彼。"（T32，p44b）

翄 ～坧，上與翄同，又初佳反，下丁禮反。（ZD59-625b）

翄 ～坻，上音施，正作翄，又初佳反。（ZD59-624b）

翄 有～，音施。（ZD59-573c）

翄 咯～，盧各反，下尸智反，正作翄，香名也，《蘇悉地經》作落翄香。（ZD59-878a）

掣[②] chì

掣 ～電，上尺世反，正作掣。（ZD59-997c）按："～"同"掣"，又可音"chè"。

晢 chì/zhé

晢 ～～，丑世反，星光也，又目光也。（ZD60-532a）

晢 照～，旨熱反，正作晢。（ZD60-578a）

喇 chì/zhì

喇 ～噛，音逝，正作噬，又郭氏音制，下五結反。（ZD59-963a）按："～噛"，對應佛經作"喇噛"。《大莊嚴論經》卷 12："尊者娑羅那受是撾打，遺命無幾，悶絶躄地，良久乃穌，身體遍破，如狗喇噛，譬如有人蟒蛇所吸，已入於口，實難可免。"（T04，p324a）"～"即"喇"，可洪以爲"噬"，恐誤。《新集藏經音義隨函録》卷 21："喇囓，上昌制反，曳也，挽也，正作掣也。"（K35，p314c）據此，"喇"則爲"掣"字。"喇"音"制"，乃俗讀，俗以"喇"形體從"制"，故音"制"。

喇 ～囓，上昌制反，曳也，挽也，正作掣也，下五結反，又《川音》於喇字上有齘字，竹皆反，上又郭氏音制，宜取掣呼。（ZD60-192c）按："喇"即"掣"。《紹興重雕大藏音》卷 3："喇，制音。"（C059，p535b）"喇"音"制"，乃俗讀。

喇 禰～，上奴禮反，下之世反，應和尚未詳。（ZD60-387c）按："～"，譯音字。《陀羅尼雜集》卷

① 又見"勅"字條。
② 又見"喇"字條。

5:“婆陀禰喇婆舍兜嘍。”(T21, p606a)

啻 chì

啇 不～,音施,多也,正作啻也。(ZD59-579b)

⿰扌戠 chì/shì

⿰扌戠 摽～,上補遥反,下式志、昌志二反,正作標幟也。(ZD59-1115c) 按:“摽～”乃“標幟”。

懘 chì

懘 侘～,上丑駕反,下丑例反,失志皃也,正作侘傺也,又上徒各反,下丑世反,微困也,非義也。下又丑芥反,極也,劣也,亦非義。下又《川音》音製,非也。侘,又丑加、他各二反。(ZD60-499a)

幟① chì/shì

幟 爲～,式志、尺志二反,幖～也,記也。(ZD59-770a)

幟 憧～,昌志、式志二反。(ZD59-737b)

幟 幖～,必遥反,下尺志、尸志二反,高舉物令人遠見也,從巾。(ZD59-713c)

幟 幖～,上必遥反,下尺志反。(ZD60-397a)

幟 寶～,尺志反,菩薩名。(ZD59-726c)

⿰忄戠 chì/shì

⿰忄戠 作～,試、熾二音,記也。(ZD59-1120c) 按:“～”,經文作“幟”。《十誦律》卷 23:“皆持血作字作幟。”(T23, p171c)“幟”,今讀“zhì”。

⿰衤戠 chì/shì

⿰衤戠 爲～,尺志、式志二反,正作幟也,又依字,之力、徒得二反,繫舟杙也,非。(ZD60-250a)按:“～”即“⿰衤戠”,與“幟”同。

充 chōng

充 ～潤,上尺隆反,正作充也。(ZD59-605b)

充 ～偹,音備。(ZD59-577b)

舂 chōng

舂 ～擣,上尸容反,下都老反。(ZD59-1114c)

舂 ～擣,上書容反。(ZD60-2c)

舂 ～山,上束容反。(ZD60-367a)

舂 不～,束容反,擣也,正作舂。(ZD59-740c)

舂 ～破,上束容反,正作舂。(ZD59-1049b)

舂 ～杵,上書容反。(ZD59-1004a)

傭 chōng/yōng

傭 ～直,丑容反。(ZD59-896c)

傭 ～圓,上丑容反。(ZD59-593c)

傭 ～纖,上丑容反。(ZD59-597c)

傭 纖～,丑容反。(ZD59-985a)

⿰糹庸 纖～,丑容反,直也,悮。(ZD59-985b)按:“～”乃“傭”字,詳見本書中篇“**⿰糹庸**”字條。

傭 ～假,上音容,賃也。(ZD60-239c)

傭 ～草,余封反。(ZD59-971b)按:“～”同“庸”。

穜 chōng

穜 如～,尺鍾反,矛也。(ZD59-566a)

---

① 又見“⿰忄戠”“⿰扌戠”“⿰衤戠”字條。

衝 chōng

上～，昌鍾反，向也，突出皃也，正作衝、衝二形也。(ZD59-847a)

膧 chōng

臂～，丑容反，直也。(ZD60-187a)

～直，上丑容反，正作膧。(ZD59-896c)

臂～，丑容反，正作膧。(ZD59-694c)

身～，丑容反，直也，正作傭、膧二形。(ZD59-899b)按："～"乃"膧"字，詳見本書中篇"**膧**"字條。

臂～，丑容反。(ZD59-702b)

～滿，丑容反，直也。(ZD59-852a)

～胜，丑容反，下步米反。(ZD59-657a)

～圓，丑容反，直也。(ZD59-662c)

～圓，丑容反。(ZD59-560b)

身～，丑容反。(ZD59-898b)

～體，上丑容反。(ZD59-613c)

腨～，上市兖反，下丑容反。(ZD59-1054c)按："～"乃"膧"字，詳見本書中篇"**膧**"字條。

～胜，步米反。(ZD59-980b)

蹲～，市兖反，下丑容反。(ZD59-956a)

～直，上丑容反，又音容也。(ZD59-1007c)

臂～，丑容反。(ZD59-723a)

～滿，丑容反。(ZD59-899b)

～臘，丑容反，下息廉反，正作膧纖也，下又七廉反，非用。(ZD59-743b)

憧 chōng/chuáng

作憧，尺鍾反，～～，往來皃也，意不定也。(ZD60-389a)

意～，尸(尺)鍾反，意不定也，～～，往來皃也。(ZD59-670c)

～麾，音撝。(ZD59-1002b)按："～"即"憧"字之訛。

鶱 chōng

鸐～，下束容反。(ZD60-594c)按："鸐～"即"鸐鶱"，與"鸀鳿"同。

虫 chóng

麼麼小～，上二莫果反，下一直中反。(ZD59-645b)

～豸，上直中反，下直爾反。(ZD59-579a)

～皮，上直中反，正作虫、蟲二形也。(ZD60-43a)

蟲[①] chóng

～蛆，上除中反，下七余反。(ZD59-550b)

瞜～，上尺之反，下直中反。(ZD59-600c)

之～，直中反。(ZD59-814c)

句～，上九愚反，下直中反。(ZD59-613a)

小～，直中反。(ZD59-582c)

有～，直中反。(ZD59-636c)

～狩，直中反，正作蟲。(ZD59-756b)

蝗～，户光反，下直中反。(ZD59-638c)

---

① 又見"虫"字條。

崇 chóng

崇 願～,助弓反,敬也,就也,正作崇。(ZD60-245c)

喠 chǒng

喠 ～口,上尺勇反,氣急也,剌也,亦作動,又音衝,又音腫,欲吐皃。(ZD60-61a)

寵[①] chǒng

寵 ～具,上丑隴反。(ZD59-611c)

寵 ～於,上丑勇反,愛也,正作寵也。(ZD59-569c)

寵 ～受,丑壟反,愛也,正作寵也。(ZD59-828a)

寵 ～懋,上丑勇反,下莫候反。(ZD60-510c)

寵 見～,丑勇反,愛也,正作寵。(ZD59-846a)

竉 chǒng

竉 翰～,上胡案反,下依字音籠,洛孔反,道家天名,或作寵,丑勇反。(ZD60-517b)

竉 ～愛,上丑勇反,愛也,正作寵也,又洛董反,非。(ZD60-303b)

抽 chōu/yòu

抽 攢～,子官反,下直六反,上俗,下悮。(ZD59-740c)按:《入楞伽經》卷6:"攢軸(宋、元、明、宮本作抽)泥團輪,種子大鉤鎖。"(T16, p553b)從形體看,"～"應爲"抽"。《楞伽阿跋多羅寶經會譯》卷4:"攢抽泥團輪,種子大鉤鎖。"(X01, p326c)"～",可洪音"直六反",讀"zhú",不取。

抽 梨～,余秀反,菓名。(ZD60-577c)按:"～"乃"柚"字。

瘳 chōu/liáo

瘳 ～除,丑由反,病差。(ZD59-676b)

瘳 便～,音抽。(ZD60-343a)

瘳 得～,音抽,差也,正作瘳。(ZD59-615c)

廖 得～,音抽,病差也,又聊、溜二音,並非。(ZD60-190c)

瘳 得～,音抽。(ZD59-591a)

瘳 ～和,上力條、力右二反,前列及《川音》並作寥也,又音抽,非。(ZD60-479a)按:《續高僧傳》卷16:"時復有化公、彦公和禪師等,各通冠玄奥。"(T50, p552b)"彦",宫本作"廖"。"～"即"廖"字之訛。

惆 chóu

烔 ～悵,上丑由反,正作惆也。(ZD59-574a)按:"～"乃"惆"之訛。

焗 ～悵,上丑由反,正作惆也。(ZD59-635a)按:"～"即"惆"字之訛,詳見本書中篇"**焗**"字條。

稠 chóu

裯 般～,上補官反,下直流反,守護銀藏龍名也,在彌絺羅國,亦名班稠,或云般軸半逐也。(ZD60-176a)

裯 ～林,直由反,概也。(ZD59-739a)

裯 ～林,直由反,又音擣,悮。(ZD59-915c)按:"～"即"稠"。構件"禾"與"衤"相混。《大智度論》卷35:"譬如稠林曳木,曲者難出。"(T25, p316a)

裯 ～林,直由反,概也,又都老反,悮。(ZD59-926b)

---

① 又見"竉"字條。

綢 chóu

綢 ～繆,上直由反,下美休反。(ZD60-575b)

雔 chóu

雔 挍～,音酬。(ZD60-323a)

幬① chóu

幬 蚊～,丈流反。(ZD60-63c)

幬 蚊～,直流反。(ZD60-66a)

懤 chóu

懤 蚊～,直流反。(ZD60-66a)按:“～”乃“幬”字。

懤 如～,音儔,愁毒皃也。(ZD60-312b)

⿰日壽 chóu

嚋 朋～,直由反,正作⿰日壽。(ZD59-944b)

籌 chóu/dǎo

籌 ～慮,直由反,筭也,正作籌。(ZD59-933c)

籌 眼～,直由反。(ZD60-137b)

籌 ～量,直由反,筭物數。(ZD59-918a)

籌 ～量,直流反。(ZD59-918b)

籌 探～,他含反,下直由反。(ZD59-827a)

籌 ～丸,都老反,見別本作擣。(ZD59-875a)按:“～”即“籌”,經文中通“擣”。《蘇悉地羯羅經》卷1:“擣丸香,塵末香,作丸香。”(T18, p610a)

⿰糸壽 chóu

⿰糸壽 蚊～,直流反。(ZD59-1112a)按:“～”同“幬”字。

⿰魚雔② chóu

讎 ～敵,市由反。(ZD59-676c)

儔 ～隟,市由反,仇也,正作⿰魚雔,下去逆反,怨也。(ZD59-754c)

杻 chǒu

杻 ～械,上勑柳反,下户介反。(ZD59-1009b)

杻 ～械,勑酉反,下户介反。(ZD59-858b)

杻 ～械,抽酉反,下户介反。(ZD59-946c)

醜 chǒu

醜 ～陋,昌柳反,下婁豆反,不端嚴皃。(ZD59-660a)

醜 ～陋,音漏。(ZD59-620b)

醜 鼻～,昌有反,正作醜。(ZD60-280b)按:“鼻～”,對應佛經作“鼻醜”。

臭③ chòu

臭 爛～,上郎贊反。(ZD59-571b)

臭 ～爛,昌右反,下郎讃反。(ZD59-835c)

臭 香～,尺咒反。(ZD59-968a)

臭 ～穢,上尺右反。(ZD60-586a)

畜④ chòu/xù

搐 ～獸,同上,正作畜也,又丑六反。(ZD59-764c)

---

① 又見“⿰糸壽”“懤”字條。
② 又見“雔”字條。
③ 又見“臰”“殠”字條。
④ 又見“豬”“搐”“犞”字條。

畜 ～貿,上許六、丑六二反,聚也,正作畜,下莫候反。(ZD60-58b)

臰 chòu

臰 鯹～,上先丁反。(ZD59-1099b)按:"～"同"臭"。

搐 chòu/xù

搐 野～,丑救、丑六二反,正作畜。(ZD60-189a)按:"～"乃"畜"。

搐 ～養,上許六反,養也,聚也,正作畜也。(ZD60-50b)按:"～"乃"畜"。

⿰犭畜 chòu

⿰犭畜 ～生,上丑右、丑六二反,正作畜。(ZD60-75b)按:"～"同"畜"。

⿰牛畜 chòu/chù

⿰牛畜 小～,丑右反。(ZD59-764b)按:"～"即"畜"。

⿰牛畜 ～生,丑救、丑六二反,正作畜。(ZD59-903c)按:"～"即"畜"。

簉 chòu

簉 ～之,上楚右反,充也。(ZD60-575b)

簉 ～操觚,上初瘦反,廁也,中七刀反,執也,下古乎反,筆别名也。(ZD60-97c)

簉 ～多,上初救反。(ZD59-586c)

齅 chòu/xiù

齅 ～穢,上昌右反,恶氣也,正作臭、殠二形也,又或作嗅。(ZD59-555c)按:"～"乃"臭"。

齅 鼻～,上毗至反,下香右反,正作鼻齅。(ZD60-159b)

杒 chū

杒 ～责,上楚魚反,正作初。(ZD60-374b)

初[①] chū

初 年～,音初。(ZD60-338c)

初 ～發,上楚魚反,唐撰初字。(ZD60-338c)

初 碧～,下音初。(ZD60-339a)

初 建～,音初。(ZD60-339c)

初 最～,子外反,下音初。(ZD59-726c)

初 ～自,楚魚反,正作初。(ZD59-918a)按:"～"乃"初",詳見本書中篇"初"字條。

初 ～計,上音初。(ZD60-58a)

初 ～方,楚魚反。(ZD59-918a)按:"～"乃"初",詳見本書中篇"初"字條。

初 ～能,楚魚反。(ZD59-972a)

初 迋～,上普吉反,下音初。(ZD60-339a)

初 ～覺,音初,下音挍。(ZD59-727a)

⿰衤刃 chū

⿰衤刃 ～無,上楚魚反,正作初。(ZD60-273a)

摴 chū/chù

摴 ～蒱,上丑魚反,下步乎反。(ZD59-1060a)

摴 ～蒱,丑魚反,下步胡反。(ZD59-682c)按:"～蒱"即"樗蒲"。

---

① 又見"⿰衤刃""杒"字條。

摴　～棘，上丑余反。(ZD60-420a)

摴　般～，椿據反，經文自切也。(ZD59-837a) 按："～"，音"椿據反"，讀"chù"。

貙　chū

貙　～者，丑朱反，獸似狸而大，山中人呼虎大者爲貙犴也。犴音岸。(ZD59-831c)

樗①　chū

摴　～蒱，丑余反，下音蒱。(ZD59-676c)

摴　～蒱，丑魚反，下正作蒱。(ZD59-677b)

樗　～蒲，丑魚反。(ZD59-744c)

摴　～蒲，丑余反。(ZD59-718b)

摴　～蒲，上丑魚反，正作樗。(ZD59-1023a)按："～"乃"樗"，詳見本書中篇"**摴**"字條。

樗　～離，丑魚反。(ZD59-735a)

摴　～蒲，上丑魚反，又去魚反，誤。(ZD59-1061b)

樗　～蒲，上丑魚反。(ZD59-615b)

樗　chū

摴　～樹，上丑魚反。(ZD60-282a) 按："～"，對應佛經作"樗"。《經律異相》卷 48："遠世時，有黃門命過，棄樗樹間。"(T53，p255b)

貙②　chū

貙　～虎，上丑愚反。(ZD60-592a)

蒭　chú

蒭　～摩，上測俱反。(ZD59-1115c) 按："～"乃"蒭"。

除　chú

除　所～，音除。(ZD59-798a)

除　～撥，音鉢。(ZD59-642b)

除　剔～，他歷反。(ZD59-639a)

芻③　chú

芻　苾～，上毗吉反，下測俱反，香草名。(ZD59-789c)

芻　苾～，毗必、毗結二反，下測俱反。(ZD59-720c)

芻　薄～，測俱反。(ZD59-752a)

芻　苾～，下測居反。(ZD59-753b)

芻　～蒿，測俱反，草也，正作芻也，下呼高反。(ZD59-706a)

芻　吃～，測俱反。(ZD59-871a)

芻　～摩，測俱反。(ZD59-652a)

芻　縛～，測俱反。(ZD59-663c)

芻　苾～，上毗必反，下測俱反。(ZD60-12c)

蒢　chú/jì

蒢　蘧～，上其魚反，下丈魚反。(ZD59-1122b)

蒢　實～，子例反，邊也，畔也，會也，正作際也，又音除，悮。(ZD59-586c) 按："～"乃"際"字之訛。

厨④　chú

厨　～供，音廚，下音恭。(ZD59-716c)

---

① 又見"摴""樗"字條。
② 又見"貙"字條。
③ 又見"蒭""蒭"字條。
④ 又見"廚"字條。

𤸎 鐵～,上天結反,下直朱反。(ZD59-1002b)按:"～"乃"厨",詳見本書中篇"𤸎"字條。

尌 庖～,上蒲包反。(ZD60-303c)

蒭 chú

蒭 三～,測俱反。(ZD59-629a)

蒭 苾～,上借音毗必反,下測俱反。(ZD59-553c)

蒭 蒠～,音草。(ZD59-726a)

蒭 ～草,測俱反。(ZD59-686c)

蒭 ～蕘,上測俱反,下而招反。(ZD60-420b)

蒭 ～豢,上測俱反,下户串反。(ZD60-373c)

蒭 食～,測俱反。(ZD59-820a)

蒭 斫～惃,上之若反,中測俱反,下女遅反。(ZD59-593b)

蒭 苾～,上毗必反,下測俱反。(ZD59-588b)

蒭 梨～,測俱反,正作蒭,字從廾、從芻,《經音義》作渠寄反,非也。(ZD59-751a)

蒭 多～,叉俱反,正作蒭。(ZD59-718a)

𦼮 ～麻,測俱反。(ZD59-789b)

䅳 chú

䅳 ～那,上鋤句反。(ZD60-260b)按:《釋迦方志》卷1:"土宜欝金香草,出興瞿草生羅摩。印度川南境䅳那呬羅山,王城東南二千餘里,至西印度伐剌拏國,方合北道,南趣佛國。"(T51, p952b)"䅳",宋本作"犓",元、明本作"搊"。《大唐西域記》卷1:"峰每歲增高數百尺,與漕矩吒國犓(士句反,下同)那呬羅山髣髴相望,便即崩墜。"(T51, p874b)據此,"～"乃"犓"字。

㕑 chú

㕑 竭～,直朱反。(ZD60-288c)按:"～",譯音字,無實義。《陀羅尼雜集》卷5:"彌樓闍婆竭㕑波佛者。"(T21, p610a)

犓[①] chú

犓 ～那,上鋤句反。(ZD60-414c)

犓 ～那,上仕句反。(ZD60-406b)

篨 chú

篨 籧～,巨魚反,下直魚反。(ZD59-772b)

鋤 chú

鋤 薅莇,上呼高反,下助魚反,正作𦬸鋤,亦作薅～也。(ZD59-587b)按:"～"乃"鋤"之俗。

廚 chú

廚 鞞～,步迷反,下直朱反。(ZD59-837a)按:"～"同"厨"。

雛 chú

雛 者～,助于反。(ZD60-400c)

雛 ～行,上正作雛,仕于反,小鳥也,俗謂鳥兒爲雛也。(ZD60-449a)

雛 雞～,吉兮反,下助俱反。(ZD59-964a)

蹰 chú

蹰 踟～,下直朱反。(ZD59-598a)

---

① 又見"䅳"字條。

蹰 閦～，上眉殞反。(ZD60-76b)按："～"，對應經文作"蹰"。

杵 chǔ/jǐ

犴 剛～，昌與反，正作杵。(ZD59-976b)

抨 山～，尺與反，擣也，正作杵。(ZD60-186b)按："～"，對應佛經作"杵"。《佛本行經》卷1："來欲擊太子，山杵破散盡，太子不動移，當作是覺知。"(T04, p61b)

扦 ～搗，上昌與反，下都老反。(ZD60-33c)

扦 推～，直追反，下昌與反。(ZD59-937a)

折 ～破，尺與反。(ZD59-666b)

鈝 鐵～，尺與反。(ZD59-1064b)按："～"即"杵"，詳見本書中篇"鈝"字條。

杵 攫～，下音戟，自前皆作攫扟。(ZD60-355c)按："攫～"，對應文獻作"攫扟"。《一切經音義》卷4："爪攫，居縛反，《説文》攫，扟也。"(C056, p879c)"～"即"扟(丮)"字之訛。

處 chǔ/chù

䖏 ～中，上昌與反，正作處。(ZD60-332c)

處 ～璽，古典反。(ZD59-679c)

處 ～璽，古典反。(ZD59-600a)

處 腸～腡，上直羊反，下云貴反。(ZD59-617b)

處 殺～，所八反。(ZD59-652a)

處 ～溷，胡困反。(ZD59-613a)

處 及～，昌據反，正作處。(ZD59-977c)

處 普～，昌御反。(ZD60-333b)

處 切～，尺庶反。(ZD59-814c)

處 好～，尺庶反。(ZD59-1055c)

處 若～，而野反，下尺去反。(ZD59-788c)

楮 chǔ

楮 ～皮，上丑與反。(ZD60-11a)

褚 chǔ

褚 ～信，上丑與反。(ZD60-491a)按："～"乃"褚"。

褚[①] chǔ/zhǔ

褚 ～叔，丑與反。(ZD59-653a)

䙕 ～器，上竹與反，盛也，正作貯、褚二形。(ZD60-56b)

礎 chǔ

礎 堂～，音楚。(ZD60-471b)

怵 chù

怵 ～心，上丑律反。(ZD60-509b)

怵 ～惕，丑律反，下他歷反。(ZD59-755b)

怵 既～，丑律反，正作怵。(ZD60-410b)

俶 chù/tì

俶 ～裝，昌六反，始也，厚也。(ZD59-866a)

俶 ～儻，上昌六反，始也，厚也，動也，善也，然宜作倜，他歷反，倜儻，不羈也，下他朗反。(ZD60-456a)按："～儻"即"倜儻"。《高僧傳》卷9："耆域者，天竺人也。周流華戎，靡有常所，而倜儻神奇，任性忽俗。"(T50, p388a)

---

① 又見"褚""槠""䙕"等字條。

琡 chù

琡 竪～,初六反,齊也。(ZD59-865a)

亍 chù

亍 五亍,音觸,亦作𧤴、～。(ZD59-1090b)

𧤴 五亍,音觸,亦作～、亍。(ZD59-1090b)

亍 樂～,上郎各反,下尺玉反,正作亍、𧤴。(ZD60-104c)

亍 ～法,上昌玉反。(ZD59-574b)

觕 chù

觕 ～彼,上尺玉反,正作亍。(ZD59-1104b)按:"～"同"觸"。

觕 ～淨,上音觸,正作𧤴,或作亍。(ZD60-37c)

絀 chù

絀 絀遠,丑律、尸律二反,退也,呵也,正黜、～二形。(ZD59-822a)

絀 ～遠,丑律、尸律二反,退也,呵也,正黜、絀二形。(ZD59-822a)

傗 chù

傗 ～縮,上丑六反,不伸也。(ZD59-1047a)

福 chù/fú

福 ～積積,上丑六反,下二子昔反,聚也,正作稸積也,又一个積字也。(ZD60-402a)按:"～"乃"稸"字之訛。

福 有～,方伏反,吉也,正作福。(ZD59-928c)

閦 chù

閦 ～閦浮,上二同,初六反,正作閦。(ZD59-637b)

閦 阿～,初六反。(ZD60-332a)

閦 阿～,初六反。(ZD59-609a)

閦 阿～,叉六反。(ZD59-730c)

閦 ～浮,初六反,正作閦。(ZD59-637b)

閦 ～塞,上初六反。(ZD59-1083a)

閦 阿～,楚六反。(ZD59-920c)

閦 阿～,初六反。(ZD59-929a)

閦 ～浮,初六反。(ZD59-637b)

閦 阿～,初六反。(ZD59-812c)

閦 ～爾,上初六反。(ZD60-329b)

閦 阿～,初六反。(ZD59-576a)

閦 阿～,初六反。(ZD59-652a)

閦 阿～,初六反。(ZD59-581c)

閦 阿～,初六反。(ZD59-718c)

閦 ～塞,上初六反。(ZD59-1079c)

稸[1] chù/xù

稸 ～積,丑六反,聚也,正作稸也,又音福,非。(ZD59-832b)按:"～"乃"稸",詳見本書中篇"稸"字條。

稸 ～用,上許六、丑六二反,聚也,積也,正作稸。(ZD59-597c)

稸 資～,丑六、許六二反。(ZD59-595b)

顒 chù

顒 ～揬,上尺玉反,正作觸也,下徒骨反。(ZD60-402a)按:"～"乃"觸"字,詳見本書中篇"顒"

① 又見"福"字條。

字條。

黜 chù

黜 擯～,卑進反,下丑律反。(ZD59-636b)

黜 罸～,丑律反。(ZD59-903b)

黜 ～心,上丑律反。(ZD59-567b)

黜 廢～,方吠反,下丑律反。(ZD59-939b)

觸① chù

角 味～,音觸。(ZD59-588a)

觸 搦～,女卓、女宅二反。(ZD59-932b)

角 ～身,尺玉反。(ZD59-637b)

觕 ～受,尺玉反。(ZD59-646b)

角 ～苦,尺玉反。(ZD59-717a)

觕 身角,音觸。無～,同上。(ZD59-952c)

搋 chuāi

搋 扇～,丑皆反。(ZD60-141c)按:《阿毘達磨順正理論》卷 42:“諸愛行者,惡阿世耶,極躁動故,由斯理趣,非扇搋等,能斷善根。”(T29, p581b)“扇～”“扇搋”乃“扇摢”。

摢② chuāi

搋 扇～,上尸戰反,下丑皆反。(ZD59-554b)

搋 斯～,丑皆反。(ZD60-116a)

搋 扇～,丑街反。(ZD60-117c)

搋 扇～,丑皆反。(ZD60-133b)

搋 扇～,丑皆反,正作摢。(ZD60-109c)

搋 扇～,丑皆反,梵言扇摢半擇迦,此云黄門。(ZD59-559b)

搋 扇～,丑街反。(ZD60-116b)

搋 入～,丑佳反。(ZD59-558b)

搋 扇～,丑街反。(ZD59-949a)

搋 扇～,同上,扇～半擇迦。(ZD60-135b)

搋 扇～,丑街反,此云黄門,五種不男之惣名。(ZD59-948b)

搋 扇～,丑皆反,此云黄門,諱五種不男之惣名也。(ZD59-941a)

搋 扇～,丑皆反。(ZD60-135b)

搋 舍～,丑皆反。(ZD60-139c)

搋 扇～,丑佳反,或云扇侘。(ZD59-942b)

搋 扇～,丑皆反。(ZD60-123c)

搋 抳瑟～,上女爾反,下丑街反。(ZD60-376c)按:“～”即“搋”,與“摢”同。

揣 chuǎi

揣 ～觸,上初委反,闇摸也。(ZD60-141b)

揣 ～觸,上初委反,闇摸也。(ZD60-135b)按:《阿毘達磨俱舍論》卷 16:“執持價直,趣賣羊麈,揣觸羊身,酬價捉取。”(T29, p84c)“揣”音“初委反”,與“揣”同。

揣 chuǎi/duǒ/tuán/zhì

揣 ～摩,初委反。(ZD59-945a)

揣 此～,同上(揣)。(ZD60-169c)

揣 敁～,上丁兼反,下都果反。(ZD60-383c)

揣 ～食,徒官反。(ZD59-730b)按:

---

① 又見“觕”“觸”字條。

② 又見“搋”字條。

“～食”即“摶食”。

作拂～,下二同徒官反,丸也,正作團、摶、揣三形也,二體並悞,仍剩一箇字也,傳寫悞也。(ZD60-169c)

～而,上徒官反,正作揣。(ZD59-617c)

～食,徒官反。(ZD59-745a)

～食,上徒官反。(ZD59-988a)

蜜～,徒官反。(ZD59-956c)

禁～,之世反,正作制,止也,斷也。(ZD59-605b)按:“～”乃“制”字。

嘬 chuài

～羅,上速末反,經本自切也。(ZD60-390a)按:《一切經音義》卷65:“嘬羅,楚快反。”(T54,p738b)今依“楚快反”讀“chuài”。

穿[①] chuān

破～,尺專反,正作穿。(ZD60-85a)

～鼻,赤專反。(ZD59-843c)

～入,尺專反。(ZD59-808b)

不～,音川。(ZD59-725a)

～鑿,音昨。(ZD59-716a)

～漏,上尺專反。(ZD60-130a)

攢～,子官反,下尺專反。(ZD59-925c)

貫～,音官,下音川。(ZD59-673b)

～掘,尺專反,下巨勿反。(ZD59-684c)

穿 chuān

～鼻,尺專反。(ZD59-955a)

無～,音川。(ZD59-988a)

窜 chuān

開～,下音川。(ZD60-230b)按:《中華字海》收録,義未詳。“～”,對應佛經作“穿”。《雜寶藏經》卷10:“梟便於夜,知烏眼闇,復啄群烏,開穿其腸,亦復噉食。”(T04,p498c)

舡 chuán

邊～,上音邊,下音船,下又呼江反。(ZD59-583b)按:“～”同“船”。

舩 chuán

～舫,上市專反,下方望反。(ZD59-620b)

～栰,音伐。(ZD59-600a)按:“～”同“船”。

椓 chuán

～桷,上直緣反,下古岳反。(ZD60-64b)按:“～”乃“椽”。

～柱,上直緣反。(ZD59-618a)按:“～”乃“椽”字,詳見本書中篇“椓”字條。

船[②] chuán

～擢,直孝反,楫也,正作櫂。(ZD59-834b)

筏～,市專反。(ZD60-372b)

櫓～,市專反。(ZD60-372b)

如～,市專反,悞。(ZD59-672a)

筏～,同上,作䑦、舩二形,又丁聊反,吴云舩也。(ZD60-372b)

疾～,市專反。(ZD59-651b)

---

① 又見“穿”“窜”字條。

② 又見“舡”“舩”字條。

舡　～栰，市專反，下扶發反。(ZD59-732b)

船　修～，都聊反，船也，正作船也，又或舩，實專反。(ZD59-1138a)按："～"，經文作"船"。《根本説一切有部毘奈耶》卷47："一能遠望，二能鼓棹，三能修船，四能潛泳。"(T23，p888a)"～"當爲"船"字之訛，可洪以爲"船"，恐誤。

舩　如～，市專反，正作船。(ZD60-166b)按："～"乃"船"字，詳見本書中篇"**舩**"字條。

舡　～師，市專反，又呼江反，非用。(ZD59-732a)

遄　chuán

遄　～電，上市專反。(ZD60-456c)

圌　chuán

圌　蘆～，市專反。(ZD60-456b)

篅　chuán

篅　笹～，上徒本反，下遄、圌二音，下正作篅。(ZD60-375b)

椽

chuán/yuán

椽　採～，直緣反。(ZD60-553c)

椽　～樑，二音傳梁。(ZD60-102a)

椽　爲～，直全反。(ZD59-772b)按："～"，對應佛經作"椽"。《佛説月光童子經》卷1："吾向共議，欲令長者當於門中，鑿作五丈六尺深坑，以炭火適(過)半，細鐵爲椽，土薄覆上。"(T14，p815b)

椽　～柱，上直專反。(ZD59-598a)

椽　編～，卑連反，下直緣反。(ZD59-684a)

椽　編～棘刺，居力反。(ZD59-638b)

椽　樑～，力羊反，下直緣反。(ZD59-916b)

椽　竪～，直緣反。(ZD59-804a)

椽　～柱，上直全反。(ZD59-631b)

椽　～梠，直緣反，下力與反。(ZD59-702c)

椽　～梠，直專反，下力與反。(ZD59-710b)

椽　編～，卑連反，下直緣反。(ZD59-697b)

椽　波卑～，下以絹反。(ZD59-593a)按："～"即"椽"，可洪音"以絹反"，通"緣"。

椽　邊～，以絹反。(ZD59-877a)按："～"即"椽"，經文中通"緣"。

椽　重～，羊絹反，脣也。(ZD59-782a)按：《不空罥索神變真言經》卷7："基高側手内院穿爐，廣一肘半深一肘量，周匝重緣。"(T20，p260a)"緣"，宋本作"椽"。"～"即"椽"，經文中通"緣"。

椽　四～，以絹反。(ZD59-785c)

篅[①]

chuán/shé

篅　～剌，市專反，正作篅，入聲呼，下來葛反。(ZD59-795b)

篅　與～，市專反。(ZD59-597b)

篅　笹～，上徒本反，下市專反。(ZD60-356a)

篅　～攞，船悦反。(ZD59-794c)按："～"音"船悦反"，用作譯音字。

篅　～攞，市悦反，下郎可反。(ZD59-793a)按："～"音"市悦反"，用作譯音字。

---

① 又見"篅""圌"字條。

輲 chuán

輲 ～車，上市緣反，無倫(輪)車也。(ZD60-424b)

舛[1] chuǎn

舛 咲～，上私妙反，下昌軟反。(ZD60-252c)

舛 差～，川兖反。(ZD59-597a)

舛 ～雜，上川兖反，下自合反。(ZD60-451b)

舛 多～，昌兖反。(ZD59-742a)

舛 斯～，尺兖反。(ZD59-722b)

舛 差～，川兖反，錯訛也。(ZD59-928a)

舛 ～謬，川兖反，相違背也。(ZD59-661b)

舛 既～，尺兖反，訛也，錯也，相乖背也，正作舛也。(ZD60-574c)

歼 chuǎn

歼 ～度，上尺兖反，正作舛也。(ZD60-572c)

歼 ～闕，上川兖反，正作舛也。(ZD60-447a)

舛 chuǎn

舛 ～雜，上昌兖反。(ZD60-326c)按："～"乃"舛"。

舛 不～，川兖反。(ZD60-491c)按："～"乃"舛"。

歂 chuǎn

歂 ～彼，上宜作敱，尺兖反，揣也，又市專、市兖二反，非義。(ZD60-585b)按："～"同"喘"，可洪以爲"敱"，待考。《廣弘明集》卷26："歂彼弱麑，顧步宜愍。"(T52, p293b)《正史佛教資料類編》卷2："喘彼弱麑，顧步宜愍。"(ZS01, p42a)

玔 chuàn

玔 環～，胡開反，下尺絹反。(ZD59-976c)按："～"同"釧"。

釧[2] chuàn

釗 鐶～，古亂反，臂鐶也，下尺絹反，指鐶也。(ZD59-864a)

瑏 chuàn

瑏 ～珮，上尺絹反。(ZD60-182c)按："～"乃"瑏(玔)"字，詳見本書中篇"瑏"字條。

窓 chuāng

牕 ～四，上楚江反，正作窻、牎、牕三形。(ZD60-81a)

窓 ～牖，音酉。(ZD59-1017a)

窓 ～向，許亮反，窓也。(ZD59-571a)

創 chuāng/chuàng

刅 創槃，音瘡，刀傷也，正作～，下音盤，痕也，正作瘢。(ZD59-853b)

創 瘢～，音瘡，正作創。(ZD60-170a)按："～"即"創"，與"瘡"同。

創 鞕～，下音瘡，悮。(ZD60-218c)

刱 ～始，上初亮反。(ZD60-19a)

窗[3] chuāng

窻 ～闥，叉雙反，下他達反。(ZD59-665a)

牕 軒～，許言反，下初江反。(ZD59-729a)

---

① 又見"歼""舛"字條。

② 又見"玔""瑏"字條。

③ 又見"窓"字條。

窻 ～牖，上楚江反。(ZD59-1008b)

窻 ～牖，上初江反。(ZD60-49a)

窓 ～牖，音西。(ZD59-654b)

牕 ～牖，上音窓，下音西。(ZD59-1129c)

窗 ～牖，上音窓，下音西。(ZD60-374c)

牕 天～，音窓。(ZD59-729a)

惷 chuāng

惷 ～頋，上丑江反，下音頑，愚。(ZD59-1031c)按："～"乃"惷"字。

憃[①] chuāng

憃 愚～，丑江、丑絳二反。(ZD59-727b)

憃 ～愚，上丑江反。(ZD60-196b)

憃 愚～，丑江反。(ZD59-831a)

瘡[②] chuāng

瘡 鋒～，音峰，下音瘡。(ZD59-856c)按："～"即"瘡"，創傷。《佛説弘道廣顯三昧經》卷4："吾等受此苦痛無數地獄之酸，六火圍遶，燒炙苦毒，鋒瘡萬端，鑊湯之難，諸變種種，更斯衆痛，日月彌遠。"(T15，p506b)

瘡 身～，音瘡。(ZD60-267a)

痠 ～痕，楚庄反，正作瘡。(ZD59-953b)按："～"乃"瘡"，詳見本書中篇"痠"字條。

⿸疒創 chuāng

⿸疒創 如～，音瘡。(ZD59-558b)

⿸疒創 患～，音瘡。(ZD60-169c)按："～"乃"瘡"，詳見本書中篇"**⿸疒創**"字條。

⿸疒創 癩～，上音賴，下音瘡。(ZD59-575b)按："～"即"瘡"字。

⿸疒創 頭～，音瘡。(ZD59-857b)

⿸疒創 患～，音瘡。(ZD60-169c)

⿸疒創 惡～，音瘡。(ZD59-812a)

鏦 chuāng/cōng

鏦 ～金，上楚江反，打鍾皷也，正作摐也，又七容反。(ZD60-590a)按："～金"，對應佛經作"摐金"或"縱金"。《廣弘明集》卷28："或臨川送遠，縱金飛旆，泛此安流，猶復見重良書，以爲盛德。"(T52，p326c)"縱"，宋、元、明、宫本作"摐"。"～""縱"通"摐"。

鏦 ～金，上楚江反，擊也，正作摐、鏦二形。(ZD60-595a)按："～金"，對應佛經作"摐金"。《廣弘明集》卷29："出野外而摐金，入閨中而撫石。"(T52，p341b)"摐金"之"摐"，擊打也。"～"與"鏦"同，非此義，經文中乃"摐"之假借。不過，亦有可能"摐"受"金"的影響類化換旁而作"～(鏦)"，如此又似爲異體關係。

床 chuáng

牀 ～簀，阻伯反，棧也。(ZD59-1122b)

床 王～，助莊反。(ZD59-1044b)

床 繩～，助庄反，正作床、牀二形。(ZD60-23a)

牀 畀～，卑床二音。(ZD60-272b)

床 ～痤，上音床，下音座。(ZD59-559b)

床 ～坐，上助庄反。(ZD59-614c)

牀 大～，音床。(ZD60-56b)

牀 ～座，上音床。(ZD59-554a)

---

① 又見"惷"字條。

② 又見"創""⿸疒創"字條。

牀 chuáng

牀 ～㩪，上音牀，下音塔，正作牀榻也。(ZD59-574b) 按："～"乃"牀"。

牀[1] chuáng

牀 ～蓐，助庄反，下而欲反。(ZD59-662c)

牀 卧～，音床。(ZD59-676c)

牀 之～，音牀。(ZD60-590a)

牀 卧～，音床，正作牀也。(ZD59-576a)

牀 ～搨，音床，下音塔。(ZD59-839b)

牀 ～椸，上助庄反。(ZD59-1085c)

牀 敷～，音床。(ZD60-33b)

牀 卧～，助庄反。(ZD59-692c)

牀 ～前，助庄反，正作床、牀。(ZD59-772a)

牀 在～，助庄反，正作牀。(ZD59-748a)

牀 大～，助庄反，正作牀。(ZD59-858c)

牀 繩～，實陵反，下助庄反。(ZD59-905a)

牀 ～坐，助庄反。(ZD59-932b)

牀 ～㩪，上音牀，下音塔，正作牀榻也。(ZD59-574b)

牀 ～榻，助庄反，下他盍反。(ZD59-715b)

牀 ～痤，上助庄反，下才卧反，正作床座也。(ZD59-988c)

牀 ～席，助庄反。(ZD59-657c)

牀 勝～，助庄反，正作牀。(ZD59-833b)

牀 倚～，助庄反。(ZD59-679b)

牀 孔～，助庄反。(ZD59-741c)

牀 ～蓐，仕庄反，下而欲反。(ZD59-698b)

牀 大～，音床。(ZD60-33b)

牀 有～，助庄反，正作牀。(ZD59-724b)

牀 ～不，助庄反，正作牀也。(ZD59-741b)

牀 ～痤，床座字也。(ZD59-899a)

牀 ～搨，助庄反，下他盍反。(ZD59-666c)

牀 ～榻，音床，下音塔。(ZD59-719a)

牀 擿～，持石反，投也，抛也，下助庄反，正作牀。(ZD59-756b)

牀 ～㩪，助庄反，下音塔。(ZD59-647b)

牀 拕～，上他箇反，下助庄反，無輪車也，正作拖牀也，《川音》作拕，音他，非謬甚。(ZD60-190b)

疒 chuáng

疒 ～𤻰，上助庄反，下祥昔反。(ZD60-226a) 按："～"即"床"字之訛。

疒 ～痤，上音牀，下音坐。(ZD59-554a) 按："～"即"床"字之訛。

撞 chuáng/zhuàng

撞 㲉～，下宅江、宅絳二反，正作撞。(ZD60-354a)

幢 chuáng

幢 ～泥，宅江反，宜作樁，竹江反，輪柱橛也。(ZD59-741c) 按："～"，經文作"幢"。《入楞伽經》卷 10："幢泥團輪等，子四大外法。"(T16，p579c)

幢 慢～，宅江反，正作幢。(ZD59-757c)

幢 見～，宅江反，正作幢也，悮，前例頭作舉身見幢也。(ZD60-171a)

---

[1] 又見"床""牀""疒"字條。

憧　此～，宅江反，正作幢，又直勇反，悮。(ZD59-917a)

橦　勝～，宅江反，正作幢。(ZD59-641b)

幢　～旛，音憣。(ZD59-674c)

幢　～麾，上宅江反，下許爲反。(ZD60-45c)

幢　～幟，昌志、式志二反。(ZD59-737b)

幢　峙～，宅江反，又尺容反。(ZD59-677c)

刱[①] chuàng

刱　～制，上初亮反，初也。(ZD60-6b)

愴 chuàng

愴　～悢，音亮。(ZD60-566a)

吹 chuī

吹　～飯，正作炊也。(ZD60-33b) 按："～"同"炊"。

欥　～火，上尺維反，正作吹。(ZD60-358a)

炊[②] chuī

炊　～飯，上尺維反。(ZD60-33b) 按："～"即"炊"。

倕 chuí

倕　～作，上音垂，古巧人名也。(ZD60-352a)

倕　陸～，音垂。(ZD60-457a)

捶 chuí

捶　～打，上之水反，下得冷反，下又音頂。(ZD59-555a)

捶　扙～，之水反。(ZD59-698a)

捶　撾～，上陟花反，下之水反。(ZD59-573b)

捶　～打，上之水反。(ZD59-560a)

捶　～皷，之水反，擊也。(ZD59-771b)

捶　撾～，陟花反，下之水反。(ZD59-642b)

捶　～擊，之水反，亦作箠。(ZD59-654b)

推 chuí/quán/tuī

推　鉗～，下直追反，正作椎。(ZD59-590a) 按："～"乃"椎"。

推　～慧，音拳，正作權。(ZD59-584c)

推　～搏，上他迴反，下布各反。(ZD60-362a) 按："～"乃"推"。

搥 chuí/duī

搥　～胸，直追反，下許容反。(ZD59-640c)

搥　～胸，上直追反，下許容反。(ZD59-556b)

搥　～胸，直追反，下許容反。(ZD59-837a)

搥　捉～，音鎚。(ZD59-606a) 按："～(搥)"乃"槌"，經文作"鎚"，椎也。

相　～樸，都迴反，下步角反。(ZD59-954c) 按："～"，對應佛經作"搥"。《十住毘婆沙論》卷1："獄卒牽拽，蹴蹋搥撲。"(T26，p21b)

椎[③] chuí

推　虔～，巨焉反，下直追反。(ZD59-717c) 按："～"，可洪音"直追反"，蓋以爲"椎"。

腄 chuí

腄　三～，宜作䤚，都回反，䤚～，面醜也，又直僞反，非也。《經音義》以

---

① 又見"創"字條。

② 又見"吹"字條。

③ 又見"推"字條。

顀字替之,直追反,《説文》額出也,亦非。(ZD59-770a)按:《太子須大拏經》卷1:"身體黑如漆,面上三顀,鼻正匾匠,兩目復青。"(T03, p421b)"顀",宋本作"腄",元、明本作"䪼",麗-CB本作"顀"。"～",可洪以爲"䪼",《經音義》以爲"顀"。從形體與文意看,"～"疑爲宋本"腄"字。

槌 chuí

桘 ～弩,直追反,下奴古反。(ZD59-738a)

搥 捧～,上步講反,下直追反。(ZD59-1082c)按:"～",經文作"棒槌"。

箠 chuí

箠 ～也,上之水反。(ZD60-352c)

錘① chuí

錘 鐵～,直追反。(ZD59-1063a)

鎚 chuí

鎚 ～印,直追反。(ZD59-785a)

鎚 ～打,上直追反,下得冷反。(ZD59-587a)

鎚 金～,直追反。(ZD59-644b)

錐 chuí

錐 稱～,上尺證反,下直垂反,權也,又八銖曰～也,正作錘也。(ZD60-215b)按:"～"即"錘",經文作"鎚",亦同"錘",詳見本書中篇"錐"字條。

春 chūn

春 ～輪,尺倫反,正作春,上方經作春輪是也,又《經音義》作椿輪。(ZD59-850b)按:"～"即"春"字,經文中通"椿"。

摏 chūn

摏 斛斯～,上户木反,下丑倫反。(ZD60-462b)按:"～",對應佛經作"椿"。《續高僧傳》卷1:"平陽王爲侍中斛斯椿所挾。"(T50, p428c)

椿② chūn

椿 ～松,上丑倫反。(ZD60-327b)

純③ chún

純 ～淑,常六反。(ZD59-755a)

純 ～淑,市倫反,下市六反。(ZD59-645a)

純 ～淑,市六反。(ZD59-732a)

純 ～淑,市六反。(ZD59-674a)

醕 chún

醕 釀～,下市倫反。(ZD60-280c)按:"～"即"醕",經文作"純",同。

脣 chún

脣 ～吻,文粉反。(ZD59-666a)

脣 捻～,上奴協反。(ZD59-1122b)

脣 ～頦,都可反。(ZD59-763c)

淳 chún

淳 如～,市倫反,正作淳,又音亭,非也。(ZD60-400b)

淳 ～風,上市倫反,正作淳也。(ZD60-429b)

淳 味～,市倫反,清也,朴也,正作淳也,又音亭,悮也。(ZD60-323a)

---

① 又見"錐""鎚"字條。

② 又見"春""摏"字條。

③ 又見"醕"字條。

滜 雲～，是倫反，正作淳，比丘名也，亦云均頭，亦云專陁，又音亭，非。（ZD59-691a）按："～"，經文作"停"，蓋亦"淳"之訛。《佛説方等般泥洹經》卷1："難陀羅雲停，度知際馬師。"（T12，p91c）

漙 清～，市倫反，清也，正作淳也，《玉篇》音村，非也，郭迻作尊、樽二音，亦非。（ZD60-156a）

倖 ～質，市倫反，正作淳也。（ZD60-411c）按：構件"氵"與"亻"草寫相混。《兜率龜鏡集》卷1："有一沙門，宿心淳質。"（X88，p53b）

漘　chún

漘 海～，市倫反，水際也，正作漘也，又音脣，悮也。（ZD60-547a）

鶉　chún

鶉 州～，市倫反，此是均字切脚也。（ZD60-218a）

鶉 ～，市倫反。（ZD59-837c）

鶉 ～鳥，市倫反。（ZD59-911b）

鶉 ～鳥，上市倫反。（ZD59-1057a）

踳　chǔn

蹖 ～淪，上尺尹反，乖舛也，雜也。又書容反，非。（ZD60-537b）

踳 ～馳，上春尹反，相乖舛也，或作踳，束容反。（ZD60-464a）

啜　chuò

啜 舐～，常芮、常悦二反，嘗也，又竹芮、尺悦二反。（ZD59-1075b）

惙　chuò/zhuì

惙 微～，竹劣反。（ZD59-960b）

惙 綿～，知劣反。（ZD59-696b）

惙 羸～，竹劣反，疲也，正作惙。（ZD59-850c）按："羸～"，對應佛經作"羸惙"。《大方便佛報恩經》卷2："雖復踴身上升，勢不能高，氣力羸惙，還墮井底，爲諸毒蛇之所唼食。"（T03，p132a）

惙 繫～，竹税、竹悦二反，連也，正作綴。（ZD59-1002c）按："～"通"綴"。《增壹阿含經》卷30："第一可欲者，所謂眼眼相視，然彼女人或語、或笑，繫綴男子，或共言語而繫綴男子。"（T02，p715a）"綴"，聖本作"惙"。

蔟　chuò/cù

蔟 箛～，上古胡反，下楚角反，謂竹籤也，言銛竹爲剌而安要路，以害人獸也。（ZD60-79a）按："～"即"蔟"，同"簇"，小竹籤。《善見律毘婆沙》卷11："安者，箛蔟埳及毒藥等，安置一處，觸之即死。"（T24，p751a）

蔟 非～，千木反。（ZD60-248a）按："～"即"蔟"，同"簇"。

綽　chuò

綽 ～口，上昌約反。（ZD60-8a）

繛 孫～，尺略反。（ZD60-545b）按："～"同"綽"，詳見本書中篇"繛"字條。

嚵　chuò

嚵 飌粥，上昌悦反，大飲也，正作歠、啜、～三形。（ZD60-55b）按："～"同"歠"。

嚽　chuò

嚽 ～飲，昌悦反，正作嚽。（ZD59-550a）按："～"乃"嚽"，即"歠"字。

歠[1]　chuò

～粥，上昌悦反，正作歠。(ZD59-1118c)

～粥，上昌悦反，大飲也，正作歠、啜、嚽三形。(ZD60-55b)

齪　chuò

偓～，上烏角反，下楚角反，急促也，正作握齱也。(ZD60-473b)

躖[2]　chuò

握～，初角反，正作齱也，《漢書》云握齱，急促也。(ZD60-562b)按："握～"，聯綿詞，又作"齷齪""偓躖""喔嚙""偓齪""齷躖""握齱"等形，急促也。從形體看，"～"即"齪"。

庛　cī

～點，疾斯反。(ZD59-956b)按："～點"之"～"乃"疵"字。《十住毘婆沙論》卷9："身無有疵點，手足極柔軟。"(T26，p71b)

玼　cī

瑕～，户加反，下才斯反。(ZD59-649c)

疵[3]　cī

瑕～，疾斯反。(ZD59-732a)

瑕～，户加反，下才斯反。(ZD59-644c)

瘕～，户加反，下自斯反，上又加、嫁二音，非。(ZD59-759a)

～點，疾斯反。(ZD59-956b)

趑　cī

～跙，上七咨反，下七余反，正作趑趄。(ZD60-597a)按："～"乃"趑(赼)"，詳見本書中篇"䟡"字條。

螆　cī

～螬，上疾咨、七私二反，下自刀反，蝎虫也。(ZD60-389a)

乱　cí/luàn

～恩，上祥慈反，别也，正作辝、辤、辭三形。(ZD60-516b)按："～恩"之"～"乃"辭"字。《破邪論》卷2："於是刹利王種辭恩愛而出家。"(T52，p489b)

撩～，上力條反。(ZD60-16c)

茨　cí

～栗，上疾咨反，下力日反。(ZD60-379a)

茈　cí

鎡～，二同疾咨反，見藏無茈字。(ZD60-374c)

垐　cí

揵～，上巨焉反，下才咨反，小鐵鉢也，或作瓷。(ZD60-26b)按：《彌沙塞部和醯五分律》卷26："諸比丘須犍瓷。佛言：聽畜，用銅、鐵、瓦、石作。"(T22，p171c)"犍"，明本作"揵"。"瓷"，宋、元、明、宫本作"瓷"，聖本作"望"。"揵～"，對應佛經作"犍瓷""犍瓷""犍望(垐之訛)"或"揵瓷"，皆指淺鐵鉢。

漆～，上青悉反，下才資反。(ZD59-1054a)

祠　cí

～火，音詞，祭也，正作祠也。(ZD59-946b)

---

① 又見"嚽""嚼"字條。
② 又見"庛"字條。
③ 又見"齪"字條。

祠 無～，音祠，祭天也，悞。(ZD60-161a)

瓷　cí

瓷 ～木，疾資反。(ZD59-805a)

瓷 ～瓮，才咨反，下烏貢反。(ZD59-782c)

瓷 ～瓮，才資反，下音瓮，悞。(ZD59-865b)

瓷 ～壜，才咨反，下徒南反。(ZD59-785b)

揓　cí

揓 慈箕，居之反，《七佛咒》作慈其，諸經或作～掑，亦作茲基也。(ZD60-291c) 按："～"乃"慈"，詳見本書中篇"揓"字條。

辝　cí

辝 俗～，徐欲反。(ZD59-670c)

𦀚　cí

𦀚 ～鉢，上音詞，文言也，說也，訟也，正作詞、辭、辝三形，下音峰，刀劍刃也，正作鋒也。諸經作辝鋒，亦作詞鋒也，又郭迻音牟，非也，《川音》及《南嶽音》並音緇，亦非也。(ZD60-448c) 按："～鉢"，對應佛經作"緇鉢"或"𦀚鉢"。《高僧傳》卷4："太原王濛，宿構精理，撰其才詞，往詣遁作數百語，自謂遁莫能抗。遁乃徐曰：'貧道與君別來多年，君語了不長進。'濛慚而退焉，乃歎曰：'實緇鉢之王，何也？'"(T50，p349a)"緇"，宋、元、明、宮本作"𦀚"，根據可洪，"～"即"辭"字。

詞　cí

詞 ～鋒，上音詞，下音峰，前後皆作詞鋒，亦作辝鋒也，二並悞。(ZD60-465a)

磁[1]　cí

磁 ～石，自茲反。(ZD59-686c) 按："～"同"磁"。

磁 ～甕，才茲反，下烏貢反。(ZD59-881b)

磁 ～石，音慈也。(ZD59-977b)

雌　cí

雌 ～鳥，上此斯反，誤也。(ZD59-1071b)

雌 ～野，上此斯反。(ZD59-1017a)

雌 ～虎，上七斯反。(ZD59-625c)

辭　cí

辭 ～辨，同上。(ZD60-152c)

辭 ～辯，上徐茲反，下平件反。(ZD59-575a)

辭 敵～，上音必，審也，實也，誠也，義是必字，而筆受者妄用斁字，遂乖經理也，又音佛，理也，義亦通用，《出三藏記》作斁字也。此字從《應和尚音義》已來諸師相承作勇字呼，非義也。(ZD60-348b) 按："～"即"辭"字。

餈　cí

餈 ～類，上自咨反。(ZD60-383b)

薋　cí

薋 ～蒺藜，上一疾咨反。(ZD60-379a)

薋 ～蒺，上疾咨反。(ZD60-369b)

鴜　cí

鴜 鸕～，上洛胡反，下慈、茲二音，正作鷀。(ZD60-280b) 按："～"同"鷀(鶿)"，詳見本書中篇"鴜"字條。

---

① 又見"磁"字條。

嶋 cí

～鳥,此斯反,正作嶋。(ZD59-1071b)按:“～”同“雌”。

𨧫[①] cí

鍵～,才咨反,正作瓷。(ZD60-87c)按:丁福保《佛學大辭典》:“鍵𨧫,又作鍵鎡,犍茨,健支,建鎡。譯曰淺鐵鉢。鐵鉢中之小鉢也。”

～㧗,二同疾咨反,見藏無㧗字。(ZD60-374c)

鍵～,上巨焉反,下才咨反。(ZD59-1108a)

鍵～,上巨焉反,下才咨反,淺鐵鉢。(ZD60-37c)

揵～,下才咨反,小鉢也,律文作𨧫、瓷二形,亦作茨,或作鐼、鏩,並同音茨也,悮,又古血反,非也。(ZD60-55a)

揵鎘,下才咨反,小鉢也,律文作𨧫、瓷二形,亦作茨,或作～、鏩,並同音茨也,悮,又古血反,非也。(ZD60-55a)

鎡 cí

鍵～,上巨焉反,下才咨反。(ZD59-1111a)

鍃 cí

鍵～,上音乹,下音瓷。(ZD59-1115b)按:“鍵～”,對應佛經作“鍵鎡”。《摩訶僧祇律》卷38:“若用銅盂,若鉤鉢、鍵鎡中温。”(T22, p530a)

鍵～,上巨焉反,下才咨反。(ZD60-24c)按:“～”乃“鎡”字,詳見本書中篇“鍃”字條。

磁 cí

～石,上才兹反。(ZD59-1074c)按:“～”同“磁”。

～甕,才兹反,下烏貢反。(ZD59-865b)按:“～”,經文作“甆”。《一字佛頂輪王經》卷5:“是一印咒,以一新淨二斗白甆甕子,滿盛香水,置壇中心。”(T19, p258a)“甆”,宋、元、明、甲本作“磁”。“～”即“磁”,通“甆”。

辭[②] cí

而～,音詞。(ZD59-757b)

文～,音詞。(ZD59-734c)

不～,音詞。(ZD59-557a)

文～,音辝。(ZD59-673a)

～辯,祥慈反,正作辝。(ZD59-774c)

～家,上音詞,別也。(ZD59-1048c)

柔～,似兹反,正作辭。(ZD59-988b)

～闕,丘月反。(ZD59-585c)

鶿 cí

鸕～,音盧,下音慈,下正作鶿也,悮。(ZD59-691c)

鷀[③] cí

鸕～,音盧,下音兹。(ZD59-822a)

～鸛,上才兹反,下古亂反。(ZD60-63c)

鸕～,盧慈二音。(ZD59-1081c)

鑇 cí

鍵～,上音乹,下音慈。(ZD59-1105c)按:“～”,經文作“鎡”。《摩訶僧祇律》卷8:“與異物者,取彼衣已,與鉢若小鉢

① 又見“鎡”“鑇”“𡌭”“鍃”字條。

② 又見“乱”“辝”“辤”“絴”字條。

③ 又見“鴜”“鶿”字條。

若鍵鎡。"(T22, p300a)

鎡 鍵～,音慈。(ZD59-1108c)

朿 cì

朿 ～刀,上七賜反,木芒也,正作朿也。(ZD60-382a)按:"～"乃"朿"。

刺[①] cì

刾 怨～,七賜反。(ZD59-744a)按:"怨～",對應佛經作"怨刺"。

刾 鈎～,多叫反,下七亦反。(ZD59-744a)

刾 怨～,七賜反。(ZD59-744c)

刺 棘～,居力反,下七賜反。(ZD59-642b)

刾 毒～,七賜反,正作刾、刺、莿三形。(ZD59-1057a)

刾 棘～,居力反。(ZD59-734c)

刾 蕀～,居力反。(ZD59-728c)

刺 棘～,居力反,下七賜反。(ZD59-647a)

莿 生～,七賜反。(ZD59-605b)

莿 復～,七賜反。(ZD59-1084c)

莿 疑～,七賜反。(ZD59-836b)

刾 cì

刾 斫～,下七賜反。(ZD59-555b)按:"～"即"刺"。

佽 cì

佽 ～飛,上七四反,漢武官名,又助也。(ZD60-600b)

茦 cì

茦 之～,初責反,草木刾也。(ZD60-351a)按:《一切經音義》卷1:"疑莿,且漬反。《方言》:凡草木刾人,關西謂之莿,燕朝鮮洌水之間謂之茦。"(C056, p823c)《方言》卷三:"凡草木刺人,北燕朝鮮之間謂之茦。""～"即"莿(茦)",可洪音"初責反",以爲"策",誤。

莿 cì

莿 道～,七賜反,草木針也,芒也。(ZD59-761c)按:《大威燈光仙人問疑經》卷1:"無言字神通,覆翳我道刺。"(T17, p884b)"刺",宋、宮本作"莿",元本作"刺"。"～",可洪音"七賜反",乃"莿",今通作"刺"。

廁 cì

𤻮 ～羅,上測事反。(ZD60-29c)

𤻮 造～,初事反,正作廁。(ZD59-819a)

廁 清～,上正作圊。(ZD59-620c)

蛓 cì/qì/xī

蛓 ～蝹,上七亦反,下音覓。(ZD60-356c)按:"～"即"蛓"。

蛓 ～蝹,上七歷、七賜二反,下音覓。(ZD60-366b)按:"～",可洪音"七賜反",讀"cì",《廣韻》音"先擊反",讀"xī"。

忩 cōng

忩 ～洞,宜作悤恫。(ZD59-608c)按:"～",經文作"怱洞"或"悤恫",聯綿詞。《佛説阿彌陀三耶三佛薩樓佛檀過度人道經》卷2:"心意不專,悤恫不安。"(T12, p315c)"悤恫",宋、元、明本作"怱洞"。

怱[②] cōng

悤 ～務,上倉紅反,速也,正作忩、怱二形

---

① 又見"朿""茦""刾""莿"字條。

② 又見"忩"字條。

也。(ZD60-82a)

蓯　cōng

蓯 ～韭，居有反。(ZD59-741a)按："～"同"葱"。

蓯 賣～，倉紅反，正作蓯。(ZD60-234a)

蓯 ～務，倉紅反，正作忩也。(ZD60-239c)按：《阿育王傳》卷7："當布薩時，諸優婆塞皆有怱務，不得往。"(T50，p127c)根據經文，"～"通"忩(怱)"。

葱　cōng

葱 買～，音忩，正作蓯、葱二形，又音怱，非。(ZD60-234a)按："～"乃"葱"字之訛。

從　cōng/cóng/zōng/zòng

從 ～容，七容反。(ZD59-819a)

從 從容，七蹤反，緩步也，正作從、～二音。(ZD59-647b)

從 縱縮，上七恭反，下以封反，緩步皃也，服也，正作從容，或作～容，亦作從容也。(ZD60-212a)按："～容"即"從容"，聯綿詞，詳見本書中篇"聡"字條。

從 縱縮，上七恭反，下以封反，緩步皃也，服也，正作～容，或作從容，亦作從容也。(ZD60-212a)按："～容"即"從容"，聯綿詞，詳見本書中篇"從"字條。

從 ～容，上七容反。(ZD60-446a)

從 ～容，七蹤反，緩步也，正作從、從二音。(ZD59-647b)

從 ～怚，自容反，正作從。(ZD59-724a)

從 ～正，疾容反，正作從。(ZD59-848b)

從 ～頸，居郢反，正作頸。(ZD59-577a)

從 ～非，上疾容反。(ZD60-44b)

從 儐～，上卑進反，～相也。(ZD59-642b)

從 即～，自容反，正作從。(ZD59-1002b)

從 ～横，子從反。(ZD59-744b)按："～横"即"縱横"，"～"通"縱"。

從 ～廣，上子容反。(ZD59-560b)

從 ～撗(横)，子容反，正作從、縱。(ZD59-744b)

從 ～之，上子用反。(ZD59-620c)

從 隨～，才用反。(ZD59-848c)

從 ～情，子用反。(ZD59-684b)

從 翼～，羊力反，下才用反。(ZD59-662b)

瑽　cōng

瑽 ～勒，上奴老反，正作瑙(碯)。(ZD60-548c)按：《廣弘明集》卷4："繡衣侯服薰風合氣，玉(宋、元、明本作璁)勒金鞍爭光炫日。"(T52，p113c)根據經文，"～"乃"璁"，一種玉，可洪音"奴老反"，以爲"瑙(碯)"，恐不妥。

蔥[①]　cōng

蔥 ～山，上倉洪反，山名也，正作蓯也。(ZD60-430a)

聡　cōng

聡 ～睿，以芮反，智也。(ZD59-554a)

聦　cōng

聦 ～叡，上倉紅反，下余芮反。(ZD59-1050b)按："～"即"聰"。

---

① 又見"蓯"字條。

総 cōng

五～，倉紅反，青黄色也，亦輕絲絹也，又子孔反，束也。(ZD59-1014c)按：“～”同“繱”。

纖～，音忩，細絹也，又子孔反。(ZD59-1046b)按：“～”，可洪音“忩”，蓋以爲“繱”，經文作“總”或“緵”。

聦 cōng

～慧，上倉紅反。(ZD59-1088b)按：“～”即“聰”。

聰① cōng

～慧，上倉紅反，正作聰。(ZD60-126b)按：“～”即“聰”，詳見本書中篇“[illegible]”字條。

～慧，上倉紅反。(ZD59-562c)

～叡，音鋭。(ZD59-947a)

～達，倉紅反。(ZD59-662a)

～明，上倉紅反，正作聰。(ZD59-1071c)

～慧，上倉紅反。(ZD60-130a)

～明，上倉紅反。(ZD59-1071b)

縦 cōng/zōng/zòng

～𥿮，七容反，下羊封反，正作從容也。(ZD59-810c)按：“～𥿮”，聯綿詞，又作“従容”“從容”“瑽容”等。

～𥿮，七容反，下余鍾反，有威儀也，閑暇皃也，正作從容，亦作瑽容。(ZD59-773a)

～容，上秋從反，緩也。(ZD59-649b)

～撗(横)，子從反，下户盲反。(ZD59-696c)

～撗(横)，子容反。(ZD59-772c)

～廣，子容反，正作縱。(ZD59-857b)按：“縱”蓋受“廣”的影响類化從“廣”而作“～”。

抑～，衣力反，下子用反。(ZD59-661b)

菆 cóng

深～，才紅反。(ZD60-596c)按：“～”，經文作“叢”，同。

著～，自紅、自官二反，聚也。(ZD59-1119c)按：“～”，經文作“茸”或“鞲”。

潨 cóng/zhōng

～瀉，上諸戎、才冬二反，小水入大水也。(ZD60-581c)

藂 cóng

～聚，上自紅反。(ZD59-1102a)按：“～”，經文作“叢”。《佛説無上處經》卷1：“僧無上處者，若僧若群，若叢聚，若徒衆中，如來弟子僧爲無上處。”(T17, p745a8)

叢② cóng

～曰，上自紅反。(ZD60-373c)

～林，上才紅反。(ZD59-595c)

内～，女皃反。(ZD59-937a)

～樹，上自紅反，出《字樣》，與藂字同也。(ZD60-231b)

～林，自紅反。(ZD59-896b)

竹～，自紅反，古文作菆，今作藂，《字樣》作菆，並是也，又楚愁

---

① 又見“聦”“聰”“聡”字條。

② 又見“菆”“藂”字條。

反,非也,又《川音》作菆,芻注反,亦非也。(ZD60-155a)按:“竹～”,對應佛經作“竹叢”。《尊婆須蜜菩薩所集論》卷6:“云何大王,於草竹叢或大葶積,而以火炷燒彼諸草木,頗有種種異形不乎?”(T28, p768a)

菆 ～樹,才紅反,出《字樣》。(ZD59-584c)

藂 一～,同上(叢)。(ZD59-1029a)

藂 ～科,上自宗反。(ZD59-1029a)

叢 所～,自紅反,聚也。(ZD59-567c)

菆 ～林,昨紅反。(ZD59-745b)

叢 ～林,才紅反。(ZD59-691a)

叢 ～林,上自紅反。(ZD59-592b)

菆 蕀鍼～,上居力反,中之林反,下自紅反。(ZD59-1080b)

菆 柰～,昨紅反。(ZD59-828b)

湊 còu

湊 鬱～,倉奏反,正作湊。(ZD59-1015b)

腠 còu

腠 層(膚)～,上音夫,下音湊,正作膚腠也。(ZD60-584c)按:“層(膚)～”,對應佛經作“膚腠”。《廣弘明集》卷25:“然兩兼則膚腠,氷執乃膏盲。”(T52, p291b)“～”即“腠”之訛。

躸 còu

躸 ～昧,上青搆反,經本自切也,正作輳、𩸂、腠三形,此云葛也,《佛阿毗曇》作粽寐也。粽,子送反,正作粽也。又疑經本青搆字,是責搆字也,應和尚未詳。(ZD60-390a)按:“～”即“躸”,譯音字。鄭賢章(2004:262)已考,可參。

躸 ～昧,上青搆反,葛也,經文自切,正作輳、𩸂二形。(ZD60-241c)按:“～”乃“躸”字,詳見本書中篇“躸”字條。

唃 cū/gū

唃 麁～,音粗,前卷作捔,又古木反,非也,又郭氏音角,又呼角反,非也。(ZD59-585c)按:《大明度經》卷6:“我今於是稱譽,若囑累明度,至一劫百劫不能竟,麁捔説耳。”(T08, p508a)“捔”,明本作“觕”。可洪“～”音“粗”,蓋以爲“捔(觕)”字,粗略也。

唃 ～耳,上與哈同,古木反,鳥鳴也,律意謂比丘於耳中高作聲,而相驚爲戲也。《經音義》云相承音角,耳邊語也。《玉篇》作角、斛二音,郭氏亦音角,又呼角反,此後三家所出並非也。(ZD59-1105b)按:《摩訶僧祇律》卷7:“口非威儀者,作象鳴、駝鳴、牛鳴、羊鳴、長聲、短聲,或相唃耳,作如是比種種音聲戲笑。”(T22, p286c)

粗[1] cū/zù

粠 筋脉～,音斤,中音麥。(ZD59-960c)按:《大莊嚴論經》卷4:“機關悉解落,筋脉粗相綴,在內諸藏等,懸空而露現。”(T04, p278a)“～”乃“粗”字,“粗”蓋受上字“脉”的影響類化换旁從“永”而作“～”。

麁 ～捔,才古反,麁也,略也,正作觕、粗二形。(ZD59-585a)按:“～”同“粗”。

捔 ～舉,才古反,麁也,略也,字從扌從角,古文粗。(ZD59-777c)按:“～”乃“觕”,即“粗”。

麁 cū

麁 ～獷,古猛反。(ZD59-638b)

① 又見“麁”“捔”“麤”“唃”字條。

～微，倉胡反，大也，物不精也，正麄、麤二形，渾家藏作葹，同，音麄。（ZD59-670b）按：“～”乃“麤”字，詳見本書中篇“𢇲”字條。

渾家藏作～，音麄。（ZD59-670b）

～忽，所立反。（ZD59-605b）

～忽，同上。（ZD59-719b）

～獷，古猛反。（ZD59-695b）

起～，倉胡反。（ZD59-740b）

～穬，古猛反。（ZD59-891b）

～獷，古猛反。（ZD59-664c）

～礦，古猛反，亦作獷。（ZD59-554c）

～卝，倉乎反，下古猛反，正作獷，下亦作鉗。（ZD59-719b）

輪～，倉乎反，大也，正作麄。（ZD59-856b）

麤 cū

～堅，上倉胡反，踈也，大也，物不精也。（ZD59-577c）

～如，上倉胡反，大也，正作麄也。（ZD60-601c）

不～，倉胡反，大也，物不精也，正作麄也。（ZD59-732a）

徂 cú/dàn

～東，自蘓反，往也，正作徂。（ZD60-263a）按：“～”乃“徂”字。

～伏，上徒旱反，正作但也，又蛆、粗二音，並非。（ZD60-446a）按：“～”乃“但”字。

殂 cú

～殞，自蘇反，下于愍反。（ZD59-869b）

卒[1] cù/zú

～暴，上倉没反。（ZD59-999b）

使～，子没反，正作卒。（ZD59-929c）

躁～，子告反，下寸没反。（ZD59-783c）

～暴，倉没反，正作卒。（ZD59-733c）

～暴，倉没反，息也，正作卒。（ZD59-732c）

～暴，倉没反。（ZD59-732c）

～暴，倉没反，下步報反。（ZD59-728b）

～至，倉没反。（ZD59-702a）

～疾，麄没反，下秦悉反。（ZD59-656a）

～捨，倉没反。（ZD59-641c）

～爲，倉没反。（ZD59-641b）

不～，倉没反。（ZD59-636b）

～破，上倉没反，正作卒、卆二形。（ZD59-583b）

～破，上倉没反。（ZD59-572c）

啐～，下倉没反。（ZD59-572b）

～破，上倉没反。（ZD59-565c）

～生，上倉没反。（ZD59-559a）

～暴，上倉没反，下步報反。（ZD59-554b）

撮～，倉没反。（ZD60-361b）

惡～，子没反，獄～也，正作卒、倅二形。（ZD60-299b）

士～，子没反。（ZD60-25c）

～供，上倉没反，下居容反。（ZD60-25c）

餘～，子没反。（ZD59-1092c）

～師，上子律反。（ZD59-610b）

終～，子律反，盡也，既也，自也，正作卒。（ZD59-916a）

---

① 又見“猝”字條。

促 cù

～扭，音短，不長也。(ZD59-619b)

褊 ～，卑 緬 反。(ZD59-707a)

殀 ～，上 於 少 反。(ZD59-589c)

局～，上巨玉反，下七 玉 反。(ZD60-198a)

最～，上子外反，下七 玉 反。(ZD60-121c)

扭 ～，都 管 反。(ZD59-656a)

猝 cù

欻 ～，倉 没 反。(ZD60-397a)

～除，上 倉 没 反。(ZD60-547b)

酢 cù

或～，倉故反，今作醋。(ZD59-602b)

捶 cù

束 ～，千 木 反。(ZD60-112b) 按：《阿毘達磨大毘婆沙論》卷 42:“問：尋伺麁細，其相如何？答：如針鳥翮和束捶。”(T27，p219a)“～”乃“簇”。

磋 cù

磏～，上古猛反，金璞也，正作磺、礦二形，下音連，鉛鑛。(ZD60-423c)按：“磏～”，對應佛經可作“磏䃀”。《集神州三寶感通録》卷 2:“故其形磏䃀，高 三 丈 許。”(T52，p420c)“磏䃀”即“碌䃀”。“䃀”乃“䃀”，而“～”爲“䃀”之訛。詳見本書中篇“䃀”字條。

踧 cù/zú

聚～，子 六 反，迫也，促 也，急 也，亦皺眉皃也，正作蹙、顣二形。(ZD59-905a)按：“～”通“蹙”。

～ 眉，子 六 反。(ZD59-838b) 按：“～”通“蹙”。

捋 ～，子 六 反。(ZD59-585a) 按：“～”通“蹙”。

驅～，上丘愚反，下子六反，迫也，逐也，正作蹙、蹴。(ZD59-1091a)按：“～”通“蹙”。

將～，子六反，迫也，正作蹙也，徒的反，非。(ZD59-1017c)按：“～”通“蹙”。

～ 風，上 子 六 反。(ZD59-988c) 按：“～”通“蹴”。

踖～，下子六反，踖踧，謹敬皃。(ZD60-356b)

～ 聲，上 子 六 反。(ZD59-1064b) 按：“～”，通“啾”。

慼 cù

迫～，子六反，正作蹙。(ZD60-278a)

蹙[①] cù

頻～，宜作顰顣，上毗賓反，下子六反，皺眉皃也。(ZD59-556b)

嚬～，上毗賓反，下子 六 反。(ZD59-560b)

嚬～，上毗賓反，下子 六 反。(ZD59-563c)

嚬～，毗賓反，下子六反。(ZD59-665a)

頻 ～，子 六 反。(ZD59-728b)

頻～，子六反，迫也。(ZD59-549a)

嚬～，毗賓反，下子六反。(ZD59-703b)

頻 ～，子 六 反。(ZD59-730a)

頻～，子六反，瞋皃也，正作顰蹙也。

---

① 又見“蹴”“蹵”“踧”“慼”字條。

(ZD60-160c)

儎 頻～，子六反。(ZD59-729a)

㦷 頻～，毗賓反，下子六反，瞋也，皺眉皃也，正作顰蹙。(ZD59-656c)

慼 ～漉，子六反，下力木反，上誤，貞元經作蹙。(ZD59-868c)按："～"，對應佛經作"蹙"。《大佛頂如來密因修證了義諸菩薩萬行首楞嚴經》卷8："二習相排，故有押捺、搥按、蹙漉、衝度諸事。"(T19，p144a)

踧 駈～，子六反，迫也，逐也，趍也，正作蹙、蹴二形。(ZD59-848a)

儎 頻～，子六反。(ZD60-228c)按："～"，對應佛經作"蹙"。《雜寶藏經》卷6："二和顏悦色，施於父母、師長、沙門、婆羅門，不顰蹙惡色，捨身受身，得端正色。"(T04，p479a)

𤟞 頻～，子六反，正作蹙。(ZD59-897c)

蹵 挫～，上祖卧反，下子六反，迫也，急也，正作蹙。(ZD60-532c)按："～"，對應佛經作"蹙"。《弘明集》卷7："便相挫蹙，比類蟲鳥。"(T52，p45b)

矙 頻～，子六反。(ZD60-160c)按："～"，對應佛經作"蹙"。《成實論》卷9："答曰心口剛强，常不歡悦，頻蹙難近，面色不和，易忿難解，常憙恚根。"(T32，p312a)

儎 頻～，子六反。(ZD59-730a)

慼 嚬～，上毗賓反。(ZD59-586a)

慼 嚬～，毗賓反，下子六反。(ZD59-858a)

蹵 嚬～，毗賓反，下子六反。(ZD59-756c)

慼 嚬～，毗賓反，下子六反。(ZD59-727b)

蹴 駈～，上丘魚反，下子六反，迫也，逐也，正作驅蹙也，下或作蹴，《川音》作駈駴，以駊騀替之，非也，音跛我，謬甚。(ZD60-303a)按："～"，對應佛經作"蹴(蹙)"，詳見本書中篇"**蹴**"字條。

踧 頻～，子六反。(ZD60-166a)

㦷 頻～，子六反。(ZD59-646c)

蹵 ～面，上子六反，～頞，鼻齃促皃也，亦迫也，急也，愁皃也，正作顣、蹙二形。(ZD59-1072a)

慼 ～頞，上或作顣，子六反，下烏割反，鼻齃促皃。(ZD59-602a)按："～(蹙)頞"之"～(蹙)"，乃"顣"。

慼 ～眉，子六反，～頞，鼻齃促皃也，正作顣。(ZD59-962a)

踧 cù

踧 駈～，子六反。(ZD60-164a)按："～"同"蹙"。

踧 ～鬚，上子六反，下音須。(ZD60-534c)按："～"同"蹙"。

蹴[①] cù

蹴 ～蹹，上七六反，下徒盍反，踐也，正作蹋。蹹，囓也。(ZD59-985c)

蹴 足～，七六反。(ZD59-910c)

蹵 ～蹹，上七六反，下大盍反。(ZD59-1116b)

蹴 ～踏，七六反，下徒盍反。(ZD59-841c)

蹴 ～蹹，七六反，下徒盍反，下又音沓，非也。(ZD59-747a)

蹴 ～踏，七六反，下徒盍反。(ZD59-712a)

蹵 ～囚，上七六反，下巨久反。(ZD59-1105a)

蹵 cù/zú

蹵 ～其，子六反。(ZD59-863a)按："～"，通"蹙"。

蹵 頻～，子六反。(ZD59-1046a)按：

---

① 又見"蹵""踧"字條。

"～",通"蹵"。

蹵 ～風,上子六反。(ZD59-996b)按:"～"即"蹴"。

顣 cù

顣 嚬～,毗賓反,下子六反。(ZD59-758a)按:"～"通"蹵"。

䠞 cù

䠞 足～,七六反,踏也,正作蹴也。(ZD59-612c)按:"足～",對應佛經作"足䠞"或"足蹴"。《佛説優填王經》卷1:"婬人曳踵行,恚者操指步,愚者足䠞地。"(T12, p70c)"䠞",元、明本作"蹴"。根據經文,應爲"足蹴"。"～"蓋"蹴"之訛。

鋑 cuān

鋑 牟～,倉官反,掇也。(ZD60-369c)

鋑 ～牟,上倉官反,掇也,遥擲槍刺人也,正作攛、鑹。(ZD59-1089b)按:"～"即"鋑"字。《玉篇·金部》:"鋑,七桓切,鋑刀也。"

鋑 ～茅,上倉官反,下音茅。(ZD59-1089c)按:"～茅",對應佛經作"鋑鉾"。《佛説興起行經》卷1:"第二薩薄於船上,以鋑(麤官反)鉾鋑第一薩薄脚,徹過,即便命終。"(T04, p170a)"～"即"鋑",刀也。

鋑 作～,倉官反,掇也,舊倉亂反,非也。(ZD60-368a)按:"作～",對應文獻作"作鋑"。

鋑 牟～,此官反,掇也,擲槍刺人也。(ZD59-1015c)按:"牟～",對應佛經作"牟鋑"。《别譯雜阿含經》卷9:"端坐百牟鋑,頭上亦火然。"(T02, p437a)

攛 cuān/cuàn

攛 ～牟,上倉官反,擲也,下莫求反,正作穳矛也。(ZD60-169a)按:"～"乃"穳""攛",詳見本書中篇"攛"字條。

攛 ～鉾,上倉官反,下莫侯反,擲也,正作穳矛。(ZD60-171a)按:《舍利弗阿毘曇論》卷18:"十法成就墮地獄,速如穳鉾(十法竟)。"(T28, p647a)"穳",宋、元、明、宫本作"攛"。"～"即"爨",經文中通"攛""穳"。

攛 鉾～,下倉亂反。(ZD60-251c)按:《龍樹菩薩爲禪陀迦王説法要偈》卷1:"若復有人一日中,以三百鉾攛其體,比阿毘獄一念苦,百千萬分不及一。"(T32, p747b)"鉾攛",宋本作"矛穳"。"～"乃"攛""穳",拋擲也。

穳[①] cuān/cuàn

穳 ～鉾,倉官反,正作穳也。(ZD60-171b)按:"～"即"爨",通"穳"。

穳 ～水,上倉官反。(ZD59-1011a)按:"～"乃"穳",詳見本書中篇"穳"字條。

穳 仰～,同上。(ZD59-1011a)按:"～"乃"穳",詳見本書中篇"穳"字條。

穳 ～水,同上。(ZD59-1011a)

穳 ～水,同上。(ZD59-1011a)按:"～"乃"穳",詳見本書中篇"穳"字條。

穳 ～刺,倉官反,遥擲槍刺人也,下七亦反。(ZD59-944c)按:"～"同"穳"。

穳 鉾～,七亂反,又倉官反,擲矛刺人也。(ZD60-120c)按:"～"同"穳"。

穳 矛～,莫侯反,下倉亂反,槍也。(ZD59-738c)

穳 刀～,倉亂反。(ZD59-651c)

---

① 又見"爨""攛""穳"字條。

鑚 ～牟，倉亂反，正作穳。(ZD59-602a)

爨 cuān/cuàn

爨 ～殺，上倉官反。(ZD59-1008c) 按："～"，從形體看即"爨"，經文作"穳"，矛也。《雜阿含經》卷19："此衆生者，過去世時，於此王舍城爲屠猪人，穳殺群猪，緣斯罪故。"(T02，p136c)《新集藏經音義隨函録》卷6："穳刾，上倉官反，下七賜反。"(ZD59-738c)"～"即"爨"，通"穳"。

爨 ～矛，上倉官反。(ZD59-1008c) 按："～"，經文作"穳"，矛也。《雜阿含經》卷19："舉體生毛，毛如穳鉾，毛悉火然。"(T02，p136c)"～"即"爨"，通"穳"。

爨 作～，倉官反。(ZD60-368b) 按："～"即"爨"，通"穳"。

爨 吹～，七亂反。(ZD60-86b) 按："～"即"爨"字。

爨 炊～，上尺維反，下倉亂反。(ZD60-492a)按："～"即"爨"。

攢 cuán/zuān/zuàn

攅 火～，才官反。(ZD59-635a)

攅 ～輝，上才官反，下許歸反。(ZD59-557b)

攅 ～可，在官反。(ZD59-799b)

攅 ～茂，自官反，下莫候反。(ZD59-738a)

攅 ～摇，子官反，～酪，取蘇也，正作鑚也。(ZD59-680a) 按："～"同"鑚"。

攅 ～木，子官反，又在官反，非用。(ZD59-701b)

攅 ～木，子官反。(ZD59-957a)

攅 ～火，上子官反。(ZD59-1064c)

攅 ～火，上子官反，正作鑚。(ZD60-154b)

攅 ～柚，子官反，下直六反，上俗，下悮。(ZD59-740c)

攅 ～人，子官反。(ZD59-684c)

攅 相～，子官反。(ZD59-982b) 按：《長阿含經》卷10："如兩木相攅則有火生。"(T01，p61c)

攅 瓶～，子亂反。(ZD59-596c) 按："～"，經文作"鑚"。《大寶積經》卷56："譬如依酪、瓶、鑚、人功，動轉不已，得有酥出，異此不生。"(T11，p328b)

巑 cuán

巑 ～岏，上才官反，下五官反。(ZD60-595b)

篡 cuàn

簒 ～逆，初患反。(ZD59-670c) 按："～"乃"篡"。

簒 ～竊，初患反，奪位也，侵也，下七結反，私也。(ZD59-694b) 按："～"乃"篡"。

竄 cuàn

竄 逃～，徒刀反，下倉亂反。(ZD59-737c)

竄 逃～，徒刀反，下七亂反。(ZD59-944b)

竄 慴～，之葉、徒叶二反，懼也，伏也，下七亂反。(ZD59-772c)

竄 藏～，倉亂反。(ZD59-600a)

竄 身～，七亂反。(ZD59-909b)

竄 逃～，徒刀反，下倉亂反。(ZD59-651c)

竄 走～，倉亂反。(ZD59-612a)

竄 藏～，倉亂反，正作竄。(ZD59-959a)

竄 㷊～，徒困反，逃也，隱也，正作遁、遯。

上方經作䆮,《經音義》作𥨍,並同音遁,下倉亂反,藏也。(ZD59-705b)

竄 ～身,倉亂反。(ZD59-1083b)

竄 ～伏,倉亂反。(ZD59-658b)

竄 ～匿,倉亂反,下女力反。(ZD59-661a)

竄 ～伏,倉亂反。(ZD59-668a)

竄 投～,倉亂反,徒穴。(ZD59-589c)

竄 ～擣扤,上倉亂反,走也,中徒刀反,下五骨反。(ZD60-552b)

竄 藏～,同上。(ZD59-909b)

穳 cuàn

櫕 鐵～,倉亂反,正作鑹。(ZD59-1062b)按:"～",對應佛經作"穳"。《正法念處經》卷6:"所謂炎熱鋒利鐵穳,刺令穿徹,以彼鐵穳從下刺之,背上而出。"(T17, p33b)"～"即"鑹",與"穳"同。

穳 ～稍,七亂反。(ZD59-835b)

櫕 ～鉾,上倉亂反,下莫浮反,正作穳矛。(ZD59-1061b)按:"～"乃"穳"字,詳見本書中篇"櫕"字條。

攅 鉾～,上莫侯反,下倉亂反,正作矛穳也,並俗。(ZD59-633a)

攅 ～鉾,上倉亂反。(ZD59-634b)按:"～",對應佛經作"穳"。《大方等大集經》卷53:"欲聲大鼓,欲降大石,雨鐵羂、索穳、鉾刀、杖刀、面鐵、口利、齒口、竹口、瓶口如是等形,爲欲害諸阿修羅而不能得。"(T13, p357b)

櫕 刀～,倉亂反。(ZD59-1063b)

鑹 cuàn

鑹 畫～,七亂反。(ZD59-788c)

鑹 如～,倉亂反。(ZD59-727a)

鑹 鉾～,莫侯反,下倉亂反。(ZD59-722a)

鑹 排～,上步皆反,下七亂反。(ZD60-4a)

鑹 輪～,倉亂反,正作鑹。(ZD60-2b)

爨[①] cuàn

爨 炊～,上尺維反,下倉亂反。(ZD60-372a)

爨 炊～,尺惟反,下倉亂反。(ZD59-866c)

爨 炊～,下倉亂反。(ZD60-280c)

爨 ～竈,上七亂反,正作爨。(ZD59-987b)

爨 ～省,上倉亂反,下所哽反。(ZD60-350b)

爨 ～捧,上倉亂反。(ZD59-1079b)按:"～捧",對應佛經作"鑹棒"或"穳棒"。《佛本行集經》卷15:"身帶甲胄,手執三叉、弓箭、長刀、戟矟、鑹棒,諸如是等種種武仗,防護太子,内外城門。"(T03, p725b)"矟鑹",宋、元、明本作"槊穳",聖本作"矟穳"。從字形上看,"～"即"爨"字,經文中通"鑹"。

爨 ～之,上倉亂反。(ZD60-196a)

爨 百～,七亂反,矛也,槍也,正作鑹、穳二形。(ZD59-837a)按:從字形看,"～"即"爨",經文中通"鑹"。《大威德陀羅尼經》卷4:"假使有人來在我前,即以利刀破我身分,或以百鑹穿穴我身,復爲我作如是等語。"(T21, p772a)"鑹",宋本作"爨",元、明本作"穳"。

爨 光～,千亂反。(ZD60-264a)

爨 釪～,下七亂反。(ZD59-1088a)按:"～"即"爨",通"鑹"。

爨 ～棒,上倉亂反,槍也,正作鑹、穳二形,下步講反。(ZD59-1028c)

---

① 又見"爨""鑹""穳"字條。

按:“～”即“爨”,通“鑹”。

崔 cuī

嶉 ～嵬,才迴、子罪二反,下五迴、五罪二反,山林崇積皃也,上正作崔也。(ZD59-740a)

摧① cuī/quán

摧 ～屈,自迴反。(ZD59-946b)按:“～”乃“摧”。《顯揚聖教論》卷11:“或爲折伏憍慢,或爲摧屈陵侮,或爲悲愍有情。”(T31, p531c)

摧 ～破,上自迴反,正作摧。(ZD60-197a)

摧 蘭～,昨迴反。(ZD60-467a)按:“～”乃“摧”字,詳見本書中篇“摧”字條。

摧 摧折,自迴反,挫也,《川音》作～,非。(ZD59-772b)

摧 ～孿,上巨員反,正作權也。(ZD60-331a)按:“～”乃“權”。

榱 cuī

榱 ～棟,所追反,桷也,椽也,下都弄反,屋脊梁也。(ZD59-705b)

榱 ～柱,上所追反。(ZD60-20b)

榱 ～棟,上所追反。(ZD59-1109b)

榱 ～橑,上音衰,下音老。(ZD60-379b)

榱 ～桁,上所追反,下胡庚反。(ZD60-424a)

榷 cuī

榷 崩～,下自迴反。(ZD59-599a)按:“～”乃“摧”。

確 cuī/què

確 ～破,在迴反,折也,正作摧。(ZD59-976b)按:“～”同“摧”。

確 商～,音角,揚也,舉也,正作確也,又苦角反,硬也。確然一定無進退也。(ZD60-416a)按:“～”乃“確”。“商確”與“商摧”同。《集古今佛道論衡》卷1:“故商確由來,銓衡叙列,筆削蕪濫,披圖藻鏡。”(T52, p363b)“確”,宋、元、明、宫本作“推”。

縗 cuī

縗 鷺～,倉迴反。(ZD60-385c)

縗 ～絰,上倉雷反,下田結反,正作絰。(ZD60-561b)按:“～”乃“縗”。

縗 ～絰,上倉迴反。(ZD60-510c)

縗 ～絰,上麁迴反。(ZD60-468b)

縗 ～衣,倉迴反,喪衣也。(ZD59-1121c)

璀 cuǐ

璀 智～,倉罪反,正作璀。(ZD60-482b)

皠 cuǐ

皠 ～粲,倉罪反,白也,或赤也,正作皠。(ZD59-972c)

糬 cuǐ

糬 皠粲,倉罪反,白也,或赤也,正作皠、～二形,下倉贊反,鮮也。(ZD59-972c)

苹 cuì

苹 儀～,自遂反,正作萃也,又音平,非也。(ZD60-571a)按:“～”乃“萃”。

洊 cuì

淬 ～沙,上倉内反,寒也,凍也,謂沙被水

---

① 又見“榷”“確”字條。

湅相黏，以喻人身假合如湅砂，暫時相黏聚成此身也，正作淬，又應和尚以洿字替之，非也。洿音烏，非用。《川音》以汰字替之，亦非也。(ZD60-153b)按：“～”，對應佛經作“淬”或“洿”。《尊婆須蜜菩薩所集論》卷2：“或作是説，衆生性壞，如彼洿沙。彼以此四事更相共攝，故曰其義。如彼沙爲水所浸，各相粘著，亦復如是。”(T28，p729b)可洪以“～”同“淬”。

体 cuì

体 色～，疾遂反，愁皃也，又子内反，恐皃也，又子外反，五色采也，正作悴。(ZD59-1041b)按：“～”即“悴”字，詳見本書中篇“体”字條。

粎 cuì/shēn

粎 之～，相遂反，正作粹。(ZD60-531b)

粎 麻～，所臻反。(ZD59-1115b)

姽 cuì

姽 萎～，上於垂反，下奴果反，正作姽、姽二形，婐姽，弱皃也。(ZD59-1055a)按：“～”，對應佛經作“脆”或“姽”。根據經文，“～”似應爲“脆(脃)”，可洪以爲“姽”，非也。

倅 cuì

倅 ～略，上倉内反，地獄名也，正作倅，又步本反，非也。倅，又子没反。(ZD59-1092a)

脆[1] cuì/pào

脆 危～，此歲反。(ZD59-555b)

脆 危～，魚垂反，下此芮反。(ZD59-744a)

脆 危～，此歲反。(ZD59-734a)

脆 危～，牛垂反，下七歲反。(ZD59-719b)

脆 危～，魚爲反，下此歲反。(ZD59-909a)

脆 危～，牛爲反，下七歲反。(ZD59-716b)

脆 ～哉，此芮反。(ZD59-771c)

脆 危～，此歲反。(ZD59-661c)

脆 危～，七歲反。(ZD59-820a)

脆 危～，下此歲反。(ZD60-225a)

脆 腫～，上之勇反，下疋皃反，正作胞、皰二形也，又此芮反，悮。(ZD60-170b)按：“～”乃“皰”。

萃[2] cuì

萃 ～止，秦遂反，集也。(ZD59-660a)

萃 臻～，自遂反，集也。(ZD59-758b)

萃 咸～，自遂反。(ZD59-585c)

萃 ～止，疾遂反。(ZD59-662c)

萃 ～影，自遂反，集也。(ZD59-659b)

悴[3] cuì

悴 憔～，下自遂反。(ZD59-600b)

悴 燋～，上才消反，下才遂反，正作燋悴。(ZD60-224a)

悴 憔～，下自醉反。(ZD59-729c)

悴 燋～，上自焦反，下自遂反，正作燋悴也，悮。(ZD60-100c)

悴 憂～，自遂反。(ZD59-661a)

悴 愁～，自遂反。(ZD59-650b)

悴 ～容，上疾遂反。(ZD59-1098b)

悴 枯～，自遂反。(ZD60-125c)按：“～”，對應佛經作“悴”。

---

① 又見“姽”“膬”字條。

② 又見“苹”字條。

③ 又見“体”字條。

《阿毘達磨大毘婆沙論》卷172："頭髮蓬亂，裸形無衣，顏色枯悴，以髮自覆。"(T27，p867b)

悴 憔～，上自焦反，下自遂反。(ZD59-596c)

悴 困～，疾遂反。(ZD59-678b)

悴 惟～，上疾焦反，下疾遂反。(ZD59-1032a)

悴 不～，自遂反。(ZD59-650c)

悴 萎～，自遂反。(ZD60-112c)按："～"，對應佛經作"悴"。《阿毘達磨大毘婆沙論》卷45："初一是不分別，後五是分別，謂苦法智忍，令蘊種子，皆悉萎悴，故名聖暖。"(T27，p232c)

毳 cuì

毳 ～疊，上尺税反，下徒協反，細毛布也，正作毳氎。(ZD59-620c)

毳 毛～毶，尺税反，正作毳。(ZD60-85a)按："～"乃"毳"字，詳見本書中篇"毳"字條。

焠 cuì

焠 燋～，疾焦反，下疾遂反，正作憔悴。(ZD59-906c)

瘁 cuì

瘁 獘～，自遂反。(ZD60-327a)

瘁 ～五，上才遂反。(ZD59-1033a)

粹 cuì

粹 吸～，相遂反。(ZD59-869a)

粹 純～，相遂反，不雜也。(ZD60-446a)

粹 沈～，雖遂反。(ZD60-320a)

粹 淳～，市倫反，下相遂反。(ZD59-829a)

漼 cuì

漼 ～碎，上七内反，下蘇内反，燒石内醋破之也，正作淬碎也，上又七罪反，水深皃也。(ZD60-315c)按："～碎"，對應佛經作"淬碎"。《出三藏記集》卷10："石以淬碎，剥堅截剛，素質精深，五色炳燦。"(T55，p69c)可洪以"～"通"淬"。

翠 cuì

翠 ～毛，七遂反。(ZD59-777a)

翠 翡～，扶味反，下七遂反，青羽雀也，正作翡翠。(ZD59-678a)

翠 青～，七遂反。(ZD59-669c)

翠 ～羽，青遂反。(ZD59-765c)

翠 ～以，青遂反，鳥名。(ZD59-766a)

翠 翡～，扶未反，下七遂反。(ZD59-761b)

臎 cuì

臎 肥～，下宜作臎、脆，二同此芮、此絶二反，臈而易斷也，又音損，非義也。(ZD60-202a)按：《賢愚經》卷2："有柔軟之草，肥臎甘美，以俟畜生。"(T04，p362b)"臎"，宋本作"脆"。根據經文，"～"應同"脆"。

臎 作～，素本反，經意是脆字。(ZD60-368c)

顇 cuì

顇 有～，自遂反。(ZD59-650b)

顇 枯～，自遂反。(ZD59-553b)

顇 顦～，上才焦反，下才醉反。(ZD59-599c)

顇 顦～，下自遂反。(ZD59-554c)

顇 顦～，疾焦反，下疾遂反。(ZD59-766c)

䪢 顦～，才焦反，下才遂反。(ZD59-697a)按："顦～"同"憔悴"。

䪢 窮～，疾遂反。(ZD59-784b)

竁 cuì

竁 月～，楚税反，大穴也。(ZD60-517b)

䲞 cuì

䲞 鶲～，扶味反，下七醉反。(ZD59-893a)按："鶲～"即"翡翠"，其中"～"即"翠"。

村 cūn/dǎ

村 ～成，商注反。(ZD59-854b)按："～"乃"村"，詳見本書中篇"**村**"字條。

村 ～趆，或作打，下丑刃反。(ZD59-838b)按："～"，可洪以爲"打"。

埈 cūn

埈 ～裂，七旬反，皮細起皃也，正作皴，又音峻也。(ZD59-836b)按："～裂"，對應佛經作"皴裂"。《大威德陀羅尼經》卷2："身不皴裂，亦無惡色。"(T21, p760c)"～"通"皴"。

皴 cūn

皴 ～裂，上七旬反。(ZD59-1098b)

皴 ～裂，七倫反，皮細破也。(ZD59-666c)

皴 ～踧，七旬反，下所立反。(ZD59-861c)

皴 ～裂，上七旬反。(ZD60-115c)

皴 ～裂，七巡反。(ZD59-683a)

刌 cǔn

刌 㓾～，下村損反，細切也。(ZD60-386c)

搓 cuō

搓 ～此，七何反。(ZD59-803a)

搓 ～瀨，上助加反，下力太反。(ZD60-147b)按："～"，經文作"搓"，可洪音"助加反"，蓋以爲"槎"，恐誤。

嵯 cuō/cuó

嵯 ～嵯，上七何反，下苦盍反。(ZD60-282b)

嵯 者～，昨何反。(ZD59-571b)

嵯 ～峨，昨何反，下五何反。(ZD59-770a)

嵯 ～峨，上才多反。(ZD60-336b)

瑳 cuō

瑳 閉～，下七何反。(ZD59-695c)

瑳 婆～，七何反。(ZD59-775b)

撮 cuō

撮 搏～，上補各反，下倉活反。(ZD59-1072a)按："～"同"撮"。

撮 一～，倉活反。(ZD60-247a)

撮 ～土，上倉活反。(ZD59-603c)

磋 cuō

磋 是～，昨何反。(ZD59-578b)

磋 和～，千何反。(ZD60-158c)

磋 阿～，七何反。(ZD59-856c)

撮[1] cuō/zuǒ

撮 前～，倉活反。(ZD59-1049c)按："～"乃"撮"字，詳見本書中篇"**撮**"字條。

撮 ～摩，倉活反。(ZD59-735c)

---

① 又見"撮"字條。

撮 ～取，倉活反。(ZD59-642a)

撮 ～鷵，子活、七活二反，下一見反。(ZD59-765c)

撮 指～，子活反。(ZD59-816a)

撮 ～食，子活反，捉也，又倉活反，取也。(ZD59-761b)

撮 ～聚，上子活反。(ZD59-1025c)

撮 ～搏，上子活反。(ZD60-252a)

撮 即～，子活反，正作撮。(ZD60-38a)

撮 一～，子活反。(ZD59-697b)

撮 多～，子活反，捉也，正作撮。(ZD59-1023c)

蹉 cuō

蹉 是～，千何反。(ZD59-578b)

蹉 ～跌，上千何反，下田結反。(ZD60-40a)

蹉 筏～，上扶月反，下千何反。(ZD59-566a)

蹉 ～跎，上倉何反，下徒何反。(ZD60-356b)

蹉 入～，千何反。(ZD59-561c)

蹉 ～跌，倉何反，下田結反。(ZD59-729c)

蹉 ～跌，七何反，下田結反。(ZD59-832a)

䂳 cuō

䂳 不～，七何反，齒不正也，正作𪘏、𪙉二形，又昨何反，非。(ZD59-1076a) 按："～"，可洪同"𪘏"。

睉 cuó

睉 ～眼，才戈反，小目也，經作子戈反，悞。(ZD59-836a)

矬[①] cuó

挫 ～短，上自禾反，正作矬，下亦作拒。(ZD59-1064b) 按："～短"即"矬短"。

侳 ～陋，昨禾反，下郎豆反，上正作矬也，上又子靴反，非。(ZD59-692c)按："～"同"矬"。

痤 ～拒，上昨禾反，正作矬。(ZD59-583c)

脞 ～陋，昨戈反，下郎豆反，短惡皃也。上又倉禾、倉果二反，非。(ZD59-740b) 按：《入楞伽經》卷1："何因爲矬陋？世尊爲我說。"(T16, p519c)"～"，對應佛經作"矬"。

𡊢 羅～，徒果反，人姓，俗。(ZD60-102a) 按：《阿毘曇毘婆沙論》卷23："一婆瑳，二憍瑳，三舍持羅，四婆羅矬(音在和反)闍。"(T28, p173a)"羅～"，對應佛經作"羅矬"。"～"，經文自切，與"矬"音同，可洪音"徒果反"，與"墮"音同。從字形看，"～"疑即"矬"。

痤 cuó/zuò

痤 癰～，於容反，下在戈反。(ZD59-936b)

痤 ～短，上昨禾反，正作矬。(ZD59-621b) 按："～"同"矬"。

痤 但～，音坐，罪也。(ZD59-773b) 按："～"乃"座"，通"坐"。《佛說乳光佛經》卷1："但坐是故，墮畜生中十六劫。"(T17, p756a)

鄼 cuó

鄼 ～國，上昨何反，縣名，蕭何所封。(ZD60-476c)按："～"，又作"酇"。

剉 cuò

剉 芟～，所銜反，下千卧反。(ZD59-835c)

① 又見"痤"字條。

梐 ～之，倉卧反，斫也，正作剉，悮。(ZD59-766b)

挫[①]　cuò

挃 苞～，上布交反，下子卧反。(ZD60-431c)按："苞～"，對應佛經作"包挫"。《大唐大慈恩寺三藏法師傳》卷1："繼聖達而爲心，匡振頽網，包挫殊俗，涉風波而意靡倦。"(T50，p222b)

挫 ～摧，上子卧反。(ZD60-186c)按："～摧"，對應佛經作"挫摧"。《佛本行經》卷2："盡駈盡挫摧，莫有能禁遮。"(T04，p65a)

惿 ～情，上子卧反，正作挫。(ZD60-587b)按："～"乃"挫"，詳見本書中篇"惿"字條。

莝　cuò/jīng/shì

莝 ～斫，上倉卧反。(ZD60-369a)按："～"乃"莝"。

莝 牙～，户耕反，悮。(ZD59-596b)按："～"乃"莖"。

莝 ～士，上音逝，正作筮。(ZD60-506c)按："～"乃"筮"。

莝 ～方，上音逝，正作筮。(ZD60-537c)按："～"乃"筮"。

莝 卜～，音逝，正作筮。(ZD60-482b)按："～"乃"筮"。

莝[②]　cuò

莝 紆～，上依于反，下倉卧反，下正作莝也，又音無，非。(ZD60-353c)

莝 ～鈇，上倉卧反。(ZD60-351a)

莝 ～碓，上且卧反，下都退反。(ZD59-1053a)

莝 ～碓，上倉卧反，正作莝也，下都内反。(ZD60-511b)

莝 ～刃，上倉卧反。(ZD60-377c)

厝　cuò

庴 可～，倉故反，正作厝。(ZD59-859c)

惿　cuò

惿 ～其，上自卧反。(ZD59-1019a)按："～"，經文作"挫"，即"挫"字，挫折，可洪音"自卧反"，不妥。《龍龕手鏡·心部》："惿，則卧反，折惿。""～"音"則卧反"，是也。《般泥洹經》卷1："當思念此，挫其心乃不持復更生死之道。"(T01，p178c)

梐　cuò

梐 ～辱，上子卧反，正作挫。(ZD59-568b)按："～"即"挫"字之訛。

楷　cuò

措 舉～，倉故反，投也，正作措，又昔、鵲二音，並非。(ZD60-552c)按："～"乃"措"。

楷 ～口，上倉故反，舉也，正作措，又音昔，皮甲錯也，悮。(ZD60-61b)按："～"乃"措"。

錯[③]　cuò

鏴 ～亂，倉各反。(ZD59-959a)

踖 蹉～，楚加反，下倉各反，舛誤也，正作差錯也，又上七何反，下自昔、子昔、七雀三反，非也。(ZD59-731b)按："蹉～"，對應佛經作"差錯"。"踖"疑"錯"之訛。《等集衆德三

① 又見"梐""惿"字條。
② 又見"莝"字條。
③ 又見"鏴"字條。

昧經》卷 1:"何謂十,然後當得轉輪聖王之位,終不差錯,修聖王教?"(T12,p977c)

惜　悟～,七各反,雜也,交～也,正作誤錯也,悮。(ZD59-730a)

錯　金錯,倉故反,金塗物也,亦作～。(ZD60-210b)

䱜　cuò

䱜　～屬,上倉作反。(ZD60-371b)

錔　cuò

錔　～亂,上倉亂反。(ZD60-202c)按:《賢愚經》卷 4:"若有修善種人天因,此人不爲大病所困,臨命終時,心不錯亂,所親左右,知其將死。"(T04,p378c)"～"即"錯"字,可洪音"倉亂反",不妥。

D

塔 dā/tǎ

墖 ～之，上都合反，横小被也，正作褡，經本作搭。(ZD60-292a)按：“～”乃“搭”，構件“土”與“扌”相混。《陀羅尼雜集》卷7:“取方寸赤罽，三七遍咒，赤處搭之。”(T21, p622b)

塔 厝～，眉照反，正作庿、廟二形，又音措，悮。(ZD59-758a)

塌 小～，音塔。(ZD59-722c)

塌 造～，音塔。(ZD59-644b)

搭[1] dā

搭 ～眼，都合反，以藥餅子～眼上也，《經音義》未詳。(ZD59-879c)

搭 用～，都合反，正作搭也。(ZD60-292a)

搭 惣～，當合反。(ZD59-1133a)

搭 ～眼，上都合反，應和尚未詳。(ZD60-356b)

搭 ～肩，上都合反。(ZD60-602c)

嗒 dā/tà

嗒 狗～，上古口反，下都合反，舐也，狗喫水也。(ZD60-22c)按：“～”，音“都合反”，讀dā。

嗒 作～，音荅。(ZD60-377b)

嗒 唵～，烏感反，下他荅反。(ZD59-756a)

嗒 ～然，他合反。(ZD59-715c)

但 dá/dàn

但 不～，都割反，正作怛。(ZD59-584b)按：“～”乃“怛”。《大明度經》卷1:“菩薩意志，不移不捨，不驚不怛，不以恐受。”(T08, p478c)

但 ～欲，上徒旱反，又蛆、粗二音，悮。(ZD59-584c)

但 不～，徒旱反，正作但。(ZD59-582b)

但 ～言，徒旱反。(ZD59-898a)

但 ～綜，徒旱反，下子宋反，上又蚰、粗二音，非。(ZD59-965b)

呾 dá/jǔ

呾 ～～，多達反。(ZD59-685a)

呾 蜜～，多達反，與呾字同也，悮。(ZD60-68c)

呾 ～託，下他各反。(ZD59-872a)按：“～託”，對應佛經作“呾託”或“～託”。《大毘盧遮那成佛神變加持經》卷5:“礫坼搦擇，呾託諾鐸。”(T18, p30c)“呾”，宋、元、明、宮本作“咀”。

呾 ～春，上自與反，正作咀也。(ZD60-569b)按：“～”乃“咀”。

怛 dá

怛 悲～，都割反，悲慘也，正作怛也，又子預反，非。(ZD60-580b)按：“～”乃“怛”字之訛。

---

① 又見“塔”字條。

怛① dá/dàn

坦 ～姪，多達反，正作怛，下徒結反。(ZD59-805a)按："～姪"即"怛姪"。

怛 ～絰，上多達反，下徒結反。(ZD59-629b)

怛 ～咯，多達反，下囉角反。(ZD59-868a)

怚 僧～，多割反，悞。(ZD59-815b)

怚 不～，都達反，驚也，熱也，火起也。(ZD59-584a)

怚 ～濫糅，多達反，中羅甘反，下女右反，一本作多羅糅，上方經作怛藍。(ZD59-746c)

怚 從～，自容反。(ZD59-724a)

怛 ～取，上徒旱反，正作但。(ZD59-606c)按："～取"即"但取"。

妲② dá

妲 ～眵，多達反，下車支反，《大樹緊那羅經》作多車。(ZD59-725a)

妲 ～已，上都達反。(ZD60-514c)

姐 dá

姐 ～妃，上都割反，下居里反，紂王妃也，正作妲已也。(ZD60-562b)按："～"乃"妲"字。

笡 dá

笡 竹～，多達反，正作笪。(ZD60-164a)按："～"乃"笪"字。

笪③ dá

笪 竹～，都達反，籧也，正作笪。(ZD60-131a)

笪 ～箬，上多達反，下而斫反。(ZD60-382a)

達④ dá

逹 悉～，徒割反，正作達。(ZD60-82c)

達 調～，但怛反，正作達。(ZD59-923a)

答 dá

荅 名～，都合反。(ZD60-321a)

逹 dá

逹 沸～，音達。(ZD60-282b)按："～"即"達"字。

噠 dá/tǎ

噠 謨～，莫胡反，下徒怛反。(ZD59-756c)

噠 ～嚫，徒割反。(ZD59-718b)

噠 狚、嚩、𠻅、呾、～，五並同他達反，《音義》具釋也，見藏作蛆，並俗也，正作獺。(ZD60-376a)

打⑤ dǎ

朾 若～，得冷反，正作打。(ZD60-391a)

朾 ～擲，持石反。(ZD59-960a)

朾 ～𢷬(摑)，古麥反。(ZD59-740b)

村 ～趂，或作打，下丑刃反。(ZD59-838b)

朾 dǎ/zhēng

朾 ～樸，都冷反，下普木反。(ZD59-848b)按："～"同"打"。《佛説觀佛三昧海經》卷5："獄卒復以鐵叉打撲，驅令上樹。"(T15, p672b)

朾 ～擲，上得冷反。(ZD59-576b)

朾 摸～，上莫胡反，下吒耕反。(ZD60-439a)按："～"，可洪音"吒耕反"，讀"zhēng"，經文或作"打"。

---

① 又見"怚""但"字條。
② 又見"妲"字條。
③ 又見"笡"字條。
④ 又見"逹"字條。
⑤ 又見"村""朾"字條。

䮾 dāi/luǒ

䮾 ～勒，上多來反，此亦切身字也。又應和尚以膝字替之，私七反，非也，郭氏音來，亦非也。(ZD59-624a) 按："～"同"䮾"，切身字，乃"多""來"之合。

䮾 摩～，多來反，與𧭣字同也。(ZD59-622c)

䮾 咩～，力可反，經文自切，又洛皆、洛改二反，與啉字同，《江西音》作竹皆反，非也。《川音》云《音義》多律切，謬之甚也，多律踟是真言句，應和尚具録多律躓一句，以定踟字處所故也，公將爲切脚，豈不謬乎，迷哉。(ZD60-294c) 按："～"，譯音字，無實義，音有多種。慧琳《一切經音義》卷 43："咩啉，彌氏反，又作䮾、𧭣。"(T54，p593c)

哋 dài

哋 ～㖔，上音代，下音居。(ZD60-295a)

哋 薩～，音代。(ZD60-289a)

岱 dài

岱 ～嶽，上音代，下五角反，正作岱嶽。(ZD60-516a)

伌 dài

伌 之～，音代。(ZD59-598a)

伌 酒～，音代。(ZD59-838b)

殆 dài

殆 欺～，徒改反。(ZD59-608c)

殆 ～無，上徒改反，危也，近也，正作殆也。(ZD60-530a) 按："～"乃"殆"字，詳見本書中篇"殆"字條。

殆 慢～，徒海反，正作殆。(ZD60-184b) 按：從字形看，"～"即"殆"字之訛，此處同"怠"。構件"歹"與"弓"相混。

殆 ～盡，上徒改反，近也，正作殆。(ZD60-106c) 按："～"即"殆"之訛。

軑 dài

軑 翼～，徒太反，正作軑。(ZD60-573c) 按："～"乃"軑"字，詳見本書中篇"**軑**"字條。

軑 齊～，徒蓋反，車轄也。(ZD60-302b)

埭[①] dài

埭 土～，音代。(ZD60-456b)

逮 dài

逮 賃～，上皮證反，下音代，正作凭逮也，下又音祿，非也。(ZD60-456b) 按："～"乃"埭"。

逮 土～，音代。(ZD60-456b) 按："～"乃"埭"。

逮 土～，音代，堰也，正作埭、逮二形也，又或作塚，知勇反。逮，又音祿，悮。(ZD60-456b)

帶 dài

帶 白～，都蓋反，正作帶。(ZD59-1112a)

帶 禪～，音帶，如第卅八卷作禪帶是也，又音帝，誤也。(ZD59-1117a)

逮[②] dài/jié

逮 ～沙，上徒愛反。(ZD59-999b) 按："～沙"，對應佛經作"逮沙"。《增壹阿含經》卷 2："除諸亂想，逮沙門果，自致

① 又見"逮"字條。

② 又見"逮""逯"字條。

涅槃。”（T02，p554a）“～”即“逮”之訛。

已～，音代，及也，正作逮。（ZD60-91a）按：“～”乃“逮”，詳見本書中篇“[illegible]”字條。

～得，徒愛反。（ZD59-893c）

～聞，徒愛反。（ZD59-809a）

王～，徒愛反，及也，正作逮，又居建反，非也。（ZD59-764a）

～得，徒愛反。（ZD59-748c）

～得，徒愛反。（ZD59-709c）

～正，同上，正作逮也。逮，及也。（ZD59-709c）

～成，徒愛反。（ZD59-699a）

得～，音代，又或作遝，徒合反。（ZD59-698c）

～平，徒愛反。（ZD59-675c）

～至，徒愛反。（ZD59-671a）

～吾，徒愛反。（ZD59-647b）

～得，徒愛反。（ZD59-638b）

～得，上徒愛反。（ZD59-582c）

下～，音代，及也，正作逮。（ZD60-455b）

于～，音代。（ZD59-1034a）

一～，居業反，時名也，正作劫。《應和尚經音》作疌，以劫字替之，是也，《川音》作疌，音劫，並是也。（ZD59-581a）按：“一～”，對應佛經作“一劫”。從字形看，“～”即“逮”，“疌”字之訛，而“疌”乃“劫”之借。

逯 dài

不～，音代，及也，又音録，謹也，悮。（ZD60-318a）

不～，音代。（ZD60-446a）按：“～”音“代”，即“逮”字之訛。

㖒 dài

多～，徒海反。（ZD60-288a）

貸① dài

借～，下他得反，從人求物也，正作貣也，郭氏及《玉篇》作女利反，非。（ZD59-1091a）按：“借～”，對應佛經作“借貸”。《佛説四願經》卷 1：“盗竊欺人，負債不償，借貸不歸，死後當爲奴婢牛馬，或作大猪，屠割剥其軀，稱賣償人。”（T17，p537a）“～”即“貸”，與“借”義同，可洪以爲“貣”，恐誤。

拖～，上尸智反，下他代反。（ZD59-607c）

～我，他代反。（ZD59-964a）

舉～，他得反，從人借本也，正作貣也，又音值，非也，又他代反，亦非。（ZD60-200a）按：“舉～”，對應佛經作“舉貸”。《出曜經》卷 25：“我今離家，追伴學問，計還之日，且未有期，設財貨窮乏，從王舉貸，我還當償。”（T04，p747a）“～”即“貸”，與“借”義同，可洪以爲“貣”，恐誤。

换～，他代反，正作貸。（ZD60-281a）

瑇 dài

～瑁，上徒愛反，下莫對反。（ZD59-989a）

貣 dài

轉～，他得反，又徒得反，從人借物也，正作貣也，又音貸，借與人也，又直志反，或也，非用，悮。（ZD60-8b）按：“～”，經文作“貸”。《根本説一切有部毘奈耶雜事》卷 7：“更

① 又見“貣”字條。

向外村轉貸而用，其病日篤遂致命終。"(T24, p234a)

貣 ～借，上他得反，正作貣，又他代反，正作貸，又直貸反，悮也。(ZD60-65c)按："～借"，對應佛經作"貸借"。《根本薩婆多部律攝》卷2："初爲貸借，後欲不還。"(T24, p536c)"～"即"貸"字之訛。

⿰目毒[①]　dài

⿰目毒 瑇瑁，上徒愛反，下莫對反。或作蝳蝐，或作～瑁。(ZD59-989a)

⿰口帶　dài

⿰口帶 ～提易，都太反。(ZD59-844b)

⿰口帶 ～提，上音帶，梵語。(ZD60-356b)按："～"，譯音字。

僤[②]　dài/chān

僤 作～，多坦反，笞也，正作袒也，又坦、但二音，應和尚以跢字替之，非也。(ZD60-371a)按："～"，可洪以爲"袒"。《佛説梅檀樹經》卷1："窮人住在樹邊，樹跢地，枝摽殺窮人。"(T17, p750c)"跢"，宋、元、明、宫本作"僤"。根據文意，"～"似應爲"跢"，跌倒之義。《廣韻》當蓋切："跢，倒跢。"

僤 如～，初閑反，噬也，後作禪(殫)字是也，又論意宜作搠、僤，二同音鼀，推也，又禪、但、坦三音，態也，或作撣，音憚，牽引也。(ZD60-163c)按：《佛説立世阿毘曇論》卷8："是中罪人，獄卒捉持，撲令卧地，如殫生樹，隨黑繩界，斫以鐇斧，爲八角，或復六角，或復四棱。"(T32, p207c)"殫"，宋、元、明本作"僤"。可洪以"～"同"殫"。

蝳　dài

蝳 ～蝐，上徒礙反。(ZD59-998b)

⿱竹怠　dài

⿱竹怠 舒～，音待，笋也。(ZD60-599a)

⿺辶⿱罒隶　dài

⿺辶⿱罒隶 不～，音代，正作逮也，又徒合反，正作遝也。(ZD59-584c)

戴　dài

戴 ～羽葆，上都代反，中于矩反，下音保，上正作戴羽也，羽保以纛。(ZD60-183c)

戴 ～火，上都代反。(ZD60-183c)

黛　dài

黛 藍～，音代。(ZD60-88a)

靆[③]　dài

靆 靉～，音愛，下音代。(ZD59-847c)

靆 靉～，音愛，下音代。(ZD59-788a)

靆 靉～，烏改反，下徒愛反。(ZD59-711a)

靆 靉～，上音愛，下音代。(ZD60-494c)

靆 ⿰香愛～，上音愛，下音代，正作靉靆也。(ZD60-191b)按："⿰香愛～"，聯綿詞，與"靉靆"同，詳見本書中篇"⿰香逮"字條。

靆 靉～，愛逯二音。(ZD59-1086a)

⿰黑逮　dài

⿰黑逮 ⿰黑愛～，上音愛，下音代。(ZD60-313c)按："⿰黑愛～"即"⿰黑愛⿰黑逮"，與"靉靆"同，詳見本書中篇"⿰黑逮"字條。

---

① 又見"蝳""瑇"字條。
② 又見"殫"字條。
③ 又見"⿰黑逮"字條。

丹 dān

～地，多安反，赤也，正作丹。（ZD59-766b）

～枕，多安反，下之審反。（ZD59-719a）

真～，音丹，亦云震旦。（ZD59-625b）

～地，都安反，赤也。（ZD59-764a）

～水，上音丹，赤也，悮。（ZD60-582b）

～赤，丁寒反，正作丹也。（ZD59-648c）

妉 dān

作～，都南反，正作妉。（ZD60-401b）

耽[①] dān

～著，都含反。（ZD59-662a）

～着（著），上都含反。（ZD59-550b）

～醉，都含反，下又作醉，子遂反。（ZD59-725b）

耽～著，二都含反。（ZD59-662c）

～忙，都含反，正作耽。（ZD59-875a）

～鹽，都含反，下余廉反。（ZD59-860a）

～荒，都南反。（ZD59-806b）

～染，都南反。（ZD59-944b）

～趺，當含反，下婆末反，《大雲輪經》作當婆。（ZD59-746a）

～躭著，二都含反。（ZD59-662c）

～樂，上都含反，下五孝反。（ZD60-142a）按："～"乃"耽"字，詳見本書中篇"**䏙**"字條。

～恤，都南反，下彌兖反，謂荷思也。（ZD59-683b）

～婆，上都南反。（ZD60-237c）

～求，上都含反。（ZD59-555c）

～抦，都南反，下音病，悮。（ZD59-799b）

～着，都南反，樂也，亦作耽、躭二形。（ZD59-943a）按："～"乃"耽"，構件"耳"與"自"相混，詳見本書中篇"**䏙**"字條。

～睡，上都含反。（ZD60-270b）

～味，都南反，嗜色也。（ZD59-661b）

～着，上都含反。（ZD59-564b）

～或，上都南反。（ZD59-1098b）按："～或"，對應佛經作"耽惑"。《燈指因緣經》卷1："恣心放意，耽惑酒色。"（T16，p809b）"～"同"耽"。

～著，上都南反。（ZD59-1086b）

～嗜，都南反，下常利反。（ZD59-864a）

～摩，都南反，樹名也，隋譯本作多摩羅。（ZD59-789c）

～着，與耽字同。（ZD59-664c）

～冶，上都南反，下以者反。（ZD60-592b）

～樂，上都含反。（ZD60-124b）

～染，得南反。（ZD59-664c）

～著，上都含反。（ZD59-559a）

～欲，上都南反，著也，好也，樂也，正作躭。（ZD60-113c）按："～"，對應佛經作"耽"。《阿毘達磨大毘婆沙論》卷56："諸耽欲者，見而起貪。"（T27，p288b）

～嗜，都含反，下神利反。（ZD59-727b）

～嗜，上都南反，著也，好也，正作躭也。（ZD60-108c）

賒～，上尸遮反，下都含反。（ZD59-1046a）

---

① 又見"躭"字條。

躭 ～染，都含反，又作躭。(ZD59-661b)

躭 ～欲，上都含反。(ZD59-554c)

聃 dān

聃 鬒～，他履反，下他甘反。(ZD59-840a)

聃 老～，他談反，老子名。(ZD60-416a)

聃 老～，他甘反。(ZD60-596a)按："～"乃"聃"字，詳見本書中篇"聃"字條。

聃 ～術，上他甘反。(ZD60-345b)

聃 ～婆，同上。(ZD59-840a)

聃 ～周，上他甘反，老子名也，正作聃。(ZD60-563c)按："～周"，對應佛經作"聃周"。《廣弘明集》卷15："絡聃周以曾玄，神化著於西域。"(T52, p196a)

聃 帝～，他甘反，正作聃。(ZD60-324b)

聃 與～，他談反。(ZD60-430a)

聃 老～，他甘反。(ZD60-323b)

聃 ～闇，上他甘反。(ZD60-171a)

酖 dān/zhèn

酖 ～醉，都含反，下子遂反。(ZD59-747b)

酖 ～酒，上都南反。(ZD59-607b)

酖 嗜酒爲～，都南反，正作酖。(ZD60-401b)按："～"乃"酖"字，詳見本書中篇"酖"字條。

忱 ～愐，上都南反，好著也，正作躭、惉、妉三形，下彌兖反，上又呼郎、苦浪二反，非。(ZD59-1091c)按："～"，經文作"酖"。《佛説孝子經》卷1："若親頑闇，不奉三尊，兇虐殘戾，濫竊非理，婬泆外色，僞辭非道，酖愐荒亂，違背正真，兇孽若斯，子當極諫，以啟悟之。"(T16, p780b)"酖"蓋受下字"愐"的影響類化換旁從"忄"而作"～"。

酖 ～毒，直甚反。(ZD59-767b)按："～毒"即"鴆毒"。"～"通"鴆"。

酖 ～毒，上直甚反。(ZD59-569b)按："～毒"即"鴆毒"。"～"通"鴆"。

酖 ～人，上直甚反，鳥名也，正作鴆也。(ZD60-531a)按："～人"即"鴆人"。"～"通"鴆"。

躭[1] dān

躭 ～婆，都含反。(ZD59-794c)

躭 ～波，丁含反。(ZD59-751a)

躭 ～禰，都南反，下莫卑反。《芬陁利經》作躭彌。(ZD59-717a)按："～"乃"躭"字，詳見本書中篇"躭"字條。

躭 ～緬，都含反，下彌兖反。(ZD59-706b)

躭 ～著，都南反，正作躭。(ZD59-698b)

躭 ～樂，都含反。(ZD59-689c)

躭 勒～，都含反。(ZD59-678a)

躭 ～著，都南反，正作躭。(ZD59-600b)按："～"即"躭"，詳見本書中篇"躭"字條。

躭 ～巟，上都含反，下呼光反，正作妉荒也。(ZD60-205b)

躭 ～樂，上都南反，正作躭。(ZD59-1066c)

躭 塢～，上烏古反，下都含反。(ZD59-1007b)

媅 dān

媅 嗜色爲～，上神利反，下都南反。(ZD60-401b)

媅 ～著，都南反，樂婬也。(ZD59-758b)

䠵 dān

䠵 本～，都南反，正作躭。(ZD60-401b)

---

[1] 又見"䠵"字條。

按："～"乃"躭"字，詳見本書中篇"躭"字條。

蕇 dān

蕇 如～，音丹，正作簞。(ZD59-854c) 按："～"乃"簞"。構件"艹"與"竹"相混。

廯 dān

廯 ～彌，上他丹反，正作疼、嘽、殫三形。(ZD59-810a) 按："～"，譯音字，可洪以爲"疼"，讀"tān"，今不取，經文作"**廯**"，疑與"癉"同。《佛説阿難陀目佉尼呵離陀鄰尼經》卷1："彌(須彌)耽披颰提(住遮)羝羅廯彌(堅强力)。"(T19, p692c)

儋 dān/zhān

儋 何～，都談反。(ZD60-374a)

儋 不～，都甘反。(ZD60-78b)

儋 何～，都甘反。(ZD60-358b)

儋 質～，都甘反。(ZD59-877a)

儋 ～食，上都甘反，負也，正作擔、儋二形。(ZD60-485b) 按："～"乃"儋"，經文中同"擔"。《續高僧傳》卷21："午後擔食，送彼獄囚。"(T50, p608b)

儋 ～堂，上之閻反，香名，出廣州。(ZD59-648c) 按：《大哀經》卷6："紫磨粟金，雜碎白銀，本檻雜香，儋堂雜香。"(T13, p440a)"～"，可洪音"之閻反"，以爲"詹"，無實際意義。《一切經音義》卷19："詹堂，上音占，香樹名也，廣州有，煎葉作之。"(T54, p427a)

擔 dān/dàn

擔 ～山撅(橛)，都南反，下巨月反。(ZD59-790c)

擔 ～糞，上都甘反，正作擔也。(ZD60-482c)

擔 ～揭，音竭。(ZD59-850c)

擔 上～，都甘反。(ZD60-41b)

擔 ～山橛，上都南反，下巨月反，上正作擔也。(ZD59-790b)

擔 佉～，去迦反，下都甘反。(ZD59-663c)

擔 自～，都甘反。(ZD59-921a)

擔 空～，都濫反。(ZD59-760c)

擔 荷～，户可反，負也。(ZD59-771a)

擔 ～山，都甘反，正作擔也。(ZD59-843b)

擔 一～，都濫反，兩束也，悮。(ZD59-1110c)

擔 重～，都濫反。(ZD59-956a)

擔 重～，都濫反。(ZD59-620c)

掮 童～，丁陷反。(ZD59-768c) 按："～"乃"擔"字，詳見本書中篇"**掮**"字條。

殫 dān

殫 ～盡，上音單，盡也。(ZD59-615b)

癉[①] dān

癉 ～綻，音丹，正作癉，又多个反。(ZD59-635c)

癉 是～，他丹、吐多二反，正作痑(疼)也。(ZD59-578b) 按："～"，可洪以爲"疼"，讀"tān""tuō"，今不取，經文作"癉"或"**廯**"。

襌 dān

襌 紅～，音丹，～衣，謂薄單也。(ZD59-1136b)

---

① 又見"**廯**"字條。

簞① dān

倉～，音丹。(ZD59-1121b)

有～，多安反，經云受六十四斛也，此應西天有此器名也，正作簞也，《經音義》以篅字替之，乃此方倉号耳。(ZD59-986a)

～笥，上多安反。(ZD60-370c)

如～，音丹，正作簞。(ZD59-854c)

著～，音丹，西域倉名也，正作簞也。(ZD60-42b)

墠 dǎn

提～，正作担，多坦反，前帙第五卷作墠，同，音亶。(ZD60-348a)按：《開元釋教録》卷15："羅提坻王經一卷(或作國王羅提墠經。"(T55, p646b)"墠"，宋、元、明本作"揮"。《出三藏記集》卷4："或作國王羅提埠經。"(T55, p34a)"埠"，宋、元、明本作"埤"。《貞元新定釋教目録》卷8："或作國王羅提埤經。"(T55, p831a)《歷代三寶紀》卷14："云羅提狎王經。"(T49, p117b)"～"，譯音字，正體不詳，今依可洪讀之。

亶 dǎn

鉢～，多旱反。(ZD59-793a)

～作，多旱反，大也，厚也。(ZD59-588c)

膳 dǎn

～唾，上徒甘反，正作痰，又都敢反，悮。(ZD60-167b)按："～"乃"膽"字，經文中通"澹(痰)"，詳見本書中篇"膳"字條。

黕 dǎn

黤～，烏感反，下他感反，黑也，下又都含反。(ZD59-706b)按：從字形看，"～"即"黕"字，"黕"源自"默"字之訛，詳見本書中篇"黕"字條。

膽② dǎn

乳～，都敢反。(ZD59-598c)

脾～，上步支反，下都敢反。(ZD59-557c)

慴～，下都敢反，從月。(ZD59-972c)

心～，都敢反。(ZD59-728a)

心～，都敢反。(ZD59-728a)

涎～，下當敢反，悮。(ZD59-991c)按："～"即"膽"字之訛，構件"月"與"貝"相混。

～力，上都敢反，正作膽也。(ZD59-575b)

～幹，都敢反，下古岸反，强也。(ZD59-955a)

心～，都敢反。(ZD59-574c)

～胃，上都敢反，正作膽。(ZD60-166c)

憾 dǎn

～莎訶，上古斬反，正作箴也。(ZD59-796c)按：《孔雀王咒經》卷1："喜利喜利箴(吴音同)莎訶。"(T19, p450a)"箴"，宋、元、明本作"憾"。"吴音同"，明本作"竹感切"。"～"，可洪以爲"箴"，對應經文可作"箴"，但"箴"無"古斬反"一音。"～"，經文自切"竹感切"(《廣韻》音都感切)，讀"dǎn"，今從之。

～，古斬反，正作箴也。經云箴莎呵，唐淨三藏譯者云劒莎訶，並是也，又都感反，非也，應和尚

① 又見"章"字條。

② 又見"膳"字條。

未詳。(ZD60-357a)

且 dàn/qiě

且 ～剖,上多案反,正作旦也。(ZD60-486a)

旦 ～起,七野反,發語詞也,正作且。(ZD59-719a)

旦[1] dàn

且 一～,多案反,正作旦。(ZD59-818c)

怛[2] dàn

怛 ～交,上音但。(ZD60-599c)按:“～”乃“但”。

埏[3] dàn/shān

埏 洲～,徒旱反,水中沙～,人可居處也,正作潬,又音羶,非。(ZD59-836c)按:“～”,即“潬”。

埏 洲～,音誕,正作潬也,又音延,非也。(ZD59-1063b)按:“～”,即“潬”。《正法念處經》卷10:“彼邪見人修邪見行,若於樹林,若山若榛,若兩村間,若洲潬上。”(T17,p58c)

挻 ～**埴**,尸然反,下市力反,正作埏埴。(ZD59-953a)

埏 是～,式然反。(ZD59-1111b)按:“～”,經文作“埏”。“埏”乃“埏”之訛。《摩訶僧祇律》卷29:“汝知是土,如是和,如是打,如是埏,如是作,如是熏作鉢。熏作鉢成就已,作三種色。”(T22,p461c)

挻 ～埴,上尸然反,下市力反。(ZD60-319a)按:“～”乃“埏”。構件“土”與“扌”相混。《出三藏記集》卷12:“實陶鑄於堯舜,理擅繫表,乃埏埴乎周孔矣。”(T55,p93b)

挻 ～埴,尸然反,下時力反,正作埏。(ZD59-689c)

埏 ～土,上失然反。(ZD59-1095b)

挻 ～植,上失然反,下時力反,柔泥也,正作埏埴。(ZD59-568c)

挻 ～以,上失然反,和也。(ZD59-570a)

挻 ～埴,上失然反,下時力反。(ZD60-417c)

倓 dàn

倓 淡安,上徒濫反,安也,靜也,正作～。(ZD59-606b)

萏 dàn

萏 菡～,含感反,下談感反。(ZD59-665a)

萏 菡～,胡感反,下徒感反,蓮華也。(ZD59-860c)

萏 菡～,含感反,下徒感反,正作菡萏。(ZD59-669b)

啗 dàn

啗 ～～也,上二同音噉,剩一个啗字。(ZD60-355b)

啗 虒～,音銜,物在口而半出也,又音噉,喫也,非用。(ZD60-161a)按:《成實論》卷10:“如是有無二言皆通,如虎啗子,若急則傷,若緩則失。”(T32,p316c)“啗”,宋、元、明、宮本作“啣”。從形體看,“～”與“啗”,皆“啗”字。從文意看,“～(啗)”當與“啣”義近,含也。

啖[4] dàn

啖 嘗～,徒濫反。(ZD59-778a)按:

---

① 又見“且”字條。

② 又見“但”字條。

③ 又見“潬”字條。

④ 又見“啗”“啗”“骰”“啃”字條。

"～"同"啗"。

淡 dàn

湠 仳～，上音毗，下音淡。(ZD60-287c)按："～"乃"淡"字，詳見本書中篇"湠"字條。

醈 六～，徒濫反，水味也，無鹽也，正作淡，郭氏徒紺反。(ZD59-679a)按："六～"，對應經文作"六淡"。《大般涅槃經》卷1："其食甘美有六種味：一苦、二醋、三甘、四辛、五鹹、六淡。"(T12, p366c)

惔 dàn/guài

惔 ～怕，徒敢反，下普百反。(ZD59-647c)

惔 ～怕，徒敢反，正作惔，下普伯反，安靜也。(ZD59-831a)

惔 可～，音怪。(ZD59-644a)按："～"乃"怪"字。

唶 dàn/gǔ/wā

唶 ～之，上音噉，《觀佛三昧海經》云鐵狗食之，嘔吐在地，是也。又烏八反，飲水食也，非用。《川音》以齫字替之。(ZD60-283b)按：《經律異相》卷50："鐵叉掠出，鐵狗唶之。嘔吐在地，尋復還活。"(T53, p265a)根據經文，"～"意義與"噉"同，但是否爲"噉"，存疑。

唶 ～嘌，古没反。(ZD59-875b)按："～"，用作譯音字。

咼 作～，烏滑反，見藏作唶。(ZD60-377a)

欿 dàn

俽 欿～，上户感反，下徒感反，荷花未舒，正作菡萏。(ZD60-594c)按：《廣弘明集》卷29："内則錢荇菱華，欿欿散葩，硉矹巨石，隤陀碧砂，離簁比目，累綺紅蝦。"(T52, p341a)"欿欿"，宋、元、明、宫本作"菡苕(萏)"。"欿欿"同"菡萏"，聯綿詞。

惲 dàn/hùn

憚 ～苦，上於粉反，重也。(ZD60-497a)按：《續高僧傳》卷28："冷食麁衣，隨得便服，情無憚苦。"(T50, p690b)韓小荊(2009:410)以"～"爲"憚"之訛，是。

惲 ～悷，上宜作慁，户困反。～，辱，恶也，下力計反，《川音》作恨，户懇反，上又於殞反，非也。(ZD60-160b)按："～"，對應經文作"佷"。今依可洪以爲"慁"。

䱙 dàn

䱙 名～，音但，小鱓也。鱓音寘。(ZD60-372c)按："～"乃"䱙"。

啗 dàn

啗 啜～，下徒敢反。(ZD60-353a)按："～"乃"啗"。

骰 dàn

骰 ～骸，依字上音頭，下音諧，經文是噉食字也。(ZD60-359b)按：《一切經音義》卷7："噉食，又作啖、啗二形，同，達敢反。噉，食也。經文作骰骸二形，並非也。"(C056, p922a)《新集藏經音義隨函録》卷5："噉食，上徒敢反，上方經作骰，非也。"(K34, p786b)可洪以"～"爲"噉"字。《正法華經》卷2："一一鬼魅，悉共噉食。"(T09, p77a)

誕 dàn

誕 俄～，五何反，下徒旱反，正作誕。(ZD59-761a)按："～"乃"誕"字，詳見本書中篇"誕"字條。

潭 dàn/tán

～泊，上徒敢反，下普百反，安靜也。(ZD59-647c)

～然，徒濫反，恬靜也，《經音義》作憺也，又音覃，水深也，又以審反，水動皃，非。(ZD59-819c)

～然，徒敢反，恬靜也，安也，正作澹，又徒南、羊審二反，深也，潭水動皃也。(ZD59-823b)

～泊，與憺怕同呼，又上音覃，非。(ZD59-676c)

～泊，上徒南反，下普博反。(ZD59-587b)

句～，音俱，下徒南、以審二反，國名也。(ZD59-779c)

澄～，上直陵反，下徒南反，深水也。(ZD59-592c)

～然，上徒南反，深水也。(ZD59-609b)

潬 dàn

河～，徒旱反。(ZD59-864a)

憛 dàn

～泊，徒濫反、下普百反。(ZD59-649a)

按："～"同"憺"。

～怕，上徒敢反，下普百反，安靜也，正作憺怕也。(ZD59-648a)

澹[1] dàn/tán

～泊，上徒敢反，下普伯反。(ZD60-429c)

～泊，上徒敢反。(ZD59-614b)按："～"乃"澹"。

～然，徒敢反，恬靜也。(ZD59-641c)

～泊，徒敢反，下普百反。(ZD59-829b)

～然，上徒敢反，正作澹。(ZD60-193a)

～泊，徒敢反，下普百反。(ZD59-755a)

～滿，上徒敢反。(ZD59-587b)

～泊，徒敢反，下普百反。(ZD59-648a)

～泊，徒敢反，下普百反。(ZD59-676a)

～泊，徒敢反，下普百反。(ZD59-674b)

～泊，徒敢反，下普百反。(ZD59-671c)

～泊，徒敢反，下普百反。(ZD59-732c)

～怕，同上。(ZD59-558a)

～即，上徒敢反，靜也。(ZD59-569b)

～癊，徒甘反，下於禁反。(ZD59-656a)

～隂，徒甘反，下於禁反。(ZD59-961a)按："～"即"澹"，同"痰"。《大莊嚴論經》卷4："我爲狂癡惑，爲澹陰亂目。"(T04, p278c)"澹陰"，宋、元、明本作"痰癊"。

～澿，徒甘反，下於禁反，心上水也，正作痰癊。(ZD59-720a)按："～"同"澹"，同"痰"，詳見本書中篇"澹"字條。

澶 dàn

～然，上徒岸反，漫也。(ZD59-587a)

憺[2] dàn

～怕，談敢反，下普白反。(ZD59-664c)

～怕，徒敢反，下普百反。(ZD59-726b)

～怕，下普白反，安靜也。(ZD59-578a)

恬～，下徒敢反。(ZD59-1055a)

～怕，徒敢反，下普百反。(ZD59-674b)

～怕，音啖，下音拍。(ZD59-676b)

～怕，上徒敢反，下普百反。(ZD59-

① 又見"倓""潭"字條。

② 又見"惔""憛""潭"字條。

588a)

憛 ～怕,上徒敢反,下普白反。(ZD59-593b)

憛 ～怕,徒敢反,下普百反。(ZD59-769c)

禫 dàn

禫 鄔～,烏古反,下徒感反。(ZD59-815b)

萏[①] dàn

萏 菡～,上户感反,下徒感反,上正作菡也。(ZD60-362a)

萏 菡～,上户感反,下徒感反,下正作萏。(ZD60-403a)按:"～"即"萏"之訛。《新譯大方廣佛華嚴經音義》卷2:"菡萏花:菡,胡感反,萏,徒感反。《説文》曰芙蓉花未發者,盛之貌也,菡萏二字,《字書》作菡萏,《説文》作菡萏也。"(K32, p361a)

醰 dàn

醰 ～婢,徒感反,下亡俾反。(ZD59-796b)

醰 ～鞞,徒感反。(ZD59-797a)

賧 dàn

賧 ～婆,徒感反。(ZD59-796b)按:"～",用作譯音字。

賧 ～鞞,徒感反。(ZD59-745b)

黮 dàn

黮 黤～,上烏感反,下徒感反,雲黑也,正作黤黮也。(ZD59-1066b)

黮 dàn

黮 黧～,上力夷反,下他感反。(ZD59-562b)

黮 黧～,力兮反,下徒感、他感二反,今皆作黵字,呼烏檻反。(ZD59-702c)

黮 黤～,烏感反,下他感反。(ZD59-736b)

黮 黯～,烏感反,下他感反,黑皃也,又上於檻反,下徒感反,義同。(ZD59-729a)

黮 梨～,力兮反,正作黧,下他感反。(ZD59-706c)

璫 dāng

璫 釵～,初街反,下得郎反。(ZD59-785a)

檔 dāng

檔 根～,音郎,正作桹,下都郎反。(ZD59-890b)按:"根～",經文作"根(桹)當"或"鋃鐺",聯綿詞,又可作"桹檔""狼當"等形。《德光太子經》卷1:"當遇苦毒痛痒不安,恩愛爲根檔杻械,諸受難捨。"(T03, p417a)"根",聖本作"鋃"。"檔",宋、元、明本作"當",聖本作"鐺"。

檔 桹～,上勒堂反,下得郎反,鏁頭。(ZD59-1093c)

襠 dāng

襠 袪～,苦盍反,下得郎反,披衣也。(ZD59-801b)

簹 dāng

簹 篔～,上于君反,下都郎反。(ZD60-439c)

黨 dǎng

黨 伴～,當朗反,輩也,正作黨,又他浪反。(ZD59-959b)

黨 枝～,得朗反。(ZD59-650a)

黨 枝～,得朗反,正作黨。(ZD59-673c)

黨 伴～,都朗反,悞。(ZD59-626c)

① 又見"萏""歒"字條。

儻 朋～,同上,輩也,美也,德也,又他朗、他浪二反,悞。(ZD59-740c)

儻 朋～,都朗反,正作黨。(ZD59-644b)

儻 偏～,得朗反,正作黨。(ZD59-670c)按:“～”乃“黨”。

儻 鹿～,都朗反,正作黨。(ZD59-676a)

儻 徒～,得朗反,輩也,正作黨也,又他朗反,非。(ZD59-671a)

儻 明～,當朗反。(ZD59-740c)

讜 dǎng/tǎng

讜 ～而,上都朗反。(ZD60-415b)按:“～”同“讜”,直言也。

讜 ～聽,正作儻,他朗反,語辝也,不定之言也,又都朗反,非。(ZD59-822b)按:“～”即“儻”。

讜 若～,當朗反,直言也,經後作他朗反。(ZD59-780a)按:“若～”同“若儻”。《不空羂索神變真言經》卷1:“世尊若儻許我,當爲利益一切善男子善女人等,及邪見斷見惡慧有情,於如來前説是不空羂索心王陀羅尼真言三耶者,願垂納受。”(T20, p229a)“～”即“儻”字,如果、假如也,可洪音“當朗反”,訓“直言也”,恐誤。

㟂 dàng

㟂 燒～,都浪反。(ZD60-260a)

婸 dàng

婸 佚～,徒朗反,正作婸也。(ZD60-363b)

蓎 dàng

蓎 作～,依字音唐,經以爲蔄蕩字。(ZD60-360a)按:《一切經音義》卷7:“蔄蕩,力盎反,下徒盎反。《埤蒼》毒草也,經文作蓎,非體也。”(C056, p926c)“～”同“蕩”。

⿰忄象 dàng/yù

⿰忄象 縱～,子用反,下徒朗反。(ZD59-863c)

⿰忄象 悦～,余庶反,樂也,正作豫,又徒朗反,非也。(ZD59-762b)按:“悦～”之“～”,乃“豫”字之訛。“豫”蓋受上字“悦”的影響類化换旁從“忄”而作“⿰忄象”。“⿰忄象”又音“徒朗反”,别爲他字。

蕩 dàng

蕩 曠～,徒朗反,空皃也。(ZD59-674c)

蕩 ～滌,上大朗反,洗也,正作盪,下徒的反。(ZD60-37b)

蕩 掉～,上大了反,下徒朗反。掉,動也,摇也。蕩,放逸也,戲也,正作⿰忄象、婸二形。(ZD60-178b)

蕩 滌～,上徒的反,下正作盪也。(ZD59-986b)

蕩 ～盡,上徒浪反。(ZD60-216c)

⿰𠂤昜[①] dàng

⿰𠂤昜 舂⿰禾⿱艹昜,徒朗反,待米精也,正作～。(ZD60-164a)

儅 dàng

儅 勘～,都浪反,正作當。(ZD60-493b)按:“～”同“當”。

儅 併～,并政反,下丁浪反。(ZD59-803c)按:“併～”,對應佛經作“摒當”或“摒擋”。《陀羅尼集經》卷10:“於後掃除壇處,泥塗摒當總竟,獻殘飲食。”(T18, p871b)“當”,宋、元、明、宫本作“擋”。

⿰禾⿱艹昜 dàng

⿰禾⿱艹昜 舂～,徒朗反,待米精也,正作⿰𠂤昜。

---

① 又見“⿰禾⿱艹昜”字條。

(ZD60-164a)按："～"乃"𧃷(𥌠)"，詳見本書中篇"𧃷"字條。

𧃷[①]　dàng

𧃷　～花，上徒浪反。(ZD60-534a)按：《弘明集》卷8："夫質懋纁霞者，言神丹之功，開明淨智者，必𧃷花之氣。"(T52，p48b)

簜　dàng

簜　篠～，上桑了反，下徒朗反，竹名也，正作篠簜。(ZD60-563a)

譡　dàng

譡　即～，都浪反。(ZD59-780a)

瓽　dàng

瓽　～那，亭匠反，正作瓽。(ZD59-782c)按："～"，乃翻譯佛經時所造切身字，用於對音梵文。

刀　dāo

刀　～山，上都勞反，又音凋，悮。(ZD60-300c)

忉　dāo

忉　～利，上都高反，正作忉。(ZD59-1119a)

島　dǎo

島　洲～，音搗。(ZD59-737c)

島　海～，音搗。(ZD59-845c)

搗[②]　dǎo

搗　杵～，都老反，正作搗。(ZD60-241a)

搗　擣～香，上二同，都老反。(ZD59-580b)

搗　～以，得老反。(ZD59-824a)

搗　～合，得老反。(ZD59-707b)

搗　～碎，上都老反，正作搗。(ZD60-190a)

搗　～藥，覩老反，正作搗。(ZD59-772a)

搗　dǎo

搗　舂～，上尸容反，下都老反。(ZD59-1114c)

搗　～香，都老反。(ZD59-854b)

搗　～若，刀老反，正作搗。(ZD59-701c)

搗　杵～，上昌與反，下都老反。(ZD60-33c)

𤺥　dǎo

𤺥　作～，於陵反，義是膺。～，胸也，見藏作鷹俯地，應和尚以倒字替之，非也。(ZD60-390b)按："𤺥"，可洪以爲"膺"，玄應以爲"倒"，鄭賢章(2004:346)亦以爲"倒"。

擣　dǎo/táo

擣　～香，刀老反。(ZD59-918b)

擣　囚～，上巨久反，下都老反，正作臼擣也。(ZD60-190a)

擣　～抓(杌)，上徒刀反，下五骨反。(ZD60-501a)按："～"乃"檮"。

悼　dào/diào

悼　鄙～，徒到反，《陁羅尼集》作鄙悼。(ZD59-879a)

悼　鄙～，悲美反，下徒到反，《陁羅尼集》作鄙悼。(ZD59-879a)按："鄙～"，對應佛經作"鄙悼"。《七佛八菩薩所説大陀羅尼

---

① 又見"蔫"字條。

② 又見"搗""擣"字條。

神咒經》卷 2："慚愧自責，鄙悼愆咎。"(T21, p547a)

悼 ～微，徒告反。(ZD59-976a)

悼 ～悔，上徒了反，下呼罪反，正作掉悔。(ZD60-171b)按："～"，可洪以爲"掉"。

悼 ～悸，上徒了反，動也，正作掉，下巨季反，上又音導，非。(ZD60-247a)按：《法句譬喻經》卷3："驚怖最苦，我遊林野，心恒怵惕，畏懼獵師，及諸豺狼，髣髴有聲，奔投坑岸，母子相捐，肝膽悼悸，以此言之，驚怖爲苦。"(T04, p595b)"悼"，宋、元、明本作"掉"。"～"，可洪以爲"掉"。

道[1] dào/dùn

道 公～，音道。(ZD60-553b)

道 循～，似遵反。(ZD59-917a)

道 口～，音道。(ZD59-745a)

道 ～我，徒老反。(ZD59-697a)

道 ～由，上徒老反。(ZD60-57a)

道 矛～，上莫侯反，下食尹反，《辯正論》作矛盾。(ZD60-561b)

盜 dào

盜 ～物，上徒到反，偷也，正作盜。(ZD60-44a)

稻 dào

稻 ～米，徒老反。(ZD59-774c)

稻 ～芊，古旱反，莖也。(ZD59-739a)

稻 香～，音道，正作稻。(ZD60-601a)

稻 ～穬，上徒老反，下古猛反。(ZD59-578a)

稻 ～米，上音道，粳穀也，正作稻也。(ZD59-683b)按："～"乃"稻"，詳見本書中篇"**稻**"字條。

稻 秔～，音庚，下音道。(ZD59-933a)

稻 ～禾麥，音道，下音麥。(ZD59-652b)

稻 ～粱，徒老反，下力羊反。(ZD59-666b)

稻 ～麻，上徒老反。(ZD59-552b)

導 dào

導 倡～，上音唱，下音道。(ZD59-587c)

導 倡～，上音唱，下音道，正作導。(ZD60-303a)

導 前～，音道，引也。(ZD59-563b)

導 誘～，音道，引也，教也。(ZD59-670c)

導 ～師，上音道，引也。(ZD59-583b)

導 ～道，二同徒老反。～，引也，正作導。道，路。(ZD59-1116c)

導 開～，音道，教也，引也，正作導。(ZD59-610a)

導 ～師，音道，引也。(ZD59-658a)

導 ～首，上音道，引也。(ZD59-582a)

導 ～師，上音道，正作導。(ZD59-583b)

導 ～師，音道，引也。(ZD59-854a)

噵 dào

噵 ～說，上徒老反。(ZD59-1034b)按："～"同"道"，說也。

蹈 dào

蹈 ～上，徒到反，正作蹈。(ZD59-956b)按："～"乃"蹈"字，詳見本書中篇"**蹈**"字條。

蹈 ～殺，徒到反，下所八反。(ZD59-909b)

蹈 ～藉，徒到反，下秦昔反，踐也，正作蹈踖也。(ZD59-907b)

蹈 ～七，徒到反。(ZD59-703a)

---

① 又見"噵"字條。

蹈 足～，徒到反。(ZD59-702a)

蹈 ～藉，上徒到反，下才昔反，正作蹈躤。(ZD60-246c)按："～"乃"蹈"字，詳見本書中篇"蹈"字條。

蹈 蹹～，上徒盍反。(ZD59-1000b)

翿 dào

翿 跋～，音導。(ZD60-320b)

得 dé

得 不～，都勒反，正作得也，郭氏作烏卧反，非也。(ZD59-732a)按："不～"，對應佛經作"不得"。《等集衆德三昧經》卷3："行如蓮花，於諸世俗而無所著，猶如船師度諸群生四病之患。志如王路，不得輕慢貴賤中間之人，當如泉源、川流、江河，所説經典而不可盡，行如大海所聞智慧，苞無崖底。"(T12，p986a)

淂 ～顯，都特反，下火典反。(ZD59-976c)

德 dé

德 衆～，都勒反。(ZD59-650a)

德 ～鎧，苦改反。(ZD59-560c)

德 ～式，音識，法也。(ZD59-672b)

德 福～，音德。(ZD60-131b)

德 ～王，同上。(ZD59-843a)

德 廣～，音德，佛名。(ZD59-843a)

憕 dēng

憕 秃～，上荀黄反，明也，正作光，下他冬反，火色也，正作烔，又徒冬反，又上他木反，下桑刀反，並非也，悮。(ZD60-529b)按：《弘明集》卷5："鐙中脂索，而炷燋秃將滅息，則以示曉。伯師言：人衰老亦如彼秃烔矣。"(T52，p29)"烔"，宋、元、明、宫本作"燈"。"～"疑即"燈"。

登 dēng

登 ～摳，尺朱反。(ZD59-588c)

䳾 dēng

䳾 㲫～，音塔，下音登。(ZD59-682c)按："㲫～"即"毾䳾"，又作"毾㲪""毾㲪"等，毛席也。

䳾 㲫～，音塔，下音登。(ZD59-715b)

䳾 㲫～，音塔，下音登。(ZD59-777a)

䳾 㲫～，他盍反，下得恒反。(ZD59-851a)

䳾 㲫～，他盍反，下得能反。(ZD59-648c)

燈[①] dēng

燈 烽～，芳逢反，亦作熢。(ZD59-841b)

燈 性～，音登。(ZD59-747b)按："性～"，對應佛經作"性燈"。《大方等無想經》卷4："過去無量億那由他阿僧祇劫，爾時有佛，號同性燈如來、應、正遍知、明行足、善逝、世間解、無上士、調御丈夫、天人師、佛、世尊。"(T12，p1097b)

㲪[②] dēng

㲪 㲫～，音塔，下音登。(ZD59-822c)

㲪 㲫～，上音塔，下音登。(ZD59-615c)

簦 dēng

簦 擔～，上都甘反，下音登，長柄笠也。(ZD60-509c)

---

① 又見"憕""鐙"字條。
② 又見"䳾"字條。

鐙 dēng

鐙 油～,音登,古文燈字。(ZD59-709a)

等 děng

等 ～積,子賜反。(ZD59-657b)

等 平～,上皮兵反。(ZD59-619b)

等 ～蟲,除中反。(ZD59-554b)

等 ～下,桑亂反,計也,正作筭。(ZD59-671c)

等 鹽～,羊廉反。(ZD59-740c)

等 塊～,上苦内反。(ZD59-554c)

等 鄙～,悲美反。(ZD59-644c)

等 ～恤,思律反。(ZD59-755b)

等 ～屑,先結反。(ZD59-637b)

僜 dèng

僜 作～,都亘反,見藏作橙也,又丑陵、徒亘二反,彼經悮。(ZD60-365c)按:"～",對應文獻作"隥"。

隥[1] dèng

隥 階～,都亘反。(ZD60-137a)

鄧 dèng

鄧 摩～,徒亘反。(ZD60-268a)

撜 dèng/kuí

撜 ～道,都鄧反,堦級也,正作隥。(ZD59-677c)按:"～"乃"橙",與"隥"同。

撜 ～作,上求癸反,度量也,正作揆。(ZD59-581a)按:"～"乃"揆"。

憕 dèng

憕 ～悁,見藏作瞪瞢,與懵懂字同,又上音澄,下音冒,並悮也。(ZD60-380b)按:"～悁",聯綿詞,又作"瞪瞢""懵懂"等詞形。

橙[2] dèng

橙 梯～,上他兮反,下登鄧反。(ZD60-26a)按:"挮～"即"梯橙"。

橙 挮～,他兮反,下得亘反。(ZD59-637b)按:"～"乃"橙"。

橙 挮～,他兮反,下都亘反。(ZD59-850c)按:"挮～"即"梯橙"。

瞪 dèng

瞪 ～視,上直陵、直證二反。(ZD60-466a)

瞪 ～對,上直證反。(ZD60-594a)

瞪 ～瞢,都鄧反,下莫鄧反,失睡極也,惛悶也,昧也,正作懵懂。(ZD59-680b)

懵[3] dèng

懵 ～悁(懵),都鄧反,下莫鄧反,惛沉也,睡纏也,失睡極也,睡不足,正作懵懂也,徒登反,下莫登反,正作懵懂也,上又直陵、宅耕二反,非。(ZD59-725a)按:"～懵"與"懵懂"同。

懵 ～萺,上都鄧反,下莫鄧反,正作懵懂也,《川音》作懵懵也,下又音骨,悮也。(ZD60-192a)按:"～萺"同"懵懂""懵懵"。

懵 ～懵,上都亘反,下莫亘反,正作懵夢也。(ZD59-1085b)

懵 ～萺,徒登、都亘二反,下莫登、莫鄧二反,惛悶也,失睡也,《陁羅尼集》作懵瞢。(ZD59-

① 又見"僜"字條。

② 又見"撜""隥"字條。

③ 又見"憕""瞪"字條。

879a) 按："～萺"同"蘴蓸"。

蘴 ～蓸，都亘反，下莫亘反。(ZD59-682b)

弖 dī

弖 ～羌，上丁兮反。(ZD60-341a) 按："～"即"氐"。《開元釋教録》卷 1："此之有氐羌，今乃稱胡。"(T55, p479a)"氐"，宋、元、明本作"氐"。

弖 平～，丁兮反。(ZD60-282b) 按：《經律異相》卷 49："十八平丘王，典治彌離獄。"(T53, p259a)"～"，對應佛經作"丘"，可洪音"丁兮反"，以爲"氐"。

氐[①] dī

氐 吉～，丁兮反，新本作枳亙。(ZD59-804b)

氐 ～宿，丁兮、丁禮二反。(ZD59-907c)

氐 亢～，上苦浪反，下丁兮反。(ZD59-623b)

氐 布～，音低，正作氐。(ZD59-1103c) 按：《摩訶僧祇律》卷 3："蜜者，軍荼蜜、布底蜜、黄蜂蜜、黑蜂蜜，是名爲蜜。"(T22, p244c) 從形體看，"～"即"氐"，經文作"底"，皆譯音用字。

氐 ～波，上丁兮反，正作低。(ZD60-289b) 按："～"，經文作"氐"。《陀羅尼雜集》卷 6："氐波摩利尼豆豆脾，那慕那慕，莎呵。"(T21, p612c)

氐 屈～，下丁兮反。(ZD60-545c) 按："～"，可洪蓋以爲"氐"。從字形看，"～"似爲"句""局"或"丐"。

坘 dī

坘 ～彌，上丁兮反。(ZD60-367a) 按："～"乃"坘"，可洪音"丁兮反"，音同"低"，譯音字。

低[②] dī

低 ～下，上丁兮反，正作低、氐二形，垂也。(ZD60-40a) 按："～"即"氐"，通"低"。《四分律》卷 50："若有坑渠處、低下處，應填平。"(T22, p940c)

低 ～身，上丁兮反，垂頭也，正作低、氐二形也。(ZD60-42b) 按："～"即"氐"，通"低"，詳見本書中篇"氐"字條。

低 ～彌，丁兮反，魚名。(ZD59-886a) 按："～"即"氐"，通"低"。《佛説隨求即得大自在陀羅尼神咒經》卷 1："於大海中，遇低彌黎魚，欲壞其船。"(T20, p641a)

低 ～俛(仰)，上丁兮反，下五郎反，俯仰也，正作低仰也。(ZD59-582a)

低 乍～，丁兮反。(ZD59-584c)

低 安～，音低。(ZD60-182c) 按："～"，對應佛經作"低"。《佛所行讚》卷 2："婆私書牟尼，及與安低疊，山林修梵行，父亦歸本國。"(T04, p18b)

低 羅～，丁兮反，正作低。(ZD59-1077a)

低 ～頭，上丁禮反，《七佛咒經》作低頭。(ZD60-284c)

低 ～仰，丁兮反，正作低。(ZD59-700b)

低 瞿～，丁兮反，正低。(ZD60-337a) 按："～"，對應佛經作"低"。《古今譯經圖紀》卷 2："尊者瞿低迦獨一思惟經(一卷)。"(T55, p355b)

低 ～頭，上都兮反，垂下也，正作低。(ZD59-1078b)

低 ～視，丁兮反，俯首也，正作低、氐二形。(ZD59-719b)

低 ～舍，上丁兮反，舍利弗本名也，或云憂

① 又見"弖""亟"字條。
② 又見"伲"字條。

波提舍,或云憂婆提舍。(ZD60-178b)按:"～",對應佛經作"低"。《四諦論》卷1:"乃至化度陀難蛇耶婆羅門,及其外生優波低舍。"(T32, p378c)

佢 ～仰,丁西反,下五郎反。(ZD59-707a)

㐌 ～語,上丁兮反,正作。(ZD59-620b)

㐰 ～殊,丁兮反,正作低。(ZD59-746b)按:"～",對應佛經作"低"。《大雲輪請雨經》卷2:"尼梨低殊(引)洛敧彌(去聲二)提利荼(引)。"(T19, p497b)

佢 ～仰,五郎反。(ZD59-675b)

㐌 ～仰,都兮反,下五郎反,垂舉皃也,正作低昂也,下又莫兩反,非用。(ZD59-962b)

佢 ～身,上丁兮反。(ZD60-84b)

佢 ～昂,五郎反。(ZD59-697c)

佢 佉～,上丘迦反,下丁兮反,《起世經》作佉低。(ZD59-1024b)

㐌 ～頭,丁兮反,下也,正低。(ZD59-848c)

㐌 低頭,丁兮反,上方經作～,非。(ZD59-710a)

㐌 阿～,丁兮反。《七佛經》作阿低。(ZD60-284c)

佢 乍～,上助架反。(ZD59-581b)

伲 dī/ní

伲 瞿～,丁兮反,比丘名,瞿～迦,正作伭也,《衆經目録》瞿伭,郭氏音昵,非也。(ZD60-325c)按:"～",對應佛經作"低"。《歷代三寶紀》卷6:"尊者瞿低迦獨一思惟經一卷(出阿含)。"(T49, p67b)從形體看,"～"即"伲",經文中乃"低"之訛。

伲 ～民,上音尼,或作泥,應和尚未詳。(ZD60-387c)

邸 dī/dǐ

祁 邲～,上彼巾反,下丁兮反。(ZD60-174c)按:"邲～"即"邠邸",又作"邠坻",可洪以"丁兮反"讀"邸",乃"坻"的讀音。

邸 邠～,上彼巾反,下丁兮、丁禮二反,正作邸也,又側愁反,非也,悮。(ZD59-1038b)

邸 邠～,上彼巾反,下丁兮、丁禮二反。(ZD59-1037a)

邸 邠～,下丁禮反。(ZD59-1004a)

邸 ～店,丁禮反,下丁念反。(ZD59-939a)

邸 ～肆,音底,下音四。(ZD59-932a)

邸 ～店,丁禮反,下丁念反。(ZD59-784b)

邸 ～閣,丁禮反,舍也。(ZD59-766a)

邸 邠～,彼巾反,下丁禮反。(ZD59-642c)

柢 dī/dǐ/dì

柢 育～,丁兮、丁計二反。(ZD59-619b)按:"～"乃"坻"字。《大方等大集經》卷3:"須曼那花,育坻花,檀内伽梨花。"(T13, p22a)

柢 ～突,上丁禮反。(ZD59-614b)按:"～"乃"抵"字。

柢 根～,音帝。(ZD60-410b)按:"根～",對應佛經作"根柢"。《大唐西域記》卷5:"是如來昔嘗淨齒,棄其遺枝,因植根柢,繁茂至今。"(T51, p898c)

亟 dī/jí/qì

亟 ～舍,上丁兮反,正作互。(ZD59-605c)按:"～",可洪音"丁兮反",即"氐",經文作"互"或"丘"。

亟 著～,下九力反。(ZD60-414c)

亟 ～墨,上居力反。(ZD60-406a)

烝　昵～，去記反。(ZD60-387a)按："～"同"亟"。

眡　dī

眡　～聽，上丁兮反，視也。《川音》作丑吏反，非也。(ZD60-521c)

衹　dī

衹　波～，丁兮反。(ZD59-839a)按："～"，可洪音"丁兮反"，蓋以爲"衹"，經文作"衹"。

衹　闍～，丁兮反。(ZD59-812b)按："～"，可洪音"丁兮反"，蓋以爲"衹"，經文作"衹"。

羝　dī

羝　羖～，上魚袁、五官二反，下丁兮反。(ZD59-605a)

羝　抧～，吉以反。(ZD59-801a)

羝　～彡，都兮反，下所鑒反。(ZD59-678b)

羝　羖～，音古，下音低。(ZD59-681a)

羝　枳～，吉以反，下丁兮反。(ZD59-805b)

羝　～羊，丁兮反，正作羝。(ZD59-952b)

羝　～羊，上都兮反。(ZD60-8b)按："～"乃"羝"，詳見本書中篇"羝"字條。

羝　枳～，吉以反，下音底。(ZD59-805c)按："～"即"羝"，讀平聲，可洪音"底"，上聲，蓋俗讀。

羝　～羊，上丁兮反。(ZD60-230b)

羝　羶～，尸然反，下丁兮反。(ZD59-808c)

堤　dī

提　～塘，上音低，下音唐。(ZD59-930a)

滳[①]　dī

滳　水～，丁歷反，正作滴。(ZD59-978c)

渧　毛～，丁歷反，正作滴也，音帝，非用。(ZD59-642a)

滴　雨～，丁歷反。(ZD59-775b)

滴　水滴，丁歷反。水～，同上。(ZD59-978c)

滴　一～，音的。(ZD59-651c)

⿰口是　dī/tī

⿰口是　～攡，丁兮反，下吕支反。(ZD59-813b)按："～"，譯音字，無實義。《佛説師子奮迅菩薩所問經》卷1："佛⿰口是波提，⿰口是攡。"(T21, p875c)

⿰口是　蜜～，吐梨反，經文自切也，國名蜜～羅也。(ZD59-1005b)按："～"，譯音字，無實義。

滴　dī

滴　血～，音的。(ZD60-132b)

滴　～瀝，丁歷反，下六的反。(ZD59-893c)

滴　血～，丁歷反。(ZD60-130a)按："～"即"滴"。

滴　～數，上丁歷反。(ZD59-560a)

⿰口鞮　dī

⿰口鞮　和～，丁兮反。(ZD59-724c)按："～"，譯音字，無實義。

弔　dí

弔　～於，上音的，至也，正作吊(弔)。(ZD60-533b)

狄[②]　dí

狄　蠻～，上莫顔反，下徒的反。(ZD59-1048a)

---

① 又見"滴"字條。

② 又見"狄""狄"字條。

狄 夷～，徒的反，東夷北～，番人也。(ZD59-774b)

的 dí

旳 ～～，郭氏音的，明也，達也。(ZD59-675b)

籴 dí

籴 ～米，上徒的反。(ZD60-498b)

⿰犭犮 dí

⿰犭犮 ～處，徒的反，北方胡名也，正作狄。(ZD59-706c)按：“～”乃“狄”字，詳見本書中篇“⿰犭犮”字條。

获 dí

获 束～，徒的反。(ZD60-81c)按：“～”乃“荻”。

荻① dí

荻 ～林，上徒的反。(ZD59-586c)

荻 ～片，上徒的反。(ZD59-1083b)

荻 ～花，上徒的反。(ZD60-3a)

荻 ～林，徒的反。(ZD59-773c)

荻 茅～，上莫交反，下徒的反。(ZD60-20a)

笛 dí

⿱⺮啇 撣箏～，上徒丹反，中側耕反，下徒的反，《經音義》以篴、笛二字替之也。(ZD60-51c)按：“～”疑即“笛”字。《沙彌尼離戒文》卷1：“六盡形壽，不得歌舞，不得教人歌舞，不得彈箏吹笛。”(T24，p938b)“笛”，宋、元、明、宮、聖本作“⿱⺮啇”。《一切經音義》卷16：“箏笛，古文篴，同，徒的反。《説文》七孔籥也，羌笛三孔，《戒文》作⿱⺮啇，非也。”(C057，p12c)

篠 作～，徒的反，正作笛、篴二形，又蓨了反，竹名也。(ZD60-380a)按：“～”即“笛”。

啇 dí

啇 ～妻，丁歷反，本也，正也，正作啇、嫡二形也。(ZD59-767b)按：“～”通“嫡”。

蓧 dí

蓧 荷～，上胡可反，下徒的反，盛種器也。(ZD60-578c)

⿱竹狄 dí

⿱竹狄 竹～，徒的反。(ZD60-18b)按：“竹～”，對應佛經作“竹荻”。“～”乃“⿱竹狄”，即“荻”字。《根本説一切有部尼陀那目得迦》卷2：“澄清如竹荻色。”(T24，p420a)另見本書中篇“⿱竹狄”字條。

滌 dí

滌 ～淨，徒的反。(ZD59-737c)

滌 蕩～，堂朗反，下亭的反。(ZD59-698c)

滌 漱～，所右反，下徒的反。(ZD59-822c)

滌 ～垢，上徒的反。(ZD59-610a)

滌 外～，徒的反。(ZD59-567b)

滌 ～垢，徒的反。(ZD59-781a)

滌 洗～，徒的反。(ZD59-660c)

滌 ～除，徒的反。(ZD59-659b)

滌 盪～，徒朗反，下徒的反。(ZD59-672b)

滌 浣～，胡管反，下亭的反，洗也。(ZD59-665a)

---

① 又見“获”“⿱竹狄”字條。

滌 浣～，户管反，下徒的反。(ZD59-742c)

滌 ～鉢，徒的反。(ZD59-844a)

滌 洗～，徒的反。(ZD59-867a)

滌 ～鉢，上徒的反。(ZD59-1019b)

滌 蠲～，吉玄反，下條的反。(ZD59-660b)

滌 淨～，徒的反。(ZD59-603b)

滌 蕩～，上大朗反，洗也，正作盪，下徒的反。(ZD60-37b)

滌 ～器，上徒的反，洗也。(ZD60-411a)

嫡 dí

嫡 ～兄，上丁歷反，正也，君也，正作嫡。(ZD60-548c)

適 dí

適 往～，音的，就也，正作適。(ZD59-1135a)

適 ～莫，丁歷反。(ZD59-644c)

適 ～莫，丁歷反，就也，主也。(ZD59-661b)

嫡① dí

嫡 ～子，丁歷反。(ZD59-636a)

敵② dí

敵 讎～，市由反。(ZD59-676c)

敵 却～，亭的反，正作敵。(ZD59-668c)

敵 怨～，庭的反。(ZD59-921a)

敵 寇～，苦候反，鈔也，暴也。(ZD59-636c)

敵 陣～，徒的反。(ZD59-783c)

敵 ～敧，徒的反，下丘宜反。(ZD59-800a)

敵 勍～，下徒的反。(ZD59-595a)

敵 讎～，市周反，下亭的反。(ZD59-756c)

敵 勍～，巨京反，强也。(ZD59-958c)

啇 dí

啇 勍～，上巨京反。(ZD60-342c)按："勍～"，對應佛經作"勍敵"。"～"即"敵"字之訛。《開元釋教録》卷4："國運衰矣，當有勍敵。"(T55，p514b)

啇 勍～，上巨京反。(ZD60-420c)按："～"即"敵"字之訛。

鏑③ dí

鏑 鋒～，上音峰，下音的。(ZD60-597c)

䵂 dí

䵂 ～子，上徒麥反，麥屑也，又徒的、持石二反，義同。(ZD60-392c)

鏑 dí

鏑 箭～，音的。(ZD59-999a)

鏑 箭～，音的，鏃也。(ZD59-918b)按："～"即"鏑"。

糴 dí

糴 糓～，經意是糶，同，徒的反。糶糓，粟之名也。糴，買也，非義。(ZD59-1017c)按：《佛般泥洹經》卷1："王及國人民寧安和不？穀糴平賤不？"(T01，p160b)"～"，可洪以爲"糶"字，糓也。根據經文，"糴"亦通，不必當作"糶"。"穀糴平賤不？"指穀物購買價格還平穩低廉不？

糴 ～賣，上徒歷反。(ZD59-1072a)

糴 ～食，上徒的反，悮。(ZD60-80c)按："～"，對應佛經作"糴"。《善見律毘婆沙》卷15："若施作房

① 又見"嫡"字條。
② 又見"啇"字條。
③ 又見"鏑"字條。

舍,住處無食,衆僧各欲散去,無人守護,得減房直糴食,以供守房舍人食,若如此迴換用者無罪。”(T24,p776a)

邳 dǐ

邳 有～,丁禮反,正作底。(ZD59-732a)按:從形體看,“～”即“邸”,經文中通“底”。《等集衆德三昧經》卷 3:“衆生之行無有邳。”(T12, p987a)“邳”,宋、元、明、宫本作“底”。

邳 ～迦,上丁禮反。(ZD59-590c)按:“～”即“邸”。

扭 dǐ

扭 ～也,上丁禮反。(ZD60-378c)按:“～”即“扭”,乃“抵”字。

泜 dǐ/méng/zhǐ

泜 扇～,丁禮反。(ZD59-812c)按:“～”即“泜”,譯音字,經文作“泥”或“帝”。

泜 ～庶,上莫耕反,正作眠、甿二形也,又音紙,悮。(ZD60-410a)按:“～”,經文作“氓”。

泜 ～利,諸爾反,正作泜,《善法方便經》作旨利。(ZD59-815c)

邸 dǐ

邸 邲～,彼巾反,下丁禮反。(ZD59-642c)

邸 ～店,丁禮反,下丁念反。(ZD59-939a)

邸 邲～,上彼巾反,下丁禮反。(ZD59-1004a)

邸 ～店,丁禮反,下丁念反。(ZD59-784b)

邸 ～閣,丁禮反,舍也。(ZD59-766a)

邸 ～肆,音底,下音四。(ZD59-932a)

邸 邲～,上彼巾反,下丁兮、丁禮二反,正作邳也,又側愁反,非也,悮。(ZD59-1038b)

邸 邲～,上彼巾反,下丁兮、丁禮二反。(ZD59-1037a)

抵[①] dǐ

抵 ～拒,丁禮反。(ZD59-944b)

抵 ～諍,丁禮反。(ZD59-938c)按:“～”,經文作“抵”。

抵 ～捍,丁禮反,下户岸反,拒也,亦作搋敳。(ZD59-897c)

抵 ～捍,丁禮反,下户岸反。(ZD59-897a)

抵 ～債,丁禮反。(ZD59-855c)

抵 ～突,丁禮反,下徒骨反,正作觝突。(ZD59-831c)

抵 ～俟,丁禮反,下力計反。抵,拒也。俟,佷也。(ZD59-773b)

抵 謾～,莫盤反,欺也,慢也。(ZD59-773b)按:“～”,經文作“抵”。《佛説乳光佛經》卷 1:“既償錢畢,復謾抵人,言其未畢。”(T17, p756a)

抵 ～突,徒骨反。(ZD59-773b)按:“～”乃“牴”,與“抵”同。

抵 ～宊,丁禮反,下徒骨反。(ZD59-757b)

抵 披～,音波,下音佢。(ZD59-756a)

抵 ～諸,宜作祗,音脂,敬也。又紙、底二音,非義。(ZD59-724b)按:“～”,經文作“抵”。《佛説伅真陀羅所問如來三昧經》卷 2:“則時諸坐佛上皆有華蓋,及諸菩薩、比丘僧其會者各各有華蓋,以手擁蓋抵。諸菩薩、比丘僧會者皆持華蓋供養上諸佛。”(T15, p355b9)根據經文,可洪以“～”爲“祗”,似不妥。

---

① 又見“扭”“tdi”“柢”字條。

抵 ～突,丁禮反,下徒骨反。(ZD59-724a)

牴 ～突,丁禮反,下徒骨反。(ZD59-646b)按:“～”乃“牴”,與“抵”同。

抵 ～突,上丁禮反,下徒骨反。(ZD59-573b)

抵 ～突,上都禮反,下徒骨反。(ZD59-572a)

抵 牂～,上子郎反,下丁兮反,正作羝。(ZD60-41c)按:“～”乃“抵”,經文中通“羝”。

抵 ～對,上丁禮反。(ZD60-246b)

抵 ～拒,上都禮反。(ZD59-1065b)

岻　dǐ

岻 作～,見藏作底,又音遲,非。(ZD60-359c)按:“～”即“岻”,經文中乃“底”。《一切經音義》卷7:“崖底,丁禮反。底,猶下也,經文作～,音直移反,山名也。”(C056, p923c)

底[①]　dǐ

疷 令～,丁禮反,又音祇,誤。(ZD59-1051b)按:“～”乃“底”。

底 水～,丁禮反,又音祇,悮。(ZD59-1002b)

盧 端～,丁禮反,正作底。(ZD60-337a)按:從形體看,“～”乃“盧”,但在經文中應爲“底”字。《古今譯經圖紀》卷1:“《止寺中經》(一卷),《無端盧持經》(一卷)。”(T55, p353a)“盧”,元、明本作“底”。《衆經目録》卷1:“《無端底總持經》一卷。”(T55, p120c)

底 漼～,五佳反。(ZD59-677c)按:“～”乃“底”。

底 端～,丁禮反,又音止,非。(ZD59-749a)按:“～”乃“底”。

疷 無～,丁禮反,又竹尼反,非。(ZD59-675c)按:“～”乃“底”。

疷 ～布,丁禮反,又音祇,非。(ZD59-684c)按:“～”乃“底”。

底 崖～,五佳、五奇二反,下丁禮反,又音止,悮。(ZD59-649a)

底 ～店,上丁禮反,下丁念反。(ZD60-13b)按:從形體看,“～”乃“底”,經文中通“邸”。

疷 摩～,丁禮反。(ZD59-717b)按:“～”乃“底”。

底 香～,丁禮反,舍也,店舍也,止也,正作邸、底二形。(ZD59-1087b)按:《佛本行集經》卷57:“爾時,世尊又共長老難陀,至於一賣香邸,見彼邸上有諸香裹。”(T03, p914c)“邸”,宋本作“底”。從形體看,“～”乃“底”,經文中通“邸”。

底 無～,丁禮反,正作底,又旨、止二音,悮。(ZD59-672a)按:“～”乃“底”。

疷 無～,丁禮反,又音祇,非。(ZD59-748b)按:“～”乃“底”。

崖 ～崖,丁禮反,下五佳反,合云崖底也。(ZD59-843b)按:《佛説華手經》卷6:“清淨深妙,難測崖底。”(T16, p175a)“～”乃“底”。“底”蓋受上字“崖”的影響類化增“山”旁而作“～”。

底 奩～,力閻反,盛香器名。(ZD59-556a)按:“～”乃“底”。

疷 伽～,巨左反,下丁履反。(ZD59-639c)按:“～”乃“底”。

底 端～,同上,音底。(ZD60-340a)按:“～”乃“底”。

疷 邊～,丁禮反,又音祇,非。(ZD59-656a)

底 無～,丁禮反,又音止,下也。(ZD59-676b)按:“～”乃“底”。

疷 無～,丁禮反,正作底。(ZD59-611c)按:“～”乃“底”。

---

① 又見“座”“疷”“岻”字條。

疷 水～,丁禮反,又音祇,悞。(ZD59-1128a)

疷 端～,丁禮反,又丁尼反,非。(ZD60-331a)按:"～"乃"底"。

底 羼～,上初諫反。(ZD59-595a)按:"～"乃"底"。

疷 無～,丁禮反。(ZD59-583a)按:"～"乃"底"。

疷 得～,丁禮反,又音祇,悞。(ZD59-737a)

疷 邊～,丁禮反,又巨支反,非。(ZD59-844c)按:"～"乃"底"。

疷 崖～,五佳反,下丁禮反,下又音祇,非也。(ZD59-673c)

痓 羅～制,中丁尼反,下隻兮反。(ZD59-638c)按:"～",可洪音"丁尼反",蓋以爲"疷",讀"zhī",經文作"底"。

底 崖～,上五佳反,下丁禮反。(ZD60-185b)按:"～"乃"底"。

柜 崖～,五佳反,下丁禮反,下正作底。(ZD59-755c)按:《文殊支利普超三昧經》卷2:"又族姓子！菩薩藏者,説無崖底,文字所演,順而應時,不可計量,所立之處,不可思議。"(T15, p418b)"底",聖本作"拒"。根據經文,"～""拒"皆應爲"底"。從形體看,"～"乃"拒"。"拒"與"抵"義同,换爲"抵",通"底"。

底 鹿～,上郎木反。(ZD59-810b)

庢 原～,丁禮反,悞。(ZD59-658a)

疷 盲～,音底,又巨支反,非也。(ZD59-810b)

庢 羅～,丁尼反,又音止,悞,又音底。(ZD59-638c)按:"～",可洪音"丁尼反",蓋以爲"疷",讀"zhī",經文作"底"。

泜[①] dǐ

沍 竭～,丁禮反。(ZD59-812c)按:《尊勝菩薩所問一切諸法入無量門陀羅尼經》卷1:"阿摩婆闍那肥竭泯阿摩婆闍那肥竭多目呿波利籛梨。"(T21, p845a)"泯",宋、明本作"泜"。"～"乃"泜"。

怟 dǐ

恎 ～佷,上音帝。(ZD59-607c)按:"～"即"怟",經中乃"抵",詳見本書中篇"**恎**"字條。

柢 dǐ/dì

柸 木～,都以反。(ZD59-796b)

柸 根～,音帝。(ZD60-413a)

柸 害～,音帝。(ZD59-752a)按:"～",可洪音"帝",蓋以爲"柢",經文作"坻",用作譯音字,《佛説灌頂經》卷9:"無勒思利龍王,害坻思梨沙龍王。"(T21, p521c)

牴 dǐ

牴 ～觸,丁禮反。(ZD59-681a)

牴 牛～,丁禮反。(ZD60-188a)

牴 ～慲,上丁禮反。(ZD60-376b)按:"～"即"牴",經文中通"詆"。《十誦律》卷50:"有五大賊:劫賊、盜賊、詐取賊、詆(宋、元、明本作牴)謾賊、受寄賊。"(T23, p363b)

牴 ～優,上丁禮反,下莫槃反,正作謾、慲二形。(ZD59-1125c)按:"～"即"牴",經文中通"詆"。

庢 dǐ

庢 端～,丁禮反,又陟栗反,悞。(ZD60-340a)按:"～"乃"底"。

疷 dǐ

疷 崖～,五佳反,下丁禮反,下又音祇,非

① 又見"泜"字條。

也。(ZD59-673c)按:"～"乃"底"。

觝　dǐ

觝　～禮,上丁禮反。(ZD60-512a)按:"～"乃"觗"。

觗[1]　dǐ

觗　～慢,上丁禮反。(ZD59-1107a)按:"～",經文作"觗"。

觗　～突,丁禮反,下徒骨反。(ZD59-645a)

觗　或～,丁禮反。(ZD59-1053a)

觗　～踏,丁禮反,下徒盍反,蹋也,下又他合反,非。(ZD59-773b)按:"～"乃"牴",與"觗"同。《佛說乳光佛經》卷1:"若儻爲是弊惡牛所觗踏死,奈何不自令寂志前取牛乳?"(T17, p755b)

觗　角～,音底。(ZD59-1000a)

觗　～突,上丁禮反。(ZD59-1111c)按:"～"乃"觗",與"抵"同。

觗　～突,丁禮反,下徒骨反。(ZD59-700b)

觗　～踏,丁禮反。(ZD59-773b)

觗　～宿,丁禮反。(ZD59-652a)

牴　～殺,丁禮反,下所八反。(ZD59-773b)按:"～"乃"牴",與"觗"同。

詆　dǐ

詆　～慢,上丁禮反。(ZD60-539c)

詆　～胎,上乎故反,認也,誌也,認識也。胎,胞胎也,正作訝(迓)也。又低、底二音,訶也,欺也,非義。經云從欲訝胎極是也。(ZD59-1060a)按:《佛說義足經》卷1:"死時乃念怨,從欲詆胎極。"(T04, p176b)根據經文,"～"爲"詆",可洪以爲"訝(迓)",恐不妥。

㖷　dǐ

㖷　地～,丁以反。(ZD59-873a)按:"～",譯音字。

㖷　～嘌,丁以反。(ZD59-873a)按:"～",譯音字。

㖷　吃～,居乞反,下丁以反。(ZD59-873b)按:"～",譯音字。《大毘盧遮那成佛神變加持經》卷7:"微目吃㖷(二合)鉢他悉𡅏(二合)多(三)。"(T18, p51c)

𪊲　dǐlǐ

𪊲　～～,底里二字,書人悞作一字而加其點也。(ZD59-794b)按:"～"乃"底""里"二字之合,且書人誤作一字而加其點也。《佛說大孔雀咒王經》卷1:"羯麗底里底里迷麗迷麗點謎點謎,杜謎杜謎。"(T19, p460b)

地[2]　dì

埊　學～,徒異反,古之作墬、埊,則天皇帝作埊也。(ZD59-726c)按:"～"與"墬""埅""埊""地"同。

埊　近埊,音地,古文作埅、～二形,則天皇帝作埊。(ZD60-58a)

埊　～,音地,正作埊,三藏名～婆訶羅,唐言日照。(ZD59-678c)

地　～火,徒義反,正作地,埊二形,又音趙,悞。(ZD59-926c)

埅　近埊,音地,古文作～、埊二形,則天皇帝作埊。(ZD60-58a)

弔　dì

弔　射～,丁歷反,躲所中處也,亦云射堋中珠子也,正作弔、的。(ZD59-824a)按:"～"與"弔""的"同。

① 又見"觝"字條。
② 又見"埊"字條。

瓻　dì

瓮～，丁計反。(ZD59-1004a)

糞～，方問反，下丁計反，大瓮也，或作瓨，下江反，甖也。(ZD59-961c)按："～"，經文作"瓨"，可洪音"丁計反"，蓋以爲"瓻"。

瓮～，上蒲門反，正作瓮、盆二形也，下丁計反。(ZD59-611a)按："～"，經文作"瓨"，可洪音"丁計反"，蓋以爲"瓻"。

帝　dì

摩～，丁計反，正作帝。(ZD59-813c)

～竹，《長水藏》作帝，丁計反。(ZD60-118b)

埊　dì

毗地，或作～、埊二同，音地。(ZD60-338c)按："～"乃"埊"，同"地"。

悌　dì

囉～，音弟。(ZD59-787b)

悉～，音弟。(ZD59-877a)

逮　dì

棠～，上徒郎反，下徒計反，菓名也。(ZD60-508c)按："～"即"棣"。

逓　dì/tī

～相，上徒禮反。(ZD60-420a)按："～"即"遞"。

遍～，上卑典反，下他兮反，正作遍遞也。(ZD60-69a)按："遍～"同"匾匮"。"～"，可洪音"他兮反"，蓋以爲"匮"字。

第　dì

館～，上音管，下音弟，並舍宅異名也。(ZD60-106b)按："～"乃"第"字，詳見本書中篇"䬾"字條。

踔～，宜作趒，他吊反，越也，又丑孝、丑卓二反，非。(ZD59-779b)按："～"，經文作"第"。

兜荼～，都侯反，中宅加反，下徒計反。(ZD59-741b)

踔～，他吊反，越也，正作越、趠二形也。(ZD59-779c)

偙　dì

目～，帝音，《七佛咒》作目渧。(ZD60-289b)

䏲　dì/tī

君～，徒帝反。(ZD59-721a)按："～"，譯音字。《金光明最勝王經》卷5："怛姪他，君睇，君睇，矩折囇，矩折囇，壹窒哩，蜜窒哩，莎訶。"(T16，p423c)"睇"，宋本作"䏲"。

㔟～，卑典反，下他兮反，正作匾匮。(ZD59-775c)按："㔟～"同"匾匮"，聯綿詞。詳見"㔟"字條。

蒂　dì

其～，音帝。(ZD59-1081b)

啼　dì

劬～，上具俱反，下多計反。(ZD59-809c)

睇[①]　dì

畔～，音第。(ZD60-63a)

---

① 又見"䏲"字條。

～灑濘，徒計反。(ZD59-873a)

悉～，徒計反，正作睇。(ZD59-875c)

遮～，音第。(ZD59-880c)

迦～，他兮反。(ZD59-627c)

遆　dì

～二，上徒帝反。(ZD60-314c)

遞[①]　dì

～相，徒禮反。(ZD59-954a)

～互，音弟，下音護。(ZD59-946b)

～相，徒禮反。(ZD59-935a)

～相，徒禮反。(ZD59-927c)

～相，徒禮反。(ZD59-866c)

～閞，同上。(ZD59-840b)

～閞，徒履反，下音閉。(ZD59-840b)

～相，徒禮反。(ZD59-817a)

～相，提禮反。(ZD59-742b)

～共，徒禮反，更代也，又去聲。(ZD59-738b)

～相，徒禮反。(ZD59-701a)

～相，徒禮反。(ZD59-692c)

～相，徒禮反。(ZD59-692a)

～相，徒禮反。(ZD59-667b)

～相，徒禮反。(ZD59-666a)

～相，提禮反。(ZD59-664a)

～相，提禮反。(ZD59-662b)

～發，提禮反。(ZD59-659c)

～共，上徒禮反，更代也。(ZD59-614a)

～互，上徒禮反，下乎悟反。(ZD59-598c)

～互，上徒禮反，下乎悟反。(ZD59-589c)

～互，上音弟，下音護。(ZD60-421a)

遍～，上卑典反，下他兮反。(ZD60-405c)

～更，上音弟，正作遞。(ZD60-340a)

～得，上徒帝反，及也，正作逮。(ZD60-111a)按："～得"，對應佛經作"逮得"。《阿毘達磨大毘婆沙論》卷 29："逮得己利，善辦聖旨，心善解脫。"(T27，p148c)從形體看，"～"即"遞"。根據經文與可洪所論，"～"通"逮"。

～互，上大禮反，下乎悟反。(ZD59-1063b)

褅　dì

～婆，上徒帝反，比丘名褅婆達兜。(ZD59-1043c)

～彌，上音第，下音彌。(ZD60-369c)

栴～，諸連反，下同上。(ZD59-813b)按："～"，經文作"褅"。從形體看，"～"似乎爲"褫"。

甋[②]　dì

瓴～，烏割反，下丁計反。(ZD59-814c)

拔～，上步末反。(ZD59-814c)

蔕　dì

～芥，丑介、都計二反，下古敗反，正作芥。(ZD59-806b)

～芙蕖，上丁計反，中房無反，下巨魚反。(ZD60-517b)

---

① 又見"遆""遞"字條。
② 又見"甎"字條。

遰 dì

遰 ～那，底隸反，又音弟。(ZD59-803a)

遰 迢～，下徒帝反。(ZD60-492b)

遰 苕～，音第。(ZD60-362b)按："苕～"同"迢遰"。

遰 俱～，音第。(ZD59-607c)

趚 dì

趚 ～囉，上丁計反，正作軧，又丁兮反，應和尚以佂字替之也。(ZD59-625b)按："～"即"趚"，可洪以爲"軧"，用作譯音字。

螮 dì

螮 ～蝀，上丁計反，亦作虹，下東、董二音，虹也。(ZD60-355c)

螮 虹～，下丁計反。(ZD60-594b)

鯷 dì

鯷 ～鱧，上音弟，鮎魚也。(ZD59-1083b)

敁 diān

敁 ～揣，上丁兼反，下都果反。(ZD60-364c)

傎 diān/zhí

傎 ～倒，上丁田反。(ZD60-393b)

傎 遭～，直志反，當也，遇也，正作值也，《玉篇》與郭氏並音顛，非也。(ZD60-258b)按："～"乃"值"字。

傎 忽～，直志反，正作值。(ZD60-467b)按："～"乃"值"字。

詀 diān

詀 高～，丁咸、丁兼二反，亦云俱執，此云毯，又昌涉、直陷二反。(ZD59-1132b)

瘨 diān

瘨 痒～，音羊，下音顛。(ZD59-780a)

瘨 兒～，音顛。(ZD60-365b)

瘨 ～狂，上丁田反。(ZD60-10a)

趚 diān

趚 顛厥，丁年反，下居月反，走皃也，正作～蹶。(ZD59-851b)

顚[1] diān

顚 愚～，音顛。(ZD59-650c)

顚 ～倒，丁田反。(ZD59-917a)按："～"乃"顚"字，詳見本書中篇"**顚**"字條。

顚 ～倒，上丁年反。(ZD59-625c)

顚 ～倒，上丁田反，正作顛。(ZD60-178c)

顚 ～倒，丁年反，根向上也，正作傎。(ZD59-668b)按："～"乃"顚"字，詳見本書中篇"**顚**"字條。

蕻 diān

蕻 ～呾，多達反，律文作蕻哆。(ZD60-67a)

巓 diān

巓 ～蹶，都田反，下居月反。(ZD59-730c)按：從字形看，"～"即"巓"字，經文中通"顛"。《佛説廣博嚴淨不退轉輪經》卷5："衆生界雖不可盡，如我今者單獨羸老，在道行時若其顛蹵(宋、元、明、宫本作蹶)，乃至無有扶接我者。"

---

① 又見"蕻"字條。

(T09, p275b)

巔 ～倒,上丁年反。(ZD59-587c)

巔 山～,丁年反,正作巔。(ZD59-582a)

巔 ～倒,丁田反,正作巔。(ZD59-853a)按:"～倒"即"顛倒"。從形體看"～"即"巔",經文中通"顛"。

巔 山～,丁年反。(ZD59-643b)

巔 ～倒,丁年反。(ZD59-759a)按:"～倒"即"顛倒"。從形體看"～"即"巔",經文中通"顛"。

巔 ～倒,丁田反。(ZD59-912b)按:"～倒"即"顛倒","～"乃"顛"之借。

癲[1] diān

癲 ～狂,上丁年反。(ZD59-596c)

癲 ～癇,上丁年反,下行間反。(ZD59-554b)

癲 ～癇,丁田反,下行間反。(ZD59-679a)

癲 ～癇,得年反,下行間反,狂病也。(ZD59-788a)

瘨 ～癇,丁田反。(ZD59-788a)

癲 ～狂,丁田反。(ZD59-742c)

癲 癇～,行間反,下丁年反。(ZD59-789b)

典 diǎn

典 經～,丁殄反,正作典。(ZD59-620c)

典 ～誥,古号反。(ZD59-731b)

玷 diǎn/zhì

玷 ～邪,上音點,玉病也,正作玷也,又以脂反,石似玉也,非,下以嗟反。(ZD60-478c)按:"～"乃"玷"。《續高僧傳》卷15:"宗仰徽烈,豈有玷耶?"(T50, p549c)

玷 ～罰,上音持,正作治。(ZD60-302b)按:"～"乃"治"之訛。《諸經要集》卷12:"或有惡王非理治罰,以願力哀愍一切。"(T54, p114c)

點 diǎn

點 ～斂,力琰反。(ZD59-797c)

點 黶～,上於琰反,下丁忝反。(ZD59-560b)

卭 diàn/qióng/yìn

卭 ～户,上徒點反,正作店、串二形。(ZD60-374a)

卭 臨～,巨恭反。(ZD60-458a)

卭 ～竹,上巨恭反,竹名,正作笻。(ZD60-343c)

卭 ～順,上因進反,信也,可也。(ZD60-142c)

坫 diàn

玷 ～肆,上丁念反。(ZD59-1106a)按:"～"爲"坫"之訛。構件"土"與"王(玉)"相混。

店[2] diàn

痁 邸～,丁禮反,下丁念反,正作店也。(ZD59-937a)

痁 鋪～,丁念反,正作店。(ZD60-2c)

跕 肆～,丁念反。(ZD59-1115a)

跕 ～肆,上丁念反,正作店。(ZD59-1112c)

貼 酒～,丁念反,酒舍也,正作店、酟二形。(ZD59-828b)按:《佛説未曾有因緣經》卷2:"復次世尊!察見世間窮貧小人、奴客婢使、夷蠻之人,或因節

① 又見"瘨"字條。

② 又見"坫""玷""跕""痁"字條。

日,或於酒店,聚會飲酒,歡樂心故,不須人教,各各起舞。”(T17, p586a)

坫 ～肆,上丁念反。(ZD59-1105c)

玷[①] diàn

玪 ～肆,上丁念反,舍也,置也,所以置貨物之所也,正作店也,下音四,陳也,放也。(ZD59-988c)按:“～”即“玷”,乃“坫(店)”字。

怗 ～汙,音點,正作玷、沾二形。(ZD59-857c)按:“～”,對應佛經作“點”或“沾”字。《中陰經》卷1:“無畏無點污,不爲欲愛染。”(T12, p1061a)“點”,宋、宮、聖本作“沾”。根據文意,“點”“沾”“～”皆“玷”之借。

店[②] diàn

启 及～,徒點反。(ZD60-20a)

檩 下～,徒點反,俗。(ZD59-1123b)按:“～”即“橝”,經文中同“店”,門閂也。《十誦律》卷37:“最後比丘應收諸物事,却瓮、却瓨滅火,閉户下**橝**乃去。”(T23, p270c)“**橝**”,宋、元、明、宮本作“店”。

䍄 diàn

卟 ～户,上徒點反,正作䍄也。(ZD60-34b)

痁 diàn

疺 ～肆,同上(店)。(ZD59-995b)按:“～”同“店”,詳見本書中篇“痁”字條。

蚿 diàn

蟟 蝘～,上烏典反,下田典反。(ZD60-459b)按:“～”同“蜓”。《高僧傳》卷13:“唯神床頭有一唾壺,中有一蝘蜓,長二尺許,乍出乍入。”(T50, p411a)

淀 diàn

淀 潘～,上普官反,下田見反。(ZD60-279c)

䧼 diàn

䧼 ～肆,上丁念反,正作店。(ZD59-1104b)按:“～”,經文作“店”。《摩訶僧祇律》卷3:“若分房舍,朽故弊者持作一分,若新好者復作一分,樓閣店肆,亦復如是。”(T22, p250c)詳見本書上篇第五章“䧼”字條。

菧 diàn

菧 蓮～,所鄞反。(ZD59-1038b)按:《須摩提女經》卷1:“先與女造十二種寶車,先以赤蓮華簟内,摩尼覆外。”(T02, p836a)韓小荆以“～”爲“菡”,對應“華”,恐不妥。“～”疑對應“簟”,即“簟”。

蜓 diàn

蝅 蟵～,烏典反,下田典反,亦名守宫,亦名蠑螈,亦名蜥蜴,在壁曰蟵～,在洲曰蜥蜴,俗謂虵師也,正作蝘蜓。(ZD59-767a)按:“蟵～”即“蝘蜓”。

蝅 蟵～,上烏典反,下徒典反。(ZD60-389a)

奠 diàn/dìng

蓂 之～,音殿。(ZD60-552b)按:“～”乃“奠”字,詳見本書中篇

---

① 又見“玪”字條。

② 又見“䍄”“卬”“撢”“橝”字條。

“蕇”字條。

蕇 雜～,丁定反。(ZD59-1078b)

電 diàn

雹 ～揣,音團。(ZD59-960b)按:“～揣”,對應佛經作“電遄”。《大莊嚴論經》卷3:“何故説斯者?此身如電遄,泡沫及沙聚,芭蕉無堅實。”(T04, p275a)

電 抴～,以世反。(ZD59-719c)按:“抴～”,對應佛經作“抴電”。《悲華經》卷7:“其智慧明,猶如抴電。”(T03, p209a)

雹 ～持,上音殿,正作電。(ZD59-622b)

鈿 diàn/tián

鈿 綺～,下田、殿二音,以寶飾器也,正作鈿。(ZD59-933a)

鈿 作～,徒賢反,正作鈿。(ZD60-401c)

殿[①] diàn

殿 ～舘,上徒見反,下古亂反。(ZD60-235a)

墊 diàn

墊 下～,丁念反。(ZD59-864c)

墊 昏～,丁念反,疊也,溺也,又音蹀。(ZD60-521a)

撣 diàn

撣 下～,徒點,又羊林、他紺二反,並非。(ZD59-1117a)按:“～”即“撣”,乃“橝”字之訛,門閂也,與“扂”同。

竇 diàn/tián

竇 于～,音殿,正作寘、闐二形也。(ZD60-27c)

竇 于～,徒見反。(ZD59-625b)

竇 ～廁,徒年反,塞也,正作竇也,又之義反,悮。(ZD59-641c)

竇 優～,同上,王名也,造佛像者也。(ZD60-87a)

竇 優～,音田。(ZD60-87a)

橝 diàn

橝 施～,下徒點反。(ZD59-1127a)

橝 户～,徒點反。(ZD59-1114b)

橝 下～,徒點反,正作扂,又徒南反。(ZD59-1122c)

橝 户～,徒點反。(ZD59-1120c)

澱[②] diàn

澱 黄～,田見反。(ZD59-1109b)按:“～”,對應佛經作“澱”。《摩訶僧祇律》卷20:“黄者,澄黄未清乃至飲者,波夜提,是名黄。澱者,酒下濁澱乃至飲者,波夜提,是名澱。”(T22, p387a)

醫 酒～,音殿。(ZD59-1119b)按:“～”,經文作“澱”或“**醫**”。《十誦律》卷17:“若飲酒澱,隨咽咽,波逸提。”(T23, p121b)“澱”,聖乙本作“**醫**”。“～”即“澱”字。

醫 作～,音殿。(ZD60-375c)

壂 diàn

壂 ～舍,徒見反,大堂也。(ZD59-777a)

磹 diàn

磹 殲～,上先念反,正作殲也,悮,下徒念反,上又音尖,非。(ZD60-358c)

---

① 又見“壂”字條。

② 又見“**醫**”字條。

闐 diàn

鍞 釪～，上音于，下音殿。（ZD60-342a）按："釪～"，對應佛經作"于闐"或"釪瑱"。《開元釋教録》卷2："涼州道人于闐（或作釪瑱）城中寫記，房等皆云法炬譯者謬也。既莫知於帝代，且附西晉録中。"（T55，p501b）

鐨 釪～，上云俱反，下徒見反，國名也，正言瞿薩怛那，唐言地乳，匈奴謂之于遁，亦云于闐，今作釪鍞，俗也。（ZD59-1096c）按："釪～"即"釪鍞"，又作"于闐"。

瑱 釪～，上音于，下音殿。（ZD60-347b）按："釪～"即"于闐"。

簟[①] diàn

簟 綵～，徒點反，竹席也。（ZD59-589b）

簟 於～，徒點反。（ZD60-360c）

簟 苦～，徒點反。（ZD60-366c）

簟 ～箱，上徒點反。（ZD59-1117c）

簟 爲～，徒點反。（ZD59-768a）

簟 箱～，下徒點反。（ZD59-1117c）

醫 diàn

醫 酒～，音殿。（ZD60-64b）按："～"同"澱"。

虭 dāo

虭 ～利，居政反，健也，强也，正作勁也，郭氏作虬音，非也。（ZD59-908c）按："～利"，對應經文作"忉利"。《大智度論》卷10："天世界是四天王、忉利天。魔是他化自在天。"（T25，p135a）"～"，可洪以爲"勁"，不符經意。"～""忉"，皆用作譯音字。

貂 diāo

貂 ～蟬，丁條反。（ZD59-754a）

䳂 diāo

䳂 ～摩，上呼聞（閴）反，神名也，正作瞑也。《雜阿含》作醯魔是也，又音鵰，非也。又《經音義》作䳂，公覓反，亦非也，此傳寫悮也。（ZD59-1060c）按：《佛説義足經》卷2："佛在王舍國於梨山中。爾時，七頭鬼將軍與䳂摩越鬼將軍共約言。"（T04，p183b）"䳂摩越鬼"，宋、元、明本作"䳂摩越鬼"。"～"爲譯音字，讀音難明，今暫讀其本音。

鵰 diāo

鴘 ～鷲，上都聊反，又作鴿，非。（ZD59-1064c）按："～鷲"，對應佛經作"雕鷲"。《正法念處經》卷13："彼人彼處，墮於嶮岸，以惡業故，作風舉之，三千由旬，下未到地，雕鷲烏狗㺑狐食之，風復更舉。"（T17，p78b）

鵰 ～鴗，上丁條反，正作鵰、雕二形，下音立。（ZD60-41a）按："～鴗"，對應佛經作"鵃鴗"。《四分律》卷52："時祇桓中有烏有鸜鵃烏作聲，亂諸坐禪比丘。"（T22，p955a）"鸜鵃"，聖乙本作"鵃鴗"。

𠄐 diǎo

糸 了～，上力鳥反，下丁了反，懸垂皃也，正作𠄐。（ZD59-1101b）

予 diào/yú

予 慶～，丁叫反。（ZD60-466c）按："～"即"弔"，與"吊"同。

---

① 又見"亩"字條。

予　慶～，丁叫反。(ZD60-485b)

予　～違，上羊諸反。(ZD60-460a)按：“～”即“予”。

予　～和，上羊諸反，下户卧反。(ZD60-372b)按：“～”即“予”。

吊① diào

弔　相～，丁叫反。(ZD60-577b)按：“～”即“弔”，與“吊”同。

弔　相～，丁叫反。(ZD59-1121a)

子　相～，丁叫反，正作吊，又余、與二音，悮。(ZD60-437c)

弔　不～，丁叫反。(ZD60-577c)

弔　～來，上丁叫反，正作吊。(ZD60-307a)

恌 diào

恌　憚～，上之扇反，下徒了反，四支動也，正作戰挑，或作顫掉也，上又音但，下又遥、桃二音，並非。(ZD59-986a)按：“～”，從形體看，即“恌”字。“憚～”，經文中用同“戰掉”，發抖。

恌　不～，徒了反，動也，正作掉、挑二形，又吐條、羊招二反，並非也。(ZD59-646a)

恌　慢～，徒了反，動也，正作掉、挑二形也，又吐條、餘招二反，悮。(ZD59-916b)

挑　戰～，徒了反，動也，又摇、挑二音，並非。(ZD59-714a)

恌　不～，徒了反，動也，正作挑、掉二形。(ZD59-646b)

恌　～動，上徒了反，正作挑、掉二形。(ZD59-621b)

掉 diào/zhào

棹　沈～，大了反。(ZD59-977b)

悼　～纏，上徒了反，悮。(ZD60-102c)按：“～”，對應佛經作“掉”。《阿毘曇毘婆沙論》卷26：“睡纏、眠纏、無慚纏，依無明。掉纏、慳纏、無愧纏，依愛。”(T28, p191a)

悼　戰～，徒了反，悮。(ZD59-730c)按：“戰～”，對應佛經作“戰掉”。《佛説廣博嚴淨不退轉輪經》卷5：“喘息短氣，舉身戰掉。”(T09, p275a)可洪以“～”爲“掉”。

掉　戰～，徒了反。(ZD60-255c)

棹　～戲，大了反，下許義反。(ZD59-982b)

棹　～曳，徒了反，下以世反。(ZD59-737c)

棹　～舉，徒了反。(ZD59-942c)

棹　無～，徒了反。(ZD59-940a)

恌　～蓋，徒了反，正作挑。(ZD59-719c)按：“～蓋”，經文作“掉蓋”。

掉　～悔，大了反。(ZD59-834a)

掉　艤～，上魚綺反，幹也，附也，整舟向岸也，下宅皃反，進船木也，正作棹也。(ZD60-484b)按：“～”乃“棹”之訛。

誂 diào

誂　～語，徒了反。(ZD59-792c)

誂　嘲～，竹包反，下徒了反。(ZD59-864a)

藋 diào

藋　蒿～，上呼高反，下徒吊反，草名，灰藋也。(ZD60-493b)

嬥 diào

嬥　～曲，上徒了反，韓詩云：嬥歌，巴人歌也。(ZD60-420c)

跌 diē

跌　地～，田結反，蹉～，倒也。(ZD59-959b)

---

① 又見“予”等字條。

凸 dié/tū

凸 ～出，田結反，高起也。(ZD59-971c)

凸 眼～，田結反。(ZD59-1082c)

凸 凹～，上烏洽反，下徒結反，正作凸。(ZD59-596c)

凸 凹～，烏合反，下田結反，下正作凸，上又焉交反。(ZD59-958c)

凸 不～，徒結反，正作凸。(ZD59-560b)

朏 作～，律文作亞，徒結反，正作凸。(ZD60-374a)

岊 凹～，上烏洽反，下徒結反，正作凸也，又字躰似岊，節、截二音，非也。(ZD60-12c)

凸 不～，田結反，正作凸也，又徒骨反，凸出也。(ZD60-126a)

迭 dié

迭 ～察，上田結反。(ZD60-326b)

迭 ～相，上田結反。(ZD59-985c)

垤 dié

垤 不～，徒結反，正作凸。(ZD59-744b)

昳 dié

昳 日～，音凸。(ZD59-1032a)

昳 肉～，徒結反，正作胅。(ZD60-384b)按："～"乃"胅"字。

胅 dié

胅 ～寬，田結反，下苦官反，高起也，正作凸髖。(ZD59-770b)

胅 ～頟，上田結反。(ZD60-366b)

胵 ～寬，上田結反，又音鵄，非也，下正作髖也。(ZD59-1053b)

宊 dié/tū

宊 《蒼頡篇》作～，上音倉，下音凸，正宊。(ZD60-366b)

宊 ～突，上田結反，下徒骨反，正作凸也。(ZD60-365a)按："～"音"田結反"，與"凸"義同。

宊 ～突，徒骨反，正作凸。(ZD60-396b)按："～"與"凸"義同。

㖸 dié

㖸 ～～，蘇叶反，多言也，又直甲、徒叶二反，便語也，食聲也。(ZD60-415c)按："～～"，對應佛經作"喋喋"。"～"即"喋"字。《集古今佛道論衡》卷1："喋喋黔首，無敢抗言。"(T52, p363b)

窒 dié/zhì

窒 ～**[口+覆]**，丁結反，正作窒。(ZD59-783c)

窒 ～隸，上丁悉、丁結二反，下力計反，比丘名。(ZD59-577a)

窒 自～，陟栗反，撞也，觸也，正作挃。(ZD59-866a)按："～"通"挃"。

堞 dié

堞 雉～，下徒協反。(ZD59-556b)

堞 之～，音牒，城上女牆也。(ZD59-548c)

堞 寶～，甜協反，世界也。(ZD59-659c)

堞 繞～，音牒。(ZD59-761a)

堞 ～女牆，上徒叶反，正作堞也，下疾羊反，城上垣也。(ZD60-403c)

堞 雉～，直爾反，下徒叶反。(ZD59-665c)

堞 門～，音牒。(ZD59-586c)

堞 門～，音牒。(ZD59-566c)

堞 牆～，自羊反，下徒叶反。(ZD59-651c)

揲 dié/shé

揲 ～著，上他協反。(ZD60-29b)按：《四分律》卷8："我當聽諸比丘作新坐具，取故者縱廣一搩手，帖著新者上，壞色故。"(T22, p616c)"帖"，明本作"貼"，聖本作"褋"。從形體看，"～"即"揲"，義似與"帖"同。

㯓 ～僧，徒協反，摺～也，正作㩸、疊二形也。(ZD59-848c)按：《佛説觀佛三昧海經》卷8："佛坐其上，㯓僧伽梨，披僧祇支，示胸卍字，令女見之。"(T15, p685a)"～"即"㩸"，摺疊，經文作"㯓"乃"㩸"之訛。

揲 安～，羊妾反，正作褋。(ZD60-30c)按：可洪以"～"爲"褋"，不應音"羊妾反"。"～"，對應經文作"褋"或"帖"。

㩸 紐～，上女久反，下羊接反。(ZD59-1106a)按："紐～"，對應佛經作"紐褋"。《摩訶僧祇律》卷9："若衣是羊毛，紐褋是憍舍耶。"(T22, p308b)文獻中亦有作"紐揲"者。《四分律删繁補闕行事鈔》卷2："紐揲，經緯穿雜者，一切捨墮，受用得越。"(T40, p69a)"～"即"褋"，不應音"羊妾反"。

揲 ～箸，上設、舌二音，下音尸，悮。(ZD60-381a)

耊 dié

耊 耄～，上莫報反，徒結反，老也。(ZD60-540c)

喋 dié

喋 達～，大甲反。(ZD59-795b)

惵 dié

惵 ～～，音牒，思懼皃也。(ZD60-538a)

惵 ～黔，上徒叶反。(ZD60-591c)

咥 dié

咥 ～唳，丁結反，下力計反。(ZD59-806c)按："～唳"，對應佛經作"咥唳"。"～"即"咥"，譯音字。《佛頂最勝陀羅尼經》卷1："咥唳路迦(引)鉢囉底郄失瑟吒(引坼佉切)耶(三余何反)三菩馱(引)耶(四)。"(T19, p356a)

絰 dié

絰 多～，田結反，正作絰。(ZD59-745b)按："～"即"絰"字。

絰 嗚～乎嗚～乎：嗚，音烏，絰，徒結反，歎異聲也。(ZD59-584b)

牒 dié

牒 金～，徒頬反，書版也，簡也，禮也，金板上書之也。(ZD59-577a)

牒 捲～，居兖反。(ZD59-850c)按：從形體看，"～"即"牒"，經文中通"揲"，摺疊也。

牒 中～，音牒。(ZD60-57c)按：從形體看，"～"即"牒"。

牒 ～着，上徒協反。(ZD60-289a)按：從形體看，"～"即"牒"。經文中通"疊"，疊加、重疊也，詳見本書中篇"牒"字條。

牒 辟～，上補益反，下徒協反，正作襞褺也。(ZD60-38b)按：從形體看，"～"即"牒"。經文中通"疊"，摺疊也。

牒 ～著，上徒協反。(ZD60-40a)按：從形體看，"～"即"牒"。經文中通"疊"。

牒 四～，徒叶反，襵也，重也，正作褺、㩸二形。(ZD59-1103a)按：從形體看，"～"即"牒"。經文中通"疊"。

牒 ～僧伽梨，上一徒協反，襵～也，正作褺也,下三袈裟名也。(ZD60-39a)按:“～”即“牒”,通“疊”,摺疊。《四分律》卷49:“疊僧伽梨,著頭上若肩上。”(T22, p932c)

鞊 dié

鞊 鞭～,上卑連反,下丁葉反,竹箠也,打也,下正作鞊。(ZD59-1040a)按:“～”即“鞊”,同“笘”。

喹[1] dié

喹 作～,丁結反,舊作乃結反,非,見藏經作啾唧。(ZD60-359b)

喹 薩～,丁結反,《音義》作乃結反,非。(ZD60-356a)

喹 殊～,丁結反,舊乃結反,非。(ZD60-362b)按:“～”,譯音字。《尊勝菩薩所問一切諸法入無量門陀羅尼經》卷1:“殊喹律沙摩坻殊喹律沙摩多目呿波利簸梨。”(T21, p845c)玄應《一切經音義》卷8:“殊喹,乃結反。”(C056, p945c)玄應、可洪將“殊喹”録爲“殊喹”,以“喹”爲“喹”,故讀“乃結反”或“丁結反”。

褋[2] dié

褋 四～,音牒。(ZD59-1089b)按:“四～”即“四褋”,經文作“四疊”,同,折疊。《佛説興起行經》卷1:“即取大衣,四疊襞之,還坐本座。”(T04, p168c)

駃 dié

駃 駿～,徒結反。(ZD60-597a)

踈 dié/shū

踈 脚～,音牒,躡也。(ZD60-85a)按:“～”乃“蹀”。

踈 脚～,音牒,躡也。(ZD60-85a)

踈 有～,所居反,親～也。(ZD60-86c)按:“～”乃“踈”。《薩婆多毘尼毘婆沙》卷2:“又止鬬諍故,若作和上、阿耆利,則有親有踈,既有親踈,則有鬬諍。”(T23, p511c)

蝶[3] dié

蝶 蛺～,下徒叶反,正作蝶。(ZD59-692c)

𧊅 ～繩,同上(蝶蠅)。(ZD60-204a)

𧊅 ～蠅,上音牒。(ZD60-204a)按:“～”乃“蝶”,詳見本書中篇“𧊅”字條。

𧊅 大～,徒頬反,正作蝶,蛺蝶也,悮。(ZD60-567b)按:“～”乃“蝶”,詳見本書中篇“𧊅”字條。

蝶 蜂～,上芳逢反,下徒協反。(ZD60-10b)

蝶 蜂～,上音峰,下音牒。(ZD59-597b)

嚁 dié

嚁 多～,田結反。(ZD59-816b)按:“～”,譯音字。

嚁 ～呮,田結反,下音知。(ZD59-845b)按:“～”疑同“嚁”,譯音字。

嚁 ～呮,田結反,正作嚁、絰、咥三形。(ZD59-845b)按:“～”疑同“嚁”,譯音字。

諫 dié

諫 玉～,音牒,譜也。(ZD60-469a)按:“～”即“諜”。

諜[4] dié

諜 古～,音牒。(ZD60-490b)

諜 明～,音牒。(ZD59-782c)

---

① 又見“喹”字條。
② 又見“揲”字條。
③ 又見“蠂”字條。
④ 又見“諫”字條。

諜 ～利,徒協反,捷也。(ZD59-785c)

褺 dié

褺 擗～,上音璧,下音牒。(ZD60-57c)

褺① dié

褺 花～,音牒。(ZD59-801b)按:"～",經文作"褻"。

縶 dié/zhí

縶 好～,音牒。(ZD59-771c)按:"～"乃"氎",同,另見本書中篇"縶"字條。

縶 幽～,知立反,悮。(ZD59-943c)

縶 如～,竹立反。(ZD59-956a)

縶 拘～,知立反。(ZD59-568b)

蝶 dié

蝶 蛺～,上古協反,下徒協反,今謂胡蝶是也,正作蛺蝶也,上又古穴反,非也,悮。(ZD59-1118a)按:"～"即"蝶",與"蝶"同。

疊 dié

疊 重～,力水反。(ZD59-733a)按:"～"乃"疊",可洪音"力水反",恐誤。

疊 縱～,上子容反,上下曰縱也,又子用反,緩也。(ZD60-56a)

氎② dié

氎 名～,徒叶反,細毛布也。(ZD60-361a)

氎 ～裹,徒協反,下古火反。(ZD59-766a)

纈 以～,音牒。(ZD60-200b)按:"以～",對應佛經作"以氎"。《出曜經》卷28:"又且脚著履屣,自恃豪尊,以氎裹頭入内聽經。"(T04, p760c)

氎 以～,徒協反。(ZD59-886b)按:"以～",對應佛經作"以氎"。《異出菩薩本起經》卷1:"其乳母,以氎布囊授其母,即亦自乳養,名爲悉達。悉達生身,有三十二相。"(T03, p618a)

氎 成～,音牒。(ZD59-576a)

縶 ～上,上徒協反。(ZD59-1083a)按:"～",經文作"氎"或"縶"。《佛本行集經》卷29:"我今不久定破彼輩,悉令離散,猶如風吹氎上細花。"(T03, p787b)"氎",宋本作"縶"。"～"同"氎""縶"。

縶 白～,音牒。(ZD59-764c)

縶 白～,音牒。(ZD59-1053c)

縶 繒～,下音牒,正作氎。(ZD59-833c)

纈 dié

纈 白～,音牒,細毛布也。(ZD60-200a)按:"～"同"氎"。

咄 diè

咄 邲～,蒲必反,下亭夜反。(ZD59-878c)按:"～",譯音字。

咄 佉～,去迦反,下亭夜反。(ZD59-880a)按:"～",譯音字。

㖸 diè

㖸 黏～,寧吉反,下丁夜反。(ZD59-782c)按:"～",音譯佛經時所造切身字,無實義。

詄 diè

詄 邏～,上郎个反,下丁夜反。(ZD59-711a)按:"～"音"丁夜反",與"㖸"音同,譯音字。

---

① 又見"褺"字條。

② 又見"纈""縶"字條。

⿰亭夜 diè

⿰亭夜 勃～，蒲没反，下亭夜反。(ZD59-780b)按：“～”，音譯佛經時所造切身字，無實義。

肕 dīng

肕 肥～，上扶微反，又音丁，下又都定反，非也。(ZD60-228a)按：“～”乃“丁”字，詳見本書中篇“肕”字條。

疔 dīng

疔 ～腫，的經反。(ZD59-789c)

疔 ～腫，都庭反。(ZD59-780a)

疔 ～瘡，的玲反，下楚庄反。(ZD59-793b)

耵 dǐng

耵 ～聹，上都挺反。(ZD60-363c)

頂 dǐng

頂 ～禮，上丁挺反，正作頂。(ZD60-560a)

鼎[1] dǐng

鼎 山～，音頂，頭上也，經意是頂。(ZD59-724a)

鼎 食～，音頂。(ZD59-764b)

鼎 鐵～，音頂。(ZD59-1029c)

鼎 名～，音頂。(ZD59-1064c)

鼎 ～入，音頂。(ZD59-724b)

鼎 周～，音頂。(ZD60-323b)

鼎 ～足，上丁挺反。(ZD59-631c)

鼎 黿～，音頂。(ZD59-958b)

鼎 ～宰，上音頂，正作鼎。(ZD60-579a)

鼎 五～，音頂。(ZD59-827b)

鼎 五～，音頂。(ZD59-827a)

鼎 ～大，同上(鼎)。(ZD60-323c)

鼎 ～峙，上丁挺反，下直里反。(ZD60-552b)

鼎 定～，音頂。(ZD60-334c)

鼎 ～味，上都挺反。(ZD60-298a)

鼎 ～沸，丁挺反。(ZD59-829b)

鼎 ～俎，音阻。(ZD60-481a)

鼎 調～，音頂。(ZD59-967b)

鼎 ～沸，丁挺反。(ZD59-830a)

鼑 dǐng

鼑 神～，音頂，鎗属，正作鼎也。(ZD60-497a)

濎 dǐng

濎 ～濘，上音頂，下乃頂反。(ZD60-594c)

矴 dìng

矴 玉～，丁定反，柱下石。(ZD59-891a)

侹 dìng/tǐng

侹 ～傷，上徒頂反，前後皆作鋌也，又他頂反，非也。(ZD60-361a)按：“～傷”之“～”即“侹”，乃“鋌”字。《方言》卷三：“鋌、傷，尽也。”

侹 ～直，上他頂反。(ZD59-1073b)

訂 dìng

訂 指～，音挺。(ZD60-463a)

釘 dìng

釘 遺～，丁定反，正作釘也，又丁了反，非

---

① 又見“鼑”字條。

也,悮。(ZD59-790b)按:“遺~”,對應佛經作“遺釘”。《不空羂索神咒心經》卷1:“咒七遍已,遺釘四方,燒沈水香,至心念誦。”(T20, p404c)

打 ~杙,上與釘同,丁定反,又得冷、丁挺二反,悮,下羊力反。(ZD59-1136c)按:“~杙”,對應佛經作“打杙”或“釘杙”。《根本説一切有部毘奈耶》卷41:“吉辰無淨人,釘杙深四指。”(T23, p854a)可洪以“~”爲“釘”。

烶 dìng/tíng

烶 ~光,庭、定二音。(ZD59-842b)按:“~”音“庭”,即“庭”字,音“定”,則爲“錠”字。《佛説華手經》卷3:“有世界名烶(丹作定)光。”(T16, p146b)“烶”,元、明本作“錠”。

烶 ~燎,上特丁反,下力遼反,燈燭也。(ZD59-620a)按:《大般涅槃經》卷24:“菩薩摩訶薩修大涅槃微妙經典,先取明相,所謂日月星宿、烶燎燈燭、珠火之明、藥草等光,以修習故得異眼根,異於聲聞緣覺所得。”(T12, p505b)“烶”,宋本作“㹶”,元、明、宫本作“庭”。根據異文可知,“庭”類化增旁作“㹶”。“㹶”换旁作“烶”。《一切經音義》卷6:“樹於門外曰墳燭,在於門内曰庭燎,皆所以照衆爲明也。”(T54, p340c)

碇 dìng

碇 渕~,丁定反,柱下石也,正作矴。(ZD60-329c)

碠① dìng

碠 到~,丁定反,正作矴。(ZD59-1127c)

碠 作~,丁定反。(ZD60-376b)

錠 dìng/tíng

錠 ~光,徒侹反。(ZD59-654a)

錠 ~光,徒侹反。(ZD59-709a)

錠 ~燎,上特丁反,下力堯反,大燭也,正作庭燎也,上又音定,非也。(ZD59-649c)按:“~”乃“庭”。

錠 ~燎,徒丁反,正作庭,下力燒反,大燭也。(ZD59-732c)按:“~”乃“庭”。

錠 ~燎,上音庭,下力堯反,大燭也。(ZD59-644c)按:“~”乃“庭”。參見“烶”字條。

錠 ~鐐,上徒丁反,下力堯反,大燭也。(ZD59-647a)按:“~”乃“庭”。

磸 dìng

磸 下~,丁定反。(ZD60-81b)按:“~”同“矴”。

磸 dìng

磸 作~,都定反。(ZD60-378b)按:“~”即“磸”,與“矴”“碇”“碠”等同。

洞 dòng

洞 ~豁,呼各反,悮。(ZD60-413c)按:“~”乃“洞”。

挏 dòng/tóng

挏 ~鸗,上音同,引也,又徒孔反。(ZD60-429c)按:“~”,經文作“桐”。“~”,可洪音“徒孔反”,讀“dòng”。

挏 ~鸗,音同,引也。(ZD59-976a)按:

① 又見“矴”“碇”“磸”“磸”字條。

"～",經文作"桐"。

挏 掎～，下徒東反。(ZD60-540c) 按："～"乃"桐"。

迵 dòng

迵 ～過，上徒弄反。(ZD60-359b)

迵 作～，徒弄反，過也。(ZD60-402b)

洞[1] dòng

烔 ～然，徒弄反，火盛皃也，正作洞也，又音同，非。(ZD59-642a)

烔 ～然，上徒弄反，正作洞。(ZD59-561a)

戙 dòng

戙 王～，徒弄反，《經音》是動字。(ZD60-181a)

烔 dòng

烔 ～然，上徒弄反，通徹皃也，亦大火熾盛皃也。(ZD59-573b)

烔 ～然，徒弄反，通徹皃也，盛也，又音同。(ZD59-689c)

烔 ～然，徒弄反，正作洞，洞然，通徹皃也，又音同，非。(ZD59-758a)

動 dòng

㨄 所～，音動。(ZD59-560c)

涷 dòng

涷 ～冰，都貢反，下彼陵反，並徒水。(ZD59-923c)按："～"乃"涷"。

棟 dòng

楝 椽～，直緣反，下都弄反。(ZD59-916a)按："～"乃"棟"。

湩 dòng/zhòng

湩 出～，都貢、竹用二反，乳汁也。(ZD59-1017c)

貚 牛～，都弄反，乳汁也，正作湩，或作鼞。(ZD59-1050a) 按："～"乃"湩"，詳見本書中篇"貚"字條。

䵯 乳～，都弄反，乳汁也。(ZD59-1044a)

䵬 ～現，上都弄、張用二反，汁也，謂乳汁也，正作湩也。(ZD60-212b)按："～"乃"梓"，詳見本書中篇"䵬"字條。

䵯 乳～，都弄反，乳汁也，正作湩也，又竹用、都捧二反。(ZD59-822c)

穜 牛貚，都弄反，乳汁也，正作湩，或作～。(ZD59-1050a)

詷 dòng

詷 ～疾，上徒弄反，謥詷，言急也。(ZD59-594a)

潼[2] dòng

潼 淳～，都弄反，乳汁也。(ZD59-591b)按："～"，經文作"湩"。

穜 dòng

貚 乳～，都弄反，乳汁也，正作湩也，又竹用反。(ZD59-773b)按："～"即"穜"，與"湩"同。

貚 dòng

貚 牛～，都弄反，乳汁也，正作湩，或作鼞。(ZD59-1050a)

鼞 dòng

貚 牛～，都貢反，乳汁也，又竹用反。

---

① 又見"洞"字條。

② 又見"湩""貚""鼞""穜"字條。

(ZD60-196a) 按："～"同"湩"。

兜　dōu

～攣，上都侯反，下所律反。(ZD60-36a)

～帝，得頭反。(ZD59-741b)

離～，注作兜，同，當頭反。(ZD59-740a) 按："～"乃"兜"。

～毗，當侯反。(ZD59-816c)

～略，都侯反。(ZD59-703c)

～率陁，上都侯反，下徒何反。(ZD59-576b)

刪～，所姧反，下都侯反。(ZD59-918a)

刪～，所姧反，或云珊兜率陁，是兜率天王名也。(ZD59-892a)

陁～，上音陁，下都侯反。(ZD59-624c)

～率，都侯反。(ZD59-668b)

刪～，所姧反，下都侯反。(ZD59-918a)

刪～，上所姧反，正作刪也。(ZD59-655b)

～率陁，得侯反，下徒何反。(ZD59-981c)

刪～，所姧反。(ZD59-657b)

～術，上都侯反。(ZD59-571c)

～帝，都侯反，正作兜。(ZD59-813c)

～術，都侯反。(ZD59-719a)

～勒，上得樓反。(ZD60-331a)

檇曰～，上巨憍反，中于月反，下都侯反。(ZD59-642c)

檇曰～，上居妖反，中于月反，下都頭反。(ZD59-778b)

刪～，桑安反，正作珊。(ZD59-715b)

～囉，上都侯反，正作兜。(ZD59-627b)

摩～，都侯反。(ZD59-717b)

刪～，所姧反。(ZD59-919a)

那～，所姧反。(ZD59-673a)

～率，上都侯反。(ZD59-583a)

～術，都侯反，正作兜。(ZD59-832c)

～泜，音底。(ZD59-815c)

～術，都侯反。(ZD59-725c) 按："～"乃"兜"，詳見本書中篇"[illegible]"字條。

提～，都侯反，正作兜也，悮。(ZD59-813c)

纏～，下都侯反。(ZD59-627c)

憍曰～，《菩薩内戒經》作憍越兜，《八吉祥經》作檇曰兜，悮。(ZD59-778c)

呵～，都頭反。(ZD59-878b)

刪～，所姧反。(ZD59-861b)

緰　dōu

～仇，上都侯反，下音求。(ZD59-625a) 按："～"，譯音字。

篼　dōu

～樓，都侯反，正篼。(ZD59-816b)

弗～，都侯反。(ZD60-288c)

～樓，上都侯反，藥名也，正作篼，第四卷作侸樓。(ZD59-1103c)

斗[①]　dǒu

～拱，得口反，下居勇反。(ZD59-753b)

拚～，上郎貢反。(ZD59-1053b)

～稱，丁口反，下尺孕反。(ZD59-939a)

---

① 又見"斲""㪷"字條。

升 馱～,徒个反,下都口反,《大集經》作陁兜也。(ZD59-652c)

升 ～斛,上得口反,下户木反。(ZD60-377a)

升 ～秤,丁口反,下昌證反。(ZD59-757b)

米 ～斛,都口反,下户木反。(ZD59-829b)

斗 ～數,都口反,下桑口反,正作擻。(ZD59-748a)

斗 禪～,時戰反。(ZD59-722c)

升 六～,都口反,正作斗。(ZD59-758b)

抖[①] dǒu

抍 ～捒,上當口反,下蘇走反。(ZD59-1072b)

⿰禾升 ～藪,上都口反。(ZD60-27a)

枡 ～捒,上都口反,下蘇走反,下又蘇木、所責二反,非。(ZD59-1063c)

抍 ～棟,上都口反,下蘇走反。(ZD59-1109c)

抍 ～擻,上都口反,下藪走反。(ZD59-994a)

枓 ～樓,上都口反,下桑口反。(ZD59-1127a)

枡 ～棟,上當口反,下藪走反,舉衣振塵也,摇也,下正作擻、騋二形,下又所責反,擇取物也。(ZD59-989a)

枡 ～藪,上都口反,下蘇口反,正作抖擻。(ZD59-614c)

枓 dǒu

枓 ～棟,上都口反,下藪走反。(ZD59-993c)按:"～"乃"抖"字。

蚪 dǒu

蚪 蝌～,上苦禾反,下都口反。(ZD59-1099c)

⿰豆斤 dǒu

⿰豆斤 鬪～,音斗。(ZD59-639b)按:"～",譯音字。

⿰豆斤 ～斛,上都口反。(ZD59-1011c)按:"～"同"斗"。《雜阿含經》卷36:"如是五河合爲一流,無有人能量其河水百千萬億斗斛之數。"(T02, p262a)

⿰豆斗 dǒu

⿰豆斗 一～,音斗。(ZD59-881b)

⿰豆斗 刁～,上丁聊反。(ZD60-556b)按:"～"同"斗"。

⿰足斗 dǒu

⿰足斗 ～**跋**,上音上(十),下音伐,與⿰足斗跋字同也,下又應和尚作禹厥反,不切⿰足斗字。(ZD60-388b)按:從字形看,"～"乃"⿰足斗",譯音字。"～",一説音"十",則爲"跱",亦譯音字。

⿰足斗 ～哦,上音十,下音伐,諸真言皆作什伐,又第四卷作跱跋,《川音》亦作跱跋,《經音義》作**⿰足斗跋**,《川音》云上音鬪,下應和尚作禹厥反,鬪越二音,並非也。(ZD60-290c)按:從字形看,"～"乃"⿰足斗",譯音字。"～",一説音"十",則爲"跱",亦譯音字。

脰 dòu

脰 刎～,音豆。(ZD60-370b)

脰 解～,音豆。(ZD60-502a)按:《辯正論》卷1:"洞胸達腋之痛,解脰陷腦之酸。"(T52, p493c)

⿰言豆[②] dòu/hòu

⿰言豆 作～,見藏經作逗,音豆,又依字都豆

---

① 又見"枓"字條。

② 又見"讀"字條。

反，非。(ZD60-358b)按：玄應《一切經音義》卷6："句豆，徒鬬反，《字書》逗，留也。《説文》逗，止也。《方言》逗，住也。經文有作⿰言豆，竹候反，順言也。⿰言豆非經旨。又作⿰言竇，未見所出。"(C056, p914a)《妙法蓮華經》卷4："若於此經忘失句逗，我還爲説，令得具足。"(T09, p32a)"逗"，明本作"讀"。根據經文，從形體上看，"⿰言豆""⿰言竇"疑同"讀"，義爲句讀。

(⿰言豆) 謑～，上呼懈反，下呼搆反，怒也，下正作詬。(ZD60-534c)按："謑～"，對應佛經作"謑詬"。《弘明集》卷8："乃蹙鬚眉貌謑詬。"(T52, p49b)可洪以"～"爲"詬"。

⿰豆戈　dòu/dú

(⿰豆戈) ～呿虵，上豆、獨二音，中丘迦反，下失之反，正作絁、⿰糸施二形。(ZD59-628a)按："～"，譯音字。

(⿰豆戈) ～呿，上徒屋反。(ZD59-626c)按："～"，譯音字。

餖　dòu

(餖) 飣～，上丁定反，下音豆。(ZD60-299b)

鬬　dòu

(鬬) 卒～，子没反。(ZD59-821c)按："～"即"鬪"，乃"鬬"。

鬪[1]　dòu

(鬪) ～諍，都豆反，競也，爭也，正作鬪、鬥二形也。(ZD59-897c)

(鬪) 共～，都候反。(ZD60-85b)

(鬪) ～訟，上都豆反，正作鬪。(ZD60-31b)

(鬪) 闍～，都候反，《寶星經》作禪堵，上方經作禪螻，音豆，俗。(ZD59-622c)

(鬪) 正～，上之聖反，當也。(ZD59-1131b)

竇[2]　dòu

(竇) 猗～，音豆，穴也，正作竇。(ZD59-848b)

⿰氵竇　dòu

(⿰氵竇) 水～，音豆。(ZD59-1109b)

(⿰氵竇) 水～，音豆，穴也，水道也，正作竇。(ZD59-1113c)按："～"同"竇"。

(⿰氵竇) 作～，見藏作竇，音豆。(ZD60-360b)

⿰言竇　dòu

(⿰言竇) 作～，音豆，見藏經作句逗。(ZD60-358b)按："～"同"讀"，句讀也，見"⿰言豆"字條。

督　dū

(督) ～義，上冬沃反。(ZD60-417c)

(督) 勸～，都沃反，理也，察也。(ZD59-646c)

(督) 催～，上倉迴反，下都毒反。(ZD60-21c)

启　dú

(启) ～中，上東木反。(ZD60-65b)按：《雪嶠信禪師語録》卷7："㞘，都木切，音篤，與启同，尾下竅也。"(L154, p22b)《廣韻·沃韻》冬毒切："启，尻启，俗。"

毒　dú

(毒) 㒔～，上尺玉反。(ZD60-219c)

獨　dú

(獨) 不～，徒木反，正作獨也，又丑卓、楚角

---

① 又見"鬬"字條。
② 又見"⿰氵竇"字條。

二反，非也。（ZD59-949c）按："～"乃"獨"。構件"犭"與"扌"相混。《中論》卷3："又泥團體不獨生，瓶瓮甕等皆從泥中出。"（T30，p27a）

獨　～股，公五反，亦作骷。（ZD59-784a）

髑[1]　dú

髑　～膢，徒木反，下鹿頭反。（ZD59-917b）按："～"同"髑"字。《大智度論》卷48："骨、髀骨、腰骨、肋骨、脊骨、手骨、項骨、髑髏，各各異處。"（T25，p403b）

髑　～膢，徒木反，下郎侯反。（ZD59-855b）按："～"同"髑"字。

觳　dú

觳　～䅖，上都故反，下藕觳反，正作觳觳。（ZD60-365c）按："～䅖"乃"觳觳"，抖擻也。其中"～"乃"觳"，可洪音"都故反"，恐有誤，《廣韻》"丁木切"。

瀆　dú

瀆　泄～，私列反，下徒屋反，慢也，正作媟嬻也。（ZD59-821c）

嬻　dú

嬻　～易，上徒木反。（ZD60-370b）

櫝[2]　dú

櫝　揩～，上徐嵗反，下徒木反，小棺也，上又嵗、衛二音。（ZD60-560c）

韇　dú

韇　棨～，下徒木反。（ZD60-432a）按："棨～"，對應佛經作"檠櫜"或"棨韇"。《大唐大慈恩寺三藏法師傳》卷1："頃間，忽有軍衆數百隊，滿沙磧間，乍行乍止，皆裘褐駝馬之像，及旌旗檠櫜之形。"（T50，p223c）"櫜"，宋、元、明、宫本作"韇"。

犢　dú

犢　～子，上音讀，正作犢。（ZD59-1096c）

犢　生～，音讀，牛兒也。（ZD59-554a）

犢　～子，上徒屋反。（ZD59-584c）

牘　dú

牘　秉～，上音丙，下音讀。（ZD60-334a）

牘　秉～，上兵永反，下徒木反，簡～也，正作牘也，簡札，牘版也，如今之笏類。（ZD60-328c）

牘　韞～，下徒木反。（ZD60-474b）按："～"乃"櫝"，詳見本書中篇"牘"字條。

顫　dú

顫　～顂，上音獨，下音摟。（ZD59-1096b）

髑　dú

髑　～膢膍，上音獨，中音樓，下音惱。（ZD59-999c）

髑　～髏，上徒屋反，下鹿侯反。（ZD59-574c）

鸑　dú

鸑　～鵚，上徒木反。（ZD60-594c）按："～鵚"即"鸑鵚"。

讟　dú

讟　謗～，音讀。（ZD59-775c）

---

① 又見"髑"字條。
② 又見"牘"字條。

暏 dǔ

暏 不～,都古反,正作睹。(ZD59-585a)

䐗 dǔ/zhū

䐗 便～,同上,正作睹。(ZD60-265c)

䐗 ～豕,竹居反,下尸爾反。(ZD59-959c)按:"～"同"猪"。

蔫 dǔ/yān

蔫 ～志,上冬沃反。(ZD60-453c)按:"～"即"篤"之訛。

蔫 ～厲,上都毒反。(ZD60-457c)按:"～"即"篤"之訛。

蔫 刀～,於軋反,正作蔫也。(ZD60-62b)按:此處"蔫"乃"蔫"字之訛。《根本説一切有部毘奈耶頌》卷2:"作淨二五殊,火刀蔫鳥甲,墮破并拔出,捩斷擘不中。"(T24,p633b)"蔫",聖本作"蔫"。

睹① dǔ

睹 又～,音覩。(ZD60-265c)

睹 便～,同上,正作睹。(ZD60-265c)按:"～",對應佛經作"覩","覩"同"睹"。《經律異相》卷8:"鬼妻即滅,便覩諸佛處其前立。"(T53, p45c)

賭 dǔ

賭 ～走,上都古反,賜也,正作賭。(ZD59-1087c)

篤② dǔ

篤 ～信,冬沃反。(ZD59-729b)

篤 得～,都沃反。(ZD59-749a)

𡃤 dǔ

𡃤 蜜～,丁庚反,經自切。(ZD59-863a)按:"～",譯音字。

杜 dù

杜 尾～,徒古反,正作杜。(ZD59-882a)

杜 ～六,上徒古反,塞也,閇也,正作杜。(ZD60-315a)

杜 ～塞,上徒古反。(ZD60-220b)

坬 dù

坬 如～,徒古反,瓶也。(ZD59-1014b)

坬 淨～,徒古反。(ZD60-220b)

坬 銅～,音杜,瓶也。(ZD60-192a)

妒③ dù

妬 ～嫉,上丁故反。(ZD60-179b)

妬 嫉～,丁故反。(ZD59-1138b)

妬 ～剌拏,上都故反,中來割反,下奴加反。(ZD59-637a)

妬 ～忌,上都故反,下其記反,增嫉也,上正作妒、妬二形也。(ZD60-13b)

妬 疾～,丁故反。(ZD59-646a)

妬 ～忌,上都故反,正作妬、妒二形。(ZD60-113a)

妬 嫉～,都故反。(ZD59-719b)

妬 嫉～,丁故反,正作妒、㓉二形。(ZD60-72c)按:"～"乃"妒",詳見本書中篇"㓉"字條。

妬 嫉～,丁故反,正作妒。(ZD59-573c)

妬 ～心,都悟反。(ZD59-686c)

妬 修～,都故反,新譯經云素怛纜。(ZD59-

① 又見"暏""䐗"字條。

② 又見"蔫"字條。

③ 又見"妬""㓉""妬"字條。

952b)按:"～"乃"妬(妒)"。《百論》卷1:"内曰惡止善行法(修妬路)。"(T30,p168b)

嫉～,上音疾,下丁故反,正作妒、妬二形也。(ZD59-562c)

嫉～,下丁故反。(ZD59-630a)

脩～,息由反,下都故反。(ZD59-798a)

妬 dù

嫉～,下丁故反。(ZD59-644b)按:"～"與"妒"同。

度 dù/duó

僉～,七廉反。(ZD59-674b)

庸～,上音容,常也。(ZD60-496a)

廣～,徒故反,脱也,濟也,正作度。(ZD59-914c)

揆～,上求癸反。(ZD59-583a)

～星,上音主,下音里。(ZD59-799a)按:"～",經文作"度"。

～毛,蘇含反。(ZD59-840a)

～量,堂各反,忖也。(ZD59-785c)按:"～"同"度"。

姤 dù

嫉～,都故反,正作妒、妬二形也。(ZD59-573b)

嫉～,下都悟反。(ZD59-581b)

嫉～,都故反。(ZD59-554b)

砳 dù

制～,都故反,正作妬。(ZD59-871b)

敷 dù

作～,下徒古反,塞也,正作敷。(ZD60-404b)

斁① dù

無～,徒故反,斁(猒)也,終也,正作斁,《詩》云:服之無斁。又都故、羊益二反。(ZD60-465a)按:"～"乃"斁"。

且～,渡、妬、亦三音,猒也,終也。(ZD60-430a)按:"～"乃"斁"。

斁 dù

無～,徒故反,終也,《詩》云:服之無斁。又猒也,又音妬,敗也,又音亦。(ZD60-469a)按:"～"乃"斁"。

蠧② dù

～羅,丁故反,正作蠧。(ZD59-942c)

蠹 dù

～羅,都故反。(ZD59-738c)

蜯～,上步講反,下都故反,虫名也。(ZD60-243b)

蜯～,上步講反,下都故反。(ZD60-245a)按:"～"乃"蠹"字,詳見本書中篇"𧑅"字條。

～私,上都故反。(ZD59-624b)

畔～,都故反。(ZD59-628a)

～虫,上都故反。(ZD60-269b)

～虫,都故反,食木虫也,正作蠹。(ZD59-736b)

阿～,都故反,正作蠹。(ZD59-624c)

衆～,都故反。(ZD59-953a)

～虫,上丁故反,下除隆反。(ZD59-

① 又見"斁"字條。

② 又見"蠹"字條。

616c)

㙮 道～，都故反。(ZD60-259a)

耑 duān

𫝀 夷～，音端，正作耑。(ZD59-760c)按：《佛説無希望經》卷1："向者世尊復演此教，亦如弗蘭迦葉、摩訶離瞿耶樓、阿夷帝基耶！今離披休迦旃先、比盧持、尼揵子等，悉説此言。"(T17，p777c)"帝"，宫本作"常"。"～"，可洪以爲"耑"，文獻中可作"耑""帝""湍"或"常"。由於是譯音字，"～"到底是哪個字，難以確定，今依可洪作"耑"。

踹 duān

踹 ～心，上都官反，正作端。(ZD60-605b)

端[1] duān

媏 ～正，都官反，正也，直也，正作端。(ZD59-698b)

端 ～𥁋，丁禮反，正作底。(ZD60-337a)

拞 duǎn

拞 痤～，上自禾反，下都管反，正作矬短。(ZD59-1048c)按："～"同"短"。

拞 中～，音豆。(ZD59-580c)按："中～"，經文作"中短"。"～"即"短"。《道行般若經》卷3："不説中短，亦不狐疑。"(T08，p441a)"～"，可洪音"豆"，不妥。

短 duǎn

短 袢～，音短，不長也，又音豆，非。(ZD60-557a)按："短"即"短"字之訛。

梪 duǎn/xuán

梪 長～，音短，又音豆，悮。(ZD59-648c)按："～"同"短"。

梪 三～，音旋，轉也，又音豆，誤。(ZD59-1106b)按："～"乃"短"字，詳見本書中篇"梪"字條。

揞 duǎn

揞 是～，下音天。(ZD59-894a)按：《佛説當來變經》卷1："念命甚短，恍惚以過，如夢所見。"(T12，p1118b)"是～"，對應佛經作"甚短"。"～"即"短"，可洪音"天(天可能是反切上字，後面應該有缺漏)"，恐誤。

短[2] duǎn

豉 極～，都管反，不長也，正作短、拞。(ZD60-85b)

捉 求～，都管反，正作短、拞二形。(ZD59-705a)

豉 長～，都管反，正作短、拞二形。(ZD59-750b)按："～"乃"短"字，詳見本書中篇"豉"字條。

揞 語～，都管反。(ZD59-914b)

梪 ～少，都管反，不長也，正作短也，又音豆，非。(ZD59-728c)

拞 師～，音短。(ZD59-642c)

矩 他～，都管反，正作短。(ZD59-759b)

梪 太～，音短，又音豆，誤。(ZD59-1110c)

斷[3] duǎn/duàn

断 善～，徒短反，絶也，正作斷也。(ZD59-646b)

斷 ～期，徒管反，絶也。(ZD59-779c)

---

① 又見"踹"字條。

② 又見"拞""梪""短""揞""拒"字條。

③ 又見"断""斷"字條。

逝 悉～,音斷。(ZD60-158a)

斷 ～疑,徒短反。(ZD59-968b)

断 ～一,上徒短反。(ZD60-83b)

断 ～截,才節反,正作截也,又音纖,非也。(ZD59-615b)

斷 可～,徒管反,又音短。(ZD59-623b)

斷 無～,徒短反,絶也,又都管反。(ZD59-666b)

斷 ～食,上徒管、都管二反,絶也。(ZD60-161a)

斷 不～,徒短反。(ZD59-571c)

斷 ～智,徒短反。(ZD59-925b)

斷 着～,徒短反,正作斷。(ZD59-830a)

断 踞～,女展反。(ZD59-638b)

斷 ～幹,上徒短反,絶也。(ZD59-569b)

断 ～於,上徒短反。(ZD59-619b)

斷 折～,上旨熱反,下都亂反。(ZD60-587a)

斷 剖～,上普口反,下都亂反。(ZD60-474a)

段[①] duàn

段 ～～,徒亂反。(ZD59-826c)

段 ～段,二同,徒亂反,悮。(ZD59-1035b)

段 分～,徒亂反。(ZD59-739c)

段 七～,徒亂反,悮。(ZD59-991b)

段 胞～,布交反,又七絶反,悮。(ZD59-658a)

段 段～,二同,徒亂反,悮。(ZD59-1035b)

段 宍～,如六反。(ZD59-730b)

段 胞～,布交反,下徒亂反。胞,胎也。(ZD59-661c)

段 ～～,徒亂反。(ZD60-58a)

段 七段,徒亂反,悮,七～,同上。(ZD59-991b)

段 ～～,徒亂反,正作段。(ZD59-732a)

𢼊 𢼊～,二同,徒亂反,分～也,正作段也。《三法度論·衆依品》作段段斫截是也,又見別音云上補萌反,下與止反,非也,此謬頗甚矣。(ZD60-282c)按:"～"乃"段"字,詳見本書中篇"**𢼊**"字條。

𢼊 ～𢼊,二同,徒亂反,分～也,正作段也。《三法度論·衆依品》作段段斫截是也,又見別音云上補萌反,下與止反,非也,此謬頗甚矣。(ZD60-282c)按:"～"乃"段"字,詳見本書中篇"**𢼊**"字條。

𢼊 duàn

𢼊 ～義,上徒亂反,正作段。(ZD60-173b)按:"～"乃"段"。

𣂎 duàn/liáo

𣂎 非～,徒短反,絶滅也,正作斷也。(ZD59-720a)按:"～"乃"斷",另見本書中篇"𣂎"字條。

𣂎 ～理,上力條反。(ZD60-20c)按:"～"即"料"字。

断 duàn/liáo

断 筋～,九殷反。(ZD59-667a)按:"～"即"斷"。

断 ～理,上力條反,正作料。(ZD59-1098b)按:"～"乃"料"字,詳見本書中篇"断"字條。

椵 duàn

𢶍 ～木,上徒亂反。(ZD60-378a)按:"～"乃"椵"字。《一切經音義》卷16:"木槿,居隱反。《爾雅》椵,木槿。櫬,木槿,似李,花朝生夕殞,可食者

---

① 又見"𢼊"字條。

也。"(C057, p3b)

鍛 duàn

～令，上丁亂反。(ZD59-996b)

～截，都亂反，打也。(ZD59-921c)

～磨，都亂反。(ZD59-824b)

如～，都亂反。(ZD59-759a)

～金，都亂反。(ZD59-683b)

以～，丁亂反。(ZD59-606a)

～鏚，上都亂反。(ZD59-590a)

决～，都亂反。(ZD59-571a)

～具，上都亂反。(ZD60-366a)

～師，上都亂反，正作鍛，如《寶積經》作鍛也。(ZD60-10a)按："～"乃"鍛"字，詳見本書中篇"鍜"字條。

垍 duī

～阜，上都迴反，下扶久反。(ZD59-621b)

堆① duī

～阜，都迴反，下扶九反。(ZD59-717a)按："～"即"垍"，與"堆"同。

～臬，都迴反，下音婦。(ZD59-719b)

～阜，都迴反，下房久反。(ZD59-747b)

糞～，上方問反，下都迴反。(ZD60-268a)按："～"，對應佛經作"堆"。《經律異相》卷15："或時無作，止宿糞堆。"(T53, p76c)

～阜，都迴反，下扶久反。(ZD59-759c)

～阜，都迴反，下扶久反。(ZD59-686a)

～阜，都迴反，下扶久反。(ZD59-666c)

～阜，都迴反，下扶久反。(ZD59-639c)

石～，都迴反。(ZD59-921c)

～阜，都迴反，下扶久反，正作堆阜。(ZD59-640a)

～埠，都迴反，下扶久反。(ZD59-703a)

～押，上都迴反，下烏甲反。(ZD59-1104b)

灰～，都迴反。(ZD60-188c)

～阜，都迴反，下扶久反。(ZD59-684c)按："～"即"垍(塠)"。

寶～，都迴反。(ZD59-820b)按："～"即"垍(塠)"。

～阜，上都迴反。(ZD60-302c)按："～"即"垍(塠)"。

～砷，上都迴反，下烏甲反，正作磓，壓也，下又音甲，非。(ZD59-985c)按："～"，從字形上看，即"垍"字，而"垍"與"堆"同，堆積。《長阿含經》卷19："第一大地獄名想，第二名黑繩，第三名堆壓。"(T01, p121c)

三～，都迴反，聚也，正作堆。(ZD59-1062c)按："～"，對應佛經作"堆"。《正法念處經》卷8："若生人中同業之處，項上三堆，極高隆出，常患癰病，是彼惡業餘殘果報。"(T17, p44a)

屎～，下都迴反。(ZD59-1063b)按："～"，經文作"堆"。《正法念處經》卷10："譬如屎堆，人雖未到，已聞其臭。"(T17, p55a)

～惕，上扶久反，下他的反，亦悼炮。(ZD59-1044c)按：《治禪病秘要法》卷2："鬼魅所著，見一鬼神，——面如琵琶，四眼、兩口，舉面放光，——以手擊擽兩腋下及餘身分，口中唱言：埠惕埠惕。"(T15, p341a)"埠"，元、明本作"𢠳"，宮本作"垍"。可洪以"～"音"扶久反"，蓋當作了"阜"。根據經文，"～"似

① 又見"垍""塠"字條。

應爲“垍(堆)”。

𢶿 ～阜，都迴反，下扶久反。(ZD59-954c)按：“～”即“垍(塠、堆)”。構件“土”與“扌”相混。《十住毘婆沙論》卷1：“形如屋舍、山陵、埠阜，麁惡冷風，聲猛可畏。”(T26，p21b)

𢶿 duī

𡑞 ～煞，上都迴反，撲也，正作㕍、𢶿二形，上方本作𡎟也。(ZD60-178a)按：“～煞”，對應佛經作“雹殺”或“搥殺”。《分別功德論》卷5：“若有種五穀者，苗稼成好，大震雹殺，使根莖不立，何況有葉耶。”(T25，p51c)可洪以“～”爲“𢶿(搥)”。詳細考證見鄭賢章(2007:122)所論。

塠 duī

塠 ～阜，上都迴反，下音負。(ZD59-586b)按：“～”即“塠”，與“堆”同。

𡎟 ～撲，都迴反，下蒲角反。(ZD59-776b)按：“～”，經文作“磓”或“椎”。

塠 公～，都迴反。此垍，同上。(ZD60-473a)

𡎟 ～阜，上都迴反，下扶久反。(ZD59-559c)

磓 duī

磓 ～匈，都迴、直睡二反，壓也，鎮也，亦作搥。(ZD59-828b)按：“～”，經文作“磓”“槌”或“壓”。“～”與“槌”“搥”義同，捶打也。

隊 duì

𨻶 万～，宜作𣂌，徒對反，整也。(ZD60-543b)按：“～”乃“隊”字，詳見本書中篇“𨻶”字條。

碓 duì

碓 ～因，都退反，下巨九反，正作臼也。(ZD59-855a)

碓 ～死，都退反，正作碓。(ZD59-751c)

碓 ～磨，都内反。(ZD59-814a)

碓 ～臼，都内反，下巨久反。(ZD59-926c)

碓 石～，都迴反，正作堆。(ZD59-766b)按：“石～”，對應佛經作“石椎”或“石碓”。《六度集經》卷5：“以石椎首，血流丹地。”(T03，p27b)“椎”，宋、元、明本作“碓”。“～”即“碓”之訛。

對 duì

對 禍～，户果反。(ZD59-723c)

對 仇～，巨牛反。(ZD59-660b)

對 ～治，音持。(ZD59-946b)

對 詶～，上市州反。(ZD60-432b)

對 吁～，火乎反，正作呼。(ZD59-674a)

濧 duì

濧 𨻶陁，上徒罪反，下徒可反，正作～沱，沙水往來皃也，又水汎沙動皃也，又别本作隤陁，並悮也。(ZD60-594c)按：“～沱”與“濧沱”同，聯綿詞，經文作“隤陁”。

鐓 duì

鐓 鑯～，徒内反，《玉篇》云千斤鎚也，亦作鏊也。(ZD60-482b)

霮 duì

霮 ～陁，徒内反。(ZD59-821a)

敦 dūn

敦 ～捨，都昆反。(ZD59-818b)

𣪌 ～持，上都昆、徒官二反，果名。(ZD59-1025b)

𣪌 ～崇，上都㲋反。(ZD60-199c)

𣪌 ～扶，上都昆反，天名。(ZD59-618a)

惇 dūn/zhūn

𢜫 ～史，上都昆反，厚也，又之倫反，實也，正作惇也，又他温反，悮。(ZD60-565a)

𢜫 ～直，之倫反，心實也，又市倫、都昆二反。(ZD59-836b)

蹾[1] dūn

蹾 ～踞，上音存，下音據。(ZD59-1002a)按："～"與"蹲"同。《增壹阿含經》卷23："或交脚蹾踞，或養長鬚髮，未曾揃除。"(T02, p671b)

蹾 ～踞，上自尊反。(ZD59-617b)

墩 dūn

墩 ～煌，徒㲋反，下音皇，郡名。(ZD59-710a)按："～煌"即"敦煌"。

蹲 dūn

蹲 ～踞，自尊反，下居去反，坐也。(ZD59-782c)

蹲 ～踞，自尊反，下居御反。(ZD59-669a)

蹲 ～踞，音存，下音據。(ZD59-660c)

蹲 ～坐，自尊反。(ZD59-638a)

蹲 ～鴟，上音存，下音鵄。(ZD60-354b)按："～"音存，讀"cún"，今不取。

扽 dùn

扽 掣～，音頓。(ZD60-358a)

沌 dùn

沌 混～，㲋本反，下徒本反。(ZD59-785c)

沌 ～粥，徒本反，搵蘸也。(ZD59-806a)

笹 dùn

笹 ～蘸，徒本反，搵也，《經音義》以搵字替之。(ZD59-804c)

笹 ～篅，上徒本反，下市專反。(ZD60-356a)

遁[2] dùn

遁 ～邁，徒困反，下莫芥反。(ZD59-763b)

遁 ～於，徒本反。(ZD59-697b)

遁 ～走，上徒本反。(ZD59-623a)

遁 ～邁，上徒困反，避也，去也，正作遁、遯二形。(ZD59-609c)

遁 遊～，徒本反，正作遁。(ZD60-474c)

遁 ～迹，上徒本反。(ZD60-343b)按："～"乃"遁"字，詳見本書中篇"遁"字條。

遁 支～，徒本反。(ZD60-332c)

鈍 dùn

鈍 矇～，莫孔反，目不明也，又莫紅反，瞽也。(ZD59-741c)

鈍 頑～，上五還反。(ZD59-583c)

鈍 懞～，上莫孔反，又音蒙。(ZD59-615a)

鈍 頑～，徒困反。(ZD59-651a)

鈍 遲～，上直尼反，緩也。(ZD59-555a)

頓[3] dùn

頓 ～睫，都困反，下子葉反。(ZD59-910b)

---

① 又見"蹲"字條。
② 又見"遯""𨅊"字條。
③ 又見"𩑶""𩒎"字條。

頓　～説，上都困反，正作頓。(ZD60-102b)

頓　整～，下都困反。(ZD59-582c)

頓　躓～，陟利反。(ZD59-802a)

頓　整～，之領反，下都困反。(ZD59-895b)

頓　委～，都困反，正作頚。(ZD60-245b)

頓　冒～，上莫報反，下都困反。(ZD60-550c)

頊　～捉，都困反，撼也，正作扽、頓。(ZD59-827a)按：“～捉”，對應佛經作“頂捉”或“頓捉”。《最勝問菩薩十住除垢斷結經》卷7：“或開口而看齒者，或前取髮頂捉而不能得者。”(T10，p1023b)“頂”，宫本作“頓”。“～”即“頓”之訛。《廣韻·燭韻》：“頊，謹敬皃。”“頊”又别爲一字。“頊”乃同形字。

頓　整～，下都困反。(ZD59-585b)

頓　～捨，上都困反。(ZD60-136a)

頓　～於，上都困反。(ZD59-1080a)

頓　名～，都困反，～漸之～，正作頓。(ZD59-739b)

頓　躓～，上陟利反。(ZD59-583c)

頓　～施，同上。(ZD59-897b)

頓　～顇，疾遂反。(ZD59-946c)

頓　整～，都困反。(ZD59-838a)

頓　～阿笈，都困反，正作頚。(ZD59-973a)

頓　～拽，音曳。(ZD59-601c)

頓　羸～，力垂反，瘦損皃也。(ZD59-661c)

頓　～捨，同上(頓)。(ZD60-136a)

頚　dùn

頚　～躃，步益反。(ZD59-1018b)按：“～”乃“頓”字之俗。

遯　dùn

遯　肥～，徒困反。(ZD60-513a)

腯　dùn

腯　隱～，徒困反。(ZD60-200b)按：“～”即“遯”。

頓　dùn/jǐng

頓　～漸，者(都)困反，齊也，都也，惣也，正作頓也。(ZD59-846a)按：“～漸”，對應佛經作“頓漸”。《大方廣圓覺修多羅了義經》卷1：“依結開示，便知頓漸，一念疑悔，即不成就。”(T17，p919a)

頓　～項，上居郢反，正作頸也。下户講反，上又郭氏音頁，非也。(ZD59-812b)按：“～”乃“頸”字，詳見本書中篇“頓”字條。

多　duō

侈　～翅，丁兮反，下音施。(ZD59-962a)按：《大莊嚴論經》卷8：“我昔曾聞，婆須王時有一侍人名多翅那迦，王所親愛。”(T04，p302a)根據經文，“～”乃“多”，可洪音“丁兮反”，蓋以爲“低”，因是譯音字，暫存兩説，以俟賢者。

多　自～，音多。(ZD60-167b)按：“～”，對應佛經作“多”。《解脱道論》卷8：“如人樂浴，還入不淨，我自多聞，若未伏忿恨，人所棄薄。”(T32，p435b)

夕　泥～，音多，《奮迅經》作呢㖿，《華積經》作嫟哆也，又灼、杓二音，非。(ZD59-813c)按：《佛説花聚陀羅尼咒經》卷1：“泥句婆摩一唏帝。”(T21，p876c)“句”，宋、元、明本作“勺”。“～”，譯音字，正體爲何，難定，暫依可洪爲“多”。

嚉　duō

嚉　～善男子，一音咄，都活反，凡大人喚小者皆云咄也，郭氏都骨反。(ZD59-843b) 按："～"同"咄"。

嚉 ～咜，上都骨反，下陟加反，上又音對。(ZD60-289b)

嚉 作～，對、咄二音。(ZD60-388a)

𡬶 ～哉，與咄字同呼，第十卷作嚉哉。(ZD59-843b)

仛 duó

仛 半～，徒各反，亦云半擇迦。(ZD60-61b)

愎 duó

愎 非～，陁各反，忖～也。(ZD59-787b) 按："～"同"度"。

奪[1] duó

奪 刦～，居業反，下徒活反。(ZD59-933a)

奪 ～命，上徒活反。(ZD59-619b)

奪 ～取，徒活反。(ZD59-726a)

奪 偷～，徒活反。(ZD59-583b)

奪 ～命，徒活反，强取也，正作奪、奪、敓三形。(ZD59-907a)

奪 陵～，徒活反。(ZD59-657c)

奪 可～，徒活反。(ZD59-553c)

奪 侵～，徒活反。(ZD59-976b)

奪 ～他，徒活反。(ZD59-719b)

奪 陵～，徒活反。(ZD59-661b)

奪 陵～，徒活反，强取也。(ZD59-734a)

奪 欺～，度活反。(ZD59-664c)

奪 ～彼，上徒活反。(ZD59-1085c)

奪 奪財，徒活反，强取也，正作奪。～佛，同上。(ZD59-916c)

奪 冥～，上莫瓶反，下徒活反。(ZD60-100b)

奪 ～者，徒活反。(ZD59-655c)

奞 不～，徒活反。(ZD59-744a)

奪 映～，徒活反，正作奪。(ZD59-661c)

奞 不～，徒活反。(ZD59-748b)

奞 ～財，徒活反，强取也，正作奪。(ZD59-916c)

奪 所～，徒活反。(ZD59-573b)

奪 三～，徒活反。(ZD59-925a)

奪 暎～，於竟反，下徒活反。(ZD59-660a)

奪 不～，徒活反，强取也。(ZD59-684c)

哾 duó

哾 茶～，音劣，或作哷也，又徒活反。(ZD60-290b) 按："～"，譯音字。

哾 ～闍，上徒活反，出郭氏音。(ZD60-285c) 按："～"，譯音字。《陀羅尼雜集》卷4："那茶哾闍。"(T21, p599b)

奪 duó

奪 ～曜，徒活反，下亦作耀。(ZD59-666b) 按："奪"即"奪"。

奪 劫～，徒活反。(ZD59-668b)

踱 duó

踱 ～跣，上徒各反，下先典反。(ZD60-59b)

鐸 duó

鐸 羯闌～，居謁反，中郎干反，下徒各反。(ZD59-889b)

---

① 又見"奪"字條。

鐸 垂～,徒各反,正作鐸。(ZD59-604c)

朶 duǒ

朶 莖～,户耕反,下都果反。(ZD59-786a)

朶 ～葉,都果反,下閻接反。(ZD59-786c)

⿰犭也 duǒ

⿰犭也 肩～,上音脣,下音他。《觀佛三昧海經》作脣哋也,或作拖,曳也。又時紙反,非也。(ZD60-283b)按:"肩～",對應佛經作"肩狹"或"脣哆""脣吔"。《經律異相》卷50:"肩狹面皺,語言謇吃。"(T53, p265c)"肩狹",宋、元、明本作"脣哆",宮本作"脣吔"。《六度集經》卷2:"面皺脣⿰多頁(丁可反),言語蹇吃。"(T03, p9b)《廣韻》昌者切:"哆,脣下垂皃。又當可切。"根據文意,"～"應爲"哆"字。

恀 duǒ

恀 垂～,丁可反,正作⿰革單、⿰多頁、哆三形也。(ZD59-1079c)按:《佛本行集經》卷16:"或有婇女,倚諸瓔珞,垂⿰革單而眠。"(T03, p728c)"⿰革單",聖本作"恀"。"～",用作譯音字,與"⿰革單"音同。

埵 duǒ

埵 輪～,丁果反,耳～。(ZD59-775b)

埵 斫～,都果反。(ZD59-627c)

郵 那～,都果反,正作埵。(ZD60-44b)按:"那～",對應佛經作"那埵"。《摩訶僧祇比丘尼戒本》卷1:"若比丘尼犯一一罪,半月二部衆中行摩那埵,次到阿浮呵那二十衆,二部僧中應出罪,稱可衆人意。"(T22, p558b)

埵 鞮～,上之熱反,下都和反。(ZD59-629b)

埵 土～,徒果反,又都果反,非。(ZD59-710c)

⿰王垂 duǒ

⿰王垂 垂～,都果反,亦作⿰耳垂。(ZD59-1076b)按:"～",經文作"埵"。《佛本行集經》卷10:"大王!是童子耳穿環垂埵。"(T03, p696c)《一切經音義》卷86:"垂埵,都果反,《字書》耳垂下貌。"(T54, p860b)"垂～"與"垂埵"同,又作"垂⿰耳垂"。

⿰王垂 輪～,都果反。(ZD59-774a)

⿰糸朵 duǒ

⿰糸朵 花～,都果反。(ZD59-604c)

⿰糸朵 鈴～,都果反,冕前垂者也,正作⿰糸朵。(ZD59-604b)

⿰耳垂[1] duǒ

⿰耳垂 垂～,丁果反。(ZD59-1108b)

⿰耳垂 垂～,都果反,正作⿰耳垂。(ZD59-657b)按:"～"即"⿰耳垂",耳⿰耳垂,耳下垂貌。

⿰耳垂 耳～,丁果反,又直僞、垂僞二反,悞。(ZD59-744c)

⿰耳垂 垂～,都果反。(ZD59-847b)按:"垂～",對應佛經作"垂埵"或"垂⿰耳垂"。《佛説觀佛三昧海經》卷3:"云何觀佛耳?佛耳普垂埵,旋生七毛輪郭衆相,及生王宫,初穿耳時,令兩耳孔內外生華,此蓮華中及耳七毛,流出諸光,有五百支。"(T15, p656b)"埵",元、聖本作"⿰耳垂"。"埵"與"⿰耳垂"同。

⿰多頁 duǒ

⿰多頁 脣～,都可反。(ZD59-763c)

---

① 又見"埵""⿰王垂"字條。

⿰多頁　復～，都可反。(ZD59-628c)

⿰享單　duǒ

⿰享單　誐～，魚者反，下都我反。(ZD59-780b)

⿰享單　嗢～，烏没反，下丁可反。(ZD59-784c)

杝　duò/tuó

杝　～羅，徒何、徒可二反。(ZD59-813b)

杝　～谷，上託何反。(ZD60-370a)

柂　波～，徒何、徒可二反。《寂勝王經》作鉢陁，應和尚作吐何反，非也。(ZD59-723a)

垛[①]　duò

⿱玑木　之～，徒果反，積也，堆～也。(ZD59-756b)按："～"即"垛"，與"⿰土喿"同。

璪　寶～，徒果反，堆～也，積也，正作⿰土喿、垛、種三形也。《大庄嚴經》作衆寶妙臺。(ZD59-700c)按："寶～"，對應佛經作"寶垛"。《普曜經》卷5："其樹間地，七寶合成，八萬玉女，各持供養，名香木蜜，諸雜琦異，執金香瓶，著寶垛上；一一垛上有五千玉女，鼓天之樂。"(T03, p513a)

⿰土朶　堋～，上蒲崩反，下徒果反。(ZD59-1136b)

⿱扨木　無～，徒果反，射堋也，正作垛，堋音朋。(ZD59-834a)

⿱扨木　彼～，徒果反，正作垛。(ZD59-834c)

⿰土喿　duò

⿰扌坙　勝～，徒果反，正作⿰土喿。(ZD59-1078b)按："～"乃"⿰土喿"字，詳見本書中篇"**⿰扌坙**"字條。

⿰土喿　射～，徒果反。(ZD59-1053a)

⿰土喿　射～，大果反。(ZD59-1085b)

⿰阝⿱有土　～上，上大果反，正作⿰土喿。(ZD60-38c)按："～"即"墮"，通"⿰土喿"。

⿰金隋　～上，上徒果反，正作⿰土喿。(ZD60-40a)按："～"即"鐯"，通"⿰土喿"。

柂[②]　duò

柂　執～，徒我反，船尾。(ZD59-860c)

柁　duò

柁　曰～柁，上于月反，中徒何反，下託何反，下正作拕、拖二形，上亦作柂、椸二形。(ZD60-375b)按：《一切經音義》卷15："柁樓，大我反。《釋名》云：船尾曰柁。柁，拖也，在後見拖曳也。拖音他，字從手。柁從木。"(C056, p1040a)

奓　duò

奓　～禰，上徒可反，正作爹也。(ZD59-813c)

哆　duò

哆　哂哂～，香至反，下多个反，《大集經》作嘻嘻多。(ZD59-652b)

哆　～那，多个反。(ZD59-806c)

⿰忄有　duò

⿰忄有　怠～，徒果反，正作惰也。(ZD60-299b)按："⿰忄有"即"惰"字。

⿰忄有　阿～，徒果反，正作惰也。(ZD59-703c)

⿰忄有　失～，音墮。(ZD59-732b)按：《集一切福德三昧經》卷3："不墮惡道，不生八難。"(T12, p1002a)"失～"，對應佛經作"不墮"，其中"失"爲"不"之訛，"～"即"惰"，通"墮"。

---

① 又見"⿰土坐""⿰土喿"字條。

② 又見"柁""杝"字條。

埁 duò

埁 ～基，徒果反，土塔也，正作垛、埵二形，又音朵。(ZD59-900b)按：“～”即“垛”“垜”。

埁 土～，徒果反，正作垛也。(ZD60-87c)按：“土～”，對應佛經作“土埵”。《薩婆多毘尼毘婆沙》卷6：“乃至從土埵上至地，亦波逸提。”(T23, p544c)

㖞 duò/tuó

㖞 勃～，蒲没反，下陁可反。(ZD59-801b)按：“～”，譯音字。

㖞 唱～，徒恨反，又徒可反。(ZD59-1077b)按：“～”，經文作“㖞”。《佛本行集經》卷11：“唱㖞字時，當有法聲，出如是聲。”(T03, p704b)“㖞”，宋、元、明、聖本作“㖞”。

㖞 乳～，上蒲没反，正作勃，下徒可反，或作㴌。(ZD59-568a)按：“～”，譯音字。

㖞 ～～卑，二徒何反。(ZD59-653a)

奓 duò

奓 姥～，上莫古反，下徒可反。(ZD59-629a)按：“～”，用作譯音字。

奓 摩～，徒紙反，經自出。(ZD59-629a)按：“～”，用作譯音字，經文自切“徒娜反”，可洪言“徒紙反”，誤。“徒紙反”是經文中“地”的自切音。《大方等大集經》卷35：“佛地(徒紙反)毘佛地(徒紙反)(八)，摩訶佛地(九)，欝奴摩提(十)，欝奴摩奓(徒娜反)(十一)。”(T13, p241b)

詑 duò/hē/tuó

詑 諛～，上以朱反，下徒我反，欺也。(ZD59-613c)

詑 眘～，下呼何反，正作訶也，上卷作眘呵也，又徒何、徒可二反，悮。(ZD59-821a)按：“～”，可洪以爲“訶”。

詑 匿～，下徒何、吐何、徒可三反，欺也，詐也，正作詑。(ZD59-590c)按：“～”同“詑”。

㴌 duò

㴌 乳㖞，上蒲没反，正作勃，下徒可反，或作～。(ZD59-568a)

沲 duò

沲 沓(沓)～，上徒合反，水溢也，下徒可反，潰沲，沙水往來皃，又水汎沙動皃也。(ZD60-596c)按：“～”同“沲”。《廣弘明集》卷29：“沓沲欲流，將心源而共遠；忽怳大夢，與永夜而俱長。”(T52, p345c)

惰[①] duò

惰 懶～，上郎旱反，下徒果反。(ZD59-559c)按：“～”同“惰”。

惰 由～，音墮。(ZD60-135a)按：“～”即“惰”，通“墮”。《阿毘達磨俱舍論》卷12：“劫初如色天，後漸增貪味，由墮貯賊起，爲防雇守田。”(T29, p65b)

惰 ～損，徒果反，落也，正作墮也，又於緣反，憂也，非。(ZD59-826b)按：《最勝問菩薩十住除垢斷結經》卷5：“若有衆生，信從法教，空無相願，當行三十六事，令不墮損。”(T10, p1000b)“墮”，宋、宫本作“悁”。《後漢書·李固傳》：“朝廷初立，頗存清靜，未能數年，稍復墮損。”“～(悁)”，乃“惰”之訛，通“墮”。

憜 duò

憜 ～學，上徒果反，懶也，正作惰也，又音著，悮。(ZD60-334a)按：

① 又見“怞”“憜”“墯”字條。

"～",乃"惰"字。《大唐内典録》卷 4:"以類相從,有同華林遍略,惰學者有省過半之功。"(T55, p267b)

憜 嬾～,郎旱反,下徒果反,慵也,下正作惰。(ZD59-966c)

馱 duò/tuó

馱 毻～,下徒个反。(ZD59-590b)

駄 健～,陁个反,國名,正作馱。(ZD60-119c)

馱 ～都,上徒个反。(ZD59-596b)

騍 勃～,步没反,下徒何、徒个二反,正作馱。(ZD59-811a)

駄 驢～,音陁。(ZD59-1089a)

墮[①] duò

陏 木～,徒果反。(ZD60-225b)

墮 ～上,上徒果反。(ZD60-33a)

堕 ～喏,而者反。(ZD59-590b)

墮 窳～,余主反,懶也。(ZD59-744c)

墮 不～,徒果反。(ZD60-189a)

隋 ～地,上徒果反,悮也。(ZD60-418b)

隋 不～,音墮,諸録作墮。(ZD60-340a)

墮 隧～,直遂反,正作墜。(ZD59-758a)

隋 則～,音墮。(ZD59-950a)按:"～",對應佛經作"墮"。《中論》卷 3:"若至若失是則無因,無因則墮斷常。"(T30, p28c)

墮 窳～,羊主反。(ZD59-744c)

墮 ～草,他果、徒果二反,雨下也。(ZD59-707b)

隨 ～渃,徒果反,下郎各反,正作墮落。(ZD59-668b)

隋 ～落,徒果反,正作墮。(ZD59-960c)

墮 ～隧,直遂反,落也。(ZD59-688b)

嫷 嬾～,郎但反,下堂果反。(ZD59-898c)按:"～",對應佛經作"墮"。《菩薩善戒經》卷 3:"不隨師教,嬾墮懈怠。"(T30, p974c)

墮 優～,音隨,迦葉名也,正作迶。(ZD60-340b)按:"～",經文作"墮"。《歷代三寶紀》卷 14:"《憂墮羅迦葉經》一卷,《出家因緣經》一卷。"

憜 duò

墮 ～迦,徒果反,晉言堅德。(ZD60-348a)按:"～",經文中作"墮",同。

憜 ～淚,徒果反。(ZD59-643c)按:"～",經文中作"墮",同。

憜 倦～,徒果反。(ZD59-702b)按:"～"同"惰"。

憜 嬾～,郎坦反,下徒果反。(ZD59-966c)按:"～"同"惰"。

憜 嬾～,同上。(ZD59-563a)

憜 嬾～,郎坦反,下徒果反。(ZD59-661a)

憜 懶～,上郎旱反,下徒果反。(ZD59-555c)

憜 嬾～,上郎坦反。(ZD59-1080c)

憜 窳～,上欲主反,正作窳。(ZD59-1106a)按:"～"同"惰"。

憜 窳～,上余主反,下徒果反。(ZD60-39a)按:"～",對應佛經作"墮"。《四分律》卷 49:"時阿蘭若比丘窳墮,都無所具,不具水器洗足物,亦不留殘食。"(T22, p933c)

鵽 duò/zhuā

鵽 ～鳥,上陟刮反,正作鵽也,又都活反。(ZD60-159c)按:"～鳥",對應佛經作"鵽鳥",詳見本書中篇"鵽"字條。

鵽 ～鳥,上竹刮反。(ZD60-369c)

① 又見"憜"字條。

E

啊 ē

啊 ～囉，上烏何反。(ZD59-634b)按："～"，譯音字。

痾 ē/yǎ

痾 沈～，上直林反，下烏何反，上又音審，悞。(ZD60-7b)

痾 ～言，烏雅反。(ZD59-772c)按："～言"之"～"，即"啞(瘂)"字。《釋迦譜》卷4："聾者聽聲，啞言癖行。貧者得財，慳者能施。"(T50, p71c)"啞"，宋、元、明、宫本作"瘂"。

㕒 ē

㕒 ～頭，上宜作屙，烏何、烏賀二反，遺糞也。《毗奈耶》云："遺糞於頭。"是也。又應和尚以坐字替之，又作烏見反，非也。《玉篇》作屙，音阿，今定取屙、㕒二字呼也。(ZD60-229b)按："㕒"即"㕒"，與"屙"同。《玉篇·尸部》："屙，烏何切，上廁也。㕒，同上。"詳細考證見鄭賢章(2010:85)"㕒"字條。

㕒 作～，烏何反，送屎也，正作屙、㕒二形。(ZD60-369a)

瘂 ē

瘂 ～那，烏何反，正作痾、痾二形，又音因。(ZD59-837a)按："～"同"**瘂**"，譯音字，可洪以爲"痾"或"痾"。《大威德陀羅尼經》卷5："**瘂**那闍那帝(四)味那闍那帝(五)。"(T21, p777c)

莪 é

莪 馨～，上香經反，下五何反。(ZD60-37a)

峩 é

峩 崯～，上魚今反，峰形如掌也，下五何反，正作峇峨也，上又丘今反，非，應和尚以嶔崟替之，亦非。(ZD59-1030b)

蛾[1] é

蛾 蝗～，上户光反，下五何反。(ZD60-2a)

蛾 蝱～，上音盲，下五何反，正作蛾也，下又郭氏音特，非也。(ZD60-175c)按："～"乃"蛾"，詳見本書中篇"**蛾**"字條。

蝵 é

蝵 虫～，吾何反。(ZD59-1040c)

頟 é

頟 頰～，五格反。(ZD59-618a)按："～"同"額"。

鵞 é

鵞 唐～，五何反，正作鵝。(ZD59-774c)

鵞 ～鴨，上五何反，下烏甲反。(ZD59-605a)

鵞 魚～，上牛居反，下五何反，蟲鳥名也，正作魚鵝也，二並悞。(ZD59-1113b)按："～"乃"鵝"字，詳見本書中篇

[1] 又見"蝵"字條。

"鵞"字條。

額[1]　é

頟　摩～，五格反，正作額。(ZD60-35a)

頟　～廣，上五格反。(ZD59-1054c)

峨[2]　ě

峨　岠～，普可反，下吾可反。(ZD59-691b)

峨　岠～，普可反，下五可反。(ZD59-716a)

哦　ě

哦　叵～，普可反，下五可反，正作頗頛，下亦作俄也，頗頛，醉皃也，上方本作頭腦叵我，字亦非用。(ZD59-896a) 按："叵～"，聯綿詞，又作"頗頛""頗俄""叵我""岠峨""駊騀"等，意義所指不盡相同。

娿　ě

娿　～婆，烏可反，下步可反，輭弱皃也，上正作婀、㝖二形也，此亦是撰經人改作娿婆也。(ZD59-896b) 按："～婆"同"婀婆"。《佛説樹提伽經》卷 1："手脚繚戾，腰髖婀婆，狀似醉容，頭脚跛踒，不復得起。"(T14, p826c)"婀婆"，宋、宫本作"跛踒"。"婀"，元本作"娿"。

㝖　ě

㝖　～壹，烏可反，下於吉反，此譯爲無義之文也，上正作㝖。(ZD59-948c)

㝖　～聲，上烏可反。(ZD60-145a)

㝖　～壹，烏可反，正作㝖。(ZD59-948c)

㝖　～阿，上烏可反，正作㝖。(ZD60-138b)

旖　ě

旖　～唎，烏可反，下音利。(ZD59-780b) 按："～"，譯音字。

閜　ě

閜　～那，阿可反。(ZD59-811a) 按："～"，譯音字。《出生無邊門陀羅尼經》卷 1："閜(烏可反)那(去)捨陀。"(T19, p703c)

踒　ě

踒　跛～，普火反，下五可反。(ZD59-724a) 按："跛～"，聯綿詞，又作"叵我""跙踒""簸峨""岠峨""駈騀"等，義有多種，此爲傾側貌也，摇動不安也。《佛本行經》卷 1："海震如笑，樹木跛踒。"(T04, p58c)

誐　ě

誐　入～，宜可反。(ZD59-785a)

㨰　ě

㨰　～者，阿可反。(ZD59-863c)

騀　ě

騀　駊～，上普果反，下五可反。(ZD60-284a)

厄[3]　è/wēi

厄　其～，烏革反，正作厄也，又五果反，非。(ZD59-1047b)

厄　～害，胡蓋反，損也，正作害。(ZD59-581a) 按："～"乃"危"。《道行般若經》卷 5："如天中天所説，若有菩薩多有危害。"(T08, p448c)

---

[1] 又見"頟"字條。
[2] 又見"峩"字條。
[3] 又見"佹"字條。

佹 è

佹 遭～，烏懈反，病也，正作瘕也，又或作阨，音厄，危迫也。(ZD60-200a)按：《出曜經》卷 25："我等聞王仁和博愛，靡不周濟，雖遭厄困，何爲悲慼。"(T04, p747b)"～"，根據經文，同"厄"。

扼 è

扼 有～，音厄。(ZD60-172b)

扼 是～，烏革反，車槅也，正作軛、扼二形也，又女爾反，悞。(ZD59-646c)按："～"乃"掜"，與"扼"同。

扼 生～，音厄。(ZD60-175c)

扼 散～，烏革反，正作搹。(ZD59-789b)

扼 ～捥，烏革反，下烏亂反。(ZD59-936c)

扼 ～惋，上烏革反，下烏亂反，把手也，作扼捥也，二並非體。(ZD60-220b)

泥 è

泥 師～，於革反，正作阨。(ZD60-539c)

泥 東～，音厄，限也，迫也，礙也，正作阨。(ZD60-406a)按："～"，對應佛經作"阨"。《大唐西域記》卷 1："東阨葱嶺，西接波剌斯，南大雪山，北據鐵門。"(T51, p872a)

柅 è

柅 一～，烏革反，犁革也。(ZD59-1003c)按："～"，即"柅"字，與"軛"同，經文中指犁軛。《增壹阿含經》卷 34："猶如彼二牛，一黑一白，共同一軛，共相牽引。"(T02, p738c)"軛"，宋、元、明本作"柅"，聖本作"扼"。

柅 根～，本闕。(ZD60-89c)

柅 犁～，音厄。(ZD59-1092c)

柅 ～攝，音革，正作槅，車軛也。(ZD60-393a)

柅 善～，音厄。(ZD59-595c)

栿[①] è

栿 栽～，上子才反，下五割反，正作栿。(ZD59-595a)

栿 ～施，上五割反，正作栿。《爾雅》栿，餘也。諸師作蘖、牒二音，非也。(ZD59 876a)按：《蘇悉地羯羅經》卷 3："其色紺青，如**栿**施鳥翎。"(T18, p689b)《七俱胝佛母所説準提陀羅尼經會釋》卷 2："其色紺青，如栿施烏毯。"(X23, p768a)"～""**栿**"，可洪以爲"栿"。

栿 栽～，上子才反，下五割反。(ZD59-595a)

栿 摧～，上才割、才結二反，下五割、五列二反，正作巀嵲也，上又昨迴反，折也。(ZD60-418b)按："～"乃"栿"字，詳見本書中篇"**栿**"字條。

姶 è

姶 ～娑，烏合反。(ZD59-781c)

恶 è

恶 嶮～，上音險，下或作惡。(ZD59-552b)

唈 è

唈 ～茷，烏合反，下扶月反。(ZD59-637a)按："～"爲譯音字。

胺 è

胺 ～波臾，上烏割反，下以朱反。(ZD59-613b)

---

① 又見"桙""櫱"字條。

堊　è

垩　～亞,上烏各反,下烏架反,正作堊亞。(ZD60-366c)

𡊄　名～,烏各反。(ZD60-375a)

𡊄　～灑,上烏各反。(ZD59-987a)

𡊄　～灑,上烏各反。(ZD59-1124c)

堊　～灑,上與堊同,烏各反,又音因,塞也,非也。(ZD59-987a)

𡊄　赭～,音惡,白土也,正作堊也。(ZD60-407b)

剾　è

剾　釿～,五各反,釖鋒也,正作鍔。(ZD60-351a)按:"～"即"鍔"。

剾　釿～,五各反。(ZD60-372c)

鄂　è

鄂　赤～,五各反。(ZD60-405b)

瘂　è

瘂　～跛,烏合反。(ZD59-867c)按:"～",譯音字。

搉　è

搉　～鉢,上烏合反。(ZD59-629b)

惡[①]　è/wù

惡　～道,上烏各反,從亞。(ZD60-179c)

惡　～法,安各反,正作惡。(ZD59-912c)

惡　作～,烏各反。(ZD59-912c)

惡　善～,烏各反。(ZD59-619a)

惡　聞～,烏各反,正作惡。(ZD59-734c)

惡　興～,烏各反,正作惡。(ZD59-732c)

惡　醜～,烏各反。(ZD59-581a)

惡　～意,烏各反。(ZD59-748b)

惡　無～,烏各反。(ZD60-273a)

粟　～業,上烏各反,不善也,正作惡、悪二形也,又相玉反,悮,又卷首悮粟,並悮。(ZD60-185a)

惡　短～,音惡。(ZD59-820c)

票　～業,上烏各反,正作惡。(ZD60-184b)

惡　～虫,上烏各反,下除中反。(ZD59-575c)

惡　衆～,烏各反。(ZD59-724b)

惡　諸～,烏各反。(ZD59-740c)

惡　鄙～,兵美反,下烏各反。(ZD59-668b)

惡　～謗,烏各反,又音德,悮。(ZD59-913c)

惡　～魔,上烏各反。(ZD59-583c)

惡　不～,烏各、烏故二反也。(ZD59-912c)

惡　～法,烏各反。(ZD59-912b)

惡　～苟,烏各反。(ZD59-922b)

德　作～,音惡。(ZD60-362a)

惡　～意,上烏各反,正作惡。(ZD59-1111b)

惡　～口,烏各反,又音德,悮。(ZD59-917a)

惡　利～,音惡。(ZD59-620b)

惡　～心,上烏各反。(ZD59-622b)

惡　諸～,烏各反。(ZD59-575b)

惡　其～,音惡。(ZD59-749a)

惡　～趣,烏各反。(ZD59-732c)

惡　凶～,烏各反。(ZD60-247b)

惡　～慧,烏各反,不善也,正作惡、悪二形。

① 又見"悪""蕙""惪"字條。

(ZD59-730b)

悪 懷～,烏各反,正作惡也,又女六、女力二反,非。(ZD59-705c)

蕜 餘～,烏各反。(ZD59-1032b)按:"～"乃"惡"字,詳見本書中篇"蕜"字條。

𢙣 ～蝎,上烏各反,下許謁反。(ZD59-555a)

𢙣 ～師,上烏各反,不善也。(ZD59-578a)

𢙣 ～行,上烏各反。(ZD60-201a)

𢙣 ～師,烏各反。(ZD59-643a)

𢙣 ～魔,上烏各反,正作惡。(ZD59-583a)

𢙣 ～差,烏各反,下初加反。(ZD59-653a)

𢙣 ～受,烏故反,正作惡也。(ZD59-650a)

僫 ～猒,烏故反,下於焰反,正作惡饜也。(ZD59-650a)

𢛲 ～汙,上烏故反,下烏卧反。(ZD60-40c)按:"～"乃"惡"字,詳見本書中篇"𢛲"字條。

𢛲 𤺊～,上於焰反,下烏故反。(ZD60-223b)

𢙣 作～,音惡。(ZD60-362a)

𢙣 ～染,烏故反,正作悪、惡。(ZD59-912c)

𢙣 ～賤,上烏故反。(ZD60-247b)

𢛲 ～賤,上烏故反。(ZD60-36c)

僫 欲～,安故、安各二反,正作悪、惡二形。(ZD59-1009a)

僫 憎～,烏故反,正作惡。(ZD59-902a)

德 不～,烏故反。(ZD59-1032b)

𢙣 猒～,烏故反,嫌～也,正作惡、啞、謳三形也,又郭氏作烏外、烏各二反,非。(ZD59-1072a)

德 ～猒,於故反,下於焰反。(ZD59-650a)

德 ～難,烏故反,下奴歎反。(ZD59-759a)按:"～"乃"惡"字,詳見本書中篇"德"字條。

德 憎～,烏故反,正作惡。(ZD59-677b)

德 可～,烏故反。(ZD60-189a)

德 猒～,於焰反,下烏故反,憎也,下正作惡。(ZD59-656a)

僫 憎～,則登反,下烏故反。(ZD59-708c)

德 吐～,上他故反,下烏故反,正作惡。(ZD59-1042a)

德 ～穢,上烏故反。(ZD60-36c)

𢙣 恚～,烏故反。(ZD60-225c)

德 ～復,上烏故反。(ZD60-189c)

德 ～聞,上烏故反,嫌也。(ZD60-224b)

悪 憎～,烏故反,正作惡,上方經作德也。(ZD59-710a)按:"～"乃"惡"字,詳見本書中篇"悪"字條。

德 ～賤,上烏故反,憎也,嫌也,俗。(ZD60-586a)

蕚 è

蕚 瓊～,巨營反,下五各反。(ZD59-789a)

蕚 合～,五各反。(ZD60-305b)

啞 è/yān

啞 ～～,烏格反,笑也,正作啞也,又因、煙二音,非用也,悮。(ZD60-307a)按:"～～",對應佛經亦作"啞啞"。《諸經要集》卷19:"羊便啞啞,笑而言曰:而此樹者有何神靈,我於往時爲思肉故,妄使汝祀,皆共汝等,同食此肉。今償殃罪,獨先當之。"(T54, p182a)可洪以"～～"爲"啞啞"。《靈峰蕅益大師宗論》卷6:"誘得其宜,則啞啞而笑。"(J36, p354c5)

啞 作～,烏革反,笑聲也,正作啞也。

(ZD60-369b)按:"㖞"乃"哑"字之訛。玄應《一切經音義》卷12:"哂哂,失忍反,《論語》夫子哂之。案:哂,小笑也。經文作㖞,舊烏雞、呼鷄二反,非也。"(C056, p996a)《諸經要集》卷19:"羊便㖞㖞,笑而言曰。"(T54, p182a)"～",玄應以爲"哂哂",可洪以爲"哑哑"。

㖞 ～迦,烏賢反,出《經音義》,郭氏作烏兮反。(ZD59-841b)按:"～",譯音字。

嘚 è

嚯 上～,五各反,正作嘚、齶,郭氏作許略反,非。(ZD60-210a)按:"上～"之"～",乃"嘚"字。"～",郭氏作"許略反",乃"謔"字。詳細考證見鄭賢章(2010:77)所論。

咢 ～然,上五各反。(ZD60-188b)

䓵 è

罘 垠～,上牛斤反,下五各反。(ZD60-394b)按:"～(䓵)"即"咢",文中通"齶"。

㟧 è

㟧 巖～,五各反。(ZD59-1044a)

崿 è

崿 巖～,五銜反,下五各反。(ZD59-657c)

峈 懸～,五各反。(ZD60-491a)

愕 è

愕 ～疼,五各反,下徒冬反。(ZD59-791a)

愕 驚～,五各反。(ZD59-1109a)

愕 喜～,五各反。(ZD60-227c)

愕 驚～,五各反,正作愕。(ZD60-433b)按:"～"即"愕"字,詳見本書中篇"愕"字條。

䓇 è

䓇 ～欲,同上(惡)。(ZD59-1032b)按:"～"即"惡"。

䓇 ～賊,上烏各反。(ZD59-1096b)

棿 è

棿 木～,五割反。(ZD60-370b)按:"～"乃"枿"。

罨 è

罨 ～沛,烏合反,下普末反。(ZD59-790b)

罨 ～跛,烏合反。(ZD59-801b)

罨 ～波,上烏合反。(ZD59-568a)

遏 è

遏 ～浮,上烏割反。(ZD59-599a)

遏 堰～,上於慢反,下烏割反。(ZD60-129c)

遏 掩～,烏割反。(ZD59-566c)

遏 ～截,上烏割反,止也,遮也。(ZD59-571c)

遏 ～絶,烏割反。(ZD59-673a)

𦟛 è

𦟛 作～、腭,二同,五各反。(ZD60-366c)按:"～"即"𦟛",與"腭"同。

腭[①] è

腭 齗～,牛斤反,下五各反。(ZD59-789c)按:"～"同"齶"。

腭 跓～,知主反,下五各反。(ZD59-849a)

腭 喉～,五各反。(ZD59-593b)

---

① 又見"𦟛""嘚""𦟛""𪘂""嚯""𪘂""𦢊"字條。

廅[1]　è

廅　～樓亘，上烏盍反，下古鄧反。(ZD59-905b)

廅　～天，上烏盍反。(ZD59-672c)

廅　～羅，上烏盍反，經名也，正作廅。(ZD60-339a)

廅　～樓亘，上烏盍反。(ZD59-606b)

廅　～天，上烏盍反，正作廅也。(ZD59-579a)

廅　～波，同上。(ZD59-580c)

猹　～波摩那天，上烏盍反，正作廅也，又自羊反，悮之久也。(ZD59-579b)

蒠　è

蒠　餘～，烏各反。(ZD59-1032b)按："～"即"惡"。

蕚　è

蕚　發～，五各反。(ZD60-433c)

噁　è

噁　～啊，音惡，下音阿。(ZD59-773c)

噁　喃～，女咸反，下烏各反。(ZD59-871c)

噁　～阿，烏各反。(ZD59-924c)

崿　è

崿　巀～，上才割反，下五割反，山名，在扶風，亦山高皃，亦樹老無枝皃，又上音截，下音齧。(ZD60-573b)按：《廣弘明集》卷29："坂墀巀嶭，夏含霜雪。"(T52, p341a)"嶭"，宋、元、明、宫本作"嵲"。"～""嶭""嵲"與"嶭"同。《廣韻·屑韻》五結切："嶭，巀嶭。又五割切。"另見"嵲(niè)"字。

瘂　è

瘂　～羅，上安盍反。(ZD60-348a)按："～"乃"廅"之訛，譯音字。《開元釋教録》卷15："《廅羅王經》一卷。"(T55, p642a)

瘂　～波，同上，正作廅。(ZD59-580c)

頞　è

頞　～眵，上阿割反，下車支反，正作頞眵。(ZD59-724c)按："～眵"，對應經文作"頞眄(宋、宫本作眵)"。《佛説伅真陀羅所問如來三昧經》卷3："頞眄(宋、宫本作眵)妲眄妲摩羅伊陀。"(T15, p367a)

頞　蹙～，上或作顣，子六反，下烏割反，鼻顣促皃。(ZD59-602a)

閼　è

閼　～伽，阿割反，下其加反。(ZD59-786c)

閼　～伽，烏割反，下其迦反。(ZD59-781a)

諤　è

諤　～～，五各反，謇～，直言也，正作諤。(ZD60-577a)按："～"乃"諤"字，詳見本書中篇"諤"字條。

鍔[2]　è

鍔　鋒～，下五各反。(ZD60-603c)

礏　è

礏　磼～，上自合反，下五合反。(ZD60-362c)

矂　è

矂　寤～，上音悟，下五合反，睡不足也，正

---

① 又見"瘂"字條。

② 又見"剽"字條。

作瘑𦡼。(ZD60-402a)

嚯　è

嚯　上～,五各反,正作咢、齶,郭氏作許略反,非。(ZD60-210a)按:"～"乃"咢(齶)"。

鶚　è

鶚　鷹～,五各反,鷙鳥類。(ZD60-164b)

稶　è

稶　～鼻,烏合反。(ZD59-711b)按:"～",用作譯音字。《添品妙法蓮華經》卷6:"稶(烏合)鼻釤迷(十三)。"(T09,p186c)

臛　è/huò

臛　上～,五各反,口中斷臛也,正作咢、齶二形。(ZD60-208b)按:"～"即"齶"字,詳見本書中篇"臛"字條。

臛　羹～,呼各反。羹臛,同上,又呼木反。(ZD59-875b)按:"～"同"鑊"。

鰪　è

鰪　～魚,上五各反,《善見律》第十七卷云失守摩羅,漢言鰐魚也,應和尚云廣州土地有之,《川音》作鰯,以竭字替之,非也。(ZD60-171b)按:"～"即"鰐",乃"鰐"字。

鰐　è

鮻　鼉～,上徒何反,下五各反,正作鼉鰐字也。(ZD60-164b)按:"～"乃"鰐"字,詳見本書中篇"**鮻**"字條。

鰐　～魚,上五各反。(ZD60-372b)

櫱　è

櫱　栽～,上子才反,下五割反,伐木餘也。(ZD59-564c)按:"～"乃"櫱",與"枿"同。

棿　栽～,子才反,下五割反。(ZD59-843c)按:從形體看,"～"即"枿",與"櫱"同。

櫱　栽～,上子才反,下五割、五列二反,伐木餘也。(ZD60-160c)按:"～"乃"櫱",與"枿"同。

齶　è

齶　上～,五各反。(ZD59-993a)

齶　上～,五各反。(ZD59-993a)

鰯[1]　è

鰯　鰐魚,上五各反,《善見律》第十七卷云失守摩羅,漢言鰐魚也,應和尚云廣州土地有之,《川音》作～,以竭字替之,非也。(ZD60-171b)按:"鰯"同"鰪",乃"鰐"字。

齶　è/xū

齶　上～,五各反,第二十卷作齶。(ZD59-992b)按:"～",即"齶",經文作"齶",口腔上齶。《中阿含經》卷24:"比丘者,齒齒相著,舌逼上齶,以心治心。"(T01,p582c)從形體看,"～"應即"齶(齶)"。

齶　～腭,丘魚反,下五各反。(ZD59-940c)按:《瑜伽師地論》卷49:"齶腭殊妙,爲一隨好。"(T30,p567a)

臛　脣～,丘魚反。(ZD59-899b)按:"～"即"齶",乃"墟"字之俗,詳見本書中篇"**臛**"字條。

恩　ēn

恩　～舊,求右反。(ZD59-827c)

---

① 又見"鰪"字條。

兒 ér

小～，如支反，正作兒。(ZD59-580a)

手～，如支反，正作兒。(ZD60-231a)

～聟，音細。(ZD59-730b)

瓔～，上於盈反，正作嬰。(ZD59-1015c)

曰～，上于月反，下如支反，正作兜（兒）。(ZD60-338c) 按："～"，可洪音"如支反"，乃"兒"。《大唐開元釋教廣品歷章》卷 10："《申日兒本經》一卷（或云《申日兒經》第三譯録作兜，本誤也）。"(A098, p151b)

陑 ér

升～，音而，地名。(ZD60-303c)

洏 ér

連～，音而。(ZD60-474c)

栭 ér

椵～，音而。(ZD60-356c)

繡～，音而。(ZD60-506a)

唲 ér

梨～，烏街、如支二反，宜作說，孄街反。(ZD60-290b)

胒 ěr

寶～，人志反，氅～，羽毛飾也，正作毦也，又音胃，悮。(ZD59-1020c)按："～"乃"毦"字，詳見本書中篇"胒"字條。

迩 ěr

尚～，音爾，近也。(ZD60-328c)

珥 ěr

～瑠，上如里反，下都郎反。(ZD59-1036a)

毦[1] ěr

羅～，而志反，細毛也。(ZD59-686c)

垂～，人志反，毛飾也。(ZD59-738a)

～帶，而志反，羽毛飾也。(ZD59-639c)

毤 ěr

珞～，人志反，正作毦。(ZD59-1021a)按："～"乃"毦"字，詳見本書中篇"毤"字條。

爾 ěr

～後，上人紙反。(ZD60-431b)

亦～，音爾。(ZD59-713b)

鉺 ěr

～渠，上而止反，下巨魚反。(ZD59-599a)按："～渠"即"耳渠"。《大寶積經》卷 76："以諸花鬘、種種瓔珞、天冠、臂印、環釧、耳渠莊嚴其身。"(T11, p428a)"耳"，聖本作"鉺"。"鉺"爲"耳"之俗。"耳"蓋受上字"釧"的影響類化增旁從"金"而作"鉺"。

鉤～，人志反，食也，正作餌。(ZD59-959c)按："鉤～"之"～"，乃"餌"之訛。

餌[2] ěr

鉤～，人志反，食也，正作餌。(ZD59-959c)

鉤～，而志反，正作餌。(ZD59-915a)

---

① 又見"毦""胒""毤"字條。

② 又見"鉺""鉰"字條。

䥍 ěr/niè

鉨 ～星，上而志反，食也，正作餌也，又奴協、陟葉二反，非也。(ZD60-581c)按："～星"，對應佛經作"餌星"。《廣弘明集》卷 24："歲次祈仙之客，餌星髓吸流霞。"（T52，p276c）"餌"俗作"鉺"，"～"即"鉺"之訛。

䥍 鑯～，女輒反，又音輒。(ZD60-355b)

刵 èr

刵 便～，而志反，割耳也。(ZD60-473c)

貳 èr/nì

弍 ～有，上而志反，兩也，正作貳。(ZD60-149c)

貮 ～過，上音貳，《字林》云戮也，正作貳也。(ZD60-588b)

貳 ～摩，上女二反。(ZD60-238c)

貳 ～吒，上女利反。(ZD59-577c)

貳 ～吒，女利反，下竹家反，此云色究竟天。(ZD59-915b)

貳 ～吒，上女利反。(ZD59-577b)

貳 ～吒，上女利反，亦云膩吒。(ZD59-673b)

貳 ～吒，女利反，天名。(ZD59-719a)

貳 ～吒，女利反，天名也，亦云膩吒、尼吒等。(ZD59-642c)

貳 揭～，上居拘反，下膩。(ZD60-72b)

貳 佉～，音膩。(ZD59-810b)

F

發 fā

照～，下方伐反。(ZD60-183c)

憤～，扶吻反，怨也，心中慫怒也。(ZD59-739a)

卒～，倉没反。(ZD59-650c)

～軫，之刃反，動也，車後横木也。(ZD59-891b)

眇～，上彌小反，下方伐反。(ZD60-566c)

奮～，府問反。(ZD59-944b)

～筌，上方越反，下七全反。(ZD60-297b)按："～"即"發"。《諸經要集》卷4："神朝發筌悟，豁爾自靈通。"(T54, p33c)

～起，上方月反，正作發。(ZD60-41c)

動～，方伐反。(ZD59-760b)

䥥 fā

作～，見藏經作撥，音鉢，又依字音廢，弋射收繳具也，應和尚以發字替之。(ZD60-360a)按：《一切經音義》卷7："機發，《説文》射發也。機，主發之機也。經文作䥥，收繳具也。"(C056, p926c)《入楞伽經》卷8："遍諸水陸，安置罟網、機撥、坑埳、弓刀、毒箭，間無空處。"(T16, p563b)《四分律行事鈔批》卷8："機撥使墮中死是也。應師云：發(府曰反)，謂機發也。機，主發之機也。律文作撥(補末反)。《廣雅》云：撥，除也，亦棄也。撥，非此義。"(X42, p836c)根據經義，"～"疑同"發"。

乏 fá

虚乏，扶法反，匱也，古作～。(ZD59-755b)

吠 fá

～啹，上音伐，下音居，應和尚未詳。(ZD60-388c)按："～"，譯音字。

奢～，上尸遮反，下扶發反，應和尚未詳。(ZD60-387c)按："～"，譯音字。《陀羅尼雜集》卷4："阿秖藪肥(八)奢吠奢(九)。"(T21, p599a)

栰 fá/yì

小～，音伐。(ZD59-601b)

小～，扶月反。(ZD59-642a)

爛～，下扶月反。(ZD59-617b)

船～，扶月反，正作筏。(ZD59-565c)

～喻，扶發反。(ZD59-853c)

捊～，步交反，引取也，又孚、浮二音。(ZD59-674a)按："捊～"，經文有版本作"桴栰"。

縛～，音代(伐)，船栰也，正作筏、栰二形。(ZD59-613b)

椓～，上猪角反，椎也，下羊力反，橜也，正作弋、杙二形。(ZD60-408c)按："～"，經文作"杙"。

眑 fá

～春，上扶發反，下尸容反。(ZD60-

377c)按:"～"即"䬌"。《一切經音義》卷 15:"䬌之,符發反,《廣雅》䬌,舂也。《埤蒼》䬌,䬅米也。《通俗文》擣細曰𦥮。䬅,音蕩。"(C056, p1053c)

䛑 ～擣,上父發反,舂米也,韲也,正作䬌(䬌)。(ZD59-802b)按:"～",可洪以爲"䬌",但兩者形體差異較大,經文有作"拭"或"誠"的。《聖賀野紇哩縛大威怒王立成大神驗供養念誦儀軌法品》卷 2:"取糞中麥洗乾,拭擣煮爲乳糜。"(T20, p168b)《何耶揭唎婆像法》卷 1:"取糞中麥洗乾,誠擣煮爲乳糜。"(T20, p171a)今暫依可洪之説。

𦥮 曰～,上于月反,下與䬌同。(ZD60-377c)按:"～"即"䬌"。《一切經音義》卷 15:"䬌之,符發反,《廣雅》䬌,舂也。《埤蒼》䬌,䬅米也。《通俗文》擣細曰𦥮。䬅音蕩。"(C056, p1053c)

筏 fá

筏 箄～,上步皆反。(ZD60-497c)按:"筏"乃"筏"。

筏[①] fá

茷 ～素,上房月反,正作筏。(ZD60-110a)

栰 作～,音伐,竹木爲之,可以渡水也,從木。(ZD59-764c)

茷 如～,扶發反,正作筏,又莫侯反,非也。(ZD59-952a)

跋 fá

跋 跗～,上音十,下音伐。(ZD60-285c)按:"跋",譯音字。《陀羅尼雜集》卷 4:"多婆迦破闘羅跗跋(許月)脾闍摩尼那羅延那供波那羅延拏娑婆因陀半拏。"(T21, p599b)

跋 跗～,上音上(十),下音伐,與跗跋字同也。(ZD60-388b)按:"～"即"跋"字之訛,譯音字。

墢 fá

撥 土～,扶發反,耕也,二耜爲耦,二耦爲～,正作墢、垡。(ZD59-1078a)

橃 fá

橃 船～,扶月反。(ZD59-638c)按:"～"同"橃"。

法 fǎ

泋 之～,音法。(ZD60-57a)

髮 fà

髮 ～抓,爭巧反。(ZD59-1080c)按:"～"即"髮"。

髮 鬒～,下音發。(ZD59-1080c)

髮 髡～,上苦昆反,下方伐反。(ZD60-549a)

髮[②] fà

髮 編～,步犬反。(ZD59-712c)

髮 毛～,莫高反。(ZD59-773c)

髮 齒～,下音發,正作髮。(ZD59-684b)

髮 鬚～,上相朱反,正作鬚。(ZD59-650a)

髮 剔～,上他歷反,除髮也,正作鬄也。(ZD59-609c)

髮 毛～,音發。(ZD59-853b)

髮 捉～,音發。(ZD60-44b)

髮 鬀～,上他帝反,除髮也,今作剃也,又徒帝反,非也。(ZD59-601b)

髮 鬒～,相朱反,下方伐反,正作鬚髮也。

① 又見"筏"字條。
② 又見"髮"字條。

(ZD59-741a)按："髾～"，對應佛經作"鬚髮"。《入楞伽經》卷 8："雖服袈裟，剃除鬚髮。"(T16，p562b)

～抓，爭巧反。(ZD59-680b)

爪～，爭巧反，下方伐反。(ZD59-853c)

～抓，爭巧反。(ZD59-617b)

髾～，息朱反，正作鬚。(ZD59-701c)

縈～，於營反，結也。(ZD59-657a)

鬚～，二音須發。(ZD59-741b)

編～，布玄反，織也，宜作辮字呼。(ZD59-701c)

忛 fān

舉～，扶嚴反，又音梵。(ZD60-204a)按："～"乃"帆"字，詳見本書中篇"忛"字條。

帆[1] fān/fàn

～挽，扶咸反，下五迴反，正作桅，船上檣竿也，即帆柱是也，《經音義》作挽，音晚，引也。(ZD59-834b)

舉～，音凡。(ZD59-708a)

舉～，苻嚴反，船上慢(幔)也，正作帆、颿二形也。(ZD59-671c)按："～"即"帆"，見"舤"字條。

～帆，上正作帆，下芳梵反。(ZD60-387a)

舉帆，音凡，船上幔也，正作～、颿二形。(ZD59-851c)

大～，凡、梵二音，舡上幔也。(ZD59-1011b)

舉帆，音凡，亦作～。(ZD59-849b)

忺 fān

舉～，音凡，亦作颿。(ZD59-849b)按："～"乃"帆"字，詳見本書中篇"忺"字條。

伋 fān/fàn

舟～，凡、梵二音。(ZD60-412a)

舤 fān

舉～，苻嚴反，船上慢(幔)也，正作帆、颿二形也。(ZD59-671c)按："舉～"即"舉帆"。"～"即"帆"字。《漸備一切智德經》卷 4："適到大海，望風舉帆，其風和順。"(T10，p483a)

幡 fān

～内，上芳煩反，正作幡。(ZD60-422c)

～繖，音散。(ZD59-737b)按："～"乃"幡"。

翻 fān

作～，音幡。(ZD60-377c)

傾～，芳煩反，覆也，正作翻、飜二形。(ZD60-25c)

～覆，芳煩反，下芳玉反。(ZD59-655a)

水～，音幡，覆也。(ZD59-766c)按："～"即"翻"。《六度集經》卷 5："魔奮勢拔鑰，排門兵入，猶塘決水翻。"(T03，p31a)

～扇，上扶福反，正作馥也，芬馥，香氣盛皃也，又宜作顲，音婆。顲顲，勇舞皃也。經云復有樹王，香風～扇，出和雅音，是也。下尸戰反，上又郭氏音翻，非也，《川音》音敗，亦非也。(ZD60-285b)按：鄭賢章(2004：212)以"～"爲"翻"。

---

[1] 又見"忛""忺""伋"字條。

旛 fān

旛 ～蓋，芳煩反。(ZD59-789b)

糬[1] fān

糬 ～淀，普官、芳元二反，下徒見反，淅米汁也，正作潘澱也。(ZD59-907c)按："～"同"潘"。

糬 米糬，翻、畨二音，淅米汁，正作～、潘二形。(ZD59-1108b)

糬 作～，普官、芳煩二反。(ZD60-370c)

潘 fān

潘 潘水，上芳煩反，大波也，正作～也，又普官反，非也。(ZD60-196c)

飜 fān

飜 ～疾，芳煩反。(ZD59-856c)

凡 fán

凡 ～鼓篋，上扶嚴反，皆也，不一也。(ZD59-566a)

梵 fán

梵 ～陽，《川音》作棼，同，蒲北反，縣名，恐不是此字，今宜作樊，音煩，邑名，樊陽也。(ZD60-456a)按：《高僧傳》卷10："訶羅竭者，本樊陽人，少出家。"(T50，p389a)"樊"，宋、元、明、宫本作"棥"。"～"，可洪根據字形，音"蒲北反"，蓋以爲"棼"，但又根據文意，以爲"樊"，今經文即作"樊"。

㸋 fán

㸋 ～茈，上音煩，下音施，式支反。(ZD60-285c)按："～"同"嘫"，譯音字。《陀羅尼雜集》卷4："呵㸋茈曇摩肥，利闍牟尼陀闍顯奢兜沙訶佁咤咤彌耶。"(T21，p599b)

燔 fán

燔 火～，音煩。(ZD59-1094a)

繁 fán

繁 類～，音煩。(ZD60-547a)

嘫[2] fán

嘫 ～茈，上音樊，下式支反，正作茈也，下又郭氏音他，應和尚未詳。(ZD60-290c)按："～"即"嘫"，譯音字，無實義。《陀羅尼雜集》卷7："阿嘫茈曇摩，肥利闍牟尼。"(T21，p617c)

嘫 ～茈，上音煩，下失之反，前作㸋茈，正作嘫茈也，下又或作箷，音移，下又郭氏音他，非，應和尚未詳。(ZD60-388b)按："～"即"嘫"，譯音字，無實義。

䙵 fán

䙵 ～川，上音煩，鄉名，在京兆杜陵。(ZD60-346a)

鐇 fán

鐇 ～斧，上府煩反，廣刃斧也。(ZD60-163c)

礬 fán

礬 ～石，扶番反。(ZD59-663a)

反[3] fǎn

反 若～，音返，正作反。(ZD60-530a)

---

① 又見"潘"字條。

② 又見"㸋"字條。

③ 又見"仮""饭"字條。

仮 fǎn

仮 側～,方晚、方煩二反,～,覆也,轉也,正作饭也,前帙作饭,芳万反。(ZD59-963b)按:"～"即"反"字。《大莊嚴論經》卷13:"眼看索救護,宛轉而反側,燋然既以訖,威光復消融。"(T04, p330c)

阪[①] fǎn

阪 峻～,音返。(ZD60-364b)

坂 fǎn

坂 如～,音返。(ZD59-617a)按:"～",經文作"阪",同。

岅 峻～,上相俊反,下方晚反。(ZD60-21c)按:"～"同"坂"。《彌沙塞部和醯五分律》卷6:"我實堪能,鬧毀呰故,力便都盡。可更斷賭,復使倍上,要牽百車上于峻坂。"(T22, p37c)

岅 峻～,方晚反,正作坂、阪二形。(ZD60-4a)

返 fǎn/pǐ

返 ～遺,以遂反,贈也。(ZD59-582c)

坂 六～,音反。(ZD59-735b)按:"六～",對應佛經作"六返"。《持人菩薩經》卷4:"佛忻笑,口中五色光出,遍照三千大千佛土,地六返震動。"(T14, p640b)"～"蓋"返"之借,亦有可能"返"受上字"地"的影響類化換旁從"土"而作"～"。

返 ～遺,以遂反,與也,贈也。(ZD59-585c)

返 ～山,上普吉反。(ZD60-445c)按:"～山",對應佛經作"匹山"。"～"即"匹"之訛。《高僧傳》卷1:"後孫綽製道賢論,以天竺七僧,方竹林七賢,以護匹山巨源。"(T50, p326c)

饭 fǎn

饭 ～側,方晚反,覆也,邪也,正作反、返、仮三形,又芳万反,非也。(ZD59-959c)按:"～"同"反"。《大莊嚴論經》卷2:"四面置火,猶如融金,亦如黄髮,紅赤熾然,夏日盛熱,以炙其上,展轉反側,無可避處,身體燋爛,如餅在鏊。"(T04, p266a)"反",宋、元本作"饭"。

汎 fàn

汎 ～釋,上芳梵反,釋字訓解。(ZD60-117c)

汎 ～愛,上芳梵反,正作汎也,又音軌,非。(ZD60-482a)按:"～"乃"汎(泛)"。

汎 漂泛～,二同,芳梵反。(ZD59-720b)

氾[②] fàn

氾 ～流,芳梵反。(ZD59-648b)

氾 ～羅,上芳梵反,又音似。(ZD60-296a)

氾 ～然,上芳梵反,浮也。(ZD60-316a)

呗 fàn

呗 伊～,音梵,借音蒲梵反,應和尚未詳。(ZD60-387c)

汎[③] fàn

汎 流～,芳梵反。(ZD59-1027a)

汎 ～華,芳梵反。(ZD59-785b)

汎 ～漾,上芳梵反,下羊亮反。(ZD59-556b)

汎 ～長,芳梵反,下知兩反,水大也。(ZD59-680c)

---

① 又見"坂"字條。
② 又見"氾"字條。
③ 又見"汎"字條。

汎 ～～，芳梵反，浮也，又音馮。（ZD59-985a）

汎 ～溢，芳梵反。（ZD59-843c）

汎 ～雨，芳梵反。（ZD59-746b）

汎 ～說，芳梵反。（ZD59-952b）

汎 ～遊，芳梵反。（ZD59-656c）

汎 ～上，芳梵反。（ZD59-653b）

汎 ～漲，上芳梵反，下知向反。（ZD60-15c）

汎 ～說，芳梵反。（ZD59-954a）

汜 fàn/sì

汜 度～，芳梵反。（ZD59-713b）按："～"乃"氾"。

汜 ～流，上芳梵反，浮也。（ZD59-614b）按："～"乃"氾"。

汜 濛～，上莫孔反，下祥里反。（ZD60-440b）

范 fàn

范 ～蚃，音禮。（ZD60-555b）

范 ～甯，音佞。（ZD60-385b）

⿰口乏 fàn

⿰口乏 吒～，方梵反，下芳梵反。（ZD59-871c）按："～"，譯音字。《大毘盧遮那成佛神變加持經》卷5："喥⿰口乏⿰口鍐⿰口梵。"（T18，p30b）

梵 fàn

芃 與～，音梵。（ZD60-85a）

梵 大～，音梵，天名。（ZD60-259a）按："～"乃"梵"字，詳見本書中篇"梵"字條。

販 fàn

販 ～賃，女甚反。（ZD59-861b）

飯 fàn

餅 淨～，音飯。（ZD59-687a）

餅 酪～，音飯。（ZD59-787b）

餅 淨～，音飯，正作餅。（ZD59-687c）

飰 ～食，扶万反。（ZD59-758c）

⿱𠆢⿱龷大 fàn

⿱𠆢⿱龷大 阿～，音飯。（ZD60-414a）

餅 fàn

餅 須～，音飯。（ZD59-1136c）按："～"同"飯"。

⿰口梵 fàn

⿰口梵 ⿰口鍐～，亡犯反，下扶鍐反。（ZD59-871c）按："～"，譯音字。

⿰口梵 ～多，蒲梵反。（ZD59-590c）按："～"，譯音字。

⿰氵梵 fàn

⿰氵梵 ～復，上音梵，下音伏。（ZD59-625b）按："～"，譯音字。《大方等大集經》卷22："阿那耨得叉（十二），⿰氵梵復婆（十三）。"（T13，p162a）

⿰氵梵 遮～，蒲梵反。（ZD59-628a）按："～"，譯音字。

⿰氵梵 ～者，蒲錦反，又蒲可反。（ZD59-681c）按："～"，譯音字，音"蒲錦反"，不詳。

範 fàn

範 貽～，上羊之反，下音犯。（ZD60-516b）

範 ～軌，扶鍐反，下居水反。（ZD59-700b）

範 ～軓，音犯，常也，下居美反。(ZD59-710a)

範 摸～，莫乎反，下音犯。(ZD59-826c)

範 軓～，音犯。(ZD59-553c)

範 懿～，上乙冀反。(ZD60-429b)

軓 跛～，布蔭反，經自切。(ZD59-802b) 按："～"，經文作"範"，用作譯音字。《陀羅尼集經》卷 7："羝跛範(布蔭反一)跋折囉波(去音)。"(T18，p844c)

邡 fāng

邡 什～，上音十，下音方。(ZD60-496c)

枋 fāng

枋 蘇～，音方，木名。(ZD59-786a)

枋 ～船，上音方，應是獨板小船子也，所載不過五人至十人者也，謂小槽船子也，或作汸，音方，併兩船也。(ZD59-1017c)

昉 fāng/fǎng

昉 ～刪，上音方，下音珊。(ZD59-574c) 按："～"乃"肪"字。

昉 ～習，方冈反，明也，或作倣、放二字。放，學也。(ZD59-643b)

眆 神～，方冈反，悞。(ZD60-345c)

笀 fāng

笀 竹～，芬方反，《佛説般泥洹經》作芳。(ZD59-1018a) 按："～"乃"芳"字。《一切經音義》卷 52："竹笀，字宜從草作芳，聚落名也。"(T54，p657b)《佛般泥洹經》卷 1："寧可俱至竹芳聚。"(T01，p164b)"芳"，元、明本作"笀"。

𥐘 fáng

𥐘 律～，力出反，下伏亡反，禁也，正作防，《樓藏經音》作砌，七細反，非也。(ZD59-705a) 按："～"乃"防"，詳見本書中篇"𥐘"字條。

肪 fáng

肪 ～膏，方、房二音，脂也，在腰肉。(ZD59-942b)

房 fáng

房 ～中，上扶亡反，正作房。(ZD59-1111c)

魴 fáng

魴 鱒～，上自困反，下伏亡反。(ZD59-1083b)

仿 fǎng

仿 ～佛，宜作髣、仿、彷，三同芳冈反，下宜作髴、佛、彿，三同芳勿反，見不審細也，依俙也，相似也，又上音妨，下扶味、扶勿二反，非。(ZD59-729b) 按："～佛"，聯綿詞，與"彷佛""髣髴""仿佛"同，詳見本書中篇"仿"字條。

仿 作～，方冈反，見藏作放。(ZD60-366b) 按："～"即"放"。《一切經音義》卷 11："放習，甫往反，《廣雅》放，效也，亦依也，比也，經文作仿，非也。"(C056，p978b)

倣 fǎng

倣 ～斅，方冈反，下户孝反。(ZD59-785c)

舫 fǎng

舫 船～，音放。(ZD59-686c)

舫 船～，上市專反，下方望反。(ZD59-620b)

髣 fǎng

髣 ～髴，上芳兩反，下芳味、芳勿二反，相似也。(ZD60-238c)

髣 ～髴，芳冈反，下芳物反，依俙也，正作彷彿。(ZD59-981b)

髣 ～髴，芳冈反，下芳勿反。(ZD59-642b)

鎊 髴～，上弗、拂二音，下芳往反，正作髣也，正言髣髴。(ZD59-619b)

放 fàng

放 ～逸，羊一反。(ZD59-966a)

放 ～牧，音目。(ZD59-938c)

枋 ～地，上方妄反，置也，正作放。(ZD60-71a)按：《薩婆多部毘尼摩得勒伽》卷10:“欲教化與，不犯。與親里，突吉羅。放地與，突吉羅。”(T23，p624a)

枚 ～逸，上方妄反，正作放。(ZD60-143c)

犵 fēi

犵 作～，音非，見藏作飛。(ZD60-369b)按：“～”即“飛”。

妃 fēi

妃 ～后，撫非反，下侯吼反。(ZD59-697a)

妃 ～后，芳非反，下户豆反。(ZD59-905c)

非 fēi

非 ～意，上音非，悮。(ZD59-779b)

飛[①] fēi

飛 蜎～，上烏玄反。(ZD59-1005b)

䬠 蜎～，於玄反，下方微反。(ZD59-670c)按：“～”乃“飛”字，詳見本書中篇“䬠”字條。

飛 蜎～，上烏玄反。(ZD59-585b)

䬠 ～過，上方微反，正作飛。(ZD60-155a)

蜚 蜎～，於玄反，下音非。(ZD59-671a)

飛 蜎～，音非，前卷作蜎飛。(ZD59-826c)

蜚 蜎～，上於玄反，下音非。(ZD59-1097a)按：“～”乃“飛”字，詳見本書中篇“蜚”字條。

䬠 ～行，上音非，正作飛。(ZD60-218c)

飛 蜎～，於玄反。(ZD59-822c)

飛 蜎～，於玄反。(ZD59-725c)

飛 ～激，音擊。(ZD59-954c)

飛 蜎～，一玄反。(ZD59-672a)

䬠 ～騰，上音非，翔也。(ZD59-1115b)

飛 ～鴻，音紅。(ZD59-956b)

飛 蜎～，上烏玄反。(ZD59-573b)

蜚 蜎～，府微反，古文飛也。(ZD59-770a)

蜚 蜎～，音飛。(ZD59-903c)

婓 fēi

婓 ～～，芳非反，往來皃。(ZD60-437c)

扉 fēi

闝 房～，音非。(ZD60-30c)

蜚 fēi

蜚 蜎～，烏玄反，下方微反，下又肥味反，非用。(ZD59-701c)按：“～”即“蜚”，同“飛”。

緋 fēi

緋 ～綖，音線。(ZD59-804c)

---

① 又見“犵”“蜚”“䬠”字條。

䬠　fēi

䬠　龍～，音飛。(ZD60-460b)按："～"即"飛"字之訛。

䦽　fēi

䦽　户～，音非，正作扉。(ZD60-29c)按："䦽"即"扉"字。

䦽　作～，音非。(ZD60-367c)

䦽　作～，音非。(ZD60-372c)

肒　féi

肒　體～，音肥，又都故反，非也。(ZD60-558a)按："體～"，對應佛經作"體肥"。《廣弘明集》卷12："體肥力壯，心勇氣强。"(T52, p169c)

肥　féi

肥　～腴，羊朱反。(ZD59-610b)按："～"即"肥"字之訛。

肥[1]　féi

肥　鮮～，父非反。(ZD59-741b)

肥　愛～膚，上烏礙反，下府無反。(ZD59-979c)

腓　féi

腓　～髀，扶非反，下鞞米反。(ZD59-797a)

痱　féi

痱　受～，音肥，風病也，亦作痱也，又扶沸反，熱瘡也，又蒲罪反，皮外小起也。(ZD60-209c)按："～"乃"痱"，同"疕"。

疕　受痱，音肥，風病也，亦作～也。(ZD60-209c)

膹　féi/pǐ

𬝨　～風，上音肥，風～病也，正作疕、痱二形也。(ZD60-104b)按："～"疑爲"膹"字，可洪以爲"疕"。《阿毘曇毘婆沙論》卷39："内法中輕動者，如上向風、下向風、住脇風、住腹風、住背風，如針刺風，如截刀風、**𬝨**風、出入息風、諸支節風等。"(T28, p290c)"**𬝨**"，宋、元、明、宫本作"膹"。"～"即"膹"，可洪以爲"疕"。

𬝨　～迦，上肥以反。(ZD59-784b)按：《不空罥索神變真言經》卷13："特(能邑反)**𬝨**(肥以反)迦南(二)。"(T20, p291c)《不空罥索神變真言經》卷19："嚇拽特(二合)膹(肥以反)迦南。"(T20, p331b)從形體看，"～"即"膹"，用作譯音字。

膹　持～，下肥以反，從月，二合。(ZD59-786b)按："～"，對應佛經作"膹"。"～"爲譯音字。《不空罥索神變真言經》卷19："嚇拽特(二合)膹(肥以反)。"(T20, p331b)

𦜟　féi/pào

𦜟　作～，扶非反，見藏作肥，亦云鹵土。(ZD60-385a)按："～"同"肥"。

𦜟　作～，音肥。(ZD60-367a)按："～"同"肥"。

𦜟　生～，步皃、疋皃二反，正作皰、胞、皰三形也，悮。(ZD60-174a)按："～"同"𦜟"，乃"皰"字。

𦜟　五～，步孝、疋皃二反，腫起也，凸也，正作皰、胞二形。(ZD60-212a)按："～"即"皰"。《修行道地經》卷1："至九七日，變爲五皰，兩肘、兩髀及其頸項而從中出也。"(T15, p87a)

𦜟　疱、皰、～，三同步皃反，皮起腫皃也，又

[1] 又見"肒""肥""𦜟""膹"字條。

見藏作雹,步剥反,與朏同。(ZD60-367c)按:“~”同“皰”。

朏 féi

朏 地~,扶非反,正作飢(肥)也,上方經作地肌(肥)是也。《經音義》作地朏,應和尚以肥字替之是也。《鼻柰耶》云地生鹵土雹是也。諸經作地肌(肥)。(ZD59-995c)按:“~”同“肥”,詳見本書中篇“朏”字條。

朏[1] fěi

朏 ~然,上芳尾、普對二反也。(ZD60-524b)

蜰 fěi

蜰 謝~,普對、普乃、普没、芳尾四反,月三日明生之名。(ZD60-504a)按:“~”同“朏”。

蜰 fěi

蜰 ~羽,上方尾、扶味二反,虫名也,又音飛,古爲蜎飛字也。(ZD60-458b)

翡[2] fěi

翡 ~翠,扶味反,下七遂反,青羽雀也,正作翡翠。(ZD59-678a)按:“~翠”同“翡翠”。

篚 fěi

篚 筐~,上丘狂反,下非尾反。(ZD60-588a)

蟦 fěi

蟦 ~翠,扶味反,下七遂反。(ZD59-761b)

鷫 ~鴇,扶味反,下七醉反。(ZD59-893a)按:“~”即“蟦”。“~鴇”即“蟦鷫”,又作“翡翠”,鳥也。

芾[3] fèi

芾 蔽~,上必祭反,下方味反,小草皃也。(ZD60-519a)

芾 蔽~,上必祭反,下方味反。(ZD60-369c)

吠[4] fèi

吠 皤~,下扶廢反。(ZD59-590b)

吠 ~之,上扶癈反,正作吠也,又烏交反,非也。(ZD59-1104c)

吠 ~囉妮,上扶廢反。(ZD59-593b)

吠 ~女,肥廢反,下尼庶反。(ZD59-786b)

吠 ~世師,扶癈反,亦云鞞世師,此云勝異。(ZD59-968c)

吠 自~,扶廢反。(ZD59-922b)

吠 競~,扶癈反,正作吠,又烏交反,非也。(ZD59-1112c)

吠 fèi

吠 ~嵐,上扶廢反,下力含反,《大婆沙》作吠嵐。(ZD60-93c)按:“~”乃“吠”。

芾 fèi/liǎng/ruì

芾 蔽~,上必祭反,下方味反,小草皃也。《詩》曰蔽芾甘棠是也,上正蔽也。下正作芾、芾、芾三形,下補蓋、方拂二反,草盛也,又音丙,明著也,非,傳寫久悮也。(ZD60-519a)按:“~”乃“芾”字。《甄正論》卷3:“尚蔽弟甘棠,思德留樹,況黄帝登九五之位。”(T52, p570c)“弟”,宋、元、明、宫本作“芾”。

---

① 又見“蜰”字條。
② 又見“蟦”字條。
③ 又見“芾”字條。
④ 又見“吠”字條。

苪 ～頭，上力掌反，諸經作蒳，音兩，又音丙，非也。(ZD60-64c)按："～"乃"兩"字。

芮 陳～，而稅反，人名也。(ZD60-507a)按："～"乃"芮"字。

芮 因～，而稅反，悮。(ZD60-363a)

柹 fèi

柹 ～椨，上芳癈反。(ZD60-85a)按："～"即"柹"，讀"芳癈反"，音"fèi"。

肺[①] fèi

肺 肝～，古寒反，下芳廢反。(ZD59-847a)

肺 肝～，芳廢反。(ZD59-616b)

肺 某～，芳廢反，肝～也。(ZD59-750a)

肺 ～病，芳廢反。(ZD59-682a)

肺 肝～，古寒反，下方(芳)廢反。(ZD59-662a)

肺 肝～，芳廢反。(ZD59-578a)

肺 心～，芳癈反。(ZD59-661c)

肺 脾～，蒲卑反，下芳廢反，五藏之名。(ZD59-874a)

肺 肝～，上古安反，下芳廢反。(ZD59-574c)

胇 fèi/fú

胇 作～，分(芬)廢反，經以爲肝肺字也，又皮筆反，胇肸，大皃也。(ZD60-355b)

胇 ～腧，上芳吠反。(ZD59-1044a)按："～"，即"肺"字。

胇 地～，芳廢反，正作肺。(ZD60-509c)

胇 ～欝，上扶勿反，下於勿反，煙氣也，正作炥爩，或作怫欝二形。(ZD60-220c)按："～欝"同"炥爩""怫欝"，聯綿詞，煙氣也。

疿 fèi

疿 疱～，上步孝反，下正作疿。(ZD60-31b)

脯 fèi/fǔ

脯 肝～，上音干，下芳廢反，正作肺也，又音府，非。(ZD59-598c)按："～"，經文作"肺"。

脯 ～腊，上音府，下音昔，乾肉也。(ZD59-1008c)

屝 fèi

屝 ～屨，上扶味反。(ZD60-385c)

費 fèi

費 有～，芳味反。(ZD59-1039b)

費 財～，苦(芳)沸反。(ZD59-809b)

費 ～節，上扶味反，人姓。(ZD60-480a)

攢 fèi

攢 物～，扶味反，撲也，楚謂相撲爲相攢也。(ZD60-117c)

攢 相～，扶味反，南人謂相撲爲相攢也。(ZD60-165a)按："相～"，對應佛經作"相攢"。《佛説立世阿毘曇論》卷10："或歌或舞，相攢跳擲，或輪刀舞仗，或擊鼓吹篪。"(T32, p222a)

攢 相～，扶沸反，南人呼相撲爲相攢也。(ZD60-129b)按："相～"，對應佛經作"相攢"或"相攢"。《阿毘達磨俱舍釋論》卷2："如觀看時中見月舞相攢等色，無如此義。"(T29, p170a)"攢"，宋、元、

---

① 又見"胇""脯"字條。

明、宫本作"攅"。

攅 物～,房味反,實力子也。攅者,力也。南人呼相撲爲相攅是也。梵言達羅弊夜摩羅弗多羅,此云物力士子,亦云財力士子,亦云沓婆摩羅,或云陁驃摩羅子,此云實力子,皆是。此羅漢一體異名,蓋譯主各述梵音而有異耳。《川音》作樻,以特字替之,非正,彼悮。(ZD60-121c)按:《阿毘達磨大毘婆沙論》卷135:"問:云何一時有二心俱起?答:由勝定力水火二心速疾迴轉,似俱時發,如物攅子。"(T27, p698c)

攅 作～,芳味反。(ZD60-376c)

䠊 fèi

䠊 云～,扶味反,刖足也。(ZD60-404a)按:《金光明最勝王經疏》卷4:"踊躍者,跣足䠊也。"(T39, p276c)

廢[1] fèi

癈 沮～,上自與反,正作沮。(ZD59-615c)

癈 ～黜,方吠反,下丑律反。(ZD59-939b)

廢 休～,許牛反。(ZD59-969c)

癈 ～其,方吠反,止也,正作廢。(ZD59-903a)

癈 懈～,上古賣反,下正作廢。(ZD59-552b)

廢 懈～,古賣反,下方吠反。(ZD59-676b)

癈 妨～,上撫方反,害也,礙也,下方肺反,止也,正作廢。(ZD59-583a)

廢 中～,知仲反,下方吠反。(ZD59-919c)

癈 缺～,下方吠反。(ZD59-731a)

癈 盡～,方肺反。(ZD59-821b)

癈 ～捨,方肺反,止也,正作廢。(ZD59-661c)

癈 ～置,上方吠反,下陟利反。(ZD59-1101c)

瘵 ～其,音瘵,監也,悮。(ZD59-967b)按:"～",經文中乃"廢"字之訛,可洪音"瘵",恐誤。《攝大乘論釋》卷14:"於菩薩地中先已滅盡,餘心煩惱雖復未滅,由智念所伏,廢其功用。"(T31, p261a)

癈 ～事,夫吠反,息也。(ZD59-768b)

癈 提～,方吠反,正作廢、癈二形。(ZD59-734b)

濻 fèi

濻 ～迦,上方味反,王名也,亦作沸、灒二形,並見《新唐韻》,又扶味反,非此呼也,阿含諸經並云佛迦沙。(ZD60-233c)

癈 fèi

癈 ～諸,上方吠反。(ZD60-245a)按:"癈"乃"廢"。

𥳭 fèi

𥳭 ～席,上方肺反,下祥昔反,正作𥳭席。(ZD60-26b)按:"～"即"𥳭",與"䉬"同。

鸓 fèi

鸓 ～～,扶味反,獸名似人,而披髮黑色,毛長丈許,正作𧌘、𥭯二形也。(ZD60-301c)按:"～"乃"鸓",與"𧌘""𥭯"同。

分[2] fēn

分 ～阤,音陁。(ZD59-668b)

分 ～㜷,内沃反。(ZD59-725c)

芬 fēn

芬 ～薰,芳文反。(ZD59-708b)

---

① 又見"癈"字條。
② 又見"汾"字條。

～薰,芳文反,正作芬也。(ZD59-708b)

～薰,芳文反,下許云反。(ZD59-759b)

～馥,芳文反,下音伏。(ZD59-648a)

～馥,芳文反,下扶福反。(ZD59-696c)

苾～,下芳文反。(ZD59-609c)

～馥,上芳文反,下音伏。(ZD59-615a)

～香,上芳文反。(ZD59-1004c)

苾～,毗結反,下芳文反。(ZD59-751a)

汾 fēn/fén

自～,第二十二卷作派。(ZD60-379c)按:"～"同"分"。《一切經音義》卷16:"派瀆,普賣反,《説文》派,水之邪流别也。《廣雅》水自汾出者派也。"(C057, p12c)《一切經音義》卷48:"派流,普懈反,分流也。《説文》水之邪流别也。《廣雅》水自分出名派也。"(T54, p625a)"自～",對應文獻作"自分"。

～澮,上扶文反,下古外反,二並水名也。(ZD60-579b)

氛 fēn/fén

～馥,上芳文反,下音伏。(ZD59-601c)

殺～,扶文反,～氳,元氣也。(ZD59-866b)

～氳,扶文反,下於云反。(ZD59-665a)

坌 fēn

～棄,上音分,方文反,掃弃也,正作坌、坋二形也,悮。(ZD60-51b)按:"～"即"坌",與"坋"同。

衯 fēn

弊～,芳文反,長衣也。(ZD60-583a)

紛 fēn

繽～,疋賓反,下拂分反。(ZD59-669b)

～葩,芳文反,下普巴反。(ZD59-731b)

～綸,上芳文反。(ZD59-585c)

～馥,上芳文反。(ZD59-612a)

～～,芳文反。(ZD59-675a)

棻 fēn/fén

德～,芳文、扶文二反。(ZD60-428c)

訜 fēn

～訟,上側迸反,鬪也,引也,正作諍、爭二形。(ZD59-988b)按:"～",訜紜,語不定,可洪以爲"諍"字,恐誤。《中阿含經》卷6:"或言不斷,大共訜訟。"(T01, p461a)"訜訟",宋、元、明本作"紛紜"。

雰 fēn

～散,芳文反。(ZD59-890b)

～～,芳文反,霧也。(ZD59-655c)

～～,芳文反,霧也。(ZD60-567c)

重～,芳文反,霧也。(ZD60-539b)

[illegible] fēn

[illegible]～,上疋賓反,下芳文反,並俗體也。(ZD59-1015b)按:"[illegible]～",聯綿詞,經文作"繽紛",義同,詳見本書中篇"[illegible]"字條。

鐼 fēn

～汁,上方文反,一炊餅也,正作饙、餴二形。(ZD60-18c)按:"～"乃"饙",經文作"饙"。

饙[①] fēn

饙 ～汁，上父文反。(ZD59-1111a)

餴 饙汁，上方文反，一炊餴也，正作饙、～二形。(ZD60-18c)

鐼 餢～，上古盍反。(ZD60-374c)

枌 fén

枌 ～葉，上房文反。(ZD60-485b)

枌 ～橑，上扶文反，複屋棟也，正作棼，下郎道反，簷前木也，一曰欄也。(ZD59-1020a)按："～橑"之"～"，通"棼"。

蒶 fén

蒀 ～蒀，上扶文反，下於云反。(ZD60-367a)

蒀 ～蒀，上扶文反，下於云反，盛皃。(ZD60-570c)

焚[②] fén

焚 ～燒，扶文反，正作焚。(ZD59-835a)

焚 ～身，扶文反，正作焚。(ZD59-834b)

焚 ～燒，扶文反，正作焚。(ZD59-963a)

焚 ～蛾，扶文反，下五何反。(ZD59-915c)

焚 ～灼，扶文反，下之略反，上正作焚。(ZD59-789a)按："～"乃"焚"字，詳見本書中篇"焚"字條。

焚 能～，扶文反，正作焚。(ZD59-620b)

焚 ～燒，上扶文反。(ZD60-81b)

焚 ～燒，上扶文反。(ZD59-622b)

氲[③] fén

氲 ～氲，扶文反，下於云反。(ZD59-665c)按："～"同"氛"。

豶 fén

豶 ～者，上扶文反。(ZD60-71b)

燌 fén

燌 炎出爲～，下宜作熐。(ZD59-1092c)按："～"乃"熐"字，詳見本書中篇"燌"字條。

濆 fén

濆 江～，扶文反，水際也，又普悶反，～突，水泉湧出皃。(ZD60-466a)

熐 fén

熐 ～燒，上扶文反。(ZD59-1000b)

熐 ～燒，扶幡反，正作燔。燔，炙肉也，宗廟熟肉曰燔也，今宜作熐，音焚也。(ZD59-895b)按："～"，經文作"焚"，與"熐"同。

轒 fén

轒 ～轒，上扶文反，車也，下尺容反，陷陣車也，又上扶吻反，下宅絳反，衝城戰車也。(ZD60-492a)

份 fèn

份 相～，宜作分，扶問反，又補巾反，備也。(ZD60-207a)按：《道地經》卷1："佛説在經中如應出，説如應五陰種相若干相份。"(T15, p231c)"份"，宋、元、明、宫本作"分"。"～"同"分"。

忿 fèn

忿 ～蔽，必祭反。(ZD59-902c)

---

① 又見"鐼"字條。
② 又見"熐"字條。
③ 又見"氛"字條。

～懟，直遂反。(ZD59-595a)

～懟，去遂反，恨也。(ZD60-226a)

糞 fèn

擔～，都甘反，正作擔。(ZD60-482c) 按："～"乃"糞"。

擯 fèn

～慨，上扶吻反，下苦代反。(ZD60-319a)按："～"乃"憤"。構件"忄"與"扌"相混。《出三藏記集》卷 12："靜言浮俗，憤慨于心。"(T55, p93b)

奮 fèn

而～，方問反。(ZD59-578a)

～明，府問反，揚也，正作奮。(ZD59-701b)

～迅，上夫問反。(ZD59-1066c)

～迅，方問反。(ZD59-663b)

～迅，方問反，下相俊反。(ZD59-925c)

～迅，夫問反，下私俊反，振身也，正作奮。(ZD59-825c)

～迅，方問反，下相俊反，揚也，振也，鳥張毛皃也，正作奮奞也。(ZD59-906c)

～迅，方問反。(ZD59-745b)

～曜，方問反。(ZD59-856c)

～迅，方問反，下私俊反，正作奮迅。(ZD59-740c)

～詞，上方問反。(ZD60-436a)

～頭，同上(奮)。(ZD59-993b)

～勇，方問反。(ZD59-656b)

～迅，上方問反，下相俊反。(ZD59-569c)

～迅，夫問反，下相俊反。(ZD59-725a)

～迅，上音糞。(ZD59-982c)

～火，上方問反，揚也，振也，正作奮。(ZD60-579a)

～迅，方問反，下相俊反。(ZD59-742a)

～大，上方問反，振也，揚也，正作奮也。(ZD59-640c)

～迅，上方問反。(ZD59-571a)

～迅，夫問反。(ZD59-716a)

～振，方問反。(ZD59-674a)

～動，上方問反，正作奮。(ZD59-618a)

～光，方問反。(ZD59-673b)

～師，上方問反，振也，正作奮。(ZD60-185a)

～出，上方問反。(ZD59-1066b)

～迅，方問反，下私俊反。(ZD59-830a)

～迅，方問反，下相俊反。(ZD59-656b)

～振，方問反，揚也，振也，正作奮。(ZD59-821a)

～綿，上方問反，正作奮。(ZD60-253a)

～扇，方問反。(ZD59-674b)

～迅，上方問反，下私俊反。(ZD59-1066b)

～巨，方問反。(ZD59-676a)

～迅，音糞，下音峻。(ZD59-716b)

～其，方問反，悞。(ZD59-766b)

～振，上夫問反。(ZD60-355b)

～威，上方問反。(ZD59-562a)

～迅，方問反，下相俊反，鳥振毛也。(ZD59-656a)

～武，方問反，正作奮。(ZD59-708c)

～大，方問反。(ZD59-642b)

奮　～劒，方問反。(ZD59-910c)

奮　～手，上方問反，正作奮也。(ZD60-86a)

奮　演～，方問反，揚也，正作奮。(ZD59-709c)

奮　～斯，上方問反，正作奮。(ZD59-614b)

奮　～威，上夫問反。(ZD59-1066b)

奮　～鼻，方問反，揚也，振也，正作奮，又大活反，悮。(ZD59-766b)

奮　～迅，分問反，下詢俊反。(ZD59-659c)

奮　～此，方問反。(ZD59-673c)

奮　若～，方問反。(ZD59-668a)

奮　～迅，方問反，下音峻。(ZD59-668b)

奮　～迅，上方問反。(ZD59-983a)

鼢　fèn

鼢　～鼠，扶問反。(ZD59-865c)按：《大陀羅尼末法中一字心咒經》卷1：“若取摩羅末伽土(唐云鼢鼠土也)，以沙共和，作金剛杵。”(T19, p319c)

膹　fèn

膹　～沮，上扶忽、扶問二反，下疾與反。(ZD60-373b)

糞[1]　fèn

糞　～穢，方問反。(ZD59-738a)

糞　～壤，上方問反，下而兩反。(ZD59-567c)

糞　～壤，方問反，下而兩反。(ZD59-692a)

糞　乾～，方問反，正作糞。(ZD59-1081a)

糞　～壤，方問反，下而兩反。(ZD59-707a)

糞　等～，方問反。(ZD60-507b)

糞　屎～，上尸旨反，下方問反。(ZD60-44c)按：“～”乃“糞”字。

糞　～穢，方問反。(ZD59-738b)

糞　牛～，方問反。(ZD59-721c)

糞　～毒，上方問反，不淨惣名。(ZD59-1015c)按：“～”乃“糞”，詳見本書中篇“瀵”字條。

糞　～聚，方問反，下才句反，正作糞聚。(ZD59-800a)

糞　逐～，直六反，下夫問反。(ZD59-741a)

糞　爲～，方問反，悮。(ZD59-868c)按：“～”乃“糞”字，詳見本書中篇“糞”字條。

糞　～掃，上方問反，下桑早反。(ZD59-555a)

糞　潰～，上户内反，下方問反。(ZD59-559a)

糞　菟～，土故反。(ZD59-792b)

糞　屎～，上尸旨反，下方問反。(ZD60-45c)

糞　爛～，上郎炭反，下方問反。(ZD59-553b)

憤[2]　fèn

憤　憒脹，上扶吻反，滿也，正作～。(ZD60-242c)按：“～”同“憒”。

峯　fēng

峯　～峙，直耳反。(ZD60-402b)按：“～”即“峯”，與“峰”同。

峰[3]　fēng

峰　～出，上芳逢反，正作峯。(ZD60-325b)

烽　fēng

烽　五～，音峰，正作烽。(ZD60-432a)

---

[1] 又見“糞”字條。

[2] 又見“憒”字條。

[3] 又見“峯”字條。

犎 fēng

蠭 ~毛,上芳逢反,正作犎。(ZD59-1106b)按:"~"通"犎"。

犎 ~牛,上芳逢反。(ZD60-175c)

烽[①] fēng

烽 延~,上以箭反,不斷也,下音峰。(ZD60-507c)

崶 fēng

崶 土~,音封。(ZD60-161c)按:"~"同"封",詳見本書中篇"崶"字條。

犎[②] fēng

捀 角~,音峰。(ZD59-952a)按:"角~"即"角犎(犎)"。《般若燈論釋》卷5:"何以故?以角犎垂頡等相有故,此亦應遮。"(T30, p79a)

楓 fēng

楓 ~香,音風,正作楓。(ZD59-784a)

蜂 fēng

蠭 衆~,峰、蓬二音,蜜主也,正作蜂。(ZD59-617c)

蜂 ~等,上芳逢反。(ZD60-119a)

蜂 奴~,音峰。(ZD60-45a)

蜂 蚑~,上巨支反,下芳蓬反,下又音蓬,從夆。(ZD60-213b)

蜂 黑~,芳逢反。(ZD59-737c)

蜂 蚊虻~,音文,中音盲,下音峰。(ZD59-817b)

蜂 如~,音峰。(ZD59-970a)

蜂 跂~,巨支反,下芳逢反,正作蚑蜂也。(ZD59-911a)

蜂 ~也,上音峰。(ZD60-217b)

蜂 ~嘴,芳逢反,下即水反。(ZD59-744a)

蜂 蚑~,巨支反,下芳逢反。(ZD59-760c)

鋒 fēng

鋒 ~刃層,上芳逢反,下音增。(ZD60-147b)按:"~"同"鋒"。《阿毘達磨藏顯宗論》卷16:"鋒刃增者,謂此增中復有三種。"(T29, p851b)

鋒 剣~,下芳逢反。(ZD60-473a)按:"~"同"鋒"。

酆 fēng

酆 出~,音豐。(ZD60-423a)

鋒[③] fēng

鋒 ~辯,上芳逢反,正作鋒。(ZD60-326b)

鋒 ~辯,上音峰,正作鋒。(ZD60-418a)

鋒 詞~,音峰。(ZD59-950a)按:"詞~",對應佛經作"詞鋒"。《般若燈論釋》卷1:"恚火難觸,詞鋒罕當。"(T30, p50c)

鋒 ~頭,上音峰,正作鋒。(ZD59-1119a)

鋒 飼~,上音詞,下音峰,前後皆作詞鋒,亦作辞鋒也,二並悮。(ZD60-465a)按:"~"乃"鋒"字,詳見本書中篇"**鋒**"字條。

蠭[④] fēng

蠭 ~蠣,音峰,下丑介反,正作蠆。(ZD59-797c)

豐 fēng

豊 ~收,尸由反。(ZD59-591a)

---

① 又見"烽"字條。
② 又見"犎"字條。
③ 又見"鋒""鏠"字條。
④ 又見"蜂"字條。

豐 ～溢，芳風反，下寅一反。(ZD59-660a)

鏠 fēng

鏠 銛～，上息廉反，下芳逢反。(ZD60-411c)按："～"同"鋒"。

逢① féng

逢 卒～，上倉没反，下扶峰反。(ZD60-322a)

逢 閼～，上烏割、於歇二反，下扶峰反。(ZD60-129a)

逢 道～，扶峰反。(ZD60-244c)按："～"乃"逢"。

逢 ～見，上扶峰反，正作逢。(ZD60-176b)按："～"乃"逢"字，詳見本書中篇"逢"字條。

渢 féng

渢 ～～，音馮。(ZD60-572c)

摓 féng/péng

摓 ～衣，扶峰反。(ZD59-922c)按："～"同"縫"。

摓 撍～，上子含、子紺二反，下扶峰、扶用二反。(ZD60-54c)按："～"同"縫"。

樬 ～㨴，上音逢，下音悟，《灌頂經》作逢忤，《摩尼羅亶經》亦作逢忤，應和尚未詳。(ZD60-388b)按：《一切經音義》卷20："樬㨴鬼。"(C057, p54a)《陀羅尼雜集》卷8："步行鬼，摓㨴鬼，山神鬼，石神鬼。"(T21, p627c)"摓㨴"，宋本作"逢誤"。"～"即"樬"，同"逢(逢)"。

摓 ～勃，步紅反，下步没反，風火盛皃也。(ZD59-954c)按：《十住毘婆沙論》卷1："入黑闇中，熢勃臭處，熱鐵鍱身，臠割其肉，剥其身皮，還繫手足。"(T26, p21a)從形體看，"～"即"摓"。"～勃"同"熢勃"。

䙲 féng

䙲 ～著，上扶峰反。(ZD60-71b)

䙲 撍～，上則勘反，下扶峰反。(ZD59-1105c)

䙲 ～以，上扶峰反。(ZD60-227c)

縫② féng/fèng

縫 ～治，音逢，下音持。(ZD59-900c)

縫 耨～，下音逢，悮。(ZD60-70a)按："耨～"，對應佛經作"褥縫"。

縫 自～，音逢。(ZD59-954a)

縫 善～，音逢。(ZD59-603b)

縫 ～之，上扶峰反。(ZD60-36a)

縫 ～治，扶峰反，下直之反。(ZD59-757c)

縫 撍～，上子紺反，下音逢。(ZD59-1118b)

縫 ～腦，上扶用反。(ZD59-602b)

諷 fěng

颿 ～誦，上方鳳反。(ZD60-296b)

賵 fèng

䁢 ～贈，上芳鳳反，正作賵也，下才鄧反，贈死也。(ZD60-469b)

䁢 ～贈，上芳鳳反，下自鄧反。(ZD59-1056a)

佛 fó

仏 依～，扶勿反，正作佛。(ZD60-403a)

---

① 又見"逢"字條。

② 又見"摓""䙲"字條。

呼 fōu

吁 阿～，疋浮反，正作呼，《五分律》作呼也，又咒于反，又音呼，非也。(ZD60-42a)按："～"，對應佛經有版本作"呼"。《四分律》卷54："汝可往阿吁恒河山中，彼處有三浮陀比丘，是我同和上。"(T22,970b)"吁"，聖乙本作"呼"。

呼 私～，疋浮反，經作疋不反，悮也。(ZD59-745c)

呼 唻～，同上。(ZD60-291a)按："唻～"，對應佛經作"唻呼"。《陀羅尼雜集》卷7："至唻呼，比至唻呼。"(T21, p618b)

缶 fǒu

缶 從～，方久反。(ZD60-350b)

缶 之～，音否。(ZD60-369a)

缶 臼持～，上居六反，下方九反。(ZD60-382c)

缹 fǒu

缹 ～如，上音府，又方久反。(ZD60-502a)

缹 焤煑，音府，又方久反，稠煑也，正～也。(ZD59-729c)

缹 ～葉，方久反，下羊接反。(ZD59-875b)

烰 ～煑，方久反，蒸～也，稠煑也，又方武反，見新韻，並正作缹也，郭氏未詳。(ZD59-1053a)按："～"即"缹"字，詳見本書中篇"**烰**"字條。

焤[1] fǒu

焤 ～煑，音府，又方久反，稠煑也，正作缹，又音補，非用，又應和尚以䍖字替之，皮力反。(ZD59-729c)按：《佛說阿惟越致遮經》卷3："其火焰赫，及雨身上，燒炙缹煮。"(T09, p225a)"缹"，知本作"焤"。根據經文，"～"義同"缹"，燒煮，蒸煮也。

殕 fǒu

殕 ～腐，音父。(ZD60-378b)

玞 fū

玞 ～石，上音夫，次玉也。(ZD60-593a)

怤 fū

怤 ～愉，上芳無反。(ZD60-370b)

跗 fū

跗 ～上，方無反。(ZD59-795c)

罦 fū

罦 ～網，上芳無反，捕鳥網也，正作罦也，又音浮。(ZD60-303c)

鈇 fū

鈇 利～，音夫。(ZD59-602c)

鈇 ～钁，俱縛反。(ZD59-835a)

鈇 ～質，上音夫，下之日反，正作鈇。(ZD59-1040a)

鳺 fū

鳺 隹(其)～鴀，上之追反，鳥之短尾者惣名隹也，中音夫，正作鳺也，下方丘反。(ZD60-378a)按："～"乃"鳺"之訛。《一切經音義》卷16："鴉鳩，音浮，俗多作鵂，渠六反，《通俗文》隹其謂之鵂鳩，《爾雅》隹(其)，鳺鴀。郭璞曰即鴉鳩也。律文作孚，非體也。鳺音夫。鴀，音方浮反。"(C057, p2b)

---

[1] 又見"缹"字條。

～鴝,上音夫,下九牛反,鳥名也,正作鳺鳩也。鳺鳩,即鴉鳩也。鴉音浮。下又音鉤,非此呼也。(ZD59-1099b)按:"～"同"鳺"。

麩 fū

因～,芳無反,麥皮也,正作麩也。(ZD59-998b)按:"～",經文作"麩",即"麩"字,麥皮。《中阿含經》卷55:"猶人身有垢膩不淨,因麩、澡豆、暖湯、人力,極洗浴故,身便得淨。"(T01, p771b)

～片,上芳夫反,麥皮也。(ZD59-779a)

微～,別經作麩,芳無反,上方經作麮,非。(ZD59-1030b)按:"微～",對應佛經作"微麮"或"微麪"。《大樓炭經》卷5:"譬如大風吹微麮,隨瀎消散,微盡無餘矣!"(T01, p305a)"麮",宋、元、明本作"麪"。根據可洪之説,"微～"當爲"微麩"。如此,經文中"麮"亦"麩"之訛。

頭～,芳無反。(ZD60-197a)按:"頭～",對應佛經作"頭麩"。"～"即"麱",與"麩"同。

敷 fū

～演,上芳無反。(ZD59-610a)

牀～,上助庄反,又書類反,火骨二反,悞也。(ZD59-1061b)

～具,同上(敷)。(ZD59-1126a)

開～,芳無反。(ZD59-786c)

～榮,芳無反。(ZD59-946b)

～踰,羊朱反,悦也,正作愉。(ZD59-1094c)

～遺,上芳無反,散也,正作敷也。(ZD59-1048a)

～具,上芳無反。(ZD59-1126a)

開～,芳蕪反,花葉也。(ZD59-784b)按:"～"乃"敷"字,詳見本書中篇"蔜"字條。

光～,芳無反,散也。(ZD59-560c)

～華,上芳無反。(ZD59-1071b)

膚 fū

身～,音夫。(ZD59-786c)

皮～,音夫。(ZD59-626a)

皮～,音夫。(ZD59-688a)

斷～,音夫。(ZD59-907b)

～體,方無反。(ZD59-781a)

～翳,上方無反。(ZD59-575b)

肌～,音夫。(ZD60-550a)

～宍,方無反,下如六反。(ZD59-741b)

消～,音夫,皮～也,正作膚。(ZD60-212c)

連～,音夫,皮也。(ZD59-654c)

～狀,方無反。(ZD59-782b)

肌～,居夷反,下音夫。(ZD59-644b)

皮～,方無反,正作膚也,又音容,悞。(ZD59-743b)

皮～,音夫。(ZD59-556b)

～翳,上方無反。(ZD59-575b)

連～,音夫,皮也。(ZD59-654c)

皮～,音夫。(ZD60-237c)

麱 fū

云～,音敷,經本作麱,魚名也,注内字。(ZD60-265b)按:"～"乃"麸(麱)"。《經律異相》卷7:"一名拘瑣(《興起行經》云麸)。"(T53, p37a)"麸",

宋、元、明本作"䴸"。《佛説興起行經》卷1:"時池中有兩種魚:一種名䴸,一種名多舌。"(T04, p166c)

趺 燒~,芳夫反。(ZD59-987a)

伕 fú

伕 還~,房無反,持也,正作扶。(ZD59-959b)按:"~"同"扶"。

伏 fú

伏 ~慝,女力反,藏也,又他得反,惡也,悮。(ZD59-910a)

扶[①] fú

怢 ~畀,音扶,下音卑,埤字切脚。(ZD59-796c)按:"~",經文作"扶"。《孔雀王咒經》卷1:"訶羅泥(奴繫反),剫埤(扶卑反),醯(呼豉反)。"(T19, p448c)

汱 還伕,房無反,持也,正作~。(ZD59-959b)按:"~",經文作"扶"。《大莊嚴論經》卷2:"如人因地跌,還扶而得起,因佛獲過罪,亦因佛而滅。"(T04, p263b)

扶 ~將,上芳無反,下子良反,正作扶。(ZD59-1001a)按:"~"即"扶"字,扶持。

芙 fú

芙 ~蕖,上音扶,下巨魚反,正作芙蕖。(ZD60-346a)

芙 蕛~,田結反。(ZD60-355b)

㚘 fú

㚘 ~容,上音扶,正作芙蓉,上又音伴,非也。(ZD60-185c)按:"~"即"扶"字,通"芙"。

㚘 遥~,音扶,河名也,自前並作遥扶那。(ZD59-1114b)按:"~"即"扶"字。

㚘 ~將,上伏無反,侍捒也,正作扶也,又音伴,非也。捒字,楚責反。(ZD59-1114a)按:"~"即"扶"字。

抶 fú

抶 ~分,上音扶,下合作忿,芳吻、芳問二反,擯字切脚也。(ZD60-373b)按:"~"乃"扶"字。

拊 fú/fǔ

拊 亦~,敷、扶二音,正作泭、游二形。(ZD60-380c)按:"~"即"柎",對應文獻作"柎",同"泭",小筏子。

柎 ~手,芳武反,拍也,正作拊。(ZD59-764c)

柎 ~革,芳武反。(ZD59-945c)按:"~"即"拊"。《顯揚聖教論》卷1:"或因手等相擊出聲,或由尋伺扣絃拊革。"(T31, p483c)

拂 fú

拂 旄~,莫高反。(ZD59-737c)

拂 捎~,音消,摇捎,動物也,又所交反,下芳弗反。(ZD59-645b)

佛 fú

彿 ~于,上芳佛反,東洲名。(ZD59-1005a)

彿 陁~,音拂,亦作佛,又作分耨文陁尼弗。(ZD59-691a)

彿 ~宿,上亦作佛,同,音拂。(ZD59-699b)按:"~",經文多作"沸"。

服 fú

服 ~攊,音歷,馬槽也,亦盛料器也。(ZD60-521c)

---

① 又見"伕""抶""㚘"字條。

服 蕵～，古顔反。(ZD59-763c)

服 ～信，音伏，敬也，正作服也，又音逸，非。(ZD59-675b)按："～"乃"服"字，詳見本書中篇"欤"字條。

服 袨～，玄練反，好衣曰袨。(ZD59-662b)

服 ～餌，而志反。(ZD59-782b)

服 食～，同上(服)。(ZD60-218c)

服 ～鳥，上或作鵩，音伏，不祥鳥也，亦作鵩、鷃二形也。(ZD60-377c)按："～鳥"即"鵩鳥"。

泭[1]　fú

泭 小～，音敷。(ZD60-360c)

怫　fú

怫 彷～，宜作髣、仿、彷三同，芳冈反，下宜作髴、佛、彿，三同，芳勿反，見不審細也，依俙也，相似也，又上音妨，下扶味、扶勿二反，非。(ZD59-729b)按："彷～"，聯綿詞，同"彷彿""髣髴""仿佛"等。

茯　fú

茯 羅～，苻福反，蘿～，草名，實如小豆。(ZD59-858c)

罘　fú

罘 罝(罝)～，上子邪反，悮，下縛謀反。(ZD60-305b)

梟　fú

梟 ～鶩，上音扶，下音木。(ZD60-467b)按："～"乃"梟"。

郛　fú

郛 ～郭，上芳無反。(ZD60-581a)

洑　fú

洑 旋～，音伏。(ZD59-697a)

栿　fú

栿 梁～，上力羊反，下扶福反。栿，大梁也，下又蒲北反，非呼。(ZD60-84c)

栿 柱～，音伏。(ZD59-1029a)

栿 屋～，音伏。(ZD59-1026b)

浮　fú

浮 ～多，音浮。(ZD59-841c)按："～"即"浮"，詳見本書中篇"孯"字條。

桴　fú

桴 持～，音浮，皷槌也，亦作枹、棓二形。(ZD59-771b)按："～"即"桴"，與"枹"同。

桴 ～擊，縛謀反，皷槌也，正作枹。(ZD59-720b)

桴 ～我，步交反，引取也，又孚、浮二音。(ZD59-674a)按："～我"，對應佛經作"桴栰"。

桴 以～，音浮，鼓椎。(ZD59-722c)按："～"即"桴"，與"枹"同。

桴 劒～，音浮，《長阿含》作劒浮沙，《中阿含》作劒浮，《大婆沙論》中作劒跋闍，又蒲没反，亦通。(ZD60-198c)按："～"，譯音字，經文作"桴"。《出曜經》卷22："十三者椓難，十四者耶般那，十五者劍桴(本闕十六)。"(T04, p727a)

符　fú

符 ～祝，音咒。(ZD59-710a)

涪　fú

涪 跋～，父求反，此云善女。(ZD59-1088a)

---

[1] 又見"拊""滸"字條。

紱 fú

～娑，上方勿反。(ZD60-252c)

綸～，上音輪，下音弗。(ZD60-468c)

幅 fú

方～，音福，絹之闊陿也，正作幅也，又普逼、皮逼二反，並非。(ZD59-670c)按："～"乃"幅"字，詳見本書中篇"愊"字條。

邊～，音福。(ZD59-748a)

澓 fú

洄～，音伏。(ZD59-1065a)按："洄～"同"洄澓"。

洄～，迴伏二音。(ZD59-1072a)按："洄～"同"洄澓"。

蜉 fú

蚍～，音毗，下音浮。(ZD59-692c)

晨～，音浮。(ZD59-564a)

哹 fú

～多，伏謀反。(ZD59-791b)

箳 fú

～謂之箄，上正作滸、桴，二同芳無反，下步皆反，正作簰也。(ZD60-401a)按："～"同"桴"。

鳬① fú

～鴈，音扶，下五諫反，正作鳬鴈也，並悮。(ZD59-700a)

～鴈，上音扶，正作鳬。(ZD59-586c)

～鷖，上防無反，下烏兮反。(ZD59-556c)

～鴈，上音扶，《寶積》作鳬。(ZD59-605a)

～鴈，上音力，或作鳬，音扶。(ZD59-1066b)按：從形體看，"～"即"㽙"字，但從詞語組合看，"～鴈"應爲"鳬鴈"。"鳬鴈""鳬雁"，佛經常見。"㽙"，佛經中罕見與"鴈(雁)"組合。"鳬"可見《説文》，"鳬"爲"鳧"後起俗字。"㽙"出現較晚，可見於《廣韻》，我們還以爲"㽙"其實就是"鳬"字之訛，人們不明，以其形體從"力"，故音"力"，又别爲它義，辭書中訓爲"似鳬而小"。

～鴈，音扶，正作鳬也，又吕勑反，悮。(ZD59-843a)

～鴈，上防無反。(ZD59-573c)

～鴈，上音扶，野鴨也。(ZD59-585b)

～鷹(鴈)，上音扶，下五諫反。(ZD59-582b)

～鴈，伏無反。(ZD59-857c)

～鴈，音扶，《經律異相》作鳬也，又音力，悮。(ZD59-763c)

～鴈，上音扶，野鴨也。(ZD59-589b)

～鴈，房無反。(ZD59-923a)

～鴈，父無反。(ZD59-781c)

～鴈，吕勑反，宜作鳬。(ZD59-770a)

～鴈，房無反，又音力，悮。(ZD59-701a)

～鴈，音扶，又音力，非。(ZD59-699a)

～鴈，房無反。(ZD59-787b)

～鴈，上音扶，正作鳬，又音力，非也。(ZD59-576c)

～鴈，音扶，正作鳬也，又音力，非也。(ZD59-824b)

～鴈，伏無反。(ZD59-657a)

---

① 又見"鳧"字條。

鳬　～鴈，音力，似鳬而小者也，正作鳧，又或是鳬字。(ZD59-826b)

綍　fú

綍　～維，上方物反，大索，葬者引車也。(ZD59-1020a)

⿰氵符　fú

⿰氵符　舫～，音扶。(ZD60-353a)按："～"乃"⿰氵符"，小筏子。

⿰氵符　～筏，上敷、扶二音。(ZD60-373b)按："～"同"泭"。

髴　fú

髴　髣～，芳冈反，下芳勿反。(ZD59-642b)

髴　髣～，上芳兩反，下芳味、芳勿二反，相似也。(ZD60-238c)

髴　髣～，上芳冈反，下芳弗反。(ZD60-529b)

髴　～心，芳味、芳勿二反。(ZD59-979c)

髴　～⿰飠芳，芳勿反，下芳冈反。(ZD59-852c)按：～⿰飠芳，首飾也，正作⿰巾弗飾。"⿰飠芳"即"飾"，可洪音"芳冈反"，不妥。

蝠　fú

蝠　蝙～，上音邊，下音福。(ZD60-308a)

幞[①]　fú

幞　衣～，扶玉反。(ZD60-2a)

幞　**⿰忄巳**～，扶玉反。(ZD60-383b)按："**⿰忄巳**～"即"帊幞"之訛。

幞　⿰忄巴～，上普架反，下扶玉反。(ZD60-371a)按："⿰忄巴～"即"帊幞"之訛。

幞　膝～，下扶玉反。(ZD60-512b)按："～"乃"幞"字，詳見本書中篇"**幞**"字條。

幞　衣～，扶玉反。(ZD59-1084b)按："～"即"幞"字。

澓[②]　fú

澓　～亦，上音伏，正作澓。(ZD60-399a)

澓　迴～，上正作洄，下音伏。(ZD59-593c)

澓　迴～，音伏。(ZD59-663a)

澓　旋～，音伏，洄流也，正作漩洑。(ZD59-659b)

澓　洄～，音迴，下音伏，逆流水也，洑也。(ZD59-653b)

輹　fú

輹　作～，音伏。(ZD60-370c)

⿰巾業　fú

⿰巾業　丘～，房玉反，帊也，正作⿰巾業，又音卜，裳削幅也。(ZD59-1106b)按："～"即"⿰巾業"，與"幞"同。

⿰巾業　～裹，上房玉反，又音卜，下古火反，上從衣。(ZD59-1106b)按："～裹"，經文作"⿰巾業裹"或"襆裹"。"～"即"⿰巾業"，與"襆"同。

⿱艹稫　fú

⿱艹稫　黄～，芳福反，草名，子可食，又音伏。(ZD60-593c)按："～"即"葍"。

黻　fú

黻　黼～，方武反，下方勿反，正作黼黻字也。(ZD59-776c)按："～"乃"黻"字，詳見本書中篇"**黻**"字條。

黻　黼～，上音府，下音弗。(ZD60-523c)

---

① 又見"幞""襆"字條。

② 又見"澓""瀀"字條。

按:"黼～",對應佛經作"黼黻",即"黼黻"。

黻 簪～,音弗。(ZD60-584b)

黻 赤～,音弗,正作黻也。(ZD60-572c)按:"赤～",對應佛經作"亦黻"。

黻 黼～,下方勿反。(ZD60-561a)

黻 黼～,上音府,下音弗。(ZD60-510a)

黻 簪～,上側岑反,下方勿反,正作簪黻也。(ZD60-430c)

黻 ～冕,上音弗,下音免,正作黻冕也。(ZD60-562a)

黻 童～,音弗,正作黻、茀二形,梵語名弗,此譯爲子也,今但取梵音不取字躰也。(ZD59-1038a)

襆 fú

襆 大～,扶玉反。(ZD60-88a)

襆 囊～,扶玉反。(ZD59-1114b)

襆 囊～,扶玉反。(ZD59-1109b)

襆 抆～,上書周反,下房玉反。(ZD59-1107a)

禨 帊～,音機。(ZD60-392a)按:"帊～",對應佛經作"帊襆"。《一切經音義》卷 21:"綺帊,又作袙,同,疋亞反。《廣雅》帊,襆也。《通俗文》兩複曰帊也。"(C057, p74b)"～"應爲"襆",可洪以音"機",恐誤。

鵩 fú

鵩 ～鳩,上伏牟反。(ZD60-396b)

鵩 ～鳩,上音浮,下居牛反,下又户官反,非也。(ZD60-378a)

澓 fú

澓 漩～,上音旋,下音伏,正作漩澓也,又上音由,下音憂,並非也,悮。(ZD60-160b)

甫 fǔ

甫 ～過,上音府,始也,男子之美稱也,正作甫。(ZD60-18b)

甫 ～,音府,正作甫。(ZD60-190b)

㕮 fǔ

㕮 ～咀,上芳武反,下子與反,拍碎也。(ZD59-1005b)

㕮 ～咀,方武反,下子與反,漬藥也,以物拍碎也。(ZD59-707b)

釜 fǔ

釜 出～,音父。(ZD59-700c)

釜 鐺～,上楚庚反,下音父,正作釜。(ZD59-1025b)

釜 支～,音父。(ZD60-376a)

釜 剛～,音父。(ZD59-839b)

釜 鐺～,上楚庚反,下音父,正作釜。(ZD59-1027b)

釜 ～鉼,上音釜,與上釜字同也,下音餅也,《説文》餅金謂之板金也,今謂釜帶是也,前本作釜緣是也,又見《川音》作餅也,又依字音形,傳寫悮也。(ZD60-50c)

釜 如～,音父。(ZD59-913b)

脯 fǔ

脯 脩～,下音府,乾肉也,正作脯字,從月。(ZD60-403c)

滏 fǔ

滏 漳～,音章父,水名也。(ZD60-464b)

輔[1] fǔ

輔 梵～,音父,正作輔。(ZD59-762b)

輔 梵～,音父。(ZD59-583a)

腐 fǔ

𢉖 亦～,音父,正作腐。(ZD59-1045a)

𢉖 枯～,音父,敗也,正作腐。(ZD59-1051a)

𤺋 ～囊,上扶武反,下奴郎反,朽袋也,正作腐囊也。(ZD60-211a)

府 干～,音府。(ZD60-233a)

𢉖 黑～,音父。(ZD59-1045a)按:“～”乃“腐”字,詳見本書中篇“𢉖”字條。

撫 fǔ

𢳆 ～,芳武反,拍也,正作拊、撫二形。(ZD59-981b)按:“～”乃“撫”字,詳見本書中篇“𢳆”字條。

黼 fǔ

黼 ～帳,上音府,正作黼。(ZD60-589b)按:“黼帳”,對應佛經作“黼帳”。《廣弘明集》卷28:“黼帳翠帷之飾,光於中寢。”(T52, p324a)

黼 ～黻,上音府,下音弗。(ZD60-523c)按:“～黻”即“黼黻”。

䵗 fǔ

䵗 作～,音甫。(ZD60-370c)按:“～”乃“黼”。

簠 fǔ

簠 ～簋,上音府,下音軌,正作簠簋也。(ZD60-379c)

黼[2] fǔ

黼 ～黻,上方武反,下方勿反。(ZD60-561a)

黼 藻～,音府,正作黼也。(ZD60-505a)

黼 龍～,音府。(ZD60-429b)

黼 ～黻,方武反,下方勿反,正作黼黻字也。(ZD59-776c)按:“～”乃“黼”字,詳見本書中篇“黼”字條。

黼 龍～,音府。(ZD60-584b)

黼 ～黻,上音府,下音弗。(ZD60-510a)按:“～黻”,對應佛經作“黼黻”。

黼 ～糠,上音府,下音弗,天子衣也,《説文》白黑文也,畫斧文者也,正作黼黻也,上又郭氏音步,又《川音》作父,並非也。(ZD60-185c)按:“～糠”,對應佛經作“黼黻”,詳見本書中篇“黼”字條。

黻 黼～,上音府,下音弗。(ZD60-523c)按:“黼～”即“黼黻”,“～”乃“黻”之訛。

异 fù

异 崗～,上音剛,下音負。(ZD60-577c)按:“～”乃“阜”。

异 塠～,下扶久反。(ZD59-559c)按:“～”乃“阜”。

阜[3] fù

阜 埠～,都迴反,下音婦。(ZD59-719b)

阜 山～,音婦。(ZD59-738a)

阜 堆～,都回反,下音婦。(ZD59-835c)

阜 埠～,都迴反,下扶久反。(ZD59-954c)按:“埠～”,對應佛經作“埠阜”。《十住毘婆沙論》卷1:“形如屋舍,山陵埠

---

① 又見“頫”字條。

② 又見“黼”“䵗”字條。

③ 又見“异”字條。

阜,麁惡冷風,聲猛可畏。”(T26, p21b)

阜 糞～,扶久反。(ZD59-982c)按:“糞～”,對應佛經作“糞堆”或“糞阜”。《長阿含經》卷11:“見究羅帝尼乾子在糞堆上伏舐糠糟。”(T01, p67a)“堆”,宋本作“阜”。從字形看,“～”爲“阜”之訛。

埠 陵埠,扶九反,山無石曰～也,正作阜。(ZD59-916b)

阜 塠～,上都迴反,下音負。(ZD59-586b)

埠 堆～,都迴反,下扶久反。(ZD59-737c)

阜 垍～,下扶久反。(ZD59-985b)按:“垍～”,對應佛經作“堆阜”,其中“～”即“阜”字。《長阿含經》卷18:“其地平正,無有荆棘、坑坎、堆阜。”(T01, p120c)

埠 山～,浮久反。(ZD59-747a)

阜 川～,音婦。(ZD60-571b)

阜 埠～,都迴反,下音婦。(ZD59-824b)

阜 垍～,都迴反,下扶久反。(ZD59-824b)

阜 塠～,得迴反,下浮九反。(ZD59-727c)

阜 ～城,上音婦,又作阜。(ZD60-494a)

阜 山～,音婦,正作阜也。(ZD60-258c)

埠 堆～,都迴反,下扶久反。(ZD59-853c)

阜 堆～,下扶久反。(ZD59-563a)

阜 塠～,都迴反,下扶久反。(ZD59-682a)

阜 塠～,上都迴反,下音婦。(ZD59-1090a)

埠 堆～,都迴反,下浮久反。(ZD59-744b)按:“堆～”,對應佛經作“堆埠”。從字形看,“～”即“埠”,經文中與“阜”同。

阜 ～堆,音負,下都迴反,合云堆阜也,倒也。(ZD59-725a)

埠 塠～,都迴反,下扶久反。(ZD59-703a)按:“～”音“扶久反”,乃“阜”字。

埠 堆～,都迴反,下扶久反。(ZD59-678b)按:“～”音“扶久反”,乃“阜”字。

埠 𡺸～,古郎反,下浮久反。𡺸,隴也。埠,山無石曰埠也,正作堽阜,宅也。(ZD59-751c)按:“𡺸～”,對應佛經作“崗埠”或“岡堆”“崗堆”“崗埠”。《佛説灌頂經》卷8:“沙中鬼,有崗堆間鬼,有健行鬼。”(T21, p519b)“崗堆間”,宋本作“岡堆間”,元本作“崗埠閚”,明本作“崗埠間”。可洪以“～”爲“阜”,經文有版本作“埠(堆)”,今從可洪之説。

負① fù

負 强～,居兩反,～褓,負兒也,正作襁也。(ZD59-765b)

負 傯～,上丘軋反,下音負。(ZD60-50a)

負 ～債,上扶久反,受貨不償曰～也,正作負也。(ZD60-42a)

祔 fù

祔 ～葬,上符遇反。(ZD60-552a)

貟 fù

貟 ～衮,音袟。(ZD60-471c)按:“～”乃“負”。

屓 fù

屓 背～,扶久反,擔也,荷也,正作負也,又許器反,惧。(ZD60-41b)

婦 fù

婦 親～,七辛反。(ZD59-959a)

---

① 又見“屓”“貟”字條。

傅 fù

傅 塗～，音付，塗也。(ZD59-595b)

傅 ～畫，上音付，塗也。(ZD60-328a)

畠 fù

畠 ～螽，上浮久反。(ZD59-1134b)按："～"同"蟲"。

復 fù

復 ～冥，莫瓶反。(ZD59-776c)

復 ～次，房福反，下七四反。(ZD59-898a)

澓 洑～，上音梵，下音伏。(ZD59-625b)

澓 ～從，上音伏，正作復。(ZD60-101c)

澓 脇～，許劫反，下音伏。(ZD59-845b)按："～"，經文作"復"。

愊 fù

愊 相～，經意宜作副、覆，二同芳救反。副，佐也，助。覆，蓋也。依字又普逼反，悃愊，至誠也。(ZD59-1021a)按："～"，經文作"副"。《梵網六十二見經》卷1："表裏不相副。"(T01，p264c)

富 fù

富 財～，音富，豐於財也，又伏、堛二音，道滿也，悮。(ZD60-160b)

腷 fù

腷 心～，音福，正作腹也，又皮逼反，悮。(ZD60-445b)按："～"即"腹"。《高僧傳》卷1："天下文理，畢己心腹。"(T50，p324c)

腹[1] fù

腹 ～脊，方伏反，下子昔反。(ZD59-912b)

腹 ～圓，方伏反。(ZD59-956b)

腹 小～，音福，正作腹。(ZD60-208c)

腹 大～，音福，正作腹也，又皮力反，非也。(ZD59-738a)

腹 ～行，上芳福反。(ZD59-619a)

腹 刺～，音福，正作腹。(ZD59-851a)按："～"即"腹"之訛，腹部。《大方便佛報恩經》卷2："是時牛頭阿傍以鐵叉刺腹，鐵杖鞭背。"(T03，p136a)

腹 ～潰，胡對反。(ZD60-205c)

腹 當～，音福，正作腹。(ZD59-864c)

腹 ～柏(拍)，音福，下普百反，相近也，正作腹拍。(ZD59-853b)

複 fù

複 單～，扶富反，重也，又音福。(ZD59-868b)

複 ～衣，上扶右、方伏二反，重也，正作複。(ZD60-85a)

複 爲～，音福，重也，又扶福、扶右二反。(ZD59-1090a)

複 爲～，音福。(ZD59-967a)

複 重～，音福。(ZD59-873b)

駙 fù

駙 ～馬，上扶付反，正作駙。(ZD60-507a)

蝮 fù

蝮 ～螫，芳福反。(ZD59-685a)

蝮 虺～，五官反，下芳六反。(ZD59-750c)

蝮 ～蝎，上芳伏反，下許謁反，正作蝮蠍。(ZD59-1085c)

---

[1] 又見"腷"字條。

蝮 ～蝎，芳福反，下許謁反。(ZD59-955a)

蝮 蟒～，下芳六反。(ZD59-587b)

蝮 ～蝂，上芳福反。(ZD60-199b)

⿰口富 fù

⿰口富 ～娑，上音富。(ZD60-387c) 按："～"，譯音字。

⿰甫頁 fù

⿰甫頁 右～，亦作頋，扶武反，頰骨也，經作輔相字。(ZD59-664a) 按："～"乃"輔"字，詳見本書中篇"⿰甫頁"字條。

⿰面甫 fù

⿰面甫 面～，音父，頰骨也。(ZD59-873a)

縛 fù

縛 絞～，上古夘反，縛也。(ZD59-1026a)

⿱敝糸 fù

⿱敝糸 米～，毗蘗反。(ZD59-865b)

⿱敝糸 褐～，毗蘗反。(ZD59-863b) 按：《一字佛頂輪王經》卷 1："曬褐⿱敝糸（毘蘗反，下同二）。"(T19，p227a)"～"，譯音字，對應梵文"bhyaḥ"。

鍑 fù

鍑 釜～，上音父，下富、福二音，似釜而口大。(ZD59-985a)

鍑 釜～，音父，下方副、方復二反，燒器。(ZD59-681a)

鍑 ～濡，富、福二音，似釜而口下。(ZD59-954c) 按："～濡"，對應佛經作"炮煮"。《十住毘婆沙論》卷 1："鑊湯涌沸，炮煮其身，鐵棒棒頭，腦壞眼出。"(T26，p21b) 從形體看，"～"似乎即"鍑"，但作"鍑"不符經意。"～"是否爲"炮"，待考。

鍑 若～，富、福二音。(ZD59-681c) 按："若～"，對應佛經作"若鍑"。"～"即"鍑"之訛。

⿱雨復[①] fù

⿱雨復 ～創，上芳救反，下音瘡。(ZD60-45a)

⿱雨復 ～弊，上芳救反，下博袂反。(ZD59-612a)

⿱雨復 ～弊，芳救反，下必祭反。(ZD59-673b)

⿱雨復 ～蔽，必祭反，正作蔽。(ZD59-855a)

⿱雨復 ～弊，必祭反。(ZD59-685b)

⿱雨復 ～自，芳六反，審也。(ZD59-703a)

⿱雨復 翳～，一計反，下芳富反。(ZD59-912a)

⿱雨復 翻～，芳煩反，下芳玉反。(ZD59-655a)

⿱雨復 殄～，芳福反。(ZD60-230b)

⿱雨復 ～没，芳福反，傾也，正作覆也，又音伏，非也。(ZD59-982a) 按："～"乃"覆"字，詳見本書中篇"覆"字條。

⿱雨復 ～弊，芳富反，下必世反。(ZD59-719c)

⿱雨復 ～弊，芳富反，下博例反，正作覆蔽也。(ZD59-976c)

馥 fù

馥 芬～，芳文反，下扶福反。(ZD59-775b)

馥 芬～，扶福、憑逼二反，香也，悞。(ZD59-985b)

馥 酚～，上芳文反，下扶福反。(ZD59-1066c)

馥 芬～，撫文反，下扶福反。(ZD59-740a)

馥 芬～，音伏。(ZD59-787b)

---

① 又見"覆"字條。

䬍 ～扇，上音伏，香氣也，正作馥，下尸戰反，風動也。又上宜作䫌，音婆，番番，勇舞皃也。《廣百論》云如花樹名也，好音樂，聞作樂聲，舉身摇動，枝條褭娜，如儛躍人，此經云復有樹王，香風䬍扇，出和雅音，是也。(ZD59-884c)按："～扇"，對應佛經作"馥扇"。《阿彌陀鼓音聲王陀羅尼經》卷1："復有樹王，香風馥扇，出和雅音，純説無上不思議法。"(T12，p353a)"馥"，福本作"䬍"。"～"即福本"䬍"。

䨱 fù

䨱 ～蔽，上芳富反，下必祭反。(ZD59-1083a)按：此處"～"乃"覆"字之訛。

嘸 fù

嘸 帝～，毗庚反，經作毗庚反，非也。(ZD59-871a)按："～"，譯音字。《大毘盧遮那成佛神變加持經》卷3："南麼薩婆怛他(引)蘖帝**嘸**(毘庚反一)。"(T18，p18b)"～"，對應的梵文爲"bhyu"，可用"毗""庚"合音。《釋教最上乘秘密藏陀羅尼集》卷21："係多(bhyu)毗庚(二合)。"(F28，p167a)

G

垓　gāi

垓 千～，古哀反。(ZD59-577b)

荄　gāi/jiē

荄 ～枯，上皆、該二音，根也，正作荄也，又音頦，非也。(ZD59-1056a)

荄 樹～，皆、該二音，根也。(ZD59-611a)

荄 ～幹，古哀反，又音皆，正作荄也。荄謂草根也，下古岸反，莖也。(ZD59-707b)

㤥　gāi/hài

㤥 ～步，上正作侅，該、開、亥三音，奇侅，非常也，俊也。(ZD60-235a)

㤥 無～，户愛反，患也，苦也，謂不嫌厭也。(ZD59-768c)

姟　gāi/hái

姟 ～兆，音該，下音趙。(ZD59-735b)

姟 ～兆，古哀反。(ZD59-713c)

姟 千～，古哀反。(ZD59-577c)

姟 ～兆，古哀反，正作姟也，下音趙，十溝曰姟，十億曰兆也。(ZD59-825a)

姟 嬰～，户哀反，又音該，非也。(ZD59-1016c)按：“～”，經文作“孩”，疑即“孩”之俗，小孩也。

姟 嬰～，户來反，正作孩，又古來反，非。(ZD59-915a)按：《大智度論》卷 30：“復次行忍之人，視前罵辱者，如父母視嬰孩，見其瞋罵，益加慈念，愛之踰深。”(T25, p281a)“孩”，聖、石本作“姟”。“姟”即“孩”。

胲　gāi

胲 腦～，古哀反，根也，胎也。(ZD59-682c)

胲 腦～，上奴老反，下古哀反，飴也，腦髓也。(ZD59-598c)

腋 無～，羊益反，縫也，正作裓也，《經音義》作腋，以解字替之，非也。(ZD59-774a)按：“～”，經文作“頦”。《佛説無上依經》卷 2：“阿難！何者如來八十種好？一者無見頂，二者頂骨無頦，三者額廣平正。”(T16, p474c)“頦”，宋、明、宫本作“胲”。“～”，根據經文，疑即“胲”，可洪以爲“裓”，恐誤。

晐　gāi

晐 作～，古哀反，兼備也，正作晐、該二形。(ZD60-403c)按：“～”乃“晐”，詳見本書中篇“**晐**”字條。

該[①]　gāi

該 猒～，古哀反。(ZD59-571a)

該 不～，个來反，備也，包也。(ZD59-661b)

該 ～無，上古哀反，正作該。(ZD60-440a)

諺　gāi

諺 兼～，音垓，備也，正作該也，又魚變反，

---

① 又見“諺”字條。

非也。(ZD60-499a)按:“兼～”,對應佛經作“兼該”。“～”即“該”字之訛。《續高僧傳》卷30:“專學雖多,兼該者寡。”(T50, p702a)“～”又別爲它字,一形兼表“諺”“該”兩字。

諺 ～明,上音彥(應爲該),備也,咸也,皆也,兼也,包也,又音彥,非也。(ZD60-417c)按:“～”即“該”字之訛。

改① gǎi

攺 ～操,七告反。(ZD59-763a)

玫 gǎi/méi

玫 ～名,上古海反,更也,正作改也,《出三藏記》並作改字,是也,又莫迴反,傳寫悮。(ZD59-999a)按:“～名”之“～”,乃“改”字之訛。

玫 ～瑰,莫迴反,下户灰反。(ZD59-696c)

玫 ～瑰,莫迴反,下古灰、户灰二反。(ZD59-656a)

丐② gài

丏 乞～,音蓋。(ZD59-572a)

匄 乞～,音蓋。(ZD59-572a)

丏 乞～,音蓋,求也,正作丐、匃二形。(ZD59-581a)

匃 乞～,音蓋。(ZD59-576b)

丏 乞～,蓋、割二音,求也。(ZD59-752c)

丏 乞牙,蓋、割二音,求也,正作～、匄二形。(ZD60-186c)

丏 乞～,音蓋。(ZD59-584c)

丏 乞～,音蓋。(ZD59-556a)

丏 乞～,音蓋。(ZD59-748c)

丏 乞～,蓋、割二音,求也,乞也。(ZD59-963c)

匃 ～與,古太反。(ZD59-900a)

牙 乞～,蓋、割二音,求也,正作匄。(ZD60-186c)

匃 巡～,蓋、割二音。(ZD60-407b)

匃 乞～,蓋、割二音。(ZD59-828c)

匄 乞～,蓋、割二音。(ZD59-669b)

丏 乞～,蓋、割二音,求也。(ZD59-1054a)

匃 乞～,音蓋。(ZD59-612a)

匃 乞～,音蓋。(ZD59-607c)

丏 乞～,蓋、割二音。(ZD59-736c)

匄 乞～,音蓋。(ZD59-642c)

丏 乞～,音蓋,求也,正作丐、匃二形。(ZD60-245a)

匃 乞～,音蓋。(ZD59-728c)

切 乞～,音蓋,求也,正作丐、匄二形也。(ZD60-238c)

匃 行～,蓋、割二音。(ZD59-1061a)

乎 乞～,音蓋,正作丐也。(ZD60-246c)

丏 乞～,音蓋,正作丐也。(ZD60-248b)

丏 ～食,蓋、割二音。(ZD59-771b)

亙 乞～,音蓋,正作丐、匃二形。(ZD60-234c)

丐 乞～,音蓋。(ZD59-944b)

匃 乞～,音蓋。(ZD60-224a)

丏 乞～,同上(丐)。(ZD60-246c)

丐 乞亙,音蓋,正作～、匃二形。(ZD60-234c)

匃 乞～,蓋、割二音,乞也,求也。(ZD59-918c)

---

① 又見“玫”字條。

② 又見“丏”“切”“匄”“匃”字條。

丏 gài

丏 乞～,音蓋。(ZD60-455b)按:"～"乃"丐"字。

匃 gài

匃 乞～,音蓋。(ZD59-617a)

切 gài

切 乞～,音蓋,求也,正作丐、匃二形也。(ZD60-238c)按:"～"乃"丐"字。

匄 gài

匄 乞～,音蓋,又作匃。(ZD59-613b)按:"～"乃"丐"字。

杚 gài

杚 ～土,上古礙反,平斗者也,正作杚。(ZD59-1016a)

摡 gài

摡 挭(梗)～,上古杏反,下古代反。(ZD60-580c)按:"～"即"概"。

漑 gài

漑 ～灌,上古代反,又音既。(ZD59-568c)

蓋① gài/hé

㦗 幡～,古太反,正作蓋,又烏蓋反,非也。(ZD59-1000c)

㦗 幡～,音蓋,傘也,又音藹,非。(ZD59-761b)

㦗 如～,音蓋,傘～也,又烏蓋反,非用也。(ZD60-100c)

㦗 幡～,音蓋,又烏蓋反,悮。(ZD60-102a)

㦗 之～,音蓋,傘也,又烏蓋反,非也。(ZD59-856b)

蓋 白～,户獵反,正作蓋。(ZD60-394c)

葢 白～,户臘反,正作蓋。(ZD60-373a)

概② gài

概 不～,古礙反。(ZD59-907b)按:"不～",對應佛經作"不概"。《大智度論》卷5:"四千里大城,滿中芥子,不概令平。"(T25, p100c)

槪 梗～,上古杏反,下古代反。(ZD60-587a)

槩 存～,古代反。(ZD59-564a)

槩 ～煞,古愛反,平斗者也,又摩也,亦作杚。(ZD59-766c)

槩 gài

槩 梗～,上古杏反,下古代反。(ZD60-10a)

槩 不～,古代反。(ZD59-1028a)

槩 挭(梗)～,上古杏反,下古代反,大略言也。(ZD59-597a)

㦗 gài

㦗 寶～,音蓋,繖也,又烏蓋反,清謹也,非。(ZD60-238b)按:"～"即"𢅤",與"蓋"同。

𢅤 gài

㦗 幡～,音蓋,又烏蓋反,悮。(ZD60-102a)按:"～"即"𢅤",與"蓋"同。

甘③ gān

苷 ～蔗,音甘,下之夜反,草名,汁甘也,益

---

① 又見"㦗""𢅤"字條。

② 又見"槩""摡"字條。

③ 又見"苷""芊""竿""咁"字條。

州人謂之藷蔗也,藷音諸。(ZD59-681c)

苷 ～蔗,古談反,下之夜反。(ZD59-692a)

扜 gān

扜 長～,古寒反,撥火杖也,正作竿字也。(ZD60-105b)

芉 gān/gǎn

芉 ～炙,上古寒反,下之夜反,正作蔗,南人呼甘字,不正也。(ZD59-572a)按:"～炙",對應佛經作"竿蔗"或"芉蔗""甘蔗"。《放光般若經》卷 1:"其中所有樹木、生草、稻麻、竿蔗、叢林、竹葦,悉如舍利弗、目揵連等,其數如是,智慧神足,其德無量。""竿",宋、元、宫本作"芉",明本作"甘"。"～"即"芉"之訛。"芉蔗"即"甘蔗"。"～"從"干",寒韻,而"甘"乃談韻,兩者爲異文,蓋"寒""談"相混。

芉 ～蔗,上古寒反,方言。(ZD60-358b)

芉 ～蔗,上古寒反,下之夜反,南人呼甘爲干也。(ZD59-570c)按:"～"同"甘"。

芉 稻～,古旱反,禾莖也,正作稈、秆、蘚三形,或作芉,俗字也,又千見反,非也。(ZD59-971c)按:"稻～",對應佛經作"稻稈"或"稻芉"。《業成就論》卷 1:"相似勢力,猶如稻稈。"(T31, p780a)"稈",宋、元、明、宫本作"芉"。

稈 稻芉,古旱反,禾莖也,正作～、秆、蘚三形,或作芉,俗字也,又千見反,非也。(ZD59-971c)

秆 稻芉,古旱反,禾莖也,正作稈、～、蘚三形,或作芉,俗字也,又千見反,非也。(ZD59-971c)

芉 莖～,下古旱反。(ZD59-986c)

芉 稻～,徒老反,下古旱反。(ZD59-779a)

忓 gān

忓 能～,音干,犯也,悮也。(ZD59-774b)

忓 相～,音干。(ZD59-973b)

玕 gān

玕 琅～,上音郎,下音干。(ZD59-1080b)

坩 gān

坩 揭～,上巨列反,下苦甘反。(ZD60-480a)

坩 十～,苦含反。(ZD59-903c)按:《菩薩藏經》卷 1:"盛十頻伽水,盛十坩水,沐浴清淨,以香熏身。"(T24, p1087a)

苷 gān

苷 ～蔗,上古談反。(ZD59-572b)按:"～"同"甘"。

苷 ～頻,古談反,亦作笘。(ZD59-717c)

苷 ～松,古談反。(ZD59-723b)

咁 gān

咁 ～美,上古談反。(ZD60-433b)按:"～"即"甘"。

疳 gān

疳 ～痟,上古寒反,下相焦反。(ZD60-28c)按:從形體看,"～"即"⿸疒干"字之訛,而"⿸疒干"則爲"乾痟"之"乾"的俗字,詳見"⿸疒干"字條。

⿸疒干 gān

⿸疒干 ～痟,上古寒反,正作乾也,俗,下音消。(ZD59-1113a)按:"～",經文或作"乾"。《摩訶僧祇律》卷 32:"筒者,佛住舍衛城,有比丘⿸疒干痟病。"(T22, p488b)"～"乃"乾"的俗字。

從形體上看，“乾”通作“干”，“～”蓋爲“干”增旁所致。

疳 ～痁，上音乾，下音枯。(ZD60-55b)

疳 作～，音乾。(ZD60-372b)

疳 ～消，上古安反，下正作痟。(ZD60-56b)

泔 gān

粓 米～，音甘。(ZD59-1115a)按：“米～”，對應佛經作“泔汁”。《摩訶僧祇律》卷36：“諸外道法飲米泔汁，及盪釜水，裸形無恥。”(T22，p520a)“泔”作“～”，蓋受上字“米”的影響類化換旁從“米”而作。

泔 ～汁，古談反，下針入反。(ZD59-803a)

泔 米～，音甘。(ZD59-697b)

竿① gān

竿 一～，古安反，正作竿。(ZD59-768a)

竿 緣～，古寒反，正作竿。(ZD59-1076a)

竿 竹～，古寒反，又音于，悮。(ZD60-13c)

竿 ～蔗錫，古寒反，中之夜反，下徐盈反，竿蔗謂甘蔗也，吴楚襄鄧之間謂甘蔗爲干蔗也，下《經音義》作錫，先擊反，非也。(ZD59-833c)按：“竿蔗”即“甘蔗”。“～”從“干”，寒韻，而“甘”乃談韻，兩者爲異文，蓋“寒”“談”兩韻相混。

乾② gān/qián

乹 ～麨，尺沼反，亦作麵。(ZD59-596b)

榦 ～木，上古寒反，《説文》字徒倝，乞聲，又古案反，悮。(ZD60-193b)按：“～”乃“乾”。《出曜經》卷2：“魂神遷轉，形如乾木，無所覺知，故曰死也。”(T04，p620a)

乹 ～燥，桑老反。(ZD59-754c)

扞 ～薪，古寒反，正作乾。(ZD59-961b)按：“～”即“乾”，乾燥也。《大莊嚴論經》卷6：“汝著乾薪，烟即時起。”(T04，p290c)“乾”，宋、元、明本作“干”。

乹 不～，古寒反。(ZD60-169c)按：《舍利弗阿毘曇論》卷14：“調適作揣，此揣津液遍滿，不乾不濕，内外和潤。”(T28，p621c)

乹 ～鞕，音硬。(ZD59-612b)

乹 不～，音干，正作乾字。(ZD60-172a)

靬 能～，古寒反，正作乾。(ZD59-920a)按：“～”即“乾”，乾燥。

乹 由～，巨焉反，正作乹，《瑜伽論》云持雙山。(ZD59-655c)按：“～”即“乾”，讀“qián”。

漧 gān

漧 ～消，上古安反。(ZD59-1134a)

漧 ～消，上古安反。(ZD60-4a)

漧 杆壞，上古寒反，正作乾、～二形。(ZD59-1122c)按：“～”同“乾”。

秆③ gǎn

秆 稻芊，古旱反，禾莖也，正作稈、～、䅣三形，或作芊，俗字也。(ZD59-971c)

秆 ～石，上古旱反，摩也，正作衦。(ZD60-63c)

衦④ gǎn

衦 ～成，上古旱反。(ZD59-1132c)

① 又見“扞”字條。
② 又見“疳”“疳”“漧”字條。
③ 又見“芊”字條。
④ 又見“秆”字條。

衦 ～石，上古旱反，摩也，正作衦。(ZD60-10c)

衦 ～作，上古旱反，摩也。(ZD60-62a)

皯[1]　gǎn

皯 ～黷，上古旱反。(ZD59-604a)按："～"同"皯"。

皯 面～，古旱反。(ZD59-1073b)按："～"同"皯""皯""皯"。

笴[2]　gǎn

笴 履～，古旱反，此正。(ZD60-237a)按："～"同"簳"。

敢　gǎn

敢 綟罽，上他～反，正作緂、毯二形也，下居例反。(ZD60-95a)

皯　gǎn

皯 ～黷，上古旱反，下以證反，面黑點子也，正作皯黷。(ZD59-617b)按："～"同"皯""皯"。

皯 ～黷，上古罕反，下以證反。(ZD60-370a)

稈　gǎn

稈 藁～，古老反，下古罕反。(ZD59-873c)按："～"乃"稈"，與"秆"同。

稈 稻～，古旱反。(ZD60-133c)

感[3]　gǎn

感 理～，古坎反，得也，正作感。(ZD60-106c)

皯　gǎn

皯 作～，古罕反，黑點也。(ZD60-386a)按："～"同"皯"。

皯 面～，古罕反，正作皯。(ZD59-784a)

箈　gǎn

箈 持～，上直之反，下宜作碕，丘倚反，石也。經云持～作枕，聚土中卧，是也。此字篇韻中並無，此體又郭氏音奇，又《川音》作剛罕反，《江西經音》作丈知反，並不稱經意也。(ZD60-207a)按：《道地經》卷1："見騎馬人牧駝有聲，持箈作枕，聚土中卧。"(T15, p232a)"～"即"箈"，可洪以爲"碕"，《川音》音"剛罕反"，蓋以爲"笴"。根據經意，"～"作"笴"，當是。《龍龕手鏡》亦以"～"爲"笴"。"笴"，竹竿，或類似棍子一樣的細長物。可洪説宜作"碕"，不符文義。

澸　gǎn/jiǎn

澸 應～，音感。(ZD60-563c)按："～(澸)"乃"感"。《廣弘明集》卷15："爲勞由無勞，應感無所思，悠然不知樂，物通非我持。"(T52, p197b)

澸 少～，古斬反，正作減。(ZD60-158a)按："～"乃"減"。

簳　gǎn

簳 箭～，古旱反。(ZD59-1136a)

犴　gàn

犴 野～，古案反，正作干也。(ZD59-1010c)按："野～"，獸名。此處"犴"同"干"。

旰[4]　gàn

旰 日～，古案反，日晚也，正作旰。(ZD59-1138a)

旰 君～，古岸反，晚也。(ZD60-475c)

---

① 又見"皯""皯"字條。
② 又見"箈""簳"字條。
③ 又見"澸"字條。
④ 又見"肝"字條。

肝 gàn

肝 日～,古岸反,晚也,正作旰,又古安反,非也。(ZD60-572b)按:"～"乃"旰"之訛。

玵 gàn

玵 如～,音紺,俗。(ZD59-846b)按:鄭賢章(2007:174)以"～"爲"紺"。

詌 gàn

詌 羅～,而廉反。(ZD59-802b)按:"～",譯音字。《陀羅尼集經》卷7:"阿羅詌(三)跢姪他(四)。"(T18, p844c)"～",可洪音"而廉反",未詳。

幹[1] gàn

幹 枝～,古岸反,莖也,正作幹。(ZD59-659b)

幹 擢～,宅角反。(ZD59-659b)

幹 莖～,户耕反,下古案反。(ZD59-773c)

幹 力～,古岸反。(ZD59-764c)

幹 士～,古案反。(ZD60-511b)

榦 gàn

榦 莖～,古岸反。(ZD59-612b)按:"～"即"榦",同"幹"。

擀 gàn

擀 枝～,古岸反。(ZD60-108c)按:"～"乃"檊",與"幹"同。

檊 gàn

檊 根～,古岸反。(ZD59-1080b)

檊 條～,古案反。(ZD59-1078a)

檊 枝～,古岸反。(ZD59-631a)

檊 麻～,古旱反。(ZD59-806a)

檊 莖～,上户耕反,下古岸反。(ZD59-562a)按:"～"同"幹"。

佤 gāng

佤 摧～,上自迴反,下宜作䩠,丁兮反。(ZD59-1056b)按:"～",經文作"杠"。《佛説琉璃王經》卷1:"穿幡折幢,裂蓋摧杠。"(T14, p784c)

瓨[2] gāng

瓨 ～器,户江反,正作瓨也,又音杜。(ZD59-898c)按:"～"即"瓨",與"㼚(缸)"同。

瓨 ～盛,行江反。(ZD59-764c)

瓨 ～食,上幸江反,正作瓨,《説文》作瓨、㽘二形。(ZD59-982b)

瓨 瓨甌,行江反,下烏侯反。～甌,同上。(ZD59-978c)按:"～"乃"瓨"字,詳見本書中篇"瓨"字條。

瓨 瓶～,下江反。(ZD59-834c)

瓨 瓦～,下江反,出《説文》。(ZD59-800b)

瓨 ～七枚,户江反,下莫迴反。(ZD59-799a)

瓨 滿～,下江反。(ZD59-743a)

瓨 持～,下江反,罌也,長頸者也,正作缸、㼚,或作瓨,三形也。(ZD59-737b)

瓨 香～,行江反,罌属也,正作缸。《説文》作瓨、㽘也,又徒古反,悮。(ZD59-725a)

瓨 滿～,下江反。(ZD59-630c)

瓨 油～,下江反。(ZD60-20a)

瓨 用～,下江反。(ZD60-18c)

---

① 又見"榦""檊""擀"字條。

② 又見"鋼"字條。

水～，下江反。(ZD59-1124c)

～罌，行江反，下烏耕反。(ZD59-822c)按：《佛説除恐災患經》卷1：“婦女珠環，相敂妙響，器物坑罌，自然有聲，柔軟和暢，妙法之音。”(T17，p555a)“～”，經文作“坑，可洪音“行江反”，蓋以爲“坑”，與“缸”同。

苻～，下江反。(ZD59-613c)

～器，行江反。(ZD59-685a)按：《大般涅槃經》卷23：“既入聚中，闚看諸舍，都不見人，執捉坑器，悉空無物。”(T12，p499b)

滿～，降、江二音，罌也，正作缸、瓨，又音帝，大瓮也，誤。(ZD59-1111b)按：“～”，經文作“坑”，乃“坑”。《摩訶僧祇律》卷29：“粥熟已盛滿甕，持詣祇洹精舍。”(T22，p462c)“甕”，宋、元、明、宫本作“坑”。

罡　gāng

～鐃，上古郎反。(ZD60-480a)按：“罡”即“岡(崗)”字。《續高僧傳》卷16：“但爲路罕人蹤，崗鐃野獸，栖幽既久，性不狎塵，來往質疑，未由樵逕。”(T50，p559a)

岡[①]　gāng

～等皷，古郎反，下音古，正作皷。(ZD59-932b)按：《瑜伽師地論》卷3：“八岡等鼓俱行聲。”(T30，p293a)

東～，古郎反。(ZD60-412a)

瓬　gāng

～罌，上古郎反，下烏耕反。(ZD60-378a)按：“～”即“瓬”，與“堈”“甌”同。

～罌，上古郎反。(ZD60-384c)按：“～”即“瓬”，與“堈(甌)”同。

～炕罌，上二同，古郎反，從火者非也，下烏莖反。(ZD60-356b)按：“～”即“瓬”，與“堈(甌)”同。

炕　gāng

瓬～罌，上二同，古郎反，從火者非也，下烏莖反。(ZD60-356b)按：“～”同“瓬(瓬)”，與“堈”“缸”同。

剛[②]　gāng

～梗，上古郎反，下古杏反。(ZD60-471a)按：“～”即“岡”，通“剛”。

～際，音剛，下音祭。(ZD59-719b)按：“～”即“岡”，通“剛”。

～毅，魚既反。(ZD59-631c)

～鞕，音硬。(ZD59-603b)

～抓，側巧反。(ZD59-1063a)

～欒，拳月反。(ZD59-780c)

～毅，魚既反。(ZD59-650c)

～棒，蒲講反，剛杖也。(ZD59-616b)

～鎖，音鏁。(ZD59-782b)

～勁，居政反。(ZD59-944b)

～靭，上古郎反，堅也，下五孟反，强也，堅牢也，下正作鞕、硬二形也。(ZD60-171a)

～愎，古郎反，下苻逼反，恨也，正作愎也，又扶富、扶福二反。(ZD59-909c)

～毅，疑既反。(ZD59-939a)

～褊，卑兖反。(ZD60-343b)

～橛，巨月反。(ZD59-758c)

---

① 又見“罡”“崗”“崑”“堽”字條。

② 又見“靪”字條。

剛 ～楯，食尹反。(ZD59-667b)

剛 ～藏，古郎反，菩薩名，金～藏。(ZD59-924a)

剛 ～靮，音硬，牢也，《經音義》作靳，居近反，固也。(ZD59-677a)

剛 ～靮，五孟反。(ZD59-647c)

剛 ～鑛，古郎反，下古猛反。(ZD59-854a)

剛 ～鎧，苦改反。(ZD59-620c)

剛 恪～，上苦各反，下古郎反。(ZD60-371c)

鋼 金～，古郎反。(ZD59-640a) 按："金～"即"金鋼"，又作"金剛"。從字形上看，"～"既可看成"鋼"字，也可理解爲"剛"字，"剛"受上字"金"的影響類化增"金"旁而成。佛經中常見"金剛"一詞，而"金鋼"罕見，故暫以"～"爲"剛"字。

䩕 靮～，上五孟反，堅牢也，正作鞕也。下胡朗反，剛强也，正作行、航二形。(ZD59-611a) 按："～"乃"剛"字。詳細考證見鄭賢章(2004:328)"～"字條。

䩕 靮～，上五更反，下胡朗反。(ZD59-611b)

䩕 ～説，胡朗反，剛强也，俗。(ZD59-649b)

瓬 gāng

瓬 鐵～，下江反。(ZD59-1028a) 按："～"即"瓬"，同"缸"。

瓬 鐵～，下江反。(ZD59-1024b)

堈[①] gāng

堈 酪～，古郎反，甕也。(ZD60-164b)

堈 瓫～，上蒲門反，下古郎反，甕也，正作堈。(ZD59-1054b)

堈 ～盛，上古郎反。(ZD60-603b)

堈 大～，古郎反。(ZD60-78a)

崗 gāng

崗 石子～，古郎反，正作崗。(ZD60-342a)

崗 山～，古郎反。(ZD59-887c)

崗 山～，古郎反。(ZD59-992c)

崗 山～，音剛。(ZD60-189b)

崗 ～埠，古郎反，下浮久反。～，隴也。埠，山無石曰埠也，正作堽臯，宅也。(ZD59-751c) 按："～"乃"崗"字，詳見本書中篇"堽"字條。

崗 山～，音剛。(ZD60-187a)

堽 gāng

堽 内～，音剛。(ZD60-79b) 按："堽"同"堈"。

堽 ～底，上古郎反，甕也。(ZD60-78a)按："堽"同"堈"。

堽 ～墳，上古郎反。(ZD60-605b) 按："堽"同"崗"。

掆 gāng

掆 ～舉，上古朗(郎)反，下余、預二音。(ZD59-990c) 按："～"同"掆"。

䩕 gāng

䩕 靮～，上五孟反，俗作靮，强也，堅牢也，正作鞕、硬、鞭三形也，下户朗反，剛强皃也，又直項皃也。(ZD59-1058b) 按："～"乃"剛"字。詳細考證見鄭賢章(2004:328)"䩕"字條。

崑 gāng

崑 ～嶺，上古郎反，下力井反。(ZD60-

① 又見"瓬""炕""堽"字條。

433c)按:"～"乃"豈(崗)"。

豈 連～,音剛。(ZD60-454a)按:"～"乃"崗"。

綱① gāng

綱 頹～,上徒迴反,下古郎反。(ZD60-317b)

綱 ～融,古郎反,下余戎反。(ZD59-926a)

綱 ～紐,上古郎反。(ZD59-1127a)

綱 舉～,音綱。(ZD59-767a)

綱 ～紐,上古郎反,下女久反。(ZD59-1114b)

綱 ～領,上古郎反。(ZD60-445c)

鋼② gāng

鋼 金～,古郎反。(ZD59-575b)

鋼 ～利,古郎反。(ZD59-961b)

鋼 純～,古郎反。(ZD60-199c)

鋼 ～强,古郎反,下巨兩反。(ZD59-903c)

⿰糸罡 gāng

⿰糸罡 鞋～,下古郎反。(ZD59-1088a)按:"～",經文作"綱"。《佛本行集經》卷59:"有一賊人,於闇夜中,行在小徑,欲爲竊盜,至於半路,其鞋綱斷。"(T03, p927c)

⿰糸罡 隤～,上徒迴反,下音剛也。(ZD60-429b)

⿰金罡 gāng

⿰金罡 ～鑽,子官反。(ZD60-247a)按:"～"即"鋼"。

⿰氵卷 gǎng

⿰氵卷 溝～,同上也,又音倦,悮。(ZD59-584b)按:"～"即"港"。

港③ gǎng

港 遘～,上古豆反,下古項反,正作港,預流果别名也,又音倦,非。(ZD59-1060a)按:"～"乃"港"字,詳見本書中篇"⿰氵卷"字條。

港 溝～,上古侯反,下音講。(ZD59-1031c)

巷 溝～,下絳反,初果人名也,諸經作港,音講。(ZD60-190b)按:"～"即"巷",通"港"。

皋④ gāo

臯 ～鸖,古豪反,高也,澤也,正作皋。(ZD59-972b)

臯 gāo

臯 臨～,音高。(ZD60-567c)按:"～"乃"臯",詳見本書中篇"臯"字條。

睪 gāo

睪 ～帝,古刀反。(ZD59-711c)

睪 姓～,音高。(ZD60-450b)

⿰月高 gāo/gǎo

⿰月高 肪～,上音方,下音高,下又音晧,非也。(ZD60-214b)按:"～",對應佛經作"膏"。《修行道地經》卷3:"若笮蒲萄,髓腦、肪膏、血肉不淨皆自流出。"(T15, p202b)

⿰月高 ～路,上古老反,明皃也,正作暠也,又胡老反,悮。(ZD60-302b)按:"～"同"暠"。

膏 gāo

膏 良～,音高。(ZD60-185b)

---

① 又見"經"字條。
② 又見"瓻"字條。
③ 又見"⿰氵卷"字條。
④ 又見"臯"字條。

槔 gāo

捍 撑～，上居屑反，正作楔也，下音高。(ZD59-1073a)

篙 gāo

篙 ～船，上古刀反。(ZD60-81a)

鼛 gāo

鼜 ～鼖，古豪反，役事車皷也，又大皷，長一丈二尺也，《音義》云長六尺四寸，下扶文反，大皷也，《音義》云長八尺也，正作鼛，下正作鼖、豶二形。(ZD59-757a)按："～鼖"，對應經文作"鼛豶"。《月燈三昧經》卷3："鼛豶螽鼓箜篌音，銅鈸笙簫美妙聲，如是諸音相和合，百分不及佛一音。"(T15, p565c)

杲 gǎo

杲 ～日，上古老反。(ZD60-486b)

杲 僧～，古老反。(ZD59-585c)

搞 gǎo

搞 拈～，上苦胡反，下苦老反。(ZD60-182b)按："拈～"乃"枯槁"。

槁① gǎo

槁 枯～，苦老反，乾也，正作槁。(ZD59-846c)

熇 枯～，苦老反，乾也，正作槁、燺、殦三形也。(ZD59-819a)

稿 枯～，苦老反。(ZD60-300c)

槁 枯～，苦老反。(ZD59-642b)

槀 gǎo

槀 ～稈，音笴。(ZD60-376a)按："～"同"槀"。

熇 gǎo

熇 祝～，上音咒，下苦老反，枯也，乾也，正作槁、熇二形，又火各反，非。(ZD59-1047b)按："～"乃"熇"。《舍頭諫太子二十八宿經》卷1："以得道飛行，何爲以咒熇。"(T21, p414c)

熇 ～木，上苦老反，幹也，正作槁、燺、藁三形也，又火木、火沃、火各三反，熱皃，非用也。(ZD59-993a)按："～"，與"槁"同，枯干。《中阿含經》卷27："彼或有人益以燥草，足以槁木。"(T01, p602a)

縞 gǎo

縞 ～素，上古老反。(ZD60-446b)

藁② gǎo

藁 ～本，上古老反。(ZD60-344b)按："～"同"槀(槁)"。

稾 ～草，上古老反，禾稈也，正作槀、藁二形。(ZD59-988a)

藁 ～稈，古老反，下古罕反。(ZD59-873c)

藁 ～街，上古老反。(ZD60-565a)

割 gē

割 臠～，上力兖反。(ZD59-597a)

割 更～，古遏反。(ZD59-696b)

割 臏～，毗忍反，去膝蓋骨也，斷足也。(ZD59-667a)

割 ～截，古褐反。(ZD59-922a)

鴿 gē

頜 ～頚，助于反。(ZD59-722a)

---

① 又見"搞""熇"字條。
② 又見"槀"字條。

謌 gē

謌 叔～，古何反。(ZD59-797a)

革 gé

革 ～蓰，上古厄反，下所綺反。(ZD59-681a)

革 ～囊，古厄反，皮也，正作革囊。(ZD59-701a)

革 ～桴，音浮。(ZD59-585c)

革 ～屣，所綺反。(ZD59-591c)

格 gé

挌 ～量，上古客反，度也。(ZD59-621b)

格 ～税，古客反，正作格。(ZD59-960b)

格 楣～，上美悲反，下古客反，式也。(ZD59-1111b)

鬲 gé

萬 千～，音革。(ZD59-830a)

敋 gé

敋 一～，古麥反，打也，正作敋。(ZD59-782a)按："～"同"敋"。

祴 gé

祴 衣～，古黑反。(ZD59-748c)按："～"即"裓"，見"裓"字條。

蛤 gé

鉿 蚌～，上步講反，下古合反。(ZD60-93c)

鉿 蚌～，上步講反，下古合反。(ZD59-1066a)

鉿 蚌～，上蒲講反，下古合反。(ZD60-221c)

蛤 ～豕，上古合反，下洛禾反。(ZD59-1062a)

鉿 蚌～，上步講反，下古合反。(ZD60-10b)

裓[1] gé

祴 作～，依字音該，經爲裓字。(ZD60-360b)

裓 衣～，古得反。(ZD60-101c)

裓 衣～，古得反。(ZD59-651a)

裓 衣～，古得反，衣袖也。(ZD59-702b)

裓 衣～，古得反，袖也，正作裓也。(ZD59-821a)

裓 ～上，古黑反，衣袖也。(ZD59-725c)

裓 ～如，古得反。(ZD59-824c)

裓 ～上，古得反，衣袖也，别本作裓，非。(ZD59-726b)

裓 衣～，古黑反。(ZD59-748c)按："～"即"裓"。

隔[2] gé

隔 ～以，古厄反，礙也，正作隔也，又郭氏作而涉反，又音垂，並非。(ZD59-766c)

隔 上～，古厄反，胸～也，正作膈、隔二形也。(ZD59-609a)

隔 八～，音革。(ZD59-792c)

隔 指～，古厄反。(ZD60-29c)

隔 ～日，上古核反。(ZD60-8c)

隔 障～，古厄反。(ZD59-918a)

隔 ～於，古厄反，正隔也，郭氏作垂、囁二音，非。(ZD59-940c)

隔 作～，音革，下隔。(ZD60-167c)

---

① 又見"祴"字條。

② 又見"隔"字條。

鬲 ～盛，古厄反。(ZD59-917a)按：《大智度論》卷48："譬如田夫倉中，隔盛雜穀，種種充滿，稻麻、黍粟、豆麥，明眼之人，開倉即知是麻、是黍、是稻、是粟、是麥、是豆，分別悉知。"(T25, p403a8)"～盛"，對應佛經作"隔盛"。從形體看，"～"即"鬲"，通"隔"。

閎 gé/hóng/yòu

閣 樓～，音各，正作閣，又音右，悮。(ZD59-587b)按："～"乃"閣"。

閣 帝～，户萌反，正作閎。(ZD60-324a)

閣 佑～，音右。(ZD60-399c)按："閎"同"祐"。

槅[1] gé

槅 若～，音革。(ZD59-1045b)

槅 枙～，音革，正作槅，車軛也。(ZD60-393a)

槅 ～～，革、厄二音，犁槅，壓牛領者也。(ZD59-1001a)按："～"，從形體看，即"槅"字，犁軛。經文作"軛"或"枙"，義同。《增壹阿含經》卷16："有此三結，繫縛衆生，不能從此岸至彼岸，猶如兩牛同一軛，終不相離。"(T02, p630a)"軛"，宋、元、明、聖本作"枙"。

輻 轅～，上于元反，下古厄反。(ZD59-1083c)按："～"即"輻"，與"槅"同，另見"輻"字條。

閣[2] gé

閣 掷(梯)～，音各，正作閣。(ZD60-73c)

膈 gé

膌 膽～，上都敢反，下古厄反。(ZD60-233b)

輻 gé

輻 轅～，爲元反，下古厄反。(ZD59-679a)按："～"即"輻"，與"槅"同。《佛說須真天子經》卷4："如兩牛共一輻，覺法田無有上。"(T15, p110a)"輻"，元、明本作"槅"。

輻 轅～，音隔，見上方藏本，下方本作輻也，又《南嶽經音》作力合反，非也。(ZD60-43b)按："～"即"輻"，與"槅"同。

輻 轅～，上于元反，下古厄反，車轅頭曲木。(ZD60-43a)按："～"即"輻"，與"槅"同，詳見本書中篇"**輻**"字條。

頜 gé

頜 ～有，上古合反，頤傍也。(ZD59-597a)

頜 ～下，上古合反。(ZD59-1063c)

頜 ～車，古合反，正作頜。(ZD59-797b)

鴿 gé

鴿 鉤～，音格。(ZD60-363c)

鴿 鮈～，上音鉤，下音格，正作**鴿**鴿也。(ZD59-1099b)按："～"乃"鴿"字，詳見本書中篇"**鴿**"字條。

𩢄 鉤～～，下二同音格。(ZD60-396c)

鴿 鉤～，音格。(ZD60-371b)

骼 gé

骼 骨～，古客反，悮。(ZD60-536a)按："～"乃"骼"。

---

① 又見"輻"字條。

② 又見"閎"字條。

饁 gé

饁 ～䥈,上古盍反。(ZD60-374c)按:"～䥈",對應文獻作"鎑鏻"。《一切經音義》卷14:"禁滿,温器名也,尋撿文字所無,未詳何出,此應外國語耳,或鎑鏻訛也。鎑音古盍反,鏻音莫朗反。"(C056,p1035b)"～䥈"乃"鎑鏻","～"爲"鎑"之訛,構件"食"與"金"相混,温器也。

鞨 gé

嗶 鶾鞨,呼按反,呼也,正作躝也,下古厄反,鳥鳴也,正作～也,謂鳥獸相呼悲鳴也,諸經皆云飛鳥走獸相和聲,是也,即此經云飛鳥飡獸,皆共鶾鞨,是也。别經作翔翔,應和尚《音義》以翔字替之,非也。(ZD59-676c)按:"～"即"鞨"。《度世品經》卷4:"婦女珠環皆自作聲,飛鳥禽獸皆共鶾鞨。"(T10,p643c)"鶾鞨",宋、元、明本作"鷂鶍",聖本作"鶘鶘"。

鞨 鶾～,呼按反,呼也,正作躝也,下古厄反,鳥鳴也,正作嗶也,謂鳥獸相呼悲鳴也,諸經皆云飛鳥走獸相和聲,是也,即此經云飛鳥飡獸,皆共鶾鞨,是也。别經作翔翔,應和尚《音義》以翔字替之,非也。(ZD59-676c)

鶾 作～,見藏作鶾鞨,上音漢,下音革,鳥鳴也,應和尚以翔字替之,非也,經義不是翔字。(ZD60-360c)

隔 gé

隔 别～,音革。(ZD59-1112a)按:"～",經文作"隔"。《摩訶僧祇律》卷31:"世尊! 得一覆别隔不。"(T22, p477a)"～"即"隔"字。

哿 gě

哿 哿羅,上古我反。～羅,同上,悮也。(ZD59-797a)按:"～"乃"哿"之訛。

舸 gě

舸 欀～,汝羊反,下古我反,正作舸也,若字切脚。(ZD59-742c)按:"欀～",對應佛經作"攘舸"。《大乘入楞伽經》卷6:"耆若(攘舸反,二合)。"(T16, p624c)

舸 暮～,古我反。(ZD59-586c)

舸 ～立箄,上古可反。(ZD60-221c)

各 gè

合 ～插,古悪反,下叉合反,正作各插。(ZD59-805b)

箇 gè

箇 呼～,古餓反,正作箇。(ZD59-780c)

亘 gèn

亘 ～無,古鄧反。(ZD59-647c)

庚 gēng

庚 宅～,古盲反,正作庚也。(ZD60-391a)按:"～"乃"庚"。

耕[①] gēng

耕 ～種,古莖反。(ZD59-774c)

耕 ～犁,古莖反,正作耕。(ZD59-699c)

耕 梨～,力兮反,下古莖反。(ZD59-743c)

耕 ～田,古莖反,正耕。(ZD59-861b)

耕 ～犁,古莖反。(ZD59-719b)

---

① 又見"䎕"字條。

耕 ～器,古莖反,正作耕。(ZD59-823a)

栟 ～墾,上古莖反。(ZD60-110a)按:"～"乃"耕",詳見本書中篇"栟"字條。

耕 ～耘,音云。(ZD59-666b)

耕 gēng

耕 ～覆,上古莖反,正作耕。(ZD59-611a)按:"～"乃"耕"字。

緪 gēng

縆 ～棧,上古恒反,下仕諫反。(ZD60-261a)

羹 gēng

羹 ～臛,上古盲反,下呼各反。(ZD59-602a)

羹 ～臛,古盲反,下呼各反。(ZD59-758a)

羹 作～,古盲反。(ZD59-766c)

羹 得～,古衡反,正作羹。(ZD59-631a)

羹 ～斗,上古盲反。(ZD60-366c)

羹 ～菜,古盲反。(ZD59-786a)

挭 gěng

挭 ～摡,上古杏反,下古代反。(ZD60-580c)按:"～摡"乃"梗概",其中"～"乃"梗"。

哽① gěng/yē

哽 酸～,下古杏反。(ZD59-1026b)

哽 鯁～,下一結反。(ZD60-432a)按:"鯁～",經文作"鯁咽"。《大唐大慈恩寺三藏法師傳》卷1:"中有一老者,衣不及帶,跣足出迎,抱法師哭,哀號鯁咽,不能已已。"(T50, p224c)"～",可洪音"一結反",蓋以爲"噎(咽)"字。"噎(咽)"蓋受上字"鯁"的影響類化换旁從"更"而作"哽"。

梗② gěng

梗 ～槩,上古杏反,正作梗。(ZD60-55b)按:鄭賢章(2007:113)以"～"爲"梗"。

挭 ～槩,上古杏反,下古代反。(ZD60-408a)

挭 ～槩,上古杏反,下古代反,大略言也。(ZD59-597a)

綆 gěng

綆 無～,古杏反,井索也。(ZD59-917c)

鯁 gěng

鯁 ～塞,上古杏反。(ZD59-1076b)

鯁 悲～,又作哽,古杏反,噎也。(ZD60-264b)

廾③ gōng

丱 從～,巨恭反。(ZD60-363c)按:"～"即"廾",音"巨恭反",讀"gōng",其又可音"gǒng"。

𠬞 從～,具恭反。(ZD60-352a)

𠬞 從～,音拱,正作廾。(ZD60-383c)

拜 作～,同上,又居勇反,兩手棒物也。(ZD60-351b)按:"～"即"廾"。

奴 ～巨,上巨恭反,下音巨。(ZD60-392c)按:"～"即"収(廾)"。

廾 ～音拱,上居勇反。(ZD60-382c)按:"～"即"収(廾)"。

廾 ～以推,上居勇反。(ZD60-382c)按:"～"即"廾"。

廾 ～又作拜,上下二同,巨龍反,正作収、

---

① 又見"鯁"字條。
② 又見"挭"字條。
③ 又見"廿""丱"字條。

廾二形。(ZD60-371c)

廾 從～，巨恭反，自前皆作収。(ZD60-371c)按：“～”即“収(廾)”。

廾 作～，同上，又居勇反。(ZD60-352a)按：“～”即“廾”。

廾 從～，具恭反。按：“～”即“廾”。(ZD60-352a)

弓① gōng

弓 火～，居中反。(ZD60-78a)按：“～”，經文作“弓”。

廿 gōng/niàn

廿 著～，巨恭反，正作廾、収二形也。(ZD60-403b)

廿 ～臘，郎合反。(ZD59-605c)按：“～”即“廿”，對應佛經作“二十”。

弓 gōng

弓 百～，居雄反，正作弓。(ZD59-1020c)按：“～”即“弓”字。

功 gōng

功 ～侔，音牟。(ZD60-590b)

夘 gōng/luǎn/yìn

夘 從～，巨恭反，悮。(ZD60-380c)按：“～”音“巨恭反”，乃“収(廾)”。

夘 ～觳，上力管反，下口角反。(ZD60-91c)按：“～”乃“卵”字。

夘 退～，因進反。(ZD59-620a)按：“～”乃“印”字。

攻 gōng

攻 ～剽，上古冬反，下疋妙反，强取也。(ZD60-391c)

攻 ～取，上古冬反，治也，作也，伏也，善也，擊也，正作攻也。(ZD60-248b)按：“～”乃“攻”字，詳見本書中篇“**攻**”字條。

蛟 虹～，下音工，正作攻，又古猫反，悮。(ZD60-355c)按：“～”乃“攻”。“虹～”，對應文獻作“虹攻”。另見“蛟”字條。

杛 gōng/xiǔ

杛 作～，音弓。(ZD60-378a)按：“～”即“弓”。

杛 ～橦，上許有反，腐也，正作朽也，下之勇反。(ZD60-313a)按：“～”乃“朽”。

邦② gōng

邦 ～亭，上居容反。(ZD60-319b)

恭 gōng

恭 ～恪，口各反。(ZD59-993a)

恭 ～恪，苦各反。(ZD59-603a)

恭 ～子，上居容反，正作恭。(ZD60-600a)

恭 ～恪，苦各反。(ZD59-713c)

恭 ～恪，苦各反。(ZD59-735b)

蚣 gōng

蚣 蚰～，音由，下音公。(ZD59-797c)

傍 gōng

傍 ～亭，上居容反，亭名也，正作邦。(ZD60-336c)按：見“邦”字條。

---

① 又見“弖”“杛”字條。

② 又見“傍”字條。

躳[1] gōng

䝨 方～，音弓，身也，正作躳、船二形。(ZD60-447b) 按：“～”乃“船(躳)”字，詳見本書中篇“䝨”字條。

船 在～，居中反。(ZD60-332c) 按：“～”乃“躳”。

宫 gōng

官 ～人，居中反，正作宫，又音患，非。(ZD59-850c)

匔 gōng

匑 曲～，音弓。(ZD59-788b)

匑 曲～，居雄反，正作匔。(ZD59-788a)

匑 曲～，居雄反，謹敬皃。(ZD59-782b)

船 gōng

躳 ～於，上居雄反，身也，親也，正作躬，《説文》作船。(ZD60-489b)

船 ～往，上居雄反。(ZD60-445a)

舼 gōng

艉 胡～，古横反。(ZD60-375a)

蛇 gōng

蛇 蚢～，上尸有反，下居雄反，蝘蜓也，正作守宫也。(ZD59-986c) 按：“蚢～”即“蚢蛇”，又作“守宫”。“守宫”爲蟲類，故俗增“虫”旁作“蚢蛇”以顯義。

篢 gōng

篢 神～，音公，竹笠也。(ZD60-593a)

龔 gōng

龔 道～，居容反。(ZD60-327b)

龔 允～，上以准反，信也，下居容反，人姓。(ZD60-501a)

拱 gǒng

拱 櫨～，下居勇反。(ZD59-598a) 按：“～”乃“栱”。

鞏 gǒng

鞏 ～雒，上居勇反。(ZD60-582a) 按：“～雒”，對應佛經作“鞏雒”。《廣弘明集》卷 24：“高座法師流芳鞏雒。”(T52，p277a)

共 gòng

共 ～拋，音晚。(ZD59-982c)

共 ～生，上巨用反，皆也，正作共也，又呼格反，悮。(ZD60-167b)

莔 gòng

莔 ～磨，上公、貢二音，正作莔也，《佛阿毗曇》作高磨，是也，此云芮布也。(ZD60-242a) 按：“～磨”，對應經文作“莔磨”或“莔麻”。

鉤[2] gōu

約 ～紐，上古侯反，或作鉤字。(ZD59-1112c) 按：“～”，經文作“鉤”，詳見本書中篇“約”字條。

合 ～桂，上古侯反，下音卦，藏本作鉤挂也。(ZD60-385b) 按：“～”乃“鉤(鉤)”。

鉤 無～，古侯反，正作鉤。(ZD60-132b) 按：“無～”，對應佛經作“無鉤”。“～”即“鉤(鉤)”之訛。《阿毘達磨俱舍釋論》卷 22：“世間無主能壞德，

① 又見“船”字條。
② 又見“鉤”字條。

無鉤制惑隨意行。"（T29，p304a）

堢 gōu

堢 尻～，上苦高反，下古侯反。（ZD60-72a）按："～"，經文作"溝"。《鼻奈耶》卷3："他兩曲肘弄者，及屈膝間、兩掖間、臍兩邊，及岐間、尻溝間、兩肩上項間，現身上屈申處衣裏弄者，伏床褥弄者，畫女像木女像作處所弄失精者，僧伽婆施沙。"（T24，p860c）

溝[①] gōu/jiǎng

溝 ～渠，上古侯反，正作溝，又私列反，丈甲、徒頰三反，悮。（ZD59-617c）

溝 ～坑，苦庚反。（ZD59-559c）

溝 没～，古侯反，正作溝。（ZD60-194b）

溝 ～壑，上古侯反，下呼各反。（ZD60-114b）

溝 ～坑，古侯反，下苦庚反。（ZD59-684c）

溝 ～壑，古侯反，下呼各反。（ZD59-781a）

溝 ～壑，古侯反，下呼各反。（ZD59-635b）

溝 ～洫，古侯反。（ZD59-666b）

溝 ～巷，上古侯反，下胡絳反，諸經作溝港。（ZD60-309b）按："～"乃"溝"，詳見本書中篇"腢"字條。

溝 ～涅槃，上音講，解説也，論也，又古侯反，非也。（ZD60-570c）按："～"乃"講"字之訛。

鉤 gōu

鉤 ～餌，上古侯反，正作鉤也，下人志反，謂魚鉤頭食也。（ZD60-328a）按："～"乃"鉤(鈎)"。

腢 gōu

腢 ～間，上古侯反。（ZD60-42c）按："～間"即"腢間"。《四分律》卷56："如是於股間，腢間，若曲膝、若脇邊，……如是一切若道想，若疑，偷蘭遮；若非道想，不疑，僧伽婆尸沙。"（T22，p986b）"～"同"溝"，見"堢"字條。

腢 ～中，上古侯反，淚也，奇～，骨～也，俗。（ZD60-42b）

緱 gōu

緱 ～氏，上古侯反。（ZD60-345c）

緱 ～氏，上古侯反。（ZD60-556b）

鴝 gōu/qú

鴝 ～鵒，上音鉤，下音格，正作鴝鴿也。（ZD59-1099b）

鴝 ～鵒（鴿），上古侯反，下古額反，角鵄也，又音浴，非。（ZD59-1082b）按："～"即"鴝"。

鴝 ～鵒，其俱反，下余玉反。（ZD59-835b）

鴝 ～鵙，上九愚反，下吉以反，正作拘枳。（ZD59-605a）

鴝 ～鳲，上奇拘反，下之爾反。（ZD59-589b）

鴝 ～鵒，具于反，下逾玉反。（ZD59-897b）按："～鵒"，對應佛經作"鴝鵒"。《菩薩地持經》卷2："風雨聲，草木聲，鸚鵡鴝鵒聲，拘耆羅聲，命命鳥等衆鳥之聲。"（T30，p898b）"～"同"鴝"。

苟 gǒu

苟 ～杷，音起，正作杞也。（ZD59-721c）按："～杷"即"枸杞"。

---

① 又見"堢""腢"字條。

苟 犖～,魯角反,下古口反。(ZD59-840a)

苟 ～杞,音狗,下音起。(ZD59-723b)按:“～”即“枸”。

苟 ～咲,音狗,下音笑。(ZD59-837c)

狗[1] gǒu

猗 狐～,古口反,犬也,正作狗。(ZD60-230b)

猗 ～齩,五巧反。(ZD59-838a)

拘 如～,古口反,正作狗。(ZD60-22c)按:“～”即“狗”,構件“犭”與“扌”相混。《彌沙塞部和醯五分律》卷10:“此諸比丘貪食如狗。”(T22, p74c)

殉 ～賜,上古口反,下直羊反,正作狗腸也。(ZD60-106a)按:“～賜”,經文作“狗腸”。《阿毘曇毘婆沙論》卷54:“凡夫觀生死法,不見端緒,如觀狗腸。”(T28, p387c)

猗 賁～,古口反,正作狗。(ZD60-92b)

枸 gǒu

拘 ～把,古口反,正作枸,下丘里反,正作杞(杞)。(ZD59-805b)按:“～把”即“枸杞”。

殉 gǒu

殉 ～腸,上古口反,正作狗也,下直羊反,肚也。《雜阿含經》云貪樂沉没,如狗肚藏,亂草蘊,此世他世,絞結纏鎖,亦復如是。《川音》以歹字替之,非也,又云此是《阿毗曇婆沙論》第五十四中字,彼經被改爲狗,義是,歹音朽,據此則彼論不錯,却言不是,豈非謬乎,應和尚未詳。(ZD60-380c)按:“～”乃“狗”字,詳見本書中篇“殉”字條。

笱 gǒu/sì

笱 魚～,正作笱。(ZD60-78b)

笱 開～,上苦哀反,下相寺反,正作開笥。(ZD59-1031c)按:“～”,經文作“笥”,即“笥”之訛。《中本起經》卷2:“該容欣悦,開笥出衣,積爲高座,承佛威神,如應説法。”(T04, p157c)

猗 gǒu

猗 獜～齧,下五結反。(ZD60-325a)按:“～”即“猗”,皆“狗”字。另見“狗”字條。

坸 gòu

坸 ～濁,同上,正作垢。(ZD60-42c)按:“～”乃“垢”,另見“垢”字條。

垢[2] gòu

垢 ～結,音狗,正作垢也。(ZD59-900a)

垢 ～穢,上古口反。(ZD60-42c)

垢 無～,音狗,正作垢,又音禰,非也。(ZD59-901c)

垢 ～穢,上古口反。(ZD59-620c)

垢 諸～,音垢。(ZD59-724b)

垢 ～穢,上古口反。(ZD59-583b)

垢 無～,古口反,～圿也,正作垢。(ZD59-650a)

垢 塵～,古口反,惧。(ZD59-1072c)

垢 無～,古口反,塵也。(ZD59-670b)

垢 諸～,古口反,正作垢。(ZD59-724b)

垢 雜～,音狗。(ZD59-587c)

垢 離～,古口反。(ZD59-670b)

---

① 又見“猗”“殉”字條。

② 又見“坸”字條。

垢 智～，正作垢，古口反，塵膩著物也。(ZD59-740a)

垢 心～，古口反。(ZD59-959a)

姤 死～，古口反，塵～也，正作垢也，又音搆，悞。(ZD59-642a)

域 ～穢，音狗，正作垢。(ZD59-891a) 按："～"，對應佛經作"垢"。《右繞佛塔功德經》卷1："在於母胎中，垢穢所不染。"(T16，p802a)

坧 無～，音狗。(ZD59-620b)

垢 ～濁，古口反。(ZD59-676a)

垢 有～，古口反。(ZD59-916a)

搆[①] gòu

搆 ～牛，上古豆反。(ZD60-172b)

搆 讒～，仕咸反，下古候反，譖言也。(ZD59-737b)

搆 ～捋，古候反，下郎活反。(ZD59-680a)

搆 ～取，古候反。(ZD59-773b)

搆 締～，上提，第二音。(ZD60-333a)

搆 ～取，古豆反。(ZD59-803c)

搆 ～角，古候反，取牛乳也。(ZD59-685b)按："～"同"㲃"。

搆 ～千，古候反，取牛乳也，正作搆，又仕角反。(ZD59-700c)

搆 ～之，古候反。(ZD59-686b)

搆 ～捋，上古候反，下勒活反。(ZD59-1027b)

搆 締～，上徒帝反。(ZD60-506a)

搆 ～乳，上古候反，取牛乳也，正作㲃、搆二形。(ZD60-14a) 按："～"與"搆""㲃"同。另見"㲃"字條。

彀[②] gòu

彀 在～，音搆。(ZD60-439a)

彀 ～以，上古候反，張弓也，正作彀。(ZD59-1130b)

雊 gòu

雊 驚～，苟候反。(ZD60-483a)

媾 gòu

媾 婚～，呼昆反，下音搆。(ZD59-873a)

媾 姻～，古豆反，重婚也，厚也。(ZD59-752b)

媾 媒～，上莫迴反，下古候反。(ZD60-141b)

媾 媒～，上莫迴反，下古候反。(ZD59-589c)

遘 gòu

遘 讒～，仕咸反，下古豆反。(ZD59-678b)

遘 ～精，古豆反。(ZD59-817a)

遘 自～，古豆反。(ZD59-821c)

遘 夙～，息六反，下古候反。(ZD59-737b)

遘 讒～，上仕咸反，下古豆反，遇也，架也，亂也，正作遘、搆二形，悞。(ZD60-189b)

遘 夙～，息六反，下古豆反。(ZD59-860b)

𣪘 gòu

𣪘 稚～，下古豆反，張弓弩也。(ZD60-84a) 按："～"乃"𣪘"，與"彀"同。

構 gòu

構 ～木，古豆反。(ZD59-865b)

① 又見"搆"字條。

② 又見"𣪘"字條。

𣔩 ～木，古豆反。(ZD59-782b)

𣔩 危～，古候反。(ZD60-408c)

搆 丕～，上普悲反，下古候反。(ZD59-588c)按："～"，經文作"構"。

穀① gòu

㲉 ～乳，上古豆反。(ZD59-1133b)按："～"即"㲉"，與"㲉""穀"同。

㲉 夫～，上房無反，下古豆反。(ZD59-1131a)按："～"同"穀"。《根本説一切有部毘奈耶》卷8："夫穀乳者應留少許。"(T23, p667b)

㲉 而～，音搆。(ZD59-697c)按："～"即"㲉"，經文中同"穀"。《方廣大莊嚴經》卷7："時善生女聞神語已，即取千頭牸牛，而穀其乳，七度煎煮。"(T03, p583b)"穀"，宋本作"搆"。

搆 一～，古候反，～將牛乳也。(ZD59-644b)按："～"即"搆"，經文中常通"穀"。《法華經三大部補注》卷3："穀，古候切，取乳也。"(X28, p185b)《一切經音義》卷49："擊牛乳頃，鉤候反，《通俗文字》云捋取牛羊乳，從擊省聲，論文作搆，借用，非本字也。"(T54, p635a)

覯 gòu

覯 ～河，上古候反。(ZD60-438c)

覯 罕～，古候反。(ZD59-560c)

覯 ～止，上古候反。(ZD60-566a)

孤 gū

孤 ～子，上古乎反。(ZD60-580c)按："～"乃"孤"。

呱 gū

呱 ～然，上古乎反，小兒啼聲。(ZD59-1076c)

孤② gū

孤 給～，古胡反，正作孤。(ZD59-997b)

孤 給～，古胡反，正作孤。(ZD59-984b)

姑 gū

姑 ～章，古乎反，正作姑也，又巨乙反，非。(ZD59-762b)

辜 gū

辜 ～挓，上古胡反，下吒格反。(ZD59-1034c)按："～"即"辜"字。

柧 gū

柧 ～棱，郎登反。(ZD60-355b)按："～"乃"柧"。

罛 gū

罛 施～，式支反，下古胡反。(ZD59-766b)按："～"乃"罛"字，詳見本書中篇"**罛**"字條。

蛄 gū

蛄 螻～，上音樓，下音姑。(ZD60-366a)

辜③ gū

辜 ～較，音姑，下音角。(ZD59-821c)

辜 ～者，古胡反。(ZD59-762c)

辜 無～，音姑。(ZD59-684b)

辜 無～，音姑。(ZD59-639a)

辜 無～，音姑，罪也。(ZD59-639a)

辜 ～較，上音姑，下音角。(ZD59-608b)

---

① 又見"穀"字條。
② 又見"孤"字條。
③ 又見"辜"字條。

辜 何～，音姑，罪也，正作辜。(ZD60-559c)

辜 之～，音姑，正作辜。(ZD60-557b)

辜 遇～，音姑。(ZD60-370b)

辜 肆其～，上音四，陳也，下音姑，罪也。(ZD60-367c)

辜 磔～，音姑。(ZD60-363c)

辜 無～，音孤。(ZD60-141b)

辜 無～，音姑。(ZD59-1105a)

辜 無～，音姑。(ZD59-1055b)

觚　gū

觚 八～，古胡反。(ZD59-730b)

觚 ～有，上古胡反。(ZD59-591a)

觚 ～枝，上古胡反。(ZD59-611a)

觚 ～岐，上音孤，下音祇。(ZD60-189a)

觚 作～，古乎反，見藏作觚也。(ZD60-378b)按："～"乃"觚"之訛。

箛　gū

箛 ～蔟，上古胡反，下楚角反，謂竹籤也，言銛竹爲刺而安要路，以害人獸也。(ZD60-79a)

駈　gū

駈 騇～，上之夜反，下古胡反，《善見律》作鷓 駈，《切韻》作鷓鴣。(ZD60-300a)按："騇～"即"鷓鴣"，其中"～"乃"鴣"，構件"馬"與"鳥"俗寫相混。

鴣[①]　gū

駈 鷓～，上之夜反，下古胡反。(ZD60-76b)按："～"即"鷓鴣"。

仜　gǔ

仜 ～悦，公五反，肥也。(ZD59-782b)按："～"，《廣韻》音"户公反"，可洪音"公五反"，恐誤。

谷[②]　gǔ

峪 嵠～，苦兮反，下古木反。(ZD59-744a)按："嵠～"即"嵠峪"，與"溪谷"同。"嵠"爲"嵠"之訛，"～"爲"峪"之訛。

峪 嶮～，音谷。(ZD59-677b)

峪 嶮～，古木反。(ZD59-713a)

峪 嵠～，苦兮反，下古木、余五二反，前經作溪谷，郭氏音路，非也。(ZD59-771c)

拈　gǔ/kū

拈 白～，音古。(ZD60-162b)按："～"乃"牯"。

拈 ～搞，上苦胡反，下苦老反。(ZD60-182b)按："～"乃"枯"。《佛所行讚》卷2："自枯槁其形，修行諸苦行。"(T04，p13a)

股[③]　gǔ

股 ～肱，公五反，下古弘反。(ZD59-766b)

般 一～，音古，正作股。(ZD59-864c)按："～"即"股"字。構件"月"與"舟"形體近似。《一字佛頂輪王經》卷4："於花臺上竪畫一股金剛杵。"(T19，p247b)

股 雙～，公五反。(ZD59-670a)

股 七～，音古。(ZD59-1049b)

股 ～肱，上音古。(ZD59-585c)

股 釵～，叉街反，下公五反。(ZD59-800c)

---

① 又見"駈"字條。

② 又見"峪"字條。

③ 又見"胋""胶""鈷"字條。

骨 gǔ

骨 項～，上胡講反。(ZD59-558a)

骨 筋～，上音斤，下音骨。(ZD59-999b)

骨 ～鄣，古忽反，《説文》云骨者，肉之核也，身也。(ZD59-898a)

⿰禾殳 gǔ

⿰禾殳 ～稼，上古木反，正作穀也。(ZD60-409b)按："～"乃"穀"。

⿰月古 gǔ

⿰月古 獨股，公五反，亦作～。(ZD59-784a)按："～"即"股"字。

⿰月古 刺～，下公五反。(ZD60-475c)按："～"即"股"字。

⿰口角 gǔ

⿰口角 ～耳，上與哈同，古木反，鳥鳴也，律意謂比丘於耳中高作聲，而相驚爲戲也。《經音義》云相承音角，耳邊語也。《玉篇》作角、觜二音，郭氏亦音角，又呼角反，此後三家所出並非也。(ZD59-1105b)按：《摩訶僧祇律》卷7："口非威儀者，作象鳴、駝鳴、牛鳴、羊鳴、長聲、短聲，或相⿰口角耳，作如是比種種音聲戲笑。"(T22, p286c)可洪以"⿰口角"同"哈"。

罟 gǔ

罟 偏～，音古。(ZD59-790c)

峪 gǔ

峪 嶮～，音險，下音谷，悮。下又郭氏音路，非也。(ZD59-675a)

胶 gǔ

胶 三～，音古，正股。(ZD59-863b)按："～"乃"股"字，詳見本書中篇"胶"字條。

羖 gǔ

羖 ～羊，公五反。(ZD59-775b)

羖 ～羊，上公五反。(ZD59-625a)

羖 ～羊，公五反。(ZD59-669a)

羖 ～羧，音古，下音侸。(ZD59-681a)

蛊 gǔ/yě

蛊 ～毒，公五反，正作蠱。(ZD59-749b)按："～"即"蛊"，與"蠱"同。

蛊 妖～，於憍反，下夷者反，正作蠱。(ZD59-643b)

⿰貝古 gǔ

⿰貝古 估販，上音古，别本作～，下方万反，易也。(ZD59-1048b)按："～"同"估"。

⿰目角 gǔ/jué

⿰目角 作～，依字音縠。(ZD60-389c)

⿰目角 ～張，音角，目不正也，又或作䀰，同古屋反，大目也。(ZD60-220c)按：《菩薩本緣經》卷2："作是念已，即出深山，棄捨淨法，瞋恚增長，口如赤銅，銜脣切齒，揮攉角張。"(T03, p63b)"～"同"角"。

鼓[1] gǔ

鼓 ～揚，公五反，擊也。動也。(ZD59-664b)

鼓 ～人，公五反。(ZD59-736b)

鼓 ～具，公五反，下正作貝。(ZD59-757b)

---

① 又見"皷"字條。

飆　飄～,上疋遥反,下公五反。(ZD59-1065a)

鼓　如～,音古,正作皷。(ZD60-158c)

鼓　～動,上公五反,動也,正作鼓也。(ZD60-336a)

鼓　撾～,公五反,正作皷。(ZD59-700b)

鼓　～動,上音古,擊動也。(ZD60-166b)

鼓　～俳,上音古,動也。(ZD59-606a)

鼓　舸～,苦何反,下音古。(ZD59-741c)

鼓　～羸,郎禾反。(ZD59-641c)

鼓　撾～,知花反。(ZD59-702a)

颾　作～,音古,大風也。(ZD60-366a)

颾　風～,音古。(ZD59-1074a)按:"～"乃"鼓"字,詳見本書中篇"颾"字條。

榾　gǔ/yī

榾　～非,上音骨,與榾同。(ZD60-377b)

榾　歎～,一入反,正作揖,又音骨,非也。(ZD60-467a)按:"～"即"揖"字之訛。《續高僧傳》卷5:"於是二僧歎揖,自以弗及之也。"(T50, p465c)

鈷　gǔ

鈷　獨～,音古,正作股、胋二形。(ZD59-888c)按:鄭賢章(2007:524)以"～"爲"股"之異體。另見"股"字條。

皷　gǔ

皷　垺～,上縛謀反。(ZD60-337c)按:"～"同"鼓"。

魅　gǔ

魅　～蠱,公五反,下羊者反。(ZD59-765b)按:"～"爲"蠱"或"魅",詳見本書中篇"魅"字條。

穀①　gǔ

穀　～蘋,七賜反。(ZD59-680c)

穀　財～,古木反。(ZD59-549a)

穀　如～,古木反,正作穀。(ZD60-167c)

穀　稻～,下古木反。(ZD59-995c)

穀　～麥,古木反。(ZD59-720a)

穀　～貴,上古木反。(ZD59-575c)

穀　刈～,上魚吠反。(ZD59-592a)

穀　財～,古木反。(ZD59-561a)

穀　年～,古木反。(ZD59-679a)

穀　稻～,大老反,下古木反。(ZD59-968a)

穀　雜～,苦角反,正作殼、㲉二形也,悮。(ZD59-752c)按:"雜～",對應佛經作"雜穀"或"雜殼"。《佛説灌頂經》卷11:"往到市所,取猪羊骨頭蹄膏血、果蓏雜穀,持散家中。"(T21, p530c)"穀",宋、元、明本作"殼"。從形體看,"～"即"穀"之訛,經意非"殼"字,可洪所論有誤。《大般若波羅蜜多經》卷53:"倉中盛滿種種雜穀,所謂稻、麻、粟、豆、麥等。"(T05, p298b)

穀　五～,古木反,正作穀、榖。(ZD60-399c)按:"～"乃"穀",詳見本書中篇"穀"字條。

榖　gǔ

榖　五～,古木反,麥、菽、稷、麻、黍是也。(ZD59-1101c)按:"～"即"榖"之訛,與"穀"同。

榖　熇～,初巧反,下古木反。(ZD59-852b)

① 又見"㲉""榖""榖"字條。

縎 gǔ

縎 結滑,音骨,正作～。(ZD60-595c)按:"結滑",對應佛經作"結～"。《廣弘明集》卷 29:"心結縎兮悲起,曾憫憐之憯悽。"(T52, p342b)

槃 gǔ

槃 ～實,上古木反,五穀惣名爲槃。(ZD59-616c)按:"～"即"槃"之訛,與"穀"同。

槃 ～貴,上古木反。(ZD59-571c)按:"～"同"穀"。

槃 ～食,上古木反。(ZD59-581c)

槃 舂～,上束容反。(ZD59-1103c)

轂① gǔ

轂 ～輞,古木反,又音鏗,非。(ZD59-847b)按:"～輞",對應佛經作"轂輞"。"～"即"轂"字。《佛説觀佛三昧海經》卷 2:"二輪光明,光明輪郭,千輻轂輞,成摩尼珠,形如毘紐,羯磨天畫。"(T15, p655c)

轂 輪～,音轂。(ZD59-781c)按:"～"乃"轂"字,詳見本書中篇"轂"字條。

轂 ～輞,古木反,下文兩反。(ZD59-773c)

轂 輞～,音网,下音穀,下又苦耕反,非。(ZD59-715c)

轂 ～輞,古木反,下文往反。(ZD59-695b)

轂 ～輞,音穀,下音罔。(ZD59-683a)

轂 爲～,公木反,又口耕反,非。(ZD59-656c)

轂 ～輞,上古木反,下文往反。(ZD59-599a)

轂 車～,古木反。(ZD59-596b)

轂 爲～,古木反,正作轂。(ZD60-214a)

轂 轅～,上于元反,下古木反。(ZD59-1116a)

轂 車～,古木反,正作轂。(ZD59-1029b)

瞽② gǔ

瞽 盲～,下音古。(ZD59-919a)

瞽 盲～,音古。(ZD59-937c)

瞽 盲～,音古。(ZD59-575b)

瞽 非～,音古。(ZD59-644b)

瞽 癡～,音古,無目也。(ZD59-593c)

瞽 眼～,音古。(ZD59-803a)

轚 gǔ

轚 車～,古屋反,又音鏗,非。(ZD59-821a)按:"～"即"轚",乃"轂"之訛。

瞽 gǔ

瞽 ～矣,上公五反。(ZD59-1043a)按:"～"即"瞽"。另見"瞽"字條。

瞽 ～王,上公户反。(ZD59-1081a)

蠱③ gǔ/yě

蠱 遮～,音古,正作蠱也,悞。(ZD59-752a)

蠱 ～道,音古,正作蠱也,又羊者反,並毒藥也。(ZD59-710a)

蠱 ～毒,公五反。(ZD59-663b)

蠱 ～道,上公五反。(ZD60-50b)

蠱 ～道,上公五反。(ZD59-562a)

蠱 ～道,上音古,毒藥也。(ZD59-558b)

---

① 又見"轚"字條。
② 又見"瞽"字條。
③ 又見"魅""蛊"字條。

～道，公五反，正作蠱。(ZD59-637b)

～道，上公五反。(ZD59-615b)

倿～，奴定反，下羊者反，謂納諂媚也。(ZD59-766b)

～女，羊者反，妖～也。(ZD59-763b)

～毒，上户塔反。(ZD59-1104b) 按："～"，經文作"蠱"。可洪以"～"音"户塔反"，此其本音，但於此處不妥。

捁 gù

挃～，上之日反，下古沃反，扭械也，正作桎梏也。(ZD59-594c)

苦 gù

若～，古沃反，禾皮麥麩等類，正作秙。(ZD60-41b)

草～，古沃反，禾麩也，皮也，正作秙。(ZD60-39b) 按："～"同"秙"。

～堊，上古沃反，禾皮也，正作秙也。《經音義》以秙字替之，古黠反。(ZD59-1107b)

雇 gù

倩～，上七性反，下同上(雇)。(ZD60-25b)

頋 gù

～録，力玉反。(ZD59-583c) 按："～"乃"顧"。另見"顧"字條。

痼[1] gù

無～，古悟反，久病也。(ZD59-783c)

～癥，公悟反，下陟陵反。(ZD59-782b)

頋 gù

～眄，音麵。(ZD59-619b) 按："～眄"，對應佛經作"顧眄"。《大方等大集經》卷4："爾時，世尊舉身顧眄，觀諸大衆。"(T13, p22b)

錮 gù

～腹，宜作錮，音故。(ZD60-599a)

顧[2] gù

四～，音故。(ZD59-719c)

屈～，公悟反。(ZD59-1002b)

生～，音故，正作顧。(ZD60-52a)

～己，音故，下居里反。(ZD59-695c)

瞻～，音故。(ZD59-557c)

～悋，力進反。(ZD59-564c)

不～，音故，正作顧。(ZD60-126c)

～盻，上音故，下音麵。(ZD60-137c)

～曰，古悟反，眷也。(ZD59-701c)

～戀，音故，亦作顧。(ZD59-645b)

～盻，普幻反，又音麵。(ZD59-654c)

局～，其玉反，馬立不定，正作騔。(ZD59-697a)

～諸，公悟反。(ZD59-677a)

～視，上古悟反。(ZD60-142c)

～盻，音故，下普幻反，又音麵。(ZD59-817c)

～影，上音故，正作顧。(ZD60-303a) 按："～"乃"顧"字，詳見本書中篇"**覾**"字條。

痂 gù

～疾，上音故，前傳文作痼。(ZD60-

---

① 又見"痂"字條。

② 又見"頋""頋"字條。

457a)按:"～"乃"瘑",詳見本書中篇"瘑"字條。

瓜[1] guā

種～,古花反,正作瓜,俗作𤓰,俗作苽。(ZD59-1113b)

踰～,徒盍反,下古花反。(ZD59-973c)

～州,上古花反。(ZD60-552b)

菓～,古花反,正作瓜、苽二形。(ZD59-759c)

生～,古華反,正作瓜、苽二形。(ZD59-900b)

～菜,上古花反。(ZD60-81b)

～蔞,古花反,下洛侯反。(ZD59-795c)

菓～,古花反,亦作𤓰(瓜)。(ZD59-1103b)

菓～,古花反,正作苽。(ZD59-816b)

𤓰 guā

胡～,古花反,正作瓜。(ZD60-37b)

爛～,上郎歎反,下古花反,正作瓜、苽。(ZD60-480a)

苽 guā

胡～,古花反。(ZD59-685c)按:"～"乃"苽",同"瓜"。另見"瓜"字條。

刮[2] guā

～舌,上古頡反,正作刮。(ZD60-84c)按:"～舌",對應佛經作"刮舌"。《毘尼母經》卷6:"晨起嚼楊枝竟,須刮舌者,佛聽用銅鐵木竹箄作刮,是名刮舌法。"(T24, p838c)

～削,古頒反,正作刮。(ZD59-954c)按:"～削",對應佛經作"刮削"。《十住毘婆沙論》卷1:"以熱鐵杖而隨捶之,千釘鏒身剗刀刮削。"(T26, p21a)

剮 guā

～刷,上古頡反,論本作刮。(ZD60-363a)

蝸 guā

～螺,上古花反,下郎禾反。(ZD59-565b)

蝸 guā

～螺,上古花反,與蝸同也。(ZD60-395b)

鴰 guā

麋～,上音眉,下音栝。(ZD60-362a)

糜～,上正作鶥,音眉,下音括,《川音》作鷃,音晏,非也。(ZD60-376b)按:"糜～"即"麋鴰"。

寡 guǎ

～聞,上古瓦反。(ZD60-245a)按:"～"乃"寡"。另見"寡"字條。

寡[3] guǎ

～嗜慾,上古瓦反,中神利反,下余玉反。(ZD60-467b)

鰥～,古頑反,下古瓦反,正作鰥寡字也。(ZD59-713b)

觸～,古還反,下古瓦反,正作鰥寡也,上悮。(ZD59-776c)

～聞,上古瓦反,又支義反,非。(ZD60-43b)

～薄,上古瓦反。(ZD60-11b)

～婦,古瓦反,五十無夫。(ZD59-961b)

---

① 又見"苽""𤓰"字條。
② 又見"剮"字條。
③ 又見"寡"字條。

～欲，古瓦反。(ZD59-667a)

守～，古瓦反。(ZD59-828a)

～見，上古瓦反。(ZD60-213a)

～婦，同上（寡）。(ZD59-1111b)

鰥～，古頑反，六十無妻也，下古瓦反，五十無夫也。(ZD59-765a)

～聞，古瓦反。(ZD59-719c)

～聞，古瓦反。(ZD59-956c)

～德，上古瓦反。(ZD60-467c)

～婦，古瓦反，五十無夫曰～。(ZD59-689b)

～聞，上古瓦反。(ZD59-619c)

孤～，古瓦反。(ZD59-697a)

～婦，古瓦反。(ZD59-845b)

時～，古瓦反。(ZD59-1095a)

～言，古瓦反。(ZD59-821b)

鰥～，古頑反，下古瓦反。(ZD59-763a)

～聞，古瓦反。(ZD59-717c)

～聞，上古瓦反，正作寡。(ZD60-142b)

～聞，上古瓦反。(ZD59-586b)

力～，古瓦反。(ZD59-916a)

～寡婦，上二古瓦反。(ZD59-995a)

～尠，古瓦反，下息淺反。(ZD59-729b)

髁 guǎ/kuà

～骳，上古瓦反，下於協反。(ZD60-11a)

腰～，苦瓦反。(ZD59-597a)

挂[①] guà

～出，古話反，正作挂。(ZD59-665c)

以～，音卦。(ZD59-742a)

桂 guà

～肘，上古話反，正作挂，亦作掛。(ZD60-86a)按："～"乃"挂"字之訛。

絓 guà

耶網～，上徐嗟反，下古畫反，下正作挂、掛二形。《廣弘明集》作緺也。(ZD60-509c)按：此處"絓"與"挂""掛""緺"同。

掛 guà

～頸，上古話反，正作掛，下居郢反，項也。(ZD59-1021c)按："～"乃"掛"字，詳見本書中篇"掛"字條。

註 guà

～誤，上古賣、胡賣二反。(ZD60-409c)

乖 guāi

～絶，音乖。(ZD59-671b)

～理，古懷反。(ZD59-966b)

自～，音乖。(ZD60-182a)

神～，音乖。(ZD60-184a)

～理，上古懷反，正作乖。(ZD60-182c)

～迂，於禹反，曲也。(ZD59-952c)

～錯，上古懷反。(ZD59-575b)

寔～，是力反。(ZD59-972c)

理～，古懷反，正作乖。(ZD60-151a)

佛～，音乖，背也，戾也，悞。(ZD60-

① 又見"桂""絓""掛"字條。

312b)

乖 ～諍，古懷反。(ZD59-637b)

乖 ～離，古懷反，悞。(ZD59-742b)

乖 ～離，古懷反，正作乖。(ZD59-663a)

乖 ～巫，古懷反，下乎故反。(ZD59-844a)

乖 趣～，古懷反。(ZD59-918b)

乖 ～違，上古懷反。(ZD60-58c)

乖 ～於，上古懷反。(ZD60-58c)

拐 guǎi

拐 ～行，古買反，柱杖也，又古瓦反，吴音也。(ZD60-61b)

枴[1] guǎi

枴 ～行，上古買反，亦作枈也，柱杖也。(ZD59-1133c)

夬 guài

夬 邊～，古快反。(ZD60-400c)

怪 guài

怪 ～悼，古壞反，下徒到反。(ZD59-806a) 按：“～(怪)”乃“怪”字。

怙 guài

怙 ～言，上音恠，正作怪，《廣弘明集》作怪。(ZD60-416b) 按：“～”乃“怪”字。

怙 ～而，上音恠，或作怪（怪）、怪二形。(ZD60-497b) 按：“～”乃“怪”字。

怪[2] guài

怪 ～未，古拜反。(ZD59-649b)

怪 可～，古拜反，又胡頂反，非。(ZD60-483a)

怪 休～，古拜反，異也，正作怪字，從圣，音窟。(ZD60-492b)

怪 輕～，同上（怪）。(ZD60-131c)

怪 驚～，古壞反，正作恠，亦作怪（怪）、怪二形。(ZD60-12c)

怪 ～而，上音恠，或作怪（怪）、怪二形。(ZD60-497b) 按：“～”乃“怪”，詳見本書中篇“怙”字條。

怪 不～，古拜反，驚異也，正作恠。(ZD59-633c) 按：“～”乃“恠”字，與“怪”同。

怪 ～悞，上古拜反，下五故反，錯也，經意是錯誤字也。(ZD59-1081c)

怪 奇～，古拜反，正作恠。(ZD60-466c)

恠 guài

恠 儆～，音京，恐也，正作驚。(ZD59-856b) 按：“～”乃“怪”字。

惺 guài

惺 可～，古壞反，異也，正作怪，亦作恠，又音脛，非。(ZD60-475a) 按：“～”乃“怪”，詳見本書中篇“惺”字條。

恈 guài

恈 無～，古壞反，異也，正作恠。(ZD60-131c) 按：“～”乃“恠”，對應經文作“怪”，同。《阿毘達磨俱舍釋論》卷13：“偈曰：分斫身無怪，有欲戒忍成。”(T29, p249c)

冠 guān/guàn

冠 ～挨，上古丸反，下自木反。(ZD60-

---

① 又見“拐”字條。

② 又見“恠”“惺”“怙”“怪”“恠”“恈”字條。

454a)

寇 天～,音官,正作冠。(ZD59-738a)

冦 ～幘,音官,下音責。(ZD59-699b)

冦 月～,音官。(ZD59-783b)

冦 席～,祥昔反,下古丸反。(ZD59-741c)

冠 ～幘,上音官,下音責。(ZD59-1022c)

冠 ～冕,上音官,下音免。(ZD60-464b)

冦 ～挨,上音官,下音族。(ZD60-454c)

冦 ～冕,古丸反。(ZD59-966a)

菀 仙～,於遠反,正作菀。(ZD60-591a)按:"仙～",對應佛經作"仙冠"。《廣弘明集》卷28:"候仙冠而聽響。"(T52,p330a)根據經文,"～"乃"冠"字,可洪以音"於遠反",恐誤。

冠 襲～,上音習,下音貫。(ZD60-405b)

冦 ～杖,上古亂反。(ZD60-252a)

冠 ～以,上古亂反。(ZD60-249a)

冠 頂～,音貫。(ZD59-657a)

莧 guān/xiàn

莧 東～,音官,郡名也,正作莞。(ZD60-450a)按:"～"乃"莞"。

莧 人～,行間反,正作莧。(ZD59-803a)

莞[①] guān

莧 東～,音官,郡名也。(ZD60-324b)

莧 東～,音官,郡名,正作莞也。(ZD60-458a)

莧 ～席,上古丸、胡官二反,草似藺,可以爲席也,正作莞也,又胡板反,非。(ZD60-329a)

棺 guān/wò

棺 鐵～,音官,正作棺,又烏活反。(ZD59-688b)

棺 犮～,下烏活反。(ZD60-190b)按:"～"即"棺"字。

開 guān

開 閂～,下古還反。(ZD59-591a)

関 guān

関 四～,古還反。(ZD60-87c)

⿰王貫 guān

⿰王貫 嫈～,上於盈反,下古寬反,見藏作瓔貫也,下又依字音昆。(ZD60-382b)按:"嫈～"之"～"乃"貫"字。

關[②] guān

関 入～,古還反,正作開、關二形,見諸家音與,非也。(ZD60-418a)按:"入～",對應佛經作"入關"。《集古今佛道論衡》卷2:"卿可裝束入關衆人前。"(T52,p377b)

関 ～中,上古還反。(ZD60-451b)

関 八～,古還反,正作關。(ZD59-855c)

閞 ～鬮,古還反,下羊略反。(ZD59-761a)

関 ～綴,古還反,下竹稅反。(ZD59-737b)

關 機～,古還反。(ZD59-684b)

關 ～鑰,古還反,下羊略反。(ZD59-660a)

関 ～邏,上古還反。(ZD59-589c)

関 ～鈕,女久反。(ZD60-378a)

関 何～,古還反。(ZD60-301a)

関 非～,古還反,正作關、関二形也,又田結反,闍～,鄭城門也,悮也。(ZD60-15a)按:"非

① 又見"莧"字條。

② 又見"関""開"字條。

～"，對應佛經作"非關"。《根本説一切有部毘奈耶雜事》卷 28："父母所生，非關容飾。"（T24，p340a）

闗 交～，音關。（ZD59-1085c）

鰥① guān

鰥 ～寡，上古頑反。（ZD60-266b）

鰥 ～寡，古還反，下古瓦反，正作鰥寡也，上悞。（ZD59-776c）

鰥 ～寡，古頑反，下古瓦反。（ZD59-768c）

鰥 ～乎，古還反，正作鰥。（ZD59-768b）

鰥 ～寡，古頑反，下古瓦反，正作鰥寡字也。（ZD59-713b）

鰥 ～寡，古頑反，六十無妻也，下古瓦反，五十無夫也。（ZD59-765a）

鰥 ～寡，古頑反，下古瓦反。（ZD59-763a）

觀 guān

觀 ～撰，音官，下仕免反，定也，持也，又音選。（ZD59-677a）

觀 備～，下音官。（ZD59-967a）

觀 ～掎，於綺反，正作猗、倚二形。（ZD59-792c）

觀 遍～，補見反，周也，正作徧、遍。（ZD59-719c）

嚾 ～彼，上古丸反，又去聲。（ZD59-1070a）按：鄭賢章（2007：144）以"～"爲"觀"。

誢 ～示，音官，正作觀也，上方經作觀，又《玉篇》音現，非義也。（ZD59-901b）按："～"，對應經文作"觀"。《菩薩瓔珞本業經》卷上："爾時釋迦牟尼佛初至樹下，觀視十方法界衆生根緣現故，放大光明，悉照佛界。"（T24，p1010c）

鱞 guān

鱞 吴～，古頑反。（ZD60-351c）

琯 guǎn

琯 西～，音管。（ZD60-590b）

舘 guǎn

舘 廬～，上力居反，下古亂反。（ZD59-576c）

舘 ～闚，上古亂反，下苦隨反。（ZD60-315b）

錧 guǎn

錧 見～，古亂反，舍也，正作舘。（ZD60-412b）按："見～"，對應佛經作"見舘"。構件"食"與"金"相混。《大唐西域記》卷 8："寓諸伽藍，莫之見舘，艱辛已極，蒙恥而歸。"（T51，p918b）

錧 紫～，古玩反，舍也，止容曰～也，正作舘、館二形也，悞。（ZD60-563c）按："紫～"，對應佛經作"紫館"。《廣弘明集》卷 15："紫館辰峙，華宇星羅。"（T52，p196c）

館② guǎn

舘 宫～，古亂反。（ZD59-656a）

錧 入～，古亂反，正作舘。（ZD59-818c）

館 經～，音貫。（ZD60-334c）

丱 guàn/kuàng

丱 童～，古患反。（ZD60-499b）

丱 金～，古猛反。（ZD60-102a）按："～"即"卝"。

丱 金～，古猛反。（ZD59-603b）按："～"即"丱（卝）"。

① 又見"鱞"字條。
② 又見"舘""錧"字條。

盗 guàn

盗 ～水，古亂反。(ZD60-470b) 按："～"即"盥"。

逭 guàn/huàn

逭 ～其，上古患反，篤也，穿也，正作倌、串二形也，律文作串字也，又音换，非也。(ZD60-273c) 按："～其"，對應佛經作"串其"或"擐其"。《經律異相》卷 29："將一獼猴，與著衣服，作革囊盛之，串其肩上，將到王前。"(T53, p155a)"串"，宋、元、明、宫本作"擐"。根據經文，"～"乃"串"之借。

逭 孔～，音换。(ZD60-459a)

貫① guàn

擐 貫鉀，上亦作～，同古患反，下音甲，謂帶甲也。(ZD59-650c)

⿰氵盗 guàn

⿰氵盗 ～浴，上管、貫二音，洗也，正作盥。(ZD59-1021c) 按："～"即"盥"。另見"盥"字條。

⿰氵盗 澡～，音灌。(ZD59-1117a)

盥② guàn

盥 ～水，上古亂反，澡手也，又音管。(ZD59-1099c)

盥 ～沐，古亂反。(ZD59-873b)

⿰氵盥 澡～，又作盥，同，古短、古亂二反，洗也。(ZD59-715c)

⿰氵盥 澡～，古亂反，正作鑵、盥二形也。(ZD59-715b)

盥 ～手，上管、貫二音。(ZD60-432a)

⿰氵盗 澡～，古亂反。(ZD59-855c)

⿰氵盥 澡～，上子老反，下古亂反。(ZD59-1109a)

⿰氵盥 澡～，下古亂反。(ZD59-855c)

⿰氵盗 ～手，音貫，洗也。(ZD59-672b)

盥 ～槃，管、貫二音，正作盥。(ZD59-764b)

盥 澡～，古亂反。(ZD59-873a)

盥 ～洗，上管、貫二音，正作盥。(ZD59-586b)

⿰氵盗 澡～，古亂反。(ZD59-962b)

⿰氵盥 guàn

⿰氵盥 澡～，上子老反，下古亂反。澡⿰氵盗，同上。(ZD59-1113c) 按："～"即"盥"。另見"盥"字條。

灌 guàn

灌 溉～，古代、古氣二反，下古亂反，澆也。(ZD59-692b)

灌 享～，香兩反，臨也，受也。(ZD59-662b)

灌 溉～，古礙、古氣二反。(ZD59-669c)

灌 溉～，古愛、古氣二反。(ZD59-655c)

灌 澡～，子老反，下古亂反。(ZD59-776a)

灌 溉～，上古代反，下古亂反。(ZD59-620c)

灌 溉～，古代反，下古亂反。(ZD59-843b)

灌 溉～，古代、古氣二反，下古亂反，澆田也。(ZD59-691a)

灌 澡～，子老反，下古亂反。(ZD59-741c)

灌 溉～，古代反，下古亂反。(ZD59-729c)

濩 㴾～，下音護，水布也。(ZD60-300a) 按："～"，經文作"灌"，可洪音"護"，蓋以爲"濩"，恐不妥。

---

① 又見"瓘"字條。

② 又見"盗""⿰氵盗""⿰氵盥"字條。

灌 ～其口，音貫。(ZD59-749b)

灌 ～民，上古亂反，正作灌。(ZD59-700c)

灌 溉～，古愛、古氣二反。(ZD59-663b)

爟 guàn

爟 烽～，上音峰，下音貫。(ZD60-489b)

爟 烽～，上音峰，下音灌。(ZD60-483c)按：《續高僧傳》卷19：“烽爟屢舉，罔弗因之。”(T50，p583b)“爟”，宋、元、明、宫本作“爟”，經文作“烽爟”是也。

蠸 guàn

蠸 ～鉤，上古亂反，正作鑵，又音拳，虫名也，悮。(ZD60-12a)按：“～”，經文作“罐”。《根本説一切有部毘奈耶雜事》卷19：“若在寺者，即以常用井索鐵罐覆之，如前安置，少有别處，底傍著鐵，鐶可容三指，以罐鉤内中擡起系齊，同前著鉤，覆虫在中，下令至水，準法翻覆，假令深井，亦得爲之。”(T24，p293c)

鑵① guàn

鑵 澡～，子老反，下古亂反。(ZD59-884b)

鑵 澡～，上子老反，下古亂反。(ZD59-600c)

鑵 澡～，音貫。(ZD59-786b)

鑵 澡～，音早，下音貫。(ZD59-719a)

鑵 ～索，古喚反。(ZD59-781a)

鑵 ～綆，古亂反。(ZD59-686c)

鸛 guàn

鸛 ～鵲，古喚反。(ZD59-875b)

鸛 如～，音貫。(ZD60-356a)

鸛 爲～，古亂反，正作鸛。(ZD59-1029c)

鹤 ～雀，上古亂反，正作鸛。(ZD59-1015b)按：“～”，從形體上看，即“鶴”，經文作“鸛”或“鶴”。《别譯雜阿含經》卷6：“四梵字鸛雀，三梵名爲金。”(T02，p412a)“鸛”，宋、元、明本作“鶴”。根據經文，可洪以“～”爲“鸛”字之訛，是。“～”爲同形字。

鸛 ～雀，上古亂反。(ZD59-1015a)

[氵鸛] 水～，本闕。(ZD60-239a)按：“～”乃“鸛”字，詳見本書中篇“[氵鸛]”字條。

光 guāng

光 靈～，上力丁反，下古黄反。(ZD60-414b)

秃 ～愮，上苟黄反，明也，正作光，下他冬反，火色也，正作烪，又徒冬反，又上他木反，下桑刀反，並非也，悮。(ZD60-529b)

洸 guāng/wāng

洸 作～，烏光反，又音光。(ZD60-355c)按：“～”本音“光”，音“烏光反”時同“汪”。

洸 ～洸，烏光反，上悮也，正作汪也，釋典洸洸是也。(ZD60-554c)按：從形體看，“～”乃“洸”之訛。經文作“洸洸”或“汪汪”，皆通。

挄 guāng

挄 ～摠，上古黄反。(ZD60-466c)按：“～”乃“桄”字。另見“桄”字條。

桄② guāng

桄 牀～，音光。(ZD59-1122b)

桄 ～梯，古黄反。(ZD59-945a)

① 又見“蠸”字條。
② 又見“挄”“撗”字條。

桄 銀～，音光。（ZD59-984c）

撗　guāng

撗 牀～，上助庄反，下古黄反，車床等下横木也，正作輄、横、桄三形也。（ZD60-9b）按："～"即"横"，同"桄"。

胱　guāng/yòu

胱 旁～，音光。（ZD60-376b）

胱 ～掉，上于救反，正作疚、頄、忧三形。顫頄，不定也，動也，下徒了反，上又音尤，非也。（ZD59-1049c）按："～"，疑即"頄"字。《修行本起經》卷2："難提和羅化作老人，踞於道傍，……頭手胱掉，軀體戰慑，惡露自出，坐卧其上。"（T03，p466b）"胱"，明本作"頄"。從形體看，"～"即"胱"之訛，同"頄"。

黋　guāng

黋 攎～，《廣濟藏》作黋，《切韻》作黋，同，古黄反，字體或璜、獚，二同音黄。（ZD59-750b）按："攎～"，對應佛經作"盧黄"或"攎黋"。《佛説灌頂經》卷4："神名阿梨盧黄，字離諸趣。"（T21，p505c）"盧黄"，宋、元、明本作"攎黋"。"攎～"爲譯音詞，從形體看，"～"蓋爲"黋"字，"黋"與之同。

廣　guǎng

廣 ～州，上古晃反，正作廣。（ZD60-327c）

廣 㓗～，上於玄反，下音廣。（ZD60-106b）按：《阿毘曇毘婆沙論》卷60："或即其殊辯，或標之銓評，理致淵曠。"（T28，p414c）從形體看，"～"即"廣"字。

邽　guī

邽 劉～，音圭，漢王名，或作封，音桂（疑爲桂）。（ZD60-323b）

皈　guī

皈 ～真，上居韋反，書無此字。（ZD60-17c）按："～"同"皈"，即"歸"字。

珪　guī

珪 淨～，古携反，尼名也，正作珪也。（ZD60-605a）

珪 淨～，音珪。（ZD60-606a）

㱕　guī

㱕 其～，音歸。（ZD60-430c）按："～"即"歸"字。

㱕 三～，音歸。（ZD60-332c）

㱕 終～，音歸。（ZD60-335b）按："終～"，對應佛經作"終歸"。《大唐内典録》卷6："赴前緣而隱顯，討其本也。終歸本元，試論教體。"（T55，p284c）

規[①]　guī

規 ～奪，古隨反，下徒活反。（ZD59-837c）

規 ～以，上古隨反。（ZD60-181c）

規 ～還，居隨反。（ZD59-708a）

規 ～害，居隨反。（ZD59-958c）

規 流～，居隨反。（ZD59-753c）

規 ～晶，居隨反，正作規。（ZD59-772b）按："～"乃"規"，詳見本書中篇"**規**"字條。

規 ～摸，上居隨反。（ZD60-388c）

規 ～索，上古隨反，下所責反，晶求也。

---

① 又見"規""規"字條。

(ZD60-214a)

繩～，居隨反。(ZD60-376b)

～嵒，居隨反，正作規。(ZD59-772b)

～摸，上古隨反，下莫胡反。(ZD59-562c)

～於，居隨反，正作規。(ZD59-924a)

～郭，居隨反。(ZD59-784a)

所～，居隨反，正作規。(ZD59-830b)

如～，居隨反，正作規。(ZD59-745a)

～計，居隨反。(ZD59-772b)

～圖，上居隨反。(ZD59-1038a)

⿰山帚 guī

三～，居韋反，悮。(ZD60-340a) 按："～"乃"埽"，即"歸"字。

埽 guī

～訴，音素。(ZD59-1062b) 按："～"即"歸"字。

規 guī

～斷，上居隨反，下音卓，正作斲。(ZD59-1095b) 按："～"，經文作"規"。"～"即"規"字。《佛說見正經》卷 1："比丘！復譬如樹大數十圍，巧匠便規斲刻鏤奇巧百種。"(T17，p741a)

⿰石見 guī

～用，上居隨反。(ZD60-192a) 按："～"乃"規"。

將～，古隨反。(ZD60-190a)

槻 guī

爲～，居隨反，木名，堪作弓，正作槻。(ZD59-999a)

鮭 guī

～鱔，上音圭，魚名也。(ZD60-606b)

璝 guī

～異，上古迴反。(ZD59-647b) 按："～"同"瓌"字。

⿰龜區 guī

～鼈，居追反，下并列反。(ZD59-678b)

～鼈，上居追反，下并列反。(ZD59-569a)

着～，上失支反，正作蓍。(ZD60-530a)

盲～，居追反。(ZD59-738a)

～鱓，上居追反，下音善。(ZD60-80c)

盲～，居追反。(ZD60-219a)

一～，居追反。(ZD59-909b)

～鼈，居追反，下并列反。(ZD59-728b)

～毛，居追反。(ZD59-952a)

～形，居追反，正作⿰龜區。(ZD59-751c)

～兹，上居追反，下子慈反。(ZD59-625b)

見～，居追反。(ZD59-952c)

神～，居追反。(ZD59-598a)

～鼈，上居追反，下并列反。(ZD59-1082c)

～鼇，上居追反，下五高反。(ZD59-1075b)

盲～，居追反。(ZD59-961c)

～印，居追反，下一進反。(ZD59-781c)

爲～，居追反，又音鳩，正作⿰龜區。(ZD59-941b)

～鼈，上居追反。(ZD59-1066a)

龜 ～毛，居追反。(ZD59-909b)

亀 ～鼈，上居追反，下并列反。(ZD59-623b)

龜 ～毛，上居追反。(ZD60-162a)

龜 ～毛，同上。(ZD59-909b)

龜 ～下，同上(龜)。(ZD60-86b)

亀 ～茲，上居追反。(ZD60-446b)

龜 鼈～，并列反，下居追反。(ZD59-740c)

龜 如～，居追反，甲虫也。(ZD59-688a)

騋　guī

騋 ～順，上音歸，又音來，非也。(ZD60-596b)按："～"乃"歸"字，詳見本書中篇"騋"字條。

歸[1]　guī

婦 ～挹，一入反。(ZD59-659a)

歸 ～仰，上音歸，正作歸。(ZD59-621c)

騋 ～於，居違反，正作歸也，又音來，馬高七尺也，非用也。(ZD59-649c)

騋 漸～，音歸。(ZD60-169b)

歸 ～株，音注，又朱、姝二音。(ZD59-591c)

帰 ～戒，上居韋反。(ZD60-445b)

歸 ～馮，皮陵反，託也，正作憑。(ZD59-644b)

歸 ～捘，正作投，徒侯反，又蘇禾反，悞。(ZD59-787c)

騋 指～，音歸。(ZD60-168b)

歸 ～塘，徒郎反。(ZD60-547b)

騋 ～輪，上居輝反，正作歸也。(ZD60-168b)

皈 ～依，居韋反，就也，還也，安也，正作歸。(ZD59-905b)

皈 自～，音歸，就也，依也，書無此字。(ZD59-1100b)

瓌[2]　guī

瓌 ～瑋，古迴反，下爲鬼反。(ZD59-747a)

瓌 ～奇，上古迴反。(ZD59-614b)

瓌 ～瑋，古迴反，下云鬼反。(ZD59-960b)

瓌 ～奇，上古迴反。(ZD60-345a)

瓌 ～異，上古迴反，正作瓌。(ZD59-648c)

宄　guǐ/jiù

宂 姧～，居洧反，内盜也，正作宄也，又而勇反，非也。(ZD60-551c)按："～"乃"宄"。

究 姧～，居美反，正作宄。(ZD60-586c)按："～"乃"宄"。

穴 姦～，居美反，正作宄。(ZD60-385b)按："～"乃"宄"。

宄 ～真，上音救，正作究。(ZD60-571b)按："～"乃"究"。

佹　guǐ

佹 ～戾，居委反，變也，悔也，正作恑、詭二形，又居垂反，見也。(ZD59-674a)

軌　guǐ

軌 ～範，音犯。(ZD59-553c)按："～"即"軌"字。

軏[3]　guǐ

軏 輪～，音月，車轅端曲木也，亦名衡，即槅軛別名也。(ZD60-313b)

---

① 又見"隔""歸""婦""皈"字條。

② 又見"璝"字條。

③ 又見"軌""軓""軏"字條。

按:"～"當爲"軌",經文作"輪軌"。

軓 範～,音犯,常也,下居美反。(ZD59-710a)

軌 風～,居美反。(ZD60-452c)

軏 ～摸,音謨。(ZD59-729c)

鬼 guǐ

鬼 ～彪,眉秘反。(ZD59-663b)

魍 刹～,居偉反,正作鬼也,上方經作鬼也,郭氏作羊尚反,非也。(ZD60-240a)按:"刹～",對應佛經作"刹颺"或"刹鬼"。《阿育王息壞目因緣經》卷1:"蓬頭亂髪,而坐于地,瞋恚所縛,如羅刹鬼。"(T50, p173a)"鬼",宫本作"颺"。從形體看,"～"似乎即"颺"。"～",郭氏作羊尚反,應同"颺"。不過,具體到經文,"羅刹颺"不成詞。根據文意,"刹～"應爲"刹鬼","～"可洪以爲"鬼",應是。

攰[1] guǐ/guì/qī

攰 滑～,居委、居僞二反。(ZD59-607c)

攰 阿～,丘宜反,正作攲也。(ZD59-809c)按:《佛説阿難陀目佉尼呵離陀鄰尼經》卷1:"阿攰(無爲),默攰(不爲),三曼陀目攰(普門)。"(T19, p692c)"～",用作譯音字,可洪以爲"攲"。

軓 guǐ

軓 ～邪,上居委反,下以嗟反。(ZD60-551c)按:"～邪",對應佛經作"軌耶"。《廣弘明集》卷6:"豈爲不軌耶?"(T52, p124b)

匭 guǐ

匭 包～,下居美反。(ZD60-575a)

輐 guǐ/zhuān

軏 輪～,月、兀二音,車軏也。(ZD60-588a)按:"輪～",對應佛經作"輪軌"。《廣弘明集》卷27:"輪軌相爲通,報德愴前雅。"(T52, p314c)"～",可洪讀"月、兀"二音,蓋以爲"軏"字。根據經意,"～"應爲"軌",可洪之説恐誤。

軏 擲～,之緣反,悮。(ZD59-1130c)按:"～",經文作"甎"。

莔 guǐ

莔 簠～,上音府,下音軌,正作簠簋也。(ZD60-379c)按:"～"乃"簋"之訛。

晷 guǐ

晷 二～,居美反,正作晷。(ZD60-258c)

晷 ～漏,上音軌,正作晷。(ZD60-479a)

晷 光～,音軌,日影也,正作晷也。(ZD60-564a)

晷 ～漏,居委反。(ZD59-666a)

晷 晨～,居美反,正作晷。(ZD60-478c)

晷 ～刻,上居美反,下苦黑反。(ZD60-587c)

詭 guǐ

詭 ～詐,上居委反,正作詭。(ZD60-414b)

詭 而～,居委反,詐也。(ZD59-764a)

詭 ～言,上居委反。(ZD59-566b)

詭 ～謬,居委反,正作詭。(ZD59-835a)

---

[1] 又見"攱"字條。

詯 guì

詯 望～，居謂反，高也，尊也，正作貴。(ZD60-596b)按："～"乃"貴"字，詳見本書中篇"詯"字條。

皉 guì/qī

皉 自～，居僞反，載也，正作攱、皉二形也，又音羈，舫挾物也，又去宜反，非也。(ZD60-458c)按：《法華傳記》卷4："廼覺脚下如有一物自皉。"(T51，p62c)"～"同"攱"。《集韻·寘韻》："攱，擎起物也。"

皉 ～傴，音駈。(ZD60-366a)按："～"即"皉"，讀"qī"。"～傴"，傾斜不安也。

貴[①] guì

貴 富～，居胃反，正作貴。(ZD59-1078c)

趉 guì

趉 或～，巨委反。(ZD60-141a)按："～"同"跪"。

跪 guì

跪 長～，具委反。(ZD59-820b)

跪 互～，上胡故反。(ZD59-1115b)

跪 ～白，巨委反。(ZD59-848b)按："～白"，對應佛經作"跪白"。《佛説觀佛三昧海經》卷6："阿那邠坻跪白。"(T15，p676a)

慖 guì

慖 憂憒，古内反，亂也，亦作～。(ZD59-979a)按："～"同"憒"。

撝 guì/huī

撝 ～金，上歸僞反，正作賵。(ZD60-30a)按："～"通"賵"。《四分律》卷11："誰有力牛，與我力牛共駕百車，賵金千兩?"(T22，p634c)

撝 ～按，上許爲反，下烏岸反。(ZD59-876a)按：《蘇悉地羯羅經》卷3："以吉祥環，貫置指上，按其物。"(T18，p691b)"～"乃"撝"。

撝 ～義，許爲反。(ZD59-939c)按：《瑜伽師地論》卷40："盲者啟導，聾者撝義。"(T30，p512c)

劌 guì

劌 于～，居衛反。(ZD60-374a)

擿 guì

擿 ～玉，上巨位反。(ZD60-604b)按："～"乃"櫃"。

賵[②] guì

賵 汝～，歸僞反，賭也。(ZD59-740c)

袞 gǔn

袞 龍～，古本反，天子之衣也，謂畫龍於衣也。(ZD59-569a)

袞 作～，古本反，見藏作袞。(ZD60-389c)

棍 gǔn/pí

棍 有～，古本反，應和尚云轉絃者也。(ZD59-577a)

棍 爲～，古本反，《經音義》云轉絃者也，諸經有作攙，毗結反，拗轉也。(ZD59-834b)按：《大法炬陀羅尼經》卷5："爲從絃生，爲從柱出，爲棍有耶?"(T21，p683a)

棍 礎文～，上音楚，下音毗，正作梚也。(ZD60-433c)按："～"即

---

① 又見"詯"字條。

② 又見"撝"字條。

"槐"字之訛。《大唐大慈恩寺三藏法師傳》卷 3:"彫楹鏤檻,玉礎文槐,甍接瑶暉。"(T50, p237b)

䲧 gǔn

䲧 ～放,上苦本反,禹父名也,正作鯀、骸二形。(ZD60-526a)按:"～"同"鯀"。

緄 gǔn

緄 子～,古本反。(ZD60-454c)

鯀[①] gǔn

䲧 ～神,上古本反,禹父名也,正作鰥、骸二形也。(ZD60-539a)按:"～""䲧""鰥""骸""鯀"與"鯀"同。

鬲 guō

鬲 似～,古禾反,正作鬲。(ZD60-373a)

郭[②] guō

墎 城～,音郭。(ZD59-636a)

墎 城～,音郭。(ZD59-583c)

墎 城～,古霍反,正作墎。(ZD59-876b)按:"～"乃"墎",即"郭",城郭也。

㾶 guō

㾶 燕～,上一見反。(ZD60-374b)按:"～"即"㾶",同"瘑"。

聒[③] guō

聒 聲～,古活反,正作聒。(ZD59-1019c)

墎 guō

墎 土～,音郭。(ZD60-579a)按:"～"同"郭",城郭。

䯏 guō

䯏 鳥～,古活反,正作聒。(ZD60-531c)按:"～"乃"聒"。構件"身"與"耳"相混。《弘明集》卷6:"未譏翦華廢犯,亦猶蟲讙鳥䯏(宋、元、明、宮本作聒),非所宜効。"(T52, p41c)"～""䯏"皆"聒"。

瘑 guō

瘑 ～瘡,古禾反。(ZD59-803a)

瘑 ～痒,古禾反,下以良反,正作瘍也,又祥、癢二音,非。(ZD59-792a)

鐹 guō

鐹 甘～,古禾反,鑄器也,正作坩堝。(ZD59-686b)按:"～"同"堝"。

囶 guó

囶 魏～,古或反。(ZD60-338c)按:"～"即"國"。

敋 guó

敋 一～,古麥反,打也,正作敋。(ZD59-782a)按:"～"乃"敋",與"摑"同。

摑[④] guó

摑 ～抴,古麥反,下以世反,打掣皃。(ZD59-777a)

摑 打～,古麥反。(ZD59-740b)

栶 ～裂,古麥反,正作摑。(ZD59-960a)

摑 ～裂,古麥反。(ZD59-644c)

摑 ～裁,上古麥反,下自節反,上正作聝、

---

① 又見"䲧"字條。
② 又見"墎"字條。
③ 又見"䯏"字條。
④ 又見"敋""𩑶""𩰫"字條。

摑二形。聝，截耳也。摑，搭也。(ZD60-156b)

聝[1] guó

俘馘，上芳無反，下古麥反，俘囚也，虜也。馘，截賊耳也，獲也，或作～、馘二形，《説文》作聝，軍戰斷耳也。(ZD60-436a)按：“～”“聝”“馘”與“馘”同。

⿰國爪[2] guó/jué/wò

或～，古麥反。(ZD59-550b)按：“～”即“摑”。

～裂，古麥反，破也，打也，正作⿰石或、摑二形。(ZD59-658a)按：“～”即“摑”。

～裂，古麥反，手搭也，又應和尚以攫字替之，居縛反，搏也。(ZD59-911a)

～其，烏號反，摣～，爪取也，正作擭，《經音義》作居碧、居縛二反，搏也。摣，女加反，取也。(ZD59-915b)按：“～”音“烏號反”，即“擭”，讀“wò”。“～”，《經音義》音“居縛反”，蓋以爲“攫”，讀“jué”。

自～，烏號反，爪（爪）持也，正作擭也，又古麥反，拾也。(ZD60-26c)

～鷀，上烏號反，下一見反，上又古麥、俱縛二反。(ZD60-266b)

～，烏號反，與⿰國爪字同也。(ZD60-66a)

把～，上步巴反，下烏號反，二字並是爪取之義也，正作把擭也，下又古麥反，正作⿰國爪。(ZD60-190c)按：“～”乃“⿰國爪”字，詳見本書中篇“**⿰酉爪**”字條。

或～，烏麥反，手取爪持物也，正作擭也。(ZD59-558a)按：“～”即“擭”，讀“wò”。

～裂，上烏號反。(ZD59-574c)

振～，上爭交反，下烏號反，正作抓⿰國爪。(ZD60-238c)按：“～”即“⿰國爪”，與“擭”同，讀“wò”。《阿育王傳》卷3：“汝壞我子眼，今當爪⿰國爪汝之身肉，生貫著於高樹之上，以鋸節節解汝之形，刀截汝舌。”(T50，p110a)

⿰爪國 guó/wò

抓～，上爭巧反，下烏號反，摣～，爪持也，又音摑。(ZD60-22c)按：“抓～”，對應佛經作“爪摑”。《彌沙塞部和醯五分律》卷11：“然後以爪摑傷其肉。”(T22，p79b)“爪”，宋、元、明、宮本作“抓”。根據經文，“～”即“摑”字。《紹興重雕大藏音》卷2：“⿰爪國、⿰國爪，摑正，並古獲反。”(C059，p529b)此外，“～”，可洪音“烏號反”，乃“擭”字，亦通。

虢 guó

陝～，上詩染反，下古擭反。(ZD60-477b)

～大，上古擭反。(ZD60-455b)

～國，上古擭反。(ZD60-354b)

虞～，上牛俱反，下古擭反。(ZD60-402b)

～州，上古擭反。(ZD60-567c)

虞～，古伯反，正作虢。(ZD60-504a)

～王，上古擭反。(ZD60-338a)

～叔，上古擭反。(ZD60-430b)

於～，古擭反。(ZD60-369b)

嗣～，上音寺，下古擭反，正作虢。(ZD60-

① 又見“馘”“馘”字條。

② 又見“眽”字條。

346c)

馘 guó

戠 摑截，上古麥反，破也，截也，正作馘、～二形。(ZD60-282c)

馘 俘～，上芳無反，下古麥反，俘囚也，虜也。馘，截賊耳也，獲也，或作馘。《説文》作聝，軍戰斷耳也。《春秋傳》以爲俘聝也。(ZD60-436a)按："～"乃"馘"。《大唐大慈恩寺三藏法師傳》卷6："振旅凱旋，俘馘三十萬衆。"(T50, p255c)"馘"，宋、元、明、宮本作"馘"。

䤋 guó

戠 截～，古麥反，截耳也，正作馘、聝二形也。(ZD60-518c)按："～"乃"聝(馘)"字，詳見本書中篇"戠"字條。

馘 guó

戠 截戠，古麥反，截耳也，正作～、聝二形也。(ZD60-518c)按："～"乃"聝(馘)"字，詳見本書中篇"馘"字條。

果 guǒ

菓 ～蓏，郎果反。(ZD59-680b)

菓 guǒ

菓 華～，花果二音。(ZD59-925b)按："～"同"果"。

菓 ～蓏，郎果反。(ZD59-599b)

惈 guǒ

惈 果敢，上亦作～，古火反，敢也，勇也，勝也，剋也。(ZD59-910b)

蜾 guǒ

蜾 ～蠃，上音果，下郎果反，正作蜾蠃也，細腰蜂也，今之土蜂是也。(ZD60-601a)

摦 guǒ

摦 木～，音郭。(ZD60-77c)按："～"乃"槨"。

槨[1] guǒ

摦 爲～，音郭。(ZD59-640c)

槨 鐵槨，古霍反；～中，同上也，悮。(ZD59-1005c)

裹[2] guǒ

褁 纏～，音果。(ZD59-688c)

裹 含～，音果。(ZD59-866c)

裹 所～，音果。(ZD59-735c)

裹 香～，音果。(ZD59-1087c)

裹 纏～，音果。(ZD59-573b)

裹 苞～，布交反，下古火反。(ZD59-645a)

裹 塗～，音果。(ZD59-920b)

裹 繒～，下古火反。(ZD59-580c)

裹 ～樹，音果，正作裹。(ZD59-735b)

裹 皮～，音果。(ZD59-1081b)

裹 氈～，徒協反，下古火反。(ZD59-766a)

裹 ～男，上古火反。(ZD59-1126a)

裹 纏～，音果。(ZD59-941b)

裹 ～身，上古火反。(ZD60-271a)

裹 ～褞，上古火反，下於粉反，藏也，正作裹蕴字也。(ZD59-1035a)

裹 ～筋，果斤二音。(ZD59-1087b)

裹 所～，音果。(ZD59-996a)

裹 縶～，下古火反，正作裹。(ZD59-766a)

---

① 又見"馘""䤋"字條。

② 又見"摦"字條。

裹 ～袭,古火反,下陳日反。(ZD59-754b)

綶 纏～,音果。(ZD60-190a)

綶 guǒ

綶 纏～,音果。(ZD60-185b)按:"～"同"裹"。

輠 guǒ

輠 炙～,上音隻,下音果,車脂角也,以喻辯才也。(ZD60-464a)按:《續高僧傳》卷3:"辯同炙輠,理究連環。"(T50,p442b)

輠 炙～,上之亦反,下古火反,車脂角也,關西云脂瓶,即車上盛油膏車者也。(ZD60-419a)

輠 與～,音果。(ZD60-353b)